汇集十年精华
展现裁判思维
促进适法统一

《中国法院年度案例集成丛书》

中国法院年度案例集成丛书

刑事案例

裁判规则
理解与适用

国家法官学院
最高人民法院司法案例研究院
—— 编 ——

中国法制出版社
CHINA LEGAL PUBLISHING HOUSE

《中国法院年度案例集成丛书》通讯编辑名单

序

党的十八大以来，以习近平同志为核心的党中央高度重视依法治国，明确提出全面依法治国，坚持在法治轨道上推进国家治理体系和治理能力现代化。党的二十大报告指出，要坚持走中国特色社会主义法治道路，建设中国特色社会主义法治体系、建设社会主义法治国家，围绕保障和促进社会公平正义，坚持依法治国、依法执政、依法行政共同推进，坚持法治国家、法治政府、法治社会一体建设，全面推进科学立法、严格执法、公正司法、全民守法，全面推进国家各方面工作法治化。人民法院始终坚持以习近平新时代中国特色社会主义思想为指导，深入贯彻落实习近平法治思想，把加强案例指导和研究作为助力推进全面依法治国的重要途径，通过制定司法解释、发布指导性案例、提炼裁判要旨、推行类案检索等系列举措，深入推进法律适用统一，不断提升司法质量、效率和公信力，努力让人民群众在每一个司法案件中感受到公平正义。

“中国法院年度案例丛书”是国家法官学院于2012年开始编辑出版的一套大型案例丛书，每年年初定期出版。截至2022年，已经连续出版11年。2020年起，丛书由国家法官学院和最高人民法院司法案例研究院共同编著。丛书编辑始终坚持以习近平新时代中国特色社会主义思想为指导，深入贯彻落实习近平法治思想，深化成果运用，认真总结案例积累的审判执行经验做法，积极回应人民群众多元司法需求，记录我国司法审判执行工作发展进程，助力丰富司法审判理论，构建中国法治话语体系。该丛书案例涵盖人民法院刑事、民事、商事、行政、知产、环资和执行各业务领域，按照业务领域和案由层级设计分册及纲目，目前汇编案例合计1.2万余篇。丛书严格遵循案例选编要求，突出争议焦点、裁判规则和法律适用分析，追求“好读有用”，已经形成品牌效应。为总结十余年的案例编选和研究经验，在全国各级人民法院的大力支持下，国家法官学院与最高人民法院司法案例研究院经全面梳理丛书的1.2万余篇案例，以新法新规为依据，对于其中“判得好且写得好”的案例进行再次深度加工，编辑出版“中国法院年度案例集成丛书”。

“中国法院年度案例集成丛书”坚决贯彻落实党的二十大报告关于坚持全面依法治国，推进法治中国建设的部署要求，深度挖掘优秀案例在完善裁判规则体系、促进统一法律适用、促进民法典等新法新规正确实施和应用法学研究等方面的法治价值、学术价值和时代价值，探索体系化提炼和编纂裁判规则的新思路，发挥司法案例的规范、指导、评价、引领作用，展现新时代我国法治建设成就，大力弘扬社会主义核心价值观，助推全民法治意识和法治素养提升。

“中国法院年度案例集成丛书”共15个分册：《物权纠纷裁判规则理解与适用》《合同纠纷裁判规则理解与适用》《借款担保纠纷裁判规则理解与适用》《人格权纠纷裁判规则理解与适用》《婚姻家庭与继承纠纷裁判规则理解与适用》《侵权纠纷裁判规则

理解与适用》《道路交通纠纷裁判规则理解与适用》《保险纠纷裁判规则理解与适用》《劳动纠纷裁判规则理解与适用》《公司纠纷裁判规则理解与适用》《金融纠纷裁判规则理解与适用》《知识产权纠纷裁判规则理解与适用》《行政纠纷裁判规则理解与适用》《刑事案例裁判规则理解与适用》《执行纠纷裁判规则理解与适用》。丛书在编辑工作中坚持以下原则：一是突出裁判规则价值。以历年“中国法院年度案例丛书”采用的1.2万余篇案例为精选基础，优中选优，提供给读者十余年积累的多类型、多视角的疑难新型典型性案例，概览人民法院的类型化裁判规则。二是方便读者检索。为体现以读者为本的理念，丛书分卷细化，每卷根据最新的案由、法律适用问题分类编排案例，以裁判规则、裁判思路或案件焦点的核心内容作为主标题，让读者一目了然，迅速找到目标案例。三是注重案例分析的实用性。根据最新的法律法规以及司法解释对原“法官后语”进行完善，高度提炼案例对理解和适用新法新规的参考价值，为新型疑难法律适用问题提供解决方案，为司法工作提供借鉴，为法学研究提供启迪。

中国法制出版社始终全力支持“中国法院年度案例集成丛书”的出版，给了作者和编辑们巨大的鼓励。该丛书还提供了数据库增值服务，内附精美书签，扫描其中二维码，即可免费查阅往年同类案例数据库。我们在此谨表谢忱，并希望通过共同努力，臻于至善，真正探索出一条编辑案例书籍、挖掘案例价值的新路，不断增强丛书案例的代表性、时代性、权威性，丰富案例类型，细化裁判规则，提升分析质量，以更好服务于社会主义法治国家建设、服务于司法审判执行工作、服务于学习研究法律的广大读者。

“中国法院年度案例集成丛书”既是法官、检察官、律师等法律工作者的办案参考和司法人员培训的实用教材，也是社会大众学法用法的经典案例读本，同时是教学科研机构案例研究的良好素材。当然，我们难以一步到位实现初衷，该丛书还存在各种不足甚至错误，欢迎读者批评指正。我们愿听取各方建议，不断拓宽司法案例研究领域，有效发挥类案裁判规则功能，立足新发展阶段，实现中国特色司法案例研究事业的高质量发展。

国家法官学院

最高人民法院司法案例研究院

2023 年 2 月

目 录

Contents

一、犯 罪

（一）犯罪和刑事责任

中国法院年度案例集成丛书

刑事案例

裁判规则
理解与适用

国家法官学院
最高人民法院司法案例研究院
—— 编 ——

中国法制出版社
CHINA LEGAL PUBLISHING HOUSE

《中国法院年度案例集成丛书》通讯编辑名单

刘晓虹 北京市高级人民法院
王　凯 北京市高级人民法院
董　扬 天津市高级人民法院
童若涵 河北省高级人民法院
崔铮亮 山西省高级人民法院
杨智勇 内蒙古自治区高级人民法院
周文政 辽宁省高级人民法院
苏　浩 吉林省高级人民法院
王　妍 黑龙江省高级人民法院
牛晨光 上海市高级人民法院
缪　芳 江苏省高级人民法院
卢燊绅 江苏省高级人民法院
符东杰 江苏省南通市中级人民法院
宋婉龄 江苏省无锡市中级人民法院
杨　治 浙江省高级人民法院
蒋　莹 浙江省高级人民法院
刘伟玲 安徽省高级人民法院
杨　宇 福建省高级人民法院
章光园 江西省高级人民法院
李　宁 山东省高级人民法院
郭宇凌 河南省高级人民法院
宋淼军 湖北省高级人民法院
黄　娅 湖北省宜昌市中级人民法院
唐　竞 湖南省高级人民法院
李　雪 广东省高级人民法院
邹尚忠 广西壮族自治区高级人民法院
陈小青 广西壮族自治区高级人民法院
李周伟 海南省高级人民法院
闫帅锋 重庆市高级人民法院
任　梦 四川省高级人民法院
李丽玲 云南省高级人民法院
石　瑾 云南省昆明市中级人民法院
伍席芳 贵州省高级人民法院
余长智 贵州省贵阳市中级人民法院
王丽萍 西藏自治区高级人民法院
郑亚非 陕西省高级人民法院
张旦旦 甘肃省高级人民法院
王　晶 青海省高级人民法院
康　莹 宁夏回族自治区高级人民法院
石孝能 新疆维吾尔自治区高级人民法院
吉　雄 新疆维吾尔自治区高级人民法院生产建设兵团分院

目 录
Contents

一、犯 罪

（一）犯罪和刑事责任

二、刑罚的具体运用

（一）量　刑

三、危害公共安全罪

四、破坏社会主义市场经济秩序罪

（一）生产、销售伪劣商品罪

（二）走私罪

（三）妨害对公司、企业的管理秩序罪

（四）破坏金融管理秩序罪

（七）侵犯知识产权罪

（八）扰乱市场秩序罪

五、侵犯公民人身权利、民主权利罪

（一）故意杀人罪

（二）过失致人死亡罪

（三）故意伤害罪

（四）过失致人重伤罪

（五）强奸罪

（六）强制猥亵罪

（七）非法拘禁罪

(二) 盗窃罪

（三）诈骗罪

(五) 职务侵占罪

(六) 挪用资金罪

(七) 敲诈勒索罪

（八）拒不支付劳动报酬罪

七、妨害社会管理秩序罪

（一）扰乱公共秩序罪

（三）妨害国（边）境管理罪

（四）妨害文物管理罪

（五）破坏环境资源保护罪

（六）走私、贩卖、运输、制造毒品罪

（七）组织、强迫、引诱、容留、介绍卖淫罪

九、渎职罪

十、刑事证据

十一、程序及其他

一、犯 罪

（一）犯罪和刑事责任

001 行为与后果间不具有唯一排他性因果关系情形下故意伤害罪之认定

——贾某子、康某妮故意伤害案

【案件基本信息】

1. 裁判书字号

河南省平顶山市中级人民法院（2020）豫04刑终386号刑事裁定书

2. 案由：故意伤害罪

【基本案情】

被告人贾某子、康某妮系夫妻关系，二人与王某法、武某夫妇均系平顶山市某村村民，双方因宅基地出路问题发生纠纷。2013年2月15日上午10时许，贾某子、康某妮与其儿子贾某1、女儿贾某2等人到王某法家宅基地处，贾某子另纠集徐某洋（贾某子女婿）、余某航等人到现场壮声势，先与王某锤之妻王某及其儿子王某格发生纠纷引起厮打，后又与王某法及其家人发生厮打，在厮打过程中致王某法之妻武某右眼受伤，王某楠右眼受伤、王某硕鼻部受伤，贾某子头部受伤。后武某、王某楠、王某硕被送往甲医院救治，武某被医院诊断为右眼外伤性前方积血、右眼视网膜挫伤、右眼屈光不正。2013年5月24日，乙医院诊断证明书显示武某诊断：（1）右眼外伤；（2）右眼屈光不正；（3）右眼外斜视。2013年8月14日经某司法鉴定中心鉴定，其损伤程度构成轻伤；右眼视力眼前手动属右眼盲，参照相关规定，在排除视网膜、视神经病变的前提下，可以考虑其损伤程度达到重伤标准。后于2013年9月5日作出补充说明：（1）被鉴定人武某因故致右眼外伤性前房积血、右眼视网膜挫伤、右眼斜视及视力明显减退，依据相关规定，其损伤程度构成轻伤，鉴定意见可以修定为：被鉴定人武某因故致右眼外伤性前房积血、右眼视网膜挫伤、右眼斜视及视力明显减退，依据相关规定，其损伤程度构成轻伤。（2）目前武某右眼视力眼前手动属右眼盲，参照《人体重伤标准》第十九条第一款的规定，在排除视网膜、视神经病变的前提下，可以考虑其损伤程度达到重伤标准。但此份鉴定意见内容以排除视网膜、视神经病变为前提，认定达到重伤标准，说明依据现有材料认定武某损伤程度构成重伤的依据不足，故不认定其损伤程度构成重伤。王某楠、王某硕及贾某子伤情经某县公安局法医学人体损伤鉴定，均为轻微伤。

【案件焦点】

本案中被害人武某的伤情应认定为轻伤还是重伤。

【法院裁判要旨】[①]

河南省宝丰县人民法院经审理认为：被告人贾某子、康某妮故意伤害他人身体，致一人轻伤，二人轻微伤，其行为已构成故意伤害罪。公诉机关指控二被告人犯故意伤害罪的事实清楚，罪名成立。

---

① 本书【法院裁判要旨】适用的法律法规等条文均为案件裁判当时有效，下文不再对此进行提示。

本案中，丙医院刑事诉讼医学鉴定委员会鉴定书及更正声明、某法医临床司法鉴定所司法鉴定意见书及补充说明，因在被告人贾某1、贾某2故意伤害案中被告人对鉴定意见有异议，法院认为鉴定人有必要出庭作证，经通知，鉴定人拒不出庭作证，上述鉴定意见不得作为定案的根据。故公诉机关指控二被告人故意伤害他人身体，致一人重伤的事实不清，证据不足，不予支持。在共同犯罪中，贾某子、康某妮均起主要作用，均是主犯，应当按照所参与的全部犯罪处罚，贾某子联系其子贾某1、其女贾某2与王某法家置气，并纠集徐某洋、余某航等人到场壮声势，其在共同犯罪中的作用比康某妮、其子贾某1、其女贾某2大，且贾某子、康某妮到案后拒不认罪，在量刑时综合以上情节予以考虑。

河南省宝丰县人民法院依照《中华人民共和国刑法》第二百三十四条、第二十五条第一款、第二十六条第一款和第四款之规定，判决如下：

一、被告人贾某子犯故意伤害罪，判处有期徒刑二年六个月；

二、被告人康某妮犯故意伤害罪，判处有期徒刑二年。

一审宣判后，河南省宝丰县人民检察院提出抗诉，贾某子不服一审判决，提起上诉。河南省平顶山市中级人民法院经审理认为：贾某子、康某妮故意伤害他人身体，致一人轻伤，二人轻微伤，其行为已构成故意伤害罪。原审判决认定事实清楚，证据确实、充分，适用法律正确，审判程序合法，量刑适当，抗诉机关的抗诉理由、上诉人的上诉意见均不能成立，辩护人的辩护意见部分予以采纳。

河南省平顶山市中级人民法院依照《中华人民共和国刑事诉讼法》第二百三十六条第一款第一项之规定，裁定如下：

驳回抗诉、上诉，维持原判。

【法官后语】①

本案系抗诉加上诉案件，控辩双方分歧较大，关于被害人的伤情亦是本案的争议焦点。抗诉机关提出抗诉意见称，原判认定武某的伤情为轻伤错误，应当依法认定为重伤，并判处二被告人三年以上十年以下有期徒刑，而辩护人则认为原审判决适用法律正确，量刑适当，应予维持。最终，二审认定贾某子、康某妮的行为构成故意伤害致人轻伤、轻微伤，而未采纳抗诉机关和上诉人的意见，具体理由如下：

首先，关于申请重新鉴定问题。在二审期间，贾某子及辩护人均提出对武某的伤情进行重新鉴定的申请。经查，关于武某的伤情自案发时起前后已有三次鉴定：第一次是2013年8月某司法鉴定中心出具的轻伤鉴定意见；第二次是丙医院在2013年11月作出的刑事诉讼医学鉴定；第三次是2013年11月某法医临床鉴定所出具的重伤鉴定意见以及2020年2月该鉴定所出具的重伤情况的补充说明。前后的多次鉴定，鉴定人均具备鉴定资质，鉴定程序合法，鉴定结果的不同仅说明鉴定人员的认识不同，而不代表鉴定有误，故其提出重新鉴定的要求没有合法依据，不予采纳。

其次，关于鉴定结果问题。某司法鉴定中心与某法医临床鉴定所出具的两份鉴定意见，在认定被害人武某已达眼盲的问题上是一致的，仅是在最终结论上存在分歧，原因是某司法鉴定中心与某法医临床鉴定所在考虑视网膜、视神经病变等因素方面有所不同：前者认为现有证据无法排除武某在视网膜、视神经等方面存在病变；

---

① 本书【法官后语】对此类法律问题涉及的法律法规等内容进行了时效性更新，下文不再对此进行提示。

后者则认为不排除武某右眼存在屈光不正，甚至黄斑病的可能，但右眼外伤的事实不容否认，右眼的视力下降，视网膜挫伤，废用性外斜视，电生理视觉诱发电位（VEP）和视网膜电图（ERG）的改变，甚至黄斑的萎缩都可能是外伤作用的结果，因伤所致的因果关系更大。在二审庭审过程中，针对两份鉴定意见存在的分歧及原因，合议庭对出庭的某法医临床鉴定所两名鉴定人进行了询问，通过询问能够确定的是：其一，武某视网膜、视神经存在病变的情况不确定，先天性眼盲不能完全排除；其二，屈光不正、外斜视、黄斑萎缩、外伤、怠于治疗等因素综合造成了武某现在的右眼盲状态。

最后，根据本案中鉴定机构出具的鉴定意见以及鉴定人的出庭证言，能够证实武某右眼的屈光不正、黄斑病、外斜视等病症，与外伤共同作用导致了眼盲。另外，根据在案证据以及武某陈述，证实武某在受伤后仅住院治疗12天，此后不曾治疗，某法医临床鉴定所在武某受伤9个月后接受委托，依据其当时的眼部状态作出了鉴定结论，而根据出庭鉴定人的证言，不治疗会加重眼部伤情。综上，在除外伤外的各种因素均会导致或加重被害人眼盲的前提条件下，无法认定外伤与武某的重伤之间具有唯一排他性的因果关系。故某司法鉴定中心的鉴定在考虑到视网膜、视神经病变等因素影响的前提下，距离被害人受伤后的时间较短，更能客观反映被害人的伤情，应当采纳该鉴定意见，即对武某的伤情应认定为轻伤。

本案中，关于是否应认定行为人构成故意伤害致人重伤，关键在于对被害人案发时的伤情以及行为与后果之间因果关系的准确认定。首先，关于被害人伤情，因被害人在案发后没有第一时间作出伤情鉴定，且在一定程度上延误了治疗，导致了病情的进一步发展，如果根据其怠于治疗后的伤情对本案进行认定并不合理；其次，关于行为与后果之间的因果关系，根据在案的证据，可以证实被害人的伤情系在自身眼部存在基础性病变和外伤共同作用下所形成。综上，被害人的重伤结果系在自身存在基础性疾病、行为人实施的伤害行为以及因自身原因延误治疗多重因素作用下所形成的，行为人的行为与被害人的重伤结果之间不具有唯一排他性的因果关系，而法院在三份鉴定意见中最终采纳距离被害人受伤后的时间较短，且考虑到被害人可能存在基础疾病的轻伤鉴定意见，更能客观真实反映被害人的伤情。据此认定行为人构成故意伤害致人轻伤，既符合罪责刑相一致的原则，又体现了宽严相济的刑事政策。

编写人：河南省平顶山市中级人民法院　朱至元

002　事先有重大过错时正当防卫的认定

——向某华故意杀人案

【案件基本信息】

1. 裁判书字号

湖南省高级人民法院（2019）湘刑终104号刑事裁定书

2. 案由：故意杀人罪

【基本案情】

2015年4月，被告人向某华与被害人向某猛（殁年37岁）之妻鄢某相识后发生了不正当性关系，被向某猛发现。后经协商，向某华付给向某猛3万元作为赔偿，并保证不再与鄢某来往。此后，向某华仍与鄢某保持不正当性关系，并向鄢某借款500元。2018年3月月底，向某猛发现鄢某曾借钱给向某华且二人仍有联系，遂打电话要求向某华当面讲清楚，不然就伤害其小孩。同年4月3日，向某华来到湖南省永顺县城，并购买了一把总长约8寸、刀柄上面镶有三颗钉子的屠宰刀随身携带。4月4日凌晨，向某猛、鄢某与向某华按原约定在永顺县城某街（主街之一，系商业步行街）入口处（装有当地社会管理电子防控平台的监控摄像头）见面，向某猛与向某华为还钱和终止与鄢某关系之事发生争吵，后打电话叫被害人向某森（殁年29岁）与沈某某过来帮忙。向某森提着装有三把杀猪刀的蛇皮袋和沈某某赶到后，突然用脚踢向向某华腹部，向某华即掏出屠宰刀追刺向某森。向某森挥舞蛇皮袋对打，其间从袋中先后掉出两把刀，向某猛捡起其中一把刀，双方相互追打。向某华在追打中持刀刺中向某森胸部、背部、右肩、右臂等处，致其当场死亡。向某华又持刀追刺向某猛右背部，并在其倒地后朝其头部猛踩。鄢某护在向某猛身边，将其手中的刀丢弃，向某华欲再踢向某猛头部时，向某猛自己翻身躺在地上，后当场死亡。打斗过程中，向某华左手掌等处受伤。过路群众见状拨打110电话报警和120急救中心电话，向某华亦拨打120急救中心电话。公安人员到达现场后，向某华供认两名被害人系其持屠宰刀捅刺，公安人员遂将其抓获归案。向某森、向某猛均因右肺破裂致大失血而死。

【案件焦点】

向某华的行为依法能否认定为正当防卫或者防卫过当。

【法院裁判要旨】

湖南省湘西土家族苗族自治州中级人民法院经审理认为：向某华故意非法剥夺他人生命，其行为构成故意杀人罪。向某华将向某森、向某猛捅死不能以正当防卫、防卫过当论。向某森、向某猛在本案起因上确有一定过错，但并非重大过错，且向某华有过错在先。向某华虽有自首情节，但不足以对其从轻处罚。

湖南省湘西土家族苗族自治州中级人民法院依照《中华人民共和国刑法》第二百三十二条、第三十六条第一款、第五十七条第一款，《最高人民法院关于适用〈中华人民共和国刑事诉讼法〉的解释》第一百五十五条第一款和第二款、第二百四十一条第二项之规定，判决如下：

被告人向某华犯故意杀人罪，判处死刑，剥夺政治权利终身。

向某华不服一审判决，提起上诉。湖南省高级人民法院经审理认为：向某华在赴约前提前准备了刀具，在对方未亮出刀具的情况下即拿出随身携带的屠宰刀追刺向某森。向某森自始至终都没有从蛇皮袋内拿出刀具，只有挥舞手中蛇皮袋击打和阻挡向某华的捅刺行为。从向某森的尸检鉴定意见及尸检照片来看，其被捅刺部位多集中在腰腹部以上要害部位，从伤口深度可见用刀力度之大，向某华对向某森的致死意图明显。虽然向某猛随后捡起掉落在地的杀猪刀加入了与向某森一起对抗向某华的打斗，但从视频监控可以看出向某华在此过程中有多次逃离避免自身损害的机会，且在向某森被捅刺数刀倒地不起后，向某华并未收手，持刀继续追刺向某猛，在向某猛被刺倒地后，仍用脚踢其头部，且数次持刀靠近，称要搞死他。向某华行为反映了其追求向某猛死亡结果发生的主观故意。一审定性准确。案发前，向某猛曾以伤害向某华小孩等言语相威胁要求与向某华见面，但并未实施该伤害行为。向某猛上述言行虽有不当，但不构成过错。案发时，向某森准备了刀具并先脚踢向某华，在案件起因上确有一定过错，但非重大过错。向某华与鄢某保持不正当男女关系数年，曾承诺不再与鄢某来往，但未能遵守承诺，向某华在本案起因上存在过错。

湖南省高级人民法院依照《中华人民共和国刑法》第二百三十二条、第五十七条第一款、第六十七条第一款以及《中华人民共和国刑事诉讼法》第二百三十六条第一款第一项之规定，裁定如下：

驳回上诉，维持原判。

2020年9月14日，最高人民法院作出（2020）最高法刑核78412609号刑事裁定，核准对向某华的死刑裁判。在该刑事裁定书中，该院首先强调“本案因向某华与被害人之妻长期保持不正当男女关系而引发，向某华持刀连杀二人”。

【法官后语】

本案一审、二审虽然结束于2020年8月28日最高人民法院、最高人民检察院、公安部联合发布《关于依法适用正当防卫制度的指导意见》之前，但最高人民法院作出核准死刑的刑事裁定书，却是在《关于依法适用正当防卫制度的指导意见》发布实施后不久。因此，本案裁判结果及表述的裁判理由，对于正确理解和适用正当防卫制度具有较大借鉴价值。

1. 正确认识正当防卫制度的目的

正当防卫事关人的健康权甚至生命权，对其认定与否不能不慎重。准确理解和把握其法律规定和立法精神，是正确适用该制度的前提。通说认为，正当防卫是为了避免合法权益免受侵害，在紧急情况下制止不法侵害，赋予公民实施自力救济以便保护合法权益的一项措施。存在不法侵害是正当防卫成立的前提，但只有这种不法侵害具有紧迫性时，才允许对其实施正当防卫。因此，规定正当防卫的目的在于在紧急情况下制止不法侵害，以保护合法权益；正当防卫制度的实质在于“以正对不正”，依据“邪不压正”的常理常情。在强调有效激活正当防卫制度的大背景下，同时很有必要强调该制度的目的和实质。

2. 对向某淼脚踢向某华行为性质之认识

向某华与向某猛、向某淼是同一家族的。向某华与鄢某长期保持不正当男女关系且在见面时振振有词、不知悔改，不仅引起向某猛的愤怒，也引起同为族人的向某淼的鄙视和反感。向某淼到现场后，不是首先就拿刀捅刺或者砍杀向某华，只是脚踢其腹部，应该认为只是表现其对于本家族无赖之徒的愤怒情绪，并非为了伤害向某华。该脚踢腹部行为显属发生在一般争吵中的轻微暴力，最多也只能认定为显著轻微的不法侵害，性质上与打一记耳光相同，有别于以给他人身体造成伤害为目的的攻击性不法侵害行为。

3. 合理认定前因后果，不割裂被告人先前重大过错行为与最后发生故意杀人事件之间的有机联系

认定是否构成正当防卫或防卫过当，要注重查明前因后果，以分清是非曲直，确保案件处理于法有据、于理应当、于情相容，符合人民群众的公平正义观念，契合我国文化传统。对于本案因果关系中的“因”，不能只划分到4月4日凌晨双方在永顺县城街头相见。如此划分，就容易将向某华错误的认定为受害人，并将其行为轻易的认定为正当防卫或者防卫过当。应该明确认为，向某华与鄢某长期保持不正当男女关系且不知悔改的重大过错行为，与最后发生故意杀人事件之间存在明显的有机联系，即法律意义上的因果关系。这样就不会将向某华错误认定为受害人，也不会轻易地将其行为认定为正当防卫或者防卫过当。这也是最高人民法院首先强调“本案因向某华与被害人之妻长期保持不正当男女关系而引发”的根本原因和重要意义。

4. 被告人先前过错行为引发的被害人显著轻微不法侵害，被告人不得使用足以致人重伤或者死亡的方式进行防卫

基于正当防卫制度的目的和实质，司法适用中，既要依法维护公民的正当防卫权利，也要注意把握界限，防止滥用防卫权。对于显著轻微的不法侵害，行为人在可以辨识的情况下，直接使用足以致人重伤或者死亡的方式进行制止的，不应认定为防卫行为。不法侵害系因行为人的重大过错引发，行为人在可以使用其他手段避免侵害的情况下，仍故意使用足以致人重伤或者死亡的方式还击的，不应认定为防卫行为。这是必须一直强调并始终坚持的裁判标准。本案中，向某华存在过错行为在先，对于向某淼出于愤怒情绪而脚踢向某华腹部的轻微侵害行为，没有任何正当理由支持其采取严重的暴力行为进行还击；且在此过程中，向某华有多次逃离避免自身损害的机会，却仍然使用足以致人死亡的方式予以还击，当然更不能认定为正当防卫或防卫过当。

编写人：湖南省湘西土家族苗族自治州中级人民法院 胡基厚 欧阳圣艳

003 对防卫行为性质的判断应综合考量

——那某根故意伤害案

【案件基本信息】

1. 裁判书字号

天津市第一中级人民法院（2019）津01刑终69号刑事判决书

2. 案由：故意伤害罪

【基本案情】

被告人那某根在某镇某商贸街经营牛肉面馆，被害人杨某峰为那某根的牛肉面馆供应大米。2018 年 6 月 9 日 10 时许，那某根认为杨某峰供应的大米存在质量和缺斤短两的问题，要求退货，遂与杨某峰、杨某杰二人发生争执，杨某杰、杨某峰手持管制刀具先后至牛肉面馆内找那某根理论，后双方发生肢体冲突，那某根手持菜刀将杨某峰、杨某杰二人砍伤。经鉴定，杨某峰外伤致右颞顶枕部瘢痕长 9.5 厘米的损伤程度为轻伤二级，颈部划伤的损伤程度为轻微伤；杨某杰外伤致右背部皮肤瘢痕长 16 厘米的损伤程度为轻伤二级。案发后，杨某峰、那某根均拨打电话报警，2018 年 7 月 11 日，那某根经公安机关电话传唤到案。

【案件焦点】

那某根的行为是否属于正当防卫。

【法院裁判要旨】

天津市北辰区人民法院经审理认为：那某根故意伤害他人身体健康，致二人轻伤的行为，已构成故意伤害罪，依法应予以惩处。公诉机关指控罪名成立，予以支持。根据法律规定，正当防卫的前提是存在正在进行的不法侵害行为，即要求不法行为已经着手实施，合法权益已经被侵害或者正在面临被侵害的紧迫危险，现有证据虽然能够证实杨某峰持管制刀具进入牛肉面馆，但无证据证实杨某峰持刀要对那某根进行不法侵害，在双方发生肢体冲突后，那某根在已经摆脱二被害人进入厨房的情况下，二被害人也未持刀对其进行伤害，而那某根却选择在厨房内取出菜刀砍伤二被害人，其行为缺乏正当防卫的紧迫性和必要性，不应认定为正当防卫，故对那某根提出其构成正当防卫的辩解意见，不予采纳。那某根曾因犯罪被判处有期徒刑以上刑罚，其在刑罚执行完毕后五年内故意再犯应当判处有期徒刑以上刑罚之罪，系累犯，应从重处罚；其经公安机关电话传唤到案，到案后如实供述了其持刀砍伤二被害人的主要犯罪过程，其对犯罪行为性质的辩解不影响如实供述的认定，故可以认定那某根具有自首情节，依法对其从轻处罚。那某根应赔偿其伤害行为造成附带民事诉讼原告人杨某峰、杨某杰经法院依法确认的经济损失。

天津市北辰区人民法院依照《中华人民共和国刑法》第二百三十四条第一款、第四十五条、第四十七条、第六十四条、第六十五条第一款，《中华人民共和国侵权责任法》第四条第一款及《最高人民法院关于审理人身损害赔偿案件适用法律若干问题的解释》第十七条第一款、第十九条、第二十条、第二十一条、第二十二条、第二十三条第一款之规定，判决如下：

一、被告人那某根犯故意伤害罪，判处有期徒刑一年六个月；

二、作案工具菜刀一把，由暂扣单位依法予以没收；

三、被告人那某根于判决生效后十日内分别赔偿附带民事诉讼原告人杨某峰各项经济损失 8656.99 元、附带民事诉讼原告人杨某杰各项经济损失 17955.73 元；

四、驳回附带民事诉讼原告人杨某峰、杨某杰的其他诉讼请求。

那某根不服一审判决，提起上诉。天津市第一中级人民法院经审理认为：《中华人民共和国刑法》第二十条规定："为了使国家、公共利益、本人或者他人的人身、财产和其他权利免受正在进行的不法侵害，而采取的制止不法侵害的行为，对不法侵害人造成损害的，属于正当防卫，不负刑事责任。正当防卫明显超过必要限度造成重大损害的，应当负刑事责任，但是应当减轻或者免除处罚……”具体到本案中，根据以下情况进行认定。

1. 杨某杰与手持管制刀具的杨某峰兄弟二人突然闯入上诉人那某根经营的牛肉面馆，且已着手对那某根实施了肢体攻击，该二人的行为对那某根的人身安全造成了威胁，存在刑法意义上的不法侵害。案发当日，那某根与杨某峰因供应的大米质量和重量问题发生纠纷后，杨某峰遂纠集其弟杨某杰，并手持管制刀具与其弟闯入那某根经营的牛肉面馆，双方发生言语冲突，杨某杰首先上前手掐那某根的脖子，杨某峰手持刀具站立在旁，该兄弟二人的行为对那某根的精神和人身安全均造成了威胁，构成刑法意义上的不法侵害，那某根为制止该不法侵害而实施防卫行为，具有正当性。

2. 那某根对正在进行的不法侵害实施防卫，具有必要性和紧迫性。（1）从不法侵害的危险性来看，杨某峰手持管制刀具与其弟杨某杰突然闯入那某根经营的牛肉面馆，并且在其弟与那某根发生肢体冲突时，持刀站立在旁，尽管双方对当时杨某峰是否有持刀比画、捅刺动作的说法不一，但杨某峰手持较长的管制刀具且距离那某根距离很近，加之杨某杰已经上前对那某根实施了手掐脖子的行为，足以认定杨某峰兄弟二人的行为对那某根的人身安全造成了很大的现实危险。（2）从双方力量对比来看，那某根孤身一人（厨师在做饭，店内没有顾客），且其案发时是在工作状态，那某根对对方的到来和即将发生的事情没有任何思想和行动上的准备；相反，杨某峰、杨某杰兄弟二人事先有预谋且杨某峰手持管制刀具，突然闯入那某根经营的牛肉面馆滋事，双方力量明显处于不对等的状态。（3）从现场的客观环境来看，案发现场的牛肉面馆面积不足30平方米（包括前厅和厨房)，厨房是在房间尽头用隔断截出的，面积仅能容纳2人至3人，与前厅之间无隔离门，也无后门。前厅摆放4张餐桌和流动餐车、冰箱，活动空间狭窄，牛肉面馆仅有一正门出入口，人员出入受限。案发时，当杨某峰、杨某杰兄弟二人从正门进到前厅之时即已封堵了牛肉面馆出口，对那某根来讲已经无路可逃。(4) 从那某根（防卫人）的主观认知来看，杨某杰与手持管制刀具的杨某峰兄弟二人前后闯入那某根经营的牛肉面馆，先是语言威胁，继而杨某杰又实施了掐脖子的行为，即使那某根暂时挣脱开杨某杰的掐拽，但基于现场条件，其只有转身进入厨房躲避的可能，而厨房狭小封闭，且没有逃离通道，其在当时精神紧张和恐惧的状态下，主观上难以判断出接下来是否会发生更危险的行为，客观上此时手持管制刀具的杨某峰与其弟仍没离开餐馆前厅，对那某根不法侵害的现实危险性并未消除。那某根在进退均无法摆脱现实危险的境况下，具有防卫的必要性和紧迫性，其为制止正在进行的不法侵害，从厨房顺手拿起操作台上的菜刀砍向对方实施防卫，符合人的正常心理活动和预期。

3. 那某根的防卫行为没有明显超过必要限度造成重大损害。尽管那某根在厨房顺手操起两把菜刀（左手、右手各拿一把）转身砍向正对其滋事的兄弟二人，但在案证据显示，其首先砍向的是手持刀具危险性较大的杨某峰，且对每人仅砍一刀，损伤程度（瘢痕长度）均属轻伤二级，该损伤结果与对方实施的不法侵害程度相当，没有明显超过必要限度，没有造成重大损害，故不属于防卫过当。

综上，那某根的行为符合正当防卫的成立条件，且没有明显超过必要限度，没有造成重大损害。那某根为了使本人的人身安全免受正在进行的不法侵害，而采取的制止不法侵害的行为，属于正当防卫。虽然其行为造成对方二人各轻伤二级的后果，但没有明显超过必要限度造成重大损害，不负刑事责任。对方因伤造成的经济损失，那某根不负民事赔偿责任。原审认定那某根的行为构成故意伤害罪以及判决赔偿对方经济损失不当，应予纠正。那某根的上诉理由及辩护人的相关辩护意见，具有事实和法律依据，予以采纳；对天津市人民检察院第一分院的意见，予以支持。

天津市第一中级人民法院依据《中华人民共和国刑法》第二十条第一款、《中华人民共和国刑事诉讼法》第二百三十六条第一款第二项之规定判决如下：

一、撤销天津市北辰区人民法院刑事附带民事判决；

二、上诉人（原审被告人）那某根无罪；

三、驳回原审附带民事诉讼原告人杨某峰、杨某杰的诉讼请求。

【法官后语】

近年来，正当防卫问题引发社会广泛关注，反映了人民群众对民主、法治、公平、正义、安全的普遍诉求。准确适用正当防卫制度，对于符合正当防卫成立条件的，坚决依法认定，保护公民合法权利，是弘扬社会正气，对“法不能向不法让步”的法治精神的坚决捍卫。本案的焦点问题是那某根的行为是否属于正当防卫。一般认为正当防卫应具备以下几个条件：防卫起因（存在不法侵害）、防卫对象（不法侵害人）、防卫时间（不法侵害正在进行）、防卫限度（不超过必要限度）、防卫意图（制止不法侵害的意图），其中防卫的时间、限度以及意图条件往往需要结合具体案件情况进行判断。

对于防卫的时间条件，正当防卫要求必须是针对正在进行的不法侵害，具有必要性和紧迫性。所谓正在进行即指不法侵害处于已经开始并且尚未结束的阶段，尽管理论上对于不法侵害的开始和结束存在不同的观点，但实践中需要明确的是，对该问题的判断，要立足防卫人在防卫时所处情境，按照社会公众的一般认知，依法作出合乎情理的判断，不能以事后理性人的标准苛求防卫人。本案中，从不法侵害的危险性、双方力量对比来看，杨某峰纠集其弟杨某杰，并手持管制刀具与其弟闯入那某根经营的牛肉面馆，双方发生言语冲突，杨某杰首先上前手掐那某根的脖子，杨某峰手持刀具站立在旁，对那某根的人身安全造成了很大的现实危险，且双方力量明显处于不对等的状态；从现场的客观环境来看，牛肉面馆仅有一正门出入口，人员出入受限，而案发时杨某峰兄弟二人从正门进到前厅之时即已封堵了牛肉面馆出口，对那某根而言其只有转身进入厨房躲避的可能，而厨房狭小封闭，没有逃离通道，在进退均无法摆脱现实危险的境况下，具有防卫的必要性和紧迫性；且其当时在精神紧张和恐惧的状态下，主观上难以判断出接下来是否会发生更危险的行为，客观上此时手持管制刀具的杨某峰与其弟仍没离开牛肉面馆前厅，对那某根不法侵害的现实危险性并未消除，其为制止正在进行的不法侵害，从厨房顺手拿起操作台上的菜刀砍向对方实施防卫，符合人的正常心理活动和预期。

正当防卫的另一个基本要素是适度性，根据刑法的规定，正当防卫不能明显超过必要限度造成重大损害。对防卫是否“明显超过必要限度”，应当综合考虑不法侵害行为与防卫行为的性质、手段、强度、后果等情节，立足防卫人防卫时的所处情境，结合社会公众一般认知作出判断。本案中虽然那某根的行为造成对方二人各轻伤二级的后果，但没有明显超过必要限度造成重大损害。按照法律规定那某根为了使本人的人身安全免受正在进行的不法侵害，而采取的制止不法侵害的行为，属于正当防卫，不负刑事责任。

正当防卫是一种私力救济，其本质是“正对不正”，对防卫人不能过于苛求，其适用应当有利于动员和鼓励人民群众见义勇为，积极同犯罪做斗争。

编写人：天津市第一中级人民法院　王珊

004 职务侵占罪与盗窃罪行为内容的区分
——黄某某盗窃案

【案件基本信息】

1. 裁判书字号

广东省深圳市中级人民法院（2019）粤 03 刑终 1603 号刑事裁定书

2. 案由：盗窃罪

【基本案情】

被告人黄某某为深圳甲公司员工，职务为金融部融资经理，职责范围为融资洽谈，不包括公司及客户款项的进出账管理、扣划、支付等财务事宜。2018 年 3 月 14 日，深圳甲公司为与其有汽车经销业务往来的武汉某公司提供担保，通过向“绿化贷”平台发布借款标，与名义出借人深圳乙公司订立借款担保合同，为武汉某公司向深圳甲公司购车进行融资。该笔业务中深圳甲公司负责洽谈的是市场部，其金融部应负责审核资料并提交给资金方对接筹款进度，然后反馈给财务部，财务部应负责掌握武汉某公司的银行卡、U 盾和密码，并将信息录入资金方提供的 APP 上的注册虚拟账号，资金方筹集齐 100 万元后将款项转入虚拟账号，再转入武汉某公司银行账户，再转入深圳甲公司银行账户作为武汉某公司的购车款。深圳甲公司业务流程规定只有财务部才能负责资金的流动。

2018 年 3 月 19 日，根据前述融资安排，武汉某公司将以其名义开立的银行卡、U 盾、密码等资料快递至深圳甲公司。黄某某在上述快递寄送到公司前台后，私自从公司前台文员处截留，未按规定上交公司财务，并于 2018 年 3 月 28 日使用该 U 盾及银行卡，在资金方将 100 万元转入平台虚拟账户后当即将该款项分三次转入其实际控制的户名为黎某珠的银行账户，部分用于归还个人债务，部分用于网络赌博并输光。其间，在深圳甲公司财务部向各部门同事询问是否有人收到该快递时，黄某某隐瞒不报。

【案件焦点】

如何根据事实区分是单位工作人员利用工作机会实施的盗窃行为还是利用职务便利实施的职务侵占行为。

【法院裁判要旨】

广东省深圳市福田区人民法院经审理认为：职务侵占罪是指公司、企业或者其他单位的人员，利用职务上的便利，将本单位财物非法占为己有，数额较大的行为。其中“利用职务上的便利”并非普通意义上的经手单位某项财物，而是指对某项财物支配与控制的职权，即行为人利用了其本人职务上所具有的决定或处置单位某项财物的职权，而并不是简单地利用工作机会实施侵占行为。本案中，黄某某利用其在深圳甲公司内工作且负有接收及整合资料、联系相对方的机会，私自截留公司融资业务中涉及的银行卡、密码等资料，未按规定上交财务，在公司不知道其持有相关资料的情况下，利用其对业务流程及操作手段的了解，将公司钱款人民币 100 万元秘密窃取至其控制的个人银行账户中，符合盗窃罪的构成要件。在黄某某前述行为发生时，融资资金虽流转至武汉某公司名下账户，但整个融资交易流程实为深圳甲公司控制资金流向，涉案款项在黄某某窃取行为发生时系处于深圳甲公司占有下的财产。黄某某行为已构成盗窃罪，数额特别巨大，依法应予以严惩。

广东省深圳市福田区人民法院依照《中华人民共和国刑法》第二百六十四条、第五十二条、第五十三条、第六十四条之规定，作出如下判决：

一、被告人黄某某犯盗窃罪，判处有期徒刑十一年，并处罚金人民币 3 万元；

二、责令被告人黄某某向被害单位深圳甲公司退赔犯罪所得人民币 100 万元。

黄某某不服一审判决，提起上诉。广东省深圳市中级人民法院经审理认为：黄某某的行为已构成盗窃罪，其盗窃数额特别巨大，且未向被害单位退赔，依法应予以严惩。对于黄某某的辩解意见，经查均已在一审时提出，原判决不予采纳并已充分说明理由。原判决根据上诉人黄某某犯罪的事实、性质、情节和对于社会的危害程度，对上诉人量刑适当。黄某某的上诉理由及其辩护人的辩护意见均不能成立，不予采纳。

广东省深圳市中级人民法院依照《中华人民共和国刑事诉讼法》

第二百三十六条第一款第一项的规定，作出如下裁定：

驳回黄某某的上诉，维持原判。

【法官后语】

涉及被告人在工作场所利用与职务相关的条件或机会从事非法占有单位财物行为的案件近年来多有发生，公诉机关根据个案不同的事实和证据，以职务侵占罪、挪用罪、盗窃罪起诉的情形均有；这反映出此类犯罪行为根据案件具体事实的不同需以不同罪名定性的问题，进而很大程度上影响量刑幅度，因此多为审理中的争议焦点。

关于盗窃罪和职务侵占罪在本案所涉的类似情形下如何区分的问题。从行为对象而言，盗窃罪的行为对象是他人占有的财物，包括有体物和无体物以及财产性收益，而职务侵占罪的行为对象是行为人所在的本单位财物，包括单位现存的财物和确定的收益。行为人所在本单位的财物亦属他人占有的财物，因此二者在行为对象方面存在涵盖关系。从行为主体而言，盗窃罪的行为主体没有特殊身份要求，而职务侵占罪的行为主体是公司、企业或者其他单位的人员，亦存在涵盖关系。在以上两个方面，职务侵占罪相较于盗窃罪而言要求的行为对象及行为主体范围较窄，一般情况下符合职务侵占罪行为对象及行为主体要求的情形，同样符合盗窃罪的要求。从责任要素而言，二者均为故意。

继而，盗窃罪与职务侵占罪的主要区别需从行为内容着手。盗窃罪的行为内容是窃取他人占有的财物，窃取是指违反被害人的意志，将他人占有的财物转移为自己或第三者占有，其行为特征通常情况下具有秘密性。同时，窃取行为是排除他人对财物的支配，建立新的支配关系的过程，而被害人丧失占有的财物与行为人设立新的支配的财物必须具有同一性。而职务侵占罪的行为内容为利用职务上的便利，将数额较大的单位财物非法占为己有，职务侵占罪包括利用职务上的便利窃取、骗取、侵占本单位财物的行为以及其他将本单位财物占为己有的行为。换言之，《中华人民共和国刑法》第二百七十一条规定的行为，实际上是公司、企业、单位人员的贪污行为，而不只是狭义的侵占行为。首先，行为人必须利用了职务上的便利，即利用自己主管、管理、经营、经手单位财物的便利条件。但这里的“主管”“管理”“经营”并不是指普通意义上的经手，应是指对单位财物的支配与控制；或者说，利用职务上的便利是指利用本人职务上所具有的自我决定或者处置单位财物的权利、职权，而不仅仅是利用工作机会。如仅仅是利用工作机会为窃取财物创造条件及可能性，则仍然是盗窃行为，而不是将基于职务、职责而管理、经手的财物占为已有的职务侵占行为。其次，必须将单位财物非法占为己有，包括将基于职务管理的单位财物非法占为己有（侵占），以及利用职务之便的窃取、骗取等行为，其中的“非法占为己有”，不限于行为人所有，还包括使第三者所有。最后，必须非法占有了数额较大的单位财物，根据《最高人民法院、最高人民检察院关于办理贪污贿赂刑事案件适用法律若干问题的解释》的规定，6万元以上为数额较大。综上，根据行为内容的具体构成，本案被告人的行为应构成盗窃罪而非职务侵占罪。

编写人：广东省深圳市福田区人民法院　吴爽

005 “因公”滥用职权行为的定性与刑罚必要性的考量

——罗某利滥用职权案

【案件基本信息】

1. 裁判书字号

浙江省温州市中级人民法院（2021）浙03刑终71号刑事裁定书

2. 案由：滥用职权罪

【基本案情】

2015年至2018年，陈某乐纠集社会闲散青年，在某镇组成相对固定的恶势力犯罪集团，多次实施寻衅滋事等犯罪行为，造成恶劣的社会影响。2017年5月11日，陈某乐帮朋友向徐某涛讲情，让其宽限朋友还欠款的期限，但遭到拒绝并发生口角，陈某乐认为对方不给其面子，便纠集十余人持刀、棍对徐某涛手机店大门进行打砸，并向店内扔刀、棍和石头，造成店内徐某涛的二位朋友受伤、电脑等财物被砸毁的后果（此案以下简称“陈某乐案”）。

某镇派出所接警后处置并指派罗某利作为“陈某乐案”的主办民警，时任该派出所所长的张某某因工作需要过问“陈某乐案”并让罗某利对陈某乐给予“照顾”。2017年6月5日，陈某乐持“调解协议书”来到某镇派出所，罗某利明知“陈某乐案”根据相关规定不能调解结案，在接受“调解协议书”并对陈某乐进行简单询问后予以“教育释放”，后于同年6月8日以“因该案嫌疑人案后一直在逃，且案情复杂，证据无法短时间内取得，无法在三十日内办结”为由延长办案期限，于同年7月10日以“嫌疑人未到案”为由制作《不能按期结案说明书》，且于此后未继续查办“陈某乐案”，致使陈某乐等多人未被及时追究法律责任，此后以陈某乐为首要分子的恶势力犯罪集团进一步发展并实施了开设赌场等犯罪行为。

2018年，某县公安局在梳理研判黑恶线索过程中发现陈某乐等人涉嫌系恶势力犯罪集团及“陈某乐案”未结案（后依法转为刑事案件查处）。后陈某乐等人因犯寻衅滋事罪（包括“陈某乐案”）等被判处有期徒刑一年至有期徒刑五年六个月等刑罚。

【案件焦点】

罗某利“因公”滥用职权的行为如何定性，对其予以刑事处罚的必要性如何考量。

【法院裁判要旨】

浙江省温州市瓯海区人民法院经审理认为：罗某利身为国家机关工作人员，不正确行使职权，导致陈某乐等多人未被及时追究法律责任等结果发生，造成恶劣的社会影响，其行为已构成滥用职权罪，公诉机关指控的罪名成立，罗某利及辩护人提出其无罪的意见不予采纳。基于本案的犯罪情节、社会危害性及罗某利的认罪态度等综合因素考虑，依法对其不宜免予刑事处罚，辩护人提出本案即使构罪亦应免刑的意见不予采纳；但公诉机关提出判处其有期徒刑一年四个月至一年七个月的量刑建议过重，应予以调整。

浙江省温州市瓯海区人民法院依照《中华人民共和国刑法》第

三百九十七条第一款之规定，判决如下：

被告人罗某利犯滥用职权罪，判处有期徒刑十个月。

罗某利持原审辩解提起上诉，公诉机关以一审判决量刑畸轻为由提出抗诉。浙江省温州市中级人民法院经审理认为：罗某利身为国家机关工作人员，不正确行使职权，导致陈某乐等多人未被及时追究法律责任，造成恶劣的社会影响，其行为已构成滥用职权罪。浙江省温州市人民检察院关于撤回抗诉的要求，没有违反法律规定，予以准许。原判定罪准确，量刑适当，审判程序合法，予以维持；罗某利及其辩护人的上诉意见和理由不予采纳。

浙江省温州市中级人民法院依照《中华人民共和国刑法》第三百九十七条第一款和《中华人民共和国刑事诉讼法》第二百三十六条第一款第一项，《最高人民法院关于适用〈中华人民共和国刑事诉讼法〉的解释》第三百八十五条、第三百八十六条之规定，裁定如下：

一、准许浙江省温州市人民检察院撤回抗诉；

二、驳回上诉，维持原判。

【法官后语】

本案的争议焦点是“因公”滥用职权行为的定性及刑罚的必要性。对此，分析如下。

1.“因公”滥用职权行为所涉嫌的罪名

《最高人民法院、最高人民检察院关于办理渎职刑事案件适用法律若干问题的解释（一）》第二条第二款规定，国家机关工作人员滥用职权或者玩忽职守，因不具备徇私舞弊等情形，不符合刑法分则第九章第三百九十八条至第四百一十九条的规定，但依法构成第三百九十七条规定的犯罪的，以滥用职权罪或者玩忽职守罪定罪处罚。2003 年 11 月 13 日施行的《全国法院审理经济犯罪案件工作座谈会纪要》指出，国家机关工作人员为了本单位的利益，实施滥用职权、玩忽职守行为，构成犯罪的，依照刑法第三百九十七条第一款的规定定罪处罚。因此，行为人“徇私”或是“因公”所涉嫌的犯罪都是滥用职权罪。

2. 罗某利的行为是否构成犯罪

滥用职权罪是指国家机关工作人员超越职权，违法决定、处理其无权决定、处理的事项，或者违反规定处理公务，致使公共财产、国家和人民利益遭受重大损失的行为。（1）罗某利是否有上述客观行为和主观故意。根据相关规定，“陈某乐案”符合应予立案追诉标准，而罗某利依法应开展侦查且不得调解处理此案，故其行为符合构罪的客观要件。滥用职权罪的主观是故意，不管行为人是为了自己的利益还是他人利益，都不影响构罪；罗某利具有法学大学文化，接受过相关警务培训，并有十二年派出所工作经历且有主办类似案件的经验，其客观行为亦反映主观存在犯意，故应认定其基于领导“过问”、提出“照顾”等原因而故意为之。（2）罗某利的行为是否致使公共财产、国家和人民利益遭受重大损失。根据《最高人民法院、最高人民检察院关于办理渎职刑事案件适用法律若干问题的解释（一）》的规定，认定滥用职权罪中“致使公共财产、国家和人民利益遭受重大损失”的情形包括“造成恶劣社会影响的”。罗某利的行为背离了人民群众对公安工作的现实需求和愿望，结合“陈某乐案”犯罪行为的社会危害性，这已严重损害国家机关的正常活动和声誉，足以认定其行为“造成恶劣的社会影响”。此外，滥用职权行为与造成的恶劣社会影响之间的因果关系错综复杂，有直接、间接原因，有主要、次要原因，有领导者、直接责任人员的责任；实践中，应根据刑法因果关系的原理，通过分析行为人的行为导致结果发生的可能性大小、介入因素对结果发生的作用大小、介入因素的异常程度等来判断行为人的行为与结果之间是否存在因果关系。罗某利作为“陈某乐案”的主办民警是直接责任人员，其滥用职权行为是导致“造成恶劣社会影响”的直接原因、主要原因，据此足以认定其“滥用职权”的行为与“造成恶劣社会影响”的结果之间有必然因果联系，具有刑法上的因果关系。

3. 对罗某利予以刑罚的必要性考量

《中华人民共和国刑法》第三十七条规定：“对于犯罪情节轻微不需要判处刑罚的，可以免予刑事处罚……”故只有犯罪的性质、情节及危害后果都很轻，罪犯的认罪、悔罪态度好等条件同时具备才能免予刑事处罚。罗某利的行为造成恶劣社会影响且其拒不认罪，不符合免予刑事处罚的法定条件。对于量刑，结合全案情况客观分析其作为直接责任人员应承担的责任，以及当前的刑事政策、社会形势，参考关联案件处理、同地区同时期相似判例，并充分考虑各种量刑情节及其主观恶性、认罪态度等因素，判处罗某利有期徒刑十个月是罚当其罪，确保了罪责刑相适应，更实现了裁判的法律效果和社会效果、政治效果有机统一。

编写人：浙江省温州市瓯海区人民法院　潘小华

006 金融不良资产不能作为诈骗罪的犯罪对象

——王某诈骗案

【案件基本信息】

1. 裁判书字号

内蒙古自治区高级人民法院（2020）内刑终123号刑事裁定书

2. 案由：诈骗罪

【基本案情】

2016年1月22日，公安部将甲资产管理公司呼和浩特市办事处（以下简称甲公司）被举报涉嫌经济犯罪的线索移交给内蒙古公安厅进行审查。内蒙古公安厅对甲公司展开初查并于2016年3月25日以涉嫌犯国有公司、企业、事业单位人员失职罪对该单位相关工作人员立案侦查（另案处理）。初查中发现，为甲公司代理诉讼追偿业务的律师王某于2013年4月8日以他人名义在北京注册成立乙投资顾问公司（以下简称乙公司），并以该公司名义购得甲公司涉案债权进行诉讼追偿，案件举报人被列为诉讼追偿案件的被告人，从而引发此案。2016年8月11日，内蒙古公安厅对王某立案侦查，发现王某于2009年3月4日以他人名义在北京注册成立丙投资顾问公司（以下简称丙公司），并以该公司名义购得其代理诉讼追偿业务的丁资产管理公司（以下简称丁公司）一笔5户债权的债权包，并以丙公司名义进行追偿，具体事实如下。

1. 王某购买甲公司金融不良债权的事实

戊公司于2000年12月从某银行海淀区支行贷款2950万元，到期未能偿还。该行于2002年8月9日经过司法程序胜诉后因无财产可供执行，于2004年6月28日将上述债权剥离给己资产管理公司北京办事处（以下简称己公司），己公司于同年11月29日将该债权转让给庚资产管理公司北京办事处（以下简称庚公司），庚公司于2011年6月5日将该债权转让给丁公司，丁公司于同年7月5日转让给甲公司。甲公司取得该债权后，成立了项目组并于2012年6月15日与某律师事务所签订了《一般风险代理协议》，由王某律师团队代理该债权的诉讼追偿。甲公司于2012年7月6日向北京市第一中级人民法院提出申请追加戊公司的6位股东（公司）为申请被执行人。该案件执行法官告知王某团队：除A公司（其中1位股东）可能存在出资不实的情况外，如果想追究其他公司责任，应向法院另行提出诉讼而不是在执行程序中提出追加申请。王某团队成员彭某萍律师于2013年3月12日作出情况说明，并将上述情况告知了甲公司，凌某律师于2013年3月13日通过邮箱发给王某一份与上述内容相符的情况说明，王某未将凌某发给他的该份情况说明转给甲公司。甲公司于2013年11月18日在某金融资产交易所挂牌转让该不良资产债权。王某控制的乙公司于同年12月6日以195万元的价格购得该债权并进行诉讼追偿。内蒙古公安厅立案侦查后，甲公司经与王某协调，乙公司于5月13日将该债权退还给甲公司。

2. 王某购买丁公司债权包5户债权的事实

丁公司于2007年12月19日从庚公司受让了一批银行不良资

产债权包。2008 年 4 月 3 日，丁公司与庚公司约定，共同成立辛资产管理公司（以下简称辛公司），系丁公司的子公司，受丁公司委托处置不良资产，以庚公司名义进行诉讼追偿。2007 年 12 月 12 日至 2011 年 6 月 7 日，某律师事务所与丁公司签定了相关债权《专项法律事务顾问合同》等协议，王某作为某律师事务所指派律师，为实现 5 户债权提供法律服务。2009 年 9 月 1 日，辛公司诉求 B 公司（其中 1 户债务人）股东的股东壬能源集团（以下简称壬集团）承担 B 公司债务连带清偿责任，偿还本息等共计 6680 万多余元。2010 年 3 月，壬集团与辛公司债权负责人陈某术、袁某标以及王某多次协商以租金抵顶债务问题，被辛公司否决。后王某提出通过其个人能力和社会关系为壬集团介绍引进癸资产管理公司（以下简称癸公司）融资的方式间接解决该户债务人债务的设想，但能否实现尚不能确定。2010 年 6 月 7 日、8 月 12 日，王某以其控制的丙公司向辛公司提出收购 5 户债权包的请求并提交相关材料。7 月 22 日，辛公司收到王某递交的丙公司收购意向函，陈某术、袁某标根据该收购意向函起草了《关于不良债权项目组包转让处置预案的请示》，层报丁公司并获得同意。9 月 26 日，寅能源投资公司（以下简称寅公司）、卯科技发展公司（以下简称卯公司）与丙公司采取围标的形式，向丁公司提出收购 5 户债权包的意向函，丙公司支付保证金 900 万元。次日，寅公司与丁公司签定了资产转让合同，取得 5 户债权。2011 年 7 月 25 日，寅公司与丙公司签订资产转让合同，将债权包转让给丙公司，王某支付收购款 1500 万元。壬集团与癸公司在 2011 年 6 月、11 月两次签约，12 月 30 日实施债权投资计划。丙公司于 2011 年 12 月 29

日与壬集团及其下属电厂协商并签订《财务顾问协议》；2012 年 1 月 6 日至 4 月 26 日收取壬集团下属三家电厂支付服务顾问费 2520 万元。2015 年 11 月 26 日丙公司经司法程序取得另外 1 户债务人房屋一套的产权证。其他 3 户债权至案发均未实现。

【案件焦点】

被告人王某的行为是否构成诈骗罪。

【法院裁判要旨】

内蒙古自治区呼和浩特市中级人民法院经审理认为：在甲公司案件中，王某虽未将应诉讼追偿的内容及时告知甲公司，但王某团队的彭某萍、凌某已告知了甲公司，因此王某的行为与甲公司对外转让该笔债权的自愿行为和价值判断没有必然的因果关系。即使王某受让甲公司债权的行为构成诈骗，但因王某在立案前已经将取得的债权全部返还甲公司，甲公司未受到损失，王某的行为因最终未取得财物不构成诈骗罪。

在丁公司案件中，王某在代理诉讼追偿丁公司涉案不良资产债权包事宜时，已经过诉讼、执行等司法程序，并就其所代理债权在短期内无法实现的情况向委托人丁公司及辛公司出具了法律意见书，在其受让该债权包时，5 户不良债权在短期内无法实现系客观存在。因此，丁公司按照处置不良资产债权的原则、程序公开对外转让涉案债权包并非基于错误认识处置财产。王某实际取得不良资产债权后如何实现、实现多少，与丁公司已没有任何关系。如果因不良资产人收购获得较好的债权收益就要追究其刑事责任，势必会扩大刑法的打击范围，突破其立法本意，属于以刑事手段插手经济纠纷的情形。就涉案债权包中B公司债权的实现，是王某和丁公司相关领导与B公司股东的母公司壬集团谈判协商以房屋租金抵顶债务的方案被丁公司否决，王某在其实际控制的公司受让取得债权包所有权后，通过自己的社会关系和业务水平，经过努力最终以收取财务顾问服务费的方式变相抵顶实现，与丁公司在委托王某代理该户债权就一定能实现的愿望没有因果关系；后1户债权的实现，虽是王某取得债权包以后，通过法院司法程序最终将查封在案的住宅执行取得，但在案证据不足以证实王某在收购该债权包前就已经知道被查封房屋的基本状况，故不存在隐瞒真相的事实；其他3户债权至案发均未实现，也就无法认定王某骗取的具体数额。且在案证据能够证实丁公司按照处置金融不良资产实现债权的比例计算并未亏损，因此王某以其实际控制的丙公司受让丁公司债权包的行为，虽有不符合常理之处，但并不能排除合理怀疑，达到认定刑事犯罪证据的唯一性，因此不符合诈骗罪的构成要件，王某依法不构成诈骗罪。

内蒙古自治区呼和浩特市中级人民法院依照《中华人民共和国刑事诉讼法》第二百条第二项、第三项的规定，判决被告人王某无罪。

宣判后，内蒙古自治区呼和浩特市人民检察院以“王某故意隐瞒关键性事实，导致甲公司和丁公司对涉案债权的法律状态和价值产生错误认识，最终以低价将债权实际转让给王某，造成经济损失，王某行为构成诈骗罪”为由，提起抗诉，内蒙古自治区人民检察院支持抗诉。

内蒙古自治区高级人民法院经审理认为：被告人王某的两起涉案事实均不构成诈骗罪，理由如下。

1. 关于戊公司债权的事实

甲公司因戊公司6位股东中的1位股东A公司可能存在出资不实的情况，已申请法院追加6家公司为被执行人，在案证据证实甲公司在转让债权前，明知该股东应承担债务责任的相关事实，王某查找到戊公司股东出资不实问题并告知甲公司，已尽到代理律师的提示义务，不存在隐瞒真相的行为。王某将债权的追偿线索告知甲公司，甲公司在执行程序中申请追加6家公司为申请被执行人，不存在因王某的欺骗陷入错误认识。甲公司之所以作出拍卖债权的处分决定，是因为已对该股东偿债可能性大小作出内部评估，其确实并无偿债能力，而且从法律角度，要求其他股东为其承担出资不实的连带责任也不可能实现。甲公司并未因王某的行为而陷入错误认识，甲公司转让债权的处分行为与王某行为不具有因果关系。

2. 关于B公司等5户债权的事实

B公司债权的委托代理协议约定，丁公司委托某律师事务所提供专项法律服务，并不涉及委托资产实体权利处分的事项，王某引进投资计划的行为不属于代理债权的工作职责范围。另外，王某虽然借用辛公司的名义与壬集团谈判，借助的是丁公司的平台，但投资计划、项目引进、与投资方协商均是依靠王某个人能力促成，丁公司和辛公司均未实质参与，而劳务顾问费用具有专属性，应归于真正促成投资的王某本人。王某行为的不当之处在于利用被委托人的平台为自己代理，属违背诚信的行为，而并非是未将自己的工作成果告知丁公司的行为。

辛公司转让B公司等5户债权的处分决定，并非是因为王某隐瞒投资谈判进展所导致，二者之间没有必然的因果关系。辛公司在知悉B公司项目中存在壬集团滥用股东权力的情况，且应承担B公司债务的线索后，曾拟对壬集团提起诉讼，但最终放弃诉讼途径而采用了拍卖债权的方式，是因为综合考量后，王某出价1500万元收购债权，可使该债权实现极高盈利率，并能及时回笼资金。在丁公司转让债权时，无证据证明该融资计划一定能够成功，无法认定王某的隐瞒行为必然导致丁公司的损失。1500万元出售债权完全由丁公司定价，虽然王某通过控制的丙公司对丁公司债权售价进行建议，但最终还是由丁公司定价，1500万元出售债权盈利率高达100%以上，王某以此价格购买，不存在王某造成丁公司损失的问题。

综上，王某以其实际控制的公司购买其代理追偿的不良债权，违反金融资产相关法律规定，但其行为不构成诈骗罪。检察机关认为王某隐瞒事实，甲公司及丁公司因王某的行为陷入错误认识，作出财产处分决定从而造成损失的抗诉意见无事实法律依据，不予采纳。

内蒙古自治区高级人民法院依照《中华人民共和国刑事诉讼法》第二百三十六条第一款第一项之规定，裁定如下：

驳回抗诉，维持原判。

【法官后语】

本案系将金融不良债权交易作为诈骗罪的案件，争议焦点在于被告人王某的行为是否构成诈骗罪，按照审理诈骗案件的研判思路，主要应从诈骗罪的犯罪构成要件评价涉案行为，而本案中最为关键的争议焦点在于金融不良资产能否作为诈骗罪的犯罪对象，要判断这一问题，就需结合金融不良资产的定义、性质和特点予以考量。

金融不良资产是指处于非良好经营状态的，不能及时给银行带来正常利息收入甚至难以收回本金的银行资产，主要指不良贷款，也称不良债权。其特点有：（1）没有确定价值，因为没有明确财产线索、责任方无清偿意愿和能力、通过正常法律催收程序难以清偿，是否具有清偿可能性等难以预计，购买方买到的是继续向责任方主张债权的机会以及实现债权的不确定利益和债权无法获得清偿的风险，不是已取得了或者日后必然会取得的特定清偿金额。(2) 交易价格由买卖双方商定，实质是在各自判断债权日后清偿可能性，不同的人去评价同一债权的价值都不同，不良债权的经济价值还与“时间点”密切相关，无法准确判断某一个因素对交易价格的具体影响，也无法预测可能会造成多少经济损失。(3) 允许受让人获利是不良债权交易市场能够存在的基石，受让人在购买后可能有新发现的财产线索，或依据自身能力整合多种社会资源创设新的解决方案，是在承担交易成本和风险后合法获取利润，除了债权本身的价值，还附加了受让人自身能力的价值体现。(4) 交易价格大多数远低于账面本息金额，原因是债务人没有清偿能力、拒不履行清偿义务，导致债权的可变现价格与本息金额差异巨大。具体到本案中，涉案债权在交易前，已经发生多次转让，前手己公司、庚公司、甲公司对戊公司项目的判断是“无法估计实际回收情况”，己公司、庚公司、丁公司对5户债权的判断是“难以获得清偿”。

综合以上特点，可以分析出不良债权的性质特点：它不是实实在在价值确定的财物，其追偿方式多数以诉讼实现，因其具有“不良”的性质，即使有了法院的生效判决，也仅是法律意义上的追偿可能性而已，严格来讲只是一种无法确定数额的财产性利益，所以我国法律并没有明确规定对不良债权的价值进行确定的依据。反观本案，侦查机关委托鉴定机构将交易日作为基准日作出了两份评估报告，而鉴定人员出庭证实，作出评估结果的前提是假设债务人能够及时清偿并有足够的清偿意愿，但这种假设不成立，不符合不良债权性质特点，不良债权在不同的权利人手中具有不同的价值，不能因为其他人将不良债权实现了较高比例的追偿，就认为所有人都可以实现，因此不能以评估方式来确定不良债权的价值，也更不应以评估价值认定犯罪数额。从性质上来讲，不良债权也不能成为诈骗罪的犯罪对象，因为诈骗罪犯罪对象限于“能够确定客观经济价值的财物”，而不良债权既非财物，更不能确定客观价值，将“不良债权交易行为”作为诈骗罪处理，没有法律依据。

另外，诈骗罪的成立还需被害人受到损失，而本案中甲公司和丁公司的损失数额无法确定，在王某被立案前已将债权退还给甲公司，甲公司被认为没有受到损失，丁公司以购买和出售涉案债权的价格计算，不仅无损失，盈利率高达100%以上，因此无法认定甲公司和丁公司因王某行为受到损失。基于以上综述，王某以其实际控制的公司购买其代理追偿的不良债权，确实违反金融不良资产转让相关法律规定，但其行为不构成诈骗罪。

编写人：内蒙古自治区高级人民法院　孙玺

内蒙古自治区呼和浩特市中级人民法院　杜子洋

007　拒不执行判决、裁定罪中情节严重的认定

——濮某军拒不执行判决、裁定案

【案件基本信息】

1. 裁判书字号

江苏省南通市中级人民法院（2019）苏06刑终442号刑事裁定书

2. 案由：拒不执行判决、裁定罪

【基本案情】

本院于2013年5月6日立案受理被告人濮某军与宗某华民间借贷纠纷一案，于2013年6月15日作出（2013）皋民初字第1075号民事判决书，判决濮某军偿还宗某华借款人民币245000元及相应利息。判决生效后，被告人濮某军未在判决书确定的期限内履行义务。宗某华向本院申请执行还款，本院于2014年2月27日立案受理，于2014年4月2日作出（2014）皋初执字第1019号执行裁定书，查封濮某军及其妻子共有的房产。2014年7月10日，本院通知濮某军、宗某华谈话，濮某军表示自己没有履行能力，争取在2014年8月10日之前履行50000元。2014年8月18日，濮某军仅偿还宗某华人民币5000元。2014年8月20日，本院再次主持谈话，濮某军称自己没有履行能力，宗某华表示濮某军应将之前承诺的50000元履行了，后面的才同意分期履行，后濮某军承诺最低还款5000元。2015年8月18日，宗某华申请执行上述查封的房产，本院于2015年10月8日发出执行公告。2016年5月4日，被告人濮某军与宗某华达成执行和解协议，主要内容："申请人同意被执行人分期履行：在2016年6月30日前给付10000元；在2016年9月30日前给付25000元；在2017年1月31日前给付35000元；在2017年6月30日前给付35000元；在2017年12月31日前给付35000元；在2018年6月30前给付35000元；在2018年12月31前给付35000元及220000元为本金自2012年1月1日起至实际还款之日止按中国人民银行同期贷款利率计算的利息。如果被执行人有一期不按期履行，则申请人要求被执行人立即给付全部款项（已给付的部分予以扣除）。”2016年7月14日，濮某军还款人民币10000元。宗某华于2016年8月5日向本院申请，鉴于濮某军已履行了2016年6月30日前的10000元，申请将濮某军从失信被执行人名单中屏蔽，本院于当日决定将濮某军从失信被执行人名单中屏蔽。后宗某华因濮某军未按照执行和解协议履行义务，请求将濮某军纳入失信被执行人名单，本院于2016年12月20日决定再次将濮某军纳入失信被执行人名单。

2016年12月22日，被告人濮某军因欲出售该被查封房产，遂以要办理房屋产权证为由，请求解除上述房产的查封，将已收取的他人部分购房定金偿还宗某华人民币30000元，并承诺2017年1月3日前再偿还人民币30000元，剩余的钱款仍按照执行和解协议履行，且保证不会转移房屋所有权。宗某华表示同意，并表示濮某军若再不按期履行还款义务其会申请再次查封濮某军房产。2016年12月27日，宗某华向本院书面申请解封上述房产，被告人濮某军亦出具了书面的承诺书，承诺在宗某华解封房屋产权后不过户、不抵押，严格按照在法院约定的还款时间履行还款义务，解封房产的目的用于办理产权证，若违反，担保人濮某德（濮某军的父亲）与其承担连带偿还责任，濮某德亦在承诺书上签字。2016年12月28日该房产被依法解封。被告人濮某军于2016年12月30日即以人民币960000元的价格将该房产出售给他人，后仅将售房钱款中30000元用于偿还宗某华，其余钱款用于投资、娱乐消费及偿还其他个人债务等，致使生效判决无法执行。2017年7月，被告人濮某军偿还宗某华人民币15000元，2017年12月，被告人濮某军偿还宗某华人民币10000元。2017年12月6日，因被告人濮某军不能按期履行还款义务，宗某华再次向法院申请查封上述房产，本院经查询发现该房产已被出售。2018年8月20日，因被告人濮某军拒不履行生效法律文书，本院依法决定对被告人濮某军司法拘留十五日，被告人濮某军于当日还款人民币20000元。2018年12月19日，濮某德在得知濮某军欲被追究刑事责任的情况下，与宗某华协商，于当日代为偿还人民币70000元，并约定余款45500元于2019年2月3日前结清。2019年2月1日，濮某德代为偿还人民币45500元。

【案件焦点】

1. 本案被告人是否构成拒不执行判决、裁定罪；2. 是否认定被告人为“对人民法院的判决、裁定有能力执行而拒不执行，情节严重的”。

【法院裁判要旨】

江苏省如皋市人民法院经审理认为：被告人濮某军对人民法院的判决、裁定有能力执行而拒不执行，情节严重，其行为已触犯刑律，构成拒不执行判决、裁定罪。公诉机关指控被告人濮某军犯拒不执行判决、裁定罪，事实清楚，证据确实、充分，指控的罪名正确，本院予以支持。被告人濮某军已履行全部还款义务，可酌情从宽处罚。对被告人的辩解及辩护人的辩护意见，本院认为，拒不执行判决、裁定罪侵害的法益是司法裁判的权威性和执行力，人民法院的判决、裁定一经生效，就具有法律强制力，负有履行义务的当事人都必须执行。本案中，被告人濮某军自2013年6月本院作出判决后，前后已长达5年之久，在强制执行阶段，虽与宗某华达成了执行和解协议，但是未能按时按协议履行，第一期的1万元拖延给付，且是为了从失信名单中解除，第二期给付也没有按期履行，直至2016年12月，其为了出售查封的房产，才将预收的购房定金3万元偿还给宗某华，并以办理房产证为由，允诺2017年前再偿还3万元，保证房产被解封后不过户、不抵押、并履行还款义务、提供保证人，进而骗取宗某华的信任，向本院申请解封该房产。后被告人濮某军即将房产出售给他人，完全无视在法院所作出的不过户、不抵押该房产的承诺。被告人濮某军辩解其在出售该房产前已征得宗某华的同意，但未得到宗某华的印证，且该辩解亦不符合常理。至此，被告人濮某军在将房产出售，有能力履行的情况下，仅将3万元偿还给宗某华，将数十万元的钱款用于有风险的投资，致使后来亏损，濮某军在2017年7月给付1.5万元，2017年12月给付1万元，到2018年8月20日被本院采取司法拘留当日给付2万元，均未按照协议履行，后续款项也是濮某军和其父亲濮某德主观上知道可能要追究濮某军的刑事责任的情况下，由濮某德出面代为偿还。所谓“致使判决、裁定无法执行”，是指拒执行为的实施，导致判决、裁定中载明的执行义务无法得到及时有效的履行。人民法院在拒执行为致使判决、裁定未及时有效执行后，通过另行采取执行措施，使判决、裁定得以执行的，不影响“致使判决、裁定无法执行”的认定。至于濮某德作为保证人的保证责任，并不能免除濮某军的还款义务。故本院认为，被告人濮某军构成拒不执行判决、裁定罪。对被告人及辩护人的上述辩解及辩护意见，本院不予采纳。被告人濮某军有前科劣迹，酌情从重处罚。

江苏省如皋市人民法院依照《中华人民共和国刑法》第三百一十三条第一款，《全国人大常委会关于〈中华人民共和国刑法〉第三百一十三条的解释》《最高人民法院关于审理拒不执行判决、裁定刑事案件适用法律若干问题的解释》第一条、第五条、第六条之规定，作出如下判决：

被告人濮某军犯拒不执行判决、裁定罪，判处有期徒刑十个月。

判决宣告后，被告人濮某军提起上诉。

江苏省南通市中级人民法院在审理过程中，上诉人濮某军以服从原审判决为由，申请撤回上诉。据此，依照《最高人民法院关于适用〈中华人民共和国刑事诉讼法〉的解释》第三百零五条第一款、第三百零八条之规定，裁定如下：

准许上诉人濮某军撤回上诉。

【法官后语】

拒不执行判决、裁定罪侵害的法益是司法裁判的权威性和执行力，人民法院的判决、裁定一经生效，就具有法律强制力，负有履行义务的当事人必须执行，维护这种生效判决、裁定的权威，就是维护司法机关的正常活动和法律的权威。本案系一起“非典型”拒执罪案件，被告人在判决生效后长达五年的时间内一直拖延履行，导致判决、裁定中载明的执行义务无法得到及时有效的履行，债权人的权益无法实现，直至被告人得知司法机关可能要追究其刑事责任时，才在公安机关立案前偿还了债务并据此辩称其不构成犯罪。因此，本案的争议焦点就是被告人的行为是否构成拒不执行判决、裁定罪，如何认定被告人为“有能力执行而拒不执行，情节严重”。

为解决执行难问题，我国1997年刑法中将拒不执行判决、裁定罪单列为一个罪名，后又相继出台了相关立法解释、司法解释及指导性案例。根据法律、司法解释的规定，拒不执行判决、裁定罪的入罪条件是“对人民法院的判决、裁定有能力执行而拒不执行，情节严重”，因此，本罪的客观方面为“有能力执行”和“拒不执行”，并要达到“情节严重”程度。“有能力执行”是前置条件，如何认定“有能力执行”直接影响到本罪的成立，必须稳妥把握。人民法院依照所查证确定的证据，根据执行标的的不同，查明被执行人在判决、裁定生效后是否具备全部或者部分财产偿还能力（要考虑保留其基本生活需求部分），或者履行特定义务能力。同时根据刑法谦抑性原则，对于无履行能力致使履行不能的，不予认定构成本罪。关于“拒不执行”，现有立法和司法解释列举出12种逃避、对抗执行义务的拒不执行行为，在审判实践中多参照此分类来认定，但列举式规定难以穷尽所有拒执行为，但鉴于社会上拒执行为的复杂性、多样性，法律解释亦无法全面覆盖，当出现新情况时仍需结合本罪的立法目的、保护法益等综合分析评判。本罪属于情节犯，拒不执行生效判决、裁定的行为并非一经实施即构成犯罪，必须达到“情节严重”的程度，才能追究行为人的刑事责任。法条和司法解释仅是对拒不执行行为方式进行详细列举规定，而“情节严重”只进行了概括性表述——“致使判决、裁定无法执行”。因此，笔者认为“情节严重”应理解为实施了拒执行为，导致判决、裁定中载明的执行义务无法得到及时有效的履行。而此处的“无法得到及时有效的履行”不能简单理解为债权最终无法实现，考虑到本罪侵犯的法益主要是司法秩序和司法权威，其行为后果还应包括行为人逃避或者拒不执行行为导致人民法院通过法定执行措施无法继续执行或者根本无法运用法定执行措施（即使通过其他途径最终实现了债权）。因此，人民法院在拒执行为致使判决、裁定未及时有效执行后，通过另行采取执行措施，使判决、裁定得以执行的，不影响“致使判决、裁定无法执行”的认定。

本案中，被告人濮某军自2013年6月15日作出判决后，前后已长达5年之久，在强制执行阶段，虽与宗某华达成了执行和解协议，但是大部分均是迟延履行，且带有目的性，第一期的1万元拖延给付，是为了从失信名单中解除，第二期给付也没有按期履行，后经宗某华申请，又将濮某军再次纳入失信名单，2016年12月，濮某军为了出售查封的房产，以办理房产证为由，并将已收取的部分购房定金3万元偿还给宗某华，同时承诺2017年前再偿还3万元，且房产被解封后不过户、不抵押、并履行还款义务、提供保证人，进而取得宗某华的信任，向本院申请解封该房产。后濮某军即将房产出售给他人，完全无视在法院所作出的不过户、不抵押该房产的承诺。后宗某华因濮某军不按期履行还款义务，再次向法院申请查封该房产。至此，濮某军在将房产出售，有60万余元到账，有能力执行的情况下，仅将3万元偿还给宗某华，将数十万元的钱款用于有风险的投资，事实证明后来确实亏损，濮某军在2017年7月给付1.5万元，在2017年12月给付1万元，到2018年8月20日被本院采取司法拘留当日给付2万元，均未按照协议履行，后续的剩余款项也是在被告人濮某军和其父濮某德主观上知道可能要追究濮某军的刑事责任的情况下，向他人借款，由濮某德出面代为偿还，虽给付义务已经履行结束，但被告人在整个执行过程中的行为直接导致了判决、裁定中载明的执行义务无法得到及时有效的履行。人民法院在拒执行为致使判决、裁定未及时有效执行后，通过另行采取执行措施，使判决、裁定得以执行的，不影响“致使判决、裁定无法执行”的认定。至于在执行中达成和解协议并提供保证人的保证责任，但并不因此免除被告人的还款义务，且被告人也并未按期履行协议内容。故被告人濮某军构成拒不执行判决、裁定罪。

编写人：江苏省如皋市人民法院　李燕杰　姚婷婷

008　贩卖毒品罪不以牟利为构成要件

——郭振某等贩卖毒品、容留他人吸毒案

【案件基本信息】

1. 裁定书字号

福建省厦门市中级人民法院（2018）闽 02 刑终 764 号刑事裁定书

2. 案由：贩卖毒品罪、容留他人吸毒罪

【基本案情】

一、贩卖毒品罪

1. 2018 年 3 月 16 日中午，被告人郭振某、黄红某在福建省厦门市海沧区某沙县小吃店以 250 元的价格将海洛因贩卖给陈某某。

2. 2018 年 3 月 17 日中午，被告人郭振某、黄红某在上述地点以人民币 300 元的价格将海洛因贩卖给陈某某。

3. 2018 年 3 月 18 日中午，被告人郭振某、黄红某在上述地点以人民币 300 元的价格将海洛因贩卖给陈某某。

4. 2018 年 3 月 19 日中午，被告人郭振某、黄红某在上述地点将海洛因贩卖给陈某某，收取了 200 元。

二、容留他人吸毒罪

1. 2018 年 3 月 16 日 13 时许，被告人郭振某、黄红某在福建省厦门市海沧区某沙县小吃店阁楼内容留经某某吸食海洛因。

2. 2018 年 3 月 16 日至 3 月 19 日中午，被告人郭振某、黄红某在上述地点先后四次容留陈某某吸食毒品海洛因。

【案件焦点】

被告人向陈某某提供毒品的行为是否构成贩卖毒品罪。

【法院裁判要旨】

福建省厦门市海沧区人民法院经审理认为：被告人辩解将自己购买的毒品分给陈某某吸食并收取成本价，并未牟利，二人行为不是贩卖毒品的行为。经查，被告人郭振某、黄红某于 2018 年 3 月 16 日以 1100 元的价格从经某某处购买约 1 克海洛因，3 月 16 日至 19 日，二人每天都通过注射的方式吸食上述海洛因，少量海洛因由经某某吸食，部分分四次提供给陈某某，第四次因陈某某钱不够仅收取 200 元，总计收取 1050 元。在案证据可以证明，二被告人通过将购买的毒品部分卖给他人的方式，转稼二人吸毒的成本，应视为从中牟利；同时购毒者陈某某未和卖家联系，也未指定卖家，而是直接向二被告人求购，二被告人的行为属于居中倒卖，获利并非犯罪的构成要件，二被告人的行为应以贩卖毒品罪定罪处罚。对被告人相关辩解，不予采纳。

福建省厦门市海沧区人民法院依照《中华人民共和国刑法》第三百四十七条第一款、第四款，第三百五十四条，第三百五十七条，第二十五条第一款，第二十六条第一款，第二十七条，第六十七条第三款，第三百五十六条，第六十五条第一款，第六十九条之规定，作出判决如下：

一、被告人郭振某犯贩卖毒品罪，判处有期徒刑三年九个月，并处罚金人民币一千元；犯容留他人吸毒罪，判处有期徒刑七个月，并处罚金人民币一千元，决定执行有期徒刑四年，并处罚金人民币二千元；

二、被告人黄红某犯贩卖毒品罪，判处有期徒刑二年五个月，并处罚金人民币一千元；犯容留他人吸毒罪，判处有期徒刑七个月，并处罚金人民币一千元，决定执行有期徒刑二年八个月，并处罚金人民币二千元。

郭振某以原判认定其四次拿毒品给陈某某与事实不符为由提起上诉，黄红某以毒品没有加价不能认定为贩卖，且其不知 17 日、18 日贩卖的事为由提起上诉。福建省厦门市中级人民法院经审理认为：黄红某和郭振某的供述与证人陈某某、经某某的证词能吻合一致，可以认定二人贩卖了四次毒品给陈某某；此外，贩卖毒品犯罪行为并非以牟利为构罪要件，只要实施了贩卖行为，是否加价都不影响本罪的成立。二上诉人提出的原判认定证据不足的意见理由不足，不予采纳。原判定罪准确，量刑适当，审判程序合法。

福建省厦门市中级人民法院依照《中华人民共和国刑事诉讼法》第二百三十六条第一款第一项之规定，作出如下裁定：

驳回上诉，维持原判。

【法官后语】

不以牟利为目的，为他人代购少量仅用于吸食的毒品，不以贩卖毒品罪认定；而一般的贩卖毒品行为则不要求以牟利为要件。审判实务中，常有行为人提出为他人代购毒品且未牟利的辩解，因此，准确认定行为人的行为是代购还是一般贩卖行为对定罪至关重要。

一、毒品代购与一般贩卖行为的区别

贩卖毒品是指有偿转让毒品或者以贩卖为目的而非法收购毒品，贩卖毒品罪的主观构成要件为故意，但不要求以营利为目的，故不以营利为目的实施贩卖毒品的行为，也构成本罪。毒品代购是指代为购买毒品的行为，实践中存在三种情况：第一种是托购者已与毒品卖家联系，然后委托代购者前去购买毒品；第二种是虽未联系但委托代购者到其指定的毒品卖家处购买毒品；第三种是托购者未和卖家联系也未指定卖家，而是直接向中间人求购，中间人辩解系帮忙代购。上述三种情况，第一种和第二种才能称为代购，在毒品数量较少仅用于吸食及代购者没有牟利的情况下，可以不认定为贩卖毒品罪。第三种情况则属于居中倒卖，即一般的贩卖毒品行为，不以牟利为犯罪构成要件，中间人辩解没有加价售卖，未牟利或者帮朋友带买，均不影响贩卖毒品罪的认定。

二、是否牟利的认定

参与法律严令禁止的毒品交易，往往是为牟取非法利益，如居间介绍者通过向交易一方或者双方收取酬劳的方式获利，居中倒卖者则通过低价买进，高价卖出的方式获利，当然这两种情况实际有没有获利不是犯罪的构成要件，也不要求行为人有牟利的意思。而为他人代购少量仅用于吸食的毒品，则要求行为人从中牟利，才构成贩卖毒品罪。代购牟利的“利”通常认为是物质利益，包括现金、毒品等财产性利益，具体表现有：交通、食宿等必要开销之外收取的“介绍费”“劳务费”，收取部分毒品作为酬劳等。

本案中，二被告人均辩解将自己购买的毒品分给他人吸食，仅收取了成本价，未牟利，二人行为不是贩卖毒品的意见。在案证据可以证明，购毒者既未和卖家联系，也没有指定卖家，而是直接向二被告人求购，二被告人以1100元的价格购得约1克海洛因，在之后的四天里，每天通过注射方式吸食，大部分分四次提供给购毒者，第四次因钱没带够仅收取200元，总计收取1050元。上述事实表明，二被告人通过将购买的毒品部分卖给他人的方式，转稼二人吸毒的成本，是典型的变相加价贩卖毒品行为，具有明显的牟利意图。同时，二被告人的行为是一般的贩卖毒品行为，而非代购，是否牟利并非犯罪的要件，二被告人的行为均应以贩卖毒品罪定罪处罚。

编写人：福建省厦门市海沧区人民法院　牟燕

009 伤害行为致特殊体质被害人死亡性质的认定

——王某过失致人死亡案

【案件基本信息】

1. 裁判书字号

福建省厦门市中级人民法院（2018）闽02刑终687号刑事附带民事裁定书

2. 案由：过失致人死亡罪

【基本案情】

2016年7月5日17时许，寇洪某及其家人与西瓜摊主刘四某发生肢体冲突。刘四某遂打电话叫来其丈夫王某。王某到场后先打了被害人寇洪某脸部一巴掌，接着两人徒手扭打。打斗中，王某拳击寇洪某头部、胸部、腹部等处，后二人被路人劝开，被害人寇洪某独自走到路边人行道上并缓慢倒地，经送医抢救无效死亡。经鉴定，被害人寇洪某系因外伤、争吵、情绪激动等因素诱发其所患冠状动脉发育不良伴粥样硬化斑块形成的心脏病急性发作致急性心功能不全死亡。案发后，群众报警，王某在现场等候处理，如实供述上述犯罪事实。起诉认为，被告人王某因琐事与寇洪某发生纠纷并对其进行殴打，应当预见可能造成被害人伤亡的风险，但由于疏忽大意没有预见，过失致被害人死亡，其行为已触犯《中华人民共和国刑法》第二百三十三条规定，应以过失致人死亡罪追究其刑事责任。

【案件焦点】

被告人王某是否构成过失致人死亡罪。

【法院裁判要旨】

福建省厦门市海沧区人民法院经审理认为：在案证据证明第一阶段寇洪某摔刘四某西瓜摊上的西瓜，引发刘四某与其发生肢体冲突，刘四某抓、挠寇洪某手臂，寇洪某等人对刘四某进行殴打，寇洪某脚踹刘四某，将刘四某踹倒。第二阶段被告人王某与被害人寇洪某徒手互殴，被告人王某供述击打过被害人寇洪某头部、胸部、腹部等处。证人汪某、廖翠某等人证言亦证明，被告人王某有击打被害人寇洪某头面部。经鉴定，被害人寇洪某仅头部就有左侧颞部帽状腱膜下出血、右侧颞部帽状腱膜下出血、右颞肌中部出血三处伤情，系受两次钝性外力形成，该头部皮下出血损伤多处构成轻微伤，上述证据可以认定被告人王某在与被害人寇洪某徒手互殴期间，已造成被害人轻微伤的后果。被告人王某虽不知被害人寇洪某患有心脏病，也预见不到寇洪某患有心脏病，但应当预见击打他人头部可能导致他人伤亡的危害结果而没有预见，在主观方面属于疏忽大意的过失。经鉴定，被害人寇洪某系因外伤、争吵、情绪激动等因素诱发其所患冠状动脉粥样硬化性心脏病急性发作致急性心功能不全死亡，被告人王某与被害人寇洪某短暂互殴即造成被害人轻微伤，外伤系被害人死亡的诱因之一，被告人王某的行为与被害人的死亡结果之间具有刑法上的因果关系，其行为构成过失致人死亡罪。

福建省厦门市海沧区人民法院依照《中华人民共和国刑法》第二百三十三条、第六十七条第一款、第三十六条第一款，《中华人民共和国侵权责任法》第六条第一款、第二十六条，《最高人民法院关于适用〈中华人民共和国刑事诉讼法〉的解释》第一百五十五条第一款、第二款及《最高人民法院关于审理人身损害赔偿案件适用法律若干问题的解释》第十七条第一款和第三款、第二十七条、第二十八条、第二十九条之规定，作出判决如下：

一、被告人王某犯过失致人死亡罪，判处有期徒刑二年二个月；

二、被告人王某应于本判决生效之日起十日内赔偿附带民事诉讼原告人寇兴某、徐士某、廖翠某、寇哲某、寇芸某经济损失人民币 379191 元（已缴纳 20000 元）；

三、驳回附带民事诉讼原告人寇兴某、徐士某、廖翠某、寇哲某、寇芸某的其他诉讼请求。

附带民事诉讼原告人寇兴某、徐士某、廖翠某、寇哲某、寇芸某及被告人王某对原审判决结果不服提起上诉。福建省厦门市中级人民法院经审理同意一审法院裁判意见，依照《中华人民共和国刑事诉讼法》第二百二十五条第一款第一项的规定裁定如下：

驳回上诉，维持原判。

【法官后语】

过失犯罪是指行为人应当预见自己的行为可能发生危害社会的结果，因为疏忽大意而没有预见或者已经预见而轻信能够避免的心理态度。其中疏忽大意的过失有以下两个特征：(1) 行为人应当预见自己的行为可能发生危害社会的结果，所谓“应当预见”，包括行为人有预见的义务、行为人当时有预见的能力；(2) 行为人因疏忽大意而没有预见自己的行为可能发生危害后果。意外事件，是指行为在客观上虽然造成了损害结果，但不是出于行为人的故意或者过失，而是由于不能预见的原因所引起的。所谓“不能预见的原因”，是指行为人没有预见，而且根据当时客观情况和行为人的主观认识能力，也不可能预见的原因。

疏忽大意过失和意外事件的区别在于行为人对危害结果的发生是否应当预见。在意外事件中，对危害结果的发生是不可能预见的；在疏忽大意过失中，对危害结果的发生是应当预见并且能够预见，只是由于疏忽大意而没有预见到。

笔者认为，在伤害行为致特殊体质被害人死亡的情况下，判断行为人的行为属疏忽大意过失还是意外事件，在具体实践操作中可从因果关系、伤害的方式、部位及所造成的损伤程度、行为人是否具有预见的能力和义务三大方面来做综合分析。

从因果关系来看，在被害人存在特殊体质的伤害类案件中，行为人的行为往往不是被害人死亡的直接原因，而是促发被害人自身疾病的诱因，此时是否应当肯定行为人的行为与被害人死亡结果之间的因果关系在一定程度上也影响案件的整体判断。本案经鉴定，被害人寇洪某系因外伤、争吵、情绪激动等因素诱发其所患冠状动脉粥样硬化性心脏病急性发作致急性心功能不全死亡，被告人王某与被害人寇洪某短暂互殴即造成被害人轻微伤，外伤系被害人死亡的诱因之一，因此，被害人死亡虽系多因一果，但被告人王某的行为与被害人的死亡结果之间具有刑法上的因果关系。

从被害人损伤情况来看，结合打击器械、打击部位、打击形式等因素综合判断行为人的伤害程度。本案经鉴定，寇洪某仅头部就有左侧颞部帽状腱膜下出血、右侧颞部帽状腱膜下出血、右颞肌中部出血三处伤情，系受两次钝性外力形成，该头部皮下出血损伤多处构成轻微伤，上述证据可以认定王某与寇洪某徒手互殴期间，已造成被害人轻微伤的后果，且王某虽无持械，但其击打寇洪某的部位主要在其头部。

从行为人的预见力来看，判断行为人对被害人的死亡结果是否存在预见可能性，不能仅以是否明知被害人的特殊体质为依据，而是应当从行为人的客观行为判断其主观故意。本案中，被告人王某虽不知被害人寇洪某患有心脏病，也预见不到寇洪某患有心脏病，但其作为一名成年人应当预见人体头部属于要害部位，击打他人头部可能导致他人伤亡的危害结果，并且本案中其击打被害人头部还造成了多处轻微伤，证明其击打力度也达到一定伤害程度。

综上，本案被告人王某因琐事与他人互殴，在互殴中击打他人头部等部位，致他人轻微伤，并诱发他人疾病发作而致死，系因过失行为导致他人死亡的后果，其行为已构成过失致人死亡罪。

编写人：福建省厦门市海沧区人民法院　牟燕　陈淑芳

010 间接故意和过于自信过失的区别

——石某钢以危险方法危害公共安全案

【案件基本信息】

1. 裁判书字号

安徽省淮北市中级人民法院（2018）皖 06 刑终 217 号刑事判决书

2. 案由：以危险方法危害公共安全罪

【基本案情】

2018 年 4 月 26 日 15 时 10 分许，石某钢饮酒后驾驶明知有安全隐患未悬挂后牌照已经被交警部门注销的轻型普通货车，在淮北市东山路与发展路路口闯红灯通行，遇交警稽查时驾车逃跑。车辆先掉头从东山路西侧非机动车道逆向向北行驶至发展路左拐弯，沿发展路由东向西行驶至腾飞路左拐弯，后沿腾飞路由北向南高速行驶至青年路路口左转弯时，先撞上行人赵某、孙某，然后撞到路边停放的轿车及路北侧路灯杆。石某钢驾车逃逸继续沿青年路、东山路非机动车道高速行驶，最后行至东山路与开渠路路口违反交通信号左拐弯驶入二机厂院内。案发当日，赵某、孙某经抢救无效死亡。经鉴定赵某、孙某符合颅脑损伤死亡。案发后，被告人石某钢主动到公安机关接受处理，在公安机关对其问话时如实供述了全部犯罪事实。经鉴定，石某钢血液中乙醇含量为 47.1mg/100ml。经淮北市公安局交警支队认定，石某钢负事故的全部责任。

另查明：石某钢曾因犯抢劫罪于1996年8月3日被安徽省砀山县人民法院判处有期徒刑十年，2004年10月22日刑满释放。淮北市公安局交警支队通过非现场采集发现一辆注销东风牌皮卡轻型货车多次恶意违章。2018年3月14日，交警支队发出通知要求各大队、执法站，尤其是三大队孙某庄卡点在日常执勤过程中注意发现查扣。

【案件焦点】

1. 石某钢的行为是否属过于自信的过失行为，是否构成交通肇事罪；2. 警车的追赶是否是本起事故发生的一个诱因。

【法院裁判要旨】

安徽省淮北市杜集区人民法院经审理认为：石某钢饮酒后驾驶已报废的机动车辆，违反交通运输管理法规，为了逃避公安机关的稽查，罔顾公众生命和财产安全，以高度危险的驾驶方式在繁华路段、村间小道行驶，致两人死亡、一辆汽车受损的重大交通事故，且肇事后逃逸，其行为已构成以危险方法危害公共安全罪。石某钢主动到公安机关投案，在公安机关如实供述自己的犯罪事实，其在庭审中对起诉书指控的事实无异议，对罪名有异议，但被告人对其行为属于何种性质的辩解，不影响对其自首的认定，对石某钢依法可从轻处罚。石某钢具有前科劣迹，可酌情从重处罚。

关于辩护人提出被告人石某钢的行为属过于自信的过失，构成交通肇事罪的意见。法院认为，石某钢违反交通信号灯行驶，为逃避执法检查的目的，对结果发生持听之任之的放任态度。石某钢明知自己饮酒却仍然驾驶制动性能不合格的报废车辆，对自己行为可能产生的危害后果应该预见而且可以预见。石某钢驾驶肇事车辆在拐弯时看到前方有两个行人致事故的发生。事故发生后，为了逃避稽查，仍然漠不关心、不为所动，驾车逃离现场，石某钢的行为属间接故意。

关于辩护人提出警察的追赶是本起事故发生的一个诱因的意见，法院认为，石某钢违反交通运输管理法规在先，且该车辆已被公安机关列为重点稽查对象，公安民警稽查嫌疑车辆属于履行职务的行为。石某钢违章驾驶，实施的高度危险的驾驶行为与危害可能性以及危害结果具有刑法上的因果关系。

安徽省淮北市杜集区人民法院依照《中华人民共和国刑法》第一百一十五条第一款、第六十七条第一款、第三十六条第一款之规定，作出如下判决：

一、被告人石某钢犯以危险方法危害公共安全罪，判处有期徒刑十二年；

二、被告人石某钢赔偿附带民事诉讼原告人赵某、赵某某丧葬费人民币 65150 元，于本判决生效后十日内付清；

三、驳回附带民事诉讼原告人赵某、赵某某的其他诉讼请求。

宣判后，石某钢提起上诉。因石某钢所在的运输公司及石某钢的亲属与原审附带民事诉讼原告人达成赔偿协议取得谅解，安徽省淮北市中级人民法院依照《中华人民共和国刑法》第一百一十五条第一款、第六十七条第一款，《中华人民共和国刑事诉讼法》第二百三十六条第一款第二项之规定，作出如下判决：

一、撤销安徽省淮北市杜集区人民法院（2018）皖 0602 刑初 66 号刑事附带民事判决的第一项，即被告人石某钢犯以危险方法危害公共安全罪，判处有期徒刑十二年；

二、上诉人（原审被告人）石某钢犯以危险方法危害公共安全罪，判处有期徒刑十一年。

【法官后语】

在刑事审判实践中，对行为人主观上是属于间接故意还是过于自信的过失较难区分，笔者认为，对此应从二者之间的区别进行详细分析，并结合具体案件进行区别。

以危险方法危害公共安全罪是故意犯罪，包括间接故意。交通肇事罪是过失犯罪，包括过于自信的过失。间接故意和过于自信的过失两者之间的区别，可从以下三个方面分析：一是行为人对危害结果的发生所抱的心理态度不同。即过于自信的过失，行为人不仅不希望发生这种结果，而且是完全反对这种结果的发生，相信是可以避免的，发生这种结果是违背其主观意愿，出乎其意料之外的。间接故意是指行为人对危害结果的发生持放任态度，既不希望也不反对，既不追求也不防止，发生与否均不违背其主观意愿。二是促使和支配行为人实施行为的主观认识因素不同。即过于自信的过失中，行为人虽在一开始对危害结果的发生曾有预见，但其认识上却是相信可以避免的，认为不会发生这种结果，而不再是认为仍有可能发生。而在间接故意的情况下，行为人无论在行为前，还是在行为过程中，对危害结果发生的认识一直处于可能发生也可能不发生的不肯定的状态之中。三是行为人对危害结果发生的意志态度不同。过于自信的过失中，行为人认为危害结果不会发生，是以一定主客观条件为依据，只是对这些条件的作用作了轻率的、过高的估计，误认为凭这些条件完全可以避免发生危害结果。而在间接故意情况下，行为人对危害结果可能不发生的认识，没有任何主客观条件作依据，完全是凭主观侥幸心理。结合本案来看，一是从石某钢对危害结果发生所抱的心理态度分析，石某钢违反交通信号灯行驶，为逃避执法检查的目的，逆向在非机动车道行驶、高速在乡村道路行驶等高度危险行为，既不希望也不反对结果发生，既不追求也不防止结果发生，对结果发生持听之任之的放任态度。二是从促使和支配石某钢实施本案行为的主观认识因素分析，石某钢明知自己饮酒却仍然驾驶制动性能不合格的报废车辆，对自己行为可能产生的危害后果应该预见而且可以预见。在驾驶车辆时，石某钢违反交通运输管理法规，并且在明知自己的驾驶行为已经造成交通事故并且可能造成人员伤亡，仍然不管不顾驾驶车辆离开。石某钢在离开事故现场后，仍然具有违反信号灯的行为，在案发前、案发时、案发后石某钢对危害结果发生的认识一直处于可能发生也可能不发生的不肯定的状态之中。三是从石某钢在案发时意志态度分析，事故现场是一个三岔路口，需要从腾飞路拐弯至青年路，石某钢驾驶肇事车辆在拐弯时速度较快，突然看到前方有两个行人，石某钢采取急打方向盘，紧急制动的方式来防止事故发生，由于车速较快，石某钢明知左前轮制动失效刹车会导致偏刹，最终致事故的发生。事故发生后，石某钢认识到可能撞到行人，在没有下车查看的情况下，为了逃避稽查，仍然漠不关心、不为所动，驾车逃离现场。因此，石某钢对危害结果可能不发生的认识，没有任何主客观条件作依据，完全是凭主观侥幸心理。综上所述，石某钢的行为属间接故意。

编写人：安徽省淮北市杜集区人民法院　蔡矿

011 贷款诈骗罪中非法占有目的的认定

——张某贷款诈骗案

【案件基本信息】

1. 裁判书字号

北京市第一中级人民法院（2017）京01刑终695号刑事裁定书

2. 案由：贷款诈骗罪

【基本案情】

1997年5月至1999年11月，被告人张某通过伪造北郝庄合作社印章及该社社长付某签名的方式，办理虚假贷款担保手续，以其经营的甲公司名义先后四次向洼里信用社申请保证担保贷款，共骗取洼里信用社贷款367万余元。

1999年11月23日，被告人张某通过伪造北郝庄合作社印章及该社社长付某签名的方式，办理虚假贷款担保手续，以其实际控制的乙煤炭经销站名义向洼里信用社申请保证担保贷款，骗取洼里信用社贷款40万元。

【案件焦点】

涉及骗取贷款的犯罪，如何根据案件事实、证据综合认定被告人的主观还款意图，进一步确定被告人是否对骗取的贷款具有非法占有目的。

【法院裁判要旨】

北京市昌平区人民法院经审理认为：被告人张某以非法占有为目的，通过伪造印章等方式使用虚假证明文件诈骗银行贷款，数额特别巨大，扰乱国家金融管理秩序的同时亦侵犯了银行财产所有权，其行为已构成贷款诈骗罪，依法应予惩处。北京市昌平区人民检察院指控被告人张某犯贷款诈骗罪的事实清楚，证据确实、充分，罪名成立。被告人及其辩护人关于被告人张某对所骗贷款不具有非法占有目的、其行为不构成贷款诈骗罪、应宣告无罪等意见，依据不足，不予采信。辩护人认为被告人张某具有坦白、自愿认罪、被害单位存在过错的意见，被告人张某未能如实供述贷款诈骗罪行，对贷款诈骗罪指控不予认可，被害单位是否存在过错不影响对被告人贷款诈骗行为的认定，上述意见，无事实及法律依据，不予采信；其他意见，本院酌予考虑。鉴于被告人张某到案后能够供述骗取贷款的基本事实，其亲属代为退交部分案款，对其酌予从轻处罚。根据被告人张某犯罪的事实、性质、情节以及社会危害程度，依照《中华人民共和国刑法》第一百九十三条第三项、第五十五条第一款、第五十六条第一款、第五十二条、第五十三条、第六十一条、第六十四条之规定，判决如下：

一、被告人张某犯贷款诈骗罪，判处有期徒刑十二年，剥夺政治权利二年，并处罚金人民币三十万元；

二、在案人民币十一万元，发还被害单位；

三、责令被告人张某继续向被害单位退赔人民币三百九十六万八千六百一十五元；

四、公诉机关随案移送银行凭证八张、流动资金贷款调查表二份、借款申请书五份、借款合同二十七份、借款协议书二份、保证合同八份、应诉通知书三张、传票五张、授权委托书十张、起诉状十份、逾期贷款催收单四份、民事判决书十二份、民事调解书八份，作为证据予以存档。

张某持原审辩解提起上诉。

北京市第一中级人民法院经审理认为：上诉人张某以非法占有为目的，通过伪造印章等方式使用虚假证明文件诈骗银行贷款，数额特别巨大，其行为已构成贷款诈骗罪，依法应予惩处。鉴于张某的亲属代其退缴部分赃款，对其酌予从轻处罚。一审法院根据张某犯罪的事实，犯罪的性质、情节和对于社会的危害程度所作出的判决，认定的事实清楚，证据确实、充分，定罪及适用法律正确，量刑适当，审判程序合法，应予维持。据此，依照《中华人民共和国刑事诉讼法》第二百二十五条第一款第一项之规定，裁定如下：

驳回上诉，维持原判。

【法官后语】

在司法实践中贷款诈骗罪与骗取贷款罪往往容易混淆，如何准确地界定罪与非罪、此罪与彼罪，是本案案件审理的关键。区分两罪的关键在于主观要件。虽然两罪采取的手段相似，但主观目的不同。骗取贷款罪不是以非法占有为目的，只因在不符合贷款条件的情况下为取得贷款而采用了非法手段，有归还的意愿。而贷款诈骗罪的主观意图就是通过非法手段骗取贷款并非法占有。要判断行为人主观上是否以非法占有为目的，不仅要看其取得贷款的手段，更要看其取得贷款后对贷款如何处理的客观表现。如果行为人没有按贷款用途使用贷款，而是将贷款用于非法活动或者用于高风险投资，大肆挥霍贷款，携款逃匿，隐匿贷款去向，贷款到期后拒不归还等，就应认定是以非法占有为目的，只要达到数额较大就构成贷款诈骗罪。反之，行为人没有前述行为表现，仅是采取了非法手段取得贷款，如果达到法定的数额标准或者情节标准，就应认定为骗取贷款罪。关于是否构成“非法占有”，根据司法实践，对于行为人通过诈骗的方法非法获取资金，造成数额较大资金不能归还，并具有下列情形之一的，可以认定为具有非法占有的目的：(1) 明知没有归还能力而大量骗取资金的；(2) 非法获取资金后逃跑的；(3) 肆意挥霍骗取资金的；(4) 使用骗取的资金进行违法犯罪活动的；(5) 抽逃、转移资金、隐匿财产，以逃避返还资金的；(6) 隐匿，销毁账目，或者搞假生产、假倒闭，以逃避返还资金的；(7) 其他非法占有资金、拒不返还的行为。

笔者认为，判断行为人主观上是否具有非法占有的目的，应从两个方面进行：一是看其取得贷款的手段，具体五种情形已在刑法第一百九十三条贷款诈骗罪中明确表述，本案中被告人张某使用虚假的公章、签名章伪造担保证明文件的行为符合贷款诈骗罪中使用虚假的产权证明作担保之情形，符合贷款诈骗罪的客观构成要件。二是看行为人取得贷款后对贷款如何处理的客观表现。在案证据足以证实在2001年洼里信用社起诉甲公司当时及以后的相当一段时间内，被告人张某经营效益可观，具备还款能力；其个人账户在2013年以前有大额进账记录，基本均于当日转出，用途不明；2000年以后仅个人购房、建房花费近400万元；2012年注销甲公司时尚有涉案400万余元贷款未还。被告人张某为掩盖骗贷行为，在诉讼中弄虚作假，委派他人假冒北郝庄合作社出庭应诉，编造共同还贷事实，转移还款责任。被告人张某骗取贷款后的行为符合金融诈骗罪非法占有目的认定中肆意挥霍骗取资金的情形。综上所述，被告人及其辩护人虽认为张某因扩大业务、经营不善导致贷款无法归还，但应坚持主客观相一致原则，整体考量其还贷能力、资金使用等方面综合认定被告人的主观还款意图。被告人张某先期为达贷款目的，通过伪造印章、签名的方式制造虚假贷款担保证明文件，骗取银行贷款，后在贷款到期具备还贷能力时不履行还款义务；在资金使用上，其在经营期间财务混乱，账目混同，个人随意支取，大量资金去向不明，且在还贷期间又编造事实，转移还款责任；后虽慑于司法压力被迫进行部分还款，但在大量贷款尚未清偿时仍进行大额个人消费，并注销甲公司，应认定其主观上具有非法占有之目的。

编写人：北京市第一中级人民法院　张雪洋

012　确实无法查明行为人年龄的，应按照有利于被告人的原则，推定其犯罪时未满 *18* 周岁

——张功某抢劫、抢夺案

【案件基本信息】

1. 裁判书字号

广东省汕尾市中级人民法院（2018）粤 15 刑终 71 号刑事判决书

2. 案由：抢劫罪、抢夺罪

【基本案情】

1. 2013 年 5 月 2 日 18 时 30 分许，张功某乘坐陈奕某（已判决）驾驶的摩托车，在陆河县河田镇一公路上，用摩托车逼停被害人彭某驾乘的摩托车，张功某下车将被害人彭某的摩托车（价值人民币 1450 元）抢走。

2. 2013 年 6 月一晚，张功某伙同余志某（已判决）乘坐陈奕某驾驶的小汽车，在陆河县河田镇人民北路党校前的路上，抢走被害人陈某小手包（内有人民币约 400 元），三人各分得 100 多元人民币。

3. 2013年6月13日16时许，张功某伙同余志某乘坐陈奕某驾驶的小汽车，在陆河县螺溪镇欧田村路段见一妇女驾驶摩托车，即驾驶小汽车尾随并将该妇女的摩托车逼停，然后张功某、陈奕某下车，张功某手持开山刀抢走被害人欧阳某的摩托车（价值人民币2500元），以人民币1700元的价格将该车卖掉，得款后三人平分。

4. 2013年6月21日8时40分许，张功某伙同余志某乘坐陈奕某驾驶的小汽车，在陆河县河田镇河东村路段，由陈奕某驾驶小汽车将被害人邱某的摩托车逼停，张功某和余志某下车抢走被害人邱某的摩托车（价值人民币1800元，车箱内有人民币770元、黑色的甲牌手机一部），恰巧陆河县公安局民警路过，马上制止并开枪示警，张功某迅速开走邱某的摩托车，余志某乘坐陈奕某的小汽车迅速逃离现场。得手后，陈奕某、余志某各分得200多元，摩托车给张功某使用。

5. 2013年6月23日16时50分，张功某乘坐同案人陈奕某驾驶的摩托车在陆河县河田镇乙百货门口，张功某伸手将被害人叶某甲手提包（包内有人民币1200元、价值人民币4100元的苹果5手机一部）抢走，以人民币3000元的价格将手机卖掉，所得赃款两人平分。

6. 2013年7月5日12时，张功某乘坐同案人陈奕某驾驶的摩托车到陆河县河田镇乙百货门口，张功某伸手将被害人叶某乙手上的手提包抢走，包内有人民币1220元。张功某、陈奕某各分600多元人民币。

7. 2013年7月9日15时40分许，张功某乘坐同案人陈奕某驾驶的摩托车到陆河县河田镇岁宝路丙店旁边休闲中心门口，张功某伸手将罗某甲的一个挎包抢走（内有人民币1800多元、价值人民币250元的手机一部）。

8. 2013年7月12日18时，张功某乘坐同案人陈奕某驾驶的摩托车到陆河县丁宾馆对面路边，张功某伸手将被害人罗某乙手提包抢走，包内有人民币300多元。

9. 2013年7月18日17时，张功某伙同陈奕某驾驶摩托车到陆河县河田镇城北路口，张功某伸手将被害人罗某丙的手提包抢走（包内有人民币700元、价值人民币400元的手机一部）。

10. 2013年7月21日14时许，张功某驾驶摩托车载同案人陈奕某到陆河县河田镇人民中路一男装店前，陈奕某伸手将被害人方某的手机（价值人民币1700元）抢走，后手机由张功某拿去。

被告人张功某辩称其没有参与第9宗犯罪；在螺溪镇欧田村的抢劫不是其持刀；在第5、6、7宗犯罪中其只负责开车。辩护人提出对起诉指控被告人犯抢劫罪、抢夺罪没有异议，但本案的户籍登记原始资料出生日期存在瑕疵，有其他证据证明张功某于1995年6月23日出生，指控的四宗抢劫罪均是2013年6月23日之前发生，被告人张功某犯抢劫罪时不满十八周岁，依照《刑法》的规定，应当从轻或者减轻处罚。

【案件焦点】

1. 当证据之间存在矛盾时，如何认定被告人刑事责任年龄；2. 确实无法查明行为人年龄的，应如何处理。

【法院裁判要旨】

广东省汕尾市陆河县人民法院经审理认为：被告人张功某无视国家法律，以暴力、威胁的手段多次抢劫他人财物，其行为已构成抢劫罪；同时被告人张功某还抢夺他人财产，数额较大，其行为又构成抢夺罪，依法应予数罪并罚。鉴于被告人张功某归案后如实供述自己的罪行，且当庭自愿认罪，给予从轻处罚。根据被告人的犯罪事实、性质、情节及对社会的危害程度，依照《中华人民共和国刑法》第二百六十三条第四项、第二百六十七条第一款、第五十二条、第五十三条、第五十四条、第五十五条、第五十六条、第五十八条、第六十七条第三款、第六十九条，《最高人民法院关于适用财产刑若干问题的规定》第五条之规定，判决如下：

一、被告人张功某犯抢劫罪，判处有期徒刑十一年，剥夺政治权利二年，并处罚金人民币七千元；

二、被告人张功某犯抢夺罪，判处有期徒刑二年，并处罚金人民币三千元；

三、数罪并罚，总和刑期为有期徒刑十三年，剥夺政治权利二年，并处罚金人民币一万元，决定执行有期徒刑十一年六个月，剥夺政治权利二年，并处罚金人民币一万元。

一审宣判后，张功某提起上诉：（1）其是1995年6月23日出生的，犯罪时未满18周岁，应当从轻或减轻处罚；（2）一审认定的第二、三宗犯罪事实不清；（3）一审认定的第九宗犯罪其没有参与；（4）在螺溪镇欧田村抢劫时其没有持刀；（5）一审认定的第五、六、七宗犯罪中其只负责开车。辩护人辩护提出：户籍登记表原件显示张功某的出生日是空白的，派出所的户籍登记都是依据医院相关证明作出的，南万卫生院及接生员的证明是第一手最原始的证据，且与万全村委、下枧村民等证据相互印证。根据规定，当户籍证明与其他证据材料的矛盾无法得到排除时，应正确贯彻“有利于被告人”原则，准确认定被告人的年龄。

广东省汕尾市中级人民法院经审理认为：关于张功某的出生日期问题，按其户籍资料中的常住户口登记表所显示，该登记表于1997年1月1日登记，登记出生日期为1995年5月，没有具体出生日期；依据上诉人张功某的父母张子某和范芳某出证、接生员叶喜某及南万镇卫生院出具的证明、其所在村委及村民证明等证据进行评判，不排除出证所提是由于张功某居住在农村，入户登记时以习惯农历生日为准而将张功某出生时间登记为1995年5月的可能性，因所提涉及本案中其部分犯罪是否未满十八周岁，现有证据确实无法查明，从疑证有利于被告人的原则出发，应当推定该部分犯罪时其未满十八周岁，故上诉人及其辩护人所提张功某是1995年农历5月26日（公历1995年6月23日）出生的上诉意见，予以采纳。张功某在多次作案中，部分属于犯罪时未满十八周岁，依法应予从轻处罚。依照《中华人民共和国刑事诉讼法》第二百二十五条第一款第二项，《中华人民共和国刑法》第二百六十三条第四项、第二百六十七条第一款、第十七条、第五十二条、第五十三条、第五十四条、第五十五条、第五十六条、第五十八条、第六十七条第三款、第六十九条，《最高人民法院关于适用财产刑若干问题的规定》第五条之规定，判决如下：

一、维持陆河县人民法院（2017）粤1523刑初73号刑事判决对上诉人（原审被告人）张功某的定罪部分，撤销量刑部分；

二、上诉人张功某犯抢劫罪，判处有期徒刑十年，剥夺政治权利二年，并处罚金人民币五千元；犯抢夺罪，判处有期徒刑二年，并处罚金人民币三千元。数罪并罚，总和刑期有期徒刑十二年，剥夺政治权利二年，并处罚金人民币八千元，决定执行有期徒刑十一年，剥夺政治权利二年，并处罚金人民币八千元。

【法官后语】

本案中对于认定张功某构成抢劫罪和抢夺罪不存在争议，但是对于张功某犯抢劫罪时的年龄，存在两种不同的意见：第一种意见认为，公安机关出具的户籍证明是认定行为人刑事责任年龄的法定证据形式，具有较强的证明力，在没有充分证据推翻的情况下，应按照公安机关的户籍证明来认定；第二种意见则认为，依照有利于被告人的原则，综合现有证据，虽不能确定张功某的具体出生日期，但可推定其实施指控罪行时已满16周岁不满18周岁。笔者同意第二种意见。

被告人刑事责任年龄是影响定罪量刑的关键要素之一，直接关系到对其是否追究刑事责任和如何承担刑事责任。但司法实践中，认定被告人刑事责任年龄的证据常常存在瑕疵或与其他在案证据存在矛盾。对此，审判人员应当穷尽一切调查手段，并结合在案的全部证据进行综合审查、判断，对于没有充分证据证明被告人实施被指控的犯罪时已经达到法定刑事责任年龄且确实无法查明的，应当根据有利于被告人的原则，依法推定其实施犯罪行为时没有达到相应法定刑事责任年龄。

司法实践中常见的年龄证据主要有三类：第一类是书证，包括出生证明、户口簿、身份证、公安机关出具的户籍证明、卫生防疫档案、学籍档案等；第二类是鉴定结论，主要是指依法对被告人所作的骨龄鉴定；第三类是言词证据，包括被告人的供述、证人证言等。上述证据中，又以公安机关的户籍登记信息（包括户口簿、户籍证明等）居多。由于我国各地区发展不均衡，自然情况差异很大，各地户籍管理水平也不相同。有些地方户籍管理规范，档案齐全，而有些地方户籍管理较为混乱，从而给审判机关对被告人的年龄认定带来较大的困难。由于年龄问题直接影响对被告人的定罪量刑，审判人员必须注重全案证据的综合审查和分析判断，做到慎之又慎。

《最高人民法院关于审理未成年人刑事案件具体应用法律若干问题的解释》第四条第一款规定："对于没有充分证据证明被告人实施被指控的犯罪时已经达到法定刑事责任年龄且确实无法查明的，应当推定其没有达到相应法定刑事责任年龄。"《最高人民法院、最高人民检察院、公安部、国家安全部、司法部关于办理死刑案件审查判断证据若干问题的规定》第四十条规定："审查被告人实施犯罪时是否已满十八周岁，一般应当以户籍证明为依据；对户籍证明有异议，并有经查证属实的出生证明文件、无利害关系人的证言等证据证明被告人不满十八周岁的，应认定被告人不满十八周岁；没有户籍证明以及出生证明文件的，应当根据人口普查登记、无利害关系人的证言等证据综合进行判断，必要时，可以进行骨龄鉴定，并将结果作为判断被告人年龄的参考。未排除证据之间的矛盾，无充分证据证明被告人实施被指控的犯罪时已满十八周岁且确实无法查明的，不能认定其已满十八周岁。"上述规定对被告人年龄处于刑事责任"临界点"的案件提供了具体可行的解决方案，是刑法谦抑原则在司法实务中的运用。当经过反复调查仍无法查清被告人年龄的，则应按照有利于被告人的原则，推定其犯罪时未满18周岁。

本案中，公安机关的原始户籍登记材料存在瑕疵，常住户口登记表于1997年1月1日登记，登记出生日期为1995年5月，没有具体出生日期，无法证明是否属于真实填报。根据接生员叶喜某及接生医院出具的证明、其所在村委及村民证言均证明张功某的出生日期为1995年农历5月26日，结合农村地区确有以农历填报出生日期的习惯，本案现有证据确实无法查明被告人的实际年龄，从疑证有利于被告人的原则出发，应当推定其该部分犯罪时未满十八周岁。因此，二审根据存疑有利于被告人的原则，依据最高人民法院的相关司法解释，依法推定张功某实施部分犯罪时尚未成年，并据此作出改判。

编写人：广东省汕尾市中级人民法院　曾向虹

013 互殴和正当防卫的区分

——肖某某被诉故意伤害案

【案件基本信息】

1. 裁判书字号

福建省厦门市中级人民法院（2017）闽02刑终591号刑事裁定书

2. 案由：故意伤害罪

【基本案情】

2015年10月14日13时许，被告人肖某某驾驶带红色车厢的货车（在左侧）与附带民事诉讼原告人罗某某驾驶的带蓝色车厢的货车（在右侧），在福建（厦门）自由贸易试验区海沧片区海景路入口同向左转时发生刮擦，罗某某的货车左侧刮到被告人肖某某的货车右后视镜。被告人肖某某与罗某某下车查看车辆情况，发生言语争执、互推，罗某某快步走向自己的驾驶室，拿出一根长86cm、直径2cm的实心铁棍，跑向站立原地的被告人肖某某。

罗某某持棍捅击被告人肖某某，被告人肖某某左侧肚皮被捅伤。被告人肖某某争抢铁棍，争抢一二十秒后将罗某某推摔倒地，铁棍落在地上，罗某某倒地时左髋部着地受伤。经鉴定，罗某某左股骨颈骨折，损伤程度为轻伤二级。三十余秒后，肖某某边打电话，边上前抬脚欲踢倒在地上的罗某某。

案发后，罗某某报警，被告人肖某某在现场等候。实心铁棍已随案移送。

【案件焦点】

在伤害案件中，如何甄别当事人的行为属于互殴抑或属于正当防卫。

【法院裁判要旨】

福建省厦门市海沧区人民法院经审理认为：被告人肖某某的行为构成正当防卫，理由如下：第一，被告人肖某某具有防卫的主观条件。案发时，肖某某、罗某某二人因车辆刮擦发生言语争执、互推，属轻微矛盾，在被告人肖某某站立原地未实施追打或其他物理性控制行为的情况下，罗某某返身从自己车辆内拿出实心铁棍，加剧矛盾冲突，罗某某用铁棍捅击被告人肖某某的行为属于不法侵害。第二，被告人肖某某具有防卫的紧迫性。罗某某用于捅击肖某某的实心铁棍长 86cm、直径 2cm，属于杀伤力较强的凶器，对被告人肖某某的人身安全构成严重威胁，且被告人肖某某的肚皮已被捅伤，被告人肖某某具有争抢铁棍制止不法侵害的紧迫性。第三，被告人肖某某的防卫行为没有明显超过必要限度造成重大损害。被告人肖某某在争抢铁棍过程中推倒罗某某，罗某某倒地受伤后，被告人肖某某没有实施其他加害行为，被告人肖某某具有防卫意图，采取的防卫措施合理适当，行为克制。

被告人肖某某为使本人的人身权益免受正在进行的不法侵害而采取的制止不法侵害的行为，属于正当防卫，对不法侵害人造成的损害，没有明显超过必要限度造成重大损害，不负刑事责任，公诉机关指控罪名不成立。因被告人的行为属正当防卫，故不承担民事赔偿责任，附带民事诉讼原告人的诉求不予支持。

福建省厦门市海沧区人民法院依照《中华人民共和国刑事诉讼法》第一百九十五条第二项，《中华人民共和国刑法》第二十条第一款、第六十四条及《中华人民共和国侵权责任法》第三十条之规定，作出如下判决：

一、被告人肖某某无罪；

二、被告人肖某某不承担民事赔偿责任；

三、随案移送的实心铁棍一根，发还罗某某。

罗某某对附带民事部分判决提起上诉。

福建省厦门市中级人民法院经审理认为：上诉人罗某某经本院传票传唤，无正当理由拒不到庭。本案按上诉人罗某某撤回上诉处理。

福建省厦门市中级人民法院依照《中华人民共和国民事诉讼法》第一百四十三条、第一百五十四条第一款第十一项、第一百七十四条的规定，作出如下裁定：

本案按上诉人罗某某撤回上诉处理。

【法官后语】

当事人的行为究竟属于互殴抑或属于正当防卫，即使在有监控视频的情况下，也仍然会有不同意见，可见二者的区分着实不易。笔者认为，可以从以下三个方面着手进行分析：

1. 是否具有防卫意图。防卫意图是区分互殴与正当防卫的一个重要标准，本案中，综合整个事态发展过程及监控视频，可以认定肖某某具有防卫意图：一是发生车辆刮擦事故后，罗某某的车刮擦到被告人肖某某的车辆后视镜，被告人肖某某不让罗某某走，是要把事故处理清楚，是合乎情理的正常反应，二人进而发生言语争执，还可以看到手上有轻微的推搡动作，属轻微矛盾，被告人肖某某此时出发点也是为了维护自身的合法权益，而非“教训对方”。二是肖某某在并未实施追打或其他物理性控制行为的情况下，罗某某返身从自己车辆内拿出实心铁棍，加剧矛盾冲突，是整个事件发生的“导火索”，罗某某在起因上具有重大过错，罗某某在庭审中一直强调肖某某不让他走，但是从视频中可以看出，二人言语争执乃至手上有轻微推搡后，双方都没有伤情，肖某某也没有追打或拖拽罗某某以使罗某某无法离开，相反，肖某某站立在原地未动，罗某某快步走回自己车辆驾驶室拿出了铁棍，冲向肖某某，所以肖某某在后面的事态发展过程中是相对被动的。三是肖某某的肚皮在被罗某某持铁棍捅伤的情况下，为了避免继续被伤害，采取了抢夺铁棍并将对方推倒的行为，行为反映了其防卫意图。

2. 是否存在不法侵害。不法侵害的存在是正当防卫的前提条件。本案中，罗某某因轻微矛盾就取来铁棍捅击肖某某，实心铁棍长86cm、直径2cm，属于杀伤力较强的凶器，肖某某的肚皮已被罗某某捅伤，虽然伤并不严重，但客观上说明罗某某持棍捅击的行为已造成伤害后果且极易造成更严重的后果，罗某某并未罢手，对被告人肖某某的人身安全构成严重威胁，此时不法侵害现实地进行着，不是假想的。

3. 是否为了制止不法侵害。从本案来看，肖某某选择推倒对方，对方倒地后，肖某某没有趁机殴打对方，既说明其防卫的意图，也说明其没有伤害对方的意图。监控视频中虽看到肖某某作出抬脚动作，但还是没有向对方踹下去，说明其行为还是克制的，在制止了对方的伤害行为后，没有实施追打等行为。如果在制止不法侵害后，反过来实施追打行为，则属于“追杀性防卫”，不属于正当防卫，造成伤害后果的，应承担相应责任。

另外，本案中，被告人肖某某看到对方拿铁棍出来，没有逃避，是否影响正当防卫的认定，也有不同意见。应该说，刑法并未将正当防卫规定为一种“不得已”的应急措施，并未要求防卫人穷尽一切手段之后才能实施正当防卫。相反，即使防卫人在有条件躲避不法侵害或者求助司法机关的情况下，仍然有权实施正当防卫。据此，肖某某面对不法侵害没有躲避义务，其留在原地不躲避进行反抗的行为正是法律赋予正当防卫的应有之义，不能因此认定肖某某系迎殴，进而认定其有互殴故意。

编写人：福建省厦门市海沧区人民法院　苏桔海　陈芳序

014 跨区域集团化非法集资类案件中单位犯罪与个人犯罪的界定

——付某、郑宗某非法吸收公众存款案

【案件基本信息】

1. 裁判书字号

四川省成都市中级人民法院（2016）川01刑终399号刑事裁定书

2. 案由：非法吸收公众存款罪

【基本案情】

2012年2月17日理财公司注册登记成立。2013年6月28日，理财公司作为甲方与乙方被告人付某、郑宗某及杨华某、陈玉某、邓永某、任某6名自然人签订合伙协议，约定共同出资200万元注册成立分公司，协议确定由甲方对分公司的经营与管理负责，乙方负责开拓市场、维护客户资源。2013年7月12日，分公司登记成立，被告人付某任负责人，分公司日常经营与管理由被告人付某、郑宗某二人负责。

理财公司自成立，在没有金融许可的情况下，以月息1.2%、1.5%的高额利息为诱饵，介绍资金安全——由某信用融资担保有限公司、四川某融资担保有限公司等大型融资担保企业予以保障的前提下，通过媒体、传单等途径对外向不特定人员宣传公司“民间借贷”居间服务。2013年7月12日，分公司成立后，被告人付某、郑宗某等人，依据理财公司发布的投资项目和下达的融资金额，根据理财公司提供的担保公司、借款企业信息，借款、担保合同等书面材料，通过开业庆典、租赁铺面“开展业务”等形式对外向不特定人员介绍“民间借贷”居间信息，并以理财公司的名义与具有“投资意向”的人员即集资参与人签订《居间理财服务合同》后，居间帮助甲织布厂、乙公司等借款企业，以及丙担保公司、丁担保公司、戊担保有限公司等担保公司与集资参与人签订借款、融资担保等合同，以“民间借贷”的名义，积极促成集资参与人将10万~400万元不等的资金出借于甲织布厂、乙公司等企业。之后，理财公司按照协议比例向借款企业收取相关居间服务费，并约定按照居间服务费60%的标准向分公司支付提成费用。2013 年 7 月至 2014 年 7 月，分公司以居间介绍的方式向郑超某、钱世某等 28 名社会公众吸收资金，涉案金额 2035 万元，截至案发，尚有共计 1799.805 万元尚未退还。

另查明，案发后，被告人付某退还非法所得 46459.82 元、郑宗某退还非法所得 2.64 万元。

【案件焦点】

理财公司为扩大集资范围，作为控股股东，与付某、郑宗某等自然人新设企业分公司，分公司是否构成单位犯罪，公司实际经营者被告人付某、郑宗某是否构成犯罪。

【法院裁判要旨】

四川省金堂县人民法院经审理认为：被告人付某、郑宗某为获取非法利益，违反国家金融管理法律、法规，为他人向社会公众非法吸收资金提供居间服务，严重扰乱国家金融秩序，其行为均已构成非法吸收公众存款罪。理财公司系单位犯罪，故应当按照单位犯罪中的其他直接责任人员追究被告人付某、郑宗某的刑事责任。

四川省金堂县人民法院依照《中华人民共和国刑法》第一百七十六条之规定，作出如下判决：

被告人付某、郑宗某均犯非法吸收公众存款罪，判处付某有期徒刑三年，宣告缓刑四年，判处郑宗某有期徒刑二年六个月，宣告缓刑三年，两人均处罚金人民币五万元。

一审宣判后，付某、郑宗某提起上诉。

四川省成都市中级人民法院经审理认为：本案合伙经营协议的性质，实为理财公司作为控股股东，与付某、郑宗某等人新设企业。

分公司系为进行非法吸收公众存款的违法犯罪活动而设立，本案不以单位犯罪论处，应按个人犯罪追究二上诉人的刑事责任。原公诉机关并未在本案中对理财公司提出指控，原判超出指控范围认定理财公司系单位犯罪不当，不予认定。四川省成都市中级人民法院依照《中华人民共和国刑事诉讼法》第二百二十五条第一款第一项之规定，作出如下裁定：

驳回上诉，维持原判。

【法官后语】

在刑事案件中判断分支机构是否构成犯罪，主要有两个因素，一是以单位分支机构的名义实施犯罪；二是指违法所得归分支机构。

以单位名义集资是否能真正体现单位意志？笔者认为，单位名义只是外在表现形式，单位意志才是内在核心，具体到案件中界定单位犯罪和个人犯罪，还应该透过案件的表现，综合分析非法集资的过程、资金的流向以及全案的情况来确定单位真正的意志。

分公司由被告人付某、郑宗某负责经营管理，公司成立的目的即进行非法集资，非法集资是以理财公司的名义进行，吸收资金最终都流向了理财公司指定账户，理财公司按照协议比例向借款企业收取相关居间服务费，并按照约定向分公司支付居间服务费60%的提成费用。根据《最高人民法院关于审理单位犯罪案件具体应用法律有关问题的解释》第二条“个人为进行违法犯罪活动而设立的公司、企业、事业单位实施犯罪的，或者公司、企业、事业单位设立后，以实施犯罪为主要活动的，不以单位犯罪论处”的规定，分公司系为进行非法吸收公众存款的违法犯罪活动而设立，以实施犯罪为主要活动，故分公司不以单位犯罪论处，应以个人犯罪追究被告人付某、郑宗某的刑事责任，根据上诉不加刑的原则，法院遂驳回上诉，维持原判。

编写人：四川省成都市中级人民法院 曾执

四川省简阳市人民法院 刘蓉

015 非法持有毒品罪中被告人主观明知的认定

——肖某走私毒品、艾某非法持有毒品案

【案件基本信息】

1. 裁判书字号

北京市高级人民法院（2015）高刑终字第461号刑事裁定书

2. 案由：走私毒品罪、非法持有毒品罪

【基本案情】

被告人肖某受他人雇用，携带一个黑色拉杆行李箱，于2013年10月30日从A国某市乘飞机出发，途经他地，转乘EK308航班于同日22时许抵达北京首都国际机场T3航站楼，入境时选择无申报通道通关，逃避海关监管，因其体内藏有毒品可疑物被当场查获，从体内先后排出藏有毒品的胶囊33粒。

被告人肖某随后在侦查人员的控制下于2013年11月1日21时许，在北京市朝阳区东三环南路某酒店双井店附近，将上述胶囊1粒交于前来接货的被告人艾某，为此艾某支付了人民币1200元。次日22时许，在侦查人员的控制下，肖某将藏有毒品胶囊32粒（经鉴定系海洛因，净重294.4克，含量为46.6%）的饮料盒在北京市朝阳区东三环南路双井桥南过街天桥上交付给艾某。被告人艾某随后被现场布控的侦查人员抓获并在其身上起获净重0.34克的四氢大麻酚。

【案件焦点】

非法持有毒品犯罪中，被告人艾某拒不供认其主观明知是毒品的，如何根据在案证据定罪。

【法院裁判要旨】

北京市第三中级人民法院经审理认为：对于被告人艾某所提其不明知被告人肖某给其的塑料袋中装有毒品，其行为不构成非法持有毒品罪的辩解及其指定辩护人所提被告人艾某不明知持有的物品系毒品的辩护意见，经查，在案证据能够证实被告人艾某系采用非正常的方式从被告人肖某处接受塑料袋，明显违背合法物品惯常交接方式，在公安民警表明身份后，其有逃跑行为，后在塑料袋中查获毒品，其不能作出合理解释，且结合被告人艾某年龄、阅历等情况，综合分析，能够认定被告人艾某主观明知所接受物品系毒品，故被告人艾某的上述辩解及其指定辩护人的上述辩护意见，均不予采纳。被告人艾某非法持有毒品，且毒品数量大，其行为已构成非法持有毒品罪，依法应予惩处。

北京市第三中级人民法院依照《中华人民共和国刑法》第六条第一款、第三百四十八条、第四十五条、第四十七条、第五十二条、第五十三条、第三十五条、第六十一条，作出如下判决：

一、被告人肖某犯走私毒品罪，判处有期徒刑十二年，并处罚金人民币二万四千元，附加驱逐出境；

二、被告人艾某犯非法持有毒品罪，判处有期徒刑七年，并处罚金人民币一万四千元，附加驱逐出境；

三、随案移送的美元现金三十二张（未鉴定，面值100美元的7张、面值20美元的6张、面值10美元的16张、面值5美元的2张、面值1美元的1张）、人民币现金十二张（未鉴定，面值100元）、黑色拉杆箱一个予以没收。

艾某持原审辩解提起上诉。北京市高级人民法院经审理认为：艾某非法持有毒品，且毒品数量大，其行为已构成非法持有毒品罪，依法应予惩处。经查，本案在案证据充分证实，艾某犯非法持有毒品罪的事实，且原审法院在法定的量刑幅度内对艾某判处了与其所犯罪行相适应的刑罚，量刑并无不当。故艾某的上诉理由，不能成立，应予驳回。

北京市高级人民法院依照《中华人民共和国刑事诉讼法》第二百二十五条第一款第一项的规定，作出如下裁定：

驳回艾某的上诉，维持原判。

【法官后语】

本案处理重点主要在于对被告人主观明知的认定。在被告人否认主观明知的情况下，通过刑事推定来认定被告人主观明知。

具体到本案中，一审、二审法院都认为可以认定艾某选择采用高度隐蔽的方式交接物品，明显违背合法物品惯常交接方式，在执法人员检查时，有逃跑、丢弃携带物品和逃避、抗拒检查行为，在其丢弃的物品中查获毒品；其虽然否认明知塑料袋中装有毒品，但均未对其行为作出“合理解释”，且存在多处矛盾；没有提供任何证据以反驳公诉方的指控，没有提供任何证据证明其确属被蒙骗；结合其年龄、阅历、智力等情况，进行综合分析判断可以认定被告人艾某对塑料袋中装有毒品具有主观明知。

值得注意的是，这是一种刑事推定，即根据已知的基础事实来推断出一个未知的事实。这种推定是基于基础事实与推定事实之间高概率的常态联系，即常识、经验表明已知的基础事实通常会与推定事实相生相伴和并存。基础事实是推定的基石，因此基础事实的证明必须牢固，基础事实必须得到在案证据的充分证明。同时既然有常态，就不能排除有例外，推定事实虽然具有高度盖然性，但仍然具有或然性的属性，或然性的属性决定了没有所谓“确定”的推定，推定是允许反证而予以推翻的，如果被告人对推定的事实作出了除犯罪行为之外的合理解释或者举证证明其确属被蒙骗实施行为的，那么推定就要被推翻。同时，上述推定制度是基于某些特殊情况下，负有证明责任的公诉方举证困难甚至举证不能，而为减轻其举证责任的特殊设计，通过该项制度设计免除了公诉方对推定事实的证明义务，受益人是公诉方，明显对被告人不利，故人民法院在对被告人量刑时，根据被告人犯罪的事实、犯罪的性质、情节和对于社会的危害程度，一般宜在其罪责所对应的法定量刑幅度内对被告人判处较低限度的刑罚。同时，对于罪行极其严重的被告人，累犯、毒品再犯，具有暴力抗拒检查、拘留、逮捕或者其他严重情节的被告人，在严格审慎的基础上，可以决定对被告人判处较高限度的刑罚。这样有利于从实质上实现刑事司法的公平性。

编写人：北京市第三中级人民法院　段伟

016 因果关系中介入因素的认定及故意伤害罪（致死）、过失致人死亡罪之区分

——肖某故意伤害案

【案件基本信息】

1. 裁判书字号

福建省泉州市中级人民法院（2015）泉刑终字第1309号刑事附带民事裁定书

2. 案由：故意伤害罪

【基本案情】

2015年1月31日0时40分许，被告人肖某驾驶摩托车途经南安市美林街道凤凰路时，发现之前与其有矛盾的黄东某独自一人步行至此，遂到美林街道洋美转盘边的小陈装潢店的大门边拿了一根不锈钢管，并返回到凤凰路边等待。待黄东某靠近时，被告人肖某持不锈钢管冲出追打黄东某，导致黄东某在逃跑的过程中倒在公路中央的水泥地上。被告人肖某上前查看，发现黄东某躺在地上，身体没有动弹，手在颤抖，嘴巴中发出“哼哼”的声音，被告人肖某即将不锈钢管丢弃在路边的空地上，并驾车离去，后因担心出事又告诉朋友，也叫朋友前往查看。当天0时48分许，仍倒在路中央地上的黄东某被蔡建某驾驶小轿车碾压过去。经赶到现场的医务人员检查，黄东某已死亡。经鉴定，死者黄东某符合失血创伤性休克及颅脑损伤而死亡，其致死性损伤主要为头部、闭合性胸腹部损伤及四肢多发骨折，上述损伤中闭合性胸

腹部损伤及四肢多发性骨折均呈外轻内重的特点，而头部多发挫裂伤及撕脱伤创口形状不规则，分析认为上述损伤交通事故可以形成。

【案件焦点】

1. 被告人追打被害人致其倒在道路中间无法动弹，而介入了被过路车辆碾压的交通事故致死，被告人故意追打的行为与被害人死亡的危害后果之间的因果关系是否被阻断；2. 被告人的行为是构成故意伤害罪致人死亡，还是过失致人死亡罪。

【法院裁判要旨】

福建省南安市人民法院经审理认为：被告人肖某因先前琐事故意非法损害被害人身体健康，并致一人死亡，其行为已构成故意伤害罪。公诉机关的指控成立。被告人肖某主观上有伤害被害人的故意，客观上实施了追打被害人的伤害行为，造成被害人受伤倒地于公路中央并丧失行动能力，使被害人处于危险境地，被告人因先前的不法侵害而致其有排除被害人危险的义务，但被告人有能力排除危险却不作为，放任被害人死亡后果的发生，被告人应对其不作为造成的后果承担刑事责任，被告人的行为符合故意伤害罪的构成要件，因此被告人肖某的辩护人提出被告人肖某因疏忽大意而没有预见被害人死亡，其行为应定性为过失致人死亡罪的辩护意见，不能成立，不予采纳。被害人被追打倒地后虽遭车辆碾压，但在被害人躺倒于公路中央且丧失行动能力的危险状态下，被车辆碾压这一介入因素是先前伤害行为通常甚至必然会造成的后果，并未阻断被告人伤害行为与被害人死亡后果之间的因果关系，因此，被告人肖某的辩护人提出被告人肖某的先行行为与被害人死亡结果间仅仅是间接的、偶然的因果关系的辩护意见，不能成立，不予采纳。被告人肖某归案后能如实供述犯罪事实，认罪态度较好，可以从轻处罚。被告人肖某的辩护人对此提出的辩护意见，可予采纳。

福建省南安市人民法院依照《中华人民共和国刑法》第二百三十四条第二款、第六十七条第三款、第五十六条第一款、第三十六条第一款的规定，作出如下判决：

被告人肖某犯故意伤害罪，判处有期徒刑十年六个月，剥夺政治权利一年。

被告人肖某不服提起上诉。福建省泉州市中级人民法院经审理认为：上诉人肖某因先前琐事故意非法损害被害人身体健康，并致一人死亡，其行为已经构成故意伤害罪。依照《中华人民共和国刑法》第二百三十四条第二款、第六十七条第三款、第五十六条第一款、第三十六条第一款及《中华人民共和国刑事诉讼法》第二百二十五条第一款第一项之规定，作出如下裁定：

驳回上诉，维持原判。

【法官后语】

1. 本案介入因素是否阻断了先前行为

一种意见认为，被告人持械追打被害人只是一般伤害的故意，不能预料被害人会因逃跑摔倒，更无法预见被害人倒地会被车辆碾压致死，即被告人追打的原因行为与被害人摔倒及被车辆碾压致死的结果不是必然的、正常应该发生的，故介入的交通事故行为阻断了被告人的故意伤害行为，被告人不应对被害人的死亡后果承担责任。另一种意见认为，被害人被追打致躺于公路上不能动，介入的交通肇事行为是被告人应当预见很可能会发生的因素，并不能阻断被告人肖某的伤害行为与被害人黄东某的死亡之间的因果关系。笔者同意第二种意见。被告人肖某的追打行为，致被害人受伤倒地于马路中间，案发时间为凌晨，一方面是夜晚视线不良；另一方面案发地为市区公路，即使是在凌晨也有一定的车流量，被告人作为行为能力正常的成年人，应当意识到自己的行为可能导致的严重后果，但被告人追打致被害人倒地后没有任何排除危险的行为，而是直接离开现场置倒地不起的被害人于不顾。被告人肖某的不法侵害行为导致被害人处于危险境地是先前行为，那么被告人就有排除这种危险的义务，而被告人当时完全有能力将危险排除，但被告人均没有做，被告人的这种不作为导致被害人的危险状态持续。虽然被告人伤害行为与被害人死亡结果之间介入了第三人的行为，即被害人被车辆碾压而死亡，但被告人的伤害行为以及之后不作为造成被害人丧失行动能力躺在马路中间，在这种危险状态下，被害人被过往车辆碾压是正常的、合理可能性的介入因素。故应认定被告人的伤害行为与被害人的死亡存在刑法上的因果关系。

2. 本案系过失致人死亡罪还是故意伤害罪（致人死亡）

一种意见认为，被告人肖某主观上仅有造成被害人身体暂时性疼痛的故意，客观上实施的是一般殴打、追逐行为，没有故意伤害被害人致死的主观故意，不构成故意伤害罪（致人死亡），但被告人致被害人倒地不能起时，应当预见自己如不及时采取措施排除危险，可能随时会发生被害人因失救或被车碾压致伤的结果，但却轻信能够避免而选择离开，其行为构成过失致人死亡罪。另一种意见则认为，被告人肖某故意追打害人倒在马路中央不能动弹，其应当明知随时有可能将导致被害人因失救或被车辆碾压等情况致死的危害结果，却没有及时排除这种危险而离开，放任该结果的发生，应当认定其主观上对被害人的死亡结果有间接的故意，构成故意伤害罪（致人死亡）。

笔者同意第二种意见，法院亦持该种意见作出判决。一方面，从两罪的犯罪构成来看，故意伤害致死与过失致人死亡在致人死亡这个后果上均属过失，两者最根本的区别在于，前者主观上有伤害的故意，后者主观上没有伤害的故意，只是由于疏忽大意或过于自信才造成被害人死亡的。本案被告人持械追打被害人，显然主观上有伤害他人身体健康的故意，且如上所述，被告人的伤害行为与被害人死亡之间介入车辆碾压的第三者行为，并没有阻断因果关系，即被告人的行为与被害人的死亡存在刑法上的因果关系。另一方面，从犯罪故意、犯罪过失的刑法理论上分析。犯罪过失是指行为人应当预见自己的行为可能发生危害社会的结果，因为疏忽大意而没有预见，或者已经预见而轻信能够避免，以致发生这种结果的心理态度；间接故意是指行为人明知自己的行为可能发生危害社会的结果，并且有意放任，以致发生这种结果的心理态度。实践中过于自信的过失与间接故意容易混淆，两者对危害结果的可能发生均有所预见以及都不希望危害结果的发生，但仍有本质的区别，在认识因素上，间接故意行为人对其行为可以发生危害社会的结果一般都具有比较清楚的、现实的认识；而过于自信过失的行为人对危害结果发生的现实性则往往认识不足，以致轻信能够避免危害结果的发生。本案被告人在追打被害人倒地不能动弹后没有再实施殴打行为，且离开现场后因担心出事叫朋友前往查看，可见被告人主观上并不希望被害人死亡的危害后果发生，显然不是直接故意，但被告人故意追打被害人并致其倒在路中央不能动弹，时值凌晨时分，人流量不多、获救机会不大，且在交通要道仍车来车往的情况下，应当清楚地认识到即明知自己如不及时施救或不及时将被害人移到安全的地方，被害人随时有可能被车碾压致死或因失救而死，也因为有此清楚的认识，其才在离开现场后因担心出事叫朋友前往查看，但由于其没有及时排除危险，事实上就在其离开几分钟后就发生了这种危害后果，再结合其持械追打被害人的先行故意伤害行为，以及如前所述的“被害人死亡与被告人的伤害行为之间介入的车辆碾压的第三者行为，并没有阻断因果关系”，足可认定被告主观上是放任该种危害后果的发生，应认定被害人的死亡与其故意伤害行为有间接的故意，构成故意伤害罪（致人死亡）。

编写人：福建省南安市人民法院　李炳南　张太洲

017 “多因一果”情况下如何评价妨害公务行为人的刑事责任

——贾某某妨害公务案

【案件基本信息】

1. 裁判书字号

北京市第一中级人民法院（2014）一中刑终字第 1447 号刑事裁定书

2. 案由：妨害公务罪

【基本案情】

2013年6月25日19时许，在北京市延庆县八达岭高速公路进京方向营城子收费站附近，延庆县公安局交通大队民警张某某在依法执行职务时，拦截被告人贾某某驾驶的五十铃牌大型货运汽车进行检查，被告人贾某某停车后未接受检查又驾车向前行驶。民警张某某为阻止该车继续行驶，便拽住该车左侧反光镜，被该车向前拖拽了10余米，后在其他民警等人的配合下，将被告人贾某某查获。而后，民警张某某身体出现不适，被同事驾车送至延庆县医院救治，入院诊断为：(1) 非创伤性颅内出血；(2) 高血压；(3) 糖尿病。予以局麻加强化行微创颅内血肿穿刺冲洗引流术，术后入ICU，查BP190/100mmhg；查体见，左腋下季肋部可见皮肤条状擦伤，范围约20cm×20cm大小，表面可见少量水泡等；诊断为：(1) 非创伤性颅内出血；(2) 高血压病3级，极高危组；(3) 2型糖尿病；(4) 皮肤擦伤（左肋季部）。2013年7月8日，张某某被延庆县医院诊断为：(1) 非创伤性颅内出血；(2) 皮肤擦伤（左季肋部）；(3) 高血压3级极高危；(4) 糖尿病；(5) 吸入性肺炎；(6) 应激性溃疡伴出血；(7) 低蛋白血症；(8) 低钠血症。2013年7月25日，张某某经北京市公安司法鉴定中心鉴定，分析说明：被鉴定人张某某于2013年6月25日在延庆县八达岭高速路进京营城子收费站拦截一辆厢式货车时，被车拖行10余米，造成左季肋部16cm×11cm范围内广泛条形皮肤擦伤痕，擦伤面积累计大于20cm^2。此次事件中张某某存在精神刺激、情绪激动等引起脑出血因素，结合脑出血的部位及特点，符合高血压性脑出血；与此次外伤（左季肋部皮肤擦伤）无直接因果关系；与此次事件有一定关系，但不宜以事件后果进行人体损伤程度鉴定；鉴定意见为，张某某身体所受损伤程度属轻微伤。

【案件焦点】

“多因一果”情况下如何评价妨害公务行为人的刑事责任。

【法院裁判要旨】

北京市延庆县人民法院经审理认为：被告人贾某某明知公安民警在依法执行职务，仍强行驾车拖拽，造成公安民警的身体损伤（轻微伤），并诱发了公安民警的高血压性脑出血，其行为已构成妨害公务罪，依法应予刑罚处罚。

北京市延庆县人民法院依照《中华人民共和国刑法》第二百七十七条第一款、第六十四条、第六十一条的规定，作出如下判决：被告人贾某某犯妨害公务罪，判处有期徒刑一年四个月。

北京市延庆县人民检察院抗诉称：原审判决量刑偏轻。二审期间辩护人提出的辩护意见是：贾某某没有采取暴力威胁的手段妨害交警执法，不存在违法的故意；当时交警没有示意停车，交警违规拉拽车辆才导致了自己受伤；交警自身疾病与贾某某的行为之间没有必然的因果关系，因此，请求二审法院宣告贾某某无罪。

北京市第一中级人民法院经审理认为：首先，贾某某驾驶大型货车，在遇有民警要求其停车接受检查时加速向前行驶，利用自身驾驶大型货车作为工具，采用强制的方法摆脱民警检查，对民警的人身安全构成了一定的威胁，其行为性质属于刑法意义上的暴力、威胁方法；其次，民警的执法瑕疵不是原审被告人妨害公务的理由，不能因此而阻却妨害公务罪的成立；最后，被害人张某某的轻微伤结果与贾某某的妨害公务行为之间具有直接的因果关系，张某某高血压疾病是其自身体质特点，但高血压性脑出血的发生与贾某某的行为之间具有一定的关系。综上，对于抗辩双方所提上述事实方面的意见，均不予采纳。原审人民法院根据贾某某犯罪的事实，犯罪的性质、情节及对于社会的危害程度所作出的判决，定罪、适用法律正确，量刑适当，审判程序合法，应予维持。

北京市第一中级人民法院依照《中华人民共和国刑事诉讼法》第二百二十五条第一款第一项之规定，作出如下裁定：

驳回北京市延庆县人民检察院的抗诉，维持原判。

【法官后语】

基于对因果关系的不同认识，本案的处理存在如下三种不同意见：第一种意见认为，贾某某驾车拖拽民警的行为是显著轻微的，在实践中通常被评价为行政违法，被害人的高血压性脑出血系其自身体质原因，与妨害公务行为之间没有因果关系，因此应宣告被告人无罪。本案的辩护人即持这种观点。第二种意见认为，被告人在妨害公务的过程中伤害了民警的身体，民警高血压性脑出血的严重后果与贾某某的行为具有直接的因果关系，应当以故意伤害罪追究被告人的刑事责任。第三种意见认为，因果关系具有复杂性特点，应当区分案件当中存在的必然的因果关系和偶然的因果关系，按照各因果关系程度的强弱确定对被告人的定罪与量刑。笔者同意最后一种观点。

对于因果关系的刑法理论学说主要有以下三种。第一种是“必然的因果关系说”，也称“原因说”，即认为刑法中只有必然因果关系一种形式，只有必然的因果关系才是行为人负刑事责任的客观基础，在必然因果关系之外的有关联的事物或现象叫作条件。第二种是“偶然的因果关系说”，也称“条件说”即认为在犯罪的因果关系中，既有作为基本形式的必然因果关系，也有作为补充形式的偶然因果关系，两者都可以作为负刑事责任的客观基础。第三种观点是“相当的因果关系说”，即认为不能绝对排除偶然的因果关系，偶然因素只要达到相当的因果关系程度，就构成了承担刑事责任的基础。“相当的因果关系说”注意区分了偶然因果关系的不同程度，因而更为科学合理，目前已经成为主流观点。

在本案中，被害人张某某的轻微伤结果与贾某某的妨害公务行为之间具有直接的、必然的因果关系是毋庸置疑的，难点在于被害人张某某高血压性脑出血的发作与贾某某的妨害公务行为之间具有何种程度的因果关系。对此，需要结合在案证据，对案发的具体过程进行详细分析。根据在案的监控录像和证人证言证明，张某某在被拖拽十余米后，大车继续向收费站前进，张某某此时并未摔倒，他在后面步行并用电台呼叫，其间张某某停下约一分钟，又往回折返走了几米查了另一辆车，又停了一分钟左右，后继续向收费站方向走去。随后，前来支援的民警随身携带的执法记录仪记载，张某某已经在大车前，左胳膊挎在大车反光镜处，其他民警与被告人沟通，制止其打电话并要求其下车。在民警看被告人证件的过程中，张某某就要晕倒，其他人搀扶张某某上了警车。

由此可见，贾某某的妨害公务行为并未直接将民警拖带摔倒，也未直接造成民警的严重伤害，根据法医出具的鉴定意见，“此次事件中张某某存在精神刺激、情绪激动等引起脑出血因素，结合脑出血的部位及特点，符合高血压性脑出血；与此次外伤（左季肋部皮肤擦伤）无直接因果关系；与此次事件有一定关系”。所以说，民警张某某的高血压疾病是其自身体质特点，高血压性脑出血的发生与贾某某的行为之间属于偶然的因果关系。但是，民警张某某毕竟是在执法过程中，遭遇贾某某驾驶大型货车闯卡并被其拖拽，贾某某的行为对民警张某某产生了刺激、诱发作用，其程度已经达到了“相当的因果关系说”所要求的相当性。综上，一方面，贾某某的行为与被害人高血压性脑出血的严重后果之间存在因果关系，所以认为贾某某无罪的观点是不正确的；另一方面，被害人高血压性脑出血的发生是由于被害人自身体质原因和自身执法瑕疵的介入，属于“多因一果”，所以认为贾某某应对全部的危害结果负责，构成故意伤害罪的观点也是不正确的。

编写人：北京市第一中级人民法院　李春华

018　被害人承诺阻却故意伤害罪的成立

——张某、王某诬告陷害案

【案件基本信息】

1. 裁判书字号

北京市第二中级人民法院（2013）二中刑终字第1329号刑事裁定书

2. 案由：诬告陷害罪

【基本案情】

被告人王某受被告人张某雇用长期在其经营的汽车配件厂工作。被告人张某与李某存在经济纠纷。2012年7月11日15时许，李某在被告人张某经营的宝东汽车配件厂院内与张某雇用的工人王某发生纠纷并互相推搡，王某报案；被告人张某借机唆使并帮助被告人王某制造左耳鼓膜穿孔的伤情陷害李某，意欲追究李某的刑事责任，并要求李某赔偿经济损失，后被告人张某多次催促公安机关追究李某的刑事责任，致使李某被刑事立案调查；被告人王某在公安机关将其作为被害人询问其故意伤害案件事实过程中主动如实交代了诬告陷害的事实，公安机关遂对诬告陷害事实进行调查，并将被告人张某抓获。

【案件焦点】

对被告人张某唆使并帮助被告人王某制造左耳鼓膜穿孔的伤情的行为是否以故意伤害罪追究刑事责任。

【法院裁判要旨】

北京市通州区人民法院经审理认为：被告人张某、王某共同捏造事实诬告陷害他人，意图使他人受刑事追究，情节严重，二被告人之行为已构成诬告陷害罪，依法应予惩处。北京市通州区人民检察院指控被告人张某、王某犯诬告陷害罪事实清楚，证据确实充分，指控的罪名成立。被告人王某在公安机关将其作为被害人询问其故意伤害案件事实过程中主动如实交代了诬告陷害的事实，可以认定为自首，依法予以从轻处罚。被告人张某当庭认罪、悔罪，依法可以酌情从轻处罚。被告人张某、王某在诬告陷害过程中向被害人索要赔偿，依法可以酌情从重处罚。根据被告人王某犯罪的具体情节，本院依法可对其适用缓刑。对于被告人张某之辩护人郭稳某提出的“被害人李某在本案中存在一定过错和被告人张某有自首意图”的辩护意见，经查，被害人李某在被诬告陷害过程中并无过错，无证据证明被告人张某具有自首意图，故上述意见本院不予采纳；其他辩护意见，本院在量刑时予以考虑。综上，本院根据被告人张某、王某犯罪的事实、性质、情节及对于社会的危害程度等，对被告人张某依照《中华人民共和国刑法》第二百四十三条第一款、第二十五条第一款，对被告人王某依照《中华人民共和国刑法》第二百四十三条第一款、第二十五条第一款、第六十七条第一款、第七十二条第一款、第七十三条第二款和第三款之规定，判决如下：

一、被告人张某犯诬告陷害罪，判处有期徒刑一年六个月（刑期自判决执行之日起计算。判决执行以前先行羁押的，羁押一日折抵刑期一日；即自2012年10月19日起至2014年4月18日止）；

二、被告人王某犯诬告陷害罪，判处有期徒刑一年，缓刑一年（缓刑考验期限，从判决确定之日起计算）。

后张某不服一审判决，提起上诉。北京市第二中级人民法院经审理认为：张某伙同王某故意制造王某左耳鼓膜穿孔的伤情陷害他人，致使他人被刑事立案调查，其行为均已构成诬告陷害罪，依法应予惩处。张某所提原判事实不清，证据不足的上诉理由，经查，张某、王某犯诬告陷害罪的事实有被害人陈述、证人证言、同案犯供述及相关书证等证据在案为证，足以认定，上述证据能够相互印证，形成完整的证据链，故张某所提该上诉理由，本院不予采纳；所提原判量刑过重的上诉理由，经查，原审法院充分考虑张某的犯罪事实及其当庭认罪等酌定情节，对其在法定量刑幅度内作出了罪行相适应的判决，在二审审理期间，其没有新的从轻、减轻情节，故对张某的该上诉理由，本院亦不予采纳。一审法院根据张某、王某犯罪的事实、性质、情节、对于社会的危害程度所作出的判决，事实清楚，证据确实、充分，定罪及适用法律正确，量刑适当，审判程序合法，应予维持。据此，依照《中华人民共和国刑事诉讼法》

第二百二十五条第一款第一项之规定，裁定如下：

驳回张某的上诉，维持原判。

【法官后语】

本案存在争议的问题是对被告人张某是否以故意伤害罪追究刑事责任。一种观点认为，被告人张某故意伤害被告人王某身体，致其轻伤，已构成故意伤害罪，应与其所犯诬告陷害罪进行并罚；另一种观点认为，被告人张某实施故意伤害行为时得到了被告人王某的同意，被害人承诺阻却故意伤害罪的成立，不应以故意伤害罪追究被告人张某的刑事责任。我们同意第二种观点。

被害人承诺，或者被害人同意，是指法益主体对他人侵害自己能够支配的利益表示允诺或者同意。作为一种阻却犯罪成立的事由，虽然我国刑法没有明确规定，但已经被国内外的刑法学者所认可。刑法的目的是保护法益。刑法将某种利益作为法益加以保护，主要是因为这种利益是个人自我决定或自我实现所不可缺少的前提。法益只有在对个人的自我实现具有积极意义的限度内，才具有刑法保护的意义。反之，如果保护某种法益成为个人自我决定或自我实现的障碍，就没有必要对其进行法律保护，这种情况下，尊重个人意愿，任其放弃可以自由处分的权益，就是其个人自我实现的表现。因此，被害人自愿放弃能够处分的利益，在现代刑法中应当允许，对于侵害被放弃的利益的行为，不能作为犯罪予以追究。当然，被害人的承诺有一定的限度，不能绝对化，生命是自己决定权的基础，对于自我决定或实现不可或缺，剥夺了人的生命，就剥夺了个人自我决定的权利，与刑法保护个人决定的宗旨相悖。生命权不具有可承诺性，除了生命之外的个人法益，个人均可处分。

被害人承诺本质上就是被害人自由地行使自主决定权，被害人承诺有效的条件是具有承诺能力的人针对自己可以处分的一定法益进行真实自由的允诺。从承诺主体上看，能够对侵害法益表示承诺的，必须是具有承诺能力的人。从承诺对象上看，不仅包括侵害法益的结果，也包括引起该结果的行为，就是符合构成要件的事实。从承诺时间上看，承诺必须在结果发生时存在。从承诺的表示方式看，不管是明示，还是默示，都可以作为承诺的意思表示方式。从承诺的真实性上看，被害人承诺应当是在没有受到外在强制或者欺骗的情况下，基于自己的内心判断，自由作出的承诺。被害人作出有效承诺，且承诺放弃的是生命之外的法益，其所承诺放弃的法益就缺少了刑法保护的必要性，加害人侵犯该法益，不构成犯罪。

本案中，被告人王某作为成年人，为了获取财产利益，在被告人张某故意伤害其身体前，明确表示同意被告人张某损害其身体健康权益，接受轻伤的后果，未受到他人的强制或欺骗，其承诺有效，阻却故意伤害罪成立。

编写人：北京市通州区人民法院　李中华

019 行为人在精神病发病期犯罪的刑事责任能力认定及量刑

——汪某故意伤害案

【案件基本信息】

1. 裁判书字号

上海市第一中级人民法院（2011）沪一中刑终字第830号刑事

判决书

2. 案由：故意伤害罪

【基本案情】

2011年3月31日20时30分许，被告人汪某从日本搭机返回上海浦东国际机场时，因为索要留日学费及生活费未果而与前来接机的母亲顾某发生不快。在行至机场2号候机楼中步行道近旅客会合点处时，被告人汪某从携带的包内拿出防身用的两把尖刀，对被害人顾某头部、手臂、腹部、背部多处进行砍、刺，被害人顾某因刀伤致头皮部、胸腰背部、腹部、左臀部、双上肢多处列创，伴左侧血气胸、肝、胃、脾破裂、左肝静脉破裂、腹腔积血、右手肌腱断裂，经鉴定，被害人顾某的伤势已构成重伤。

被告人汪某当场被抓获后如实供述上述犯罪事实。另查明，被告人汪某具有精神分裂症，本案中评定为限制刑事责任能力，具有受审能力。

公诉机关认为，被告人汪某已构成故意伤害罪，当处三年以上十年以下有期徒刑；同时具有限定刑事责任能力，到案后系坦白，依法提请法院审判。

被告人汪某对起诉书指控的基本事实和罪名无异议。辩护人认为，被告人患有精神分裂症，案发时完全丧失辨认控制能力，不构成犯罪，不应负刑事责任。被害人顾某认为被告人案发时处于发病期，是无辜的，要求对被告人从轻处罚。

【案件焦点】

1. 精神病人发病期间犯罪是否不负刑事责任；2. 对精神病人的刑事处罚之裁量。

【法院裁判要旨】

上海市浦东新区人民法院经审理后认为：被告人汪某故意伤害他人身体，致一人重伤，其行为已构成故意伤害罪。综合考虑本案的起因、被告人的主观恶性、犯罪手段与危害后果，根据我国宽严相济的刑事政策，依照《中华人民共和国刑法》第二百三十四条、第十八条第三款、第六十七条第三款、第六十四条之规定，判决被告人汪某犯故意伤害罪，判处有期徒刑三年六个月。犯罪工具两把尖刀予以没收。

判决后，被告人汪某不服提起上诉，上诉人对原判认定的事实和证据没有异议，诉称其患有精神病，不应承担刑事责任。辩护人提出：（1）刑法没有对限定责任能力作出明文规定，原判认定上诉人汪某系限定责任能力人，判决汪某承担刑事责任违背罪刑法定原则。（2）对汪某所进行的司法精神病鉴定中，没有对汪某的辨认能力作出鉴定，也没有鉴定汪某的控制能力削弱到什么程度，因此不能证明上诉人汪某有罪。上诉人汪某系精神分裂症患者，属重性精神疾病，要求二审对汪某作出无罪判决，并保证精神病人的治疗权利。

二审法院认定原审法院确认的事实属实，并认为，本案诉讼过程中，公安机关委托司法鉴定科学技术研究所司法鉴定中心对上诉人汪某的精神状态、刑事责任能力、受审能力进行鉴定符合司法解释的规定。故驳回上诉，维持原判。现案件已经生效。执行过程中，执行部门提出被告人处于精神病发病期，具有法律规定的不适宜关押的情况，申请法院决定是否监外执行。后经法院审查，决定暂予监外执行。

【法官后语】

1. 精神病人发病期间犯罪是否不负刑事责任

本案审理中，辩护人提出根据鉴定报告被告人案发时处于精神病发病期间，鉴定报告书上明确记载系“自知力无”，因此依法不具有刑事责任能力、不构成犯罪。法院经审理认为，被告人汪某案发时精神状态和刑事责任能力的状况，应当以依法作出并经过庭审质证的相关司法鉴定意见书的结论为依据，综合案情予以认定。司法鉴定意见书上所称的“自知力无”，是指“谈及在日本遭受的种种不如意时则显得情感欠协调，主动意志活动病理性增强，记忆、智能尚可，自知力无”，即被告人汪某在谈及日本经历时对自身患有精神疾病的病情没有主观认识，缺乏“自知力”，而不是指被告人案发时对自身行为丧失了辨认和控制能力，因此以“自知力无”来否定被告人具有刑事责任能力是片面的，更是对“自知力”的误读；对该司法鉴定意见应当全面、客观地理解。根据刑法第十八条的规定，精神病人在不能辨认或者不能控制自己行为的时候造成危害结果，经法定程序鉴定确认的，不负刑事责任，但是应当责令他的家属或者监护人严加看管和医疗；在必要的时候，由政府强制医疗。间歇性的精神病人在精神正常的时候犯罪，应当负刑事责任。尚未完全丧失辨认或者控制自己行为能力的精神病人犯罪的，根据该鉴定意见，并结合本案具体情况可以看出，被告人案发时虽处于精神分裂症发病期间，但尚未完全丧失辨认控制自己行为的能力，应当负刑事责任，但是可以从轻或者减轻处罚。本案中，应当根据被告人精神疾病的具体发病情况，该病情与案发时辨认控制能力的关系和影响等方面进行具体认定。本案被告人虽然处于精神疾病的发病期，但尚有部分辨认控制能力，应认定为具有限定刑事责任能力，仍应当承担刑事责任。

2. 对精神病人的刑事处罚之裁量

被告人系精神病人且具有限制刑事责任能力的，量刑时要根据犯罪手段、主观恶性、刑事责任能力大小、危害后果及案发后认罪态度、社区意见等综合考虑，必要时可对判处监禁刑并处于精神病发病期的被告人以监外执行的方式进行治疗。对精神病人的刑罚首先应当考虑行为的社会危害性和行为人主观恶性的大小。具体考量的因素包括：首先，被告人精神病情况的严重程度与否。精神病情越严重，行为社会危害性越小，反之越大。其次，被告人手段的危害程度、危害后果的严重性。最后，被告人的人身危险性程度，包括对社区的危险程度、到案情况，认罪坦白情况等综合考虑，并考虑被告人的病情和治疗情况。

编写人：上海市浦东新区人民法院　肖波

020　就诊人死亡的非法行医案件中因果关系的认定

——贾某非法行医案

【案件基本信息】

1. 裁判书字号

上海市第一中级人民法院（2012）沪一中刑终字第127号刑事判决书

2. 案由：非法行医罪

【基本案情】

自2009年起，原审被告人贾某在没有取得医疗机构执业许可证的情况下，在本市松江区佘山镇高家村某号暂住处非法行医。2010年11月4日12时许，被害人褚某因感冒发烧至贾某的诊所就诊，原审被告人贾某使用清开灵注射液为被害人褚某静脉滴注，在输液过程中被害人褚某突感不适，出现神志不清等过敏不良反应。此后，被害人褚某被先后送往复旦大学附属中山医院青浦分院、复旦大学附属中山医院抢救，终因抢救无效于次日4时58分死亡。经鉴定，被害人褚某之死符合过敏反应并发DIC[①]导致循环衰竭死亡。2011年5月9日，被告人贾某被公安人员抓获。

辩护人提出：本案被害人死亡属多因一果，与贾某非法行医行为没有刑法上的因果关系，贾某不应对被害人的死亡结果承担刑事责任。(1) 过敏反应并不导致死亡结果发生。使用清开灵虽出现个别过敏反应，但非禁用药物，无须皮试，由清开灵引起的过敏性休克有抢救成功的可能性。(2) 被害人是过敏反应并发DIC导致循环衰竭而死亡，中山医院青浦分院医生在住院病历上记载有被害人曾经输液的情况，应当首先考虑系输液过敏反应，但医生在抢救过程中出现误诊、漏诊，没有进行抗过敏治疗，耽误了抢救时机。中山医院根据中山医院青浦分院的病史记载，以抗感染治疗而忽视了对过敏的注意。两家医院都未能对症施治，是直接导致被害人死亡结果的主要原因。被害人的死亡结果与被告人诊治行为之间不存在直接因果关系。

---

① DIC一般指弥散性血管内凝血。

【案件焦点】

被害人的死亡结果与被诊治行为之间是否存在因果关系。

【法院裁判要旨】

上海市松江区人民法院经审理认为：被告人贾某在未取得医生执业资格和执业许可证的情况下非法行医，情节严重，其行为已构成非法行医罪。但被害人褚某的死亡并非由被告人贾某一人直接造成，褚某先后经过了复旦大学附属中山医院青浦分院、复旦大学附属中山医院的抢救，最终因抢救无效而死亡。故未认定被告人贾某非法行医造成就诊人死亡。鉴于被告人贾某到案后能如实供述自己的罪行，对其依法从轻处罚。遂根据《中华人民共和国刑法》第三百三十六条第一款、第六十七条第三款判决被告人贾某犯非法行医罪，判处有期徒刑二年，并处罚金人民币2000元。

上海市松江区人民检察院提出抗诉认为，被告人贾某的非法行医行为直接导致了被害人褚某的死亡，非法行医行为与死亡结果之间存在客观的、不中断的因果关系。上海市第一中级人民法院经审理认为：原审被告人贾某的非法行医行为直接导致了被害人褚某的死亡，应认定为“造成就诊人死亡”。理由是：其一，原审被告人贾某医疗行为本身是非法行为；其二，贾某的非法行医行为导致被害人出现高热、神志不清、休克等严重不良反应，经送医抢救无效死亡，其死亡原因经鉴定符合过敏反应并发DIC导致循环衰竭死亡；其三，被害人被先后送至中山医院青浦分院和中山医院进行抢救，两家医院抢救无效并不构成因果关系的中断。检察机关的抗诉意见予以支持。遂依照《中华人民共和国刑事诉讼法》第一百八十九条第二项，《中华人民共和国刑法》第三百三十六条第一款、第六十七条第三款之规定，判决如下：

一、撤销上海市松江区人民法院（2011）松刑初字第1067号刑事附带民事判决主文第一项，即“被告人贾某犯非法行医罪，判处有期徒刑二年，并处罚金人民币2000元”；

二、原审被告人贾某犯非法行医罪，判处有期徒刑十年，并处罚金人民币10000元。

【法官后语】

本案的争议焦点为被告人贾某非法行医行为与被害人褚某的死亡后果之间是否存在因果关系。该因果关系成立与否，涉及被告人贾某是否构成非法行医罪的结果加重犯，对于其量刑具有重要影响。而此类因果关系的判断也是司法实践中的难题之一，准确地对其进行判断，对于正确定罪量刑，提高司法效率，具有重要意义。

（一）本案非法行医与死亡后果之间存在着因果关系

典型的因果关系是行为与结果之间一种引起与被引起的关系，具有客观性、直接性和特定性。一般而言，行为与结果之间如存在无前者即无后者的关系，即可认为因果关系成立，判断依据为生活逻辑，具体到非法行医案件，则为医学原理。本案中被告人贾某的非法行医行为所涉之清开灵注射液，因可能引起严重不良反应早在2009年就被国家食品药品监督管理局进行相关通报。事实也表明，使用清开灵注射液会导致过敏性休克、急性喉头水肿等严重过敏反应，甚至可能导致死亡。被害人褚某因感冒、发烧到贾某非法开设的诊所就诊，在接受贾某诊治并进行清开灵注射液静脉滴注后即出现高热、神志不清、休克等严重不良反应，经送医抢救无效死亡，其死亡原因经鉴定符合过敏反应并发DIC导致循环衰竭死亡。由此可见，原审被告人贾某为被害人静脉滴注清开灵注射液直接导致了被害人出现严重过敏反应死亡。客观上，没有被告人非法注射清开灵行为，就不会发生被害人死亡后果，两者之间存在着明显的因果关系。

（二）非法行医与死亡后果因果关系不因医院抢救无效而中断

1. 本案之中并不存在介入因素

介入因素，是指介入危害行为的发生过程而导致发生某种结果的其他因素，如被害人的行为、第三者的行为、特殊的自然事件等。笔者认为，刑法意义上的介入因素也是原因之一，而所有原因均应当是对结果的发生起到引起或加速作用的事件，而非广义上所理解的因果进程中介入进来的所有事件，如非法行医后送被害人到医院、医院正常的抢救行为等，以免将介入因素扩大化、复杂化。本案中，医院对其抢救行为并无明显过错，且该抢救行为对于被告人的死亡并未起到积极作用，只是未能阻止被告人死亡后果的发生。因此，被告人贾某为被害人静脉滴注清开灵注射液直接导致被害人出现严重过敏反应，并发DIC导致循环衰竭死亡的过程是一个直接、连续、符合规律且没有其他外因介入的病情发展、恶化过程，介入因素并不存在，并非多因一果，被告人贾某构成非法行医致人死亡的结果加重犯。

2. 介入因素的综合衡量

假设本案存在实践中经常出现的医生过错导致被告人死亡等情况，这就需要我们进行综合考量。首先，如介入因素与先行行为无关，且该介入因素独立地导致了危害结果的发生，则先行行为与危害结果的因果关系中断，如非法行医导致就诊人病情危重，就诊人在被送往医院抢救途中遭遇车祸身亡，非法行医行为与就诊人死亡后果之间因果关系中断；其次，依据先行行为导致危害结果发生的可能性和作用、介入因素对结果作用、介入因素的异常性，判断先行行为与危害后果因果关系是否中断。如行为人的非法行医行为导致了就诊人濒临死亡的重伤，而该伤势通常情况下也会导致就诊人死亡时，虽然医院的误诊加速了就诊人的死亡，但还是认定非法行医行为与死亡后果之间因果关系未中断比较适宜。如果行为人的非法行医行为仅仅导致就诊人轻伤或者是正常情况下能够抢救回来的重伤时，但因医生的重大过失导致被害人死亡，则非法行医行为与死亡后果之间因果关系中断。该类型案件在司法实践中还存在着一些较为少见的情况，如医生因刚好和被害人或被告人有隙，故意不施救甚至加速被害人死亡，该类介入因素较为异常，其对非法行医行为与死亡后果因果关系的阻断作用相较于一般案件更大。我们在个案裁量时，需对其加以注意，综合判断。

编写人：上海市第一中级人民法院　陈星　陈兵

（二）犯罪的预备、未遂和中止

021　共同犯罪中从犯、犯罪中止的认定

——黄某伦等故意伤害案

【案件基本信息】

1. 裁判书字号

广西壮族自治区柳州市中级人民法院（2020）桂02刑终366号刑事裁定书

2. 案由：故意伤害罪

【基本案情】

自1990年以来，黄某站及其父亲黄某南一直在某村背山上开采锰矿，但未办理采矿许可证。2005年5月30日10时许，黄某站发现有人到自家开采的矿窿口挖矿，通过熟人前去劝阻后，对方停止挖矿离去。次日11时许，黄某站发现对方又来挖矿，在叫熟人前去劝阻无效的情况下，黄某站纠集黄某腰、黄某韬、黄某汉、黄某参、黄某前、黄某万、黄某贯、黄某建、黄某范（十人已被判刑）以及被告人黄某伦、黄某任、黄某杯、黄某卫持砂枪、砍刀、月刮等凶器分两路来到矿山上。黄某站带一队人从矿窿口所在地的山脚往窿口方向走，在矿窿口附近黄某前、黄某贯、黄某建持砍刀追撵前来挖矿的人；黄某腰、黄某汉、黄某韬、黄某参都开了枪；黄某万用砍刀砸烂翻斗车挡风玻璃；黄某范持月刮拦住钩机。黄某伦带黄某任、黄某杯、黄某卫等人从矿窿口所在地的山顶往窿口方向走，在上方拦截挖矿的人，防止对方逃跑。当黄某伦带黄某任、黄某杯、黄某卫等人来到矿窿口山顶时听到砂枪响，看到有人被打倒在地，四人继续向矿窿口行进，看到别人散开后，亦自行离开回到村中。混乱中，黄某参开枪击伤黄某前，构成轻伤，被害人谢某某、韦某、沈某三人被砂枪击中当场死亡，巫某某被砂枪击中，构成轻伤。

【案件焦点】

1. 黄某杯是否应对黄某前的轻伤负责，是否构成共同犯罪；2. 黄某卫是否构成共同犯罪中的犯罪中止。

【法院裁判要旨】

广西壮族自治区柳州市柳江区人民法院经审理认为：被告人黄

某伦、黄某任、黄某杯、黄某卫因被害人强占同村村民黄某站的矿口，在两次劝阻无效的情况下，受黄某站的纠集伙同黄某站等人持砂枪、砍刀、月刮、棍棒故意伤害他人身体，致三人死亡、二人轻伤，四被告人的行为均已构成故意伤害罪。公诉机关指控的罪名成立。在共同犯罪中，四被告人起帮助作用，是从犯，依法可以从轻或减轻处罚；黄某卫能主动投案，到案后能如实供述自己的全部犯罪事实，依法可以从轻或减轻处罚；黄某伦、黄某任、黄某杯到案后能如实供述自己的犯罪事实，依法可以从轻处罚。被害人强占黄某站的矿口是引发本案的原因，故被害方存在过错，可以减轻对被告人的处罚。综上，法院决定对四被告人减轻处罚。黄某伦的辩护人辩护意见，法院予以采信，其他被告人的辩解和辩护人的辩护意见，与法院查明的事实不符，或不符合法律的规定，不予采信。

广西壮族自治区柳州市柳江区人民法院依照《中华人民共和国刑法》第二百三十四条第二款，第二十五条第一款，第二十七条，第六十七条第一款、第三款之规定，作出如下判决：

一、被告人黄某伦犯故意伤害罪，判处有期徒刑六年；

二、被告人黄某任犯故意伤害罪，判处有期徒刑六年；

三、被告人黄某杯犯故意伤害罪，判处有期徒刑六年；

四、被告人黄某卫犯故意伤害罪，判处有期徒刑五年。

黄某卫不服一审判决，提起上诉，诉称其并未直接造成被害人受伤或死亡，其作用小，是从犯，一审量刑过重，请求法院再予以从轻处罚并适用缓刑。辩护人提出以下辩护意见：黄某卫是从犯，具有自首、犯罪中止、认罪态度好等情节，请求法院对黄某卫判处三年以下有期徒刑并适用缓刑。

广西壮族自治区柳州市中级人民法院经审理认为：关于辩护人所提黄某卫具有犯罪中止情节的相关辩护意见。经查，该问题原判已经论述并加以驳斥，法院予以确认。法院认为，在案证据表明黄某卫应黄某站的纠集，明知同伙持砂枪、砍刀、月刮等围堵被害人会造成人员伤亡的后果，其亦与黄某伦等人持枪、刀或棍棒参与，并最终造成三人死亡、二人轻伤的严重后果。其不符合自动放弃犯罪或者自动有效地防止犯罪结果发生的情形，不属于犯罪中止。辩护人的该辩护意见与查明的事实和证据不符，且于法无据，法院不予采纳。黄某卫、黄某伦、黄某任、黄某杯受黄某站的纠集伙同黄某站等人故意伤害他人身体，造成三人死亡、二人轻伤，黄某卫、黄某伦、黄某任、黄某杯的行为均已构成故意伤害罪。原判认定的事实清楚，证据确实、充分，定罪准确，审判程序合法。原判根据黄某卫、黄某伦、黄某任、黄某杯的共同犯罪事实、性质及犯罪后果，并结合在共同犯罪中，四人均是从犯，黄某卫具有自首情节，黄某伦、黄某任、黄某杯到案后能如实供述其罪行等具体情节，并考量被害方存在过错等，在法定量刑幅度基础上予以减轻处罚，量刑适当，处理正确。黄某卫及其辩护人所提一审量刑过重的相关意见不成立，不予采纳。黄某卫与同伙共同故意伤害他人，致三人死亡、二人轻伤的严重后果，其不符合适用缓刑条件中“犯罪情节较轻”的情形，黄某卫及辩护人关于适用缓刑的上诉意见和辩护意见于法无据，亦不予采纳。

广西壮族自治区柳州市中级人民法院依照《中华人民共和国刑事诉讼法》第二百三十六条第一款第一项之规定，裁定如下：

驳回上诉，维持原判。

【法官后语】

本案是因采矿纠纷引发的暴力事件，本案的被告人系该共同犯罪中的从犯，该共同犯罪造成三人死亡、二人轻伤的严重后果。针对本案的主要争议焦点，综合本案证据，笔者分析如下。

1. 黄某杯是否应对黄某前的轻伤负责，是否构成共同犯罪

广西壮族自治区柳州市柳江区人民法院认为被告方的人开枪击中黄某前，致黄某前受轻伤，属误伤，并未超出被告方各参与人的共同犯意，除黄某前本人不应对其本人轻伤的后果负刑事责任外，其他参与人都应当对黄某前的轻伤承担刑事责任；被害方来抢占黄某杯同村村民的矿口，有过错在先，被告方应当通过合法途径解决，而不能采取伤害他人身体的方法来解决。

根据共同犯罪主客观要件分析。共同犯罪的客观要件要求各犯罪人必须具有共同的犯罪行为，为追求共同的社会危害结果，实施相互联系、密切配合、整体有机的犯罪行为。本案中，纠集人黄某站（已另案处理）纠集黄某伦等14人分持砂枪、砍刀、月刮等凶器分两路来到矿山，将谢某某、韦某、沈某当场打死，将巫某某打致轻伤，在混乱中同案人黄某前被误伤。本案是在有组织、有计划下进行的共同故意伤害行为，本案被告人均按照计划配合行动，黄某伦持砂枪，黄某任、黄某杯、黄某卫持砍刀或棍棒前往现场堵截，共同实施配合完成了犯罪行为。

共同犯罪的主观要件要求各犯罪人必须具有共同的犯罪故意，即认识到是与他人共同实施犯罪，会发生危害社会的结果，以及共同犯罪行为与危害结果之间的关系。本案是因采矿纠纷引发的冲突，被害人抢占被告方的矿口，有错在先。但被告方未能正确处理矛盾纠纷，未通过合法途径解决，而是采取伤害他人的方法来解决。被

告人的主观目的不影响故意伤害的定性，有故意伤害他人的犯罪意图。本案黄某伦、黄某任、黄某杯、黄某卫就是在上述共同故意伤害犯意的支配下实施了共同犯罪行为，具有共同的犯罪故意。

综上，本案黄某伦、黄某任、黄某杯、黄某卫实施了共同的犯罪行为，有共同故意伤害的犯罪故意，造成了被害人死亡、轻伤的严重结果，构成共同犯罪。

2. 黄某卫是否构成共同犯罪中的犯罪中止

刑法规定聚众斗殴致人重伤、死亡的，以故意伤害罪或故意杀人罪定罪处罚。犯罪中止是在犯罪过程中，自动放弃犯罪或者自动有效地防止犯罪结果的发生。犯罪中止是犯罪未完成形态，是在犯罪预备阶段或者在实行行为还没有实行终了的情况下，自动放弃犯罪；或是在实行行为实行终了的情况下，自动有效地防止犯罪结果的发生。犯罪中止强调有效性和主动性，被告人应是本可以实施犯罪行为而主动中止，或实施后采取措施有效地防止犯罪结果发生。一旦因犯罪行为产生危害结果，构成犯罪既遂，犯罪就已完成，不能再认定为犯罪中止。

本案中，尽管黄某伦、黄某任、黄某杯、黄某卫到达现场周围时，打斗已经结束，但共同犯罪已经形成，且造成了三人死亡、二人轻伤的严重危害后果，构成犯罪既遂。在共同犯罪中，根据“部分实行全部责任”原则，只要部分共犯人的行为导致危害结果既遂，对其他共犯人均以既遂论处。黄某伦、黄某任、黄某杯、黄某卫在本案中起帮助作用，是从犯，只具有共同故意伤害他人的犯意，实施了相互配合、堵截的共同故意伤害行为，也发生了严重的危害后果。但本案被告人没有杀人的犯罪故意，也没有实施杀人的犯罪行为。因此，根据主客观犯罪相一致的原则，本案被告人应当对共同故意伤害下造成的后果负责，即对故意伤害致人死亡的既遂负责。

根据广西壮族自治区柳州市中级人民法院在二审中补充查明论证，黄某卫明知同伙持砂枪、砍刀、月刮等围堵被害人会造成人员伤亡的后果，仍与黄某伦等人持枪、刀或棍棒参与，而最终也导致了死亡、轻伤的严重后果，该后果没有超出黄某卫等实施持枪、刀或棍棒参与斗殴的可预见性。

综上，黄某卫实施了共同犯罪行为，造成了可能的危害后果，既没有主动中止犯罪行为，也没能有效避免该危害后果的发生，不符合犯罪中止的构成要件。

编写人：广西壮族自治区柳州市柳江区人民法院　黄嘉斯

022 非法持有毒品罪是否存在未遂形态及如何区分预备和未遂

——夏旭某、朱某华非法持有毒品，胡某心、朱某华贩卖毒品案

【案件基本信息】

1. 裁判书字号

广东省高级人民法院（2016）粤刑终 1348 号刑事裁定书

2. 案由：贩卖毒品罪、非法持有毒品罪

【基本案情】

2015 年 7 月 7 日上午，原审被告人夏旭某汇款人民币 1000 元给上诉人胡某心，准备购买 20 克毒品甲基苯丙胺。胡某心收到该款后，于同日上午携带毒品前往约定的潮州市新洋路甲网吧进行毒

品交易。在交接毒品前夕，夏旭某在该网吧二楼被公安人员抓获，胡某心在该网吧一楼被公安人员抓获，公安人员现场从胡某心身上缴获白色晶体状物品357.54克（经鉴定检出毒品甲基苯丙胺成分）。

【案件焦点】

1. 非法持有毒品罪是否存在未遂形态；2. 被告人夏旭某非法持有毒品的行为是犯罪预备还是犯罪未遂。

【法院裁判要旨】

广东省潮州市中级人民法院经审理认为：被告人夏旭某非法持有毒品甲基苯丙胺20克，数量较大，其行为已构成非法持有毒品罪，依法应予惩处。被告人夏旭某为犯罪制造条件，是犯罪预备，依法比照既遂犯从轻处罚，判处有期徒刑一年四个月，并处罚金人民币一千元。

广东省高级人民法院经审理认为：一审对原审被告人夏旭某非法持有毒品的事实认定准确，量刑适当，但认定夏旭某构成非法持有毒品罪处于犯罪预备形态系法律适用错误，夏旭某主动联系胡某心，预先支付毒资，身处交易地点等待，这些都是实质性的着手行为，超出了购买的预备状态，离接收毒品达到完全控制的状态已经非常接近，从其行为与既遂结果的比较来看，不应当认定为预备状态，因未达到完全控制毒品的既遂状态，可认定为未遂。故裁定：驳回上诉，维持原判。对一审判决中关于夏旭某非法持有毒品罪犯罪形态的认定予以纠正。

【法官后语】

根据传统刑法理论，持有型犯罪是行为人对非法物品的支配和控制，属于状态犯，犯罪行为与不法状态同时产生，持有行为一旦着手则在构成犯罪的同时也成立既遂，仅有罪与非罪之分，一般不存在未遂状态。

但是，非法持有毒品罪并非典型的持有型犯罪，或者说并非仅仅包括典型的持有型犯罪。由于刑法没有明文规定购买毒品犯罪，非法持有毒品罪作为补漏性和兜底性的罪名，其惩处的对象不仅是持有毒品的行为，还有购买毒品的行为，具体应当分两种情形分析。

第一种情形，惩处行为人已经持有毒品的行为。实践情况必然是行为人已经控制了达到入刑标准数额以上的毒品，但案件未能证明其走私、贩卖、运毒或者制造毒品，只能以非法持有毒品罪定罪，从司法实践来看，该情形下的非法持有毒品不可能存在未遂形态。

第二种情形，惩处购买毒品数量达到入刑标准的行为。毒品类犯罪都是一系列复杂行为的组合，各个行为之间存在着吸收或者牵连的关系，如贩卖可能会涉及运输，但以贩卖毒品罪定罪，贩卖行为吸收了运输行为；运输可能涉及储存或持有，但以运输毒品罪定罪，运输行为吸收了储存和持有行为。所有涉毒犯罪的行为，走私、制造、贩卖、运输、储存或持有都有单独的罪名，唯独购买毒品的行为没有单独罪名。吸毒者在购买、运输、存储毒品过程中被查获的，查获毒品数量达到较大以上的，应以其实际实施的毒品犯罪行为定罪处罚；为他人代购仅供吸食的毒品，毒品数量达到入刑标准的，对托购者、代购者以非法持有毒品罪定罪处罚。由此可见，除购买少量毒品供自己吸食和代购少量毒品的行为以外，其他购买毒品的行为都是被刑法否定评价的。当前审判实践中，一般用非法持有毒品罪来惩处购买毒品的行为。

购买行为不同于典型的单纯持有行为，而是犯意联络、支付毒资、进入交易现场、接收并控制毒品等一系列动作的组合，那么在犯罪的过程中，其行为自然具备预备、未遂、中止乃至既遂等各种形态。正如本案，因为外界因素的介入，夏旭某的购买行为就停留在未遂形态。

综上，传统持有型犯罪不具备未遂形态，但非法持有毒品罪可以存在未遂形态，且预备和未遂是可以区分的。预备行为应当限定在犯意联络阶段，如电话联络、商议毒品交易数量、金额等。着手是实行阶段的开始，即行为人已经实施确保自己可以控制毒品的行为，如支付毒资、进入交易现场或即将支配控制毒品的物理空间。本案中，夏旭某已经预先支付毒资，并身处交易现场，显然已经是着手之后进入实行阶段，应认定为未遂而不是预备。

编写人：广东省广州市荔湾区人民法院　罗少雄

广东省高级人民法院　冯璐璐

（三）共同犯罪

023　“套路贷”犯罪的定性、罪数区分及共犯认定

——张某等诈骗、寻衅滋事案

【案件基本信息】

1. 裁判书字号

广东省深圳市中级人民法院（2019）粤 03 刑终 2576 号刑事裁定书

2. 案由：诈骗罪、寻衅滋事罪

【基本案情】

被告人张某、彭某佳曾分别是不同借贷平台的高校业务员，他们在开展业务过程中接触到一些有借款需求的在校大学生，通过审查个人资料、家庭信息等，掌握了一批有深圳户籍、家庭条件优越、有超前消费习惯、自控能力差等特点的在校大学生资源。为牟取非法利益，张某与董某铭、吕某赓、付某信、陈某鑫等人一起合作，专门针对在校大学生开展无抵押的高息短期借款业务，由董某铭等人负责出资，张某负责物色客户（借款人）、出面签订合同和债务催收，所得利润六四分成，风险共担。一般的借款模式是，以1周或2周为借款周期，利息15%至25%不等，每日逾期费为借款金额5%至10%不等，利息计入本金提前扣除（俗称“砍头息”），或者在转账后立即返还，并签订虚高的借款合同或者就同一笔借款签订多份借款合同；如果借款人到期未还，会被收取高额逾期费，在支付逾期费后可续期一次，若仍未能偿还，张某等人便通过频繁威胁恐吓等方式介绍或要求借款人再借一笔钱以偿还之前的欠款，以此类推，通过借新还旧、转单平账的方式人为垒高借款人的债务，最终借款从几万元垒高到数百万元，被告人从中获利一百万余元。

在追讨债务过程中，彭某佳等多次将借款人强行带离学校进行侮辱恐吓，并要求其母抵押房产还钱，借款人被迫休学；杨某鑫多次向借款人及其家人发送侮辱短信，或使用“呼死你”等软件进行电话轰炸，以被害人在借款时拍摄的裸体视频相威胁，并采用上门用胶水堵塞锁孔、破坏门锁、贴字条等方式逼迫借款人的父亲卖房还债。

以张某、吕某赓、董某铭、付某信、陈某鑫、董某菩等人为主要成员的恶势力，和以彭某佳、杨某鑫、谢某桐、古某清等人为主要成员的恶势力，盘踞在高校周边，以非法占有为目的，假借民间借贷之名，实施“套路贷”诈骗活动，严重危害大学生的身心健康，扰乱校园的教学秩序，造成恶劣的社会影响。

【案件焦点】

1. 本案“套路贷”行为是否符合诈骗罪的构成要件；2. 强索债务的手段行为与诈骗行为是否存在刑法上的牵连关系；3. 无直接犯意联络的被告人之间是否构成共同犯罪。

【法院裁判要旨】

广东省深圳市南山区人民法院经审理认为：关于本案的行为定性，张某等人以非法占有为目的，有针对性地选取在校大学生进行高息、短期无抵押贷款，通过设置“砍头息”、高额利息、畸高逾期费、在多个借款人之间转单平账等方式制造“套路”恶意垒高借款，与被害人形成虚假债权债务关系，骗取被害人财物，实质上是假借民间借贷之名行非法占有之实，符合诈骗罪的构成要件。关于对被告人应择一重罪处罚还是实行数罪并罚，经审理认为，彭某佳、杨某鑫、谢某桐为索取非法债务，多次将被害人从学校宿舍强行带走，以被害人被迫拍摄的裸体视频相威胁，用胶水堵塞被害人家门锁孔，发送侮辱短信，被告人等对被害人及其家人实施的滋扰、纠缠行为已严重干扰被害人的正常生活、学习，不仅侵犯了被害人的人身权利，也侵犯了社会管理秩序，所实施的手段行为与目的行为之间并不具有内在的牵连关系，不应认定为牵连犯，对辩护人所提应择一重罪处罚的意见不予采纳。关于各被告人之间是否属于共同犯罪，经审理认为，各被告人在非法占有被害人财物目的的支配下，采用相同的手段向被害人放款，并以击鼓传花的方式介绍其他债主加入，实际上是以一种心照不宣的方式形成了犯意联络，彼此的行为是有机联系的整体，属于共同犯罪。

张某等十一名被告人以非法占有为目的，隐瞒真相骗取他人财物，其行为均已构成诈骗罪；彭某佳、杨某鑫、谢某桐为强索不受法律保护的债务，多次采用威胁恐吓、拦截他人、滋扰生事等方式，给被害人造成心理强制，严重扰乱社会秩序，其行为均又构成寻衅滋事罪，依法对其实行数罪并罚。

广东省深圳市南山区人民法院依照《中华人民共和国刑法》第二百六十六条，第二百九十三条第一款第二项，第六十九条第一款、第三款，第二十五条第一款，第二十六条第一款，第二十七条，第六十七条第一款及第三款，第六十四条之规定，作出如下判决：

一、被告人张某犯诈骗罪，判处有期徒刑十年，并处罚金人民币二十万元；

二、被告人董某铭犯诈骗罪，判处有期徒刑六年六个月，并处罚金人民币十五万元；

三、被告人吕某赓犯诈骗罪，判处有期徒刑六年，并处罚金人民币十五万元；

四、被告人付某信犯诈骗罪，判处有期徒刑六年，并处罚金人民币十五万元；

五、被告人彭某佳犯诈骗罪，判处有期徒刑三年六个月，并处罚金人民币五万元；犯寻衅滋事罪，判处有期徒刑八个月；决定执行有期徒刑四年，并处罚金人民币五万元；

六、被告人杨某鑫犯诈骗罪，判处有期徒刑二年六个月，并处罚金人民币五万元；犯寻衅滋事罪，判处有期徒刑一年，决定执行有期徒刑三年四个月，并处罚金人民币五万元；

七、被告人陈某鑫犯诈骗罪，判处有期徒刑二年，并处罚金人民币四万元；

八、被告人古某清犯诈骗罪，判处有期徒刑二年，并处罚金人民币二万元；

九、被告人谢某桐犯诈骗罪，判处有期徒刑一年二个月，并处罚金人民币一万元；犯寻衅滋事罪，判处有期徒刑八个月；决定执行有期徒刑一年八个月，并处罚金人民币一万元；

十、被告人董某菩犯诈骗罪，判处有期徒刑一年六个月，并处罚金人民币一万元；

十一、被告人方某鹏犯诈骗罪，判处有期徒刑一年三个月，并处罚金人民币一万元；

十二、收缴的手机、电脑主机、笔记本电脑、ipad、U盘等依法予以发还；冻结的被告人银行卡中的余额依法退赔给被害人；

十三、责令各被告人共同退赔被害人的经济损失。

一审宣判后，付某信以其行为不构成诈骗罪、吕某赓以原判未认定其属犯罪未遂为由提起上诉，广东省深圳市中级人民法院经审理认同原判理由，依照《中华人民共和国刑事诉讼法》第二百三十六条第一款第一项的规定，裁定如下：

驳回上诉，维持原判。

【法官后语】

本案为非法“校园贷”案件，被告人诈骗手段新颖、行为隐蔽，利用民间借贷的“合法外衣”，行违法犯罪之实。整个作案流程存在多个环节，有多个犯罪行为，涉及诈骗罪、寻衅滋事罪，不仅侵犯了学生和家长的人身权利、财产权利，也严重影响了学校的正常教学秩序，扰乱了金融管理秩序、社会治安秩序，并引发舆论高度关注及社会各界强烈反响。本案的依法及时处理，对打击震慑此类犯罪、维护校园安宁有重要意义，在性质认定、罪数确定、共同犯罪及犯罪数额的认定上对同类案件也有一定的借鉴参考价值。

1. 从构成要素着手，明确“套路贷”行为的入罪依据和本质属性

非法“校园贷”是“套路贷”的一种，即发生在校园或针对学生的“套路贷”，但“套路贷”本身并不是一个刑法概念，更不是一个独立的罪名。在认定具体犯罪时，还是应当根据刑法规定的诈骗罪的犯罪构成来认定。依照刑法理论的通说，诈骗罪客观方面的构成要件是，行为人实施欺骗行为→对方陷入错误认识→对方基于错误认识处分（交付）财产→行为人取得财产（对方遭受财产损失）。

本案被告人诱使在校大学生签订高息借款合同，并以“砍头息”的方式虚增债务，被害人无法按期还款时，连环介绍被害人向其他金主借新债还旧债，通过“转单平账”“以贷还贷”的方式不断垒高“债务”，制造合法债权债务假象。在被害人未偿还虚高“借款”的情况下，按天或者小时甚至分钟收取高额逾期费，继续虚增债务，被告人以非法占有目的实施的上述行为，整体上可以评价为隐瞒真相的诈骗行为，即使被害人对双方之前约定的借款合同内容明知，并已偿还了虚高借款，但对被告人等的整体“套路”没有识破，未意识到双方的债务关系实为故意人为虚增，从这个意

义上来讲，被害人仍属于“陷入错误认识”，其误以为存在正常的债务关系向被告人偿还借款，属于基于错误认识处分自己的财产，符合诈骗罪的构成要件。

2. 从严厉打击切入，明确“套路贷”行为罪数的区分和共犯的认定

(1) 强索债务的手段行为与诈骗行为是否存在刑法上的牵连关系。“套路贷”案件中，在被害人未偿还虚高借款的情况下，行为人为实现非法占有财物的目的，经常通过电话轰炸、跟踪滋扰、非法拘禁等暴力、威胁或“软暴力”手段实施催讨，上述手段行为可能构成敲诈勒索、非法拘禁、寻衅滋事等多种犯罪。该手段行为与前述虚假债权债务形成阶段的诈骗行为均是为了实现非法占有被害人财物的目的，在决定是实行数罪并罚还是择一重罪处罚时，应根据具体案件事实，区分不同情形，依照刑法及有关司法解释的规定审慎判断。一般而言，实施“套路贷”过程中，行为人针对同一人实施敲诈勒索、强迫交易、抢夺、抢劫等侵财型手段非法占有他人财物的，基于相同对象相同目的，一般以牵连犯择一重罪处罚；针对不同人实施上述侵财行为的，一般应实行数罪并罚。行为人为非法占有他人财物，实施故意杀人、故意伤害、绑架、非法拘禁等非侵财型手段的，一般应实行数罪并罚。因刑法对寻衅滋事罪规定了四种行为方式，既有强拿硬要侵财型的，也有随意殴打等非侵财型的，故以上两种认定均有可能。

本案中，彭某佳等为实现虚假债权，上门或以电话、短信方式对被害人本人及其家人进行滋扰、纠缠，并以被害人被迫拍摄的裸体视频相威胁，向被害人发送侮辱短信，对被害人及家人进行威胁、恐吓，逼迫被害人还债，上述方式已严重干扰被害人正常生活、学

习，不仅侵犯了被害人的人身权利，也侵犯了社会管理秩序，从手段行为来看，已超越一般的侵财型手段，从侵犯的客体上来看，已非诈骗罪所能涵括，若仅认定为诈骗罪一罪，不足以准确、全面评价行为的危害性，故应单独评价为寻衅滋事罪，与诈骗罪数罪并罚。2019年7月23日颁布的《最高人民法院、最高人民检察院、公安部、司法部关于办理非法放贷刑事案件若干问题的意见》明确规定："六、……为强行索要因非法放贷而产生的债务，实施故意杀人、故意伤害、非法拘禁、故意毁坏财物、寻衅滋事等行为，构成犯罪的，应当数罪并罚……"为此类案件罪数的确定给出了明确的指导意见。

(2)"套路贷"案件中共同犯罪的认定及责任承担。"套路贷"犯罪由其行为模式决定多为共同犯罪，各行为人在组织中分工明确，相互配合，围绕"套路贷"形成犯罪链条。因分工细致，部分参与人之间可能未曾谋面，也无直接的言语交流，故在认定是否属于共同犯罪时，应重点审查各行为人之间是否具有共同的主观故意。就本案而言，除张某外，提供资金的各出资人之间有的并不认识，也没有就如何借贷进行具体协商，但各出资人在对借款模式及累债模式明知的情况下，通过相互介绍、推荐，使整个借贷行为形成有机联系的整体，各被告人明确知道自己的借贷行为是整个借贷模式中的一环，自身的获利是建立在其他被告人的前期借贷行为或后期循环借贷基础之上的，实际上是以一种心照不宣的方式形成了犯意联络，属于共同犯罪。

本案中负责提供资金的被告人仅参与了借贷行为的部分环节，其犯罪数额是否应单独计算。笔者认为，对先加入的被告人，其对后续同案人的借款行为是认可或默许的，主观上有盖然性认识，与其他被告人形成了概括性、总体性的共同故意，亦是最终利益的获得者，应对整体获利数额承担责任；对于后加入的被告人，其不仅对先加入者的行为以及由该行为导致的结果有积极的认知，而且有将前者作为自己实现犯罪的手段加以积极利用的意思，客观上，后加入的被告人也正是利用了前行为导致被害人无法还款这一状态，趁机与被害人签订借款合同，再次虚增债务，前后被告人相互配合，共同完成了垒高债务的目的，为实现非法占有被害人财物创造条件，与最终侵犯被害人财物具有因果关系，应对同一套路贷链条的整体获利数额承担责任。

编写人：广东省深圳市南山区人民法院 张国辉 张庆荣

024 电信诈骗共同犯罪的犯罪金额认定

——董某丛等诈骗案

【案件基本信息】

1. 裁判书字号

湖北省孝感市中级人民法院（2020）鄂 09 刑终 202 号刑事裁定书

2. 案由：诈骗罪

【基本案情】

2019 年 3 月至 7 月，管某及被告人董某丛、鲁某勇组织被告人郑某林、严某、杨某琦、付某、万某 1、岳某磊、曾某、姚某阳、魏某、万某威、王某、陈某、周某、万某 2、郑某波等人以偷渡的方式到缅甸果敢等地从事电信网络诈骗犯罪活动。管某及董某丛是该犯罪集团的组织者，负责提供启动资金、租赁诈骗窝点、招募作案成员、购买作案工具（手机、银行卡、客户信息、话术等）、联系诈骗业务、组织团伙分工及日常管理等。鲁某勇、郑某林是该犯罪集团的骨干成员，分别负责“洗钱组”和“话务组”的管理，鲁某勇是“洗钱组”负责人，负责操作“洗钱组”业务，落实管某及董某丛的各项指令，对接、操作“洗钱组”的业务，协调与“话务组”“黑客组”的联系，安排付某、万某威、王某、曾某、万某1、岳某磊等人的具体工作。郑某林是“话务组”负责人，负责“话务组”成员及作案工具的管理，传授作案技巧、协调“话务组”与“黑客组”“洗钱组”的联系，安排万某2、郑某波、周某、姚某阳、魏某、陈某等人的工作。管某及董某丛、鲁某勇实际掌控“黑客组”，安排严某、杨某琦从事诈骗“黑客”的工作。

管某及董某丛犯罪集团除自身诈骗外，还为杨某、黄某、吴某、张某等犯罪团伙提供作案银行卡（一级卡）及“洗钱”等转移赃款服务，为吴某等诈骗团伙提供“黑客”服务，从中提成。林某团伙为犯罪集团“话务组”提供作案银行卡（一级卡）及“洗钱”等转移赃款服务。

董某丛参与诈骗作案179起，诈骗金额4215607元；鲁某勇、付某参与诈骗作案173起，诈骗金额4118407元；严某、杨某琦参与诈骗作案107起，诈骗金额2759179元；万某威参与诈骗作案135起，诈骗金额3057403元；万某1、曾某、岳某磊参与诈骗作案78起，诈骗金额1867707元；王某参与诈骗作案75起，诈骗金额1746630元；郑某林参与诈骗作案104起，诈骗金额2713873元；陈某参与诈骗作案62起，诈骗金额1734597元；姚某阳、魏某参与诈骗作案57起，诈骗金额1511107元；周某参与诈骗作案47起，诈骗金额1202766元；万某2参与诈骗作案34起，诈骗金额774162元；郑某波参与诈骗作案21起，诈骗金额573472元。

【案件焦点】

如何根据在案证据认定各被告人参与作案的时间和犯罪金额。

【法院裁判要旨】

湖北省安陆市人民法院经审理认为：董某丛、鲁某勇、郑某林、严某、杨某琦、付某、万某1、岳某磊、曾某、陈某、姚某阳、王某、魏某、万某威、周某、万某2、郑某波以非法占有为目的，利用通信工具、互联网等电信手段，多次骗取他人财物，数额特别巨大，其行为均构成诈骗罪。姚某阳在刑罚执行完毕后五年以内再犯罪，系累犯，应当从重处罚。郑某波案发后能够自动投案并如实供述自己的罪行，系自首，可以从轻或减轻处罚。付某、万某威能够积极协助公安机关侦破案件，系重大立功，可以减轻处罚。董某丛纠集多人到境外实施电信诈骗犯罪活动，成员之间分工明确，互相配合，形成了较为固定的犯罪组织，系犯罪集团。董某丛为组织者、领导者，系犯罪集团的首要分子，应当按照集团所犯的全部罪行处罚。鲁某勇、郑某林分别负责“洗钱组”和“话务组”的管理，指挥组内人员实施犯罪活动，协调犯罪小组之间的联系，在该犯罪集团中起组织、领导和协调作用，是犯罪集团的骨干成员，系主犯，应当按照其所参与的或者组织、指挥的全部犯罪处罚。陈某、姚某阳、魏某、周某、万某2、郑某波组成“话务组”，严某、杨某琦组成“黑客组”，付某、万某1、岳某磊、曾某、王某、万某威组成“洗钱组”，共同实施电信诈骗行为，在犯罪集团中均起次要作用，系从犯，应当从轻或减轻处罚。

对被告人及其辩护人提出的关于各被告人参与时间与诈骗金额的问题。经查，根据被告人的出行时间、被告人供述、在案物证等证据，郑某林的出行信息显示其到昆明的时间为 2019 年 2 月 20 日，其本人没有供述参与诈骗作案的起止时间，结合付某等人的供述，认定郑某林参与诈骗作案的起止时间为 2019 年 3 月 11 日至 7 月 12 日。认定诈骗作案 104 起，诈骗金额 2713873 元。

严某、杨某琦的出行信息显示其到昆明的时间为 2019 年 3 月 5 日，其本人供述参与诈骗作案的起止时间为 2019 年 6 月至 7 月，结合付某、董某丛、鲁某勇等人的供述，付某供述，严某、杨某琦参与诈骗作案的时间为 2019 年 3 月至 7 月，认定严某、杨某琦参与诈骗作案的起止时间为 2019 年 3 月 11 日至 7 月 12 日，诈骗作案 107 起，诈骗金额 2759179 元。

根据鲁某勇、付某的供述，二人参与诈骗作案 173 起（2019 年 3 月 11 日至 7 月 12 日），诈骗金额 4118407 元。

曾某、万某 1、岳某磊的出行信息显示其到昆明的时间分别为 2019 年 4 月 8 日、4 月 26 日、4 月 26 日，三人供述参与诈骗作案的起止时间为 2019 年 4 月底至 7 月，结合付某、董某丛、鲁某勇等人的供述，付某供述，曾某、万某 1、岳某磊参与诈骗作案的时间为 2019 年 5 月至 7 月，认定曾某、万某 1、岳某磊到缅甸参与诈骗作案的起止时间为 2019 年 5 月 1 日至 7 月 12 日，参与诈骗作案 78 起，诈骗金额 1867707 元。

陈某的出行信息显示其到昆明的时间为 2019 年 4 月 8 日，其本人供述参与诈骗作案的起止时间为 2019 年 6 月 1 日至 7 月 12 日，结合万某1等人的供述及2019年4月23日郑某林团伙女性成员与董某1的聊天记录截图中有陈某参与诈骗算账记录，认定陈某参与诈骗作案的起止时间为2019年4月23日至7月12日，参与诈骗作案62起，诈骗金额1734597元。

姚某阳的出行信息显示其到昆明的时间为2019年2月20日，其本人供述参与诈骗作案的起止时间为2019年6月20日至7月12日，结合付某、万某2等人的供述，付某供述姚某阳参与诈骗作案的时间为2019年5月至7月，认定姚某阳参与诈骗作案的起止时间为2019年5月1日至7月12日。参与诈骗作案57起，诈骗金额1511107元。

万某2供述其参与诈骗作案的起止时间为2019年3月23日至4月25日，结合2019年4月23日郑某林团伙女性成员与董某1的聊天记录截图中有万某2参与诈骗算账记录，印证万某2于2019年4月23日参与诈骗的事实，因此万某2参与诈骗作案的起止时间为2019年3月23日至4月23日，参与诈骗作案34起，诈骗金额774162元。

王某供述其参与诈骗作案的起止时间为2019年3月23日至5月2日，结合万某2的供述，认定王某参与诈骗作案的起止时间为2019年3月23日至4月23日，参与诈骗作案75起，诈骗金额1746630元。

魏某的出行信息显示其到昆明的时间为2019年4月9日，其本人供述参与董某丛团伙诈骗作案的起止时间为2019年5月1日至7月12日，认定魏某参与诈骗作案的起止时间为2019年5月1日至7月12日，参与诈骗作案57起，诈骗金额1511107元。

万某威的出行信息显示其到昆明的时间为2019年3月5日，其本人供述参与董某丛团伙诈骗作案的起止时间为 2019 年 3 月至 6 月，认定万某威参与诈骗作案的起止时间为 2019 年 3 月 11 日至 6 月 15 日，参与诈骗作案 135 起，诈骗金额 3057403 元。

周某供述其参与诈骗作案的起止时间为 2019 年 3 月至 4 月，结合 2019 年 4 月 23 日郑某林团伙女性成员与董某 1 的聊天记录截图中有周某参与诈骗算账记录，印证周某 2019 年 4 月 23 日参与诈骗的事实，认定周某参与诈骗作案的起止时间为 2019 年 3 月 11 日至 4 月 30 日，参与诈骗作案 47 起，诈骗金额 1202766 元。

郑某波供述其参与诈骗作案的起止时间为 2019 年 4 月 7 日至 4 月 20 日，结合 2019 年 4 月 22 日郑某林团伙女性成员与董某 1 的聊天记录截图中有郑某波参与诈骗算账记录，印证郑某波 2019 年 4 月 22 日参与诈骗的事实，因此郑某波参与诈骗作案的起止时间为 2019 年 4 月 7 日至 4 月 22 日，参与诈骗作案 21 起，诈骗金额 573472 元。

董某丛是犯罪集团首要分子，对该犯罪集团诈骗数额总额负责，参与诈骗作案 179 起（2019 年 3 月 11 日至 7 月 12 日），诈骗金额 4215607 元。

湖北省安陆市人民法院依照《中华人民共和国刑法》第二百六十六条，第二十五条，第二十六条第一款、第二款、第三款，第二十七条，第六十五条第一款，第六十七条第一款、第三款，第六十八条，第六十四条的规定，作出如下判决：

一、被告人董某丛犯诈骗罪，判处有期徒刑十五年，并处罚金人民币 40 万元；

二、被告人鲁某勇犯诈骗罪，判处有期徒刑十五年，并处罚金人民币 30 万元；

三、被告人郑某林犯诈骗罪，判处有期徒刑十五年，并处罚金人民币30万元；

四、被告人严某犯诈骗罪，判处有期徒刑十一年，并处罚金人民币10万元；

五、被告人杨某琦犯诈骗罪，判处有期徒刑十一年，并处罚金人民币10万元；

六、被告人付某犯诈骗罪，判处有期徒刑七年八个月，并处罚金人民币5万元；

七、被告人万某1犯诈骗罪，判处有期徒刑九年九个月，并处罚金人民币8万元；

八、被告人岳某磊犯诈骗罪，判处有期徒刑十年，并处罚金人民币10万元；

九、被告人曾某犯诈骗罪，判处有期徒刑九年九个月，并处罚金人民币8万元；

十、被告人陈某犯诈骗罪，判处有期徒刑九年八个月，并处罚金人民币8万元；

十一、被告人姚某阳犯诈骗罪，判处有期徒刑十年，并处罚金人民币10万元；

十二、被告人王某犯诈骗罪，判处有期徒刑九年六个月，并处罚金人民币8万元；

十三、被告人魏某犯诈骗罪，判处有期徒刑九年四个月，并处罚金人民币8万元；

十四、被告人万某威犯诈骗罪，判处有期徒刑六年九个月，并处罚金人民币3万元；

十五、被告人周某犯诈骗罪，判处有期徒刑八年十一个月，并处罚金人民币5万元；

十六、被告人万某2犯诈骗罪，判处有期徒刑七年四个月，并处罚金人民币5万元；

十七、被告人郑某波犯诈骗罪，判处有期徒刑五年，并处罚金人民币1万元；

十八、责令被告人董某丛、鲁某勇、郑某林、严某、杨某琦、付某、万某1、岳某磊、曾某、陈某、姚某阳、王某、魏某、万某威、周某、万某2、郑某波向本案被害人退赔人民币4215067元；

十九、对随案移交的电脑、手机、POS机、银行卡、电话卡等作案工具予以没收。

宣判后，鲁某勇、郑某林、杨某琦、岳某磊、曾某、陈某、姚某阳、王某、魏某、万某威、周某、万某2、郑某波不服一审判决，提起上诉。湖北省孝感市中级人民法院经审理认为：一审判决根据各被告人所犯的罪行、构成的罪名，犯罪的事实、情节，各种量刑情节，对照法定刑罚幅度，量刑适当。

湖北省孝感市中级人民法院依照《中华人民共和国刑事诉讼法》第二百三十六条第一款第一项之规定，作出如下裁定：

驳回上诉，维持原判。

【法官后语】

本案是诈骗团伙在境外利用电信网络实施诈骗的典型案件。诈骗金额、诈骗次数、诈骗手段、情节、危害后果等因素都会影响对被告人的量刑。本案各被告人分工明确，董某丛租赁诈骗窝点、招募作案成员、购买作案工具、联系诈骗业务及日常管理，郑某林负责管理“话务组”，鲁某勇负责管理“黑客组”和“洗钱组”。“话务组”拨打诈骗电话，“黑客组”假借金融管理平台，骗取被害人钱款，又利用网络赌博平台“洗白”赃款，“洗钱组”在境内各银行金融网点利用自动取款机或柜台取现，共同实施电信诈骗犯罪活动或为其他电信诈骗团伙提供作案银行卡及“洗钱”等转移赃款服务，各被告人应对其参与期间该诈骗团伙实施的全部诈骗行为承担责任。在案证据证明：“话务组”除为犯罪集团拨打诈骗电话外，还为林某犯罪团伙提供话务服务，“洗钱组”除为犯罪集团的“话务组”提供洗钱服务外，还为杨某、黄某、吴某、张某等团伙提供洗钱服务；“黑客组”除为犯罪集团的“话务组”提供黑客服务外，还为吴某等团伙提供黑客服务。杨某诈骗团伙的诈骗作案的银行卡号全部是被告人鲁某勇通过QQ[①]发送给杨某。共同实施电信诈骗犯罪的被告人，应当对其与期间共同犯罪人员诈骗金额承担全部责任。

因为电信诈骗团伙一般是分工实施诈骗活动，被告人通常会辩解“到达实施诈骗场所后没有马上从事诈骗活动”“一些被害人被诈骗时自己并未拨打电话”等。诈骗分子在组织者的领导下各有分工，彼此之间长期同处一室或同一诈骗平台，各被告人应当对其他参与者的行为有明确认知。被告人接受诈骗培训时主观上具有诈骗的故意，形成了共同犯罪故意，可以被告人接受诈骗培训时间作为参与犯罪的时间节点。因此，对于诈骗金额的认定以参与时间为准，被告人对于参与诈骗犯罪集团后，该集团所有的诈骗金额承担刑事责任。

编写人：湖北省安陆市人民法院　杨耀龙

---

① QQ，是腾讯QQ的简称，是腾讯公司推出的一款基于互联网的即时通信软件。

025 以是否从事公务为基础判断国家工作人员身份

——陈某宏受贿、玩忽职守案

【案件基本信息】

1. 裁判书字号

福建省厦门市中级人民法院（2018）闽02刑终806号刑事判决书

2. 案由：受贿罪、玩忽职守罪

【基本案情】

海沧国土所系市国土局下属全民事业单位，负责辖区内农村土地房屋的权籍调查、登记发证、权属变更等管理工作以及市局或分局交办的其他事项，在征地拆迁中，有配合区政府做好交办工作，对各街道征迁服务有限公司报送的《海沧区农村房屋征收情况登记表》进行查档调查，并将调查情况说明上报分局核定的职责。

一、受贿罪

被告人陈某宏2004年5月至案发时被聘用为该所工作人员，2005年至2016年6月负责配合海沧、新阳片区征地拆迁房屋产权初审上报工作，具体审查权属来源权证材料的完整性、真实性。2011年至2017年，被告人陈某宏在海沧国土所工作期间，利用配合征地拆迁房屋产权初审上报的职务便利，先后多次在厦门市海沧区马扎罗咖啡厅、茹宏烟酒茶商行等地收受苏某兵、郑某赞、周某旺、李某峰等多人给予的钱款共计173.36万元，并在房屋权属确认等方面为请托人谋取利益。

二、玩忽职守罪

2011年至2013年，被告人陈某宏在对被征收人谢某美、谢某婴、郑某福、柯某和、柯某东等人被征收房屋进行产权情况调查过程中，发现该五人提交的被征收房屋的《乡村建房宅基地许可证》（以下简称权证）在国土部门查无内档后，未严格履行调查核实职责，对被征收人上报审批的权证存在的房屋四至、申请时间、申请人资格、房屋坐标与80年代以前实测扫描地形图放样比对结果等疑点疏于审查，即拟定调查报告报所长何某章（另案处理）审核，后错误地上报国土局海沧分局予以权属确认，导致五个被征收人因而获得与具有合法权证的被征收人同等赔偿标准，即根据权证认定的被征收房屋总产权面积进行产权调换获得安置房或按安置房市场评估价获得货币补偿。

【案件焦点】

1. 被告人陈某宏是否属于国家工作人员及其是否利用职务便利收受他人钱款；2. 涉案权证是否为假证；3. 海沧国土所及被告人陈某宏对涉案权证是否具有审查职责；4. 被告人陈某宏是否已经履行相应工作职责。

【法院裁判要旨】

福建省厦门市海沧区人民法院经审理认为：被告人陈某宏身为国家工作人员，利用职务便利，多次非法收受他人现金，共计人民币173.36万元，数额巨大，并为他人谋取利益，其行为已构成受贿罪。被告人陈某宏作为国家机关工作人员，严重不负责任，不认真履行职责，致使国家利益遭受重大损失，价值共计人民币2812233

元，情节特别严重，其行为已构成玩忽职守罪。被告人陈某宏到案后能如实供述自己的罪行，依法可以从轻处罚。被告人陈某宏在判决宣告前犯数罪，依法应当实行数罪并罚。本案渎职犯罪发生在征地拆迁过程中，重大损失的后果系多方面原因造成，在渎职犯罪立案后被征收人又退回安置房五套及补偿款 1317704.04 元，目前未挽回的国家实际经济损失 25 万余元，经济损失已大部分挽回，可酌情对被告人陈某宏从轻处罚。福建省厦门市人民法院依照《中华人民共和国刑法》第三百八十五条第一款、第三百八十六条、第三百八十三条、第三百九十七条第一款、第九十三条、第六十七条第三款、第六十九条、第六十四条，《最高人民法院、最高人民检察院关于办理贪污贿赂刑事案件适用法律若干问题的解释》第二条第一款、第十八条、第十九条第一款，《最高人民法院、最高人民检察院关于办理渎职刑事案件适用法律若干问题的解释（一）》第一条第二款第二项之规定，判决如下：

一、被告人陈某宏犯受贿罪，判处有期徒刑六年五个月，并处罚金人民币 50 万元；犯玩忽职守罪，判处有期徒刑三年，决定执行有期徒刑八年，并处罚金人民币 50 万元；

二、继续追缴被告人陈某宏违法所得人民币 173.36 万元。

被告人陈某宏对原审判决结果不服提起上诉。福建省厦门市中级人民法院经审理同意一审法院裁判意见，因上诉人陈某宏在二审期间退缴部分受贿所得，可以酌情从轻处罚。鉴于本案渎职犯罪所造成的损失后果系多因一果，且被征收人已退回安置房五套及补偿款 1317704.04 元，国家经济损失已大部分挽回，可对陈某宏酌情从轻处罚。依照《中华人民共和国刑法》第十二条第一款、第三百八十五条第一款、第三百八十六条、第三百八十三条第一款第二项和第二款、第三百九十七条第一款、第六十七条第三款、第六十九条第一款和第三款、第六十四条及《最高人民法院、最高人民检察院关于办理贪污贿赂刑事案件适用法律若干问题的解释》第二条第一款、第十九条第一款，《最高人民法院、最高人民检察院关于办理渎职刑事案件适用法律若干问题的解释（一）》第一条第二款第二项和《中华人民共和国刑事诉讼法》第二百三十六条第一款第二项的规定，判决如下：

一、维持福建省厦门市海沧区人民法院（2017）闽 0205 刑初 671 号刑事判决第一项中对上诉人陈某宏的定罪部分；

二、撤销福建省厦门市海沧区人民法院（2017）闽 0205 刑初 671 号刑事判决第一项中对上诉人陈某宏的量刑部分及第二项判决；

三、上诉人陈某宏犯受贿罪，判处有期徒刑五年，并处罚金人民币 35 万元；犯玩忽职守罪，判处有期徒刑三年，决定执行有期徒刑五年六个月，并处罚金人民币 35 万元；

四、扣押在案的上诉人陈某宏的受贿所得人民币 40 万元予以没收；继续追缴上诉人陈某宏的受贿所得人民币 133.36 万元，上缴国库。

【法官后语】

一、判断是否属国家工作人员的思路

《中华人民共和国刑法》第九十三条规定，本法所称国家工作人员，是指国家机关中从事公务的人员。国有公司、企业、事业单位、人民团体中从事公务的人员和国家机关、国有公司、企业、事业单位委派到非国有公司、企业、事业单位、社会团体从事公务的人员，以及其他依照法律从事公务的人员，以国家工作人员论。根据刑法的规定，国家工作人员包括四类人员：一是国家机关中从事公务的人员即国家机关工作人员；二是国有公司、企业、事业单位、人民团体中从事公务的人员；三是国家机关、国有公司、企业、事业单位委派到非国有公司、企业、事业单位、社会团体从事公务的人员；四是其他依照法律规定从事公务的人员。对前两类人员主要以是否从事公务作为判断，对后两类以特定机关单位的委派或法律规定加上从事公务作为判断，从事公务成为国家工作人员的本质特征和主要判断标准。

笔者认为，在认定国家工作人员身份的问题上，可从以下步骤入手：(1) 判断涉案人员的职责是否属公务；(2) 属从事公务的情况下，判断涉案人员所在机关单位类型，若属上述前两类国有单位则该人员系国家工作人员；(3) 若非前两类国有单位，判断涉案人员是否受国家机关、国有公司、企业、事业单位等国有单位委派；(4) 判断是否属法律明确规定临时性或者在特定条件下行使国家管理职责，如《全国人民代表大会常务委员会关于〈中华人民共和国刑法〉第九十三条第二款的解释》将村民委员会等村基层组织人员在协助人民政府从事相关行政管理工作时，明确规定为其他依照法律从事公务的人员，以国家工作人员论。

二、从“公务”的四特征判断是否属从事公务

判断是否属从事公务直接关系到国家工作人员身份的认定。从事公务，是指对公共事务的管理活动，即代表国家机关、国有公司、企业、事业单位、人民团体等履行组织、领导、监督、管理等职责。公务主要表现为与职权相联系的公共事务以及监督、管理国有财产的职务活动。“公务”的特征表现为：一是具有管理性，即对公共事务进行管理，它既可以是国家事务，也可以是社会事务和集体事务；

二是具有国家代表性，即这种活动是代表国家进行的；三是公务的职务性，即它是基于一定的职位或授权而派生的职能；四是公务的合法性，即该项职能的行使是法律授予的权力。

本案中，海沧国土所负责辖区内农村土地房屋的权籍调查、登记发证、权属变更等管理工作以及市局或分局交办的其他事项。在征地拆迁中，有配合区政府做好交办工作，对各街道征迁服务有限公司报送的《海沧区农村房屋征收情况登记表》进行查档调查，对被征收房屋的产权情况进行调查核实确认并出具初步意见的职责。根据相关岗位职责规定及被告人陈某宏的供述证实，被告人陈某宏系海沧国土所聘用的工作人员，具体负责海沧、新阳片区征地拆迁房屋产权初步审核及草拟调查报告，因此被告人陈某宏所从事的事务具有管理性、国家代表性、职务性、合法性，属从事公务。另外，海沧国土所系市国土局下属全民事业单位，故被告人陈某宏属国家工作人员。

编写人：福建省厦门市海沧区人民法院　牟燕　陈淑芳

026　掌握危险废物信息渠道的介绍人不宜认定为污染环境罪从犯

——陈某、吴某污染环境案

【案件基本信息】

1. 裁判书字号

广东省广州市中级人民法院（2017）粤 01 刑终 901 号刑事判决书

2. 案由：污染环境罪

【基本案情】

2016 年 6 月，陈某为牟取非法利益，在无相应处理资质的情况下，经吴某的介绍，雇车去甲化工公司非法收购了约 160 吨危险废物，加上陈某之前收购的 10 吨危险废物，先后多次使用其购买的槽罐车，非法排放到高速出入口处的下水道，造成环境污染。同年 7 月，陈某为牟取非法利益，经吴某介绍，雇车到位于乙化工有限公司，非法收购了约 8 吨的危险废物回番禺，再抽到槽罐车（含树脂废水 8.55 吨，经鉴定为具有浸出毒性特征的危险废物）储存准备非法排放，因案发而未得逞。同年 7 月 6 日，执法人员发现在高速出入口处有浓烈的刺激性气味，安排广州丙工业弃置废物回收处理有限公司清理出废液（含树脂废水 14.35 吨，经鉴定为具有浸出毒性特征的危险废物），在陈某租赁的山地处清理出废化工物料 10.72 吨（经鉴定为易燃性危险废物）及含油污泥 14.51 吨。陈某二次获取非法利益共计人民币 5.4 万元，吴某二次获取非法利益共计人民币 5200 元。

【案件焦点】

1. 掌握危险废物信息渠道的介绍人，未直接实施非法处置行为，能否认定为从犯；2. 被告人归案后能主动带公安人员查找污染源头，有效避免危害后果继续扩散，能否综合考虑全案情节予以从轻处罚。

【法院裁判要旨】

广东省广州市番禺区人民法院经审理认为：陈某、吴某无视国家法律，非法排放、倾倒、处置危险废物，严重污染环境，其行为均已构成污染环境罪。陈某、吴某归案后如实供述自己的罪行，依法可以从轻处罚。陈某、吴某当庭自愿认罪，系初犯、偶犯，可酌情从轻处罚。

广东省广州市番禺区人民法院依照《中华人民共和国刑法》第三百三十八条、第六十七条第三款、第六十四条的规定，作出如下判决：

一、陈某犯污染环境罪，判处有期徒刑二年九个月，并处罚金十八万元；

二、吴某犯污染环境罪，判处有期徒刑二年，并处罚金六万元；

三、依法扣押的作案工具槽罐车，予以没收上缴国库。

吴某不服一审判决，提起上诉。

广东省广州市中级人民法院经审理认为：吴某及陈某无视国家法律，非法排放、倾倒、处置危险废物，严重污染环境，其行为均已构成污染环境罪。吴某虽未直接实施排放、倾倒废水的行为，但其得知有工业废水需要处理后主动找陈某进行合谋，并实地踩点，在犯意发起、犯罪联络、报酬金额的确定及非法获利后的处分等方面均起主要作用，不宜认定为从犯。第二宗犯罪事实因案发而未得逞，但两宗犯罪事实属于连续行为，故综观全案，依法应认定吴某、陈某构成全案既遂。鉴于吴某归案后积极配合侦查人员调查取证，避免了危害结果的继续扩散，如实供述自己的罪行，在二审期间主动缴纳罚金人民币六万元，有明显的认罪、悔罪表现。综上，对吴某酌情从轻处罚。

广东省广州市中级人民法院依照《中华人民共和国刑法》第三百三十八条、第二十五条第一款、第二十六条第一款、第六十七条第三款、第六十四条，《最高人民法院、最高人民检察院关于办理环境污染刑事案件适用法律若干问题的解释》（法释〔2013〕15 号）

第一条第二项、第七条，《中华人民共和国刑事诉讼法》第二百三十五条第一款第二项之规定，作出如下判决：

一、维持原审判决第一项、第二项、第三项的定罪及罚金刑部分；

二、撤销原审判决第二项的量刑部分；

三、吴某犯污染环境罪，判处有期徒刑一年六个月，并处罚金人民币六万元。

【法官后语】

本案中，为牟取非法利益，吴某主动将具有浸出毒性特征的工业废液需要非法排放的信息介绍给陈某，陈某将这批工业废液从清远和鹤山运回番禺处置。吴某虽然辩称其不知道陈某无经营许可证，对此也无审查义务，但吴某有化工专业的知识背景，且曾在专业环保公司从事过废液、废物处置工作，对于废液、废物的处置必须有经营许可证和必要技术条件是明知的，而从废液处置费为300元/吨也可以看出陈某不可能是通过正当途径处理废水，可以推定其主观上具有放任的故意，其行为构成污染环境罪的共犯。

关于吴某在共同犯罪中的地位问题，其虽未直接实施排放、倾倒废液行为，但其得知有工业废液需要非法排放后主动找陈某进行合谋，并积极实施了实地踩点，收取了废液处理费，事后进行了分配，在整个作案过程中其行为也起到了主要作用，不宜认定为从犯。当然在共同犯罪中，两被告人的地位和作用不完全一样，陈某准备了作案车辆，雇用了司机，具体实施了非法排放行为，获得更大的非法利益，其地位作用比吴某要大一些，量刑时应充分考虑两被告人的地位、作用，作出不一样的量刑结果，以体现罪责刑相一致原则。鉴于吴某归案后能如实供述自己的罪行，主动带公安人员指认现场，查找废液源头产生地，及时有效地防止环境污染危害后果继续蔓延扩散，在二审期间又通过其家属主动缴纳罚金人民币 6 万元，有明显的认罪、悔罪表现，酌情予以从轻处罚。

需要说明的是，陈某、吴某非法排放具有浸出毒性特征的危险废物近两百吨，依照原《最高人民法院、最高人民检察院关于办理环境污染刑事案件适用法律若干问题的解释》第一条第二项的规定，非法排放、倾倒、处置危险废物三吨以上的，应当认定为“严重污染环境”，并在“三年以下有期徒刑或者拘役”的幅度内量刑；而如依照法释〔2016〕29 号同名司法解释第三条第二项的规定，非法排放、倾倒、处置危险废物一百吨以上的，应认定为“后果特别严重”，在“三年以上七年以下有期徒刑”的幅度内量刑。本案犯罪行为发生在 2016 年 6~7 月，而法释〔2016〕29 号司法解释于 2017 年 1 月 1 日起施行，且处罚较重，依照“从旧兼从轻”原则，本案应适用〔2013〕15 号司法解释，在“三年以下有期徒刑或者拘役”的幅度内量刑。如本案犯罪行为发生在 2017 年 1 月 1 日后，则应适用〔2016〕29 号司法解释，在“三年以上七年以下有期徒刑”的幅度内量刑，所受刑罚将大幅提高。

编写人：广东省广州市中级人民法院　董广绪

027 内外勾结职务侵占案中参与人员的认定

——袁某职务侵占案

【案件基本信息】

1. 裁判书字号

福建省厦门市中级人民法院（2017）闽02刑终82号刑事裁定书

2. 案由：职务侵占罪

【基本案情】

2014年1月5日，被告人袁某经事先预谋，利用其担任甲公司仓管员负责出货、提供发运单等职务便利，窃取公司4卷合计重达37.58吨的铝箔坯料将之以不良品的形式通过滕某方（另案处理）出售给吴某展、黄某孽（均另案处理）。经鉴定，上述铝箔坯料价值人民币676440元。被害单位经盘点仓库发现被盗，于2014年5月15日报警。2015年3月23日，被告人袁某在公司被公安机关抓获归案。

公诉机关认为，被告人袁某利用职务之便窃取公司财物，价值人民币676440元，数额较大，其行为已构成职务侵占罪。

被告人袁某否认参与作案，辩解其事前不认识吴某展、黄某孽、滕某方等人。

【案件焦点】

被告人袁某是否参与作案。

【法院裁判要旨】

福建省厦门市海沧区人民法院经审理认为：关于被告人袁某是否参与作案，被告人袁某辩解其不认识吴某展、黄某孽、滕某方等人，没有参与作案；辩护人提出多名证人涉案，存在串供可能，涉案签收单没有被告人袁某签名，在案证据无法证明被告人袁某参与作案的意见。本院认为，在案证据足以证明被告人袁某利用职务便利窃取公司铝箔坯料，理由如下：（1）本案多名证人来源不同，先后归案，取证程序合法，且证人黄某孽、涂某财案发前不认识被告人袁某，证人滕某方与被告人袁某不熟悉，多名证人与被告人袁某无利害关系，亦无证据证明证人之间存在串供行为，证人证言可以作为定案的依据，证人证言关于钱款收付的差异不影响基本事实的认定。（2）甲公司失窃报告、过磅记录、甲公司员工曾某、高某俊等人证言与证人滕某方、吴某展、黄某孽、涂某财证言相印证，证明2014年1月5日，货车进入甲公司拉走铝箔坯料，该批货物系甲公司失窃物品。（3）证人滕某方、吴某展、黄某孽、涂某财证言相互印证，证明滕某方系被盗铝箔坯料的一手购买人，吴某展、黄某孽系二手购买人，涂某财系受雇运输被盗铝箔坯料的货车司机。证人涂某财证言和辨认笔录证明在甲公司内开叉车装货的男子系被告人袁某，证人黄某孽证言和辨认笔录予以印证，并证明袁某将2联《铝板发运签发单》交给其。证人滕某方证言和辨认笔录证明，其是向甲公司的袁某购买铝料，生意消息来源是曾见到袁某试图向滕某昌出售铝箔，证人滕某昌证言亦予以印证。在案证据证人证言、辨认笔录、《铝板发运签发单》、排程物流部当天上班人员名单等相互印证，足以证明被告人袁某以不良品名义向滕某方出售甲公司的铝箔坯料，二手购买人黄某孽雇请司机涂某财驾驶牵引车进入甲公司装货，在甲公司仓库，被告人袁某使用叉车装运铝箔坯料并提供发运单使载货车辆顺利出厂。（4）是否有保安参与作案不影响对被告人袁某参与作案的认定。（5）被告人袁某辩解不认识证人滕某方，在案证据证明其于2014年5月与滕某方多次电话联系，其辩解与在案证据矛盾。（6）案发时间段，被告人袁某虽然没有直接与滕某方电话联系，但二人均与滕某昌频繁联系，不排除二人通过滕某昌联络的可能。被告人相关辩解及辩护人相关辩护意见与查明的事实不符，不予采纳。

关于甲公司失窃铝箔坯料数量和价值认定，证人滕某方、吴某展、黄某孽证实从厂内运走4卷合计37吨多的铝料，证人黄某省称其购买了37吨多的铝板，多名证人的证言同甲公司提供的电子过磅单记录相互印证，可以证明被害单位共失窃铝箔坯料37.58吨。本案失窃物品为被害单位已生产完毕尚未出售的产品，应以全新品估价。被告人相关辩解及辩护人相关辩护意见与查明的事实不符，不予采纳。

综上，被告人袁某利用职务之便窃取公司财物，价值人民币676440元，数额较大，其行为已构成职务侵占罪。公诉机关指控的罪名成立。

福建省厦门市海沧区人民法院依照《中华人民共和国刑法》第二百七十一条第一款、第六十四条之规定，作出如下判决：

一、被告人袁某犯职务侵占罪，判处有期徒刑三年十一个月；

二、责令被告人袁某退赔被害单位甲公司经济损失人民币六十七万六千四百四十元。

被告人袁某对原审判决结果不服提起上诉。

福建省厦门市中级人民法院经审理同意一审法院裁判意见，依照《中华人民共和国刑事诉讼法》第二百二十五条第一款第一项的规定，裁定如下：

驳回上诉，维持原判。

【法官后语】

本案系公司职员利用其职务上的便利条件、伙同公司外部人员、共同窃取公司财物。被告人及辩护人的辩解及辩护意见主要为被告人未参与作案。内外勾结的职务侵占犯罪与因第三人诈骗而交出公司财物的犯罪实施过程极为相似，后者系因第三人捏造事实或隐瞒真相，使公司相关管理人员陷入错误认识而自愿向第三人交付公司财物。因此，正确判断公司职员究竟是因与外人配合有意识地交付财物还是因陷入错误认识而交付财物，关系到对该公司职员的定罪与否。在证据审查上，应重点从该公司职员是否有犯罪动机、是否与他人进行合谋（或公司职员通过对第三人进行欺骗等手段使公司财物化为私有）、是否取得赃款等方面进行审查。

本案在证明被告人确系本案的犯罪主体时，主要从整个在案证据分析入手，将整个犯罪过程予以严格审查认定，通过多组证人证言、通话记录、银行交易流水明细、过磅记录、排班情况、上班打卡记录、职务证明等较全面的证据，充分证实了被告人的犯罪动机、被告人利用职务便利实施侵占公司财物的行为、他人销赃并取得赃款最终将公司财物私有化的完整犯罪流程。用充分的证据形成完整证据链条，基本还原整个犯罪过程，由此可确认本案被告人系有意识地与第三人相互配合，利用其职务上管理公司财物的便利而侵占公司财物，获取不正当利益，系本案职务侵占的犯罪主体，既具有渎职性，也有对单位信赖利益的破坏。

编写人：福建省厦门市海沧区人民法院　牟燕　陈淑芳

028 对向犯与共同犯罪的区分界定、共同犯罪刑事责任的个体性及单位犯罪适用如实供述的可能性

——张某某等假冒注册商标案

【案件基本信息】

1. 裁判书字号

北京市第一中级人民法院（2016）京01刑终112号刑事判决书

2. 案由：假冒注册商标罪

【基本案情】

被告人张某某系被告单位商贸公司的员工及实际经营管理者。2015年1月到2月，被告人桑某某明知被告单位商贸公司未取得甲牌注册商标所有权人的授权许可，仍向被告人张某某提供样本，并以5万余元的价格预订由被告单位按照其提供的样本生产的甲牌地板500平方米。被告单位商贸公司在未取得甲牌注册商标所有权人许可的情况下，由被告人张某某组织车间员工按照样本加工甲牌地板500平方米出售给被告人桑某某。后被告人桑某某在北京市海淀区田村附近将上述地板以人民币6万元的价格出售给他人。经查，上述地板均系假冒注册商标的商品。2015年2月5日，被告人张某某、桑某某被公安机关抓获，后如实供述了上述犯罪事实。公诉机关指控被告单位及被告人张某某犯假冒注册商标罪，被告人桑某某犯销售假冒注册商标的商品罪。被告单位商贸公司的辩护人发表辩护意见认为被告单位系初犯，认罪态度较好，恳请对其免予刑事处罚。

【案件焦点】

1. 被告单位及被告人张某某的行为与被告人桑某某的行为系分别构成假冒注册商标罪与销售假冒注册商标的商品罪的对向犯，还是构成假冒注册商标罪的共犯；2. 被告单位及被告人张某某以5万余元的价格接受被告人桑某某甲牌地板的预订，后被告人桑某某以6万元的价格出售给他人，被告单位及被告人张某某的犯罪数额责任范围与被告人桑某某的犯罪数额责任范围应如何确定。

【法院裁判要旨】

北京市海淀区人民法院经审理认为：被告人桑某某伙同被告单位商贸公司及其直接负责的主管人员被告人张某某，未经注册商标所有人许可，在同一种商品上使用与其注册商标相同的商标，情节严重，其行为均已构成假冒注册商标罪，依法应予惩处。北京市海淀区人民检察院指控的事实清楚，证据确实、充分，但指控被告人桑某某犯罪的罪名有误，本院依法予以更正。因为，被告人桑某某明知被告单位未经甲牌注册商标所有人的授权、许可，依然向后者订购，并要求后者按照其提供的样本制作涉案侵权木地板，可以证明其与被告单位就生产假冒注册商标地板的行为具有共同的犯罪故意，且其行为客观上促进、配合以上地板的生产，因此被告人桑某某与被告单位应属共同犯罪，均构成假冒注册商标罪。

鉴于被告单位的直接负责人员即被告人张某某到案后如实供述了自己及单位的犯罪事实、被告人桑某某到案后如实供述了自己的罪行，认罪态度较好，本院依法对被告单位及被告人张某某、桑某某从轻处罚，并对被告人张某某适用缓刑，以观后效；辩护人的部分相关辩护意见，本院酌予采纳。但考虑到被告人桑某某曾经因抢劫罪被判处过刑罚，又犯本罪，本院在量刑时酌予体现从严处罚。综上，法院判决如下：

一、被告人桑某某犯假冒注册商标罪，判处有期徒刑一年，并处罚金人民币30000元；

二、被告单位商贸公司犯假冒注册商标罪，判处罚金人民币25000元；

三、被告人张某某犯假冒注册商标罪，判处有期徒刑十个月，缓刑一年，并处罚金人民币5000元；

四、起获扣押的假冒注册商标的地板产品及钢印等作案工具依法予以没收。

宣判后，桑某某不服提起上诉，在二审期间桑某某申请撤回上诉，北京市第一中级人民法院裁定如下：

准许上诉人桑某某撤回上诉。

【法官后语】

本案处理的焦点问题有：一是商贸公司及张某某与桑某某属于上下游的经济关系，他们的行为是分别成立假冒注册商标罪与销售假冒注册商标的商品罪，还是成立假冒注册商标的共同犯罪；二是若成立共同犯罪，上、下游各自的犯罪数额应如何确定，区分的标准是什么。

1. 依照共同故意及共同行为判断共同犯罪的成立

根据刑法第二十五条第一款的规定，共同犯罪是指二人以上共同故意犯罪。由此可知，判断是否成立共同犯罪，需要从主观及客观两个方面综合考虑。主观上，各行为人需要具备犯罪的共同故意；客观上，各行为人需要具备共同的犯罪行为。即在心理上或行为上，共同促进了犯罪侵害结果的实现。

本案中，就交易形式来看，北京商贸公司与桑某某处于交易的上下游，前者为生产方，后者为购买方。然而，就构成犯罪来看，北京商贸公司及张某某生产假冒注册商标的地板，基于的是桑某某的预订，并且桑某某为张某某提供了生产样本及包装材料，对他的生产行为起到了十分关键的引起、促进作用。虽然桑某某的动机在于销售假冒注册商标的商品以获利，但其行为已经超过了单纯的销售的范畴，其在心理上和行为上均促成了北京商贸公司及张某某假冒注册商标行为的实行。因此可以认定，桑某某与北京商贸公司、张某某构成假冒注册商标罪的共同犯罪，公诉人对桑某某指控的罪名有误，应当予以更正。

2. 上下游共同经济犯罪中按照期待可能性的程度分别确定各行为人的犯罪数额

确定共同犯罪参与人各自的责任，通常考虑其在共同犯罪中所起的作用、参与的程度等因素。在一般的共同犯罪中（如共同贪污），各行为人处于一种横向连接的关系，他们共同配合，形成一种向心的团体性关系，追求同一犯罪结果，各行为人在共同犯罪中所起的作用孰大孰小相对明了，判断起来相对简单。

然而，与一般共同犯罪的行为模式不同，在上下游式的经济犯罪中，各行为人属于纵向连接的交易关系，即使成立共同犯罪，各自仍为独立的交易主体，彼此间结合程度相对较低，且无法控制彼此之后的交易行为，在这种情况下，若依旧用“所起作用”和“参与程度”为标准进行判断，操作起来难度较大，且存在显失公平的危险。

笔者认为，在上下游共同经济犯罪中，可以通过各行为人的期待可能性的不同，分别确定各自的责任范围。期待可能性是指在具体情况下，行为人有不实施违法行为而实施其他适法行为的可能性，它是刑事责任的例外要素，其目的在于对行为人的人性弱点给予法的救济，当行为人不具备期待可能性时，对其便失去了科以刑事处罚的合理性、正当性。期待可能性不仅存在着有无的问题，还存在着程度的问题。

本案中，北京商贸公司及张某某基于桑某某5万余元的预订，生产假冒他人注册商标的地板，而桑某某以销售获利的目的向前者提供样本、预订生产后，以6万元的价格转售他人。北京商贸公司及张某某虽与桑某某成立共同犯罪，但因其各自属于独立的交易主体，交易完成后，上游对于下游之后的行为无法控制也无法预见，因此有必要区别认定犯罪数额。从期待可能性的角度来判断，北京商贸公司及张某某对于桑某某的6万元销售金额没有期待可能性，而只在5万余元的犯罪数额范围内承担刑事责任。对于桑某某，从其预订生产、提供样本、销售获利的一系列行为可以判断，其在行为之初便具有事后销售获利的目的，对于6万元的销售金额具有期待可能性，因此对其应以6万元作为犯罪数额，确定刑事责任。

综上，可以认定犯罪单位及张某某与桑某某在成立假冒注册商标共同犯罪的前提下，前者应在5万余元的犯罪数额范围内承担刑事责任，后者应在6万元的犯罪数额范围内承担刑事责任。

编写人：北京市海淀区人民法院　徐婷

029 共同实施故意伤害犯罪中是否“不宜区分主、从犯”

——江某某等故意伤害案

【案件基本信息】

1. 裁判书字号

河南省三门峡市中级人民法院（2016）豫12刑终233号刑事判决书

2. 案由：故意伤害罪

【基本案情】

2015年7月1日凌晨1时许，被告人王某、江某某、朱某某、周某某等人在三门峡市文化宫夜市喝酒过程中，王某与旁边的客人张某发生口角，后被人劝开。酒后该四人行至三门峡市黄河路与陕源路交叉口往西公交站牌附近时，见到被害人张某坐在路边，被告人王某、江某某随即返回对被害人张某实施殴打，后被告人朱某某、周某某见朋友王某被打后又对被害人张某实施殴打，致张某头面部软组织受伤、左眼眶下壁骨折。经法医鉴定，张某的伤情为轻伤二级。

另查明：（1）2015年7月1日13时许，被告人王某、江某某主动到三门峡市公安局湖滨分局投案，7月10日，二被告人经公安民警通知后到公安机关，如实供述了上述犯罪事实。（2）案发后，被告人王某、江某某、朱某某、周某某共同赔偿被害人张某7万元，被害人张某对四被告人均表示谅解。

【案件焦点】

四被告人共同实施的故意伤害犯罪，是否应当区分主、从犯。

【法院裁判要旨】

河南省三门峡市湖滨区人民法院经审理认为：被告人王某、江某某、朱某某、周某某故意伤害他人身体，致一人轻伤，其行为已构成故意伤害罪。公诉机关指控被告人王某、江某某、朱某某、周某某故意伤害罪名成立，应予支持。在共同犯罪中，四被告人均积极参与，作用相当，不区分主、从犯。被告人王某、江某某犯罪后主动投案如实供述犯罪事实，系自首，依法对其均可以从轻处罚。被告人朱某某、周某某到案后，如实供述犯罪事实，系坦白，依法对其均可以从轻处罚。被告人江某某曾因犯罪被判处过刑罚，量刑时酌情予以从重处罚。案发后，四被告人共同赔偿被害人经济损失，取得被害人谅解，可视为四被告人有悔罪表现，对其均可以酌情从宽处罚。综合本案事实、情节，经合议庭评议，报请本院审判委员会讨论决定，依照《中华人民共和国刑法》第二百三十四条第一款、第二十五条第一款、第六十七条第一款及第三款、第七十二条、第七十三条之规定，判决如下：

一、被告人王某犯故意伤害罪，判处拘役五个月，宣告缓刑六个月；

二、被告人江某某犯故意伤害罪，判处有期徒刑六个月；

三、被告人朱某某犯故意伤害罪，判处拘役六个月，宣告缓刑六个月；

四、被告人周某某犯故意伤害罪，判处拘役六个月，宣告缓刑六个月。

宣判后，江某某不服上诉称：其系从犯，有自首情节，且四被告人已共同对被害人赔偿 7 万元并取得被害人张某的谅解，有悔罪表现，请求对其从轻处罚。

河南省三门峡市中级人民法院经审理认为：上诉人江某某及原审被告人王某、朱某某、周某某故意伤害他人身体，致一人轻伤，其行为已构成故意伤害罪。在共同犯罪中，四被告人均积极参与，作用相当，不宜区分主、从犯。上诉人江某某关于其系从犯的上诉理由与查明的事实不符，不予支持。原判根据本案犯罪事实、情节、后果，并对上诉人江某某、原审被告人王某、朱某某、周某某分别具有的自首、坦白情节及四被告人共同赔偿被害人经济损失并取得被害人谅解，有悔罪表现等情节已予以了充分考虑，量刑并无不当。综上，原判认定事实清楚，证据确实、充分，定罪准确，量刑适当，审判程序合法。上诉人的上诉理由不能成立，不予支持。依照《中华人民共和国刑事诉讼法》第二百二十五条第一款第一项之规定，作出如下裁定：

驳回上诉，维持原判。

【法官后语】

一般来说，共同犯罪中都会区分主犯与从犯，刑法以共同犯罪人在共同犯罪中的作用为主兼顾分工对共同犯罪人进行分类，区分为主犯、从犯、胁从犯和教唆犯。四种共同犯罪人承担的刑事责任也是不同的。区分主犯与从犯是为了体现罪责刑相适应原则，不仅是为了实现刑罚的目的，也是为了体现刑法的谦抑性原则。本案中合议庭成员经合议后裁定四被告在共同犯罪中，均积极参与，作用相当，不宜区分主、从犯。其裁判方法和思路对共同犯罪中是否应当区分主、从犯问题具有较强的借鉴意义。

具体在认定四被告的地位作用时，承办法官主要综合考虑以下方面的问题：一是从共同犯罪活动中的地位看，主犯在共同犯罪中居于主导支配地位，从犯在共同犯罪中处于从属地位；二是从实际参加犯罪的程度看，主犯大多参加了全部犯罪活动，而从犯在共同犯罪中一般只参与实施一部分犯罪活动；三是从具体罪行的大小看，在主观上，对共同犯罪故意的形成起主要作用的、罪行较大的是主犯；对主犯的犯罪意图表示赞成、附和、服从，对共同犯罪故意的形成起次要作用的、罪行较小的是从犯；在客观上，参与实施的犯罪行为对于共同犯罪的完成具有关键性作用的、罪行较大的是主犯；否则是从犯；四是从对犯罪结果所起的作用看，那些对犯罪结果所起的作用较大的人，是共同犯罪中的主犯，否则是从犯。

具体到本案中，四被告对被害人张某实施殴打主观上属于临时起意，并不存在谁支配谁，谁从属谁的情形。同时，从实施殴打的行为看，四被告实施的殴打行为具有同一性、一致性和单一性，并不存在分工协作的情形，共同促使了犯罪结果的产生。可以说，在共同犯罪中，四被告人均积极参与，作用相当，因此不宜区分主、从犯。

需要说明的是，本案四名被告人虽然在认定上没有区分主、从犯，但在共同犯罪中各被告人具体的地位作用、犯罪具体情节、认罪悔罪表现、主观恶性程度等影响量刑的法定酌定情节方面均有区别。具有不同法定酌定量刑情节的，量刑结果必然不一样。因此，在量刑时，根据每名被告人的罪责轻重不同，依法处以轻重不同的刑罚，就是要体现罪责刑相适应的刑罚裁量原则，从量刑细节上真正体现公平、公正。

编写人：河南省三门峡市中级人民法院　赵曜

030 女性构成强奸罪共犯的认定

——向玲某强奸案

【案件基本信息】

1. 裁判书字号

湖南省张家界市中级人民法院（2016）湘08刑终8号刑事裁定书

2. 案由：强奸罪

【基本案情】

被告人向玲某在张家界市城区某KTV任公关经理。2014年4月中旬的一天，田际某（另案处理）在该KTV唱歌时，与被告人向玲某约定以2万元的价格为其找处女“开处”。被告人向玲某联系何某（另案处理）物色对象，黄某某（另案处理）得知此事后，让何某回复向玲某可以找到处女。同年4月24日15时许，黄某某、何某、田梦某（另案处理）在永定城区某酒店303房间商量决定找女孩去“开处”，从中盈利。当日下午，黄某某、田梦某来到永定区某中学门口，遇到放学出来的覃某某和孟某某（二人均另案处理），黄某某、田梦某要求覃某某和孟某某帮忙找女学生。孟某某发现认识的被害人秦某某从学校里面出来，说秦某某是处女并将其叫到跟前。几人要秦某某一起去玩，然后往公交站台走，路上，黄某某和田梦某告诉被害人秦某某叫她出去是去卖淫，秦某某不愿意，田梦某威胁秦某某说，你现在不干也得干。当走到七路公交车站台要上车时，秦某某不上车被黄某某、田梦某和覃某某强行拉上了车。孟某某独自乘车回家。黄某某、田梦某和覃某某将秦某某带至某酒店607房间，其间，黄某某采取殴打等手段逼迫被害人秦某某就范。黄某某拿来衣服裙子要被害人秦某某换下校服，又将秦某某带去化妆后乘车去闽南某酒店与向玲某见面。被告人向玲某问秦某某年纪有多大时，黄某某、何某、田梦某将本来不满14周岁的秦某某说成15岁，被害人秦某某不敢出声。在去张家界某酒店的车上向玲某又问黄某某，秦某某到底有没有15岁，黄某某称也觉得秦某某没有15岁。之后，被告人向玲某再三叮嘱黄某某等人与客人见面时一定要说秦某某是初二的学生妹。21时许，被告人向玲某等人将被害人秦某某带到张家界某酒店628房间，不久覃某某离开酒店。在628房间，被告人向玲某收取了田际某人民币20000元的好处费。田际某在628房间对被害人秦某某进行了两次奸淫。被告人向玲某、黄某某、何某、田梦某一直在627房间等候。后被害人秦某某回到627房间时，被告人向玲某从包中取出10000元现金拿走200元后交给何某，何某给被害人秦某某2000元，给田梦某1000元，何某和黄某某各分得3400元。23时许，黄某某、何某送被害人秦某某到永定城区文昌阁时被秦某某的亲属扭送至公安机关。

【案件焦点】

1. 向玲某的行为是否符合强奸罪的构成要件；2. 强奸罪与强迫卖淫罪的区别。

【法院裁判要旨】

湖南省张家界市永定区人民法院经审理认为：被告人向玲某伙

同他人以殴打及胁迫手段，奸淫不满十四周岁的幼女，其行为已构成强奸罪。公诉机关指控被告人向玲某犯介绍卖淫罪的罪名不能成立，因为介绍卖淫罪是指在卖淫者和嫖客之间牵线搭桥、沟通撮合，使他人卖淫活动得以实现的行为。而本案中，被告人向玲某以盈利为目的，与田际某约定以2万元的价格帮其找处女。案发当天，何某接到被告人向玲某的电话和黄某某等人商议后，由黄某某等人到永定中学找女孩。被害人秦某某是初一在校学生，黄某某等人强行将被害人秦某某拉上公交车，在某酒店607房间为逼秦某某答应"开处"，以暴力及胁迫手段相威胁。田际某对秦某某可能是幼女没有尽到注意义务而与被害人秦某某发生了性行为，被告人向玲某对田际某实施强奸行为起到帮助作用。故公诉机关指控被告人向玲某犯介绍卖淫罪的罪名不成立，本院不予支持。本案属共同犯罪，在共同犯罪中，被告人向玲某起次要作用，是从犯，依法应当减轻处罚。对于辩护人提出被告人向玲某不知道也不应当知道被害人系幼女的辩解观点，与本院查明的事实不符，且未向法庭提交相关证据予以佐证，其理由不成立，本院不予采纳。被告人向玲某在庭审中如实供述自己的罪行，可依法从轻处理。被告人向玲某具有的量刑情节：(1) 自愿认罪；(2) 从犯。

湖南省张家界市永定区人民法院依照《中华人民共和国刑法》第二百三十六条第一款、第二款，第二十五条第一款，第二十七条，第六十七条第三款之规定，作出如下判决：

被告人向玲某犯强奸罪，判处有期徒刑一年六个月。

宣判后被告人对判决不服，提起上诉。

湖南省张家界市中级人民法院经审理认为：原审判决认定事实清楚，证据确实、充分，定罪准确，量刑适当，审判程序合法。裁定如下：

驳回上诉，维持原判。

【法官后语】

本案难点及争议焦点集中在对向玲某所实施行为的定性问题。向玲某到底是强迫卖淫还是强奸行为的共犯值得进行深入讨论。

1. 关于向玲某行为的性质认定

强奸罪分为两种类型：一是普通强奸，即使用暴力、胁迫或者其他手段，强行与妇女性交的行为；二是奸淫幼女，即与不满14周岁的幼女性交的行为。强迫卖淫罪是指使用暴力、威胁、虐待等强制方法迫使他人卖淫的行为，主要构成要件为，使用暴力、威胁等方法迫使他人卖淫，行为对象既包括妇女，也包括幼女。行为的方法必须具有强迫性，该强迫性的判断以是否足以压制被害人反抗为要件。强奸罪的法定刑为3年以上10年以下有期徒刑，情节严重的处10以上有期徒刑、无期徒刑或者死刑。强迫卖淫罪的法定刑为5年以上10年以下有期徒刑，情节严重的处10年以上有期徒刑或者无期徒刑。

本案的特殊性在于田际某与被害人发生性关系是由向玲某雇用社会青少年采取强制手段而得以实现。对于向玲某行为性质的分析，既要从向玲某犯罪的主观目的、客观行为进行分析判断，也不能忽视田际某犯罪行为的性质对向玲某犯罪行为定性的影响。《最高人民法院、最高人民检察院、公安部、司法部关于依法惩治性侵害未成年人犯罪的意见》第十九条规定，知道或者应当知道对方是不满十四周岁的幼女，而实施奸淫等性侵害行为的，应当认定行为人“明知”对方是幼女。对于不满十二周岁的被害人实施奸淫等性侵害行为的，应当认定行为人“明知”对方是幼女。对于已满十二周岁不满十四周岁的被害人，从其身体发育状况、言谈举止、衣着特征、生活作息规律等观察可能是幼女，而实施奸淫等性侵害行为的，应当认定行为人“明知”对方是幼女。在本案中，案发前，被害人明确拒绝接受介绍卖淫的事情，进而遭到由向玲某雇用的社会青年的毒打，到达酒店房间后被害人不发一言、表情痛苦，从其言谈举止来看可能是幼女，被害人由于心智和身体尚未成熟，缺乏性自主权和性承诺能力，田际某奸淫被害人的行为无论是否取得被害人同意，均应认定为强奸罪。本案中，向玲某在被害人不愿意从事卖淫活动的情况下，雇用社会青年对被害人挟持并进行毒打，迫使被害人与特定的个人即田际某发生性关系。向玲某实施犯罪行为首要主观目的，是强迫被害人卖淫，结合客观上向玲某实施了强迫被害人卖淫的行为，其行为符合强迫卖淫罪的构成要件。从田际某对被害人实施的行为来综合评价向玲某的行为，向玲某与田际某在案发前就已经达成了“找处女”买春的口头合意，在被害人到达酒店后，向玲某数次询问被害幼女年龄，可以认定向玲某已经通过体貌特征判断出被害人尚未达到十四周岁的事实，向玲某雇用他人对被害人进行殴打迫使被害人与田际某发生性关系，事实上为田际某强奸罪的既遂提供了帮助，属于田际某实施强奸犯罪的片面共犯，向玲某的行为当然也符合强奸罪的构成要件。

2. 关于向玲某行为的定罪分析

强迫卖淫罪与强奸罪分别规定在刑法不同的章节中，但是两个罪名在特定情况下，客观方面具有一定的重合性；强迫卖淫行为同强奸行为一样，在客观方面均表现为使用暴力、胁迫等手段，同时均违背了妇女的意愿，侵犯妇女的性自主权，所以两个罪名并非对立关系。如前分析，向玲某的行为既符合强迫卖淫罪的构成要件，又符合强奸罪的构成要件。笔者认为向玲某构成强奸罪更为适当，主要理由如下：

第一，从想象竞合犯定罪规则来看。本案中，向玲某的行为在刑法理论上属于想象竞合犯，通说认为对于想象竞合犯应从一重罪处罚，即应当按其中量刑最重的一个罪处罚。从司法实践经验来看，强奸幼女的强奸罪量刑一般是高于强迫卖淫罪的；从法律规定来看，强奸罪的法定最高刑为死刑，而强迫卖淫罪的法定最高刑为无期徒刑，本案定强奸罪不违反想象竞合犯从一重罪处罚的法理。第二，从刑法的法益保护角度来看。本案被害人是不满十四周岁的初中学生，自我保护意识远低于成年人，其不具有性自主权和性同意能力，向玲某强迫被害人与田际某发生性关系侵害的法益主要是被害人的人身权利，为了更加体现对被害幼女人身权利的保障，更好发挥刑法打击犯罪、保护法益的功能，认定向玲某构成强奸罪更加符合从严惩处性侵幼女犯罪的刑事政策。第三，从社会效果角度来看。如果将向玲某的行为定罪为强迫卖淫罪，相当于以司法的形式给在社会朴素观念造成被害幼女系卖淫女的误解，客观上会给被害幼女及其家属带来困惑和麻烦，也会引发社会大众的不解与质疑，在刑法修正案（九）已经删除嫖宿幼女罪的背景下，如果再将向玲某的行为定罪为强迫卖淫罪，实际上也违背了立法本意。

编写人：湖南省张家界市中级人民法院　刘少廷

031 家庭作坊式生产销售有毒有害食品犯罪不宜区分主、从犯

——王回某、陈秀某生产销售有害食品案

【案件基本信息】

1. 裁判书字号

河南省三门峡市中级人民法院（2014）三刑终字第13号刑事裁定书

2. 案由：生产销售有害食品罪

【基本案情】

自2009年以来，被告人王回某、陈秀某夫妇在其租住的三门峡市崖底街道办事处卢家渠村×号，使用甲醛、双氧水、片状氢氧化钠和工业盐等化工原料泡发牛肚、牛百叶等食品，并先后在三门峡市湖滨区和平路市场和上村菜市场销售。经群众举报，2013年7月18日，三门峡市公安局湖滨分局联合三门峡市湖滨工商分局，对卢家渠村×号进行检查，当场扣押了王回某、陈秀某加工使用的甲醛32公斤、双氧水11.5公斤、片状氢氧化钠40公斤、干鱿鱼80公斤、百叶30公斤、毛肚80公斤、成品鱿鱼3公斤、半成品鱿鱼23.5公斤、日晒盐100公斤、盐袋7个、牛百叶和毛肚16公斤、鱿鱼28公斤。后经河南出入境检验检疫局检验检疫技术中心检测，从王回某、陈秀某加工的毛肚、牛百叶等食品中均检出甲醛成分。

【案件焦点】

被告人王回某、陈秀某夫妻二人，以家庭作坊式生产、销售有

毒有害食品，对其定罪量刑是否区分主、从犯。

【法院裁判要旨】

河南省三门峡市湖滨区法院经审理认为：被告人王回某、陈秀某在生产、销售的食品中掺入有毒、有害的非食品原料，其行为均已构成生产、销售有毒、有害食品罪。被告人王回某、陈秀某在共同犯罪过程中，均积极参与，相互配合，故不区分主、从犯。被告人王回某、陈秀某到案后，如实供述犯罪事实，对其依法可以从轻处罚。被告人王回某、陈秀某明知食品中禁止添加甲醛等化工原料，仍长期用上述化工原料泡发牛肚、牛百叶等食品并进行销售，其主观恶性较深，社会危害性较大，应予严惩。结合本案事实、情节，依法判决如下：

一、被告人王回某犯生产、销售有毒、有害食品罪，判处有期徒刑二年六个月，并处罚金人民币 60000 元；被告人陈秀某犯生产、销售有毒、有害食品罪，判处有期徒刑二年六个月，并处罚金人民币 60000 元；

二、查扣的日晒盐 100 公斤、片状氢氧化钠 40 公斤、甲醛 32 公斤、双氧水 11.5 公斤、盐袋 7 个，予以没收。

宣判后，王回某、陈秀某不服，均提起上诉。

河南省三门峡市中级人民法院经审理认为：关于从犯的上诉理由。原审被告人陈秀某及其辩护人关于从犯的上诉理由及辩护意见，经查，被告人陈秀某在生产、销售有毒、有害食品的犯罪过程中，与原审被告人王回某相互配合，积极参与，不宜区分主、从犯。关于自首及有立功行为。经查，本案是群众匿名举报后，三门峡市公安局湖滨分局联合三门峡市湖滨工商分局，对上村菜市场“海帝水产”店及卢家渠村×号进行了检查，并将王回某和陈秀某抓获。原审被告人陈秀某不构成自首，亦无带领公安人员抓获王回某的行为。其关于自首和立功的上诉理由及辩护意见亦不能成立。关于本案量刑，《中华人民共和国刑法》第一百四十四条规定，在生产、销售的食品中掺入有毒、有害的非食品原料的，或者销售明知掺有有毒、有害的非食品原料的，处五年以下有期徒刑，并处罚金。原审被告人王回某、陈秀某明知食品中禁止添加甲醛等化工原料，仍长期用上述化工原料泡发牛肚、牛百叶等食品并进行销售，其行为均已构成生产、销售有毒、有害食品罪，依法应处五年以下有期徒刑，并处罚金，原判对二原审被告人分别判处有期徒刑二年六个月，并处罚金并无不当。原审被告人王回某、陈秀某及其辩护人关于量刑重的上诉理由及辩护意见均不能成立。

原判认定事实清楚，证据确实、充分，适用法律正确，量刑适当。依照《中华人民共和国刑事诉讼法》第二百二十五条第一款第一项之规定，裁定如下：

驳回上诉，维持原判。

【法官后语】

对于共同犯罪中的主、从犯，我国刑法第二十六条和第二十七条分别对其进行了界定，但对何谓主要作用、次要作用和辅助作用没有相应的法律规定或司法解释。而本案的特殊性在于涉案罪名是生产、销售有毒、有害食品犯罪，属于行为犯和结果加重犯，且犯罪嫌疑人是夫妻，长期以家庭作坊式生产销售有毒有害食品。在当前食品安全问题凸显的今天，如何贯彻罪刑相适应原则，准确区分主、从犯，实现刑法的惩罚和教育功能？本案所体现的裁判方法具有一定的借鉴意义。

1. 分析共同犯罪人在共同犯罪中的地位和角色

从我国目前的刑法立法规范看，主、从犯的区别主要体现在犯罪嫌疑人在共同犯罪中的地位和作用。主犯，处于支配和控制地位，起着主导作用，扮演着主角角色，对共同犯罪的产生、发展过程和结果起着决定性的作用，影响和决定着犯罪的进程和发展方向。而从犯则处于从属、顺从、服从、依赖主犯的被支配地位，扮演着配角角色，从主犯处得到部分赃款赃物，对主犯的犯意表示赞同、附和、被动接受主犯的任务，从事某一方面次要犯罪活动的共同犯罪人，一般可以认定为从犯。

生产、销售有毒、有害食品罪属于选择性罪名，即行为人只要实施了生产和销售其中一项行为，便构成此罪。虽然生产环节和销售环节具有一定独立性，但对于以生产销售为目的共同犯罪来讲，生产是销售的前提，销售是生产的目的，二者相互配合、相互协作，循环重复，是谁也离不开谁的有机整体。具体到本案中，被告人王回某和陈秀某长期以家庭作坊的方式从事有毒有害食品的生产和销售活动，两人分工明确固定，地位作用相当，一人负责生产，另一人负责销售，生产为销售服务，销售为生产提供资本。两被告在共同犯罪过程中分工协作，都服从且服务于生产和销售有毒、有害食品这一主观犯意之下，因此，应当认定两被告对生产、销售有毒、有害食品罪的产生、发展和结果都起到决定性、主导性的作用，并不存在一方具有从属性和依赖性的情形。

2. 共同犯罪人对共同犯罪构成的影响和作用

所谓共同犯罪人对共同犯罪构成的影响和作用，主要是指各个共同犯罪人的行为与危害法律保护的法益的结果之间的关系。其中，主犯所实施行为应符合以下几种情况：(1) 该共同犯罪人的行为是危害结果发生的必要行为；(2) 只有该共同犯罪人的行为就足以造成该危害结果；(3) 没有该共同犯罪人的行为一般情况下不会造成危害结果。与此相反，从犯实施的行为，则只是整个共同犯罪的一部分，有没有该行为一般不会影响危害结果的产生。

本案中，生产、销售有毒有害食品犯罪属于行为犯，即只要行为人出于故意实施了在所生产、销售的食品中掺入有毒、有害的非食品原料之行为，或者明知是掺有有毒、有害物质的食品仍然予以销售的行为，就构成本罪。同时，对于两被告从事生产、销售有毒、有害食品的活动的时间和警方在其出租屋现场查获的有毒有害食品的数量看，无论是生产还是销售，两被告的犯罪行为都应属于侵害国家对食品卫生的监督管理秩序和广大消费者即不特定多数人的生命、健康权利的必要行为。

3. 共同犯罪人在共同犯罪中的收益分配情况

在审判实践中，对用涉财产类共同犯罪，主犯往往会控制犯罪所得，整个犯罪过程中得到的赃款赃物一般都会交给主犯管理，然后由主犯分给其他人一部分犯罪所得，自己留着较大部分犯罪所得。因此，根据共同犯罪人在共同犯罪中的收益分配情况来区分主犯和从犯，不失为一种有效的方法。本案中，两被告是夫妻关系，长期以家庭作坊为单元进行生产、销售，犯罪所得的收益被视为夫妻共同财产和家庭重要的收入来源，均为两被告共同管理、共同受益。

综上分析，区分共同犯罪中的主、从犯，应综合考量共同犯罪人在实施犯罪行为时的角色分工、对法益的侵害程度和对犯罪收益的管理分配等因素。本案中两被告以家庭作坊形式，实施生产、销售有毒、有害食品犯罪，无论是分工的角色和地位，还是侵害法益的程度和结果，抑或双方对犯罪收益的管理和分配，均符合主犯的判定标准。故，对于夫妻双方以家庭作坊式生产、销售有毒、有害食品犯罪的量刑情节，不宜区分主、从犯。

编写人：河南省三门峡市中级人民法院　王建锋

032　概然性教唆且明知被教唆者实施抢劫未提异议是否构成抢劫共犯

——马甲、王甲等抢劫，掩饰、隐瞒犯罪所得，敲诈勒索案

【案件基本信息】

1. 裁判书字号

福建省厦门市中级人民法院（2012）厦刑终字第445号刑事裁定书

2. 案由：抢劫罪，掩饰、隐瞒犯罪所得罪，敲诈勒索罪

【基本案情】

2012年1月18日晚，杨某、马甲、王乙、邓某、张某、“小风”（在逃）6人在厦门市海沧区青礁慈济宫山顶，遇被害人黄某、何某及王某，经协商决定抢劫被害人财物。6人劫得黄某银行卡内现金3000元，何某、王某各1部手机及黄某闽D6T958号豪天牌HT150-J型摩托车1部（经鉴定，价值人民币7568元），并殴打黄某致轻微伤。

2012年1月28日晚，海沧区新阳街道万荣网吧网管王甲与被害人刘文某在网吧内发生纠纷，遂纠集王乙、邓某等人教训被害人，“小风”、杨某、马甲、张某、马乙、应某陆续赶到网吧。经王甲指认后，8人对被害人刘文某、杜志某实施殴打并强行将二人拉至网吧门口，经商议将被害人拉到山上抢劫。“小风”、邓某将欲抢劫被害人财物的情况告知王甲，王甲未表示反对。8人在山上持刀威胁并殴打被害人，抢走刘文某现金200元、OPPO手机1部；抢走杜志某现金300元、诺基亚手机1部，并逼迫2被害人打电话叫亲属汇钱到银行卡上，后从杜志某银行卡上取走现金人民币4000元（其中1000元为刘文某亲属所汇）。经鉴定，杜志某损伤程度系轻微伤。

2012年1月，被告人马甲明知是来历不明的赃物，而以1000余元的低价收购一部劲隆牌JL150-56型普通二轮摩托车（经鉴定，价值人民币9889元，已发还失主）。同年2月12日，被害人谭再某以担保人身份帮余成某以2800元价格从马甲处购得上述摩托车，因该车系被盗车辆并被公安机关扣押，余成某没有支付购车款。同年2月18日下午，马甲纠集杨某、向某等人到海沧区东孚诗山路口，以索要车款为由强行向谭再某索要现金人民币10000元。谭再某以事故赔偿为由要求家属送钱。马甲、向某随同谭再某取钱，因被害人家属报警，民警及时出警而未得逞。

【案件焦点】

1. 王乙是否参与第一起抢劫；2. 王甲指使他人教训被害人，对被指使者抢劫被害人财物未提出异议，其行为是否构成抢劫罪。

【法院裁判要旨】

福建省厦门市海沧区人民法院经审理认为：

1. 同案犯马甲、杨某、张某、邓某均供述确认王乙参与第一起抢劫犯罪，曾实施过殴打行为，也分得了赃款。被害人黄某通过照片辨认、确认王乙系案发当晚抢劫其的6人之一。本案相关辨认、指认程序合法，内容客观真实，在案证据足以认定王乙参与起诉指控的第一起抢劫犯罪。王乙系抓获归案，到案后未如实供述自己的罪行，其行为不构成自首。

2. 王甲因琐事指使王乙、邓某教训被害人，未明确教训的内容和方式，其明知王乙继续纠集他人也明知被纠集人将被害人强行带离，均未提出异议。之后，其得知被纠集人在山上抢劫被害人财物亦未提出异议。王甲作为初始犯意的提起者，对其指使的教训行为的发生发展起主要作用。其指使多人教训被害人，未明确教训内容，系概括性教唆，可能出现多种危害结果，无论哪种结果发生均可涵盖在教唆的犯意范围当中。即使其在指使时，教训的内容不包括劫取财物，在其明知被教唆人已扩大犯意的情况下，仍未提出异议，由此可见，其对抢劫的犯罪后果持放任态度。王甲明知其指使、纠集行为会造成两被害人在暴力、胁迫下被劫取财物，仍放任这种结果发生，其行为构成抢劫罪，系抢劫罪的共犯。

福建省厦门市海沧区人民法院依照《中华人民共和国刑法》第二百六十三条、第三百一十二条第一款、第二百七十四条、第二十五条第一款、第二十三条、第六十五条第一款、第六十八条、第六十九条、第五十二条、第六十四条之规定，作出如下判决：

一、被告人马甲犯抢劫罪，判处有期徒刑六年二个月，并处罚金人民币1000元；犯掩饰、隐瞒犯罪所得罪，判处有期徒刑六个月，并处罚金人民币1000元；犯敲诈勒索罪，判处有期徒刑二年一个月，并处罚金人民币1000元；决定执行有期徒刑七年九个月，并处罚金人民币3000元；

二、被告人杨某犯抢劫罪，判处有期徒刑七年八个月，并处罚金人民币1000元；犯敲诈勒索罪，判处有期徒刑二年，并处罚金人民币1000元；决定执行有期徒刑八年八个月，并处罚金人民币2000元；

三、被告人王乙犯抢劫罪，判处有期徒刑六年六个月，并处罚金人民币1000元；

四、被告人邓某犯抢劫罪，判处有期徒刑六年，并处罚金人民币1000元；

五、被告人张某犯抢劫罪，判处有期徒刑五年六个月，并处罚金人民币1000元；

六、被告人马乙犯抢劫罪，判处有期徒刑三年六个月，并处罚金人民币1000元；

七、被告人王甲犯抢劫罪，判处有期徒刑三年六个月，并处罚金人民币1000元；

八、被告人应某犯抢劫罪，判处有期徒刑三年，并处罚金人民币1000元；

九、被告人向某犯敲诈勒索罪，判处有期徒刑一年六个月，并处罚金人民币1000元；

十、责令被告人马甲、杨某、王乙、邓某、张某于本判决生效之日起10日内共同退赔被害人黄某经济损失人民币10568元；责令被告人马甲、杨某、王乙、邓某、张某、马乙、王甲、应某于本判决生效之日起10日内共同退赔被害人杜志某经济损失人民币3300

元，被害人刘文某经济损失人民币1200元。

王甲以其未参与抢劫犯罪提起上诉，请求二审改判。福建省厦门市中级人民法院经审理认为：王甲作为初始教训犯意提起者，在明知同伙将被害人带离现场可能引发其他违法犯罪而未制止，得知同伙实施抢劫亦持放任态度，其教训及目睹被害人被带走的先前行为与被害人最终被抢劫行为有因果关系，是其不作为的法律后果，故其与同案犯均构成抢劫罪，系抢劫罪的共犯。原判认定基本事实清楚，定罪准确，量刑适当，审判程序合法。

福建省厦门市中级人民法院依照《中华人民共和国刑事诉讼法》第一百八十九条第一项之规定，作出如下裁定：

驳回上诉，维持原判。

【法官后语】

本案王乙的辩解主要是依据证据的事实判断，处理重点在于对概然性教唆犯和共同犯罪中明知犯罪后果有严重化趋势，默认同案犯行为，是否承担共同罪责的理解。

教唆犯是指故意唆使他人产生犯罪的意图，进而使其基于此决意而实行犯罪的情况，其特点是自己不亲自实施犯罪，犯罪意图由被唆使人最终实现。对教唆犯，以他所教唆的罪定罪，如果被教唆人对被教唆的罪产生误解，实施了其他犯罪，或者在犯罪时超出了被教唆之罪的范围，教唆犯只对自己所教唆的犯罪承担责任。如果教唆犯对被教唆人有明确具体的教唆内容，对犯罪目标、手段、程度等均有明确的指示，被教唆人是否超出了教唆犯的犯意范围较易判断。然而，审判实践中教唆内容往往是诸如“收拾”“教训”“摆平”等内涵外延含混不清的言语。这些词语在不同的心态和语境中，由不同的文化素质、家庭背景的人听来，会产生严重分歧。刑法理论上，一般把这种内容较为概括的教唆称为概然性教唆。概然性教唆的内容在一定范围内，包括多种可能发生的危害结果，无论哪种结果的出现都是由教唆犯授意引起的，涵盖在教唆犯的犯意中，都不违背其主观愿望。因此在概然性教唆的情况下，由于教唆内容不明确，只要由于该教唆而使被教唆人产生了犯意，无论实施了何种犯罪，只要没有明显超出教唆范围，都不应视为实行过限，教唆人与被教唆人就最终的犯罪后果共同承担刑事责任。

在共同犯罪中，各个共犯的犯意和行为之间存在着一种动态的联络和作用，共同犯意形成后，共犯各方由于受到个人心理素质、自控能力、犯罪诱因、法律后果等错综复杂因素的影响，可能对原共谋犯意作出调整或改变，或者由于共谋犯意本身不确定，以至于最终犯罪结果常常具有不确定性。部分共犯临时改变行为，其他共犯一般能够及时了解，并随即表明自己的态度，修正自己的行为。这样，共同犯罪人在最初共同的基础上，经过变化、如默认、放任或同意而可能达成最终的一致。这种默认、放任的行为纵容了犯罪的发生，具有严重的社会危害性，应属于共同犯罪行为，而不是实行过限。持默认、放任态度的共犯与其他实行犯共同承担罪责。

结合本案，首先，被告人王甲因琐事指使被告人王乙、邓某等人教训被害人，被告人王乙又继续纠集他人。被告人王甲仅指使其他同案犯“教训”被害人，未明确教训的内容和方式，也未明确教训的程度，其教唆系内容不明确的概然性教唆，无论被教唆人实施了何种犯罪，只要没有明显超出教唆范围，都不应视为实行过限。故意伤害属于教训的范畴当无疑议，在故意伤害的同时暴力劫取财物，也未明显超出教训的范围，不应视为实行过限。其次，被告人王甲明知其纠集的八人将二被害人强行带离网吧，并强行带走，应当预见到可能会发生严重的犯罪行为，却未提出异议，其主观上放任严重犯罪后果的发生，应与实施严重犯罪的被教唆人共同承担责任。最后，被纠集的八人决定实施抢劫，并分两批上山，胁迫被害人给家人打电话汇款，下山取款是一个比较长的过程。被告人王甲在抢劫犯罪实施的初始阶段即通过电话得知被纠集人在山上抢劫被害人财物，但其未提出异议，一方面表明其“教训”的概然性教唆中本身就包括抢劫；另一方面，即使其初始犯意不包括劫取财物，在其明知被教唆人已扩大犯意的情况下，仍未提出异议，则其对抢劫的犯罪后果持放任态度，其通过放任与其他共同犯罪人达成了抢劫被害人的一致犯意，其行为构成抢劫罪，系抢劫罪的共犯。

编写人：福建省厦门市海沧区人民法院　牟燕

二、刑罚的具体运用

（一）量　刑

033　仅作“宣告式”认罪表示不能适用认罪认罚从宽制度

——余某勇等寻衅滋事案

【案件基本信息】

1. 裁判书字号

江西省南昌市中级人民法院（2020）赣 01 刑终 469 号刑事裁定书

2. 案由：寻衅滋事罪

【基本案情】

2009 年，江西省安义县某小组因修建高速公路被征用了部分山地、土方，政府补偿了 168 万元给该村。该补偿款开始由时任联合村委会出纳的被告人余某勇保管，后因村民不放心，经村小组商议和村委会同意，便将其中 110 万余元补偿款转交甲村村民杨丙保管。

2010 年 11 月，该村村民代表余甲召集被害人余乙等村民代表在安徽马鞍山市（该村村民主要务工经商地）讨论制订了一份土地补偿款分配方案（以下简称下称方案），并征得了大部分村民的同意。后该方案由余乙带回村里继续向其他村民征求意见。因该方案未经余某勇同意，余某勇便记恨于心。11 月 20 日 8 时许，当余乙从村民余某文家中征求完意见返回至家门口时，在此守候的被告人杨甲（余某勇妻子）要求在方案上签字，余乙拿出方案。杨甲突然抱住余乙，余某勇及被告人杨乙（余某勇丈人）、刘甲（余某勇丈母娘）从余乙家房屋旁冲出来抢夺方案。四被告人对余乙进行撕扯殴打，并将余乙打倒在地。当被害人魏甲（余乙母亲）听到余乙呼救声后，从家中出来阻止四人殴打余乙，四人又对魏甲进行撕扯殴打，方案也被四被告人抢走并撕毁。案发当日，余乙向公安机关报案。经检验，余乙、魏甲、杨甲所受伤均为轻微伤。

余某勇等四被告人抢走方案后，余某勇另行制订了一份土地补偿款分配方案，并由其实际控制。为报复制订原方案的召集人余甲，余某勇故意截留余甲一家人的土地补偿款，并将此款挪用。余甲家人多次催要未果，直至2017年，余某勇因犯挪用资金罪被追究刑事责任而退赃，余甲一家方才领取到土地补偿款3.6万元。2019年11月18日，余某勇、杨甲、杨乙、刘甲分别被传唤归案。

【案件焦点】

仅作“宣告式”认罪，认可检察院提出的量刑建议，能否对其适用认罪认罚从宽制度，予以从宽处理。

【法院裁判要旨】

江西省安义县人民法院经审理认为：“认罪”是指被告人自愿如实供述自己的罪行，承认指控的犯罪事实。共同犯罪中，“如实供述自己的罪行”是指除如实供述自己的罪行外，还应当供述所知道的同案犯的共同犯罪的事实。据此，杨甲、刘甲既没有如实供述自己的罪行，也没有供述同案人余某勇、杨乙的犯罪事实，杨乙虽供述了自己参与殴打他人的事实，但没有如实供述同案人余某勇参与殴打他人的犯罪事实，三被告人不符合认罪认罚从宽处罚制度的相关要求，对三被告人不适用认罪认罚从宽处罚制度。故，对公诉机关及相关辩护人提出建议对三被告人适用认罪认罚从宽处罚制度的意见，不予采纳。余某勇、杨甲、杨乙、刘甲无事生非，逞强耍横，随意殴打他人，并致三人轻微伤，情节恶劣，其行为均已构成寻衅滋事罪。

江西省安义县人民法院依照《中华人民共和国刑法》第二百九十三条第一款第一项及第三项、第二百六十四条、第二十三条、第二十五条第一款、第二十六条第一款及第四款、第六十九条第一款及第三款、第六十四条，《最高人民法院、最高人民检察院关于办理寻衅滋事刑事案件适用法律若干问题的解释》第一条第一款、第二条第一项、第四条第一项之规定，经该院审判委员会讨论决定，作出如下判决：

一、被告人余某勇犯寻衅滋事罪，判处有期徒刑四年；

二、被告人杨甲犯寻衅滋事罪，判处有期徒刑一年二个月；

三、被告人杨乙犯寻衅滋事罪，判处有期徒刑一年；

四、被告人刘甲犯寻衅滋事罪，判处有期徒刑十个月；

五、责令被告人余某勇退赔违法所得人民币 31000 元，发还被害人魏甲人民币 2 万元，发还被害单位石鼻镇联合村甲村小组、乙村小组、石鼻镇向坊村丙村小组、黄洲镇圳溪村丁村小组人民币 11000 千元。

宣判后，余某勇、杨甲分别以无罪、量刑过重为由提起上诉，江西省南昌市中级人民法院认为原判认定事实清楚，证据确实、充分，适用法律正确，量刑适当，审判程序合法。

江西省南昌市中级人民法院依照《中华人民共和国刑事诉讼法》第二百三十六条第一款第一项之规定，裁定如下：

驳回上诉，维持原判。

【法官后语】

1. 认罪认罚从宽制度中“如实供述”的内涵

《最高人民法院、最高人民检察院、公安部、国家安全部、司法部关于适用认罪认罚从宽制度的指导意见》规定，认罪认罚从宽制度中的“认罪”，是指犯罪嫌疑人、被告人自愿如实供述自己的罪行，对指控的犯罪事实没有异议。对此，“如实供述自己的罪行”，应当依照《中华人民共和国刑法》关于自首、坦白规定以及《最高人民法院关于处理自首和立功具体应用法律若干问题的解释》等规定予以把握，而刑法及相关解释对自首坦白的“如实供述”规定也很明确，即如实交代自己的主要犯罪事实。共同犯罪的，除要求被告人如实供述自己的罪行外，还应当供述所知道的同案犯的共同犯罪的事实。据此，笔者认为“如实供述”是指对主要客观犯罪事实予以供述，最低应以所供述内容足以查清全部案件事实为限。

本案中，杨甲、刘甲既未供述其殴打他人的事实，也未供述同案犯参与殴打的事实；杨乙虽对自己殴打余乙、魏甲的事实供认不讳，但没有如实供述同案人余某勇参与殴打他人的犯罪事实，均不足以查清全案事实，需通过其他案件当事人的供述、证言相互印证，故本案三被告人的行为均不能认为“如实供述”。

2.“认罪”与“如实供述”的关系

从《最高人民法院、最高人民检察院、公安部、国家安全部、司法部关于适用认罪认罚从宽制度的指导意见》“认罪”的表述来看，认罪认罚从宽中的“认罪”包含两个基本内容，即如实供述+没有异议。对于“如实供述”的认定，如前所述，可参照自首、坦白的规定予以把握。那么，如果犯罪嫌疑人、被告人对指控的犯罪事实主观上表示认同，但缺乏“如实供述”这一客观供述，能否认定其为“认罪”。

对此，笔者认为“如实供述”与“没有异议”并无实质区别，“认罪”实质上就是“认事”，是悔过态度的外在表现，成立“认罪”只需要“如实供述”，即客观供述犯罪事实，不需要附加任何内容。理由是根据《最高人民法院关于处理自首和立功若干具体问题的意见》规定，“除供述自己的主要犯罪事实外，还应包括姓名、年龄、职业、住址、前科等情况”，即主要犯罪事实包括定罪事实与量刑事实，且根据影响定罪的严重程度，来决定是否成立“如实供述”。由此可见，“如实供述”其实包括了“对指控的犯罪事实没有异议”，依照《最高人民法院关于处理自首和立功若干具体问题的意见》所确定的认定标准，两者的认定标准是统一的，本质上没有区别。

据此，本案三被告人主观上虽对起诉指控的犯罪事实表示认同，且认可检察机关的量刑建议，客观上缺乏有效供述，对自己的犯罪行为没有实质性的认识，其“认罪”属“宣告式”的认罪表示，没有自愿性和真实性，不符合认罪认罚从宽处罚制度的“认罪”要求，不应适用认罪认罚从宽处罚制度，更不应从宽处理。因此，对被告人及相关辩护人提出的意见不予采纳。

编写人：江西省安义县人民法院　万艳

034 对认罪态度好、没有造成严重后果，但人身危险性大的醉驾再犯也可顶格量刑

——周某平危险驾驶案

【案件基本信息】

1. 裁判书字号

湖南省湘西土家族苗族自治州中级人民法院（2019）湘31刑终333号刑事裁定书

2. 案由：危险驾驶罪

【基本案情】

2019年6月4日，被告人周某平（2018年7月因犯危险驾驶罪被判刑并适用缓刑）无证驾驶小汽车，在湖南省吉首市核心城区行驶，22时许，当车行驶至当地最大超市——佳慧超市后面外路段时，与尚某莲驾驶的小汽车发生刮擦，造成两车受损的道路交通事故。尚某莲当即下车告诉周某平撞车事实，见周某平因醉酒不省人事，遂打122报警。民警到达现场后，将醉酒后不省人事的周某平带往交警队并委托湘西州龙腾司法鉴定中心进行抽血检验，血液中酒精含量结果为221.6028mg/100ml。

公诉机关认为，应当以危险驾驶罪追究被告人刑事责任；被告人系坦白，认罪认罚。建议判处被告人拘役4~6个月，并处罚金，可适用缓刑。后公诉机关当庭变更公诉意见为不适用缓刑。

被告人周某平对公诉机关指控的事实及罪名均无异议。辩护人提出，被告人如实供述，当庭自愿认罪，依法可从轻处罚。

【案件焦点】

被告人周某平曾因犯危险驾驶罪被判刑并适用缓刑，现在又犯该罪，应如何适用刑罚。

【法院裁判要旨】

湖南省吉首市人民法院经审理认为：被告人周某平行为已构成危险驾驶罪。被告人到案后能如实供述，当庭自愿认罪，可以从轻处罚。被告人醉酒后无证驾驶机动车在道路上行驶，应从重处罚。被告人血液中酒精含量达到 200 毫克/100 毫升以上，应从重处罚。被告人醉酒驾驶机动车，后陷入不省人事的状态，以其醉酒程度驾驶机动车在道路上行驶，会对社会造成极大危害。被告人曾因犯危险驾驶罪被判处刑罚，在缓刑考验期结束后其再犯危险驾驶罪，如继续对其适用缓刑，既是对被告人不负责任，也是对社会不负责任。根据刑罚的特殊预防与一般预防目的，决定对被告人不适用缓刑。据此判决：周某平犯危险驾驶罪，判处拘役六个月，并处罚金人民币 5000 元。

周某平上诉称：原判认定事实清楚，但适用法律不当，对上诉人量刑偏重。理由是：其行为发生在晚上十点以后，与尚某莲驾驶的小汽车发生轻微刮擦，没有造成严重危害后果；其到案后如实供述，当庭自愿认罪、悔罪，原判对其顶格量刑，没有体现从轻处罚。请求撤销原判，对其从轻改判并适用缓刑。

湖南省湘西土家族苗族自治州中级人民法院经审理认为：上诉人周某平虽有如实供述、自愿认罪、悔罪等从轻处罚情节，但其无证、醉酒驾驶机动车上路行驶，血液中酒精含量达到 221.6028 毫克/100 毫升；且曾因酒后驾驶机动车受过刑事追究，主观恶性深，社会危害性大，应从重处罚。原判根据其犯罪的事实、情节和对于社会的危害程度，量刑并无不当。据此作出如下裁定：

驳回上诉，维持原判。

【法官后语】

本案事实清楚。被告人周某平有如实供述、自愿认罪、悔罪以及客观上没有造成严重后果等从轻处罚情节。但人民法院还是毅然决然对其在法定刑幅度内予以顶格处罚，并且不适用缓刑。

对此，除在两审裁判文书中表述的内容外，还着重考虑了以下几个方面。

一、准确理解并认真对待罪责刑相适应原则

罪责刑相适应原则的含义是：犯多大的罪，就应承担多大的刑事责任，法院也应判处其相应轻重的刑罚，做到重罪重罚，轻罪轻罚，罚当其罪，罪刑相称；在分析罪重罪轻和刑事责任大小时，法院不仅要看犯罪的客观社会危害性，还要结合考虑行为人的主观恶性和人身危险性，把握罪行和罪犯各方面因素综合体现的社会危害性程度，从而确定其刑事责任程度，适用相应轻重的刑罚。《中华人民共和国刑法》第六十一条的规定是该原则在刑罚适用方面的具体要求和体现。

罪责刑相适应原则涉及罪行、刑事责任和刑罚三个基本范畴之间的关系。罪行（符合犯罪构成的主客观事实情况）是行为人承担刑事责任的前提，也是决定行为人刑事责任轻重的决定性依据。但行为人的个人情况所决定的主观恶性（再犯可能性、人身危险性）也是影响刑事责任的重要因素。刑罚作为实现刑事责任的基本方式，应当受行为人所犯罪行及其所决定的刑事责任的轻重的制约，在主要考虑犯罪分子所犯罪行的轻重并据以决定刑罚轻重的同时，亦适当考虑犯罪分子的个人情况对刑事责任和刑罚轻重的影响，从而使罪行、刑事责任和刑罚之间保持均衡和成比例的状态。不能将罪责刑相适应原则错误理解为罪刑相适应原则，因而在适用刑罚时，不能只考虑犯罪分子所犯罪行的轻重并据以决定刑罚轻重，不考虑犯罪分子的个人情况所决定的主观恶性（再犯可能性、人身危险性）对刑事责任和刑罚轻重的影响。

二、充分考虑刑罚的目的，不能简单的就案办案

创制、适用和执行刑罚的目的，只能是预防犯罪。由于预防的对象不同，通常把刑罚的目的区分为特殊预防（防止犯罪人重新犯罪）和一般预防（防止尚未犯罪的人走上犯罪道路）。特殊预防与犯罪人的人身危险性密切相关。一般来说，犯罪人的人身危险性程度强的，应当适用较重的刑罚，反之亦然。同时，按照特殊预防的要求，在对犯罪人适用刑罚时，还应当根据犯罪人人身危险性的特点，有针对性地进行教育改造。而这一切则正是刑罚个别化原则的根据之所在。

人民法院在个案中适用刑罚，既要考虑特殊预防，又要考虑一般预防，二者不可偏废。如果舍弃了其中任何一个方面，都将使刑罚的目的难以实现。

特殊预防与一般预防是相互依存、不可分割的，但应根据具体情况不同而对其中一个方面予以侧重：（1）在刑事立法上侧重一般预防，在刑罚执行时应侧重特殊预防，在刑事审判中则应当两个预防并重。（2）因犯罪人不同而有所侧重。对累犯、惯犯等人身危险性较大的犯罪分子，应侧重于特殊预防；对初犯、偶犯等再犯可能性不大的犯罪人，侧重于一般预防。（3）对特殊、罕见的犯罪适用

刑罚，要侧重于特殊预防；对常见多发性犯罪，则应侧重于一般预防。(4) 在社会治安形势稳定、犯罪率较低的时期，要侧重于特殊预防；在社会治安形势恶化，犯罪率较高的时期，则应侧重于一般预防。

三、正视本案被告人主观恶性深，再犯可能性及人身危险性大

周某平在2018年7月因犯危险驾驶罪被判刑并适用缓刑后不到一年时间，又发生危险驾驶行为，且情节更为恶劣——在城市中心城区繁华商业街道附近，深度醉酒后无证驾驶汽车。不论是根据罪责刑相适应原则，还是根据刑罚个别化原则及刑法的目的，都应该对被告人予以严惩。要通过在一定时间内剥夺被告人再犯罪的条件，来实现个案刑罚的特殊预防与一般预防。

四、本案被告人行为没有造成严重后果，不是因为其主观上努力控制，而是因为其醉酒太严重而致客观上不可能

这是没有争议的事实。因而在本案中被告人行为没有造成严重后果，不应成为对其从轻处罚的正当理由。

编写人：湖南省吉首市人民法院　向金君

湖南省湘西土家族苗族自治州中级人民法院　胡基厚

035 如何计算前罪没有执行完毕的附加剥夺政治权利的刑期

——鲍某仁盗窃案

【案件基本信息】

1. 裁判书字号

北京市第三中级人民法院（2018）京03刑终596号判决书

2. 案由：盗窃罪

【基本案情】

2017年4月26日夜间，被告人与李某江（已判刑）驾车至密云区十里堡镇开发区云西四路，窃取路灯下电缆线共计223米。经北京市平谷区价格认证中心认定，被盗电缆线价值人民币14450元。2017年12月15日，被告人鲍某仁被公安机关抓获。案发后，被盗电缆线已起获并发还被害人。

被告人曾因犯盗窃罪，于2007年6月27日被门头沟区人民法院判处有期徒刑十四年，剥夺政治权利四年，并处罚金人民币一万四千元，经减刑后，于2015年12月1日刑满释放。被告人在剥夺政治权利期间因涉嫌犯盗窃罪于2017年12月15日被羁押，2018年1月16日被逮捕。

【案件焦点】

如何计算被告人前罪没有执行完毕的附加剥夺政治权利的刑期。

【法院裁判要旨】

北京市平谷区人民法院经审理认为：被告人以非法占有为目的，

伙同他人秘密窃取公私财物，数额较大，其行为已构成盗窃罪，依法应予惩处。被告人在刑满释放后五年以内再犯，应当判处有期徒刑以上刑罚之罪，系累犯，应依法从重处罚。鉴于被告人当庭自愿认罪，对其依法从轻处罚，一审法院依照《中华人民共和国刑法》第二百六十四条、第五十二条、第六十五条第一款、第六十一条之规定，判决如下：

被告人鲍某仁犯盗窃罪，判处有期徒刑一年零六个月，并处罚金人民币三千元。（刑期从判决执行之日起计算，判决执行前先行羁押的，羁押一日折抵刑期一日，即自 2017 年 12 月 15 日起至 2019 年 6 月 14 日止；罚金已缴纳。）

宣判后，北京市平谷区人民检察院以原判未予数罪并罚为由提出抗诉。北京市第三中级人民法院经审理认为：一审法院认定上诉人犯盗窃罪的事实清楚，证据确实、充分，定罪正确，所处主刑及罚金刑适当。但依据《最高人民法院关于在执行附加刑剥夺政治权利期间犯新罪应如何处理的批复》（以下简称《批复》）之规定，应当对上诉人新犯之罪作出判决，与前罪没有执行完毕的附加剥夺政治权利的刑期并罚，一审法院未进行并罚有误，应当予以纠正。

关于如何计算前罪没有执行完毕的附加剥夺政治权利的刑期问题，根据《批复》的规定，上诉人前罪剥夺政治权利刑期停止计算的时间点应为新罪主刑有期徒刑执行之日。二审法院认为由于上诉人在羁押时是处于一种事实上执行刑罚的状态，因此上诉人被羁押之日应被视为“有期徒刑执行之日”。

以羁押之日而非判决生效后实际交付执行的日期作为刑罚执行之日有三个优势。首先，不会因为交付执行日期的不确定造成无法计算未执行完毕的剥夺政治权利刑期的问题，从而保证判决主文中剥夺政治权利判项的日期明确。其次，不会因时间的流逝而导致被告人（上诉人）剥夺政治权利的执行状态发生变化，使一审、二审裁判产生相左或空判的问题，从而保证上下级法院裁判的稳定。最后，不会因为罪犯被羁押而导致其居住地的公安机关失去继续执行剥夺政治权利的条件，使前罪的剥夺政治权利产生无法实际执行的问题，从而保证判决的执行真正落到实处。

北京市第三中级人民法院依法作出如下判决：

一、撤销北京市平谷区人民法院（2018）京 0117 刑初 82 号刑事判决；

二、被告人鲍某仁犯盗窃罪，判处有期徒刑一年六个月，并处罚金人民币三千元，与前罪尚未执行完毕的附加剥夺政治权利的刑期合并，决定执行有期徒刑一年六个月，剥夺政治权利一年十一个月十六日，并处罚金人民币三千元。

【法官后语】

本案仅解决了在新罪一审判决作出前被先行羁押的罪犯，如何计算前罪没有执行完毕的附加剥夺政治权利的刑期问题，但实践中还存在如下两种情况。

一、新罪一审判决作出前未予羁押的

此种情况下，刑罚执行被告人可能在面临更复杂的局面，可能一审判决作出之日即由法院决定逮捕，可能一审判决作出后仍保持其未羁押的状态，直至文书生效后才由法院决定对其逮捕甚至可能文书生效后仍因其身体原因而无法羁押。在前一种可能下，刑罚的执行之日可以认为是一审判决作出之日；在后一种可能下，由于羁押时间的不确定，导致刑罚执行之日即停止计算的时间点无法确定。

而一审判决的关于剥夺政治权利的判项又必须明确剩余的刑期，这就形成了一个刑罚执行与判决互为前提的逻辑死循环。

确定一审判决作出之日为停止计算的时间点可以打破这一死循环。因为一审判决作出之日是一个可预计的日期，能精确的计算出前罪剥夺政治权利的剩余时间并在判项中予以明确，尽管这样的技术处理与司法解释存在一定的矛盾，却有效避免了无法判决的窘境。

但上述做法在规避了刑罚执行之日不确定的同时，又带来了一个新的问题，即一审判决作出至刑罚交付执行的期间，既不属于新罪的主刑执行期间，前罪的剥夺政治权利又已停止计算，这期间罪犯的政治权利处于何种状态?

针对于此，存在两种不同的观点。第一种观点认为，此期间应当计算在新判决确定的剥夺政治权利的刑期以内；第二种观点认为，此期间罪犯暂时获得了政治权利。两种观点都有其无法解决的矛盾。第一种观点将剥夺政治权利的执行置于主刑执行之前，与《中华人民共和国刑法》第五十八条的规定相矛盾，并且，如果在刑罚执行之前罪犯的剥夺政治权利执行完毕，就不可避免的会造成空判，更会导致剥夺政治权利无法覆及新罪主刑执行期间，实质上缩短了罪犯被剥夺政治权利的时间。而第二种观点则会产生已经被剥夺政治权利的罪犯因犯新罪反而享有政治权利的不合理现象。

两害相权取其轻，相比第一种观点对刑罚执行制度的破坏，允许罪犯在此种特殊情况下暂时获得政治权利是可以接受的。因此，新罪判决前未羁押的，应当以一审判决作出之日为前罪剥夺政治权利停止计算的时间点。

二、前期被羁押，新罪一审判决作出前变更强制措施的

在此种情况下，需要对罪犯的羁押期间和未羁押期间当作两个不同的阶段予以考虑。在羁押的阶段完全可以参照本案的情况予以处理，以羁押之日作为前罪剥夺政治权利停止计算之日。因为羁押期间可以折抵刑期，故此羁押期间虽与刑期的正式执行并不接续，但仍应视为主刑执行期间的一部分。当罪犯被变更强制措施，进入未羁押的阶段，由于此期间不能视为主刑执行期间，故前罪剥夺政治权利的刑期应当重新开始计算。除上述依据外，罪犯在取保候审或监视居住期间继续计算剥夺政治权利刑期还有另一个有利的条件——这两种强制措施的执行机关与剥夺政治权利的执行机关基本重合，不存在无法执行的情况。因此，在新罪一审判决作出前，无论罪犯的强制措施如何变更，都以其是否羁押为标准考虑是否将期间计入剥夺政治权利的刑期。

编写人：北京市第三中级人民法院　程昊　余琳燕

036 前罪被特赦后发现缓刑考验期内犯新罪的处理

——胡某武诈骗案

【案件基本信息】

1. 裁判书字号

浙江省绍兴市中级人民法院（2018）浙06刑终741号刑事裁定书

2. 案由：诈骗罪

【基本案情】

被告人胡某武因犯故意伤害罪于2014年4月14日被江苏省宿迁市宿城区人民法院判处有期徒刑二年，缓刑三年。2015年10月21日被江苏省宿迁市中级人民法院裁定予以特赦。

2015年7月至2017年6月，被告人胡某武以其设立的量赢公司、墨昌公司为依托招募众人，分别担任副总经理、业务总监、业务经理、指导老师及业务员等，按比例分取各自客户的手续费作为提成。虚构指导老师水平高、能力强的假象，诱使客户到公司经营的现货、外汇平台开户投资。在客户开户后，被告人胡某武等人又指令业务员利用“话术”，隐瞒公司与客户之间系对赌关系、公司赚取客户亏损以及交易手续费被杠杆放大等真相，虚构公司能够指导客户赚钱获利的事实，恶意引导客户频繁进行交易操作，骗取数十名客户共计人民币920万余元。

【案件焦点】

前罪被特赦后发现缓刑考验期内犯新罪，是否应当撤销缓刑，并予数罪并罚的问题。

【法院裁判要旨】

浙江省嵊州市人民法院经审理认为：被告人胡某武以非法占有为目的，结伙利用互联网采用虚构事实、隐瞒真相的方式骗取他人财物，数额特别巨大，其行为已构成诈骗罪，应依法予以惩处。公诉机关指控的罪名成立，应予支持。公诉机关提出被告人胡某武在缓刑考验期内犯新罪，应当撤销缓刑，并予数罪并罚的意见，因被告人之前犯罪被判处有期徒刑二年，缓刑三年，后被江苏省宿迁市中级人民法院裁定予以特赦，在该特赦裁定未经法定程序撤销的前提下，被告人之前罪所判刑罚不再执行，故该公诉意见不能成立，本院予以纠正。辩护人以被告人胡某武归案后能如实供述自己的罪行、赔偿被害人马某波的损失并获得谅解、部分财物被扣押并当庭自愿认罪等情节为由请求对被告人从轻处罚的辩护意见，本院予以采纳；辩护人对本案定性、金额等异议，与事实、法律规定不符，不予采纳。

浙江省嵊州市人民法院于 2018 年 10 月 12 日作出如下刑事判决：

被告人胡某武犯诈骗罪，判处有期徒刑十一年六个月，剥夺政治权利二年，并处罚金人民币 20 万元；赃款赃物依法处置。

宣判后，被告人胡某武向浙江省绍兴市中级人民法院提起上诉。浙江省绍兴市中级人民法院于 2018 年 12 月 19 日作出如下裁定：

驳回上诉，维持原判。

【法官后语】

中华人民共和国成立后，我国已实行过九次特赦，部分罪犯经特赦后再次犯罪被追究刑事责任的情况亦出现于审判实践，本案便是其中之一。在已被特赦的前罪的缓刑考验期内再犯新罪，是否应在对新罪的判决中撤销缓刑、予以数罪并罚？为阐明观点、作出论断，首先要对特赦的法律依据及效力进行明析。

特赦是赦免的一种，是指由国家元首或最高国家权力机关对已被定罪处刑的特定犯罪人，免除其全部或者部分刑罚的制度。从原理上讲，特赦是对已经经过一定时间刑罚惩戒及改造的特定罪犯消灭剩余刑罚，使其早日回归社会，体现惩罚与宽大相结合的刑事政策。同时，对特定范围罪犯的特赦，彰显了国家宽宥、制度自信和特定纪念意义，发挥了刑事政策对社会的调节作用。

目前，我国关于特赦的法律规定散见于宪法、刑法和刑事诉讼法。根据宪法第六十七条和第八十条的规定，特赦经全国人大常委会决定，由国家主席发布特赦令。根据2015年8月29日《全国人民代表大会常务委员会关于特赦部分服刑罪犯的决定》规定，对依据2015年1月1日前人民法院作出的生效判决正在服刑，释放后不具有现实社会危险性的四类罪犯实行特赦。对于特赦的效力，法律虽没有直接规定，但是刑法第六十五条、第六十六条中均规定，在刑罚执行完毕或赦免后的特定时间内再犯特定罪行构成累犯。由此可见，我国特赦的效力并不及于犯罪本身，只是消灭罪犯未执行的刑罚，而不影响再犯罪后累犯、前科的成立。

笔者认为，特赦的本质是免除特定范围对象的特定刑罚内容，罪犯一经特赦，即视为其原判刑罚执行完毕。即使其在原判的缓刑考验期内犯下新罪，在已生效的特赦裁定未被撤销的情况下，也已无法满足我国刑法第七十一条中规定的“判决宣告以后，刑罚执行完毕以前”对被告人数罪并罚的适用条件。鉴于原判刑罚因特赦而被免除或被视为已经执行完毕或不再被执行，被告人在缓刑考验期间犯下新罪，并未也无法导致原特赦裁定的效力发生变化；加之，特赦权作为一种经国家最高权力机关决定、国家元首发布的宪法性权力，人民法院应当充分维护已生效特赦裁定的效力，体现刑事政策、刑事司法及特赦工作的严肃性、权威性。胡某武不论是前罪还是缓刑考验期内所犯的新罪均是轻罪，均不属于《全国人民代表大会常务委员会关于特赦部分服刑罪犯的决定》中禁止特赦的罪名，即犯故意杀人、强奸等严重暴力性犯罪，恐怖活动犯罪，贩卖毒品犯罪。其符合《全国人民代表大会常务委员会关于特赦部分服刑罪犯的决定》规定的特赦条件，不应轻易否定已生效特赦裁定的效力。故而，人民法院不得绕开被告人已被特赦这一重大法律事实对被告人撤销缓刑并予数罪并罚。这一观点在审判实践中也得到积极认同。

还有一种观点认为，被裁定特赦可视为缓刑考验期满，但因犯罪行为发生在特赦前，即仍在缓刑考验期内，故应当根据《中华人民共和国刑法》第七十七条之规定，对其撤销缓刑，数罪并罚。检察院在起诉书中提出“被告人胡某武在缓刑考验期内犯新罪，应当撤销缓刑，并予数罪并罚”的意见，或是基于此种观点，忽略了被特赦即免除刑罚的核心法律意义，有断章取义之嫌，或是根本就遗漏了被告人已被裁定特赦这一情节，均明显不当。

综上，在本案中，被告人之前犯罪被判处有期徒刑二年，缓刑三年，后被江苏省宿迁市中级人民法院裁定予以特赦，该特赦裁定未经法定程序撤销，被告人之前罪所判刑罚经特赦而不再执行，故不应对其撤销缓刑，数罪并罚。一审判决后，被告人未就该问题提起上诉，检察院亦未抗诉。

编写人：浙江省嵊州市人民法院　赵浙飞　刘安琳

037　可否突破刑法分则规定的最低刑对被告人减轻处罚

——王某、赵某销售有毒、有害食品案

【案件基本信息】

1. 裁判书字号

北京市第一中级人民法院（2017）京 01 刑终 591 号刑事判决书

2. 案由：销售有毒、有害食品罪

【基本案情】

2017 年 5 月 4 日，被告人王某、赵某在北京市海淀区冷泉村甲店内销售保健食品时被民警抓获，并被当场起获“MACA”“黄金玛卡”等保健食品共计 90 粒。经检测，上述保健食品均含有西地那非成分。被告人王某、赵某到案后如实供述了犯罪事实。

【案件焦点】

根据被告人的犯罪情节确定其量刑基准刑为刑法分则的最低刑幅度，具有减轻处罚情节，人民法院能否突破刑法分则规定的最低刑对被告减轻处罚判处刑法总则规定的下一量刑幅度（刑种）。

【法院裁判要旨】

北京市海淀区人民法院经审理认为：鉴于被告人具有犯罪未遂和如实供述罪行的量刑情节，对二被告人依法减轻处罚，并对被告人赵某适用缓刑。依照《中华人民共和国刑法》第一百四十四条，第二十五条第一款，第二十三条，第六十七条第三款，第七十二条，第七十三条第二款、第三款，第五十三条第一款，第六十四条之规定，判决如下：

一、被告人王某犯销售有毒、有害食品罪，判处拘役四个月，并处罚金人民币三千元；

二、被告人赵某犯销售有毒、有害食品罪，判处拘役四个月，缓刑六个月，并处罚金人民币二千元；

三、禁止被告人赵某在缓刑考验期限内从事食品生产、销售及相关活动；

四、在案扣押的含有毒、有害非食品原料的保健食品予以没收。

北京市海淀区人民检察院提出抗诉，认为原审判决对原审被告人王某判处拘役、对原审被告人赵某判处拘役并适用缓刑，突破了刑法分则规定的最低刑种，适用法律错误；原审判决认定二原审被告人具有减轻处罚情节，适用刑罚与犯罪的社会危害程度不相适应，量刑畸轻。

原审被告人王某的辩护人的辩护意见为：一审法院适用法律正确，量刑适当。鉴于王某具有犯罪未遂、到案后如实供述、自愿认罪、初犯及偶犯等情节，应予减轻处罚。王某不知道所售保健品内含有西地那非成分，且所售壮阳保健品未对社会及个人造成实质性的损害后果。西地那非成分虽对身体有一定损害，但作为药物较其他有毒、有害食品的危害轻微。

北京市第一中级人民法院经审理认为：对于原审被告人王某的辩护人关于原审判决适用法律正确、量刑适当；王某不知悉所售保健食品内含有西地那非成分，且该成分作为药物对社会及人体危害性较轻；结合王某具有犯罪未遂等情节，应予减轻处罚的辩护意见，经查：王某到案后供认其明知涉案性保健食品内含有有毒、有害成分。经鉴定，涉案性保健食品含有西地那非药物成分，该成分虽有医学运用，但如使用不当可能造成人体消化系统、肌肉骨骼系统等多种不良反应，甚至心源性猝死等严重心血管系统疾病，直接威胁人体生命健康。王某在没有行医资格、不具备食品药品销售资质的情形下，伙同他人销售不具有食品药品批准文号、属于擅自添加药品成分的性保健食品，显然具有严重的社会危害性，故对该行为应予以严厉打击。虽然王某具有犯罪未遂等从宽处罚情节，但鉴于其行为的严重社会危害程度，结合本案所售性保健食品种类多样、数量较大等犯罪事实、情节等，不应对王某适用减轻处罚。故对辩护人的上述辩护意见，本院均不予采纳。

原审被告人王某、赵某销售明知掺有有毒、有害的非食品原料的食品，其行为已构成销售有毒、有害食品罪，依法应予惩处。鉴于王某、赵某在着手实施销售有毒、有害食品过程中，由于意志以外的原因而未得逞，系犯罪未遂，且到案后如实供述自己的罪行，可对其依法酌予从轻处罚。一审法院根据王某、赵某犯罪的事实，犯罪的性质、情节及对于社会的危害程度所作出的判决，事实清楚，证据确实、充分，定性准确，审判程序合法，唯适用法律错误，量刑不当，本院予以纠正。对于抗诉机关的相关抗诉意见及北京市人民检察院第一分院的支持抗诉意见，本院予以采纳。据此，北京市第一中级人民法院依照《中华人民共和国刑法》第一百四十四条，第二十三条，第二十五条第一款，第六十七条第三款，第七十二条，第七十三条第二款、第三款，第五十三条第一款，第六十四条以及《中华人民共和国刑事诉讼法》第二百二十五条第一款第二项之规定，作出如下判决：

一、维持北京市海淀区人民法院（2017）京 0108 刑初 1782 号刑事判决书的第三项和第四项，即禁止被告人赵某在缓刑考验期限内从事食品生产、销售及相关活动和在案扣押的含有有毒、有害非食品原料的保健食品予以没收；

二、撤销北京市海淀区人民法院（2017）京 0108 刑初 1782 号刑事判决书的第一项和第二项，即被告人王某犯销售有毒、有害食品罪，判处拘役四个月，并处罚金人民币三千元和被告人赵某犯销售有毒、有害食品罪，判处拘役四个月，缓刑六个月，并处罚金人民币二千元；

三、原审被告人王某犯销售有毒、有害食品罪，判处有期徒刑八个月，缓刑一年三个月，并处罚金人民币三千元；

四、原审被告人赵某犯销售有毒、有害食品罪，判处有期徒刑六个月，缓刑一年，并处罚金人民币二千元；

五、禁止原审被告人王某在缓刑考验期限内从事食品生产、销售及相关活动。

【法官后语】

本案处理重点主要在于对被告人量刑时可否基于减轻处罚情节在刑法分则规定的最低刑以下量刑。在司法实践中对此主要有两种意见：

一种意见认为，不能突破刑法分则规定的最低刑种对被告人判处刑罚。具体理由如下：第一，罪刑法定原则意味着法官量刑必须受到刑法分则的制约，无论基于何种理由，即便是具有法定减轻处罚的量刑情节，也不能突破刑法分则规定的刑罚，否则就有创设个案刑罚之嫌。第二，最高人民法院研究室作为最高司法机关的研究室，对此问题也持否定态度。其在1994年2月5日《关于适用刑法第五十九条第二款减轻处罚能否判处刑法分则条文没有规定的刑罚问题的答复》中规定，“在法定刑以下判处刑罚，包括判处刑法分则条文没有规定的不同刑种的刑罚”。但2013年1月14日最高人民法院废止了该司法解释性质文件，也体现最高人民法院作为司法机关对此问题的态度。综上，从我国刑法的基本原则、立法机关和司法机关对此问题的态度分析，对被告人减轻处罚后量刑不能突破刑法分则规定的最低刑。

另一种意见认为，可以突破刑法分则规定的最低刑种对被告人酌予减轻处罚。原因在于：第一，我国刑法总则和刑法分则是不可分割的整体，刑法总则的规范指引刑法分则规范的具体适用，刑法总则也起到弥补刑法分则作用且与刑法分则共同对定罪量刑提供规范性依据。因此，适用罪刑法定原则时，不能割裂地评价刑法分则的规定仍应将总则、分则作为整体确定“法定”的内容。第二，我国刑法分则规定的罪责刑标准是以犯罪既遂形态为依据，当被告人具有既遂或犯罪预备等犯罪情节时，其犯罪的社会危害程度较既遂标准低，其刑罚也应较不具有该种情节的刑罚轻缓，这是符合罪责刑相适应基本原则的。第三，有利于被告人原则不仅体现在程序法中，也具有实体法价值，其可以从刑法规定的不明承担的责任、刑法的人权保障机能、刑法与刑事诉讼法的立法精神、刑法的正当目的以及传统刑事政策等诸多维度得到证实。① 对量刑而言，当对于被告人处重刑和轻刑有两种解释时，从有利于被告人的立场出发，应当作出有利于被告人的轻刑。综上，当被告人具有法定减轻处罚情节时，即便被告人基准刑为刑法分则规定的最低刑，应当适用刑法总则的规定对被告人减轻处罚，这是罪刑法定原则、罪责刑相适应原则以及有利于被告人原则的应有之义。

本案倾向于第二种观点，即具有法定减轻处罚情节，综合分析犯罪情节和量刑情节，可酌予减轻处罚的，可以突破刑法分则规定的最低刑减轻处罚对被告人判处刑法总则规定的刑罚（包括刑种）。具体到本案中，二审法院认为一审判决量刑畸轻，对二被告人予以改判，将拘役改为有期徒刑，加大了一审判决的处罚力度，但并非是对可突破刑法分则最低刑减轻处罚的否定，原因在于本案涉案性保健品食品内含有毒、有害成分，该成分虽有医学成分，但使用不

---

① 邱兴隆：《有利被告论探究——以实体刑法为视角》，载《中国法学》2004年第6期。

当可对人体产生致命伤害，其社会危害性不低于销售“毒大米”等食品，鉴于本案犯罪行为的严重社会危害程度，不应对被告适用减轻处罚的规定，故本案对于二被告人的行为予以改判。但对被告人量刑时能否突破刑法分则最低刑减轻处罚的法律问题值得司法实践中的反思。

编写人：北京市第一中级人民法院　鲍艳　李悦

038 剥夺政治权利执行期间又犯新罪应如何计算未执行完毕的剥夺政治权利刑期

——蓝洪某贩卖毒品案

【案件基本信息】

1. 裁判书字号

重庆市第一中级人民法院（2016）渝01刑终1048号刑事判决书

2. 案由：贩卖毒品罪

【基本案情】

2016年8月22日上午，靳某与被告人蓝洪某电话联系购买100元的毒品后，蓝洪某在重庆市铜梁区石鱼镇菜市场门口，将约0.1克海洛因卖予靳某吸食，获款100元。同月26日，蓝洪某因吸毒，在重庆市铜梁区石鱼镇十字路口处被民警抓获，到案后如实供述尚未被掌握的前述事实。重庆市铜梁区人民检察院以蓝洪某犯贩卖毒品罪向重庆市铜梁区人民法院提起公诉。

另查明，被告人蓝洪某因犯盗窃罪、抢劫罪，于2005年8月16日被判处有期徒刑十七年，并处罚金人民币17000元，剥夺政治权利三年，服刑期间减刑七年五个月，缩减剥夺政治权利一年，2014年12月17日刑满释放，其附加刑剥夺政治权利的刑期为2014年12月17日至2016年12月16日。

【案件焦点】

前罪主刑执行完毕后，被告人在剥夺政治权利执行期间又犯新罪的，在数罪并罚时应如何计算前罪尚未执行完毕的剥夺政治权利刑期。

【法院裁判要旨】

重庆市铜梁区人民法院经审理认为：被告人蓝洪某贩卖少量毒品海洛因给他人，其行为构成贩卖毒品罪。蓝洪某曾被判处有期徒刑，刑罚执行完毕后五年内再故意犯应当判处有期徒刑以上刑罚之罪，系累犯，依法从重处罚。蓝洪某因吸毒被抓获，到案后如实供述了尚未被掌握的贩卖毒品的罪行，是自首，依法从轻处罚。蓝洪某在主刑执行完毕后，执行附加刑剥夺政治权利期间又犯新罪，应当对新犯的罪作出判决，与前罪尚未执行完毕的刑罚并罚。依照《中华人民共和国刑法》第三百四十七条第一款及第四款、第六十五条第一款、第六十七条第一款、第五十二条、第五十三条、第六十四条、第七十一条、第六十九条第三款、第五十八条之规定，以被告人蓝洪某犯贩卖毒品罪，判处有期徒刑八个月，并处罚金人民币一千元，其曾犯盗窃罪、抢劫罪被剥夺政治权利二年，决定执行有期徒刑八个月，并处罚金人民币一千元，剥夺政治权利二年；违法所得人民币一百元予以追缴，上交国库。

一审判决后，蓝洪某以原判量刑过重为由提起上诉。

重庆市第一中级人民法院经审理认为：被告人蓝洪某贩卖海洛因约0.1克，其行为构成贩卖毒品罪。蓝洪某曾因犯盗窃罪、抢劫罪被判处有期徒刑，刑罚执行完毕以后，在五年以内再犯应当判处有期徒刑以上刑罚之罪，系累犯，依法从重处罚。蓝洪某因吸毒被抓获，到案后如实供述了尚未被公安机关掌握的贩卖毒品罪行，是自首，依法从轻处罚。一审判决根据蓝洪某的犯罪事实和量刑情节在法定量刑幅度内判处刑罚，量刑适当，蓝洪某提出原判量刑过重的上诉理由不能成立。一审判决鉴于蓝洪某在主刑执行完毕后，附加刑剥夺政治权利执行期间又犯新罪，对新犯的罪作出判决，与前罪没有执行的刑罚并罚并无不当。但依照《最高人民法院关于在执行附加刑剥夺政治权利期间犯新罪应如何处理的批复》的规定，本案的审理期间，蓝洪某前罪所判处的剥夺政治权利并未停止执行。在本院审理过程中，已于2016年12月16日执行完毕，故不再并罚。原判决对蓝洪某犯贩卖毒品罪认定事实和适用法律正确，量刑适当，审判程序合法。鉴于二审审理过程中，蓝洪某因前罪被判处的剥夺政治权利已执行完毕，不再实行数罪并罚。依照《中华人民共和国刑事诉讼法》第二百二十五条第一款第一项、第二项，《中华人民共和国刑法》第三百四十七条第四款、第六十五条第一款、第六十七条第二款、第六十四条之规定，判决如下：

一、撤销重庆市铜梁区人民法院（2016）渝0151刑初433号刑事判决第一项中决定执行刑罚部分，即决定执行有期徒刑八个月，并处罚金人民币一千元，剥夺政治权利二年；

二、维持重庆市铜梁区人民法院（2016）渝0151刑初433号刑事判决第一项中贩卖毒品罪的定罪、量刑部分及第二项，即被告人蓝洪某犯贩卖毒品罪，判处有期徒刑八个月，并处罚金人民币一千元；违法所得一百元予以追缴，上交国库。

【法官后语】

本案处理的争议焦点是前罪主刑执行完毕后，被告人在剥夺政治权利执行期间又犯新罪的，在数罪并罚时应如何计算前罪尚未执行完毕的剥夺政治权利刑期。

《最高院人民法院关于在执行附加刑剥夺政治权利期间犯新罪应如何处理的批复》（以下简称《批复》）中规定："一、对判处有期徒刑并处剥夺政治权利的罪犯，主刑执行完毕，在执行附加刑剥夺政治权利期间又犯新罪，如果所犯新罪无须附加剥夺政治权利的，依照刑法第七十一条的规定数罪并罚。二、前罪尚未执行完毕的附加刑剥夺政治权利的刑期从新罪的主刑有期徒刑执行之日起停止计算，并依照刑法第五十八条规定从新罪的主刑有期徒刑执行完毕之日或者假释之日起继续计算；附加刑剥夺政治权利的效力施用于新罪的主刑执行期间……"。对如何计算前罪尚未执行完毕的附加刑剥夺政治权利的刑期，该《批复》并未作出明确规定，也是本案认识分歧所在。

具体到本案中，被告人蓝洪某曾因犯盗窃罪、抢劫罪被判处有期徒刑，并处剥夺政治权利，在执行前罪剥夺政治权利期间，蓝洪某又犯贩卖毒品罪被判处有期徒刑，此种情况下并不适用《批复》第二条的规定。理由在于：法律规定是刑罚执行中止的原因。按照《刑事诉讼法》的规定，判决和裁定发生法律效力后执行。被告人因犯新罪被刑事拘留至审理终结期间，因新罪判决尚未生效，故无法确定新罪主刑执行之日，因此不能按照《批复》第二条规定停止执行前罪尚未执行完毕的附加刑剥夺政治权利的刑期，即前罪尚未执行完毕的附加刑剥夺政治权利仍在继续执行之中。

需要注意的是，由于被告人因犯新罪被羁押至审判终结期间，前罪附加刑剥夺政治权利的执行并不中止，在新罪判决生效之后，对于剥夺政治权利的并罚会存在两种情况：一是新罪生效判决作出时，前罪的剥夺政治权利已执行完，因此新罪生效判决无须再根据刑法第七十一条的规定进行并罚。二是新罪生效判决作出时，如前罪的附加刑剥夺政治权利尚未执行完毕，则根据《批复》的规定，从新罪判决执行之日起停止计算前罪尚未执行完毕的附加刑剥夺政治权利刑期，前罪尚未执行完毕的附加刑剥夺政治权利刑期与新罪判决确定的刑期实行并罚。本案即属于第一种情况，被告人蓝洪某在新罪判决尚未生效之前，前罪附加刑剥夺政治权利刑期已执行完毕，故新罪判决中无须再实行并罚。

按照以上思路，在新罪判决尚未生效之前，对前罪附加刑剥夺政治权利刑期执行完毕与否尚不能确定。因此，一审判决关于附加刑剥夺政治权利刑期的并罚表述就处于不确定的状态。为解决这一问题，可以考虑一审判决在对附加刑剥夺政治权利刑期并罚时，在判决主文中不列明附加刑剥夺政治权利刑期起止的具体时间，在括号中以“前罪尚未执行完毕的附加刑剥夺政治权利的刑期从新罪主刑有期徒刑执行之日起停止计算，从新罪的主刑有期徒刑执行完毕之日或假释之日起继续计算”予以备注说明。

编写人：重庆市第一中级人民法院　陈超　黄晨

039 再审生效判决维持原判缓刑的，原执行的缓刑考验期应予折抵

——刘某增行贿案

【案件基本信息】

1. 裁判书字号

北京市第一中级人民法院（2020）京01刑再3号刑事裁定书

2. 案由：行贿罪

【基本案情】

2011年至2014年，上诉人刘某增在不具备施工资质的情况下，通过挂靠方式承揽了某开发公司开发的某地块部分工程，刘某增为感谢某开发公司总经理明某富同意其以挂靠的方式承揽上述工程及在工程款拨付、结算、施工协调等方面提供帮助，先后四次向明某富行贿钱款共计人民币155万元。2017年7月4日，刘某增在监察机关调查明某富受贿案时，接电话通知后自行到监察机关配合调查，并如实供述了行贿事实。北京市海淀区人民法院判决被告人刘某增犯行贿罪，判处有期徒刑三年，缓刑四年，并处罚金人民币四十万元（缓刑考验期限，自判决确定之日起计算。罚金于本判决生效后三日内缴纳）。原审判决生效后，刘某增自2019年7月16日起开始执行缓刑，接受社区矫正。后该院对本案进行再审，改判：（1）撤销（2019）京0107刑初184号刑事判决书；（2）原审被告人刘某增犯行贿罪，判处有期徒刑三年，缓刑四年（缓刑考验期限，从判决确定之日起计算）。

【案件焦点】

原审刑事判决生效后，缓刑考验期已经开始执行，案件提起再审后生效判决维持缓刑的，原执行的缓刑考验期按照判决确定之日起重新计算还是应当折抵。

【法院裁判要旨】

北京市石景山区人民法院经审理认为：原审被告人刘某增为牟取不正当利益，给予国家工作人员财物，情节严重，其行为已经构成行贿罪，依法应予惩处。原公诉机关北京市石景山区人民检察院指控原审被告人刘某增犯行贿罪的事实清楚，证据确实、充分，指控的罪名成立。鉴于原审被告人刘某增犯罪后主动到案并如实供述犯罪事实，应属自首，且其在被追诉前主动交代行贿行为，自愿签署认罪认罚具结书，悔改态度良好，故法院对其依法减轻处罚并依据原审被告人刘某增自首、认罪等具体情节对其予以适用缓刑。对于原审被告人刘某增的辩护人提出的辩护意见，该院予以采纳。故原审判决认定原审被告人刘某增犯罪的事实，犯罪的性质、情节和对于社会的危害程度所作出的判决，定罪正确，主刑量刑适当，审判程序合法。根据我国刑法关于溯及力所采用从旧兼从轻的适用原则，原审被告人刘某增实施行贿犯罪行为的时间发生在2011年至2014年，故其所犯行贿罪在定罪量刑，应该适用旧刑法即1997年刑法。而原审判决在适用法律上错误，故该院再审中予以纠正。

北京市石景山区人民法院依据《中华人民共和国刑事诉讼法》第二百五十六条，《最高人民法院关于适用〈中华人民共和国刑事诉讼法〉的解释》第四百七十二条第一款第三项，1997年《中华人民共和国刑法》第十二条第一款、第三百八十九条第一款、第三百九十条、第九十三条第二款、第六十七条第一款、第七十二条第一款、第七十三条第二款和第三款、第六十一条，《最高人民法院、最高人民检察院关于办理贪污贿赂刑事案件适用法律若干问题的解释》第八条之规定，判决如下：

一、撤销（2019）京0107刑初184号刑事判决书；

二、原审被告人刘某增犯行贿罪，判处有期徒刑三年，缓刑四年（缓刑考验期限，从判决确定之日起计算）。

刘某增不服一审判决，提出上诉。北京市第一中级人民法院经审理认为：上诉人刘某增为牟取不正当利益，给予国家工作人员财物，情节严重，其行为已构成行贿罪。鉴于刘某增犯罪以后自动投案，如实供述自己的罪行，有自首情节，且其系在被追诉前主动交代行贿行为，并自愿签署认罪认罚具结书，认罪态度较好，可依法对其减轻处罚并宣告缓刑。一审法院根据刘某增犯罪的事实，犯罪的性质、情节和对于社会的危害程度所作出的判决，定罪准确，量刑适当，审判程序合法，应予维持。但原审被告人刘某增应自2019年7月16日起开始执行缓刑的日期。对于上诉人刘某增及其辩护人所提一审判决适用法律错误，量刑过重的上诉理由及辩护意见，经查，一审判决已考虑刘某增具有的法定从轻、减轻情节，并在法定量刑幅度之内对刘某增减轻处罚，适用法律正确，量刑适当，故上诉人刘某增的此项上诉理由及其辩护人的此项辩护意见均不能成立，法院均不予采纳。对于上诉人刘某增所提请求二审法院在确定缓刑考验期限起始时间时，对其已执行的缓刑考验期考虑在内的上诉理由，经查，原审判决生效后，刘某增自2019年7月16日起开始执行缓刑，一直接受社区矫正，其已执行的缓刑考验期理应计算在缓刑四年之内，故刘某增的此项上诉请求合理，法院予以采纳。

北京市第一中级人民法院依照《中华人民共和国刑事诉讼法》第二百三十六条第一款第一项的规定，裁定如下：

驳回上诉，维持原判。

【法官后语】

本案涉及的一个主要问题是再审生效判决维持缓刑的，原执行的缓刑考验期是否应当折抵。因为法律及司法解释对该问题并未作出明确规定，司法实践中也没有形成相关的会议纪要或统一的裁判思路，所以实践中对于此问题的理解与处理存在着比较大的分歧。刑事诉讼法规定，对被判处管制、宣告缓刑、假释或者暂予监外执行的罪犯，依法实行社区矫正，由社区矫正机构负责执行。同时，刑法规定，缓刑考验期限，从判决确定之日起计算。实践中，对缓刑考验期能否折抵存在两种处理方式。第一种观点认为，缓刑考验期不应予以折抵，主要理由是原审判决生效后，已被再审生效判决所撤销，案件最终生效的判决为再审判决，所以应当以再审判决生效之日作为判决确定之日，也就是从再审判决生效之日计算缓刑考验期限。本案中，一审法院认定以再审判决生效之日重新计算刘某增缓刑考验期就是依据第一种观点作出的处理。第二种观点认为，缓刑考验期应当予以折抵，缓刑考验期限执行以前已有考验的，考验一日折抵考验期一日。本案二审则依据第二种观点对刘某增已执行的缓刑考验期计算在再审重新判决的缓刑四年之内。

二审之所以依据第二种观点作出相应的处理，主要是综合考虑了罪犯权利保护原则、法律适用的统一、错误产生的原因等因素，笔者将从三个方面解读原审判决生效后已执行的缓刑考验期应予折抵的具体理由。

一、基于犯罪嫌疑人权利保护原则

根据刑事诉讼法的规定，对判处管制、宣告缓刑、假释或者暂予监外执行的罪犯，依法实行社区矫正，由社区矫正机构负责执行。缓刑考验期间罪犯虽然没有收监执行完全限制人身自由，但是缓刑期间适用的社区矫正对罪犯人身自由也有一定的限制。根据《中华人民共和国刑法》第七十三条的规定，缓刑考验期限，从判决确定之日起计算。也就是说原审判决生效之日起，即对罪犯基本权利产生约束。根据《中华人民共和国刑事诉讼法》的规定，人民法院按照审判监督程序审判的案件，可以决定中止原判决、裁定的执行，也就是说再审审理期间并不必然中止原判决的执行，自原审判决生效之日起至再审判决生效之日止，罪犯都要受社区矫正规范的影响，如果原审判决生效后已经执行的缓刑考验期不计算在再审判决缓刑考验期间内，对罪犯的权利将产生负面影响，不利于保障犯罪嫌疑人的合法权益。

针对本案来说，原审判决生效后原审法院已通知司法行政机关对刘某增实行社区矫正。本案如果不对刘某增的缓刑考验期予以折抵，则无视社区矫正人员受到的各种“限制”，既是对司法行政机关监督管理资源的浪费，也侵犯了刘某增的合法权益。

二、基于法律适用的统一

根据《中华人民共和国刑法》第七十三条的规定，有期徒刑的缓刑考验期限为原判刑期以上五年以下，但是不能少于一年。因为缓刑考验期限有上限的要求，所以如果原审考验期限不能折抵，可能会存在超过法律规定上限的情况。例如，一个罪犯被判处有期徒刑二年，缓刑三年，在缓刑执行二年六个月的时候，原审判决确有错误被提起再审，再审判决维持了原审判决对缓刑的判决，在原执行的缓刑考验期不能折抵的情况下，该犯依据两次生效判决共执行的缓刑考验期将变成五年六个月，超过了法律规定的缓刑考验期五年的最长期限。这不仅违背了刑法中罪刑相适应的基本原则，导致缓刑考验期人为延长，加重被告人的刑罚，也将突破刑法关于缓刑考验期限的上限规定，引发审判和执行中诸多问题，存在舆情风险。

另外，根据《最高人民法院关于办理减刑、假释案件具体应用法律的规定》第十八条的规定，被判处拘役或者三年以下有期徒刑，并宣告缓刑的罪犯，一般不适用减刑。前款规定的罪犯在缓刑考验期内有重大立功表现的，可以参照《中华人民共和国刑法》第七十八条的规定予以减刑，同时应当依法缩减其缓刑考验期。根据上述司法解释规定，缓刑考验期内如有重大立功表现是可以减刑的，减刑作为一种刑罚执行变更制度，对于激励服刑人员积极改造、维护社会稳定有着重要的作用。如果缓刑考验期不予折抵，即在法律上不认定罪犯先行已经执行的缓刑考验期的有效性，如果罪犯在已经执行的缓刑考验期内有重大立功表现，将无法参照上述规定呈报减刑，严重影响罪犯社区矫正期间改造的积极性，直接剥夺了罪犯在原缓刑考验期间获得减刑的机会。

具体到本案中，刘某增已经从2019年7月16日开始执行缓刑，截至再审判决作出时，刘某增已经执行的缓刑考验期与一审再审确定的缓刑考验期相加已接近五年，虽然符合刑法对有期徒刑缓刑考验期确定五年以下的规定，但如果一审法院再审时间再有延后，法院作出同样再审判决将可能导致刘某增缓刑考验期超过五年。

三、基于错误产生的原因

提起再审的原因是复杂多样的，根据《最高人民法院关于适用〈中华人民共和国刑事诉讼法〉的解释》的规定，提起刑事再审的情形主要有以下几个方面：有新的证据证明原判决、裁定认定的事实确有错误，可能影响定罪量刑的；据以定罪量刑的证据不确实、不充分、依法应当排除的；证明案件事实的主要证据之间存在矛盾的；主要事实依据被依法变更或者撤销的；认定罪名错误的；量刑明显不当的；违反法律关于溯及力规定的；违反法律规定的诉讼程序，可能影响公正裁判的；审判人员在审理该案件时有贪污受贿、徇私舞弊、枉法裁判行为的。上述情形大多数都不是犯罪嫌疑人自身原因导致案件提起再审，刑事案件提起再审一般都是多重因素互相牵连导致的，如犯罪嫌疑人供述不真实不全面、侦查阶段侦查不细致、公诉阶段审查不严密、审判阶段审理不全面等。多方面因素共同作用导致案件存在错误，案件错误的风险均由犯罪嫌疑人个人承担，明显不当。具体到缓刑考验期折抵问题上，如果犯罪嫌疑人再审判决仍适用了缓刑制度，则说明再审仍认定犯罪嫌疑人所犯罪行相对较轻、确有悔改表现、社会危害性和再犯罪风险较小，如果原判已执行的缓刑考验期不能折抵，则是将再审风险全部归于犯罪嫌疑人承担。

编写人：北京市第一中级人民法院　刘宇红　杨薇

040　检察机关认罪认罚从宽量刑建议“明显不当”的调整

——姚某曙受贿案

【案件基本信息】

1. 裁判书字号

安徽省马鞍山市中级人民法院（2019）皖05刑终273号刑事裁定书

2. 案由：受贿罪

【基本案情】

2009年7月至2018年6月，被告人姚某曙担任某管理服务中心稽核管理科科长，负责全市定点零售药店、规定病种药店协议管理；对全市定点零售药店、规定病种药店日常检查和年度考核；对定点零售药店、规定病种药店违规行为提出处理意见。在此期间，被告人姚某曙利用职务便利，先后多次索取、非法收受被监管辖区内的多家医保定点零售药店负责人现金共计58万元，购物卡共计面值7.2万元，其中被告人姚某曙主动索要财物35.6万元，并在负责监督检查、处罚、举报调查等方面，为上述药店的违规经营行为谋取利益。

【案件焦点】

如何认定和调整认罪认罚案件中检察机关“明显不当”的从宽量刑建议。

【法院裁判要旨】

安徽省马鞍山市和县人民法院经审理认为：被告人姚某曙利用其担任某管理服务中心稽核管理科科长，负责全市定点零售药店、规定病种药店协议管理、对全市定点零售药店、规定病种药店日常检查和年度考核、对定点零售药店、规定病种药店违规行为提出处理意见的工作职务便利，先后多次索取、非法收受被监管辖区内的多家医保定点零售药店负责人所送的财物价值共计65.2万元，数额巨大，并在负责监督检查、处罚、举报调查等方面，为上述药店的违规经营行为谋取利益，其行为已触犯刑律，构成受贿罪。其中，被告人姚某曙主动索要财物价值35.6万元，依法应从重处罚。被告人在提起公诉前如实供述自己罪行、真诚悔罪、积极退赃，庭审中能如实供述犯罪事实，属坦白，均可依法从轻处罚。被告人姚某曙虽在向公诉机关签署认罪认罚具结书，其没有主动缴纳罚金，在财产刑上没有做到认罚，故对被告人姚某曙不适用认罪认罚，对公诉机关提出被告人姚某曙认罪认罚的量刑建议不予采纳。一审法院依照《中华人民共和国刑法》第三百八十五条，第三百八十六条，第三百八十三条第一款、第二款，第六十七条第三款，第五十二条，第五十三条第一款，第六十四条；《最高人民法院、最高人民检察院关于办理贪污贿赂刑事案件适用法律若干问题的解释》第二条第一款，第十三条第一款第一项、第二项，第十五条第一款，第十八条，第十九条第一款之规定，作出如下判决：

一、被告人姚某曙犯受贿罪，判处有期徒刑三年七个月，并处罚金人民币二十二万元；

二、所退赃款人民币六十五万二千元依法没收，并上缴国库，其中扣押在和县人民检察院的赃款人民币六十四万元由扣押机关上缴国库。

安徽省马鞍山市和县人民检察院认为和县人民法院审理该案程序严重违法、量刑不当，确有错误，提起抗诉。

安徽省马鞍山市中级人民法院经审理认为：原审被告人姚某曙利用职务便利，收受财物价值共计 65.2 万元（其中索贿 35.6 万元），在监督检查、处罚、举报调查等方面为他人违规经营谋取利益，其行为已经触犯刑律，构成受贿罪，且数额巨大。原审法院认定坦白等量刑情节正确。原审根据其犯罪事实、性质、情节以及对社会的危害程度，所确定的刑罚是恰当的。抗诉意见和辩护意见均不能成立，法院不予采纳。

安徽省马鞍山市中级人民法院依照《中华人民共和国刑事诉讼法》第二百二十五条第一款第一项的规定，作出如下裁定：

驳回抗诉，维持原判。

【法官后语】

认罪认罚从宽作为我国刑事司法改革中一项较为系统之制度，涉及的问题纷繁复杂，尤其是其赋予了量刑建议新的内容，使得检察机关的量刑建议一跃成为认罪认罚从宽制度乃至整个认罪案件刑事诉讼程序的核心焦点之一。检察机关在认罪认罚从宽案件中提出的量刑建议，是处理此类案件较为重要的司法意见，人民法院要重点审查。在认罪认罚案件的量刑裁判中，最容易产生分歧的是如何处理“量刑建议明显不当”的问题。“量刑建议明显不当”有两种情况：一是“明显偏重”，即检察机关建议的量刑幅度下限超出可能判处的刑罚；二是“明显偏轻”，即检察机关建议的量刑幅度上限低于可能判处的刑罚。如何把握认罪认罚案件量刑建议效力，《最高人民法院、最高人民检察院、公安部、国家安全部、司法部关于适用认罪认罚从宽制度的指导意见》第四十条第一款从正面进行了规定，即除法定5种不采纳的情形外，对于事实清楚，证据确实、充分，指控的罪名准确，量刑建议适当的，人民法院应当采纳。

在司法实践中，对于量刑建议，首先要审查是否具有5种法定除外情形。没有法定除外情形的，再审查量刑建议是否符合上述要求，全部符合的应当予以采纳，不符合的不予采纳，该调整的予以调整。因此，人民法院对认罪认罚案件的量刑建议以及协商过程仍要严格审查，发现量刑建议存在明显违反罪责刑相适应原则、违反类案同判和法律统一适用、背离司法公正或者人民群众公平正义观念、违背一般司法认知等明显不当情形的，要告知人民检察院调整量刑建议并说明理由，检察机关不调整或者调整后的量刑建议法院仍认为不适当的，应当依法作出公正判决。

本案中，被告人姚某曙利用职权受贿65.2万元，法定从重的量刑情节主要为索贿35.6万元；从轻处罚的情节主要有：全案退赃65.2万元、认罪坦白。对于公诉机关指控的这些量刑情节，一审法院根据事实和法律均予以认定，但对判处有期徒刑三年的量刑建议不予采纳。根据《最高人民法院、最高人民检察院关于办理贪污贿赂刑事案件适用法律若干问题的解释》第二条第一款的规定，贪污或受贿数额在20万元以上不满300万元的，应当认定为《中华人民共和国刑法》第三百八十三条第一款规定的“数额巨大”，依法判处三年以上十年以下有期徒刑，并处罚金或者没收财产。另外，根据相关量刑规定，受贿60万元以上，可判处四年以上五年以下有期徒刑，综合考虑其索贿从重情节以及坦白退赃从宽情节，判处三年七个月并无不当。

综上，人民法院应依法审查量刑建议是否适当，对于程序合法、量刑适当的，坚决支持；发现量刑建议不适当的，简单采纳量刑建议会严重影响司法公正的，应当依法调整并及时作出判决，既不诿责扯皮，也不失职放水。

编写人：安徽省马鞍山市中级人民法院　金磊　陈曼

（二）自首和立功

141 自首与认罪认罚从宽的界分与衔接

——娄某等违法发放贷款案

【案件基本信息】

1. 裁判书字号

湖南省长沙市中级人民法院（2020）湘 01 刑终 97 号刑事裁定书

2. 案由：违法发放贷款罪

【基本案情】

某监管局于 2007 年 5 月 23 日批复同意常德市某区农村信用合作联社及所辖信用社开业，业务范围包括吸收公众存款、发放短期、中期和长期贷款等。2016 年 3 月 30 日，某监管局批复同意某农村商业银行股份有限公司开业，同时常德市某区农村信用合作联社及所辖信用社自行终止业务，债权债务由某农村商业银行承接。时任某农村商业银行行长及行政管理人员的被告人梁某、娄某、王某均有违法发放贷款的犯罪事实。娄某、梁某、王某对指控的犯罪事实均供认不讳，均自愿认罪认罚，没有提出实质性辩解意见。

【案件焦点】

被告人娄某、梁某、王某是否构成自首，法院以认定自首为由不采纳检察机关量刑建议是否违反认罪认罚从宽制度。

【法院裁判要旨】

湖南省长沙市岳麓区人民法院经审理认为：被告人娄某、梁某、王某身为金融机构的工作人员，在贷款发放过程中，不认真履行职责，违反信贷规定，违法发放贷款，数额巨大，其行为均已构成违法发放贷款罪，依法均应追究刑事责任。公诉机关指控娄某、梁某、王某犯违法发放贷款罪的罪名成立。娄某、梁某、王某均在接到公安机关的电话通知或者公安机关委托他人电话通知后，未被采取强制措施时，主动到案，并如实供述了自己的罪行，可认定为自首，依法可以从轻处罚。

湖南省长沙市岳麓区人民法院依照《中华人民共和国刑法》第一百八十六条、第六十七条第一款的规定，作出如下判决：

一、被告人娄某犯违法发放贷款罪，判处有期徒刑一年七个月，并处罚金人民币 5 万元；

二、被告人梁某犯违法发放贷款罪，判处有期徒刑一年六个月，并处罚金人民币 5 万元；

三、被告人王某犯违法发放贷款罪，判处有期徒刑一年四个月，并处罚金人民币 4 万元。

湖南省长沙市岳麓区人民检察院抗诉及湖南省长沙市人民检察院支持抗诉认为：（1）原审认定娄某、梁某、王某构成自首系事实认定错误，三人被电话通知到案之前其犯罪事实已被公安机关掌握并且已经立案；娄某在到案之前已经因为同种罪行被司法机关采取了取保候审的强制措施，且其供述的罪行系与司法机关已经掌握的其本人的罪行属同种罪行，不能以自首论。（2）原审适用认罪认罚程序，公诉机关的量刑建议已充分考虑三人如实供述等量刑情节，三人对量刑建议亦自愿接受。原审判决以认定自首为由在公诉机关量刑建议的基础上再降低量刑属于重复评价，违反了认罪认罚制度的相关规定，且三人发放贷款金额均在3500万元以上，发放贷款对象系黑社会成员，故原审对三人的量刑畸轻。

湖南省长沙市中级人民法院经审理认为：原审被告人娄某、梁某、王某身为金融机构的工作人员，在贷款发放过程中，不认真履行职责，违反信贷规定，违法发放贷款，数额巨大，其行为均已构成违法发放贷款罪。娄某、梁某、王某均在接到公安机关的电话通知或者公安机关委托他人电话通知后，未被采取强制措施前，主动到案，并如实供述了自己的罪行，可以认定为自首，依法可以从轻处罚。原审判决认定的事实清楚，定罪准确，量刑适当，审判程序合法。抗诉机关的抗诉意见不成立，法院不予支持；娄某、梁某、王某各自辩护人的辩解、辩护意见成立，法院予以采纳。据此，依照《中华人民共和国刑事诉讼法》第二百三十六条第一款第一项之规定，裁定如下：

驳回抗诉，维持原判。

【法官后语】

本案处理重点主要在于三被告人是否构成自首，法院以认定自首为由不采纳检察机关量刑建议是否违反认罪认罚从宽制度。

在实践适用的过程中，对电话传唤到案是否可以认定为自首争议较大，电话传唤到案虽然具备自动投案的基础条件，但由于个案的差异和该程序本身的不完善性，所以对该行为的认定不能一概而论。

第一，传唤不属于强制措施。被传唤后归案符合《最高人民法院关于处理自首和立功具体应用法律若干问题的解释》第一条第一款第一项规定的“尚未受到讯问、未被采取强制措施时”的时间范围。犯罪嫌疑人被公安机关电话传唤后直接到案可以体现其归案的主动性，具备了认定为主动投案的基础条件。第二，从主动性和自愿性来看，犯罪嫌疑人在接到公安机关的电话通知后，其人身自由尚未受到限制，可以选择拒不到案，甚至可以选择逃跑，其能主动到案接受调查，表明其具有认罪悔改、接受惩罚的主观心态，具有归案的主动性和自愿性，属于自动投案。《最高人民法院关于处理自首和立功具体应用法律若干问题的解释》中尚有“犯罪后逃跑，在通缉、追捕过程中，主动投案的”视为自动投案的规定，而仅仅受到传唤便直接归案的，反而不视为自动投案，于法于理不通，也不符合立法本意。

本案中，梁某是经单位纪检书记通知，自己打电话给办案民警，主动去派出所接受调查；王某是经电话通知后主动、直接前往派出所配合调查。二被告人在接到公安机关的电话通知时，人身自由尚未受到任何限制，对去还是不去有自主选择权。其选择前往派出所接受调查，体现了主动、自愿地将自己置于公安机关的控制之下，应当视为自动投案。娄某虽因其他违法发放贷款事实被当地公安局立案侦查并采取取保候审的强制措施，取保候审期间其他办案单位委托当地公安局电话通知其接受调查，其自行前往指定办案地点，但其之前所被侦查的事实与本案犯罪事实并无关联性，已进行的强制措施并不是因本案罪行而被采取，故其被电话传讯到案亦应被认定为自动投案。三被告人到案后均如实供述犯罪事实，并签署了《认罪认罚具结书》，故均应认定为自首。

《中华人民共和国刑事诉讼法》第二百零一条对于人民法院在认罪认罚案件判决时提出的基本要求是“对于认罪认罚案件，人民法院依法作出判决时，一般应当采纳人民检察院指控的罪名和量刑建议”，即通常情况下量刑建议和裁判结论基本一致。“一般应当”基本上明确了在认罪认罚案件中检察机关和审判机关在量刑问题上的权力定性与定量问题，即“一般”二字定性，“应当”二字定量。虽检察机关的“求刑权”效力显著增强，但“量刑权”仍然最终归属审判机关所有。对于人民法院“一般应当”采纳量刑建议的表述，说明应当采纳是原则，但也包含了存在人民法院可以不采纳的例外情况，即在检察机关量刑建议存在“明显不当”时，法院依然可以拒绝采纳。但对于何种情况下才属于“明显不当”，当前仍缺乏有效的规范指引，法院在审查量刑建议时仍然保有相当范围的自由心证空间。在此空间范围内，法官对于“明显不当”中“明显”的审查结果可能出现异化。当量刑建议与法官心证结果的出入过大时，量刑建议可被认定为“明显”不当。是否“明显”不当的要素认定，不完全是一个主观问题，审判机关必须客观认定“明显不当”中的“明显”要素，对于“明显”不当的评价仍然要符合一般的认知标准和经验法则。对于“明显”不当的理解，通常反映出的是量刑畸轻畸重的情形。在具体判断时可以从量刑建议违反罪责刑相适应原则的严重程度、与同类案件处理结果的不一致程度和违背一般司法认知严重程度等方面具体把握。例如，在实践中已经发生了个别法官在量刑建议基础上仅调整一个月至两个月的情况，这种刑期差异能否构成“明显”不当的判断就很值得商榷。在《关于适用认罪认罚从宽制度的指导意见》中对于从宽幅度的把握中明确了，认罪认罚的从宽幅度一般应当大于仅有坦白，或者虽认罪但不认罚的从宽幅度。对犯罪嫌疑人、被告人具有自首、坦白情节，同时认罪认罚的，应当在法定刑幅度内给予相对更大的从宽幅度。而在本案中，检察院未认定被告人的自首情节，故在给出量刑建议时未对自首情节进行评价，而对于自首的认定与否，这之间的差异被认定为量刑建议“明显不当”，也就无可厚非了。因此一审法院以认定自首为由未采纳检察机关量刑建议，并未违反认罪认罚从宽制度的相关规定。

综上所述，本案对三被告人经电话传唤到案并如实供述所犯罪行的行为认定为自首，并以认定自首为由未采纳检察机关对于该认罪认罚案件的量刑建议，依然符合我国认罪认罚从宽制度的相关规定，亦充分阐释了自首与认罪认罚在司法实践中应如何进行有效的区分与衔接。

编写人：湖南省益阳市资阳区人民法院　许燕

042　“以自首论”的认定
——林某华非法经营案

【案件基本信息】

1. 裁判书字号

广东省茂名市中级人民法院（2020）粤 09 刑终 15 号刑事裁定书

2. 案由：非法经营罪

【基本案情】

2019 年 2 月，被告人林某华利用自己及其岳母赖某某的身份在茂名市电白区某镇行政服务中心登记注册了“×民海产品”及“茂名市电白区树仔镇华某小卖部”，并利用这两间店铺在中国农业银行申请了“农银 e 管家”电子商务平台。林某华通过在微信上建立积分优惠活动群或者加入别的积分优惠活动群的方式，在群上发布“可以为他人的支付宝或微信所绑定的信用卡进行扫码套取现金”的宣传语吸引客户，联系到客户的时候，客户会将自己的支付二维码截图发给林某华，林某华通过“农银 e 管家”电子商务平台扫码收取客户支付宝或微信所绑定的信用卡的金额，扫码成功后对方支付的金额会进到“农银 e 管家”电子商务平台的账户里，到了第二天，银行会将这笔钱转账到林某华或者赖某某的银行账号里，林某华收到这笔钱后，扣除万分之十五的佣金，将剩余的钱通过银行转账的方式转账回客户的银行卡里。林某华利用“×氏海产品”及“茂名市电白区树仔镇华某小卖部”这两间店铺“农银 e 管家”电子商务平台扫码收取客户金额时，均无实物交易。自 2019 年 2 月月底至 2019 年 4 月 10 日，林某华为他人套取现金共计 2846.1708 万元。

2019 年 4 月 10 日下午，茂名市公安局直属侦查一大队根据某市公安局某分局反电信诈骗大队推送的林某华有多次收取他人寄递银行卡的记录，涉嫌套用他人银行卡作不法用途的犯罪线索，联合某市公安局某分局某边防派出所民警在树仔镇海丰大村清查电信诈骗犯罪行动时，将涉嫌电信诈骗的林某华抓获，同时缴获手机、电话卡、银行卡、POS 机等物品。经侦查，未发现林某华有诈骗犯罪事实。2019 年 4 月 10 日，某边防派出所民警对林某华第一次讯问时，其主动供述公安机关尚未掌握的非法经营犯罪事实。某市公安局某分局遂对林某华涉嫌非法经营罪立案侦查，并移交该局经济犯罪侦查大队办理。

【案件焦点】

林某华在第一次讯问期间主动供述利用电子商务平台关联银行卡实施非法经营的犯罪事实，是否构成自首。

【法院裁判要旨】

广东省茂名市电白区人民法院经审理认为：林某华非法从事资金支付结算业务，数额达2500万元以上，扰乱金融市场秩序，情节特别严重，其行为已构成非法经营罪，应予刑罚。

关于林某华的行为是否构成自首，经查，公安机关根据掌握的线索抓获林某华后进行第一次讯问时，讯问其是否有电信诈骗的犯罪行为，没有讯问其是否有非法经营犯罪行为；林某华在供述没有电信诈骗犯罪行为后主动供述其非法经营的犯罪事实；经核实，林某华没有电信诈骗行为，其非法经营的犯罪行为系通过手机终端在线登录“农银e管家”电子商务平台并关联自己及赖某某的银行卡实施，无证据显示其非法经营的犯罪行为在接受第一次讯问前，已被公安机关掌握。综上所述，林某华涉嫌诈骗被公安机关第一次讯问时，即如实供述公安机关尚未掌握的其本人非法经营的犯罪行为，其行为符合《中华人民共和国刑法》第六十七条第二款规定的“被采取强制措施的犯罪嫌疑人、被告人和正在服刑的罪犯，如实供述司法机关还未掌握的本人其他罪行的，以自首论”，对林某华依法应以自首论。

广东省茂名市电白区人民法院依照《中华人民共和国刑法》第二百二十五条第三项、第五十二条、第五十三条第一款、第六十四条、第六十七条第二款及《最高人民法院、最高人民检察院关于办理非法从事资金支付结算业务、非法买卖外汇刑事案件适用法律若干问题的解释》第一条第一项、第四条第一款第一项的规定，作出如下判决：

一、被告人林某华犯非法经营罪，判处有期徒刑三年十个月，并处罚金人民币3万元；

二、对扣押的手机2部及银行卡2张予以没收，其余物品及冻结的涉案资金1043748.01元，由公安机关依法处理。

广东省茂名市电白区人民检察院认为林某华不构成自首而提出抗诉。广东省茂名市中级人民法院同意原审法院裁判意见，认为原审法院适用法律正确，定罪准确，量刑适当，审判程序合法，应予维持。抗诉机关的抗诉意见理据不足，不予采纳。

广东省茂名市中级人民法院依照《中华人民共和国刑事诉讼法》第二百三十六条第一款第一项的规定，作出如下裁定：

驳回抗诉，维持原判。

【法官后语】

本案处理重点主要在于对林某华的行为以自首论的认定。以自首论在理论上又称为准自首、特殊自首、余罪自首。与一般意义上的自首应具备自动投案、如实供述罪行两个成立要件相比，以自首论有着自身的特殊性。《最高人民法院关于处理自首和立功具体应用法律若干问题的解释》第二条规定："根据刑法第六十七条第二款的规定，被采取强制措施的犯罪嫌疑人、被告人和已宣判的罪犯，如实供述司法机关尚未掌握的罪行，与司法机关已掌握的或者判决确定的罪行属不同种罪行的，以自首论。"根据该规定，以自首论有两个成立条件：一是主体条件，被采取强制措施的犯罪嫌疑人、被告人或正在服刑的罪犯可以成立准自首；二是罪行供述条件，限定在司法机关尚未掌握的本人其他罪行，只有与司法机关掌握或者判决确定的罪行属不同种罪行的，方能以自首论。这也正说明犯罪分子在其他罪行的供述上具有主动性，已经对其所犯罪行具有悔改和愿意接受法律制裁的意愿，符合自首的本质特征。

具体到本案中，公诉机关认为林某华供述其非法经营犯罪事实之前，公安机关已掌握其犯罪的一定证据和线索。其后被动供述，不能认定为自首。一审、二审法院均认为，公安机关掌握林某华多次收取邮寄银行卡的线索，只指向其涉嫌电信诈骗犯罪，林某华非法经营的犯罪行为是通过手机终端在线登录“农银 e 管家”电子商务平台并关联自己及赖某某的银行卡操作实施，故不足以认定公安机关已掌握其非法经营的犯罪行为。林某华涉嫌诈骗被公安机关第一次讯问时，即如实供述公安机关尚未掌握的其本人非法经营的犯罪行为，且与公安机关掌握其涉嫌诈骗罪属不同种罪行，其行为符合《中华人民共和国刑法》第六十七条第二款及《最高人民法院关于处理自首和立功具体应用法律若干问题的解释》第二条的规定及立法原意，应以自首论。

值得注意的是，由于行为以自首论欠缺主动投案这一条件，不具有一般自首的直观性、明了性，实践中往往容易被忽略，以致对被告人的量刑未能充分体现罪责刑相适应的原则，这一点应该引起重视。

编写人：广东省茂名市电白区人民法院　谢忠儒　陈霏霏

043 主动报案但不具有投案意愿的不能认定为自首

——耿某某等聚众斗殴案

【案件基本信息】

1. 裁判书字号

黑龙江省齐齐哈尔市中级人民法院（2019）黑02刑终312号刑事裁定书

2. 案由：聚众斗殴罪

【基本案情】

被告人郝某某和高某某因为争夺向钢厂送沙子的业务产生矛盾。2019年4月8日14时许，郝某某、宋某某等人在富拉尔基区建龙北满特钢集团采购部遇见高某某，宋某某和高某某发生口角，高某某随后打电话将此事告知被告人白某某，适逢被告人韩某某和白某某在一起，白某某立即召集被告人耿某某，韩某某召集被告人郑某某，在富拉尔基区向阳大街三齐食杂店门前聚集。郝某某打电话召集被告人张某某等人在建龙集团采购部门前聚集。不久，警察到现场将众人劝散。之后郝某某、张某某等人驾车从建龙北满特钢集团出发途经向阳大街由南向北行驶。白某某、耿某某、韩某某、郑某某等人驾车从某食杂店门口出发，沿向阳大街由北向南向建龙北满特钢集团方向行驶。15时许，双方在向阳大街某某包子铺附近相遇，耿某某下车与郝某某进行交谈，交谈中发生争吵继而厮打，郝某某持匕首将耿某某头部砸伤，并用匕首将耿某某臂部扎伤，此时韩某某将其随身携带的一把刀递给耿某某，耿某某持该刀追赶郝某某，在追赶过程中被郝某某先后两次用砖头将头部砸伤后倒地昏迷。张某某从其驾驶的摩托车上取出一把长刀欲参与斗殴，被郑某某持韩某某的砍刀追赶后逃跑。

【案件焦点】

被告人耿某某是否构成自首，即其报案的动机是否影响自首的认定。

【法院裁判要旨】

黑龙江省齐齐哈尔市富拉尔基区人民法院经审理认为：关于被告人耿某某和辩护人提出耿某某主动报案系自首的辩护意见，经审理查明，根据法律规定犯罪以后自动投案，如实供述自己的罪行。在共同犯罪案件中，则应供述所知其他同案犯的共同犯罪事实，系自首。耿某某于 2019 年 4 月 8 日接受公安人员询问，但未如实供述自己及同案犯的犯罪事实，不符合自首条件。故被告人的辩解和辩护人的辩护意见不符合法律规定，不予采纳。

被告人郝某某等人持械相互进行斗殴，严重破坏公共秩序，依法应处三年以下有期徒刑、拘役或者管制。本案系共同犯罪，郝某某、白某某、耿某某系主犯，应当按照全部犯罪行为对其处罚，张某某、韩某某、郑某某系从犯，应依法对其减轻处罚。郝某某、韩某某主动投案并如实供述犯罪事实，系自首，可依法对其减轻处罚。白某某、张某某到案后能够如实供述犯罪事实，系坦白，可依法对其从轻处罚。张某某、白某某、韩某某认罪认罚，可依法从宽处罚。耿某某、郑某某当庭自愿认罪，可酌情从轻处罚。郝某某积极赔偿耿某某各项经济损失且相互谅解，可酌情从轻处罚。白某某、韩某某犯罪情节较轻，有悔罪表现，没有再犯罪的危险，如宣告缓刑对其所居住的社区没有重大不良影响，可以对其宣告缓刑。依据《中华人民共和国刑法》第二百九十二条、第二十五条、第二十六条、第二十七条、第六十七条第一款和第三款、第七十二条之规定，判决如下：

一、被告人耿某某犯聚众斗殴罪，判处有期徒刑三年；

二、被告人白某某犯聚众斗殴罪，判处有期徒刑三年，缓刑三年；

三、被告人郝某某犯聚众斗殴罪，判处有期徒刑一年六个月；

四、被告人郑某某犯聚众斗殴罪，判处有期徒刑一年二个月；

五、被告人张某某犯聚众斗殴罪，判处有期徒刑一年；

六、被告人韩某某犯聚众斗殴罪，判处有期徒刑八个月，缓刑一年。

本案宣判后，被告人耿某某上诉至黑龙江省齐齐哈尔市中级人民法院，经审理，二审法院同意一审法院裁判意见，依法判决如下：

驳回上诉，维持原判。

【法官后语】

自首是我国刑法设置的激励犯罪分子改过自新，并体现宽严相济处罚原则的一项重要制度。其目的在于促使犯罪分子通过交代自己或他人的罪行而便于司法机关侦破刑事案件，及时打击和预防犯罪，自首是司法机关在定罪量刑时必须考虑的法定量刑情节。

一、主观目的不同

《中华人民共和国刑法》第六十七条规定："犯罪以后自动投案，如实供述自己的罪行的，是自首……"从以上法律规定可以看出，自首的成立条件有二：一是自动投案；二是如实供述自己的罪行。根据《最高人民法院关于处理自首和立功若干具体问题的意见》的规定，所谓“自动投案”，一般是指犯罪嫌疑人在犯罪后、归案前，出于本人意志而向公安机关、人民检察院、人民法院及其他有关单位和人员承认自己实施了犯罪，并自愿置于上述单位和人员的控制之下，等待法律制裁的行为。其中，出于本人意志和自愿置于有关机关、组织、个人控制之下等待处理是“自动投案”的关键。“如实供述自己的罪行”是指犯罪嫌疑人自动投案后，如实交代自己的主要犯罪事实。

本案中耿某某虽案发后报警，但其报警内容为自己被人持刀扎伤，公安机关当日对其询问时，其仅陈述了被人持刀扎伤的过程，未陈述其参与犯罪的事实。由此可见，其报案最初目的是其人身权益受到了他人的侵犯，寻求保护，不同于主观上认识到自己实施了侵犯他人权益的行为，并自愿至司法机关接受处理的自首行为。耿某某未认识到自身行为的违法性，直至在公安机关已经掌握其犯罪过程的情况下对其进行传唤讯问时，其才主动交代了与他人相互斗殴的过程，可见其报警的目的并非欲将自己置于司法机关的控制之下，不符合自动投案的成立条件。

二、身份认识不同。

根据《最高人民法院关于被告人对行为性质的辩解是否影响自首成立问题的批复》，根据刑法第六十七条第一款和《最高人民法院关于处理自首和立功具体应用法律若干问题的解释》第一条的规定，犯罪以后自动投案，如实供述自己的罪行的，是自首。被告人对行为性质的辩解不影响自首的成立。对自身行为的辩解，应当是在法律认定上的辩解，包括是否构成刑事犯罪、此罪与彼罪、罪轻罪重等方面，而不是将伤害行为认识为受害行为。因此自己是伤害者还是受害者的不同认识，并不是对行为性质的辩解。

本案中，耿某某在报案时，称其是被害人，其对自身的犯罪行为予以否定，没有自动投案的主观意愿，在公安机关已经掌握其犯罪过程的情况下对其进行传唤讯问时，其才主动交代了与他人相互斗殴的过程，故本案中不应认定为自首。

编写人：黑龙江省齐齐哈尔市富拉尔基区人民法院　郑贺仁

044 对被告人自愿认罪情节的考量

——胡某等贩卖毒品案

【案件基本信息】

1. 裁判书字号

湖北省宜昌市中级人民法院（2019）鄂 05 刑终 380 号刑事判决书

2. 案由：贩卖毒品罪

【基本案情】

2018 年 11 月，被告人胡某联系被告人严某，让其在宜昌联系海洛因买家，交易成功分严某 1 万元至 2 万元。2018 年 11 月月底的一天，严某经王某（另案处理）介绍认识被告人陈某生。陈某生让严某介绍购买海洛因渠道，严某随即联系胡某。次日中午，胡某驾车从荆州赶到王某女友家中与陈某生见面。在东环路自己人餐馆内吃午饭时，陈某生表示只要胡某保证毒品质量，其他方面不是问题，胡某表示质量绝对保证并开价 11 万元。

2018 年 12 月 2 日，胡某携带一板包装完好的海洛因，驾驶轿车从荆州出发，当日下午 5 时许，严某接到胡某后入住酒店。2018 年 12 月 3 日凌晨，陈某生验货后，认为质量不好拒绝购买，并携带少量海洛因离开。为尽快将海洛因出手，胡某同意降价并催促严某联系陈某生购买或再找买家。当晚 20 时许，严某驾驶轿车载着胡某、陈某生，携带海洛因贩卖。在高速收费站，严某因无证驾驶被民警抓获。为防止车上的海洛因被查获，胡某指使坐在后排的陈某生将海洛因转移并藏匿。陈某生趁民警处理交通违法间隙，将海洛因藏在身上谎称上厕所，绕到路边隔离护栏外的变电箱后，将海洛因藏匿到草丛里，事后告知胡某。当晚 23 时许，三人因吸食毒品被移交派出所审查。2018 年 12 月 4 日 8 时许，陈某生藏匿的海洛因被民警在变电箱后面的草丛中查获。经称量，查获的海洛因净重 347.19 克，后经鉴定，检出 61.98%的海洛因含量。

【案件焦点】

认罪认罚情节是否是法定从宽量刑情节，对具有认罪认罚情节的被告人是否应当从轻处罚。

【法院裁判要旨】

湖北省宜昌市点军区人民法院经审理认为：被告人胡某、陈某生、严某明知是毒品而予以贩卖，贩卖毒品海洛因重量 347.19 克，其行为已构成贩卖毒品罪，依法应予惩处。公诉机关指控罪名成立。胡某、陈某生、严某系共同故意犯罪，胡某在共同犯罪中起主要作用，是主犯，陈某生、严某在共同犯罪中起次要作用，是从犯，应当从轻处罚。胡某、严某、陈某生已经着手实行犯罪，由于意志以外的原因而未得逞，系犯罪未遂，可以比照既遂犯从轻或减轻处罚。胡某、严某、陈某生到案后能如实供述自己的罪行，愿意接受处罚，对其可以从轻处罚。胡某曾因犯罪被判处有期徒刑以上刑罚，刑罚执行完毕五年内再犯应当判处有期徒刑以上刑罚之罪，系累犯，胡某因犯运输毒品罪被判过刑，又犯贩卖毒品罪，应从重处罚。胡某被判处无期徒刑后，因减刑实际执行刑期为十二年七个月十七天，附加剥夺政治权利五年，于 2017 年 1 月 26 日刑满释放，其主刑已执行完毕，在执行附加刑剥夺政治权利期间又犯新罪，应当对新犯的罪作出判决，把前罪没有执行完毕的附加剥夺政治权利的刑罚和后罪所判处的刑罚实行数罪并罚。

湖北省宜昌市点军区人民法院依照《中华人民共和国刑法》第三百四十七条第一款、第二款第一项，第二十三条，第二十五条第一款，第二十六条第一款，第二十七条，第六十四条，第六十五条第一款，第六十七条第三款，第六十九条第三款，第七十一条，第三百五十六条之规定，作出如下判决：

一、被告人胡某犯贩卖毒品罪，判处有期徒刑十四年，并处罚金人民币 3 万元，与前罪没有执行的附加剥夺政治权利四年零五十三天并罚，决定执行有期徒刑十四年，并处罚金人民币 3 万元，附加剥夺政治权利四年零五十三天；

二、被告人陈某生犯贩卖毒品罪，判处有期徒刑十年，并处罚金人民币 2 万元；

三、被告人严某犯贩卖毒品罪，判处有期徒刑九年，并处罚金人民币 1 万元；公安机关在侦查期间扣押涉案汽车一辆，予以没收。

湖北省宜昌市点军区人民法院判决后，公诉机关认为被告人胡某、陈某生、严某表示认罪认罚，自愿签署了《认罪认罚具结书》，从而对案件事实的最终认定起到了关键作用，公诉机关所提量刑建议没有刑事诉讼法第二百零一条规定的除外情形，但一审判决未采纳量刑建议，对被告人量刑没有体现从宽，实属量刑不当，据此提出抗诉。被告人胡某、严某认为本案系犯罪未遂，已坦白交代罪行，自愿认罪认罚，公诉机关提出的量刑建议合理适当，应当采纳，亦以一审量刑过重为由提起上诉，请求二审依法改判。

湖北省宜昌市中级人民法院肯定了一审判决的观点，并进一步阐明，被告人胡某等贩卖毒品数量大，从案件的级别管辖而言，检察院将本案向基层人民法院起诉，已从诉讼程序实现了对被告人的从宽处理。在一审诉讼中法院认为检察院所提量刑建议明显不当，发函商请检察院予以调整，但检察院复函不调整量刑建议，故一审法院依照三个被告人的罪行依法所判刑罚适当，宽严适度，体现了认罪从宽处理。

湖北省宜昌市中级人民法院依照《中华人民共和国刑法》第三百四十七条第一款、第二款第一项，第二十三条，第二十五条第一款，第二十六条第一款，第二十七条，第六十四条，第六十五条第一款，第六十七条第三款，第六十九条第三款，第七十一条，第三百五十六条；《中华人民共和国刑事诉讼法》第十五条，第二百零一条，第二百三十六条第一款第一项之规定，裁定如下：

驳回抗诉，维持原判。

【法官后语】

所谓被告人自愿认罪从宽处罚，它的价值主要体现在刑事司法活动中，其在一定程度上提升了司法效率，节约了司法资源，并在刑事诉讼法中有较多体现。就量刑考量来看，自愿认罪并不是刑法明文规定的量刑情节，刑法第十条、第二十条、第二十一条、第二十二条、第二十三条、第二十四条、第二十七条、第二十八条、第二十九条、第三十七条、第六十七条、第六十八条，分别明文规定了没有犯罪年龄、罪犯身体状况以及具体罪行等其他限制条件的从宽量刑情节，包括在外国犯罪已受过刑事处罚、防卫过当、避险过当、预备、未遂、中止、从犯、胁从犯、被教唆的人没有犯被教唆的罪的教唆犯、犯罪情节轻微、自首、坦白、立功等，由此可见，自愿认罪并非法定的从宽量刑情节。

对被告人是否能够从宽处罚，不仅要考虑其是否具有从轻从宽量刑的情节，还要综合考虑其他情节以及裁判结果的社会风险等因素，是否对具有自愿认罪情节的被告人从宽处罚，当属法官的自由裁量权。有部分学术意见认为自愿认罪是事实上的辩诉交易制度，该制度是美国为了缓解案件数量迅速增加和司法资源有限性的矛盾，而确立起来的一项诉讼制度，它是美国司法实践迫不得已的选择；也有学者指出，盲目照搬辩诉交易制度会使公诉机关的起诉裁量权失去必要的制约，也在一定程度上增加了刑讯逼供的风险，这不利于保护被告人自行辩护的合法权益，更与中国特色社会主义法治思想的价值追求背道而驰。因而我国自始至终都未从法律上规定辩诉交易制度。从我国的司法实践来看，自愿认罪只应当是一种道德感召，即使具有自愿认罪的情节，也并不意味着一定能得到从宽处罚，即便被告人的自愿认罪情节应当在量刑时予以考量，也属于法官的自由裁量权。

当然，对于具有认罪认罚情节的被告人进行从宽处罚，这一考量在我国刑事诉讼程序中有充分体现。例如，刑事诉讼法第五十五条规定，“只有被告人供述，没有其他证据的，不能认定被告人有罪和处以刑罚”。又如，刑事诉讼法第二百一十四条规定，被告人承认自己所犯罪行，对指控的犯罪事实没有异议的，可以适用简易程序审判。由此可见，本案二审认为从案件的级别管辖而言，检察院将本案向基层人民法院起诉，已从诉讼程序实现了对被告人从宽处理，这一意见是合理的，符合刑事诉讼法肯定自愿认罪从宽处罚的价值取向。

同时，还应当注意的是，自愿认罪应当是被告人出于内心的真实意思表示，而不应当具有借以换取从宽量刑结果的目的。

编写人：湖北省宜昌市点军区人民法院　鲍彦琦

045 提供司法机关尚未掌握的上游犯罪案件犯罪嫌疑人的手机号码，公安机关据此将上游犯罪案件犯罪嫌疑人抓获的构成立功

——冯某、柴某梅盗窃，孟某才掩饰、隐瞒犯罪所得案

【案件基本信息】

1. 裁判书字号

河南省焦作市中级人民法院（2019）豫 08 刑终 103 号刑事判决书

2. 案由：盗窃罪，掩饰、隐瞒犯罪所得罪

【基本案情】

孟某才在收购冯某、柴某梅盗窃的电动车电瓶时，被公安机关当场抓获，冯某、柴某梅逃跑。到案后，孟某才如实供述了收购冯某、柴某梅、李某生（已判刑）所窃电动车电瓶的犯罪事实，

并提供了公安机关未掌握的盗窃案件犯罪嫌疑人冯某的手机号码，公安机关据此将盗窃案件犯罪嫌疑人冯某、柴某梅抓获，并破获冯某、柴某梅盗窃案。

【案件焦点】

掩饰、隐瞒犯罪所得案件犯罪嫌疑人被抓获后，提供司法机关尚未掌握的上游犯罪案件犯罪嫌疑人的手机号码，公安机关据此将上游犯罪案件犯罪嫌疑人抓获的，是否属于“提供司法机关尚未掌握的其他案件犯罪嫌疑人的联络方式，使司法机关抓获其他犯罪嫌疑人”“协助司法机关抓捕其他犯罪嫌疑人”情形，构成立功。

【法院裁判要旨】

河南省焦作市解放区人民法院经审理认为：被告人冯某、柴某梅以非法占有为目的，采用秘密手段窃取他人财物，数额较大，其行为均已构成盗窃罪；被告人孟某才明知涉案被盗电动车电瓶系犯罪所得而予以收购，共计十四次，情节严重，其行为已构成掩饰、隐瞒犯罪所得罪。判决如下：

一、被告人冯某犯盗窃罪，判处有期徒刑十个月，并处罚金人民币 1500 元；

二、被告人柴某梅犯盗窃罪，判处有期徒刑七个月，并处罚金人民币 1500 元；

三、被告人孟某才犯掩饰、隐瞒犯罪所得罪，判处有期徒刑三年，并处罚金人民币 3000 元；

四、责令被告人冯某、柴某梅退赔被害人高某连人民币 951 元、刘某娜人民币 271 元、邱某军人民币 390 元、范某群人民币 570 元、杜某人民币 508 元、岐某玲人民币 280 元；

五、未随案移送的助力车一辆、改锥一个、扳手二个、钳子一个、剪刀一把、手机一部，由扣押机关依法处理。

原审被告人孟某才以其构成自首、立功、一审量刑过重为由提起上诉。河南省焦作市中级人民法院经审理认为：上诉人孟某才因涉嫌掩饰、隐瞒犯罪所得被抓获后，即向公安机关提供了盗窃犯罪嫌疑人冯某的姓名及手机号，公安机关据此将冯某、柴某梅抓获，上诉人孟某才具有“协助司法机关抓捕其他犯罪嫌疑人”的立功表现，依法可从轻处罚。上诉人孟某才积极履行罚金刑罚，并主动退缴全部涉案款项，真诚认罪、悔罪，可酌情从轻处罚。关于上诉人孟某才上诉及其辩护人辩称孟某才系自首的理由，经查，上诉人孟某才系在收购原审被告人冯某、柴某梅所窃电瓶时被公安机关当场抓获，其犯罪事实已被公安机关所掌握，自首理由不能成立。原判认定事实和适用法律正确，审判程序合法，但对上诉人孟某才量刑不当。判决如下：

一、维持河南省焦作市解放区人民法院（2018）豫 0802 刑初 236 号刑事判决的第一项、第二项、第四项、第五项；

二、撤销河南省焦作市解放区人民法院（2018）豫 0802 刑初 236 号刑事判决的第三项；

三、上诉人孟某才犯掩饰、隐瞒犯罪所得罪，判处有期徒刑三年，缓刑五年，并处罚金人民币 3000 元。

【法官后语】

犯罪嫌疑人提供其在实施犯罪行为过程中掌握的尚未被公安机关掌握的与本人犯罪行为有关的非同案其他犯罪嫌疑人的手机号码，

公安机关据此将该犯罪嫌疑人抓获的，属于“提供司法机关尚未掌握的其他案件犯罪嫌疑人的联络方式、藏匿地址，使司法机关抓获其他犯罪嫌疑人”的情形，应认定为《最高人民法院关于处理自首和立功具体应用法律若干问题的解释》第五条规定的“协助抓捕其他犯罪嫌疑人”的情形，构成立功。

一、“其他案件犯罪嫌疑人”包含与本人犯罪行为有关的非同案犯罪嫌疑人

“其他犯罪嫌疑人”，是指本人以外的包含同案犯等与本人犯罪行为有关的犯罪嫌疑人在内的犯罪嫌疑人；根据是否与本人犯罪行为有关，分为同案犯、连累犯等与本人犯罪行为有关的和与本人犯罪行为无关的犯罪嫌疑人；根据是否同案，分为同案犯和其他案件犯罪嫌疑人。由于“同案犯”指共同犯罪行为中本人以外的其他犯罪嫌疑人，且无法扩大解释为“与本人犯罪行为有关的犯罪嫌疑人”，囊括连累犯等其他与本人犯罪行为有关的犯罪嫌疑人。因此，“犯罪嫌疑人B是否与A同案”，与“犯罪嫌疑人B是否与A的犯罪行为有关”是不同的判断，其他案件犯罪嫌疑人指的是除同案犯以外的其他犯罪嫌疑人，包含与本人犯罪行为有关的非同案犯罪嫌疑人。

本案中，孟某才收购冯某盗窃的电动车电瓶，冯某与孟某才的犯罪行为密切相关，但冯某与孟某才非属同案犯，相对于孟某才而言，冯某属于其他案件犯罪嫌疑人，因此在暂不考虑联络方式与孟某才实施的掩饰、隐瞒犯罪所得犯罪行为的关系（是否属于如实供述范围）对认定协助抓捕型立功的影响的情况下，即单纯就冯某属于其他案件犯罪嫌疑人方面而言，孟某才的行为属于“提供其他案件犯罪嫌疑人的联络方式，使司法机关抓获其他犯罪嫌疑人”的情

形，构成立功。

二、犯罪嫌疑人对其在实施犯罪行为过程中掌握的与本人犯罪行为相关、属于如实供述范围的信息的运用，并不必然妨碍立功的认定。

《最高人民法院关于处理自首和立功若干具体问题的意见》第五条规定的几种协助抓捕型立功情形，尤其是协助抓捕同案犯型立功情形表明，对犯罪嫌疑人在实施犯罪行为过程中掌握的与本人犯罪行为相关、属于如实供述范围的有关其他犯罪嫌疑人的信息的运用，得以侦破案件的，并不妨碍立功的认定。例如，“按照司法机关的安排，以打电话、发信息等方式将其他犯罪嫌疑人（包括同案犯）约至指定地点的”并不必然排除犯罪嫌疑人提供其在犯罪过程中掌握的同案犯使用的联系方式后，再按照司法机关的安排，以打电话、发信息等方式将同案犯约至指定地点”的情形；“按照司法机关的安排，当场指认、辨认其他犯罪嫌疑人（包括同案犯）的”并不必然排除犯罪嫌疑人根据在共同犯罪过程中所获得的同案犯的相貌等身体特征，按照司法机关的安排，当场指认、辨认同案犯的情形；“带领侦查人员抓获其他犯罪嫌疑人（包括同案犯）的”并不必然排除犯罪嫌疑人提供其在实施犯罪过程中掌握的同案犯的藏匿地点、活动轨迹等信息后，带领侦查人员抓获同案犯的情形。这些并不能必然排除的情形是犯罪嫌疑人对其在犯罪过程中所获取的关于同案犯的某种信息的一定方式的运用或某种方式的提供。由此可见，在暂不考虑协助抓捕的形式或对信息的具体运用方式对认定协助抓捕型立功是否具有决定性作用，或协助抓捕的形式是否认定协助抓捕型立功的实质标准的情况下，犯罪嫌疑人运用属于如实供述范围的信息，得以侦破案件的并不必然排除立功的成立，提供如实供述范围的信息，得以抓获其他犯罪嫌人、侦破案件的仍然可能构成立功。

本案中，掩饰、隐瞒犯罪所得犯罪嫌疑人孟某才提供其在犯罪中掌握的上游盗窃犯罪嫌疑人冯某与其联系使用的手机号码，并不属于其如实供述的范围，应认定其具有立功表现。即便属于如实供述的范围，但由于协助抓捕型立功并不必然排除对属于如实供述范围信息的运用，因此单就孟某才提供与其犯罪行为有关的其他案件犯罪嫌疑人的手机号码而言，并不能必然认定其不具有立功表现。

三、协助抓捕的方式不是认定协助抓捕型立功的实质标准，并不能消除如实供述范围属性对认定协助抓捕型立功认定的限制

立功的主体是犯罪嫌疑人，不具有协助方式选择权或决定权，认定协助抓捕型立功，关键在于犯罪嫌疑人的行为，是否在抓捕其他犯罪嫌疑人过程中起到了实际作用。协助抓捕的形式或对信息的具体运用方式对认定协助抓捕型立功不具决定性作用，不是认定协助抓捕型立功的实质标准。若以协助抓捕的方式作为认定协助抓捕型立功的实质标准，则会造成立功主体的二元化，一方面需要犯罪嫌疑人利用其在实施犯罪行为过程中所获得的利于侦破案件的信息；另一方面则需司法机关需要并允许犯罪嫌疑人以某种方式运用其在实施犯罪行为过程中所获得的利于侦破案件的信息，实施帮助行为。

本案中，孟某才到案后即向公安机关提供了冯某的手机号码，公安机关是否需要孟某才进一步提供某种方式的协助，如何进一步提供帮助并非孟某才能够决定或选择的，若以公安机关侦破案件对犯罪嫌疑人进一步提供某种方式的协助行为的需求和允许作为认定立功的必要条件，在某种程度上而言，对孟某才是否具有立功表现的认定将演变成公安机关侦破案件对孟某才实施特殊协助行为的需求的必要性判断，孟某才在抓捕其他犯罪嫌疑人中的实际作用将被公安机关的侦破案件的需求代替，导致立功主体的混淆，立功认定

的主观化倾向，增强立功认定的随意性和不确定性。因此，不能因为孟某才在提供了其他案件犯罪嫌疑人冯某的手机号码后没有进一步实施某种特殊协助行为而否定其在抓捕冯某中的实际作用，应认定孟某才提供手机号码的行为对抓捕冯某起到了实际作用，在对协助抓获其他案件犯罪嫌疑人有实际作用的意义上具有立功表现。

总而言之，孟某才向公安机关提供了其他案件犯罪嫌疑人冯某的手机号码，在公安机关抓获其他案件犯罪嫌疑人冯某和柴红梅的过程中，起到了实际作用，尽管该手机号码与孟某才的犯罪行为密切相关，但不属于孟某才如实供述的范围，即便属于如实供述范围，由于对属于如实供述范围信息的具体运用方式，或具体的协助抓捕方式并不能消除如实供述对立功认定的限制作用，并不是协助抓捕型立功的实质标准，故协助抓捕型立功并不排斥对属于如实供述范围的信息的运用，该手机号码是否属于如实供述范围并不影响协助抓捕型立功的认定。因此，应认定孟某才具有立功表现。

编写人：河南省焦作市中级人民法院　张国胜　李小源

046 指控罪名与审理查明罪名不一致的认定及上诉人配合狱侦行为是否构成立功

——冯某受贿、伪造国家机关印章案

【案件基本信息】

1. 裁判书字号

四川省资阳市中级人民法院（2018）川20刑终18号刑事判决书

2. 案由：受贿罪、伪造国家机关印章罪

【基本案情】

被告人冯某在2014年至2016年担任食侦处处长期间，利用职务上的便利，向打假办索取其代为保管的酒业公司的索赔款20万元。其为拿到酒业公司的案件返还款，授意他人伪造国家机关印章。

1. 受贿：2014年，食侦处联合酒业公司授权的打假办打击办理张某某1等人制造销售假酒案过程中，张某某1等3人的亲属于2014年8月15日向酒业公司支付了赔偿款20万元，因3人未按酒业公司要求出具本人写的保证书等手续，致该索赔款未能按正常程序进入该公司账户，由打假办保管。冯某利用主管全省打击生产销售假冒伪劣商品犯罪的职权和打假工作需要支持的便利条件，于2014年10月、11月，2015年6月、7月，以每次5万元先后将该20万元从打假办张某某2、易某某处要走并用于个人开支。2016年5月下旬，冯某因被调查问话害怕事情暴露，于同月29日约张某某2、易某某在茶楼将20万元退还并授意为其掩盖索要20万元的事实。

2. 伪造国家机关印章：2014年至2015年，食侦处自行办理及四川省公安厅治安总队指定下级公安机关办理卢某某（6人）等制造销售假冒某酒系列案件过程中，酒业公司对卢某某（6人）等进行了索赔。根据酒业公司文件规定，赔偿款按比例返还给办案单位。2014年10月，因打假办向酒业公司申报办案单位返还经费需要盖有办案单位印章的收条，为拿到返还款，冯某授意张某某2去刻假公章。张某某2安排易某某、赵某某、蓬某某去办理，后易某某、赵某某、蓬某某在成都市九眼桥雇人刻制了“四川省公安厅治安总队第五支队”印章并由易某某保管，易某某使用该章盖在卢某某等7案的返还办案经费的收条上，从酒业公司领取了办案经费。2016年5月29日，冯某约张某某2、易某某在茶楼见面，授意张某某、易某某将该章毁掉，易某某将该章销毁。

【案件焦点】

1. 起诉指控的罪名与审理认定的罪名不一致时的认定；2. 上诉人配合狱侦行为是否构成立功。

【法院裁判要旨】

四川省乐至县人民法院经审理认为：被告人冯某利用职务便利向他人索取财物20万元，数额巨大，已构成受贿罪。其伙同他人伪造国家机关印章，已构成伪造国家机关印章罪，系共同犯罪。应当实行数罪并罚。在共同犯罪中，系主犯；对其索贿情节，从重处罚。公诉机关指控冯某犯贪污罪的证据不足，应按审理认定的罪名判决。依法判决：被告人冯某犯受贿罪，判处有期徒刑三年六个月，并处罚金人民币二十五万元，犯伪造国家机关印章罪，判处有期徒刑一年，决定执行有期徒刑四年，并处罚金人民币二十五万元。

冯某及其辩护人诉、辩提出，冯某不构成伪造国家机关印章罪；冯某配合狱侦工作，为侦办重大案件提供重要线索，构成重大立功。

一审法院依照《中华人民共和国刑事诉讼法》第一百九十五条第三项，《最高人民法院关于适用〈中华人民共和国刑事诉讼法〉的解释》第二百四十一条第一款第二项、第五项，《中华人民共和国刑法》第三百八十五条第一款，第三百八十六条，第三百八十三条第一款第二项、第二款，第二百八十条第一款，第十二条，第二十五条第一款，第二十六条第一款、第四款，第五十二条，第五十三条，第六十九条之规定，判决如下：

被告人冯某犯受贿罪，判处有期徒刑三年六个月，并处罚金人民币二十五万元，犯伪造国家机关印章罪，判处有期徒刑一年，决定执行有期徒刑四年，并处罚金人民币二十五万元。

（刑期从判决执行之日起计算。判决执行前先行羁押的，羁押一日折抵刑期一日，即自2017年1月19日起至2021年1月18日止。）

四川省资阳市中级人民法院经审理认为：原判认定事实和适用法律正确，审判程序合法。原判按照指控的事实并经审理查明证据，认定冯某等人伪造国家机关印章的事实并裁判，符合法律规定。经一审审理查明指控冯某犯贪污罪的证据不足，原判按照在案证据认定冯某构成伪造国家机关印章罪，符合法律规定；并对查明的证据详细分析，证实冯某为领取办案返还款安排他人私刻伪造国家机关印章并使用的事实。故对该诉、辩意见，不予采纳。冯某配合狱侦行为是否构成立功。经查明证据可以印证冯某通过努力获得了同押犯罪嫌疑人欲外传的书信后，报告管教民警；虽对该行为予以肯定和鼓励，但该行为并不符合法律规定的立功构成要件。故不予采纳。

四川省资阳市中级人民法院经审理认为：结合冯某在案发前退出贿赂款及悔罪表现，对其受贿量刑予以从轻处罚。根据本案犯罪的事实、犯罪的性质、情节和对于社会的危害程度，依照《中华人民共和国刑法》第三百八十五条第一款，第三百八十六条，第三百八十三条第一款第二项、第二款，第二百八十条第一款，第十二条，第二十五条第一款，第二十六条第一款、第四款，第五十二条，第五十三条，第六十九条；《最高人民法院、最高人民检察院关于办理贪污贿赂刑事案件适用法律若干问题的解释》第二条第一款、第十九条第一款和《中华人民共和国刑事诉讼法》第二百二十五条第一款第二项之规定，判决如下：

一、撤销四川省乐至县人民法院（2017）川 2022 刑初 102 号刑事判决即被告人冯某犯受贿罪，判处有期徒刑三年六个月，并处罚金人民币二十五万元，犯伪造国家机关印章罪，判处有期徒刑一年，决定执行有期徒刑四年，并处罚金人民币二十五万元；

二、上诉人（原审被告人）冯某犯受贿罪，判处有期徒刑三年，并处罚金人民币二十万元，犯伪造国家机关印章罪，判处有期徒刑一年，决定执行有期徒刑三年六个月，并处罚金人民币二十万元。

（刑期从判决执行之日起计算。判决执行以前羁押的，羁押一日折抵刑期一日；指定居所监视居住的，指定居所监视居住二日折抵刑期一日。即自 2017 年 1 月 26 日起至 2020 年 7 月 20 日止。）

【法官后语】

本案处理的重点有：（1）起诉指控的罪名与审理认定的罪名不一致的，应按照审理认定的罪名作出有罪判决。具体到本案中，起诉指控贪污的犯罪事实中阐述了冯某安排他人去办理刻“四川省公安厅治安总队第五支队”（以下简称“第五支队”）印章的事实。原公诉机关认为，被告人冯某伙同他人伪造国家机关印章，利用职务之便，采取收入不入账的方式侵吞公款，数额较大，其行为触犯《中华人民共和国刑法》第二百八十条第一款、第三百八十二条第一款、第三百八十三条第一款第二项之规定，应当以贪污罪追究其刑事责任。该指控写明了触犯《中华人民共和国刑法》第二百八十条第一款，但并未明确应以伪造国家机关印章罪追究其刑事责任。在一审庭审中，公诉意见认为：证据证实被告人领取了12.5万元，并分配占有；为了得到这笔钱还安排张某某等人私刻国家机关印章，构成伪造国家机关印章罪被贪污罪吸收。建议依法认定被告人的受贿罪、贪污罪。从起诉书、公诉意见看，原公诉机关没有明确指控被告人构成伪造国家机关印章罪。一审、二审法院均认为起诉指控的事实并经在案审理查明证据，认定冯某等人伪造国家机关印章的事实并裁判，符合《最高人民法院关于适用〈中华人民共和国刑事诉讼法〉的解释》第二百四十一条第一款第二项“起诉指控的事实清楚，证据确实、充分，指控的罪名与审理认定的罪名不一致的，应当按照审理认定的罪名作出有罪判决”法律规定。

《中华人民共和国刑法》第二百八十条，系《中华人民共和国刑法修正案（九）》修改增加的之一的后两款，对行为人为实施诈骗等犯罪又实施第二百八十条之一所列罪名的犯罪竞合，以刑罚重的犯罪定罪处罚。故二审裁判明确表述，冯某伙同他人伪造国家机关印章的行为在2015年《中华人民共和国刑法修正案（九）》施行前，按照从旧兼从轻原则处罚。

（2）上诉人配合狱侦行为是否构成立功。《中华人民共和国刑法》第六十八条规定犯罪分子有揭发他人犯罪行为，查证属实的，或者提供重要线索，从而得以侦破其他案件等情形，构成立功表现。所谓提供重要线索，是指犯罪分子向司法机关提供未被司法机关掌握的重要犯罪线索，如证明犯罪行为的重要事实或提供有关证人等；使案件得以侦破，是指司法机关根据犯罪分子提供的线索，查清了犯罪事实，侦破了案件。本案上诉人的配合狱侦行为。经查，二审查明的证据，一是该书信内容并不涉及具体犯罪事实，反映一些涉嫌有关犯罪痕迹；二是本案涉及的某案2017年12月5日立案，所涉犯罪嫌疑人同月17日在成都市被抓获，2018年1月19日被刑拘，2月12日被逮捕；三是该欲外传的书信，系同押犯罪嫌疑人于2月12日被逮捕情况下，13日获取书信。因此，二审对检察员认为在冯某提供线索之前，公安机关已经侦破了案件，有对犯罪情况的掌握的意见，予以支持。二审对冯某的该行为予以肯定和鼓励，严格审查该行为不符合法律规定的检举揭发他人犯罪行为、提供侦破其他案件的重要线索，经查证属实等立功表现的情形，不予认定立功。

编写人：四川省资阳市中级人民法院　龚琼

047　自首中罪行未被司法机关掌握的认定

——邢某票据诈骗、诈骗案

【案件基本信息】

1. 裁定书字号

北京市高级人民法院（2018）京刑终46号刑事裁定书

2. 案由：票据诈骗罪、诈骗罪

【基本案情】

2016年10月至11月，被告人邢某多次使用故意错开密码、无法承兑的支票，在北京市朝阳区、通州区等地的中国移动北京公司营业厅购买电话充值卡，骗取该公司款物共计1955万元。2016年11月，被告人邢某在北京市西城区将已作废的充值卡抵押给被害人董某萍，骗取董某萍钱款共计482.62万元。

【案件焦点】

被告人邢某对诈骗罪是否构成自首及能否因被告人构成自首对其从轻处罚。

【法院裁判要旨】

北京市第三中级人民法院经审理认为：被告人邢某以非法占有为目的，通过开具密码错误支票的手段骗取被害单位电话充值卡，数额特别巨大，其行为已构成票据诈骗罪，依法应予惩处；邢某还使用作废的电话充值卡通过抵押借款的方式骗取被害人钱款，数额特别巨大，其行为构成诈骗罪，依法亦应惩处，并对其所犯票据诈骗罪、诈骗罪实行并罚。对于邢某所提希望法庭对其从宽处罚的辩解及其辩护人所提邢某具有自首，主动退赃，认罪态度好，初次犯罪等从宽情节，希望法庭对邢某减轻处罚辩护的意见，经查，邢某在作案后自动投案，并如实供述犯罪事实，虽然构成自首，但由于其犯罪数额特别巨大，且给被害单位和被害人造成巨额损失，尚不足以对其从轻或减轻处罚。故邢某的辩解及其辩护人的辩护意见不能成立，不予采纳。对于被害单位的诉讼代理人、被害人的诉讼代理人所提希望法庭严惩邢某的意见，予以采纳。对于被害单位诉讼代理人、被害人的代理人所提追缴邢某的违法所得予以发还的意见，予以采纳。对于被害人的诉讼代理人所提将本案扣押的全部财产发还被害人董某萍的意见，经查，被害单位中国移动北京公司与被害人董某萍均因邢某的犯罪行为遭受损失，且均未得到弥补，在此情况下，应同等受偿。故被害人的代理人的该项意见不能成立，不予采纳。故判决如下：

一、被告人邢某犯票据诈骗罪，判处无期徒刑，剥夺政治权利终身，并处没收个人全部财产；犯诈骗罪，判处有期徒刑十三年，剥夺政治权利三年，并处罚金人民币十三万元；决定执行无期徒刑，剥夺政治权利终身，并处没收个人全部财产；

二、责令被告人邢某退赔被害单位中国移动通信集团北京有限公司人民币一千九百五十五万元；被害人董某萍人民币四百八十二万六千二百元；

三、在案扣押款物分别予以发还或变价，所得变价款并入本判决第二项，按比例赔偿被害单位中国移动通信集团北京有限公司、被害人董某萍。

邢某以一审法院量刑过重为由提起上诉。其辩护人的辩护意见是，一审法院适用法律错误，上诉人构成自首，应当予以从轻处罚，一审法院量刑过重。

北京市高级人民法院经审理认为：上诉人邢某以非法占有为目的，通过开具密码错误支票的手段骗取被害单位电话充值卡，其行为已构成票据诈骗罪，且数额特别巨大，依法应予惩处；邢某还使用作废的电话充值卡骗取被害人钱款，其行为构成诈骗罪，数额特别巨大，依法亦应予惩处，并对其所犯票据诈骗罪和诈骗罪并罚。关于上诉人邢某及其辩护人所提一审判决量刑不当的上诉理由及辩护意见，经查，在案证据证明，邢某在 2016 年 10 月至 11 月不到两个月的时间内，骗取中国移动通信集团北京有限公司多家营业厅共计人民币 1955 万元，并骗取董某萍 482 万多元，但赃款基本上未能追回，且邢某亦无退赔能力，造成被害单位和被害人巨额财产损失。虽邢某在作案后自动投案，并如实供述犯罪事实，系自首，但由于其所犯票据诈骗罪、诈骗罪均系数额特别巨大，给被害单位和被害人造成巨额损失，其中票据诈骗达 1955 万元，不足以对其从宽处罚。一审法院分别以票据诈骗罪判处其无期徒刑，剥夺政治权利终身，并处没收个人全部财产，以诈骗罪判处有期徒刑十三年，剥夺政治权利三年，并处罚金人民币十三万元，并决定对其执行无期徒刑，剥夺政治权利终身，并处没收个人全部财产，是适当的。故对上诉人及其辩护人所提上诉理由及意见，不予采纳。

北京市高级人民法院同意一审法院裁判意见，故裁定如下：

驳回邢某的上诉，维持原判。

【法官后语】

本案中，邢某自动投案之初如实供述其对被害单位实施票据诈骗的事实，没有如实供述诈骗被害人董某萍的事实，而是在两天后如实供述该事实，且该时间点恰好在被害人董某萍报案之后的几个小时。争议在于被告人邢某对诈骗罪是否构成自首及能否因被告人构成自首对其从轻处罚。

1. 自首的认定

对于邢某是否对诈骗罪构成自首，存在三种观点：第一种观点认为，由于被害人董某萍报案在先，邢某在如实供述诈骗犯罪的事实之前该犯罪事实已经被司法机关掌握，邢某仅就票据诈骗的事实构成自首。第二种观点认为，本案中票据诈骗罪与诈骗罪属于在法律上密切关联的罪名，应当认为是同种罪行。就本案认定的犯罪数额来看，票据诈骗为 1955 万元，诈骗为 480 余万元，邢某多次实施同种罪行，虽然投案后没有交代全部犯罪事实，但如实交代的犯罪数额多于未交代的犯罪数额，应认定为如实供述自己的主要犯罪事实，故邢某对全案构成自首。第三种观点认为，邢某如实供述了司法机关尚未掌握的全部犯罪事实，就全案事实构成自首。我们赞成第三种观点，主要理由如下：

一是从自首的立法目的来看，刑法规定自首制度，一方面是为了鼓励犯罪人主动投案、悔过自新，不再继续作案；另一方面是为了使案件及时侦破，提高司法效率、节省司法资源。在讨论自首的成立条件时，应以是否具备上述理由之一作为参考。根据在案证据，2016年12月5日，邢某拨打“110”电话报警称其涉嫌经济诈骗要自首，后被民警带至北京市公安局东城分局前门派出所。东城分局接报案后对邢某询问了解案情，邢某如实供述了自己利用故意错开密码的作废支票诈骗中国移动通信集团北京有限公司的事实，但没有供述诈骗被害人董某萍的事实。后因东城分局无管辖权，将该案移送至通州分局管辖。2016年12月7日，通州分局经济犯罪侦查大队接收该案并对邢某涉嫌票据诈骗案立案侦查。同日9时，被害人董某萍向北京市公安局西城分局报案称被邢某诈骗，西城分局于当日对董某萍被诈骗案立案侦查。同日13时，邢某在通州区看守所供述诈骗被害人董某萍的事实。因邢某已被北京市公安局通州分局刑事拘留，西城分局于2017年3月3日将案件移送通州分局。邢某虽然未在主动投案当天供述全部犯罪事实，但主动将自己置于司法机关控制之下、具有悔过自新的意愿，在到案初期能够做到主动交代犯罪事实，根据其交代的犯罪事实和主动配合，可以更详细地搜集相关证据，推动案件证据链的形成。从该角度来看，应认定邢某就全案构成自首。

二是邢某作为被羁押的犯罪嫌疑人，所交代的事实属于司法机关尚未掌握的事实。如何判断犯罪事实是否已经被司法机关掌握，在这里需要明确两个问题：其一，司法机关是指全国所有司法机关还是仅指承办特定案件的办案机关；其二，何种程度或标准是判断犯罪事实已经被掌握的根据。我们认为，不能机械地将被害人在一处司法机关报案等同于所有司法机关都掌握了案件事实。根据《最高人民法院关于处理自首和立功若干具体问题的意见》之三“关于‘司法机关还未掌握的本人其他罪行’和‘不同种罪行’的具体认定”（以下简称《意见》之三）的规定，“如果该罪行已被通缉，一般应以该司法机关是否在通缉令发布范围内作出判断，不在通缉令发布范围内的，应认定为还未掌握，在通缉令发布范围内的，应视为已掌握；如果该罪行已录入全国公安信息网络在逃人员信息数据库，应视为已掌握。如果该罪行未被通缉、也未录入全国公安信息网络在逃人员信息数据库，应以该司法机关是否已实际掌握该罪行为标准”。本案中，在案证据无法体现被告人被通缉或上网追逃，且被害人的报案时间和被告人主动供述时间仅相差四小时，亦无公安机关内部传递案件情报的工作说明，西城分局在时隔近三个月后才将案件移送通州分局，应当认定邢某主动供述犯罪事实时，办理该案的通州分局尚未掌握相关线索和事实。

三是邢某交代的票据诈骗罪、诈骗罪犯罪事实不属于同种罪行。根据《意见》之三的规定，判断是否属于同种罪行，一般应以罪名区分；罪名不同，但如实供述的其他犯罪与司法机关已掌握的犯罪属选择性罪名或者在法律、事实上密切关联的，应认定为同种罪行。本案中，两罪在犯罪手段、犯罪对象等事实层面没有关联，不存在手段与目的等关系；就票据诈骗罪和诈骗罪的关系来看，能否认为两种罪名在法律上密切关联存在争议，我们认为，对合犯、吸收犯、牵连犯等是在法律上有密切关联的罪名，本案罪名不宜认定为同种罪行。

2. 自首对量刑的影响

经查，邢某在2016年10月至11月不到两个月的时间内，骗取中国移动通信集团北京有限公司多家营业厅共计人民币1955万元，并骗取被害人董某萍482万多元，赃款基本上未能追回，且邢某亦无退赔能力，造成被害单位和被害人巨额财产损失。虽邢某在作案后自动投案，并如实供述犯罪事实，系自首，但由于其所犯票据诈骗罪、诈骗罪均系数额特别巨大，给被害单位和被害人造成巨额损失，不足以对其从宽处罚。

编写人：北京市第三中级人民法院　毛乃赜　孙淼淼

048　“自动投案”型自首的认定

——张某某聚众斗殴案

【案件基本信息】

1. 裁判书字号

北京市第三中级人民法院（2017）京03刑终617号刑事判决书

2. 案由：聚众斗殴罪

【基本案情】

因尹某某（男，时年17岁，另案处理）加被告人张某某女友的微信并聊天，遂张某某与尹某某发生争执，二人通过微信相约打架。张某某、尹某某分别纠集多人于2016年10月22日22时许至北京市朝阳区工体西路甲酒吧后门外斗殴，张某某持甩棍伙同他人对尹某某进行殴打，尹某某纠集的一男子持砍刀将张某某砍伤。双方斗殴期间，尹某某身上的枪状物1把（经鉴定，不能确定是否为枪支）掉出，被张某某扔至一边。在双方斗殴中，尹某某身体所受损伤经鉴定符合轻微伤；张某某身体所受损伤经鉴定构成轻微伤。案发后张某某委托其女友拨打110报警，民警在现场将尹某某抓获。张某某因伤就医，民警赶赴医院，对张某某进行询问，张某某如实交代主要犯罪事实。因张某某需住院治疗，公安机关未对其采取强制措施。后张某某经治疗后出院。

2016年11月6日民警与张某某联系，张某某没有拒绝配合。2016年11月9日，在本案立案当天，民警将张某某拘传至公安机关。

【案件焦点】

未对自动投案的行为人采取强制措施，行为人未有逃避侦查等行为，而民警将行为人抓获归案的情况。如何综合全案证据，认定是否成立“自动投案”型自首。

【法院裁判要旨】

北京市朝阳区人民法院经审理认为：被告人张某某法制观念淡薄，遇事不能正确处理，纠集多人持械斗殴，其行为已构成聚众斗殴罪，依法应予惩处。北京市朝阳区人民检察院指控被告人张某某犯聚众斗殴罪的事实清楚，证据确实、充分，指控罪名成立。鉴于被告人张某某到案后能够如实供述所犯罪行，并取得被害人的谅解，本院对其所犯罪行予以从轻处罚。张某某检举他人涉嫌犯罪的行为，但尚未查证如实，故不予认定立功。辩护人的相关辩护意见，本院予以采纳；但关于张某某系自首的意见，经查，案发后张某某让其女友拨打110报警，其间，张某某因为受伤到医院就医，后民警在其女友的配合下在医院找到张某某，并对张某某进行了询问，张某某对于双方斗殴的事实予以供认，因张某某需住院治疗，公安机关无法对其进行拘传，后民警多次打电话通知张某某到公安机关，张某某一直没有主动到案，2016 年 11 月 9 日，民警在张某某的家中将其抓获归案，张某某在案发最初虽未逃避侦查，能够积极报案、如实供述，但其最终的归案缺乏主动性，系民警在多次打电话通知未果的情况下将其抓获归案，张某某的行为不构成自首，但其在犯罪后积极报警并如实供述等情节，法庭在量刑时亦会酌情考虑；关于对张某某减轻处罚、定罪免刑或适用缓刑的意见，经查，被告人张某某纠集多人持械聚众斗殴，不仅侵害他人人身权利，亦扰乱了社会公共秩序，不属于犯罪情节轻微，且张某某不具备法定应当减轻处罚的情节，在本案发生后，张某某又因殴打他人被行政处罚，尚不符合缓刑的适用条件，故上述意见本院不予采纳。在案手机系犯罪工具，依法应予以没收。

北京市朝阳区人民法院依照《中华人民共和国刑法》第二百九十二条第一款第四项、第六十七条第三款、第六十一条及第六十四条之规定，作出如下判决：

一、被告人张某某犯聚众斗殴罪，判处有期徒刑三年；

二、在案乙牌手机一部，予以没收。

张某某认为其具有自首情节，其协助抓捕尹某某、具有立功情节，原判量刑过重提起上诉。

北京市第三中级人民法院经审理认为：上诉人张某某纠集多人聚众斗殴，且在斗殴过程中持械，系首要分子，其行为已构成聚众斗殴罪，依法应予惩处。鉴于张某某具有自首情节以及本案具体情况，对其依法予以减轻处罚。随案移送扣押的手机，依法予以处理。原审人民法院根据张某某犯罪的事实、犯罪的性质、情节及对社会的危害程度所作的判决，定罪正确，审判程序合法，对随案移送扣押物品的处理适当，唯原判没有认定张某某具有自首情节，对张某某的量刑不当，本院依法予以改判。据此，北京市第三中级人民法院依照《中华人民共和国刑法》第二百九十二条第一款第四项、第六十七条第一款、第六十三条第一款、第四十五条、第四十七条、第六十一条、第六十四条，《最高人民法院关于处理自首和立功具体应用法律若干问题的解释》第一条、第三条，《中华人民共和国刑事诉讼法》第二百二十五条第一款第三项之规定，作出如下判决：

一、维持北京市朝阳区人民法院（2017）京0105刑初499号刑事判决主文第二项，即在案乙牌手机一部，予以没收；

二、撤销北京市朝阳区人民法院（2017）京0105刑初499号刑事判决主文第一项，即被告人张某某犯聚众斗殴罪，判处有期徒刑三年；

三、上诉人（原审被告人）张某某犯聚众斗殴罪，判处有期徒刑二年。

【法官后语】

《〈最高人民法院关于处理自首和立功若干具体问题的意见〉的理解与适用》[①] 中规定：所谓“自动投案”，一般是指犯罪嫌疑人在犯罪后、归案前，出于本人意志而向公安机关、人民检察院、人民法院及其他有关单位和人员承认自己实施了犯罪，并自愿置于上述单位和人员的控制之下，等待法律制裁的行为。实践中，出于侦查

---

① 参见最高人民法院刑事审判第一庭编著，张军、黄尔梅主编：《最高人民法院自首、立功司法解释案例指导与理解适用》，法律出版社2012年版，第257~269页。

工作或者调查取证的需要等原因，侦查机关前期未对犯罪嫌疑人采取强制措施，犯罪嫌疑人可能存在多次到案的情况。在上述情况下，首先要考查被告人首次到案时是否具有将自己至于公安机关的控制之下的主动性，是否具有明确的投案行为并将自己置于公安机关的控制之下，是否到案后如实供述犯罪事实；其次要考查被告人后续到案的具体情形，如公安机关是否明确通知被告人要求其到案、被告人是否脱离公安机关监管、后续到案过程中是否予以配合等，综合认定被告人能否成立自动投案。

具体到本案中，案发后张某某让其女友拨打110报警，其间，张某某因为受伤到医院就医，张某某委托其女友电话告知民警其在医院，后民警在其女友的配合下在医院找到张某某，并对张某某进行了询问，张某某对于双方斗殴的事实予以供认，因张某某需住院治疗，公安机关未对其采取强制措施。后张某某经治疗后出院。2016年11月6日，民警电话联系张某某，通知其进行伤检，但没有规定具体时间，也没有要求其接受调查。因张某某伤情一直未稳定，张某某说等伤好了再去。民警杨某说行，只说让张某某尽快，未强制其到派出所配合工作。证人杨某出庭时证明其并未掌握张某某本人的电话，只给张某某的女友刘某某打过一次电话，电话为张某某本人接听，电话内容为通知张某某到派出所进行伤情鉴定，在张某某提出其伤未好，且缺少材料无法进行鉴定时，未强制其到派出所配合工作，也未对张某某到案时间进行明确的限定。张某某当时也只是客观陈述情况，并未明确表示不到案。现有证据无法认定案发后民警多次与张某某电话联系，张某某拒不配合的情况。

张某某到案行为符合自动投案的立法本意，应当视为自动投案。

首先，张某某已经在案发后第一时间完成了委托他人电话投案的行为，并在医院接受民警询问时，如实供述了主要犯罪事实，但因为自身伤情的原因，其没有被羁押。其次，张某某未再次到案的行为系民警未及时通知其尽快到案，实践中，不是每一个案件的行为人均以羁押为必要，行为人有可能被采取非羁押措施，行为人的再次到案行为应以公安民警的指令为前提。再次，张某某如实向公安机关报告了自己的行踪，能够确保公安机关找到自己，并未脱离公安机关的控制。最后，现有证据不能证明案发后民警多次电话通知张某某到公安机关配合调查，更不能证明张某某有拒绝到案甚至逃跑的行为，不宜就此认定张某某最终到案缺乏主动性。因张某某不是民警在多次电话通知未果的情况下被抓获归案，应当认定其系自动投案。到案后，张某某一直对主要的犯罪事实如实供述，故应当认定其具有自首情节。

由此可见，可以认定张某某具有自首情节。

编写人：北京市第三中级人民法院　熊文超　段伟

049　“明知他人报案而在现场等待”的含义界定

——孙某合故意杀人案

【案件基本信息】

1. 裁判书字号

黑龙江省高级人民法院（2017）黑刑终 60 号刑事附带民事裁定书

2. 案由：故意杀人罪

【基本案情】

案发前，被告人孙某合与被害人于某甲（男，殁年62岁）因双方子女结婚给彩礼一事素有矛盾。2015年12月8日16时许，孙某合在步行去其儿子孙某家时遇到骑电动三轮车经过的于某甲，便搭乘于某甲的车。搭车途中，孙某合得知于某甲欲去向孙某索要欠款，便生念杀死于某甲。后孙某合与于某甲一同来到黑龙江省某某县某某镇某某村孙某家，孙某合见家中无人，便向于某甲谎称自己出去借钱代孙某偿还于某甲，让于某甲在孙某家院内等候。后孙某合来到该村甲食杂店，拿起2把镰刀返回孙某家，并将镰刀藏于孙某家房屋东侧。孙某合在孙某邻居家找到于某甲，将于某甲带至藏镰刀处，后孙某合持镰刀连续砍击于某甲头、胸等部位数下，致于某甲当场死亡。经法医鉴定，于某甲系因胸部受到单刃锐器作用致左肺损伤、纵膈损伤、主动脉部分离断，急性失血而死亡。孙某合作案后，让他人报警，并等至被公安人员抓获。另查明，孙某合的犯罪行为给王某甲、于某乙、于某丙造成各项经济损失共计人民币189266元。

【案件焦点】

对于视为自动投案情形的“明知他人报案而在现场等待”中的“明知”和“现场”两个概念如何准确界定。

【法院裁判要旨】

黑龙江省齐齐哈尔市中级人民法院经审理认为：被告人孙某合持事先准备好的镰刀连续砍击于某甲头、颈、胸等部位数次，致于某甲死亡。孙某合故意非法剥夺他人生命，其行为已构成故意杀人罪。指定辩护人提出本案双方当事人系亲属关系，且事出有因，应在量刑时予以考虑的意见，经查，孙某合与于某甲系姻亲关系，本案确系因家庭矛盾而引发，故对此项辩护意见，予以采纳。辩护人提出孙某合构成自首，应从轻处罚的辩护意见，经查，孙某合在案发后，虽然在甲食杂店让他人报警，但无人回应。本案的实际报案人是于某乙，于某乙在与孙某合发生争执后，离开甲食杂店返家途中拨打的110报警电话，报案时孙某合不在场，且孙某合对于某乙报案过程并不知情，孙某合的行为不符合明知他人报案而在现场等候，抓捕时无拒捕的行为，供认犯罪事实自首情节的构成要件，不应认定其构成自首，故对此项辩护意见，不予采纳。辩护人提出的其他辩护意见及量刑意见，因于法无据，均不予采纳。孙某合杀人手段极其残忍，后果特别严重，依法应当严惩，但考虑到孙某合与于某甲系姻亲关系，本案系因家庭矛盾引发，且孙某合能够如实供述自己的犯罪事实，对其判处死刑，可不必立即执行。

黑龙江省齐齐哈尔市中级人民法院依照《中华人民共和国刑法》第二百三十二条、第六十七条第三款、第六十一条、第五十七条第一款、第四十八条第一款、第三十六条第一款及《中华人民共和国侵权责任法》第十六条，《最高人民法院关于审理人身损害赔偿案件适用法律若干问题的解释》第二十七条、第二十九条，作出如下判决：

一、被告人孙某合犯故意杀人罪，判处死刑，缓期二年执行，剥夺政治权利终身；

二、被告人孙某合赔偿附带民事诉讼原告人王某甲、于某乙、于某丙经济损失人民币十八万九千二百六十六元。

上诉人王某甲、于某乙、于某丙以一审附带民事赔偿款没有给付为理由，提起上诉。

被上诉人孙某合的辩护人提出孙某合作案后未逃走，告诉他人报警，并在杂食店等候警察来，应构成自首，孙某合系临时起意杀人，主观恶性不大，本案属于邻里纠纷引发，被害人在案件起因上有一定的过错，一审量刑过重的辩护意见。

黑龙江省高级人民法院经审理认为：被上诉人孙某合持镰刀连续砍击被害人头部、胸部数刀，致被害人当场死亡，其行为构成故意杀人罪。孙某合因被害人向其儿子孙某追讨欠款而杀死被害人，不能认定被害人有过错。孙某合的辩护人所提被害人在案件起因上有一定过错的辩护意见，不能成立。案发后，孙某合告诉多人自己杀人了，让他人报警，且一直在甲食杂店内等候至被公安人员抓获，孙某合有合理的依据相信他人会报案，客观上有条件逃跑而未逃跑，归案后如实供述犯罪事实，其行为已构成自首。孙某合的辩护人所提孙某合构成自首的辩护意见成立，予以采纳。孙某合犯罪手段极其残忍，后果特别严重，且素有劣迹，应依法严惩，虽本案因民间矛盾引发，孙某合有自首情节，亦不足以对其从轻处罚。孙某合的辩护人所提一审量刑过重的辩护意见，不予采纳。对于一审附带民事判决赔偿款，上诉人王某甲、于某乙、于某丙可于本裁定生效后，向有管辖权的人民法院申请执行。上诉人王某甲、于某乙、于某丙所提一审附带民事赔偿款没有给付的上诉理由，不予采纳。一审判决认定孙某合犯故意杀人罪的事实清楚，证据确实、充分，定罪准确，量刑适当。附带民事部分判决正确。审判程序合法。

黑龙江省高级人民法院依照《中华人民共和国刑事诉讼法》第二百二十五条第一款第一项的规定，作出如下裁定：

驳回上诉，维持原判。并根据《中华人民共和国刑事诉讼法》

第二百三十七条的规定，核准一审以故意杀人罪判处被告人孙某合死刑，缓期二年执行，剥夺政治权利终身的刑事判决。

【法官后语】

虽然实践中自首形态纷繁复杂，但只要准确把握“自愿将自身置于有关机关控制之下”及“如实供述犯罪事实”这两个认定自首的本质要件，正确判断行为是否符合自首的立法本意，就能够作出正确的认定。为明确认定自首的条件，《最高人民法院关于处理自首和立功具体应用法律若干问题的解释》及《最高人民法院关于处理自首和立功若干具体问题的意见》列举了多种视为自动投案的情形，其中包括“明知他人报案而在现场等待，抓捕时无拒捕行为，供认犯罪事实”这一情形。“明知他人报案而在现场等待”中的“明知”和“现场”两个概念的界定，亦应从自首的本质要件及立法本意出发，结合在案的证据进行客观评断。在本案中，首先，有证据证明被告人作案后告诉多人自己杀人了，让他人报警，且一直在甲食杂店内等候至被公安人员抓获，证明其自愿将自身置于公安机关控制之下，虽然其不知道是谁报案，但其有合理的依据相信他人会报案，客观上有条件逃跑而未逃跑，据此可以推定对他人报案是明知的。也就是说，“明知他人报案而在现场等待”的“明知”应当包括推定明知，而不应仅限于有证据证明的明知。其次，本案中被告人作案后来到附近食杂店等待抓捕，该食杂店虽然不是案发现场，但被告人作案后即到食杂店等待抓捕，显然不应把食杂店排除在“明知他人报案而在现场等待”中的“现场”之外，如果将“现场”仅界定为“案发现场”则过于狭窄、机械，无法普遍适用于司法实践中复杂的投案情形的认定。至于应如何界定“现场”的含义，笔者认为除案发现场外，还应包括现场附近特殊区域，而这种特殊区域的界定则应因案而异，但总归离不开自首的本质要件和立法本意。

编写人：黑龙江省高级人民法院　祝柏多

050　立功检举他人犯罪内容具体、指向明确的审查标准

——冉廷某贩卖毒品案

【案件基本信息】

1. 裁判书字号

重庆市第一中级人民法院（2017）渝01刑终132号刑事裁定书

2. 案由：贩卖毒品罪

【基本案情】

2016年10月9日21时许，被告人冉廷某在重庆市铜梁区巴川街道马家湾治安岗亭旁的停车场内，将0.33克海洛因以250元的价格贩卖给胡银某。交易完成后，重庆市铜梁区公安局民警当场将冉廷某抓获，并在其身上查获海洛因0.11克，在胡银某处查获海洛因0.33克。

冉廷某到案后于2016年11月17日检举陈贤某涉嫌贩卖毒品，提供了陈贤某的联系方式、家庭住址等信息，后冉廷某通过朋友邓勇某电话联系陈贤某购买毒品，冉廷某向公安机关报告了交易地点，在邓勇某与陈贤某交易时，冉廷某带领公安民警将二人抓获。

2016年11月28日，冉廷某又向公安机关检举他人涉嫌贩卖毒品，并由其朋友张春某帮忙寻找贩毒人员购买毒品，希望此以获取立功机会。张春某遂自己找到贩毒人员张国某、蒋某，购买毒品一次，冉廷某、张春某一同到公安机关说明该情况，在公安机关安排并提供购毒资金后，由张春某联系贩毒人员并约定第二次交易地点，冉廷某与张春某一同驾车前往交易地点，在公安机关的布控下，双方交易完成后，民警将贩毒人员张国某、蒋某（均另案处理）抓获。

另查明，被告人冉廷某曾因犯贩卖毒品罪，于2005年10月21日被重庆市铜梁区人民法院判处有期徒刑二年。

【案件焦点】

被告人有检举他人犯罪线索，并协助公安机关抓获其他犯罪嫌疑人的行为，对于检举对象内容具体、指向明确以及在协助抓捕中起实质作用的具体标准如何认定。

【法院裁判要旨】

重庆市铜梁区人民法院经审理认为：冉廷某到案后检举陈贤某（另案处理）贩毒，并协助公安机关将陈贤某抓获归案，由于陈贤某仅因该次贩毒行为被判处刑罚，并未查实其他犯罪行为，故冉廷某的检举行为依法不能认定为立功。后冉廷某联系张春某，让其帮忙找贩毒人员购买毒品以获取立功机会。张春某遂自己找到贩毒人员，并购买毒品一次，冉廷某、张春某一同到公安机关说明该情况，在公安机关安排并提供购毒资金后，由张春某联系贩毒人员并约定交易地点，冉廷某与张春某在公安机关的布控下完成毒品交易，协助民警将贩毒人员张国某、蒋某（均另案处理）抓获。冉廷某对公安机关抓获正在实施犯罪的贩毒嫌疑人虽起到一定作用，但对该抓获行为起实质作用的系张春某，冉廷某的行为依法不能认定为立功。

重庆市铜梁区人民法院依照《中华人民共和国刑法》第三百四十七条第一款及第四款、第三百五十六条、第六十七条第三款、第五十二条、第五十三条之规定，判决：被告人冉廷某犯贩卖毒品罪，判处有期徒刑七个月，并处罚金人民币一千元。

后冉廷某提起上诉。

重庆市第一中级人民法院经审理认为：上诉人冉廷某向他人贩卖毒品海洛因 0.44 克的行为已构成贩卖毒品罪，依法应予惩处。冉廷某到案后检举陈贤某涉嫌贩卖毒品，并协助公安机关将陈贤某抓获归案。冉廷某检举陈贤某贩卖毒品的线索明确、协助抓捕的行为具体，属于协助抓捕其他犯罪嫌疑人，应当认定为立功。原判对冉廷某该检举行为的认定有误，应予纠正。冉廷某于 2016 年 11 月 28 日向公安机关检举他人涉嫌贩卖毒品，并由其朋友张春某帮忙寻找贩毒人员购买毒品。虽然公安机关根据张春某购买毒品的行为，抓获贩毒人员张国某、蒋某，但因冉廷某的检举线索无明确的对象、联系方式、家庭住址等信息，张国某、蒋某又系张春某自行联系，冉廷某自始至终都不知道贩毒人员的身份信息等；在协助公安机关抓捕过程中，冉廷某没有起到实质作用。冉廷某的该次检举行为，不能认定为立功。

重庆市第一中级人民法院依照《中华人民共和国刑事诉讼法》第二百二十五条第一款第一项之规定，裁定如下：

驳回上诉，维持原判。

【法官后语】

本案的处理重点是对立功中“协助抓获其他犯罪嫌疑人”判断标准的具体认定。按照《最高人民法院关于处理自首和立功若干具体问题的意见》（以下简称《意见》）第五条规定，按照司法机关的安排，以打电话、发信息等方式将其他犯罪嫌疑人约至指定地点；按照司法机关的安排，当场指认、辨认其他犯罪嫌疑人；带领侦查人员抓获其他犯罪嫌疑人；提供司法机关尚未掌握的其他案件犯罪嫌疑人的联系方式、藏匿地址等，属于《最高人民法院关于处理自首和立功具体应用法律若干问题的解释》规定的“协助司法机关抓捕其他犯罪嫌疑人”。

具体到本案中，一审、二审裁判分歧在于被告人冉廷某检举陈贤某贩卖毒品的行为是否成立立功。从案件事实来看，冉廷某检举陈贤某贩卖毒品的行为对象指向明确，并向公安机关提供了该犯的联络方式、家庭住址等信息，并在朋友帮助下协助公安机关抓获陈贤某，但其检举内容属于概括性的“贩卖毒品”，没有具体到陈贤某之前什么时间、什么地点，向谁贩卖毒品。按照一审裁判观点，冉廷某的行为不能认定为立功。

而二审法院认为，在分析犯罪分子检举他人犯罪行为线索时，不应仅从是否有利于司法机关侦破案件的角度考虑，还应当从犯罪预防角度，结合犯罪行为隐秘特征把握。毒品犯罪案件是当前较突出的犯罪类型，具有犯罪手段隐秘、不易发现的特征。为了更好地打击毒品犯罪，对于检举毒品犯罪分子是否构成立功，可以适当降低检举内容具体程度标准。由于冉廷某向公安机关提供的陈贤某相关信息较为明确，事后，冉廷某的朋友邓勇某向陈贤某求购毒品，协助公安机关在交易毒品时将陈贤某抓获。虽然陈贤某之前是否有过贩卖毒品的行为，无法从证据上确定，但陈贤某确实向邓勇某实施了贩卖毒品的行为，并经查证属实。加上冉廷某在其朋友邓勇某与陈贤某进行交易时，亲自带领公安机关抓捕陈贤某，有具体的协助行为。因此，基于冉廷某该次检举行为的对象指向性明确，且在协助抓捕陈贤某的过程中发挥了实质性作用，因此认定为立功。

需要注意的是，“内容具体、指向明确”只是从一般意义上来把握，在具体案件中，认定犯罪分子检举揭发他人犯罪行为，是否构成立功，还应当从立功制度的本质以及犯罪行为的隐秘性程度进行把握。立功制度设立的初衷是节约司法机关侦破案件的司法投入，进而，对于那些犯罪行为方式极为隐秘的，而又特别需要进行犯罪预防和治理的案件，检举揭发内容的具体程度可以有差异。

编写人：重庆市第一中级人民法院　陈其琨　黄晨

051　携带有关物品如何认定“形迹可疑”型自首

——罗某放火案

【案件基本信息】

1. 裁判书字号

云南省红河哈尼族彝族自治州中级人民法院（2016）云25刑终14号刑事裁定书

2. 案由：放火罪

【基本案情】

2015年6月9日16时许，个旧市杨家田蜈蚣山路边发现多处火情，个旧市森林公安民警到达现场后，经多方调查发现，曾在火灾现场附近出现的罗某行迹颇为可疑，遂在杨家田水库坝梗上找到了罗某，随即对其进行盘查，并从其身上发现打火机一个。经盘问、教育，罗某如实供述了6月9日当天，其用随身携带的打火机先后三次在个旧市杨家田蜈蚣山路边、水库边松树林内故意纵火，造成过火有林地面积120平方米，数珠树林受损的犯罪事实。

【案件焦点】

能否认定罗某为自首。

【法院裁判要旨】

云南省个旧市人民法院经审理认为：被告人罗某无视国法，为泄私愤故意放火引起森林火灾，危害公共安全，尚未造成严重后果，其行为已构成放火罪。公诉机关指控的犯罪事实清楚，证据确实、充分，定性准确，本院予以确认；建议对被告人罗某在有期徒刑二年至四年之间量刑的意见恰当，本院予以采纳。被告人罗某犯罪后自动投案并如实供述自己的犯罪事实，是自首，依法可以减轻处罚。

云南省个旧市人民法院依照《中华人民共和国刑法》第一百一十四条、第六十七条第一款之规定，作出如下判决：

被告人罗某犯放火罪，判处有期徒刑二年六个月。

一审宣判后，被告人罗某以“原判量刑过重”为由提起上诉。云南省红河哈尼族彝族自治州中级人民法院经审理认为：原判认定事实清楚，适用法律正确，审判程序合法，量刑适当，依照《中华人民共和国刑事诉讼法》第二百二十五条第一款第一项之规定，作出如下裁定：

驳回上诉，维持原判。

【法官后语】

本案罗某涉嫌放火罪犯罪事实清楚，证据确实充分，但对于罗某能否认定为自首，存在两种不同的意见。

第一种意见认为，罗某因形迹可疑被公安机关盘问，虽然其主动如实交代了自己的罪行，但同时公安机关从其身上发现了放火所用的打火机，属于与“犯罪有关的物品”，根据《最高人民法院关于处理自首和立功若干具体问题的意见》的相关规定，罗某的行为不能认定为“形迹可疑”型自首。

第二种意见认为，罗某在被公安机关盘问时，主动交代自己的犯罪事实，尽管从罗某身上发现了“犯罪有关的物品”即打火机，但这个打火机并不能表现出任何犯罪可疑物特征，其之所以被确定为作案工具，仍然是基于罗某的主动交代。故罗某的行为符合“形迹可疑”型自首的规定。

本案裁判重点主要在于对“形迹可疑”型自首的理解，尤其是携带物品如何认定的问题。根据《最高人民法院关于处理自首和立功若干具体问题的意见》之规定“罪行未被有关部门、司法机关发觉，仅因形迹可疑被盘问、教育后，主动交代了犯罪事实的，应当视为自动投案，但有关部门、司法机关在其身上、随身携带的物品、驾乘的交通工具等处发现与犯罪有关的物品的，不能认定为自动投案”。结合本案，合议庭分别从立法本意、构成要素、物品特征的方面作了综合分析。

首先，从自首制度的立法本意来看。设立自首制度的目的一方面是鼓励犯罪人主动归案，认真悔过，争取宽大处理；另一方面是节约司法资源，若犯罪人能够积极投案，如实供述自己的罪行，则可以减少公安机关证据收集的时间和精力，提高办案的效能，节约司法资源。本案中，罗某仅因形迹可疑被盘问，即交代了犯罪事实，而此时公安机关并未掌握其涉嫌放火的任何证据，即便从其身上找到了与作案有关的“打火机”，但若罗某不主动交代，公安机关仍无法迅速侦破。故罗某的交代不仅表现了其认罪悔过的态度，而且使该案得以迅速侦破，这完全符合自首制度的立法本意。

其次，从“形迹可疑”型自首的构成要素来看。“形迹可疑”型自首主要包括三个方面的要素：（1）罪行未被司法机关发觉；（2）仅因行为人形迹可疑而使司法人员产生怀疑，并无其他客观证据证实行为人的罪行；（3）行为人出于主观意愿自动交代罪行。本案中，罗某的行为完全符合认定“形迹可疑”型自首的构成要素。

最后，从与“犯罪有关的物品”的特征来看。“犯罪有关的物品”应该具有明确的指向性，如果司法机关仅凭发现的物品便足以认定行为人有重大作案嫌疑的，则行为人的如实交代只是对罪行的坦白。例如，司法机关从行为人身上发现带有血迹的菜刀、无法说出号码的手机以及违禁物品等，行为人被盘问交代的则不属于形迹可疑，而是有犯罪嫌疑，不应认定为“形迹可疑”型自首。如果从行为人处查获无信息可查的物品，如手套、打火机、口罩等，仅凭这类物品与具体案件难以建立直接、明确、紧密联系，司法机关对行为人盘问对破案具有实质意义，此时，行为人交代则应属“形迹可疑”型自首。本案中，虽然从罗某随身携带的物品里搜到了打火机，但因打火机属于非排他性物品，在没有罗某主动交代的情况下，仅凭一个打火机难以与放火案建立直接、明确、紧密联系，该案的侦破还是由于罗某的如实供述，故罗某的行为仍符合“形迹可疑”型自首的特征。

编写人：云南省红河哈尼族彝族自治州个旧市人民法院　罗曼

052　未如实供述主观心态，不应认定为自首

——惠某交通肇事案

【案件基本信息】

1. 裁判书字号

北京市第一中级人民法院（2015）一中刑终字第163号刑事裁定书

2. 案由：交通肇事罪

【基本案情】

2014年4月22日0时40分许，被告人惠某驾驶小型轿车（车号：京N8H×××）由北向南行驶至北京市昌平区城铁车辆段路霍营路52-13号线杆处，将同方向骑自行车行驶的王某某、胡某某撞出，致使王某某颅脑损伤合并创伤性休克死亡、胡某某受轻微伤。事故发生后，被告人惠某为逃避法律追究驾车逃离现场。经昌平交通支队认定，被告人惠某负事故的全部责任。案发后，被告人惠某的家属已赔偿被害人王某某的家属及被害人胡某某全部损失，被害人王某某的家属及被害人胡某某均对被告人惠某表示

谅解。公诉机关认为，被告人惠某违反交通运输管理法规，驾驶机动车发生重大事故，致一人死亡，负事故全部责任，且交通运输肇事后逃逸，其行为已构成交通肇事罪。被告人惠某在庭审中辩称，其在事故发生后离开现场不是为了逃避法律追究，其行为不属于交通运输肇事后逃逸。

【案件焦点】

被告人惠某如实供述了其交通肇事致人死亡的客观行为和结果，在不如实供述其犯罪时的主观心态的情况下，能否认定具有自首情节。

【法院裁判要旨】

北京市昌平区人民法院经审理认为：被告人惠某违反交通运输管理法规，驾驶机动车发生交通事故，致一人死亡、一人轻微伤，负事故的全部责任，且交通运输肇事后逃逸，其行为已构成交通肇事罪，依法应予惩处。北京市昌平区人民检察院指控被告人惠某犯交通肇事罪的事实清楚，证据确实、充分，罪名成立。辩护人关于本案属于过失犯罪，被告人惠某系初犯，具有悔罪表现，赔偿问题已解决，并取得了被害方的谅解，请求对被告人从宽处罚的意见，予以采纳；其他辩护意见，依据不足，不予采纳。被告人惠某犯罪后自动投案，供述了其交通肇事致人死伤的事实，但在庭审中否认其为了逃避法律追究而逃离事故现场的事实，故不能认定为自首，对该情节，在量刑时酌予考虑。应当根据被告人惠某犯罪的事实、犯罪的性质、情节和对于社会的危害程度，依法裁判。

北京市昌平区人民法院依照《中华人民共和国刑法》第一百三

十三条、第六十一条之规定，作出如下判决：

惠某犯交通肇事罪，判处有期徒刑三年。

惠某持原审辩解意见提起上诉。其辩护人认为，事发时惠某不知所撞何物，并非为逃避法律追究而离开现场，惠某始终如实供述犯罪事实，符合自首条件；原判量刑过重，可对惠某减轻处罚，适用缓刑。北京市第一中级人民法院经审理认为：在案的道路交通事故现场勘查笔录、车辆勘察记录以及现场照片和车辆照片均能明确反映，惠某车辆的撞击位置在车辆右前方，且其车辆前挡风玻璃损毁严重，惠某也供认事发时车辆开了近光灯，故惠某有条件看清汽车前方所撞的物体是骑着自行车的被害人，惠某于肇事后驾车直接离开现场，其逃避法律追究的意图明显；惠某在原审法院开庭审理过程中不能如实供述所犯罪行，故不成立自首；原判根据惠某犯罪的事实、性质、情节及危害程度，并考虑了惠某具有的各项量刑情节，在法定量刑幅度内裁量刑罚，并无不当之处。上诉人惠某及其辩护人所提上诉理由及辩护意见不能成立。原审法院作出的判决，定罪准确，量刑适当，审判程序合法，应予维持。

北京市第一中级人民法院依照《中华人民共和国刑事诉讼法》第二百二十五条第一款第一项之规定，作出如下裁定：

驳回惠某的上诉，维持原判。

【法官后语】

惠某是否具有自首情节是本案的核心争议焦点，在司法实践中争议较大，笔者简要分析如下：

理论上，犯罪事实包括犯罪构成事实和非犯罪构成事实。犯罪构成事实由犯罪客体要件、犯罪客观要件、犯罪主体要件、犯罪主观要件的事实组成，是认定具体犯罪所必需具备的事实。由此可见，行为人在犯罪过程中的主观心态是犯罪事实不可或缺的组成部分。行为人的主观心态虽与危害行为等犯罪客观要件的事实存在区别，但也是可以由证据证实的，具有客观存在性，同样属于犯罪事实。犯罪嫌疑人在自动投案后如实供述自己的罪行是认定自首的必要条件，根据相关司法解释，如实供述自己的罪行是指如实交代自己的主要犯罪事实。行为人的主观心态是区分罪与非罪、此罪与彼罪、罪轻与罪重的关键因素，直接影响对被告人的定罪和量刑，是重要的犯罪事实。所以，如果被告人不如实供述其犯罪过程中的主观心态，从而认定被告人未如实供述自己的主要犯罪事实，不构成自首，在法理上是符合逻辑的。

本案中，惠某如实供认了其交通肇事致人死伤及事故后离开现场的客观行为，但对其为逃避法律追究而驾车离开现场的主观心态这一重要犯罪事实拒不承认，因此应当认定其未如实供述自己的罪行。犯罪嫌疑人如实供述自己的罪行的基本要求是如实供述自己的“主要犯罪事实”，如果如实交代的犯罪情节重于未交代的犯罪情节，一般也可以认定为如实供述自己的主要犯罪事实。根据刑法的规定，对于一般的交通肇事犯罪行为，如果没有逃逸等特别恶劣情节，处三年以下有期徒刑或者拘役；如果具有逃逸等特别恶劣情节，则处三年以上七年以下有期徒刑；如果逃逸致人死亡，则处七年以上有期徒刑。逃逸情节作为加重处罚情节，对被告人的量刑产生非常重大的影响。由此可见，惠某未如实交代的犯罪情节并不比其如实交代的犯罪情节轻，所以在其未如实供述其为逃避法律追究而逃离的主观心态的情况下，即使自动投案并如实供述了客观方面的事实，也不应当认定为自首。

实践中，一些犯罪嫌疑人自动投案并如实供述自己的罪行，但对自己的行为性质进行辩解，在这种情况下，不影响自首的成立。当然，上述对行为性质的辩解需要建立在行为人如实供述了犯罪的客观事实和主观心态的基础上，而对法律适用进行辩解，如辩称其行为不构成犯罪或者不构成指控之罪。如果行为人在自动投案后，如实供述了犯罪的客观方面，但对自己犯罪时的主观心态进行偷梁换柱，而其主观心态又对定罪、量刑产生重大影响，则不能认定为自首，如本案。

编写人：北京市昌平区人民法院　王式宽

053　立功的法律认定

——杨志某贩卖毒品案

【案件基本信息】

1. 裁判书字号

北京市第三中级人民法院（2013）三中刑终字第93号刑事裁定书

2. 案由：贩卖毒品罪

【基本案情】

2013年6月7日14时许，杨志某同汪朝某等人在北京市西城区广安门南街某宾馆××房间共同吸食了由汪朝某提供的毒品。之后当杨志某向汪朝某提出购买毒品时，汪朝某从一大包毒品中倒出一小包送给了杨志某。当天17时许，杨志某在朝阳区某小区将汪朝某送他的部分毒品以人民币2000元的价格卖给宝某。19时许，杨志某在西城区某烟斗店门前因涉嫌吸毒被民警查获。杨志某当场承认与汪朝某等人共同吸食毒品的违法事实。后民警前往杨志某交代的吸食毒品的地点——西城区广安门南街某宾馆 207 房间抓获了汪朝某等人，并当场起获了一大包毒品，汪朝某承认该大包毒品为其所有。

【案件焦点】

在毒品案件中，如何准确把握立功的认定。

【法院裁判要旨】

北京市朝阳区人民法院经审理认为：被告人杨志某向他人贩卖毒品甲基苯丙胺，其行为已构成贩卖毒品罪。经查，被告人杨志某随身携带的毒品被民警查获后，其交代了该毒品是从汪朝某的大包毒品中分得，同时还交代了其与汪朝某等人共同吸食毒品的地点，民警在该地点抓获了汪朝某等人。虽然汪朝某已因涉嫌犯非法持有毒品罪被逮捕，但被告人杨志某的上述交代依法只属于如实供述自己违法犯罪事实的范畴，非属立功表现。鉴于被告人杨志某当庭自愿认罪并预缴罚金，对其所犯贩卖毒品罪酌予从轻处罚，判决如下：

一、被告人杨志某犯贩卖毒品罪，判处有期徒刑一年，并处罚金人民币二千元；

二、在案的人民币二千元，予以没收；另人民币二千元执行罚金。

一审法院宣判后，原审被告人杨志某提出上诉。北京市第三中级人民法院经审理认为：杨志某的供述、到案经过及相关工作说明能够证实杨志某因涉嫌吸毒被抓获后交代了其吸毒的地点和一同吸毒的人员，并未有指向性地揭发汪朝某非法持有毒品的事实，也未协助抓捕汪朝某。故杨志某及其辩护人所提其有立功表现的上诉理由及辩护意见无事实依据，法院不予支持。基于此，二审法院驳回了被告人上诉，维持原判。

【法官后语】

本案中，杨志某揭发了其与汪朝某等人共同吸食毒品的违法事实，虽经查证属实，且公安机关据此发现了汪朝某非法持有毒品的犯罪事实，但根据相关法律规定，结合具体案情，我们认为杨志某的行为不能认定为立功。理由有三：

其一，一般违法事实不应该成为揭发的“对象”。根据刑法第六十八条的规定，刑法意义上的立功是“犯罪分子有揭发他人犯罪行为，查证属实的……”这里将揭发的主体限定为“犯罪分子”，将揭发的对象限定为他人的“犯罪行为”。从适用性刑法解释的角度看，此处的“犯罪分子”显然并非严格意义上的经人民法院依法审理后认定的犯罪人，而是具备犯罪主体资格的“行为人”；同样，此处的“犯罪行为”也非严格意义上的犯罪行为，但从刑法设立“立功”的目的在于提高司法效率、节约司法资源以及一旦查证属实后所给予立功者较大幅度从宽处罚的后果看，这里的“犯罪行为”应是刑法第十三条所规定的“依照法律应当受到刑罚处罚的”行为，或行为的社会危害性达到相当程度、接近刑法第十三条规定的犯罪程度的行为，因此，达不到刑罚处罚标准的一般意义上的违法行为应该不属于此处的“犯罪行为”，换言之，一般意义上的违法事实不应该成为揭发的“对象”。本案中，杨志某仅因涉嫌吸毒被民警查获，杨志某当场交代的也仅仅是当天其与汪朝某等人共同吸食毒品的违法事实，并未有指向性地揭发他人犯罪行为。公安机关根据其供述内容抓获与其一同吸毒的汪朝某等人，并在抓获现场发现数量较大的毒品，并非根据杨志某提供的线索而是现场检查的结果。

其二，共同违法行为不应该成为揭发的“内容”。本案中，杨志某所揭发的并非单独的违法事实，而是其与汪朝某等人共同吸食毒品的共同的违法事实。共同违法虽在程度上不及共同犯罪，但在形式上却类似于共同犯罪，两者的基础均表现为共同的行为。这里涉及共同行为承担共同责任的问题。在共同犯罪中，各行为人须对共同犯罪的行为及其结果共同负责。正基于此，在我国刑法的自首制度中，共同犯罪案件中的犯罪嫌疑人，除如实供述自己的罪行外，还应当供述所知的同案犯，才构成自首。同理，在立功制度中，共同犯罪案件中的犯罪分子揭发同案犯共同犯罪以外的其他犯罪，才构成立功。换言之，共犯揭发同案犯共同犯罪以“内”的犯罪，则不属于立功。对于共同的违法行为可以参照刑法对共同犯罪的规定加以理解和认定。本案中，杨志某因涉嫌吸毒被查获后向民警交代了其吸食毒品的经过，包括地点、共同吸毒的人员等内容。具体分析杨志某交代的内容，不难看出，杨志某与汪朝某等人一起吸毒，属于共同实施违法行为，杨志某因涉嫌吸毒被公安机关抓获，后供述与其一起吸毒的人员和吸毒的地址，应该属于供述共同实施违法行为人的基本情况，比照供述同案犯的情况，该部分内容亦应属于应当供述的范围。因此，杨志某揭发共同违法行为的事实不符合法律规定的“揭发”的内容，不成立刑法意义上的立功。

其三，如实交代自己的犯罪事实若必然涉及他人的犯罪事实，也不应构成立功中的“揭发”。本案中，杨志某的“揭发”内容与汪朝某因非法持有毒品被判刑的事实不具有关联性，因此不构成立功。但假设一下，如果杨志某因涉嫌贩卖毒品被民警查获，杨志某如实交代了其贩卖毒品的来源是汪朝某从一大包毒品中倒出的一小包，公安机关据此查获了汪朝某持有毒品的事实。即便如此，我们认为，杨志某也无法构成立功情节。毒品犯罪有其特殊性，因为贩卖毒品通常包括购买（本案中是赠与）与贩卖两个环节，被告人交代贩卖毒品就必然要交代毒品的上家情况，所以被告人交代毒品的来源情况属于其应当供述的范围，而非与本案犯罪事实无关的提供立功线索的行为。根据立功的相关法律规定，“检举、揭发他人犯罪行为”或“提供侦破其他案件的重要线索”均要求犯罪分子交代的内容独立于本人所实施的犯罪，因此，杨志某交代的上家基本信息属于应当如实供述的范围，而非构成立功。

编写人：北京市高级人民法院　温小洁

北京市第三中级人民法院　余诤　程靖翔

054　缓刑减刑案中检举揭发构成重大立功的认定

——张某缓刑减刑案

【案件基本信息】

1. 裁判书字号

安徽省马鞍山市中级人民法院（2018）皖05刑更136号刑事裁定书

2. 案由：减刑

【基本案情】

执行机关安徽省马鞍山市雨山区司法局提出：社区矫正人员张某（化名）接受社区矫正期间，遵守社区矫正管理规定，服从矫正工作人员的管理和教育。积极参加集中教育，积极参加公益劳动。二次检举揭发他人重大犯罪活动，经查证属实（为保证矫正人员人身安全，详见证据）。建议对张某减去有期徒刑一年六个月，同时依法缩减其缓刑考验期限。安徽省马鞍山市司法局经审核，同意马鞍山市雨山区司法局的减刑建议。

马鞍山市人民检察院认为：经审查，罪犯张某在社区矫正期间，能认真遵守社区矫正管理规定，服从矫正工作人员管理，积极参加集中教育和公益劳动，积极履行财产刑。二次检举揭发他人重大犯罪活动，经查证属实，具有重大立功表现。依据《中华人民共和国刑法》第七十八条及有关法律法规、司法解释之规定，建议人民法院裁定减刑。

法院经审理查明：罪犯张某在社区矫正期间，能够认罪悔罪，积极履行罚金刑，罚金人民币四十万元已缴纳，能认真遵守社区矫正的相关法律规定，积极参加教育学习和社区服务，并检举、揭发二起他人犯罪活动。

【案件焦点】

如何认定检举、揭发他人犯罪活动构成重大立功。

【法院裁判要旨】

安徽省马鞍山市中级人民法院经审理认为：罪犯张某在社区矫正期间，能够认罪悔罪，积极履行罚金刑，确有悔改表现，检举、揭发二起他人犯罪活动，经查证属实。根据《最高人民法院关于处理自首和立功具体应用法律若干问题的解释》的规定，张某检举、揭发的第二起案件属于可能被判处无期徒刑以上刑罚的重大案件。所以应当认定张某检举、揭发该起犯罪行为构成重大立功。综上，罪犯张某符合法定的减刑条件，应当减刑，同时应当依法缩减其缓刑考验期。安徽省马鞍山市雨山区司法局的减刑建议、安徽省马鞍山市人民检察院的检察意见，予以部分采纳。

安徽省马鞍山市中级人民法院依照《中华人民共和国刑法》第七十八条、第七十九条，《最高人民法院关于办理减刑、假释案件具体应用法律的规定》第十八条和《中华人民共和国刑事诉讼法》第二百六十二条第二款之规定，作出如下裁定：

对罪犯张某减去有期徒刑一年，缓刑考验期缩减二年。

【法官后语】

本案处理重点在于张某检举、揭发二起他人犯罪活动是否构成重大立功。通常，缓刑犯是不考虑减刑的，但构成重大立功的，法律规定可以予以减刑。根据《最高人民法院关于处理自首和立功具体应用法律若干问题的解释》（以下简称《解释》）及《最高人民法院《关于处理自首和立功若干具体问题的意见》（以下简称《意见》）对重大立功作了专门规定。根据《解释》和《意见》的规定，被检举、揭发的他人犯罪活动的犯罪嫌疑人、被告人可能被判处无期徒刑以上刑罚或者案件在本省、自治区、直辖市或者全国范围内有较大影响等情形下，检举、揭发者可构成重大立功。

具体到本案中，张某检举揭发的第一起非法制造、买卖枪支罪案件是省公安厅挂牌督办刑事案件，能否认为是“重大案件”或者是在本省有较大影响的案件，并无明确的法律依据，因此不予以认定张某对该案的检举、揭发属重大立功。

张某检举、揭发的第二起某逃犯涉故意伤害罪。该逃犯的二个共同犯罪同案犯已由某市中级人民法院审理认定，二被告人故意伤害他人身体，致一人死亡，三人受伤的严重后果，其行为均已构成故意伤害罪，且手段残忍、后果严重，依法应予严惩。两被告人赔偿被害人家属部分经济损失，酌情从轻处罚，一被告人被判处有期徒刑十五年，另一被告人被判处有期徒刑十年。该案经某省高级人民法院二审，裁定驳回上诉，维持原判。该起犯罪因该逃犯与被害人之间的口角纠纷引发，该逃犯与同案犯纠集人员进行报复，该逃犯是犯意的发起者，也是犯罪的纠集者，该逃犯应被科处不低于上述二共同犯罪被告人的刑罚。张某检举、揭发的该逃犯涉故意伤害罪案属于可能被判处无期徒刑以上刑罚的重大案件，所以应当认定张某检举、揭发他人犯罪行为符合重大立功的规定。根据《最高人民法院关于办理减刑、假释案件具体应用法律的规定》的规定，罪犯张某符合法定的减刑条件，应当减刑，同时应当依法缩减其缓刑考验期。罪犯在缓刑考验期间因检举、揭发他人重大犯罪活动构成重大立功而获减刑，在全国都很少见。对认定为重大立功的缓刑犯减刑，既体现了刑罚的教育改造功能，也进一步彰显了法律的正面引导作用。

编写人：安徽省马鞍山市中级人民法院　刘畅

（三）数罪并罚

055 原审判决遗漏撤销前罪缓刑，再审撤销缓刑数罪并罚时能否加重处罚结果

——施某风诈骗案

【案件基本信息】

1. 裁判书字号

江苏省启东市人民法院（2020）苏0681刑再1号刑事判决书

2. 案由：诈骗罪

【基本案情】

被告人施某风于2015年至2016年在某区管委会征地拆迁期间，虚造其租赁某村杨某明、范某康、范某江、蔡某平、刘某兴、杨某、曹某德、龚某清、黄某兰、陈某花、秦某英、陈某菊、龚某、王某英等农户土地种植苗木的事实，骗取某区管委会苗木补偿款合计人民币417892元，案发前退还人民币10000元。2018年9月13日，施某风被民警抓获。另查明施某风曾因犯盗窃罪，于2017年3月24日被江苏省启东市人民法院判处有期徒刑三年，缓刑四年，并处罚金人民币25000元（已缴纳）。

江苏省启东市人民法院于2019年12月26日作出（2019）苏0681刑初170号刑事判决书，以诈骗罪判处施某风有期徒刑六年三个月，并处罚金人民币12万元。同时责令施某风退缴违法所得，发还某区管委会。案件生效后，该院审判委员会经讨论认为，

原判决未依法撤销缓刑实行数罪并罚，系适用法律错误，决定对该案再审。

【案件焦点】

原审判决时遗漏撤销前罪缓刑，在原审法院启动的再审程序中，撤销缓刑数罪并罚时能否加重原审被告人的处罚结果。

【法院裁判要旨】

江苏省启东市人民法院经审理认为：原审被告人施某风虚构事实、隐瞒真相，骗取政府苗木补偿款，数额巨大，其行为已构成诈骗罪，依法应追究刑事责任。原判决认定施某风犯诈骗罪的事实清楚、定罪正确。施某风因犯盗窃罪于 2017 年 3 月被法院判处有期徒刑三年，缓刑四年，在缓刑考验期间被发现其于 2015 年至 2016 年犯有诈骗罪未经判决，应当撤销缓刑，依法进行数罪并罚，但原审判决未撤销缓刑并作出数罪并罚，属法律适用不当，量刑错误，依法应当予以纠正。

江苏省启东市人民法院根据《中华人民共和国刑法》第二百六十六条、第六十四条、第六十九条、第七十七条，《中华人民共和国刑事诉讼法》第二百五十六条第一款，《最高人民法院关于适用〈中华人民共和国刑事诉讼法〉的解释》第三百八十四条、第三百八十六条、第三百八十九条第一款第三项的规定，作出如下判决：

一、撤销本院（2019）苏 0681 刑初 170 号刑事判决书；

二、撤销本院（2017）苏 0681 刑初 68 号刑事判决确认的“被告人施某风犯盗窃罪，判处有期徒刑三年，缓刑四年，并处罚金人民币 25000 元（已缴纳）”中的缓刑执行部分；

三、原审被告人施某风犯诈骗罪，判处有期徒刑六年三个月，并处罚金人民币 12 万元；连同前罪判处的刑罚有期徒刑三年，并处罚金人民币 25000 元（已缴纳），决定执行有期徒刑七年六个月，并处罚金人民币 145000 元（已缴纳 25000 元）；

四、责令被告人施某风退缴违法所得人民币 407892 元，发还某区管委会。

【法官后语】

《最高人民法院关于适用〈中华人民共和国刑事诉讼法〉的解释》第四百六十九条规定，除人民检察院抗诉的外，再审一般不得加重原审被告人的刑罚。但也能看出该规定并不是绝对的再审不加刑，而是为特殊情况下可以加刑留下了空间。

1. 特殊情况下再审可以加刑的依据

一是根据“实事求是，有错必纠”的刑事政策。再审程序并非单一地满足某一个目标，而是重视纠错功能的兑现和实体正义的实现，简言之，就是对确有错误的裁判依法予以纠正，无论是对原审被告人的刑罚减轻或加重，都是为了最大限度地实现实体正义。二是司法解释的规定。《最高人民法院关于适用〈中华人民共和国刑事诉讼法〉的解释》第四百零一条规定，审理被告人等提出上诉的案件，原判判处的刑罚畸轻，必须依法改判的，应当在第二审判决、裁定生效后，依照审判监督程序重新审判；第四百七十二条规定，再审案件经过重新审理后，原判决、裁定认定事实没有错误，但适用法律错误或者量刑不当的，应当撤销原判决、裁定，依法改判。按照上述两个条款的规定，可以推出法院主动提起再审的，在原审判罚畸轻的情况下可以加刑。三是可循的判例。

2. 本案为什么可以再审加刑

本案中施某风因犯盗窃罪于 2017 年 3 月被法院判处有期徒刑三

年，缓刑四年，在缓刑考验期间被发现其于2015年至2016年犯有诈骗罪未经判决，根据《中华人民共和国刑法》第七十七条的规定，应当撤销缓刑，进行数罪并罚。但原审判决仅对诈骗罪作出了处理（有期徒刑六年三个月并处罚金12万元），并未撤销原盗窃罪缓刑并作出数罪并罚，属法律适用不当，量刑错误。如果本案不启动在审程序则刑罚根本无法执行，一方面要收监执行诈骗罪的刑罚六年三个月；另一方面要对前罪盗窃罪的缓刑实施社区矫正，显然是不可能实现的。如果本案启动再审程序却不加刑，那么再审就没有任何意义，就会让犯罪人占了便宜，不能罚当其罪，也不能让人民群众感受到案件的公正处理。另外，本案再审并没有加重原审诈骗犯罪的刑罚，只是将遗漏的盗窃罪刑罚合并处理，属于刑罚之间合并执行方式。从各罪上看再审并没有加刑，但从合并执行的结果看再审加重了原审被告人的处罚结果。如果把这种处理认定为广义的加刑，则这样的加刑存在应该加刑的事实基础，如果仍机械地不加刑，就不能客观公正，难以取得良好的效果。

编写人：江苏省启东市人民法院　王麒锟

056　行为人实施毒品犯罪的目的是诬告陷害他人，两个犯罪行为构成手段与目的的牵连关系，应择一重罪处罚

——黎某运输毒品、诬告陷害、非法拘禁案

【案件基本信息】

1. 裁判书字号

广东省汕尾市中级人民法院（2019）粤15刑终399号刑事判决书

2. 案号：运输毒品罪、诬告陷害罪、非法拘禁罪

【基本案情】

2016 年 3 月 14 日，“老肥”打电话给被告人黎某，让其多带些人到深圳罗湖某停车场见面。黎某约了朋友与“老肥”见面后，驾驶“老肥”的面包车载“老肥”等人往深圳市福田区皇岗口岸，接到从我国香港特别行政区来的方某某后赶往凤凰山顶，要方某某还钱。方某某因称没钱还而被殴打。次日凌晨 3 时许，根据“老肥”授意，黎某等人将方某某带至深圳市宝安区某出租屋看管，后又转到某小区，“老肥”还给了黎某 1 袋毒品甲基苯丙胺（俗称冰毒），让其栽赃方某某贩毒。黎某带上冰毒后约上朋友“大古”，驾驶面包车从深圳市出发，载方某某往海丰县公平镇，并用方某某的我国香港特别行政区永久性居民身份证登记入住某酒店×××号房。黎某趁方某某不注意，将冰毒放在房间床上枕头下，随后与“大古”离开房间。黎某离开房间后打电话给其在海丰县公安局公平派出所工作的亲戚，称某酒店×××号房间里有人贩毒。2016 年 3 月 15 日 20 时许，公平派出所值班民警接举报，在该房内发现方某某（经法医检验，其损伤程度构成轻微伤），并在房里缴获冰毒 1 袋，净重 97.6 克。2018 年 9 月 1 日，被告人黎某在某数码城××房被抓获归案，公安机关从现场缴获冰毒 3 小袋，净重共 6.99 克。

【案件焦点】

1. 本案涉及的毒品犯罪应定性为运输毒品罪还是非法持有毒品罪；2. 被告人黎某实施的毒品犯罪行为与诬告陷害行为之间是否构成牵连关系，是应数罪并罚还是择一重罪处罚。

【法院裁判要旨】

广东省海丰县人民法院经审理认为：被告人黎某无视国家法律，非法拘禁他人，具有殴打情节，其行为已构成非法拘禁罪，应从重处罚；其捏造事实，作虚假告发，意图陷害他人，使他人受刑事追究，情节严重，其行为又构成诬告陷害罪；其又违反国家对毒品的管制，将毒品甲基苯丙胺 97.6 克从深圳市带到海丰县公平镇，其行为构成运输毒品罪。被告人黎某一人犯数罪，依法应当实行数罪并罚。鉴于被告人黎某能当庭认罪，可酌情从轻处罚。根据被告人黎某的犯罪事实、犯罪性质、情节及对社会的危害程度，依照《中华人民共和国刑法》第二百三十八条第一款，第二百四十三条，第三百四十七条第一款、第二款第一项，第六十九条第一款、第三款，第五十九条第一款，第五十六条第一款，第五十五条第一款，第六十四条的规定，判决如下：

一、被告人黎某犯运输毒品罪，判处有期徒刑十五年，剥夺政治权利五年，并处没收财产人民币 10000 元；犯诬告陷害罪，判处有期徒刑一年六个月；犯非法拘禁罪，判处有期徒刑十个月；总和刑期有期徒刑十七年四个月，剥夺政治权利五年，并处没收财产人民币 10000 元；决定执行有期徒刑十六年十个月，剥夺政治权利五年，并处没收财产人民币 10000 元；

二、本案缴获的苹果手机一部予以没收，上缴国库；缴获的毒品甲基苯丙胺 104.59 克、吸毒工具“冰壶” 1 个予以没收，由公安机关依法销毁。

黎某及其辩护人上诉提出：一审认定其犯运输毒品罪及诬告陷害罪错误，其非法持有毒品行为系诬告陷害的手段，手段行为与目的行为之间存在牵连关系，应择一罪从重处罚。请求二审法院改判其犯非法持有毒品罪及非法拘禁罪，并从轻处罚。

广东省汕尾市中级人民法院经审理认为：上诉人黎某无视国家法律，非法拘禁他人，具有殴打情节，其行为已构成非法拘禁罪，应从重处罚；其捏造事实，作虚假告发，意图陷害他人，使他人受刑事追究，情节严重，其行为又构成诬告陷害罪；其又为陷害方某某，采用其从深圳市运回海丰县的毒品作为方某某“犯罪证据”的方法，意图使方某某受到刑事追究，其行为在构成诬告陷害罪的同时，又构成了运输毒品罪，属于牵连犯罪，应择一重罪即按运输毒品罪定罪处罚，并与非法拘禁罪数罪并罚。本案查获的毒品甲基苯丙胺达 97.6，，应以运输毒品罪对其定罪处罚，上诉人黎某及其辩护人所提应构成非法持有毒品罪的上诉意见与查明的事实不符，不予采纳。原判认定基本事实清楚，证据确实、充分，审判程序合法，但未准确认定上诉人黎某的行为属牵连犯罪，导致定性不准，适用法律错误，二审予以纠正。依照《中华人民共和国刑法》第三百四十七条第二款第一项，第二百三十八条第一款，第六十九条第一款、第三款，第五十九条第一款，第五十五条第一款，第五十六条第一款，第六十四条，《中华人民共和国刑事诉讼法》第二百三十六条第一款第二项之规定，判决如下：

一、维持海丰县人民法院（2019）粤 1521 刑初 203 号刑事判决第二项对涉案物品的处理部分，撤销第一项对原审被告人黎某的定罪量刑部分；

二、上诉人（原审被告人）黎某犯运输毒品罪，判处有期徒刑十五年，剥夺政治权利五年，并处没收财产人民币 10000 元；犯非法拘禁罪，判处有期徒刑十个月；总和刑期有期徒刑十五年十个月，剥夺政治权利五年，并处没收财产人民币 10000 元；决定执行有期徒刑十五年四个月，剥夺政治权利五年，并处没收财产人民币10000元。

【法官后语】

1. 被告人黎某所实施的毒品犯罪行为应定性为运输毒品罪。黎某归案后即供称用来栽赃陷害方某某的97.6克毒品冰毒是“老肥”在深圳给其的，其将毒品带回海丰县后即入住公平镇某酒店×××房间，趁方某某不备，将冰毒放在方某某的枕头下，其离开房间后报警称该房间内有人贩毒。其在一审庭审时至二审提审时翻供，称毒品系“老肥”给其钱，其在公平镇买的，其之前供述毒品是从深圳带回来是以为这样罪责可以轻一点。但经观看富城大酒店监控视频，黎某在入住酒店到离开酒店期间并未离开该酒店，与其辩解在公平镇购买毒品冰毒相互矛盾，故其归案后的第一次讯问笔录应予采信，即认定该冰毒是其从深圳带至海丰。在运输毒品过程中被查获，没有证据证明其是为了实施贩卖毒品等其他犯罪，毒品数量达到较大以上的，以运输毒品罪定罪处罚。故二审认为上诉人黎某及其辩护人所提构成非法持有毒品罪的上诉意见与本案查明的事实不符，不予采纳该上诉意见，黎某构成运输毒品罪。

2. 被告人黎某运输毒品的目的是诬告陷害他人，两个犯罪行为构成手段与目的的牵连关系，应择一重罪处罚。刑法上的牵连犯，是指以实施某一犯罪为目的，而其犯罪的方法或者犯罪的结果又触犯了其他罪名的犯罪形态。例如，为了诈骗而伪造公文，是以实施诈骗罪为目的，而犯罪的方法又触犯了伪造公文罪。构成牵连犯必须具备如下三个要件：一是数罪必须出于一个犯罪目的；二是必须实施了两个以上独立的犯罪行为；三是数个犯罪行为须有牵连关系。

除我国刑法已明确规定的外，对于牵连犯，应择一重罪论处。

综合本案证据，被告人黎某捏造贩卖毒品的事实诬告陷害方某某，意图使方某某受到刑事追究，其实施毒品犯罪的目的是诬告陷害他人，其实施了运输毒品和诬告陷害两个犯罪行为，这两个犯罪行为构成手段与目的的牵连关系，应择一重罪处罚，原判认定其构成两罪不当，应择一重罪即按运输毒品罪定罪处罚，并与非法拘禁罪并罚。

编写人：广东省汕尾市中级人民法院　曾向虹

057 选择性罪名一般情况下应根据行为人所实施的数个行为确定罪名

——黄某等非法买卖、运输制毒物品案

【案件基本信息】

1. 裁判书字号

福建省厦门市中级人民法院（2018）闽02刑终795号刑事裁定书

2. 案由：非法买卖、运输制毒物品罪

【基本案情】

2017年4月、5月被告人陈某郁、高某、汪某在男子“可爱”（另案处理）安排下从我国台湾地区到厦门接收、看管、交付毒资给制毒物品卖家，5月27日分两次交给被告人许某人民币（下同）60万元定金。5月27日，被告人黄某联系被告人张某为其从龙岩运输一批货物至厦门，并安排人员探路。被告人张某根据指示找被告人陈某探路。5 月 28 日晚，被告人黄某、许某、张某、陈某四人驾车进行运输制毒物品路线踩点。5 月 29 日中午，被告人张某驾驶装载白色结晶粉末的车辆在厦门高速东孚服务区被抓获，当场查获 24 袋黄色包装袋包装的白色结晶粉末及手机等物品。经检测，缴获的 24 袋物品含有氯麻黄碱成分，净重 597.337 公斤。其间，被告人陈某在厦门翔安高速入口处被抓获，被告人黄某、许某、陈某郁、汪某四人在龙岩市新罗区嘉年华 1 号楼楼下被侦查人员抓获，缴获毒资 312 万元等物品。同日下午，被告人高某在厦门市四川大厦 10××室被抓获。

【案件焦点】

对被告人黄某、张某、陈某罪名的确定。

【法院裁判要旨】

福建省厦门市海沧区人民法院经审理认为：本案被告人黄某违反国家规定，非法买卖涉案制毒物品，并安排被告人张某、陈某将涉案制毒物品从龙岩运输到厦门，其行为已构成非法买卖、运输制毒物品罪。被告人张某、陈某明知黄某实施非法买卖制毒物品犯罪，仍积极协助其运输，其行为亦构成非法买卖、运输制毒物品罪。公诉机关指控的罪名不当，应依法予以纠正。

福建省厦门市海沧区人民法院依照《中华人民共和国刑法》第三百五十条第一款、第二十三条、第二十五条第一款、第二十六条第一款和第四款、第二十七条、第六十七条第三款、第七十七条第一款、第六十九条、第六十四条以及《最高人民法院关于审理毒品犯罪案件适用法律若干问题的解释》第八条第二款第一项之规定，作出判决如下：

一、撤销福建省龙岩市新罗区人民法院（2013）龙新刑初字第278号刑事判决书中对被告人黄某犯信用卡诈骗罪，判处有期徒刑三年，缓刑五年，并处罚金人民币三万元中的缓刑部分；

二、被告人黄某犯非法买卖、运输制毒物品罪，判处有期徒刑十一年，并处罚金人民币三十万元；与前罪判处刑罚并罚，决定执行有期徒刑十三年，并处罚金人民币三十三万元（刑期从判决执行之日起计算。判决执行以前先行羁押的，羁押一日折抵刑期一日。即自2017年5月29日起至2030年5月28日止；罚金应于判决书生效后第二日起十日内缴纳）；

三、被告人许某犯非法买卖制毒物品罪，判处有期徒刑七年六个月，并处罚金人民币十五万元（刑期从判决执行之日起计算。判决执行以前先行羁押的，羁押一日折抵刑期一日。即自2017年5月29日起至2024年11月28日止；罚金应于判决书生效后第二日起十日内缴纳）；

四、被告人陈某郁犯非法买卖制毒物品罪，判处有期徒刑七年，并处罚金人民币十五万元（刑期从判决执行之日起计算。判决执行以前先行羁押的，羁押一日折抵刑期一日。即自2017年5月29日起至2024年5月28日止；罚金应于判决书生效后第二日起十日内缴纳）；

五、被告人汪某犯非法买卖制毒物品罪，判处有期徒刑六年，并处罚金人民币十万元；

（刑期从判决执行之日起计算。判决执行以前先行羁押的，羁押一日折抵刑期一日。即自2017年5月29日起至2023年5月28日止；罚金应于判决书生效后第二日起十日内缴纳。）

六、被告人张某犯非法买卖、运输制毒物品罪，判处有期徒刑七年，并处罚金人民币十万元；

（刑期从判决执行之日起计算。判决执行以前先行羁押的，羁押一日折抵刑期一日。即自2017年5月30日起至2024年5月29日止；罚金应于判决书生效后第二日起十日内缴纳。）

七、被告人陈某犯非法买卖、运输制毒物品罪，判处有期徒刑七年，并处罚金人民币十万元；

（刑期从判决执行之日起计算。判决执行以前先行羁押的，羁押一日折抵刑期一日。即自2017年5月30日起至2024年5月29日止；罚金应于判决书生效后第二日起十日内缴纳。）

八、被告人高某犯非法买卖制毒物品罪，判处有期徒刑四年六个月，并处罚金人民币五万元；

（刑期从判决执行之日起计算。判决执行以前先行羁押的，羁押一日折抵刑期一日。即自2017年5月30日起至2021年11月29日止；罚金应于判决书生效第二日起十日内缴纳。）

九、扣押在案的氯麻黄碱24袋（净重597.337公斤），予以没收，由公安机关直接上缴禁毒部门依法处理；扣押在案的现金人民币3165100元、作案工具手机十二部、电话卡四张、纸张八张、账本一本，依法予以没收；扣押在案的其他物品，依法予以发还（详见发还清单）；继续追缴被告人黄某、许某违法所得人民币六十万元。

被告人黄某、汪某、张某、陈某对原审判决结果不服提起上诉。福建省厦门市中级人民法院经审理同意一审法院裁判意见，依照《中华人民共和国刑事诉讼法》第二百二十五条第一款第一项的规定裁定如下：

驳回上诉，维持原判。

【法官后语】

选择性罪名，是指刑法分则规定的某种犯罪，包含两种以上的行为，或者包含两种以上的犯罪对象的罪名。选择性罪名大致可分为三种：一是含有一种行为和两种以上的行为对象，如《中华人民共和国刑法》第二百二十一条规定的损害商业信誉、商品声誉罪；二是含有两种以上的行为和一种行为对象，如出售、购买、运输假币罪；三是含有两种以上的行为和两种以上的行为对象，如伪造、变造、买卖国家机关公文、证件、印章罪。选择性罪名具有法定性、内在联系性、可分解性的特征。

若行为人实施了选择性罪名中包含的数个选择性行为，法院在最终确定罪名时是否需将各个行为均罗列出来，尤其是在数行为间存在目的行为与手段行为或原因行为与结果行为等关系时，该点在司法实践中存在较大争议。

有观点认为，以走私、贩卖、运输、制造毒品罪为例，立法设置运输毒品罪的价值在于，现实中往往会因为证据的原因而无法运用走私、贩卖、制造毒品罪来打击相关毒品犯罪，但运输毒品罪的设置正好可以弥补走私、贩卖、制造毒品罪的上述不足。换言之，在能查明行为人运输毒品的目的系走私或贩卖，抑或制造完成后的运输行为，对运输行为就不应评价，直接认定为走私毒品罪、贩卖毒品罪或制造毒品罪。例如，持有、使用假币罪，若行为人持有假币后又使用该假币的，行为人其实就是为了使用而持有假币，其持有假币的行为是其使用假币行为必不可少的组成部分，不具有相对的独立性，对其行为以使用假币罪论处就足以评价其包括持有假币行为在内的全部行为，故对其行为应当认定为使用假币罪，而不应当认定为持有、使用假币罪。笔者将该观点代称为“A 观点”。

A观点采用类推牵连犯的理论，即认为在选择性罪名中若行为人针对同一犯罪对象实施的数个行为存在方法行为与目的行为，或原因行为与结果行为之间的牵连关系，在能查明行为人的犯罪目的时，在罪名中只列明其中的目的行为或结果行为，方法行为和原因行为等视为已被目的行为或结果行为评价。

笔者对A观点不予赞同，认为对选择性罪名在法律无特殊规定的情况下，应根据行为人所实施的数个行为，按相关罪名刑法规定的排列顺序并列确定罪名，且当犯罪对象同一时，犯罪对象不累计计算，当犯罪对象不同一时，犯罪对象应累计计算。笔者将该观点称之为“行为说”。

首先，A观点在存在犯罪既、未遂和共同犯罪的情况下将可能导致量刑的不均衡。例如，行为人甲为走私一批毒品而雇用乙帮忙运输，乙只知道运输的是违禁品，且可能是毒品，但不知道甲的目的系走私该批毒品，后乙将该批毒品从B市运到C市后在C市被民警查获，依A观点，此时乙构成运输毒品罪（既遂），甲构成走私毒品罪（未遂），而走私、贩卖、运输、制造毒品罪中毒品数量对各行为的量刑幅度是一致的，即在认定甲和乙分别走私、运输同一批毒品的情况下，因甲构成走私毒品罪未遂、乙构成运输毒品罪既遂（乙为从犯地位），反而最终量刑时乙将可能比甲所受刑罚更重，显然甲乙二人的罪责刑不相适应。反之，若采用“行为说”，认为甲的行为属构成走私、运输毒品罪，在运输毒品方面与乙构成共同犯罪，甲为主犯、乙为从犯，继而在量刑时甲、乙均以运输毒品罪既遂来考量，乙因属从犯依法从轻或减轻处罚，对甲走私毒品未遂的行为不再重复评价，如此对二人的量刑将较为适宜。

其次，走私、贩卖、运输、制造毒品罪是选择性罪名，对同一宗毒品实施了两种以上犯罪行为并有相应确凿证据的，应当按照所实施的犯罪行为的性质并列确定罪名，毒品数量不重复计算，不实行数罪并罚。对同一宗毒品可能实施了两种以上犯罪行为，但相应证据只能认定其中一种或者几种行为，认定其他行为的证据不够确实充分的，则只按照依法能够认定的行为的性质定罪。假币犯罪案件中犯罪分子实施数个相关行为的，在确定罪名时应把握以下原则：（1）对同一宗假币实施了法律规定为选择性罪名的行为，应根据行为人所实施的数个行为，按相关罪名刑法规定的排列顺序并列确定罪名，数额不累计计算，不实行数罪并罚；（2）对不同宗假币实施法律规定为选择性罪名的行为，并列确定罪名，数额按全部假币面额累计计算，不实行数罪并罚。以持有、使用假币罪为例，丙使用假币3000元后被公安机关抓获，同时从丙身上搜到1000元假币，因持有、使用假币入罪有数额较大（4000元以上）的要求，若依A观点，认为使用假币行为当然吸收持有假币行为，那么无论是以使用假币还是以持有假币单列罪名均无法达到数额较大的标准，即无法追究丙的刑事责任，而依“行为说”，将使用假币和持有假币行为均予以列明，二者的行为对象因不一致而累计计算，以持有、使用假币行为追究丙的刑事责任，且数额也达到较大的标准。

最后，一般来说，选择性罪名属同质排列式罪名。排列式罪名是指一法条中并列规定数个法定刑完全一致的情形。同质排列式罪名是指同一法条内具有数个因法定选择性行为或选择性侵犯对象而有所不同的犯罪构成，其所包含的数个罪名的相互关系可概括为名异而质同。也就是说，选择性罪名作为同质排列式罪名，在罪名形式上可能存在差异，但侵犯的客体相同，罪质无异且适用法定刑同一。因此因对选择性罪名，依行为人所实施的数个行为，按相关罪名刑法规定的排列顺序并列确定罪名并不会造成扩大评价行为人的犯罪构成或因重复评价而导致量刑偏重。

本案中，被告人黄某作为制毒物品的卖方，在制毒物品交接方面负责联系、雇用被告人张某安排车辆运输制毒物品，指使张某联系他人（被告人陈某）在前带路、望风，对运输线路事先进行踩点并与接货人见面，被告人张某、陈某明知黄某实施非法买卖制毒物品犯罪，仍积极协助其运输制毒物品，因此黄某、张某、陈某三人已构成非法运输制毒物品罪，既遂，而非法买卖制毒物品行为因被告人意志以外的原因未得逞，系未遂。非法买卖制毒物品罪未与非法运输制毒物品罪既遂，二者量刑上明显不一致。并且，被告人黄某作为制毒物品的卖方，与买方相比除双方一手交钱一手交货的对等交易外，黄某还承担了制毒物品的运输行为，因此在本案中只有将该运输行为也列明在其所构成的选择性罪名中，才能完整评价被告人黄某等人的犯罪构成。所以，对被告人黄某、张某、陈某应以非法买卖、运输制毒物品罪追究其刑事责任，在量刑时由于买卖与运输的制毒物品是同一批货物，因此以运输制毒物品（既遂）来考量，对非法买卖制毒物品的行为不再重复评价，对买方及中间人则均以非法买卖制毒物品（未遂）来量刑，以达到罪责刑相适应。

编写人：福建省厦门市海沧区人民法院　牟燕　陈淑芳

058 被告人分别构成同一罪名的单位犯罪与自然人犯罪应当数罪并罚

——苑某英虚开增值税专用发票案

【案件基本信息】

1. 裁判书字号

北京市高级人民法院（2018）京刑终 172 号刑事裁定书

2. 案由：虚开增值税专用发票罪

【基本案情】

2013 年至 2016 年，被告人苑某英作为甲公司、乙公司、丙公司的兼职会计，在本单位与丁公司、戊公司无实际业务往来的情况下，从丁公司、戊公司虚开增值税专用发票 272 张，税款合计人民币 1345 万多元（以下币种均为人民币），案发前已抵扣税款 1345 万多元。上述三家公司已补缴全部税款。

被告人苑某英在明知己公司等八家公司与某源公司、某和公司无真实业务的情况下，介绍上述公司从丁公司、戊公司虚开增值税专用发票 405 张，税款合计 1005 万多元，案发前已抵扣税款 1000 万余元。上述八家公司已补缴全部税款。

被告人苑某英作案后被查获归案。上述十三家公司均另案处理。

【案件焦点】

被告人分别构成同一罪名的自然人犯罪和单位犯罪，应对其认定构成一罪还是数罪，并如何量刑。

【法院裁判要旨】

北京市第一中级人民法院经审理认为：被告人苑某英作为单位的直接责任人员，让他人为本单位虚开增值税专用发票，骗取国家税款，数额巨大，情节特别严重，其行为已构成虚开增值税专用发票罪；被告人苑某英介绍他人虚开增值税专用发票，骗取国家税款，数额巨大，情节特别严重，其行为亦构成虚开增值税专用发票罪。苑某英介绍他人虚开增值税专用发票数额巨大，依法应予惩处；其作为单位虚开增值税专用发票的直接责任人员，亦应承担相应的刑事责任，故对其应实行数罪并罚。鉴于苑某英到案后如实供述，认罪悔罪，且涉案税款均已补缴，对其予以从轻处罚。苑某英在部分犯罪中未牟取私利，在量刑中酌予考虑。

北京市第一中级人民法院依照《中华人民共和国刑法》第二百零五条、第三十一条、第五十六条第一款、第五十二条、第五十三条、第六十九条、第六十七条第三款、第六十一条及《最高人民法院关于适用财产刑若干问题的规定》第五条之规定，作出如下判决：

被告人苑某英犯虚开增值税专用发票罪（单位），判处有期徒刑十二年；犯虚开增值税专用发票罪，判处有期徒刑十二年，剥夺政治权利三年，并处罚金人民币四十万元；决定执行有期徒刑十四年，剥夺政治权利三年，并处罚金人民币四十万元。

二审法院同意一审法院裁判意见，依照《中华人民共和国刑事诉讼法》第二百二十五条第一款第一项（修改后为第二百三十六条第一款第一项）的规定，作出如下裁定：

驳回苑某英的上诉，维持原判。

【法官后语】

本案处理重点主要在于被告人分别构成同一罪名的自然人犯罪和单位犯罪，应对其认定构成一罪还是数罪，并如何量刑?

针对这一争议焦点，司法实践中有两种观点：第一种观点认为，被告人在同一罪名项下，分别构成自然人犯罪和单位犯罪，其行为符合同一种犯罪构成要件，应当认定构成一罪，予以从重处罚。第二种观点认为，被告人实施两个或两个以上的行为，侵犯同一法益，但行为方式的主体身份、主观故意的内容、客观表现均不同，分别构成同一罪名的自然人犯罪和单位犯罪，虽符合同一种犯罪构成要件，但自然人犯罪和单位犯罪的构成要件不一致，应当构成数罪，予以数罪并罚。本文赞同第二种观点。

结合本案，甲公司、乙公司、丙公司三家公司虚开增值税专用发票272张，税款1345.721万元，抵扣税款1345.721万元。被告人苑某英作为上述三公司的兼职会计，对外代表受票公司与开票公司联络，购买发票的行为系完成公司职务，其与公司为一体。在取得发票后，其还作为公司会计，负责后续报税、抵扣税款。据受票单位法人等证实，由于苑某英在税务工作方面，为公司的贡献很大，因此均认可其工作，一直聘用其，但不了解其是否从中牟取个人利益，苑某英本人亦否认在虚开增值税专用发票过程中，截留好处。鉴于以上事实，最终认定苑某英在该三起犯罪中，属于单位犯罪的直接责任人员，对外直接以公司的名义开票，且虚开增值税专用发票获取的利益，直接归属于单位，单位将虚开的发票实际抵扣税款，实现降低税负的目的。

而苑某英在介绍己公司等八家公司虚开增值税专用发票405张过程中，与开票公司和受票公司均无劳动或劳务关系，且在职务上也无隶属关系。苑某英作为中间人，发挥了牵线搭桥的作用，即帮助双方沟通开票细节，提供个人账户在开票公司和受票公司之间走账，并在回款过程中，截留部分款项作为个人的好处。由此可见，其在自然人犯罪中，地位、发挥的作用、获利均不同于单位犯罪。

故根据罪数理论，同一罪名的单位犯罪与自然人犯罪的构成要件不同，当被告人实施了数个犯罪行为，分别构成单位犯罪和自然人犯罪，应当认定为构成数个犯罪。本案的被告人苑某英分别实施了虚开增值税专用发票罪的自然人犯罪和单位犯罪，构成数个犯罪，应当予以数罪并罚。

编写人：北京市第一中级人民法院　鲍艳　李悦

059　漏罪发现时间的认定

——肖某某强奸案

【案件基本信息】

1. 裁判书字号

北京市第三中级人民法院（2017）京 03 刑终 530 号刑事判决书

2. 案由：强奸罪

【基本案情】

2012 年 11 月 1 日 23 时许，被告人肖某某在北京市昌平区尾随被害人焦某至北京甲资源回收货场，采用捂嘴、勒脖子的方式，强行将被害人带至顺义区大桥东南侧绿化带内一白色废弃拖车内。次日凌晨，被告人肖某某采用暴力方式强行与被害人发生两次性关系。经鉴定，被害人身体所受损伤程度符合轻微伤。被告人肖某某于2017年1月14日被民警抓获。被告人肖某某的上述行为给被害人造成误工费4000元。

经二审审理查明的关于对肖某某所犯强奸罪属于漏罪，应和前判抢劫罪进行数罪并罚的事实：本案强奸罪在2012年发生后因昌平区派出所接焦某某报警称其女儿焦某被一名身份不明男子带走无法联系到其女儿，接报后民警赶赴现场开展工作，2012年11月2日6时许，焦某回到昌平区北京甲资源回收货场，其称2012年11月2日0时许其在昌平区回收货场门口被一陌生男子按倒并被该男子强行带到一其不认识地方的一废旧车内被该男子强奸。2012年11月7日，昌平刑侦支队将该案检材（焦某血样、阴道拭子、内裤布片、拖车驾驶室地面斑迹、烟蒂）送到市局法医鉴定中心，2012年11月12日做完物证实验后，法医将焦某的阴道拭子上传至全国公安机关DNA数据库。公安机关开展侦查工作，经查案发地在顺义区镇，2014年6月27日，昌平分局将案件移送至顺义分局刑侦支队进行侦查，同日顺义分局对焦某被强奸案立案。2016年5月29日，市局鉴定中心的系统显示焦某的阴道拭子与江苏人员肖某某的DNA信息比中成功。将比中结果复核后，认为无误，就将结果告知市局刑侦总队。2016年12月15日，顺义分局民警从昌平分局刑侦支队得到DNA比对线索，焦某案发后阴道拭子与肖某某提取的血液样本DNA比对同一，指向嫌疑人是肖某某。2017年1月14日，肖某某在江苏因抢劫罪服刑期满之日被顺义民警拘传后带走。

【案件焦点】

在被告人因抢劫罪服刑完毕之后是否应对被告人实行数罪并罚。

【法院裁判要旨】

北京市顺义区人民法院经审理认为：被告人肖某某违背妇女意志，采用暴力手段强行与妇女发生性关系，其行为侵犯了妇女性的不可侵犯的权利，已构成强奸罪，依法应予惩处。故判决如下：

一、被告人肖某某犯强奸罪，判处有期徒刑四年；

二、被告人肖某某赔偿附带民事诉讼原告人焦某误工费人民币四千元；

三、驳回附带民事诉讼原告人焦某的其他诉讼请求。

一审宣判后，北京市顺义区人民检察院提出抗诉，认为原审判决对肖某某强奸罪判处的刑罚没有与所犯抢劫罪判处的刑罚数罪并罚，量刑适用法律错误。北京市人民检察院第三分院支持抗诉，意见同上。原审被告人肖某某对一审判决未提出异议。辩护人意见同意抗诉意见。

北京市第三中级人民法院经审理认为：被告人肖某某因犯抢劫罪于 2014 年 3 月 18 日被判处有期徒刑三年，并处罚金人民币三千元，判决期满释放日为 2017 年 1 月 14 日，根据二审的证据显示，北京市公安局顺义分局刑侦支队发现肖某某漏罪强奸罪时间为 2016 年 12 月 15 日。故侦查机关发现肖某某犯强奸罪的时间在其因犯抢劫罪的判决宣告以后，刑罚执行完毕以前，符合《中华人民共和国刑法》第七十条关于数罪并罚的规定。因此，应当对新发现的漏罪强奸罪作出判决，把抢劫罪和强奸罪所判处的刑罚进行并罚，决定执行的刑罚。已经执行的刑期，应当计算在新判决决定的刑期以内。对于抗诉理由及辩护意见，二审予以支持和采纳。鉴于现经二审法院庭审质证的新证据能够证明在肖某某抢劫罪服刑期间发现了强奸罪这一漏罪，应当对其实行数罪并罚，故依法改判如下：

一、撤销北京市顺义区人民法院（2017）京0113刑初506号刑事附带民事判决书主文第一项，即被告人肖某某犯强奸罪，判处有期徒刑四年；

二、被告人肖某某犯强奸罪，判处有期徒刑四年，与（2014）吴江刑初字第0192号刑事判决书判处的被告人肖某某犯抢劫罪，判处有期徒刑三年，并处罚金人民币三千元并罚，决定执行有期徒刑六年六个月，并处罚金人民币三千元。

【法官后语】

本案处理的重点在于如何确认司法机关发现被告人肖某某犯强奸罪的时间节点，该罪是否作为漏罪与前罪数罪并罚。

刑法第七十条的“发现”是指通过司法机关侦查、他人揭发或犯罪分子自首等途径发现犯罪分子还有其他罪行。发现的主体应为司法机关，发现的时间应当根据合理、明确的法律标准确定。一般情形下应当以刑事立案时间为发现时间，在有些案件因其复杂性和特殊性、缺少明确的犯罪嫌疑人的情形下，应当以公安机关通过侦查等方式明确犯罪嫌疑人的时间为发现时间。强奸案发生后因被告人逃离案发现场，被害人未能指认犯罪嫌疑人以及案发现场的痕迹物证当时未能作出有效鉴定等原因，未能明确强奸案的犯罪嫌疑人，虽然2014年6月27日顺义分局已对强奸案立案，但是并不能据此认定公安机关发现了强奸案的犯罪嫌疑人，直到2016年12月15日顺义分局得到DNA比对线索，有了明确指向肖某某的证据材料，可以确认公安机关发现了强奸案的犯罪嫌疑人。

一审法院认为在肖某某服刑期间，公安机关发现肖某某有漏罪的时间不能确定，肖某某犯抢劫罪的刑罚已经执行完毕，故未将强奸罪与抢劫罪并罚。而根据在案卷宗显示公安机关在肖某某刑满释放当日即将肖某某刑事拘留，公安出具的到案经过等材料显示公安机关根据比对线索到南京抓获被告人，但缺乏其他证据予以证明，比对线索的来源、时间成为二审审理的关键。二审法院认为有必要查明公安机关发现 DNA 比对线索的时间、鉴定机构作出比对结果的时间以及法医鉴定如何指向江苏服刑人员肖某某的过程，关系到被告人刑罚的具体法律适用，对被告人的量刑有重大影响，故本案二审期间，检察人员依法调取、法官一一庭外核实了当时到南京拘留被告人的侦查人员的证言、作出 DNA 线索比对、鉴定的人员的证言、侦查机关关于侦查该案、确定犯罪嫌疑人的情况说明、鉴定机构进行比对、复核、通知侦查机关的文档资料，以及法官到监狱调取的被告人因抢劫罪在南京监狱服刑的材料经开庭质证后进行梳理和采信，确定了公安机关发现肖某某犯强奸罪的时间节点，明确了强奸罪属于抢劫罪服刑期间新发现的漏罪，应当数罪并罚，而被告人前罪虽已服刑完毕，但如不数罪并罚则变相加重了被告人的刑期，尽管被告人本人并未上诉，但二审经调查审理后依法对一审的刑罚适用进行了更正。并在对被告人数罪并罚后查明抢劫罪的罚金已经由当时作出判决的外地法院依法移送执行，为避免罚金刑的重复执行在判决中列明。

本案涉及公安机关、鉴定机构、被告人外地服刑监狱等多家机构的配合协调，在注重实地调查的基础上，与案卷审查相结合，充分发挥了检察院和法院在未成年案件审理过程中相互配合与监督，共同保障当事人权利的职能。二审法院在保护未成年被害人权益的基础上，充分保障了被告人在实体上和程序上的权利，体现了法律面前人人平等的精神，对今后如何确定发现漏罪的时间节点，以及在刑罚执行期间发现漏罪，判决作出时原判刑罚已经执行完毕的情况下对被告人如何进行处罚的法律适用起到一定的参考作用。

编写人：北京市第三中级人民法院　李彦佳

060 同类犯罪分案处理中数罪并罚规则的适用

——杜某合同诈骗案

【案件基本信息】

1. 裁判书字号

北京市第二中级人民法院（2017）京02刑终445号刑事判决书

2. 案由：合同诈骗罪

【基本案情】

2009年到2010年，杜某先后在北京市通州区、东城区以及吉林省梅河口市实施诈骗犯罪，被三地司法机关分案处理。其中，2013年5月24日，北京市通州区人民法院认定杜某骗取他人钱款共计163.2万元，以诈骗罪判处杜某有期徒刑十二年，并处罚金人民币1.2万元；2014年6月20日，吉林省梅河口市人民法院认定杜某骗取他人钱款41.94万元，以合同诈骗罪判处杜某有期徒刑五年，并处罚金人民币5万元，与前罪所判刑罚并罚，决定执行有期徒刑十六年六个月，并处罚金人民币6.2万元。

2017年6月12日，北京市东城区人民法院经审理查明，被告人杜某于2009年11月18日，以北京甲科贸有限公司的名义，通过传真等方式与大连乙铝塑建材有限公司签订商品销售合同，骗取对方给付的货款共计人民币277.3404万元，后逃匿。上述款项未予退还。

【案件焦点】

被告人实施多起诈骗犯罪被司法机关分案处理，在进行数罪并罚时，仅遵循《中华人民共和国刑法》第六十九条、第七十条确立的“在总和刑期以下、数刑中最高刑期以上”的并罚规则是否适当。

【法院裁判要旨】

北京市东城区人民法院经审理认为：被告人杜某以非法占有为目的，在签订、履行合同过程中，骗取对方当事人财物，数额特别巨大，其行为扰乱了市场秩序，已构成合同诈骗罪，依法应予刑罚处罚。

北京市东城区人民法院依照《中华人民共和国刑法》第二百二十四条第四项，第五十二条，第五十三条，第六十九条第一款及第三款，第七十条，第六十四条，作出如下判决：

一、被告人杜某犯合同诈骗罪，判处有期徒刑十三年，并处罚金人民币一万三千元；与前罪所处的有期徒刑十六年六个月，罚金人民币六万二千元并罚，决定执行有期徒刑二十年，并处罚金人民币七万五千元；

二、责令被告人杜某退赔大连乙铝业有限公司人民币二百七十七万三千四百零四元。

宣判后，杜某提出上诉。杜某的上诉理由及其辩护人的辩护意见为：杜某收取乙公司的预付款后，柯志某将杜某准备供给乙公司的货物转移，导致杜某因客观原因不能履约，故杜某不具有诈骗乙公司钱款的主观故意和客观行为，依法应宣告杜某无罪。

北京市第二中级人民法院经审理认为：在案杜某的供述、崔彦某等人的证言等证据证实，杜某以甲公司名义与乙公司签订购销合同，谎称可以向乙公司出售聚氯乙烯，在不具备履约能力的情况下，收取乙公司预付款后迅速将钱款挪作他用，后期采用小额履约的形式拖延还款，直至失去联系；杜某所提其为乙公司筹集的700吨聚氯乙烯被柯志某转移，导致其不能正常履约，无任何证据予以支持。综上，杜某的行为系在签订、履行合同过程中，收取他人预付款后逃匿，符合了合同诈骗罪的构成要件，杜某及其辩护人所提无罪意见不能成立，不予采纳。

杜某以非法占有为目的，在签订、履行合同过程中，骗取对方当事人财物，其行为已构成合同诈骗罪，且诈骗数额特别巨大，依法应予惩处。杜某曾因犯诈骗罪、合同诈骗罪被判处刑罚，在判决宣告以后，刑罚执行完毕以前，发现还有其他罪没有判决，依法应对新发现的罪作出判决，并与前罪所判处的刑罚并罚。一审法院认定杜某犯合同诈骗罪的事实清楚，证据确实、充分，根据其犯罪的事实、犯罪的性质、情节及对社会的危害程度所作的判决，定罪及适用法律正确，责令退赔被害单位经济损失无误，审判程序合法；但在数罪并罚过程中，未充分考虑杜某前后所犯三罪整体的社会危害程度，导致对杜某决定执行的刑罚过重，本院依法予以改判。

北京市第二中级人民法院依照《中华人民共和国刑法》第二百二十四条第四项、第五十二条、第五十三条、第六十一条、第六十四条、第六十九条、第七十条以及《中华人民共和国刑事诉讼法》第二百二十五条第一款第一项和第二项之规定，作出如下判决：

一、维持北京市东城区人民法院（2017）京0101刑初206号刑事判决主文第二项，即责令被告人杜某退赔大连乙铝业有限公司人民币二百七十七万三千四百零四元；

二、撤销北京市东城区人民法院（2017）京0101刑初206号刑事判决主文第一项，即被告人杜某犯合同诈骗罪，判处有期徒刑十三年，并处罚金人民币一万三千元；与前罪所处的有期徒刑十六年六个月，罚金人民币六万二千元并罚，决定执行有期徒刑二十年，并处罚金人民币七万五千元；

三、上诉人杜某犯合同诈骗罪，判处有期徒刑十三年，并处罚金人民币一万三千元；与前罪所判处的有期徒刑十六年六个月，罚金人民币六万二千元并罚，决定执行有期徒刑十七年，并处罚金人民币七万五千元。

【法官后语】

在司法实践中，被告人采用相同或类似手段，连续或同时实施多起诈骗犯罪，因犯罪地不同，案发时间存在先后，侦查机关收集完备证据的进度各异，从而不可避免会出现多起犯罪被分案处理，由不同或相同法院先后作出判决，产生对被告人进行数罪并罚后决定执行刑罚的问题，杜某案便为实例。北京市东城区人民法院对杜某数罪并罚后决定执行的刑罚，完全符合刑法第六十九条、第七十条确立的“在总和刑期以下、数刑中最高刑期以上”的并罚规则，但是否符合刑法第五条所规定的“罪刑相适应原则”，一审法院和二审法院出现了认识分歧。

针对以上问题，笔者认为，被告人实施多起诈骗犯罪，但被分案处理，在进行数罪并罚决定执行刑罚时，应根据被告人累计的诈骗数额，综合考虑刑法第五条、第六十九条、第七十条之规定，并遵循以下规则：

1. 刑法第六十九条、第七十条应在第五条确定的“罪刑相适应

原则”下适用

刑法第五条规定：“刑罚的轻重，应当与犯罪分子所犯罪行和承担的刑事责任相适应。”以上条文设置在刑法总则第一章“刑法的任务、基本原则和适用范围”中，系刑法对“罪刑相适应原则”的具体阐述。该项原则既要求立法机关针对不同犯罪行为确立轻重适当的法定刑幅度，也同样对审判机关决定被告人刑罚具有普适效力。针对判决宣告后发现被告人存在漏罪的情形，刑法第六十九条、第七十条确立了“在总和刑期以下、数刑中最高刑期以上”决定执行刑罚的并罚规则。鉴于刑法原则的效力等级明显高于具体规则，故司法机关不能完全脱离“罪刑相适应原则”去适用并罚规则。

2. 被告人多起诈骗行为触犯同一罪名，且以犯罪数额确定法定刑幅度，因分案处理进行并罚时，决定执行的刑罚不应超出犯罪数额累计计算对应的最高法定刑

对以上规则举例明之：被告人田某在北京市房山区等地虚构经营奢侈品需要周转资金，取得被害人的信任，诈骗多名被害人共计33.344万元，后被判处有期徒刑八年，并处罚金人民币20000元。判决生效后，在服刑期间，田某诈骗其他被害人10.38万元被查证属实。田某被解回重审后，因漏罪被判有期徒刑四年，罚金人民币一万元。依据刑法第六十九条、第七十条的规定，对田某决定执行有期徒刑的幅度应在八年以上、十二年以下。田某前后两罪诈骗数额共计43万多元，根据《最高人民法院、最高人民检察院关于办理诈骗刑事案件具体应用法律若干问题的解释》第一条之规定，田某诈骗总金额对应的法定刑幅度则应在有期徒刑三年以上、十年以下。通过以上分析中可以看出，对被告人多项诈骗犯罪进行分案处理，决定执行的刑罚就可能出现了“1+1>2”的矛盾。

解决以上因分案处理产生的刑罚适用幅度的矛盾差异，需要坚持被告人的诈骗数额和情节决定了其刑事责任的大小及所应判处的刑罚。被告人实施多起诈骗犯罪，因具体诈骗犯罪侦破的时间存在先后，司法机关进行分案处理，是为了及时惩罚犯罪，而不是为了加重被告人的刑罚。在田某诈骗案中，机械地适用数罪并罚规则，则可能作出十年以上有期徒刑的判决，导致对田某决定执行的刑罚与其罪责不相适应，不仅背离"罪刑相适应原则"，还容易衍生出人为或不当拆分案件，实际增加被告人刑罚的不良后果。故对田某数罪并罚时，应在有期徒刑八年以上、十年以下的幅度内，决定田某的刑罚。

3. 被告人同时构成诈骗罪、合同诈骗罪，也宜将被告人的诈骗总额纳入数罪并罚考量范畴

诈骗罪、合同诈骗罪系诈骗类犯罪中的普通罪名与特殊罪名。二罪虽因侵犯法益存在差异，被分置于刑法的不同章节，但均侵犯了他人的财产所有权，行为性质和社会危害性相近。刑法为诈骗罪和合同诈骗罪确定了相同的"数额巨大""数额特别巨大"标准，设置了相同的法定刑幅度，在该范围内，影响被告人刑罚轻重的因素在于犯罪数额和情节，而不在于罪名。不同被告人分别构成诈骗罪和合同诈骗，犯罪数额相同，情节相似，量刑也不应出现较大差别。同一被告人的多起诈骗行为，分别构成诈骗罪、合同诈骗罪，在进行数罪并罚时，也应将被告人的诈骗总额纳入并罚考量范畴。如对被告人所犯两罪同质、社会危害性相近、法定刑幅度相同不加以考虑，机械地适用并罚规则，也容易使最终决定执行的刑罚超出被告人的罪责，导致量刑畸重，违背"罪刑相适应原则"。

结合杜某案，杜某前后三项犯罪的作案手段及案发时间相近，

共计骗取他人钱款 482 万多元，分别触犯了诈骗罪和合同诈骗罪两个罪名，根据杜某累计的犯罪数额和其他量刑情节，以任一罪名进行整体考量，均不足以对杜某判处有期徒刑二十年。因三地司法机关未进行串并案，导致杜某先后被三地法院判决。北京市东城区人民法院在并罚后决定对杜某执行有期徒刑二十年，虽符合并罚规则，但未充分考虑杜某三项诈骗犯罪整体的社会危害程度，导致对杜某决定执行的刑罚过重。故二审法院在综合考虑杜某累计诈骗数额及其他量刑情节的基础上，依法改判杜某有期徒刑十七年，更加符合“罪刑相适应原则”。

编写人：北京市第二中级人民法院　周耀

三、危害公共安全罪

061 醉酒后点燃停放在居民区附近的电动车的行为定性

——陈某放火案

【案件基本信息】

1. 裁判书字号

浙江省台州市中级人民法院（2020）浙10刑终168号刑事判决书

2. 案由：放火罪

【基本案情】

2019年11月21日1时20分，被告人陈某酒后途经某超市南面一街面房时，为寻求刺激，试图用打火机点燃丁某明停放在一楼门外的电动车未果，遂点燃电动车上的手套，后又将打火机投入着火的手套中离开。路过的群众发现火情后报警，消防人员赶到现场将火扑灭。着火导致丁某明的电动车烧毁、邱某敏停放在此路边的浙JD××××牌小型客车车漆、车轮轮眉等多处受损，上述街面房房门和墙壁被熏黑、街面房墙边（重力墙）堆放的木板过火。经鉴定，烧毁的电动车价值人民币1067元，浙JD××××牌小型客车损失价值人民币2303元。

同月27日，被告人陈某在某村被公安机关抓获。案发后，陈某的亲属赔偿丁某明人民币2900元、邱某敏人民币3300元，均取得了谅解。

【案件焦点】

醉酒后点燃停放在居民区附近的电动车的行为如何定性。

【法院裁判要旨】

浙江省台州市椒江区人民法院经审理认为：被告人陈某酒后滋事，任意毁坏他人财物，情节严重，其行为已构成寻衅滋事罪。公诉机关对被告人陈某所指控的犯罪事实清楚，定罪不当，予以纠正。关于辩护意见，审理认为侦查人员是通过技侦手段确定嫌疑人的，不是一般性排查，故不是自首，归案后陈某如实供述事实，究其犯罪情节，不予适用缓刑，其他所辩与事实相符，故对辩解予以采纳，对辩护意见部分予以采纳、部分不予采纳。被告人陈某归案后如实供述自己的罪行，是坦白，有赔偿情节，并取得其谅解，自愿接受处罚，予以从轻处罚。依照《中华人民共和国刑法》第二百九十三条第一款第三项、第六十七条第三款和《中华人民共和国刑事诉讼法》第十五条、第二百零一条的规定，判决如下：

被告人陈某犯寻衅滋事罪，判处有期徒刑七个月。

一审宣判后，公诉机关提出抗诉，认为：（1）陈某先试图用打火机点燃电动车未果，又点燃电动车手套，并将打火机投入手套后即离开，放火故意明确。放火地点在成片的居民住宅旁，点燃的电动车已引燃附近堆放的木板，木板中间窗边仓库内堆放着易燃纺织品，放火致使停在附近的汽车部分受损，电动车着火的火焰高达相邻房屋二楼遮阳网下方，附近有大量电线电缆，若未及时发现和报警，未对火势加以控制，则火势存在进一步扩散的危险，足以危害公共安全。陈某的行为符合放火罪的主客观要件，构成放火罪。原判定罪错误。（2）放火罪法定刑为三年以上十年以下，原判以寻衅滋事罪判处陈某有期徒刑七个月，量刑明显不当。被告人陈某未提起上诉。出庭检察员支持上述抗诉意见。

浙江省台州市中级人民法院经审理认为：原审被告人陈某故意放火焚烧他人财物，危害公共安全，虽尚未造成严重后果，但其行为已构成放火罪。关于抗诉理由，经查，根据案发现场的客观环境，即电动车的燃烧，已引燃旁边的木板及下水管，而点火时间又发生在火灾不易被发现的凌晨，如果不及时扑救，存在火势进一步扩大而危及周边众多居民人身、财产安全的危险。陈某熟悉案发现场及附近情况，其在点燃电动车手套后即离开，对其点火行为可能引发火灾造成周边居民人身、财产损失的后果持放任态度。因此，本案符合放火罪的构成要件，抗诉机关提出陈某有放火故意、放火行为足以危害公共安全的意见成立，予以采纳。原判认定构成寻衅滋事罪定罪错误，致量刑畸轻，依法应予纠正。抗诉机关提出原判定性错误、量刑不当的理由成立，予以采纳。陈某归案后如实供述犯罪事实，已赔偿被害人经济损失并获谅解，依法予以从轻处罚。依照《中华人民共和国刑法》第一百一十四条、第六十七条第三款和《中华人民共和国刑事诉讼法》第二百三十六条第一款第二项之规定，判决如下：

原审被告人陈某犯放火罪，判处有期徒刑三年。

【法官后语】

在司法实践中，用点火方法实施的犯罪行为是否构成放火罪，关键要看点火行为客观上是否足以危害公共安全及主观上是否具有放火的故意，即客观上要根据点火事实所造成的危险是否已经处于逼近实现的阶段或者状态，也要根据点火行为造成危险的直接性、可控性与高度盖然性进行因果关系判断；主观上要根据是否认识到点火行为导致结果发生以及对此的认识程度。

一、客观上是否足以危害公共安全

（一）要根据客观事实进行判断

对于具体危险犯来说，危险是作为一个独立的构成要件而存在的，并且需要在司法过程中根据具体的案件事实进行具体认定。是否存在具体危险，应当采取一般人的标准，立足于行为当时的具体情况，判断行为所造成的危险在客观上是否已经处于逼近实现的阶段或者状态。因此，对于点火行为，并不是一经实施即可认定足以危害公共安全，而是要结合点火的对象、时间、地点、气候、环境等方面进行考察。就本案而言，从现场勘查笔录、案发现场监控视频等证据可以反映出，消防人员到达现场时，案发现场旁的电动车、木板及下水管还在燃烧，周边可燃物存在被引燃的危险，而点火时间又发生在火灾不易被发现的凌晨，如果不及时扑救，存在火势进一步扩大而危及周边众多居民人身、财产安全的危险。

（二）要根据因果关系进行判断

在司法实践中，还应结合上述客观情况进行因果关系的判断。就放火罪而言，这里因果关系判断主要表现为直接性、可控性与高度盖然性。本案直接性判断不言自明，不再赘述；根据当时的客观条件，不论是时间上还是空间上，火势在一定程度上达到了失去控制的燃烧状态，若未及时发现和报警，未对火势加以控制，火势存在进一步扩散的危险；虽然火势时强时弱，但是点燃的电动车已引燃附近堆放的木板，木板中间窗边仓库内堆放着易燃纺织品，停在附近的汽车部分受损，电动车着火的火焰高达相邻房屋二楼遮阳网下方，附近有大量电线电缆，可以判断相关危险的现实化具有较大可能。

二、主观上是否具有放火的故意

认定是否存在故意，不能以行为人的供述作为认定的唯一或者最重要的证据，关键还是要结合案件的客观情况。具体而言：一是点火行为在客观上导致结果发生的可能性程度；二是行为人主观上是否认识到结果会发生及对此的认识程度。本案中，陈某与电动车车主素不相识，酒后回家途经案发地，用打火机点燃路边电动车，见火未烧起来又点燃电动车手套，为使火烧得更旺，又将打火机扔进着火的手套中，未考虑后果，就直接离开现场了。此外，考虑到陈某在案发现场附近居住，熟悉案发现场及附近情况，明知周围房屋密集居住人员众多，仍点燃电动车手套后即离开，可以认定其对点火可能引发火灾造成周边居民区人身、财产损失的后果持放任态度。

综上，本案陈某的点火行为在客观上足以危害公共安全，主观上有放火的主观故意，构成放火罪。

编写人：浙江省台州市中级人民法院　王永兴

062 安检员帮助公交车司机通过酒精检测构成以危险方法危害公共安全罪

——刘某、邓某以危险方法危害公共安全案

【案件基本信息】

1. 裁判书字号

广东省深圳市中级人民法院（2020）粤03刑终256号刑事裁定书

2. 案由：以危险方法危害公共安全罪

【基本案情】

2019年6月26日6时20分，邓某饮酒后来到某公交公司某车队，进行酒精检测时不能通过，邓某将酒精检测仪递给正在负责酒精检测的保安员刘某。刘某问邓某："喝酒了?"然后顶替邓某吹气，帮助其通过酒精测试。随后，邓某驾驶公共汽车上班。

当日17时28分，邓某驾驶公交车行驶至某路时，车身与于某驾驶的汽车发生碰撞，造成两车部分损坏的道路交通事故。经认定，邓某负此事故的全部责任。撤离现场后，邓某继续驾车进行公共客运。18时40分，邓某驾驶公交车行驶至某路段时，车身又与崔某驾驶的小轿车发生碰撞，造成两车部分损坏的道路交通事故，事故发生后邓某未停车，继续行驶。19时06分，邓某驾车行驶至某地铁站出口时，车身再次与李某驾驶的汽车发生碰撞，造成两车部分损坏的道路交通事故。经认定，李某负此事故的全部责任，邓某不负此事故责任。被害人崔某驾车追至此地，交警现场认定邓某醉酒驾车及变更车道时影响正常行驶的机动车，负事故的全部责任，崔某不负事故责任。执勤民警对邓某进行呼气式酒精检测，结果为156mg/100ml。经鉴定，邓某血液中检出乙醇，含量为128.36mg/100ml。

广东省深圳市福田区人民检察院诉称：被告人邓某、刘某结伙以醉酒驾车的方式危害公共安全，应当以危险方法危害公共安全罪追究其刑事责任。

被告人邓某认罪。被告人刘某辩称其没有顶替邓某吹气帮助其通过检测，没有想让邓某酒后开车，不构成犯罪。刘某及其辩护人还对案件定性提出质疑，一是提出邓某没有危害公共安全的主观故意，本案二被告人构成危险驾驶罪；二是提出即使邓某构成以危险方法危害公共安全罪，刘某与邓某只是在醉酒驾驶的层面成立共同犯罪，至于邓某以危险方法危害公共安全行为属于实行过限，刘某最多只能定危险驾驶罪。

【案件焦点】

1. 安检员顶替司机酒精检测，放任公交车司机酒驾该如何定性；2. 酒后驾驶公交车的行为该如何定性、共同犯罪中如何认定是否实行过限。

【法院裁判要旨】

广东省深圳市福田区人民法院经审理认为：案发现场的事实能否查明，是回应被告人不认罪意见的基础。针对被告人刘某提出的质疑，法庭庭审时着重查明，监控录像显示刘某拿着测试仪在吹气，邓某拿着吹气管在镜头前摆拍，其两人距离非常近；刘某应该知道邓某在镜头前摆拍。

针对被告人刘某及其辩护人的无罪意见，法庭在庭审时重点审查关键问题，并根据法庭调查巩固关键证据，作了小结向控辩双方公示，并交由被告人刘某确认了以下几点：（1）邓某吹气没有通过；（2）邓某将仪器交给了刘某；（3）刘某自己吹了一下气，但其称自身是为了检测设备；（4）邓某在旁边对着监控摆拍；（5）刘某吹气后将设备放回桌子；（6）邓某没有再吹气就正式发车了。被告人刘某对此辩称：其把设备放回桌子后就没有管了，不知道邓某去开车了，不确定邓某吹气没有通过，其是说有可能没有通过，还有可能是没吹到。通过关键事实的审查，可以逐步巩固基本证据，并尽最大可能还原事实真相，同时回应控辩双方的焦点，从而为案件的定性打好基础。

法院认为，被告人邓某、刘某无视国家法律，结伙以醉酒驾车的方式危害公共安全，虽尚未造成严重后果，但其行为触犯了《中华人民共和国刑法》第二十五条、第一百一十四条，应当以危险方法危害公共安全罪追究其刑事责任。被告人邓某如实供述自己的罪行，认罪认罚，依法可以从轻处罚。被告人刘某在共同犯罪中起次要作用，系从犯，依法应当从轻、减轻处罚。司机酒后驾驶公交车，在闹市区发生交通事故后，继续开车引发事故，给车上乘客以及路面车辆、行人造成严重危害，构成以危险方法危害公共安全罪。安检员明知司机饮酒却顶替检测，让司机酒驾上路，构成以危险方法危害公共安全罪的共犯。

广东省深圳市福田区人民法院依照《中华人民共和国刑法》第一百一十四条、第二十五条、第二十六条、第二十七条、第六十七条第三款之规定，判决如下：

一、被告人邓某犯以危险方法危害公共安全罪，判处有期徒刑三年；

二、被告人刘某犯以危险方法危害公共安全罪，判处有期徒刑九个月。

一审判决后，被告人提起上诉。广东省深圳市中级人民法院同意一审裁判意见，裁定如下：

驳回上诉，维持原判。

【法官后语】

本案是一起公共安全案件，引起社会广泛关注，而案件本身存在的事实与定性等争议问题更值得司法机关认真研究。

一、通过客观行为认定主观故意

探寻被告人的主观故意，是认识案件事实的重要过程。事实上，犯罪主观故意总归要通过犯罪行为得以客观化和外化，即通过客观活动来表现。审判人员需要全面、客观地收集案件证据，分析被告人的客观表现，准确认定被告人的主观故意。

被告人刘某否认有犯罪的主观故意及客观行为，因此在审理过程中应当查实刘某顶替邓某吹气、帮助邓某通过检测等客观行为，论证刘某的主观故意：(1) 二被告人的供述相互印证，证实案发时刘某曾问邓某："喝酒了?"刘某当时意识到邓某喝酒的可能性。(2) 按照程序邓某登录后才可以吹气，监控仪器显示刘某接过设备吹气是在邓某已登录的情况下。(3) 刘某称只是帮邓某检测设备的说法不合理。刘某说一吹就发现是正常的，能够吹到气，作为监督员就应当意识到邓某刚才为何通不过；即便邓某可能没吹到，其也应当监督邓某再次吹气，但其并没有这样做。(4) 刘某意识到仪器是在邓某登录系统的情况下，其接过仪器所谓的检测、尝试吹气的结果是会录入邓某的测试结果中的。(5) 公交站场工作人员黄某证实，刘某对其说邓某测试通过可以发车，于是黄某看了下检测结果也发现可以发车。(6) 监控显示邓某拿着吹气管在镜头前摆拍，刘某拿着测试仪在吹气，其二人距离非常近，刘某应知邓某在摆拍。

通过上述客观行为的总结归纳，足以证实刘某帮助邓某吹气通过测试等客观行为，足以认定刘某犯罪的主观故意。

二、顶替酒精测试的行为定性

辩护人提出二被告人构成危险驾驶罪；即便邓某构成以危险方法危害公共安全罪，刘某也只在醉酒驾驶的层面成立共同犯罪，邓某以危险方法危害公共安全属于实行过限。法院需要对全案定性及实行过限的问题分别论证：

关于全案的定性。邓某酒后驾驶的是公交车而非小汽车，在造成与其他车辆发生交通事故的危害后果同时也危害了车上乘客的人身安全，以及在道路上等待上车乘客的人身危害，其社会危险性远超危险驾驶罪，已构成以危险方法危害公共安全罪。邓某对此表示认罪认罚。而刘某虽是从犯，但因为其犯罪行为才使邓某能够酒后上岗、驾驶公交车危害公共安全，其犯罪行为应当要依照共同犯罪的主犯来定性。

关于实行过限。实行过限是指共同犯罪人超过共同犯罪故意又犯其他罪的，对其他犯罪行为只能由实行该种犯罪行为的人负责，对其余的人不能按共同犯罪论处。本案查明的事实是：(1) 刘某明知邓某酒后上岗，仍协助其通过测试而开车上路，二人已经构成共同犯罪。(2) 刘某明知邓某驾驶的是大型公共交通工具，让邓某酒后驾驶公交车危害的是公共安全与秩序。因此，邓某危害公共安全的犯罪并未超过二人犯罪行为的共同故意或界限。即便刘某在案发时持放任心态，亦应当对邓某的犯罪后果承共犯的刑事责任。辩护人提出的行为过限的意见不能成立。

编写人：广东省深圳市福田区人民法院　李磊

063 刑事案件审理期间达成的民事执行和解不能认定为刑事和解

——汤某某交通肇事案

【案件基本信息】

1. 裁判书字号

江苏省南通市中级人民法院（2020）苏06刑终223号刑事裁定书

2. 案由：交通肇事罪

【基本案情】

2019年3月5日，被告人汤某某驾驶电动三轮车沿正通路由南向北行驶至某小学门前路段，由于是在夜雨天行驶，观察疏忽，遇行人未采取有效措施避让、确保行车安全，碰撞了由西向东横过道路的纪某某，后驾车逃逸。同日，张某某驾驶电动四轮车沿正通路由南向北行至事故地点，再次碰撞倒地的纪某某。纪某某经抢救无效死亡。经某物证鉴定室鉴定：被害人纪某某符合交通事故致头面部及躯干部严重复合性损伤死亡。经某交巡警大队认定，被告人汤某某承担本起事故的主要责任，张某某承担本起事故的次要责任，被害人纪某某无此事故责任。

案发后，被告人汤某某能如实供述自己的罪行且认罪认罚；就民事赔偿经法院作出民事判决后与被害人近亲属达成执行和解，并在本案审理中履行全部给付义务，取得了被害人近亲属的谅解。

【案件焦点】

在刑事案件审理阶段，被告人汤某某与被害方就生效民事判决执行达成和解协议并全部履行给付义务，能否认定为刑事和解，继而对其减轻处罚。

【法院裁判要旨】

江苏省如皋市人民法院经审理认为：被告人汤某某违反道路交通运输管理法规驾车，因而发生重大事故，致一人死亡，负事故主要责任，且肇事后逃逸，其行为已触犯刑律，构成交通肇事罪。案发后，被告人汤某某能如实供述自己的罪行，可以从轻处罚。被告人汤某某承认指控的犯罪事实，愿意接受处罚，可以从宽处理。被告人汤某某赔偿了被害人近亲属的全部经济损失并取得谅解，可酌情从轻处罚。根据被告人汤某某的犯罪情节，不宜对其适用缓刑。被告人汤某某在法院就民事赔偿问题作出民事判决生效后，未能及时履行赔偿义务，在进入执行程序后与被害人近亲属达成执行和解，在本案审理阶段才全部履行了赔偿义务，不符合刑事和解的要件。

江苏省如皋市人民法院依照《中华人民共和国刑法》第一百三十三条、第六十七条第三款，《最高人民法院关于审理交通肇事刑事案件具体应用法律若干问题的解释》第一条、第二条第一款第一项、第三条，《中华人民共和国刑事诉讼法》第十五条，作出如下判决：

被告人汤某某犯交通肇事罪，判处有期徒刑三年。

汤某某持原审辩解提起上诉。江苏省南通市中级人民法院经审理认为：汤某某驾驶电动三轮车发生交通事故，致一人死亡，负事故的主要责任，且肇事后逃逸，其行为已构成交通肇事罪，依法应处三年以上七年以下有期徒刑。经查，汤某某在人民法院就民事赔偿问题作出的民事判决生效后，未按民事判决指定的期间履行赔偿义务，直至该判决进入强制执行阶段才与被害人近亲属达成执行和解，此时其不履行执行和解协议，被害人近亲属既可以申请恢复执行原生效民事判决，也可以就履行执行和解协议向法院提起诉讼，故汤某某履行执行和解协议确定的赔偿义务不应认定为刑事和解。原审未对其减轻处罚，判处其法定刑档起点刑有期徒刑三年，量刑恰当。故汤某某的上诉理由，不能成立，应予驳回。江苏省南通市中级人民法院依照《中华人民共和国刑事诉讼法》第二百三十六条第一款第一项的规定，作出如下裁定：

驳回上诉，维持原判。

【法官后语】

本案中，被告人汤某某在人民法院就其与被害方之间的赔偿纠纷作出生效民事判决后，未按民事判决指定的期间履行赔偿义务，直至民事执行阶段亦即本案刑事审理阶段才与被害方达成和解协议。公诉机关、辩方均提出汤某某已履行民事执行和解协议确定的给付义务，成立刑事和解，建议对交通肇事逃逸的汤某某减轻处罚判处有期徒刑二年。人民法院经审理后没有采纳控辩双方关于汤某某成立刑事和解的意见，最终以交通肇事罪对行为人判处有期徒刑三年。具体分析意见如下：

虽然刑事和解与民事执行和解在功能上有一定的趋同性，都有助于促使双方当事人化解矛盾纠纷，确保被害方获得相应的损害赔偿，但二者存在着重大差异，不能相互替代。首先，程序阶段不同。刑事和解可以在公安侦查、公诉机关审查起诉、法院审理刑事诉讼的任一阶段达成，而民事执行和解是在民事执行程序中达成的，发生于民事诉讼终结之后的执行程序。其次，内容不同。刑事和解中，被告人和被害方和解的是整个刑事案件，被告人首先是真诚悔罪，之后是赔偿损失并获得被害方就其犯罪行为的谅解；民事执行和解受民事诉讼标的的限制，针对的主要是双方经生效判决依法确认的民事法律关系。再次，履行方式不同。刑事和解的被告人必须即时履行和解协议的全部内容，而民事执行和解可以延期履行、分期履行和解协议约定的内容。最后，制度功能不同。刑事和解的核心功能在于弥补消除犯罪行为给被害方和社会造成的各方面的负面影响，民事执行和解则是一种以私力救济方式修正或者变通生效判决内容的特殊的执行方式。

本案中，在人民法院就被告人汤某某与被害方的民事赔偿纠纷作出生效判决后，被告人汤某某未按照民事判决指定的期间履行赔偿义务，直至执行阶段才与被害方达成和解协议并全部履行赔偿义务，虽然其所涉刑事案件尚处于审理期间，和解协议不具有强制执行力，但由于双方在此时达成的和解协议并非单纯的民事合同，而是一种以公力救济强制力为选择后盾的特殊执行方式。若汤某某不履行执行和解协议，被害方具有程序选择权，既可以申请恢复执行原生效民事判决，也可以就履行执行和解协议向法院提起诉讼。故汤某某在刑事案件审理阶段就民事案件生效判决与被害方达成和解协议并全部履行赔偿义务，应当认定为民事执行和解，而非刑事和解。

编写人：江苏省南通市中级人民法院　丁净玉

064 肇事逃逸的认定及格式合同免责条款的效力评价

——秦某交通肇事案

【案件基本信息】

1. 裁判书字号

云南省文山壮族苗族自治州中级人民法院（2020）云26刑终95号刑事附带民事裁定书

2. 案由：交通肇事罪

【基本案情】

2019年7月23日晚，被告人秦某醉酒后驾驶云HV××××号小型轿车，沿某路自北向南行驶，20时44分以约66km/h的速度行驶至某高级中学门前路段处时，秦某所驾车前部碰撞正沿人行横道自西向东横过道路的行人陆某平、马某伶，造成马某伶当场死亡、陆某平受重伤（二级）、车辆受损的道路交通事故。上述道路交通事故发生后，在秦某的指使下，被告人李某波从某酒店前往事故现场，21时03分到达事故现场与秦某互换所穿上衣，并向现场勘查民警提供虚假证言，谎称李某波为事故发生时云HV××××号小型轿车驾车人、秦某为乘车人，包庇并帮助秦某逃避法律责任。后经文山市公安局交通警察大队认定、文山州公安局交通警察大队复核，实际驾驶人秦某承担此次事故的全部责任。经鉴定，秦某血液中的定量乙醇含量为126.45mg/100ml。

另查明，肇事车辆云HV××××号小型轿车所有人朱某梅于2019年1月18日向某保险公司文山州分公司投保机动车商业保险及机动车交通事故责任强制保险，投保过程中保险单、投保声明等相关事项均由第三人夏某蔓代为办理并签字。

【案件焦点】

1. 刑事部分被告人秦某是否属于肇事后逃逸；2. 民事部分保险公司的免责条款是否有效。

【法院裁判要旨】

云南省文山市人民法院经审理认为：被告人秦某违反交通运输管理法规，因而发生重大事故，致一人重伤、一人死亡，承担事故全部责任，且在交通肇事后逃逸的行为，已构成交通肇事罪。根据在案证据，被告人秦某在公安机关供述称“因为自己是公务员身份，在领导岗位上，又喝了酒，工作会不保，就想打电话叫人来顶包”，与被告人李某波的供述、证人李某甲（出租车司机）的证言能相互印证，均证实被告人秦某当时心存逃脱追责之侥幸，并在此侥幸心理的支配下实施了电话指使被告人李某波赶至事故现场互换上衣为其顶包的掩饰行为，且在交警询问时进行了虚假陈述，干扰侦查机关的侦查活动，即案发时被告人秦某虽未逃离现场，但在安排下其在场身份已由肇事者变成了旁观者，故本案中被告人秦某在事故发生后主观上为逃避追责，客观上实施了逃避追责的行为，应当认定为肇事逃逸成立。

关于本案中作为保险合同免责条款的酒后驾车肇事逃逸是否具有法律效力的争议焦点，酒后驾车肇事逃逸作为本案中保险合同的免责条款，是否具有法律效力应当以保险公司是否对其格式合同中的免责条款尽到提示义务为认定依据，而合同签订属已发生事实，仅能依靠在案证据对过去事实加以证明，本案中关于此方面的证据仅能证实在投保过程中保险单、投保声明等相关事项均由第三人夏某蔓代为办理并签字，而保险公司又未提供其他证据证实其已尽到对于保险合同中的免责条款向车辆所有人朱某梅的提示义务，故本院对此主张未予支持。

综上，经本院审判委员会讨论决定，作出判决如下：

一、被告人秦某犯交通肇事罪，判处有期徒刑三年六个月；

二、被告人李某波犯包庇罪，判处有期徒刑一年，缓刑一年；

三、由附带民事诉讼被告人某保险公司文山州分公司在交强险范围内赔偿附带民事诉讼原告人马某福、白某荣的经济损失人民币五万五千元，在商业险范围内赔偿附带民事诉讼原告人马某福、白某荣的经济损失人民币五十万元。此款限本判决书生效之日起二十日内付清；

四、由被告人秦某于本判决书生效之日起二十日内赔偿附带民事诉讼原告人马某福、白某荣的经济损失人民币二十三万五千七百四十一元五角；

五、驳回附带民事诉讼原告人马某福、白某荣的其他诉讼请求。

后该案上诉至云南省文山壮族苗族自治州中级人民法院，二审裁定如下：

驳回上诉，维持原判。

【法官后语】

对被告人追究刑事责任，必须同时具备主客观两个方面的条件。本案中，根据在案证据，被告人秦某在公安机关供述称“因为自己是公务员身份，在领导岗位上，又喝了酒，工作会不保，就想打电话叫人来顶包”，与被告人李某波的供述、证人李某甲（出租车司机）的证言能相互印证，均证实被告人秦某当时心存逃脱追责之侥幸，并在此侥幸心理的支配下实施了电话指使被告人李某波赶至事故现场互换上衣为其顶包的掩饰行为，且在交警询问时进行了虚假陈述，干扰侦查机关的侦查活动，即案发时被告人秦某虽未逃离现场，但在安排下其在场身份已由肇事者变成了旁观者，故本案中被告人秦某在事故发生后主观上为逃避追责，客观上实施了逃避追责的行为，应当认定为肇事逃逸成立。

民事案件的当事人，对自己提出的主张具有收集或提供证据的义务，若未提供相应证据则需承担不利裁判的风险。在本案的民事部分，附带民事诉讼被告人某保险公司文山州分公司提出的答辩意见：(1) 本案被告人秦某肇事后找人顶包，违背公序良俗，存在保险欺诈行为，不满足《最高人民法院关于审理道路交通事故损害赔偿案件适用法律若干问题的解释》第十八条中关于交强险赔付的条件；(2) 被告人秦某醉酒驾驶机动车发生交通事故属于保险合同中规定的免赔事由，而投保人已缴纳的保险费视为对保险合同代签字行为的追认，证明保险人已履行了相应的明示义务，合同免责条款有效，本案不属于商业三者险的赔付范畴。针对上述答辩意见，逐一分析认定如下：关于第一点，首先，投保人朱某梅并不存在不遵守诚信、故意隐瞒有关保险标的真实情况等其他谋取保险赔付金的诈骗行为；其次，被告人秦某醉酒驾驶保险标的车辆云 HV××××号小型轿车发生交通事故，满足《最高人民法院关于审理道路交通事故损害赔偿案件适用法律若干问题的解释》第十八条中关于交强险赔付的条件，保险公司应当在交强险范围内承担赔偿责任。关于第二点，虽然投保人缴纳保险费视为对保险合同代签字行为的追认，但仅能认定投保人对车辆投保险种的追认，保险费已缴纳不足以证明在签订格式合同时保险公司已尽到对免责条款的明示义务，且保险公司不能证明已向投保人明示不利条款，故该条款不产生效力，亦不能对抗不知情的投保人和第三人。故本院对附带民事诉讼被告人某保险公司文山州分公司的答辩意见不予采纳。

编写人：云南省文山市人民法院　王婼

065　交通肇事罪中对保险公司是否尽到提示义务并免除其民事赔偿责任的认定

——苗某交通肇事案

【案件基本信息】

1. 裁判书字号

黑龙江省农垦中级法院（2020）黑 81 刑终 78 号刑事裁定书

2. 案由：交通肇事罪

【基本案情】

2018 年 7 月 7 日，苗某向某汽车运输公司（以下简称 A 公司）以分期付款的方式购买了一辆解放牌大货车，双方约定合同期内，在苗某付清全部购车款之前，A 公司保留该车所有权。同年 7 月 8 日，A 公司为该货车在附带民事诉讼被告人某保险公司某市分公司（以下简称某分公司）处投保机动车商业险和交强险，投保人签名处由某分公司业务员王某某签名，由 A 公司盖章。自此，苗某以 A 公司名义从事车辆运营业务，其间，苗某雇用文某某为该车司机，并支付劳动报酬。2019 年 6 月 24 日 3 时许，因文某某驾车倦怠，苗某向文某某提出由其驾驶，文某某在明知苗某准驾车型为 B2，不具有相应驾驶资格的情况下将该车交由苗某驾驶。苗某驾驶该车沿黑龙江省某农场公路由西向东行驶至公路22公里+180米处时，越过道路中心线，与对向被害人姜某某驾驶的小型普通客车相撞，造成姜某某头部受伤，经抢救无效死亡，并致车内张某某等共8名乘车人不同程度受伤。交通警察大队认定苗某在此次事故中承担全部责任，姜某某无责任。

【案件焦点】

如何认定保险公司对于保险合同中的免责条款已对投保人尽到提示或解释义务，该义务是否为法定义务，法院在审理此类案件时应当遵循何种方法来判定保险公司是否可以免责。

【法院裁判要旨】

黑龙江省宝泉岭人民法院经审理认为：被告人苗某违反交通运输管理法规，因而发生重大事故，致一人死亡、三人多处轻伤、五人多处轻微伤，其行为已构成交通肇事罪。机动车发生交通事故造成人身伤亡的，同时投保交强险和第三者商业保险的机动车发生交通事故造成损害，当事人同时起诉侵权人和保险公司的，应当先由承保交强险的保险公司在责任限额范围内予以赔偿；不足部分，由承保第三者商业保险的保险公司根据保险合同予以赔偿；仍然不足的，依照道路交通安全法和侵权责任法的相关规定由侵权人予以赔偿。附带民事诉讼被告人某分公司应当在交强险、商业险限额内赔偿附带民事诉讼原告人经济损失。因附带民事诉讼被告人某分公司在交强险和商业险限额内能够赔偿各附带民事诉讼原告人的各项经济损失，不存在赔偿数额不足部分，故被告人苗某和附带民事诉讼被告人文某某、A公司不再承担赔偿责任。

黑龙江省宝泉岭人民法院依照《中华人民共和国刑法》第一百三十三条、第六十七条第三款、第三十六条第一款，《中华人民共和国刑事诉讼法》第二百零一条，《最高人民法院关于审理人身损害赔偿案件适用法律若干问题的解释》第十七条、第十九条、第二十条、第二十一条、第二十二条、第二十三条、第二十四条、第二十五条、第二十七条、第二十九条，《最高人民法院关于审理道路交通事故损害赔偿案件适用法律若干问题的解释》第一条第二项、第三条、第十六条的规定，作出如下判决：

一、被告人苗某犯交通肇事罪，判处有期徒刑一年六个月；

二、附带民事诉讼被告人某分公司在机动车第三者责任强制保险责任、机动车商业保险责任限额内赔偿附带民事诉讼原告人损失共计人民币五十三万八千零四十八元六角七分；

三、被告人苗某、附带民事诉讼被告人文某某、A 公司不承担赔偿责任；

四、驳回附带民事诉讼原告人的其他诉讼请求。

某分公司以对合同中免责条款向投保人尽到提示义务，不应当承担民事赔偿责任为由提出上诉。黑龙江省农垦中级法院经审理认为：对于保险合同所约定的免责条款，保险人除在保险单上需要提示投保人注意外，还应当对有关免责条款的概念、内容及其法律后果以书面或口头形式向投保人作出解释，让投保人明确知晓该条款的真实含义和法律后果，仅有保险单中的提示并不能说明保险人在订立合同时已对免责条款履行了明确说明义务。另外，根据法律规定保险人对其履行了明确说明义务负有举证责任。本案中，某分公司提供的《机动车商业保险保险单（正本）》证实，该保单中投保人处签名、查验人员处签名及保险业务经办人处的签名均是该保险公司业务员王某某，因此无法证实保险人在订立合同时已对免责条款向投保人履行了明确说明义务。通常情况下投保人与保险人对保险合同条款的理解存在专业性的差异。因此，法律规定保险人有向投保人对合同免责条款予以解释说明的义务，旨在保障保险合同因双方意思表示一致而成立，这是立法本意的内在要求。

黑龙江省农垦中级法院依照《中华人民共和国刑事诉讼法》第二百三十六条第一项之规定，作出如下裁定：

驳回上诉，维持原判。

【法官后语】

实践中，审理交通肇事罪的法官会经常遇到刑事附带民事被告人的保险公司提出免除其民事责任的抗辩，理由主要是其已在合同中对免责条款向被投保人尽到了合理的提示义务，因此不承担相应的民事赔偿责任。对于判定该抗辩理由是否成立，法官可以借鉴民法典基本原则之一的诚实信用原则予以审查。诚实信用原则是指民事主体在从事民事活动、行使民事权利和履行民事义务时，应本着善意、诚实的态度，即讲究信誉、恪守信用、意思表示真实、行为合法、不规避法律和曲解合同条款等。具体来说，首先，保险公司应对免责条款向投保人尽到提示、说明义务，否则免责条款无效。根据《中华人民共和国保险法》的规定，订立保险合同，采用保险人提供的格式条款的，保险人向投保人提供的投保单应当附格式条款，保险人应当向投保人说明合同的内容。对保险合同中免除保险人责任的条款，保险人在订立合同时应当在投保单、保险单或者其他保险凭证上作出足以引起投保人注意的提示，并对该条款的内容以书面或者口头形式向投保人作出明确说明；未作提示或者明确说明的，该条款不产生效力。保险合同通常都是保险公司提前制定的格式合同，条款的内容中引用大量专业术语，而且保险公司为最大化规避风险会在合同中设置很多免责条款，投保人在保险法律关系中处于明显的劣势地位。为保护不特定多数人的利益，法律规定保险人必须向投保人以明确、明示的方式说明免责条款的确切含义，这是诚实信用原则在保险法中的体现。其次，保险公司应对履行提示、说明义务负有举证责任。保险合同是双务、有偿、诺成、非要式合同，双方当事人的权利和义务是通过保险合同来实现的，如前所述可知诚实信用原则要求在合同订立阶段，保险人有向投保人对合同免责条款进行明确解释的义务，这种义务是法定义务，不因当事人的约定而产生，也不以投保人要求为前提。因此，当保险公司不能举证其已如实履行该义务时，必将承担败诉的风险。

具体到本案中，某分公司向法院提供其与A公司签订的保险合同，合同中对于免责条款的字体有采取加粗、倾斜等明显标识性提示，欲证实保险公司已对投保人履行了提示和说明义务，因此不应当承担民事赔偿责任。二审法院通过审查该证据发现，保险合同中虽有A公司的印章，但投保人处的签名、查验人员处的签名及保险业务经办人处的签名均由某分公司的业务员王某某签署，因此法院有理由认为保险公司业务员王某某在为A公司办理批量业务时未对免责条款内容向投保人尽到明确解释的责任，因此某分公司的上诉理由不能成立。

编写人：黑龙江省农垦中级法院　魏冬灵　郭晋

066 水上交通肇事案件船舶碰撞事故责任认定中的国际海上避碰规则适用

——崔某雄交通肇事案

【案件基本信息】

1. 裁判书字号

上海市第二中级人民法院（2019）沪02刑终1151号刑事裁定书

2. 案由：交通肇事罪

【基本案情】

某1轮系巴拿马籍集装箱船，总吨17225吨，于2017年4月5日，从上海港外高桥四期码头3号泊位开航，装载集装箱1236TEU[①]，合计15407.1吨，计划驶往我国香港特别行政区，船长是被告人崔某雄，负责指挥航行操纵。

某2轮系基里巴斯籍杂货船，总吨2971吨，于2017年4月5日从南通开航，装载热轧合金卷钢208件，合计4877.74吨，计划驶往韩国釜山。

事故发生水域位于我国领海水域内，距领海基线约2.5海里，距长江口灯船约13海里，海图水深约29米。该水域是南北航线和进出长江船舶的交汇区域，通航密度大，船舶交汇频繁。事故发生前，某1轮经长江口深水航道（北槽）出长江口，并沿长江

① TEU是英文Twenty-feet Equivalent Unit的缩写。是以长度为20英尺的集装箱为国际计量单位，也称国际标准箱单位。

口船舶定制线A通航分道驶离东报告线，航向东南偏东；某2轮经南槽航道出长江口，并沿长江口船舶定制线B通航分道驶离东报告线，航向东北。事故当时气象海况：多云，能见距离约5海里，南到西南风、风力5~6级。

两船发生碰撞后，某2轮船上毛某强等12名船员溺水死亡；其船上所载4877.74吨热轧合金卷钢随船入海。某2轮沉没后，估算溢油量为42.92立方米。

碰撞发生后，被告人崔某雄立即至驾驶室左翼船桥查看碰撞情况后，未按规定报告主管机关，未留在事故现场积极施救，随即返回驾驶室下令不要停船，恢复原速继续航行，指挥驾驶船舶逃离现场。大副、二副以及水手长等船员感觉到船体震动在听到三副广播后来到驾驶台，大副带领水手长和两名水手检查船舶受损情况后向崔某雄报告本船左舷船壳水线以上有擦痕。4月6日，崔某雄下令当班二副关闭可用于记录和查询船舶位置和轨迹的船舶自动识别系统（AIS）。约02：00时，崔某雄接到来自上海港代理的电话，要求其返回上海接受调查，崔未予理睬，指挥船舶继续驶往我国香港特别行政区，后其接到船舶管理公司邮件要求返回上海接受事故调查，并停止船载航行数据记录仪（VDR）运行、备份数据后，才下令返航，但未按照要求备份VDR数据致使事故期间的音频记录数据被覆盖清除。崔某雄在接受调查期间亦未如实供述。

海事局认定，在本起事故中，某1轮未正确判断碰撞危险，该行为违反了《1972年国际海上避碰规则》（以下简称避碰规则）的有关规定；未履行让路船义务，避让措施不当，该行为违反了避碰规则的有关规定；未采取符合当时环境和情况的安全航速，该行为违反了避碰规则的有关规定。综上，应承担主要责任。某2轮未采取最有助于避免碰撞的行动，当两船相距约0.72海里，形成紧迫危险后，采取向左转向的避让行动，该行为违反了避碰规则的有关规定，应承担次要责任。某1轮明知发生碰撞，未向主管机关报告，未履行法定救助义务，并擅自驶离事故现场，事后故意关闭AIS设备，不备份VDR数据，企图毁灭证据，根据《水上交通肇事逃逸案件调查处理规定》的规定，上述行为已经涉嫌构成肇事逃逸。

事故发生后，某1轮船舶所有人某投资公司通过和解、法院调解等方式，向12名遇难船员的家属赔偿共计2000余万元。

【案件焦点】

在涉外水上交通肇事刑事案件中如何适用避碰规则判定事故责任。

【法院裁判要旨】

上海市杨浦区人民法院经审理认为：被告人崔某雄违反交通运输管理法规，因而发生重大事故，致对方船舶沉没和12名船员溺水死亡，为逃避法律追究又指挥肇事船舶逃跑，其行为已构成交通肇事罪，依法应予处罚。公诉机关指控的罪名成立。崔某雄的犯罪事实、情节、对社会的危害程度、到案情况以及船舶所有人已赔偿、对方船舶的责任等具体情况均在量刑中综合考虑。依照《中华人民共和国刑法》第六条第一款、第一百三十三条、第三十五条和《最高人民法院关于审理交通肇事刑事案件具体应用法律若干问题的解释》第二条第一款、第三条之规定，判决如下：

被告人崔某雄犯交通肇事罪，判处有期徒刑五年，驱逐出境。

一审判决后，被告人崔某雄提出上诉。上海市第二中级人民法院经审理认为：原判认定崔某雄犯交通肇事罪的事实清楚，证据确实、充分。原判根据崔某雄的犯罪事实、社会危害程度、到案情况以及船舶所有人已赔偿、对方船舶承担次要责任等综合考虑，所作量刑适当，且诉讼程序合法。依法裁定如下：

驳回上诉，维持原判。

【法官后语】

本案是一起发生在我国领海水域内的船舶交通肇事案件。在水上交通肇事刑事案件中，交通工具、驾驶人资质、船舶适航、船舶安全配员、不同船员职责、驾驶方式、发生事故前碰撞船舶在不同时段的航向及操作指令、事故定责以及损失理赔等均适用专门规定，在特定水域还要适用该水域的特别规定。例如，一起发生在吴淞口警戒区水域的船舶碰撞案件，船舶交会就须适用《长江上海段船舶定线制规定》规定的避让规则。水上交通肇事刑事案件是专属管辖，在司法实践中案件数量很少，本案又是一起适用避碰规则判定事故责任的刑事案件，对避碰规则在水上交通肇事刑事案件特别是在涉外刑事案件中的运用尤其具有指导意义。具体分析如下：

一、对于本案船舶碰撞事故责任的认定

避碰规则的根本目的是避免碰撞，总的原则是安全驾驶，早发现，早避让，不同阶段采取不同的避让措施。具体是当互见中的两船以不变的罗经方位相互驶近致有构成碰撞危险时，让路船和直航船所允许的或规定的行动可以分为四个阶段：(1) 在远距离，碰撞危险存在之前，两船可以自由采取行动。(2) 在碰撞危险最初开始存在时，规定让路船应及早采取大幅度行动，以取得一个安全的通过距离，直航船则必须保向保速。(3) 当让路船显然没有遵照本规则各条采取适当行动时，允许直航船可以独自采取操纵行动以避免碰撞，但机动船不应用向左转向来避让从其本船的左舷穿越的另一机动船。让路船则并不解除给他船让路的义务。(4) 当两船逼近到单凭让路船的行动不能避免碰撞时，规定直航船也应采取最有助于避碰的行动。

本案属于交叉相遇局面，事故发生水域是南北航线和进出长江船舶的交汇区域，通航密度大，船舶交汇频繁。根据避碰规则的相关规定，当两机动船交叉相遇致有构成碰撞危险时，有他船在本船右舷的船舶应给他船让路，如当时环境许可，还应避免横越他船的前方。本案中，某2轮与某1轮航向交叉，致构成碰撞危险时，某2轮在某1轮右前方，是直航船，某1轮是让路船。被告人答应会主动让清意味其对构成碰撞危险的确认以及对本船作为让路船须采取避让行动的确认，然而其非但未按照避碰规则的规定，“采用安全航速行驶”“尽可能及早采取大幅度的行动，宽裕地让清他船”，反而将航速从约18.8节加速至约19.1节定速航行，以致形成紧迫局面进而形成紧迫危险。崔某雄在紧迫危险已经形成并答应会右转向避让后，又过了约50秒才连续采取“右舵10”“右舵20”这一违反避碰规则规定的“为避免碰撞而作的航向和（或）航速的任何变动应避免作一连串的小变动”的小角度右转向避让措施。由上可见，某1轮显然没有遵照避碰规则采取适当避碰行动。此时，某2轮作为保向保速的直航船，按照避碰规则的规定，可以独自采取操纵行动，以避免碰撞。虽然“如当时环境许可，不应对在本船左舷的船采取向左转向”。但为避免紧迫危险，根据避碰规则第二条第二款的规定，某2轮允许采取“背离本规则条款”的向左转向的行动，但根据避碰规则第十七条第二款的规定，应采取最有助于避碰的行动。虽然此时向右转向也可能无法避免碰撞，但避免碰撞还应包含在碰撞不可避免时尽可能减少碰撞损失，以达到两船擦碰而过，而绝不能使两船直接对着碰撞。现向左转向是与对方明示的右转避让相向的行动，最后也发生了两船几乎是直接对着的碰撞，故向左转向被证明确实不是最有助于避碰的行动。

综上，根据《水上交通肇事逃逸案件调查处理规定》第十四条第一款的规定，如无法判明责任，对已查实的肇事逃逸船舶应认定其承担全部责任或主要责任。现主管机关根据航行轨迹和录音资料分析，对某1轮逃逸前的碰撞事实进行了查明，并根据查明事实依照避碰规则及《中华人民共和国海上交通安全法》判明相应的主次碰撞责任，具有法律依据和事实依据，本院予以认可。

二、对于本案被告人肇事逃逸的认定

根据《水上交通肇事逃逸案件调查处理规定》第十三条的规定，肇事船舶船员证明船长或当班驾驶人员明知发生碰撞事故而仍然驶离事故现场；肇事船舶当事人承认肇事逃逸事实；肇事船舶在肇事后突然关闭船舶自动识别系统、船载航行数据记录仪等设备，而无法作出合理解释；其他证据表明肇事船舶船长或当班驾驶人员明知发生碰撞事故而仍然驶离事故现场等均是认定肇事逃逸行为的重要证据。由此，在水上交通肇事案件中对逃逸的认定，不仅要看船舶的航行轨迹特别是发生碰撞后的航行轨迹，还要结合甚高频通信系统、船舶自动识别系统、船载航行数据记录仪等船载设备系统的使用在碰撞前后有无发生改变，特别是要注意碰撞发生后有无足以认定逃逸的操作改变。

本案中，被告人从某1轮自由航行阶段、与某2轮有构成碰撞危险时答应让路、形成紧迫危险后下达转向指令至发生碰撞始终在负责指挥航行操纵，碰撞发生后立即去驾驶室左翼船桥查看碰撞情况，故其对与某2轮发生碰撞应当明知。

被告人明知发生碰撞后，既未按规定留在现场积极施救，也未向主管机关报告，反而返回驾驶室下令恢复原速继续航行，途中下令关闭船舶自动识别系统设备逃避追踪，不按照船舶管理公司要求备份船载航行数据记录仪数据致事故期间音频记录数据被覆盖清除，在接受海事部门调查时又有意否认，足见其是明知发生碰撞为逃避法律追究而决意逃跑。

综上，本案被告人明知发生船舶碰撞事故而逃逸的事实应予认定。

三、对于本案被告人自动投案行为的评价

船舶航行不同于陆地驾驶，有专门的出发港和目的港，有专门的航行线路，而船长只是负责指挥船舶驾驶，具体操作是由船员各司其职，共同完成。在正常情况下，船长无权也无能力擅自改变既定航行目的地。本案中，被告人指挥某1轮逃离事故现场后驶往的下一港口是本次航行的目的港我国香港特别行政区，辩护人所谓的“如果被告人指挥某1轮驶往下一港口，中国海事部门只能求助他国”的情形并不成立。被告人在返航之前曾接到来自上海港代理的电话，要求其返回上海接受调查，其并未理睬，而是指挥船舶继续驶往我国香港特别行政区，直至约2小时后船舶管理公司要求其返回上海接受事故调查才下令返航。即便返航，亦未按照公司的要求备份船载航行数据记录仪数据，致使事故期间的音频记录数据被覆盖清除，且在接受调查时未如实供述。故被告人虽有自动投案，但其是经再三要求并有毁灭证据等情形亦应在投案主动性上一并予以考量。

编写人：上海市杨浦区人民法院　孙颖

067 行为人酒后驾驶机动车发生事故逃逸后在抓获前再次饮酒的，仍可认定醉酒驾驶

——蒋某危险驾驶案

【案件基本信息】

1. 裁判书字号

广东省广州市中级人民法院（2020）粤 01 刑终 806 号刑事裁判书

2. 案由：危险驾驶罪

【基本案情】

2018 年 11 月 30 日 22 时 03 分，被告人蒋某饮酒后驾驶粤 A4××××号小型轿车途经某路段与停在路旁的粤 AB××××号小型轿车发生碰撞，造成两车不同程度损坏的交通事故后驾车逃逸。同日，被告人蒋某在某房间被公安机关抓获，执勤民警将其带至某医院提取血液样本，经送南方医科大学司法鉴定中心检验，检验结果为：蒋某静脉血液中检出乙醇（酒精）成分，其含量为 247.5 毫克/100 毫升。

广东省广州市越秀区人民检察院以被告人蒋某犯危险驾驶罪向广州市越秀区人民法院提起公诉。

被告人蒋某辩称：其驾驶汽车前喝了两杯洋酒，还没有达到醉酒程度，指控的血液酒精含量是其事后回家又喝酒后检测出来的结果，其不构成危险驾驶罪。

辩护人辩护称：被告人蒋某进行呼气测试和抽血检验都不是在驾驶状态或事故现场进行的，而是在被告人蒋某回家睡前喝酒之后进行的，其间已经间隔了一个多小时，公诉机关没有证据证明被告人蒋某在驾驶汽车或事故发生时处于醉酒状态，而有相关证据可以证明被告人蒋某回家后又喝了酒，因此公诉机关指控被告人蒋某醉酒驾驶的事实没有形成完整的证据链。请求判决被告人蒋某无罪。

【案件焦点】

被告人蒋某发生交通事故逃逸后在抓获前再次饮酒，是否可以认定醉酒驾驶。

【法院裁判要旨】

广东省广州市越秀区人民法院经审理认为：首先，根据被害人宋某勇的陈述、证人袁某豪、张某营等人证言、被告人蒋某的供述互相印证证实被告人蒋某于案发当晚是酒后驾车。其次，从存疑有利于被告人原则，结合被告人蒋某的供述、证人张某的证言，认定被告人蒋某回家后再次饮酒。最后，依据《最高人民法院、最高人民检察院、公安部关于办理醉酒驾驶机动车刑事案件适用法律若干问题的意见》第六条第二款的规定，犯罪嫌疑人在公安机关依法检查时，为逃避法律追究，在呼气酒精含量检验或者抽取血样前又饮酒，经检验其血液酒精含量达到本意见第一条规定的醉酒标准的，应当认定为醉酒。此款规定的意旨是：犯罪嫌疑人为逃避法律追究，在呼气酒精含量检验或者抽取血样前又饮酒，公安机关依法检查时检验其血液酒精含量达到醉酒标准的，应当认定为醉酒，而不局限于辩护人所称“检查时”的当场再次饮酒。因此，综上分析，被告人蒋某饮酒后驾驶机动车，在交通事故发生后，再次饮酒企图逃避法律追究，在公安机关检查时提取的血液样本中酒精含量达到80毫克/100毫升以上，其行为构成危险驾驶罪。

广东省广州市越秀区人民法院综上所述，依照《中华人民共和国刑法》第一百三十三条之一、第五十二条、第五十三条之规定，判决如下：

被告人蒋某犯危险驾驶罪，判处拘役二个月，并处罚金人民币五千元。

一审宣判后，被告人蒋某表示不服判决，上诉至广东省广州市中级人民法院，法院于2020年6月3日裁定如下：

驳回上诉，维持原判。

【法官后语】

关于《最高人民法院、最高人民检察院、公安部关于办理醉酒驾驶机动车刑事案件适用法律若干问题的意见》第六条第二款规定的理解与适用。根据该条款的规定，犯罪嫌疑人在公安机关依法检查时，为逃避法律追究，在呼气酒精含量检验或者抽取血样前又饮酒，经检验其血液酒精含量达到本意见第一条规定的醉酒标准的，应当认定为醉酒。而适用该条款应从以下两个方面考虑：

1. 如何理解“依法检查时，呼气酒精含量检验或者抽取血样前”。从该条规定出台背景分析，《〈关于办理醉酒驾驶机动车刑事案件适用法律若干问题的意见〉的理解与适用》[①] 中讲到，在上述意见的起草过程中，有部门提出上述情形下无法证明犯罪嫌疑人驾车时血液酒精含量已经达到80毫克/100毫升以上的醉酒状态，有推

---

① 陈国庆、韩耀元、吴峤滨：《〈关于办理醉酒驾驶机动车刑事案件适用法律若干问题的意见〉理解与适用》，载《人民检察》2014年第5期。

定犯罪之嫌，但最终仍出台上述规定，其主要理由是：第一，醉驾入刑的目的是加大对醉酒驾驶机动车行为的惩罚力度，有效防范风险，如果犯罪嫌疑人醉酒驾驶后可以此方法逃避法律追究，将会产生不良示范效应，不利于对社会安全和公众利益的保护；第二，犯罪嫌疑人停车接受公安机关执法检查时，属于被迫、非正常停驶，法律上可以拟制为仍处于驾驶状态，其在此期间饮酒的，仍可视为在驾驶时饮酒，其饮酒后血液酒精含量达到80毫克/100毫升以上的，可以认定为醉酒驾驶机动车。因此，即便犯罪嫌疑人在检查前的实际血液酒精含量未达到80毫克/100毫升，其也应当承担在检查时饮酒带来的不利后果。因此，只要是犯罪嫌疑人为逃避法律追究，在呼气酒精含量检验或者抽取血样前又饮酒，公安机关依法检查时检验其血液酒精含量达到醉酒标准的，应当认定为醉酒。而不是仅仅局限于公安机关依法检查时犯罪嫌疑人当场再次饮酒的情形，否则只要犯罪嫌疑人发生事故后逃逸，没有被当场抓获，都可以辩解在抓获前已经再次饮酒而不可能对其追究法律责任。

2. 如何判断行为人是否是“为了逃避法律追究”而再次饮酒的。笔者认为可以从以下两个方面进行判断：（1）行为人再次饮酒的时间。如行为人是在公安机关依法检查时的当场再次饮酒的或是在发生事故逃逸后，则可以直接推定其具有逃避法律追究的故意，其应承担饮酒所带来的不利后果。（2）行为人再次饮酒的情境。如行为人再次饮酒是在合理的情境下，如正常的聚餐时发生的，则难以推断其是否具有逃避法律追究的主观故意；如行为人再次饮酒并不具备合理的情境，且行为人亦未能作出合理的解释，则可以推定其具有逃避法律追究的故意。

编写人：广东省广州市越秀区人民法院　黄涛　彭莉媛

068 妨害公共交通工具安全驾驶构成以危险方法危害公共安全罪的量刑

——杜某某以危险方法危害公共安全案

【案件基本信息】

1. 裁判书字号

北京市第三中级人民法院（2019）京03刑终744号刑事裁定书

2. 案由：以危险方法危害公共安全罪

【基本案情】

2018年5月11日6时52分，北京甲客运有限公司司机连某驾驶顺××路公交车（无人售票）由西向东行驶至北京市顺义区高丽营镇顺沙路沿线张喜庄村段张喜庄车站，被告人杜某某上车时使用其子的学生公交卡刷卡乘车，连某发现后进行检查，并扣留了杜某某持有的学生公交卡，将该卡放置于驾驶室左侧。在公交车行驶过程中，杜某某对连某扣留其学生公交卡不满，与其发生争吵，后为抢回学生卡，推搡连某右胳膊和胸部，连某告知杜某某如果再抢就报警，杜某某未听劝告继续拉扯连某胳膊和衣服，并俯身去抢学生卡，其间多次触碰方向盘并将连某左侧衣袖扯坏，严重影响了车辆正常行驶，致使车辆紧急停驶在机动车道内。整个过程持续40秒左右，车内监控录像显示最高车速为49km/h。其间，公交车内载有10余名乘客，车辆左侧及前方均有机动车行驶。连某停车后报警，杜某某明知他人报警而在现场等待。后杜某某赔偿连某衣服损失，连某及北京甲客运有限公司表示谅解。

【案件焦点】

本案应如何量刑，是否属于犯罪情节显著轻微或能否适用缓刑。

【法院裁判要旨】

北京市顺义区人民法院经审理认为：被告人杜某某在公共交通工具行驶过程中，妨害安全驾驶，危害公共安全，虽尚未造成严重后果，但其行为已构成以危险方法危害公共安全罪，应予惩处。被告人杜某某违规使用公交卡，在司机查处后拒不改正，不顾及车辆行驶安全抢夺公交卡，且案发时处于早高峰，车内乘客、道路车辆较多，结合本案犯罪事实、性质、情节和对于社会的危害程度，不宜适用缓刑。但鉴于被告人杜某某明知他人报警而在现场等待，到案后如实供述犯罪事实，系自首，且认罪悔罪，取得司机及客运公司谅解，辩护人关于从宽量刑的辩护意见本院酌予采纳，依法对被告人杜某某减轻处罚。

北京市顺义区人民法院依照《中华人民共和国刑法》第一百一十四条、第六十七条第一款、第六十一条、第四十五条、第四十七条之规定，作出如下判决：

被告人杜某某犯以危险方法危害公共安全罪，判处有期徒刑二年。

杜某某以量刑过重为由提出上诉，辩称：其犯罪情节显著轻微，不具有直接故意，且具有自首、认罪、赔偿并取得谅解的情节，司机亦存在过错，原判量刑过重。

北京市第三中级人民法院经审理认为：结合杜某某的年龄、智力、认识水平以及司机提醒其不要妨害驾驶等情况，可以认定杜某某对危害公共安全持放任的故意，且以危险方法危害公共安全主观状态并不限于直接故意；司机的行为遵守了职业操守和职业操作规范，不具有诱发杜某某危险行为的故意，在本案中不存在过错；综合分析全案证据，可以认定杜某某的行为构成以危险方法危害公共安全罪，且犯罪情节不属于显著轻微；一审法院根据杜某某犯罪的事实、犯罪的性质、情节和对社会的危害程度所作出的判决，定罪及适用法律正确，量刑适当，审判程序合法，应予维持。

北京市第三中级人民法依照《中华人民共和国刑事诉讼法》第二百三十六条第一款第一项之规定，作出如下裁定：

驳回上诉，维持原判。

【法官后语】

本案的处理重点在于对被告人的行为应如何量刑，是否属于犯罪情节显著轻微或能否适用缓刑。

近年来，随着无人售票公交车的普及，公交车减少或者不再配有乘务员，司机不但要安全驾驶汽车，还承担着监督乘客是否购票、维持乘车秩序等职责，一旦司乘之间或乘客之间发生纠纷，将很大程度上影响司机的安全驾驶，有的地方甚至出现了在公共交通工具上抢夺方向盘、拉拽、殴打驾驶人员等妨害安全驾驶的行为，严重威胁道路交通安全，成为不容忽视的公共安全问题。特别是2018年重庆市万州“10·28”公交车坠江事故发生后，公共交通工具安全驾驶问题引起全社会强烈关注，加强公交司机安全防护、严惩妨害安全驾驶违法犯罪行为的呼声高涨。为了全面解决问题，及时回应社会关切，《中华人民共和国刑法修正案（十一）》增设了妨害安全驾驶罪，从立法层面进一步加强了对公共交通安全的刑法保护，切实维护了人民群众的出行安全。

本案提起公诉时被告人处于取保候审状态，一审法院认为其不符合缓刑适用条件，故将强制措施变更为逮捕并判处有期徒刑，被告人以量刑过重为由提出上诉，二审法院对一审裁判结果予以维持，故本案主要焦点在于如何裁量刑罚。一审法院作出以上刑罚主要基于以下几点考虑：

第一，案发时车辆载客十余人，该情节的危险程度相对较高，在该情形下妨害司机安全驾驶更加危险、容易造成更为严重的后果，故量刑上应当从严惩处。

第二，案发时最高车速为49千米/小时，且正值工作日的早高峰，车辆前方及对向车道均有车辆行驶，该道路为双向单车道，对向车道、机动车道与非机动车道均无隔离护栏，司机的驾驶行为不仅关系车内人员的安全，也关系到道路上其他车辆及行人的安全，在此情形下实施的妨害安全驾驶行为，与车速相对较慢、车流量相对较少、路段状况良好时实施的行为对公共安全的危害程度不同，在量刑上应有所体现。

第三，被告人违规使用学生卡骗取乘车费用优惠，在被司机查处后不但拒不改正，还不顾及车辆行驶安全与司机抢夺公交卡，其不仅触犯了法律的底线，更应受到道德上的谴责。司机作为无人售票公交车的驾驶员，承担着查验、核实乘车证件的职责，其发现被告人违规使用乘车卡后对卡片予以暂扣、等待进一步处理系正常履职行为，且在遭受被告人妨害正常驾驶行为时保持克制、提出警告并及时制动，遵守了职业操守和操作规范，在本案中不存在过错，不具有诱发被告人犯罪行为的因果关系。

第四，被告人具有自首、认罪悔罪、积极赔偿、尚未造成严重后果的从宽情节。被告人在明知司机报警后，在现场等待民警到来，抓捕时无拒捕行为，到案后始终如实供述犯罪事实，构成自首，依法可以从轻或减轻处罚。此外，被告人的行为未导致车辆碰撞等实际损害后果，经教育后深刻认识到自己行为的错误，表示悔罪，积极赔偿了司机的衣物损失，取得了司机及公交公司的谅解，一定程度上修复了被其犯罪行为破坏的社会关系，故一审法院对其减轻处罚。

第五，综合考虑全案情节，对被告人不宜适用缓刑。缓刑适用的条件是被告人被判处拘役、三年以下有期徒刑，同时还要满足犯罪情节较轻、有悔罪表现等条件，其积极的价值作用在于避免短期自由刑的弊端，优化发挥刑罚功能，既体现国家对犯罪行为的否定评价，又体现对犯罪分子的宽大政策。而妨害安全驾驶行为属于刑法第二章危害公共安全罪，犯罪行为危及不特定人员的安全，虽然被告人可能具有自首、立功、认罪认罚等从宽情节，但鉴于此类犯罪不仅侵害了公共道路交通秩序，还危害了不特定人的生命、财产安全，应从严把握缓刑适用。

综上，一审法院充分考虑被告人所具有的从轻、减轻处罚情节，根据被告人犯罪的事实、犯罪的性质、情节和对社会的危害程度所作出了上述量刑。需要说明的是，2021 年 3 月 1 日施行的《中华人民共和国刑法修正案（十一）》增设了妨害安全驾驶罪，在适用时应当注意本罪与以危险方法危害公共安全罪的区分，对于在行驶中的公共交通工具上发生的因司乘纠纷而引发的互殴、厮打等妨害安全驾驶行为一般不宜再适用《中华人民共和国刑法》第一百一十四条规定的以危险方法危害公共安全罪。

编写人：北京市顺义区人民法院　曹咏

069 过失犯罪中作为形式对罪名认定的影响

——代某过失以危险方法危害公共安全案

【案件基本信息】

1. 裁判书字号

安徽省淮北市中级人民法院（2019）皖06刑终169号刑事裁定书

2. 案由：过失以危险方法危害公共安全罪

【基本案情】

2017年8月，被告人代某承包经营甲公司职工食堂3号操作间及售饭窗口。2017年10月初，代某从濉溪县百善镇一路边摊购买十余斤工业用盐，用于清理食堂后厨地面油渍。后代某在未告知食堂其他工作人员的情况下，将该工业用盐放置在食堂后厨用于存放佐料的蒸箱内。同年10月24日凌晨，食堂工作人员误将该工业用盐当作食用盐加入制作的早餐食品中，并向就餐职工出售，导致丁某、王某、朱某、赵某等100余人在食用后出现不同程度的头晕、恶心、呕吐等不良反应。经濉溪县疾病预防控制中心检测，其中56人被确诊为亚硝酸盐中毒，后经濉溪县公安局司法鉴定中心鉴定，该56人的损伤程度均为轻微伤。经淮北市疾病预防控制中心检测，该工业用盐及食堂于2017年10月24日销售的汤等早餐内含有大量亚硝酸盐。为处置本次亚硝酸盐中毒事件，甲公司支付中毒职工及护理人员医疗费、误工费、护理费等各项费用共计40余万元。

另查明：食物中毒事故发生后，代某经食堂工作人员通知返回食堂查看情况，后甲公司相关人员到达现场并报警，民警在食堂内将代某口头传唤到案。到案后，代某如实供述了上述事实。

【案件焦点】

本案中食堂经营者对购进的工业用盐未能妥善保管，被食堂工作人员误当作食盐投放到制作的食品中，导致100余人食物中毒，对于经营者不当存储危险物质的行为应如何定性。

【法院裁判要旨】

安徽省濉溪县人民法院经审理认为：被告人代某作为甲公司食堂经营者，对其购进的工业用盐未尽到妥善保管义务，被食堂工作人员误当作食盐投入加工的食品中对外销售，致100余人产生不良反应，其中56人被评定为轻微伤，情节较轻，其行为已构成过失以危险方法危害公共安全罪。公诉机关关于代某构成过失投放危险物质罪的指控，经查，代某将采购的用于厨房地面清洁等用途的工业用盐存储在食堂储物箱中，没有予以妥善保管，其本人客观上并没有实施主动投放行为，是其他食堂员工在不知情的情况下将工业用盐当作食盐投入制作的食品中。故投放工业用盐的行为并非代某实施，代某不构成过失投放危险物质罪。故公诉机关指控的罪名不当，依法予以纠正。代某明知他人报警而在现场等待接受处理，到案后能够如实供述所犯罪行，系自首，依法从轻处罚。

安徽省濉溪县人民法院依照《中华人民共和国刑法》第一百一十五条、第六十七条第一款之规定，作出如下判决：

被告人代某犯过失以危险方法危害公共安全罪，判处有期徒刑二年。

代某以量刑过重为由提起上诉。安徽省淮北市中级人民法院经审理同意一审法院的裁判意见。依照《中华人民共和国刑事诉讼法》第二百三十六条第一款第一项之规定，作出如下裁定：

驳回上诉，维持原判。

【法官后语】

过失投放危险物质罪的客观方面表现为过失投放毒害性、放射性、传染病病原体等物质，危害不特定多数人的生命、健康或重大公私财产损失的行为。其行为模式体现为行为人在过失心态下，将毒害性等危险物质投入致害媒介上，造成危害公共安全的严重后果。可见，构成本罪需要犯罪人积极地作出投放危险物质的危害行为，即实施一个主动的使危险物质与致害媒介直接关联的“投放”行为，包括授意他人投放等主观作为心态下实施的间接投放行为。如果行为人没有主动、积极地实施投放这一“动作”，没有积极作为，则不能认定为本罪。本案中，代某将工业用盐存储于食堂储物箱中，未予妥善保管，具有现实的危险性，但该危险性属于潜在的危险，不符合过失投放危险物质罪犯罪构成的结果要件。此外，工业用盐系被食堂员工误作食盐投入制作的食品中。这一投放行为系食堂员工实施，并非代某直接实施或者授意实施，亦不符合过失投放危险物质罪犯罪构成中所要求的投放行为这一要素。故代某的行为不构成过失投放危险物质罪。

过失以危险方法危害公共安全罪的客观方面表现为过失以失火、决水、爆炸、投放危险物质以外的危险方法危害公共安全，致人重伤、死亡或者使公私财产遭受重大损失的行为。其行为模式体现为行为人在过失心态下，以失火、爆炸等以外的危险方法，实施了危害公共安全的行为。可见，本罪在客观上只要求行为人实施与放火、投放危险物质等危害相当的危险方法，严重危害公共安全，对犯罪人的行为方式是作为或者不作为，或者它们之混合形态，在所不问。本案中，代某将工业用盐存储于食堂储物箱的行为本身是一种“危险方法”的作为。由于该先行行为使某种合法权益处于遭受严重损害的危险状态，故行为人负有阻止损害结果发生的义务。代某未对该工业用盐予以妥善保管，亦未告知、警示食堂员工，违背因其先前不当存储行为而形成的法律义务，属于对危险源支配、管理的不作为。其上述的作为与不作为合乎规律地导致工业用盐被食堂员工误用，导致发生危害公共安全的结果，行为与结果之间建立直接因果关系。这一因果关系是代某存放危险物质的作为与未加妥善保管的不作为相交织，在过失心理支配下对危害结果的放任，符合过失以危险方法危害公共安全罪中的犯罪心理和行为特征，应当以此罪定罪处罚。

综上，过失投放危险物质罪的行为特征为“投放”危险物质，即必须是积极的作为。过失以危险方法危害公共安全罪的行为特征不区分作为和不作为，只需要符合“其他危险方法”即可。所以，在区分过失投放危险物质罪与过失以危险方法危害公共安全罪过程中，需要对行为方式作具体认定。过失投放危险物质罪的罪状表明了需要有“投放”行为，即必须表现为积极的作为，包括行为人自己实施，也包括行为人授意他人、运用工具等方式的实施。如果行为人没有积极的作为，不能认定构成本罪。而在过失以危险方法危害公共安全罪的犯罪构成中，只要行为人作出了具有杀伤性、规模性危害的行为，既包括积极实施的作为，也包括违背法律要求或者先行行为产生的义务的不作为，均可成立本罪。据此，本案应当认定代某构成过失以危险方法危害公共安全罪。

编写人：安徽省濉溪县人民法院　孙连祥

070　判定非法储存枪支罪与非法持有枪支罪的主要依据

——刘某某非法持有枪支案

【案件基本信息】

1. 裁判书字号

山东省济宁市中级人民法院（2019）鲁 08 刑终 449 号刑事裁定书

2. 案由：非法持有枪支罪

【基本案情】

2016 年 10 月至 2018 年 2 月，被告人刘某某在济宁市任城区龙行路与博古庄路交叉口经营一家手机维修店，兼从事快递收寄业务。自 2017 年 6 月以来，在此附近居住的张某某（另案处理）经常到店里邮寄玩具枪及配件等物品。在开始邮寄时被告人刘某某对张某某邮寄物品进行检查验收，后来邮寄的次数多了（被告人刘某某也认为张某某邮寄的都是玩具枪等物品），被告人刘某某在代为邮寄前就不再进行开箱查验。2017 年 11 月张某某将一纸箱物品交付被告人刘某某邮寄，被告人刘某某在未开箱查验的情况下即邮递出去，在临沂中转站被查出系违禁品后，邮递公司将该次邮寄物品退回被告人刘某某处。刘某某打开纸箱发现箱内有疑似枪支、弹夹、塑料子弹及高压气瓶等物品，被告人刘某某与张某某联系，声称其邮递物品被邮递公司查扣并让张某某缴纳罚款。

后被告人刘某某仍将疑似枪支等物品存放在其手机维修店内。其间，因被告人刘某某与朋友视频聊天过程中拿出一支涉案手枪进行炫耀，被他人举报。于 2018 年 10 月 19 日公安机关在被告人刘某某手机维修店内查获三支涉案枪支及高压气瓶十一瓶、弹夹十个等违禁物品。经鉴定，三支涉案枪支均系以压缩气体产生的气体压力为动力进行发射，系枪支，且具有杀伤力（三支枪支测得弹丸最高速度分别为 76.18 米/秒、75.69 米/秒和 76.79 米/秒，计算得枪口比动能均大于 1.8 焦耳/平方厘米，分别为 2.36 焦耳/平方厘米、2.33 焦耳/平方厘米和 2.40 焦耳/平方厘米）。

被告人刘某某于 2018 年 10 月 19 日 17 时许在其经营的手机维修店内被侦查人员传唤至公安机关接受询问，在到案过程中态度一般，无拒绝、阻碍、抗拒、逃跑行为，到案后如实供述了其主要犯罪事实。

【案件焦点】

作为负有寄件接收、邮递义务的被告人刘某某，在对他人邮寄的枪支进行储存保管过程中，如何根据在案证据确定被告人刘某某“明知”保管物系枪支并如何根据其“明知”之下的行为目的进行定罪。

【法院裁判要旨】

山东省济宁市任城区人民法院经审理认为：在案证据能够证实刘某某代张某某邮寄保管物品的过程中，不知道张某某所邮寄的物品是枪支，在该物品被邮递公司发现是枪支并退回后，刘某某方发现张某某邮寄的是枪支，后其扣留涉案枪支并以此作为向张某某提出赔偿要求的依据。结果其行为被他人举报，案发。再结合《最高人民法院关于审理非法制造、买卖、运输枪支、弹药、爆炸物等刑事案件具体应用法律若干问题的解释》，“非法储存”是指明知他人非法制造、买卖、运输、邮寄的枪支、弹药、爆炸物而为其存放的行为。结合上述案件事实及司法解释，刘某某对张某某买卖、邮寄枪支的行为并不明知，其不符合储存枪支罪的主观构成要件。相反，刘某某之行为是对涉案枪支仅仅是一种持有的状态和故意，故公诉机关指控刘某某犯储存枪支罪不成立，不予支持，而辩护人提出刘某某构成非法持有枪支罪的辩护意见成立，应予以采纳。

山东省济宁市任城区人民法院依照《中华人民共和国刑法》第一百二十八条第一款、第六十七条第三款、第四十五条、第四十七条、第六十四条、第六十一条，作出如下判决：

一、被告人刘某某犯非法持有枪支罪，判处有期徒刑一年二个月；

二、扣押在公安机关的涉案枪支三支及高压气瓶十一瓶等违禁物品由扣押机关依法予以没收，上缴国库。

山东省济宁市任城区人民检察院提起抗诉。

山东省济宁市中级人民法院经审理认为：刘某某违反国家枪支管理规定，非法持有以压缩气体为动力的枪支三支，其行为构成非法持有枪支罪，依法应予惩处。经查，认定刘某某犯罪事实清楚，证据确实充分，定罪准确，量刑适当，体现了罪责刑相适应的原则。故抗诉机关的抗诉理由及支持抗诉意见不能成立，应予驳回。

山东省济宁市中级人民法院依照《中华人民共和国刑事诉讼法》第二百三十六条第一款第一项的规定，作出如下裁定：

驳回抗诉，维持原判。

【法官后语】

本案的重点在于准确把握非法储存枪支罪与非法持有枪支罪的关键区别基础之上，运用主客观相统一的原则，综合分析全案证据以确定行为人刘某某对张某某邮寄玩具枪过程中夹带涉案枪支行为的认识因素和意志因素，进而做出正确选择。根据《中华人民共和国刑法》第一百二十五条，非法储存枪支罪是指违反国家规定私自收藏或者储存枪支的行为。该罪的主观方面是直接故意，即明知是枪支而进行储存，如果受他人蒙蔽、利用，不知道是枪支，则不构成本罪。与该罪名相近的是《中华人民共和国刑法》第一百二十八条规定的非法持有枪支罪，本罪主观方面亦是故意，要求行为人明知是枪支、弹药而故意非法持有、私藏。《最高人民法院关于审理非法制造、买卖、运输枪支、弹药、爆炸物等刑事案件具体应用法律若干问题的解释》(2009 年修正）第八条则对“非法储存”与“非法持有”均作出明确具体的解释：“非法储存”，是指明知他人非法制造、买卖、运输、邮寄的枪支、弹药而为其存放的行为，或者非法存放爆炸物的行为；“非法持有”是指不符合配备、配置枪支条件的人员，违反枪支管理法律、法规的规定，擅自持有枪支的行为。由此可见，非法储存枪支罪与非法持有枪支罪最关键的区别点是当事人明知其持有的枪支是他人制造、邮寄、买卖所用或所得且基于他人的该种目的而为他人存放、保管的行为，否则不构成非法储存枪支罪而构成非法持有枪支罪或其他犯罪。可见，“明知”是认定非法储存枪支罪的必要条件，即如果构成非法储存枪支罪则必然要求行为人主观上知道其存放、持有、保管的枪支是他人通过非法制造、买卖、运输、邮寄四种非法途径所得或为该四种行为所用，而构成非法持有枪支罪则无此要求。

结合本案审理查明的事实，刘某某从事手机维修兼代理邮件邮递业务，包括为张某某玩具枪等物品的邮递，起初刘某某对张某某的邮件进行开箱检查，后来出于对熟客张某某的信任，未再进行开箱检查，以至于出现张某某邮件涉及违禁物品（涉案枪支）被退回的情形。收到邮递公司的退件后，刘某某方发现代理邮寄的物品是枪支，后要求张某某赔偿损失并取回枪支，结果其被查获。综上所述，刘某某对张某某邮寄玩具枪过程中私自夹带枪支的行为并不明知，其并非为了张某某邮寄枪支提供储存便利，只是在张某某的邮件退回后其才发现张某某邮寄的物品是枪支，并对涉案枪支予以扣留，且其扣留涉案枪支的目的只是向张某某讨说法、要赔偿，并不是帮助张某某继续邮寄枪制而暂时保管，对张某某邮寄枪支的行为不具有“明知”性，即刘某某缺乏为张某某邮寄、保管枪支的主观故意。故本案刘某某的行为不构成非法储存枪支罪，对其应以非法持有枪支罪定罪论处。对此，二审法院则予以精准的概括，即“刘某某在邮寄的枪支作为违禁品被退回后，其基于向张某某索要赔偿目的而将枪支扣留，其对涉案枪支是非法持有的状态，构成非法持有枪支罪”。

综上，在一定程度上，行为人的主观故意是确定行为人是否构成犯罪及是构成此罪还是构成彼罪的基石。在认定罪与非罪、此罪与彼罪时，要具体案件具体分析，即使同一类型、涉及同一罪名，也有不同的情况，不能仅凭行为人的外在表现及结果事实简单定罪，应从行为人的犯罪动机、目的、心理态度、行为表现、行为事实、情节及结果等方面进行综合分析把握，全面考虑其犯罪构成，严格坚持主客观相统一、罪刑法定及罪责刑相适应的原则。只有这样，方能予以准确定罪量刑，客观归罪与主观归罪都要不得，否则会导致乱判滥罚，冤及无辜。

编写人：山东省济宁市任城区人民法院　刘来双

071 对“交通事故责任划分所依据内容”的供述与自首中“如实供述犯罪事实”二者之间关系的认定

——郭某交通肇事案

【案件基本信息】

1. 裁判书字号

北京市第三中级人民法院（2019）京03刑终198号刑事判决书

2. 案由：交通肇事罪

【基本案情】

2018年4月26日22时50分许，在北京市顺义区京平高速出京方向27.9公里处，被告人郭某因驾驶的超重重型自卸货车车胎漏气，故将车辆停靠在路边，适有范某某驾驶重型半挂牵引车/重型罐式半挂车（内乘申某某）由西向东行驶，范某某驾驶的重型半挂牵引车/重型罐式半挂车前部右侧与郭某停靠在路边的重型自卸货车后部左侧相撞后起火燃烧，造成范某某、申某某死亡。发生交通事故后，被告人郭某电话报警，并在现场等待。经认定，郭某因未按规定摆放安全警示标志和未及时报警为事故负主要责任，范某某因未安全驾驶为事故负次要责任，申某某无责任。

【案件焦点】

郭某对交通事故认定书中责任划分所依据事实的供述，是否影响对自首中“如实供述（主要）犯罪事实”的判断。

【法院裁判要旨】

北京市顺义区人民法院经审理认为：对郭某已如实供述犯罪事实构成自首的辩护意见，经查，因现场未找到安全警示标志三角架及其残骸，不能证实郭某已尽安全警示义务放置了安全警示标志，又因是否摆放安全警示标志是本案划分主次要责任的重要依据之一，故摆放警示标志的相应事实应属于本案主要犯罪事实部分，现因郭某是否摆放安全警示标志的在案证据与郭某供述不能吻合，故不能认定其已如实供述犯罪事实，不符合自首的条件，该辩护意见不能成立，不予采纳。郭某违反交通运输管理法规，发生重大交通事故，致二人死亡，且负事故主要责任，情节特别恶劣，其行为已构成交通肇事罪，依法应予惩处。鉴于郭某犯罪后自动到案，当庭认罪态度较好，依法酌定对其从轻处罚。北京市顺义区人民法院作出如下判决：

被告人郭某犯交通肇事罪，判处有期徒刑三年六个月。

宣判后，郭某以量刑过重提出上诉。辩护人的辩护意见为：郭某有自首情节，应对其减轻处罚并适用缓刑。

北京市第三中级人民法院经审理认为：原审法院对本案定罪正确，审判程序合法，郭某主动投案，到案后已如实供述主要犯罪事实，对是否摆放安全警示标志部分的供述不阻碍对犯罪事实的整体性评价，虽供述中有些情节与现有证据不吻合，但不影响自首的成立，原判遗漏法定量刑情节，属于适用法律错误，导致量刑不当，故予以改判，但对郭某减轻处罚并适用缓刑的辩护意见缺乏法律依据，不予采纳。

北京市第三中级人民法院作出如下判决：

一、撤销北京市顺义区人民法院（2018）京0113刑初1062号刑事判决，即被告人郭某犯交通肇事罪，判处有期徒刑三年六个月；

二、上诉人郭某犯交通肇事罪，判处有期徒刑三年。

【法官后语】

本案中，一审、二审法院之所以对郭某是否满足“如实供述”情节的认定存在分歧，主要原因在于对交通肇事罪中犯罪事实所指向的内容与肇事者供述的交通事故责任划分所依据内容之间关系的理解不同。就交通事故责任划分所依据的内容而言，其是判定交通事故中当事人责任过错有无或大小时所考量的引起事故发生的全部相关因素，包括交通规则的遵守情况、路况、车况、驾驶资格、酒驾等情形，是整体评价事故责任过错涉案因素的集合体。就犯罪事实而言，《最高人民法院关于处理自首和立功具体应用法律若干问题的解释》第一条规定，如实供述自己的罪行，是指犯罪嫌疑人自动投案后如实交代自己的主要犯罪事实。如何准确认定（主要）犯罪事实，可以从“质”和“量”两方面理解和把握。“质”可以理解为供述涉及的事实或情节对认定犯罪有决定意义、对量刑有重大影响；“量”可以参考所供述犯罪内容的多与少、作用及危害的大与小进行比例权衡，但不宜机械地以50%为临界点对“主要”的内容进行量化，需综合考量。司法实践中，行为人对某些行为、情节、证据（包含划分事故责任所依据的证据内容）的供述不准确、不属实、不吻合，只要其供述不妨碍对犯罪事实的整体性评价，即不影响对如实供述（主要）犯罪事实这一量刑情节的认定，是否“如实供述”的判断方向应以行为人“所知所为”为视角。上述二者之间的关系在证据层面上的体现为行为人所供述的涉案内容是还原事故经过、与现场勘验检查、监控实拍、证人证言等证据相佐证的直接证据，是事故责任划分所依据的证据之一，但不必然影响对事故责任划分结果的判定，也不能独立依之得出事故责任大小的判断结果。

具体到本案，事故的发生过程基本可以还原为：(1) 郭某将故障车辆停靠在高速路边上；(2) 郭某未按规定摆放安全警示标志；(3) 范某某未安全驾驶车辆与前方车辆发生碰撞；(4) 郭某发生交通事故后未及时报警并履行有效救援义务；(5) 发生人员死亡后果。本案中，事故发生后郭某拨打报警电话和救援电话，承认其驾驶的货车在高速路上出现故障后停靠在路边，有同向行驶的车辆与其停在路边的车辆发生碰撞，此时郭某的供述已包含了本起事故中涉及的主体、主要行为、肇事过程及肇事后果，形成了以其为视角的对事故发生及现场情况的还原，且与在案证据相互印证，应视为对(主要)犯罪事实的如实供述。从事故责任划分角度看，事故认定书中认定郭某负主要责任是未按规定摆放安全警示标志和未及时报警，即无论认定郭某已摆放三角架（其供述已摆放三角架，但距离远小于法律规定的150米）或是认定其没有摆放三角架（因其供述不稳定，且无其他证据佐证，故不予认定)，其行为均不符合《中华人民共和国道路交通安全法》中规定的在高速公路上放置安全警示标志于车后150米的要求，故其对摆放安全警示标志摆放的有关供述不会影响此次事故责任的划分。从自首的价值判断上看，交通事故发生后，郭某主动拨打报警电话，并在现场等待处理，没有逃避法律上可能面临的处罚，体现其投案的主动性和自发性，且在讯问中始终承认系交通肇事者，其供述已能够还原案发前后事故现场的基本情况，体现了较好的认罪态度，同时也没有浪费司法资源，使刑事侦查、诉讼程序顺利进行，符合自首制度的核心内涵，应在法律上予以积极评价，故应认定郭某有如实供述的情节，构成自首。但鉴于其造成二人死亡的危害结果以及无赔偿、谅解的量刑情节，减轻处罚并适用缓刑不足以体现罪责刑相适应，在无其他减轻处罚的新证据情况下，二审法院撤销一审判决，改判郭某刑期为有期徒刑三年。

编写人：北京市顺义区人民法院　王海龙

072　交通肇事后逃逸及自首认定

——曾亚某交通肇事案

【案件基本信息】

1. 裁判书字号

重庆市第一中级人民法院（2019）渝01刑终322号刑事裁定书

2. 案由：交通肇事罪

【基本案情】

2018年6月12日20时55分许，被告人曾亚某驾驶车牌号为渝CDW×××号小型客车，从重庆市铜梁区旧县街道岚槽出发往铜梁城区方向行驶，行驶至省道207线72公里100米处的西南水泥厂大门外路段时，因夜间行驶未注意观察道路情况，与路边行人蒲世某、杨东某发生碰撞，造成杨东某受伤、蒲世某受伤后死亡的交通事故。事故发生后，杨东某报警，警察到达现场时，曾亚某隐瞒自己驾车肇事的事实，让张永某为其顶替。次日，曾亚某主动到公安机关交代了其驾驶渝CDW×××号小型客车肇事的犯罪事实。

【案件焦点】

曾亚某是否构成交通肇事逃逸，是否构成自首。

【法院裁判要旨】

重庆市铜梁区人民法院经审理认为：被告人曾亚某违反交通运输管理法规，驾驶车辆发生交通事故，致一人死亡，并承担事故全部责任，其行为已构成交通肇事罪。曾亚某让他人顶替其为肇事者，面对警察询问时隐匿自己肇事者身份，主观上具有逃避法律追究的目的，客观上其虽在事故现场，但隐匿自己肇事者身份，符合“为逃避法律追究而逃跑”的实质，系交通运输肇事后逃逸。曾亚某交通运输肇事逃逸后自动投案，如实供述自己罪行，应认定为自首。公诉机关指控的事实及罪名成立，但其未指控曾亚某的行为系交通运输肇事后逃逸，并将自首情节指控为坦白，情节认定不当，量刑建议不当，予以纠正。综合曾亚某犯罪事实、犯罪性质、情节和对社会的危害程度，决定对其适用缓刑。据此，依照《中华人民共和国刑法》第一百三十三条，第六十七条第一款，第七十二条第一款，第七十三条第二款、第三款之规定，判决如下：

被告人曾亚某犯交通肇事罪，判处有期徒刑三年，缓刑三年。

一审判决后，重庆市铜梁区人民检察院以曾亚某不构成交通运输肇事后逃逸；不构成自首，系坦白；原判适用法律错误，量刑畸重为由，提出抗诉。曾亚某以不构成交通运输肇事后逃逸为由提出上诉。

重庆市第一中级人民法院经审理认为：上诉人曾亚某驾驶机动车辆在道路上行驶时发生交通事故，致一人死亡，负事故全部责任，其行为构成交通肇事罪。事故发生后，曾亚某虽未离开现场，但为逃避法律追究，指使他人为其顶包，在民警询问时隐瞒其肇事者身份，妨碍交通管理部门及时查清事实、确定责任承担，符合交通运输肇事后逃逸的本质特征，应当认定为交通运输肇事后逃逸。对抗诉机关提出本案不是交通运输肇事后逃逸，原判适用法律错误的意见不予支持；对曾亚某提出本案不是交通运输肇事后逃逸的意见不予采纳。曾亚某在司法机关尚未掌握其犯罪事实时自动投案，并如实供述罪行，系自首。抗诉机关提出曾亚某不构成自首的意见不能成立，不予采纳。原判根据曾亚某犯罪的事实及情节，对曾亚某的量刑适当。对抗诉机关提出原判量刑畸重的意见不予采纳。原判决认定事实和适用法律正确，量刑适当，审判程序合法。依照《中华人民共和国刑事诉讼法》第二百三十六条第一款第一项之规定，裁定如下：

驳回抗诉、上诉，维持原判。

【法官后语】

被告人曾亚某的行为构成交通肇事逃逸，即曾亚某交通肇事后指使他人顶包、隐瞒肇事者身份，未实施救助的行为符合交通肇事逃逸的构成要件。

1. 曾亚某的行为成立交通肇事逃逸符合立法原意。《中华人民共和国刑法》第一百三十三条规定，交通运输肇事后逃逸或者有其他特别恶劣情节的，处三年以上七年以下有期徒刑，可见《中华人民共和国刑法》对“交通肇事逃逸”未做出明确解释。根据《最高人民法院关于审理交通肇事刑事案件具体应用法律若干问题的解释》规定，交通肇事逃逸，是指行为人在发生了构成交通肇事罪的交通事故后，为逃避法律追究而逃跑的行为。

《中华人民共和国刑法》将逃逸规定为法定刑升格情节，是因为在发生交通肇事的场合，往往有被害人需要救助的情况存在，立法原意也是促使行为人积极救助被害人，以避免危害结果的进一步发生。为此，交通肇事逃逸的立法原意在于规制行为人违反“救助义务之履行”而并非“为逃避法律追究而逃跑”。本案中，事故发生后，曾亚某虽未离开现场，但为逃避法律追究，指使他人为其“顶包”，在民警询问时隐瞒其肇事者身份，妨碍交通管理部门及时查清事实、确定责任承担；曾亚某在有实际救助可能的情形下，未履行法定救助义务。曾亚某的行为符合交通运输肇事后逃逸的本质特征即立法原意，应当认定为交通运输肇事后逃逸。

2. 曾亚某的行为符合交通肇事逃逸的客观行为要件。《中华人民共和国道路交通安全法》第七十条规定：“在道路上发生交通事故，车辆驾驶人应当立即停车，保护现场；造成人身伤亡的，车辆驾驶人应当立即抢救受伤人员……”保护现场和救助受伤人员是行为人的法定义务，且法定义务的产生是由于行为人的先行行为所引起，所以积极履行救助义务的行为才是“交通肇事逃逸”的阻却事由。既然《中华人民共和国刑法》将交通肇事逃逸作为法定刑升格情形的立法原意旨在约束行为人积极履行救助义务，那么虽未离开现场但找人“顶包”且并未进行任何救助的行为就应当认定为交通肇事逃逸的客观行为。本案中，曾亚某在事故发生后虽未离开现场，但指使他人为其“顶包”、在民警询问时隐瞒其肇事者身份的行为证实其并未实施救助被害人的客观行为。因此，曾亚某交通肇事后的行为符合交通肇事逃逸的客观行为要件。

3. 曾亚某的行为反映其交通肇事逃逸的“主观故意”。交通肇事逃逸的“主观故意”是行为人在交通肇事之后，对自身危害社会的行为及其危害后果所抱的心理态度。交通肇事后行为人应当实施保护现场和救助受伤人员的法定救助行为，本案中曾亚某指使他人“顶包”、隐瞒肇事者身份、不履行救助义务的行为证实其“故意”不救治被害伤者，应当认定为交通肇事逃逸，由此逃逸行为可推知曾亚某具有交通肇事逃逸的“主观故意”。

4. 曾亚某逃逸行为的成立不影响其自首情节认定。自首的成立条件包括：犯罪以后自动投案；如实供述自己的罪行。本案中，曾亚某虽然构成交通肇事逃逸，但曾亚某是在未被司法机关发觉，或者虽被发觉，但尚未受到司法机关的讯问、未被采取强制措施、未被群众扭送时，主动将自己置于公安机关的合法控制下接受调查、询问，并且如实交待了自己的主要犯罪事实，因此成立《中华人民共和国刑法》规定的自首。曾亚某的逃逸行为不影响其自首情节的认定，逃逸行为成立仅仅是法定刑升格的根据，不能因为其有较大社会危害性的逃逸行为就否认其自首情节的认定。

编写人：重庆市第一中级人民法院　陈超

073 责任事故罪中事故调查报告的证据审查及工程转包关系中涉案人员的刑事认定

——张献某等重大责任事故案

【案件基本信息】

1. 裁判书字号

广东省广州市中级人民法院（2019）粤 01 刑终 1347 号刑事裁定书

2. 案由：重大责任事故罪

【基本案情】

2016年3月，位于广州市海珠区沥滘振兴大街××号的甲总部基地B区项目工程（以下简称B区工程）开工建设。该项目工程的建设单位为乙第四航务工程局有限公司（以下简称乙四航局）；施工单位亦为乙四航局，并具体由乙四航局总承包分公司实施；监理单位为丙工程建设监理有限公司（以下简称丙监理公司）。乙四航局总承包分公司指派不具备资质的被告人詹欣某作为B区工程的项目经理，指派被告人孙红某作为该工程负责安全生产的副经理。2016年9月，乙四航局违法将B区工程项目中的土建工程分包给丁三局集团有限公司（以下简称丁三局）承建，但有关工程项目的塔吊等部分仍实际由乙四航局负责。同年12月，乙四航局承包分公司与北京戊工程装备服务股份公司（以下简称北京戊公司）签订《甲总部基地B区项目塔吊租赁合同》，由北京戊公司负责B区工程塔吊的安装、顶升及施工。北京戊公司在B区工程现场安装了型号为MC型450t. m的塔吊作为1号塔吊（以下简称事故塔吊）进行施工，并指派被告人张献某作为项目负责人，指派被告人周某为施工现场安全员。2016年6月30日，事故塔吊在B区工程项目工地首次安装使用，截至2017年7月21日，事故塔吊共进行了三次顶升作业，共完114个标准节的安装。

2017年7月22日7时许，北京戊公司组织安拆工人陈某、王恩某、欧某、卢友某、刘某、塔吊司机陈政某上塔进行第四次顶升作业，并委派龚国某作为顶升作业的技术指导。其中，龚国某、陈政某、卢友某血液中均有酒精成分（经鉴定，龚国某血液内乙醇成分为64.5毫克/100毫升、陈政某血液内乙醇成分为34.9毫克/100 毫升、卢友某血液内乙醇成分为 8.9 毫克/100 毫升)。乙四航局总承包分公司未安排人员履行施工前的安全技术交底职责,北京戊公司也未针对该型塔吊进行有针对性的安全教育培训和技术交底。丙监理公司指派被告人王安某进行现场监督,履行旁站职责。同日中午 13 时许,为加快施工进度,北京戊公司未进行安全和技术交底即增派褚欧某、张某(经鉴定,张某血液内乙醇成分为 149.7 毫克/100 毫升、褚欧某血液内乙醇成分为 5.1 毫克/100 毫升)上塔施工。同日 18 时许,塔吊发生坍塌,致欧某、卢友某、刘某、陈政某、龚国某、褚欧某、张某当场死亡(经鉴定,符合巨大外力作用致生命重要器官严重损伤死亡),王恩某、陈某受伤(经鉴定,王恩某损伤程度为重伤二级,陈某损伤程度为轻伤一级)。被告人王安某提前脱岗,故发生时未在现场履行旁站职责。

经调查,甲总部基地 B 区项目“7·22”塔吊坍塌事故是一起较大生产安全责任事故。事故的直接原因为部分顶升人员违规饮酒后作业,未佩戴安全带;在塔吊右顶升销轴未插到正常工作位置,并处于非正常受力状态下,顶升人员继续进行塔吊顶升作业,顶升过程中顶升摆梁内外腹板销轴孔发生严重屈曲变形,右顶升爬梯首先从右顶升销轴端部滑落;右顶升销轴和右换步销轴同时失去对内塔身荷载的支撑作用,塔身荷载连同冲击荷载全部由左爬梯与左顶升销轴和左换步销轴承担,最终导致内塔身滑落,塔臂发生翻转解体,塔吊倾覆坍塌。事故的间接原因包括:事故塔吊安装顶升单位北京戊公司安全生产管理不力,未能及时消除生产安全事故隐患;事故塔吊承租使用单位乙四航局总承包分公司没有认真履行安全生产主体责任，对事故塔吊安装顶升单位监督管理不力；工程监理单位丙监理公司履行监理责任不严格，未按照法律法规实施监理。

【案件焦点】

1. 本案关键证据是广州市人民政府组织多部门成立的“甲总部基地B区项目7·22塔吊坍塌较大事故调查组”出具的《调查报告》《技术原因分析报告》，该份证据是否符合证据合法性、真实性、关联性的审查要求；2. 工程转包关系中承包单位、转包单位、施工单位、监理单位涉案人员的刑事责任如何认定。

【法院裁判要旨】

广东省广州市海珠区人民法院经审理认为：被告人张献某、周某、詹欣某、孙红某、王安某无视国家法律，在生产、作业中违反有关规定，因而发生重大伤亡事故，其行为均已构成重大责任事故罪，依法应予惩处。依照《中华人民共和国刑法》第一百三十四条第一款、第六十七条第三款之规定，判决如下：

一、被告人张献某犯重大责任事故罪，判处有期徒刑二年；

二、被告人周某犯重大责任事故罪，判处有期徒刑二年；

三、被告人詹欣某犯重大责任事故罪，判处有期徒刑一年九个月；

四、被告人孙红某犯重大责任事故罪，判处有期徒刑一年九个月；

五、被告人王安某犯重大责任事故罪，判处有期徒刑一年九个月。

一审宣判后，在法定期限内，被告人孙红某、王安某提出上诉，后被告人孙红某撤回上诉。广东省广州市中级人民法院于2019年12月26日裁定驳回被告人王安某的上诉，现判决已发生法律效力。

【法官后语】

本案的焦点在于如何认定事故调查报告的证据效力和主体工程违法承包单位后的刑事责任范围问题。本案由广州市人民政府组织多部门成立的“甲总部基地B区项目7·22塔吊坍塌较大事故调查组”出具的《调查报告》《技术原因分析报告》是全案核心证据，该证据的采信与否，将直接决定本案各被告人的指控罪名是否成立。另涉案主体工程被承包单位乙四航局违法转包给中建三局，北京戊公司作为施工单位、丙监理公司作为监理单位，指控的系乙四航局中层领导被告人詹欣某、孙红某，施工单位中层领导及现场安全员、监理单位监理员，上述人员在本案中的刑事责任应如何界定区分。

法庭经审查后认为上述《调查报告》《技术原因分析报告》符合证据合法性、真实性、关联性的要求，可予采纳；乙四航局、北京戊公司、丙监理公司在责任分工上应作为塔吊的第一责任单位，被指控的五名被告人应作为直接责任人员承担相应刑事责任。理由如下：

1. 本案中的《调查报告》及《技术原因分析报告》实质是安全事故责任调查报告，对其证据效力的刑事司法认定应从出具主体的法律效力、报告的法律性质、报告的形成过程三个方面予以审查

（1）从报告的法律效力考虑，根据《中华人民共和国安全生产法》和《生产安全事故报告和调查处理条例》第三条、第十九条规定，造成10人以下死亡的较大生产安全事故由市级人民政府负责调查。《调查报告》是市政府组织的调查组，包括市监察委、市安全监

管局、市住房城乡建设委、市公安局、市质监局、市总工会等相关人员组成，并邀请了市人民检察院派员、参与事故调查工作，该份调查报告第一时间依法定职权作出，是对“7·22”事故原因和事故责任认定的最终结论，权威性和公正性不容置疑。此外，根据《生产安全事故报告和调查处理条例》第二十七条规定，“7·22”事故聘请了建筑施工、特种设备安全、工程机械等方面专家参与事故调查工作，委托广州市特种承压设备检测研究院检测，经分析研究作出《技术原因分析报告》，是处理生产安全事故的法定必经程序，完全合法有效。

(2) 从报告的法律性质考虑，市政府组织多部门出具的《调查报告》《技术原因分析报告》实质是国家公文，其证据效力优于其他书证，除有相反证据足以推翻外，应当直接采信。

(3) 从报告的形成过程来看，市政府组织多部门出具的《调查报告》《技术原因分析报告》是在现场勘验、调查取证、检测鉴定、模拟试验、专家论证的基础上形成的，调查主体系由多个部门，包括公安司法机关联合组成，并非单一的行政机关，其对证人调查询问并制作的《询问笔录》，是形成报告的必要前提，不同于单一行政机关独立收集的言词证据。

综上，从证据的法律效力、法律性质、形成过程等综合分析，甲总部基地 B 区项目“7·22”塔吊坍塌较大事故调查组出具的《调查报告》《技术原因分析报告》符合证据合法性、真实性、关联性的要求，其依据的《询问笔录》合法有效，应予采纳。

2. 责任事故罪并不要求被告人在事故当时一定在场，其刑事责任的界定应当根据其具体职责而赋予的“注意义务”违反程度予以确定

本案判决的被告人除塔吊安全员被告人周某外，其他被告人均

不在现场，不在事故现场是多数被告人辩解其不构成犯罪的主要理由。但“现场性”并非重大责任事故罪的必要条件，其缘由在于“现场性”将在司法实践中导致一线劳动者与管理者之间的责任倒置。在一般的生产、作业过程中，施工现场的劳动者虽然要付出直接的劳动，但对于安全生产设备的配备以及安全规章制度的建立往往拥有较少的发言权。如果在重大责任事故罪中要求“现场性”，则一旦出现责任事故，一线劳动者往往因为在“现场”而被追究刑事责任。相对而言，生产、作业单位的管理人员虽然不用直接参与现场施工，但对施工现场的安全生产措施往往具有决定权，倘若因其不具备“现场性”，而免予追究法律责任，将造成实质上的不合理。

此外，按照实践中工程施工单位的一般工作方式，依据离“现场”由远及近的标准，可以将工程施工单位的内部人员分为以下几个层级：第一阶层是极少在现场的企业高层管理人员；第二阶层是偶尔在现场进行检查、监督和指导的企业中层领导者；第三阶层是直接在现场的工人和现场指挥者。就上述层级人员的责任认定而言，基础在于“责任”，即“因特定义务而产生的责任”，责任事故的产生就是违反了相应的注意义务。这种“注意义务”的审查标准，具体应按照三个维度予以裁判。一是有无完善的安全生产规章制度；二是有无配备必要的安全生产设施设备；三是安全生产规章制度的落实。对于已经有完善安全生产规章制度，已配备必要的安全生产设施设备，因现场施工工人严重违反规定而造成事故的，其事故认定主要责任人应以现场人员为主要考量范围。对于没有完善安全生产规章制度，或没有严格遵守安全生产规章制度，或没有配备必要的安全生产设施设备，有上述其中之一的，就应当将对施工具有监督、指导责任的人员作为主要责任人员，通常这些都是企业的中层或者高层领导者。

就本案而言，“7·22”塔吊坍塌较大事故，是在事故塔吊工程分包、安装顶升、承租使用、工程监理、事故预防、安全监管过程中各种违反安全管理规定的行为和因素综合，现场顶升作业工人各种违章冒险作业造成的。

涉及的甲总部基地B区项目工地，开发单位为乙四航局，该单位在明知自身主业为港口与航道承包等，极少涉及房屋土建工程领域情况下，非法将甲总部基地B区土建工程分包给中建三局，与中建三局签订土建工程施工合同后，为了提升企业业绩和资质，培养其管理团队，又违法将主合同分解为《钢结构及零星分包工程施工合同》《土建工程商品混凝土购销合同》《土建工程钢筋购销合同》《土建工程塔式起重机租赁合同》《土建工程施工劳务分包合同》五个分合同，除钢结构部分仍由中建三局组织实施外，其余主体劳务、钢筋、混凝土和塔吊设备四个部分均由乙四航局另行与分供方签订分包采购合同并直接付款，由中建三局协助其进行管理。也就是说，涉案塔吊的主要责任为乙四航局，而非中建三局。

根据《甲总部基地B区项目塔式起重机租赁合同》《起重设备安全管理协议书》《安全生产协议书》《甲总部基地B区塔式起重机服务合同》等相关书证，起重设备，即涉案塔吊的实际总包单位为乙四航局有限公司，分包单位为北京戊公司，由乙四航局负责对施工生产安全进行监督、管理、检查，并由乙四航局主管安全人员对北京戊公司入场人员进行入场安全教育，乙四航局的现场安全员进行现场监控；北京戊公司则要求在塔吊作业前必须由其安全员和技术员对作业人员在现场进行安全技术交底，制订安全施工方案，并征得乙四航局安全部门同意，严禁出现未经教育和考核的人员上岗。另根据《建设工程委托监理合同》和相关中标通知书，自2014年1月20日起乙四航局委托丙监理公司对甲总部基地B区工程全过程监理。

此外，依据广州市海珠区建设工程质量安全监督站出具的《关于塔吊顶升的有关说明》，可认定涉案塔吊在使用过程中，如需要顶升，顶升方案应由承包单位北京正和工程装备服务有限公司编制、审核、审批后报总承包单位乙四航局审核、审批，再由监理单位丙监理公司审查、审核。

综上，可确认涉案塔吊安全生产的第一责任单位应为乙四航局、北京戊公司和丙监理公司，刑事责任的追责应严格按照其实际责任范围予以审查。

而就上述单位具体责任人的审查而言，五被告人除现场安全员周某外，其他均为上述第一责任单位的中层领导者，均受各自单位高层领导指派具体负责涉案塔吊工地的现场检查、监督和指导。依据《调查报告》，涉案塔吊工地日常施工安排、组织保障、技术交底、安全监督、安全监理等涉及现场检查、监督、指导等方面的制度设立、落实上存在不健全、流于形式的明显漏洞或问题。被告人张献某对事故塔吊的日常施工安排、安全交底及全过程的管理完全流于形式。被告人周某作为现场安全员未及时排查制止在顶升安装作业中有饮酒的指挥人员、塔吊司机及部分安拆人员违规冒险作业，也未能及时排查并组织消除承重销轴无法插入正常工作位置的事故隐患。被告人詹欣某在执业资格证书专业类别仅为港口和航道工程情况下，仍作为乙四航局派驻甲总部基地B区土建、房建等非港口、航道工程的项目经理。被告人王安某在仅有建筑施工工程师，无监理员岗位证书，不具备监理资格的情况下，仍接受公司委派作为专职安全员上岗。被告人孙红某没有健全和落实安全生产责任制和项目安全生产规章制度，未有效落实安全施工技术交底工作，没有认真审核《塔吊附着、顶升专项施工方案》，对塔吊顶升作业没有进行有效的现场组织，对项目施工技术安全交底以及安全管理方面混乱局面的形成负有直接责任。综上，涉及的五被告人均在各有直接责任义务的前提下，违背了相应的注意义务，违反了相关规章规定，应作为直接责任人，承担“7·22”塔吊坍塌较大事故的刑事责任。

编写人：广东省广州市海珠区人民法院　周征远

074　开“斗气车”并造成严重后果的行为及责任认定

——李某、宋某涛以危险方法危害公共安全案

【案件基本信息】

1. 裁判书字号

北京市高级人民法院（2017）京刑终234号刑事判决书

2. 案由：以危险方法危害公共安全罪

【基本案情】

2015年7月5日6时许，李某驾驶车牌号为冀AL3×××的东南牌菱悦小型轿车，宋某涛驾驶车牌号为京PH2×××的丰田牌卡罗拉小型轿车，沿北京市房山区房易路、京周路朝进京方向行驶。李某驾车行至房易路五侯村路口右转时遇到宋某涛，宋某涛驾驶

车辆超过李某，后双方互相超车，因行车问题而斗气行驶。当两车自西向东均超速行驶至限速为40千米/小时的北京市房山区京周路顾册村西口公交车站附近时，李某驾驶车辆突然从最左侧车道向右变更至相邻车道，与在该车道内行驶的宋某涛所驾驶车辆相撞，后两车一起冲向公交站台，造成李某梅、庞某来、祁某然、李某杨、贾某死亡。经鉴定，案发时小型轿车（冀AL3×××）的行驶速度高于82.8千米/小时且低于116.7千米/小时；小型轿车（京PH2×××）的行驶速度高于77.8千米/小时且低于101.8千米/小时。案发后，李某弃车离开现场，于案发当日在投案途中被公安机关抓获归案；宋某涛拨打电话报警并在案发现场等候，于案发当日被带至公安机关。在一审期间，李某、宋某涛的近亲属分别交纳人民币10万元共计20万元，已发还给五名被害人近亲属各4万元，用于支付5名被害人尸体火化等丧葬费用。宋某涛的近亲属分别与被害人近亲属达成调解协议。除已支付的丧葬费用外，宋某涛的近亲属另行一次性赔偿李某梅近亲属人民币30万元整，另行一次性分别赔偿庞某来、祁某然、李某杨、贾某的近亲属人民币25万元整（上述赔偿款共计人民币130万元，均已履行）。五名被害人近亲属均对宋某涛的行为给予谅解，希望法庭对宋某涛从轻、减轻处罚。在二审期间，李某的近亲属分别与被害人李某梅、庞某来、祁某然、李某杨、贾某的近亲属达成调解协议。除已支付的丧葬费外，李某的近亲属另行一次性分别赔偿李某梅、庞某来、祁某然、李某杨、贾某的近亲属人民币26万元（上述赔偿款共计人民币130万元）。五名被害人亲属均对李某的行为予以谅解，希望对李某从轻、减轻处罚。

【案件焦点】

1. 二被告人能否预见到其行为会危及不特定多数人的生命、财产安全，对于可能引发的事故主观心态是故意还是过失，是否构成以危险方法危害公共安全罪；2. 二被告人的刑事责任如何区分，民事赔偿达成调解协议，并获被害人家属谅解的，对被告人如何量刑。

【法院裁判要旨】

北京市第二中级人民法院经审理认为：李某、宋某涛明知在道路上驾驶机动车相互超车、超速且斗气驾驶，会对不特定多数人的生命、财产安全造成危害，仍不计后果而为之，最终导致五人死亡的特别严重后果，二人的行为均已构成以危险方法危害公共安全罪。李某在投案途中被抓获归案，可视为自动投案，宋某涛案发后拨打电话报警并在案发现场等待，系自动投案；二人投案后均能如实交代自己的主要犯罪事实，均构成自首。鉴于李某、宋某涛具有自首情节，宋某涛在其近亲属的帮助下积极赔偿五名被害人近亲属的经济损失并取得谅解，以及二人在本案中的具体作用等情节，对李某依法从轻处罚、对宋某涛依法减轻处罚。对于现存于公安机关未随案移送的扣押物品，依法一并处理。故认定李某犯以危险方法危害公共安全罪，判处无期徒刑，剥夺政治权利终身；宋某涛犯以危险方法危害公共安全罪，判处有期徒刑八年，剥夺政治权利一年；扣押物品由扣押机关依法处理。

李某上诉提出：原判量刑过重，希望和被害人家属达成谅解。其辩护人提出：李某主观认知系过失，在李某与宋某涛发生碰撞时，宋某涛的作用大于李某，原判认定事实不清，证据不够确实、充分；

二审期间，李某家属已赔偿被害人家属经济损失，并获得被害人家属的谅解，建议改判李某交通肇事罪或过失以危险方法危害公共安全罪，对其减轻处罚。

宋某涛对一审判决没有异议，其辩护人对一审判决亦予以认可。

北京市人民检察院派员发表的出庭意见为：现有证据证明，李某主观上有与宋某涛开斗气车的故意，并且在长达十几分钟的繁华路段内与宋某涛多次追逐竞驶，超速又超车。李某系成年人，其有能力预见其行为对公共安全造成极大的危险，并将不特定人的生命、身体及公众生活的平稳与安宁置于严重的危险境地，且持放任心态，最终在其强行超车变道时与宋某涛所驾驶车辆相撞，造成五人死亡的特别严重后果。其行为符合以危险方法危害公共安全罪的犯罪构成要件，主观上属于间接故意，而非过失。原判认定李某、宋某涛以危险方法危害公共安全罪的事实清楚，证据确实、充分，定罪及适用法律正确，审判程序合法。李某所提上诉理由缺乏事实及法律依据，不能成立。鉴于二审期间李某的家属代某分别赔偿五名被害人家属人民币 26 万元，与被害人家属达成调解协议并得到被害人家属的谅解，建议对李某依法从轻处罚，同时维持对其的定罪和原判对宋某涛的定罪量刑。

北京市高级人民法院经审理认为：李某、原审被告人宋某涛明知在道路上驾驶机动车相互超车、超速且斗气驾驶，会对不特定多数人的生命、财产安全造成危害，仍不计后果而为之，最终导致五人死亡的特别严重后果，二人的行为均已构成以危险方法危害公共安全罪。鉴于李某、宋某涛具有自首情节，且分别赔偿五名被害人近亲属的经济损失并获得谅解，同时考虑二人在本案中的具体作用，对李某依法予以从轻处罚，对宋某涛依法予以减轻处罚。原审人民法院根据李某、宋某涛犯罪的事实、犯罪的性质、情节及对于社会的危害程度所作的判决，定罪及适用法律正确，对扣押物品的处理适当，审判程序合法，对宋某涛的量刑适当，应予维持；鉴于李某能够认罪悔罪，二审期间积极赔偿被害人家属的经济损失，并获被害人家属的谅解，对其可再予从轻处罚，故对其量刑依法予以改判。故判决如下：

一、维持北京市第二中级人民法院（2016）京02刑初59号刑事判决主文第二项、第三项，即被告人宋某涛犯以危险方法危害公共安全罪，判处有期徒刑八年，剥夺政治权利一年；扣押物品由扣押机关依法处理；

二、撤销北京市第二中级人民法院（2016）京02刑初59号刑事判决主文第一项，即被告人李某犯以危险方法危害公共安全罪，判处无期徒刑，剥夺政治权利终身；

三、上诉人（原审被告人）李某犯以危险方法危害公共安全罪，判处有期徒刑十五年，剥夺政治权利三年。

【法官后语】

本案系一起因二被告人在道路上长时间开“斗气车”而引发的重大交通事故，造成五人死亡，后果特别严重。针对本案的争议焦点，评析如下：

1. 行为人在行人、车辆较多的道路上驾驶机动车较长时间相互超车、超速且斗气驾驶，危及公共安全，导致多人死亡的特别严重后果，其行为构成以危险方法危害公共安全罪。本案中，首先，二被告人对在超速、超车斗气行驶过程中危害公共安全的危险，有能力、有条件预见。李某、宋某涛作为认知能力正常的成年人，长期生活在房山区，且到过事发路段，熟悉该路段的路况、限速标志等交通标识、公交车站设施等情况。从事发时间来看，是当地居民出行较为集中的时间段；从整个过程来看，沿途经过多个村口、学校，且有多个限速标志，发生碰撞地点在顾册村村口公交车站附近，故案发地属于行人、车辆较多的地段。二被告人有能力、有条件预见到该危险，即能够预见到在案发地实施超速、超车等行为会危及不特定多数人的生命、财产安全。其次，二被告人对在超速、超车斗气行驶过程中危害公共安全的危险，主观认知系放任心态，亦即间接故意。二被告人在较长时间内互相超车、斗气行驶，特别是碰撞时以接近或者超过限速 40 公里/小时的二倍速度行驶。其间，李某不顾女友的劝阻斗气行车，在前方无车辆、无道路变窄等特殊情况发生并且在超速行驶的情形下，仍违规强行并入宋某涛所驾车辆的车道行驶；宋某涛亦在有条件、有能力采取减速、主动避让等措施的情况下，积极实施超车斗气行为，导致双方矛盾升级，直至因超速、超车发生车辆碰撞。双方本可以理性、冷静地处理，采取必要的、适当的行为来避免危险的发生，但均未采取任何防范措施，足见二被告人对超速斗气行车导致的危害结果均持放任的态度，亦即间接故意。最后，二被告人实施了危害公共安全的危险行为。证人董某琳的证言证明宋某涛超车后有减速的行为，且在行车过程中双方交替别车，该证人证言与视听资料、二被告人关于对方有故意减速行为的供述能够相互印证，证明二被告人具有相互超车、斗气行驶的行为。鉴定意见书和侦查实验笔录、视听资料等证据证实，二被告人不仅在发生相撞时系超速行驶，而且在到达相撞地点前经过周口村加气站、双山加油站的最低时速均超过 70 公里/小时（事发路段的最高限速）。视听资料、道路交通事故现场勘查笔录、照片等证明能够相互印证，证明碰撞发生前，李某车辆尚未完全超过宋某涛车辆时即并线行驶。二被告人在相互超车、斗气行驶的过程中，均超速行驶，均实施了危害公共安全的危险行为。综上，二被告人在行人、车辆较多的路段，相互超车、斗气行驶长达十余分钟，且在两车发生碰撞前严重超速行驶，主观上均对危害公共安全的具体危险持放任的心态。李某和宋某涛的行为致五人死亡，后果特别严重，明显超出危险驾驶罪、交通肇事罪的评价范畴，二人在主观方面系放任的间接故意而非过失，均已构成以危险方法危害公共安全罪。

2. 在确定行为人具体刑事责任时，应根据其地位、作用以及行为作用力的大小等因素加以区分，根据不同的罪责分别判处刑罚，以确保罪责刑相适应和量刑均衡。本案中，二被告人驾驶各自车辆超速行驶，主观上是为斗气而追求超过对方车辆，在行为过程中没有共同侵害某一法益的意思联络，也没有实施特定犯罪的共同意图，且二人的行为各自独立，分别实施，没有行为上的相互配合和支持，故二人的行为不构成共同犯罪。本案中，二被告人的客观行为相互作用，共同造成了五人死亡的特别严重后果。因本案涉嫌刑事犯罪，故交通管理部门没有就此次事故出具责任认定书。但作为刑事案件，法官仍应根据行为人地位、作用的大小确定刑事责任，进而依法裁量刑罚。综观全案，在两车发生碰撞前，双方责任不相上下；在碰撞发生时，李某超速且违规强行超车并线，是致使二人追逐竞驶等危害公共安全的危险行为产生特别严重后果的主要原因，其作用明显大于宋某涛，故在对二被告人量刑应区别对待，体现差异，对李某的量刑要高于宋某涛。

3. 二审期间出现新的赔偿、谅解等情节，可在原判基础上对行为人予以从宽处罚。在涉人身损害赔偿类案件中，民事赔偿对于抚慰被害人及其家属的心理，化解社会矛盾具有重要价值。一般而言，赔偿情节作为酌定情节，在量刑时予以考虑。本案因二人开斗气车引发，主观上系间接故意，并非直接追求犯罪结果的发生，有别于蓄意、预谋类的故意犯罪，行为人的主观恶性和人身危险性相对较小；被害人家属也表示如果达成赔偿调解协议，愿意谅解被告人李某的犯罪行为。鉴于此，在二审法院的主持下，李某的近亲属分别与五名被害人的近亲属达成调解协议。除已支付的丧葬费外，另行一次性分别赔偿五名被害人近亲属人民币26万元（上述赔偿款共计人民币130万元）。被害人近亲属均对李某的行为予以谅解，希望对李某从轻、减轻处罚。鉴于上述情节，二审法院对李某的量刑依法予以改判，改判其有期徒刑十五年。

本案具有较强的指导意义，对于类似案件的处理，包括行为定性、责任区分、量刑考量等具有重要的参考价值。

编写人：北京市高级人民法院　吴小军

075　交通肇事刑事案件中逃逸行为禁止重复评价

——侯某朋交通肇事案

【案件基本信息】

1. 裁判书字号

河南省驻马店市中级人民法院（2018）豫17刑终386号刑事裁定书

2. 案由：交通肇事罪

【基本案情】

2018年2月20日凌晨1时许，被告人侯某朋驾驶豫QS×××7小型普通客车，沿新蔡县棠村至化庄公路由北向南行驶至新蔡县化庄乡后王庄村北公路处时，与相对方向侯某飞驾驶的无牌号两轮摩托车发生交通事故，致侯某飞胸腔脏器损伤死亡，双方车辆受损。发生交通事故后，侯某朋驾车逃逸。新蔡县公安局交警大队认定侯某朋未按照操作规范安全文明驾驶，发生交通事故后驾车逃逸，是此事故发生的全部原因，对此事故负全部责任。2018年3月5日，侯某朋主动到新蔡县公安局交警大队投案，并如实供述自己的罪行。2018年4月17日，被告人侯某朋家人赔偿被害人侯某飞近亲属50000元人民币。被害人侯某飞的近亲属就民事赔偿另行向本院提起民事诉讼。

【案件焦点】

被告人驾车逃逸的行为是其构成交通肇事罪的构成要件，量刑方面对该逃逸行为是否再予评价。

【法院裁判要旨】

河南省新蔡县人民法院经审理认为：被告人侯某朋驾驶机动车上道路行驶，未按照操作规范安全、文明驾驶，因而发生重大交通事故，致一人死亡，且在发生交通事故后驾车逃逸，负事故全部责任，其行为构成交通肇事罪。公诉机关指控罪名成立，本院予以支持。公诉机关认为侯某朋在犯罪以后自动投案，如实供述自己的罪行，是自首，可以从轻处罚的公诉意见，符合法律规定，本院予以采纳。

关于辩护人辩称被告人侯某朋没有逃避法律追究，其自动投案，不构成逃逸的辩护意见。经查，侯某朋作为机动车驾驶人，在发生交通事故后，且其本人没有受到人身伤害的情况下，应当及时报案，采取有效措施保护现场，却没有报案，而是驾车逃离事故现场，应认定侯某朋系肇事后逃逸。虽然之后侯某朋又向公安机关投案，但其事后终止逃逸并不影响对其逃逸行为的认定。故对此辩护意见，本院不予采纳。

关于辩护人辩称已经以逃逸推定被告人侯某朋全责，就不能在量刑上加重处罚的辩护意见。经查，交通肇事致一人死亡的，需同时具备负事故全部或者主要责任的要件，行为人才能构成交通肇事罪。本案中，交警部门以侯某朋未按照操作规范安全文明驾驶，并且在事故发生后以驾车逃逸为由，认定其负事故全部责任，即侯某朋驾车逃逸的行为是其构成交通肇事罪的构成要件，在量刑方面对该逃逸行为就不能重复评价。故对该辩护意见，本院予以采纳。

根据被告人侯某朋的犯罪事实、性质、情节和对于社会的危害程度，依照《中华人民共和国刑法》第一百三十三条、第六十七条第一款，《最高人民法院关于审理交通肇事刑事案件具体应用法律若干问题的解释》第一条、第二条第一款第一项之规定，判决如下：

被告人侯某朋犯交通肇事罪，判处有期徒刑二年六个月。

宣判后，侯某朋不服，提出上诉。河南省驻马店市中级人民法院裁定如下：

驳回上诉，维持原判。

【法官后语】

1. 本案中，公诉机关无证据证明如果不考虑逃逸行为，被告人侯某朋仍然承担事故的全部责任或者主要责任，继而构成交通肇事罪。

根据《中华人民共和国刑法》第一百三十三条、《最高人民法院关于审理交通肇事刑事案件具体应用法律若干问题的解释》第二条第一款的规定，交通肇事致一人死亡的，需同时具备负事故全部责任或者主要责任，行为人才能构成交通肇事罪。就本案而言，被告人侯某朋驾驶机动车与他人发生交通事故，致一人死亡，根据上述规定，侯某朋只有在负事故全部责任或者主要责任的情况下，才能构成交通肇事罪。而交警部门认定侯某朋对事故负全部责任的依据是侯某朋未按照操作规范安全文明驾驶，且发生交通事故后驾车逃逸，即被告人侯某朋的逃逸行为是其负事故全部责任的原因之一。如果不考虑逃逸行为，被告人侯某朋是不是仍然承担事故的全部责任或主要责任？对此，公诉机关并未提供相关证据证明。因逃逸而被认定为负事故全部责任或者主要责任的行为人，如果没有逃逸情节，有可能只负事故同等责任、次要责任，甚至无责任。也就是说，如果被告人侯某朋不逃逸，就有可能不负全部责任或者主要责任，也就不构成交通肇事犯罪。因此，在公诉机关未提供证据证明不考虑逃逸行为被告人侯某朋仍然承担事故的全部责任或主要责任的情况下，就有可能存在不考虑逃逸行为被告人侯某朋不负事故的全部责任或主要责任，不构成交通肇事罪的合理怀疑。根据存疑有利于被告人的原则，当案件事实在证明过程中出现不确定的因素时，应作出有利于被告人的解释或认定。那么，在本案中应认定不考虑逃逸行为，被告人侯某朋就不负事故的全部责任或主要责任，继而不构成交通肇事罪。之所以认定侯某朋构成交通肇事罪，正是因为已考虑了其有逃逸行为，并以此认定侯某朋负事故的全部责任所致，故逃逸行为已作为被告人侯某朋的入罪要件予以评价。

2. 逃逸行为既然已作为被告人侯某朋的入罪要件予以评价，那么该行为就不能再作为对其加重处罚的量刑情节而予以评价。

禁止重复评价原则，是指在定罪量刑时禁止对同一犯罪事实进行两次以上的法律评价。我国刑法中虽然没有关于禁止重复评价原则的直接规定，但禁止重复评价原则在我国刑法的罪刑法定原则和罪刑相适应原则中均有所体现。司法机关在定罪量刑过程中应当恰当地处理犯罪的定罪情节和量刑情节。定罪情节是指犯罪事实中用于定罪的那部分构成事实，量刑情节是指犯罪事实中定罪后剩余的构成事实及其他各种法定或酌定量刑情节。量刑时考虑的只能是犯罪构成要件以外的其他犯罪事实，在定罪时已经考虑的犯罪构成的基本事实，在量刑时不得再度适用，否则就有悖于禁止重复评价原则。在定罪量刑过程中应当严格遵循禁止重复评价原则，即“一事不再罚”，这也是罪刑相适应原则的体现。

本案中，既然被告人侯某朋的驾车逃逸行为已用作认定其承担交通事故全部责任的根据，即已作为其负刑事责任的入罪要件，在量刑时就不能再评价为交通运输肇事后逃逸这一加重处罚情节，只构成交通肇事罪的基本犯，应适用三年以下有期徒刑或拘役的法定刑。

综上，新蔡县人民法院以被告人侯某朋犯交通肇事罪，判处有期徒刑二年六个月，未将逃逸行为作为加重处罚的量刑情节予以重复评价，是正确的。

编写人：河南省新蔡县人民法院　张汉群

076 危险驾驶罪与过失致人重伤罪的竞合判定

——张某某危险驾驶案

【案件基本信息】

1. 裁判书字号

北京市第三中级人民法院（2018）京 03 刑终 988 号刑事裁定书

2. 案由：危险驾驶罪

【基本案情】

2018 年 7 月 21 日 22 时许，被告人张某某在北京市朝阳区某博物馆前道路，酒后驾驶轿车与丁某驾驶的轿车及胡某某驾驶的轿车相撞，致使丁某受伤，经刑事科学技术鉴定，丁某身体所受损伤属重伤二级。经检验，被告人张某某血液中酒精含量为 100.5 毫克/100 毫升。经公安交管部门认定，被告人张某某因醉酒驾驶机动车承担此次事故的同等责任，丁某、胡某某因不按指示标线行驶（逆向行驶）亦承担此次事故的同等责任。后被告人张某某于次日主动向公安机关投案。在法院审理期间，被告人张某某的亲友与胡某某达成和解协议，被告人张某某亲友已赔偿胡某某相关车辆维修费用。

【案件焦点】

张某某超过醉酒驾驶标准造成他人重伤后果，在未满足交通肇事罪构成要件的情况下应该认定为构成危险驾驶罪还是过失致人重伤罪。

【法院裁判要旨】

北京市朝阳区人民法院经审理认为：被告人张某某违反道路交通安全法规，醉酒后驾驶机动车造成一人重伤的交通事故，负事故同等责任，其行为触犯了刑律，已构成危险驾驶罪，依法应予惩处。北京市朝阳区人民检察院指控被告人张某某犯危险驾驶罪的事实清楚，证据确实充分，指控罪名成立。鉴于被告人张某某主动投案，归案后如实供述自己的主要犯罪事实，系自首，且部分事故与对方自行达成和解协议，故对其所犯罪行依法予以从轻处罚。

北京市朝阳区人民法院依照《中华人民共和国刑法》第一百三十三条之一第一款第二项、第六十七条第一款、第四十二条、第四十四条、第五十二条、第六十一条之规定，作出如下判决：

被告人张某某犯危险驾驶罪，判处拘役四个月，罚金人民币五千元。

张某某认为量刑过重提起上诉。

北京市第三中级人民法院经审理认为：上诉人张某某在二审审理期间表示服从原判，申请撤回上诉的要求符合法律规定，应予准许。

北京市第三中级人民法院依照《最高人民法院关于适用〈中华人民共和国刑事诉讼法〉的解释》第三百零五条第一款的规定，作出如下裁定：

准许张某某撤回上诉。

【法官后语】

本案要解决的核心问题在于被告人的定性问题。本案被告人张某某醉酒驾驶机动车后造成他人重伤后果可能涉及三个罪名：交通肇事罪、过失致人重伤罪以及危险驾驶罪。

根据《最高人民法院关于审理交通肇事刑事案件具体应用法律若干问题的解释》第二条之规定，行为人酒后驾驶机动车，交通肇事造成一人重伤以上后果，同时又负事故全部责任或者主要责任的，应当以交通肇事罪追究其刑事责任。本案中被告人张某某的行为符合交通肇事罪的前两个条件，但仅负事故同等责任，不符合最后一个条件，故被告人张某某不构成交通肇事罪。

根据《中华人民共和国刑法》第一百三十三条之一的规定，危险驾驶罪仅要求行为人超过醉酒驾驶标准在道路上驾驶机动车即可构成该罪。关于过失致人重伤罪并没有出台专门的司法解释，顾名思义，过失伤害造成他人重伤的，即可构成本罪。危险驾驶罪的法定刑为拘役，而过失致人重伤罪的法定刑为三年以下有期徒刑或者拘役。因此，有的观点认为本案中被告人张某某过失伤害他人致人重伤后果，按照竞合原理，被告人张某某的行为应择一重罪以过失致人重伤罪定罪处罚。但本案中还有一个重要的问题亟待解决，便是如何认定过失致人重伤罪中的过失。过失可以分为一般过失与重大过失，而刑法中所评价的过失往往为重大过失，即行为人在造成严重后果的过程中存在明显的过错行为。本案中，被告人张某某醉酒驾驶机动车的行为对于交通事故的发生存在一定的联系，张某某对此存在一定的过错，但除此之外并未发现张某某在此次交通事故中存在其他违法违规行为，且张某某醉酒驾驶机动车在道路上行驶并非造成此次交通事故的直接原因，相反，事故另一方丁某、胡某某因不按指示标线行驶（逆向行驶）才是造成此次交通事故的直接原因。因此，公安交管部门认定张某某负事故同等责任，丁某、胡某某亦负事故同等责任合情合理。综上，被告人张某某的行为不宜认定为对造成丁某的重伤后果存在明显过错，不宜评价为过失致人重伤罪中的过失。此外，交通肇事罪的基准档法定刑与过失致人重伤罪的法定刑一致，均为三年以下有期徒刑或者拘役，由此可见，刑法中将交通肇事罪与过失致人重伤罪放在同一量刑维度进行评价，本案中，被告人张某某的行为尚未达到交通肇事罪的评价维度，从量刑均衡的角度考虑，也不应以过失致人重伤罪追究其刑事责任。

本案中被告人张某某的行为符合危险驾驶罪的全部犯罪构成要件，应当以危险驾驶罪对张某某进行定罪处罚，但考虑到其在道路上醉酒驾驶机动车所造成的严重后果，应当在危险驾驶罪的量刑幅度内从重判处，另综合考虑其所具有的其他法定与酌定从轻因素，对其判处拘役四个月的刑期是比较适当的。

编写人：北京市朝阳区人民法院　宋磊

077　非法持有枪支犯罪违法性认识的认定

——赵某非法持有枪支案

【案件基本信息】

1. 裁判书字号

天津市第一中级人民法院（2017）津01刑终41号刑事判决书

2. 案由：非法持有枪支罪

【基本案情】

2016年8月至2016年10月12日，被告人赵某在本市河北区某大街附近，摆设射击摊位进行营利活动。2016年10月12日22时许，公安机关在巡查过程中发现赵某的上述行为将其抓获归案，当场查获涉案枪形物9支及相关枪支配件、塑料弹等物品。经天津市公安局物证鉴定中心鉴定，涉案9支枪形物中的6支为能正常发射以压缩气体为动力的枪支。

上述事实，被告人赵某及其辩护人在开庭审理过程中亦无异议，并有案件来源、抓获经过，搜查证、搜查笔录、扣押决定书、扣押清单，没收物资统一收据，天津市公安局物证鉴定中心枪支鉴定书，涉案枪支照片，被告人的户籍证明及供述等证据材料予以证实。

【案件焦点】

1. 赵某对其所持有枪形物及其持有行为是否存在违法认识；2. 公安部制定的规范性文件能否作为涉案枪支认定的依据；3. 如何认定赵某非法持枪行为的社会危害性。

【法院裁判要旨】

天津市河北区人民法院经审理认为：被告人赵某违反国家对枪支的管制制度，非法持有枪支，情节严重，其行为已构成非法持有枪支罪。被告人赵某当庭自愿认罪，可以酌情从轻处罚。被告人赵某辩护人所提被告人具有坦白情节、系初犯，认罪态度较好的辩护意见，法院酌情予以采纳；其余辩护意见，法院不予支持。

天津市河北区人民法院依照《中华人民共和国刑法》第一百二

十八条第一款及《最高人民法院关于审理非法制造、买卖、运输枪支、弹药、爆炸物等刑事案件具体应用法律若干问题的解释》第五条第二款第二项之规定，判决如下：被告人赵某犯非法持有枪支罪，判处有期徒刑三年六个月。

赵某以其不知道持有的是枪支，没有犯罪故意，行为不具有社会危害性且原判量刑过重为由提出上诉。

天津市第一中级人民法院经审理认为，上诉人赵某非法持有以压缩气体为动力的非军用枪支6支，依照法律规定已构成非法持有枪支罪且属情节严重，应判处三年以上七年以下有期徒刑。综合考虑赵某非法持有的枪支均刚刚达到枪支认定标准，犯罪行为的社会危害性相对较小，其非法持有枪支的目的是从事经营，主观恶性、人身危险性相对较低，二审期间能如实供述犯罪事实，认罪态度较好，有悔罪表现等情节，可酌情予以从宽处罚并适用缓刑。

天津市第一中级人民法院依照《中华人民共和国刑法》第一百二十八条第一款，第六十七条第三款，第七十二条第一款，第七十三条第二款、第三款，第七十六条；《中华人民共和国刑事诉讼法》第二百二十五条第一款第二项及《最高人民法院关于审理非法制造、买卖、运输枪支、弹药、爆炸物等刑事案件具体应用法律若干问题的解释》第五条第二款第二项之规定，判决如下：

一、维持天津市河北区人民法院（2016）津0105刑初442号刑事判决对上诉人赵某的定罪部分，即“被告人赵某犯非法持有枪支罪”；

二、撤销天津市河北区人民法院（2016）津0105刑初442号刑事判决对上诉人赵某的量刑部分，即“判处有期徒刑三年六个月”；

三、上诉人赵某犯非法持有枪支罪，判处有期徒刑三年，缓刑三年。在缓刑考验期限内，依法实行社区矫正（缓刑考验期限，从判决确定之日起计算）。

【法官后语】

1. 赵某对其所持有枪形物及其持有行为是否存在违法认识

在德国、日本刑法中，“违法认识”这一概念是狭义的，仅指违法评价认识这一层面，因此，在德国、日本刑法的“三阶层”理论中设置的“违法认识可能性”这一责任阻却事由，其实际上的含义即行为人对自己的行为是否存在违法评价的认识的可能性。也就是说，如果行为人在实施其行为时不存在认识到自己行为违法的可能性，那么这一情形即构成责任阻却，行为人无须承担责任；而行为人如果没有确实的、充分的、令人信服的证据来证明其不存在这种违法认识可能性，那么，根据法秩序的要求，行为人将被推定为具有认识到其行为违法的可能性，责任阻却事由不存在，行为人应当承担刑事责任。

在本案中，赵某对其所持有枪形物及其持有行为的违法认识问题成为案件审理的核心。广义的违法认识包括违法事实认识与违法评价认识，就违法事实认识的层面来说，行为人只要对其行为的社会意义具有认识，就可以认为不存在事实上的认识错误，即具备违法事实认识，可以肯定故意的成立。具体到本案中，非法持有枪支的行为被规定为犯罪，其原因即在于枪支具有杀伤力与危险性，对不特定公众的安全构成了威胁。现有证据表明，赵某对其所持有的枪形物具有一定杀伤力和危险性这一事实具有明确的认知，该认知基于社会意义上的枪支本身的危险性而存在，不需要其认识到其所持有枪形物的枪口比动能已达到大于1.8焦耳/平方厘米的标准；换言之，赵某是否知晓法定的枪支认定标准并不影响其对所持有枪形物具有社会意义上的危险性的明确认识，这也就足以肯定其对违法事实具有明确认识。

就违法评价认识的层面来说，赵某不存在违法评价认识可能性阻却事由。违法认识可能性作为责任阻却事由是指行为人在实施其行为时不存在认识到自己行为违法的可能性，即不可能认识到其行为具有违法性。具体到本案中，首先，赵某从他人手中接手摊位这一事实并不能当然地得出其无法认识到该行为违法的结论。其次，证据显示，赵某明知其所持有枪形物不能通过正常的、合法的渠道购得，其日常出摊也是选择特定的时间以躲避检查、清理，以上事实足以表明赵某主观明确认识到了其行为具有违法性。因此，赵某并不存在缺乏违法评价认识可能性的客观情形，也就不能以此为由阻却其刑事责任，其行为已成立非法持有枪支罪。

2. 公安部制定的规范性文件能否作为涉案枪支认定的依据

本案的涉案枪形物是否构成法律意义上的枪支，是案件审理的焦点之一。根据《中华人民共和国枪支管理法》第四十六条规定："本法所称枪支，是指以火药或者压缩气体等为动力，利用管状器具发射金属弹丸或者其他物质，足以致人伤亡或者丧失知觉的各种枪支。"明确了枪支的动力、发射工具、发射物、性能特征，但并未包含具体的量化标准。一审判决中，援引公安部制定的《枪支致伤力的法庭科学鉴定判据》作为枪支鉴定的技术标准，辩护人认为，该"判据"确定的枪支认定标准不合法，且属内部文件不能作为裁判的法律依据。

对于该"判据"能否适用的问题，《中华人民共和国刑法》第一百二十八条第一款明确规定，“违反枪支管理规定，非法持有、私藏枪支……”，该处的“枪支管理规定”并不限于有关枪支管理的法律、行政法规，还包含枪支管理的部门规范性文件。同时，《中华人民共和国枪支管理法》第四条明确规定：“国务院公安部门主管全国的枪支管理工作……”据此，公安部作为枪支管理主管部门，有权制定非制式枪支的具体标准，况且，如果在个案中鉴定每一支枪是否“足以致人伤亡或者丧失知觉”，既难以在技术上准确实现，也会严重影响到枪支管理法制统一性，故“鉴定工作规定”与“鉴定判据”均合法有效，应当适用。

3. 如何认定赵某非法持枪行为的社会危害性

本案中，赵某所持有的9支枪形物中有6支被鉴定为能正常发射以压缩气体为动力的枪支，而根据《最高人民法院关于审理非法制造、买卖、运输枪支、弹药、爆炸物等刑事案件具体应用法律若干问题的解释》第五条第二款第二项之规定，其所持有枪支的数量已经达到刑法规定中“情节严重”的标准，即应当判处三年以上七年以下有期徒刑。此时，对社会危害性大小的认定就成为需要法官重点考虑的问题，在决定是否追究刑事责任以及如何裁量处罚时，不仅应当考虑涉案枪支的数量，而且应当充分考虑涉案枪支的致伤力大小，以及行为人的主观认知、动机目的、一贯表现、违法所得、是否规避调查等情节，综合评价社会危害性。在本案中，涉案枪支的致伤力刚刚达到枪支认定标准，赵某非法持有枪支的目的是从事经营，主观恶性、人身危险性相对较低，且认罪态度良好，有悔罪表现等情节，应当坚持刑法的谦抑理念，在追究刑事责任时注意克制，不能超过公正报应、有效预防和必要矫正所需要的限度配置和适用刑罚，防止定罪量刑过度。

综上，赵某非法持有枪支虽已构成犯罪，但是其社会危害性较小，二审法院坚持刑法的谦抑原则，高度关注社情民意，综合考虑上诉人的社会危害性、认罪态度、主观恶性等因素，酌情从宽判处缓刑，解除赵某的羁押措施，让她能够回家过年。本案裁判不仅符合我国刑法规定和枪支管理政策，也体现了司法的人文情怀，实现了法理情的高度融合。

编写人：天津市第一中级人民法院　王思睿　李杨　李文杰

078　交通肇事后逃逸行为性质的准确认定

——胡某某交通肇事案

【案件基本信息】

1. 裁判书字号

北京市第一中级人民法院（2016）京01刑终字第406号刑事裁定书

2. 案由：交通肇事罪

【基本案情】

2015年12月29日13时许，被告人胡某某驾驶小型客车（无号牌，属于新车，最后一次办理的临时牌证时间为11月12日至11月19日）由西向东行驶至北京市石景山区阜石路麻峪东街出口处时，与被害人寇某某驾驶的电动自行车（未登记的非机动车）发生交通事故，后被告人胡某某驾车逃逸。事故造成寇某某脑挫裂伤（广泛性）、原发性脑干损伤、颅骨骨折（左侧颞骨）、颅底骨折、脑脊液鼻漏、左侧顶枕部头皮血肿等伤情，经法医鉴定其所受损伤程度属重伤二级。经北京市公安局公安交通管理局石景山交通支队道路交通事故认定书认定，胡某某存在驾驶机动车发生交通事故后逃逸、驾驶未登记的机动车上道路行驶两个违法行为，负事故主要责任，寇某某存在驾驶非机动车进入机动车道内行驶发生交通事故、驾驶未登记的非机动车上道路行驶两个违法行为，负事故次要责任。2015 年 12 月 31 日，被告人胡某某在接到民警电话通知后主动到涉案车辆旁接受调查，被民警查获。案发后，被告人胡某某的家属代胡某某已先期支付被害人寇某某医疗费人民币 3.1 万元。

【案件焦点】

胡某某逃逸行为属于定罪情节，还是属于加重处罚情节。

【法院裁判要旨】

北京市石景山区人民法院经审理认为：被告人胡某某交通肇事后逃逸，应在三年以上七年以下有期徒刑的量刑幅度内判处，且具有自首、赔偿被害人部分经济损失两个从轻处罚情节。

北京市石景山区人民法院依照《中华人民共和国刑法》第一百三十三条、第六十七条第一款、第六十一条及《最高人民法院关于审理交通肇事刑事案件具体应用法律若干问题的解释》第二条第二款第四项之规定，判决如下：

被告人胡某某犯交通肇事罪，判处有期徒刑三年。

一审宣判后，北京市石景山区人民检察院提出抗诉，北京市人民检察院第一分院支持抗诉，提出的主要意见均为原审法院将胡某某交通肇事案中的逃逸行为作为定罪情节后又作为量刑情节使用，进行了重复评价，刑罚上升为三年以上七年以下有期徒刑，系法律适用错误，致量刑畸重。胡某某亦提出上诉，胡某某及其辩护人提出的主要意见为原审法院对胡某某的逃逸情节进行了重复评价，且胡某某有自首情节，原审判决量刑过重。

北京市第一中级人民法院经审理认为：胡某某驾驶无牌证机动车发生交通事故，并致一人重伤，负事故主要责任，且肇事后驾车逃逸，应适用《最高人民法院关于审理交通肇事刑事案件具体应用法律若干问题的解释》第三条之规定，在三年以上七年以下有期徒刑的量刑幅度内判处；相反，如果胡某某仅有肇事后驾车逃逸情节，缺少驾驶无牌证机动车情节，抑或胡某某仅有驾驶无牌证机动车情节，缺少肇事后驾车逃逸情节，应适用《最高人民法院关于审理交通肇事刑事案件具体应用法律若干问题的解释》第二条第二款之规定，在三年以下有期徒刑或者拘役的量刑幅度内判处。关于原审法院对胡某某的逃逸情节进行了重复评价的相关意见，无证据予以证实。原审法院根据胡某某犯罪的事实，犯罪的性质、情节和对于社会的危害程度，并考虑到胡某某具有自首等从轻处罚情节，依法判处，量刑适当。

北京市第一中级人民法院依据《中华人民共和国刑事诉讼法》第二百二十五条第一款第一项之规定，裁定如下：

驳回北京市石景山区人民检察院的抗诉及胡某某的上诉，维持原判。

【法官后语】

本案的重点在于对交通肇事后行为性质的准确认定。《最高人民法院关于审理交通肇事刑事案件具体应用法律若干问题的解释》第二条规定，交通肇事具有下列情形之一的，处三年以下有期徒刑或者拘役：(1) 死亡一人或者重伤三人以上，负事故全部或者主要责任的；(2) 死亡三人以上，负事故同等责任的；(3) 造成公共财产或者他人财产直接损失，负事故全部或者主要责任，无能力赔偿数额在三十万元以上的。交通肇事致一人以上重伤，负事故全部或者主要责任，并具有下列情形之一的，以交通肇事罪定罪处罚：(1) 酒后、吸食毒品后驾驶机动车辆的；(2) 无驾驶资格驾驶机动车辆的；(3) 明知是安全装置不全或者安全机件失灵的机动车辆而驾驶的；(4) 明知是无牌证或者已报废的机动车辆而驾驶的；(5) 严重超载驾驶的；(6) 为逃避法律追究逃离事故现场的。第三条规定，"交通运输肇事后逃逸"，是指行为人具有本解释第二条第一款规定和第二款第一至五项规定的情形之一，在发生交通事故后，为逃避法律追究而逃跑的行为。根据上述规定，逃逸可以属于加重处罚情节。同时，根据交通管理法规，逃逸行为又是认定全部责任、主要责任的重要因素，即逃逸也可以属于定罪情节，也可以同时属于定罪情节和量刑情节。

本案中，胡某某肇事后逃逸作为交通事故责任认定因素之一，又存在《最高人民法院关于审理交通肇事刑事案件具体应用法律若干问题的解释》第二条第二款第一项至五项情形之一的，即"明知是无牌证或者已报废的机动车辆而驾驶的"。在此情形下，根据《最高人民法院关于审理交通肇事刑事案件具体应用法律若干问题的解释》第三条之规定，本案中的"逃逸"属于"交通运输肇事后逃逸"行为，系交通肇事罪的加重处罚情节。此外，从禁止重复评价的角度看，禁止"重复评价"针对的是同一行为或同一情节在定罪量刑中被两次以上评价。在本案中，行为人购买新车后，办理过临时牌证，在临时牌证过期后一个多月，仍继续驾驶无牌证机动车，且在发生交通肇事后逃逸，逃逸情节作为交通事故责任认定的依据之一，在入罪时被评价；同时逃逸情节又属于量刑时结果加重情节，在量刑时被评价，不违反禁止重复评价原则分别是对“驾驶无牌证车辆”和“肇事后逃逸”的两种情节分别评价。而从证据的角度看，作出交通责任事故认定的民警在接受询问时表示责任认定是“根据整个现场情况具体分析判断”得出的结论，即本案无证据证明“肇事后逃逸”是认定行为人主要责任的唯一或核心因素，不存在违反禁止重复评价的相关证据。

编写人：北京市第一中级人民法院　张乾雷

079　重大责任事故罪中发包业主的刑事责任认定

——李某等重大责任事故案

【案件基本信息】

1. 裁判书字号

北京市第二中级人民法院（2016）京02刑终字第648号刑事裁定书

2. 案由：重大责任事故罪

【基本案情】

2014年5月至2015年1月，被告人李某将其购买的北京市西城区××大街××号院的建设改造工程委托给无建筑资质条件的被告人卢某的个体施工队。被告人李某要求被告人卢某超出建设工程规划许可证的内容，违法建设地下室，深挖基坑。被告人卢某负责管理、指挥施工，另指派无执业资格的被告人李某甲负责施工现场管理、指挥等工作。其间，在施工人员提出存在事故隐患时，被告人李某、卢某未采取措施仍继续施工。2015 年 1 月 24 日凌晨 3 时许，因基坑支护结构不合理、支护结构承载力不足、地下水控制不力，导致施工现场发生坍塌，造成东侧毗邻的大街道路塌陷，北侧毗邻的部分民房倒塌损坏，西侧、南侧毗邻的办公楼受到损坏。经鉴定，直接经济损失为人民币 5835234 元。同时，该起事故还造成了周边一条大街由北向南交通中断，多条大街交通拥堵，给周围多家单位和居民的正常生产生活造成影响。

2015 年 1 月 24 日，被告人李某甲在施工现场被当场抓获，同年 1 月 31 日，被告人卢某在投案途中被抓获，同年 2 月 10 日，被告人李某在江苏省徐州市家中被抓获。

【案件焦点】

被告人李某作为业主，将案发地的修建工程发包给第三方，是否应该对案发事故承担主要责任。

【法院裁判要旨】

北京市西城区人民法院经审理认为：根据法庭质证已确认的证据证实，被告人李某虽与山东甲建筑集团有限公司签订过合同，但因被告人李某无法提供相应的修建手续，山东甲建筑集团有限公司明确表示合同无法履行，后被告人李某让无任何资质的卢某的个体施工队接手该工程，而山东甲建筑集团有限公司实际从未参与过该工程的修建；开挖地下室五层是被告人李某以××号院业主的身份对卢某、李某甲等人提出的要求，且在施工人员对此提出异议的情况下，被告人李某仍予以坚持。

北京市西城区人民法院依照《中华人民共和国刑法》第一百三十四条第一款，第六十七条第一款、第三款，第七十二条第一款，第七十三条第二款、第三款及《最高人民法院、最高人民检察院关于办理危害生产安全刑事案件适用法律若干问题的解释》第一条，第七条第一款，第十二条第一款第三项和《最高人民法院关于处理自首和立功具体应用法律若干问题的解释》第一条之规定，判决如下：

一、被告人李某犯重大责任事故罪，判处有期徒刑五年；

二、被告人卢某犯重大责任事故罪，判处有期徒刑三年六个月；

三、被告人李某甲犯重大责任事故罪，判处有期徒刑三年，缓刑三年。

被告人李某、卢某不服一审判决提出上诉。李某的上诉理由及其在二审庭审中的辩解为：其将案发地的修建工程交于曹某及山东甲集团有限公司施工并签有合同，相关的施工许可手续办理亦由曹某负责，开挖地下五层系卢某等人提出并施工，其作为合同一方只是接受施工结果并给付费用，其不应对本次事故承担责任。李某的辩护人的辩护意见为：原判采信的鉴定意见的鉴定机构、鉴定人的资质存在疑问，鉴定所确定的损失金额不准确，应当重新鉴定；关于本次事故，是由于施工人员不按照正常的施工规范操作所致，施工人应承担主要责任，一审判决不公。卢某的上诉理由及其在二审庭审中的辩解为：其在本次事故中不负主要责任，原判认定的损失数额过高，对其量刑过重。卢某的辩护人所提辩护意见与卢某的意见一致，并提出本案价格评估、价格鉴定评估单位、鉴定机构的资质存疑，鉴定确定的损失金额过高，建议重新鉴定。李某甲在二审期间对一审判决未提出异议。

北京市第二中级人民法院经审理认为：在案证据可以明确证实，李某虽与山东甲建筑集团有限公司签订过合同，但因被告人李某无法提供相应的修建手续，山东甲建筑集团有限公司明确表示合同无法履行，后被告人李某让无施工资质的卢某的个体施工队接手该工程，山东甲建筑集团有限公司实际从未参与过该工程的修建；开挖地下室五层是被告人李某以××号院业主的身份对卢某、李某等人提出的要求，且施工期间，北京市规划委西城分局工作人员曾对其约谈，明确提出该处系违法施工，要求其停止施工；施工人员在施工过程中亦曾提出异议，被告人李某仍予以坚持，故李某应系本次事故的主要责任人。

北京市第二中级人民法院依照《中华人民共和国刑事诉讼法》第二百二十五条第一款第一项之规定，作出裁定如下：

驳回李某、卢某的上诉，维持原判。

【法官后语】

重大责任事故罪的犯罪主体是一般主体，本案中李某是××号院的业主、实际控制人，××号院修建工程的发包人，卢某是负有管理职责的包工头，李某甲是现场施工的管理人员。被告人李某将××号院修建工程发包给无任何施工资质的卢某，并要求卢某违反规划许可违章建设地下室，卢某、李某甲在无资质的情况下承揽该工程，在没有施工图纸，没有任何技术保障的情况下按照李某的要求开挖地下室。被告人三人都违反了安全管理规定，最终造成施工现场坍塌，现鉴定直接损失已达583万余元，且情节特别恶劣，三名被告人的行为都构成犯罪。

被告人李某关于其将××号院修建工程委托给有资质的山东甲建

筑集团有限公司的辩解，在案证据证实，被告人李某虽与山东甲建筑集团有限公司签订过合同，但因无法提供相应的修建手续，山东甲建筑集团有限公司明确表示退出并要求收回合同原件，山东甲建筑集团有限公司及曹某未实际参与过××号院的地下室修建，被告人李某对此情况亦是清楚明知的；被告人李某关于其不应负刑事责任的辩解，经查，被告人李某在明知其修建地下室是违规的情况下，依然决定开挖地下室，并将该修建工程发包给无任何资质的卢某的个体施工队，在规划委等相关部门发现其违规建设地下室对其进行约谈，明确告知其这种建设行为违规必须回填时，其依然继续开挖地下室，直至最终发生重大事故，被告人李某的辩解无据可依，其与山东甲建筑集团有限公司所签的合同本质是以合法形式掩盖其非法开挖地下室的目的，这份实际上未履行过的合同不能成为其脱罪的理由。

被告人李某的辩护人关于其不是此次事故的直接责任人和主要责任人的辩护意见，根据《最高人民法院、最高人民检察院关于办理危害生产安全刑事案件适用法律若干问题的解释》的规定，重大责任事故罪的犯罪主体包括对生产、作业负有组织、指挥或管理职责的负责人、管理人、实际控制人、投资人等人员，以及直接从事生产、作业的人员。经查，被告人李某是××号院的业主，即实际控制人，也是××号院修建工程的唯一投资人，本案中系由李某决定开挖地下室，并将建筑工程发包给无资质的个体施工队，其所实施的行为与本次事故的发生有着直接密切的关系。

综上，被告人李某作为建筑工程业主，其将案发地的修建工程发包给第三方，综合其在事故发生中的作用及上述因素，应该认定其对案发事故承担主要责任。

编写人：北京市西城区人民法院　冀敏

四、破坏社会主义市场经济秩序罪

（一）生产、销售伪劣商品罪

080 未查获鉴定伪劣产品不影响生产、销售伪劣产品犯罪行为的认定

——李某等生产、销售伪劣产品案

【案件基本信息】

1. 裁判书字号

湖北省高级人民法院（2020）鄂刑终128号刑事判决书

2. 案由：生产、销售伪劣产品罪

【基本案情】

2017年2月1日，被告人李某承包某迪公司生鲜工厂用于生猪屠宰加工。2017年9月，被告人李某与魏某某、李某某（均另案处理）合作在某迪公司生鲜工厂进行生猪屠宰加工，为谋取非法利益李某与魏某某合谋对生猪打药注水，增加猪肉重量。李某安排被告人何某任某迪公司生鲜工厂办公室主任负责制作账单、支付打药注水费用及取药水、送药水等具体事务。2018年6月，李某安排被告人徐某到饲养车间负责收猪、安排人员将生猪赶到封闭空间打药注水、统计数据等具体事务。

2017年9月至2018年8月，魏某某雇用郑某某、孙某某、薛某（均另案处理）等人在某迪公司生鲜工厂对生猪打药注水。先期给生猪打药注水时，打药注水人员自带药水。2017年11月，魏某某开始在网上联系天津卖药人员刘某某（另案处理）购买药水，至2018年8月，共购买药水13次，总重量342公斤，提供给某迪公司生鲜工厂使用，被告人李某按照15元每头猪的标准向魏某某支付费用。

2018年8月至12月6日，被告人李某以6~7元每头猪的价格雇用闫某某（另案处理）、被告人卞某某等人到某迪公司生鲜工厂给生猪打药注水，闫某某、卞某某组织、邀约被告人霍某、张某某及段某某（另案处理）等人到某迪公司生鲜工厂一起给生猪打药注水，并负责发放霍某、张某某、段某某等人的工资。2018年9月7日至10月8日，闫某某为某迪公司生鲜工厂购买药水6次，购买药水的费用由李某安排何某用其农行卡转账给闫某某；2018年12月3日，被告人卞某某为某迪公司生鲜工厂购买药水1次，价值22000元，李某安排何某将购买药水的费用通过微信转账给卞某某。

经审计，2017年9月至2018年12月6日，被告人李某承包宝迪公司生鲜工厂期间共给105343头生猪打药注水，批发肉类及附属品价格合计169737233.68元；2018年8月15日至12月6日，被告人卞某某、霍某共给36943头生猪打药注水，批发肉类及附属品价格合计60595125.94元；2018年10月30日至11月9日，被告人张某某共给3315头生猪打药注水，批发肉类及附属品价格合计2981371.93元。

【案件焦点】

生产、销售伪劣产品犯罪中，未查获生产、销售的伪劣产品，能否根据其他在案证据定罪。

【法院裁判要旨】

湖北省孝感市中级人民法院经审理认为：被告人李某等人违反国家规定，屠宰生猪过程中给生猪打药注水，在产品中掺杂、掺假，构成生产、销售伪劣产品罪。被告人李某、何某参与犯罪的销售金额为169737233.68元；被告人徐某、卞某某、霍某参与犯罪的销售金额为60595125.94元；被告人张某某参与犯罪的销售金额为2981371.93元；犯罪数额特别巨大。被告人李某、何某、卞某某在共同犯罪中起主要作用，是主犯；被告人徐某、霍某、张某某起次要作用，是从犯，依法可从轻、减轻处罚。

湖北省孝感市中级人民法院依照《中华人民共和国刑法》第一百四十条、第二十五条、第二十六条、第二十七条、第五十三条、第五十七条、第五十九条、第六十三条、第六十七条第三款的规定，判决如下：

一、被告人李某犯生产、销售伪劣产品罪，判处无期徒刑，剥夺政治权利终身，并处没收个人全部财产；

二、被告人何某犯生产、销售伪劣产品罪，判处有期徒刑十五年，并处罚金人民币八千五百万元；

三、被告人徐某犯生产、销售伪劣产品罪，判处有期徒刑十年，并处罚金人民币八百万元；

四、被告人卞某某犯生产、销售伪劣产品罪，判处有期徒刑十五年，并处罚金人民币三千一百万元；

五、被告人霍某犯生产、销售伪劣产品罪，判处有期徒刑十年，并处罚金人民币八百万元；

六、被告人张某某犯生产、销售伪劣产品罪，判处有期徒刑七年，并处罚金人民币四十万元；

七、对随案移送扣押各被告人用于作案联络的手机予以没收。

一审宣判后，被告人何某、徐某、卞某某、霍某、张某某提出上诉。湖北省高级人民法院经审理认为：上诉人李某、何某、徐某、卞某某、霍某、张某某为增加生猪屠宰后肉制品产出重量，违反国家生猪屠宰管理规定，在生猪屠宰前对生猪打药注水，并将注水猪肉予以销售，其行为构成生产、销售伪劣产品罪。原判全面考量各被告人犯罪的事实、性质、情节和对于社会的危害程度等具体情节，量刑并无不当。故各上诉人的上诉理由均不能成立。依照《中华人民共和国刑事诉讼法》第二百三十六条第一款第一项之规定：

裁定驳回上诉，维持原判。

【法官后语】

本案审理的难点在于如何对在产品中掺杂、掺假行为进行认定。依照《中华人民共和国刑法》第一百四十条之规定，生产、销售伪劣产品是指生产者、销售者在产品中掺杂、掺假，以假充真，以次充好或者以不合格产品冒充合格产品的行为。2001 年 4 月 10 日起施行的《最高人民法院、最高人民检察院关于办理生产、销售伪劣商品刑事案件具体应用法律若干问题的解释》对《中华人民共和国刑法》第一百四十条规定的“在产品中掺杂、掺假，以假充真，以次充好或者以不合格产品冒充合格产品”进行了明确界定，规定“在产品中掺杂掺假”是指在产品中掺入杂质或者异物，致使产品质量不符合国家法律、法规或者产品明示质量标准规定的质量要求，降低、失去应有使用性能的行为。依照该规定，“在产品中掺杂掺假”对产品中掺入的杂质或者异物有数量要求，需要达到造成“产品质量不符合国家法律、法规或者产品明示质量标准规定的质量要求，降低或失去应有使用性能”的程度。

具体到本案，被告人李某等人对生猪注水并屠宰、销售的行为事实清楚，但因公安机关介入侦查时注水生猪已全部屠宰售出，未能查获涉案注水猪肉和注射用药水，客观上无法对被告人生产、销售的注水猪肉水分含量进行检测，造成无法直接依据检测鉴定结果对涉案注水猪肉是否为不合格猪肉进行认定。由于司法实践中需要面对的“在产品中掺入杂质或者异物”的“掺杂掺假”情形十分复杂，在难以确定时则需要委托法律、行政法规规定的产品质量检验机构进行鉴定。但如果行为人实施的“掺杂掺假”行为属于国家法规明令禁止的行为，则表明该种“掺杂掺假”对产品质量危害严重，只要该种明令禁止的行为一旦实施，则必然会导致产品质量不符合国家法律、法规或者产品明示质量标准规定的质量要求。依照《生猪屠宰管理条例》第十五条之规定，生猪定点屠宰厂（场）以及其他任何单位和个人不得对生猪或者生猪产品注水或者注入其他物质，生猪定点屠宰厂（场）不得屠宰注水或者注入其他物质的生猪。前述规定表明，不论注水造成猪肉中水分含量是否符合国家规定的猪肉水分限量标准，任何生猪注水、屠宰注水生猪都属于国家法规明令禁止的违法生产行为，都会降低猪肉应有的使用性能。屠宰注水生猪这种违法行为生产的猪肉产品则属于法定的违反国家法律规定质量标准在产品中掺杂行为，无须质量检验机构的鉴定报告，可直接将其认定为生产、销售伪劣产品罪中“在产品中掺杂掺假”的情形。

《中华人民共和国刑法》第一百四十条规定的四种行为中，“以假充真”以产品使用性能判定真伪，“以次充好”强调产品等次的不同而无关产品是否合格，“以不合格产品冒充合格产品”以产品是否符合《中华人民共和国产品质量法》第二十六条第二款规定的质量要求为判断标准，“在产品中掺杂、掺假”以掺杂掺假在数量导致产品质量不符合质量要求为要件。该四种行为的认定，依据涉案产品使用性能的有无、产品等次的差别、产品质量是否符合要求进行具体判断即可确定，并不必然依赖于产品质量检验机构的鉴定报告进行判断，因而《最高人民法院、最高人民检察院关于办理生产销售伪劣商品刑事案件具体应用法律若干问题的解释》第一条第五款规定对刑法第一百四十条规定的行为难以确定的，应当委托质量检验机构进行鉴定。

编写人：湖北省孝感市中级人民法院　张立新　胡乙海

081 生产完成后才得知受托生产的食品中含有有毒、有害的非食品原料，但仍交付委托方销售的构成销售有毒、有害食品罪

——郑某冰等生产、销售有毒、有害食品案

【案件基本信息】

1. 裁判书字号

江苏省无锡市中级人民法院（2020）苏02刑终178号刑事判决书

2. 案由：生产、销售有毒、有害食品罪

【基本案情】

2015年4月，被告人郑某冰、王某艳共同出资成立并实际经营管理被告单位某龙公司。被告人谢某具体负责被告单位某花公司的经营管理。

2017年12月至2018年1月，郑某冰联系他人购入粉末状原料，后与王某艳合谋，明知该原料中含有有毒、有害的非食品原料，仍欲将其加工成片状并进行销售。2018年1月14日，郑某冰经与谢某联络，某龙公司与某花公司签订产品加工合同，由某龙公司提供原料，某花公司将上述原料压片包装，制作成“某鸟”能量糖后交付给某龙公司，某龙公司支付1元/粒的加工费。之后，某龙公司提供样品500克给某花公司用于第三方检测，并支付了检测费用，某花公司因无法确认来料与样品是否一致而暂未送检。2018年4月，某花公司收到某龙公司交付的原料后按照合同约定进行了生产，制成“某鸟”能量糖共计94264粒。与此同时，某花公司于同年4月16日从原料中抽样送检，同月26日送检的压片糖果中检测出他达拉非成分。谢某获知检测结果后即告知郑某冰，并在明知产品中含有有毒、有害的非食品原料的情况下，继续将尚未交付的“某鸟”能量糖2.8万余粒交付给郑某冰进行销售。

2018年5月3日，某龙公司亦将收到的“某鸟”能量糖抽样送交检测，同月9日送检的“某鸟”能量糖中检出他达拉非成分。

2018年4月至7月，经王某艳等人具体操作，某龙公司通过微信等途径对“某鸟”能量糖进行宣传，并采用快递方式邮寄销售给唐某、张某某等人，销售价格人民币15~100元/粒不等。

公安机关于2018年7月13日抓获郑某冰、王某艳，后从郑某冰处查获尚未销售的“某鸟”能量糖6万余粒。郑某冰、王某艳归案后，如实供述了购买原料后加工销售“某鸟”能量糖的事实，但否认其明知原料中可能掺有有毒、有害的非食品原料。经公安机关通知，谢某至公安机关投案并如实供述了自己的罪行。

【案件焦点】

1. 某花公司和谢某在生产完成后才获知受托生产的食品中含有有毒、有害的非食品原料，但仍然继续交付给郑某冰进行销售的行为如何定性；2. 某花公司和谢某的犯罪金额如何认定。

【法院裁判要旨】

江苏省无锡市新吴区人民法院经审理认为：被告单位某龙公司伙同被告单位某花公司在生产的食品中掺入有毒、有害的非食品原料，并由某龙公司进行销售，被告人郑某冰、王某艳系某龙公司直接负责的主管人员，被告人谢某系某花公司直接负责的主管人员。某龙公司、郑某冰、王某艳的行为构成生产、销售有毒、有害食品罪，且系单位犯罪、部分系共同犯罪；某花公司、谢某的行为构成生产有毒、有害食品罪，且系单位犯罪、共同犯罪。据此，以生产、销售有毒、有害食品罪，分别判处被告单位某龙公司罚金人民币一百五十万元；判处被告人郑某冰有期徒刑十一年，并处罚金人民币五十万元；判处被告人王某艳有期徒刑十年，并处罚金人民币五十万元。以生产有毒、有害食品罪，分别判处被告单位某花公司罚金人民币三十万元；判处被告人谢某有期徒刑二年，并处罚金人民币十万元。

江苏省无锡市新吴区人民检察院提出抗诉，郑某冰、王某艳和谢某提出上诉。江苏省无锡市中级人民法院经审理认为：对上诉人郑某冰、王某艳及原审被告单位某龙公司适用法律正确，量刑适当，依法应予维持。原审被告单位某花公司明知其销售的食品中掺入有毒、有害的非食品原料，仍销售给某龙公司，其行为已构成销售有毒、有害食品罪，谢某系某花公司直接负责的主管人员，其行为构成销售有毒、有害食品罪，且系单位犯罪、共同犯罪。根据谢某的犯罪数额以及情节，可对其予以进一步从轻处罚。据此，判决如下：

一、维持无锡市新吴区人民法院（2019）苏 0214 刑初 28 号刑事判决第一项、第三项、第四项对原审被告单位某龙公司、上诉人郑某冰、王某艳的定罪、量刑部分及第六项；

二、撤销无锡市新吴区人民法院（2019）苏 0214 刑初 28 号刑事判决第二项、第五项、第七项；

三、原审被告单位某花公司犯销售有毒、有害食品罪，判处罚金人民币三十万元；

四、上诉人谢某犯销售有毒、有害食品罪，判处有期徒刑七个月，并处罚金人民币十万元。

【法官后语】

本案的争议焦点在于某花公司和谢某在生产完成后才获知受托生产的食品中含有有毒、有害的非食品原料，但仍然继续交付给郑某冰进行销售的行为定性以及犯罪金额如何认定。

一、某花公司和谢某构成销售有毒、有害食品罪

根据《中华人民共和国刑法》第一百四十四条的规定，在生产、销售的食品中掺入有毒、有害的非食品原料或者销售明知掺有有毒、

有害的非食品原料的食品的，方才构成生产、销售有毒、有害食品罪。在认定生产、销售有毒、有害食品罪时，行为人主观上必须“明知”，包括知道或应当知道，否则就是客观归罪。对于推定明知的应结合行为人的认知能力、产品的来源、质量、包装、价格等主客观因素进行盖然性判断。

具体到本案，某花公司、谢某受某龙公司和郑某冰委托生产加工能量糖，由于郑某冰未明确告知原材料中含有有毒、有害的非食品原料以及因客观原因未将原材料送检，导致某花公司和谢某在能量糖生产完成前并不明知其中含有有毒、有害的非食品原料。因此，某花公司和谢某虽然客观上有在生产的食品中掺入有毒、有害的非食品原料的行为，但是主观上缺乏生产有毒、有害食品的故意，故不能认定二者构成生产有毒、有害食品罪。某花公司和谢某在生产完成后将能量糖抽样送检并检测出他达拉非成分，在明知受托生产的食品为有毒、有害食品的情况下仍然发货给某龙公司用于销售，故应认定为销售明知掺有有毒、有害的非食品原料的食品，构成销售有毒、有害食品罪。

二、某花公司和谢某的犯罪金额认定

生产、销售有毒、有害食品罪行为人主观明知的认定，关键在于明知食品中含有有毒、有害的非食品原料的时间，明知的时间不仅影响罪与非罪、此罪与彼罪的认定，还会影响犯罪数量和犯罪金额的认定。对于行为人主观上不明知的部分不能计入其犯罪金额，唯此方能确保准确定罪量刑。

本案中，某龙公司负责提供原材料，某花公司和谢某作为加工承揽方仅负责生产环节，并收取 1 元/粒的加工费。某花公司、谢某虽然对某龙公司和郑某冰的后续销售行为存在主观明知，但因并未参与后续的成品销售，无法预知和控制产品的销售对象、销售价格，亦未参与销售分成，如按照15元/粒的市场销售价格认定二者的犯罪金额将会导致罪责刑不相适应。某花公司和谢某在生产完成后即交付了部分能量糖，在获知检测结果后又交付了剩余的2.8万余粒能量糖，前期交付的能量糖因二者尚不明知其中含有有毒、有害的非食品原料不能认定。故应按照2.8万元（1元/粒×2.8万粒）的加工费认定某花公司和谢某的犯罪金额。

三、法律风险防范

本案能量糖中检测出的他达拉非被国家食品药品监督管理局列入《保健食品中可能非法添加的物质名单（第一批）》，属于禁止添加的非食品原料。某花公司和谢某在不知受托生产的能量糖中含有他达拉非成分的情况下完成了生产行为，本因缺乏生产有毒、有害食品的主观故意不构成犯罪，但在明知后仍然交付给他人用于销售，最终构成销售有毒、有害食品罪。

近年来，食品安全问题越发受到重视，党的十九大报告更是明确将食品安全上升到国家战略层面。《中华人民共和国食品安全法》规定了食品生产经营者对食品安全的主体责任，并从民事、行政和刑事等方面强化了对食品安全违法行为的惩处力度。食品生产经营者应当严格依照法律、法规和食品安全标准从事生产经营活动，保证食品安全，否则，将会面临巨大的法律风险。同时，作为食品行业上下游产业的经营企业或个人同样应当注意法律风险防范，因为根据《最高人民法院、最高人民检察院关于办理危害食品安全刑事案件适用法律若干问题的解释》的规定，明知他人生产、销售有毒有害食品，提供生产、经营场所或者运输、贮存、邮寄、网络销售渠道提供等便利条件的，将以生产、销售有毒、有害食品的共同犯罪论处。

编写人：江苏省无锡市中级人民法院　范凯　程文斌

082　以宣称能预防、治愈疑难杂症等药物功效的方式诱骗他人购买保健品的行为构成销售假药罪
——吴某等销售假药案

【案件基本信息】

1. 裁判书字号

江苏省无锡市中级人民法院（2019）苏02刑终564号刑事裁定书

2. 案由：销售假药罪

【基本案情】

被告人付某某、潘某某先后成为某药品公司的会员后，于2016年结识该公司吴某，2016年下半年，被告人付某某在网上聊天时又结识了被告人孙某某，后把孙某某介绍给吴某，孙某某也成为了某药品公司的会员。四被告人商议，由孙某某提供店面和装修资金，设立经营某健康养生馆，并由其负责填写销货清单，仓库管理，吴某负责进货、给病人看病、配药，付某某、潘某某作为吴某的助手，负责对外宣传，假装给病人检测身体，店内的收益归吴某，每年分红给孙某某不低于10万元，吴某支付付某某、潘某某每人每月2500元工资。有病人来吴某就假装把脉，了解病情，付某某、潘某某给病人检测身体并作宣传，声称："吴总（指吴某）是某药品公司董事，全国市场督导，中医世家，精通

各类疑难杂症，已经治愈全国3万多例病人。”后由吴某冒充包治百病的神医，宣称他的产品能医好癌症、帕金森等疑难杂症，骗取病人的信任，借机将不具有防病、治病功能的某药品公司的保健品销售给他人。2017年1月至2018年3月，四被告人向董某某、吴某某、马某某等14名被害人销售某药品公司保健品共计人民币474128.5元。

【案件焦点】

本案构成诈骗罪还是构成销售假药罪。

【法院裁判要旨】

江苏省宜兴市人民法院经审理认为：销售假药行为在主观方面和客观方面均符合诈骗犯罪的特征，但其与刑法关于诈骗犯罪的规定是特别法和普通法的关系，应当适用特别法定罪处罚。被告人吴某、孙某某、付某某、潘某某作为某药品公司的会员，明知保健品没有预防或治疗疾病的功效而宣称其能治疗各种疑难杂症，以非药品冒充药品向病患销售，情节严重，其行为构成销售假药罪，应予惩处。对被告人吴某的辩护人关于吴某的行为不构成诈骗罪的意见予以采纳。被告人吴某及其辩护人还辩称，被告人吴某没有欺骗被害人，没有宣称其销售的保健品能够治病，经查，被告人吴某为销售保健品自称神医，对病人谎称吃他的药能够药到病除，甚至向病人书面承诺能够治愈疾病，该事实有共同行为人及被害人的一致陈述证实，其辩解与法庭查明的事实不符，不予采信。被告人吴某的辩护人还提出，涉案产品没有经过专业机构鉴定，定性为销售假药缺乏依据。法院认为，对具有药品外观特征且以药品销售的，确认其为假药应当以专业机构的鉴定为准，对不具有药品外观特征的非药品冒充药品进行销售的，其非药品的性质无须经专业机构鉴定即可认定，对该辩护意见不予采纳。

在共同犯罪中，被告人吴某假冒神医欺骗被害人，宣称其卖的保健品能治疗各种疑难杂症，负责进货销售，起主要作用，是主犯，应当按照其参与的全部犯罪处罚；被告人孙某某、付某某、潘某某在共同犯罪中起辅助作用，是从犯，应当从轻、减轻或者免除处罚。对被告人吴某的辩护人关于吴某是从犯的意见不予采纳，对被告人孙某某的辩护人关于孙某某是从犯的意见予以采纳。被告人孙某某犯罪后能投案自首，被告人付某某、潘某某归案后能如实供述罪行，可以从轻处罚，对相关辩护意见予以采纳。本院决定对被告人孙某某、付某某、潘某某予以从轻处罚。

综上，公诉机关指控四被告人以非药品冒充药品予以销售的事实清楚、证据确实充分，量刑建议适当，法院予以采纳。

江苏省宜兴市人民法院依照《中华人民共和国刑法》第一百四十一条，第二十五条第一款，第二十六条第一款、第四款，第二十七条，第六十七条第一款、第三款，第六十四条的规定，作出判决如下：

一、被告人吴某犯销售假药罪，判处有期徒刑八年，并处罚金人民币五万元；

二、被告人孙某某犯销售假药罪，判处有期徒刑四年八个月，并处罚金人民币三万元；

三、被告人付某某犯销售假药罪，判处有期徒刑三年，并处罚金人民币二万元；

四、被告人潘某某犯销售假药罪，判处有期徒刑三年，并处罚金人民币二万元；

五、继续追缴犯罪所得人民币四十七万四千一百二十八元五角，予以没收，上缴国库。

一审判决后，江苏省宜兴市人民检察院提起抗诉，被告人提起上诉。江苏省无锡市中级人民法院经审理认为：原审判决的审判程序合法，认定的事实清楚，证据确实、充分，适用法律正确，量刑适当，依法应予维持。据此，依照《中华人民共和国刑事诉讼法》第二百三十六条第一款第一项之规定，裁定如下：

驳回抗诉及上诉，维持原判。

【法官后语】

本案中行为人吴某等人为了赚取更多的销售提成，冒充“神医”，开馆问诊，将不具有防病、治病功能的保健品吹嘘成能预防、治愈癌症、帕金森等疑难杂症的产品销售给他人。公诉机关认为吴某等人的行为构成诈骗罪，吴某的辩护人认为吴某的行为不构成犯罪，属于民事欺诈行为。人民法院在定罪时亦存在如下分歧：

第一种意见认为属于民事欺诈行为。理由是：经过查明的事实，吴某等人与客户之间是等价交换，销售的某药品公司保健品的价格是公司规定的市场价，吴某等人仅赚取销售提成，且该某药品公司具有合法经营的许可证，前期一系列吹嘘产品功效的行为，属于虚假宣传，符合民事欺诈行为，应由民法进行规制。

第二种意见认为构成诈骗罪。理由是：吴某等人通过冒充“神医”让人相信某药品公司的保健品具有预防和治愈疾病的功效，从而达到将大量保健品销售给被害人的目的，被害人基于对吴某等人上述的欺骗行为产生了错误认识，以为交付财物购买保健品能预防和治愈疾病，符合诈骗罪的构成要件，应当定性为诈骗罪。

第三种意见认为构成销售假药罪。理由是：吴某等人系以非药品冒充药品进行销售的行为，应构成销售假药罪。

笔者同意第三种意见，理由是：吴某等人为了赚取更多利益，冒充“神医”，把脉问诊，将不具有防病、治疗功能的保健品大力吹嘘为具有预防、治愈疑难杂症的药物功效，手段上采用了虚构事实、隐瞒真相的方法，符合诈骗罪的行为特征，但该行为同时也符合销售假药罪的特征，但两者侵犯的法益不同，诈骗罪侵犯的是公私财物的所有权，而销售假药罪不仅会侵犯公民的财物所有权，还侵犯国家药品管理秩序和公民生命权、健康权。本案中吴某等人真正的目的是达到更多的销售量，从而提高业绩，以将保健品吹嘘成能预防、治愈疑难杂症药品功效的方式作为一大“卖点”，从而吸引更多客源，使原本不需要购买此保健品的客户，因上述“卖点”纷纷入坑，涉案被害人对保健品这一事实均没有产生认识错误，也是按照“太阳神云购网”上的官方售价进行了购买，本案的情形属在保健品或其他食品中，未添加国家禁用药物，但宣称具有药物功效的行为，该行为不仅侵犯了公民的财物所有权，而且也破坏了国家药品管理秩序，故对该类案以销售假药罪进行定罪处罚更能够体现保护法益的全面性，更为适当。

司法实践中，以夸大药用功效的方式诱骗他人购买保健品的案件在认定上极易混淆，经常在诈骗罪和销售假药罪之间引起分歧，该案经过抗诉、上诉，最终被上级法院予以驳回抗诉、上诉，维持原判，在至此往后的同类型案件的认定上也起到了同案同判的导向作用。

编写人：江苏省宜兴市人民法院　徐英

083　假药是否实际售出不影响销售假药罪既遂的认定

——杨海某、陈某销售假药案

【案件基本信息】

1. 裁判书字号

江苏省盐城市中级人民法院（2019）苏 09 刑终 313 号刑事裁定书

2. 案由：销售假药罪

【基本案情】

被告人杨海某于 2018 年 4 月，向他人购买假冒上海甲公司生产的乙牌人血白蛋白 15 瓶，后与某卫生院医生陈某商议，由被告人陈某在该卫生院私下销售，并将 15 瓶人血白蛋白存放于该卫生院药房冰柜内。两被告人约定，被告人陈某每销售 1 瓶人血白蛋白得款 50 元。2018 年 6 月 27 日，射阳县市场监督管理局对该卫生院进行执法检查时，查获了上述 15 瓶人血白蛋白。经上海甲公司认定，查获的 15 瓶人血白蛋白并非该公司生产。并经上海市食品药品检验所检验：送检的人血白蛋白未检出蛋白质，不符合国家药品标准所规定的人血白蛋白含量应为标示量的 95.0%～110.0%的要求。

【案件焦点】

本案中被告人杨海某、陈某销售的假药没有实际售出成交，两被告人的行为是否构成销售假药罪的既遂。

【法院裁判要旨】

江苏省盐城市射阳县人民法院经审理认为：被告人杨海某、陈某明知是假药而销售，其行为均已构成销售假药罪，依法应予刑事处罚。公诉机关指控被告人杨海某、陈某犯销售假药罪的事实清楚，证据确实、充分，指控的罪名正确，法院予以支持。

被告人杨海某与陈某共同故意实施销售假药行为，是共同犯罪。被告人杨海某、陈某销售的假药属于血液制品，被告人陈某系医疗机构工作人员，应酌情从重处罚。被告人杨海某、陈某辩解其事先不知涉案药品是假药且未售出。经查，被告人杨海某向不具有资质的销售者购买假冒的人血白蛋白后，与医疗机构工作人员陈某共谋将假冒的人血白蛋白放置于医院药房冰柜内，欲对外销售，且不能提供该药品合法有效的来历证明，被告人杨海某、陈某的上述行为符合销售假药罪的构成要件。被告人杨海某向不具有资质的销售者购买假药，与被告人陈某共谋对外销售，且不能提供药品合法有效的来历证明，应认定行为人主观明知，因此，两被告人辩解事先不知涉案药品是假药，理由不能成立。现有证据足以证实两被告人系准备用于销售而购买涉案假药，应当认定为犯罪既遂，但量刑时可以酌情从轻处罚。综上，上述辩解意见与所查明的事实不符，理由不能成立，法院不予采纳。遂判决如下：

一、被告人杨海某犯销售假药罪，判处有期徒刑一年，并处罚金人民币三万元；

二、被告人陈某犯销售假药罪，判处有期徒刑一年一个月，并处罚金人民币三万元。

被告人陈某不服一审判决提起上诉。

江苏省盐城市中级人民法院经审理认为：涉案人血白蛋白系杨

海某为准备销售而购买，陈某作为医疗机构工作人员，明知杨海某准备销售的涉案人血白蛋白是假药，仍答应销售并储存，其行为构成销售假药罪，是否实际销售不影响犯罪既遂的认定。上诉人陈某、原审被告人杨海某明知是假药而销售，其行为均已构成销售假药罪，且系共同犯罪。原审被告人杨海某、上诉人陈某销售的假药属于血液制品，且上诉人陈某系医疗机构工作人员销售假药，应酌情从重处罚。故上诉人及其辩护人的相关上诉理由及辩护意见不能成立，法院不予采纳。遂判决如下：

驳回上诉，维持原判。

【法官后语】

药品安全事关人民群众生命健康，事关药品监督管理秩序，事关社会安全稳定大局，是重要的民生问题。在司法实践中，销售假药行为屡禁不止，被告人经常以假药未实际售出成交为由，主张犯罪未达到既遂标准，意图减轻刑事处罚。本案中被告人杨海某、陈某销售的假药没有实际售出成交，两被告人的行为是否构成销售假药罪的既遂存在争议。上述问题如何认定，关乎本案定罪量刑的准确，也关乎对此类犯罪的依法惩治的效果。

笔者认为，行为人只要实施了销售假药的行为，使假药进入销售环节，不论假药是否实际售出成交，均应认定构成销售假药罪既遂。具体分析如下。

一、从文义解释的角度分析

从《中华人民共和国刑法》条文的语义看，销售指的是有偿转让的行为，类似于贩卖、出售，其核心在于商品与货币的交换。[①] 由

① 曾一珩：《销售假药既遂的认定》，载《中国检察官》2019 年第 8 期。

此可以看出，销售行为是卖出商品的过程，其追求的是售出商品的结果，一个完整的销售过程包括：卖售商品、交易协商、售出商品等流程。销售行为追求的是商品售出的结果，但不能因为没有实现该结果，而否认销售者之前所实施的卖售商品、交易协商等销售行为，即使购销双方没有完成款物交付的结果，但销售者实际上已经实施了销售商品的行为。销售假药罪在《中华人民共和国刑法》中表述为“生产、销售假药的，处……”将法条中的“销售”仅理解为售出假药是不合理的，只要行为人着手实施了卖售假药行为，使假药进入销售环节，不论假药是否实际售出，都应当认定行为人实施了销售假药的行为，构成销售假药罪既遂。在本案中，被告人杨海某购进15瓶人血白蛋白假药，交由被告人陈某存放于卫生院药房冰柜内私下销售，并约定陈某每售出一瓶获利50元，显然两被告人已经开始着手假药的销售，虽然假药尚未卖出，但不能因此否认两人销售假药的行为，两被告人已经构成销售假药罪既遂。

二、从立法目的的角度分析

1997年《中华人民共和国刑法》第一百四十一条规定：“生产、销售假药，足以严重危害人体健康的，处……”可见，认定生产、销售假药罪以假药和人体健康遭到损害之间存在因果关系为前提，因果关系的证明难度提高了入罪门槛，使得许多生产、销售假药的行为不能进入刑事诉讼阶段，只能按照行政处罚论处，在一定程度上放纵了生产、销售假药的行为。面对日益严重的假药犯罪形势，传统刑法的事后被动惩罚，已经不能完全有效遏制假药犯罪的态势，也难以起到防患于未然的效果。为严厉打击危害药品安全犯罪，有效维护药品经营管理秩序，切实保障人民群众合法权益，我国刑法也适时作出调整，2011年《中华人民共和国刑法修正案（八）》对此条文进行了修改，规定："生产、销售假药的，处……"该条文为解决司法实践中假药和生命健康受损之间因果关系证明难的问题，取消了"足以危害人体健康"前置条件，降低了入罪门槛，将生产、销售假药罪由具体危险犯转化为抽象危险犯。对于抽象危险犯，法官只需要以一般的社会生活经验为根据，判断构成要件行为是否具有发生实际损害及法益侵害的危险即可。① 在本案中，一名被告人购进假药，另一名被告人以医生身份在医院私下贩卖，虽然假药没有售出成交，未造成实际的损害结果，但两被告人在医院销售假药的行为存在给他人身体健康造成损害的危险，即构成销售假药罪既遂。

此外，销售假药罪具有严重的社会危害性，不仅破坏了国家药品监督管理秩序，还对人民群众的生命、健康权利构成威胁。如果将本罪既遂条件规定得过于苛刻，将假药未售出的情形认定为未遂，有悖于从严打击药品犯罪的立法目的，不符合食品药品安全"四个最严"要求。

三、从法益侵害的角度分析

"犯罪是对法所保护的利益或价值造成侵害或引起危险"，② 可见，犯罪必须对法益造成侵害，不具有法益侵害的行为不可能构成犯罪。法益是指刑法保护的利益，判断一个行为是否具有法益侵害性，就是要看该行为是否侵害了法益或具有侵害法益的危险。那么《中华人民共和国刑法》分则条文中每一个罪所要保护的合法权益是否受到侵害，就应当成为认定犯罪既遂的根本标准。③ 就销售假药罪侵害的法益而言，一般认为，销售假药罪侵害的是复杂客体，主要包括两种：一种是不特定多数人的身体健康和生命安全，另一种是国

---

① 张军：《抽象危险犯研究》，武汉大学2015年博士学位论文。

② 张明楷：《新刑法与法益侵害说》，载《法学研究》2000年第1期。

③ 邹世发：《销售假药罪既遂标准的认定》，载《法治论坛》2015年第38期。

家对于药品市场的监督管理秩序，也就是说销售假药侵害的是生命健康和经济秩序两种法益。销售假药行为是否应以这两种法益同时受到侵害作为犯罪行为既遂的标准呢？答案显然是否定的。只要销售假药的行为使国家药品监督管理秩序或人民群众生命、健康权利两者之一受到侵害，就应构成本罪的既遂。本案中，两被告人合谋将假药放置乡镇卫生院药房内私下进行销售，表明被告人已经实施了销售假药的行为，虽然假药没有实际售出，未对他人的生命、健康权利造成实质损害，但该行为已经侵害了国家对药品监督管理制度，应成立犯罪既遂。

编写人：江苏省盐城经济技术开发区人民法院　孙栋

江苏省盐城市射阳县人民法院　王京广

084　危害药品安全刑事案件改判缓刑时禁止令的适用

——陈某某销售假药案

【案件基本信息】

1. 裁判书字号

浙江省温州市中级人民法院（2018）浙 03 刑终 674 号刑事判决书

2. 案由：销售假药罪

【基本案情】

2016 年 9 月，被告人陈某某向他人购买无中文标识和《进口药品注册证》的“Lignospan standard”注射剂 3 盒（每盒 10 支），后在平阳县萧江镇某路××号其经营的“平阳某诊所”内予以销售。2017 年 4 月 21 日上午，上述注射剂 2 盒（每盒 10 支）被平阳县市场监督管理局萧江分局工作人员查获。经认定，该注射剂标明了主要成分、适用症、用法，给药方式为皮下注射，符合药品特征，但无《进口药品注册证》，应按假药论处。案发后，被告人陈某某于2017年5月19日到平阳县公安局投案。

【案件焦点】

危害药品安全刑事案件改判缓刑时禁止令的适用问题。

【法院裁判要旨】

浙江省温州市平阳县人民法院经审理认为：被告人陈某某明知是假药而予以销售，其行为已构成销售假药罪。鉴于被告人陈某某犯罪后能自首，依法予以从轻处罚，以销售假药罪判处被告人陈某某拘役三个月，并处罚金人民币一万元；涉案药品，予以没收。

一审宣判后，陈某某提出上诉，以涉案药品仅是未经批准进口，相较销售危害人体健康的假药，社会危害性较小，且涉案假药仅20~30支，犯罪情节显著轻微，社会危害不大等为由，请求改判无罪。

浙江省温州市中级人民法院经审理认为：陈某某具有自首情节，涉案药品仅是未经批准进口，相较销售危害人体健康的假药，行为危害性较小，综合考虑其犯罪性质、事实与情节，可对其适用缓刑，并判处禁止令。据此依照《中华人民共和国刑法》和《中华人民共和国刑事诉讼法》的相关规定，改判判处：被告人陈某某拘役三个月，缓刑三个月，并处罚金人民币一万元；禁止陈某某在缓刑考验期限内从事药品生产、销售及相关活动。

【法官后语】

依照《最高人民法院关于适用〈中华人民共和国刑事诉讼法〉

的解释》第三百二十五条第一款的规定，审理被告人或者其法定代理人、辩护人、近亲属提出上诉的案件，原判没有对被告人宣告禁止令的，不得增加宣告；原判宣告禁止令的，不得增加内容、延长期限。依照《最高人民法院、最高人民检察院关于办理危害药品安全刑事案件适用法律若干问题的解释》第十一条的规定，对于危害药品安全刑事案件的犯罪分子适用缓刑的，应当同时宣告禁止令，禁止犯罪分子在缓刑考验期内从事药品生产、销售及相关活动。根据上述司法解释的规定，对危害药品安全刑事案件的被告人二审改判缓刑时，应否同时判处禁止令？

笔者认为，《最高人民法院、最高人民检察院关于办理危害药品安全刑事案件适用法律若干问题的解释》与《最高人民法院关于适用〈中华人民共和国刑事诉讼法〉的解释》的规定并不存在本质的冲突，对危害药品安全刑事案件的被告人应当判处禁止令，同时，判处禁止令的期限，不应超出原判实刑期限。具体理由如下：

1. 两个司法解释不存在本质的冲突

任何一项原则都有其特定的适用条件、适用范围和限制，不可能存在一种绝对原则放之四海皆准，不受任何条件限制。罪刑相适应是刑法的基本原则，上诉不加刑是刑事二审诉讼的基本原则。在只有被告人一方上诉的刑事二审程序中，罪刑相适应的一般原则应让位于上诉不加刑这个二审的特殊原则。因为，在这两种相互冲突的原则中，权衡二者价值和利益的轻重后，虽然上诉不加刑可能使那些重罪轻判的上诉案件被告人“占了便宜”，但它促使被告人毫无顾虑地上诉，切实保障了被告人的上诉权，使上级法院行使审判监督职能纠正错判，防止今后可能发生的潜在错判，这种利益和价值更重要，且上诉不加刑只适用于个别案件，不会损害到罪刑相适应在刑事诉讼中的整体效力。这种利益和价值的判断反映的不是这两项原则的对立性。反之，上诉不加刑原则与罪刑相适应原则的终极目的都是实现对公民的权利保障。上诉不加刑原则是罪责刑相适应原则在程序上的保证和体现，罪责刑相适应原则是上诉不加刑原则在个案中实现刑罚法规妥当性的体现。两项原则只是立足点不同，但最终殊途同归。

2. 从立法原旨出发，应当适用禁止令

禁止令具有限制罪犯一定自由的属性，在一定程度上体现了惩罚性的内容；同时，它是根据犯罪行为和行为人的具体情况而采取的个别化监管措施，有利于强化监管，在保障社区利益的同时有效矫正行为人，从而弥补非监禁刑潜在的缺陷，消减社区矫正面临的一些负面效果。从立法精神看，禁止令的主要目的在于强化对被告人的有效监管，促进其教育矫正，防止其再次危害社会。这是基于刑事禁止令作为配合社区刑罚起辅助预防作用的强制性约束措施这一基本属性所决定的。立法对于适用缓刑的危害药品安全刑事案件的被告人，同时宣告禁止令，正是为了强化此类案件中禁止令的特殊预防功能，通过切断此类案件被告人再犯的外部条件以实现预防再犯的目的。因此，对于危害药品安全刑事案件的被告人，二审改判适用缓刑的，应当同时适用禁止令的规定。唯此，才能够有效弥补我国现有自由刑管束性不足的缺陷，有针对性地对犯罪人进行再犯预防，不违背该司法解释的立法原旨。

同时，对于危害药品安全刑事案件的被告人一审判处实刑，实刑是对被告人人身自由最大程度上的限制，当然涵盖了刑期内禁止令的限制内涵。二审改判缓刑，同时适用禁止令的相关规定，不仅没有违背上诉不加刑原则，而且符合被告人的上诉利益。因为不能适用禁止令，反而容易导致实践中缓刑改判无法实现，实质上损害了被告人的上诉利益，违背了上诉不加刑原则适用的初衷。

3. 以保护被告人的人权为视角，禁止令期限不应当突破原判实刑的范围

上诉不加刑的基本价值在于既赋予被告人启动纠错机制的权利，使被告人通过行使这项权利可能获得对自己有利的结果，又不会因为自己启动了纠错机制后，而使自己获得更加不利的结果。依照上诉不加刑原则，原判没有对被告人宣告禁止令的，不得增加宣告；原判宣告禁止令的，不得增加内容、延长期限。部分观点认为，对于危害药品安全刑事案件的被告人，二审改判缓刑的，应当同时宣告禁止令，禁止令的期限不受原判实刑期限的限制。该观点主要是基于二审改判缓刑，即使禁止令的期限超出了原判实刑的期限，亦不损害被告人的上诉利益。我们认为，改判缓刑本身是对被告人启动纠错机制的正向回应，而超出原实刑期限的禁止令实质上已经使得被告人因为自己启动了纠错机制后，延长了实刑期限范围内规制的禁止令期限，使得被告人获得更加不利的结果。将启动纠错机制产生的整体利益，与由此产生的对被告人不利的后果进行比较，由此得出未损害被告人上诉利益的结论缺乏妥当性。换言之，这种比较更多是裁判者对上诉人不利益的判断，而非被告人基于自己权利的支配和处置，是对上诉不加刑原则的误读。只有从根本上消除被告人因担心加重刑罚而不愿或不敢提出上诉的思想顾虑，保障被告人依法享有的上诉权，才能确保上诉制度不致成为虚设，更好地实现刑事诉讼的目的。

编写人：浙江省温州市中级人民法院　占长斌

085 在制售假烟团伙中负责介绍工人的构成生产、销售伪劣产品罪

——曾某瑞生产、销售伪劣产品案

【案件基本信息】

1. 裁判书字号

福建省厦门市中级人民法院（2017）闽02刑终566号刑事裁定书

2. 案由：生产、销售伪劣产品罪

【基本案情】

2014年9月，被告人曾某瑞明知相关人员无烟草专卖生产企业许可证，仍然介绍赵某云，并通过赵某云招募赵某臣、赵某梅（均已判决）等人到厦门市集美区后溪镇从事假烟生产以获取报酬。9月初，被告人到上述生产窝点看望上述工人。2014年9月28日，公安人员会同烟草部门工作人员冲击上述制假窝点，现场抓获赵某臣等人，并查获接咀机、卷烟机各一台、散装烟支、烟丝以及水松纸、滤嘴棒、盘纸等物品若干。经鉴定，上述散装香烟成品均系假冒注册商标且伪劣卷烟，上述烟支、辅料价值共计562311.7元。

2015年11月底，被告人曾某瑞再次介绍齐某茹，并通过齐某茹招募齐某功、王某英、刘某胜、郑某桃、郑某荣、张某勤、庞某康、庄某成、崔某玲（均已起诉）等人到厦门市翔安区马巷镇私自进行卷烟加工业务，生产假冒品牌卷烟。2015年12月4日18

时许，公安人员会同烟草部门工作人员冲击上述制假窝点，现场抓获齐某茹、齐某功、王某英、刘某胜等人，并在上述车间内查获一辆闽 D3×××5 货车、卷接机组一台套（接咀机、卷烟机各一台），散装“芙蓉王”烟支、烟丝、盘纸、滤嘴棒若干。经鉴定，上述散装香烟成品均系假冒注册商标且伪劣卷烟，价值共计人民币 704487.8 元。

2015 年 2 月 15 日，被告人曾某瑞主动到厦门市公安局集美分局投案，并如实供述上述 2014 年 9 月的犯罪事实。后曾某瑞在取保候审期间因多次传讯不到案被上网追逃。2016 年 8 月 26 日，被告人曾某瑞被公安人员抓获。到案后，被告人曾某瑞能供述上述犯罪事实。但辩称其在庭前供述中提及介绍的好处是每个月五六千元，虽然谈好预期收益 3 万元，但因为后溪镇窝点被破获，实际只拿了两千多元。

【案件焦点】

随着假烟犯罪职业化程度的提升，出现了专门为制售假烟团伙供应工人，并不直接参与生产的职业。这些人平时不在生产窝点出现，甚至可能从未进入生产车间，在捣毁窝点时一般也因其不在场而未及时归案，不能与制售假烟团伙现场被抓获的人员一并受审，只能待其到案后单独审理。故对其行为如何定性成为难点。

【法院裁判要旨】

福建省厦门市思明区人民法院经审理认为：

1. 被告人为牟取非法利益，明知他人生产、销售假冒伪劣卷烟制品，仍积极参与，为制售假烟团伙介绍工人。经鉴定，其介绍工人参与生产的散装香烟成品均系伪劣卷烟，其行为构成生产、销售伪劣产品罪的共犯。

2. 被告人应当按照其所参与的全部犯罪处罚。鉴于被告人明知其所介绍工人系为制售假烟团伙制作假烟，且参与接待、接送，曾经到过生产窝点或将工人送至生产窝点，并与制售假烟团伙商定按月取酬，故被告人对其介绍工人的假烟生产行为具有概括的犯意，被告人与其介绍工人生产行为的关联性足以确认。据此，被告人参与的犯罪行为金额应为其所介绍工人生产的烟草制品货值，亦即生产窝点现场缴获假烟金额的总和。

3. 被告人已经着手实行犯罪，因意志以外原因而未能得逞，是犯罪未遂。被告人在共同犯罪中起次要、辅助作用，是从犯。被告人在案发后，虽曾主动投案，但在取保期间断绝联系拒不到案，且系再次作案后经追逃到案，不构成自首。但因其庭审中能自愿认罪如实供述，可依法从轻处罚。综上，决定对被告人予以减轻处罚。

福建省厦门市思明区人民法院于 2017 年 6 月 28 日作出（2017）闽 0203 刑初 307 号刑事判决：

一、被告人曾某瑞犯生产、销售伪劣产品罪，判处有期徒刑三年，并处罚金人民币二十万元；

二、缴获的烟机、烟丝、滤嘴棒、卷烟盘纸、散装烟支予以没收，并由作出扣押决定的公安机关依法处理。

一审判决后，被告人曾某瑞提出上诉，福建省厦门市中级人民法院于 2017 年 9 月 27 日作出如下裁定：

驳回上诉，维持原判。

【法官后语】

本案是国内首例单纯因为在制售假烟团伙中负责介绍工人，而被判处生产、销售伪劣产品罪的典型案例，被告人的行为具有典型性。

1. 单纯介绍工人、未参与生产的同样构成生产、销售伪劣产品罪

近年来，制售假烟犯罪多发。这类犯罪实施隐蔽，团伙分工精细，介绍工人属于其中的重要一环。有别于正规烟草生产企业的生产设备已经全面升级的状况，制假分子使用的烟机多为正规烟草生产企业更新换代所淘汰的旧机，或者是自己拼装的机器，尚未实现自动化流水生产。其制假生产方式需要大量的工人，实施捧烟、倒烟丝、放隔离纸、折纸箱、封箱、称重等具体工作。失去了稳定的工人来源，制售假烟的犯罪活动将难以为继。

此前，各地查处的制售假烟犯罪，受到惩处的介绍人员一般自身也有参与假烟生产，为牟取更多的非法利益，而介绍同乡或亲友进入犯罪团伙。法院以生产、销售伪劣产品罪论处并无争议。随着假烟犯罪职业化程度的提升，出现了专门为制售假烟团伙供应工人的职业介绍人员。认定罪与非罪的关键在于能否确认职业介绍人员的主观犯意，以及由此犯意支配实施的介绍行为与工人生产行为的关联性。

本案中，被告人曾某某为牟取非法利益，明知他人生产、销售假冒伪劣卷烟制品，仍积极参与制售假烟犯罪团伙活动，先后为两个不同的犯罪团伙介绍工人多达21名。经鉴定，被告人介绍的工人参与生产的散装香烟成品均系假冒注册商标且伪劣卷烟，故被告的行为构成生产、销售伪劣产品罪殆无疑义。被告人在取保候审期间，仍然再次实施犯罪，进一步证明其主观方面故意，且主观恶性明显。

2. 制售假烟团伙中职业介绍人员的犯罪数额认定

被告人应当按照其所参与的全部犯罪金额处罚。鉴于职业介绍

人员并未实际参与生产、销售伪劣产品，在其明知所介绍的工人的工作为制售假烟的情况下，可以认定这些工人生产、销售伪劣产品的行为并未超出其预期，被告人对所介绍工人的生产、销售行为具有概括的犯意，应当为此负责。实践中，职业介绍人员一般还负责接待、食宿、交通以及接送工人到生产窝点等事务。在生产窝点正常运营的情况下，其可按月取酬。这些辅助情节，佐证被告人与工人生产行为的关联性。

本案中，被告人明知其所介绍工人系为制售假烟团伙制作假烟，在后溪镇制假窝点中，被告人招募到八名工人并与制假团伙老板商定每月收取五六千元酬劳，被告人还曾到制假窝点，看到生产设备和原材料，了解其所招募工人的生产情况。被告人其对上述工人的生产行为负责毫无疑义。马巷镇制假窝点，被告人招募到十一名工人，并与制假老板商定每月 6000 元的酬劳，工人指认被告人在云霄接待食宿，并在随后安排车辆将其送至生产窝点，被告人与上述工人生产行为的关联性同样足以确认。据此，被告人犯罪行为金额应为其所介绍工人生产的烟草制品货值，亦即两处生产窝点现场缴获假烟制品货值金额的总和为 1266799. 5 元，被告人应为此金额承担刑事责任。

编写人：福建省厦门市思明区人民法院　林鸿

086　对危害食品安全犯罪的缓刑如何适用禁止令

——王某某生产、销售有毒、有害食品案

【案件基本信息】

1. 裁判书字号

四川省德阳市中级人民法院（2018）川 06 刑再 2 号刑事判决书

2. 案由：生产、销售有毒、有害食品罪

【基本案情】

2017 年 9 月 21 日，王某某在经营甲火锅店期间，为了增加火锅的香味，在炒制火锅底料时，加入罂粟壳粉末，制作火锅底料 50 余公斤，掺入火锅汤底中供顾客食用。2017 年 9 月 29 日，绵竹食药监局执法人员对甲火锅店自制的火锅底料进行抽样检查。同年 10 月 19 日，经德阳市食品药品安全检验检测中心检测，抽样的火锅底料中检出罂粟碱、吗啡、可待因、那可丁、蒂巴因等成分，检测结论为不合格。10 月 21 日，绵竹食药监局依法对该火锅店剩余的 38 公斤火锅底料予以扣押，并于 2017 年 11 月 16 日依法移交绵竹市公安局。案发后，王某某经公安机关电话通知后主动到案。

【案件焦点】

1. 对危害食品安全犯罪分子予以缓刑处罚的同时，如何对其适用禁止令，禁止其在缓刑考验期限内从事食品生产、销售及相关活动；2. 办理危害食品犯罪案件如何使行政执法与刑事司法有效衔接。

【法院裁判要旨】

四川省绵竹市人民法院经审理认为：王某某在生产、销售的食品中掺入有毒、有害的非食品原料，其行为已构成生产、销售有毒、有害食品罪。王某某是自首，可以从轻处罚，且无前科，一贯表现良好，适用缓刑不致再危害社会。

四川省绵竹市人民法院依照《中华人民共和国刑法》（以下简

称刑法）第一百四十四条，第六十四条，第六十七条第一款，第七十二条第一款、第三款，第七十三条第二款、第三款之规定，作出如下判决：

一、被告人王某某犯生产、销售有毒、有害食品罪，判处有期徒刑二年，缓刑二年，并处罚金两万元；

二、公安机关依法扣押的火锅底料三十八公斤，予以没收。

该判决生效后，德阳市人民检察院提起抗诉，认为原判未对王某某宣告禁止令，违反了《最高人民法院、最高人民检察院关于办理危害食品安全刑事案件适用法律若干问题的解释》（以下简称解释）第十八条的规定，适用法律确错误。

四川省德阳市中级人民法院经审理认为：根据解释第二十条的规定，国务院有关部门公布的《食品中可能违法添加的非食用物质名单》上的物质应当认定为“有毒、有害的非食品原料”。全国食品安全整顿工作办公室于 2008 年 12 月 12 日公布的《食品中可能违法添加的非食用物质名单（第一批）》中，包含有罂粟壳，2011 年 1 月 3 日补充明确罂粟壳的主要成分为吗啡、那可丁、可待因、罂粟碱。本案中，王某某在甲火锅店担任厨师期间，在制作用于销售的火锅底料时，掺入有毒有害的非食品原料罂粟壳粉末，其行为已构成生产、销售有毒、有害食品罪。解释第十八条规定：“对实施本解释规定之犯罪的犯罪分子，应当依照刑法规定的条件严格适用缓刑、免予刑事处罚。根据犯罪事实、情节和悔罪表现，对于符合刑法规定的缓刑适用条件的犯罪分子，可以适用缓刑，但是应当同时宣告禁止令，禁止其在缓刑考验期限内从事食品生产、销售及相关活动。”据此，对构成犯罪并判处缓刑的该类被告人，应在判决时同时宣告禁止令。检察院的抗诉于法有据，应予支持。

四川省德阳市中级人民法院依照刑法第一百四十四条，第六十四条，第六十七条第一款，第七十二条第一款、第三款，第七十三条第二款、第三款，解释第十八条，《中华人民共和国刑事诉讼法》第二百二十五条第一款第二项、第二百四十五条之规定，作出如下判决：

一、维持绵竹市人民法院（2018）川0683刑初50号刑事判决第一项、第二项，即被告人王某某犯生产、销售有毒、有害食品罪，判处有期徒刑二年，缓刑二年，并处罚金两万元；公安机关依法扣押的火锅底料三十八公斤，予以没收；

二、禁止王某某在缓刑考验期内从事食品生产、销售活动。

【法官后语】

《中华人民共和国刑法修正案（八）》对刑法第七十二条作出修改，除对缓刑的适用条件进一步明确和细化外，还增设一款“宣告缓刑，可以根据犯罪情况，同时禁止犯罪分子在缓刑考验期限内从事特定活动，进入特定区域、场所，接触特定的人”，这是禁止令制度在立法上的首次体现，也是刑罚制度的重要创新。禁止令是一种非刑罚处遇措施，对刑罚起补充作用，旨在防卫社会，实现对犯罪的特殊预防。对宣告缓刑的犯罪分子并非必然适用禁止令，但对于实施危害食品安全行为被宣告缓刑的犯罪分子，人民法院没有选择适用或者不适用禁止令的自由裁量权，而是“应当”适用，因为食品安全不仅影响着食品领域的生产和销售、企业的生产和发展，更关乎人民群众的身体健康和生命安全，前述解释第十八条关于禁止令适用的规定体现了国家对危害食品安全犯罪从严打击、宽严相济的刑事政策。对危害食品安全缓刑犯宣告禁止令，有助于防止其重启犯意，促进其改过自新，并在一定程度上弥补缓刑期间的监管缺位，最大化地发挥缓刑功能。

定罪量刑和适用禁止令是人民法院从法律效果层面对食品安全犯罪分子的行为作出否定评价，要保障社会效果，提升食品安全治理效能，尚有待加强与相关责任部门的横向衔接，填补食品安全责任网络的留白之处。根据《中华人民共和国食品安全法》（以下简称《食品安全法》）的规定，食品生产、经营领域由县级以上人民政府食品药品监督管理、质量监督部门负责监督检查，如发现涉嫌食品安全犯罪的，则按照有关规定及时将案件移送公安机关。实践中，由于信息缺乏和知情渠道不畅，已移送司法机关追究刑事责任案件的裁判结果，食品药品监督管理部门往往不当然知晓，将制约刑事课责的社会效果。一方面，根据《食品安全法》第一百三十五条第二款之规定，被判处有期徒刑以上刑罚的危害食品安全犯罪分子存在终身性的从业限制——不得从事食品生产经营管理工作以及担任食品生产经营企业食品安全管理人员，前述禁止令的效力仅及于缓刑考验期，考验期满后的从业禁止则不在人民法院的裁判范围内，不发生裁判的法律效力，因此需要食品监管部门予以管控。另一方面，刑法及相关司法解释仅对危害食品安全犯罪的个人如何科以刑罚及适用禁止令作出规定，对相关单位的处理却未予明确，但根据《食品安全法》第一百二十三条第一款、第二款的规定，对于用非食品原料生产食品、在食品中添加食品添加剂以外的化学物质和其他可能危害人体健康的物质尚不构成犯罪的，或者明知从事此类违法行为，仍为其提供生产经营场所或者其他条件的，由食品药品监督管理部门采取没收违法所得、予以行政处罚等相应措施，即当混合主体存在违法行为时，各主体均应承担法律责任，因此对继续经营的单位亟待加强监管。以本案为例，查处单位绵竹食药监局将案件移送司法处理，未及时跟进和掌握案件的裁判结果，王某某的终身从业禁止将执行无据；本案打击对象为涉案火锅店的实际经营者，火锅店作为经营单位未被追究刑事责任，仍继续经营。四川省德阳市中级人民法院再审作出判决后，基于上述几方面原因，向绵竹食药监局发出司法建议，敦促该局依法监管，对涉案火锅店的经营行为是否违反相关规定作出相应评价并依法处理，以免引发不良影响。该局已函告处理情况，并表示将加强日常监管，严查违法违规行为。

食品安全是社会共同关注的民生热点问题，需积极调动社会各方力量。健全行政执法与刑事司法的衔接机制，实现信息互通，提升工作合力，有助于从根本上解决问题，也是食品安全社会共治原则的应有之意。

编写人：四川省德阳市中级人民法院　李雪梅

（二）走私罪

087　走私国家禁止进出口货物罪中走私货物数量的认定

——刘某等走私国家禁止进出口的货物案

【案件基本信息】

1. 裁判书字号

广西壮族自治区崇左市中级人民法院（2020）桂 14 刑终 34 号刑事裁定书

2. 案由：走私国家禁止进出口的货物罪

【基本案情】

2018年春节前后，“阿牛”（另案处理）等人为在广西中越边境走私国家禁止进口的动物肉类入境，叫被告人刘某帮联系人员实施保障货物走私入境并安全运送到交货地点，防止中途被有关部门查扣（以下简称“保货”），刘某经联系后，与被告人黄某合谋冻品入境后的“保货”事宜。从2018年4月29日开始，刘某、黄某等人通过广西中越边境界河岸边非法经营码头走私冻肉入境、“保货”，以运往南宁等地交货。2018年5月初，刘某、黄某等人又叫林某联系其他码头出货，于是林某找到陈某，陈某、许某等人（均另案处理）在广西中越边境界河边私设码头，陈某等人也同意为林某等人走私冻肉入境。同年6月15日，许某等人安排改装的10辆依维柯牌客车帮助刘某、黄某、林某等人运输非法入境的冻牛肚前往南宁。当日12时许，公安民警在边境公路沿线巡逻将其中两辆车查获，查扣走私入境的冻牛肚共计3.84吨。截至同年6月28日，刘某、黄某、赵某、林某等人先后帮助走私老板从越南走私国家禁止进口的冻牛肉、牛肠、牛肚、鸡爪、猪脚等动物肉类、内脏非法入境49柜，每柜冻肉1200件左右，重量为26~28吨不等，以每柜26吨计，共计1274吨。

【案件焦点】

对未能扣押的走私货物，如何根据在案证据定罪量刑。

【法院裁判要旨】

广西壮族自治区崇左市大新县人民法院经审理认为：关于公诉机关提供的书证，从许某处扣押的笔记本及散页、邹某和刘某雪的银行账户交易明细、电子数据即手机存储的微信聊天记录等证据，被告人刘某及其辩护人、被告人黄某、林某、赵某的辩护人均提出异议，认为这些证据不能直接证实本案被告人走私的冻肉数量，不能作为认定案件事实依据的意见。经查，公安机关在侦查阶段现场抓获另案处理的许某时，依法从其驾驶的私家车上查扣用于记录走私活动的数据及开支情况的笔记本及散页，许某对该书证系自己记录并无异议，并经核实、确认所记载的详细内容等情况；从银行调取证人邹某、刘某雪在提供账户为被告人黄某代收保货费用时的银行账户交易明细，记载保货费用到账及支取情况；公安机关在抓获另案处理的许某、梁某、许某胜及被告人刘某、黄某、林某、赵某时，依法查扣各自携带的手机共 11 部，并经各被告人等人进行指认、拍照，随后依法对相关电子数据即手机存储介质进行固定并提取、刻录封存，在法庭质证阶段，公诉机关直接操作被告人使用的手机进行播放手机内存存储的微信聊天记录信息。上述证据足以证明被告人走私货物种类、数量。综上，广西壮族自治区崇左市大新县人民法院依照《中华人民共和国刑法》第一百五十一条第三款、第二十五条第一款、第二十六条第一款和第四款、第二十七条、第六十七条第三款、第五十二条、第五十三条第一款、第六十四条以及《最高人民法院、最高人民检察院关于办理走私刑事案件适用法律若干问题的解释》第十一条第二款第一项的规定，作出如下判决：

一、被告人刘某犯走私国家禁止进出口的货物罪，判处有期徒刑十年三个月，并处罚金人民币二十五万元；

二、被告人黄某犯走私国家禁止进出口的货物罪，判处有期徒刑十年，并处罚金人民币二十四万元；

三、被告人林某犯走私国家禁止进出口的货物罪，判处有期徒刑八年，并处罚金人民币十八万元；

四、被告人赵某犯走私国家禁止进出口的货物罪，判处有期徒刑七年六个月，并处罚金人民币十七万元；

五、依法扣押被告人刘某作案时联络使用的甲牌手机和乙牌手机各一部、丙牌手机二部及被告人黄某作案时联络使用的丁牌手机一部，予以没收，上缴国库；

六、追缴各被告人犯罪所得的赃款人民币四万七千元（其中，刘某三千元、黄某四万元、林某三千元、赵某一千元），予以没收，上缴国库。

刘某、黄某持原审辩解提起上诉。

广西壮族自治区崇左市中级人民法院经审理认为：关于走私数量的问题，原判均已详细分析，本院持赞同观点，不再赘述。另外，经查，许某账本中记录的有关黄某等人在 52 号码头出货的情况与黄某所使用的刘某雪、邹某的银行账户流水基本吻合，结合各上诉人的微信聊天记录，可以确认刘某、黄某等人走私国家禁止进口的货物共 49 柜的事实，每柜货物的重量，原判根据存疑对被告人有利原则，按每柜最低 26 吨计重，总重量为 1274 吨，该数量符合本案事实，本院予以确认，上诉人及辩护人对此异议意见不成立，不予采纳。

广西壮族自治区崇左市中级人民法院依照《中华人民共和国刑事诉讼法》第二百三十六条第一款第一项、第二百四十四条的规定，作出如下裁定：

驳回上诉，维持原判。

【法官后语】

本案处理的重点问题在于2018年4月29日至同年6月28日实施的走私活动已经偷运成功，并没有被侦查机关当场查获，也没有扣押到走私偷运的冻品，能否认定上述的走私行为？

上述的走私事实有书证笔记本、银行账户交易明细、电子数据即被告人刘某与“阿牛”等人的微信聊天记录、证人赵某建的证言及被告人黄某、林某等的供述，且上述被告人的供述与同案人许某、梁某、许某胜的供述之间相互吻合，足以认定刘某、黄某、林某等人于2018年4月底开始陆续在广西中越边境界河岸边非法经营码头走私国家禁止进口的货物入境，其间，还于2018年5月16日开始出货，截至同年6月15日，许某等人私设的码头就为刘某、黄某、林某等人出货18柜，虽许某被抓捕后，许某经营的码头没有再出货，但刘某、黄某、林某等人仍继续在其他码头继续从事走私活动。结合各被告人的手机微信聊天记录能够显示、记录不同时间交流、确认的不同货柜柜号，还显示走私的货物入境交付后，通过银行账户转账并发送转账凭证确认已支付相应的保货费用情况，足以证实被告人先后走私国家禁止进口的货物共49柜，被告人黄某、林某的供述，同案人梁某、许某胜等的供述及电子数据综合证实走私的冻肉每柜装有1200件左右，重量为26~28吨不等，以每柜26吨计，重量为1274吨。综上，上述被告人的供述、同案人的供述、相关书证及电子数据相互吻合，相互印证，已经形成完整的证明体系，足以认定被告人走私冻品的犯罪事实及走私冻品的数量，故对于2018年4月29日至同年6月28日实施的走私犯罪事实均应认定。

走私国家禁止进出口的货物案件中涉案走私货物的数量对于核定被告人走私的犯罪数量及金额和量刑十分关键，走私数量和金额的多少决定着罪与非罪、是否适用重刑等重大问题。审理走私国家禁止进出口的货物案件中，走私货物只是认定行为人犯罪的证明体系中的一个环节，但是不是必须环节。在被告人多次走私国家禁止进出口的货物案件中，走私既遂部分没有被侦查机关当场查获、扣押涉案走私货物，只要有其他相关证据能够予以证实，仍然可以认定行为人的走私犯罪行为。

编写人：广西壮族自治区崇左市大新县人民法院　潘姿屹

（三）妨害对公司、企业的管理秩序罪

088　对法规竞合及索贿财物如何处理

——王某非国家工作人员受贿案

【案件基本信息】

1. 裁判书字号

北京市第二中级人民法院（2020）京02刑终610号刑事判决书

2. 案由：非国家工作人员受贿罪

【基本案情】

王某于2017年担任某建材城经理，负责建材城内场地出租和商户用电等方面的管理。2018年1月至2019年12月，王某在担任某建材城经理期间，在该建材城内，以断电、不出租场地等手段相要挟，索要该建材城商户高某华人民币20.9万元，索要商户王某斌人民币31.4万元，索要商户陈某俊人民币3.05万元，索要商户张某中人民币10万元，以上共计人民币65.35万元。2019年12月13日，王某被抓获。案发后，公安机关从王某处扣押苹果

牌手机1部、本田牌轿车1辆，并冻结其名下存款人民币200余万元；从时某松处扣押华为牌手机1部。

【案件焦点】

1. 对行为人应如何定罪；2. 索贿收取的财物是否应当发还被索贿人。

【法院裁判要旨】

北京市大兴区人民法院经审理认为：被告人王某以非法占有为目的，以要挟的方法，强行索要被害人钱财，数额特别巨大，其行为已构成敲诈勒索罪，依法应予惩处。北京市大兴区人民检察院指控被告人王某犯敲诈勒索罪的事实清楚，证据确实充分，指控罪名成立。一审法院依照《中华人民共和国刑法》第二百七十四条、第五十二条、第五十三条、第五十四条、第五十五条、第六十一条、第六十四条之规定，判决如下：

一、被告人王某犯敲诈勒索罪，判处有期徒刑十年，剥夺政治权利二年，并处罚金人民币五十万元；

二、责令被告人王某退赔违法所得人民币六十五万三千五百元，发还被害人高某华人民币二十万九千元，发还被害人王某斌人民币三十一万四千元，发还被害人陈某俊人民币三万零五百元，发还被害人张某中人民币十万元；

三、冻结被告人王某名下银行账号内的款项余额，并入责令退赔项及罚金项执行，其余部分及在案扣押其他物品，由扣押机关依法处理。

宣判后，王某提出上诉。北京市第二中级人民法院经审理认为：

原公诉机关未指控上诉人（原审被告人）王某利用职务便利，但起诉书表述王某个人信息时写明王某是某建材城经理，原公诉机关提供的经当庭质证的证据证明，王某索取建材城内商户钱款60余万元利用了担任建材城经理，负责管理建材城租地、用电等职务便利。故上诉人王某利用职务便利的事实应当认定。上诉人王某利用其担任建材城经理，负责管理建材城租地、用电等职务便利，索取建材城内商户钱款60余万元，数额较大，其行为已构成非国家工作人员受贿罪。在索取商户钱款的过程中，王某采取了给商户断电、随意收取垃圾处理费和租地好处费等手段，但该手段的使用利用了王某对租赁土地、处理垃圾和断电等事务的管理职权。没有这些职务便利，王某就不能实施给商户断电、随意收取垃圾处理费和租地好处费等以具有职务便利为前提的行为，故王某的行为既符合非国家工作人员受贿罪的构成要件，也符合敲诈勒索罪的构成要件。但该两罪是法规竞合关系，对王某的行为应按特别法优于普通法的原则，以特别法规定的罪名即非国家工作人员受贿罪定罪。原判未认定王某利用职务便利的事实，对王某的行为以敲诈勒索罪定罪，系认定事实和定罪有误。原判认定事实和定罪有误，审判程序合法，依法应予改判。二审法院依照《中华人民共和国刑法》第一百六十三条第一款、第六十一条、第六十四条，《中华人民共和国刑事诉讼法》第二百三十六条第一款第二项、第三项，《最高人民法院、最高人民检察院关于办理贪污贿赂刑事案件适用法律若干问题的解释》第十一条第一款之规定，判决如下：

一、撤销北京市大兴区人民法院（2020）京0115刑初993号刑事判决；

二、上诉人王某犯非国家工作人员受贿罪，判处有期徒刑三年；

三、追缴上诉人王某违法所得人民币六十五万三千五百元予以没收，上缴国库；

四、冻结上诉人王某名下银行账号内的款项余额，并入本判决第三项执行，剩余部分及在案扣押其他物品，由扣押机关依法处理。

【法官后语】

本案审理中争议较大的问题是对行为人应如何定罪，以及索贿收取的财物是否应当发还被索贿人。

一、本案如何定罪

对此问题，本案在审理过程中出现三种意见：第一种意见认为，应当定敲诈勒索罪；第二种意见认为，应当定非国家工作人员受贿罪；第三种意见认为，应当定敲诈勒索罪和非国家工作人员受贿罪，数罪并罚。上述定罪问题的意见分歧，在理由上涉及事实认定和法律适用两个方面的问题。在事实认定上，主张数罪并罚的人认为本案事实区分为王某利用职务便利和未利用职务便利两部分；主张定敲诈勒索罪的人认为本案没有利用职务便利，王某敲诈勒索行为与其职务便利无关；主张定非国家工作人员受贿的人则认为，本案王某的行为都具有利用职务便利的特征。在法律适用上，主张定敲诈勒索罪的人认为，王某的行为同时构成敲诈勒索罪和非国家工作人员受贿罪，应当择一重罪即敲诈勒索罪定罪；主张定非国家工作人员受贿罪的人则认为，王某的行为同时构成敲诈勒索罪和非国家工作人员受贿罪，应当适用特别法以非国家工作人员受贿罪定罪。

笔者认为，本案应当以非国家工作人员受贿罪一罪定罪。理由是：首先，本案王某索取财物的行为均利用了职务便利。在索取商户钱款的过程中，王某任某建材城经理，其给商户断电、随意收取垃圾处理费和租地好处费等行为，均利用了其对租赁土地、处理垃圾和断电等事务的管理职权。没有这些职务便利，王某就不能实施给商户断电、随意收取垃圾处理费和租地好处费等以具有职务便利为前提的行为。本案不存在只是断电要挟或进行其他敲诈而与王某职务便利无关的情况，故不能将王某的行为区分为非国家工作人员受贿和敲诈勒索两个行为，不能对王某以两罪定罪并罚。

其次，非国家工作人员受贿罪与敲诈勒索罪构成法规竞合关系，当一个犯罪行为同时符合该两罪的构成要件时，应按特别法优于普通法的原则，以特别法规定的罪名即非国家工作人员受贿罪定罪。在刑法学理论上，法规竞合是指一个犯罪行为同时触犯数个具有包容或交叉关系的具体犯罪条文，依法只适用其中一个条文定罪量刑的情况。法规竞合至少包括完全包容和部分交叉两种情况。对存在法规竞合情形的行为如何定罪，刑法规定了特别法优于普通法和重法优于轻法等不同处断原则，前者如现行《中华人民共和国刑法》第二百三十三条、第三百九十七条规定，后者如现行《中华人民共和国刑法》第一百四十九条规定。具有索贿情节的非国家工作人员受贿罪与敲诈勒索罪构成完全包容的法规竞合关系，而不是想象竞合关系，因为敲诈勒索的行为可以完全包含在具有索贿情节的非国家工作人员受贿罪中。对于想象竞合关系，采取从一重处断没有争议。对于法规竞合关系，由于刑法规定了不同的处断原则，且刑法对一些具体法规竞合如何处断未作规定，所以理论和实践中均存在一定争议。具体到非国家工作人员受贿罪与敲诈勒索罪这对法规竞合关系而言，刑法没有明确规定如何处断。理论上和实践中争议在所难免。但是实践中对于职务犯罪与普通犯罪的法规竞合，无论职务犯罪法定刑是否比普通犯罪重，原则上均按特别法即职务犯罪定罪。例如，盗窃罪与利用职务便利窃取财物的职务侵占罪，诈骗罪与利用职务便利骗取财物的贪污罪等，在存在竞合时，一般按职务犯罪定罪。这种做法有一定合理性，既做到了更加全面评价行为人的行为事实，也符合存疑利益归于被告的原则。非国家工作人员受贿罪属于职务犯罪，敲诈勒索罪属于普通犯罪，按职务犯罪即非国家工作人员受贿罪定罪，符合实践中通行做法，有一定的合理性。

二、索贿收取的财物应否发还被索贿人

对此问题，审理中有不同意见。笔者认为，应当区分不同情况分别处理。根据《中华人民共和国刑法》第六十四条的规定，犯罪分子违法所得的一切财物，应当予以追缴或者责令退赔；对被害人的合法财产，应当及时返还；违禁品和供犯罪所用的本人财物，应当予以没收。没收的财物和罚金，一律上缴国库，不得挪用和自行处理。根据上述规定，索贿取得的财物作为违法所得，是否应当发还被索贿人，需要看是否属于被害人的合法财产，或者供犯罪所用的本人财物。根据《中华人民共和国刑法》第三百八十九条的规定，为谋取不正当利益，给予国家工作人员以财物的，是行贿罪，因被勒索给予国家工作人员以财物，没有获得不正当利益的，不是行贿。根据《中华人民共和国刑法》第一百六十四条的规定，为谋取不正当利益，给予公司、企业或者其他单位的工作人员以财物，数额较大的，构成对非国家工作人员行贿罪。根据举重以明轻的原理，给非国家工作人员以财物，没有谋取不正当利益，并且被索贿的，也不构成非国家工作人员行贿罪。因此，给国家工作人员、公司、企业或者其他单位的工作人员以财物，如果被索贿且未谋取不正当利益，则给钱一方不构成犯罪，也不违法，应当认定其为受害人，其被索贿的财物不属于供犯罪所用的本人财物，而属于被害人合法财产，应当判决予以发还。如果被索贿但谋取了不正当利益，则被索贿人构成行贿犯罪或者行贿违法，被索贿的财物属于供犯罪所用的本人财物，或者属于行贿违法财物，但不属于被害人合法财产，不应当判决发还，而应当判决予以没收，上缴国库。

根据《最高人民法院、最高人民检察院关于办理行贿刑事案件具体应用法律若干问题的解释》第十二条的规定，行贿犯罪中的“谋取不正当利益”是指行贿人谋取的利益违反法律、法规、规章、政策规定，或者要求国家工作人员违反法律、法规、规章、政策、行业规范的规定，为自己提供帮助或者方便条件。违背公平、公正原则，在经济、组织人事管理等活动中，谋取竞争优势的，应当认定为“谋取不正当利益”。本案中，高某华等四人是为了不被正常断电或少交租金、不被新租户租用空地等而给予王某钱款，应当认定为谋取不正当利益而给予市场管理人员财物。基于以上分析，应当认定四人给予王某的财物属于这些人的违法财产甚至供犯罪使用的本人财物，依法应当判决予以没收。二审法院认定上诉人王某的行为构成以敲诈的方式索贿，但判决对索贿收取的财物按违法所得予以追缴没收，上缴国库，是正确的。

编写人：北京市第二中级人民法院　杨子良

089 拆迁诈骗中拆迁员收受钱款的行为认定

——安某非国家工作人员受贿案

【案件基本信息】

1. 裁判书字号

北京市第三中级人民法院（2019）京03刑终194号刑事裁定书

2. 案由：非国家工作人员受贿罪

【基本案情】

2009年1月，北京市顺义区第七届中国花卉博览会主展馆南门“边角地”以及主展馆西路“边角地”环境整治项目开始启动。同年4月，甲公司与某区市政管理委员会签订《委托拆迁合同》，负责该项目的拆迁工作。合同签订前，甲公司已经介入工作。安某系甲公司拆迁员，负责边角地项目中乙水泥制品厂等企业的拆迁工作，包括对被拆迁人情况进行调查、核定，如实填写拆迁入户调查表等表格，编制拆迁补偿方案、预分方案及相关工作方案，与被拆迁人协商并签订合法有效的《拆迁补偿协议书》等。

在边角地项目正式公开之前，安某将拆迁消息告知桂某，并出资人民币约40万元与桂某共同在水泥制品厂院内建设彩钢房，安某仅出资，未参与实际建设。后安某利用其负责水泥制品厂拆迁工作的职务便利，在明知丙评估有限公司为桂某出具的《北京市房屋价格评估结果通知单》中有虚假成分的情况下仍予以认可，并依据该通知单为桂某和某村委会书写了拆迁补偿款分割协议、确定了桂某获得拆迁补偿款的金额。后桂某给予安某人民币 148 万元，安某将上述钱款用于购买股票。安某于 2017 年 8 月 8 日到案。

【案件焦点】

在骗取拆迁款的案件中，拆迁员安某的身份以及其收受拆迁户钱款的行为如何认定。

【法院裁判要旨】

北京市顺义区人民法院经审理认为：对于被告人安某的行为不构成犯罪的辩解和辩护意见。首先，本案中，安某作为拆迁员实际参与了边角地项目并具体负责桂某房屋的拆迁工作，负有入户调查、协商谈判、签订补偿协议等职责，这些职权与桂某获取拆迁款息息相关，属于“利用职务之便”。其次，安某作为拆迁员，其明知评估价格有虚增部分，仍视而不见，使桂某获得了非法收益，安某的职务行为与为桂某谋取利益具有相关性。最后，安某与桂某建房并非用于生产经营，而是为了日后获得拆迁补偿，不属于正常的市场经济活动，安某给予桂某的 40 万元不属于出资合作或投资，亦不应获得合法收益，桂某给予安某的钱款并非投资获利，本质上是贿赂款。综上，安某的行为构成非国家工作人员受贿罪，被告人及辩护人的无罪辩护意见不予采纳。

被告人安某身为非国家工作人员，利用职务便利，非法收受他人财物，为他人谋取利益，数额巨大，其行为已构成非国家工作人员受贿罪，应予惩处。

北京市顺义区人民法院依照《中华人民共和国刑法》第一百六十三条第一款、第六十七条第三款、第六十一条、第四十五条、第四十七条、第六十四条，作出如下判决：

一、被告人安某犯非国家工作人员受贿罪，判处有期徒刑五年；

二、随案移送的人民币十万元予以没收，在案冻结的丁证券股份有限公司账户中没收人民币九十八万元，余款解除冻结。

安某持原审辩解提起上诉。

北京市第三中级人民法院经审理认为：上诉人安某作为非国家工作人员，利用职务便利，非法收受他人财物，为他人谋取利益，数额巨大，其行为已构成非国家工作人员受贿罪，依法应予惩处。一审法院判决认定上诉人安某犯非国家工作人员受贿罪的事实清楚，证据确实、充分，定罪及适用法律正确，量刑适当，审判程序合法，应予维持。

北京市第三中级人民法院依照《中华人民共和国刑事诉讼法》第二百三十六条第一款第一项的规定，作出如下裁定：

驳回安某的上诉，维持原判。

【法官后语】

在骗取拆迁款的案件中，拆迁员的身份及行为如何认定是审判实践面临的难题。具体认定时，应把握以下重点问题：

一、通过从事的工作性质判断是否符合贪污罪的主体要求

关于贪污罪的犯罪主体，《中华人民共和国刑法》第三百八十二条规定为国家工作人员以及“受国家机关、国有公司、企业事业单位、人民团体委托管理、经营国有财产的人员”。其中，国家工作人员核心要件为“从事公务”。《全国法院审理经济犯罪案件工作座谈会纪要》规定，“从事公务，是指代表国家机关、国有公司、企业、事业单位、人民团体等履行组织、领导、监督、管理等职责”。因此，公务应当包含职权内容，既要有管理性，即组织、领导、监督、

管理、协调等活动，又要有国家代表性，即这种活动代表国家权力，而一般劳务或者技术服务不存在职权内容，不属于从事公务。另外，适用《中华人民共和国刑法》第三百八十二条第二款时应明确委托内容为管理、经营国有资产。

本案中，拆迁事项由政府审批、决定，甲公司作为自然人投资公司接受政府委托完成事务性拆迁工作，并无相关权限，换句话说，这种委托关系中不含公权力的转化或授予，拆迁公司仅提供劳务或特定服务，其性质与政府下设机构拆迁办存在明显差别。安某依据《委托拆迁合同》进行入户调查等，都是其作为拆迁公司员工的分内工作，工作内容并非管理公共事务。因此，安某的行为不属于“从事公务”。另外，《委托拆迁合同》以完成入户调查等特定拆迁事务为委托内容，拆迁公司并不经营、管理拆迁款项，拆迁款实际由政府审核、决定和发放，因此，安某亦不属于“受委托管理、经营国有财产的人员”。综上，安某不符合贪污罪的主体要求，不构成贪污罪。

二、存在犯意联络是认定诈骗共犯的逻辑起点

根据我国刑法规定及刑法理论，成立共同犯罪需具备共同犯罪故意，而共同犯罪故意的有无取决于行为人与其他犯罪行为人之间是否存在犯意联络。笔者认为，实践中认定拆迁员与被拆迁人之间成立诈骗共犯应当慎重，应严格把握成立诈骗共犯的逻辑起点：双方就骗取拆迁款存在意思联络，即拆迁员应对他人骗取拆迁款的事实明知，且双方均已经认识到共同实施诈骗行为，并借以形成了共同故意的主观沟通和思想联系。如果拆迁员与被拆迁人之间缺少这种犯意联络，就无法进入共同犯罪的评价领域，不能认定为诈骗共犯。

本案中，诈骗对象仅为评估报告虚增部分，该部分由被拆迁人

桂某单独找到评估公司人员照顾后增加，是否存在虚增部分、如何虚增以及虚增数额安某均不明知，也未参与。换言之，就虚增部分安某和被拆迁人之间并无主观上的沟通和联系，不存在骗取拆迁款的意思联络，因此安某不具有诈骗的共同故意。进一步分析其主观方面，安某曾供述桂某肯定会给其钱，因为其是拆迁公司的，在拆迁方面制约着对方，其认识到不投钱而收对方钱是受贿，如果投钱就算是投资回报，不算是犯罪。由此可以看出，安某虽对行为性质存在认识错误，但其主观上具有受贿故意，且已经认识到所收钱款与自己拆迁员职务相关，结合其不参与经营管理、不担风险等情节，可以确定安某出资系掩饰受贿的一种方式。综上，安某不构成诈骗共犯。

三、是否利用职务之便是认定受贿犯罪的关键

由于受贿型犯罪体现出“权钱交易”的本质特征，因此是否利用职务上的便利是认定受贿犯罪的关键。“利用职务上的便利”要求行为人利用了自己职责、职权或者以职责为基础的便利条件，需要注意的是，实践中应考虑“利用职务上的便利”在不同罪名中含义的相对性，而在“权钱交易”的受贿型犯罪中，不宜对职务内容和利用职权的方式把握过严，应更加强调收受财物与职务行为的对价关系，重点考察职务行为对行贿人利益的实际影响力、制约力。

本案中，安某实际参与了桂某所建房屋拆迁工作，且具有入户调查、协商谈判、签订补偿协议等职责，即便拆迁款由政府审核后发放，但安某履行职务的行为也是桂某获得拆迁款必不可少的环节，因此，安某的职务实际对桂某获得拆迁款存在影响力，可以认定安某利用了职务上的便利。结合安某获取钱款的主观心态以及桂某实

际获得拆迁款的事实，安某收取职务相对人的财物，侵害了公司的管理活动和职务行为的廉洁性，构成非国家工作人员受贿罪。

编写人：北京市顺义区人民法院　朱进博文

090　拒不交出会计账簿、会计凭证行为的定性

——王某隐匿会计凭证、会计账簿案

【案件基本信息】

1. 裁判书字号

河北省邯郸市中级人民法院（2018）冀04刑终105号刑事判决书

2. 案由：隐匿会计凭证、会计账簿罪

【基本案情】

被告人王某于2009年9月18日至今担任大名县某乡某村会计，负责记录本村集体财务账，其间经手本村集体财务260余万元。因村民向大名县纪委监委反映大名县某村财务问题，大名县纪委监委决定对群众举报进行初步核实。2017年8月、9月，大名县纪委监委调查某村财物收支情况，并多次要求王某提供其担任会计期间经手的会计账簿及会计凭证，王某以该村收入是经其告状及上访得到的，不归县纪委管为由拒不交出。大名县公安局立案后，于2017年9月29日10时许，依法对王某住处进行搜查，依法搜查现金12.73万元，村集体收支账本4册及村集体支出记账凭证及单据。经审计，该村2011年12月29日至2017年8月26日各项收入合计2634687元。

【案件焦点】

1. 纪检委作为党内纪律检查机构，其查账依据的是工作条例，被告人王某的行为是违纪还是犯罪；2. 纪检委明知账簿在被告人王某处的情况下，被告人王某拒不交出会计账簿是否构成隐匿会计账簿罪。

【法院裁判要旨】

河北省大名县人民法院经审理认为：被告人王某隐匿会计账簿、会计凭证涉及金额 50 万元以上，主管部门依法要求其提交会计账簿、会计凭证时，拒不交出，其行为已构成隐匿会计账簿、会计凭证罪，公诉机关指控其罪名成立。关于辩护人辩称纪检委不是政府部门，不属于国家机关，纪检委查账依据的是工作条例，不是法律，故被告人王某的行为不构成隐匿会计账簿、会计凭证罪的辩护意见，大名县纪委监委接村民举报某村卖地款不入账等问题后决定对案件线索进行初步核实，大名县纪委监委在执行公务中，有权要求会计人员提供会计资料，大名县纪委监委在核查某村财务状况时，多次通知被告人王某提交本村会计账簿、会计凭证，被告人王某依法应当交出而拒不交出，其行为符合隐匿会计账簿、会计凭证罪的主客观要件，辩护人辩护意见于法无据，不予采纳。

河北省大名县人民法院依照《中华人民共和国刑法》第一百六十二条之一、第五十二条之规定作出如下判决：

被告人王某犯隐匿会计凭证、会计账簿罪，判处有期徒刑一年六个月，并处罚金人民币一万元。

被告人王某不服提出上诉。

河北省邯郸市中级人民法院经审理认为：王某隐匿会计凭证、会计账簿，情节严重，其行为已构成隐匿会计凭证、会计账簿罪。

王某作为某村的会计，对其所经管的本村集体260余万元的财物会计凭证、会计账簿，依法负有保管职责，群众对其任职期间的财务进行举报反映，其在纪检监察部门查处时，依法应当提供而拒不交出的行为，符合隐匿会计凭证、会计账簿罪的构成要件。

河北省邯郸市中级人民法院依照《中华人民共和国刑事诉讼法》第二百三十六条第一款第一项的规定，作出如下裁定：

驳回王某的上诉，维持原判。

【法官后语】

隐匿会计账簿、会计凭证罪所侵犯的客体是国家会计资料管理制度，本罪的犯罪对象是会计账簿、会计凭证等会计资料。本案在客观上表现为隐匿会计凭证、会计账簿，情节严重的行为。会计凭证包括原始凭证和记账凭证；会计账簿包括总账、明细账、日记账和其他辅助性账簿。隐匿是指故意隐藏的行为。在有关主管部门依法实施会计监督时，将应当提供出来接受检查的会计凭证、会计账簿隐藏起来拒不提供，或者将应当提供社会监督的会计凭证、会计账簿隐藏起来拒不提供。本案需达到情节严重的情况才构成犯罪，《最高人民检察院、公安部关于公安机关管辖的刑事案件立案追诉标准的规定（二）》对于隐匿、故意销毁会计账簿、会计凭证罪规定了三种应当追诉的情况：（1）隐匿、故意销毁的会计凭证、会计账簿、财物会计报告涉及金额在五十万元以上的；（2）依法应当向司法机关、行政机关、有关主管部门等提供而隐匿、故意销毁或拒不交出会计凭证、会计账簿、财物会计报告的；（3）其他情节严重的情形。“隐匿”是指将依法应当保存的会计资料隐藏起来，使别人无法查找。“拒不交出”是指明示资料去向，仅是不向有关部门提供，虽“拒不交出”并不是《中华人民共和国刑法》第一百六十二条之一规定的隐匿的一种情形。但其社会危害性与隐匿、故意销毁并无差别。

结合本案，村民向纪检部门反映某村财务的问题，纪检部门在对群众反映的问题进行核实的过程中，数次要求会计王某交出本村的会计凭证和会计账簿，王某以该村收入是经其告状及上访得到的，不归县纪委管为由拒不交出，导致纪检工作无法正常进行。在庭审中辩护人提出纪检部门要求被告人王某交出账簿是依照党纪进行的，被告人王某拒不交出账簿的行为是违纪而不是犯罪。合议庭讨论认为大名县纪委监委在执行公务中，有权要求会计人员提供会计资料，大名县纪委监委在核查某村财务状况时，多次通知被告人王某提交村会计账簿、会计凭证，被告人王某依法应当交出而拒不交出，逃避依法查处。故被告人王某的行为构成隐匿会计凭证、会计账簿罪。

编写人：河北省大名县人民法院　张克大

091　对具备国家工作人员身份的医生行贿如何定罪处罚

——史慧某对非国家工作人员行贿案

【案件基本信息】

1. 裁判书字号

广西壮族自治区南宁市中级人民法院（2016）桂01刑终字第248号刑事裁定书

2. 案由：对非国家工作人员行贿罪

【基本案情】

被告人史慧某为了使其推销的注射用泮托拉唑钠、注射用单磷酸阿糖腺苷、注射用卡络磺钠、复方氨基酸注射液、脱氧核苷酸钠注射液、注射用五水头孢唑林钠新泰林6种药品在乙医院内获得大量使用，2013年4月至2014年10月，分多次给予乙医院眼科主任陈启某及科室内其他人员回扣共计人民币117720.5元。

【案件焦点】

陈启某为公立医院眼科主任，具备国家工作人员的身份，被告人史慧某向其行贿，其行为是构成行贿罪还算是构成对非国家工作人员行贿罪。

【法院裁判要旨】

广西壮族自治区南宁市兴宁区人民法院经审理认为：被告人史慧某为谋取不正当利益，给予公司、企业或者其他单位的工作人员以财物，数额较大，其行为已构成对非国家工作人员行贿罪。经查实，本案中受贿人陈启某为广西甲大学附属乙医院的眼科主任，其虽然有对眼科公共事务的管理职权，但其及科室内其他普通医生对乙医院的药品采购并无管理权和决定权。在本案中，被告人史慧某对陈启某进行行贿的目的，并不是让陈启某决定是否采购其药品，而是想通过增加眼科科室内对其药品的用药量，来达到其增加药品销量的目的。陈启某收受的回扣并未利用其管理科室公共事务的管理职权，其行为只是利用了科室内的医生具有开处方的职务便利，使史慧某所推销的药品得以在其科室内大量使用，陈启某与科室内医生所获得的回扣，均是依据眼科内使用史慧某代理药品的用药量来确定。由此可见，陈启某及科室内其他医生的行为符合《最高人民法院、最高人民检察院关于办理商业贿赂刑事案件适用法律若干问题的意见》第四条第三款关于“医疗机构中的医务人员，利用开处方的职务便利，以各种名义非法收受药品、医疗器械、医用卫生材料等医药产品销售方财物，为医药产品销售方谋取利益，数额较大的，依照刑法第一百六十三条的规定，以非国家工作人员受贿罪定罪处罚”的规定。因此，被告人史慧某的行为应认定为对非国家工作人员行贿罪，而不构成行贿罪。

广西壮族自治区南宁市兴宁区人民法院依照《中华人民共和国刑法》第一百六十四条第一款、第五十三条、第六十七条第三款之规定，作出如下判决：

被告人史慧某犯对非国家工作人员行贿罪，判处有期徒刑十个月，并处罚金人民币一万元。

一审宣判后，南宁市兴宁区人民检察院提出抗诉，原审被告人史慧某提出上诉。在二审审理过程中，南宁市人民检察院认为抗诉不当，决定撤回抗诉；上诉人史慧某申请撤回上诉。

广西壮族自治区南宁市中级人民法院经审理认为：原审判决认定事实清楚，证据确实、充分，定性准确，适用法律正确，审判程序合法，量刑适当。南宁市人民检察院撤回抗诉的决定，上诉人史慧某撤回上诉的申请，符合法律规定。依法裁定如下：

一、准许南宁市人民检察院撤回抗诉；

二、准许上诉人（原审被告人）史慧某撤回上诉。

【法官后语】

本案的争议在于陈启某作为公立医院眼科主任，既具有对科室公共事务进行管理的行政职权，又有对业务进行指导的业务管理职权，属于具备国家工作人员的身份。被告人史慧某向其行贿，其行为是构成行贿罪还是构成对非国家工作人员行贿罪。

结合本案事实，陈启某权钱交易的行为更符合非国家工作人员受贿罪的构成要件。

首先，在本案中，陈启某一方面作为眼科主任具有一定管理眼科内部公共事务的职权，另一方面其作为眼科医生还有开处方、做手术等从事技术性劳务的职权。就本案分析，陈启某在与医药代表史慧某进行权钱交易的过程中，陈启某及其他医生帮助史慧某推销其代理的药品，是利用其眼科主任的身份让科室内的医生在开处方时多使用史慧某代理的药品，陈启某与科室内医生所获得的回扣数额，均是依据眼科内使用史慧某代理药品的用药量来确定的。也就是说，史慧某作为医药代表与医务人员交易的是处方权与药品用量的回扣。对于处方权的行使是每个医生的技术性权力，对药品种类和用量开具的处方是基于医生对于患者诊治情况而作出的技术判断，不是公共行政管理权能直接调整的关系。

其次，《最高人民法院、最高人民检察院关于办理商业贿赂刑事案件适用法律若干问题的意见》规定，医疗机构中的国家工作人员，在药品、医疗器械、医用卫生材料等医药产品采购活动中，利用职务上的便利，索取销售方财物，或者非法收受销售方财物，为销售方谋取利益，构成犯罪的，依照刑法第三百八十五条的规定，以受贿罪定罪处罚。本案中，陈启某的职务是科室主任，并不具备管理医药产品采购的职权，故其行为也不构成本条当中的受贿罪。该药品进入医院是通过招投标活动进入医院药品采购目录的，这一环节与作为眼科主任的陈启某并无关系。

再次，从受贿款的分配来看，陈启某将受贿款按照一定比例分配给了科室其他开具处方的医生，可见其收受史慧某所给予的款项必须利用科室其他医生开具处方的技术性职权。所以陈启某的行为更符合《最高人民法院、最高人民检察院关于办理商业贿赂刑事案件适用法律若干问题的意见》关于“医疗机构中的医务人员，利用开处方的职务便利，以各种名义非法收受药品、医疗器械、医用卫生材料等医药产品销售方财物，为医药产品销售方谋取利益，数额较大的，依照刑法第一百六十三条的规定，以非国家工作人员受贿罪定罪处罚”的规定。

最后，值得强调的是，从侵害的法益上看，史慧某的行为目的主要是排除其他药品代理商的竞争，使自己代理的药品可以大量使用，他的行为在客观上也产生这种影响，破坏了药品市场竞争的公平性，其行为侵犯的法益范围更符合破坏社会主义市场经济秩序犯罪的特征。

编写人：广西壮族自治区南宁市兴宁区人民法院　李到福

（四）破坏金融管理秩序罪

092　非法吸收公众存款罪中各被告人的犯罪地位、作用及犯罪金额的认定

——徐某某等非法吸收公众存款案

【案件基本信息】

1. 裁判书字号

湖北省襄阳市中级人民法院（2020）鄂06刑终242号刑事裁定书

2. 案由：非法吸收公众存款罪

【基本案情】

2009年3月17日至2015年4月，徐某某陆续投资成立某旅游公司、某养老公司、某年代公司及分公司，前述公司均未获准向社会公众吸收资金。

2012年4月、5月，徐某某在经营公司期间因资金短缺，与被告人吴某某（已殁）、鄢某某及吴某（均另案处理）商议后，确定以营销“养老产业”项目发行会员卡的方式向社会公众吸收资金，建立了营销团队，由被告人罗某某担任财务总监、被告人吴某某担任营销总监、被告人叶某某1担任营销三部总监，并先后招聘被告人万某某、林某某、胡某某、王某某、刘某某、马某某、徐某某、叶某某2等人。通过媒体、推介会、传单等途径向社会公开宣传并进行售卡，在社会公众中开展非法集资活动。各被告人按照吸收资金总额领取不同比例提成款。

2012年6月至2016年10月，徐某某通过某旅游公司、某养老公司、某年代公司及分公司，非法吸收2337名办卡人资金共计人民币23354.58万元。

被告人叶某某1任职期间，参与非法向社会公众吸收资金共计约9097.3万元的指挥、管理工作，叶某某1共计领取提成约113.9334万元；被告人林某某任职期间，直接或间接参与非法向社会公众吸收资金共计约3305.05万元，林某某共计领取提成约68.9354万元；被告人王某某任职期间，直接或参与非法向社会公众吸收资金共计约3098.95万元的指挥、管理工作，王某某共计领取提成约59.1431万元；被告人刘某某任职期间，直接或间接参与非法向社会公众吸收资金共计约1962.29万元的指挥、管理工作，其中874.4万元系转存业绩，刘某某共计领取提成约33.8226万元；被告人马某某任职期间，直接或参与非法向社会公众吸收资金共计约788.5万元，马某某共计领取提成约24.7857万元；被告人胡某某任职期间，直接或间接参与非法向社会公众吸收资金共计约870.7万元的指挥、管理工作，其中246.2万元系转存业绩，胡某某共计领取提成约18.8803万元；被告人万某某任职期间，直接或间接参与非法向社会公众吸收资金共计约620.5万元，万某某共计领取提成约17.5554万元；被告人徐某某任职期间，直接或间接参与非法向社会公众吸收资金共计约581.2万元的指挥、管理工作，徐某某共计领取提成约14.9223万元；被告人叶某某2任职期间，直接或间接参与非法向社会公众吸收资金共计约367万元的指挥、管理工作，叶某某2共计领取提成约14.1339万元。

截至案发，尚有1539名集资参与人共计本金9561.992395万元未予退还。案发后，被告人王某某退缴全部提成款59.14316万元，林某某退缴提成款15万元，叶某某2退缴提成款20万元，徐某某退缴提成款3万元，马某某退缴全部提成款24.7857万元。

另查明，某年代公司其他参与吸收资金的业务员23人在公安机关共计退缴151.9284万元。

综上，扣除案发后各被告人退缴款、提成款及其他参与吸收资金的业务员退缴的款项后，实际造成1539名集资参与人本金损失人民币9169.20524万元。

又查明，本案指控涉案非法吸收资金2.3亿余元，经审计报告认定结合被告人供述，查证核实吸收的资金流向为：发放提成总金额为人民币 4301.474785 万元、已支付会员本金及办理会费本金转存、支付会员补贴、支付会员红包约 1.5 亿元、从某年代公司银行转账至某文化旅游公司 2016.4 万元等。

【案件焦点】

1. 非法吸收公众存款罪中被告人主从犯如何认定；2. 各被告人的犯罪金额如何确定。

【法院裁判要旨】

湖北省襄阳市襄城区人民法院经审理认为：被告人徐某某创设某旅游公司、某养老公司、某年代公司及分公司，聘请吴某某等被告人拟定养老项目营销方案并利用上述公司实施方案。徐某某对上述公司实际控制，听取并参与对营销方案提成比例的分配等。徐某某在本案中起决定、批准作用，系主犯。被告人罗某某与徐某某系夫妻关系，参与上述公司的经营管理，负责公司财务。作为公司的管理层级在公司对兑付集资参与人资金及利息、发放提成款等财务事项上进行审核签字。罗某某在单位犯罪中具有财务签字的审批权，是直接负责的主管人员。被告人叶某某 1、王某某、刘某某、徐某某、叶某某 2 均为某年代公司养老事业营销部或某年代分公司的总监、经理，属于公司管理层，对养老事业营销部、分公司相应的工作起到了指挥、管理作用。上述六名被告人在整个单位犯罪中起到了实施、执行营销方案，进行部门策划、协调、管理作用，而整个公司对非法资金的吸收、公司财务运转亦是通过财务负责人、各营销部总监、经理对部门的管理、协调下完成，六名被告人均是直接负责的主管人员，均系主犯。被告人胡某某、林某某、万某某、马某某系本案单位犯罪中其他责任人员。上述被告人均从业务员做起，在不同时期不同主管人员的指挥下或带领各自的营销团队，积极参与向社会公众宣传、推荐办卡并领取提成，在本案中起到了较大作用，系本案其他直接责任人员。

对于被告人所提审计报告中“涉案犯罪金额和提成金额有重复计算”及“应当扣减无证据证实的非吸金额”“领取的提成款中有部分直接投入了公司应当扣减”的意见。法院认为，本案虽然存在涉案资金到期转存的情形，但涉案指控的各被告人的非吸资金及提成金额是根据各被告人签字领取的原始票据、公司财务制作的发放提成款明细、工资表凭证审计而来，审计人员作为证人出庭说明了审计报告中金额认定的计算方式、方法。公诉机关已根据各被告人任职时间、领取的基本底薪工资予以扣减。到期资金的转存、将已经领取的提成款又作为投资金额投入某年代公司是吸收公众存款的后续行为，也属于吸收公众存款的方式之一，且对于转存的资金部分各被告人亦按照相应提成比例领取了提成款，上述情形不影响犯罪金额、提成金额的认定以及对各被告人的定罪量刑。对于被告人本人及其亲属投入的资金问题，法院认为本案虽存在被告人本人及向其亲朋好友吸收资金的情形，但本案系单位犯罪，对单位而言，相关被告人及其亲朋好友与社会不特定的公众并无区别，不应扣除相应款项，但可作为从轻处罚情节在量刑上酌情予以考量。关于被告人个人垫付资金为集资参与人退款问题，法院认为，上述各被告人个人垫付资金给集资参与人退款的金额，与指控的各被告人非法吸收的资金数额相比仅是退还的少部分应退还集资参与人被非法吸收的资金，该退款情况不能改变各被告人具体参与吸收公众存款的事实。而各被告人已经领取的提成款是各被告人依法应当退缴的非法所得款项，与非法吸收的资金款不属于同性质款项，但就此情节可酌情对相关被告人予以酌情从轻处罚。关于被告人徐某某在任南漳分公司经理期间业绩未予审计，不应再做酌情量刑情节的问题，因本案指控的犯罪金额中含有南漳分公司所吸收的资金，虽然本案未对徐某某的分公司的业绩进行审计认定并予以指控，但作为本案整个指控的犯罪事实考量，应当对徐某某在分公司任经理期间的作用予以评价并酌情量刑。依照《中华人民共和国刑法》第一百七十六条，第三十条，第三十一条，第二十五条第一款，第二十六条第一款、第四款，第二十七条，第六十七条第一款、第三款，第五十二条，第五十三条第一款，第六十四条及《最高人民法院关于处理自首和立功具体应用法律若干问题的解释》第五条；《最高人民法院关于处理自首和立功若干问题的意见》第五条；《最高人民法院关于审理非法集资刑事案件具体应用法律若干问题的解释》第一条，第三条第二款、第三款；《最高人民法院、最高人民检察院、公安部关于办理非法集资刑事案件适用法律若干问题的意见》第二条，第三条，第五条；《最高人民法院、最高人民检察院、公安部关于办理非法集资刑事案件若干问题的意见》第三条的规定，判决如下：

一、被告人徐某某犯非法吸收公众存款罪，判处有期徒刑六年十个月，并处罚金人民币三十五万元；（刑期从判决执行之日起计算。判决执行以前先行羁押的，羁押一日折抵刑期一日，即被告人徐某某的刑期自2018年11月28日起至2025年9月27日止。被告人的罚金应于判决生效之日起十日内向本院缴纳。）

二、被告人叶某某1犯非法吸收公众存款罪，判处有期徒刑六年，并处罚金人民币三十三万元；（刑期从判决执行之日起计算。判决执行以前先行羁押的，羁押一日折抵刑期一日，即被告人叶某某1的刑期自2018年3月13日起至2024年3月12日止。被告人的罚金应于判决生效之日起十日内向本院缴纳。）

三、被告人罗某某犯非法吸收公众存款罪，判处有期徒刑五年，并处罚金人民币三十万元；（刑期起止时间详见执行通知书。被告人的罚金应于判决生效之日起十日内向本院缴纳。）

四、被告人王某某犯非法吸收公众存款罪，判处有期徒刑五年，并处罚金人民币三十万元；（刑期起止时间详见执行通知书。被告人的罚金应于判决生效之日起十日内向本院缴纳。）

五、被告人林某某犯非法吸收公众存款罪，判处有期徒刑四年九个月，并处罚金人民币二十五万元；（刑期起止时间详见执行通知书。被告人的罚金应于判决生效之日起十日内向本院缴纳。）

六、被告人刘某某犯非法吸收公众存款罪，判处有期徒刑四年九个月，并处罚金人民币二十五万元；（刑期从判决执行之日起计算。判决执行以前先行羁押的，羁押一日折抵刑期一日，即被告人刘某某的刑期自2018年8月28日起至2023年5月27日止。被告人的罚金应于判决生效之日起十日内向本院缴纳。）

七、被告人徐某某犯非法吸收公众存款罪，判处有期徒刑四年三个月，并处罚金人民币二十万元；（刑期起止时间详见执行通知书。被告人的罚金应于判决生效之日起十日内向本院缴纳。）

八、被告人胡某某犯非法吸收公众存款罪，判处有期徒刑四年，并处罚金人民币二十万元；（刑期从判决执行之日起计算。判决执行以前先行羁押的，羁押一日折抵刑期一日，即被告人胡某某的刑期自2018年9月3日起至2022年9月2日止。被告人的罚金应于判决生效之日起十日内向本院缴纳。）

九、被告人叶某某2犯非法吸收公众存款罪，判处有期徒刑三年，并处罚金人民币十五万元；（刑期起止时间详见执行通知书。被告人的罚金应于判决生效之日起十日内向本院缴纳。）

十、被告人马某某犯非法吸收公众存款罪，判处有期徒刑三年，并处罚金人民币十五万元；（刑期起止时间详见执行通知书。被告人的罚金应于判决生效之日起十日内向本院缴纳。）

十一、被告人万某某犯非法吸收公众存款罪，判处有期徒刑三年，并处罚金人民币十五万元；（刑期从判决执行之日起计算。判决执行以前先行羁押的，羁押一日折抵刑期一日，即被告人万某某的刑期自2018年11月16日起至2021年11月15日止。被告人的罚金应于判决生效之日起十日内向本院缴纳。）

十二、被告人徐某某、罗某某退缴违法所得合计人民币700万元的余额人民币118.929895万元、被告人王某某退缴违法所得人民币59.14316万元、林某某退缴违法所得人民币15万元、叶某某2退缴违法所得人民币20万元（提成款14.1339万元）、徐某某退缴违法所得人民币3万元、马某某退缴违法所得人民币24.7857万元合计人民币240.858755万元依法予以追缴，按照集资参与人的集资额比例返还给1539名集资参与人；

十三、暂存公安机关查扣的其他23名业务员违法所得款人民币151.9284万元依法予以追缴，按照集资参与人的集资额比例返还给1539名集资参与人；

十四、继续追缴违法所得人民币9169.20524万元，返还给1539名集资参与人；

十五、其他查扣在案的财物由办案机关依法处理。

被告人罗某某等被告人提起上诉后，二审认定原判认定事实清楚，证据确实、充分，定罪准确，判处适当，依照《中华人民共和国刑事诉讼法》第二百三十六条第一款第一项之规定，裁定如下：

驳回上诉，维持原判。

【法官后语】

本案中，被告人非法吸收的资金达2.3亿元，是“数额巨大”起点（100万元）的数百倍，非法吸收公众存款罪没有规定“数额特别巨大”情形，但本案相对于一般案件而言应属于“数额特别巨大”。在此情况下，如何对各被告人的地位、作用，以及被告人和辩护人存在争议的犯罪数额进行认定，对量刑有着关键影响。

非法吸收公众存款罪的涉案人员，无论他的职务是业务负责人还是宣传负责人、财务负责人抑或行政负责人，一定要详细考量其实际工作性质，以其在整个非法吸收公众存款中的地位和作用来判断。单位或者团队负责人、实际控制人和业务负责人的行为直接关系非法吸收公众存款能否实现，因此毋庸置疑是需要承担责任的。无论是单位犯罪还是非单位的团伙犯罪，作为起到组织策划作用的单位负责人、实际控制人最应承担主要责任。具体实施非法吸收公众存款行为，即承诺在一定期限内以货币、实物、股权等方式还本付息或者给付回报，必须由业务员直接接触客户完成。业务负责人则更是通过非法吸收公众存款行为来获得较大数额的分红和提成。因此，对业务负责人或主要业务人员应当根据在案件中的地位和作用按照主犯认定量刑。对于底层的业务员，为获取底薪和业务提成，根据业务经理的安排进行宣传集资，本人从一定程度上讲也是受害人，可根据宽严相济的政策，本着教育与挽救的原则，按照其所涉案的资金、人数认定为从犯，予以从宽。本案中，根据各被告人的地位、层级、作用，考虑其吸收资金数额、吸收的人数分别进行定罪量刑。

根据《最高人民法院关于审理非法集资刑事案件具体应用法律若干问题的解释》第六条的规定，非法吸收或者变相吸收公众存款的数额，以行为人所吸收的资金全额计算。案发前后已归还的数额，以及集资参与人收回本金或获得回报后又重复投资的数额不予扣除，但可以作为量刑情节酌情考虑。因非法吸收公众存款不属于占有性犯罪，也不属于结果犯，将已归还数额计入犯罪数额可以更为全面客观地反映非法吸收公众存款的资金规模，更为准确地判断其社会危害性的轻重程度。该解释同时明确，未向社会公开宣传，在亲友或者本单位内部针对特定对象吸收资金的，不属于非法吸收或者变相吸收公众存款。如何认定对象是否是特定的，主要看以下两点：一是行为人是否面向社会公开宣传，本案中被告人利用媒体、宣传单、推介会等形式面向社会公众宣传，受众所接受到集资信息的方式是否是公开的；二是考察行为人向社会公众公开宣传的主观心态。“向社会公开宣传”包括以各种途径向社会公众传播吸收资金的信息，以及明知吸收资金的信息向社会公众扩散而予以放任和利用。即行为人面向社会公众宣传存在两种故意，直接故意和间接故意。直接故意比较明显，但间接故意，往往表面上行为人并没有直接、积极宣传集资信息行为，那么便可以从集资行为是否可控的角度来认定。行为人主观心态上是否向不特定对象吸收资金，客观上行为人是否对集资行为的辐射面事先加以限制，事中进行控制，或者蔓延社会后设法予以阻止。若集资信息早已面向社会公众公开宣传，亲友、单位员工看到集资信息后主动集资，或者即便行为人没有进行宣传，但向亲友等吸收存款时，发现亲友、单位员工向社会宣传而不加以限制、阻止。此时，亲友、单位员工属于不特定对象，应当认定行为人向社会不特定对象吸收资金。

编写人：湖北省襄阳市襄城区人民法院　张莉

093　购买假币罪中犯罪数额的认定

——杨建某购买假币案

【案件基本信息】

1. 裁判书字号

河南省周口市中级人民法院（2019）豫16刑终670号刑事判决书

2. 案由：购买假币罪

【基本案情】

2019年5月，被告人杨建某通过微信与孔令某认识，孔令某向杨建某介绍购买假币，并将其称为假币的两张百元人民币交给杨建某，让杨建某去试用。杨建某将其中一张顺利存入其银行账户。之后，二人商定由杨建某出资5万元人民币购买40万元假币，由于杨建某没有那么多现金，因此由杨建某出资20000元，孔令某帮助垫付出资30000元合伙购买假币。2019年5月24日，孔令某将杨建某骗至周口市某公园内进行交易。杨建某到达周口市川汇区后，把20000元现金交给了孔令某，孔令某告知杨建某替其垫付的30000元已经交给卖假币的朋友了。孔令某的朋友将装有假币的蓝色手提箱打开让杨建某看了一眼，然后将箱子交给杨建某，并让杨建某赶快离开。杨建某接到手提箱后就坐出租车回家，到家后，被告人杨建某发现箱内装的是21捆冥币。随即到侦查机关报警，并如实供述犯罪事实。经查，被告人杨建某购买的21捆假币中，只有每捆上下各一张打印假币，中间均是冥币。经中国人民银行鉴定，杨建某购买的假币中涉案假人民币42张，金额4200元，属打印假币。

【案件焦点】

1. 本案犯罪数额的认定；2. 法院改变公诉机关提出的关于犯罪数额等量刑情节时，是否有引导辩护的义务，未引导是否属于程序违法。

【法院裁判要旨】

河南省川汇区人民法院经审理认为：被告人杨建某明知假币而予以购买，数额特别巨大，其行为已构成购买假币罪，公诉机关指控罪名成立，公诉机关指控犯罪数额较大不当，不予支持。被告人杨建某购买的假币只有小部分是打印假币，绝大部分系冥币，该部分由于意志以外原因未得逞，属于犯罪未遂；被告人杨建某案发后主动到侦查机关报案，如实供述犯罪事实，系自首，依法可以减轻处罚。

河南省川汇区人民法院依照《中华人民共和国刑法》第一百七十一条、第二十三条、第五十二条、第五十三条、第六十七条、第六十四条之规定，作出如下判决：

被告人杨建某犯购买假币罪，判处有期徒刑三年三个月，并处罚金人民币五万元。

河南省周口市中级人民法院经审理认为：杨建某的行为构成购买假币罪，原判认定杨建某犯购买假币罪，定罪准确。因冥币不具有流通性和兑换性，杨建某在犯罪中获取的冥币面额不能计算在购买假币的数额中，本案应认定上诉人杨建某购买假币的数额为4200元，属于“数额较大”。原判认定上诉人购买假币的犯罪数额属于“数额特别巨大”属于适用法律不当，依法应予改判。此外，对于是否就犯罪数额问题（犯罪数额问题是量刑情节问题，不是罪名改变问题）进行辩护，是被告人、辩护人独立行使辩护权的自己处分行为，法院不应当依职权主义进行干涉，原审程序合法，上诉人的辩护人提出原审程序违法的意见不能成立。

河南省周口市中级人民法院依照《中华人民共和国刑法》第一百七十一条、第五十二条、第五十三条、第六十七条、第七十二条、第七十三条，《中华人民共和国刑事诉讼法》第二百三十六条第一款第二项之规定，作出如下判决：

一、维持周口市川汇区人民法院（2019）豫1602刑初68号刑事判决的定罪及附加刑部分；

二、撤销周口市川汇区人民法院（2019）豫1602刑初68号刑事判决的量刑部分；

三、上诉人（原审被告人）杨建某犯购买假币罪，判处有期徒刑三年，缓刑三年，并处罚金人民币五万元。

【法官后语】

《中华人民共和国刑法》中存在着大量的数额犯，这是中国特色罪量立法模式的体现。犯罪数额标准的设置固然能够分流大量轻微违法行为，有利于我国刑事司法有效地应对犯罪，但同时也造成了一些刑法理论建构和司法实务处理案件上的困惑，数额犯的未遂、既遂问题便是其中之一。

具体到本案，核心的焦点问题是犯罪数额的认定问题，被告人杨建某在购买假币的犯罪中，获取假币 4200 元（经鉴定的数额），获取冥币“数额”39 万余元。一审法院认定为“数额特别巨大”，其中，冥币是由于意志以外原因未得逞，是犯罪未遂。杨建某购买假币的行为被拆解为购买假币和购买冥币两种行为，这种将单一犯罪行为拆分为复数行为进行刑罚裁量的方式是否合适，值得探讨。

在最高人民法院第 62 号指导案例中①，核心的行为事实是：被告人意图以签订房屋买卖合同的方式实施数额为 100 万元的合同诈骗行为，而实际上被告人仅先期获得了 30 万元，尔后在进一步骗取余款 70 万元时案发。对于该案处理，最高人民法院认为应当将被告人的两次行为分开评价，已经骗得的 30 万元属于诈骗数额巨大的既遂行为，尚未骗得的属于诈骗数额特别巨大的未遂行为，并在此基础上进行刑罚裁量。而本案的核心事实是购买假币的犯罪行为是一次实现，不是通过复数行为实现的。很显然，本案核心事实与指导案例的核心事实是有本质区别的，因此，最高人民法院第 62 号指导案例的裁判要旨是否适合本案需要进一步分析。

首先，对于单一刑事行为，把它拆分开来，一个行为既被评价为既遂又被评价为未遂，这在法理逻辑上是混乱的。

其次，对于数额犯，我国刑法都设定了基础数额和加重数额，当行为人的犯罪是通过一次行为实现时，由于意志以外的原因没有完全实现被告人所追求的结果，即犯罪设定的数额目标时，是否可以基础数额的实现与否作为支点来整体判定被告人是构成既遂还是未遂，进而决定被告人刑罚裁量。设定三个案例：第一个案例为甲

① 《指导案例 62 号：王某明合同诈骗案》，载最高人民法院网站，https：//www.court.gov.cn/shenpan-xiangqing-27551.html，2023 年 2 月 5 日访问。

在一次犯罪中获取假币5000元、获取冥币“10亿元”。以基础数额是否实现为支点判断既遂未遂，显然，甲的犯罪数额达到了基础数额，构成数额较大既遂，量刑在三年以下。进一步假设，如果甲获取假币为6万，冥币“10亿元”，其达到的基础数额便是加重的第一档数额即数额巨大，便构成数额巨大既遂。第二个案例为乙在一次犯罪中获取假币2300元、获取冥币“10亿元”。也以基础数额是否实现为支点判断既遂未遂，显然，乙的犯罪数额未达到基础数额，构成未遂，量刑在三年以下，未遂从轻。第三个案例为丙在一次犯罪中获取的全部为冥币或白纸，获取冥币10亿或白纸若干捆。同样，仍以基础数额是否实现为支点判断既遂未遂，显然，丙的行为未达到基础数额，构成未遂，未遂从轻。上述三起案例，如果不按照基础数额的实现与否去整体把握既遂未遂，就会出现认定这三起案件的犯罪数额都是数额特别巨大，进而按数额特别巨大去适用《中华人民共和国刑法》，其量刑基本都会在十年以上或无期。显然这种结果与普通公众对刑罚的预期认识相违背，社会效果也会很糟糕，更会造成量刑失衡。这也从另一方面说明了单一实行犯罪是不能拆分为复数犯罪去评价、去刑罚裁量的。

编写人：河南省周口市中级人民法院　贾清　李新磊

094 高利转贷罪中被告人“过桥”贷款行为的认定

——莫立某受贿、高利转贷案

【案件基本信息】

1. 裁判书字号

广西壮族自治区柳州市中级人民法院（2019）桂02刑终550号

刑事裁定书

2. 案由：受贿罪、高利转贷罪

【基本案情】

2014 年至 2017 年，被告人莫立某以其本人或者他人名义从银行贷款，并以高于银行贷款的利率转贷他人牟利，违法所得共计人民币 364072.7 元。具体事实如下：

1. 2014 年年初，被告人莫立某从丁锦某处借款 30 万元转借给曾某。同年 3 月 14 日，莫立某以房屋装修的名义向农信社贷款 60 万元（银行贷款 1），后将其中的 30 万元归还丁锦某，以此获得银行贷款与借款给曾某之间的利息差，获取违法所得 1316.66 元。

2. 2014 年 3 月 26 日，被告人莫立某将银行贷款 1 中的 12 万元，以高于银行贷款的利率转借给莫应某，以此获得银行贷款与借款给莫应某之间的利息差，获取违法所得 16319.86 元。

3. 2015 年 3 月 30 日，被告人莫立某以房屋装修的名义向农信社贷款 80 万元（银行贷款 2），同年 4 月 2 日，被告人莫立某将其中的 16 万元以高于银行贷款的利率转借给张某，以此获得银行贷款与借款给张某之间的利息差，获取违法所得 35578.89 元。

4. 2015 年 3 月，罗辉某、莫某共同向莫立某借款 100 万元。同年 3 月 26 日，莫立某将从丁锦某处借得 100 万元转借给罗辉某、莫某。同年 6 月 30 日，莫立某让莫某以房屋装修的名义，并以莫立某名下房产作为抵押，向农信社申请 150 万元的贷款（银行贷款 3），莫立某于同年 7 月 20 日将其中的 80 万元，及同年 4 月 3 日将银行贷款 2 中的 20.27 万元归还给丁锦某。被告人莫立某获得银行贷款与借款给罗辉某、莫某之间的利息差，获取违法所得 5576.4 元。

5. 因周某欠被告人莫立某 150 万元，所以，二人商量由周某找人去向银行贷款 150 万元给莫立某。周某以潘友某的名义向三江农信社申请 150 万元的贷款，并以莫立某名下房产作为抵押（银行贷款 4）。同月 21 日，莫立某将其中的 15 万元以高于银行贷款的利率转借给潘友某，获取违法所得 33597.64 元；同月 28 日将其中的 40 万元以高于银行贷款的利率转借给莫某，以此获得银行贷款与借款给潘友某、莫某之间的利息差，获取违法所得 8462 元。

6. 2014 年年初，刘春某向莫立某借款 50 万元。同年 1 月 11 日，莫立某将从丁锦某处借得的 50 万元开始借给刘春某。同年 6 月 5 日，被告人莫立某从柳州银行贷款 130 万元（银行贷款 5），同日将其中部分钱款为抵押，以曾柳某的名义向柳州银行贷款 58 万元（银行贷款 6）。2014 年 6 月 5 日，被告人莫立某将银行贷款 6 归还丁锦某的借款。银行贷款 6 到期后莫立某银行贷款 2、3、4 陆续归还从而保证贷款给刘春某。被告人莫立某通过银行贷款与借款给刘春某之间的利息差，违法所得共计 263221.25 元。

莫立某受贿相关事实略。

【案件焦点】

高利转贷罪中被告人“过桥”贷款行为，即行为人高利转贷给他人的钱，不是直接用金融机构的信贷资金，而是来自其向第三人的借款，被告人再使用银行贷款归还给第三人，是否能够认定为高利转贷罪。

【法院裁判要旨】

广西壮族自治区柳州市柳北区人民法院经审理认为：对于“过桥”部分不应认定为高利转贷的辩护意见，经查，为了能及时地放贷给他人，被告人莫立某有部分借款是先向丁锦某借款后转借给他人，再向银行申请贷款，将银行贷款归还丁锦某，莫立某正是通过此种“过桥”的方法获得银行贷款与借款给他人之间的利息差，是以合法的形式掩盖非法的目的，最终是为了套取金融机构信贷资金以获得非法利益。

广西壮族自治区柳州市柳北区人民法院依法作出判决：

一、被告人莫立某犯受贿罪，判处有期徒刑四年，并处罚金人民币三十万元；犯高利转贷罪，判处有期徒刑一年六个月，并处罚金人民币四十万元，决定执行有期徒刑五年，并处罚金人民币七十万元；

二、被告人莫立某的亲属代其退出的赃款人民币 940474.96 元和手表一块，依法予以没收，上缴国库；尚未退出的赃款人民币 523597.74 元，继续予以追缴。

莫立某及其辩护人在二审中提出：对原判认定的第 4、5、6 起事实不能认定为高利转贷。

广西壮族自治区柳州市中级人民法院经审理认为：关于第 4、5、6 起高利转贷事实不能认定为高利转贷的辩护意见。其一，莫立某的供述和证人周某等人的证言证实，第 4、5、6 起高利转贷事实中借款人罗辉某、莫某、刘春某等均是直接向莫立某借款。虽然莫立某先是找丁锦某等人借款来转借，但是其能够确保归还丁锦某等人的钱款是基于其能用本人的房产作为抵押等手段向银行的贷款，实际上其高利转贷的资金来源就是银行贷款。其二，从银行贷款材料等书证证实莫立某高利转贷的资金均有清晰对应的银行贷款。其三，莫立某高利转贷是一个长期的、持续性的行为，无论借款贷款先后问题，还是直接用银行钱款还是先用他人钱款再间接用银行钱款，抑或用其本人名义还是他人名义贷款，实际上均是莫立某为了掩盖其转贷牟利，套取银行信贷资金高利转贷他人，获取违法所得的犯罪行为。

广西壮族自治区柳州市中级人民法院裁定如下：

驳回上诉，维持原判。

【法官后语】

高利转贷罪是指违反国家规定，以转贷牟利为目的，套取金融机构信贷资金高利转贷他人，违法所得数额较大的行为。行为人通过虚构贷款用途向金融机构贷款，然后将金融机构的信贷资金高利转贷给他人，从而获取高利转贷所得利息与其应支付给金融机构贷款的利息差。

但是实际司法实践中，行为人为了逃避侦查，其高利转贷的行为方式会进行诸多变化，从而掩饰自己高利转贷的事实。本案争议的焦点在于：行为人高利转贷给他人的钱，不是直接用金融机构的信贷资金，而是来自其向第三人的借款，被告人再使用银行贷款归还给第三人，是否能够认定为高利转贷罪。综合本案证据，笔者认为莫立某的行为能够认定为高利转贷罪。主要理由如下：

1. 被告人虽然不直接以自己名义向金融机构贷款，而是通过他人向金融机构贷款，但是信贷资金实际为被告人控制使用。被告人正是基于实际控制的金融机构的信贷资金才能高利转贷给他人。本案争议的第四起高利转贷事实中，被告人莫立某就是让莫某以房屋装修的名义向银行贷款，并以自己名下的房产作为抵押获得银行的贷款。客观上，该银行贷款资金来源于第三人莫某的名下的贷款而不是被告人名下的贷款。但是该银行贷款实际上由莫立某控制使用。第五起争议的高利转贷事实中，同样是莫立某让周某找人以第三人潘友某的名义向银行贷款，莫立某也以自己名下的房屋作为抵押，该银行贷款也是莫立某实际控制使用。本案争议的第六起高利转贷事实同样如此，莫立某是以第三人曾柳某的名义向银行贷款，实际上莫立某控制使用该贷款。

2. 被告人高利转贷给他人的钱不是直接来自金融机构的信贷资金，而是来自被告人向第三人借的钱，但是被告人能够归还向第三人借的钱的根本保障还是金融机构的信贷资金。本案第一起高利转贷事实中，莫立某高利转贷给曾某的钱不是直接来源于银行贷款，而是来源于被告人向丁锦某的借款 30 万元；本案争议的第四起事实中，被告人莫立某高利转贷给罗辉某、莫某的 100 万元也不是直接来源于银行的贷款，而是来源于被告人向丁锦某的借款 100 万元。第六起事实中，被告人莫立某高利转贷给刘春某的 50 万元也不是直接来源于银行的贷款，而是来源于其向丁锦某处的借款 50 万元，但是被告人能够归还向第三人借的钱的根本保障还是金融机构的信贷资金。

3. 被告人实际控制使用的金融机构的信贷资金不是用于直接高利转贷给他人，而是用于归还被告人向第三人的借款，进而保障被告人能够持续从第三人处获得借款高利转贷给他人，获取利息差。本案中，第一起高利转贷事实中，被告人莫立某就是将银行贷款用于归还给丁锦某，从而保证其能从丁锦某处获得借款高利转贷给曾某。本案争议的第四起、第六起高利转贷事实中被告人莫立某都是采取相同的行为方式掩盖其犯罪事实。

综上，高利转贷罪侵犯的是国家对信贷资金的发放以及利率管理秩序。根据我国的有关金融管理法规，贷款申请人必须述明贷款的合法用途、偿还能力、还款方式等。被告人莫立某正是通过采取以上三大部分中的其中一种或者几种相结合实行高利转贷的事实，即被告人通过先向第三人借款然后转贷给他人，行为人再通过以自己的名义或者第四人名义向银行贷款，实际上控制使用该银行贷款，再用银行贷款归还给第三人，以此获得银行贷款与借款给他人的利息差，实际上已经侵犯国家对信贷资金的发放以及利率管理秩序。本案中，莫立某高利转贷是一个长期的、持续性的行为，无论借款贷款先后问题，还是直接用银行钱款还是先用他人钱款再间接用银行钱款，抑或用其本人名义还是他人名义贷款，实际上均是莫立某为了掩盖其转贷牟利，套取银行信贷资金高利转贷他人，获取违法所得的犯罪行为，构成高利转贷罪。

编写人：广西壮族自治区柳州市中级人民法院　朱程路

095　非法集资犯罪的被告人犯意转化之司法认定

——孙建某等非法吸收公众存款、集资诈骗案

【案件基本信息】

1. 裁判书字号

江苏省无锡市中级人民法院（2019）苏 02 刑终 512 号刑事裁定书

2. 案由：非法吸收公众存款罪、集资诈骗罪

【基本案情】

被告人孙建某于2011年6月，伙同被告人唐东某、李焕某及潘晓某商量共同出资成立公司吸收资金后由被告人孙建某的“专业操盘团队”负责炒期货盈利，由公司分得盈利的30%，投资客户分得盈利的70%。被告人孙建某等四人于2011年7月4日成立甲公司，并约定孙建某占股40%，唐东某、李焕某、潘晓某各占股20%。孙建某于2012年5月、12月分别成立乙公司、丙公司，用于吸收资金。在上述公司吸收资金过程中，孙建某提供个人银行卡用于接收所吸收资金、提供个人期货账户进行期货交易，负责分红时本金和利息支付；唐东某系公司会计，负责记账、分红时负责发放利息和本金；李焕某负责介绍客户前来公司投资；潘晓某负责在公司接待客户等。

其中，被告人孙建某于2011年7月至2013年9月10日，伙同唐东某等三人，先后以甲公司、乙公司名义，以口口相传的方式，宣称吸收资金用于炒期货盈利等，承诺预期季度利率、年利率5%~40%不等的分红比例，面向江阴市等地的不特定群众吸收资金。经丁会计师事务所有限公司专项审计，孙建某共向100余名投资人吸收资金1亿余元；经对陈某等52名投资人投资情况进行统计，被告人孙建某向该52名投资人吸收资金共计4994万元，造成损失2500余万元。

被告人孙建某于2013年9月11日至2015年，在明知自己前期期货交易已经亏损，仍虚构“自己炒期货盈利较高，所吸收资金均用于炒期货”等事实，先后以乙公司名义向鲍某等35名不特定被害人，以承诺年利率40%左右的分红比例为诱饵，共骗取2300

余万元；以丙公司的名义，以上述同样手段，向被害人蔡某、袁某共骗取600余万元。所骗取的资金未用于期货交易，大部分用于支付前期吸收资金的还本付息及被告人孙建某个人消费等。

【案件焦点】

被告人孙建某2013年9月10日以后的行为是否构成集资诈骗罪。

【法院裁判要旨】

江苏省江阴市人民法院经审理认为：对被告人孙建某及其辩护人所提其只构成非法吸收公众存款罪的辩解及辩护意见，经查，根据孙建某的期货账户交易资料、银行卡交易明细、证人证言、专项审计报告补充说明及三被告人的供述等证据，能够相互印证形成证据锁链，足以证明孙建某在2013年9月10日以后无操作期货账户行为且前期期货交易已经亏损，但孙建某仍虚构“所吸收资金均用于炒期货”等事实，以承诺高利率分红为诱饵吸收资金。孙建某系资金实际掌控人，所吸收资金大部分用于归还前期吸收资金的还本付息及其个人消费，符合集资诈骗罪的犯罪构成，应当以集资诈骗罪定罪处罚。孙建某犯非法吸收公众存款罪、集资诈骗罪，应予数罪并罚。

江苏省江阴市人民法院依照《中华人民共和国刑法》第一百七十六条第一款、第一百九十二条，作出如下判决：

一、撤销江苏省江阴市人民法院（2013）澄刑初字第0553号刑事判决中对被告人李焕某宣告缓刑一年的执行方式部分；

二、被告人孙建某犯非法吸收公众存款罪，判处有期徒刑四年六个月，并处罚金人民币三十万元；犯集资诈骗罪，判处有期徒刑十二年六个月，并处罚金人民币三十万元，决定执行有期徒刑十五年，并处罚金人民币六十万元；

三、被告人唐东某犯非法吸收公众存款罪，判处有期徒刑四年六个月，并处罚金人民币二十万元；

四、被告人李焕某犯非法吸收公众存款罪，判处有期徒刑三年六个月，并处罚金人民币十万元，连同前罪所判处的有期徒刑六个月，并处罚金人民币二万元，决定执行有期徒刑三年九个月，并处罚金人民币十二万元；

五、责令被告人孙建某退出全部违法所得，发还各集资参与人和被害人；被告人唐东某、李焕某对共同犯罪部分承担连带退赔责任。

孙建某持原审辩解提起上诉。

江苏省无锡市中级人民法院经审理认为：原审判决审判程序合法，认定事实清楚，证据确实、充分，适用法律正确，量刑适当，应当予以维持。

江苏省无锡市中级人民法院依照《中华人民共和国刑事诉讼法》第二百三十六条第一款第一项的规定，作出如下裁定：

驳回上诉，维持原判。

【法官后语】

近年来，非法吸收公众存款、集资诈骗等非法集资犯罪呈暴发式增长，案件数量持续上升；非法集资手段网络化、多样化，从实体产品转向金融产品，线上线下相互结合，严重破坏金融管理秩序，危害国家金融安全。法院在审理此类案件时对行为人从非法吸收公众存款到集资诈骗的犯意转化的认定尤为慎重。

本案重点在于认定孙建某从非法吸收公众存款到集资诈骗的犯

意转化，即认定孙建某何时以非法占有为目的非法集资。非法占有目的的认定，既要避免单纯以孙建某利用虚构事实、隐瞒真相的诈骗方法集资就认定其具有非法占有的故意，也要避免以造成巨额损失的后果客观归罪，还不能仅凭犯罪人供述，就将非法吸收公众存款认定为集资诈骗，要根据案件具体情况区分处理。

本案中，认定孙建某非法占有目的要坚持主客观相一致原则，通过分析孙建某的客观行为（2013 年 9 月 10 日以后无操作期货账户行为且前期已亏损，仍虚构“自己炒期货盈利较高、所吸收资金均用于炒期货”等事实，承诺高利率分红吸收资金）分析其主观非法占有 2013 年 9 月 10 日以后所吸收资金的故意。《最高人民法院关于审理非法集资刑事案件具体应用法律若干问题的解释》（以下简称《解释》）第四条第二款第一项规定，集资后不用于生产经营活动或者用于生产经营活动与筹集资金规模明显不成比例，致使集资款不能返还的，可以认定为“以非法占有为目的”。此项是对明知没有归还能力的具体化，也是对非法占有目的的具象化。孙建某在 2013 年 9 月 10 日以后不再操作期货账户且前期已亏损，后续吸收资金主要用于归还前期吸收资金的还本付息及孙建某个人消费，此种“以新还旧”“以后还前”因其没有具体的生产经营活动，可认定其不具有归还能力，故 2013 年 9 月 10 日以后部分认定为集资诈骗。

此外，非法集资犯罪活动往往持续时间较长，犯罪人在非法集资之初未必具有非法占有目的，且参与非法集资犯罪活动实施人员众多，部分共犯之间不一定具有非法占有目的的犯意联络。《解释》第四条第三款规定，集资诈骗罪中的非法占有目的，应当区分情形进行具体认定。行为人部分非法集资行为具有非法占有目的的，对该部分非法集资行为所涉集资款以集资诈骗罪定罪处罚；非法集资共同犯罪中部分行为人具有非法占有目的，其他行为人没有非法占有集资款的共同故意和行为的，对具有非法占有目的的行为人以集资诈骗罪定罪处罚。本案中，孙建某自2013年9月10日以后吸收的资金认定其有非法占有的故意，而唐东某、李焕某与孙建某对此部分无非法占有目的的犯意联络，故对孙建某2013年9月10日之前部分认定非法吸收公众存款罪，对之后部分认定集资诈骗罪，对唐东某、李焕某认定非法吸收公众存款罪。

编写人：江苏省江阴市人民法院　陈梦　刘啸云　蒋正光

096 审判阶段被告人认罪认罚的认定、程序选择及量刑依据

——前某等非法吸收公众存款案

【案件基本信息】

1. 裁判书字号

北京市第三中级人民法院（2019）京03刑终534号刑事裁定书

2. 案由：非法吸收公众存款罪

【基本案情】

2014年11月至2017年7月，仁某甲公司、乐某公司及关联公司在北京市朝阳区、天津市、昆明市等地，以投资P2P① 理财项目可返本付息为由，吸收高某甲等283人资金人民币8000余万元，返款人民币400余万元。

---

① P2P（peer-to-peer），即个人对个人（伙伴对伙伴）。

被告人耿某自2015年11月至2017年8月，在仁某甲公司及关联公司仁某乙投资有限公司任贷款部负责人，负责集资款放贷。任职期间，仁某甲公司及相关公司吸收资金人民币8000万余元。耿某于2018年6月21日投案，退缴人民币25万元。

被告人前某于2014年2月1日至2016年6月底在仁某甲公司任债权匹配员、运营经理，负责投资人债权匹配。任职期间，仁某甲公司及相关公司吸收资金人民币4600余万元。前某于2018年4月17日经传唤到案，退缴人民币3000元。

被告人李某甲于2016年4月底至2017年12月在仁远公司任培训讲师，负责员工培训、客户接待及安抚。任职期间，仁某甲公司及相关公司吸收资金人民币3700余万元。李某甲于2018年3月8日被查获，退缴人民币3万元。

被告人叶某、夏某、何某、赵某、李某乙的情况略。

【案件焦点】

1. 一审法院未适用认罪认罚从宽制度，二审法院能否再依据《中华人民共和国刑事诉讼法》第十五条规定对具有认罪认罚表现的被告人从宽处罚；2. 本案依据普通程序审理是否程序不当；3. 对部分认罪认罚被告人的量刑是否畸轻或过重。

【法院裁判要旨】

北京市朝阳区人民法院经审理认为：本案被告人违反国家金融管理法律规定，向社会公众吸收资金，扰乱金融秩序，数额巨大，其行为均已构成非法吸收公众存款罪，依法应予惩处。前某系累犯，应从重处罚。耿某、前某、李某甲、叶某、夏某、何某、赵某、李某乙系从犯，有退赔情节；耿某有投案情节；前某、叶某、夏某、赵某、李某乙有自首情节，认罪认罚；李某甲、何某如实供述所犯罪行，认罪认罚。对耿某、李某甲、叶某、夏某予以减轻处罚，对前某予以从轻处罚，对何某、赵某、李某乙予以减轻处罚并适用缓刑。故判决如下：

一、被告人前某犯非法吸收公众存款罪，判处有期徒刑四年，罚金人民币二十万元；

二、被告人李某甲犯非法吸收公众存款罪，判处有期徒刑二年十个月，罚金人民币十五万元；

三、被告人耿某犯非法吸收公众存款罪，判处有期徒刑二年六个月，罚金人民币十五万元；

（被告人叶某、夏某、何某、赵某、李某乙的判决情况略。）

宣判后，前某、李某甲、耿某以量刑过重为由提出上诉，北京市朝阳区人民检察院提起抗诉，北京市人民检察院第三分院支持抗诉。

公诉机关的抗诉意见是：第一，一审法院根据《中华人民共和国刑事诉讼法》第十五条适用认罪认罚从宽情节，但法庭审理过程中未向公诉人、辩护人、被告人告知适用认罪认罚从宽程序的诉讼权利、义务，未就这一量刑情节出示相关证据并组织控辩双方进行质证、辩论，其行为违反了《中华人民共和国刑事诉讼法》第一百九十八条“法庭审理过程中，对与定罪、量刑有关的事实、证据都应当进行调查、辩论”的规定，违反了适用认罪认罚从宽量刑程序的被告人自愿性和合法性，庭审程序不当。第二，一审判决对被告人前某、李某甲适用《中华人民共和国刑事诉讼法》第十五条认罪认罚从宽量刑情节，但二人判后又以量刑过重为由提出上诉，可见对刑事处罚不认可，不能认定其有“认罚”表现，故一审判决法律适用、量刑不当，不能适用认罪认罚对被告人前某、李某甲从宽处理。

北京市第三中级人民法院同意一审法院裁判意见，故裁定如下：

驳回北京市朝阳区人民检察院的抗诉及前某、李某甲、耿某的上诉，维持原判。

【法官后语】

一、认罪认罚的阶段及具体认定

本案中，对于被告人是否真正认罚存在两种意见：第一种意见认为，“同意量刑建议，签署认罪认罚具结书”是认罚的必备形式要件，本案被告人未签署认罪认罚具结书，不能认定为认罚，同时，部分被告人判后又以量刑过重为由提出上诉，显见对刑事处罚不认可，不能认定其有认罚表现。第二种意见认为，“同意量刑建议，签署认罪认罚具结书”是认罚的客观表现之一，未签署认罪认罚具结书，仅意味着未适用认罪认罚从宽制度，不影响对认罚的认定，更不能因被告人判后就量刑问题行使上诉权而否定其认罚表现。我们赞成第二种意见，主要理由如下：

第一，认罪认罚表现可存在于侦查、审查起诉、审判各诉讼阶段，“同意量刑建议，签署认罪认罚具结书”并非认罚的唯一根据。《中华人民共和国刑事诉讼法》第十五条规定的“认罪”即“自愿如实供述自己的罪行，承认指控的犯罪事实”，认罪实质上就是“认事”，其表现形式可以是自首、坦白、当庭认罪等；该条规定的“认罚”即“愿意接受处罚”，包括接受刑罚处罚、主动退赃退赔、积极赔偿被害人损失、同被害人和解、预交罚金等。[1] 我们认为，“同意量刑建议，签署认罪认罚具结书”只是认罚的表现形式之一，而

---

① 胡云腾主编、最高人民法院刑事审判第一庭编著：《认罪认罚从宽制度的理解与适用》，人民法院出版社2018年版，第77~78页。

非认罚的唯一根据。不可否认，对于适用认罪认罚从宽制度的案件来说，除法律另有规定[①]外，签订认罪认罚具结书是适用该制度的形式要件，但对于未适用认罪认罚从宽制度的案件来说，未签订认罪认罚具结书不等于没有认罚表现。

就本案而言，被告人前某、叶某、夏某、赵某、李某乙均系自首，侦查、审查起诉阶段及庭审中均表示愿意接受处罚；李某甲、何某如实供述所犯罪行，侦查、审查起诉阶段及庭审中均表示愿意接受处罚；本案八名被告人均有退赔情节，且赵某、李某乙、夏某、何某四名被告人在侦查阶段已经开始退赔。从到案经过、退赔情况、被告人口供、当庭表现等方面却能够判断被告人具备认罪认罚的客观行为表现，在没有认罪认罚具结书的情况下，认罪认罚的判断仍有证据支持，能够予以认定。

第二，上诉权作为被告人享有的基本诉讼权利，其目的在于确保被告人不受错误或不当的刑罚处罚。被告人表示愿意接受处罚，或明确表示同意检察院量刑建议，仍可以基于对法院最终量刑结果有异议而提出上诉，不能因被告人正当行使上诉权，而否定其认罚表现。

二、对于未适用认罪认罚从宽制度，在庭审过程中表示认罪认罚且确有认罪认罚表现的被告人，法院在审理程序方面应如何处理

二审中，对于一审法院的审理程序是否失当，有两种意见。第一种意见认为，一审法院认定被告人“认罪认罚”，且基于此对被告人从宽处罚，但庭审未按照认罪认罚从宽制度的程序规定征求控方量刑建议、签署认罪认罚具结书、告知诉讼权利义务、组织控辩双

---

① 《中华人民共和国刑事诉讼法》第一百七十四条规定了不需要签署认罪认罚具结书的情形。

方进行质证辩论等，系程序不当；第二种意见认为，一审法院认定被告人“认罪认罚”，但未适用认罪认罚从宽制度，审理程序符合法律规定，并无不当。我们赞成第二种意见，主要理由如下：

第一，本案虽未适用认罪认罚从宽制度，但一审庭审程序充分保障了各方诉讼权利。本案侦查及审查起诉期间，虽然多名被告人具有认罪认罚表现，公安机关也向被告人分别出示过认罪认罚从宽制度告知书，但最终检察机关未建议法院适用认罪认罚从宽制度进行审理。基于此，一审法院依据普通程序的规定对本案进行了公开审理，庭审中未按照认罪认罚从宽制度的有关规定进行程序简化，严格按照法庭调查、举证质证、法庭辩论、被告人最后陈述等必经环节进行，控辩双方亦围绕事实认定、法律适用、量刑情节等问题充分发表了意见，整个庭审过程较认罪认罚从宽制度下的庭审程序更加严谨、细致，尤其充分保障了对指控事实有异议的被告人的质证、辩论权利。

第二，对于被告人当庭认罪认罚案件，现行法律未强制规定法院中止、转化庭审程序。对于被告人在侦查、起诉阶段没有认罪认罚，或虽认罪认罚但未适用认罪认罚从宽制度，而在审理阶段或当庭有认罪认罚表现的，我国《中华人民共和国刑事诉讼法》没有强制规定人民法院必须征求检察机关的意见、建议检察机关提出量刑建议、中止或转换庭审程序。仅仅对于法院审查后认为符合认罪认罚条件，可以适用速裁程序或简易程序的案件，法院可以向检察院发出《适用认罪认罚从宽程序通知书》，而该情形不涉及适用普通程序审理的案件。同时，本案属于涉及多名被告人的共同犯罪案件，对于部分被告人具有认罪认罚表现，部分被告人不具有认罪认罚表现的，法院以普通程序审理案件，充分保障不认罪认罚被告人的诉讼权利，并无不当。

三、对于未适用认罪认罚从宽制度的案件，法院能否依据《中华人民共和国刑事诉讼法》第十五条对被告人从宽处罚

关于《中华人民共和国刑事诉讼法》第十五条的理解与适用存在两种主要观点：第一种观点认为，第十五条系专门针对认罪认罚从宽制度设置的法律条款，只有适用认罪认罚从宽制度的案件才能在判决主文中援引，否则属于法律适用错误。第二种观点认为，对于未适用认罪认罚从宽制度，但具有认罪认罚表现的被告人，法院可以依据《中华人民共和国刑事诉讼法》第十五条的规定对被告人从宽处罚，并在判决主文中援引，但要从严把握从宽的幅度。我们赞成第二种观点，主要理由如下：

首先，《中华人民共和国刑事诉讼法》第十五条系坦白从宽刑事政策在刑事诉讼法总则中的原则性规定，是程序法层面对坦白从宽政策的制度化和深化发展，体现对认罪认罚犯罪嫌疑人、被告人可以从宽处理的精神，是司法机关对认罪认罚犯罪嫌疑人、被告人可以“实体从宽、程序从简”的原则性依据。认罪认罚从宽的根本目的是鼓励更多的犯罪嫌疑人、被告人向司法机关积极坦白罪行、悔过自新。

其次，从宽处理应从实体和程序两个维度理解，即实体从宽、程序从简，而且实体和程序是各自独立的，程序从简不是获得实体从宽的前提。在现有认罪认罚案件量刑协商中，检察机关明显处于强势地位，具有绝对主导权，被告人、辩护人则相对弱势，因此难免出现被告人、辩护人与检察机关无法就量刑建议达成一致，从而无法适用认罪认罚从宽制度的情况。在该类被告人确有自首、积极退赔、与被害人达成和解等认罪认罚表现时，如因程序未从简，而不能获得实体从宽处理，显然有违公平。也就是说，在犯罪嫌疑人、被告人确有认罪认罚表现，但又因欠缺形式要件而未能启动程序从简的处

理模式时，法院可以依据《中华人民共和国刑事诉讼法》第十五条的精神对其适当从宽处罚，同时因程序层面未能节省司法资源，对该类被告人的从宽幅度要小于适用认罪认罚从宽制度的被告人。

四、本案量刑是否适当

控辩双方对于本案量刑是否畸轻、过重存在争论。我们认为，一审法院对各被告人的量刑情节均已评价，对各被告人量刑结果均在法定幅度内，并无不当。

一方面，一审法院根据在案证据依法认定各被告人是否具有认罪认罚表现，虽未适用认罪认罚从宽制度，仍对具有认罪认罚表现的被告人从宽处理，但在从宽幅度上严格把握，充分体现了宽严相济的刑事政策。认罪认罚是“从宽处理”的逻辑起点，一方面，认罪认罚表明犯罪嫌疑人、被告人在特殊预防意义上的人身危险性较弱，刑罚处罚的需求相应降低，根据处罚必要性原则可以对其从宽处理；另一方面，犯罪嫌疑人、被告人自愿认罪认罚，减少了对抗，降低了侦查机关收集证据、检察机关出庭指控的压力，使得整体司法成本得以节约；因此，对认罪认罚的犯罪嫌疑人、被告人给予适度的从宽处理，不仅是必要的，而且是正当的。[①] 虽然本案未适用认罪认罚从宽制度，但多名被告人到案后便认罪认罚，积极配合侦查机关收集证据，在各诉讼阶段对涉嫌的罪名及事实均无异议，客观上检察机关在出庭准备、庭审质证辩论方面的负担明显减轻，也降低了法院的审查压力。

另外，一审法院考虑非法吸收公众存款案件特点，依据被告人的任职时间、职务情况、层级关系、业务员指认等因素，综合认定

---

① 杨立新：《认罪认罚从宽制度理解与适用》，载《国家检察官学院学报》2019年第1期。

其犯罪数额，同时以犯罪数额为参考，重点审查被告人在犯罪中实际发挥的作用，以及各被告人量刑情节，对量刑做客观评价的处理方式符合罪责刑相适应原则，并无不当。

基于上述考虑，二审中，合议庭的处理意见为驳回检察院的抗诉及上诉人的上诉，维持原判。

编写人：北京市第三中级人民法院　刘泽　孙淼淼

097　在非法吸收公众存款案中提供网络技术、设备服务行为的性质与责任认定

——王某等非法吸收公众存款案

【案件基本信息】

1. 裁判书字号

浙江省台州市中级人民法院（2018）浙10刑终145号刑事判决书

2. 案由：非法吸收公众存款罪

【基本案情】

2015年7月、8月，被告人王某认识了邵某满、王某丹、李某呈（均已起诉）后，与李某（另案处理）一起向邵某满、王某丹、李某呈介绍、推广网络融资平台，后邵某满等三人设立“万×贷点对点网络借款（P2P）平台”，由被告人钱某、陈某、徐某瑞、忻某林提供技术指导、培训，在平台上发布年化收益18%，并设置具有投标奖励的投标项目，向社会不特定人员吸收资金。自2015年9月18日平台运行至同年12月31日，共计吸收人民币500余万元。

2015年10月开始，经被告人王某等人介绍、推广，由钱某、陈某、徐某瑞、忻某林提供技术指导、培训，徐某兵、王某文、狄某燕、潘某兵、应某欢等人（均另案处理）分别成立“欧×贷P2P平台”“吉×贷P2P平台”“东×富P2P平台”“优×富P2P平台”“万×投P2P平台”，向社会不特定人员吸收资金，其中“欧×贷P2P平台”共计吸收人民币700余万元，“吉×贷P2P平台”共计吸收人民币800余万元，“东×富P2P平台”共计吸收人民币500余万元，“优×富P2P平台”共计吸收人民币500余万元，“万×投P2P平台”共计吸收人民币190余万元。

人民检察院指控称，被告人王某、钱某、陈某、忻某林、徐某瑞与人结伙，通过设立P2P网络平台非法吸收公众存款，扰乱金融秩序，数额巨大，其行为已构成非法吸收公众存款罪，系共同犯罪。

被告人王某的辩护人提出被告人王某等人把P2P平台建好后即退出，平台资金不受他们控制，在整个吸收公众存款过程中只提供软件技术培训等服务，未直接参与吸收存款、并收取固定技术培训费用，在共同犯罪中仅起辅助作用，应系从犯；其他被告人的辩护人提出四被告人相对被告人王某在共同犯罪中的作用亦仅起到辅助作用，均应系本案共同犯罪中的从犯。

【案件焦点】

对技术、设备服务提供商在非法吸收公众存款罪中所起的作用及地位如何认定，即主从犯如何认定。

【法院裁判要旨】

浙江省温岭市人民法院经审理认为：被告人王某、钱某、陈某、忻某林、徐某瑞与人结伙，通过设立P2P网络平台非法吸收公众存款，扰乱金融秩序，数额巨大，其行为已构成非法吸收公众存款罪，系共同犯罪。公诉机关指控罪名成立。鉴于被告人钱某、陈某案发后自动投案，并如实供述其犯罪事实，系自首，被告人钱某劝说同案犯自首，有立功表现；被告人王某、徐某瑞、忻某林归案后如实供述犯罪事实，且均当庭自愿认罪，五被告人均积极退还部分赃款，决定对被告人王某、徐某瑞、忻某林依法分别予以从轻处罚；对被告人钱某、陈某依法分别予以减轻处罚。综上，依照《中华人民共和国刑法》第一百七十六条第一款，第二十五条第一款，第六十七条第一款、第三款，第六十八条，第六十四条之规定，判决如下：

一、被告人王某犯非法吸收公众存款罪，判处有期徒刑三年三个月，并处罚金人民币十二万元；

二、被告人钱某犯非法吸收公众存款罪，判处有期徒刑二年二个月，并处罚金人民币七万元；

三、被告人陈某犯非法吸收公众存款罪，判处有期徒刑二年六个月，并处罚金人民币八万元；

四、被告人忻某林犯非法吸收公众存款罪，判处有期徒刑三年，并处罚金人民币十万元；

五、被告人徐某瑞犯非法吸收公众存款罪，判处有期徒刑三年，并处罚金人民币十万元；

六、被告人王某犯罪所得人民币十六万元；被告人钱某违法所得人民币二十六万元；被告人徐某瑞违法所得人民币二十六万元；被告人忻某林违法所得人民币二十六万元；被告人陈某违法所得人民币二十六万元，依法予以没收。

一审宣判后，五被告人以原判涉案数额认定有误、原判未区分主从犯并认定其为从犯不当为由提出上诉，检察院未提出抗诉。

浙江省台州市中级人民经审理认为：上诉人（原审被告人）王某主动联系，积极推介 P2P 平台的融资功能特性，使徐某兵等人产生非法吸收公众存款的故意而委托其搭建 P2P 平台，吸存款数额巨大，扰乱金融秩序；上诉人（原审被告人）钱某、陈某、忻某林、徐某瑞接受委托搭建 P2P 平台，为他人非法吸收公众存款提供技术支撑，起帮助作用，涉案数额巨大，五上诉人的行为均已构成非法吸收公众存款罪。系共同犯罪，其中钱某、陈某、忻某林、徐某瑞系起次要辅助作用的从犯，依法予以减轻处罚。原判未正确区分主从犯不当，予以纠正。钱某、陈某案发后自动投案，并如实供述犯罪事实，系自首；钱某劝说同案犯自首，有立功表现；王某、徐某瑞、忻某林归案后如实供述犯罪事实，依法均可从轻处罚。在案查明王某的违法所得为 38.5 万元，钱某、陈某、忻某林、徐某瑞的违法所得均为 27 万元，原判认定各上诉人违法所得不当，予以纠正。钱某、陈某、忻某林、徐某瑞积极退清全部赃款，王某退还部分赃款，可予酌情从轻处罚。钱某、陈某、忻某林、徐某瑞有悔罪表现，根据上述法定、酌情量刑情节，依法予以减轻处罚并适用缓刑。钱某、陈某、忻某林、徐某瑞的上诉理由及各自辩护人的辩护意见，合理部分予以采纳。原判对王某定罪和适用法律正确，量刑适当，王某请求从轻改判的理由不能成立，不予采纳。原审审判程序合法。依照《中华人民共和国刑事诉讼法》第二百二十五条第一款第二项及《中华人民共和国刑法》第一百七十六条第一款，第二十五条第一款，第二十六条第一款、第四款，第二十七条，第六十七条第一款、第三款，第六十八条，第七十二条第一款、第三款，第七十三条第二款、第三款，第六十四条之规定，判决如下：

一、维持浙江省温岭市人民法院（2017）浙 1081 刑初 1224 号刑事判决第一项，即被告人王某犯非法吸收公众存款罪，判处有期徒刑三年三个月，并处罚金人民币十二万元；撤销判决的其他部分；

二、上诉人（原审被告人）钱某犯非法吸收公众存款罪，判处有期徒刑一年六个月，缓刑二年，并处罚金人民币五万元；

三、上诉人（原审被告人）陈某犯非法吸收公众存款罪，判处有期徒刑一年八个月，缓刑二年，并处罚金人民币六万元；

四、上诉人（原审被告人）忻某林犯非法吸收公众存款罪，判处有期徒刑二年，缓刑三年，并处罚金人民币七万元；

五、上诉人（原审被告人）徐某瑞犯非法吸收公众存款罪，判处有期徒刑二年，缓刑三年，并处罚金人民币七万元；

六、上诉人（原审被告人）王某犯罪所得人民币三十八万五千元，上诉人钱某、陈某、忻某林、徐某瑞的各自违法所得人民币二十七万元，依法予以没收，上交国库。

【法官后语】

关于本案犯罪数额的认定。根据2010年的《最高人民法院关于审理非法集资刑事案件具体应用法律若干问题的解释》的规定，非法吸收或者变相吸收公众存款的数额，以行为人所吸收的资金全额计算。案发前后已归还的数额，可以作为量刑情节酌情考虑。犯罪数额的认定直接影响被告人的定罪量刑。“P2P案件”因被害人遍及全国各地，理想的证据确实充分的认定当然是有参与人的报案记录、言词证据与相关的合同、资金收付凭证、会计账簿等书证，以及互联网电子数据、自媒体交易信息等证据，但出于各种因素集资参与人不可能全部报案，对于没有报案集资人的金额该如何认定。

本案中，对于集资参与人有无报案来确定犯罪数额，有两种意见。

意见一：要有明确的参与人报案记录及笔录。本罪应与诈骗罪区分，应有明确的受害对象。本罪在案发前，集资参与人与集资人之间的集资关系属于合法民事合同关系，适用民法中的意思自治原则。在实践中，许多案件集资参与人出于各种因素考虑未报案，部分被害人前期投资行为弥补了后期的亏损，其视为可接受范围，且对犯罪数额认定中，尚需考虑到期续存、支付本金、利息等情节，因此不能认定。

意见二：不能机械局限于参与人的言词证据。实践中，许多案件难以做到所有证据都完备，而不予认定这一部分的犯罪数额，可能有放纵犯罪之嫌，在后续的执行过程中，也易引起集体信访。故参与人的言词证据仅是认定非法吸收公众存款罪的证据之一，而不是唯一。

本案中，被告人钱某、陈某、徐某瑞、忻某林具有搭建 P2P 平台的业务专长，知道 P2P 平台的功能特性，其使用他人设计的 P2P 平台系统软件，为融资客户搭建 P2P 平台，并为客户公司提供技术指导、员工培训，使客户能运用 P2P 平台得以融资。在案的各融资客户起始对 P2P 平台如何运作并不了解，在平台上发布年化收益 18%，设置具有投标奖励的投标项目，所融资金并未进入第三方托管账户，系听从被告人等告知而为。客户的融资离不开四被告人前期所搭建的 P2P 平台及提供的业务指导，故四被告人应对客户使用搭建的 P2P 平台非法吸收资金数额承担责任。结合 2010 年《最高人民法院、最高人民检察院、公安部关于办理非法集资刑事案件适用法律若干问题的意见》的规定，办理非法集资刑事案件中，确因客观条件的限制无法逐一收集集资参与人的言词证据的，可结合已收集的集资参与人的言词证据和依法收集并查证属实的书面合同、银行账户交易记录、会计凭证及会计账簿、资金收付凭证、审计报告、互联网电子数据等证据，综合认定非法集资对象人数和吸收资金数额等犯罪事实。故不能机械局限于参与人的言词证据。

各被告人的作用地位，即主从犯如何认定。责任主义是近代刑法的一个基本原理，P2P案件多为共同犯罪，各共同犯罪人在整个共同犯罪中所处的地位、作用、参与程度等不同，各自所应承担的刑事责任也不同。本案中，对技术、设备服务提供商在非法吸收公众存款罪中所起的作用及地位，即主从犯如何认定问题，成为案件审理中的争议焦点：

观点一：应为从犯。设备商只为集资人融资提供技术帮助，部分人员系履职行为，且未直接从集资参与人手中吸收任何存款，不参与经营活动，所起作用较小，不应认定为主犯。

观点二：区分对待。集资人经设备商介绍，才了解P2P平台的功能特性，并为集资人提供技术指导、员工培训，使集资人能运用P2P平台得以融资。所得的融资款，也系经设备商告知，未进入第三方托管账户。可见，集资人的犯意系由设备商所引起，集资人的融资行为也离不开设备商前期搭建的P2P平台及提供的指导。但也需考虑部分人员系履职行为，只取得搭建平台的固定报酬，故设备商的主要负责人，应认定为共同犯罪中的主犯。

观点三：应为主犯。设备商向集资人提供技术帮助，收取固定收益，在吸收公众存款整个共同犯罪中，均积极参与，仅分工不同，其作用、获益与投资者基本接近，不宜区分主从犯。

结合本案，被告人钱某、陈某、忻某林、徐某瑞受王某委托为客户搭建P2P平台，在安装好操作系统，对客户员工进行技能培训能使用P2P平台后即退出，本身不掌控客户吸存的资金及使用情况，所得的仅是搭建平台的固定酬劳。但基于四被告人的业务特性，明知融资方式不合法而放任不管，客观上为他人非法吸收资金提供帮助，故不论相对于委托者王某，以及实际融资客户而言，四被告人起的是次要辅助作用，应认定为从犯。

综上，被告人王某、钱某、陈某、忻某林、徐某瑞构成非法吸收公众存款罪。系共同犯罪。其中钱某、陈某、忻某林、徐某瑞系起次要辅助作用的从犯，依法予以减轻处罚。故法院对四被告人减轻处罚并适用缓刑适当。

编写人：浙江省温岭市人民法院　金煊

098　非法吸收公众存款罪犯罪数额的认定

——靳某丽等非法吸收公众存款案

【案件基本信息】

1. 裁判书字号

北京市第二中级人民法院（2018）京02刑终98号刑事判决书

2. 案由：非法吸收公众存款罪

【基本案情】

2015年1月至2015年12月，郑某智（在逃）在北京市丰台区南四环西路甲中心×号楼×层设立乙公司，后伙同陈某货、靳某丽、孙某国、李某雪、高某锋、刘某、任某等人，违反国家规定，将虚假投资项目包装成“月赢通”“单季赢”“乙金宝”等年化收益7%～14%的理财产品进行销售，以承诺还本付息为诱饵，通过媒体宣传、培训讲座、业务员推介等途径，向社会公开宣传，以此方式非法吸收公众存款，后因资金链断裂至众多投资人钱款无法返还。

其中陈某货非法吸收公众存款共计 2 亿余元。靳某丽非法吸收公众存款共计 3 亿余元。孙某国非法吸收公众存款共计 8000 余万元。李某雪非法吸收公众存款共计 6000 余万元。高某锋非法吸收公众存款共计 3800 余万元。刘某非法吸收公众存款共计 3000 余万元。任某非法吸收公众存款共计 2000 余万元。

【案件焦点】

1. 已经归还的金额及投资人续投的金额是否应该从犯罪数额中扣除；2. 亲友是否属于不特定对象，其投资金额是否应予以扣除。

【法院裁判要旨】

北京市丰台区人民法院经审理认为：被告人陈某货、靳某丽、孙某国、李某雪、高某锋、刘某、任某结伙非法变相吸收公众存款，扰乱金融秩序，数额巨大，其行为均已构成非法吸收公众存款罪，依法应予处罚。被告人非法吸收公众存款罪的犯罪数额应该累加计算，已经归还的金额及投资人续投的金额以及亲友投资的金额均不从犯罪数额中扣除。北京市丰台区人民法院依照《中华人民共和国刑法》第一百七十六条，第二十五条第一款，第二十七条，第五十二条，第五十三条，第六十七条第一款、第三款，第六十四条，第六十一条之规定，作出如下判决：

一、被告人陈某货犯非法吸收公众存款罪，判处有期徒刑四年，并处罚金人民币十二万元；

二、被告人靳某丽犯非法吸收公众存款罪，判处有期徒刑三年，并处罚金人民币八万元；

三、被告人孙某国犯非法吸收公众存款罪，判处有期徒刑四年六个月，并处罚金人民币十五万元；

四、被告人李某雪犯非法吸收公众存款罪，判处有期徒刑二年六个月，并处罚金人民币八万元；

五、被告人高某锋犯非法吸收公众存款罪，判处有期徒刑三年九个月，并处罚金人民币十万元；

六、被告人刘某犯非法吸收公众存款罪，判处有期徒刑三年六个月，并处罚金人民币九万元；

七、被告人任某犯非法吸收公众存款罪，判处有期徒刑三年，并处罚金人民币六万元；

八、追缴各被告人违法所得，返还投资人；

九、已冻结的涉案账户内资金及随案移送的钱款并入本判决书第八项执行，随案移送的扣押物品予以变价，所得价款并入本判决书第八项执行，未随案移送的扣押物品由扣押机关依法处理。

靳某丽、孙某国、高某锋、刘某及任某提出上诉。

北京市第二中级人民法院经审理认为：一审法院根据七人犯罪的事实、性质、情节和对社会的危害程度所作出的判决，定罪及适用法律正确，审判程序合法，对扣押款物的处置亦无不当，对陈某货、靳某丽、孙某国、高某锋、任某、李某雪的量刑适当；因二审出现新证据，对高某锋的犯罪数额认定有误，依法予以纠正，但不影响对高某锋的量刑；一审未认定刘某具有自首情节不当，依法予以认定并改判原判对刘某所判处的刑罚。故作出以下判决：

一、维持北京市丰台区人民法院（2017）京0106刑初30号刑事判决的第一项、第二项、第三项、第四项、第五项、第七项、第八项、第九项；

二、撤销北京市丰台区人民法院（2017）京0106刑初30号刑事判决的第六项。即被告人刘某犯非法吸收公众存款罪，判处有期徒刑三年六个月，并处罚金人民币九万元；

三、上诉人（原审被告人）刘某犯非法吸收公众存款罪，判处有期徒刑三年三个月，并处罚金人民币八万元。

【法官后语】

1. 关于本案被告人吸收资金后为此支付的利息是否应该从犯罪金额中扣除的问题，一种观点认为利息应该作为归还的本金部分从犯罪金额中扣除，另一种观点认为根据2010年《最高人民法院关于审理非法集资刑事案件具体应用法律若干问题的解释》（以下简称《解释》）第三条第三款的规定，非法吸收或者变相吸收公众存款的数额，以行为人所吸收的资金全额计算。案发前后已归还的数额，可以作为量刑情节酌情考虑。由此，案发前后归还的数额，包括本金及利息，均不能从犯罪数额中扣减，而应只作为量刑情节考虑。

笔者同意第二种观点。理由如下：

(1) 非法吸收公众存款罪属于破坏金融管理秩序罪下的罪名，其犯罪客体为金融信贷管理秩序，与侵犯财产型犯罪不同，其是一种募集资金的行为，主观上不需要以非法占有为目的，客观上不是一种直接谋取利益的行为，且金融犯罪涉及面广，其流通性和风险性都决定着金融犯罪的危害结果要大于传统犯罪，对本罪采取结果犯的模式不利于打击金融犯罪。故而行为人违反金融市场准入规定，未经行政许可从事吸收公众存款，每次收到吸收的资金后就已完成既遂状态，而无须以实际损失或行为人非法占有数额为构成要件。

(2) 行为人承诺给予的利息也属于不正当竞争手段，其以保本付息的方式吸收存款，实质上是在经营银行等金融机构的揽储业务，但实质上又不具备银行对抗风险的能力，由于缺乏国家存款保险制度的保护，其脆弱的资产负债结构难以保障投资人的财产安全，故其行为一旦实施，即使为此支付利息，具有利诱性质，且对我国金融管理秩序与信用制度的破坏也已经形成，故被告人支付给投资人的利息不应该从犯罪金额中扣除。

(3)《中华人民共和国刑法修正案（十一）》第十二条对有非法吸收公众存款罪行为的，规定在提起公诉前积极退赃退赔，减少损害结果发生的，可以从轻或者减轻处罚。从法律层面上确定了在提起公诉前，如有退赔退赃行为的，仅作为量刑情节予以酌情考虑。

2. 关于合同续签后，本金是否可以累加的问题。本案部分合同在到期后，投资人没有取出本金，而是由投资人与被告人续签合同，继续投资。辩护人辩称基于本金没有退回给投资人，该本金系行为人基于一个犯意吸收资金的行为，应该以投资人初次交付给行为人的金额作为犯罪数额，续签之后金额不再累加。

根据最高法、最高检及公安部印发的《关于办理非法集资刑事案件若干问题的意见》第五条第二款之规定，集资参与人收回本金或者获得回报后又重复投资的数额不予扣除。辩护人认为本金不可累加这一观点没有把握续签合同的本质特征。事实上被告人每完成一次吸收资金的活动，即完成一次非法吸收公众存款的行为，吸收资金金额当然累加。续投行为实际是将前一笔本金归还，然后再投入。类比合同到期后，投资人将存款取出后，在很短的时间内又与被告人重新签订投资合同，投入等额本金，这部分本金应该累加不存在争议。因此，投资人在不取出本金的前提下，只要重新签订一次合同，就意味着之前的投资关系结束，产生新的吸收资金的行为，应当累计计算犯罪金额。

3. 关于亲友是否属于特定对象的争议，被告人及其辩护人认为，根据《解释》第一条第二款的规定，未向社会公开宣传，在亲友或者单位内部针对特定对象吸收资金的，不属于非法吸收或者变相吸收公众存款，故而向亲友吸收资金的行为属于向特定人员吸收资金，数额应该从犯罪金额中扣除。这里涉及一个不特定人群的认定问题。笔者认为，认定亲友为“特定人员”具有严格的限制，其前提是未向社会公开宣传，即不具有“公开性”。如行为人通过以各种途径向社会公众传播吸收资金的信息，或明知吸收资金的信息向社会公众扩散而予以放任，则行为是实施了向社会公众传播吸收资金信息的行为。其次是必须面对亲友中的特定对象吸收资金，被告人应当结合投资者承担风险的能力与人数因素等筛选出合适的人选，明确提示投资风险和资金总量，即不具有“社会公众性”。

《关于办理非法集资刑事案件若干问题的意见》第五条第一款规定：“非法吸收或者变相吸收公众存款构成犯罪，具有下列情形之一的，向亲友或者单位内部人员吸收的资金应当与向不特定对象吸收的资金一并计入犯罪数额：（一）在向亲友或者单位内部人员吸收资金的过程中，明知亲友或者单位内部人员向不特定对象吸收资金而予以放任的；（二）以吸收资金为目的，将社会人员吸收为单位内部人员，并向其吸收资金的；（三）向社会公开宣传，同时向不特定对象、亲友或者单位内部人员吸收资金的。”但本案数位被告人通过媒体宣传、培训讲座、业务员推介等途径宣传，不设定任何标准和人数，不考察投资人具体情况，只要出资即予以接纳，从主观上看，其具有向社会公众吸收资金的概括故意，此时其吸资对象不论是亲友还是其他社会公众，都是行为人基于同一犯意支配下的吸收行为的对象，属性相同，都是不特定对象。

因此，该案中行为人向其亲友推销吸收的资金应当计入犯罪数额，但对于行为人本人购买的资金应从犯罪数额中扣除。

编写人：北京市第二中级人民法院　谭劲松　王芊雯

099　非法吸收公众存款罪中“社会公众”范围的认定

——叶某华、康某红非法吸收公众存款案

【案件基本信息】

1. 裁判书字号

福建省厦门市中级人民法院（2018）闽 02 刑终 501 号刑事裁定书

2. 案由：非法吸收公众存款罪

【基本案情】

2013 年 11 月至 2015 年 12 月，被告人叶某华、康某红共谋吸收资金。被告人叶某华以“罗汉哥”“佛祖”的名义拉拢不特定的信众，组织标会，以利息回报等为诱饵吸收“会仔”入会；被告人康某红负责记账并使用部分吸收资金。二被告人非法集资共计 3070400 元，可查实给被害人造成直接经济损失 1096100 元。2017 年 1 月 24 日，公安机关将被告人叶某华抓获归案。2017 年 2 月 22 日，被告人康某红主动至厦门市公安局湖里分局投案。

【案件焦点】

叶某华主要向其相识之人吸收存款，但对其相识之人再行招揽存款人持积极态度，是否可认定为向社会公开宣传、向社会不特定对象吸收资金。

【法院裁判要旨】

福建省厦门市湖里区人民法院经审理认为：叶某华、康某红结伙变相吸收公众存款，累计达人民币 3070400 元，数额巨大，扰乱金融秩序，其行为均已构成非法吸收公众存款罪。本案系共同犯罪，叶某华在共同犯罪中起主要作用，系主犯；康某红在共同犯罪中起次要作用，系从犯，应从轻处罚。康某红自动投案并如实供述犯罪事实，当庭亦自愿认罪，系自首，可从轻处罚。

福建省厦门市同安区人民法院依照《中华人民共和国刑法》第一百七十六条，第二十五条第一款，第二十六条第一款，第二十七条，第六十七条第一款、第三款，第七十二条第一款、第三款及第六十四条的规定，作出如下判决：

被告人叶某华犯非法吸收公众存款罪，判处有期徒刑四年，并处罚金人民币五十万元；被告人康某红犯非法吸收公众存款罪，判处有期徒刑三年，缓刑五年，并处罚金人民币三十万元；同时责令被告人叶某华、康某红退赔被害人相应的经济损失。

宣判后，被告人叶某华提出上诉，主要上诉意见认为叶某华与被害人均为亲友关系，没有向社会公开宣传，也没有向社会公众即社会不特定对象吸收资金，其行为不构成非法吸收公众存款罪。

福建省厦门市中级人民法院经审理认为：在案证据证实，上诉人叶某华吸收资金的对象没有范围和身份的限制，并非仅限于其亲友。部分被害人与叶某华并不相识，系通过与叶某华相识之人介绍入会，通过相识之人招揽他人入会是叶某华向社会公开宣传的手段。上诉人叶某华的行为符合非法吸收公众存款罪的构成要件。

福建省厦门市中级人民法院依照《中华人民共和国刑事诉讼法》第二百二十五条第一款第一项的规定，作出如下裁定：

驳回上诉，维持原判。

【法官后语】

1. 规定“社会公众”要件的立法目的

《中华人民共和国刑法》第一百七十六条规定了非法吸收公众存款罪。《最高人民法院关于审理非法集资刑事案件具体应用法律若干问题的解释》第一条对《中华人民共和国刑法》第一百七十六条中规定的“非法吸收公众存款或者变相吸收公众存款”的四个要件进行了明确，其中包括向社会公众即社会不特定对象吸收资金。之所以要强调“社会公众”即社会不特定对象，原因就在于从社会危害性来看，针对不特定对象吸收资金，影响的范围广，对这种行为的防控能力弱，风险较大。从侵犯的法益来看，针对不特定对象吸收资金的行为具有开放性，涉及人数众多，不仅侵犯存款人的财产权，还侵犯了国家的金融管理秩序，社会危害性大。

2. “社会公众”范围的认定

吸收资金的对象是否特定，要看犯罪行为人对吸收资金对象的身份和范围是否作出限制。如果对身份、范围不作限制，则可认定行为人是向社会不特定对象吸收资金。行为人有无向社会不特定对象吸收资金的故意，不能从结果倒推，而要看其行为表现。即使实际上存款人为行为人认识的人，也不能就此否认行为人吸收资金对象的不特定性。在本案中，叶某华在组织标会过程中，没有对“会仔”的身份和范围作出限制，吸收资金的对象并不仅限于其亲友。虽然从叶某华吸收资金的实际情况来看，入会的主要是其认识的人，但叶某华对其相识之人再行招揽“会仔”持积极的态度。叶某华不认识这部分“会仔”，对他们的偿还能力、信用状况没有相当程度认知的情况下仍接受他们入会，可见其吸收资金的对象并非特定。叶某华通过其相识之人再行招揽“会仔”入会，是其向社会公开宣传的一种手段。

3. “针对特定对象吸收资金”这一除外情形的适用

《最高人民法院关于审理非法集资刑事案件具体应用法律若干问题的解释》（以下简称《解释》）第一条第二款规定，未向社会公开宣传，在亲友或者单位内部针对特定对象吸收资金的，不属于非法吸收或者变相吸收公众存款。该《解释》明确了非法吸收公众存款罪的除外情形。《最高人民法院、最高人民检察院、公安部关于办理非法集资刑事案件适用法律若干问题的意见》（以下简称《意见》）中关于“社会公众”的认定明确了不属于《解释》第一条第二款规定的“针对特定对象吸收资金”的情形，其中包括在向亲友吸收资金的过程中，明知亲友向不特定对象吸收资金而予以放任的。

对《解释》规定的除外情形和《意见》对该情形的限制，在适用时要注意两个问题，一是亲友的范围。亲友即亲戚朋友。亲戚的范畴相对比较清楚，朋友的范围则不甚明确，不同的人对朋友的范围理解不同，但无论如何宽泛，也不宜将认识的人都定义为朋友。在本案中，与叶某华相识的“会仔”不能笼统地都认定为其亲友。二是“明知亲友向不特定对象吸收资金”中“不特定对象”的范围。在向亲友吸收资金过程中，明知亲友向不特定对象吸收资金而予以放任的，属于向社会公众吸收资金。这里的“不特定对象”应该是对于吸收资金的行为人来说的“不特定”。实践中，吸收资金行为人的亲友可能再向他的亲友吸收资金，这种情况下，虽然这些人对于行为人的亲友来说是特定的，但对行为人来说，这些人的身份和范围不可预知，是不特定的，应属于“亲友向不特定对象吸收资金”。如非如此理解，《解释》规定的除外情形排除的范围就太大了，将给不法分子可乘之机，不利于打击此类犯罪。

编写人：福建省厦门市中级人民法院　陈姝

100 银行工作人员明知被告人提供虚假的贷款资料而予以贷款能否认定为骗取贷款罪

——石某某骗取贷款案

【案件基本信息】

1. 裁判书字号

黑龙江省农垦中级法院（2017）黑81刑终59号刑事裁定书

2. 案由：骗取贷款罪

【基本案情】

2010年1月，被告人石某某在黑龙江省海伦农场十二队承包土地耕种，因种地缺少资金，便找到亲属石某甲、王某甲，以他们的名义向银行申请贷款，由石某某使用并负责偿还，石某甲、王某甲表示同意。因以石某甲、王某甲二人的名义贷款数额不够，资金缺口很大，石某某又私自搜集赵某某等17人的身份信息并制作假的身份证。在甲银行海伦市支行海伦分理处主任曹某某、副主任田某某（二人均已判刑）的帮助下，办理额度不等的三年期小额惠农自助循环贷款，以陈某某等12人的名义贷款人民币60

万元，以张某某等4人的名义贷款人民币16万元，以王某乙等2人的名义贷款人民币6万元，以王某丙的名义贷款人民币2万元，合计贷款人民币84万元。被告人石某某在甲银行海伦市支行海伦分理处办理的贷款，至今尚未偿还，给银行造成经济损失人民币84万元。2016年1月12日，被告人石某某在黑龙江省海伦农场被公安机关传唤到案。

【案件焦点】

银行工作人员明知被告人提供虚假的贷款资料而予以贷款，能否认定被告人构成骗取贷款罪。

【法院裁判要旨】

黑龙江省牡丹江农垦法院经审理认为：被告人石某某采取提供虚假资料的手段向银行贷款，至今尚未偿还，致使银行遭受重大经济损失，其行为已构成骗取贷款罪。被告人石某某犯罪后如实供述犯罪事实，自愿认罪，可以从轻处罚。

黑龙江省牡丹江农垦法院依照《中华人民共和国刑法》第一百七十五条之一第一款、第五十二条、第五十三条、第六十四条、第六十七条第三款的规定，作出如下判决：

一、被告人石某某犯骗取贷款罪，判处有期徒刑一年，并处罚金人民币一万元；

二、责令被告人石某某将违法所得予以退还。

上诉人石某某及其辩护人的辩解及辩护意见是：甲银行海伦市支行海伦分理处的工作人员明知石某某以他人名义提供虚假材料贷款，还发放贷款给石某某，可见银行不是基于上诉人的欺诈行为，而是出于银行的内部需求而发放。上诉人虚构事实的行为与银行发放贷款的行为没有联系，不构成骗取贷款罪。

黑龙江省农垦中级法院经审理认为：上诉人石某某采取向银行提供虚假证明文件的手段取得银行贷款，给银行造成重大经济损失的行为已构成骗取贷款罪。上诉人石某某及其辩护人提出甲银行海伦市支行海伦分理处是在明知石某某提供虚假材料以他人名义贷款的情况下发放的贷款，石某某不构成骗取贷款罪的上诉理由及辩护意见不成立。经查，石某某在贷款过程中，提供虚假贷款资料，具有骗取贷款的主观故意；骗取贷款罪侵犯的客体是银行或者其他金融机构对贷款的所有权以及国家金融管理制度。虽然甲银行海伦市支行海伦分理处的工作人员明知石某某提供虚假材料以他人名义贷款，并帮助其取得贷款，但本案的受骗主体是甲银行海伦市支行，所以并不影响本罪的犯罪构成要件。因此，石某某的行为构成骗取贷款罪。故上述上诉理由及辩护意见不予支持。检察机关提出的意见符合本案事实，予以采纳。原审判决认定的事实清楚，证据确实、充分，适用法律准确，量刑适当，审判程序合法，应予维持。

黑龙江省农垦中级法院依照《中华人民共和国刑事诉讼法》第二百二十五条第一款第一项的规定，作出如下裁定：

驳回石某某的上诉，维持原判。

【法官后语】

本案的争议焦点在于银行工作人员明知被告人提供了虚假的贷款资料而予以贷款的行为能否影响对被告人构成骗取贷款罪的认定。《中华人民共和国刑法》中对骗取贷款罪的规定是：以欺骗手段取得银行或者其他金融机构贷款，给银行或者其他金融机构造成重大损失或者有其他严重情节的行为。根据立法本意可知，虽然法条中对于骗取手段没有进行列举式的陈述，但只要行为人采取了欺骗手段，并给银行或者其他金融机构造成重大损失或者有其他严重情节，便可以构成本罪。又根据《最高人民检察院、公安部关于公安机关管辖的刑事案件立案追诉标准的规定（二）》中第二十二条的规定，以欺骗手段取得银行或者其他金融机构贷款，给银行或者其他金融机构造成直接经济损失数额在五十万元以上的，应予立案追诉。因此构成骗取贷款罪的两个关键要件：一是对行为人采取欺骗手段的认定；二是行为人的行为“给银行或者其他金融机构造成直接经济损失数额在五十万元以上的”。欺骗行为是所有欺诈类犯罪共有的特征，因此骗取贷款罪中的骗取行为与诈骗罪中的骗取行为在内在逻辑结构上是相同的：行为人采取虚构事实、隐瞒真相的方法，使被害人陷于错误认识，并基于错误认识，对财产权益作出处分。具体来说，对于任何的欺骗行为，首先要判断是否存在具体而明确的被骗对象（相对人），其次再判断相对人是否因被告人的欺骗行为而导致了错误认识，如果没有陷入认识错误，就不存在基于错误的认识而作出处分财产权益的决定。具体到骗取贷款罪中，骗取行为的逻辑结构为：借款人实施了欺骗行为，使得银行或者其他金融机构具有贷款审批决定权的工作人员陷入了认识错误，并基于错误的认识而向贷款人发放了贷款，并给银行或者其他金融机构造成直接经济损失数额在五十万元以上。在骗取贷款罪中，借款人的欺骗行为与取得贷款以及造成的损失之间应当具有刑法上的因果关系，因此被欺骗的银行或者其他金融机构工作人员是否具有贷款发放决定权，就尤为重要。当不具有决定权的银行工作人员明知借款人提供了不真实的贷款资料，但发放贷款的最终决定者并不了解真相而基于此错误的认识作出了放贷决定。此种情况下，实际上是借款人和银行的普通工作人员共同虚构事实，通过向具有决定权的银行工作人员行骗而获得贷款，如果造成了实际损失，借款人应构成骗取贷款罪。

具体到本案，虽然甲银行海伦市支行海伦分理处主任曹某某、副主任田某某明知石某某向银行提供虚假资料，并帮助其获得贷款，但并不影响石某某构成骗取贷款罪，因为本案中真正受到欺骗而导致错误认识的是海伦市支行的工作人员，并不是海伦分理处的工作人员；同时本案侵犯的客体是甲银行海伦市支行海伦分理处对贷款的所有权以及国家金融管理制度。因此上诉人石某某的行为完全符合骗取贷款罪的犯罪构成，依法应当受到惩处。

编写人：黑龙江省农垦中级法院　魏冬灵　郭晋

101　骗取贷款罪中被告人主观认识及客观骗取贷款行为的认定

——茂名某某公司、冯某骗取贷款案

【案件基本信息】

1. 裁判书字号

深圳市中级人民法院（2017）粤03刑终1973号刑事裁定书

2. 案由：骗取贷款罪

【基本案情】

茂名某某公司于2005年3月23日成立，被告人冯某一直负责该公司的全面工作，并设立及实际控制关联公司北京某某石油化工有限公司、深圳某某商贸有限公司、深圳市前海某某石油化工贸易有限公司。2014年，茂名某某公司以向甲公司购买油品的名义向乙银行申请贷款。经协商决定该贷款业务采取三方模式开展，茂名某某公司与甲公司签订《油品购销合同》，茂名某某公司凭《油品购销合同》向乙银行申请贷款，乙银行贷款给予茂名某某公司购油款金额70%的资金，剩余30%的货款由茂名某某公司自有资金支付，同时茂名某某公司将所购油品质押给乙银行，购油款由乙银行直接通过转账支付致甲公司收款账户。甲公司收到货款后，将质押给乙银行的油品交付给乙银行指定的第三方丙公司负责监管，并指定监管地点为茂名某某公司仓库。2014年3月10日，茂名某某公司与乙银行签署了《供应链金融业务额度授信合同》及《动产质押业务最高额质押合同》，乙银行决定给予茂名某某公司人民币5000万元的综合授信额度。同日，茂名某某公司与乙银行以及甲公司三方签署了《中国乙银行先款后货业务三方合作协议》，同时茂名某某公司与乙银行以及丙公司签订了《动产质押监管协议》。2014年3月至12月，乙银行在5000万元的授信额度内先后向茂名某某公司发放贷款15笔共计人民币9368万元，其中收回前6笔贷款共计人民币4418万元，剩余9笔贷款共计人民币4935万元逾期未归还。2015年2月，乙银行对茂名某某公司仓库库存油品进行实地核对时发现，库存实际质押油品仅有1161.63吨，与应质押的油品数量约12600吨严重不符。

2015年8月19日，被告人冯某接到民警电话后到深圳市公安局经济犯罪侦查支队接受调查。

【案件焦点】

骗取贷款案中，如何根据在案证据认定被告人具有骗取贷款的主观认识及故意，以及存在骗取银行贷款的行为。

【法院裁判要旨】

深圳市福田区人民法院经审理认为：（1）茂名某某公司及被告人冯某同意并积极促成不符合茂名某某公司及被告人冯某利益要求的三方协议的达成，如果严格按照乙银行设计的三方模式，茂名某某公司一方面不能获取贷款的直接支配使用权，另一方面在还清贷款前也无法获得所购油品的经营使用权，在不足一年时间内茂名某某公司在5000万元授信额度范围内向乙银行申请了15笔贷款，在实际的贷款运作中，并未提供担保而直接使用了贷款资金或直接使用了所购油品，特别是第一笔即使用了自买自卖虚假交易方式套取贷款，茂名某某公司及被告人冯某具有骗取贷款的主观认识及故意；（2）相关关联公司的证人证言、书面证明、审计报告等证据相互印证，形成完整证据链条，足以证实被告人冯某利用自买自卖的虚假交易骗取银行贷款的事实；（3）结合被告人冯某曾供述的其同意其他单位和个人拉走质押油品抵债、质押油品存在未入库情形、销售质押油品用于还债还贷及生产经营的情形；甲公司李某某、符某某反映2014年国际油价在持续下跌，而茂名某某公司及被告人冯某却冒着亏损风险存在频繁贷款买油的反常举动，以及经对甲公司提供的委托提油车辆和发货数量信息进行比对，结果与从丙公司获取的油库过磅单上记载的出入库日期、车辆号、司机、出入库油品品种及数量等信息严重不符，印证了油品未真正入库的情况，足以证实茂名某某公司及被告人冯某利用丙公司的监管漏洞，在乙银行不知情和未放行的情况下，私自将质押油品提供给其他债权人抵债，采用虚报库存进销表等贷款资料，以及质押油品不入库私自转卖套现等手段骗取银行贷款。被告单位茂名某某公司及直接责任人员被告人冯某无视国家法律，以欺骗手段取得银行贷款，尚有贷款本金人民币 4935 万元未能归还，其行为均已构成骗取贷款罪，应依法予以惩罚。

深圳市福田区人民法院依照《中华人民共和国刑法》第一百七十五条之一、第五十二条、第五十三条之规定，判决如下：

一、被告单位茂名某某公司犯骗取贷款罪，判处罚金人民币一百万元；

二、被告人冯某犯骗取贷款罪，判处有期徒刑三年，并处罚金人民币十万元。

宣判后被告人提起上诉。

二审法院同意一审法院裁判意见。

深圳市中级人民法院依照《中华人民共和国刑事诉讼法》第二百二十五条第一款第一项的规定，作出如下裁定：

驳回上诉，维持原判。

【法官后语】

认定骗取贷款罪首先需要借款人实施了欺骗手段，其次是“欺骗手段”与“取得贷款”之间具有刑法上的因果关系，最后是“造成重大损失或者有其他严重情节”。三者必须同时具备，缺一不可。

本案被告单位茂名某某公司及被告人冯某是否具有骗取贷款的主观认识及故意是本案的争议焦点之一。如何认定应以被告人的客观行为作为出发点进行分析。应注意到，被告人是通过达成“三方协议”的方式进行贷款的。该“三方协议”中，茂名某某公司以向核心企业甲公司购油的名义向乙银行申请贷款，茂名某某公司自行支付30%的购油款，乙银行发放70%的购油款，并由乙银行直接支付至甲公司收款账户中，同时茂名某某公司必须将向甲公司所购油品质押给乙银行用于贷款担保，直至茂名某某公司还清贷款，方能申请提油。如果严格按照乙银行设计的“三方协议”模式，茂名某某公司一方面不能获取贷款的直接支配使用权，另一方面在还清贷款前也无法获得所购油品的经营使用权。因此该模式并不符合茂名某某公司及被告人冯某的利益要求。然而茂名某某公司及被告人冯某仍然同意并积极促成“三方协议”的达成，在不足一年时间内，茂名某某公司在5000万元授信额度范围内向乙银行申请了15笔贷款，在实际的贷款运作中，并未提供担保而直接使用了贷款资金或直接使用了所购油品，足以证明茂名某某公司及被告人冯某具有骗取贷款的主观认识及故意。

另外，本案中被告人利用自买自卖的虚假交易、采用虚报库存进销表等贷款资料，以及质押油品不入库私自转卖套现等手段骗取银行贷款的事实清楚，证据确实、充分，能够相互印证，形成完整的证据链条，其行为可依法认定为骗取贷款罪。本案罪名的认定及审理结果体现了对本罪的法益即正常的金融管理秩序和金融机构的信贷资金安全的保护，有利于打击和惩治侵害银行等金融机构贷款或者其他金融信用保证的行为，以维护金融机构信用在社会信用体系中的基石地位和作用。

编写人：深圳市福田区人民法院　陈鹏

（五）金融诈骗罪

102 道路交通事故真实发生的情况下，交强险的赔偿金不计入保险诈骗数额

——周某德保险诈骗、包庇案

【案件基本信息】

1. 裁判书字号

广西壮族自治区来宾市中级人民法院（2021）桂13刑终23号刑事裁定书

2. 案由：保险诈骗罪、包庇罪

【基本案情】

2019年6月13日21时许，周某杰（已判刑）驾驶桂GT××××号小型轿车沿S210线行驶时，与在前方步行的被害人李某便发生碰撞，造成李某便因严重的颅脑损伤经送医院抢救无效死亡及车辆损坏的道路交通事故。事故发生后，周某杰拨打电话报警、叫救护车，并电话联系被告人周某德（系周某杰父亲）告知其驾车发生交通事故的情况。后周某德赶到现场，在明知周某杰系肇事者且未取得出租车驾驶员从业资格的情况下，为了获取理赔保险金，并帮助周某杰逃避法律处罚，周某德顶替周某杰作为肇事司机接受公安机关处理，多次作出虚假陈述，导致公安机关于2019年7月24日认定周某德承担事故全部责任，以周某德涉嫌犯交通肇事罪立案侦查并移送审查起诉，后广西壮族自治区来宾市兴宾区

人民检察院同时对周某德作出不起诉决定。

2019年6月14日0时许，被告人周某德以肇事车辆桂GT××××驾驶人的身份向被害单位某保险公司来宾市分公司报案，并提供其出租车驾驶员从业资格证明、事故责任认定书等材料办理理赔，骗取该保险公司向死者李某便家属支付商业保险金221337.17元。

另查明，2020年5月21日8时许，被告人周某德经公安机关电话通知后到案接受调查，并如实供述其包庇及保险诈骗的事实。肇事车辆桂GT××××小型轿车登记及挂靠在某出租车公司名下，实际车主是被告人周某德，该车在某保险公司来宾市分公司投保了交通事故责任强制保险及机动车商业保险，保险费由周某德支付，事故发生在保险期间内。

【案件焦点】

在道路交通事故真实发生的情况下，机动车交通事故责任强制险赔偿金是否应计入保险诈骗数额的问题。

【法院裁判要旨】

广西壮族自治区来宾市兴宾区人民法院经审理认为：被告人周某德以非法获取保险金为目的，对发生的保险事故编造虚假的原因骗取保险金，数额巨大，其行为已触犯刑律，构成保险诈骗罪。被告人周某德明知是犯罪的人而为其作假证明包庇，其行为已触犯刑律，构成包庇罪。被告人周某德一人犯数罪，应数罪并罚。被告人周某德经电话通知后自行到公安机关接受调查，如实供述自己的罪行，系自首，依法可以从轻或减轻处罚。

广西壮族自治区来宾市兴宾区人民法院依照《中华人民共和国刑法》第一百九十八条第一款第二项及第三款、第三百一十条第一款、第五十三条第一款、第六十一条、第六十二条、第六十三条第一款、第六十四条、第六十七条第一款、第六十九条第一款的规定，作出如下判决：

一、被告人周某德犯保险诈骗罪，判处有期徒刑四年，并处罚金人民币二万元；犯包庇罪，判处有期徒刑八个月；数罪并罚，决定执行有期徒刑四年五个月，并处罚金人民币二万元；

二、责令被告人周某德退赔被害单位某保险公司来宾市分公司人民币 221337.17 元。

一审宣判后，周某德提起上诉。广西壮族自治区来宾市中级人民法院经审理认为，上诉人周某德以非法占有为目的，对发生的交通保险事故编造虚假的原因，骗取保险金数额巨大，其行为已构成保险诈骗罪；周某德明知周某杰是犯罪的人而作假证明包庇，其行为又构成包庇罪。周某德一人犯数罪，应数罪并罚。原判认定事实清楚，证据确实、充分，适用法律准确，量刑适当，审判程序合法。周某德的上诉理由，不能成立，应予驳回。

广西壮族自治区来宾市中级人民法院依照《中华人民共和国刑事诉讼法》第二百三十六条第一款第一项的规定，作出如下裁定：

驳回上诉，维持原判。

【法官后语】

本案是一起由交通肇事“顶包”所引发的刑事案件。本案的焦点问题在于周某德保险诈骗的数额认定，综合本案证据，在道路交通事故真实发生的情况下，交强险赔偿金的赔付与被告人周某德的诈骗行为无刑法上的因果关系，故交强险赔偿金不应计入保险诈骗数额。主要理由如下：

1. 首先从分析交强险的性质出发。根据道路交通安全法、机动车交通事故责任强制保险条例的规定，交强险是由保险公司对被保险机动车发生道路交通事故造成人身伤亡、财产损失，在责任限额内予以赔偿的强制性责任保险，与机动车第三者责任险（以下简称商业险）不同，交强险作为一种公益性的准社会保险，其立法定位为国家“分担风险”强制规定投保的险种。根据相关法律法规，交强险实行“无过错责任”赔偿原则，除“道路交通事故的损失是由受害人故意造成的”这一法定免责事由外，其他任何情形下，不论是有责任还是无责任，保险公司均应在交强险限额内不计责任予以赔偿。也就是说，只要道路交通事故真实发生，无论是否有保险诈骗行为，也无论车辆驾驶人是否取得驾驶资格，保险公司均应理赔交强险赔偿金。另保险公司因受错误认识而先行垫付交强险赔偿金后，是否行使对事故责任人的追偿权属于事后救济的民事行为，而非刑事上的直接因果损失，不影响保险诈骗数额的认定。

2. 基于保险诈骗罪的犯罪构成考虑。保险诈骗罪作为诈骗类犯罪的一种，其基本构成为：行为人实施欺诈行为—保险公司陷入错误认识—保险公司基于错误认识处分财产（进行理赔）—行为人获取保险利益—保险公司财产受损。与其他诈骗类犯罪一样，是否构成犯罪较为关键的构成要素就在于受害人是否基于错误认识处分了财产，即行为人的欺诈行为与受害人处分财产之间是否有刑法上的因果关系。本案中，在交通事故客观存在的前提下，由于交强险的特殊强制属性，保险公司为被告人周某德理赔交强险赔偿金并非基于错误认识，而是法律拟制的赔偿责任，即保险公司处分财产与周某德的欺诈行为之间，并无刑法上必然的因果关系。而商业险则与交强险性质不同，投保人与保险公司在平等、自愿的基础上签订保险合同，根据投保人或被保险人在交通事故中应负的责任来确定赔偿责任。在案的商业保险合同证实，周某德与保险公司达成的商业保险责任免除条款内明确规定免责事由之一为“驾驶出租机动车或营业性机动车无交通运输管理部门核发的许可证书或其他必备证书”。因此，本案中无出租车驾驶员从业资格的周某杰驾驶被保险出租车造成道路交通事故，已经构成保险合同约定的免责事由，按合同约定，保险公司不应赔偿商业保险金。被告人周某德作为被保险车辆的实际投保人和被保险人向保险公司谎称其系肇事司机并提供了其的出租车驾驶员从业资格证明、事故责任认定书等材料办理理赔，致使保险公司陷入错误认识从而赔付了商业保险的赔偿金，其诈骗的行为与保险公司处分商业保险赔偿金存在直接因果关系，该部分赔偿金额应计入保险诈骗犯罪数额。

综上，纵使被告人在主观上具有非法占有交强险赔偿金之目的，但正如前文所述，交强险的性质阻断了欺诈行为与被害单位处分财产行为之间刑法意义上的因果关系。因此，交强险赔偿金不应计入保险诈骗数额。

编写人：广西壮族自治区来宾市兴宾区人民法院　韦元臻　覃仪晏

103　集资诈骗罪中非法占有目的的认定

——刘某琼等集资诈骗、非法吸收公众存款案

【案件基本信息】

1. 裁判书字号

安徽省淮北市中级人民法院（2020）皖06刑终68号刑事裁定书

2. 案由：集资诈骗罪、非法吸收公众存款罪

【基本案情】

2012年至2015年6月，刘某琼虚构其经营外贸、电玩城、挖掘机等生意，以资金短缺急需周转为由，并许诺回报高额利息，通过朱某华吸收李某莉等人款项。被告人朱某华以上述理由从李某莉等人处吸收借款900余万元，通过银行转账或者直接交付现金的方式将从各被害人处所得的钱款交给刘某琼。刘某琼在朱某华向相关人员借款之际在朱某华的安排下，不定期与相关人员见面。刘某琼将所得钱款用于支付高额利息及个人挥霍等。其间，刘某琼通过银行转账等方式交给朱某华500余万元用于偿还借款。

被告人朱某华于2018年3月26日接电话通知后主动到公安机关投案，并如实供述了主要犯罪事实。

【案件焦点】

集资诈骗罪中行为人将部分集资款用于偿还涉案借款，对该部分款项行为人是否具有非法占有目的的认定。

【法院裁判要旨】

安徽省淮北市相山区人民法院经审理认为：公诉机关指控被告人刘某琼犯诈骗罪，指控被告人朱某华犯非法吸收公众存款罪。被告人及其辩护人从事实及法律适用方面提出被告人系无罪的辩护意见。

被告人刘某琼虚构其经营外贸、电玩城、挖掘机生意，以资金短缺为由，许诺高额利息，通过朱某华吸收李某莉等人款项，后将部分款项交至朱某华处，部分款项被其个人挥霍。对有非法占有目的的部分，结合非法吸收公众存款的行为及结果，应认定为集资诈

骗罪。刘某琼支付给朱某华部分款项用于偿付集资参与人的利息或本金，认定刘某琼对上述款项不具有非法占有目的，但系刘某琼通过朱某华非法吸收的公众存款，符合非法吸收公众存款的犯罪构成，该部分数额应认定为非法吸收公众存款罪。

被告人朱某华在刘某琼的授意下向不特定的对象吸收存款的行为，应评价为非法吸收公众存款的行为，朱某华的行为构成非法吸收公众存款罪。

安徽省淮北市相山区人民法院依照《中华人民共和国刑法》第一百九十二条，第一百七十六条第一款，第二十五条第一款、第二十六条第一款、第四款，第六十七条第一款、第三款，第六十九条第一款、第三款，第六十四条及《最高人民法院关于审理非法集资刑事案件具体应用法律若干问题的解释》第三条、第五条之规定，作出如下判决：

一、被告人刘某琼犯集资诈骗罪，判处有期徒刑十二年六个月，并处罚金人民币四十万元；犯非法吸收公众存款罪，判处有期徒刑四年，并处罚金人民币十五万元；决定执行有期徒刑十四年，并处罚金人民币五十五万元；

二、被告人朱某华犯非法吸收公众存款罪，判处有期徒刑八年，并处罚金人民币三十万元；

三、被告人刘某琼、朱某华对被害人财物损失予以退赔。

刘某琼、朱某华提出上诉，安徽省淮北市中级人民法院经审理对原审的事实和证据进行确认，且同意一审法院裁判意见。

安徽省淮北市中级人民法院依照《中华人民共和国刑事诉讼法》第二百三十六条第一款第一项之规定，作出如下裁定：

驳回上诉，维持原判。

【法官后语】

集资诈骗罪与非法吸收公众存款罪的区别在于行为人是否以非法占有为目的。以诈骗方法非法吸收公众存款的行为，构成集资诈骗罪。本案处理的重点是刘某琼授意朱某华将非法吸收公众存款中的500余万元转给朱某华用于偿还涉案借款部分，能否认定刘某琼对该部分钱款具有非法占有目的。

根据《最高人民法院关于审理非法集资刑事案件具体应用法律若干问题的解释》（2022年修正）第七条规定，使用诈骗方法非法集资，具有下列情形之一的，可以认定为“以非法占有为目的”：(1)集资后不用于生产经营活动或者用于生产经营活动与筹集资金规模明显不成比例，致使集资款不能返还的；(2)肆意挥霍集资款，致使集资款不能返还的；(3)携带集资款逃匿的；(4)将集资款用于违法犯罪活动的；(5)抽逃、转移资金、隐匿财产，逃避返还资金的；(6)隐匿、销毁账目，或者搞假破产、假倒闭，逃避返还资金的；(7)拒不交代资金去向，逃避返还资金的；(8)其他可以认定非法占有目的的情形。

本案中，公诉机关指控被告人刘某琼犯诈骗罪、朱某华犯非法吸收公众存款罪；结合本案的事实与证据，认定被告人刘某琼的行为构成集资诈骗罪、非法吸收公众存款罪；被告人朱某华的行为构成非法吸收公众存款罪。

被告人刘某琼在无相关实体经济的情况下，虚构其经营外贸、电玩城、挖掘机等生意，以经营资金短缺急需周转为由，许诺高额利息，通过朱某华吸收李某莉等人款项，后将部分款项交至朱某华处，部分款项被其个人挥霍。刘某琼授意朱某华实施吸收公众存款，对于从不特定的对象处吸收公众存款这一违法行为而言，二被告人的行为符合共同犯罪理论，即二被告人共同实施了上述违法行为，故对朱某华吸收公众存款的违法行为造成的结果应归责于二被告人。

刘某琼通过朱某华将非法吸收的部分借款用于支付利息和挥霍，致使集资款项不能返还，应认定对此部分款项具有非法占有目的。朱某华仅在刘某琼的授意下实施非法吸收公众存款行为，并不支配、控制非法吸收的款项，对吸收的集资款项不具有非法占有目的。对于刘某琼具有非法占有目的的部分，结合其非法吸收公众存款的行为及结果，应认定为集资诈骗罪。刘某琼支付给朱某华部分款项用于偿付集资参与人的利息或本金，且二人之间存在大量的资金来往及其他借贷关系，在案证据不能排除交付给朱某华的款项没有用于偿还涉案集资款，故不宜认定被告人刘某琼对上述款项具有非法占有目的。但上述款项是刘某琼通过朱某华非法吸收公众的存款，对该部分款项刘某琼具有非法吸收公众存款的故意，符合非法吸收公众存款的犯罪构成，应认定为非法吸收公众存款罪。

编写人：安徽省淮北市相山区人民法院　王元

104　以虚拟货币交易为名实际操控价格的定性

——夏某明等集资诈骗案

【案件基本信息】

1. 裁判书字号

浙江省高级人民法院（2020）浙刑终9号刑事裁定书

2. 案由：集资诈骗罪

【基本案情】

夏某明于2016年5月底与他人共谋以服务器设在境外的某投资平台为依托进行非法集资，以其等人实际控制的某信公司等名义，在多地召开某投资平台推广会，以口口相传的方式，宣传投资该平台发行的铜币稳赚不赔等，吸引社会公众投资某投资平台。为加大某投资平台推广力度，夏某明等人还研发上线某手机应用程序（APP）并对接到某投资平台，方便投资人利用手机进行操作。

其间，夏某明等人通过设定账号推荐激活、多层级分配账号、左右线发展团队等运作模式，据发展下线数量无偿配给相应发行铜币的方式，诱使投资人层层发展下线，并确保夏某明居于平台投资层级顶端以牟利。同时通过宣传平台推出的某预测对赌游戏能赚铜币提现等高额回报为诱饵，诱使投资人进一步加大投资。而投资人注册进入该平台后，需由推荐人赠送0.01个铜币或0.1个铜币以激活账户，进而与推荐人形成上下级关系。2016年10月，为延缓投资人通过“打模拟”所得铜币提现给平台造成的资金压力，夏某明又联合平台推出“某商城”，实际该商城主要由夏某明控制，并从平台处分得收益。

为维系资金运转、营造能量铜币只涨不跌的假象，夏某明等人伙同平台操控铜币单价自2016年6月初约16美元持续上涨，至2017年9月涨至约33美元，以增加投资人信心并进一步扩大集资规模。实际上是以后账还前账的方式，由以低价购入铜币的投资人高价转卖至后续投资人，铜币并无实际价值；而夏某明等人则因上述操作无偿分得巨额铜币并提现，进而从中牟取暴利。

2017年9月初，投资人开始大量抛售钢币提现，某投资平台暂停交易，而后限制交易，最后将该平台钢币导入外盘交易提现，同时操控钢币单价降至约3美元，至案发降至约0.6美元，造成投资人达数亿元损失，其中已查明1380余名投资人实际损失4.45亿余元。截至案发前，夏某明等人将所得上述钱款大部分用于购置房产、轿车、土地、商业保险等，部分被转移至境外及用于虚假宣传、维系公司运营等，至案发无力偿还。

【案件焦点】

夏某明等人的行为是否构成集资诈骗罪。

【法院裁判要旨】

浙江省杭州市中级人民法院经审理认为：夏某明等人以虚假宣传手段，许以高额回报为诱饵骗取社会公众投资，通过控制价格涨跌等手段营利，并用于个人花费等，足见其等具有非法占有投资人钱款的主观故意，而某投资平台所发行的钢币并无实际价值，仅系夏某明等人用以欺瞒投资人投资、炒作的幌子，夏某明等所谓出售钢币牟利系市场行为的实质为其通过控制价格上涨将无偿获取的钢币转售下线投资人，借以掩盖其无偿获取公众投资款的犯罪本质；而其等所购钢币的少量投资纯系其用于谋取极不对称巨额利润的犯罪成本。被告人夏某明等以非法占有为目的，以投资网络虚拟币为名，以许诺高额回报为诱饵，通过控制价格、后账还前账等手段向社会公众非法集资，造成被害人数额特别巨大的财产损失，其行为均已构成集资诈骗罪。据此判决如下：

一、撤销（2013）鄂钟祥刑初字第00188号判决主文中对被告人夏某明犯组织、领导传销活动罪宣告的缓刑部分。被告人夏某明犯集资诈骗罪，判处无期徒刑，剥夺政治权利终身，并处没收个人全部财产，与前罪所处有期徒刑三年并罚，决定执行无期徒刑，剥夺政治权利终身，并处没收个人全部财产；

二、被告人富某娣犯集资诈骗罪，判处有期徒刑十三年，并处罚金人民币四十万元；

三、被告人宣某群犯集资诈骗罪，判处有期徒刑十年六个月，并处罚金人民币三十万元；

四、被告人夏某峰犯集资诈骗罪，判处有期徒刑八年六个月，并处罚金人民币二十万元；

五、被告人许某富犯集资诈骗罪，判处有期徒刑六年，并处罚金人民币十万元；

六、杭州市公安局富阳区分局依法扣押、未随案移送本院的现金人民币一千七百三十万七千二百二十九元及夏某明等人的手机、手提电脑等物，以及依法冻结的夏某明等人的涉案银行账户内存款人民币一千七百三十万七千二百二十九元、夏某明等涉案人员所购房产、车辆、商业保险单及相关财产权益，不足部分责令各被告人继续退赔。

被告人夏某明等人均不服一审判决提出上诉。二审法院同意一审法院裁判意见。

【法官后语】

根据我国法律规定，虚拟货币并非真正的货币，其交易本身存在巨大的风险性和不可控性，不被我国相关法律、法规所认可。即虚拟货币不具有与货币等同的法律地位，不能且不应作为货币在市场上流通使用。本案涉及的“铜币”归根结底是一种虚拟货币，其并不能在我国合法发行、流通，最终实现价值仍需要通过现行流通的货币实现；当人民币等法定货币无法与其进行兑换时（如关闭交易平台等），铜币的价值便无法再与通用法定货币挂钩，则其价值便无法实现。

一方面，某投资平台所发行的铜币总量并不固定，夏某明等人利用平台数据，根据发展下线数量无偿配给相应数量的铜币，故下线人数增加而铜币数量随之增加。铜币在某投资平台所对应的就是资金，故本案所谓的铜币发行实质是行为人通过不断增加铜币的方式扩大资金规模；另一方面，铜币的平台价格通过人为操作在一定时期内持续走高，故从短时区间看，铜币总价在不断攀升。换言之，铜币的发行与否、发行总量及方式仅依靠夏某明等个体而非市场决定，投资人对铜币进行投资并赚取所谓收益，实则存在巨大的风险。某投资平台作为投资的“中转机构”，是铜币这一虚拟货币存在的最终依托平台，而在国家出台管控措施后，某投资平台可随意暂停交易、跌价等，以应对一哄而上的投资人提现。可见，平台的存在本身并不依赖于市场、依赖于投资人，而是仅在于所谓的“发行方”“推广方”即夏某明等人自行决策而已。

夏某明等人通过设定点位、级别以及通过拉人返利的方式，诱使被害人投资平台，而该手段又驱使各投资人为逐利而再去诱骗其他投资人，实质上是通过不具有实际价值的产品进行不同点位、层级的推销及区分，致使投资人到某投资平台投资，形成资金池，铜币纯粹是夏某明等人用于炒作、引诱被害人投资进而骗取钱款的幌子。因此，对于夏某明而言，因其处于投资人层级顶端，其所谓无偿收入的铜币实质上就是投资人的累积资金，其将铜币套现就是赚取了后手投资人的资金，而后续投资人的资金、营利又是通过赚取再后续投资人投入的资金而实现，以此循环。其实质就是一个“庞氏骗局”。[①] 而夏某明等人将所得钱款大部分用于购置房产、轿车、土地、商业保险等，部分被转移至境外及用于虚假宣传、维系公司运营，用于个人挥霍、花销等，亦可显见夏某明等人具有占有集资款的主观故意。

因此，本案虽以虚拟货币交易为名，从表面看融入了互联网金融及区块链技术，在行为人所创设的环境内可以实现虚拟货币的流通、交易。但其实质是行为人面向社会公众招揽投资，以高额回报为诱饵，通过控制价格、后账还前账等手段向社会公众非法集资，并将集资款大部分用于个人花费等，造成被害人数额特别巨大的财产损失。本案的被告人夏某明等人以非法占有为目的，使用诈骗方法非法集资，其行为应以集资诈骗罪定性。

编写人：浙江省杭州市拱墅区人民法院　武胜

浙江省杭州市中级人民法院　陆菁

---

① 庞氏骗局，是对金融领域投资诈骗的称呼，是金字塔骗局（Pyramid scheme）的始祖。在中国，庞氏骗局又称“拆东墙补西墙”或“空手套白狼”。简言之，就是利用新投资人的钱来向老投资者支付利息和短期回报，以制造赚钱的假象，进而骗取更多的投资。

105 经营型非法集资行为的认定

——王某某等集资诈骗、伪造国家机关证件案

【案件基本信息】

1. 裁判书字号

浙江省高级人民法院（2020）浙刑终156号刑事裁定书

2. 案由：集资诈骗罪、伪造国家机关证件罪

【基本案情】

2015年3月至2018年5月，被告人王某某在不具备资金兑付能力的情况下，伙同其他被告人成立多家公司（以下简称某集团公司），以某茶坊、某店铺、某平台、某商城开展“线下实体加盟”“线上玉石资产证券化交易”“网上商城”为幌子，通过网站、群聊及举办会议、活动等形式开展虚假宣传，许诺高额回报，从事非法集资活动。2014年2月至2016年4月，王某某等以一次性缴纳相应费用获取某茶坊、某店铺加盟商资格，后续使用积分折抵进货款的形式向加盟商吸纳资金。2014年6月，王某某等人在未取得金融交易资质的情况下，将廉价玉石包装成资产包作为交易标的挂在某平台二级市场，以类似证券化交易的模式开展网上玉石订单交易，资产包初始销售单价为2000元、3000元，承诺价格涨至十倍时由公司向会员回购，推出承诺6个月后双倍返还资产包交易款的“1+1交割”等交易规则，以提成等方式刺激某茶坊、某店铺加盟商积极发展平台会员，并雇用操盘团队操纵价格，造成价格单边上扬的假象，吸引会员大量投入资金。2016年

7月，收购名称和经营范围经省金融办报备的禾商所，将某平台挂在禾商所名下进行交易，对外宣传是经批准的禾商所某平台，之后，某平台会员数量、原始资产包申购量及入金量开始急剧增加。2016年12月，为骗取资金兑付某平台会员出金，王某某等人设立某商城网上交易平台，向某平台加盟商和会员发布积分充值促销奖励活动，即现金充值按1∶3获取积分后还可按70%比例循环使用积分，以充值返利的高额回报非法集资。同时，某平台的账户资产按1∶3平移为某商城积分。2017年6月、8月，王某某等先后设立某1商城、运行新版某商城，继续拖延兑付、骗取资金。

截至案发，王某某等人共向境内外48万余人非法集资530余亿元，除兑付集资参与人本息外，其余资金主要用于维系犯罪运作，还将大量钱款用于个人挥霍，仅3亿元用于生产经营，造成15万余人的资金170亿余元不能归还。

【案件焦点】

王某某等的行为是合法经营行为，还是非法集资行为。

【法院裁判要旨】

浙江省杭州市中级人民法院经审理认为：关于王某某等被告人及辩护人提出的被告人从事合法经营行为，不是非法集资的辩解及辩护意见。第一，某茶坊、某店铺加盟的性质。首先，王某某等人在招揽某茶坊加盟商后不久便正式启用某平台，在运行期间又招揽某店铺加盟商，并搭建市代、区代、服务网点的层级激励加盟商发展某平台会员迅速吸金，其采取线下实体加盟的目的在于推广模式、发展会员。其次，加盟商缴纳一次加盟费后虽有茶叶、保健品等商品交付，但是后续使用积分折抵后期进货款，即一次支付可永久享有循环返利的资格，且加盟费并入资金池用于兑付会员返利，无论是以货款还是以加盟费为名义，其实质是承诺保本返利的手段。第二，某平台玉石交易的性质。某平台会员在平台购买原始资产包或在二级市场入金交易的目的是通过玉石类证券化交易投资盈利而非购买玉石，且实际选择玉石实物交割的情形极少，王某某等虚构原始资产包增值空间、操盘制造玉石交易虚假繁荣，玉石类资产的价值无法覆盖会员亏损，可见玉石系服务王某某等人实施非法集资的道具，而非从事玉石买卖。第三，某商城商品兑换的性质。某商城虽有用积分兑换商品的交易形式，但其本质系消耗某平台积分的同时继续吸金。结合王某某等的供述可以证实某商城的设立目的是延缓某平台兑付和吸收资金以维系运作，充值机制虽持续不久，但面向的加盟商也系集资参与人，充值可获取三倍积分且积分可按一定比例折抵现金消费并循环使用，决定了该手段同样具备高额利诱的性质，属于变相吸收公众存款。因此，王某某等未经有关部门依法批准、备案，超越经营范围以线下实体加盟、线上玉石资产证券化交易、网上商城为幌子，承诺保本、诱以高息，通过互联网宣传造势，向社会不特定对象吸收资金，系非法集资行为。

浙江省杭州市中级人民法院对王某某等 15 名被告人均认定集资诈骗罪。

王某某等以其行为属于合法经营等为由提出上诉，浙江省高级人民法院作出如下裁定：

驳回上诉，维持原判。

【法官后语】

认定非法集资行为，应根据非法集资行为的四个特征，即非法性、公开性、利诱性、社会性进行判断。

1. 公开性和社会性。关于非法集资大多借助互联网媒介宣传，基于受众的广泛性、不特定性，故公开性和社会性特征较容易认定。

2. 利诱性。围绕利诱性的有偿性和承诺性两方面内容，即便物质回报的形式、名目较多，也不难认定。

3. 非法性。非法性的认定是非法集资行为特征中的判定难点。在审判实务过程中，是否符合非法性中的“批准性”标准，可以通过工商登记资料、金融主管部门备案手续等书证予以查明。非法性中的另一标准，即“借用合法经营的形式吸收资金”则较难判断。在具有经营形式的非法集资案件中，是正常经营还是假经营之名吸收资金，尤其是通过新颖、复杂的经营模式吸收资金，则极具迷惑性。实践中应当结合经营的本质，来辨别是合法经营行为，还是以经营形式掩盖非法集资的性质。第一，经营行为能否产生收益。经营活动系为取得利润而进行，盈利是经营活动的目的，经营活动具有相当的盈利可能性才会开展和持续。被告人的经营行为不具有盈利可能性，可以考虑认定为利用合法经营的形式。第二，经营活动的资金投入。在正常经营过程中，经营活动处于中心和主导地位，相应的，经营活动的资金投入也应是最大的，其他活动诸如媒体推介等均是为了更好地促进经营而展开。被告人将少量资金投入生产经营，将绝大多数资金用于吸纳社会公众投资、兑付本息和维持运营，且用经营活动作为融资手段的，实际上是以吸储行为作为主要业务范围，可以考虑认定为利用合法经营的形式。第三，是否具备经营条件。行为人利用他人之巨额资金进行经营，应当具有经营能力和抗风险能力。经营能力主要体现在行为人的知识背景、从业经历，以及决策机制、奖惩制度等规章制度是否科学、健全等。抗风险能力主要体现在自有资金规模，行为人自有资金不足，难于及时兑付投资人，更不能防范投资人挤兑、资金链断裂之风险。行为人经营能力欠缺、自有资金与操盘资金对比悬殊的，可以考虑认定为利用合法经营的形式。第四，投资人获得回报的来源。经营活动除要投入资金外，还要投入劳动。获得经营回报的多少与经营能力、市场行情等息息相关，具有波动性。参与非法集资活动的预期回报与投资数额成正比，且能够按照集资人设置的回报规则精准测算。如果投资人无须特别的智力和体力付出，只需要投资或推荐他人投资即可依照被告人的承诺获得稳定回报，可以考虑认定为利用合法经营的形式。

本案中，王某某等人构建的经营模式，通过内部循环运作来营利不具有现实性。某集团公司不是现代意义上的公司，由王某某一人拍板决策，投资具有盲目性，王某某等人缺乏证券从业、网上商城及集团公司运作知识、经历，案发前不具备足够兑付的资产，实际也无自有资金投入运营。王某某等人仅将占比极少的资金投入经营活动，以吸储作为主要业务，投资人只需要投入资金，无须自身的经营行为，即可按照集资人设置的规则获得可测算的高额回报。王某某等人的行为系以合法形式掩盖非法集资的性质。其行为同时符合非法性、利诱性、公开性、社会性特征，在性质上属于非法集资。

编写人：浙江省杭州市中级人民法院　沈励　曹静

106 集资诈骗罪中非法占有目的的认定及推定规则

——韩某某集资诈骗案

【案件基本信息】

1. 裁判书字号

北京市第三中级人民法院（2019）京03刑终592号刑事裁定书

2. 案由：集资诈骗罪

【基本案情】

被告人韩某某在北京市朝阳区等地，以北京甲有限公司、北京乙有限公司厂房迁址建设、设备更新及投资项目为由，公开宣传并承诺高额返息，与集资参与人签订《借款合同》等，向271人集资人民币2500余万元，返款人民币200余万元，造成损失人民币2300余万元。集资款除用于公司支出，发放员工提成、工资，返还集资参与人本息外，被大量取现。另韩某某用部分集资款偿还个人债务。韩某某于2017年12月31日被查获。公安机关扣押人民币14.6593万元。韩某某退缴人民币11.5万元。

【案件焦点】

能否及如何认定被告人韩某某具有非法占有为目的。

【法院裁判要旨】

北京市朝阳区人民法院经审理认为：被告人韩某某使用诈骗方法非法集资，数额特别巨大，其行为已构成集资诈骗罪，依法应予惩处。北京市朝阳区人民检察院指控韩某某犯罪的事实清楚，证据确实、充分，但指控罪名不当，予以纠正。关于韩某某犯罪行为的定性，非法占有不等同于非法所有，是指将他人的财物作为自己的财物进行支配、处分。韩某某使用诈骗方法非法集资后未用于生产、经营活动，自行决定将大量集资款用于员工工资、提成及犯罪支出，属于对集资款的处分和支配，具有非法占有的目的。韩某某通过犯罪行为是否实际取得资金及取得资金数额多少，均不影响对其非法占有目的的认定，其行为已构成集资诈骗罪。依照《中华人民共和国刑法》第一百九十二条、第六十七条第三款、第六十一条、第四十五条、第四十七条、第五十二条、第五十三条、第六十四条及《最高人民法院关于审理非法集资刑事案件具体应用法律若干问题的解释》第四条、第五条之规定，作出如下判决：

被告人韩某某犯集资诈骗罪，判处有期徒刑十二年，罚金人民币三十六万元；责令被告人韩某某退赔集资参与人的经济损失。

一审宣判后，公诉机关未抗诉。被告人韩某某向北京市第三中级人民法院提起上诉，后撤回上诉。

北京市第三中级人民法院经审理认为：北京市朝阳区人民法院刑事判决认定上诉人韩某某犯集资诈骗罪的事实清楚，证据确实、充分，定罪及适用法律正确，量刑适当，审判程序合法，上诉人韩某某申请撤回上诉的要求，符合法律规定，应予准许。依照《最高人民法院关于适用〈中华人民共和国刑事诉讼法〉的解释》第三百零五条第一款及第三百零八条之规定，作出如下裁定：

准许上诉人韩某某撤回上诉。

【法官后语】

非法占有的目的是成立集资诈骗罪的法定要件，是区分集资诈骗罪与非法吸收公众存款罪的关键，也是司法实践中认定的难点。

准确认定集资诈骗罪中非法占有的目，首先要明确集资诈骗罪中非法占有的内涵，其次要依托基础事实依据刑事推定规则予以推定，最后要反向检验推定的不可反驳性。

一、集资诈骗罪中非法占有包括非法所有和肆意处分

关于刑法中非法占有目的如何界定，理论界和司法实务界尚存在争议，在集资诈骗罪中也不例外：第一种观点认为，非法占有即非法所有，是指行为人将集资款据为己有；第二种观点认为，非法占有是指将集资款随意处置，包括但不限于据为己有。笔者同意第二种观点，集资诈骗罪中非法占有包括非法所有（据为己有）和肆意处分，理由在于。

（一）规范性文件的应有之义

《最高人民法院关于审理非法集资刑事案件具体应用法律若干问题的解释》第四条[①]列举了七项可以认定非法占有目的的情形和一项兜底条款。第一项至第七项规定可以归纳为二大类：非法所有（据为己有）型，如携带集资款逃匿的；肆意处分型，如肆意挥霍集资款的。非法所有是非法占有的典型样态，在理解上没有争议。肆意处分，反映了行为人将集资款作为自己的资产进行支配和处置的随意性和任意性，是金融诈骗犯罪中非法占有的特殊样态。

（二）集资诈骗罪罪名本身的逻辑推导

集资诈骗罪与非法吸收公众存款罪作为两种最常见的非法集资犯罪，其后果都可能是资金链断裂，集资款无法返还，而二者最核心的区别就是造成集资款无法返还的原因。基于主客观相一致的原

① 2021年12月30日修改前的《最高人民法院关于审理非法集资刑事案件具体应用法律若干问题的解释》第四条。修改后的解释第七条对原规定予以全部保留。

则，集资诈骗罪中，认定行为人是否具有非法占有的目的关键在于判断是否因行为人主观原因造成集资款无法返还。这种主观原因既包括行为人将集资款据为己有，也包括肆意处分集资款，反映到行为人主观方面就是确定的不想归还集资款和明知无法归还集资款仍持放任的态度。

在本案中，被告人韩某某非法集资后，自行决定将集资款主要用于给集资参与人返本付息及支付高额提成、犯罪成本，并未按照承诺将集资款用于合同约定的投资项目等经营活动，虽然未实际占有（所有）集资款，但肆意处置集资款的行为不具有持续的可能性，必然导致资金链断裂，集资款无法返还，就可以认定其具有非法占有的目的。

二、集资诈骗罪中非法占有目的的认定和推定规则

对行为人供认具有非法占有目的的，可以结合项目真实性、资金去向等其他客观事实的印证情况，依据规范性文件的规定直接认定具有非法占有目的。但在集资诈骗罪中，绝大多数行为人不会直接承认主观上具有非法占有的目的，认定行为人具有非法占有的目的往往需要进行刑事推定。在进行推定时，要遵循主客观相一致的原则，不能以存在诈骗手段直接认定非法占有目的，也不能仅凭存在资金链断裂造成经济损失的后果而陷入客观归罪，同时也不能单凭行为人供述，而要结合具体情况具体分析，从正向推定和反向验证两个层次进行。

（一）正向推定

刑事推定是以已查明事实依据推理逻辑、经验法则推定另一事实的证明方法。因此，推定的前提是推定基础事实的可靠性。而基础事实必须是有证据证明和可以以客观证据证明的事实。笔者将集资诈骗案件中基础事实归纳为四个，并按照对推定非法占有目的的紧密程度依次分析。

1. 集资理由是否真实。非法集资案件中，行为人通常会以投资项目或投资理财为名，因此应首先判断行为人宣传的集资理由是否真实。行为人宣传的集资理由不真实的，可以初步推定行为人具有非法占有的目的。

2. 集资款是否用于投资项目。司法实践中，有的行为人以投资A项目集资，集资后投资B项目，在此情况下，虽然行为人集资理由不真实，但其并未占有或肆意处置集资款，不能认定具有非法占有的目的。相反，行为人仅将小部分集资款用于投资或者肆意处置集资款，挥霍性投资或投资于股票、期货等高风险活动或用于赌博、吸毒等违法犯罪活动的，可以基本认定行为人具有非法占有的目的。

3. 集资款是否具有返还的可能性。综合考虑集资款的去向以及集资模式是否具有持续的可能性。对司法实践中出现的没有盈利项目，仅仅是"以新还旧"的，体现了行为人明知无归还能力仍对后续集资款无法归还持放任态度，可以认定为非法占有的目的。

4. 是否有逃避返款的行为。行为人携带集资款逃匿或者隐匿集资款、拒不交代资金去向，逃避返款集资款的，可以认定具有非法占有的目的。司法实践中，突出表现为将集资款大量取现金，资金去向难以查明，而行为人又拒不交代去向或交代去向查否且无合理解释。

在对上述1至3，三个层次综合考量后，可以得出结论：行为人编造虚假项目集资，集资后并未用于实体投资项目或仅有小部分用于实体投资项目，经营模式不具有持续可能性，造成集资款不能返还的，原则上可以推定行为人具有非法占有的目的，而不必考虑其是否实际所有（占有）集资款。另根据司法解释的规定，行为人事后逃避返款的行为可以直接推定具有非法占有的目的，而不需要考虑行为人集资理由、集资款用途及集资款是否具有返还的可能性。

在本案中，被告人韩某某以投资厂房拆迁建设、设备更新及投资其他项目为名，但集资款并未用于宣传的投资项目，集资理由不真实。集资后，集资款也未用于其他投资项目，而是支付高额提成，用于犯罪成本支出及给集资参与人返息，整个模式不具有返本付息的可能性，最终致使集资款无法返还，可以推定具有非法占有的目的。

（二）反向验证

刑事推定的事实并非客观真实，而是推定真实，推定的基础、方法等因素都可能会影响推定的有效性，导致推定错误，为确保推定结论唯一性、合理性，有必要进行反向验证。第一，要确保推定基础事实认定达到证据确实、充分的证明标准。第二，要充分考察被告人、辩护人提出的反向辩解是否成立或合理。第三，要坚持刑事推定的基本原则，即主客观一致的原则，避免客观归罪、主观归罪。第四，要保证结论不可反驳性，司法实践中反驳事实主要集中于造成资金链断裂、资金无法归还的原因，如不可抗力、经营风险和集资参与人同意等非行为人主观原因。

编写人：北京市朝阳区人民法院　付想兵　刘杰

107　涉网络众筹平台型诈骗类犯罪的罪名选择

——崔小某等集资诈骗案

【案件基本信息】

1. 裁判书字号

江苏省南通市中级人民法院（2019）苏06刑终33号刑事裁定书

2. 案由：集资诈骗罪

【基本案情】

2016年2月、3月，被告人崔小某、尹某、刘京某、王满某、张城某等人在广东合谋通过建立众筹平台项目骗取钱财，刘京某提出仿造英国甲公司网址，以××外汇众筹名义进行诈骗的初步方案并获得认可，后崔小某、刘京某着手雇人制作网页前端、数据后台、租用网络服务器、购买网站域名等构建诈骗网站平台前期工作，崔小某通过互联网购买他人身份证、银行卡、支付宝账户、手机卡、微信、QQ号等匿名作案工具。后被告人张家某、李乐某夫妇经被告人尹某招募加入该犯罪团伙，刘钜某经被告人王满某招募加入该犯罪团伙。团伙成员经商议确定了成员分工及分赃比例。

该团伙使用仿造的××网站平台以专业团队代理炒外汇帮助投资者理财的名义，通过QQ、微信等网络工具向不特定人群群发信息、分享链接及二维码的方式进行推广，并以日息为投资额的1.5%到3.5%的高回报率及推荐奖金为诱饵，向社会不特定公众非法吸收资金，利用已吸收的集资款兑付集资参与人的利息及奖金，以制造集资参与人赚钱的假象进而骗取更多的集资款。为了逃避银行的监管及公安机关的查处，团伙成员使用上述购买的匿名移动终端、互联网聊天软件、收付款网银等作案设备用于汇转资金、联系集资参与人、登记住宿等活动，团伙成员集中住宿，不断变换住所、流窜作案。团伙成员将诈骗平台所骗得的支付宝、银行卡中的赃款通过周金某等人使用的POS机匿名刷卡套现分赃，后期由刘京某牵头帮助团伙成员购买比特币进行汇转洗钱分赃，作案后团伙成员将作案专用的电脑、手机、银行卡等工具予以丢弃。

2016 年 5 月 24 日，该团伙经合意后关闭该诈骗网站平台，并将网站平台数千万元集资款以资金或比特币方式进行分赃。该团伙骗取余某等 5197 名集资参与人的投资款共计 99850849.73 元，扣除以利息、奖金等形式的返利 63538491.52 元，实际造成经济损失 36312358.21 元，即本案集资诈骗数额为 36312358.21 元。

【案件焦点】

崔小某等人利用电信网络推广虚假的众筹平台以投资外汇的名义骗取公众钱款的行为当如何定性。

【法院裁判要旨】

江苏省启东市人民法院经审理认为：崔小某等人通过仿冒英国××网站平台，违反国家金融管理法规，以投资外汇众筹项目的名义，谎称由有实力的财团及专业团队炒外汇帮助客户理财，以日息为投资额的 1.5%到 3.5%的高回报率及推荐奖金为诱饵，利用电信网络推广该平台，不断向公众非法吸收资金。该团伙集资后并没有用于生产经营活动，而是在平台资金达到一定规模后即关闭平台，进行团伙成员分赃，非法占有目的明显，应认定为集资诈骗罪。

江苏省启东市人民法院根据《中华人民共和国刑法》第一百九十二条，第二十五条第一款，第二十六条第一款、第四款，第六十七条第三款，第六十四条；《最高人民法院关于审理非法集资刑事案件具体应用法律若干问题的解释》第一条，第二条，第四条，第五条之规定，作出如下判决：

一、被告人崔小某犯集资诈骗罪，判处有期徒刑十二年六个月，并处罚金人民币三十五万元；

被告人尹某犯集资诈骗罪，判处有期徒刑十二年三个月，并处罚金人民币三十五万元；

被告人刘京某犯集资诈骗罪，判处有期徒刑十二年六个月，并处罚金人民币三十五万元；

被告人王满某犯集资诈骗罪，判处有期徒刑十一年三个月，并处罚金人民币二十五万元；

被告人张城某犯集资诈骗罪，判处有期徒刑十一年六个月，并处罚金人民币二十五万元；

被告人张家某犯集资诈骗罪，判处有期徒刑十一年六个月，并处罚金人民币二十五万元；

被告人李乐某犯集资诈骗罪，判处有期徒刑十一年六个月，并处罚金人民币二十五万元；

二、责令被告人崔小某、尹某、刘京某、王满某、张城某、张家某、李乐某退缴赃款人民币三千六百三十一万二千三百五十八元二角一分，发还各被害人；

三、查获并扣押的涉案银行卡、银行 U 盾、手机、电脑、冒用的身份证等物品，予以没收，由扣押机关予以销毁或上缴国库。

崔小某、尹某、刘京某、王满某、张城某、张家某、李乐某持原审辩解提起上诉。

江苏省南通市中级人民法院经审理认为：崔小某、尹某、刘京某、王满某、张城某、张家某、李乐某违反国家金融管理制度，以非法占有为目的，使用诈骗方法非法集资，数额特别巨大，其行为均已构成集资诈骗罪。一审判决认定事实清楚，证据确实、充分，适用法律正确，定罪量刑适当，审判程序合法。故崔小某等人的上诉理由不能成立，应予驳回。

江苏省南通市中级人民法院依照《中华人民共和国刑事诉讼法》第二百三十六条第一款第一项的规定，作出如下裁定：

驳回上诉，维持原判。

【法官后语】

本案公诉机关以诈骗罪提起公诉，辩方提出崔小某等人的行为应构成组织、领导传销活动罪。人民法院经审理后没有采纳控辩双方关于罪名定性的意见，最终以集资诈骗罪对行为人定罪处罚。本案的核心问题是在犯罪人利用电信网络技术的背景下，如何把握集资诈骗罪与诈骗罪和组织、领导传销活动罪的区别。

1. 电信网络技术的背景下的集资诈骗与诈骗的界分

二者具有一定的相似性，均是利用电信网络技术实施的虚构事实、隐瞒真相，向社会不特定对象骗取钱款的行为，但集资诈骗罪还有其鲜明的特点，主要在于违反国家金融管理法规的违法性和承诺还本付息及给付高额回报的利诱性。集资诈骗罪侵犯的客体为复杂客体，既侵犯了公私财产所有权，也侵犯了国家的金融秩序。崔小某等人通过仿冒英国××网站平台，违反国家金融管理法规，以投资外汇众筹项目的名义，谎称由有实力的财团及专业团队炒外汇帮助客户理财，后通过团伙成员利用电信网络推广及投资者之间口口相传，不断向社会不特定公众非法吸收资金，侵犯了国家的金融秩序。集资诈骗罪的另一个鲜明特点就是犯罪人往往承诺在一定期限内以货币、实物、股权等方式还本付息或给付高额回报。本案中崔小某等人以日息为投资额的1.5%到3.5%的高回报率及推荐奖金为诱饵，通过“拆东墙补西墙”的方式使部分投资者暂时“获利”，诱使公众“投资”，利诱性特征明显。本案既符合诈骗罪的构成要件，也符合集资诈骗罪的构成要件，二者属于普通法与特别法之间的法条竞合关系，根据特别法优于普通法的原则，本案应认定为集资诈骗罪而非诈骗罪。

2. 有“人员推荐奖”并不必然构成组织、领导传销活动罪

组织、领导传销活动罪要求以推销商品、提供服务等经营活动为名，要求参加者以缴纳费用或者购买商品、服务等方式获得加入资格，并按照一定顺序组成层级，直接或者间接以发展人员的数量作为计酬或者返利依据，诱使、胁迫参加者继续发展他人参加，骗取财物。从犯罪构成上来看，崔小某等人并非以推销商品、提供服务等经营活动为名，要求参加者以缴纳一定的入门费或购买商品、服务等方式获得加入资格，而是以炒外汇投资理财的名义直接骗取被害人的“投资款”，无须获得加入资格，以“投资额”的1.5%到3.5%计算日息，多投多得。虽然该团伙设计了类似于传销活动的“推荐奖金”制度，以鼓励投资者口口相传，积极推广该“集资”项目，但其目的是扩大受骗群体，诈骗更多钱财。该团伙仿冒的××外汇众筹平台并非以发展人员数量作为计酬或者返利依据，而是以投资人的“投资额”及经被投资者介绍的其他投资者的“投资额”为返利依据。故本案不符合组织、领导传销活动罪的构成要件。

编写人：江苏省启东市人民法院　王麒锟

108 对恶意透支信用卡行为人非法占有目的的认定

——王某信用卡诈骗案

【案件基本信息】

1. 裁判书字号

北京市第三中级人民法院（2018）京03刑终192号刑事裁定书

2. 案由：信用卡诈骗罪

【基本案情】

2013年2月，被告人王某办理某银行信用卡一张，后在北京市朝阳区等地通过消费、取现等形式恶意透支本金人民币28万余元，2013年9月10日最后一次还款100元后，经银行多次催收后三个月仍不归还，后被公安机关查获归案。归案后被告人王某在家属的帮助下归还全部本息，获得银行谅解。

【案件焦点】

如何判断王某是否具有非法占有的目的。

【法院裁判要旨】

北京市朝阳区人民法院经审理认为：被告人王某以非法占有为目的恶意透支，数额巨大，其行为扰乱了金融秩序，已构成信用卡诈骗罪，依法应予惩处。鉴于被告人王某归案后如实供述，当庭自愿认罪，案发后积极退赔，挽回损失，故对其依法从轻处罚。关于被告人不具有非法占有目的的辩解，北京市朝阳区人民法院认为，资金用途并非认定非法占有目的考虑的关键，被告人的行为符合相关司法解释关于非法占有目的的认定，对此意见不予采纳；关于自首的辩护意见无事实和法律依据，不予采纳。其余相关合理辩护意见酌予采纳，并在法定刑幅度内进行了最大限度的考虑。故判决如下：

被告人王某犯信用卡诈骗罪，判处有期徒刑五年，并处罚金人民币五万元。

一审宣判后，王某提起上诉。上诉理由是：其没有非法占有目的和诈骗的故意，到案后积极配合司法机关工作，符合自首成立条件，且已还清全部欠款并补偿了银行的损失，原判对其量刑过重。

北京市第三中级人民法院经审理认为：信用卡诈骗罪非法占有目的的认定，不仅要考虑行为人透支信用卡之前的还款能力、款项的实际用途，也要看透支后无法偿还的理由以及是否有积极归还的意愿和行为，所以，透支钱款的实际用途并非认定行为人是否具有非法占有目的的唯一要素；本案中，在案某银行出具的信用卡消费还款记录、催收记录及被告人王某在侦查阶段的供述等可以证明，在某银行两次有效催收后超过 3 个月的时间内王某并无还款行为，其间，王某虽提出月还款两三千元的请求，但双方并未达成一致意见；王某虽将透支钱款用于投资经营，后期因经营不善导致暂时无还款能力，但在银行向其催收长达三年多的时间内，其不仅无任何还款行为和表示，还以变换联系电话等方式躲避银行催收，显见其具有逃避债务的非法占有目的，其行为符合法律及司法解释规定的信用卡诈骗罪成立要件，应依法追究其刑事责任。对于王某及其辩护人所提王某符合自首成立条件、银行损失已挽回、原判量刑过重等上诉理由和辩护意见，经查，王某系被公安机关抓获归案，不符合自首成立条件；其在本案中所具备的从轻处罚情节，一审法院在量刑时均已考虑，对其所处刑罚亦在法定幅度内，并无不当，王某及其辩护人所提该点上诉理由和辩护意见无事实及法律依据，不予采纳。综上，一审法院认定王某犯信用卡诈骗罪的事实清楚，证据确实、充分，根据其犯罪的事实，犯罪的性质、情节和对于社会的危害程度所作出的判决，定罪和适用法律正确，量刑适当，审判程序合法，应予维持。作出如下裁定：

驳回王某的上诉，维持原判。

【法官后语】

根据《最高人民法院、最高人民检察院关于办理妨害信用卡管理刑事案件具体应用法律若干问题的解释》第六条第二款的规定，透支资金的用途、还款意愿均是判断行为人是否具有非法占有目的时应当考察的情节。笔者认为，公诉机关应举证证明透支资金的流向和具体方式，而证明透支资金用途正当的责任应由行为人承担，且透支资金用途正当不必然推定行为人无非法占有目的；还款意愿的判断应以行为人透支信用卡后的表现、还款计划是否切合实际、是否与银行达成合意等因素为标准。

1. 对透支资金用途的考察

透支资金的实际用途可以在一定程度上反映行为人的主观动机、有无归还透支资金的主观故意和实际可能性。如果行为人将透支资金用于赌博、吸毒、风险性投资等消耗性支出，且透支前不具有还款能力，可以判断其具有非法占有透支资金的主观故意。经公诉机关举证，银行交易明细显示，自 2013 年 2 月 5 日至 2013 年 5 月 3 日，王某存在多笔刷卡消费、取现行为，透支数额共计 63.613 万元，王某供述其通过某些单位进行大额套现，钱款用于外贸经营过程中支付货款。辩护人向法院提交了被告人王某的护照、俄罗斯居住证、证人视频录像等证据，用以证明王某从2009年至2013年一直在俄罗斯莫斯科经商，透支钱款用于经营使用，用途正当，并未肆意挥霍，故不具有非法占有目的。对此，笔者认为，在案证据仅显示王某以取现或消费的形式透支使用信用卡，辩护人提交的证据亦难以证明被告人王某将透支资金实际用于经营活动。退一步讲，即使在案证据能够证明被告人王某对透支资金的用途具有正当性，“非法占有目的”的判断不是“唯后果论”，亦不是“唯用途论”，即不能单纯以行为人透支钱款的实际用途是否正当来孤立评价非法占有目的的有无，透支钱款的用途并非判断非法占有目的的唯一因素。

2. 还款意愿的认定

还款意愿这一情节较为主观，对该情节的判断需要落实到客观可考的行为表现中。行为人透支信用卡后的表现、还款计划是否切合实际、是否与银行达成合意等因素均是判断还款意愿的可参考标准。经查，在透支使用信用卡后，王某共还款34.8889万元，欠银行本金28.7241万元，息费53420.28元，总计340661.28元。银行提供的催收笔录显示，银行于2013年9月9日开始进行催收，王某于9月10日还款100元；2013年10月29日至2014年6月23日，银行多次联系王某还款，王某均表示生意亏损，无还款能力，希望用十五年时间偿还欠款，对此银行未予同意；2014年6月23日至2017年6月，银行拨打王某多部手机，都显示停机或关机，王某预留的居住地址已更换；银行拨打王某申领信用卡时所留单位电话，单位表示王某早已离职；拨打王某父母家中电话亦无人接听。后银行于2017年7月5日报案。王某到案后对其透支信用卡后无法归还及银行催收后，变更联系方式，未通知银行的情况供认不讳。

辩护人认为，王某在使用信用卡前期基本能按时还款，后期尝试与银行达成还款协议，具有还款意愿，不具有非法占有目的。对此，笔者认为虽然王某在使用信用卡前期基本能够按时偿还欠款，但在某银行两次有效催收后超过3个月以及后续长达三年多的时间内，王某并无还款行为，还以变换联系电话等方式躲避银行催收。此外，根据《商业银行信用卡业务监督管理办法》第七十条规定，在特殊情况下，确认信用卡欠款金额超出持卡人还款能力、且持卡人仍有还款意愿的，发卡银行可以与持卡人平等协商，达成个性化分期还款协议。个性化分期还款协议的最长期限不得超过五年。本案中，被告人王某虽向银行提出以十五年时间偿还欠款的请求，但双方并未就新的还款周期、方式、金额等事项达成一致意见，不能就此认定王某具有还款意愿。

3. 以时间为脉综合判断行为人是否具有非法占有目的

笔者认为，对于《中华人民共和国刑法》第一百九十六条第一款第四项规定的恶意透支型信用卡诈骗罪，在审理时可以时间为脉络，综合审查行为人在申领信用卡时、使用信用卡过程中、银行催收过程中的客观行为，从而判断行为人有无非法占有钱款的故意。对于申领信用卡阶段，应重点考察行为人是否使用虚假资信材料申领信用卡、是否具有还款能力、此前的信用记录等因素。对于使用信用卡阶段，应以行为人透支钱款的方式、用途以及透支数额与其还款能力是否成比例、还款行为等为重点，非法占有目的必须存在于透支时。对于银行催收欠款阶段，应着重审查行为人未按规定还款的原因，银行是否进行有效催收，行为人是否以逃匿、改变联系方式等手段逃避银行催收，是否有抽逃、转移资金、隐匿财产、逃避还款等行为。前文所述透支资金用途、还款意愿的判断即使用信用卡阶段、银行催收欠款阶段需要考察的要素。

对于本案中的申领信用卡环节，经查，被告人王某供述称其于2009年来京务工，曾在北京某信息技术有限公司任技术维护部经理，后于2011年下半年从该公司离职，离职后从事外贸生意。2013年1月18日，王某向中国光大银行申请办理乐惠金卡信用卡，申请办理乐惠金卡时，王某在申请单上填写的工作单位、职务及年收入均是其已离职的前工作单位北京某信息技术有限公司，并通过该公司出具了在职证明，谎称其在该单位工作。后光大银行审批其申请单后给予其30万元的授信额度。一般而言，银行要根据行为人提供的身份材料和资信证明材料，才能全面评估行为人的还款能力和信用情况，从而准予相应的透支额度。虽辩护人提出王某从事外贸经营，具有一定的还款能力，但其在明知相关申请材料会影响信用卡审批及额度高低的情况下，故意虚构工作单位、职务及年收入，其申领信用卡行为具有一定的欺骗性，使银行对其还款能力产生误判，从而批准通过较大的透支额。但需要注意的是，该行为不同于《中华人民共和国刑法》第一百九十六条第一款第一项规定的“使用以虚假的身份证明骗领的信用卡的”行为，如果以完全虚假的身份信息骗领信用卡并透支的不属于恶意透支型的信用卡诈骗，而是构成骗领型信用卡诈骗罪。

就本案而言，被告人王某透支前的还款能力、透支资金用途缺乏证据支持，同时在案证据证实王某使用虚假材料申领信用卡，使用信用卡过程中存在多次大额透支、套现行为，在银行有效催收后长达三年时间无还款表示和还款行为，且变换联系方式躲避债务，综合判断被告人王某各环节行为，认定其具有非法占有目的。

编写人：北京市第三中级人民法院　刘泽　孙森森

109 侵犯公民财产信息并实施信用卡诈骗罪数的认定

——苏某米信用卡诈骗、侵犯公民个人信息案

【案件基本信息】

1. 裁判书字号

福建省厦门市中级人民法院（2018）闽02刑终168号刑事裁定书

2. 案由：信用卡诈骗罪、侵犯公民个人信息罪

【基本案情】

2016年1月以来，被告人苏某米利用互联网非法获取650余条公民个人信息（含姓名、身份证号码、手机号码、银行卡卡号、密码等），将其中一部分公民个人信息提供给他人，并伙同他人以网上消费形式盗刷多名被害人的银行卡。同时，被告人苏某米还伙同他人使用其他非法获取的大量公民身份信息（含姓名、身份证号码、银行卡号等）以购买机票的形式盗刷多名被害人的银行卡。犯罪数额共计506154元。2016年5月25日，公安机关将苏某米抓获归案。

【案件焦点】

苏某米非法获取他人姓名、身份证号码、手机号码、银行卡卡号、密码等个人信息的犯罪行为是否应被信用卡诈骗罪吸收。

【法院裁判要旨】

福建省厦门市同安区人民法院经审理认为：苏某米以非法占有为目的，违反信用卡管理法规，冒用他人信用卡进行诈骗活动，犯

罪数额特别巨大，其行为已构成信用卡诈骗罪。苏某米非法获取并向他人提供包括财产信息在内的公民个人信息共计650余条，情节特别严重，其行为已构成侵犯公民个人信息罪。苏某米犯两罪，应数罪并罚。苏某米伙同他人利用“木马”程序链接、网络渗透等隐蔽技术手段实施诈骗，可酌情从重处罚。

福建省厦门市同安区人民法院依照《中华人民共和国刑法》第一百九十六条第一款第三项，第二百五十三条之一第一款、第三款，第二十五条第一款，第六十九条，第六十四条以及《最高人民法院、最高人民检察院关于办理侵犯公民个人信息刑事案件适用法律若干问题的解释》第五条的规定，作出如下判决：

被告人苏某米犯信用卡诈骗罪，判处有期徒刑十一年六个月，并处罚金人民币十万元；犯侵犯公民个人信息罪，判处有期徒刑三年，并处罚金人民币二万元。数罪并罚，决定执行有期徒刑十四年，并处罚金人民币十二万元。

宣判后，被告人苏某米提出上诉，主要上诉意见为原判对诈骗金额认定有误，应按已查实的被害人被盗刷的金额认定；非法获取公民个人信息是实施诈骗的前提，侵犯公民个人信息的行为应被诈骗罪吸收。

福建省厦门市中级人民法院经审理认为：原判认定已查实的被害人被盗刷的金额有经庭审举证、质证的证据证实；未查明被害人身份部分的诈骗事实与已查实被害人部分诈骗方法相同，使用的相同的银行卡，原判根据在案证据认定该部分被害人被盗刷金额并无不当。上诉人苏某米的犯罪行为分别符合侵犯公民个人信息罪和信用卡诈骗罪的构成要件，依法应予数罪并罚。

福建省厦门市中级人民法院依照《中华人民共和国刑事诉讼法》

第二百二十五条第一款第一项的规定，作出如下裁定：

驳回上诉，维持原判。

【法官后语】

1. 数罪并罚与从一重罪的定罪原则

本案中，被告人苏某米非法获取并向他人提供公民个人信息，构成侵犯公民个人信息罪。伙同他人以网上消费形式盗刷被害人银行卡，属冒用他人信用卡，构成信用卡诈骗罪。苏某米实施的获取、提供公民个人信息和伙同他人盗刷信用卡是两个独立的，分别具备刑法分则中不同罪名的构成要件的行为。前者侵犯的是公民的隐私权，后者侵犯的是包括国家信用卡管理制度、公私财物所有权在内的复杂客体。二审阶段辩护人的辩护意见认为两个行为分别是方式行为与目的行为，存在牵连关系，应从一重罪处罚。对此可分为两个层次进行分析：

第一，从我国目前判断牵连关系的通说——主客观统一说来看。成立牵连关系，既要行为人主观上具有牵连的意思，还要客观上具有通常方法或结果关系。一方面，侵犯公民个人信息不是实施信用卡诈骗的通常方法。信用卡诈骗包括使用伪造的信用卡或者以虚假身份证明骗领的信用卡、作废的信用卡、恶意透支等。使用非法获取的公民个人信息从而冒用他人信用卡只是信用卡诈骗诸多方法中的一种。另一方面，实施信用卡诈骗也不是侵犯公民个人信息的通常结果，行为人既可以通过该行为单独谋利，也可以用来实施敲诈勒索、绑架等犯罪，或者用于讨还债务、骚扰他人等一般不构成犯罪的活动。因此，笔者认为两个行为不存在牵连关系。

第二，即使认为构成牵连犯，由于牵连犯本质上属于实质的数罪，处断上的一罪，如果明文规定对牵连行为进行数罪并罚的，应予数罪并罚。《最高人民法院、最高人民检察院、公安部关于办理电信网络诈骗等刑事案件适用法律若干问题的意见》规定，违反国家有关规定，向他人出售或者提供公民个人信息，窃取或者以其他方法非法获取公民个人信息，符合刑法第二百五十三条之一规定的，以侵犯公民个人信息罪追究刑事责任。使用非法获取的公民个人信息，实施电信网络诈骗犯罪行为，构成数罪的，应当依法予以并罚。

2. 信用卡信息与公民个人信息中财产信息的区分

在明确以上原则的前提下，本案还需要明确的是被告人苏某米非法获取并提供给他人的信息应属信用卡信息还是公民个人信息。因为《最高人民法院、最高人民检察院关于办理妨害信用卡管理刑事案件具体应用法律若干问题的解释》第五条规定："……刑法第一百九十六条第一款第三项所称'冒用他人信用卡'，包括以下情形：……(三）窃取、收买、骗取或者以其他非法方式获取他人信用卡信息资料，并通过互联网、通信终端等使用的……"如果认定本案被告人获取的信息属于信用卡信息资料，则其非法获取并提供给他人共同实施盗刷的部分，应构成信用卡诈骗的共同犯罪。

(1) 公民个人信息的范围

《最高人民法院、最高人民检察院关于办理侵犯公民个人信息刑事案件适用法律若干问题的解释》第一条对公民个人信息的内涵和外延作出了规定。将公民个人信息定义为以电子或者其他方式记录的能够单独或者与其他信息结合识别特定自然人身份或者反映特定自然人活动情况的信息。从这一定义来看，公民个人信息具有以下特征：一是与信息主体具有密切相关性。包括反映信息主体自然特征和社会属性的描述性信息，如姓名、身份证号码、通信方式、住址、健康生理信息等；还包括对信息主体的某方面状态进行评价的信息，如征信信息、财产信息、交易信息、行踪轨迹信息等。二是对信息主体身份的可识别性。定义中的“特定自然人”这一用语表明，信息要对具体信息主体的利益产生影响，才具有保护的价值，即该信息能够单独或与其他信息结合对信息主体的身份进行识别，使信息主体与他人相区别。

（2）信用卡信息与公民个人信息中的财产信息的区别

关于信用卡信息，目前法律并没有明确定义，对这一专业性比较强的概念的把握，应与金融行业的标准保持一致。根据2000年11月8日发布的《中国人民银行关于颁布〈银行卡发卡行标识代码及卡号〉和〈银行卡磁条信息格式和使用规范〉两项行业标准的通知》，信用卡信息主要包括主账号、发卡机构标识号码、个人账户标识、校验位、个人标识代码。这些信息在发卡行信用卡磁条、芯片中。至于信用卡所有人在办卡时向银行提交的姓名、身份证、工作单位、收入情况、联系方式、住址等信息只涉及信用卡的申领，不涉及信用卡的使用，发卡行也不会将这些信息写入信用卡的磁条、芯片中，不属于刑法对信用卡信息保护的范围。在非法获取他人信用卡信息资料并通过互联网、通讯终端等使用的信用卡诈骗中，只要获取磁条所载的相关信息就可以以持卡人名义进行交易。此定义下的信用卡信息对信息主体的指向性不强，难以满足密切相关性和身份可识别性的条件。

本案中，被告人苏某米非法获取的公民个人信息包含姓名、身份证号码、手机号码、银行卡卡号、密码等。这些信息可以具体反映出特定信息主体的存款余额、可透支金额等财产状况，具有明确的指向性，属于公民个人信息中的财产信息。因此，被告人苏某米非法获取并向他人提供公民个人信息，伙同他人以网上消费形式盗刷被害人银行卡，构成侵犯公民个人信息罪、信用卡诈骗罪，应予数罪并罚。

编写人：福建省厦门市中级人民法院　余强　陈姝

（六）危害税收征管罪

110　利用建筑资质为他人提供挂靠服务的建筑企业的企业所得税应纳税所得额及偷逃税款金额的认定

——邹某刚、某威公司逃税案

【案件基本信息】

1. 裁判书字号

北京市第三中级人民法院（2020）京03刑终496号刑事裁定书

2. 案由：逃税罪

【基本案情】

某威公司于2010年成立，邹某刚为实际经营人。2012年年底至2014年年初，某威公司在向付款单位开具发票后，伪造发票记账联，减少发票金额并入账，进行虚假的纳税申报，以逃避缴纳应缴企业所得税、营业税、城市维护建设税。经原某区地税局稽查，某威公司于2012年年底至2014年年初开具的14张发票的发票联与记账联金额不一致，存在少记工程结算收入的问题。2017年3月，某区地税局就某威公司少记工程结算收入要求公司补充提供成本资料，某威公司提供16份山东某公司出具材料费发票，金额共计人民币1600万元。经稽查人员到山东核实，结果为业务不真实，故不予确认当期成本。

经某区地税局核算认定，某威公司2012年至2014年开具发票联与记账联不一致发票14张，发票差额1600余万元，调增当期应税收入和应纳税所得额1600余万元，减去认定少缴营业税等税款后，乘以税率25%，认定某威公司偷逃企业所得税401万余元。其中，某威公司2013年少缴税款占各税种应纳税总额的83%。2017年12月19日，某区地税局作出《税务处理决定书》并送达某威公司，要求某威公司补缴税款。但某威公司一直未能缴纳。邹某刚于2018年12月4日被抓获。

【案件焦点】

1. 有关企业所得税的纳税义务由谁承担；2. 税务机关认定某威公司未缴应纳企业所得税401万余元是否成立；3. 是否能够根据税务机关确定的偷逃企业所得税数额认定某威公司及邹某刚犯逃税罪中逃避缴纳企业所得税的数额。

【法院裁判要旨】

北京市顺义区人民法院经审理认为：无资质单位和个人挂靠有资质建筑企业借用资质施工为法律所禁止，某威公司及邹某刚不能以挂靠经营为名主张不承担纳税义务。某威公司收取的1600余万元工程结算款，属于公司的收入，对应申报而未申报的1600余万元工程结算收入未能提供合法税前扣除凭据，其采用“大头小尾”方式少申报以上收入应认定为逃避缴纳企业所得税。某威公司少记收入，进行虚假纳税申报，且未按规定就1600余万元收入补充提供成本费用凭据，本院对税务机关作出的某威公司偷逃企业所得税 401 万余元的认定予以认可，亦应据此认定某威公司逃避缴纳企业所得税数额。

北京市顺义区人民法院对被告单位某威公司、被告人邹某刚依照《中华人民共和国刑法》第二百零一条、第二百一十一条、第三十条、第三十一条之规定，作出如下判决：

一、被告单位某威公司犯逃税罪，判处罚金人民币五十万元；

二、被告人邹某刚犯逃税罪，判处有期徒刑四年，并处罚金人民币四万元；

三、继续追缴某威公司欠缴税款，上缴国库。

宣判后，邹某刚不服提出上诉。北京市第三中级人民法院经审理认为：原审被告单位某威公司及上诉人邹某刚采取欺骗、隐瞒手段进行虚假纳税申报，逃避缴纳税款数额巨大并且占应纳税额百分之三十以上，其行为已构成逃税罪，依法应予惩处。一审法院认定某威公司、邹某刚犯逃税罪的事实清楚，证据确实、充分，根据其犯罪的事实、犯罪的性质、情节及对于社会的危害程度所作出的判决，定罪和适用法律正确，量刑适当，审判程序合法，应予维持。依照《中华人民共和国刑事诉讼法》第二百三十六条第一款第一项之规定，裁定如下：

驳回上诉，维持原判。

【法官后语】

1. 某威公司系 14 张发票对应 1600 余万元收入的企业所得税纳税义务人，有义务如实申报并缴纳税款。根据企业所得税法的规定，企业为企业所得税的纳税人，企业每一纳税年度的收入总额，减除不征税收入、免税收入、各项扣除，以及允许弥补的以前年度亏损后的余额，即为企业所得税应纳税所得额，应纳税所得额乘以适用税率后，减除依法减免和抵免的税额后的余额为应纳税额。

本案中，其他公司将工程款支付给某威公司，即某威公司取得的建筑安装收入，属于企业“收入总额”的一部分。某威公司违反建筑法出借资质接受挂靠，挂靠人以某威公司“项目负责人”名义进行施工，并非独立的纳税义务人，某威公司向挂靠人支付工程款并非企业所得税法上规定的“支出”，不能进行税前扣除，邹某刚不能以某威公司与挂靠人内部的收入分配情况对抗税法关于纳税人确定的规定。

2. 某威公司进行虚假纳税申报，且未按规定就1600余万元收入补充提供成本费用凭据，税务机关认定某威公司偷逃并应补缴企业所得税401余万元符合规定。“应纳税所得额”“应纳税额”与企业“利润”并非同一概念，没有利润并不意味着不存在应纳税所得额和应纳税额。某威公司通过“大头小尾”发票的方式不申报收入，省去无法提供支出凭证而无法税前扣除的“麻烦”，通过虚假纳税申报实现少缴税款的结果。

根据企业所得税法的规定，企业实际发生的与取得收入有关的、合理的支出，包括成本、费用、税金、损失和其他支出，准予在计算应纳税所得额时扣除。本案中，由于1600余万元收入可能存在实际发生的支出，税务机关未直接确认该收入为企业所得税应纳税额，而是通知某威公司就未申报收入提供成本费用凭据，但某威公司逾期提供山东某公司开具的1600万元材料费发票，稽查人员到山东核实发现系不真实业务，故不予确认当期成本。且税务机关要求某威公司提供支出凭据证明时，某威公司再次提供业务不真实的发票，某威公司无法提供支出凭据证明存在“真实、合理支出”，应当补缴相应税款。

3. 某威公司通过“大头小尾”发票少列收入，故意逃避缴纳应缴税款，给国家税收造成损失，本案应根据税务机关确定的企业所得税偷税数额认定某威公司逃避缴纳企业所得税数额。某威公司接受他人挂靠经营，在向挂靠人付款后，挂靠人实际将多少款项用于支出无法查明，不排除某威公司如果完全提供成本费用票据并依法进行申报，其实际缴纳企业所得税少于税务机关现认定应纳税所得额。但即使存在该情况，本案也应按照经税务机关依法认定的应纳税额认定某威公司及邹某刚逃避缴纳企业所得税数额。某威公司通过违反税法的方式逃避税款缴纳，且在税务机关要求提供真实的支出凭据时仍然无法提供，不利后果只能由某威公司自行承担。同时，某威公司及邹某刚在本应依法申报且完全有条件依法申报纳税的情况下，使用虚假发票入账隐瞒收入，故意进行虚假纳税申报，造成了国家税款的损失，具有逃避缴纳企业所得税的主观故意，侵犯了逃税罪保护的客体税收征管秩序，具有刑事违法性和可罚性。

编写人：北京市顺义区人民法院　张伊　耿若诗

111　逃税罪处罚阻却事由的认定

——陈某逃税案

【案件基本信息】

1. 裁判书字号

福建省厦门市中级人民法院（2018）闽02刑终658号刑事裁定书

2. 案由：逃税罪

【基本案情】

2010年7月至2015年9月，被告人陈某作为厦门市翔安区某食品经营部的实际管理者及做账、报税人员，其在管理某食品经营部过程中，明知该经营部核定的计税收入远远少于其实际经营收入，却未依照法律、行政法规的规定据实申报经营收入，分别向国税部门和地税部门进行虚假纳税申报，具体如下：

（1）某食品经营部作为纳税户向厦门市翔安区国家税务局申报不含税收入人民币1968416.51元（以下币种均同），隐瞒销售收入95723528.11元，造成少缴增值税税款2874405.80元。各年度逃避缴纳税款均已超过5万元，占应纳税额比例分别为94.49%、95.82%、97.18%、97.25%、98.03%、97.05%。2016年8月5日，厦门市翔安区国税局稽查局对该食品经营部作出《税务处理决定书》，决定追缴增值税税款2874405.80元、滞纳金1596497.93元及罚款1437202.90元。该食品经营部以2016年5月和8月两次将欠缴增值税税款予以缴清，截至2017年2月24日尚未缴纳欠缴税款滞纳金和罚款，未能履行行政处罚。

（2）某食品经营部作为纳税户隐瞒不含税销售收入97691944.62元，向厦门市翔安区地方税务局进行虚假申报，造成少缴税款1034681.06元。各年度逃避缴纳税款均已超过5万元，占应纳税额比例分别为97.09%、97.02%、98.13%、98.2%、98.74%、98.09%。2016年12月9日，厦门市地方税务局稽查局对该食品经营部作出《税务行政处罚决定书》，但该经营部未补缴应纳税款、缴纳滞纳金及罚款，未接受行政处罚。2017年9月8日该食品经营部缴纳入库税费1176912.71元。

【案件焦点】

《中华人民共和国刑法》第二百零一条第四款规定“经税务机关依法下达追缴通知后，补缴应纳税款，缴纳滞纳金，已受行政处罚的，不予追究刑事责任”，是逃税罪的构成要件，还是行为在构成逃税罪前提下的处罚阻却事由。

【法院裁判要旨】

福建省厦门市思明区人民法院经审理认为:《中华人民共和国刑法》第二百零一条第一款规定了逃税罪的构成要件，即只要行为人的逃税行为符合“纳税人采取欺骗、隐瞒手段进行虚假纳税申报或者不申报，逃避缴纳税款数额较大并且占应纳税额百分之十以上的”且具备其他责任要素，其行为就成立逃税罪。而《中华人民共和国刑法》第二百零一条第四款的规定并非逃税罪的构成要件，而是在行为构成逃税罪的前提下的处罚阻却事由，即“经税务机关依法下达追缴通知后，补缴应纳税款，缴纳滞纳金，已受行政处罚的，不予追究刑事责任”。本案中，某食品经营部工商登记的经营者与实际经营者不一致，是由于被告人陈某的过错行为导致，其实际经营该个体工商户，却未到工商部门办理变更登记，亦未将该情况告知税务机关，税务机关依据工商注册信息将追缴通知送达该食品经营部，其通知、送达的义务即已完成，该食品经营部收到通知后提出听证申请，参加听证会、作出还款计划并缴纳了部分所欠税款等一系列行为，均表明税务机关已经给予其成立处罚阻却事由的机会，但因该食品经营部仍未能补缴应纳税款，缴纳滞纳金和罚款，税务机关才将该案移送公安机关立案。公安机关经侦查后发现该食品经营部的实际经营者为陈某后，亦向其告知了税务机关的相关追缴通知，但一直未缴纳相关滞纳金和罚款。基于上述事实，被告人陈某构成逃税罪且不具备《中华人民共和国刑法》第二百零一条第四款规定的处罚阻却事由，应承担相应的刑事责任。

福建省厦门市思明区人民法院依照《中华人民共和国刑法》第二百零一条第一款、第三款、第四款，第二百一十一条，作出如下判决：

被告人陈某犯参加黑社会性质组织罪，判处有期徒刑四年六个月，并处没收财产人民币一百万元；犯妨害作证罪，判处有期徒刑八个月；犯逃税罪，判处有期徒刑三年六个月，并处罚金人民币十万元，数罪并罚，决定执行有期徒刑七年四个月，并处没收财产人民币一百万元、罚金人民币十万元。

陈某持原审辩解提起上诉。

福建省厦门市中级人民法院经审理认为：某食品经营部系个体工商户，并非可以独立承担单位犯罪刑事责任的主体，而自然人叶某系挂名，上诉人陈某作为该食品经营部的实际经营者和后者逃税的直接行为人，依法应当对后者逃税的行为承担刑事责任。上诉人陈某及其辩护人该节上诉及辩护意见于法无据，不予采纳。

福建省厦门市中级人民法院依照《中华人民共和国刑事诉讼法》第二百三十六条第一款第一项的规定，作出如下裁定：

驳回陈某的上诉，维持原判。

【法官后语】

本案处理的重点在于：对《中华人民共和国刑法》第二百零一条第四款“不予追究刑事责任”的理解。

对该条文有不同的理解，第一种观点认为，应将《中华人民共和国刑法》第二百零一条第四款作为逃税罪的构成要件，即经税务机关依法下达追缴通知后，补缴应纳税款，不缴纳滞纳金，不接受行政处罚是逃税罪的构成要件。第二种观点则认为，刑法第二百零一条第四款仅是处罚阻却事由，而不是构成要件的内容，所以只要行为人的逃税行为符合第二百零一条第一款的规定，并具备其他责任要素就可成立逃税罪，只是还不能发动刑罚权而已。

笔者赞同第二种观点，认为《中华人民共和国刑法》第二百零一条第四款的规定仅是逃税罪的处罚阻却事由。我国刑法规定的处罚阻却事由包括两类情形：一类是阻却刑罚处罚的情形，具有这类处罚阻却事由时，依然可能启动刑事诉讼程序，但不得对行为人科处刑罚，此即免予刑罚处罚的事由。例如，根据《中华人民共和国刑法》第二十四条的规定，没有造成损害的犯罪中止，属于阻却刑罚处罚的事由。另一类是阻却刑事责任追究的情形，具有这类处罚阻却事由时，不得启动刑事诉讼程序（不得立案、起诉和审判）。《中华人民共和国刑法》第二百零一条第四款的规定就是如此。《中华人民共和国刑法》第二百零一条第四款的规定，是出于刑事政策方面的考虑，一方面，行为人虽然实施了逃税犯罪，但经税务机关依法下达追缴通知后补缴应纳税款、缴纳滞纳金并受到行政处罚的，表明其再犯罪的可能性减小乃至消失，因而特殊预防的必要性减小乃至消失，没有以刑罚予以预防的必要。另一方面，处罚逃税犯罪，是为了保障国家的税收。《中华人民共和国刑法》第二百零一条第四款的规定，有利于税收的增加。因为如果行为人补缴应纳税款、缴纳滞纳金并受到行政罚款后，依然被追究刑事责任，那么，就会促使行为人想方设法不补缴税款、不缴纳滞纳金和不接受行政罚款，这样财政收入反而会减少。

对《中华人民共和国刑法》第二百零一条第四款，应从以下几个方面理解适用：

1. 任何逃税案件，首先必须经过税务机关的处理。税务机关没有处理的，司法机关不得直接追究行为人的刑事责任。税务机关明知行为人已经实施了逃税行为但并不下达任何通知的，司法机关也不能直接追究逃税人的刑事责任。

2. 只有经税务机关依法下达追缴通知后，行为人补缴应纳税款，缴纳滞纳金，已受行政处罚的，才不追究刑事责任。税务机关作出罚款决定后，行为人并不缴纳罚款的，不能认定为“已受行政处罚”。只有当行为人根据税务机关的罚款决定，已经缴纳罚款时，才能认定为“已受行政处罚”。

3. 只有当行为人超过了税务机关的规定期限而不接受处理时，司法机关才能追究刑事责任。行为人在规定的期限，没有接受税务机关的处理，即可进入刑事司法程序追究行为人的刑事责任。在进入刑事司法程序后补缴应纳税款，缴纳滞纳金，接受行政处罚的，不成立处罚阻却事由。

4. 适用《中华人民共和国刑法》第二百零一条第四款的前提，是行为符合该条第一款规定的逃税罪的犯罪构成。对于并不构成逃税罪的行为，原本就不能追究刑事责任，因而不能适用《中华人民共和国刑法》第二百零一条第四款。例如，行为人逃税数额较大但没有达到应纳税额10%以上的，不应适用《中华人民共和国刑法》第二百零一条第四款，只能按照税法处理。

具体到本案中，税务机关将追缴通知送达某食品经营部，其通知、送达的义务即已完成，某食品经营部收到通知后提出听证申请，参加听证会、作出还款计划并缴纳了部分所欠税款等一系列行为，均表明税务机关已经给予其成立处罚阻却事由的机会，但因某食品经营部仍未能补缴应纳税款，缴纳滞纳金和罚款，税务机关才将该案移送公安机关立案。公安机关经侦查后发现某食品经营部的实际经营者为陈某后，亦向其告知了税务机关的相关追缴通知，但相关滞纳金和罚款未缴纳，基于上述情况，被告人陈某的行为符合《中华人民共和国刑法》第二百零一条第一款规定的逃税罪的犯罪构成，且不具备该条第四款规定的处罚阻却事由，构成逃税罪。

编写人：福建省厦门市思明区人民法院　许晓琳　张晓杰

112　“代开型”虚开增值税专用发票行为的认定

——丁红某等虚开增值税专用发票案

【案件基本信息】

1. 裁判书字号

北京市第一中级人民法院（2019）京01刑终275号刑事判决书

2. 案由：虚开增值税专用发票罪

【基本案情】

1. 2016年10月至12月，被告人丁红某在与被告人解某所在的甲公司没有真实货物交易的情况下，经被告人段某等人介绍，以乙公司的名义为甲公司虚开增值税专用发票40份，价税合计425万元，税款617521.4元。后甲公司将上述发票全部用于抵扣税款。2017年7月20日，该公司补缴税款及滞纳金共计人民币680618.89元。

2. 2016年6月至7月，被告人丁红某在与丙公司没有真实货物交易的情况下，经他人介绍，以乙公司的名义为丙公司虚开增值税专用发票10张，价税合计105万元，税款共计152564.1元。后丙公司将上述发票全部用于抵扣税款。

3. 2016年11月至12月，被告人丁红某在与丁公司没有真实货物交易的情况下，经他人介绍，以乙公司的名义为丁公司虚开增值税专用发票11张，价税合计121万元，税款共计175812.01元。后丁公司将上述发票全部用于抵扣税款。

【案件焦点】

"代开型"虚开增值税专用发票行为，表面上具有真实交易与开具发票两个行为，是否构成虚开增值税专用发票罪。

【法院裁判要旨】

北京市昌平区人民法院经审理认为：被告人丁红某为他人虚开增值税专用发票，被告人解某让他人为自己负责的甲公司虚开增值税专用发票，被告人段某介绍他人虚开增值税专用发票，虚开税款数额较大，三被告人的行为均已构成虚开增值税专用发票罪，依法应予惩处。鉴于丁红某当庭能够自愿认罪，对其予以从轻处罚。鉴于解某已主动全额补缴税款，段某、解某具有自首等情节，可予以减轻处罚。依照《中华人民共和国刑法》（以下简称《刑法》）第二百零五条、第二十五条第一款、第六十七条第一款、第三十条、第三十一条、第五十二条、第五十三条、第六十四条之规定，判决如下：

被告人丁红某、解某、段某犯虚开增值税专用发票罪，分别判处有期徒刑五年，罚金人民币二十万元，有期徒刑二年，罚金人民币五万元，有期徒刑二年，罚金人民币五万元；在案扣押物品，依法予以没收。

丁红某、段某不服提起上诉。

北京市第一中级人民法院经审理认为：一审法院认定丁红某、段某、解某犯罪的事实清楚，证据确实、充分，定罪准确，唯对解某判处罚金刑有误，依法予以纠正。

北京市第一中级人民法院依照《刑法》第二百零五条、第二十五条第一款、第六十七条第一款、第三十条、第三十一条、第五十二条、第五十三条、第六十四条及《中华人民共和国刑事诉讼法》第二百三十六条第一款第二项之规定，作出如下判决：

一、维持北京市昌平区人民法院（2018）京0114刑初342号刑事判决的第一项、第三项、第四项，即被告人丁红某犯虚开增值税专用发票罪，判处有期徒刑五年，罚金人民币二十万元。被告人段某犯虚开增值税专用发票罪，判处有期徒刑二年，罚金人民币五万元。在案扣押物品，依法予以没收；

二、撤销北京市昌平区人民法院（2018）京0114刑初342号刑事判决的第二项，即原审被告人解某犯虚开增值税专用发票罪，判处有期徒刑二年，并处罚金人民币五万元；

三、原审被告人解某犯虚开增值税专用发票罪，判处有期徒刑二年。

【法官后语】

“代开型”虚开增值税专用发票行为，表面上具有真实交易与开具发票两个行为，但从交易主体、交易内容、钱款流向看，其不属于合法的代开发票行为，亦不符合挂靠类开具发票形式，两行为系独立的行为（合法代开发票主体仅为国家税务机关），不具有必然关联性，且开具发票行为不存在真实交易，属于典型的虚开增值税专用发票行为。具体分析如下：

第一，按照《国家税务总局关于纳税人对外开具增值税专用发票有关问题的公告》的精神，开具增值税专用发票的行为必须符合三个要求：（1）纳税人向受票方纳税人销售了货物，或者提供了增值税应税劳务、应税服务；（2）纳税人向受票方纳税人收取了所销售货物、所提供应税劳务或者应税服务的款项，或者取得了索取销售款凭据；（3）纳税人按规定向受票方纳税人开具的增值税专用发票相关内容与所销售货物、所提供应税劳务或者应税服务相符，且该增值税专用发票是纳税人合法取得、并以自己名义开具的。按照公告的精神，本案中甲公司向戊公司购买棉纱，只能由戊公司向其开具增值税专用发票，内容、金额均应与实际相符。

第二，从《中华人民共和国发票管理办法》等行政法规上来看，“代开”本身不具有合法性。《中华人民共和国发票管理办法》第十六条规定，禁止非法代开发票。甲公司向戊公司购买棉纱，只能由戊公司向其开具增值税专用发票，但戊公司让未参与该交易的乙公司开票，即属于非法代开行为，违反《中华人民共和国发票管理办法》。

第三，对于无开具增值税专用发票资质的企业，通过主管税务机关代开增值税专用发票为法定途径。根据《税务机关代开增值税专用发票管理办法（试行）》《国家税务总局关于加强税务机关代开增值税专用发票管理问题的通知》等规定，已办理税务登记的小规模纳税人（包括个体经营者）以及国家税务总局确定的其他可予代开增值税专用发票的纳税人，提出代开增值税专用发票的申请，主管税务机关为其提供代开增值税专用发票的业务。本案中，段某控制的戊公司虽无开具增值税专用发票资格，但其可通过主管税务机关合法代开发票，段某辩称其为完成交易中的开票义务而不得不找其他公司为甲公司开票的辩解无法律依据。

第四，2018年最高人民法院对外发布了保护产权和企业家合法权益典型案例，其中张某强虚开增值税专用发票案明确了，以其他单位名义对外签订销售合同，由该单位收取货款，开具增值税专用发票，不具有骗取国家税款的目的，未造成国家税款损失，该行为不构成虚开增值税专用发票罪。通过分析判决书发现，其所指征的代开情形为：在挂靠前提下进行的代开并未造成国家税款损失，而且开票人和购销合同签订方是一致的，因此并不认定以骗取国家税款为目的，故不认定为犯罪。本案中，戊公司与乙公司并无挂靠关系，戊公司并非以乙公司的名义与甲公司开展交易，一旦产品出现问题，相关责任与乙公司亦无关系。虽然辩方辩称产品系由乙公司实际供应，但事实上，从在案证据来看，乙公司与戊公司并无真实业务往来，因此，不能认定乙公司与涉案真实交易有关联，其为戊公司代开发票，已经违反了发票相关法律规定。

综上，从行政法规、最高人民法院发布的相关案例来看，合法开具增值税专用发票行为仅存在于真实交易双方，即便是挂靠代开发票行为，合同交易、开具发票的双方主体也应保持一致，挂靠方的相关责任均由开票方承担，对于无开具发票资质的交易主体可以通过主管税务机关开具发票。

本案中，段某控制的戊公司与解某控制的甲公司之间具有真实交易，戊公司无开具增值税专用发票的资质，段某介绍丁红某给解某代开增值税发票的行为，表面上看符合“代开”发票的行为模式。但从真实交易和开具发票两个行为进行分析，发现两者之间并不具有直接的关联性，三方均具有骗取税款的目的。第一，从交易主体看，真实交易发生在段某控制的戊公司与解某控制的甲公司之间，开票行为发生在经段某介绍的丁红某控制的乙公司与甲公司之间。第二，从交易内容看，真实交易的合同价款中不含税款部分，且段某从上家购货的交易价格亦不含税款部分。第三，从资金流向上看，乙公司与甲公司之间的钱款流转，与甲公司之间无关。故真实交易与开具发票行为的交易主体、交易内容、资金流向等均证明两个“交易”行为之间不具有关联性，系相互独立的行为，且后者并无实际货物交易，只有资金流和发票流，属于典型的虚开增值税专用发票行为，解某要求开票的行为系为了抵扣税款，三方亦明知抵扣税款的目的，三方均构成虚开增值税专用发票罪。

编写人：北京市第一中级人民法院　鲍艳　李悦

113　虚开增值税专用发票税款数额的认定规则

——余明某等虚开增值税专用发票案

【案件基本信息】

1. 裁判书字号

重庆市第一中级人民法院（2019）渝01刑终864号刑事裁定书

2. 案由：虚开增值税专用发票罪

【基本案情】

2015 年 6 月，被告人余明某注册成立重庆甲商贸有限公司（以下简称甲公司）并担任法定代表人；2017 年 7 月，余明某注册成立重庆乙商贸有限公司（以下简称乙公司）并担任法定代表人，同年 10 月变更法定代表人；2017 年 7 月，余明某注册成立重庆丙有限公司（以下简称丙公司）。上述三家公司均为余明某经营管理并负责。

2016 年 12 月至 2018 年 1 月，在无真实货物交易的情况下，通过伪造资金流、购销合同、送货单等手段，采取向丁建材有限公司、戊商贸有限公司等单位支付开票费用的方式，被告单位甲公司从上述单位取得虚开增值税专用发票 210 份，金额 19262803.20 元，税额 3274676.40 元，全部予以抵扣。被告单位乙公司从上述单位取得虚开增值税专用发票 106 份，金额 8783910.19 元，税额 1493264.81 元，实际抵扣 86 份，实际抵扣税额 1153787.81 元。被告单位丙公司取得虚开增值税专用发票 13 份，金额 14490995.03 元，税额 2463469.17 元，均未实际抵扣税额。

在此期间，在无真实货物交易的情况下，采取向重庆己建材有限公司（已判决）等单位收取开票费用的方式，甲公司对外虚开增值税专用发票 198 份，金额 17632562.45 元，税额 2997535.55 元。乙公司对外虚开增值税专用发票 90 份，金额 8823193.16 元，税额 1499942.84 元。丙公司对外虚开增值税专用发票 46 份，金额 4222085.43 元，税额 717754.57 元。

因余明某在接受税务机关调查后无法联系，公安机关于 2018 年 2 月 27 日在其住处将其拘传归案。

【案件焦点】

在无真实货物交易的情况下，余明某以其实际控制、管理的甲公司、乙公司、丙公司既为他人虚开增值税销项发票，又让他人为自己虚开增值税进项发票，在认定虚开税款数额时，是应将虚开的进项税额认定为虚开税款数额，还是应将虚开的销项税额认定为虚开税款数额，抑或将虚开的进项税额和销项税额累计相加后的虚开总额认定为虚开税款数额。

【法院裁判要旨】

重庆市沙坪坝区人民法院经审理认为：被告单位甲公司、丙公司、乙公司违反国家税收征管和发票管理规定，在没有真实货物交易的情况下，为他人虚开、让他人为自己虚开增值税专用发票，其中丙公司虚开增值税专用发票数额较大，甲公司、乙公司虚开增值税专用发票数额巨大，其行为已构成虚开增值税专用发票罪。被告人余明某作为甲公司、丙公司、乙公司直接负责的主管人员，应当予以处罚。余明某到案后如实供述犯罪事实，可从轻处罚。

重庆市沙坪坝区人民法院依照《中华人民共和国刑法》第二百零五条、第六十七条第三款、第五十二条、第五十三条之规定，作出如下判决：

被告单位甲公司犯虚开增值税专用发票罪，判处罚金人民币四十万元；被告单位丙公司犯虚开增值税专用发票罪，判处罚金人民币二十五万元；被告单位乙公司犯虚开增值税专用发票罪，判处罚金人民币三十六万元；被告人余明某犯虚开增值税专用发票罪，判处有期徒刑十一年。

余明某不服一审判决，遂提起上诉。

重庆市第一中级人民法院经审理认为：原审被告单位甲公司、丙公司、乙公司违反国家税收征管和发票管理规定，在没有真实货物交易的情况下，为他人虚开、让他人为自己虚开增值税专用发票，其行为均已构成虚开增值税专用发票罪，且甲公司犯罪数额巨大，丙公司、乙公司犯罪数额较大。上诉人余明某作为该三家公司直接负责的主管人员，其行为亦构成虚开增值税专用发票罪，且犯罪数额巨大。余明某到案后如实供述犯罪事实，依法对其从轻处罚。余明某及其辩护人提出为他人虚开和让他人为自己虚开的金额不应累加，应只认定对外虚开的金额的意见。该院认为，虚开增值税专用发票罪需要以偷逃税款为目的，且客观上会造成国家税款流失为要件。本案原审被告单位甲公司、丙公司、乙公司为实现为自己，以及为他人偷逃税款的目的，在没有真实货物交易的情况下，既为他人虚开销项发票，又让他人为自己虚开进项发票，按照其中虚开数额较大的一项计算其虚开的金额即足以认定对国家税款实际造成或者可能造成的损失，故认定甲公司、丙公司、乙公司虚开的税款金额分别为3274676.40元、2463469.17元、1499942.84元，余明某虚开的税款金额应当认定为7238088.41元。原判决认定事实清楚，定罪准确，量刑适当，审判程序合法。

重庆市第一中级人民法院依照《中华人民共和国刑事诉讼法》第二百三十六条第一款第一项之规定，作出如下裁定：

驳回上诉，维持原判。

【法官后语】

本案处理的焦点问题在于，如何认定虚开增值税专用发票的犯罪金额，即虚开税款数额。虚开税款数额作为该罪定罪量刑的关键因素，对其准确认定意义重大。笔者认为，要准确认定虚开税款数额，需先正确认识虚开增值税专用发票罪的本质及其犯罪构成。

关于虚开增值税专用发票罪的本质，学理上莫衷一是。笔者认为，刑法之所以设立虚开增值税专用发票罪，不仅是因为该犯罪行为侵害了国家的税收征管秩序，更是因为该罪在客观上具有导致虚开的增值税专用发票被他人用于抵扣税款，从而偷税、骗税，造成国家税收利益损失的危险，其目的在于预防偷税或骗税行为，才将为偷税或骗税准备工具、制造条件的虚开增值税专用发票行为规定为犯罪予以惩治。因此，虚开增值税专用发票犯罪的本质应为抽象的危险犯。

基于抽象的危险犯的本质，虚开增值税专用发票罪的犯罪构成应包括如下内容：主观方面需以偷逃税款为目的，客观上具有造成国家税款损失的危险，客观行为内容包括为他人虚开、为自己虚开、让他人为自己虚开、介绍他人虚开四种类型，具备其中情形之一即可认定为虚开增值税专用发票的虚开行为，且虚开的税款数额达到我国刑法规定的定罪量刑的标准。

虽然虚开增值税专用发票的行为具有多样性，但在认定虚开税款数额时，并非四种虚开行为的虚开税款金额的总和，而应当考虑以虚开增值税专用发票可能给国家税款造成的最高损失额为限。如果企业在没有真实交易的情况下，既让他人为自己虚开增值税专用发票即产生本企业的可抵扣的进项税额，同时又为他人虚开增值税专用发票即产生本企业的应纳销项税额，国家增值税流失的最高金额则只可能是进项税额与销项税额中的较高者，而并非进项税额与销项税额之和。

之所以如此认定，理由在于：当虚开的销项税额大于进项税额时，由于虚开的进项税额无真实的纳税义务，不会给国家税收利益造成损失，故将数额较大的销项数额认定为虚开税款数额，即足以认定对国家税收可能造成的损失；当虚开的进项税额大于销项税额时，由于此时仍然存在行为人为他人虚开销项税额，从而致使国家税收利益遭受损失的危险，为正确反映客观案件事实，故应将数额较大的进项税额认定为虚开税款数额，方能足以认定对国家税收可能造成的损失。

具体到本案中，本案原审被告单位甲公司、丙公司、乙公司为实现为自己、为他人偷逃税款的目的，在没有真实货物交易的情况下，既为他人虚开销项发票，又让他人为自己虚开进项发票。在认定虚开税款数额时，按照其中虚开数额较大的一项计算其虚开的金额即足以认定对国家税款实际造成或者可能造成的损失。故该院认定甲公司、丙公司、乙公司虚开的税款金额分别为3274676.40元、2463469.17元、1499942.84元，余明某虚开的税款金额应当认定为7238088.41元。尽管二审法院调减了犯罪数额，但结合调整后的犯罪数额及考虑上诉人的其他情节，原判量刑仍属适当，故遂依法裁定驳回上诉，维持原判。

编写人：重庆市第一中级人民法院　朱倩

（七）侵犯知识产权罪

114 产品配方仅某关键成分的含量不为公众所知悉亦能被认定为商业秘密

——甲公司等侵犯商业秘密案

【案件基本信息】

1. 裁判书字号

北京市第三中级人民法院（2020）京03刑终560号刑事裁定书

2. 案由：侵犯商业秘密罪

【基本案情】

2008年2月至2017年4月，被告人苏某先后与乙公司、丙公司签订劳动合同，工作内容均为销售乙公司的产品。2016年7月25日，苏某成立甲公司，为该公司的实际控制人。

2000年至2012年，张某（另案处理）在乙公司从事实验、生产工作，在工作中知悉了乙公司一种稠化剂配方。该配方系乙公司自主研发，为防止配方泄露，乙公司制定了《保密管理规定》，与员工签订保密协议，并在实验、生产过程中对原料采用代码制管理。

2016年3月，苏某联系张某合作生产稠化剂产品，并支付张某5万元，张某将乙公司的稠化剂配方告知苏某。2017年起，甲公司使用上述配方生产并销售稠化剂产品，获利290余万元。

经鉴定，乙公司主张的稠化剂相关技术信息于2019年3月8日之前不为公众所知悉；张某给苏某的配方、甲公司相关产品配方与乙公司所主张的稠化剂相关技术信息具有同一性。

2019年7月8日，被告人苏某被查获。

【案件焦点】

仅某一关键成分的含量不为公众所知悉，其他成分已公开的化工产品配方能否被认定为商业秘密。

【法院裁判要旨】

北京市顺义区人民法院经审理认为：被告人苏某的辩护人认为乙公司的稠化剂相关技术信息不具有非公知性，并向法庭提交了理论文章欲证实某关键成分等原料在稠化剂中的作用已被社会公知。经查，公诉机关出示的某司法鉴定所出具的司法鉴定意见书能证实乙公司的稠化剂相关技术信息具有非公知性，并对密点作出解释，乙公司的稠化剂相关技术信息并非仅包括各原料的种类，关键在于各种原料的配比，乙公司的稠化剂相关技术信息具有非公知性，故辩护人提交的理论文章与乙公司关于各种原料的配比并无相同之处，对其证明目的不予采纳。被告单位甲公司及其实际控制人被告人苏某以不正当手段获取乙公司的商业秘密并使用，造成特别严重后果，构成侵犯商业秘密罪，依法均应予以惩处。

北京市顺义区人民法院依照《中华人民共和国刑法》第二百一十九条、第二百二十条、第三十条、第三十一条、第五十二条、第五十三条、第六十一条、第六十四条，对被告人苏某依照《中华人民共和国刑法》第二百一十九条、第二百二十条、第六十七条第三款、第五十二条、第五十三条、第六十一条、第四十五条、第四十七条之规定，作出如下判决：

一、被告单位甲公司犯侵犯商业秘密罪，判处罚金人民币三十万元；

二、被告人苏某犯侵犯商业秘密罪，判处有期徒刑三年六个月，并处罚金人民币五万元；

三、继续追缴被告单位甲公司的违法所得人民币二百九十万元，追缴后发还被害单位乙公司；

四、随案移送的笔记本七本由公安机关附卷备查，笔记本电脑一个、电脑主机一个、名片夹一个、来往账一本发还被告单位甲公司。

甲公司、苏某持原审辩解提起上诉。二审法院同意一审法院裁判意见，作出如下裁定：

驳回上诉，维持原判。

【法官后语】

本案乙公司主张稠化剂配方中某关键成分的含量属于商业秘密的密点，某关键成分含量在a%～b%范围时能够增强产品的某一特性。然而，根据证人证言及鉴定意见，现有技术已公开稠化剂配方的其他成分及含量，公开了某关键成分作为单体在稠化剂中使用，即稠化剂配方的内容并不完全具有非公知性，那么能否主张该配方构成商业秘密？笔者认为是可以的。

本案裁判时施行的《中华人民共和国刑法》第二百一十九条明确规定，商业秘密是指“不为公众所知悉，能为乙公司带来经济利益，具有实用性并经乙公司采取保密措施的技术信息和经营信息”。

尽管《中华人民共和国刑法修正案（十一）》删除了本条对商业秘密的定义，但结合反不正当竞争法第九条的规定，商业秘密是指不为公众所知悉、具有商业价值并经乙公司采取相应保密措施的技术信息、经营信息等商业信息，仍可以从“不为公众所知悉”“具有价值性”“乙公司采取保密措施”三个方面判断某技术信息或经营信息是否属于商业秘密。

科技发展到现阶段，技术信息已基本不可能完全由乙公司独创进而在整体上具有新颖性，创新总是站在前人的肩膀上。司法实践中，某个机器或产品的一些部分技术总是从已知技术成果中移植过来的，商业秘密必须是具体地表现在产品当中的个别部分、具体功能和作用原理[①]。因此，将密点仅体现为某一成分含量的产品配方认定为商业秘密并不存在法律上的障碍，仍可以围绕商业秘密的特性予以分析。

一、稠化剂配方中某关键成分的含量不为公众所知悉

本案侦查机关委托两家机构进行鉴定，并未发现某关键成分含量范围及所起作用被专利公报、期刊、技术文献、互联网等公开信息渠道记载或者披露；根据某关键成分添加后的化学反应原理，结合乙公司提供的实验记录，可以确定该技术信息是通过大量的合成试验得到，具有特定性，不属于本技术领域的一般常识或行业惯例；稠化剂配方中，各质量比范围的原料需要经过聚合反应才能合成最终的销售产品稠化剂，相关公众无法通过对最终产品的反向工程得到该稠化剂产品的具体原料及相应配比数值。最终，两家鉴定机构均作出某关键成分的含量不为公众所知悉、具有非公知性的鉴定意

---

① 周光权：《侵犯商业秘密罪疑难问题研究》，载《清华大学学报（哲学社会科学版）》2003年第5期。

见。法院认为，上述鉴定意见系合格鉴定主体出具，鉴定程序合法，鉴定过程客观，鉴定结论有效，应依法采信。

二、稠化剂配方中某关键成分的含量具有价值性

本案所讨论的密点是某关键成分的含量，只有某关键成分含量具有价值性，才能认为该技术信息符合商业秘密的特征。所谓价值性，通常是指信息的使用能增加竞争优势进而获得现实的或者潜在的经济利益。如果仅具有新颖性，不能增加竞争优势的局部创新不值得被法律所保护，只有“关键”部分的技术信息才可能成为商业秘密。

本案乙公司主张某关键成分是稠化剂配方的关键成分，含量在a%~b%范围时能够增强产品的某特性，一是需要明确某特性的增强是否能提升产品的竞争优势；二是某关键成分含量在a%~b%范围能增强某特性是否有科学依据。

乙公司生产的稠化剂主要用于石油开采，据乙公司及稠化剂使用方的证言，某特性较好是乙公司生产的稠化剂产品相较于其他产品的明显优势所在，可以发生酸化携砂压裂，使采油过程更为通畅，大幅提高石油开采量，另有多篇文献探究增强某特性的生产方法，可见某特性于稠化剂而言意义十分重大，某特性的增强确实能显著提高稠化剂产品的竞争力。关于某关键成分含量对某特性的影响是否具有科学性，鉴定机构的专业人员作出分析，引入某关键成分能与交联剂交联，使得合成的稠化剂不但水溶，而且酸溶，从而能用于携砂，满足了油田酸化压裂的要求，满足酸中增稠以及交联某特性，结合乙公司的研发记录中通过更改某关键成分浓度的对比实验验证对某特性的影响情况，能够证实某关键成分含量在a%~b%范围可以增强某特性具有科学依据。此外，依据甲公司技术人员的证言，生产稠化剂时其亲自加入某关键成分，因某关键成分是该配方最核心的

内容，且其对某关键成分加量特征的描述与乙公司主张的某关键成分含量特点相一致。综合前述分析，能够确定某关键成分是稠化剂配方中的关键成分，其含量具备商业秘密的价值性特征。

三、乙公司采取了合理的保密措施

乙公司采取了制定《保密管理规定》，与员工签署保密协议，对稠化剂配方中的关键性原料（含某关键成分）采用代码制管理，即原料入厂时就去掉外包装，用代码替换原料名称，代码表由专人管理等措施，在正常情况下是足以防止涉密信息泄露的，可以认为乙公司采取了合理、有效的保密措施。

综上，本案所涉化工产品稠化剂配方中某关键成分的含量不为公众所知悉，具有价值性，且乙公司采取了合理的保密措施，某关键成分的含量系产品配方的密点所在，尽管配方其他成分已为公众所知悉，也不影响包含有关键成分和特定含量的某关键成分的产品配方构成商业秘密。

编写人：北京市第三中级人民法院　张媛　夏苗苗

115　假冒注册商标罪中既遂、未遂的认定

——黄某假冒注册商标案

【案件基本信息】

1. 裁判书字号

广西壮族自治区玉林市中级人民法院（2018）桂 09 刑终 267 号刑事裁定书

2. 案由：假冒注册商标罪

【基本案情】

2016年5月至2017年9月，被告人黄某在未取得联合利华（中国）投资有限公司、广州宝洁有限公司和好来化工（中山）有限公司商标使用许可的情况下，在玉林市玉州区名山社区田家炳中学旁的民房内，生产假冒“飘柔”“海飞丝”“清扬”“潘婷”洗发露，“黑人牌”牙膏、“舒肤佳”香皂等商品。2017年9月25日，玉林市公安局民警在上述地点将黄某抓获，并在现场扣押到成品假冒“海飞丝”“清扬”“潘婷”洗发露和“黑人”牙膏、“舒肤佳”香皂一批。经鉴定，涉案成品价值为468564元。

【案件焦点】

假冒注册商标犯罪中，被告人黄某生产假冒注册商标的产品尚未流通到社会，属于既遂还是未遂。

【法院裁判要旨】

广西壮族自治区玉林市玉州区人民法院经审理认为：被告人黄某未经商标所有人许可，在同一种商品上适用与其注册商标相同的商标，情节特别严重，构成了假冒注册商标罪。黄某归案后如实供述其罪行，且当庭自愿认罪，属坦白，依法可以从轻处罚。

广西壮族自治区玉林市玉州区人民法院依照《中华人民共和国刑法》第二百一十三条、第六十七条第三款、第五十二条、第五十三条、第四十七条，《最高人民法院、最高人民检察院关于办理侵犯知识产权刑事案件具体应用法律若干问题的解释》第一条第二款、第八条、第十二条，《最高人民法院、最高人民检察院关于办理侵犯知识产权刑事案件具体应用法律若干问题的解释（二）》第四条，

《最高人民法院关于适用财产刑若干问题的规定》第一条、第二条第一款、第五条、第八条、第十一条第一款之规定，作出如下判决：

被告人黄某犯假冒注册商标罪，判处有期徒刑五年，并处罚金二十五万元。

黄某不服一审判决，上诉至广西壮族自治区玉林市中级人民法院，黄某及其辩护人认为：黄某生产假冒注册商标的产品尚未流通到社会，其行为属犯罪未遂，且黄某有坦白情节，原判对其量刑过重。

广西壮族自治区玉林市中级人民法院经审理认为：刑法规定，假冒注册商标罪是指未经注册商标所有人许可，在同一种商品上使用与其注册商标相同的商标，情节严重的行为。该罪的既遂并不以商品是否销售为前提，假冒注册商标罪的内核是冒用他人注册商标，情节严重，行为人只要有冒用他人注册商标即应认定为既遂，因为此时侵犯商标权的行为已经完成。本案中，黄某在未取得联合利华（中国）投资有限公司、广州宝洁有限公司和好来化工（中山）有限公司商标使用许可的情况下，在其生产的洗发露、牙膏、香皂等商品上分别使用了“飘柔”“海飞丝”“清扬”“潘婷”“黑人牌”“舒肤佳”等商标，实际上实施了冒用他人注册商标的行为，因此，其行为应认定为假冒注册商标罪的既遂。本案黄某假冒注册商标的犯罪金额是468564元，属于情节特别严重，依法应判处三年以上七年以下有期徒刑，原判在量刑时，综合考虑黄某的犯罪事实和数额，以及坦白的从轻情节，在量刑幅度内判处其有期徒刑五年，并处罚金人民币二十五万元，符合罪责刑相一致原则，所处刑罚并不为重。故黄某的上诉理由，不能成立，应予驳回。

广西壮族自治区玉林市中级人民法院依照《中华人民共和国刑

事诉讼法》第二百二十五条第一款第一项的规定，作出如下裁定：

驳回黄某的上诉，维持原判。

【法官后语】

本案争议的焦点是：生产假冒注册商标的产品尚未流通到社会，属于既遂还是未遂？

在二审审理期间，检察机关认为黄某实施了假冒注册商标行为，并实际生产出来了假冒注册商标的产品，构成假冒注册商标（既遂）。理由是假冒注册商标罪属于侵犯知识产权犯罪，故区分假冒注册商标既遂与未遂，应以实际侵犯他人知识产权为标准，实际侵犯他人知识产权为既遂，未实际侵犯他人知识产权为未遂。我国刑法规定，假冒注册商标罪是指未经注册商标所有人许可，在同一种商品、服务上使用与其注册商标相同的商标，情节严重的行为。该罪的既遂并不以商品是否销售为前提，假冒注册商标罪的内核是冒用他人注册商标，情节严重，行为人只要有冒用他人注册商标即应认定为既遂，因为此时侵犯商标权的行为已经完成。本案中，黄某在未取得联合利华（中国）投资有限公司、广州宝洁有限公司和好来化工（中山）有限公司商标使用许可的情况下，在其生产的洗发露、牙膏、香皂等商品上分别使用了“飘柔”“海飞丝”“清扬”“潘婷”“黑人牌”“舒肤佳”等商标，实际上实施了冒用他人注册商标的行为，因此，其行为应认定为假冒注册商标罪的既遂。

二审法院没有采纳上诉人及其辩护人的辩护意见，最终以黄某犯假冒注册商标罪（既遂）判处有期徒刑五年，并处罚金人民币二十五万元。理由是：按照我国刑法规定，犯罪有既遂和未遂之分。犯罪既遂，是指行为人所故意实施的行为已经具备了刑法分则某种犯罪构成的全部要件。犯罪未遂，是指行为人已经着手实施犯罪，由于意志以外的原因而未得逞，是犯罪未遂。犯罪未遂必须符合三个条件：(1) 犯罪分子已经着手实施犯罪；(2) 犯罪未得逞；(3) 犯罪未得逞是由于犯罪分子意志以外的原因。所以，就假冒注册商标的既遂来说，未经注册商标所有人许可，实施了在同一种商品、服务上使用与他人注册商标相同的商标的行为就属既遂，行为人只要有冒用他人注册商标即应认定为既遂，因为此时侵犯商标权的行为已经完成。假冒注册商标罪类似于非法持有枪支罪，只要非法持有，就构成既遂。换言之，假冒注册商标罪是行为犯，即只要有未经注册商标所有人许可的情况下，完成了在同一种商品、服务上使用与他人注册商标相同的商标的行为，达到了情节严重或者情节特别严重的程度，便构成了犯罪既遂。在本案中，黄某在未取得联合利华（中国）投资有限公司、广州宝洁有限公司和好来化工（中山）有限公司商标使用许可的情况下，在其生产的洗发露、牙膏、香皂等商品上分别使用了多种商标，足以对公众产生误导的程度，黄某假冒注册商标的犯罪行为已经完成，是否实际销售只涉及对犯罪后果情节的评估，不能影响假冒注册商标罪的停止形态。所以，一审、二审法院均以被告人黄某构成假冒注册商标罪的犯罪既遂是正确的。

编写人：广西壮族自治区玉林市中级人民法院　卢根生

116 销售假冒注册商标的商品罪犯罪未遂时货值金额的认定

——甲公司等销售假冒注册商标的商品案

【案件基本信息】

1. 裁判书字号

北京市第一中级人民法院（2018）京01刑终282号刑事裁定书

2. 案由：销售假冒注册商标的商品罪

【基本案情】

被告人袁某（男）系被告单位甲公司法定代表人，被告人袁某（女）为甲公司员工，甲公司为经西门子（中国）有限公司（以下简称西门子公司）授权的系统集成商。袁某（男）伙同袁某（女）自2015年左右开始通过甲公司销售假冒西门子商标的商品。

西门子公司发现甲公司涉嫌销售假冒西门子商标的商品后，委托北京乙有限公司进行调查。北京乙有限公司通过向甲公司支付人民币1万元定金购买相关商品的方式进行核实，于2017年6月20日在验货过程中发现相关商品存在问题并报警。民警于当日将二被告人查获，并在用于交易的北京牌小型汽车（车牌号：京Q××××1）内起获假冒西门子商标的商品，经审计，该部分商品货值金额为人民币132191.50元。

后民警从甲公司另起获大量未销售的假冒西门子商标的商品，经审计，该部分商品货值金额为人民币855194.50元，两部分商品货值金额共计人民币 987386 元。经注册商标权利人西门子公司证实，上述商品均系假冒西门子注册商标的商品。

另，案发后，公安机关将起获的假冒注册商标的电子产品 1438 件、电缆产品 2200 米予以扣押，并冻结甲公司的北京银行账户（账号：0109084480012×××××××××6）内人民币 1209081.97 元。

【案件焦点】

销售假冒注册商标的商品罪中，公安机关在抓获被告人的同时，起获了大量尚未销售的假冒注册商标的商品，未遂金额如何认定。

【法院裁判要旨】

北京市石景山区人民法院经审理认为：被告单位甲公司以单位名义销售明知是假冒注册商标的商品，为单位牟取非法利益，数额巨大，其行为已构成销售假冒注册商标的商品罪，系单位犯罪，依法应予惩处。

被告人袁某（男）、袁某（女）作为北京甲有限公司直接负责的主管人员和其他直接责任人员，代表单位具体实施犯罪行为，为单位谋取不正当利益，二被告人的行为均构成销售假冒注册商标的商品罪，依法亦应予惩处。鉴于被告单位北京甲有限公司及其直接负责的主管人员袁某（男）、其他直接责任人员袁某（女）已经着手实行犯罪，由于意志以外的原因而未得逞，系犯罪未遂，可以依法从轻处罚。被告人袁某（男）在犯罪中起主要作用，系主犯，应当按照其所参与的全部犯罪处罚；鉴于其系犯罪未遂，到案后能够如实供述自己的罪行，可以依法从轻处罚。鉴于被告人袁某（女）

在犯罪中起次要作用，系从犯，犯罪未遂，到案后能够如实供述自己的罪行，应当依法减轻处罚。

故依照《中华人民共和国刑法》第二百一十四条，第二百二十条，第三十条，第三十一条，第二十三条，第二十五条第一款，第二十六条第一款、第四款，第二十七条，第六十七条第三款，第五十二条，第五十三条，第六十四条，第六十一条；《最高人民法院、最高人民检察院、公安部关于办理侵犯知识产权刑事案件适用法律若干问题的意见》第八条；《最高人民法院、最高人民检察院关于办理侵犯知识产权刑事案件具体应用法律若干问题的解释》第十二条第一款，第十五条；《最高人民法院、最高人民检察院关于办理侵犯知识产权刑事案件具体应用法律若干问题的解释（二）》第四条及《最高人民法院关于适用财产刑若干问题的规定》第五条之规定，作出如下判决：

一、被告单位甲公司犯销售假冒注册商标的商品罪，判处罚金人民币七十万元；

二、被告人袁某（男）犯销售假冒注册商标的商品罪，判处有期徒刑三年，并处罚金人民币十万元；

三、被告人袁某（女）犯销售假冒注册商标的商品罪，判处有期徒刑一年，并处罚金人民币三万元；

四、扣押于公安机关的假冒注册商标的电子产品一千四百三十八件、电缆产品二千二百米，予以没收；

五、在案冻结的甲公司的北京银行账户（账号：0109084480012×××××××××6）中的人民币七十万元，折抵北京甲有限公司的罚金，剩余款项依法处理。

被告单位甲公司、被告人袁某（男）及袁某（女）对一审判决不服，提出上诉。北京市第一中级人民法院同意一审法院裁判意见，裁定驳回上诉单位北京甲有限公司、上诉人袁某（男）、袁某（女）的上诉，维持原判。

【法官后语】

本案处理重点主要在于对被告人犯罪时尚未销售的侵权商品“货值金额”的认定。

我国刑法第二百一十四条规定销售明知是假冒注册的商品，销售金额数额较大的构成销售假冒注册商标的商品罪。但司法实践中，侦查机关在案发时查获的往往是尚未销售的侵权产品，已经销售的部分销售金额无法确定。针对这一情况，最高人民法院、最高人民检察院、公安部印发的《关于办理侵犯知识产权刑事案件适用法律若干问题的意见》第八条规定，假冒注册商标的商品尚未销售，货值金额在十五万元以上的以假冒注册商标的商品罪（未遂）定罪处罚。就本案来说，袁某虽然与他人达成交易协议，但在交易完成之前已经被公安机关抓获，属于着手实施犯罪，但由于意志以外的因素被迫中止，系犯罪未遂。

另外，从司法解释上看，虽然已销售部分的销售金额无法确定，但是对于尚未销售的部分如果货值金额较大，也要追究行为人刑事责任。值得注意的是，这里以货值金额作为犯罪数额，而不再是销售金额。此时如何认定货值金额将直接决定行为人是否构成犯罪以及量刑幅度。但是知识产权犯罪中的“货值金额”如何认定并没有明确规定，在司法实践中存在分歧，主要有以下两种意见。

第一种意见是参照《最高人民法院、最高人民检察院关于办理生产、销售伪劣商品刑事案件具体应用法律若干问题的解释》（以下简称《伪劣商品解释》）中关于“货值数额”的计算方式认定。

《伪劣商品解释》第二条第三款规定："货值金额以违法生产、销售的伪劣产品的标价计算；没有标价的，按照同类合格产品的市场中间价格计算。货值金额难以确定的，按照国家计划委员会、最高人民法院、最高人民检察院、公安部1997年4月22日联合发布的《扣押、追缴、没收物品估价管理办法》的规定，委托指定的估价机构确定。"这一司法解释明确规定了在生产、销售伪劣商品案件中货值金额的计算方式，虽然《伪劣商品解释》这一规定是针对伪劣产品犯罪确定货值金额而言的，但实质上明确了假冒伪劣产品"货值金额"的计算方法，应适用于其他类似案件需要计算产品货值的情况，包括侵犯他人知识产权的犯罪行为。只要行为人生产、销售假冒他人知识产权的产品，无法查明其销售金额的，就应当依照这一规定对其销售金额或者货值金额依法认定。

第二种意见是参照《最高人民法院、最高人民检察院关于办理侵犯知识产权刑事案件具体应用法律若干问题的解释》（以下简称《知产解释》）中关于"非法经营数额"的计算方式认定。

在《知产解释》第十二条第一款规定："本解释所称'非法经营数额'，是指行为人在实施侵犯知识产权行为过程中，制造、储存、运输、销售侵权产品的价值。已销售的侵权产品的价值，按照实际销售的价格计算。制造、储存、运输和未销售的侵权产品的价值，按照标价或者已经查清的侵权产品的实际销售平均价格计算。侵权产品没有标价或者无法查清其实际销售价格的，按照被侵权产品的市场中间价格计算。"这里的非法经营数额是一个相对比较宽泛的概念，只要是在侵犯知识产权行为作用下形成的商品价值，都可以体现为非法经营数额。尽管销售假冒注册商标的商品罪（未遂）中货值金额的规定，并没有涉及非法经营数额，但从非法经营数额与货值金额的内涵与外延来看，前者无疑包括后者，因此可以参照适用《知产解释》第十二条的规定。

笔者赞同第二种“货值金额”适用“非法经营数额”计算方式的意见，因为“非法经营数额”本质上涵盖了“货值金额”，当然可以适用。而且假冒注册商标的商品有其自身的特殊性，不能完全适用《伪劣商品解释》的计算办法，具体理由见下。

首先，《知产解释》已经明确了“非法经营数额”是制造、储存、运输、销售侵权产品的价值，包括了储存部分的产品的价值，而且也明确规定了未销售的侵权产品价值的计算方式。由此可见，“非法经营数额”的计算方式已经涵盖了“货值金额”。

其次，在司法实践中很多假冒注册商标的侵权产品是“伪而不劣”。即虽然这些商品的商标是假的，但是销售者为了以假乱真，很多商品在质量方面是合格的，在这种侵权商品本身质量合格的情况下，就无法适用《伪劣商品解释》中“没有标价的，按照同类合格产品的市场中间价格计算”这一认定方式。

综上所述，虽然销售假冒注册商标的商品罪（未遂）在司法解释中并没有明确“货值金额”的计算方式，但从“非法经营数额”与“货值金额”的内涵与外延来看，前者毫无疑问包括后者，因此，对于“货值金额”的认定可以参照适用《知产解释》第十二条关于“非法经营数额”的规定。

编写人：北京市石景山区人民法院 李婧 单元任

117 销售盗版加密锁行为性质的认定

——陈某起侵犯著作权案

【案件基本信息】

1. 裁判书字号

北京市第一中级人民法院（2018）京01刑终566号刑事裁定书

2. 案由：侵犯著作权罪

【基本案情】

被告人陈某起于2017年4月至2017年8月，以营利为目的，未经甲公司许可，通过互联网向北京市海淀区等多地销售甲公司享有著作权的计算机软件及用于破解使用该软件的加密锁，非法经营数额总计人民币217523元。被告人陈某起于2017年8月15日被民警抓获，当场起获盗版甲软件及作案电脑主机等物，现扣押在案。陈某起到案后如实供述了上述犯罪事实。

【案件焦点】

1. 被告人销售可供公众免费下载的软件及盗版加密锁的行为是否侵犯了权利人的著作权；2. 被告人的行为是否属于“发行”行为，即其行为构成的是侵犯著作权罪还是销售侵权复制品罪。

【法院裁判要旨】

北京市海淀区人民法院经审理认为：被告人陈某起以营利为目的，未经著作权人许可，发行他人享有著作权的计算机软件，情节严重，其行为已构成侵犯著作权罪，应予惩处。北京市海淀区人民检察院指控被告人陈某起犯有侵犯著作权罪的事实清楚，证据确实、充分，指控罪名成立。

北京市海淀区人民法院依照《中华人民共和国刑法》第二百一十七条第一项、第六十七条第三款、第五十三条第一款、第六十四条之规定，判决如下：

一、被告人陈某起犯侵犯著作权罪，判处有期徒刑二年，并处罚金人民币八万元；

二、在案扣押的侵权计算机软件及作案工具电脑主机等物依法予以收缴没收。

陈某起以原判对其量刑过重为由提起上诉。北京市第一中级人民法院同意一审法院裁判意见。依照《中华人民共和国刑事诉讼法》第二百二十五条第一款第一项之规定，裁定如下：

驳回陈某起的上诉，维持原判。

【法官后语】

本案的焦点问题在于被告人陈某起行为性质的认定，一是判断被告人销售可供公众免费下载的软件及盗版加密锁的行为是否侵犯了权利人的著作权；二是判断被告人的行为是否属于“发行”行为，即其行为构成的是侵犯著作权罪还是销售侵权复制品罪。

1. 销售盗版加密锁是否构成侵犯著作权犯罪

在数字时代，损害著作权人正当利益的方式更加多样化。传统的方式是通过直接复制发行、销售侵权作品侵犯权利人的著作权。在当前的数字环境中，通过销售盗版加密锁解除他人的计算机软件保密措施，已经成为对正版软件的新型侵权方式。

对于本案被告人的行为是否构成侵犯著作权犯罪存在两种观点：一种观点认为，计算机软件的著作权应由软件本身享有，著作权人已经在官方网站上向公众提供免费正版软件，被告人销售软件的行为没有侵害权利人的著作权，而销售加密锁的行为是一种规避、破坏技术措施的行为，该行为不代表一定侵犯了受该技术措施保护的作品的著作权，因而本案的被告人不构成侵犯著作权犯罪。另一种观点认为，用户虽可以从甲公司官网下载安装该工程软件，但加密锁是用户获得许可使用涉案工程软件的关键，如果没有加密锁，该工程软件则不能运行，被告人销售盗版加密锁的行为在本质上构成侵犯软件著作权的犯罪。

笔者同意第二种观点，理由如下：

第一，我国法律规定权利人为保护软件著作权而采取的技术措施受法律保护，销售盗版加密锁构成犯罪的应该承担相应的刑事法律责任。《中华人民共和国著作权法》第五十三条第六项规定，未经著作权人或者与著作权有关的权利人许可，故意避开或者破坏技术措施的，故意制造、进口或者向他人提供主要用于避开、破坏技术措施的装置或者部件的，或者故意为他人避开或者破坏技术措施提供技术服务的属于侵权行为，应该承担相应的民事、行政或刑事责任。《计算机软件保护条例》第二十四条第三项对规避技术措施行为明确予以刑法规制，故意避开或者破坏著作权人为保护其软件著作权而采取的技术措施触犯刑律的，依照刑法关于侵犯著作权罪、销售侵权复制品罪的规定，依法追究刑事责任。《信息网络传播权保护条例》第十八条、第十九条规定，“故意避开或者破坏技术措施”“故意制造、进口或者向他人提供主要用于避开、破坏技术措施的装置或者部件，或者故意为他人避开或者破坏技术措施提供技术服务”的行为构成犯罪的，依法追究刑事责任。

上述规范虽然缺乏独立的罪刑配置，但是明确了破坏、规避技术措施具备经济或行政上的违法结构，具有提示性意义。

第二，销售盗版密码锁的行为使得权利人的著作权受到实际的损害，具有法益侵害性。判断销售加密锁的行为是否构成犯罪，首先需要考虑该的是行为对法益造成的侵害。因电子软件在数字环境中极易被复制利用，软件著作权人普遍通过设置加密锁的方式控制他人非法接触作品从而实现对作品的专属权利。本案中，甲公司虽在官网上向公众免费提供正版工程造价软件，使用者可以自行下载，但是如果想实际运行该工程造价软件还需付费购买甲公司的软件加密锁，著作权人以此控制软件的供应和使用渠道来获取对价收入。本案被告人销售的盗版加密锁通过重新编码等技术手段替代性地实现了正版加密锁的加密、解密功能，使得软件呈现出一种裸露的状态，可供他人非法使用。被告人销售的盗版的加密锁绕开了权利人的技术保护措施，同时还向购买者附赠从甲公司官网上免费下载的软件，这种行为方式实现了变相销售软件的目的，使软件著作权受到实际损害。

第三，涉案盗版加密锁的唯一用途是为了规避著作权人有效技术措施，不具有其他商业价值，销售盗版加密锁的行为不能与实际利用软件的行为区分看待。有反对观点认为，销售盗版加密锁损害权利人著作权的过程包含两个行为：一是被告人提供盗版加密锁的行为；二是购买者实际接触和使用软件的行为，盗版加密锁针对的对象是技术措施，如果购买者最终没有接触和使用软件，则该行为并不必然会损害权利人的著作权。笔者认为，不必将侵犯著作权的过程区分为物理上两个行为。提供盗版加密锁势必干扰权利人利用技术措施进行自力保护，法律将规避、破坏技术措施的行为列为侵犯软件著作权的具体侵权方式也证明该行为本身具有可责性。且销售盗版加密锁普遍具有捆绑软件、单纯营利的特点，破坏技术措施后，必然导致侵犯软件著作权，故该行为应当认定为侵犯著作权犯罪。

2. 被告人陈某起的行为是否属于“发行”行为

我国刑法对侵犯著作权的犯罪行为列明了两个罪名，分别是第二百一十七条侵犯著作权罪和第二百一十八条销售侵权复制品罪。对于本案被告人陈某起的罪名认定存在以下两种意见：

第一种意见认为，陈某起应当以销售侵权复制品罪定罪量刑，《中华人民共和国刑法》第二百一十七条和第二百一十八条的立法目的和保护的客体不完全相同，销售侵权复制品罪应有独立的适用空间，单独的零售行为以侵犯著作权罪定罪量刑会导致刑罚不相适应，陈某起没有复制行为，只是单纯的零售行为，故应以销售侵权复制品定罪。

第二种意见认为，本案应以侵犯著作权罪定罪量刑。但这种意见中还存在两种观点的分歧，一种观点认为根据司法解释的相关规定，单纯的零售行为即属于《中华人民共和国刑法》第二百一十七条规定的“发行”，陈某起的加密锁虽从上家购买，但单纯的零售行为已经符合《中华人民共和国刑法》第二百一十七条的构成要件；另一种观点即我们所采取的观点，认为应当适当限制“发行”的范围，单纯的零售不属于“发行”，但陈某起通过发布广告的方式在互联网上推广销售加密锁，其行为不仅仅是单纯的零售行为，已经构成了实际的“发行”。

《中华人民共和国刑法》第二百一十七条以列举方式规定了侵犯著作权罪的四种行为：未经著作权人许可，复制发行其文字作品、音乐、电影、电视、录像作品、计算机软件及其他作品；出版他人享有专有出版权的图书；未经录音录像制作者许可，复制发行其制作的录音录像；制作、出售假冒他人署名的美术作品。而销售侵权复制品罪的客观方面则表现为对非本人制作的《中华人民共和国刑法》第二百一十七条规定的侵权复制品的非法销售行为。可见，明确界定侵犯著作权罪与销售侵权复制品罪的关键在于对《中华人民共和国刑法》第二百一十七条的“复制发行”与第二百一十八条规定的“销售”之间关系予以辨明。司法实践中，对于发行的含义存在不同理解和认识。相关司法解释在加大对知识产权保护力度的同时，也导致销售侵权复制品罪适用式微，“复制发行”被解释为复制或者发行以及复制且发行的行为，总发行、批发、零售、通过信息网络传播、出租、展销等都为发行的具体表现形式。理论中还普遍存在另一种意见认为第二百一十七条规定的“发行”行为仅指复制者自身实施的销售行为，不应包括他人实施的销售行为。我们认为发行的主体并不局限于复制者本人，但是侵犯著作权罪中的“发行”和销售侵权复制品罪中的“销售”应该有所区别，单纯的零售行为不应以侵犯著作权罪定罪，理由有以下四点：

一是侵犯著作权罪和销售侵权复制品罪的立法目的和保护客体不同，出于维护刑法体系协调性的考虑，不应使条文变成包含关系。侵犯著作权罪，旨在打击未经著作权人许可而复制发行作品，直接侵犯著作权、社会危害性较大的行为。而销售侵权复制品罪的社会危害性较低，行为人没有复制作品，只是单纯零售侵权复制品，这种侵权行为连接了复制作品者与消费者，是直接侵权行为的简单延续，具有间接性。根据刑法立法初衷，侵犯著作权罪和销售侵权复制品罪有独立的适用空间。如果单纯的零售行为也构成侵犯著作权罪，就侵蚀了《中华人民共和国刑法》第二百一十八条销售侵权复制品罪的领地，而司法解释无权排除法定罪名的应用空间。

二是刑法具有谦抑性，《中华人民共和国刑法》中“发行”的定义不必完全等同于《中华人民共和国著作权法》中的有关定义。《中华人民共和国著作权法》第十条规定：“……发行权，即以出售或者赠与方式向公众提供作品的原件或者复制件的权利……”这里的出售既可包括总发行、批发，又可包括零售。相关司法解释将总发行、批发、零售、通过信息网络传播、出租、展销这六种行为都列为侵犯著作权罪中“发行”的行为方式，这实际上与《中华人民共和国著作权法》的理解是一致的。但是对《中华人民共和国刑法》中有关术语的解释不必完全等同于前置性法律的规定，对于侵犯知识产权的行为，刑法不应过度介入，应当在考虑罪刑均衡原则的基础上，不超出国民的通常理解，将社会危害性较低的单纯零售行为排除在《中华人民共和国刑法》第二百一十七条规定的“发行”范围之外。

三是不能因销售侵权复制品罪司法查证困难而降低侵犯著作权罪的入罪门槛、扩大刑法“射程”。销售侵权复制品罪在司法实践中适用很少，除因为司法解释的观点缩减了销售侵权复制品罪的适用空间外，很重要的一部分原因还在于销售侵权复制品罪定罪条件单一且要求过高，使得实际定罪困难。销售侵权复制品罪的客观方面构成要件是“违法所得数量巨大”，这就要求必须查明行为人的违法所得数额，而多数案件的行为人一般以零售为主，缺少规范账簿，难以查实获利的详情，而且数额也很难达到“巨大”的标准，因而以该罪定罪十分困难。而侵犯著作权罪的构成标准除违法所得外还有“其他严重情节”，只需查明非法经营的数额是否达到标准就可定罪，降低了查证的难度。但不能因为司法实践中查证的困难而扩大刑法的射程，将难以认定的轻罪（销售侵权复制品罪）最终以重罪

（侵犯著作权罪）论处，这将导致罪刑不均衡的后果，有违罪刑法定原则。司法认定中存在的问题应该通过加大侦查力度、完善侦查技巧的方式来解决，不能在不查清前因后果、犯罪数额的情况下，仅凭司法解释便降低侵犯著作权罪的入罪门槛。

四是司法解释留出了销售侵权复制品罪的独立适用空间。《最高人民法院、最高人民检察院关于办理侵犯知识产权刑事案件具体应用法律若干问题的解释》第十四条第二款明确规定："实施刑法第二百一十七条规定的侵犯著作权犯罪，又销售明知是他人的侵权复制品，构成犯罪的，应当实施数罪并罚。"可见，销售明知他人的侵权复制品的行为可单独构成他罪，不应完全以侵犯著作权罪定罪处罚。

本案中被告人陈某起的行为方式不仅仅是通过QQ联络买家零售侵权的软件及加密锁，而且通过在搜索引擎上发布广告达到推销的目的，扩大了侵权的范围和影响力。根据《最高人民法院、最高人民检察院关于办理侵犯知识产权刑事案件适用法律若干问题的解释（二）》第二条的规定，侵权产品的持有人通过广告、征订等方式推销侵权产品的行为属于刑法第二百一十七条规定的发行，故对本案被告人陈某起的行为应当认定构成"发行"，最终以侵犯著作权罪定罪量刑。

本案是一起典型的计算机软件著作权侵权案件。司法实践中，对于销售盗版加密锁这一类的犯罪行为一直存在罪名认定混乱的问题，主要原因是刑事立法对避开或破坏权利人技术保护措施的行为性质没有作出明确规定，理论界也存在较大分歧。针对现实中出现的新问题，本案在案件裁判过程中结合计算机软件的侵权模式，准确把握"作品"的内涵，辨析犯罪行为的本质。

《中华人民共和国刑法修正案（十一）》第二十条对刑法第二

百一十七条作了增订，其中第六项规定："未经著作权人或者与著作权有关的权利人许可，故意避开或者破坏权利人为其作品、录音录像制品等采取的保护著作权或者与著作权有关的权利的技术措施的。"该项增订修正了侵犯著作权的客观行为，将故意避开或者破坏著作权保护技术措施的行为纳入刑法规制的范畴，从刑事立法的角度明确回应了数字时代网络科技发展对著作权刑法保护造成的冲击，解决了司法实务中对于此类犯罪行为的认定问题。刑事司法应对实践中的新问题、新情况，要合理运用法律解释的方法，通过系统思维方式正确辨析犯罪行为的本质，通过科学的刑法立法和合理的刑事司法对著作权进行系统、全面的保护。侵犯著作权罪的修正条款也正是体现了对《中华人民共和国著作权法》等立法文本、基于刑民交互适用的法律形式推理逻辑以及司法经验的一种选择性确认。

编写人：北京市第一中级人民法院　林辛建　魏晓田

（八）扰乱市场秩序罪

118　利用销售点终端机具（POS 机）为他人非法套现属于非法经营

——林某波非法经营案

【案件基本信息】

1. 裁判书字号

广东省汕头市中级人民法院（2020）粤 05 刑终 327 号刑事判决书

2. 案由：非法经营罪

【基本案情】

2013 年 3 月起，被告人林某波在其租赁的某小区房屋先后雇用同案人赵某、陈某濠、杨某沙、林某频等人（均已判决），利用申请的 POS 机，通过朋友介绍、发布网络信息等方法招揽信用卡持卡人刷卡，以虚假交易的方式为信用卡持卡人刷卡套取现金，并收取套现金额 1%~1.5%的手续费，后又通过某支付公司、某数据公司将虚构交易的款项转至同案人林某频的银行账户。经某司法会计鉴定所鉴定，从某支付公司汇入同案人林某频上述银行账户的资金共 30 笔，合计 1106130.45 元；从某数据公司汇入同案人林某频上述银行账户的资金共 279 笔，合计 16796988.73 元。上述汇入资金共 309 笔，共计 17903119.48 元。

2014 年 3 月 2 日，公安机关在上述地点抓获同案人林某频、陈某濠、杨某沙、赵某，缴获作案工具银行 POS 机 3 台、银行卡、账单、U 盾、登记簿等物品。

【案件焦点】

1. 使用 POS 机以虚构交易方式为他人套取现金是否构成非法经营罪；2. 使用 POS 机套现应适用《最高人民法院、最高人民检察院关于办理妨害信用卡管理刑事案件具体应用法律若干问题的解释》（以下简称《信用卡管理司法解释》）还是适用《最高人民法院、最高人民检察院关于办理非法从事资金支付结算业务、非法买卖外汇刑事案件适用法律若干问题的解释》（以下简称《资金支付结算司法解释》）。

【法院裁判要旨】

广东省汕头市龙湖区人民法院经审理认为：被告人林某波使用

销售点终端机具，以虚构交易的方式向信用卡持有人直接支付现金，扰乱市场秩序，情节特别严重，其行为构成非法经营罪。林某波是主犯，依法应当按照其所参与的全部犯罪处罚；归案后如实供述自己的罪行，当庭自愿认罪，可以从轻处罚。依照《中华人民共和国刑法》第二百二十五条第三项，第二十五条第一款，第二十六条第一款、第四款，第六十七条第三款和《信用卡管理司法解释》第十二条第一款、第二款的规定，判决被告人林某波犯非法经营罪，判处有期徒刑七年，并处罚金人民币十万元。

林某波不服，提起上诉，理由是本案不宜适用刑法第二百二十五条及《信用卡管理司法解释》，且量刑过重，刑责不对等。

广东省汕头市中级人民法院经审理认为：上诉人林某波在未发生真实商品交易的情况下，使用POS机非法为他人进行信用卡套现，变相将信用卡的授信额度转化为现金，使金融机构资金置于高度风险之中，严重扰乱国家金融管理秩序，属于虚构支付结算行为的一种形式，其行为已符合非法经营罪的定罪标准。根据《最高人民法院、最高人民检察院关于适用刑事司法解释时间效力问题的规定》第三条的规定，对于新的司法解释实施前发生的行为，行为时已有相关司法解释，依照行为时的司法解释办理，但适用新的司法解释对犯罪嫌疑人、被告人有利的，适用新的司法解释。根据被告人犯罪的事实、性质、情节和对于社会的危害程度，量刑应予调整。依照《中华人民共和国刑事诉讼法》第二百三十六条第一款第二项、第十五条，《中华人民共和国刑法》第二百二十五条第三项，第二十五条第一款，第二十六条第一款、第四款，第六十七条第三款和《信用卡解释》第十二条第一款、第二款的规定，判决如下：

一、维持汕头市龙湖区人民法院（2020）粤0507刑初167号刑事判决对上诉人林某波的定罪以及罚金刑部分，撤销对上诉人林某波的量刑部分；

二、被告人林某波犯非法经营罪，判处有期徒刑六年，并处罚金人民币十万元。

【法官后语】

随着互联网支付的兴起，不仅支付结算的方式、方法发生了根本变化，套现的行为、方式也呈现多样化，包括销售终端机（POS机）等终端机具、其他各种受理终端和网络支付接口。信用卡套现，是指行为人帮助持卡人利用信用卡免息消费的规定，不通过正常合法的自动取款机（ATM机）或银行柜台提取现金，而通过POS机等销售终端机具，以虚构交易、虚开价格等方式将信用卡信用额度内的资金以现金的方式套取，并收取一定比例的手续费的行为。

一、利用POS机非法套现的行为应定性为非法经营罪

为打击频繁出现的信用卡套现行为，2009年发布的《信用卡管理司法解释》第七条规定，违反国家规定，使用POS机等方法，以虚构交易、虚开价格、现金退货等方式向信用卡持卡人直接支付现金，情节严重的，应当以非法经营罪定罪处罚。2018年，最高人民法院、最高人民检察院对其进行了修改，明确对透支等行为进行综合判断的标准，更加有利于被告人。但《信用卡管理司法解释》2018年修正版第十二条与2019年解释第七条内容一致。根据2001年施行的《最高人民法院、最高人民检察院关于适用刑事司法解释时间效力问题的规定》第三条的规定，对于新的司法解释实施前发生的行为，行为时已有相关司法解释，依照行为时的司法解释办理，

但适用新的司法解释对犯罪嫌疑人、被告人有利的，适用新的司法解释。故本案适用法律正确。

同时，非法经营罪中的“经营”，是根据国家规定从事须具有某种获得准许的资格，或者遵守某些特定规则等特殊要求的业务。如果没有资质而从事该业务，或者违反相关业务程序的，则构成非法经营。从客观方面看，信用卡套现类非法经营行为只需要行为人在没有真实交易背景下向“信用卡持卡人”直接支付现金，对象是信用卡持卡人。从侵犯的法益看，信用卡套现行为之所以构成非法经营罪，是因为行为人在未发生真实商品交易的情况下，变相将信用卡的授信额度转化为现金，从而使金融机构资金置于高度风险之中，严重扰乱国家金融管理秩序。因此，本案林某波利用POS机非法套现牟利的行为应定性为非法经营罪。

二、使用POS机非法套现是否适用《资金支付结算司法解释》

本案审理过程中，一种意见认为，被告人林某波的行为适用《信用卡管理司法解释》，属于情节特别严重；另一种意见认为，林某波的行为应适用《资金支付结算司法解释》，属于情节严重。现实中，套现的行为、方式包括但不限于信用卡套现行为，还包括以各种非法方式向指定付款方支付货币资金的行为，信用卡套现只是虚构支付结算行为的一种形式。从上述两个司法解释来看，《资金支付结算司法解释》规定，使用受理终端或者网络支付接口等方法，以虚构交易等非法方式向指定付款方支付货币资金的，属于“非法从事资金支付结算业务”，如行为人通过网购平台套取贷记卡资金。《资金支付结算司法解释》的规定属于一般规定，《信用卡管理司法解释》关于信用卡套现行为的规定则属于特别规定，按照特别规定优于一般规定的原则，对于信用卡套现行为的认定适用《信用卡管理司法解释》，对于其他虚构支付结算行为的认定适用资金结算有关规定。本案应适用《信用卡管理司法解释》。

编写人：广东省汕头市中级人民法院　沈启勇

119 搭建“第四方支付”平台为赌博网站提供资金支付结算的行为定性

——林某甲等非法经营案

【案件基本信息】

1\. 裁判书字号

浙江省杭州市中级人民法院（2020）浙01刑终406号刑事裁定书

2\. 案由：非法经营罪

【基本案情】

2018年1月至9月，被告人林某甲以某科技公司名义，在未获得支付结算业务资质的情况下，伙同被告人林某乙、张某、王某、金某、黄某等人以第三方支付平台为接口，自建支付结算系统，利用向他人收买、公司员工注册、下游商户提供等方式收集的大量无实际经营业务的空壳公司资料（包括工商资料、对公银行账户、法人资料、虚构的电子商务网站等）在某支付平台注册了数百个公司账户，再将支付接口散接至上述账户，非法从事赌博资金支付结算业务，共计非法结算资金达人民币46.69亿余元。

被告人林某乙负责该公司日常事务并主管公司技术事宜；被告人金某在林某乙不在时，负责公司日常管理事务，另还与被告人黄某等负责将结算数据与下游的报账数据进行核对，并交由林某甲审核后，在林某甲的指令下，利用掌握的空壳公司对应的对公账户、密码、网银向下游何某、李某甲（均另案处理）、被告人李某乙等提供的账户结算资金；被告人张某负责对林某甲购买的支付结算系统进行二次开发，优化升级，并为空壳公司企业支付宝账户配置对应通道资源，维护支付系统的运行；被告人王某主要负责处理客户投诉，对接下游，并将一些伪造的公司材料、交易材料提交给第三方支付平台，用以欺骗第三方支付平台解冻权限资金。

2018 年 3 月至 7 月，被告人李某乙通过在何某公司任职时掌握的下游客户名单，在被告人吴某的帮助下对接某科技公司成为下游客户，非法为赌博资金提供支付结算服务，共计结算资金达人民币 4.6 亿余元。仅从 2018 年 3 月底至 6 月底的三个月内，从中非法获利人民币 334.99 万余元。

案发后，公安机关从某科技公司办公场所及被告人等处查扣作案使用的电脑、手机、公章、U 盾等物品；并对某科技公司所掌握的本案中用于给赌博网站走账、结算的 17 个空壳公司对应的某支付平台账户进行冻结。

本院审理期间，被告人吴某亲属代为退缴其违法所得人民币 6 万元至本院。

【案件焦点】

搭建“第四方支付”平台为赌博网站提供资金支付结算的行为定性。

【法院裁判要旨】

浙江省杭州市西湖区人民法院经审理认为：被告人林某甲、林某乙、李某乙、金某、张某、王某、吴某、黄某未经国家有关主管部门批准，非法从事资金支付结算业务，扰乱市场秩序，情节特别严重，其行为均已构成非法经营罪，公诉机关的指控成立。被告人张某、王某、吴某、黄某在共同犯罪中起次要、辅助作用，系从犯，均予以减轻处罚。对被告人林某甲、张某、王某的辩护人所提前述被告人具有坦白情节的意见。经查，前述被告人在侦查阶段的供述或者庭审中对起诉书指控的部分事实予以否认，且对是否明知本案结算的系赌博资金的问题存在推诿，不宜认定为坦白，对辩护人所提相关意见，本院不予采纳。被告人林某乙、李某乙、金某、吴某、黄某自愿认罪认罚，且被告人吴某亲属能够代为退缴其个人违法所得，本院酌情予以从宽处罚。公诉机关及辩护人的相关意见，本院予以采纳。根据被告人李某乙、金某、张某、王某、吴某的犯罪情节，不宜适用缓刑，对辩护人所提请求适用缓刑的意见，本院不予采纳。根据被告人黄某的犯罪情节和悔罪表现，适用缓刑没有再犯罪的危险，且对其所居住社区也没有重大不良影响，故对其依法宣告缓刑。公诉机关量刑建议适当，应予采纳。据此，依照《中华人民共和国刑法》第二百二十五条第三项，第二十五条第一款，第二十六条第一款、第四款，第二十七条，第七十二条第一款、第三款，第七十三条第二款、第三款，第五十二条，第五十三条，第五十九条，第六十四条和《最高人民法院、最高人民检察院关于办理非法从事资金支付结算业务、非法买卖外汇刑事案件适用法律若干问题的解释》第一条第一项、第二项，第四条第一款第一项之规定，判决如下：

一、被告人林某甲犯非法经营罪，判处有期徒刑十二年六个月，并处没收财产人民币五千万元；

二、被告人林某乙犯非法经营罪，判处有期徒刑七年，并处罚金人民币一百万元；

三、被告人李某乙犯非法经营罪，判处有期徒刑五年六个月，并处罚金人民币七百万元；

四、被告人金某犯非法经营罪，判处有期徒刑五年，并处罚金人民币二十五万元；

五、被告人张某犯非法经营罪，判处有期徒刑四年，并处罚金人民币二十万元；

六、被告人王某犯非法经营罪，判处有期徒刑三年，并处罚金人民币十万元；

七、被告人吴某犯非法经营罪，判处有期徒刑二年，并处罚金人民币十万元；

八、被告人黄某犯非法经营罪，判处有期徒刑二年，缓刑三年，并处罚金人民币五万元；

九、对被告人吴某亲属代为退缴在本院的违法所得人民币 6 万元和公安机关查扣在案的犯罪工具手机、电脑、公章、U 盾等物品以及冻结在案的 17 个空壳公司对应某支付平台账户内涉案资金均依法予以没收；对被告人的违法所得依法予以追缴。

被告人林某甲、王某提起上诉。浙江省杭州市中级人民法院经审理认为：被告人林某甲、王某及其辩护人要求从宽处罚的请求，均依据不足，不予支持。原判定罪及适用法律正确，量刑适当。审判程序合法。据此，依照《中华人民共和国刑法》第二百二十五条第三项，第二十五条第一款，第二十六条第一款、第四款，第二十七条，第七十二条第一款、第三款，第七十三条第二款、第三款，第五十二条，第五十三条，第五十九条，第六十四条；《最高人民法院、最高人民检察院关于办理非法从事资金支付结算业务、非法买卖外汇刑事案件适用法律若干问题的解释》第一条第一项、第二项，第四条第一款第一项；《中华人民共和国刑事诉讼法》第二百三十六条第一款第一项之规定，裁定如下：

驳回上诉，维持原判。

【法官后语】

本案系新型的利用计算机网络技术实施的为赌博网站提供非法资金支付结算业务的案件。行为人通过互联网及线下办理、收购大量壳公司资料，再将上述资料用于申请支付宝对公账户，经支付宝审核并通过对公账户申请后，将上述对公支付宝账户挂在自行搭建的“第四方支付”平台，同时将支付接口参数发给上游赌博网站运营人员，赌博网站运营人员再将第三方支付平台充值接口放在赌博网站上供赌客充值。赌客在赌博网站点击充值功能并进行支付宝充值后，资金进入涉案“第四方支付”平台上挂载的第三方支付平台对公账户，行为人事前与赌博网站运营人员或中间商约定手续费比例（千分之五至千分之十二不等），资金流入“第四方支付”平台并自动按比例扣除手续费，其余资金再经该平台转入中间商或赌博网站运营人员指定的其他账户。同时，行为人为应对部分赌客充值后向第三方支付平台、工商行政管理部门进行投诉，还同步搭建了电子商务网站，网站上一般销售电子书等不需要线下实际发货的物品，如遇到赌客投诉或支付宝冻结账户，部分被告人专门负责提交虚假交易信息，以应对赌客的投诉及解冻账户。笔者认为，涉案行为人搭建“第四方支付”平台，为赌博网站提供资金支付结算业务的行为，同时符合非法经营罪和开设赌场罪的构成要件，应择一重罪论处，以非法经营罪定罪处罚。理由如下：

一、涉案平台属于非法的“第四方支付”平台

所谓的“第四方支付”平台是指未获得国家支付结算许可，违反国家支付结算制度，依托正规的第三方支付平台，通过大量注册商户或个人账户非法搭建的支付通道。“第四方支付”平台是相对于正规的第三方支付平台而言的。随着互联网的兴起，传统的银行—商家之间的支付模式受到冲击，互联网的特点决定买卖双方的交易不再受地域的局限，但这种传统支付模式面临着巨大的交易风险，因此第三方支付平台应运而生，第三方支付平台获得了国家支付结算许可，在买卖双方中充当了资金信用担保的角色，其拥有独立于买卖双方和信誉保障等特点，传统的“银行—商家”交易模式转变为“银行—第三方支付平台—商家”交易模式，资金安全和交易风险大幅度降低。第三方支付平台受到各国法律的严格监管，监管部门及平台自身根据所在国家、地区的金融法规、政策进行监管，确保平台不会用于洗钱和各类涉互联网犯罪资金流通、中转、结算。

然而，互联网中存在大量的黑灰产业，巨额的违法、犯罪资金需要通过多种途径进行“洗白”、提现，上述资金如直接通过传统的银行卡转账或第三方支付平台进行资金中转、结算，资金流转情况极易被追踪、查获，故“第四方支付”平台应运而生。以上述第三方支付平台的模式为例，“第四方支付”平台系介于第三方支付平台与商家之间，构成了银行—第三方支付平台—“第四方支付”平台—商家交易模式，相关黑灰产资金经由银行卡等传统支付路径进入第三方支付平台，经第三方支付平台流转至行为人搭建的“第四

方支付”平台，经“第四方支付”平台转入“客户”所指定的各类账户，最终将相关资金“洗白”而牟取高额利益。本案中，林某甲等人所搭建的正是前述的“第四方支付”平台，其根据从他人处购买的“聚合支付”代码，研究并修改成为适用于具备与第三方支付平台进行支付结算功能的“第四方支付”平台，从平台基本功能上看，与正规的第三方支付平台基本相同。支付机构依法接受中国人民银行的监督管理。未经中国人民银行批准，任何非金融机构和个人不得从事或变相从事支付业务。国务院2011年修订的《非法金融机构和非法金融业务活动取缔办法》第五条规定，未经中国人民银行依法批准，任何单位和个人不得擅自设立金融机构或者擅自从事金融业务活动。根据在案的工商登记资料，涉案的某科技公司并不具备金融支付结算资格，被告人林某甲等人也从未获得过支付业务许可。行为人利用自设的“第四方支付”平台擅自从事资金支付结算业务的行为无疑属于违反国家规定，非法从事资金支付结算业务的行为。

二、行为人利用“第四方支付”平台实施了非法从事资金支付结算业务行为

《最高人民法院、最高人民检察院关于办理非法从事资金支付结算业务、非法买卖外汇刑事案件适用法律若干问题的解释》第一条规定，违反国家规定，具有下列情形之一的，属于《中华人民共和国刑法》第二百二十五条第三项规定的“非法从事资金支付结算业务”：（1）使用受理终端或者网络支付接口等方法，以虚构交易、虚开价格、交易退款等非法方式向指定付款方支付货币资金的；（2）非法为他人提供单位银行结算账户套现或者单位银行结算账户转个人账户服务的；（3）非法为他人提供支票套现服务的；（4）其他非法

从事资金支付结算业务的情形。本案中，被告人林某甲等人在利用“第四方支付”平台接收赌客资金及将资金结算给“客户”指定账户的同时，为了应对银行、第三方支付平台及监管部门的风控，另行搭建多个独立站（指不依托于第三方电商网站，由销售者自行搭建的商品销售平台），在独立站上“销售”不需要实际发货的“电子书”等产品，并生成相应的订单编号、价格等信息，通过虚构交易的方式应对银行、第三方支付平台及监管部门的风控。被告人及同案人亦供述在遇到平台挂载的企业版支付宝账户被冻结时，有专门人员负责提交企业法人信息及上述商品订单信息，用于资金解冻。同时，上述信息也用于应对因赌客投诉至工商及市场监管部门而产生的纠纷。行为人的行为符合使用网络支付接口等方法，以虚构交易等非法方式向指定付款方支付货币资金的非法结算行为要件。此外，行为人利用涉案“第四方支付”平台接收赌客充值的资金，并将相关资金按照“客户”要求进行结算的模式属于“二清模式”。[①] 本案中，林某甲等人所搭建的无证“第四方支付”平台所实施的模式属于典型的“二清模式”。赌客将自有资金充值到林某甲等人在“第四方支付”平台上挂载的第三方支付平台对公账户，形成资金池，此时在第三方支付平台与“第四方支付”平台之间已经历了一次清算过程（第三方支付平台要扣除一定比例的手续费），此后，“第四方支付”平台再按照事先约定的手续费比例，扣除手续费后将

---

① “二清模式”是相对于“一清模式”而言的，“一清模式”指的是商家与银行或第三方支付之间仅经历一次结算过程。“二清模式”即二次清结算模式，一般指无证机构以平台对接或者大商户接入支付机构或商业银行，留存商户结算资金，并自行开展商户资金清分结算。从特征方面来看，一是大商户模式，平台类电商模式；二是商户是无证机构拓展的；三是持证机构将资金结算到无证机构指定商户账户；四是无证机构经由指定商户账户处理后再清分结算至二级商户的收款账户。

款项打入"客户"指定的其他账户，经历了第二次清算过程。该过程本质上就是非法为他人提供单位银行结算账户转个人账户的服务。行为人从第三方支付将资金提现到对应对公银行账户后，分别应下游要求再将资金虚构交易打入大量的私人银行卡，逃避国家金融监管，属于相关司法解释中所规定的典型的非法从事资金支付结算业务的行为。

三、涉案"第四方支付"平台的非法经营行为扰乱了金融市场秩序，具有极大的社会危害性

根据前述相关规定，银行是支付结算和资金清算的中介机构。未经中国人民银行批准的非银行金融机构和其他单位不得作为中介机构经营支付结算业务。非金融机构提供支付服务，必须按照规定取得《支付业务许可证》后才能成为支付机构。而涉案的"第四方支付"平台既没有获得支付许可，而且还在其实际运作中形成了资金池（Cash Pooling）。[①] 资金池的存在，使得管理人、控制人可以统筹调配池内资金，如商业银行、第三方支付公司及保险公司、大型企业所设立的财务中心、结算中心。本案中，林某甲等人从他人处购买及本公司员工注册的壳公司工商登记资料，并利用上述资料申请在第三方支付平台开设企业支付账户，再将企业版支付账户挂载到"第四方"平台，赌客在赌博 APP、网站点击充值功能并进行充值后，实际上资金从赌客转移到了第三方支付平台，而后进入林某甲等人掌控的企业版支付宝账户中，形成了巨大的资金池，林某甲等人再根据与"客户"的事先约定，扣除一定比例的手续费后，将

① 资金池，也称现金总库。最早是由跨国公司的财务公司与国际银行联手开发的资金管理模式，以统一调拨集团的全球资金，最大限度地降低集团持有的净头寸。通俗意义上来看，实际上是把资金汇集到一起，形成一个像蓄水池一样的储存资金的空间。

资金结算给“客户”。“第四方支付”平台实际上充当了银行的部分角色，行为人利用“第四方支付”通过虚假交易、对公转对私等方式，逃避监管部门的监管，破坏了正常的金融市场支付结算秩序。行为人所控制的巨额资金池容易衍生金融风险，对社会金融活动的正常有序运行产生严重危害。

四、行为同时符合非法经营罪和开设赌场罪的构成要件，应择一重罪论处，以非法经营罪定罪处罚

如前所述，行为人违反国家规定，利用“第四方支付”平台实施非法的资金支付结算业务行为，扰乱金融市场秩序，其行为符合非法经营罪的构成要件。同时，根据《最高人民法院、最高人民检察院、公安部关于办理网络赌博犯罪案件适用法律若干问题的意见》的规定，明知是赌博网站，仍为其提供资金支付结算服务，收取服务费数额在1万元以上或者帮助收取赌资20万元以上的，可认定为开设赌场罪的共犯；数额或者赌资达到前述规定标准5倍以上的，应当认定为开设赌场罪的“情节严重”。本案中，根据在案多名被告人、同案人的供述、投诉单及聊天记录等证据均证实被告人林某甲等人对某科技公司为赌博APP提供资金中转、结算业务主观上系明知。被告人林某甲等人在明知“客户”资金均为赌资的情况下，仍利用搭建的“第四方支付”平台为赌博网站提供支付结算服务，同时构成开设赌场罪的共犯，又因支付结算金额达到了“情节严重”的标准，其如果适用开设赌场罪的法定刑为三年以上十年以下有期徒刑，并处罚金。[1] 被告人林某甲等人的行为同时符合非法经营罪和

---

[1] 开设赌场罪已经刑法修正案（十一）修改为：开设赌场的，处五年以下有期徒刑、拘役或者管制，并处罚金；情节严重的，处五年以上十年以下有期徒刑，并处罚金。本案发生在刑法修正案（十一）施行之前。

开设赌场罪的构成要件，按照刑法理论通说，应从一重罪论处。根据《最高人民法院、最高人民检察院关于办理非法从事资金支付结算业务、非法买卖外汇刑事案件适用法律若干问题的解释》的相关规定，非法从事资金支付结算业务，非法经营数额在五百万元以上的，应当认定为非法经营行为“情节严重”；非法经营数额在二千五百万元以上的，应当认定为非法经营行为“情节特别严重”。被告人林某甲等人的非法经营数额高达人民币46亿余元，属于《中华人民共和国刑法》第二百二十五条非法经营罪所规定的“情节特别严重”，其法定刑为五年以上有期徒刑，并处违法所得一倍以上五倍以下罚金或者没收财产。从被告人行为所对应的法定刑比较，适用非法经营罪明显重于开设赌场罪。故对被告人林某甲等人应以非法经营罪追究刑事责任。

五、财产刑的判处

利用“第四方支付”平台实施的非法支付结算行为属于典型的网络黑灰产业犯罪。行为人通过网络技术手段为犯罪资金提供转移功能，以逃避侦查和法律追究。大量违法、犯罪资金通过“第四方”平台的支付过程“洗白”，带来极大的社会危害性，且行为人可以在短时间内攫取巨额利润。本案被告人林某甲等人在短短数月间所结算资金就高达46亿余元。根据在案证据，某科技公司非法结算资金的手续费比例在千分之五至千分之十二左右不等，从有利于被告人的角度出发，按照千分之五就低计算获利，被告人林某甲等人的获利亦高达2300万余元。本案中，公安机关在侦查阶段还冻结了林某甲等人用于支付结算的17个空壳公司对应的支付宝账户，在案证据能够认定相关账户确为某科技公司所掌握并在本案中用于给赌博网站走账、结算所使用，账户内的钱款均为用于网络赌博的非法资金。

对该类犯罪，应充分发挥财产刑的经济制裁作用，使行为人的犯罪行为无利可图并削弱其再犯罪的经济能力。根据《中华人民共和国刑法》第二百二十五条的规定，人民法院对作为主犯的林某甲依法没收财产人民币五千万元，对其余各被告人根据违法所得金额从宽严相济的刑事政策出发分别判处金额不等的罚金，同时对冻结在案的账户内高达6000余万元的非法赌资依法予以没收。本案中，人民法院充分发挥财产刑的作用，有力打击了相关犯罪活动。

编写人：浙江省杭州市西湖区人民法院　朱冠琳　郭淼

120　合同诈骗罪中被告人非法占有目的的认定

——刘某合同诈骗案

【案件基本信息】

1. 裁判书字号

河北省石家庄市中级人民法院（2019）冀01刑终1100号刑事裁定书

2. 案由：合同诈骗罪

【基本案情】

2015年10月至11月，刘某在未取得施工工程的情况下，以虚构的“某装饰公司”的名义，可以承包塔某装饰工程收取进场保证金为由，在某小区骗取被害人王某A 2万元、仇某某2万元、王某B 2万元、郝某A 1万元、武某某1万元、雷某某和王某C 4万元、董某某1万元（退3000元）、姬某某3万元，共计人民币157000元。

【案件焦点】

合同诈骗中如何准确定位其主观目的，确定是否有非法占有的恶意。

【法院裁判要旨】

河北省石家庄市裕华区人民法院经审理认为：刘某以非法占有为目的，在签订合同过程中，以虚构的单位签订合同，冒用他人名义，骗取对方当事人财物，数额较大，其行为已构成合同诈骗罪。对于被告人及辩护人提出不构成犯罪的意见，经审查全案证据分析：第一，根据被告人供述、被害人陈述、证人证言及被告人刘某写的保证书，可证实被告人在与各被害人签订合同时，并未取得塔某装饰工程，虽从证人证言可知刘某商谈过承包装饰工程事宜，也交了二万元保证金，但因保证金数额等问题，双方并未达成协议，未取得工程承包权，但被告人仍然向被害人介绍其有塔某装饰工程，假借与某建设公司相似度非常高的“某装饰公司”名义与众多被害人签订合同，取得信任，骗取多名被害人工程进场保证金，客观上有虚构事实、隐瞒真相，骗取被害人财物的行为。第二，虽被告人刘某签订合同是在其家中签订并用其真实姓名，但被告人刘某在收取被害人保证金后，在未取得工程施工资格的情况下，将款项用于他用，被害人催款后一直不予返还，并改变电话号码和住址等联系方式，致使无法与其联系，躲避债务，证实其主观上具有非法占有目的，符合合同诈骗罪构成要件。第三，虽本案中仅有二名被害人的合同上加盖了“某装饰公司合同专用章”，其他未盖章，但均是以某装饰公司作为甲方与被害人签订合同，虚构单位，误导被害人产生错误认识，具有骗取财物的主观故意。故对其不构成犯罪意见不予支持。依照《中华人民共和国刑法》第二百二十四条、第六十一条、第六十四条之规定，判决如下：

一、被告人刘某犯合同诈骗罪，判处有期徒刑二年六个月，并处罚金人民币三万元。

二、违法所得予以追缴，责令被告人刘某于本判决生效之日起五日内返还被害人王某 A 二万元、仇某某二万元、王某 B 二万元、郝某 A 一万元、武某某一万元、雷某某和王某 C 四万元、董某某七千元、姬某某三万元，共计人民币十五万七千元。

宣判后，被告人刘某提起上诉，河北省石家庄市中级人民法院同意一审法院裁判意见，裁定如下：

驳回上诉，维持原判。

【法官后语】

合同诈骗案件是刑事案件的常见案件，也是比较容易出现争议的案件，往往体现出报案立案难、侦查难、定案难的困境，主要是因为合同诈骗案件常常与民事欺诈等产生的合同纠纷混淆，尤其是出现在小标的、多名被害人的情况下，被害人的防骗意识不够强，证据往往较难收集，合同样式也不标准，被告人常常以做生意亏损无力还钱为由认为自己是合同纠纷、不构成刑事犯罪。在容易造成多名被害人损失的情况下而犯罪分子得不到法律追究，扰乱市场经济秩序，引起社会不稳定因素。

本案多名被害人报案后，经过网上追逃，将刘某抓获，后因证据不足检察院作出不予逮捕决定，刘某后来被取保候审，但在之后的侦查、审查起诉、法院审判阶段刘某一直没有还款意愿，拒不认罪，态度较差，引起较大民愤。经过法院一审、二审最终以合同诈骗罪判处其有期徒刑二年六个月，有力的打击了犯罪行为，保护了市场经济秩序，维护了被害人权益。

总结起来，有以下几点值得深思：

合同诈骗罪与合同纠纷有许多相似之处，二者都产生于民事交往并以合同的形式出现，都有不履行合同等违约行为，合同纠纷有时也有欺骗行为。但二者的主要区别在于，行为人主观上是否有非法占有他人财物的目的。考察行为人的非法占有的主观目的一般从以下几点予以分析：

1. 本案中，刘某在与被害人签订合同时并未取得塔某装饰工程承包权，仍然向多名被害人谎称其有该工程承包权，并假借与蓝某建设公司相似度非常高的“某装饰公司”（甲方）名义与众多被害人签订合同，骗取被害人信任，签订合同，骗取进场保证金，客观上有虚构事实、隐瞒真相，骗取被害人财物的行为。

2. 签订合同后，行为人是否有履行合同的实际行动，如果未履行合同，原因是什么，是否积极采取补救措施。本案中，刘某在未取得工程施工资格的情况下，收取多名被害人保证金，但是刘某并未将款项用于跑办该事项，未积极采取方法谋求取得工程承包权予以弥补，在明知最后不能取得工程承包权的情况下也不将保证金退回被害人，而是将款项用于他用，被害人催款后一直不予返还，说明刘某主观上有非法占有的意图。

3. 行为人违约后是否愿意承担违约责任，态度是否积极，是否积极配合。本案中，刘某在不能取得工程承包权、多名被害人催款后一直拒不返还保证金，而且采取电话不接、变更家庭住址的情况下，想方设法躲避债务，致使被害人无法与其联系，证实其主观恶性较大，主观上具有非法占有的目的明显。

因此，从合同签订、合同履行、违约表现三个阶段综合分析行为人的行为，才能准确定位其主观目的，确定是否有非法占有的恶意，以此区分合同纠纷案件与合同诈骗罪的区别，以准确用合同诈骗罪的构成要件来定罪评价。

编写人：河北省石家庄市裕华区人民法院　何亚辉

121　合同诈骗罪中主观故意的认定

——陈某某等合同诈骗案

【案件基本信息】

1. 裁判书字号

湖北省荆州市中级人民法院（2021）鄂10刑终76号刑事裁定书

2. 案由：合同诈骗罪

【基本案情】

被告人陈某某经人介绍知晓某水库土石方工程施工信息，与被告人童某某商议借某建设公司资质，与某工程公司商谈工程施工合作事宜，于2015年7月31日与某工程公司签订《土石方工程施工合同》，约定施工期间及保证金。合同签订后被告人陈某某、童某某与林某1、王某某、林某2合作，并商定占股份额。同年8月4日，其以某建设公司名义，将该工程发包给某2工程公司施工（实际发包给郑某某）。8月25日，林某1出资50万元向某工程公司缴纳保证金，并向陈某某支付前期费用28万元，向童某某支付3万元。公司通知开工后，郑某某委派方某某找来徐某某施工，进场时被某水库管理处叫停，告知该工程无相关审批、施工手续，无法施工，方某某等待无果后离开。陈某某既未退钱给林某1，也未谈后续合作事宜。徐某某按陈某某、童某某要求在施工地继续等待，后偶有施工也立马被叫停。

2015年10月，被害人蒋某某经徐某某介绍，认识二被告人。陈某某隐瞒该工程手续不全、他人占股、合作情况和工程发包情况，故意谎称该工程已经开始动工，手续完备，让蒋某某入股共同经营合作。同年12月9日，双方商谈约定合作事项及内容。陈某某私下交待其朋友刘某帮忙起草对其有利的合同，刘某根据双方商谈内容拟定合同。后陈某某谎称工程反正已经动工，删除150万元用途条款及违约退款条款。蒋某某当场对此提出异议，争执后签订《共同经营合同》，约定蒋某某投资100万元占股45%，陈某某、童某某占股55%，童某某在合同上签名。合同签订后，蒋某某共支付陈某某130万元，陈某某事后分给童某某15万元。蒋某某次日安排人员进场施工，被某水库管理处工作人员叫停。某水库管理处数次叫停该工程施工后，于12月10日对童某某下达书面《告知书》，告知其该工程未经过水库管理处的批准同意（或备案）。蒋某某发现该工程无法施工，要求陈某某、童某某退款。二人谎称马上就可以开工，为搪塞蒋某某，要蒋某某在工程旁边山坳处修便道，二个月后蒋某某发现便道工程无人监管与验收。

蒋某某修完便道后找陈某某、童某某多次讨要工程款和投资款未果，并于2016年9月、10月发现温峡口水库管理处给童某某下达的《告知书》，顿感被骗。讨要说法未果遂向公安机关报案。

【案件焦点】

合同诈骗犯罪中，被告人陈某某拒不承认其主观上具有合同诈骗故意的，如何根据在案证据定罪。

【法院裁判要旨】

湖北省荆州市沙市区人民法院经审理认为：被告人陈某某以非法占有为目的，明知自己没有实际履行合同的能力及合同目的无法实现，诱骗他人签订、履行合同，骗取他人钱财，被告人童某某受陈某某指示，帮助其完成相关行为，数额特别巨大，两被告人的行为均构成合同诈骗罪。在共同犯罪中，被告人童某某受陈某某安排，起辅助作用，系从犯，依法应当减轻处罚。被告人童某某于案发后积极退缴全部赃款，酌情可从轻处罚。依照《中华人民共和国刑法》第二百二十四条、第二十七条、第五十二条、第五十三条、第六十四条之规定，判决如下：

一、被告人陈某某犯合同诈骗罪，判处有期徒刑十年六个月，并处罚金人民币五万元。被告人童某某犯合同诈骗罪，判处有期徒刑三年，并处罚金人民币一万元；

二、被告人童某某向公安机关退缴的赃款十五万元，返还给被害人蒋某某；责令被告人陈某某退还被害人蒋某某人民币一百一十五万元。

陈某某、童某某均提出上诉。湖北省荆州市中级人民法院经审理认为：上诉人陈某某以非法占有为目的，明知自己没有实际履行合同的能力及合同目的无法实现，诱骗他人签订、履行合同，骗取他人钱财，上诉人童某某受陈某某指示，帮助其完成相关行为，数额特别巨大，二上诉人的行为均构成合同诈骗罪。在共同犯罪中，上诉人童某某受陈某某安排，起辅助作用，系从犯，依法应当减轻处罚。原判认定事实清楚，适用法律正确，审判程序合法。依照《中华人民共和国刑事诉讼法》第二百三十六条第一款第一项的规定，裁定如下：

驳回上诉，维持原判。

【法官后语】

本案审理的重点在于能否认定被告人主观上具有合同诈骗的故意。根据《中华人民共和国刑法》第二百二十四条的规定，有下列情形之一，以非法占有为目的，在签订、履行合同过程中，骗取对方当事人财物，属于合同诈骗行为：（1）以虚构的单位或者冒用他人名义签订合同的；（2）以伪造、变造、作废的票据或者其他虚假的产权证明作担保的；（3）没有实际履行能力，以先履行小额合同或者部分履行合同的方法，诱骗对方当事人继续签订和履行合同的；（4）收受对方当事人给付的货物、货款、预付款或者担保财产后逃匿的；（5）以其他方法骗取对方当事人财物的。

本案中，被告人陈某某、童某某明知某水库土石方工程未经过水库管理处的批准同意（或备案），该工程不可能实际实施，仍与他人签订不能实际履行的合作经营合同，并诱骗他人履行合同，骗取蒋某某钱财一百余万元，基于以上事实，被告人陈某某、童某某主观上具有非法占有的目的，符合合同诈骗罪的主观要件。

在认定被告人具有合同诈骗罪的主观故意时，应明确其明知自己没有实际履行合同的能力及合同目的无法实现，以虚构事实、隐瞒真相为手段，骗取合同相对方的信任，诱使对方陷于错误的认识和判断而主动交付财物，从而达到非法占有他人财物的目的。且合同诈骗罪中的“非法占有为目的”，应是被告人以合同的签订、履行作为掩护，意图使合同相对方失去对自己财物的控制，追求将相对方财物据为己有或非法支配，从中获取非法利益的不法心理状态。

司法实践中认定被告人是否具有合同诈骗罪的主观故意，应根据案件事实及在案证据，结合行为人实施行为前、实施行为过程中及实施行为后的行为表现综合进行评判。例如，签订、履行合同时有无欺诈行为；合同签订后履行义务的程度；合同签订后未履行合同是出于主观意愿不履行或是客观原因、意外事件、不可抗力等原因不能履行等。但值得注意的是，合同签订后行为人对合同标的物的处理能反映出其实施行为时的主观意图。比如，行为人收到合同相对方款物后对款物进行挥霍或藏匿，合同履行不能后以各种借口不退还款物，此时一般可以认定行为人主观上有非法占有目的。

被告人在利用合同实施诈骗犯罪过程中，通常会采取各种手段掩盖其非法骗取他人财物的目的，案发后拒不认罪，应以证据为基础，结合被告人实施的客观具体行为，来判定其是否具有合同诈骗的主观故意，从而准确的对被告人定罪量刑。

编写人：湖北省荆州市中级人民法院　李婷婷

122　行为人实际骗取的数额如何理解认定

——魏某某合同诈骗案

【案件基本信息】

1. 裁判书字号

福建省厦门市中级人民法院（2019）闽02刑终597号刑事裁决书

2. 案由：合同诈骗罪

【基本案情】

2013年10月，被告人魏某某经吴某某介绍后与被害人叶某某相识，并冒充重庆甲有限公司副总经理，虚构合作承建重庆渝广梁忠高速公路三个标段的工程（该工程由乙路桥集团有限公司承建，并已于2013年6月开工建设）的事实，其诱骗被害人叶某某、吴某某、王某某四人共同合作投资该工程。2014年1月23日、26日，被告人魏某某与叶某某、吴某某、王某某在厦门市集美区印斗路银盛里吴某某的家中就上述工程项目先后签订了《合作承包土建工程施工协议书》《补充协议书》，协议中约定在工程中标前的费用由被告人魏某某垫付，待业主拨付第一笔工程款时扣除应付工程施工必须费用后的剩余部分优先归还被告人魏某某。2013年10月至2015年11月，被告人魏某某以在工程中标前需要拿施工图纸、个人账户需要资金以证明经济实力、处理关系、跑工程需要车辆、支付司机工资等为由，骗取被害人叶某某人民币2954200元及出资人民币374000元为其购买一辆“渝A70×××”号小轿车，并将车辆登记在吴某某名下。被告人魏某某收到上述款项后均用于偿还个人债务及挥霍，并将“渝A70×××”号小轿车用于抵押借钱。

【案件焦点】

1. 被告人魏某某主观上是否具有非法占有目的；2. 涉案诈骗数额如何认定。

【法院裁判要旨】

福建省厦门市集美区人民法院经审理认为：被告人魏某某以非

法占有为目的，在签订、履行合同的过程中骗取对方财物人民币3328200元，数额特别巨大，应以合同诈骗罪追究其刑事责任。

关于被告人魏某某提出的其与叶某某之间的资金往来按约定只是借款，不存在诈骗的辩解以及辩护人提出的被告人魏某某主观上没有非法占有的目的，客观上没有采取虚构事实的方法，故不构成合同诈骗罪的辩护意见。法院认为，首先，证人证言和叶某某与魏某某的通话记录能够相互印证，证明叶某某转账给魏某某的钱款及购买“渝A70×××”号小轿车皆是因筹备渝广高速公路的需要，但魏某某基本上都用于其私人需求。其次，重庆甲有限公司和重庆丙高速公路有限公司出具的说明，证明了在魏某某以筹备工程需要的名义让叶某某转账期间，渝广高速公路工程已经开工。再次，叶某某和魏某某的通话内容能够证明涉案款项非民间借贷性质。最后，魏某某对于叶某某转账的每笔款项的原因和用途，在侦查阶段和庭审中的供述有部分不一致，其当庭表示是因为被抓后脑子不清醒，记不清楚事情，该辩解明显有违常理。综上，被告人魏某某的该辩解及辩护人的辩护意见理由不充分，不予采纳。

关于辩护人提出的叶某某转账的100万元、70万元两笔钱以及购车款、付给吴生某的工资等均不能认定为诈骗金额，且其他金额为借贷款的辩护意见。法院认为，叶某某转账上述金额以及购买汽车，支付司机工资均是因为筹备渝广高速公路工程需要，与本案的诈骗手段、目的有密切关联，故应当认定为诈骗金额，该辩护意见理由不充分，不予采纳。

福建省厦门市集美区人民法院依照《中华人民共和国刑法》第二百二十四条第五项、第六十四条之规定，判决如下：

一、被告人魏某某犯合同诈骗罪，判处有期徒刑十一年，并处罚金人民币 20 万元；

二、责令被告人魏某某退赔被害人叶某某经济损失人民币 3328200 元。

魏某某上诉提出：（1）双方合同明确约定工程中标前的费用由魏某某垫付，是通过魏某某本人实名银行卡取得对方资金，案发后魏某某也未更换过手机号码，因此魏某某不具有非法占有的目的。（2）在签订、履行合同过程中，魏某某未虚构自己的身份，也没有虚构工程项目，向叶某某所借的款项均用于工程，故客观上不符合合同诈骗罪的构成要件。请求二审法院依法改判。

福建省厦门市中级人民法院经审理认为：原判认定上诉人魏某某犯合同诈骗罪的事实清楚，认定上述事实的证据均经一审庭审举证、质证，证据来源合法，内容客观、真实，且能相互印证，本院予以确认。

关于上诉人魏某某合同诈骗罪是否构成的问题。经查：（1）上诉人魏某某的供述及被害人叶某某的陈述、证人吴某某、王某某的证言证实，魏某某向叶某某谎称系重庆甲有限公司的副总，能拿到渝广高速公路的部分工程。重庆甲有限公司实际控制人李天某否认魏某某系该公司员工。魏某某上述行为属于在合同签订、履行过程中冒用他人名义。（2）上诉人魏某某不具有高速公路建设资金、资质等能力，甚至在所宣称的项目开工已达半年之久后，还与被害人叶某某签订相关标段《合作承包土建工程施工协议书》《补充协议书》，属于没有实际履行能力的情况下，诱骗被害人签订合同。（3）上诉人魏某某与叶某某签订上述合同后，以需要车辆运输图纸、疏通关系、显示经济实力取得对方信任等谎言骗得叶某某购车款以及其他钱款，在叶某某看来属于《合作承包土建工程施工协议书》中约定的投资款，是其合同义务，是基于错误认识下的自愿给付，其行为符合合同诈骗罪的构成要件。证人吴某某、邓某某、周某的证言证实，魏某某因欠债将渝 A70×××车辆挂到吴某某名下，但由于魏某某日常使用，后又将该车抵押给邓某某介绍的贷款公司，最终变卖给周某。证人吴某某的证言、被害人邓某某的陈述、上诉人魏某某的供述、邓某某与魏某某双方电话录音及银行交易明细证实，魏某某将所得其他钱款用于挥霍、还债，均未用于合同指向的工程项目。上诉人魏某某上诉称相关款项均系借款，缺乏依据，与在案证据矛盾，且不合常理。故上诉人魏某某在履行合同过程中实施了直接占有对方财产的行为。（4）上诉人魏某某明知合同所指项目已由他人承包开工建设，合同履行受阻后，仍刻意隐瞒这一重要事实，拒不还款，后潜逃多时方被抓获，属于取得对方当事人合同预付款后逃匿的情形。综上，上诉人魏某某以非法占有为目的，在签订、履行合同过程中，骗取对方当事人财物的事实清楚，足以认定，相关上诉意见理由不足，不予采纳。

福建省厦门市中级人民法院依照《中华人民共和国刑事诉讼法》第二百三十六条第一款第一项的规定，裁定如下：

驳回上诉，维持原判。

【法官后语】

利用签订合同骗取钱财的案件与经济纠纷极难区分与识别。本案便是该类犯罪的典型案例，魏某某虚构合作承建重庆高速公路三个标段工程的事实，诱骗他人共同合作投资该工程，此为典型的欺诈行为应无疑问，本案的焦点在于：(1) 是否具有非法占有目的。(2) 涉案诈骗数额应为多少。针对上述争议焦点，具体分析如下。

一、合同诈骗罪非法占有目的的认定

如何准确划清利用合同诈骗与民事欺诈行为之间的界限，一直是司法实践中颇为棘手的问题。这主要是因为合同诈骗犯罪和民事欺诈在合同履行瑕疵、给对方当事人造成损失等客观外表特征上十分近似、差别甚微，有时甚至难以觉察。从外在表现来看，合同诈骗与民事欺诈的客观行为极为相似，都存在虚构事实或采取欺诈手段的情况。由此，行为是否符合合同诈骗罪的犯罪构成，关键区别应在于是否具有非法占有目的，即行为人是否具有非法占有对方当事人财物的目的，是认定合同诈骗罪的关键。

如何判断行为人主观上是否具有非法占有的目，《中华人民共和国刑法》第二百二十四条列举了五种情形，前四种是行为人在“非法占有”目的支配下进行的典型行为，第五种为概括性行为，据此可以推断相关行为具有非法占有的目的，因而可以判定为合同诈骗。有观点认为，要考察行为人是否采取了刑法所规定的欺骗手段，凡是使用刑法所规定的欺骗手段的，原则上应认定为具有非法占有目的；此外，还要综合考虑其他情节，包括行为前、行为过程中以及行为后的各种情节。还有观点认为，上述观点并不能实际解决问题，应全面综合考察行为人签订合同时的履约能力和担保真伪，履行合同中有无履约实际行动、对合同标的物的处置情况、未履行合同的原因以及事后行为人的态度等方面的客观因素。

上述观点的分歧，主要是对刑法所规定欺骗手段的态度。非法占有目的的判断，涉及司法推定，即由行为逆推动机，作为一种以“忽略个别可能与结论相反”为代价的思维程式和证罪方法，已被司法实践所广泛运用。从最高司法机关的规定和审判的实践来看，列举的客观行为与主观方面具有高度盖然性，将客观方面作为考量因素不仅会减少错案率，还可以提高司法实践的效率。所以笔者认为，凡是使用刑法所规定的欺骗手段的，原则上应认定为具有非法占有目的，但允许反证，如果行为人能够提出充分证据，证明自己并没有“非法占有的目的”，那么这种推定就应该被推翻。这样一方面符合罪刑法定原则，保持法律的严肃稳定；另一方面也给予行为人足够的刑事抗辩权，保障其基本权利不受非法侵害，尽可能地实现司法公平公正。非法占有目的是一种主观心态，应当从客观行为进行推定。一般而言，对于以非法占有为目的的认定，应当坚持主客观相一致的原则，结合主体资格、行为人的履约能力、履约行为、对取得财物的处置情况、事后态度、未履行合同的原因等方面情况，加以综合判定。

本案中，魏某某，冒充重庆甲有限公司副总经理，即在合同签订、履行过程中冒用他人名义；虚构合作承建重庆渝广梁忠高速公路三个标段的工程的事实，诱骗三人与其共同合作投资该工程，在签订合同时其没有实际履约能力；以需要车辆运输图纸、疏通关系、显示经济能力取得对方信任等谎言骗得叶某某钱款后，也并未积极创造履约条件及有履约行为，而是将诱骗来的钱财予以挥霍，致使财物无法返还；虽然魏某某声称相关款项均系借款，但其缺乏依据，且不合常理。因此，魏某某在履约能力、履约实际行动、对合同标的物的处置情况、未履行合同的原因以及事后的态度，都是消极懈怠，隐瞒欺骗，并未有实际履行合同的想法，故应认定其具有非法占有目的。

二、涉案诈骗数额应以实际损失为认定标准

本案中，魏某某在没有实际履行能力的情况下，诱骗叶某某签订重庆渝广梁忠高速公路三个标段《合作承包土建工程施工协议书》《补充协议书》，并以需要车辆运输图纸、疏通关系、显示经济能力取得对方信任等谎言骗得叶某某转账钱款、购车车款及支付的司机工资，其行为符合合同诈骗罪的构成要件，转账钱款属于诈骗数额毫无疑问。关于“渝 A70×××”号小轿车的购车款，经证实，虽然是挂在吴某某名下，但由于魏某某日常使用，后魏某某又将该车抵押贷款公司并变卖，应当认为该车直接受益人为魏某某，遂购车款的损失应当归于魏某某的诈骗行为；同理，支付的司机工资也是如此。在因诈骗不法原因给付钱款的情况下，由于诈骗行为在前，不法原因给付在后，没有行为人的诈骗行为被害人就不会处分财产，故叶某某的实际损失与魏某某诈骗手段、目的有密切关联，故应当认定为诈骗金额。

编写人：福建省厦门市集美区人民法院　孙鹭鹏

123　传销案件的特点及传销中领导者、组织者的认定

——邓家某组织、领导传销活动案

【案件基本信息】

1. 裁判书字号

广西壮族自治区崇左市中级人民法院（2020）桂 14 刑终 24 号刑事判决书

2. 案由：组织、领导传销活动罪

【基本案情】

甲公司于 2014 年 1 月 6 日注册成立，开发了×××商业大系统及××消费返还管理系统、××会员代理系统等 17 个辅助子系统计算机软件，应用于公司经营的电商交易平台“××商城”，向社会

宣传推广公司“消费全返”（后改称为“消费共享”）经营模式，即参与人通过××商城APP或者推荐人推广的二维码扫描，便可以免费注册成为××商城的普通会员（注册时必须填写推荐人的注册ID），获得一个注册ID（会员账户名，是会员权益记录和结算的依据），之后无论是在××商城线上或者线下消费，均能获得与消费金额对等的积分返还。

甲公司通过培训、授课、网站推广及会员的口口相传等方式，对“消费全返”经营模式进行宣传推广，通过缴费成为其“铂钻会员、金钻会员”，所属下线会员越多，其依靠下线会员消费、销售、升级、购买代理等获得的白积分奖励计酬就越多，形成了一个以“消费全返”为基础利益导向，缴纳会员费成为金、铂钻会员能从下线会员赚取积分奖励等更大利益的资格、并按照顺序组成会员层级，直接依靠发展下线会员形成积分返利的庞大会员体系。自成立到案发，总共发展会员达8962017个，会员之间依推荐关系形成了自上而下的金字塔层级关系。其中，普通会员7691704个，金钻会员182030个，铂钻会员1088280个。公司通过会员缴纳的“会员费、创业共享金、代理费”等，牟取了上百亿元资金。

邓家某在2015年3月到甲公司听课后注册成为其普通会员，后向公司交纳999元升级为铂钻会员。成为铂钻会员后，邓家某通过熟人、微信朋友圈、讲课培训等方式积极宣传、推广××商城的消费全返模式，发展了多名下线会员。

此外，邓家某在入职甲公司期间，为公司接待、授课培训新人，传播甲公司的消费全返模式，帮助甲公司拓展会员，介绍他人向甲公司购买地区代理，获得甲公司的股权奖励，从发展下线会员身上获取了金额巨大的利益。邓家某处于会员体系中第 21 层，其下线层级有 55 层，直接下线人数有 38 个，下线总人数达 613837 个，其中普通会员 527586 个，金钻会员 11913 个，铂钻会员 74338 个。邓家某获得的白积分增加额累计为 352407190.547，余额为 293747032.681，红积分增加额为 44287876.811，提现金额为 511308 元。

【案件焦点】

1. 甲公司是否具有传销组织的犯罪特性；2. 邓家某的行为是否构成组织、领导传销活动罪。

【法院裁判要旨】

广西壮族自治区崇左市江州区人民法院经审理认为：甲公司通过××商城，向社会宣传“消费全返”经营模式，以消费能获得全返、升级为铂钻会员、金钻会员并能够通过所推荐的下线会员身上获得积分提成、嘉奖、会员升级费一次性现金奖励等利益为吸引，设置缴纳会员费作为参与者获得更大利益的门槛，以发展的会员人数产生的白积分作为计酬依据，让参加者为追逐“只要下线会员产生积分，上线会员（指铂钻、金钻会员）就有提成、嘉奖”这种不劳而获的利益而“自愿”缴费升级为铂钻、金钻会员，使其不断吸收人员加入、升级缴费，获取后继资金，用以支撑上线人员的计酬，从中牟利，扰乱了正常的经济社会秩序，其活动完全符合传销活动的本质特征。邓家某成为会员后，为获取从下线会员身上得到积分计酬利益，缴纳升级成铂钻会员后，积极为甲公司的传销模式进行宣传，为扩大甲公司会员规模出力，其行为符合《最高人民法院、最高人民检察院、公安部关于办理组织领导传销活动刑事案件适用法律若干问题的意见》第二条第五项对传销活动的实施、传销组织的建立、扩大等起关键作用的规定，可认定为传销活动的组织者、领导者。被告人及其辩护人的意见，与本案查明的事实不符，本院不予采纳。

被告人邓家某组织、领导传销活动，且参与人员数量大，扰乱经济社会秩序，其行为已触犯《中华人民共和国刑法》第二百二十四条之一的规定，构成组织、领导传销活动罪。公诉机关指控被告人邓家某犯组织、领导传销活动罪的罪名成立。邓家某被公安机关传唤到案后虽能如实供述自己的罪行，但在庭审中对部分事实翻供，依法不能认定为具有坦白情节；邓家某组织、领导的参与传销活动人员累计达 613837 个，数量巨大，情节严重，但综合全案分析，邓家某在甲公司的传销活动中不是发起人、策划者、操纵者，在共同犯罪中起次要、辅助作用，应认定为从犯，依法应从轻、减轻或者免除处罚。本院决定对其减轻处罚。

广西壮族自治区崇左市江州区人民法院依照《中华人民共和国刑法》第二百二十四条之一、第二十五条第一款、第二十七条、第五十二条、第五十三条第一款、第六十四条的规定，作出如下判决：

一、邓家某犯组织、领导传销活动罪，判处有期徒刑三年，并处罚金四万元；

二、追缴邓家某违法所得四十九万八千四百一十九元三角七分元。

邓家某提起上诉称：其利用××平台进行创业的行为不符合组织、领导传销活动罪的特征，不构成组织、领导传销活动罪。

广西壮族自治区崇左市中级人民法院经审理认为：关于邓家某

及其辩护人提出的邓家某的行为不构成组织、领导传销活动罪的意见，一审法院已经进行了详细的阐述，本院同意其观点，不再赘述。尽管注册成为普通会员不需要缴纳费用，但是，上诉人邓家某供认其最主要的获利方式是发展下线，还可以得到下线的消费提成，不购买产品也有提成。××商城“设置缴纳会员费作为参与者得更大利益的门槛，以发展的会员人数产生的白积分作为计酬依据”的运行模式，属于国务院《禁止传销条例》中列举的“组织者或经营者通过发展人员，要求被发展人员发展其他人员加入，对发展的人员以其直接或者间接滚动发展的人员数量为依据计算和给付报酬（包括物质奖励和其他经济利益），谋取非法利益”的行为，符合传销行为特征，属传销行为。邓家某注册成为普通会员后，主动申请成为铂钻会员，积极发展下线会员，并参与甲公司组织宣传交流金和培训新人等活动，其行为完全符合领导、组织传销活动罪的构成要件。上诉人及其辩护人的意见不符合事实和法律的规定，不予采纳。

邓家某组织、领导的参与传销活动人员数量巨大，情节严重，但邓家某在共同犯罪中起次要、辅助作用，系从犯，二审法院同意一审法院裁判意见。

广西壮族自治区崇左市中级人民法院依照《中华人民共和国刑事诉讼法》第二百三十六条第一款第一项、第二百四十四条的规定，作出如下裁定：

驳回上诉，维持原判。

【法官后语】

传销是指组织者发展人员，通过发展人员或者要求被发展人员以缴纳一定费用为条件取得加入资格等方式获得财富的违法行为。

《中华人民共和国刑法》第二百二十四条之一规定，组织、领导以推销商品、提供服务等经营活动为名，要求参加者以缴纳费用或者购买商品、服务等方式获得加入资格，并按照一定顺序组成层级，直接或者间接以发展人员的数量作为计酬或者返利依据，引诱、胁迫参加者继续发展他人参加，骗取财物，扰乱经济社会秩序的传销活动的，构成组织、领导传销活动罪。本案中，甲公司通过××商城，以消费全返为诱饵吸纳会员，升级高等会员后可从其发展的下线会员身上获得积分提成、现金奖励等利益作为吸引，设置缴纳会员费升级成为更高等级的会员以取得收取积分提成的“入门”资格，以发展会员人数产生的白积分作为计酬依据，让参加者为追逐发展更多的下线以获得提成嘉奖这种不劳而获的利益而缴费升级为铂钻、金钻会员，不断吸收人员加入、升级缴费形成积分返利的会员层级体系，利用新会员的“入门费”所产生的白积分支撑上线人员的计酬，从中牟取非法利益，扰乱了正常的经济社会秩序，其活动完全符合传销活动的本质特征。

根据《最高人民法院、最高人民检察院、公安部关于办理组织领导传销活动刑事案件适用法律若干问题的意见》规定，传销组织中，在传销活动前期筹备和后期发展壮大中起到发起、策划、操纵作用，如实施确定传销形式、采购商品、制定规则、发展下线、组织分工和宣传等行为，在传销实施中承担管理、监督、协调、宣传、培训等职责，积极参与传销各方面的管理工作，如讲课、鼓动、威逼利诱、胁迫他人加入等，在组织层级结构中居于最核心并获取实际利益的人员，均为组织者、领导者。领导者并非限定于最初发起人，在传销组织中起骨干作用的高级管理人员也应当认定为领导者。行为人邓家某成为会员后，为获取从下线会员身上得到积分计酬的利益，缴纳升级成铂钻会员后，通过熟人、微信朋友圈、讲课培训等方式积极为甲公司的传销模式向不特定人宣传推广，为扩大甲公司会员规模出力，在其负责管理的范围内，发展了众多直接下线会员；入职甲公司后，以讲课、鼓动他人等方式帮助甲公司拓展会员，介绍他人向甲公司购买地区代理，获得甲公司的股权奖励，对传销活动的实施、传销组织的扩大起到了关键作用。其在营销网络中的层级处于甲会员体系中第21层，其下线层级有55层，直接下线人数有38个，下线总人数达613837个，其中普通会员527586个，金钻会员11913个，铂钻会员74338个；涉案金额五十多万元。对于邓家某组织、领导者身份的认定，符合《最高人民法院、最高人民检察院、公安部关于办理组织领导传销活动刑事案件适用法律若干问题的意见》第二条内容的规定，属于传销活动的组织者、领导者。

编写人：广西壮族自治区崇左市江州区人民法院　李剑

124 非法经营罪中利用POS机进行信用卡“养卡”行为的认定

——李佑某、李某非法经营案

【案件基本信息】

1. 裁判书字号

湖北省武汉市中级人民法院（2019）鄂01刑终253号刑事裁定书

2. 案由：非法经营罪

【基本案情】

被告人李佑某在武汉市新洲区开设了甲宾馆，从事旅馆住宿经营活动。李佑某为非法牟利，先后注册登记十余家商户，并向银联机构申领十余台销售点终端机具（POS机），在其经营的甲宾馆内，以收取1%左右的手续费为条件，通过虚构交易、虚开价格的方式为他人信用卡刷卡套现。同时，李佑某还以收取1%至1.5%的手续费为条件，帮他人信用卡“养卡”。经司法鉴定，2015年5月24日至2016年5月31日，李佑某使用POS机为彭金某、库秋某、李晓某信用卡刷卡金额共计3562047.98元。

2016年6月开始，李佑某安排其子、被告人李某接手经营信用卡套现及养卡业务。经乙司法鉴定所鉴定，2016年6月1日至2017年5月31日，李某使用POS机为彭金某、库秋某、李晓某、吴慧某信用卡刷卡金额共计2329970元。

【案件焦点】

违反国家规定，以牟利为目的的利用POS机进行信用卡“养卡”行为，能否认定为非法经营罪。

【法院裁判要旨】

湖北省武汉市新洲区人民法院经审理认为：被告人李佑某、李某违反国家规定，使用销售点终端机具（POS机），以虚构交易的方式向信用卡持卡人直接支付现金，非法从事资金支付结算业务，扰乱了国家的市场管理制度，危害金融安全，均已构成非法经营罪。其中李佑某属于情节特别严重，李某为情节严重。关于李佑某及其辩护人提出的“养卡”金额不应累计计算的辩护意见，经查，所谓

“信用卡养卡”系信用卡持卡人透支后，为避免逾期还款，将信用卡交给被告人，由其帮助先行垫还款项，然后被告人再通过 POS 机虚构交易将垫还资金套出，并收取一定手续费的行为。该行为符合信用卡套现的“虚构交易”和“非法盈利”的本质特征，与“向持卡人直接支付现金”无异，也应认定为信用卡套现行为，为他人“信用卡养卡”重复刷卡所产生的金额应计入犯罪数额。故对相关辩护意见，不予采纳。鉴于信用卡养卡行为与典型的信用卡套现行为有一定区别，所造成的银行资金风险相对较小，危害性相对较轻，故在量刑时酌情对两被告人从宽处理。

依照《中华人民共和国刑法》第二百二十五条第三项、第二十五条第一款、第二十七条、第六十七条第三款、第七十二条、第七十三条、第六十四条及《最高人民法院、最高人民检察院关于办理妨害信用卡管理刑事案件具体应用法律若干问题的解释》第七条第一款、第二款之规定，判决如下：

一、被告人李佑某犯非法经营罪，判处有期徒刑五年，并处罚金人民币五千元；

二、被告人李某犯非法经营罪，判处有期徒刑一年，缓刑一年，并处罚金人民币二千元；

三、将公安机关扣押的供被告人犯罪所用的 13 台 POS 机予以没收。

李佑某以原审判决认定事实不清、适用法律错误的辩解提起上诉。

湖北省武汉市中级人民法院经审理认为：二审经审理查明的事实与原审判决认定事实一致，原审认定的事实清楚，证据确实、充分，定罪准确，审判程序合法。

湖北省武汉市中级人民法院依照《中华人民共和国刑事诉讼法》第二百三十六条第一款第一项的规定，裁定如下：

驳回上诉，维持原判。

【法官后语】

法律规则是对复杂的社会生活进行归纳、总结而作出的一般的、抽象的规定，法律文本有时会难以应对纷繁复杂的社会生活。如果严格遵循法文本主义，我们在司法办案时就可能会面临查处新型违法犯罪“无法可循”的问题。例如，近年来，信用卡犯罪日益增多，犯罪手段也在不断更新，特别是一些违法犯罪分子进行信用卡“养卡”活动已经发展到公开化、产业化的程度，既损害了发卡银行的经济利益，也给持卡人带来信用风险和法律风险，还严重扰乱了金融市场的健康发展。本案的争议焦点问题就是在尚无法律及司法解释明确规定的情形下，对以牟利为目的的信用卡“养卡”行为如何认定和规制。

刑法第二百二十五条明文规定的四类非法经营行为并未将“养卡”包含在内，《最高人民法院、最高人民检察院关于办理妨害信用卡管理刑事案件具体应用法律若干问题的解释》[1]（以下简称《解释》）第十二条规定，违反国家规定，使用销售点终端机具（POS机）等方法，以虚构交易、虚开价格、现金退货等方式向信用卡持卡人直接支付现金，情节严重的，以非法经营罪定罪处罚，该《解释》条文亦未对“养卡”行为进行规制。“养卡”业务表面上符合

---

① 该解释于2018年11月28日修正，修正后的解释于2018年12月1日实施。本案在一审审理期间，修正后的解释并未开始实施，因此一审法院适用的是修正前的《最高人民法院、最高人民检察院关于办理妨害信用卡管理刑事案件具体应用法律若干问题的解释》。

信用卡交易规则的形式要求，但实质上存在巨大的金融风险和法律风险，具有较为严重的社会危害性和刑事违法性。如果严格按照法律明文规定，“养卡”既不是《中华人民共和国刑法》第二百二十五条列明的犯罪行为，也不满足《解释》中“直接支付现金”的规定，那么就无法对此行为进行定罪处罚，这就违背了刑法罪责刑相适应的基本原则。此时，我们需要探明非法经营罪所保护的法益，在不违反《中华人民共和国刑法》及其基本原则的前提下，灵活运用文意解释、目的解释、扩大解释等方法来解释法律条文。从字面理解来看，不难得出《解释》的主要打击对象是信用卡“套现”行为，维护的是银行的信贷金融秩序。“套现”和“养卡”都是以虚构交易等方式将银行信贷资金套出，本质上是无异的，均侵害了银行资金安全，扰乱了金融市场秩序。因此，在法无明文规定的情况下，我们不妨在立法目的范围内，把握非法经营罪的本质特征，将“套现”行为与以牟利为目的的“养卡”行为均定性为《中华人民共和国刑法》第二百二十五条规定的“非法从事资金支付结算业务”，情节严重的，以非法经营罪定罪处罚，从而有力维护金融市场秩序。

关于“养卡”犯罪金额的认定，我们将“还款+套出”认定为一次“养卡”，其行为所导致的是银行信贷资金无法正常回流，犯罪金额应按照重复刷卡所产生的金额累计计算，而并非以信用卡额度来计算。故本案中李佑某的犯罪金额超过500万元，应当认定为情节特别严重，处五年以上有期徒刑。考虑到“养卡”针对的是已经透支的信用卡，目的是拖延还款期限，避免逾期还款，且行为人可能对同一信用卡反复多次进行“养卡”，在同样的犯罪金额下，与“套现”行为相比，社会危害性较小，故在量刑时可相对从轻。

编写人：湖北省武汉市新洲区人民法院　黄雁斌

125 非法经营罪中烟草专卖品的认定

——杨某等非法经营案

【案件基本信息】

1. 裁判书字号

河北省唐山市中级人民法院（2019）冀 02 刑终 50 号刑事裁定书

2. 案由：非法经营罪

【基本案情】

自 2013 年起，被告人杨某通过货车运输、邮政快递邮寄的方式向被告人方某、李某二人出售烟叶和经过其加工后的烟丝以及烟末，经营数额合计为人民币 78480 元。

自 2014 年至 2016 年 1 月，被告人方某、李某二人明知被告人杨某没有国家烟草生产、销售许可证，仍在二人经营的未取得烟草专卖许可手续的甲烟店内销售自杨某处购进的烟叶、烟丝、烟末，非法销售烟草制品金额达 147746.6 元。

2016 年 2 月 24 日、26 日唐山市烟草专卖局的工作人员先后在李某驾驶的面包车内以及二被告人经营的唐山关东烟店内共计查扣散装烟丝 558 斤，桶装烟丝 412 桶、半成品散烟 3200 支以及简易卷烟机 7 台，经国家烟草质量监督检验中心对查扣的烟丝、烟末进行抽样鉴别，判定为烟草及烟草制品。经唐山市物价部门鉴定，被查扣的 314.704 千克烟丝价值人民币 20421.14 元。

【案件焦点】

非法经营犯罪中，对烟草专卖品应如何界定。

【法院裁判要旨】

河北省唐山市路南区人民法院经审理认为：被告人方某、李某以非法牟利为目的，违反国家法律规定，未经许可经营烟草专卖品，情节严重，其行为均已构成非法经营罪，应予处罚。唐山市路南区人民检察院指控被告人方某、李某犯非法经营罪，事实清楚、罪名成立。唐山市烟草专卖局在被告人李某车内及烟酒店内当场查获的烟丝、半成品散烟，因尚未销售，应认定为非法经营罪未遂。鉴于被告人方某、李某部分犯罪未遂、当庭表示自愿认罪，如实供述自己的罪行，依法可从轻处罚。被告人杨某所售吉林省临江市六道沟镇夹皮沟村的烟叶未列入国家名晒目录之内，亦不属于烤烟，其生产经营的烟叶不属于《中华人民共和国烟草专卖法》所规定的烟草专卖品，其将不属于烟草专卖品的烟叶加工制成烟丝、烟末在市场上销售亦不属于非法销售烟草制品的行为。故公诉机关指控被告人杨某犯非法经营罪不能成立。依照《中华人民共和国刑法》第二百二十五条、第二十三条、第二十五条、第六十七条第三款、第六十一条、第六十四条、第五十二条、第五十三条及《中华人民共和国刑事诉讼法》第一百九十五条第三项之规定，报经本院审判委员会讨论决定，判决如下：

一、被告人方某犯非法经营罪，单处罚金人民币二万元；

二、被告人李某犯非法经营罪，判处有期徒刑六个月，并处罚金人民币一万元；

三、被告人杨某无罪；

四、扣押在案的账本2本、销货清单29本、半成品烟3200支、烟丝558斤、简易卷烟机7台、烟丝351桶予以没收，上缴国库。

宣判后，原公诉机关河北省唐山市路南区人民检察院抗诉提出，河北省唐山市路南区人民法院判决杨某无罪，属认定事实错误。主要理由如下：

一、《中华人民共和国烟草专卖法》（以下简称《烟草专卖法》）第七条和《中华人民共和国烟草专卖法实施条例》（以下简称《实施条例》）第三条所指的“烟叶”并非同一概念。《烟草专卖法》第七条规定在该法第二章“烟叶的种植、收购和调拨”部分，目的是规范烟叶的种植、收购和调拨行为，是专卖意义上的烟叶，仅指烤烟和名晾晒烟，也就是说烤烟和列入名晾晒烟名录的烟叶是烟草专卖品，是受国家相关部门管制的。强调的是属于烟草专卖品的“烟叶”。而《实施条例》第三条的“烟叶”是一般意义上的烟叶，不局限于烤烟和名晾晒烟，包括未列入名晾晒烟名录的烟叶，二者同名不同义；

二、晾晒烟和“烟丝”是两个概念，它们是原料和制成品的关系。《烟草专卖法》中对“未列入名晾晒烟名录的其他晾晒烟可以在集市贸易市场出售”明确所称指的是“烟叶”，并未含制成品。吉林省临江市六道沟镇夹皮沟村的烟叶虽未列入名晾晒烟名录，不属于烟草专卖品，但经过加工形成的“烟丝”就是烟草制品，一旦制成“烟丝”就成了烟草专卖品；

三、《烟草专卖法》第七条“本法”是指烟草专卖法，而烟丝的定义在《实施条例》中界定，如果牵强套用“本法”不利于打击涉烟违法犯罪，有违立法本意；

四、卷中证据显示，2016年4月1日，吉林省临江市公安局已对杨某将吉林省临江市六道沟镇夹皮沟村的烟叶进行加工的行为以涉嫌生产、销售烟草制品立案侦查。

河北省唐山市人民检察院经审查认为：原审法院以杨某将不属于烟草专卖品的烟叶加工制成烟丝在市场上销售不属于非法销售烟草制品的行为判决其无罪，是对烟草专卖法中“烟草制品”的错误认定，属认定事实错误，适用法律错误。河北省唐山市路南区人民检察院抗诉正确，予以支持。理由如下：国家对烟草的专营、专卖管理，涉及生产、批发、零售的各个环节，未经许可将烟叶（烟草的原始原料均是烟叶）加工制成商品，即烟草制品并销售的行为，应当直接认定是非法经营烟草制品的行为。烟草专卖法中烟草专卖品非烟草制品的烟叶，是烟草原料，不对除烤烟和名晾晒烟外的原料进行限制、管理，不等于不对其加工制成商品并销售的行为，即生产、批发、零售进行专卖管理，只要是将原料进行加工制成商品，即为烟草制品，是非法经营涉及的专营、专卖物品。国家不对除烤烟和名晾晒烟名录外的烟叶进行专营、专卖，与国家对加工制造烟草制品作为商品，以及销售这种商品的行为进行专营、专卖，并不存在矛盾，是从两个方面对烟草制品、烟草专卖品以及非烟草专卖品进行的限制和管理。杨某没有国家烟草生产、销售许可证，加工、运输、批量销售烟丝和烟末，且进行包装销售的行为，均应当认定为生产、销售烟草制品的行为，结合销售金额应当认定构成非法经营罪。

唐山市中级人民法院经审理认为：河北省唐山市路南区人民法院认定原审被告人方某、李某犯非法经营罪的事实清楚，证据确实、充分，定罪、量刑及适用法律均无不当，审判程序合法；判决原审被告人杨某无罪并无不当。河北省唐山市路南区人民检察院的抗诉理由和河北省唐山市人民检察院的支持抗诉意见均理据不足，不予支持。唐山市级人民法院经审判委员会讨论决定，依照《中华人民共和国刑事诉讼法》第二百三十六条第一款第一项、第二百四十四的规定，作出如下裁定：

驳回抗诉，维持原判。

【法官后语】

本案处理重点主要在于对烟草专卖品应如何认定的问题。烟草专卖法第二条规定，本法所称烟草专卖品是指卷烟、雪茄烟、烟丝、复烤烟叶、烟叶、卷烟纸、滤嘴棒、烟用丝束、烟草专用机械。卷烟、雪茄烟、烟丝、复烤烟叶统称为烟草制品。第七条规定，本法所称烟叶是指生产烟草制品所需的烤烟和名晾晒烟，名晾晒烟的名录由国务院烟草专卖行政主管部门规定。未列入名晾晒烟名录的其他晾晒烟可以在集市贸易市场出售。《实施条例》第三条规定，烟草专卖品中的烟丝是指用烟叶、复烤烟叶、烟草薄片为原料加工制成的丝、末、粒状商品。综合烟草专卖法与《实施条例》中对于烟草制品、烟叶及烟丝的规定，只有用烤烟烟叶或被列入名晾晒烟目录里的名晾晒烟烟叶加工制成的烟丝，才属于国家实行专卖管理的烟丝。

具体到本案中，本案卷内现有证据证实，原审被告人杨某销售给原审被告人方某、李某的烟丝系其用吉林省临江市六道沟镇夹皮沟村的烟叶加工制成，该烟叶既未被列入国务院烟草专卖行政主管部门的名晾晒烟名录，亦不属于烤烟，不受国家专卖管理，故将该烟叶用秸秆揉丝机加工成的烟末亦不属于国家实行专卖管理的烟丝。故杨某的行为不符合非法经营罪的构成要件。

值得注意的是，罪刑法定是我国刑法中一个重要原则，即法律明文规定为犯罪的，依照法律定罪处罚；法律没有明文规定为犯罪行为的，不得定罪处罚。刑法规定的非法经营罪中未经许可经营法律、行政法规规定的专营、专卖物品需根据司法解释确定。经营烟草制品是否构成犯罪应结合烟草专卖法、《实施条例》等相关法律法规对该烟草制品是否属于法律规定的烟草专卖品进行严格界定。这样有利于保护正常经营活动，从而从实质上实现刑事司法的公平性。

编写人：河北省唐山市路南区人民法院　邱然

126　“黑物业”恶势力团伙强迫交易罪“情节特别严重”的准确适用

——吕某等强迫交易案

【案件基本信息】

1. 裁判书字号

北京市第三中级人民法院（2019）京 03 刑终 948 号刑事裁定书

2. 案由：强迫交易罪

【基本案情】

被告人吕某系甲公司的实际控制人，租赁管理顺义区岗山路××号院。被告人吕某指使甲公司相关人员，在清退原租户过程中，以雇车堵门等滋扰手段干扰商户正常经营；在提供物业服务的过程中，多次强迫他人接受服务，逐渐形成了以被告人吕某为首，被告人刘某、王某、张海某、阎某某等人为主要成员的恶势力团伙。

具体强迫交易犯罪事实如下：

2015 年年底至 2018 年 6 月，被告人吕某等人以限制运营商进入、剪断网线等手段，强迫被害人彭义某等接受阎某某提供的宽带接入服务。被告人吕某伙同刘某、张海某以商户自律委员会名义，通过停水停电相威胁的手段，强迫被害人郭东某等按照统一标准使用指定施工队进行店铺装修或使用指定公司清理烟道。被告人吕某、刘某、王某在未经被害人蒋雨某同意的情况下，对其经营的公寓外部安装铁架子墙，后以停水、停电、停业相威胁，强迫蒋雨某交纳安装服务费。

被告人吕某、刘某的强迫交易数额共计 55.597 万元，王某的强迫交易数额共计 39.967 万元，张海某的强迫交易数额共计 15.63 万元，阎某某的强迫交易数额共计 26.967 万元。

【案件焦点】

在法无明确规定的情况下，如何准确认定强迫交易罪的“情节特别严重”。

【法院裁判要旨】

北京市顺义区人民法院经审理认为：被告人吕某等人经常纠集在一起，有比较明确的层级和职责分工，已经形成以吕某为首的较为固定的团伙。该团伙多次实施违法犯罪活动，欺压商户，扰乱经济秩序，造成了较为恶劣的社会影响，系恶势力团伙。被告人吕某等人以“软暴力”手段相威胁，排除合理竞争，强迫他人接受服务，情节特别严重，已构成强迫交易罪。被告人吕某等人利用在岗山路××号院形成的控制局面，多次强迫商户接受服务，被害人数多，强迫交易的数额达五十余万元，已超过立案标准的十倍以上，系情节特别严重。公诉机关对被告人吕某等人犯罪情节的变更起诉不是追加犯罪事实，而是对法律适用的变更，在程序上符合法律规定。

据此，北京市顺义区人民法院依照《中华人民共和国刑法》第二百二十六条第二项等的规定，判决被告人吕某等五人犯强迫交易罪，判处有期徒刑三年至五年不等，并处罚金人民币二万元至十万元不等。

被告人刘某、王某、张海某、阎某某及相关辩护人以原判事实认定不清、量刑过重、不属于黑恶势力成员的理由提起上诉。

北京市第三中级人民法院经审理认为：第一，在案证据能够证明吕某等人经常纠集在一起，已经形成较为固定的团伙，且层级、分工明确。利用暴力、威胁手段，欺压商户，造成了恶劣的社会影响，构成恶势力犯罪团伙。第二，原判综合考量吕某等人在××号院内实施强迫交易行为的犯罪手段、犯罪数额、被害人数量及对市场交易秩序及被害人财产权的危害程度，认定情节特别严重并无不当，且量刑适当。

北京市第三中级人民法院依照《中华人民共和国刑事诉讼法》第二百三十六条第一款第一项之规定，作出如下裁定：

驳回上诉，维持原判。

【法官后语】

本案的争议焦点之一是被告人吕某等人的行为能否认定为“情节特别严重”。公诉机关起诉时未指控“情节特别严重”，经合议庭建议予以变更，保障了对恶势力犯罪的准确严厉打击。

虽然强迫交易罪“情节特别严重”没有明确标准，但法定量刑档不应被空置，裁判的过程亦是“找法”“释法”的过程。可以基于事实，确定依据，参照侵犯类似法益的其他罪名的升格标准，进而确定本罪的升格标准。具体来说，应从以下几个方面综合考虑：

一是具体犯罪事实。结合本案，一审法院经审理发现，吕某等人所控制的甲公司承租岗山路××号院，占地80余亩，有公寓、酒店、商铺30余家，除本案被害人外，其他商户亦受其管理，被迫接受不合理的收费。吕某等人除指控的犯罪事实外，还涉嫌其他严重的违法犯罪行为，欺压百姓、称霸一方，严重扰乱了市场经营秩序。如果按照公诉机关的指控对吕某等人判处三年以下有期徒刑，不足以实现对该犯罪团伙的有效打击，违背了罪责刑相适应的原则。

二是犯罪行为的危害后果。刑罚轻重应当与既往犯罪行为的恶意和损害程度相适应，根据罪行的严重程度确定刑罚的尺度。具体到本案中：(1) 从犯罪手段来看，吕某等人利用物业管理之便，采取了断水断电等“软暴力”，无异于强制商户停业，手段恶劣。(2) 从被害人的数量来看，本案被害人达28人次，涵盖岗山路××号院的酒店、公寓、饭店等大小商户。(3) 从犯罪数额来看，吕某等人的强迫交易数额达五十余万元，给商户造成了巨大的经济损失。(4) 从对市场交易秩序的影响程度来看，吕某等人利用对岗山路××号院的非法控制，多次实施违法犯罪活动，商户怨声载道，甚至被迫退出经营，严重危害了首都法治环境，造成了非常恶劣的社会影响。综合考虑吕某等人所造成的严重危害后果，应依法判处较重的刑罚。

三是我国刑法配置法定刑的特点。我国刑法在配置法定刑时广泛以犯罪结果、数量（数额）作为配置法定刑的依据，这表现为一定量的犯罪结果或数量（数额）是定罪的起点，并随着结果或数量（数额）的增加而不断升格法定刑幅度，形成所谓的加重犯，如结果加重犯、数额加重犯等。根据《最高人民检察院、公安部关于公安机关管辖的刑事案件立案追诉标准的规定（一）的补充规定》第五条之规定，强迫交易罪以强迫交易的人数、次数、交易数额等作为入罪依据。具体到本案中，在判断被告人吕某等人的法定刑时亦应将强迫交易的人数、次数、交易数额作为依据。

四是刑法中同章节罪名入罪、升格的标准。在确定了判断法定刑的依据后，还需确定升格的标准。一审法院对刑法同章节其他罪名的入罪、升格标准综合考量，非法转让、倒卖土地使用权行为“情节特别严重”的认定标准为“情节严重”的2倍；非法经营出版物行为“情节特别严重”的认定标准为“情节严重”的3~5倍；扰乱电信市场管理秩序类非法经营行为“情节特别严重”的认定标准为“情节严重”的5倍。通过分析可见，同章节侵犯类似法益的罪名升格标准一般为入罪标准的2~5倍。具体到本案中，被告人吕某等人强迫交易二十余次，已达立案标准的5倍以上，强迫交易数额五十余万元，已达立案标准的10倍以上，认定为“情节特别严重”更为准确。

编写人：北京市顺义区人民法院　蔡秀　朱郡臣

127　合同诈骗罪、骗取贷款罪、贷款诈骗罪的区分和认定

——林某英合同诈骗案

【案件基本信息】

1. 裁判书字号

北京市第一中级人民法院（2018）京01刑终683号刑事裁定书

2. 案由：合同诈骗罪

【基本案情】

2014年4月至2015年7月，被告人林某英伙同彭某雄、彭某英、李某华等人（另案处理）为办理贷款在北京市成立北京甲有限公司并担任法定代表人。后被告人林某英使用李某华提供的伪造的相关房产证明，在北京市海淀区与北京乙银行支行签订《借款合同》，并与被害单位北京丙融资担保有限公司签订《委托担保协议书》《最高额质押反担保合同》等协议，由被害单位提供担保，涉案人员及单位按照协议约定缴纳了贷款额10%的保证金。2014年4月24日，林某英所在公司获取北京乙银行支行贷款人民币200万元，贷款期限为2014年4月29日至2015年4月29日，到期后又续贷一年，担保期到2016年6月1日。彭某雄、彭某英等人将被告人林某英公司所得贷款共计人民币1999950元于2014年4月30日转移到北京丁体育用品有限公司（公司法人为阮某连），后又转到被告人林某英个人账户上50万元，被告人林某英将钱款用于给父亲看病等个人使用。2016年到期后被告人林某英未能按期偿还，北京丙融资担保有限公司向北京乙银行支行偿还了全部贷款，在向林某英所在公司追偿过程中发现其所提供的房产证明系伪造，即报案，现涉案款项尚未退赔。被告人林某英于2017年8月10日向公安机关投案，后如实供述了上述犯罪事实。

【案件焦点】

本案犯罪行为结构复杂，如何确定其性质。

【法院裁判要旨】

北京市海淀区人民法院经审理认为：被告人林某英伙同他人，

以非法占有为目的，以伪造的产权证明作担保与他人签订合同，骗取对方当事人财物，数额特别巨大，其行为已构成合同诈骗罪，应予惩处。鉴于被告人林某英能够自动投案，且到案后及在庭审过程中能如实供认自己的罪行，认罪态度较好，具有自首情节，依法对其减轻处罚。

北京市海淀区人民法院依照《中华人民共和国刑法》第二百二十四条第一款第二项、第二十五条第一款、第六十七条第一款、第五十三条第一款、第六十四条之规定，作出如下判决：

一、被告人林某英犯合同诈骗罪，判处有期徒刑九年，罚金人民币三十万元；

二、责令被告人林某英退赔人民币一百八十万元，发还被害单位北京丙融资担保有限公司。

林某英对于一审判处其合同诈骗的罪名不持异议，但认为其在犯罪过程中仅获取50万元，其余钱款均被彭某雄等人据为已有，其主观恶性不重，原判量刑过重。因而提起上诉。

北京市第一中级人民法院经审理认为：上诉人林某英伙同他人，以非法占有为目的，以伪造的产权证明作担保与他人签订合同，骗取对方当事人财物，数额特别巨大，其行为已构成合同诈骗罪。鉴于林某英能够自动投案，到案后如实供认所犯罪行，具有自首情节，可依法对其减轻处罚。对于林某英所提原判对其量刑过重的上诉理由，经查：一审法院根据本案基本事实，全面考虑了林某英具有的法定量刑情节，对其予以减轻处罚，量刑适当，故对于该项上诉理由，本院不予采纳。综上，一审法院根据林某英犯罪的事实，犯罪的性质、情节及对于社会的危害程度所作出的判决，事实清楚，证据确实、充分，定罪及适用法律正确，量刑适当，审判程序合法，应予维持。

北京市第一中级人民法院依照《中华人民共和国刑事诉讼法》第二百三十六条第一款第一项之规定，裁定如下：

驳回上诉，维持原判。

【法官后语】

在司法实践中，由于骗取贷款罪、贷款诈骗罪和合同诈骗罪的犯罪对象存在重合，法官在案件定性时经常需要辨析以上三个罪名。本案中，被告人林某英为了获取贷款，以虚假产权证明、缴纳保证金的方式骗取融资公司担保，在获得担保的情形下，使用虚假产权证明，获得银行信任，骗得贷款。贷款到期后，被告人林某英未能偿还，担保公司承担全部担保责任。以上行为，由于担保公司的介入，导致本案在行为结构上变得更加复杂。既涉及罪名认定问题，也涉及罪数认定问题。

关于本案的行为性质，基于案情，可以作出以下几点认定：一是本案主体为自然人，但合同中，均以被告人名下的公司名义签订；二是主观方面，被告人主观上具有非法占有的目的；三是客观方面，被骗贷款由担保公司进行赔偿，本案实际受害人为担保公司；四是客体为银行贷款。关于贷款诈骗罪的认定，单位不能构成贷款诈骗罪，虽然公诉机关起诉的是被告人林某英，并不包括林某英名下公司，鉴于合同的签订均以公司名义，发放贷款亦以公司名义收取。因此，本案不宜认定为贷款诈骗罪。关于本案属于骗取贷款罪还是合同诈骗罪，被告人林某英的行为同时符合骗取贷款罪与合同诈骗罪的构成要件，如何定性，还应作进一步区分。被告人林某英在获得贷款后，将钱款用于给父亲看病等个人使用方面，并未将贷款用于公司经营，对于所获贷款具有非法占有目的。骗取贷款罪的认定不要求行为人具有非法占有目的，故本案中被告人的行为不宜认定为骗取贷款罪。结合全案，被告人的行为符合合同诈骗的构成要件，因此应当认定为合同诈骗罪。

关于罪数问题，由于本案中，被告人林某英在骗取担保公司担保的基础上，同时骗取了银行贷款，如果分开评价被告人林某英的行为，骗取担保公司担保的行为可以认定为合同诈骗罪，骗取银行贷款的行为可以认定骗取贷款罪。因此，在实践中，存在是否应当以合同诈骗罪与骗取贷款罪数罪并罚的疑问。笔者认为，对于罪数的认定，应当结合构成要件，同时也要综合考虑法益侵害、行为数量等具体事实。被告人林某英获得担保公司担保是作为获取银行贷款的一项手段或者必要条件，其主观目的是获取贷款，因此，被告人林某英的行为具有一定的关联性、主观目的具有一致性。从危害后果来看，银行不是必然承担损害结果，本案中的实际受害人为担保公司。因此，结合本案的具体情况，以及罪责刑相适应的基本原则，本案应当以合同诈骗罪一罪认定，不应数罪并罚，但行为人的手段可以在量刑时予以考虑。

综上，在辨析骗取贷款罪、贷款诈骗罪与合同诈骗罪罪名适用时，应当首先从构成要件符合性出发。一是根据犯罪主体进行判断，贷款诈骗罪中单位不能成为犯罪主体，骗取贷款罪与合同诈骗罪的犯罪主体为一般主体，自然人与单位皆可；二是根据行为人主观方面进行判断，贷款诈骗罪和合同诈骗罪均要求行为人具有非法占有目的，唯骗取贷款罪不要求行为人具有非法占有为目的；三是在行为人主观方面与主体均符合合同诈骗罪与贷款诈骗罪时，需要对侵犯的客体和客观方面进行深入分析，如仍然难以区分，则结合择一重罪处罚等原则进行判断。

编写人：北京市第一中级人民法院　丁睿智

128　为骗取银行贷款而骗取担保，致使担保公司遭受损失行为的法律定性

——王某峰合同诈骗案

【案件基本信息】

1. 裁判书字号

河南省安阳市中级人民法院（2018）豫 05 刑终 419 号刑事裁定书

2. 案由：合同诈骗罪

【基本案情】

2011 年，被告人王某峰欲向银行贷款，便找陈某海和王某峰的熟人杨某明商量帮忙。因陈某海曾在某银行红旗渠广场支行（以下简称红旗渠支行）办理过贷款，陈某海同意帮忙联系银行。杨某明也同意帮忙贷款，并介绍董某帅参加。王某峰和陈某海等人在一起商定了贷款后钱款使用的分配，但都未提出如何偿还贷款。

2011 年 4 月，为向银行贷款，董某帅通过其姐夫杨某明，以 2 万元购买了甲公司，成为甲公司的法定代表人，但未进行实际经营活动。

2011 年年底，陈某海帮助王某峰联系银行，并找乙公司郭某军虚构购销合同及委托支付合同；董某帅帮助王某峰提供甲公司

虚假贷款资料。经谋划后，被告人王某峰以甲公司实际控制人、董某帅以甲公司法定代表人的名义，以购买货物有资金缺口为名，向红旗渠支行申请贷款 200 万元。王某峰和董某帅将准备好的甲公司虚假的财务资料、乙公司虚假的购销合同及委托支付合同提供给了银行。

2012 年 4 月，因银行贷款需要有担保公司担保，王某峰、董某帅又找到丙公司，向丙公司交纳 20 万元保证金和 8 万元担保费，并将向银行提交的虚假贷款资料提供给丙公司，陈某海向丙公司提供了反担保的丁钢铁，骗取丙公司向红旗渠支行为其贷款提供担保。

2012 年 4 月 23 日，甲公司与红旗渠支行签订了贷款合同，骗取了银行贷款 200 万元。银行将贷款发放到乙公司账上后，2012 年 4 月 24 日、25 日，陈某海让乙公司老板郭某军分两笔共 200 万元转账到陈某海个人账户内。陈某海随即分三笔将共 171.44 万元通过王某峰表弟段某鹏的账户转给了王某峰，将 20 万元转给了丁钢铁的王某飞（别名王某军），余款陈某海留用。

王某峰按照贷款前的约定，从 171.44 万元贷款中给了杨某明 40 万元，给了董某帅 25 万元，余款被王某峰用于归还其个人欠款等使用。

王某峰和董某帅改变贷款用途，将贷款资金私分使用后，均未打算偿还银行贷款。直至 2013 年 4 月 22 日该笔银行贷款到期后，甲公司地址及王某峰、董某帅的个人联系方式均发生变更，家中无人，手机停机，红旗渠支行和丙公司均寻找不到王某峰、董某帅。2013 年 6 月 28 日，丙公司向红旗渠支行代偿了该笔 200 万元的贷款。

另查明，贷款时，被告人王某峰除向丙公司交纳28万元的保证金和担保费外，还用其一套价值16万元房屋和10万元购房预付款交款条向丙公司抵押。扣除上诉款项，共计诈骗丙公司146万元。案发后，王某峰向丙公司还款10万元，丁钢铁王某飞向丙公司还款20万元，董某帅退回现金25万元，杨某明还款40万元。又查明，被告人王某峰因犯非法吸收公众存款罪，于2017年4月5日被河北省石家庄市栾城区人民法院判处有期徒刑五年，并处罚金30万元。其刑期自2016年3月4日起至2021年3月3日止。

【案件焦点】

行为人为骗取银行贷款而骗取担保，致使担保公司遭受损失的行为应如何法律定性，应成立贷款诈骗罪还是合同诈骗罪。

【法院裁判要旨】

河南省安阳市龙安区人民法院经审理认为：被告人王某峰以非法占有为目的，伙同他人虚构事实、隐瞒真相，以银行贷款需要担保为名，骗取担保公司财产，数额特别巨大，其行为已构成合同诈骗罪。公诉机关指控罪名成立。被告人王某峰及其辩护人提出，被告人王某峰没有非法占有的目的，不构成合同诈骗罪的意见。经查，证人何某喜、张某成、郭某芹、胡某柱、胡某平、艾某钢、杨某明证言，证明董某帅为了从银行骗取贷款购买、管理甲公司的情况；证人史某来、李某涛、韩某媛、石某喜、许某军、石某姣证言，证实王某峰以甲公司老板名义、董某帅为甲公司法人代表接待欺骗银行、担保公司核查人员，得到贷款后，切断联系逃匿的情况；同案犯董某帅供述甲公司实际没有经营过，王某峰为贷款便以甲公司实际老板的名义贷款，贷款资料都是王某峰办理的，贷款也是王某峰用的事实；被告人王某峰亦供述其和董某帅等人商量以甲公司名义贷款并将钱分了，其以甲公司实际控制人的身份办理贷款，并向银行和担保公司提供贷款资料，贷款到期后，其就不还了，也把手机号换了，银行找不到他的事实，结合甲公司工商登记资料及变更手续、银行贷款材料、司法会计鉴定意见书，上述证据相互印证，证实被告人王某峰为非法占有他人财产，伙同他人预谋购买甲公司、提供虚假材料，骗取贷款后私分占有，造成被害单位担保金损失的事实，被告人及其辩护人辩称不构成合同诈骗罪的理由不能成立，不予采纳。本案合同诈骗为共同犯罪，在犯罪过程中被告人王某峰积极参与犯罪过程，起主要作用，系主犯。被告人王某峰在案发前已赔偿丙公司 26 万元和支付的保证金、担保费 28 万元，应从犯罪金额中扣除；案发后向丙公司还款 10 万元的行为，可酌情从轻处罚。

河南省安阳市龙安区人民法院依照《中华人民共和国刑法》第二百二十四条，第六十九条，第七十条，第二十五条，第二十六条第一款、第四款，第五十二条，第五十三条第一款，第六十四条的规定，作出如下判决：

一、被告人王某峰犯合同诈骗罪，判处有期徒刑十一年，并处罚金人民币十万元；加原犯非法吸收公众存款罪判处有期徒刑五年，并处罚金三十万元，数罪并罚，决定执行有期徒刑十五年，并处罚金人民币四十万元；

二、责令被告人王某峰与同案被告人共同退赔被害单位安阳丙投资担保有限公司经济损失人民币五十一万元。

王某峰提出上诉，辩称其没有非法占有的故意，其行为构成骗取贷款罪，不构成合同诈骗罪；原判量刑过重。

河南省安阳市中级人民法院经审理认为：（1）关于上诉人王某峰认为“其没有非法占有的故意，其行为构成骗取贷款罪，不构成合同诈骗罪”的上诉理由，经查，从贷款的目的和用途来看，王某峰伙同董某帅等人贷款前约定私分钱款，但从未提偿还贷款事宜，贷款到手后将钱款私分，王某峰将其分得钱款用于归还个人债务，并没有用于甲公司正常生产经营；从甲公司的经济能力和经营状况来看，董某帅通过杨某明购买甲公司后并未实际开展经营活动，而是伙同王某峰等人利用该公司从银行贷款；从造成的后果来看，王某峰等人没有归还银行贷款，导致丙公司向银行代偿了该笔贷款；从案发后的行为来看，贷款到期后，王某峰、董某帅没有积极偿还贷款，而是变更联系方式，银行和担保公司均无法联系上二人。综上，可以看出，王某峰主观上具有非法占有的目的，客观上伙同他人采取虚构事实、隐瞒真相的方式，以银行贷款需要担保为名，骗取担保公司财产，数额特别巨大，其行为构成合同诈骗罪，而非骗取贷款罪。故上诉人王某峰的该上诉理由不能成立。（2）关于上诉人王某峰认为“原判量刑重”的上诉理由，经查，以非法占有为目的，在签订、履行合同过程中，骗取对方当事人财物数额在一百万元以上的，属数额特别巨大，应处十年以上有期徒刑或者无期徒刑，并处罚金或者没收财产。本案中，王某峰以非法占有为目的，诈骗丙公司 146 万元，数额特别巨大，原判根据王某峰的犯罪性质、在共同犯罪中的作用和对社会的危害程度，判处其有期徒刑十一年，并处罚金人民币十万元，量刑并无不当。故上诉人王某峰的该上诉理由不能成立。

上诉人（原审被告人）王某峰以非法占有为目的，伙同他人虚构事实、隐瞒真相，以银行贷款需要担保为名，骗取担保公司财产，数额特别巨大，其行为已构成合同诈骗罪。原审判决认定事实清楚，证据确实、充分，定罪准确，量刑适当，审判程序合法。上诉人王某峰的上诉理由，均不予采纳。

河南省安阳市中级人民法院依照《中华人民共和国刑事诉讼法》第二百二十五条第一款第一项的规定，作出如下裁定：

驳回上诉，维持原判。

【法官后语】

近年来，与本案类似的“双重诈骗”案件在司法实践中频发。行为人先以虚假的材料骗取担保人为其提供贷款担保，后通过虚假贷款材料以及前述手段获取的担保向银行申请贷款。银行基于对其贷款材料和担保的信任发放贷款，而行为人在贷款到期后不能及时归还贷款，最终导致银行或者担保人遭受财产损失。双重诈骗涉及借款人、担保人、银行三方主体，此类行为存在前后两个欺诈行为，一个是担保欺诈行为，一个是贷款欺诈行为。双重诈骗是司法实践中较为复杂的金融犯罪案件，法院在认定时存在分歧。一种意见认为，担保人受到因行为人的欺骗行为签订了担保合同，而后又依照担保合同履行了相应的担保义务之后，致使其遭受财产损失并成为最终的被害人，所以这种情形下行为人的骗取担保行为应当认定为合同诈骗罪。另一种意见认为，行为人的最终目的在于骗取银行的贷款，其先行实施的骗取担保行为旨在实现这一最终目的，因此被告人应当构成贷款诈骗罪。因此，无论是按照择一重罪处罚的原则，还是按照特别法条优于普通法条的原则，都应当以贷款诈骗罪定罪处罚。

就本案而言，笔者认为认定合同诈骗罪更为适宜，理由如下：

一是关于犯罪对象和侵犯的法益问题。被告人王某峰表面上骗取的财物直接来源于银行的贷款，实则骗取的是担保公司的担保权益，犯罪对象并非银行贷款而是担保合同一方当事人的财产。因为担保公司在对被告人提供的资料和抵押进行审查之后，签订了担保合同，出具了担保函，这就意味着担保公司对自己担保的权益进行了处置，满足了一般诈骗类案件的全部犯罪构造。而银行在获得担保公司担保函后放贷，实际是担保权益与实际财物的对等交换，银行本身并不存在损失，只是被告人诈骗既遂后既得的赃物转换的一个中间环节。从侵犯法益的角度来看，综观全过程，银行放贷之前，有担保公司的担保；放贷之后，被告人每月按时向银行归还利息，不存在故意不交等情况；贷款到期之后，被告人不归还贷款，银行进而取得担保公司担保权益，因此很难认定在这个过程中银行的权益受到侵害，担保人为双重欺诈行为最终受损人，故认定贷款诈骗罪也没有客观方面的支撑。

二是关于担保合同的法律性质问题。被告人直接骗取银行贷款的犯罪行为，虽然在刑法上获得否定性评价，但并不必然导致贷款合同和担保合同的无效。明确这个问题，主要是有观点认为被告人贷款行为是违法的，贷款合同和担保合同就是无效的，那么银行就不能合法获得担保公司的权益，进而认为被告人诈骗的行为直接侵害到了银行的利益。笔者认为这种看法不妥。最终贷款合同和担保合同是否有效，需要用民事法律去评价，在银行未主张撤销主合同（借款合同）的前提下，担保合同的效力自始至终都是有效的。在其没有作出评价时，我们不能用刑法去评价无效。担保人是否履行清偿义务非行为人可控，不能因为第三人的行为来决定对行为人的刑事评价。

三是关于犯罪故意和犯罪目的的问题。被告人王某峰具有概括的非法占有他人财物的犯罪故意和不确定的犯罪对象，虽不具体明确，但相对确定又具体移动可变。认定行为人是否具有“非法占有目的”时，不能以行为人是否归还银行贷款，是否导致担保人因履行担保责任而受损来确定，应当根据行为人的整体行为来进行综合认定。例如，需要提供担保的事项是否真实存在；行为人在骗取担保时是否具有履约能力；行为人在获取贷款后，对贷款资金的使用；行为人在担保人履行担保责任后是否积极偿还担保人的损失等。(1) 关于以非法占有为目的的认定。被告人王某峰实施诈骗行为前，即开始与同案犯预谋骗取贷款，但均没有提到如何偿还贷款，主观上就没有还款意图；从被告人王某峰和同案犯诈骗后得到的财物，也没有用于贷款公司的正常生产经营；在银行贷款到期之后，更没有积极偿还贷款，而是以变更联系方式、住址等方式进行逃脱银行和担保公司的追偿。综合看来，被告人王某峰具有非法占有他人财物的目的成立。(2) 占有他人财物中的“犯罪故意”的认定。被告人由于同案犯陈某海以前在银行贷过款的经验，而后产生了骗取银行贷款的故意，约定贷款私分，并和其他同案犯一块实施了伪造财务报表、验资报告及购销合同等行为，隐瞒了甲公司实际的经济能力和经营状况，虚构了甲公司购买货物有资金缺口的事实，将资料提交至银行。在被告人被告知需提供担保后，从其积极骗取担保公司担保权益，交纳保证金、抵押物和提供虚假的反担保等一系列行为可知，被告人此时主观上具有明确地诈骗担保公司担保的故意，但在骗取担保进而骗取银行贷款后，谁能成为最后的损失方，被告人并不确定，但是主观上却放任这种结果的发生。

因此，从全过程来看，认定被告人王某峰具有概括的非法占有他人财物的犯罪故意和不确定的犯罪对象是较为合适的。

综上，是否构成合同诈骗罪可以按照诈骗罪的认定逻辑来判断。第一，欺骗行为的实施（包括虚构事实、隐瞒真相等）；第二，受骗者因行为人的欺骗行为而产生错误认识；第三，受骗者因自身产生的错误认识而处分相应的财物；第四，包括但不限于行为人取得受骗者所处分的财物；第五，被害人遭受财产损失。故从犯罪构成来看，行为人主观上具有概括的非法占有他人财物的犯罪故意和不确定的犯罪对象，并以银行贷款需要担保为名，伙同他人虚构事实、隐瞒真相，实施了骗取担保公司财产的行为，客观上造成了担保公司利益受损，侵犯了社会市场秩序的法益，按照刑法理论主客观相一致的原则，应对被告人王某峰的犯罪事实认定为合同诈骗罪。

编写人：河南省安阳市中级人民法院　邢霞　康鹏飞

129　如何把握非法经营罪兜底条款的适用范围

——某电梯销售公司、吕某某非法经营案

【案件基本信息】

1. 裁判书字号

内蒙古自治区通辽市中级人民法院（2018）内 05 刑终 41 号刑事裁定书

2. 案由：非法经营罪

【基本案情】

吕某某系被告单位某电梯销售公司（以下简称甲公司）法定代表人。2013年1月30日经甲公司董事会决议，决定承接某房地产公司（以下简称乙公司）开发的某源项目的安装合同。2013年2月21日，在甲公司未取得特种设备安装改造维修许可证的情况下，吕某某代表公司与乙公司签订了58部电梯的安装合同，合同金额为4341346元。2013年4月，吕某某组织安装人员进场，乙公司于2013年4月16日支付电梯安装款2170673元，甲公司开始实施电梯安装工程。上述电梯均定做于某电梯公司（以下简称丙公司），丙公司授权丁升降设备公司（以下简称丁公司）进行安装、维护。此后，通辽市质量技术监督局对该工程进行了备案，标注施工单位为丁公司，吕某某为施工现场负责人。此后，乙公司分别于2014年4月28日向甲公司付款100000元，于2014年8月29日向甲公司付款60000元，甲公司将电梯主体安装完毕。

【案件焦点】

吕某某及甲公司的行为是否构成非法经营罪。

【法院裁判要旨】

内蒙古自治区通辽市科尔沁区人民法院经审理认为：公诉机关指控被告单位某电梯销售公司、被告人吕某某经营电梯安装的事实成立。对于被告单位某电梯销售公司、被告人吕某某是否构成非法经营罪，因目前尚无司法解释明确规定未经许可从事电梯安装业务属于《中华人民共和国刑法》第二百二十五条第四项规定的“其他严重扰乱市场秩序的非法经营行为”，本案被告单位及被告人借用其他公司资质，组织工人进行电梯安装，其行为不具备与《中华人民共和国刑法》第二百二十五条前三项规定行为相当的社会危害性和刑事处罚必要性，属行政违法行为，不应按照犯罪处理。依照《中华人民共和国刑法》第三条及《中华人民共和国刑事诉讼法》第一百九十五条第二项之规定，判决如下：

一、被告单位某电梯销售公司无罪；

二、被告人吕某某无罪。

宣判后，原公诉机关通辽市科尔沁区人民检察院不服，提出抗诉，其抗诉理由为：根据国务院《特种设备安全监察条例》第七十五条之规定，被告方应构成非法经营罪；本案应当作为法律适用问题，逐级向最高人民法院请示。

内蒙古自治区通辽市中级人民法院经审理认为：首先，根据国务院发布的《特种设备安全监察条例》第十四条的规定，电梯安装单位应当经国务院特种设备安全监督管理部门许可，方可从事相应的活动，未经许可，擅自从事电梯安装活动的，可触犯刑律。本案中，被告单位甲公司与乙公司签订××电梯项目安装合同并进行结算，甲公司本身未取得特种设备安装许可，其行为实质上仅违反了行政法规的规定，具有行政违法性。其次，因在安装电梯时，甲公司借用丁公司的许可资质及工人，对外以丁公司的名义，由该单位的法定代表人吕某某组织进行的安装，对于借用资质安装电梯的行为，是否属于《中华人民共和国刑法》第二百二十五条第四项规定的“其他严重扰乱市场秩序的非法经营行为”，目前尚无司法解释明确规定。而且电梯安装工人具有相应的资质并在通辽市质量技术监督局备案，安装活动由具备相应资质的人完成，安装后的电梯是否存在安全隐患，并无相关部门进行鉴定，二被告人的行为不具备《中华人民共和国刑法》第二百二十五条前三项规定行为相当的社会危害性。在电梯安装后尚未验收前即公安机关在侦办案件过程中，甲公司已取得电梯的安装许可，具备对涉案电梯继续安装的能力，其行为尚不具备刑事处罚的必要性，故不应按犯罪处理。检察机关提出二被告人的行为构成非法经营罪的抗诉意见不能成立，不予支持。按照最高人民法院相关文件精神要求，以《中华人民共和国刑法》第二百二十五条第四项的规定认定被告人的行为构成非法经营罪的，需要逐级向最高人民法院请示，因本案被告人的行为尚不构成犯罪，检察机关提出原审未经请示即作出无罪判决，诉讼程序违法的抗诉意见不能成立，不予支持。依照《中华人民共和国刑事诉讼法》第二百二十五条第一款第一项的规定，作出如下裁定：

驳回抗诉，维持原判。

【法官后语】

非法经营罪的事实认定和法律适用问题一直是理论界和实践界广泛存在争议的话题。《中华人民共和国刑法》第二百二十五条中规定非法经营罪的表现形式是违反国家规定进行非法经营行为，扰乱市场秩序，情节严重，并且限制了非法经营行为的范围为以下四项：(1) 未经许可经营法律、行政法规规定的专营、专卖物品或者其他限制买卖的物品的；(2) 买卖进出口许可证、进出口原产地证明以及其他法律、行政法规规定的经营许可证或者批准文件的；(3) 未经国家有关主管部门批准非法经营证券、期货、保险业务的，或者非法从事资金支付结算业务的；(4) 其他严重扰乱市场秩序的非法经营行为。这其中存在最多争议的就是第四项的内容，即其他扰乱市场秩序的非法经营行为应该怎么去认定。而本案中吕某某及甲公司涉案行为即涉及《中华人民共和国刑法》第二百二十五条第四项，吕某某及甲公司的行为究竟是民事欺骗行为还是已构成非法经营罪的定罪处罚条件，笔者认为本案应从以下两个方面来认定：

1. 严格遵照非法经营罪的构成要件认定

从《中华人民共和国刑法》条文中看出构成本罪有四个条件：(1) 违反国家的规定；(2) 从事非法经营行为；(3) 扰乱市场秩序；(4) 情节严重。这就要求行为人必须带着故意的主观目的，从事非法经营的客观行为，侵害了市场秩序，并且造成严重的后果。本案中，甲公司在与乙公司签订电梯安装合同时并未取得特种设备安装改造维修许可证，甲公司对这一情况显然是知情的，因此构成本罪第四项成立的主观要件；同时，甲公司这一行为也违反了《特种设备安全监察条例》，属于客观上从事了非法经营的行为。但是，被告方是否扰乱了市场秩序，产生了严重后果呢？笔者认为行为应达到《中华人民共和国刑法》第二百二十五条前三款相当的社会危害性才能符合构成第四项所要求的客体要件。虽然甲公司是借用丁公司的许可资质及工人进行电梯安装作业，但是实际安装电梯的工人具备相应的资质并依法备案，且在电梯尚未安装完成的时候甲公司也已经取得了相应的资质，具备对涉案电梯继续安装的能力，该行为并未造成对市场秩序的实质扰乱，犯罪客体不符合。且该涉案行为既没有造成实际上的公私财产损害，也达不到《中华人民共和国刑法》二百二十五条前三款中相当的社会危害性，因此也不能认为该行为造成了严重的后果。根据谦抑性原则，不应认定被告方的行为具有刑法当罚性，应认定为民事欺骗行为。

2. 结合法规及司法解释综合认定

正如上文所说，《中华人民共和国刑法》第二百二十五条第四项规定了“其他严重扰乱市场秩序的非法经营行为”构成非法经营罪，但是该条款属于“兜底条款”，其本身存在一定的抽象性和概然性，因此为了避免扩大适用，应如上一条所述，法官应依照罪刑法定的原则，严格按照本罪构成要件审理个案。同时也应该结合法规及司法解释，严格其适用范围。为了具体适用“其他严重扰乱市场秩序的非法经营行为”这一非法经营罪成立的兜底条款，最高人民法院相关的司法解释规定了构成这一条款的十一种犯罪行为，但是这里面并不包含本案中被告方所作出的未取得特种设备安装改造维修许可证而非法经营电梯安装工程的行为。而国务院发布的《特种设备安全监察条例》第七十五条则规定了“未经许可，擅自从事……电梯……的制造、安装、改造以及压力管道元件的制造活动的，由特种设备安全监督管理部门予以取缔，没收非法制造的产品，已经实施安装、改造的，责令恢复原状或者责令限期由取得许可的单位重新安装、改造，处10万元以上50万元以下罚款；触犯刑律的，对负有责任的主管人员和其他直接责任人员依照刑法关于生产、销售伪劣产品罪、非法经营罪、重大责任事故罪或者其他罪的规定，依法追究刑事责任”。这一条款虽然规定了未经许可擅自安装电梯的违法性和可罚性，但是国务院发布的该条例属于行政法规，因此也只能证明该行为的行政违法性。同时，在该条例的第七十五条中也写明了未经许可擅自安装电梯需要达到触犯刑律的标准才能构成非法经营罪，而未进一步说明怎样才算是触犯刑律，因此还是应该根据罪刑法定的原则，根据刑法及相关司法解释来进行适用。本案中，从构成要件上看，被告方吕某某及甲公司的行为达不到触犯刑律的标准；且没有司法解释对其明确规范，因此不能认定构成非法经营罪。

综上，认定行为构成《中华人民共和国刑法》第二百二十五条第四项的过程应该是非常审慎的，本案中被告方吕某某及甲公司的行为既不符合非法经营罪的构成要件，也没有相关的法律法规规范，因此不能认定其构成非法经营罪。

编写人：内蒙古自治区通辽市中级人民法院　张蕾

130　非法销售烟草制品的罪名认定

——章某梅非法经营案

【案件基本信息】

1. 裁判书字号

北京市第一中级人民法院（2018）京01刑终340号刑事裁定书

2. 案由：非法经营罪

【基本案情】

2017年11月至2018年1月，被告人章某梅在其经营的位于北京市海淀区温泉镇辛庄村东×区×号平房便民超市内，无《烟草专卖零售许可证》非法经营烟草专卖品。2018年1月9日，北京市海淀区烟草专卖局稽查人员在依法对被告人章某梅经营的超市进行执法检查时，发现该超市非法经营烟草专卖品，并当场起获了用于出售的硬中华、硬金砂黄鹤楼等共计32个品种的312条卷烟。经核查，上述涉案卷烟制品总价值人民币71103.77元。

本案经鉴定：涉案的烟草专卖品中，真品卷烟82条，总价值为24075.20元。假冒注册商标且为伪劣卷烟的有230条，总价值为47028.57元。

【案件焦点】

对于涉案的价值24075.20元的真烟和价值47028.57元的假烟能否累计评价。

【法院裁判要旨】

北京市海淀区人民法院经审理认为：被告人章某梅违反国家规定，未经烟草专卖行政主管部门许可，无烟草专卖零售许可证经营烟草专卖品，扰乱市场秩序，情节严重，其行为已构成非法经营罪，应予惩处。北京市海淀区人民检察院指控被告人章某梅犯非法经营罪的事实清楚，证据确凿，指控罪名成立。鉴于被告人章某梅到案后如实供述自己的罪行，依法对其从轻处罚。辩护人的相关辩护意见，酌予采纳。

北京市海淀区人民法院依照《中华人民共和国刑法》第二百二十五条第一项、第六十七条第三款、第五十三条第一款、第六十四条之规定，判决如下：

一、被告人章某梅犯非法经营罪，判处有期徒刑六个月，并处罚金人民币二万元；

二、扣押于北京市海淀区烟草专卖局的全部涉案卷烟依法予以没收。

章某梅以原审量刑过重向北京市第一中级人民法院提起上诉。

北京市第一中级人民法院于2018年5月23日作出（2018）京01刑终340号刑事裁定书，裁定如下：

驳回章某梅上诉，维持原判。

【法官后语】

由于非法经营罪与其他破坏社会主义市场经济秩序、妨害社会管理秩序类犯罪存在多种交叉关系导致非法经营罪存在广泛的想象竞合关系。烟草专卖品属于专营专卖品，未取得相关许可而擅自销售烟草专卖品的，可能构成非法经营罪。销售假冒伪劣烟草专卖品还可能构成生产、销售伪劣产品罪、销售假冒注册商标的商品罪。根据《最高人民法院、最高人民检察院关于办理非法生产、销售烟草专卖品等刑事案件具体应用法律若干问题的解释》第五条的规定应从一重罪论处。实践中普遍存在的情况是行为人无烟草专卖许可证并且同时销售合格香烟和假冒伪劣香烟，因现实个案情况复杂多样，罪数形态应如何认定，实务界和理论界都存在一定的争议。

本案中，对于涉案的价值24075.20元的真烟和价值47028.57元的假烟能否累计评价存在两种意见。一种意见认为，销售真烟和假烟是不同的行为，侵犯不同的法益，不能一并评价。本案中销售真烟和销售假烟的数量都没有达到立案标准，故本案被告人没有刑罚处罚的必要。另一种意见认为，非法经营罪侵犯的法益是市场准入秩序，不在于经营的对象是否为合格产品。在未取得烟草专卖许可的情况下，销售合格烟草专卖品和销售假冒伪劣烟草专卖品都具有非法经营性，因此本案中无证销售真烟和假烟的行为可以一并评价，累计的数额达到非法经营罪的定罪处罚标准。

笔者同意第二种意见，理由如下：

一方面，将销售假烟的行为评价为非法经营罪的客观方面符合法益保护的目的和罪刑法定原则。刑法第二百二十五条列明了四项条款对非法经营行为进行规制。[①] 本案中被告人的行为对应第一款规

---

① 《中华人民共和国刑法》第二百二十五条规定："违反国家规定，有下列非法经营行为之一，扰乱市场秩序，情节严重的，处五年以下有期徒刑或者拘役，并处或者单处违法所得一倍以上五倍以下罚金；情节特别严重的，处五年以上有期徒刑，并处违法所得一倍以上五倍以下罚金或者没收财产：（一）未经许可经营法律、行政法规规定的专营、专卖物品或者其他限制买卖的物品的；（二）买卖进出口许可证、进出口原产地证明以及其他法律、行政法规规定的经营许可证或者批准文件的；（三）未经国家有关主管部门批准非法经营证券、期货、保险业务的，或者非法从事资金支付结算业务的；（四）其他严重扰乱市场秩序的非法经营行为。"

定的“未经许可”出售烟草专卖品，侵犯了烟草市场的准入秩序。市场准入秩序本质上是对经营主体资格的限制，但在实际的市场经济运行时，主体、行为、对象是并存的，一个不适格的主体同时还可能实施不适格的行为。《中华人民共和国刑法》第一百四十条规定的生产、销售伪劣产品罪，第二百一十四条规定的销售假冒注册商标的商品罪，就是对市场经营行为的限制，要求不得生产或者销售伪劣产品，不得销售假冒注册商标的产品。烟草本身要经过许可才可经营，有的经营者未经许可而生产、销售烟草，而其生产、销售的又是假冒伪劣的烟草，这种行为不仅侵犯了烟草市场的准入秩序，还侵犯了烟草市场的交易秩序、竞争秩序，同时构成非法经营罪、生产、销售伪劣产品罪和销售假冒注册商标的商品罪。市场准入秩序在市场秩序中是作为前置性规范而存在的，无证销售假烟首先违反了前置性规范，具有非法经营性。不考虑销售假烟的假冒伪劣性，只考虑非法经营性，这样的评价方式不违反罪刑法定原则，也没有歪曲事实本身，在非法经营层面上，无证销售真烟和假烟具有同质性，将两者数额合并计算并无不当。

另一方面，将非法销售真烟和假烟的数额累计计算符合罪刑相适应的原则。根据司法解释的有关规定，以生产、销售伪劣产品罪或销售假冒注册商标的商品罪定罪处罚的案件销售金额需达到五万元以上，或者销售与未销售的金额合计达到十五万元以上，可以以上述两罪名的未遂来定罪处罚。[1] 非法经营罪的起刑点为非法经营数

① 参见《最高人民法院、最高人民检察院关于办理非法生产、销售烟草专卖品等刑事案件具体应用法律若干问题的解释》第一条、第二条；《最高人民法院、最高人民检察院关于办理侵犯知识产权刑事案件具体应用法律若干问题的解释》第二条；《最高人民法院、最高人民检察院、公安部关于办理侵犯知识产权刑事案件适用法律若干问题的意见》第八条。

额在五万元以上，或者违法所得数额在二万元以上。[①] 假设甲无证经营真品卷烟，未销售货值金额七万元，甲应以非法经营罪论处没有问题。而本案被告人销售假烟的行为不仅侵害了烟草专卖市场秩序，而且侵害了国家有关产品质量制度和国家商标管理秩序，具有更严重的法益侵害性，数额不累计计算便不用承担任何刑事责任，这将有违公平正义理念。“违法销售真烟”“违法销售假烟”具有递进的违法性，根据举轻以明重的当然解释原则，可以将重行为的数额折算入轻行为的数额中去。将数额累计计算虽然使得本应受到更重谴责的行为被视为轻行为予以定罪量刑，导致行为人应承担的责任受到一定的损耗，但这种评价方式在现行法律规定下符合罪刑相适应的原则。

在类似案件的处理中，行为人无烟草专卖许可证同时销售真烟和假烟，厘清是一罪还是数罪、确定罪数形态需要结合具体案情进行分析，坚持罪刑法定和罪刑相适应的原则。

（1）非法销售真烟达不到非法经营罪的定罪标准但非法销售假烟则构成生产、销售伪劣产品罪、销售假冒注册商标的商品罪和非法经营罪的，非法销售假烟的行为从一重罪论处。非法销售真烟的情节可以作为从重量刑情节或累计销售真、假烟的数额以非法经营罪论处。

（2）非法销售假烟达不到生产、销售伪劣产品罪、销售假冒注册商标的商品罪和非法经营罪的定罪标准的但非法销售真烟构成非法经营罪的，累计销售真、假烟的数额以非法经营罪论处。

---

① 参见《最高人民法院、最高人民检察院关于办理非法生产、销售烟草专卖品等刑事案件具体应用法律若干问题的解释》第三条。

（3）非法销售真烟构成非法经营罪且非法销售假烟也构成生产、销售伪劣产品罪、销售假冒注册商标的商品罪和非法经营罪的，累计数额以非法经营罪论处或者销售真烟的行为以非法经营罪论处，销售假烟的行为从一重论处，将两行为分别定罪。

（4）非法销售真烟达不到非法经营罪的定罪标准且非法销售假烟也不构成生产、销售伪劣产品罪、销售假冒注册商标的商品罪和非法经营罪的，累计数额后构成非法经营罪的，以非法经营罪定罪处罚。累计数额也不构成非法经营罪的，只需进行行政处罚。

综上，行为人非法销售真烟和假烟并存时，需厘清案情，正确适用法律。首先，分别判断非法销售真烟、假烟的数额是否达到起刑标准。其次，遵循“同时构成生产、销售伪劣产品罪、侵犯知识产权犯罪、非法经营罪的，依照处罚较重的规定定罪处罚”的原则性规定确定非法销售假烟的罪名。再次，根据举轻以明重的解释原则，高危害程度行为可以评价为低危害程度行为，即非法销售假烟的行为可以只评价其非法经营性，累计销售真、假烟的数额以非法经营罪论处。分别都构成犯罪的，也可以将两行为分别定罪。最后，综合比较定罪量刑结果，依照处罚较重的方式定罪处罚。

本案中被告人非法销售合格烟草专卖品和非法销售假冒伪劣烟草专卖品的数额单计均不构成犯罪，但累计数额后构成非法经营罪，应以非法经营罪定罪处罚。

编写人：北京市第一中级人民法院　林辛建　魏晓田

131 民事欺诈与诈骗罪、合同诈骗罪的区分

——张某珍合同诈骗案

【案件基本信息】

1. 裁判书字号

云南省文山州中级人民法院（2018）云26刑终45号刑事裁定书

2. 案由：合同诈骗罪

【基本案情】

被告人张某珍、李某华（在逃）夫妇于2015年7月8日以香樟苑×幢×单元××号房屋作为抵押向农某借款人民币10.8万元；2015年7月31日将该房产以人民币13万元的价格出售给牛某（所欠银行按揭贷款由牛某负责偿还），并签订了房屋买卖合同，但未进行登记过户；同年10月6日张某珍、李某华又与被害人张某签订房屋买卖合同，将该房产以人民币29万元的价格卖给张某，同日，张某通过银行转账的方式，将购房定金13万元转入被告人张某珍的账户内，到案发时该房产未能进行登记过户；同年10月30日，张某珍、李某华夫妇将该房产以人民币29.74万元转让给农某、黄某（农某妻子）、牛某、关某（牛某妻子），并进行过户登记。

【案件焦点】

张某珍的行为属于民事欺诈还是构成刑事犯罪，若构成犯罪是诈骗罪还是合同诈骗罪。

【法院裁判要旨】

云南省富宁县人民法院经审理认为：对于张某珍认为公诉机关所指控的犯罪事实均系由李某华事前与被害人协商一致后让其签字，其行为不构成诈骗罪的辩解及辩护人认为张某珍夫妇的行为系民间借贷，被告人无罪的辩护意见，经查，2015年10月6日张某珍、李某华隐瞒了其已将涉案房产出售给他人的事实真相，又将该房产出售给被害人张某，虽在与张某签订房屋买卖合同时该房产仍属其二人所有，但显然一个房产不能同时满足两个买家的履约要求，二人在已经预见到该合同不能履行时，仍然与被害人签订合同并收受了13万元的购房定金，张某珍及李某华在收到被害人张某的购房定金后潜逃到昆明、蒙自、河口、广东等地，至案发也未退还所骗取的财物。且被告人张某珍在公安机关的供述证实其从来没有想过要将涉案房产出售给张某，足见张某珍及李某华具有非法占有的故意，二人明知该合同不能履行，还利用与对方签订房屋买卖合同的手段骗取被害人张某的财物，数额巨大，符合合同诈骗罪的犯罪构成，故对被告人张某珍的辩解及辩护人的辩护意见不予采纳。被告人张某珍以非法占有为目的，在签订合同、履行合同过程中，骗取他人财物，数额巨大，其行为构成合同诈骗罪。

云南省富宁县人民法院依照《中华人民共和国刑法》第二百二十四条、第六十四条，《云南省高级人民法院〈最高人民法院关于常见犯罪的量刑指导意见〉细则》之规定，作出判决如下：

一、被告人张某珍犯合同诈骗罪，判处有期徒刑五年，并处罚金人民币五千元；

二、判令由被告人张某珍退赔被害人张某经济损失人民币十三万元。

宣判后，被告人张某珍提起上诉。

云南省文山州中级人民法院经审理认为：张某珍以非法占有为目的，在签订、履行合同过程中，隐瞒真相，骗取他人财物，数额巨大，其行为已构成合同诈骗罪。本案在案证据证实张某珍主观上具有非法占有他人财物的故意，客观上实施了在签订、履行合同过程中，隐瞒真相，骗取张某购房定金的行为，其行为符合合同诈骗罪的犯罪构成。张某珍及其辩护人关于张某珍夫妇与张某属民间借贷关系，不构成合同诈骗罪的上诉理由和辩护意见与查明的事实不符，不予采纳。

云南省文山州中级人民法院依照《中华人民共和国刑事诉讼法》第二百二十五条第一款第一项之规定，裁定如下：

驳回上诉，维持原判。

【法官后语】

本案中基于同一犯罪事实，公诉机关认为依法应当构成诈骗罪，法院认为应当构成合同诈骗罪，被告人及其辩护人认为系民间借贷纠纷，被告人不构成犯罪。关键在于合同诈骗罪与民事欺诈行为、诈骗罪的区别。

民事欺诈行为是指一方当事人对他方当事人故意作虚假陈述或者故意隐瞒真相，诱使他方当事人对陷于认识错误而与其签订合同的欺诈行为，因其与合同诈骗罪表现形式存在相通之处，往往成为合同诈骗案件中控辩双方的争议焦点。我们可以从被告人签署合同是否具有以非法占有为目的的主观故意、是否有履行合同的能力、在履行合同的过程中是否有诈骗行为、是否有履行合同的实际行为几个方面来进行考量。合同诈骗案件中，行为人签订合同的着眼点不在于合同本身的履行，而在于对合同标的物或定金的不法占有。若行为人主观上不具有非法占有他人财物的目的，其虽在签订、履行合同过程中存在欺诈的内容，并给对方当事人造成较大的财产损失，也仅应承担民事欺诈行为的相关民事法律责任，而不构成合同诈骗罪。行为人有履约能力，无履约行为，利用欺骗手段占有他人财物的，应认定为合同诈骗罪；行为人有履约能力，实施部分履约行为，若其不完全履约旨在毁约或避免自身损失的，应认定为民事欺诈，若其部分履约意在诱使相对人继续履行从而占有对方财物的，应当认定为合同诈骗；行为人签订合同时无履约能力，之后仍无此能力依然采取欺诈手段使对方陷入错误认识，占有对方财物的，应认定为合同诈骗；签订合同时无履约能力，但经过努力具备了履约能力，并积极实施履约行为的，无论合同最终是否得以完全履行，均只构成民事欺诈。具体到本案，张某珍夫妇与他人签订房屋买卖合同将涉案房产出售给他人，并收受相应对价，将该房屋合法手续原件交给他人后，又与被害人签订房屋买卖合同，虽签订合同时涉案房产未过户，仍属张某珍夫妇所有，但显然一个房产不能同时满足两个买家的履约要求，二人在已预见无履约能力的情况下，仍与被害人签订合同并收受购房定金后潜逃。其签订合同的着眼点在于对购房定金的不法占有，主观上具有非法占有他人财物的故意；客观上实施了在签订合同时无履约能力，并采取欺诈手段使被害人陷入错误认识，骗取被害人定金的行为，符合合同诈骗罪的犯罪构成。

诈骗罪与合同诈骗罪是普通法和特别法的关系，在法条适用时存在竞合的情况。二者主观上均有非法占有公私财物的犯罪故意，客观上均实施以虚构事实、隐瞒真相的欺骗方式使他人陷入错误认识处分财物的行为。其区别主要在于：（1）犯罪主体不同。诈骗罪为一般主体，凡达到刑事责任年龄的自然人均可构成本罪；合同诈骗罪除自然人外，单位亦可成为本罪的主体。（2）犯罪客观方面不同。合同诈骗罪系在签订、履行合同过程中，以合同为载体，采取虚构事实、隐瞒真相的方法骗取他人财物。而诈骗罪在手段和方式上没有限制，只要行为人主观上有非法占有的目的，客观上实施虚构事实或隐瞒真相的手段使对方陷入错误认识，骗取数额较大财物的行为，就构成诈骗罪。具体到本案，区分两罪的关键在于诈骗行为是否产生于合同签订、履行过程中，行为人是否利用了能够体现各种市场交易行为的合同进行诈骗。本案被告人签订、履行合同过程中，明知该合同不能履行，而利用与对方签订房屋买卖合同的手段骗取被害人购房定金，诈骗行为在合同签订、履行过程中产生，故张某珍的行为构成合同诈骗罪，而非诈骗罪。

编写人：云南省富宁县人民法院　赖锦芗　黄媛

132 非法“众筹”行为的刑事司法认定

——张某普等组织、领导传销活动，非法吸收公众存款案

【案件基本信息】

1. 裁判书字号

北京市第二中级人民法院（2017）京 02 刑终 349 号刑事裁定书

2. 案由：组织、领导传销活动罪，非法吸收公众存款罪

【基本案情】

2015年3月至5月，被告人张某普伙同张某洋、赵某等人，利用媒体、传单、推介会等形式，在北京市东城区甲大厦A座10623、10625室，宣传“华强币”项目，并实施了以下行为：(1)以“股权众筹”为名，与参加者签订协议，要求参加者缴纳1万元以获取股东资格，并要求参加者继续发展下线，以发展下线的人员数量及层级作为返利依据；截至案发前，参加“股权众筹”的人员数量达400余人，且已形成3个以上层级，缴纳传销资金累计达人民币400余万元；(2)以“债权众筹”为名，向社会公开宣传，承诺在一定期限内还本付息，并与客户签订协议，吸收公众资金共计人民币300余万元。

【案件焦点】

股权众筹、发行企业债券等合法融资行为与组织、领导传销活动罪、非法吸收公众存款罪的界限。

【法院裁判要旨】

北京市东城区人民法院经审理认为：被告人张某普实际控制的公司并无吸收公众存款的资质，其在××网等媒体以及在公共场所分发宣传材料、在公司进行推介会演说等宣传，不仅包含企业形象宣传，亦包括了对其借“股权众筹”“债权众筹”名义所实施的“拉人头、建层级”并将入门费逐级返利的传销活动以及以高息为诱饵，承诺到期返本付息的非法吸收公众存款行为的推广；其在犯罪活动中为规避法律，以“发展股东”为名，在参与人缴纳传销金后，即被其冠以“股东”或“业务员”的身份，并获得继续“推荐股东”

的资格或进行“理财投资”，以实施传销及非法吸收公众存款犯罪活动。故对张某普关于其系合法融资以及其行为不符合传销的“以推销商品或提供服务为名”的辩解不予采信。被告人张某普、张陆洋、赵运组织、领导传销活动，且非法吸收公众存款，均已达到情节严重或者数额巨大的标准，应当以组织、领导传销活动罪、非法吸收公众存款罪，依法数罪并罚。

北京市东城区人民法院依照《中华人民共和国刑法》第二百二十四条之一，第一百七十六条第一款，第二十五条第一款，第二十六条第一款、第四款，第二十七条，第五十二条，第五十三条，第六十一条，第六十四条，第六十九条第一款、第三款，以及《最高人民法院关于审理非法集资刑事案件具体应用法律若干问题的解释》第一条第一款，第二条第九项，第三条第二款第一项之规定，判决如下：

一、被告人张某普犯组织、领导传销活动罪，判处有期徒刑六年六个月，并处罚金人民币二十万元；犯非法吸收公众存款罪，判处有期徒刑五年，并处罚金人民币三十万元；决定执行有期徒刑九年六个月，并处罚金人民币五十万元；

二、被告人张陆洋犯组织、领导传销活动罪，判处有期徒刑三年六个月，并处罚金人民币十万元；犯非法吸收公众存款罪，判处有期徒刑二年，并处罚金人民币十五万元；决定执行有期徒刑四年六个月，并处罚金人民币二十五万元；

三、被告人赵运犯组织、领导传销活动罪，判处有期徒刑三年，并处罚金人民币十万元；犯非法吸收公众存款罪，判处有期徒刑二年，并处罚金人民币十五万元；决定执行有期徒刑四年，并处罚金人民币二十五万元；

四、追缴在案的非法吸收公众存款罪非法所得，发还各投资人（投资人及损失清单另附；被告人张陆洋的投资款并入其罚金项执行）。随案移送的账本、服务凭证予以留存，其余作案工具、非法所得予以没收。

三被告人均持原审辩解提起上诉，北京市第二中级人民法院同意一审法院裁判意见，作出裁定：驳回上诉，维持原判。

【法官后语】

2020年《中华人民共和国刑法修正案（十一）》对非法吸收公众存款罪的量刑进行了调整，主要是增设了一档十年以上有期徒刑并处罚金的法定刑，并增加了一款积极退赃退赔可从轻或减轻处罚的规定作为第三款。

在本案审理过程中，被告人张某普多次辩称其从事的是正常的企业宣传和融资行为，即使存在缺乏资质、经营不善等问题，触犯的也是相关行政法规，不构成犯罪。此案控辩争论的焦点是张某普等人的行为是否构成犯罪。

1. 本案“债权众筹”模式是否构成非法吸收公众存款罪

众筹一词译自英文“Crowdfunding”，字面含义是大众筹资或者群众募资。近年来，随着互联网的普及和发展，众筹迅速成为我国小微企业融资的一种新方式。[①] 与股权众筹不同，“债权众筹”一词

---

① 《国务院关于进一步做好新形势下就业创业工作的意见》规定，开展股权众筹融资试点，推动多渠道股权融资，积极探索和规范发展互联网金融，发展新型金融机构和融资服务机构，促进大众创业。《中共中央、国务院关于深化体制机制改革加快实施创新驱动发展战略的若干意见》规定，开展股权众筹融资试点，积极探索和规范发展服务创新的互联网金融。《国务院关于积极推进“互联网+”行动的指导意见》规定，积极发挥天使投资、风险投资基金等对“互联网+”的投资引领作用。开展股权众筹等互联网金融创新试点，支持小微企业发展。

未见于官方文件的表述，民间一般将其理解为到期还本付息的借贷行为。

被告人张某普是“乙公司”的实际控制人，其认为发行公司债券是合法的融资行为。《中华人民共和国公司法》《中华人民共和国证券法》《企业债券管理条例》等法律、行政法规对于公司发行债券的资质、条件、程序、规模等均有明确规定，如发行企业债券前三年连续盈利、向不特定对象发行或者向特定对象发行证券超过200人的属于公开发行，必须依法报经国务院证券监督管理机构或者国务院授权的部门核准等，张某普的行为显然违反了上述法律、行政法规。但判定其行为是否构成犯罪，则应当严格按照“罪刑法定”原则，把握非法吸收公众存款罪的本质和客观特征。《中华人民共和国刑法》第一百七十六条及《最高人民法院关于审理非法集资刑事案件具体应用法律若干问题的解释》较系统、明确地限定了非法吸收公众存款罪的内涵及外延，认定为非法吸收公众存款罪必须同时满足以下四个条件：第一，未经国家有关部门依法批准或者借用合法经营的形式吸收资金。第二，通过媒体、推介会、传单、手机短信等途径向社会公开宣传。第三，承诺在一定期限内以货币、实物、股权等方式还本付息或者给付回报。第四，向社会公众即社会不特定对象吸收资金。

由此可见，张某普等人以一个刚刚注册成立且经营范围是技术开发、技术咨询、技术服务、技术推广、计算机技术培训等内容的“乙公司”为依托，在未经批准的情况下，通过网络视频采访、报纸报道及定期讲座的形式公开地向不特定的社会公众进行不实宣传，以承诺高息回报的债权理财方式吸收公众存款，其行为完全符合非法吸收公众存款罪的构成要件。

2. 本案“股权众筹”模式掩盖下的传销内核

组织、领导传销活动罪是《中华人民共和国刑法修正案（七）》新增设的罪名①，缴纳“入门费”和以发展人数（俗称“拉人头”）作为返利依据可以视为传销犯罪的主要特征，其犯罪本质及目的是“骗取财物”。传销者宣传、承诺的高报酬、高返利均来源于新发展人员所缴纳的“入门费”。这样，在传销组织中就形成了一个“金字塔式”的等级关系，一旦无法发展新成员，“金字塔”底层所交的“入门费”就要石沉大海。

本案中，张某普辩称其没有推销商品或提供服务，缴款后均成为公司真实的股东，其“股权众筹”模式不构成组织、领导传销活动罪。因此本案的定性就要首先揭开“股权众筹”的面纱来对其本质进行分析认定。经查，其所谓“股权众筹”的根本性质是要求参与者缴纳1万元的“入门费”，获取能够“推荐股东”的资格，以便继续发展下线，组成层级，并直接以发展人员的数量和层级作为返利的依据，骗取钱财。至于参与人缴纳1万元“入门费”后，仅仅在名义上成为公司的“股东”或“业务员”，而所谓的“股东”并不在法律意义上持有公司股份，没有对应的权利义务也不实际参与经营管理，所谓的“业务员”除发展新人参与外，并没有正常业务。因此，本案只是假借众筹概念，打着“发展股东”的旗号规避法律，将“股权众筹”收取的资金直接用来抽头提成，是一种披着

① 《中华人民共和国刑法》第二百二十四条之一规定，组织、领导以推销商品、提供服务等经营活动为名，要求参加者以缴纳费用或者购买商品、服务等方式获得加入资格，并按照一定顺序组成层级，直接或者间接以发展人员的数量作为计酬或者返利依据，引诱、胁迫参加者继续发展他人参加，骗取财物，扰乱经济社会秩序的传销活动的，处五年以下有期徒刑或者拘役，并处罚金；情节严重的，处五年以上有期徒刑，并处罚金。

股权众筹外衣的互联网传销。

综上，张某普等人实施的“股权众筹”和“债权众筹”并非企业的合法融资行为，分别构成组织、领导传销活动罪和非法吸收公众存款罪，应当依法数罪并罚。

编写人：北京市东城区人民法院　马晓宇　张若枫

133　交易中窃取已给付购车款的车辆的行为定性

——周某某合同诈骗案

【案件基本信息】

【案件基本信息】

1. 裁判书字号

上海市第一中级人民法院（2013）沪一刑终字第99号刑事裁定书

2. 案由：合同诈骗罪

【基本案情】

2011年12月31日，被告人周某某在本市闵行区“康城小区”附近将车牌号为浙AS5W××吉利牌轿车以人民币25500元的价格出售给被害人陈某某，事后二人驾驶该车至本区新桥镇莘松路、春九路路口，被告人周某某以购水为由将陈某某支开后将车窃走。

2012年2月8日，被告人周某某被公安机关抓获归案。

公诉机关认为，被告人周某某的行为已触犯《中华人民共和国刑法》第二百六十四条的规定，应当以盗窃罪追究刑事责任。

被告人周某某辩解其与陈某某买车交易没有成功，其只收了陈某某500元的定金，后车辆发生交通事故，需出修理费，其与陈某某为此事发生争执，并将陈某某赶下车，其根本没有拿到购车款。

【案件焦点】

对于被告人周某某行为应定性为盗窃罪、诈骗罪还是合同诈骗罪。

【法院裁判要旨】

上海市松江区人民法院经审理认为：关于被告人周某某辩称，其与陈某某买车交易没有成功，其只收了陈某某500元的定金，后车辆发生交通事故，需出修理费，其与陈某某为此事发生争执，并将陈某某赶下车的辩解，本院认为，被告人周某某将车开走后，陈某某因找不到周某某和车，随即与被告人周某某联系，后因联系不上，就直接向公安机关报案，该案发过程正常、及时。且被害人陈某某到案后陈述了其与被告人周某某买车交易的整个过程及交易完成后周某某开车送其回去的途中发生事故，在处理事故中其与对方驾驶员聊过其买下车后至修理厂因价格过高未修的事实，被害人到案后的陈述始终详尽、稳定，且得到证人刘某、陆某、侯某国的证言的印证，又有协议书予以佐证，故本院对被害人的陈述予以采信。而被告人周某某在庭审中称因修理费的事与陈某某发生争执，将陈某某赶下车，后又称陈某某是自愿下车的，其前后供述矛盾且其在之后关机并将车卖给他人的一系列行为也明显不符合常理，故本院对被告人的辩解不予采信。综上，被害人的陈述与证人的证言能相互印证且得到协议书的佐证，故本院认为现有的证据足以证实被告人周某某收取陈某某的车款后，找借口支开陈某某并将车开走的事实，故对被告人称其与陈某某买车交易没有成功，其只收了陈某某500元的定金的辩解，不予采信。

本院认为，被告人周某某以非法占有为目的，在合同履行过程中收受对方当事人给付的钱款后逃匿，数额较大，其行为已构成合同诈骗罪。本案中，被告人周某某与陈某某在买卖车辆过程中，虽已签订了协议书并交付钱款，但车辆并未实际交付，该车灭失、毁损等风险也未随之转移，故公诉机关指控被告人周某某构成盗窃罪有所不当，本院予以纠正。

据此，上海市松江区人民法院根据上述被告人犯罪的事实、性质、情节和对于社会的危害程度以及认罪悔罪态度等，依照《中华人民共和国刑法》第二百二十四条第四项、第六十四条、第五十二条、第五十三条之规定，判决如下：

一、被告人周某某犯合同诈骗罪，判处有期徒刑一年，并处罚金人民币五千元；

二、责令被告人周某某向被害人陈某某退赔人民币二万五千五百元。

一审宣判后，被告人周某某不服，以“没有实施合同诈骗行为”为由，向上海市第一中级人民法院提出上诉。

上海市第一中级人民法院经审理认为：本案被告人周某某以非法占有为目的，在签订、履行合同过程中，骗取对方当事人财物，数额较大，其行为已经构成了合同诈骗罪。上诉人周某某提出的其没有实施合同诈骗行为的上诉理由缺乏事实及法律依据，不予采纳。依照《中华人民共和国刑事诉讼法》第二百二十五条第一款第一项之规定，于2013年3月22日：

裁定驳回上诉，维持原判。

【法官后语】

在车辆买卖交易中卖车人秘密开走已经支付了购车款的车辆的行为究竟该如何定性？

对于本案被告人周某某行为的定性，出现了三种不同意见：

第一种意见认为，被告人周某某的行为构成了盗窃罪。该种观点认为，被告人周某某与被害人陈某某已经达成了购车协议，陈某某已经将购车款人民币25500元交付给了周某某，此时车辆应该已经属于陈某某所有。周某某趁被害人陈某某不注意，秘密窃走陈某某已经购买的轿车，其行为属于盗窃罪，应当以盗窃罪追究其刑事责任。

第二种观点认为，被告人周某某假借卖车给被害人陈某某，在骗取了被害人陈某某的购车款人民币25500元后又借机开车携款潜逃，将钱款据为已有，其行为属于诈骗罪。

第三种观点认为，周某某与陈某某虽然已经达成了购车协议，陈某某也已将购车款25500元付给了周某某，但是双方约定车辆应该由周某某开到陈某某家中，此时，双方的购车合同实际上还未履行完毕，而是仍在履行的过程中。在购车合同履行的过程中，被告人周某某借机偷偷开走轿车，携款潜逃，其行为应当属于合同诈骗罪，应当以合同诈骗罪追究其刑事责任。

1. 本人占有之物不能成为盗窃罪的对象

根据《中华人民共和国刑法》第二百六十四条的规定，盗窃罪是秘密窃取公私财物的行为，其犯罪对象是“公私财物”，这种财物应当是除行为人外的其他自然人或单位所占有的财物，且只需要除行为人外的其他自然人或单位对该财物“占有”即可，而不管其是否对该财物享有所有权。在普通盗窃罪中，犯罪对象及财物是构成盗窃罪的必备要件，缺少该对象，就不可能构成盗窃罪。同时，我们也应当注意，刑法中对财物的“占有”与民法中的“占有”是不同的。

在民法中，占有是权利人对其所有的财物的一种持续稳定的、明确的控制与支配的状态，它要求财产的占有人具有实际的控制与支配能力。事实上，占有本身是属于财产的所有权与实际控制的一部分，并以此来明确财产的占有人与实际权利人的权利义务的界限。在民事法律中，《中华人民共和国民法典》对占有予以规定，并对这种事实状态予以法律保护，使其具有了准物权的性质。

但是，刑法所保护的占有和处分与民法意义上的占有与处分却存在着很大不同。在刑法中，占有仅是确定财物被现实控制支配的一种事实，并不要求对财产的持续、稳定、明确的控制与支配，行为人对财产短暂的控制与支配也可以构成刑法意义上的占有。在保护力方面，刑法对所有的合法占有都给予同等的保护，而不考虑财产的所有权到底归属于谁。同时，刑法意义中的“处分”也并不要求相关权利人将财物的所有权处分转移给行为人，只要相关的财物处在了行为人的实际支配之下，脱离了权利人的实际控制，行为人能够独立地占有该物，即属于刑法意义上的“处分”。

本案中，被告人周某某与被害人陈某某达成购车协议，被害人陈某某将购车款人民币25500元交付给了周某某，并约定由周某某将车辆开到被害人陈某某的住处。在周某某将车辆开到陈某某的住处之前，此时车辆尚未实际交付给陈某某，双方的购车买卖合同实质上并未履行完毕，且车辆还没有进行所有权变更登记，此时的车辆实际上仍然处在周某某的实际控制与支配之下，即周某某仍然“占有”该车辆。盗窃罪是秘密窃取他人占有的财物的行为，而本案中的财物在案发时均在周某某的实际控制和占有之下，此时就缺乏了盗窃的对象——财物。因此，被告人周某某的行为不构成盗窃罪。

2. 在合同签订、履行过程中实施的诈骗犯罪应当定性为合同诈骗罪

事实上，合同诈骗罪也是诈骗罪的一种，二者属于特殊罪名与一般罪名的关系，在法理和立法中，二者是法条竞合的关系。因此，二者在犯罪构成中存在很多的相同点。诈骗罪与合同诈骗罪的区别主要在以下两个方面。

（1）客体不同。在犯罪客体方面，诈骗罪侵犯的只是一般的公私财产的所有权，属于简单客体。而合同诈骗罪侵害的客体则为复杂客体，即除侵犯了一般的公私财产所有权外，合同诈骗罪还侵害了合同管理制度和正常的市场交易秩序。正因如此，我国在立法时才将诈骗罪作为侵犯财产的犯罪归于侵犯财产罪中，而将合同诈骗作为扰乱市场秩序犯罪归于破坏社会主义市场经济秩序罪中。

（2）犯罪客观方面不同。在犯罪客观方面，诈骗罪的行为方式为采取虚构事实或隐瞒事实真相等方式，使被害人产生错误认识而将财物交付来诈取财物的行为。诈骗罪的手段多种多样，只要行为人实施了欺诈的行为使被害人产生错误认识而将财物交付给行为人的行为，都可以成为诈骗的手段。而合同诈骗罪的犯罪手段则仅能为在签订、履行合同过程中，行为人采取的虚构事实、隐瞒真相等欺骗手段，骗取合同对方当事人财物的行为。

因此，区分合同诈骗罪与诈骗罪的关键就在于行为人所实施的诈骗行为是否为发生在合同的签订、履行过程中，行为人是否利用

了合同的签订和履行来实施欺诈骗取公私财物。

本案中，被告人周某某与被害人陈某某在买卖车辆的过程中，双方已签订了购车协议且陈某某已支付了购车款，双方在履行合同的过程中，周某某按照约定将车开往被害人处。被告人周某某在中途借口让陈某某去买水为由支开陈某某，驾车携购车款潜逃，然后关闭手机再也联系不上，这属于我国《中华人民共和国刑法》第二百二十四条第四款项中的“收受对方当事人给付的货物、货款、预付款或者担保财产后逃匿”的行为。因此，被告人周某某实际上是在合同的履行过程中实施了诈骗他人财物的犯罪行为，对其应当以合同诈骗罪定罪处罚。

3. 行为人实际获取的购车款应当认定为犯罪数额

本案中，犯罪数额的认定也是我们应当注意的一个问题。合同诈骗罪虽然是扰乱市场秩序的犯罪，但是需要达到一定的犯罪数额才能构成犯罪。《关于公安机关管辖的刑事案件立案追诉标准的规定（二）》第七十七条规定，以非法占有为目的，在签订、履行合同过程中，骗取对方当事人财物，数额在 2 万元以上的，应予以立案追诉。那么在本案中，在被害人陈某某已经交付了购车款的情况下，究竟是以购车款还是以车辆的价格作为本案的犯罪数额呢？本案中，被告人周某某与被害人陈某某已经达成了购车协议，被害人陈某某也已经将购车款人民币 25500 元交付给了周某某，但是双方约定由周某某应当将车辆开到陈某某的住处才算完成交付，且双方尚未对车辆进行变更登记。此时，车辆实际上仍由周某某占有和控制着，被告人周某某实际骗取的是被害人陈某某给付的购车款，而不是车辆，因此被告人周某某实际获得的购车款才是本案的犯罪数额。

编写人：上海市松江区人民法院　刘海林　刘磊

134 通过网络交易平台诱骗二手车卖家过户车辆并出具收款凭据行为的定性

——郭某飞合同诈骗案

【案件基本信息】

1. 裁判书字号

上海市第一中级人民法院（2013）沪一中刑终字第167号刑事判决书

2. 案由：合同诈骗罪

【基本案情】

2011年3月至2012年3月，被告人郭某飞假借在××网上购买二手车，诱骗有意出卖车辆的被害人配合办理过户手续及在未收到购车款的情况下出具收条，郭某飞再向公安机关谎称已付款，借机非法占有被害人的车辆。具体事实如下：（1）2011年3月25日，被告人郭某飞使用上述手段骗得被害人王某某的东南牌轿车一辆。经鉴定，被骗车辆价值人民币（以下币种相同）27466元。（2）2012年3月27日，被告人郭某飞使用上述手段诈骗被害人李某，诱使李某为其奥迪牌轿车办理过户手续，并让李某出具内容为“今收到郭某飞车款伍拾万元整”的收条。在双方报警后，车辆由李某开至公安机关，并被扣押。经鉴定，被骗车辆价值551232元。2012年3月29日，被告人郭某飞被公安机关抓获。被告人郭某飞辩称，起诉指控的完全不是事实，其是诚心买车，也支付了相应的钱款，并没有诈骗。其辩护人认为：公诉机关指控被告人郭某飞构成诈骗罪的证据不足，相关事实亦无法认定。

【案件焦点】

1. 郭某飞的行为是否构成合同诈骗罪；2. 郭某飞诈骗被害人李某的车辆是否系犯罪未遂。

【法院裁判要旨】

上海市松江区人民法院经审理认为：本案现有的证据相互印证，足以证实被告人郭某飞假借买车，在骗取被害人信任后让被害人配合完成过户手续，后又利用被害人想要拿取购车款的心理，在没有实际支付购车款的情况下诱骗被害人出具收条，在获取收条后将被害人车辆非法占有的事实，其行为已构成诈骗罪。

上海市松江区人民法院依照《中华人民共和国刑法》第二百六十六条、第五十五条第一款、第五十六条第一款、第六十四条、第五十二条、第五十三条之规定，作出如下判决：

一、被告人郭某飞犯诈骗罪，判处有期徒刑十一年，剥夺政治权利二年，并处罚金人民币二万元；

二、扣押在案的两辆涉案车辆，分别发还给被害人王某某和李某。

郭某飞持原审辩解意见提起上诉。辩护人及检察机关认为，(1) 原判认定上诉人郭某飞犯罪的事实清楚、证据确实充分，且审判程序合法。(2) 上诉人郭某飞的行为构成合同诈骗罪，而非诈骗罪。虽然郭某飞与李某签订的协议约定的车辆转让价格仅为750元，与实际价格相差甚远，不是当事人真实的意思表示，但是郭某飞与王某某、李某之间有反映双方当事人真实意思表示的口头车辆买卖合意。郭某飞在专门的二手物品交易网站上骗取对方当事人的财物，违背了诚实信用的交易原则，破坏了正常的市场秩序，其行为符合合同诈骗罪的构成要件。(3) 在本案第二节犯罪中，上诉人郭某飞骗取被害人李某的车辆系犯罪未遂。机动车属于动产，其所有权转移的标志是交付而非登记。本案中，被骗车辆始终由被害人李某控制，并未交付给上诉人郭某飞，合同诈骗的犯罪结果尚未发生。综上所述，辩护人请求二审法院依法改判并对郭某飞从宽处罚；检察机关认为原判认定事实清楚，但适用法律错误，建议二审法院依法改判。

上海市第一中级人民法院经审理认为：关于上诉人郭某飞是否骗取了被害人王某某及李某财物的问题，被害人王某某、李某的陈述及辨认笔录、证人黄芳的证言均证实，上诉人郭某飞假借买车，诱骗被害人王某某及李某办理车辆过户手续并出具收条，在不支付购车款的情况下向公安机关谎称已付款，借机非法占有对方当事人的车辆。上诉人郭某飞辩称其已经以现金方式支付购车款，但始终无法合理说明钱款的来源及付款的过程，且存在诸多不合常理之处，郭某飞的上诉理由及辩护人的相关意见缺乏事实依据，不能成立。

关于上诉人郭某飞的行为是否构成合同诈骗罪的问题，诈骗罪和合同诈骗罪分别属于一般规定与特殊规定，二者的区别主要在于行为人在实施诈骗活动时是否利用了合同的形式；诈骗行为主要侵犯了公民的财产权利，而合同诈骗行为是一种市场活动，其在侵犯他人财产权利的同时，还破坏了市场交易秩序。认定上诉人郭某飞的行为是否构成合同诈骗罪需要就郭某飞在实施诈骗时是否利用了合同以及其行为是否足以扰乱市场秩序进行分析、判断。第一，上诉人郭某飞在实施诈骗时利用了买卖合同。合同诈骗罪中的合同主要是指平等民事主体为实现经济目的而签订的经济合同，其形式不仅限于书面合同，也包括口头合同。在本案中，郭某飞为实施诈骗与李某签订了一份二手车交易合同，虽然该份合同约定的价款仅为

750元，但双方另外口头约定实际交易价格为52万元，形成了买卖合意。郭某飞与王某某之间虽无书面协议，但双方亦就二手车买卖的标的、价款、履行期限、地点和方式等意思表示一致，达成了内容明确的口头合同。故郭某飞系在没有付款意思的情况下，利用买卖合同诱骗王某某及李某率先履行变更车辆登记、出具收条等约定义务，实施诈骗活动。第二，郭某飞的诈骗行为发生在经济活动之中。××网内部设立了一个集中的二手物品交易平台，不特定的交易主体可以自由买卖各类物品，在网络上形成了一个公开市场。二手物品一经进入××网，就意味着其进入流通领域并成为自由交换的商品。本案被害人王某某及李某通过××网面向不特定的买家出售二手车，郭某飞随机选择卖家并实施诈骗，系在公开市场上虚假买卖商品。第三，上诉人郭某飞所实施的犯罪行为破坏了市场交易秩序。在经济交往过程中利用合同骗取对方当事人的财物，所侵害的客体已经超出了公民财产权的范围，同时违背了市场经济的诚实信用原则，波及了市场交易秩序。××网是公开的二手物品交易平台，交易主体多是出售自有物品的普通公民而非职业经营者，在交易时主要凭借自身的社会经验，当面直接进行款物交换的情况较为普遍。由此可见，这一市场相对缺乏统一和规范的交易规则，其正常运行更加依赖交易各方的诚实守信。郭某飞违背诚实信用原则，在××网上从事虚假交易，侵犯了合同诈骗罪所保护的客体。综上所述，上诉人郭某飞在经济活动中利用买卖合同骗取被害人王某某及李某待售的二手车辆，破坏市场交易秩序，其行为已构成合同诈骗罪，检察机关及辩护人的相关意见合法有据，予以采纳。

关于上诉人郭某飞诈骗被害人李某的车辆是否系犯罪未遂的问题，犯罪未遂是指犯罪分子已经着手实行犯罪，但因意志以外的原因而未得逞，其与犯罪既遂的界限一般在于犯罪结果是否发生以及犯罪分子的犯罪目的是否实现。具体来说，被害人因受到欺骗而陷入认识错误，进而将财产转移给行为人或者第三人占有之时，是合同诈骗罪的既遂，反之则是未遂。认定上诉人郭某飞的上述行为是否是犯罪未遂，就需要分析郭某飞是否实际占有了李某的车辆以及郭是否实现了预谋的犯罪目的。第一，上诉人郭某飞最终未能实际占有被骗车辆。实现被骗物品的占有转移，要求行为人排除被害人对财产的支配，并为自己或者第三人设定对该财产的支配关系。在上述第二节犯罪中，上诉人郭某飞先是诱骗被害人李某变更了车辆登记，后因郭某飞一直没有支付购车款，该车并未被李某实际交付，在报警后又被公安机关扣押。因此，郭某飞虽已着手实施合同诈骗，但因罪行被李某及公安机关发觉，其未能实际控制和支配被骗车辆，李某亦未实际遭受财产损失，合同诈骗的犯罪结果没有发生。第二，上诉人郭某飞未能实现其预谋的犯罪目的。从主观方面判断，没有达到行为人主观上追求的犯罪目的，同样是犯罪未遂。在第二节犯罪中，上诉人郭某飞意欲欺骗被害人李某，使之办理车辆过户手续并出具收条，然后再向公安机关出示上述材料，借助公安机关的权力非法占有车辆。在郭某飞实施预谋的犯罪计划的过程中，因公安机关怀疑其以有诈骗嫌疑并将被骗车辆扣押，郭某飞未能实现犯罪目的，犯罪止于未遂。第三，被骗车辆的所有权转移与否不影响犯罪未遂的认定。机动车属于特殊动产，我国对机动车实行登记管理制度，交付或者登记均能引起物权变动的法律效果。在买卖过程中，已交付机动车但未登记或者已登记但未交付的，当事人分别有权要求对方履行登记或者交付义务。即便如此，所有权转移与否只能反映与动产有关的民事法律关系是否发生变化，只有行为人实际控制和支配了该动产，才能构成刑法意义上的犯罪既遂。虽然被害人李某在受郭某飞的欺骗后变更了车辆登记，有可能引起车辆所有权转移的法律后果，但该车未被李某交付且后被公安机关扣押，故郭某飞始终未能实际控制和支配被骗车辆，未能实现犯罪既遂。综上所述，上诉人郭某飞着手利用合同骗取被害人李某的车辆，但因罪行被李某及公安机关发觉而未得逞，系犯罪未遂，检察机关及辩护人的相关意见合法有据，予以采纳。

上海市第一中级人民法院依照《中华人民共和国刑法》第二百二十四条、第二十三条、第五十二条、第五十三条、第六十四条、《中华人民共和国刑事诉讼法》第二百二十五条第一款第二项之规定，作出如下判决：

一、维持上海市松江区人民法院（2012）松刑初字第1456号刑事判决第二项，即扣押在案的两辆涉案车辆，分别发还给被害人王某某和李某；

二、撤销上海市松江区人民法院（2012）松刑初字第1456号刑事判决第一项，即被告人郭某飞犯诈骗罪，判处有期徒刑十一年，剥夺政治权利二年，并处罚金人民币二万元；

三、上诉人郭某飞犯合同诈骗罪，判处有期徒刑七年，并处罚金人民币二万元。

【法官后语】

本案在审理过程中主要涉及郭某飞的行为构成诈骗罪还是合同诈骗罪以及其诈骗李某的车辆属于犯罪既遂还是未遂等争议问题。

1. 合同诈骗罪与诈骗罪的区分及辨别

合同诈骗罪是自1997年刑法修订后从诈骗罪分离出来的罪名，

两罪的构成要件有重合之处，区别亦较为显著。详言之，第一，在构成要件层面，合同诈骗罪是指以非法占有为目的，在签订、履行合同过程中，骗取对方当事人财物的行为，其与诈骗罪的区别主要在于行为人在实施诈骗时是否利用了合同形式。在合同诈骗罪中，当事人之间存在合同关系，行为人利用合同诱骗对方率先履行交付财物等合同义务，以实现非法占有的目的。第二，从危害后果方面考量，诈骗罪属于财产犯罪，主要侵犯了个体公民的财产权；而合同诈骗罪属于扰乱市场秩序犯罪，不仅侵犯了对方当事人的财产权益，同时还破坏了市场经济秩序。第三，从实践角度观察，诈骗罪行一般发生在社会生活领域，而合同诈骗罪行多发生在经济活动之中。在公开市场上，行为人往往假意签订或者履行合同，借机诱骗对方当事人率先履行合同和交付标的物。而在日常生活中，行为人则以虚构事实或隐瞒真相的手段骗取他人财物。

辨别合同诈骗罪与诈骗罪的关键环节是合同，其主要争议在于合同诈骗罪的合同是否包含口头合同等非书面合同形式？笔者认为，从法理上讲，当事人就合同的必备要素达成合意，即属确立合同关系，书面合同签订与否在所不论。而根据民法的相关规定，书面合同和口头合同都是法定的合同形式，其载体虽有差异但法律属性没有本质区别。刑法也并未将合同诈骗的构成要素限定为书面合同。在现实的经济活动中，存在大量口头合同，利用口头合同实施诈骗的情况亦常见多发。倘若对于此类行为单独以诈骗罪论处，无疑会导致同类行为的差别定罪和量刑失衡。

本案的书面合同材料不甚完备，我们应当从合同关系、交易环境以及社会危害后果等多个层面，审慎认定合同诈骗罪是否成立。具体来说，第一，郭某飞与王某某、李某之间存在合同关系。郭某飞与李某签订二手车交易合同，虽然书写的价款仅为750元，但双方当事人另就交易价格实际约定为52万元。结合书面协议及相关口头约定判断，郭某飞与李某之间存在合同关系。郭某飞与王某某之间虽无书面协议，但双方亦就二手车买卖的标的、价款、履行期限、地点和方式等意思表示一致，达成了内容明确的口头合同。郭某飞利用买卖合同诱骗王某某及李某率先履行变更车辆登记、出具收条等约定义务，实施诈骗活动。第二，郭某飞的诈骗行为发生在经济活动之中。××网内部设立了集中的二手物品交易平台，不特定的交易主体可以自由买卖各类物品，在网络上形成了一个公开市场。王某某及李某通过××网面向不特定的买家出售二手车，而郭某飞亦随机选择卖家并实施诈骗。第三，郭某飞的诈骗罪行不仅侵犯了他人的财产权利，同时它破坏了市场交易秩序。××网的交易主体多是出售自有物品的普通公民而非职业经营者，主要凭借自身的社会经验直接交换款物。上述市场相对缺乏统一和规范的交易规则，其正常运行更加依赖交易各方的诚实守信。郭某飞在××网上利用合同实施诈骗活动，侵犯了二手市场的交易秩序和李某的财产权益。综上所述，郭某飞在经济活动中利用买卖合同骗取他人待售的二手车辆，破坏市场交易秩序，其行为可以认定为合同诈骗罪。

2. 犯罪未遂与既遂的界限

在本案第二节犯罪事实中，被骗车辆虽当场被公安机关扣押，但郭某飞已经诱骗李某办理了过户手续并取得了车辆登记，这是否意味着犯罪已经实现既遂？我们认为，对于结果犯而言，犯罪未遂与既遂的界限一般在于犯罪结果是否发生以及犯罪分子的犯罪目的是否实现。被害人因受到欺骗而陷入认识错误，进而将财产转移给行为人或者第三人占有之时，是合同诈骗罪的既遂，反之则是未遂。

在客观方面，郭某飞诱骗被害人李某变更了车辆登记，后因郭某飞一直没有支付购车款，该车并未被李某实际交付，在报警后又被公安机关扣押。郭某飞一直未能实际控制和支配被骗车辆，未能实现占有转移。在主观方面，郭某飞意欲欺骗李某，使之办理车辆过户手续及出具收条，再向公安机关出示上述材料并借助国家权力非法占有车辆。在郭某飞实施预谋的犯罪计划的过程中，因公安机关怀疑郭某飞有诈骗嫌疑并将被骗车辆扣押，故郭某飞未能实现犯罪目的。

而从刑民关系的角度审视，被骗车辆所有权转移与否不影响犯罪未遂的认定。民法与刑法的理念不尽相同，民法强调形式判断，而刑法注重实质判断，追求实质的合理性。在民事方面，形式要件齐备就可能引起所有权转移的法律效果。但在刑事方面，只有被骗车辆的占有关系发生实质转移，才能构成犯罪既遂，二者不能等同视之。在本案中，被骗车辆已经登记在郭某飞名下，其所有权登记已经发生转移，但是郭某飞未能实际控制和支配被骗车辆，亦未给李某造成实际的经济损失，故不构成犯罪既遂。

编写人：上海市金山区人民法院　任素贤

上海市第一中级人民法院　于书生

五、侵犯公民人身权利、民主权利罪

（一）故意杀人罪

135 寻衅滋事致被害人泅水溺亡如何定罪

——俞某锋等故意杀人案

【案件基本信息】

1. 裁判书字号

浙江省绍兴市中级人民法院（2020）浙06刑终283号刑事裁定书

2. 案由：故意杀人罪

【基本案情】

2018年7月31日23时10分许，被告人俞某锋因被害人吕某强不让其朋友吕某峰用海竿在某农庄水库钓鱼而认为丢了面子，欲上水库找吕某强“理论”。被告人王某勇得知后主动纠集被告人梁某、倪某、张某柱三人同往，被告人俞某锋表示同意，但提出让同往的人到时不要动手。被告人王某勇准备了两把刀放到车辆副驾驶座位上。到达某农庄水库后，被告人梁某把两把刀拿下车，被告人俞某锋看到后让他将刀放回车里。被告人俞某锋、王某勇率先走上大坝找吕某强，梁某等三人跟随其后。被告人俞某锋与吕某强在大坝上碰头后发生争吵，被告人王某勇开口辱骂吕某强并率先打了吕某强一耳光，吕某强立即转身逃跑，被告人俞某锋、王某勇、倪某、梁某、张某柱紧随其后追赶。后吕某强跑下大坝跳入某水库并往外游，被告人俞某锋、王某勇、梁某、倪某、张某柱站在大坝上，被告人俞某锋、王某勇与吕某强对骂。其间，吕某峰在岸边规劝吕某强上岸，未果。后吕某强在水中大声喘气，被告人张某柱、梁某、倪某与被告人俞某锋、王某勇相继离开大坝，其中被告人张某柱、梁某和倪某在王某勇的指使下开车先行离开。后被告人俞某锋和王某勇听到吕某强呼救，遂分头寻找救生工具，未果。吕某峰则下水救助，但未能成功。经鉴定，被害人吕某强系生前溺水死亡，即溺死。

【案件焦点】

1. 各被告人实施的行为与被害人的死亡结果是否存在因果关系；2. 各被告人是否已经预见自己的行为会致被害人处于危险之中；3. 各被告人是否负有因其先行行为导致的特定义务；4. 各被告人有无能力对被害人实施救助；5. 在被害人处于危险之中时，各被告人对被害人的安危是否采取放任的心态；6. 被害人自身是否存在过错。

【法院裁判要旨】

浙江省嵊州市人民法院经审理认为：被告人俞某锋、王某勇纠集其他被告人殴打、追逐被害人；被害人慌不择路选择自认为最有利的逃跑方式系人之常情，并无过错。被害人落水后，被告人俞某锋、王某勇站在大坝上与之对骂。并对被害人实施言语威胁，因岸上被告人众多且受到威胁导致被害人不敢上岸，即此时被告人所谓要求被害人上岸并非担心他的安危而系教训被害人所需。虽然其间三名被告人离开，但仍有被告人俞某锋、王某勇和吕某峰在岸边，被害人不敢上岸符合人之常情，并无过错。人在深夜遭到追打、落入水库而不敢上岸会有生命危险是常识，从被害人落水到被告人从大坝上走出约 4 分钟，被告人俞某锋、王某勇与被害人对骂之后，也是因为感受到被害人有危险而去寻找救生器材，但被告人俞某锋动作迟缓，被告人王某勇无所作为，此时二被告人已经预见到被害人处于危险之中，但仍未采取进一步救护措施。综上，可以认定被告人俞某锋、王某勇在上述时间段对被害人的安危采取了放任的心态，属于负有因其先行行为导致的特定义务并且能够履行但未履行的不作为，并致一人死亡，属于不作为的间接故意犯罪，应以故意杀人罪而非过失致人死亡罪定罪处罚。被告人张某柱、梁某、倪某虽系在被告人王某勇的指使下离开，但三被告人的先行行为均成为被害人落水及不敢上岸、进而溺水身亡的因素之一，且三被告人此后对被害人可能出现的危险无任何作为并逃离现场，系出于与被告人俞某锋、王某勇共同概括的故意，放任了危害后果的发生，其行为与后果之间具有刑法上的因果关系，亦系间接故意杀人的行为。故而一审法院认为，各被告人之行为均构成故意杀人罪，并判处：

一、被告人俞某锋有期徒刑十年，剥夺政治权利两年；

二、被告人王某勇有期徒刑十一年六个月，剥夺政治权利二年；

三、被告人张某柱有期徒刑三年六个月，与其所犯非法拘禁罪合并量刑，决定执行有期徒刑四年；

四、被告人梁某有期徒刑三年；被告人倪某有期徒刑三年。

浙江省绍兴市中级人民法院同意一审法院裁判意见。

【法官后语】

本案中，主要争议焦点有三个：一是被害人自身是否具有过错；

二是被告人俞某锋、王某勇的行为是构成过失致人死亡罪还是间接故意杀人罪；三是被告人倪某、张某柱、梁某三人的行为如何定性。

一、关于被害人自身是否具有过错问题

被害人为躲避殴打，在慌不择路的情况下，选择自认为最有利的路线，属于人之常情。在被害人跳入水中后，仍有被告人留在岸边，是导致被害人不敢上岸的重要原因，因此不能以此认定被害人存在过错。

二、俞某锋、王某勇的行为构成过失致人死亡罪还是间接故意杀人罪

1. 被告人俞某锋等五人的行为导致被害人处于危险状态之中。各被告人因逞强好胜的目的对被害人实施暴力威胁和殴打行为，在被害人逃跑后仍继续紧逼追逐，被害人因害怕选择跳入水库自救，水库地势复杂，即使被害人会游泳，仍存在不可预测的危险，五被告人的行为与被害人处于危险状态具有直接的因果关系。

2. 被告人俞某锋等五人负有防止结果发生的作为义务。各被告人因先行行为，导致被害人处于危险的紧急状态之中，在被害人跳水后，各被告人理应积极阻却危害结果的发生，然而各被告人不但没有积极履职其救助义务，被告人俞某锋、王某勇反而使用“你有本事给我上来”等之类威胁、恐吓性的言语，使得被害人在心理上产生恐慌，致使被害人迟迟不敢上岸。

3. 各被告人具有对危害结果发生的可能性认识。在被害人跳入水库时，各被告人均在场，即使白天正常在水库中游泳都具有很高的危险性，更何况在深夜遭到追打跳水后处于被人压制威胁的状态，危险性可想而知。对各被告人的认识状态亦可以从以下两方面分析：一方面，从第三人吕某峰的证言中可以看出其对危害结果发生的预

见，而各被告人不存在认识上的障碍，第三人的认识状态可以间接说明各被告人对危害结果的发生也是具有预见可能性的；另一方面，从各被告人的行为中可以看出，被告人俞某锋、王某勇怕人多导致被害人不敢上岸，于是叫其余三被告人先回去，以及在感受到被害人有危险时去寻找救生器材等行为也足以说明行为人已经预见到被害人处于危险之中。

4. 各被告人具有危害结果回避的可能性。根据证人证言证实，当晚周围有多人在钓鱼，即使各被告人不懂水性，也完全可以好言相劝被害人上岸、呼救周围人帮忙、寻找救生工具等方式，对被害人采取救助，避免危害结果的发生。在被害人跳入水中到被告人从大坝上走出，时长约达 4 分钟，在这 4 分钟的过程中，被告人没有一次采取积极措施去阻却危害结果的发生。

5. 被告人俞某锋、王某勇对被害人的死亡具有放任的心态。被告人俞某锋、王某勇与被害人对骂之后，因感受到被害人有危险而走离大坝去找救生器材，但被告人俞某锋找、拿、放救生圈的动作迟缓，被告人王某勇在一旁也无所作为，既不拿救生圈去尝试、不进一步采取施救措施，也不观察被害人的状况或是向他人呼救，而是在第三人赶至后仍在大坝旁坐了约 2 分钟后才再次走回大坝，而该时段是施救被害人的黄金时段。可以看出，被告人对被害人溺水后果持放任态度。

6. 各被告人的不及时救助与被害人死亡结果具有刑法上的因果关系。在案鉴定报告证实，被害人死亡的直接原因系溺水死亡。俞某锋、王某勇等人的殴打、追赶行为导致其跳水，跳水后俞某锋等人未及时救助导致其溺水死亡。

因此，被告人俞某锋、王某勇在主观上根本不考虑是否可以避免结果的发生，对被害人的安危采取放任的态度，在客观上不采用积极的行动阻却危害结果的发生，属于负有先行行为导致的特定义务且能够作为而不作为，应是不作为的间接故意杀人罪而非过失致人死亡罪。

三、关于被告人倪某、张某柱、梁某三人行为的定性问题

一方面，三被告人参与了奠定作为义务的先行行为，具有防止危害结果发生的义务，虽然是中途离开现场，但在其等离开前被害人已跳入水中，三被告人理应承担救助义务。另一方面，三被告人对被害人可能出现的危险无任何作为并逃离现场，系出于与被告人俞某锋、王某勇共同概括的故意，放任了危害后果的发生，其行为与后果之间具有刑法上的因果关系，根据《最高人民法院、最高人民检察院关于办理寻衅滋事刑事案件适用法律若干问题的解释》第七条的规定，实施寻衅滋事行为，同时符合寻衅滋事罪和故意杀人罪、故意伤害罪、故意毁坏财物罪、敲诈勒索罪、抢夺罪、抢劫罪等罪的构成要件的，依照处罚较重的犯罪定罪处罚。因此，被告人倪某、张某柱、梁某亦构成间接故意杀人罪，而非过失致人死亡罪，更不应认定为寻衅滋事罪。

综上，五被告人随意殴打、追逐、辱骂、恐吓他人的寻衅滋事行为造成了被害人落入水库，在明知被害人处于或即将处于危险之中，本应积极施救但未实质性施救，放任了造成他人死亡的后果，其行为均构成故意杀人罪。

编写人：浙江省嵊州市人民法院　汪丽娜　沈银烽

136 对主观心态的辩解是否影响成立自首

——李某新故意杀人案

【案件基本信息】

1. 裁判书字号

北京市高级人民法院（2020）京刑终53号刑事裁定书

2. 案由：故意杀人罪

【基本案情】

被告人李某新与被害人吕某某系同村村民，案发前双方并无矛盾。2019年6月1日19时许，被告人李某新酒后因经济纠纷与他人发生口角，驾驶机动车行至村牌楼时，将由此经过的被害人吕某某撞倒后，驾车再次对吕某某进行碾压。被害人吕某某被送到医院后，因颅脑损伤合并创伤失血性休克经抢救无效死亡。经鉴定，被告人李某新血液中酒精含量为178.2毫克/100毫升。2019年6月2日7时许，被告人李某新向公安机关投案。

【案件焦点】

被告人自动投案后对主观心态提出辩解是否影响如实供述，进而影响成立自首。

【法院裁判要旨】

北京市第二中级人民法院经审理认为：被告人李某新故意非法剥夺他人生命，致人死亡，其行为已构成故意杀人罪，依法应予惩处。鉴于被告人李某新犯罪后自动投案，当庭能够认罪，积极赔偿被害人亲属的经济损失并取得谅解等情节，依法对其从轻处罚。辩护人所提李某新自动投案、系初犯等辩护意见，经查属实，予以采纳；所提李某新具有自首情节的辩护意见，经查，成立自首需具备自动投案和如实供述自己的罪行两个法定要件，李某新在司法机关掌握其主要犯罪事实之前未如实供述；所提李某新案发前大量饮酒，受酒精控制做出冲动行为，属于激情犯罪，主观恶性相对较小的辩护意见，经查，醉酒的人犯罪，依法应当负刑事责任，激情犯罪亦并非法定从轻处罚的理由，且本案存在二次碾压的行为，吕某某全身多部位受损严重，足见李某新犯罪时的主观恶性大；所提本案起因系经济纠纷引起的民间矛盾的辩护意见，与李某新杀害吕某某并无关联性，上述辩护意见均不能成立，不予采纳。

北京市第二中级人民法院依照《中华人民共和国刑法》第二百三十二条、第五十六条第一款、第五十七条第一款、第六十一条、第六十四条之规定，作出如下判决：

一、被告人李某新犯故意杀人罪，判处无期徒刑，剥夺政治权利终身；

二、未随案移送的别克牌小型轿车一辆，由扣押机关依法处理。

李某新以事实不清、量刑过重、对罪名有异议为由提起上诉。北京市高级人民法院经审理认为：李某新酒后驾车故意非法剥夺他人生命，致人死亡，其行为已构成故意杀人罪，依法应予惩处。鉴于李某新犯罪后自动投案，能够认罪，积极赔偿被害人亲属的经济损失并取得谅解等情节，依法对其从轻处罚。对于辩护人所提未认定自首情节的辩护意见，经查，成立自首需具备自动投案和如实供述自己的罪行两个法定要件，本案中，到案经过等在案证据可以证实李某新在案发后第二天即向公安机关自动投案；案发现场录像、鉴定意见等在案证据可以证实李某新酒后驾车两次撞击被害人吕某某，且造成吕某某死亡的严重后果，而李某新却未能在司法机关掌握主要犯罪事实之前予以如实供述。综上所述，李某新的行为不符合成立自首的条件，故对辩护人的辩护意见，不予采纳。对于李某新所提事实不清、量刑过重、对罪名有异议的辩解，经查，在案证据可以充分证实李某新驾车两次撞击并碾压吕某某，造成吕某某死亡的严重后果；其犯罪后自动投案，能够认罪，积极赔偿被害人亲属的经济损失并取得谅解等情节，在一审量刑时已予以充分考虑，故李某新的上述辩解，理由不充分，不予采纳。

北京市高级人民法院依照《中华人民共和国刑事诉讼法》第二百三十六条第一款第一项的规定，裁定如下：

驳回上诉，维持原判。

【法官后语】

成立自首需具备自动投案和如实供述自己的罪行两个法定要件。在司法实践中，自动投案较易审定，但自首的阻断因素是否包括行为人在司法机关掌握主要犯罪事实之前未如实供述主观心态，存在很大争议。一种观点认为，如实供述自己的罪行，是指如实供述自己的客观行为，不要求如实供述犯罪时的主观心态，行为人对主观心态的辩解属于对行为性质的辩解，是行使依法享有的辩护权利，不影响对其自首的认定。① 另一种观点认为，如实供述自己的罪行，不仅要求如实供述客观犯罪事实经过，还应当对自己主观方面的故意、目的以及动机进行如实供述。行为人投案后对主观心态进行不符合客观实际的歪曲供述，掩盖犯罪的主观方面，不属于如实供述

---

① 聂昭伟：《被告人针对主观心态的辩解不影响自首的成立》，载《人民法院报》2011年12月8日。

自己的罪行，不应当成立自首。[①] 笔者赞同后者观点。

一、如实供述要求全面供述主客观犯罪构成事实

（一）主要犯罪事实涵盖主客观两方面，缺一不可

如实供述自己的罪行，是指行为人自动投案后，如实交代自己主要或基本的犯罪构成事实，犯罪构成是我国刑法规定的，决定某一行为社会危害性及其程度，而为成立犯罪所必需的一切客观和主观要件的有机统一。[②] 犯罪构成是犯罪的成立条件，是判断一个行为是否构成犯罪的唯一标准，由犯罪主体、犯罪主观方面、犯罪客体、犯罪客观方面组成。其中，犯罪主观方面指的是行为人对自己实施的犯罪行为及犯罪结果的心理态度。此处所讨论的主观心态即属于犯罪的主观方面，对准确区分罪与非罪、此罪与彼罪、一罪与数罪具有重要意义。

如实供述所要求的主要犯罪事实，包括定罪事实，而对于量刑事实，则应区分已如实供述和未如实供述部分的严重程度，决定是否认定行为人符合如实供述自己的主要犯罪事实的条件。[③] 由此可以看出，界定如实供述范畴的标准应为某一事实对定罪量刑的重要程度，而非该事实属于主观还是客观的机械性标准。笔者认为，主要或基本的犯罪构成事实应当是主客观事实的有机统一，人为地将主客观事实割裂开来，只侧重于客观事实的如实供述，忽略甚至隐瞒主观事实，会导致自首认定范围过于宽泛，也会给案件的侦破及后续审判工作带来不必要的困难。犯罪的主观心态属于犯罪主观方面

---

① 何承斌：《自首应如实供述主观心态》，载《中国审判》2008年11期。

② 张明楷：《刑法学》，法律出版社2020年版，第98页。

③ 周峰、薛淑兰、孟伟：《〈关于处理自首与立功若干具体问题的意见〉的理解与适用》，载《人民司法》2011年第3期。

的事实，对于定罪量刑都有着重要意义，理应属于主要犯罪事实。

（二）全面供述主客观犯罪构成事实符合自首制度的立法本意

设立自首制度目的在于通过鼓励犯罪人自动投案，一方面促使其悔过自新，不再继续作案；另一方面可以使案件及时侦破与审判，提高司法效率。若行为人自动投案后，对主观心态提出与客观事实不符的辩解，反映出其未出于真诚认罪悔罪的原因而投案，人身危险性并未降低，对其适用自首制度也无法真正起到挽救感化、促使不再作案的目的。此外，行为人对主观心态持回避态度，甚至隐瞒真相，不仅不会节约司法资源，反而会增加侦查和审判的难度，司法人员需要花费大量精力来判断行为人的供述是否符合客观实际，虚假供述还可能将侦查方向引入歧途，延误案件侦破时机。

因此，如实供述犯罪时的主观心态是自首成立的应有之义。如果将如实供述的范围仅限缩于客观事实之内，无法有效起到鼓励行为人悔过自新、提高司法效率的作用，自首制度的立法本意也将随之丧失。

二、对主观心态的辩解不属于对行为性质的辩解

《最高人民法院关于被告人对行为性质的辩解是否影响自首成立问题的批复》（以下简称《批复》）规定，犯罪以后自动投案，如实供述自己罪行的，是自首。被告人对行为性质的辩解不影响自首的成立。笔者认为，对主观心态提出辩解不等同于对行为性质的辩解。

（一）逻辑结构：自首与对行为性质的辩解为递进关系

对行为性质的辩解不影响自首成立的前提条件是，行为人已经符合自首的成立要件。自首与对行为性质的辩解并非包含与被包含关系，而是递进关系，在符合自动投案和如实供述基础上对自己的

行为性质提出辩解，依然可以成立自首。对主观心态的辩解属于如实供述的范畴之内，仍然属于自首成立与否层面，这与对行为性质的辩解显然存在着本质不同。

（二）内涵范畴：对主观心态的辩解与对行为性质的辩解内涵并无交集

对主观心态提出辩解与对行为性质的辩解分属两个不同的层次，不能混为一谈。对行为性质的辩解是指对行为的罪与非罪、此罪与彼罪、罪轻与罪重等问题的辩解，属于法律层面的评价；而对主观心态的辩解，是指行为人对自己实施犯罪行为时的主观心态，即故意或过失进行辩解，仍然属于犯罪构成事实层面的要件，是判断其是否成立如实供述的重要标准之一。例如，在故意杀人案件中，行为人承认实施了杀人行为，但称是为了阻止来自被害人的不法侵害，其行为属于正当防卫，此种辩解就属于对行为性质的辩解，不影响自首的成立。若行为人称其主观上并无杀人故意，在实施犯罪行为时并没有预见到被害人的死亡后果，对于被害人的死亡结果主观上是过失，此种辩解就属于对主观心态的辩解，不能成立自首。由此可见，将二者放在同一范畴进行对比的观点存在着根本性的逻辑错误。

（三）体系解释：区分对行为性质的辩解与对主观心态的辩解符合立法原意

《批复》之所以强调对行为性质的辩解不影响自首的成立，原因在于法律并不要求行为人对自己的行为有着明确的法律评价，并不需要明确知道自己的行为是否构成犯罪、构成何种犯罪。但行为人的主观心态在犯罪行为发生时就已经确定，是客观存在的事实，行为人对此应当明知且应当如实供述，若将对主观心态的辩解归属于对行为性质的辩解，无疑与《批复》的立法原意相悖。

三、不如实供述主观心态阻却自首的成立，并非对辩护权的剥夺

刑事诉讼的进程依赖于控诉、辩护、审判三种职能相互作用、共同推动。其中，辩护权的行使是至关重要的环节，对维护案件的公平正义具有现实意义。所谓辩护权，是指法律赋予犯罪嫌疑人、被告人根据事实和法律，针对指控、起诉进行申述、辩解和反驳，提出证明自己无罪或者罪轻的材料和意见，维护自己合法权益的诉讼权利。[①] 自首的成立要求行为人不应对主观心态做出违背客观实际的辩解，这与行为人的辩护权的正常行使并不相悖。

自首的基本要求是如实供述，如果行为人构成自首，必然已经如实供述了主要犯罪事实，对检察机关指控的犯罪事实一般也不会存在异议。如果行为人在审判过程中推翻之前供述，也就表明其已经不具有如实供述情节，自然也不再成立自首。此处辩护权行使的实质是，行为人自动投案并如实供述，主动限缩了涉及案件主要事实部分的辩护权，但是此种模式并不会让行为人失去辩护权，相反，行为人完全可以针对行为性质等案件所涉及的法律适用问题发表意见，法律也对此给予了充分保障。对此部分问题发表辩护意见不会影响自首的成立，但是对主观心态的辩解不属于对法律适用问题的辩解，属于行为人在如实供述阶段就已经主动限缩的犯罪事实方面的辩解，若对其进行不符合实际的辩解，自然不符合如实供述的认定标准。

四、认定对主观心态的辩解是否真实的路径：坚持主客观相统一原则

主观见诸于客观，任何主观的因素都会或多或少的通过客观的

---

① 左卫民：《中国司法制度》，中国政法大学出版社2012年版。

事物表现出来，不能仅凭行为人的供述来认定其作案时的主观心态，更重要的是结案要以在案证据所证明的事实来推断。判断被告人对主观心态辩解的真实性，应坚持主客观相一致原则，即以辩解是否改变或者否定依照在案证据认定的案件事实为标准。若辩解具有合理根据能够成立，或不能被在案证据排除，就属于没有改变或者否定案件事实，不影响如实供述；反之，属于未如实供述。在具体的判断过程中可以按照以下逻辑进行。

（一）由客观及主观：综合全案证据，判断行为人主观心态

受限于人类的认识水平与能力，绝对的客观真实是无法被完全复原的，刑事案件的审理所得出的法律真实，只能尽可能的还原客观真实，那么如何最大限度地还原客观真实呢？这需要司法人员在审查证据真实性、关联性、合法性的基础上，对全案证据进行综合分析，在此基础上得出一个具有唯一指向性的客观真实。对于主观心态这样一个隐藏于行为人内心的犯罪构成事实，则更需要通过仔细分析在案证据来进行推断。

（二）由主观及客观：将主观辩解投射于法律事实，对比二者同一性

对比行为人的辩解与根据在案证据所推断的法律事实，判断二者是否存在本质分歧。若行为人辩解所指向的客观事实与法律事实存在着根本差异，则不能认定其构成如实供述。只有当行为人辩解的内容与在案其他证据所指向的法律事实相吻合，才能认定行为人构成如实供述。

本案中，李某新酒后驾车两次冲撞、碾压吕某某，致吕某某死亡的事实清楚、证据确实充分，其行为已构成故意杀人罪。李某新于作案次日即主动向公安机关投案，自动投案不存在争议。争议焦

点在于其自动投案后对主观心态提出辩解是否影响如实供述，进而影响成立自首。李某新到案后虽然始终承认人是自己撞的客观事实，但对于主观方面却归责于大量饮酒，从而呈现出三种辩解：一是喝多了不记得撞人的过程；二是酒劲上来后车辆失控了；三是想撞乔某某，但把吕某某当成乔某某了。第三种辩解是当庭作出的，而且是在证据已足够显示其系故意撞人的情况下才供述，价值较小，系先证后供，不能认定如实供述了主要犯罪事实。李某新在侦查阶段始终否认存在杀人的故意，辩称因饮酒而不记得撞人的过程或者车辆失控而撞人，虽然在案有证据证明其案发前曾大量饮酒，但综合考虑全案证据，其客观上实施了“驾车—撞人—倒车—撞人—停车—下车查看情况—下跪”等一系列动作，可见对自己的行为有一定程度的控制能力，不属于因醉酒导致辨认、控制能力大幅下降的情况，其主观上具有放任吕某某死亡的故意。李某新对主观心态的辩解已经达到了否定案件事实的程度，有将故意推脱为过失之嫌，认定为未如实供述自己的主要犯罪事实，不能成立自首。

综上，李某新于案发次日主动投案、当庭认罪态度好的情节可以在量刑时酌予考虑，但其到案后未如实供述主要犯罪事实，不能成立自首。

编写人：北京市第二中级人民法院　李凯　王蕊

137 故意杀人罪与故意伤害罪在主观故意上的区分

——李某峰故意伤害案

【案件基本信息】

1. 裁判书字号

广西壮族自治区柳州市中级人民法院（2019）桂02刑终325号刑事裁定书

2. 案由：故意伤害罪

【基本案情】

被告人李某峰与被害人刘某宏系同居男女朋友关系，刘某宏在某医院西院做护工。案发前李某峰怀疑刘某宏移情别恋，两人因情感问题多次发生争执。2018年5月29日20时许，李某峰因联系不上刘某宏，遂携带菜刀来到某医院西院住院部12楼13床病房找到刘某宏，两人因情感问题又发生争吵。两人从病房出来后在过道里边走边吵。在争吵过程中，李某峰几次举起菜刀想砍刘某宏又放下。后李某峰认为刘某宏说话太气人便用菜刀朝被害人刘某宏头部、肩膀等处乱砍，将刘某宏砍倒在地，并说要砍死刘某宏。刘某宏从地上爬起来后，李某峰持刀尾随刘某宏到过道拐角处将刀丢弃，然后到该楼层护士站旁的休息区等候。当日20时30分许，公安人员接警后到案发现场提取了李某峰作案使用的菜刀，并将李某峰带到公安机关处理。李某峰到案后如实供述了自己的犯罪事实。刘某宏受伤后到某医院住院治疗，诊断为右手4指、5指不全离断；右肩部皮肤裂伤；颅骨骨折；头皮裂伤。经鉴定，刘某宏所受损伤程度为轻伤一级，构成十级伤残。

【案件焦点】

1. 被告人主观上是杀人的故意还是伤害的故意；2. 被告人是否构成自首。

【法院裁判要旨】

广西壮族自治区柳州市柳南区人民法院经审理认为：被告人李某峰故意非法损害他人身体健康，致人轻伤，其行为构成故意伤害罪。对于公诉机关关于被告人李某峰犯故意杀人罪的指控，本院认为：首先，本案系李某峰与被害人刘某宏情感纠纷引发，李某峰归案后一直供述其砍伤刘某宏是因为两人争吵时刘某宏说话太过分，其只是想教训刘某宏，并没有想杀死她；其次，从现场监控视频记录的李某峰作案过程来看，李某峰到医院见到刘某宏后并没有立即用刀砍她，两人发生争吵过程中李某峰几次举起刀又放下，刘某宏被砍跌倒在地爬起来后，李某峰拿着刀只是尾随刘某宏，并没有继续去砍刘某宏。如果李某峰真的想杀死刘某宏，在当时并无他人阻止的情况下完全可以杀死刘某宏；最后，从后果来看，李某峰的行为只造成刘某宏轻伤，如果被告人李某峰真的想杀死刘某宏，不可能只造成刘某宏轻伤的后果，这说明李某峰行凶时有所节制。从被告人李某峰的供述及本案的起因，作案过程和后果来看，不能认定李某峰有杀死刘某宏的主观故意。虽然李某峰行凶时说过要砍死刘某宏的言语，但不能由此认定被告人李某峰有杀死刘某宏的故意。认定被告人李某峰是否有杀人的主观故意，应按主客观相一致的原则判断。因此，公诉机关指控被告人李某峰犯罪的事实清楚，证据充分，但指控被告人李某峰犯故意杀人罪的罪名不当，本院予以变更。被告人李某峰的辩解及辩护人相关辩护意见，本院予以采纳。

被告人李某峰明知他人报案后在现场等候处理，到案后如实供述自己的罪行，是自首，本院依法对其从轻处罚。辩护人请求对被告人李某峰从轻处罚的辩护意见，本院予以采纳。据此，依照《中华人民共和国刑法》第二百三十四条第一款、第六十七条第一款之规定，判决如下：

被告人李某峰犯故意伤害罪，判处有期徒刑二年。

广西壮族自治区柳州市中级人民法院同意一审法院裁判意见，裁定：驳回抗诉，维持原判。

【法官后语】

本案中，最主要的争议焦点是被告人李某峰的行为构成故意杀人罪还是故意伤害罪。公诉人一方认为，被告人连续砍被害人头部七刀，力度非常大，并且在此之后继续跟随被害人，其危险性一直存在。使用菜刀这类利器使劲、连续砍人头部，完全可能造成他人死亡结果的发生，证明被告人要剥夺他人生命的意图非常明确，并且积极追求死亡结果的发生，在主观上有杀人的故意，客观上实施了故意杀人的行为，不能因为最终被害人仅构成轻伤一级就不认定其行为系故意杀人。辩护人则认为被告人与被害人双方是因感情原因发生的争执，没有深仇大恨，并且被告人是在酒后所做的过激行为，只是想吓唬和教训被害人，并不是想杀害被害人，不能以被告人口头过激的言语来推断被告人主观上有故意杀人的目的。被害人构成轻伤一级，被告人没有导致被害人构成重伤至死亡的后果，并且被告人砍伤被害人后就把刀丢掉了，因此更能证实其没有杀人的故意。

故意杀人未遂与故意伤害均未造成被害人死亡的结果，但故意杀人罪的故意内容是剥夺他人生命，希望或者放任他人死亡结果的发生。而故意伤害的故意内容只是要损害他人身体健康，即使伤害行为客观上造成被害人的死亡，也往往是由于行为时出现未曾预料到的原因而致打击方向出现偏差，或因伤势过重等情况而引起的，行为人对这种死亡后果既不希望也不放任，完全是出于过失。

在司法实践中，不能仅根据是否出现了死亡的结果作为区分两罪的依据，正确认定行为人的主观故意内容是定性的关键所在。当然，在具体案件中，对行为人主观故意的判断往往比较复杂，在认定时不能仅凭犯罪分子的口供，也不能仅从行为和结果的某一方面来片面认定，而应当坚持主客观相统一的原则，在掌握案情全部事实（包括犯罪的起因、犯罪的动机、犯罪的发展过程、犯罪的工具和手段、打击的部位、打击的力度、行凶的具体情节，犯罪人的一贯表现、犯罪后的态度等）的基础上，进行深入细致的综合分析，查明犯罪人的主观故意方面的真实内容。

反观本案，根据视频等证据显示，李某峰与被害人系因情感问题产生纠纷，遂持凶器去找被害人，并与被害人发生争执。但李某峰并未立即抽刀砍击被害人，之后其砍击被害人头部等部位致被害人轻伤后，持刀尾随被害人，在无人阻止、被害人不能反抗的情况下，并未继续伤害被害人。因此，在本案中主审法官认定李某峰构成故意伤害罪，绝非仅依照其造成的行为结果来判断，而是纵观其犯罪发展过程及行凶情节、打击的力度、犯罪后的态度等所有细节综合判断，其用刀多次砍人头部这一特殊部位且也有过激言论，但仅是导致轻伤且在可以继续实施加害行为的条件下，停止了加害行为，故全案证据不足以证实李某峰主观上有积极追求被害人死亡后果的直接杀人故意，不宜以故意杀人未遂定罪论处。本案中，综合考量后认定被告人具有损害他人健康的主观故意，应按照故意伤害罪论处更为合适。在司法实践中，因无法直接得知作案时被告人的主观故意究竟是如何，单凭其口供也无法还原事实真相，因此需要在判断的时候充分考虑客观条件所能反映的信息，正确地运用经验法则进行分析，作出合理的判断。

编写人：广西壮族自治区柳州市柳南区人民法院　梁黛

138　相约自杀中放弃自杀者刑事责任的认定

——李某某故意杀人案

【案件基本信息】

1. 裁判书字号

四川省广元市中级人民法院（2019）川08刑终96号刑事裁定书

2. 案由：故意杀人罪

【基本案情】

2018年8月9日晚，被告人李某某与其女友高某某因感情纠纷在高某某租住房内发生争吵和抓扯，二人赌气并称精神压力太大，由李某某提出一同自杀。当晚23时许李某某驾驶面包车和高某某行驶至宝轮镇清江河大桥西侧约63米处时，高某某让李某某靠边停车，李某某问停车干什么，高某某说不是要一起自杀吗？高某某与李某某相继下车后，李某某用手机往桥下晃了下说“水都没有咋个死嘛，要死也到前面水深的地方去死”，说完李某某返回车上将车继续向前开约几十米后又停车往回步行，快接近被害人时，只听见高某某说了一句“我是个旱鸭子哦”后跳入河中。之后李某某未实施报警等任何救助行为，而是驾车离开。

8月10日3时许，李某某多次电话咨询朋友和律师其行为可能承担的责任和如何不被公安机关发现。李某某来到宝轮派出所报警求助，谎称其女友高某某与其吵架后离开，现下落不明。当日，高某某家人发现高某某失踪后多次向李某某询问高某某去向，李某某继续隐瞒高某某已跳河的事实，坚称高某某与其吵架后离开，不知道其去向。8月11日13时许，高某某家人在李某某经营的商店内逼问高某某下落时，李某某才告知高某某已于8月10日跳河自杀，其家人当即报警，并将李某某围困在店内，后宝轮派出所民警将李某某带至派出所。当日13时35分，高某某尸体在宝轮镇清江河被打捞上岸。经法医鉴定，被害人高某某的死因系溺水死亡。在审理过程中，被告人李某某家属代为缴纳赔偿款及自愿补偿款共计20万元。

【案件焦点】

相约自杀中，放弃自杀者对死亡一方是否负有故意杀人的刑事责任。

【法院裁判要旨】

四川省广元市利州区人民法院经审理认为：被告人李某某与被害人高某某系恋人关系，二人因琐事发生争吵后相约自杀，在李某某驾车到达案发地，与被害人相继下车后，非但不劝阻，反而还言语刺激被害人，在被害人跳桥后，李某某明知自己不救助极有可能导致高某某溺水死亡，但其未采取任何救助行为便离开案发现场，放任危害结果的发生，其罪过形式表现为间接故意，已构成故意杀人罪，应依法追究其刑事责任。由于被害人系具有完全民事行为能力的成年人，应当知道跳河可能造成的严重后果，仍执意为之，故其对死亡后果具有过错，可减轻对被告人的处罚。李某某到案当日系被害人家人报案后将其围困在商店内，无法离开现场，不符合视为自首相关法律规定。从李某某故意杀人的动机和主观恶性程度考虑，属于情节较轻；被告人归案后如实交代自己的全部罪行，具有坦白情节，自愿认罪认罚，可从轻处罚；主动赔偿被害人损失并自愿补偿，可酌定从轻处罚。被告人李某某应向附带民事诉讼原告人赔偿由此造成的物质损失。故依照《中华人民共和国刑法》第二百三十二条、第十四条、第六十七条第三款，《中华人民共和国刑事诉讼法》第一百零一条第一款，《最高人民法院关于适用〈中华人民共和国刑事诉讼法〉的解释》第一百三十八条、第一百五十一条，《最高人民法院关于确定民事侵权精神损害赔偿责任若干问题的解释》第九条，《最高人民法院关于审理人身损害赔偿案件适用法律若干问题的解释》第十七条第三款、第二十七条、第二十八条之规定，作出如下判决：

一、被告人李某某犯故意杀人罪，判处有期徒刑四年三个月；

二、令被告人李某某赔偿附带民事诉讼原告人丧葬费、交通费、住宿费、误工费、被扶养人生活费等经济损失共计113896.00元；被告人自愿补偿费用86104.00元准予。

李某某不服提出上诉，四川省广元市中级人民法院经审理查明的事实及证据与一审一致，同意一审法院裁判意见，依照《中华人民共和国刑事诉讼法》第二百三十六条第一款第一项之规定，裁定：

驳回上诉，维持原判。

【法官后语】

本案的焦点在于被告人李某某的行为是否构成故意杀人罪。故意杀人是指故意非法剥夺他人生命的行为，与通常情况下的故意杀人相比，本案的特殊性在于案件的起因是被告人与被害人因感情纠纷相约自杀，被害人采取跳河的方式主动结束自己的生命。就本案来讲，一审、二审法院均认定被告人李某某构成故意杀人罪，根本原因在于被告人的先行行为使其负有救助被害人的作为义务且有能力履行该义务的前提下，被告人没有履行该义务，导致被害人未得到及时救助而死亡的危害后果，属于“不作为”方式的故意杀人。具体来讲：

一方面，被告人客观上实施了不作为的危害行为。要符合“不作为的危害行为”前提是行为人必须负有特定的作为义务，此外是有能力履行该义务而没有履行，致使法律保护的合法权益受到侵害。“作为义务”的来源通常有以下四种：一是法律明确规定的义务；二是职务上的要求；三是因法律行为（如合同关系）引起的作为义务；四是先行行为引起的作为义务，即由于行为人的在先行为使刑法保护的权益处于危险状态时，就产生了防止危害结果发生的义务。本案中，被告人最先提出“一起去死”的意思表示，被害人表示同意；二人到达桥边时，被告人已经放弃自杀意图，此时被告人非但不劝阻被害人，还在言语上刺激被害人：“水都没有咋死嘛，要死也到前面水深的地方去死。”被害人跳河前明确表示自己是“旱鸭子”，在被害人跳下桥后被告人明知自己不救助极有可能导致被害人溺水死亡，但其未采取积极施救或及时报警等任何救助行为便离开案发现场。被告人在放弃自杀意图后，其提出相约自杀、驾车载被害人到自杀地点、在言语上刺激被害人等先行行为加深了被害人自杀的决心，使被害人的生命处于危险状态，从而引起被告人阻止、救助被害人的作为义务，而被告人在有能力阻止被害人自杀、救助或报警请求救助被害人的情况下未采取任何措施，客观上导致被害人未得到及时救助而溺亡的危害后果。本案被告人的行为符合上述“不作为的危害行为”的构成要件，故被告人的行为为“不作为的危害行为”。

另一方面，被告人主观罪过表现为间接故意。被告人明知被害人跳河可能溺亡，不但未采取任何救助措施便离开案发现场，还在被害人家属寻找被害人下落时隐瞒被害人已跳河的事实，延误救助时机，使被害人彻底失去生还的可能性。对于被害人的死亡，被告人虽未积极追求或希望该结果的发生，但对被害人死亡的危害后果采取了放任的态度，在主观上构成间接故意。

综上，被告人客观上实施了“不作为的危害行为”，主观上构成间接故意，符合故意杀人罪的构成要件。但本案起因于相约自杀，被害人作为成年人明知自杀行为的后果仍然实施，具有过错。被告人主观罪过轻于直接故意杀人，且到案后如实供述罪行，积极主动赔偿，综合以上情节，可予以从轻处罚，故以故意杀人罪判处被告人有期徒刑四年三个月，并无不当。

编写人：四川省广元市中级人民法院　张欢　邱斌

139 被害人有明显过错应作为对被告人从轻处罚情节

——龙文某故意杀人案

【案件基本信息】

1. 裁判书字号

湖南省高级人民法院（2018）湘刑终156号刑事判决书

2. 案由：故意杀人罪

【基本案情】

被告人龙文某与妻子石成某及女儿租住在湖南省花垣县城某间房屋内。石成某嫌弃龙文某挣不到多少钱，经常讲龙文某没什么用，要和龙文某离婚，龙文某不同意离婚，双方为此产生矛盾。2016年11月起，石成某与其同学左某生的关系日渐亲密。2017年1月，石成某向左某生表示想离婚后，二人确定情人关系。二人并于2017年2月19日在花垣县某宾馆开房发生性关系。龙文某对此不知情。

因石成某连续两个晚上都没回来，2017年2月20日晚上8点多钟，龙文某带着三岁多的女儿，来到石成某打工的某专卖店找石成某，叫她回来和孩子住一个晚上，讲明天就离婚。龙文某事后称其讲这话目的是让石成某回来，好再求她不要闹离婚。回到出租屋后，两人为离婚之事发生争吵、打斗，龙文某左颈部、右胸锁关节、胸骨处、左肩、双膝关节髌骨均有皮肤擦伤，其中双膝挫伤构成轻微伤。21日凌晨，龙文某因石成某执意离婚，遂生杀死她再自杀之念。龙文某在争吵中将石成某推倒在地，尔后双手用力掐住其颈部，致其当场死亡。21 日早上，龙文某送走女儿后，购回农药和白酒在出租屋内喝农药意图自杀。因药效尚未完全发作，龙文某于当日 10 时许坐车回到其老家。当日下午，龙文某将在出租屋掐死石成某之事告诉家人，并要求报警。龙文某的家人在确认石成某死亡后报警。当日 19 时许，公安民警到龙文某家中将其抓获。

附带民事诉讼原告人诉称，被告人应赔偿被扶养人生活费 178950 元及精神抚恤金 20000 元，共计 198950 元。

【案件焦点】

本案被害人的行为对被告人龙文某在激情下杀死被害人有明显过错，能否因此对被告人予以从轻处罚。

【法院裁判要旨】

湖南省湘西土家族苗族自治州中级人民法院经审理认为：被告人龙文某因不满妻子石成某要求离婚，将石成某杀死，其行为构成故意杀人罪。龙文某及其辩护人提出龙文某系自首的理由成立，予以采纳。本案系家庭矛盾纠纷引发，对龙文某可酌情从轻处罚。龙文某辩护人请求对龙文某从轻处罚的辩护意见成立，予以采纳。附带民事诉讼原告人提出由被告人赔偿被扶养人生活费及精神抚恤金共计 198950 元，因该两项费用均不属刑事附带民事诉讼赔偿范围，不予支持。该院一审判决：

一、被告人龙文某犯故意杀人罪，判处无期徒刑，剥夺政治权利终身；

二、驳回附带民事诉讼原告人田运某、吴配某的诉讼请求。

附带民事诉讼原告人提起上诉，后因在二审中龙文某父母积极代为赔偿被害方经济损失而谅解被告人，并因此撤回上诉。

龙文某及其辩护人上诉称，龙文某具有自首情节，被害人出轨有过错，已积极赔偿取得被害方谅解，请求从轻处罚。

湖南省高级人民法院经审理认为：被害人石成某婚内与他人建立情人关系并执意与龙文某离婚，对案件的发生负有过错。原判以龙文某犯故意杀人罪具有自首情节，系婚姻家庭纠纷而起，被害人有过错，予龙文某从轻处罚判处无期徒刑适当。二审期间，龙文某获得被害方对龙文某的谅解，对龙文某可以在一审量刑基础上再酌情从轻处罚。该院二审判决：

一、维持原审判决第一项中对上诉人龙文某定罪部分的刑事判决；

二、撤销原审判决第一项中对上诉人龙文某量刑部分的刑事判决；

三、上诉人龙文某犯故意杀人罪，判处有期徒刑十五年，剥夺政治权利三年。

【法官后语】

本案两审法院对于被告人予以从轻处罚的理由实际上是一样的：被告人具有自首情节，系婚姻家庭纠纷而起，被害人有过错。区别在于一审法院没有在判决书中明确表述被害人有过错是对被告人予以从轻处罚的理由之一。但两审法院均对被告人予以从轻处罚，真正的、关键性理由还是被告人具有自首情节，被害人有过错。

对于本类故意杀人案件，法院应否以被害人有明显过错为由对被告人予以从轻处罚，是值得探讨的重要话题。对此，可以从以下三个方面来分析。

1. 准确理解罪责刑相适应原则

根据罪责刑相适应原则，刑罚的轻重不是单纯地与犯罪分子所犯罪行相适应，而且也与犯罪分子承担的刑事责任相适应，即在犯罪与刑罚之间通过刑事责任这个中介来进行调节。

罪责刑相适应原则涉及罪行、刑事责任和刑罚三个基本范畴之间的关系。罪行（符合犯罪构成的主客观事实情况）是行为人承担刑事责任的前提，也是决定行为人刑事责任轻重的决定性依据。但行为人的个人情况所决定的主观恶性（再犯可能性、人身危险性）也是影响刑事责任的重要因素。刑罚作为实现刑事责任的基本方式，应当受行为人所犯罪行及其所决定的刑事责任的轻重的制约，在主要考虑犯罪分子所犯罪行的轻重并据以决定刑罚轻重的同时，亦适当考虑犯罪分子的个人情况对刑事责任和刑罚轻重的影响，从而使罪行、刑事责任和刑罚之间保持均衡和成比例的状态。刑法第六十一条的规定，是罪责刑相适应原则在刑罚适用方面的具体要求和体现。

2. 被害人对犯罪行为的发生有明显过错的，应作为对被告人从轻处罚的情节

对刑法第六十一条规定中的“情节”进行准确理解，是正确适用的前提。应该认为，犯罪事实和犯罪性质（定罪事实部分）在定罪时已经对法定刑幅度的确定发生了作用，在量刑时再予以考虑，就会违反禁止重复评价的原则。该条“情节”一词是放在“犯罪的事实”和“犯罪的性质”之后列举的，法条对“情节”用顿号将它同前者分开，而且不用“犯罪”一词对其加以修饰和限制，这是因为用“犯罪”来修饰“情节”，就会把罪前和罪后的那些表明行为

人危险性的主客观事实情况排除于量刑情节根据之外，所以，该条所指的“情节”只能理解为量刑情节，包括法定情节和酌定情节。

法定量刑情节在刑法总则与分则中均有大量的规定，是人民法院量刑时应当考虑的重要因素。酌定量刑情节，不是法律明确予以规定的，但是根据立法精神和有关刑事政策，从审判实践经验中总结出来，存在于案件事实当中，能够反映行为的社会危害性和行为人的人身危险性的情况，并在司法实践中推广使用的裁量时灵活掌握、酌情适应的情节。酌定量刑情节目前普遍认为包括犯罪动机、手段、时间、地点、对象、结果、个人情况、一贯表现和犯罪后的态度等。案件系因婚姻家庭纠纷而起，被害人有过错，在我国目前只能作为酌定量刑情节。

根据罪责刑相适应原则之要求，被害人有明显过错的，应该作为量刑时必须予以充分考虑的酌定量刑情节，对被告人原则上应该予以从轻处罚。否则，明显对被告人不公平，明显难以实现惩罚和预防犯罪的目的，明显难以确保裁判法律效果和社会效果有机统一。

本案中，认定被害人对于故意杀人犯罪行为的发生有直接的明显过错，应该没有争议。因此，人民法院以被害人有明显过错为由对被告人龙文某予以从轻处罚，应认为完全符合罪责刑相适应原则之本质要求。

3. 本案是典型的激情犯罪，被告人龙文某的人身社会危险性不大

综上所述，本案实际上是以被害人有明显过错等为由，对被告人予以从轻处罚，符合刑法的规定，充分体现了罪责刑相适应原则要求，法律效果与社会效果做到了有机统一。

编写人：湖南省湘西土家族苗族自治州中级人民法院　王平　胡基厚

（二）过失致人死亡罪

140 过失致人死亡中注意义务之探析

——任某过失致人死亡案

【案件基本信息】

1. 裁判书字号

天津市第一中级人民法院（2020）津01刑终471号刑事裁定书

2. 案由：过失致人死亡罪

【基本案情】

2018年10月16日16时许，被告人任某驾驶牌照号为津MZQ×××的红色马自达牌小型轿车，行驶至某大厦地下停车场入口通道时，与躺卧此处的被害人张某发生碰撞，并致其死亡。经司法鉴定，津MZQ×××号小型轿车前保险杠左侧下沿及车体底部与被害人张某身体接触；小型轿车与被害人张某身体发生碰撞接触时，被害人张某处于躺、卧状态；小型轿车碰撞前的行驶速度介于11km/h~14km/h。经法医鉴定，被害人张某系被机动车碾压致创伤性休克死亡。经被告人任某报警，民警到达案发现场将其带至公安机关。肇事车辆已被依法扣押。

【案件焦点】

1. 任某在案发时是否足以预见到案件后果；2. 是否对被害人死亡结果承担刑事责任。

【法院裁判要旨】

天津市和平区人民法院经审理认为：公诉机关指控被告人构成过失致人死亡罪，即认定被告人具有疏忽大意的过失。疏忽大意的过失是行为人对行为发生危害结果的可能性能够预见、应当预见，只是由于其疏忽大意的心理而导致未能实际预见。本案中，被害人躺卧在地下车库入口的通道内，该地下车库入口通道供机动车单向下行，且仅供银行内部员工使用。按一般常识分析，驾驶人员无法预见仅供单位内部使用的地下车库车行道会有躺卧的行人，且根据案发现场地形位置，车辆下坡进行过程中驾驶人员会有一定的视线盲区，根据一般人的认知能力和当时的情况，行为人对损害结果的发生不应当预见，因此对于本案的危害结果不能苛责于被告人。被告人对于本案损害结果的发生不具有能够预见的条件和能力，损害结果的发生完全出乎被告人的意料之外，因此本案属于意外事件，被告人不应当负刑事责任，即被告人不构成过失致人死亡罪。

虽被告人对被害人死亡的结果不具有犯罪的主观方面罪过，但其驾驶车辆的行为造成张某死亡的后果，其行为与损害结果之间具有因果关系，符合民事侵权行为的构成要件，应承担民事赔偿责任。对附带民事诉讼原告人提供的证据法院予以确认。

法院认为，被告人任某在地下车库入口通道内驾驶机动车与躺、卧状态的被害人接触，造成被害人死亡的结果，并不是出于被告人故意或者过失，根据一般常识和现场情况，被告人无法预见也不应当预见该通道内有躺卧的行人，因此被告人的行为不构成犯罪。公诉机关的指控不能成立。辩护人的辩护意见本院予以采纳。

关于民事赔偿部分，综合全案情况，法院认为被告人任某应当承担 60%的民事赔偿责任，被害人张某本人应负 30%的责任，物业公司应当承担10%的赔偿责任。被告人任某自愿另行赔偿二附带民事诉讼原告人共计300000元，本院予以照准。

依照《中华人民共和国刑事诉讼法》第二百条第二项之规定，判决如下：

一、被告人任某无罪；

二、本判决生效后十日内，附带民事诉讼被告某保险公司天津市分公司一次性赔偿附带民事诉讼原告人张某彩、李某玲各项经济损失共计982749.60元；

三、本判决生效后十日内，附带民事诉讼被告某生公司天津分公司一次性赔偿附带民事诉讼原告人张某彩、李某玲各项经济损失共计163791.60元；

四、被告人任某自愿赔偿在案的300000元，依法发还附带民事诉讼原告人张某彩、李某玲；

五、驳回附带民事诉讼原告人其他诉讼请求。

公诉机关不服一审判决，提出上诉。

天津市第一中级人民法院经审理认为：

1. 关于原审被告人任某在案发时是否足以预见到案件后果以及是否对被害人死亡结果承担刑事责任。被害人张某无故躺卧在某银行专用地下车库通道内，在客观上超出了社会一般成员的预见范围。首先，从原审被告人的角度来看：本案中，事故发生地系仅供银行内部员工使用的地下车库入口通道，该通道系下坡且为机动车单向行驶，原审被告人任某在驾车进入车库时，并无明显违反道路交通安全法规的相关表现。虽然监控录像显示，涉案车库确有个别人员曾步行出入通道，但上述行为本身即违反了相关交通法规，不宜苛求驾驶人员对此做到提前预判或赋予过高的注意义务。其次，从被害人张某的角度来看：本案中，证人李某玲、张某云的证言证实，被害人张某生前身体健康，无突发性疾病；司法鉴定意见书证明，张某案发前无醉酒、吸毒等情形；车库外的监控录像显示，张某步行进入车库时无异常情况。案发当日，银行负责催收贷款的工作人员曾与被害人通过电话，但双方并未预约到民生银行洽谈业务。根据《中华人民共和国道路交通安全法实施条例》第七十四条之规定，行人不得在车行道内坐卧、停留、嬉闹。案发现场地下车库内的指示牌亦规定“禁止行人出入车库”。虽然目前尚不能查明张某进入地下车库并在通道内躺卧的具体动机，但其未经允许进入某银行地下车库，并违反了交通法规在车道内躺卧，客观上应对本次事故负有一定责任。

2. 侦查实验是在较为理想的预设条件下作出，客观上对原审被告人的预见能力存在估计不足的可能。据公安机关于 2020 年 4 月 24 日所作侦查实验认定，案发时原审被告人可以看到人体模特小腿以下部分，但该结论是以被害人呈平躺状态为前提进行判定，而目前尚不能查明被害人实际躺卧的具体姿势。此外，参加侦查实验的侦查人员已经提前预知车辆前方有障碍物，客观上会更为聚焦和关注车辆前方地面，故从侦查实验的角度难以客观地还原案件的真实情况。

3. 案发地点环境具有一定特殊性，客观上降低了原审被告人的预见条件和预见能力。地下车库是较为特殊的驾驶区域，车库入口复杂、车辆行进过程中光线较差，案发时的客观环境和实际状况在一定程度上限制和降低了车辆驾驶员的注意能力。现场照片显示，涉案车库出于防止雨水倒灌的需要将入口处垫高，车辆在通过坡道顶部时由于车头轻微上扬，致使驾驶员驾车进入地库时视线存在一定盲区。此外，根据现场勘验笔录、现场方位示意图等证据，涉案地下车库的入口两侧宽度相对于通道较窄，且车辆从路面进入地下车库时需拐急弯进入，正常情况下车辆驾驶人进入地下车库时除注意车辆前方外，还需关注入口两侧以防止车辆出现剐蹭，在客观上导致驾驶人员进入车库的瞬间难以及时发现或看清车辆前方是否有障碍物。此外，涉案地下车库虽设置了限速5km/h的标识牌，但摆放于地下车库下坡后的通道内，而不是在车库入口。公安部交通管理局《城市道路交通标志标线设置指南》规定，“限制速度标志应设置在需要限制车辆行驶速度路段的起点”，故上述标识牌能否适用于车库入口处尚存在一定争议。

4. 本案发生在公共道路以外的单位内部地下车库，因而交管部门未出具道路交通事故责任认定书，但鉴于本案客观上系机动车驾驶过程中发生的交通事故，与交通肇事罪的罪状、责任及主、客观方面较为类似，故在认定原审被告人是否构成过失致人死亡罪时，应参照交通肇事罪的认定方式和适用精神。根据相关法律和司法解释的规定，车辆驾驶人在行车过程中致一人死亡的，且负事故全部责任或主要责任的，构成交通肇事罪。根据相关规定，车辆驾驶人在驾车过程中应当尽到相应的安全驾驶义务，但不宜苛求超出社会一般成员的预见范围和预见能力。本案中，考虑到被害人违反交通法规躺卧在车库通道的实际情况，客观上对案件结果负有一定责任，应相应地减轻原审被告人对案件结果承担的责任比例，不宜认定原审被告人承担本次事故的全部或主要责任，即参照上述交通肇事罪的入罪标准，依法认定原审被告人不构成过失致人死亡罪。

法院认为，从现有证据来看原审被告人任某在驾车进入地下车库时，难以预见到有人躺卧在车辆前方，不宜苛求原审被告人超出社会一般成员的预见范围和预见能力。原审判决认定事实清楚，审判程序合法。天津市和平区人民检察院抗诉理由、天津市人民检察院第一分院支持抗诉意见及诉讼代理人所提代理意见，依据不足，不予采纳；辩护人所提原审被告人的行为不构成过失致人死亡罪的辩护意见，予以采纳。

天津市第一中级人民法院依照《中华人民共和国刑事诉讼法》第二百三十六条第一款第一项之规定，裁定如下：

驳回抗诉，维持原判。

【法官后语】

本案系发生在公共道路以外的单位内部地下车库驾车致人死亡案件，案件的争议焦点是本案构成过失致人死亡罪还是属于意外事件。

笔者认为，疏忽大意的过失致人死亡与意外事件的致人死亡的区别在于：根据行为人的认识水平、行为本身的性质和当时的客观情况，行为人对其行为导致他人死亡结果的可能性能够预见、应当预见，只是由于疏忽大意的心理导致了未能实际预见，因而发生他人死亡的后果，构成疏忽大意的过失致人死亡罪。如果行为人对他人死亡的结果的发生不可能预见，也不应当预见而没有预见，但最后发生了他人死亡的后果的情形则属于意外事件。在司法实践中，应当根据上述原则认真结合行为人是否能够预见、是否应当预见、最后没有预见的原因等因素综合考察，从而才能得出行为人是否构成犯罪的结论。而对于认定行为人在主观上是否具有预见能力，则需要根据客观情况加以判断，将行为人的认知水平与行为本身的危险程度以及行为时的客观环境相结合判断其能否预见。①

① 张明楷：《刑法学》，法律出版社2016年版，第288~289页。

据此，本案被告人依法不构成过失致人死亡罪，具体理由如下：

其一，关于被告人在案发时是否具有预见可能性的问题。被害人无故躺卧在单位内部专用地下车库通道内，客观上超出了社会一般成员的预见范围。且根据《中华人民共和国道路交通安全法实施条例》第七十四条之规定，行人不得在车行道内坐卧、停留、嬉闹。案发现场地下车库内的指示牌亦规定“禁止行人出入车库”。被害人未经允许进入某银行地下车库，在车道内躺卧已违反了交通法规，“法律不强人所难”，不能苛求被告人对违章行为有明确预判，否则将大大降低违章成本而提高守法成本。加之案发地点环境具有一定特殊性，地下车库是较为特殊的驾驶区域，车库入口复杂、车辆行进过程中光线较差、盲区较多，案发时的客观环境和实际状况在一定程度上限制和降低了车辆驾驶员的注意能力。因此，从现有证据看，被告人在驾车进入地下车库时，难以预见到有人躺卧在车辆前方，不宜苛求原审被告人超出社会一般成员的预见范围和预见能力。

其二，本案虽发生在公共道路以外的单位内部地下车库，但鉴于抗诉机关认定任某在本案中存在过失主要基于相关道路交通规章制度，且本案客观上系机动车驾驶过程中发生的交通事故，与交通肇事罪的罪状、责任及主、客观方面较为类似，故在认定任某是否构成过失致人死亡罪时，应当参照交通肇事罪的认定方式。发生交通事故后，公安机关交通管理部门会根据当事人的行为对发生交通事故所起的作用和过错的严重程度，确定当事人的交通事故责任（主要分为全部责任、主要责任、同等责任、次要责任、无责任）。其中，车辆驾驶人在行车过程中致一人死亡的，且负事故全部责任或主要责任的，构成交通肇事罪。本案中，尽管交管部门未出具道路交通事故责任认定书，但考虑到被害人违反交通法规躺卧在车库通道的实际情况，在客观上对案件结果负有一定责任，应相应地减轻原审被告人对案件结果承担的责任比例，不宜认定原审被告人承担本次事故的全部或主要责任，即参照上述交通肇事罪的入罪标准，依法认定原审被告人不构成过失致人死亡罪。抗诉机关所提原审被告人在本案中未尽审慎观察义务，虽未充分举证证明，但客观上尚不能完全排除任某确有未尽到合理注意义务的可能性。但需要指出的是，未尽注意义务并不必然构成过失致人死亡罪，只有当未尽注意义务所产生的过失达到一定比例，已经超过了普通民事过错的程度，足以从刑法意义上予以苛责时，才应当作为犯罪处理。特别是随着现代社会科技发展和交通工具的普及，人类社会已经进入风险社会的时代。因而在涉及罪与非罪的认定时，应当保持刑法的谦抑性。

综上，在区分意外事件与疏忽大意的过失犯罪时，关键在于判断行为人在当时能否预见结果的发生。对此，应当在案发时特定的时空条件下，结合行为本身的危险程度、行为的客观环境、行为人的认知水平等进行综合评判。不宜仅因发生了危害后果，就将危害后果与行为之间建立必然甚至是唯一的因果关系，更不能仅凭结果严重就推定行为人能够预见危害后果的发生，或对行为人的预见能力人为设定甚至增加不必要的义务和要求。

编写人：天津市第一中级人民法院　张文波

141 如何认定过失致人死亡罪名中的情节较轻

——潘某军过失致人死亡案

【案件基本信息】

1. 裁判书字号

广西壮族自治区贺州市中级人民法院（2020）桂11刑终180号刑事裁定书

2. 案由：过失致人死亡罪

【基本案情】

2020年5月25日中午，被害人潘某志得到被告人潘某军允许后来到了潘某军承包的鱼塘钓鱼。当日16时许，潘某军接小孩放学途经其承包的鱼塘，潘某军发现潘某志在其鱼塘钓鱼数量多，且种类有草鱼，他觉得潘某志太贪心，于是将潘某志钓到的大部分鱼倒回鱼塘中，潘某志见状将潘某军推下鱼塘。潘某军爬上来后打了潘某志一拳，潘某志嘴角被打出血并退了两步，潘某志站不稳，其在调整身体的过程中侧身倒在地上。之后潘某军准备离开，而潘某志爬起来抱住潘某军的腰，两人僵持了一会儿后，潘某军用力甩开了潘某志抱住其腰间的双手，潘某志被甩跌在地上，左脸部敲中地面，当时潘某志的手护着头部。之后潘某志又爬起来追上潘某军并抓住潘某军左肩后衣领，潘某军想甩开潘某志，于是转身用左手甩开潘某志抓他衣领的双手时左手甩中了潘某志的头部，致使潘某志重心不稳后仰后枕部着地受伤，后潘某志被送往医院经救治无效死亡。经贺州市公安局物证鉴定所鉴定：潘某志系跌倒后枕部着地致颅脑严重损伤而死亡。

【案件焦点】

如何认定过失致人死亡罪名中的情节较轻。

【法院裁判要旨】

广西壮族自治区钟山县人民法院经审理认为：对于上诉人潘某军提出原判认定事实不清、证据不足，被害人潘某志最后一次摔倒是自身行为导致，潘某志的死亡不排除本人中风、脑出血情况的上诉意见。经查，贺州市公安局物证鉴定所出具的法医学尸体检验鉴定书证实被害人潘某志头部受伤部位为枕部，鉴定意见为死者潘某志系跌倒后枕部着地致颅脑严重损伤而死亡。而根据上诉人潘某军在侦查阶段多次供述在潘某志再次向其冲过来并抓住他后背衣领后，其为甩开潘某志便转身用左手甩开潘某志抓住他衣领的双手，同时他感觉他的左手肘部甩中了潘某志的头部，后潘某志的双手被他甩开，之后他转身回头看见潘某志往后退了两步，在退的过程中潘某志站不稳脚先抬起来后整个人后仰倒了下去。同时潘某军还在侦查阶段第一次供述时称潘某志是最后一次倒地起不来那摔伤的，当时还没见流血。此外，证人潘某馨亦证实被害人潘某志是在与上诉人潘某军拉扯的过程中摔倒，是后背摔下脸朝上倒地的。综上，上述鉴定意见与上诉人潘某军在侦查阶段的供述以及证人潘某馨的证言相互吻合，并有在案的其他证据予以佐证，足以证实被害人潘某志的死亡与上诉人潘某军的行为具有刑罚上的因果关系。故上诉人的此项上诉意见，与在案证据查明的事实不符，不予采纳。依照《中华人民共和国刑法》第二百三十三条的规定，判决如下：

被告人潘某军犯过失致人死亡罪，判处有期徒刑二年（刑期从判决执行之日起计算；判决执行以前先行羁押的，羁押一日折抵刑期一日，即自2020年5月26日起至2022年5月25日）。

宣判后，被告人潘某军提起上诉。广西壮族自治区贺州市中级人民法院依照《中华人民共和国刑事诉讼法》第二百三十六条第一款第一项之规定，裁定：

驳回上诉，维持原判。

【法官后语】

本案的争议焦点在于被害人潘某志的最后一次摔倒是不是被告人所为，以及摔倒是不是致死的原因。一审、二审法院均认为通过结合全案证据可以查明被害人最后一次摔倒是因被告人甩开其双手过于用力所致的事实。同时鉴定意见证实死者潘某志系跌倒后枕部着地致颅脑严重损伤而死亡。综上，被害人的死亡与被告人潘某军的行为具有刑法上的因果关系，被告人构成过失致人死亡罪。笔者同意上述观点。

1. 被告人潘某军在主观上是否存在疏忽大意或者过于自信的过失。被告人与被害人因故发生争执后，被害人潘某志已经被被告人潘某军打了一拳，嘴角出血且摔倒在地。潘某志爬起来抱住潘某军的腰，两人僵持了一会儿后，潘某军用力甩开了潘某志抱住其腰间的双手，潘某志被甩跌在地上，左脸部敲中地面，当时潘某志的手护着头部。由此看出，被告人潘某军在身体素质上占有优势且能够预计到若是自己用力过大是可以导致被害人潘某志摔倒在地的。在这样的情况下，被告人仍然在被害人抓住其衣领后，转身用力甩开潘某志抓他衣领的双手并甩中了潘某志的头部，造成被害人再次倒地受伤后救治无效死亡。由上可知，被告人对自己的行为可能导致被害人倒地受伤是可以预计的，仅是对死亡结果的发生不存在故意。

2. 被告人潘某军的行为是否属于《中华人民共和国刑法》第二百三十三条中规定的"情节较轻"的情形。"情节较轻"要求被告人行为时的动机、目的和手段都应该与普通的过失致人死亡罪有所区别。一般过失致人死亡罪的动机和目的是希望对方受到不致死的伤害。而本案中，被告人潘某军后两次致被害人摔倒的目的都是挣脱被害人的束缚而不是主动想让被害人受伤，受到他人拉扯而挣脱是一个人的正常反应，所以在手段上，被告人潘某军的行为并不恶劣。因此，在认定被告人潘某军有疏忽大意的过失并实施了与被害人潘某志的死亡有因果联系的行为的同时，也应当考虑到其主观和行为都比一般的过失致人死亡较轻，从而适用《中华人民共和国刑法》第二百三十三条中规定的"情节较轻的，处三年以下有期徒刑"的法律规定。

编写人：广西壮族自治区钟山县人民法院　岑则龙

142　过失致人死亡罪的主客观要件辨析

——郭某某过失致人死亡案

【案件基本信息】

1. 裁判书字号

北京市第二中级人民法院（2019）京02刑终361号刑事裁定书

2. 案由：过失致人死亡罪

【基本案情】

2017年3月8日，被告人郭某某带被害人王某到其位于北京市丰台区某村××号院×号楼×单元××的商贸中心的店内听课，鼓励及劝说王某大量服用福龙口服液（I）型。2017年3月10日至12日，被告人郭某某在北京市丰台区某小区××号楼××号王某的家中，在明知王某患有多种疾病的情况下，仍鼓励、劝说和帮助王某在短时间内大量服用福龙口服液（I）型，致使王某于2017年3月13日死亡。经鉴定，被害人王某符合冠心病、急性心肌梗死死亡。

【案件焦点】

1. 被告人郭某某的客观行为与被害人死亡之间是否存在因果关系；2. 被告人郭某某主观方面是否存在过失。

【法院裁判要旨】

北京市丰台区人民法院经审理认为：郭某某明知王某身体患有心脏病、胃切除等基础疾病，在向王某销售福龙口服液（I）型时，推荐的用法用量为无限量服用，短时间内服用越多越好，并在（I）型王某服用福龙口服液（I）型期间亲自到王某家中指导服用；在王某出现频繁呕吐、腹泻等不良身体反应时，郭某某未能根据王某的身体状况对其身体出现的不良反应及时作出正确判断，仍帮助王某连续三天超剂量服用该口服液，因此郭某某主观上存在过失。被害人王某的死亡原因系冠心病、急性心肌梗死，其心胞腔及胸腔内存在大量积液；司法鉴定意见书及出庭的有专门知识的法医出庭意见均可以证实，王某确实存在冠心病等基础疾病，其死亡前三天连续大剂量服用福龙口服液（I）型，与其体内大量渗出性或漏出性心包积液、胸腔积液具有明确的时间关联性，因此可以认定王某服用大量福龙口服液（I）型系其冠心病、急性心肌梗死死亡的诱因，郭某某的行为与王某死亡之间存在因果关系。被告人郭某某的行为已经构成过失致人死亡罪，情节较轻，依法应予处罚。根据被告人郭某某犯罪的事实、性质、情节和对社会的危害程度，依照《中华人民共和国刑法》第二百三十三条、第六十一条，判决：被告人郭某某犯过失致人死亡罪，判处有期徒刑二年。

郭某某持原审辩解提起上诉，并申请有专门知识的人出庭。北京市第二中级人民法院经审理认为：北京市丰台区人民法院根据郭某某犯罪的事实、性质、情节和对于社会的危害程度所作出的判决，事实清楚，证据确实充分，适用法律正确，量刑适当，审判程序合法，应予维持，故依照《中华人民共和国刑事诉讼法》第二百三十六条第一款第一项之规定，裁定如下：

驳回上诉人（原审被告人）郭某某的上诉，维持原判。

判决生效后，郭某某向北京市第二中级人民法院提出申诉，申请再审，法院经审查后认为郭某某的申诉不能成立，予以驳回。

【法官后语】

过失致人死亡罪，是指由于行为人的过失而致人死亡的行为。在司法实践中，因销售中老年保健品导致的民事纠纷比较常见，但销售者的推销等行为导致服用者死亡并由此构成刑事犯罪的案例不多见。本案郭某某的行为被认定为过失致人死亡罪，有两个关键点应当厘清：一是郭某某的行为与被害人死亡结果之间是否存在因果关系；二是郭某某主观方面是否存在过失，这也是过失致人死亡罪定罪的关键之处。针对这两个关键点，笔者总结本案争议焦点有三：

一、被害人三天内大量服用福龙口服液（I）型，与被害人死亡结果之间是否存在因果关系

本案辩方首先提出的辩护意见，就是被害人系因自身疾病猝死，

被告人的行为与被害人的死亡结果之间不存在因果关系。经查，2017年3月10日至12日，被告人郭某某到被害人王某家中，鼓励、劝说和帮助王某在短时间内大量服用福龙口服液（I）型，其中3月10日服用了10盒（60瓶，50毫升/瓶，共计3000毫升），3月11日服用了8盒（48瓶，50毫升/瓶，共计2400毫升），3月12日服用了6盒（36瓶，50毫升/瓶，共计1800毫升），后王某于2017年3月13日凌晨死亡。根据盛唐司法鉴定所司法鉴定意见书及答复函，被害人王某符合冠心病、急性心肌梗死死亡；王某心包腔、胸腔大量积液，可限制患者心、肺功能，诱发冠心病发作；临床上，机体短时间内如摄入液体量过多，可以引起渗出性或漏出性心包腔、胸腔积液。一审有专门知识出庭的法医认为盛唐司法鉴定所司法鉴定意见正确，并认为王某存在冠心病等基础疾病，且死亡前三天连续大剂量服用福龙口服液，与其体内大量渗出性或漏出性心包积液、胸腔积液具有明确的时间关联性。此外，二审被告人申请出庭的有专门知识的人亦认为，案发时王某多次呕吐、排泄，如引发电解质紊乱，有诱发心肌梗死的可能，该意见与一审出庭时有专门知识的人曾提出的，呕吐和腹泻会导致人体电解质紊乱，对70多岁且患有多种疾病的被害人而言，这些问题比心脏问题更严重的意见相吻合。

二审出庭的有专门知识的人提出，摄入液体量过多出现心包液、胸腔积液的理论不能成立，未经因果关系专项鉴定不能得出急性心肌梗死与短时间内服用液体存在因果关系的肯定性结论等意见。我们认为，上述意见系设立在肝肾功能正常等前提下进行的可能性分析，并未充分结合本案被害人胃部部分切除等病情及案发时连续三天大量服用福龙口服液（I）型导致多次腹泻、呕吐（根据证人罗某某的证言，王某每次喝完口服液后都是又拉又吐，10日拉肚子28

次、吐了6次，11日拉肚子20次、吐了6次，12日拉肚子6次、吐了4次）等实际情况，其上述观点不能否定鉴定意见。

综上，被害人王某作为一个身患多种疾病的老人，因诱发冠心病、急性心肌梗死死亡；其连续三日在短时间内大量服用福龙口服液（I）型，服用后每日多次腹泻、呕吐，在死亡后于心包腔、胸腔发现大量积液，其死亡结果与三天内大量服用福龙口服液（I）型存在因果关系。

二、本案是否存在影响因果关系成立的介入因素

被告人郭某某称，在案发前被害人王某的女儿罗某曾与王某通电话发生争吵，可引起被害人情绪激动，导致心梗。根据郭某某提交的书面材料，罗某曾于3月11日晚打电话阻止母亲王某喝口服液，现并无证据证明二人之间发生激烈争吵，且第二天当天王某精神状态尚好，并继续服用了六盒口服液，由此我们认为，罗某案发前与王某通电话的行为并非本案因果关系的介入因素，不能阻断过量服用口服液与王某被诱发冠心病、急性心肌梗死因果关系的成立。3月13日凌晨0时左右，王某晕倒后处于半昏迷状态，其丈夫罗某某以为王某低血糖，给王某喂小碗糖水、准备喂饺子等行为属正常，罗某某在凌晨2时许感觉不对劲即拨打了120急救电话，罗某某上述行为不阻断过量服用口服液与王某被诱发冠心病、急性心肌梗死因果关系的成立。综上，郭某某及其辩护人曾提出的案发前被害人女儿罗某曾打电话与被害人发生口角，被害人病发后其丈夫罗某某未及时将被害人送医，亦可能是致死因素等意见，不能成立。

三、郭某某是否存在过失

本案辩方另一重要辩护意见是，被告人主观上不存在疏忽大意或过于自信的过失，本案应定性为意外事件。经查，证人林某英

（郭某某母亲，保健品销售者）的证言证实，郭某某在案发前对王某曾患有心脏疾病、做过胃部切除手术等病情系明知，郭某某对此亦有明确供述。证人证言证实，郭某某母女在授课、推销产品时称，该口服液可以大量饮用，用量没有封顶。郭某某在供述中承认，其在讲课时曾向被害人丈夫罗某某说过，必须七天之内大量服用，每次喝多少没有上限，要一直喝到有“调整反应”才行；在王某喝之前，罗某某告诉其王某发生过七次脑梗，以及胃溃疡、高血压，胯部做过手术，肾功能不好，问其能不能服用，其答复可以服用，并称如果服用出现酸麻胀痒痛或者上吐下泻发冷发热都是正常的调整反应。郭某某作为保健品销售者，以讲课的方式向被害人推销口服液，并且每天送口服液到被害人家中，为被害人拧开瓶盖，建议被害人在短时间内大量服用，并称喝得越多效果越好，在王某出现不适反应时，其认为王某呕吐和排泄的频率和其他人差不多，觉得没有什么问题，仍劝王某继续服用。综上，我们认为郭某某此前明知王某身患多种非常严重的疾病，且明知服用福龙口服液（I）型会产生呕吐、腹泻等反应，其推销授课、上门销售、帮助王某短时间内大量饮用口服液的先行行为，决定了其有对被害人身体状况可能出现异常、产生不良后果的注意义务。郭某某在帮助王某服用福龙口服液（I）型期间，在王某出现频繁呕吐、腹泻等不良身体反应时，未能根据王某的身体状况作出正确判断，仍帮助王某连续三天大剂量服用该口服液，应当认定其主观上存在疏忽大意的过失。郭某某及其辩护人所提对被害人身体不好的程度并不知情，不具有专业医学知识，无法预见被害人王某的死亡结果，主观上不存在过失的意见不能成立。

编写人：北京市第二中级人民法院　黄小明

143 过失致人死亡罪中被告人过失行为的认定

——郭某过失致人死亡案

【案件基本信息】

1. 裁判书字号

山东省潍坊市中级人民法院（2019）鲁07刑终424号刑事裁定书

2. 案由：过失致人死亡罪

【基本案情】

被告人郭某与吕某某曾系恋人关系。2017年3月，吕某某与郭某分手后未再联系。2017年6月6日21时许，被告人郭某途径某KTV时发现吕某某的车辆，遂到KTV内向吕某某询问分手原因并要求继续保持恋爱关系，遭到拒绝后被告人郭某意图跟踪吕某某找到其住处，遂在KTV外守候。次日凌晨3时许，吕某某为安全起见，要求同事陈某某开车送其回家，被告人郭某发现吕某某乘小型轿车离开后，遂驾驶小型轿车跟随被害人乘坐的车辆，途径华特路、弥河路、骈邑路，一路跟随、追逐吕某某乘坐的车辆。其间，被告人郭某曾要求吕某某停车，后逆行追赶陈某某驾驶轿车，致使陈某某驾驶车辆高速行至华特路与骈邑路口时，闯红灯与一辆大货车相撞，造成陈某某死亡、吕某某重伤。

2017年6月8日，公安机关接到报警后，经初查于同年6月15日以被告人郭某涉嫌过失致人死亡立案调查。6月16日，被告人郭某主动到临朐县公安局治安大队接受讯问并如实供述了犯罪事实。

【案件焦点】

陈某某的死亡和吕某某的受伤是交通事故造成的，被告人郭某不存在过失，其不构成过失致人死亡罪的辩解和辩护意见是否成立。

【法院裁判要旨】

山东省临朐县人民法院经审理认为：对于被告人郭某提出“其没有追赶，只是跟踪被害人的车辆，也不是其造成的交通事故”的辩解意见以及其辩护人提出“陈某某的死亡和吕某某的受伤是交通事故造成的，被告人郭某没有过失，其只是跟踪吕某某乘坐的车辆，过程中没有碰撞和拦截的行为，陈某某驾驶车辆超速闯红灯与货车发生事故的行为，被告人无法预料到，被告人的行为最多只是诱因，不构成过失致人死亡罪”的辩护意见。经查明，从公安机关调取的各路口监控视频可以证明，被告人前期只是跟踪被害人的车辆，但从后期几个路口前后两个车辆几乎同时通过路口看，被告人实际是在追赶，而非跟踪。特别是在临朐中学东北角路口左拐弯时，由于被告人驾驶车辆车速过快，刹车不及，车辆直接冲到了被害人驾驶的车辆前面，两车虽未发生碰撞或剐蹭，但被告人的上述行为已经实际造成了被害人心理慌张甚至恐惧，从被害人在发生事故前给其同事拨打的电话内容“快来救我，有个人一直在追我……”就可以证实，使其在通过路口时处置失当，从而造成了事故的发生。事故发生在凌晨3时许，所追赶路段均属城市主要交通路段，行人虽少，但仍有行驶车辆，被告人郭某作为成年人，其应当意识到高速追逐的行为可能会造成被追逐车辆发生事故导致人员伤亡或财产损失，并发生危害在道路行驶的其他车辆及驾乘人员、行人的健康及公私财产安全的严重后果，同时亦将自己及所驾驶车辆置于危险之中，但由于其疏忽大意没有预见，该结果并非被告人郭某主观上追求的，应定为过失。被告人郭某的辩解及其辩护人的辩护意见均不成立，不予采纳。被告人郭某的行为已构成过失致人死亡罪，依法应予惩处。

山东省临朐县人民法院依照《中华人民共和国刑法》第二百三十三条、第六十七条第一款及《最高人民法院关于处理自首和立功具体应用法律若干具体问题的意见》第一条、第三条之规定，作出如下判决：

被告人郭某犯过失致人死亡罪，判处有期徒刑四年。

宣判后，郭某持原审辩解提起上诉。山东省潍坊市中级人民法院经审理认为：上诉人郭某驾驶机动车追赶被害人陈某某驾驶的车辆，致使被害人驾驶车辆发生交通事故，致一人死亡，一人重伤，其行为已构成过失致人死亡罪，应予刑罚。经查，上诉人郭某意图挽回同吕某某的恋爱关系，遭到拒绝后，在吕某某请求同事陈某某开车送其回家的过程中，郭某为确定吕某某的住所而驾车跟随。根据公安机关调取的发案过程各路口的监控视频，结合证人证言，足以证实郭某从一开始的追踪跟随发展至后来追随追赶的过程，且追赶的紧迫性越来越强，该追赶行为足以造成被害人陈某某心理上的恐慌，终致其驾驶车辆处置不当发生交通事故。上诉人郭某作为心智正常的成年人，应当预见到其行为可能造成被追赶车辆发生事故致人员伤亡或财产损失的后果而没有预见，主观上具有过失，客观上造成了一人死亡，一人重伤的严重后果，其行为符合过失致人死亡罪的构成要件，构成过失致人死亡罪。上诉人郭某及其辩护人提出的上诉理由、辩护意见均不能成立，不予采纳。

山东省潍坊市中级人民法院认为，原审法院认定事实清楚，证据确实、充分，定性准确，量刑适当，审判程序合法。依照《中华人民共和国刑事诉讼法》第二百三十六条第一款一项的规定，作出如下裁定：

驳回上诉，维持原判。

【法官后语】

过失致人死亡罪，是指由于普通过失致人死亡的行为。过失致人死亡罪必须是过失，即应当预见自己的行为可能造成发生他人死亡的危害后果，因为疏忽大意而没有预见，或者已经预见而轻信能够避免，以致发生他人死亡的危害后果。客观上已经造成死亡结果，行为与死亡结果之间必须存在因果关系。

本罪在主观方面表现为过失，即行为人对其行为造成的结果抱有过失的心理状态，包括疏忽大意的过失和过于自信的过失。疏忽大意的过失是指行为人主观上对自己的行为可能造成他人死亡的结果应当预见而没有预见。根据行为人能够预见并防止危害结果的发生，只是因为其疏忽大意才没有预见，以致发生严重危害结果，行为人应当对此结果负法律责任。应当预见是法律对行为人实施某种有意识的行为时，可能造成他人死亡结果的主观上的要求。过于自信的过失，是指行为人对自己的行为可能造成被害人死亡的结果已经预见，但却轻信能够避免这种结果的发生。由于行为人已经预见到自己的行为可能发生他人死亡结果的发生，却没有有效地防止他人死亡结果的发生，没有尽到自己应尽的责任。因此，行为人应对自己因主观上的过于自信的过失造成的危害后果负刑事责任。

针对本案，如何认定郭某的行为存在过失？如果存在过失，是属于疏忽大意的过失还是过于自信的过失？首先肯定一点，造成陈某某死亡及吕某某受重伤的严重后果，不是郭某主观上积极追求的。郭某从最初的追踪跟随到后来的追随追赶行为是有意识的，或者说是故意的，但对致使他人死亡结果的发生是没有预见的。假如被告人郭某明知道会发生致人死亡的严重结果，我们有理由相信，他一定不会采取类似的行为。但是，正如二审裁定所述，郭某作为心智力正常的成年人，应当预见其行为可能造成被追赶车辆发生事故致人员伤亡或财产损失的后果，由于疏忽大意而没有预见，主观上具有过失。这是法律对行为人实施某种有意识的行为时，可能造成他人死亡结果的主观上的要求。当然，这种结果的造成与被害人心理承受状态、临机处置能力等不无联系，但这不足以排除对被告人过失行为的认定并对其处以刑罚。这也从另一角度体现了宪法和法律对于人的生命权的重视和尊重。

编写人：山东省临朐县人民法院　窦秀兵

144　互殴中致特殊体质者死亡，如何认定行为人对危害结果具有预见可能性与主观上存在过失

——关某忠过失致人死亡案

【案件基本信息】

1. 裁判书字号

广西壮族自治区河池市中级人民法院（2019）桂 12 刑终 203 号刑事附带民事裁定书

2. 案由：过失致人死亡罪

【基本案情】

被告人关某忠与被害人吴某均为河池市宜州区庆远镇和平路居民，两家相邻。吴某因患有心脏疾病，于2014年4月30日至2014年6月6日在广西医科大学第一附属医院住院治疗，诊断为心脏瓣膜病、主动脉瓣关闭不全、二尖瓣关闭不全、肺动脉高压、心功能三级，于2014年5月7日在该院行主动脉瓣置换+二尖瓣成形+三尖瓣成形+左房折叠+心表临时起搏器安置+胸腔闭式引流术+心包松解术。

2018年6月1日12时许，关某忠在河池市宜州区庆远镇和平路其家与吴某家相靠的墙体前面用混凝土固定一块石板。几分钟后，吴某从自家出来指责关某忠在该处放置石板，双方为此发生争吵，后演变为相互推搡、互殴。其间，吴某从地上捡起一小块砖头砸中关某忠的左边肩膀，关某忠则用右脚自下往上朝吴某的下腹部位置踢了一脚，吴某被踢后立即身体僵硬地仰面向后倒地。在现场对面的钱某见状拨打急救电话，医务人员赶到现场时，吴某已无生命体征，经现场抢救仍无生命体征，宣告死亡。当天12时15分许，吴某的女儿吴某洁到河池市公安局宜州分局城东派出所报警，公安人员出警后，经现场询问调查，发现关某忠具有重大作案嫌疑，在关某忠家门口将其抓获。经河池市公安局宜州分局物证鉴定室鉴定，吴某是在生前患有心脏疾病的基础上，睾丸遭外力作用引起心源性心脏骤停而死亡。

附带民事诉讼原告人吴某洁、吴某静、吴某涛诉称，由于被告人关某忠的犯罪行为，请求判令被告人关某忠赔偿各项损失共计499252元。三附带民事诉讼原告人的诉讼代理人提出，被告人关某忠的行为应定性为故意伤害罪。

被告人关某忠辩解称：(1) 其不知道被害人吴某患有心脏疾病；(2) 其没有踢中被害人吴某的睾丸，吴某睾丸的损伤不是其所致。被告人的辩护人邱某提出的辩护意见为：(1) 指控被告人关某忠踢中被害人吴某的睾丸事实不清，证据不足；(2) 被害人吴某的死亡结果与被告人关某忠的踢踹行为之间没有直接关联性。

【案件焦点】

1. 被害人的死亡结果与被告人的踢踹行为之间是否有直接关联性；2. 被告人是否明知被害人患有心脏疾病，对其行为应定性为故意伤害还是过失致人死亡。

【法院裁判要旨】

广西壮族自治区河池市宜州区人民法院经审理认为：被告人关某忠因琐事与被害人吴某发生争执并相互殴打时，应当预见自己朝被害人下腹部位置踢踹的行为可能造成被害人伤亡的后果，由于疏忽大意而没有预见，致被害人在生前患有心脏疾病的基础上，睾丸遭外力作用引起心源性心脏骤停而死亡，其行为构成过失致人死亡罪。公诉机关指控被告人关某忠犯过失致人死亡罪的事实和罪名成立。被告人关某忠在与被害人吴某互殴的过程中致吴某死亡，在吴某无过错的情况下，被告人关某忠应承担全部的赔偿责任。广西壮族自治区河池市宜州区人民法院依法作出如下判决：

一、被告人关某忠犯过失致人死亡罪，判处有期徒刑四年六个月；

二、被告人关某忠赔偿附带民事诉讼原告人吴某洁、吴某静、吴某涛人民币 33228 元；

三、驳回附带民事诉讼原告人吴某洁、吴某静、吴某涛的其他诉讼请求。

二审法院同意一审法院裁判意见。广西壮族自治区河池市中级人民法院经审理认为：原判认定事实清楚，证据确实、充分，定罪准确，量刑适当，适用法律正确，审判程序合法，应予以维持。河池市人民检察院建议驳回上诉，维持原判的意见，本院予以采纳。依照《中华人民共和国刑事诉讼法》第二百三十六条第一款第一项之规定，裁定如下：

驳回上诉，维持原判。

【法官后语】

本案系因邻里琐事引发的轻微矛盾，被告人关某忠与被害人吴某发生争执并相互殴打时，应当预见自己朝被害人下腹部位置踢踹的行为可能造成被害人伤亡的后果，由于疏忽大意而没有预见，致被害人在生前患有心脏疾病的基础上，睾丸遭外力作用引起心源性心脏骤停而死亡。

本案争议的焦点在于被害人吴某的死亡与被告人关某忠的行为是否具有刑法上的因果关系和被告人关某忠主观上是否有过失。主要理由如下：

1. 被害人的死亡与行为人的行为是否具有刑法上的因果关系。在故意伤害特殊体质者致其死亡案件中，被害人的特殊体质不是介入因素，而是行为时已经存在的特定条件，不影响伤害行为与死亡结果之间的因果关系。在本案中，现场监控视频证实：（1）在吴某被关某忠踢踹之前，吴某肢体动作正常，在吴某被关某忠踢踹之后，吴某在倒地之前立即出现身体僵硬的情形，继而仰面往后倒地静止不动；(2) 关某忠是用右脚自下往上朝吴某的下腹部踢踹，吴某倒地时屁股先着地。故可以排除吴某在被关某忠踢踹之前，以及吴某在倒地的过程中睾丸受伤引起心源性心脏骤停的可能，现场监控视频客观地反映出吴某是在被关某忠踢踹之后，立即出现身体僵硬的情形，继而仰面往后倒地静止不动。故认定被告人关某忠踢中被害人吴某的睾丸，致吴某在生前患有心脏疾病的基础上，睾丸遭外力作用引起心源性心脏骤停而死亡事实清楚，证据确实充分，被害人吴某的死亡结果与被告人关某忠的踢踹行为之间具有直接关联性。

2. 行为人主观上是过失还是故意，被告人关某忠的行为是构成故意伤害罪还是过失致人死亡罪。故意伤害致死还是过失致人死亡罪的区分是司法实践中经常遇到而且争议较大的问题。二者在客观上都造成了被害人死亡的结果，主观上对死亡结果均出于过失。区分二者的关键在于行为人主观上有无伤害他人身体健康的故意。在司法实践中，要查明行为人主观上有无伤害他人身体健康的故意比较困难，尤其是在推搡中打一拳、踢一脚致人死亡的情况下，要认定行为人主观上有无伤害的故意更为困难。主观故意总是通过客观行为予以体现出来，可以通过对案件的起因、有无预谋、有无使用工具、打击的部位、打击力度、有无节制、双方的关系等多方面进行综合判断、分析，从而准确认定行为人案发时的主观故意。本案客观上被告人关某忠与被害人吴某因邻里琐事引发轻微矛盾，且双方均已年迈，在互殴的过程中，互殴的强度、力度均较小，持续的时间较短，导致被害人吴某睾丸遭外力作用引起心源性心脏骤停而死亡，是在吴某生前患有心脏疾病的基础上发生的，没有证据证实被告人关某忠事前知道被害人吴某患有心脏疾病，故不能认定被告人关某忠主观上明知其与患有心脏疾病的人互殴，可能导致对方心脏疾病发作死亡的后果，而希望或者放任该危害后果的发生，被告人关某忠的行为不符合故意伤害罪的构成要件。

编写人：广西壮族自治区河池市宜州区人民法院　蓝艳逢

145　结果预见义务与结果避免义务的准确认定

——万某过失致人死亡案

【案件基本信息】

1. 裁判书字号

北京市第二中级人民法院（2017）京02刑终164号刑事附带民事裁定书

2. 案由：过失致人死亡罪

【基本案情】

2015年1月21日22时许，被告人万某在甲酒店与李某发生冲突，随后纠集他人来到现场。当日23时30分左右，被害人李某与朋友走出酒店准备离开时被被告人万某拉拽至酒店北侧地下通道上方石台处，李某在挣脱过程中有后仰下坠动作，被告人万某及朋友一同将其拽至另一侧灌木处，但李某继续挣脱，随后失足坠入地下通道。经医治，李某于2015年1月24日死亡。经刑事科学技术鉴定，李某符合巨大钝性外力作用于躯体右侧致肝脏破裂导致失血性休克，凝血功能障碍，最终呼吸、循环衰竭死亡。被告人万某于2015年2月3日被传唤。

因被害人李某死亡给附带民事诉讼原告人造成的各项经济损失：医疗费 102867.82 元、丧葬费及部分交通费、误工费、住院伙食补助费、住宿费等。

【案件焦点】

被告人的行为构成疏忽大意的过失犯罪还是过于自信的过失犯罪。

【法院裁判要旨】

北京市东城区人民法院经审理认为：被告人万某无视国法，因琐事将醉酒后的被害人强行带至危险地带，虽预见到被害人可能发生危害后果，并采取了一定避险手段但并未完全尽到注意义务，致被害人失足死亡，其行为已构成过失致人死亡罪，但应属情节较轻。辩护人关于被告人无罪的辩护意见，综观全案证据可见，被害人被强行带至地下通道入口附近时处于醉酒状态，意识已不清醒，被告人此时已预见到被害人可能发生危险，也采取了拉拽被害人到安全地带的措施，尽了一定注意义务。但此后被告人完全有能力将被害人交予对方看管终止争执避免危害后果发生。而其只是自信地认为只要不再纠缠，被害人定会由对方人员看管保证安全，使其本应承担的注意义务并未完全尽到。同时被害人失足坠入地下通道后被告人并未采取任何救助措施而迅速逃离现场，故辩护人的辩护意见无事实、法律依据，不予采纳。被害人失足死亡与被告人的犯罪行为存在因果关系，因此造成附带民事诉讼原告人的财产损失，被告人理应依法按其责任比例予以赔偿。附带民事诉讼原告人要求被告人赔偿医疗费、丧葬费、误工费、护理费、住院伙食补助费并无不妥，但误工费、护理费、住院伙食补助费三项，未提供相关证据，另要求的交通费、住宿费数额过高，法院均依据相关规定酌情确定。据此，对被告人万某依照《中华人民共和国刑法》第二百三十三条、第三十六条第一款及《中华人民共和国民法通则》第一百一十九条之规定，判决如下：

一、被告人万某犯过失致人死亡罪，判处有期徒刑一年十个月；

二、被告人万某赔偿附带民事诉讼原告人各项经济损失共计人民币75000元；

三、驳回附带民事原告人的其他诉讼请求。

一审宣判后，被告人万某提起上诉。上诉理由是：被害人的死亡与其没有因果关系，自己不应承担责任，请求改判其无罪。

北京市第二中级人民法院经审理同意一审法院的裁判意见，裁定如下：

驳回上诉，维持原判。

【法官后语】

违反注意义务是导致危害结果发生的直接原因，行为人需对出于本人意识状态下的行为负责，一个行为或一个事件的危害结果具有一定的可预见性和可避免性，这就要求有注意能力的行为人在行为时小心谨慎，集中精力去认识行为的危害性质，以避免实施危害社会的行为、导致危害结果的发生。由于注意义务分为结果预见义务和结果避免义务，所以过失犯罪的行为类型相应地也就分为疏忽大意的过失犯罪和过于自信的过失犯罪。在疏忽大意的过失犯罪的情况下，具备注意能力的行为人应当预见结果而没有预见，违反了结果预见义务进而导致危害结果的发生；在过于自信的过失犯罪的情况下，具备注意能力的行为人已经预见了结果，虽然并不希望结果发生但因轻信能够避免而没有采取足够的措施，最终导致危害结果的发生，违反了结果避免义务。

笔者认为，本案中被告人的行为应构成过于自信的过失犯罪，理由如下：

首先，被告人具有注意能力。考量到行为人的年龄、职业、经验、当时的客观环境，当晚被告人没有饮酒，虽然其有“教训”被害人的意图、情绪比较激动，但这并不影响其作为一个正常人的认知水平，可以认定被告人具备正常的注意能力。被告人已经预见被害人处于危险状态，尽到了结果预见义务。被害人李某在被带至地下通道上方石台处后，有后仰下坠的动作，被告人意识到被害人意识不清醒，其先前的行为可能产生严重危害结果，因此和朋友一同将其拽至另一侧灌木处，被告人的这一行为证明其已经预见被害人可能发生危险后果。

其次，被告人具备结果预见义务。判断行为人是否违反了注意义务，应当结合主、客观两个方面来认定，以主观标准为根据、以客观标准作参考。主观标准以行为人的注意能力为基础，结合其具体环境下的认知能力，对行为人的结果预见义务和结果避免义务作出判断；客观标准就是对于一般的正常人、在正常条件下的结果预见义务和结果避免义务。因此，行为人是否违反了注意义务，主要就是将主观标准和客观标准进行比较，当行为人的主观标准低于客观标准时，行为人就不应当预见或者避免危害结果，此时即使危害结果发生也不能认定行为人有过失；当行为人的主观标准可以达到客观标准，行为人就有能力预见或者避免危害结果的发生，有能力预见但却没有预见，要承担疏忽大意的过失责任，虽已预见但却没有避免危害结果的发生，则要承担过于自信的过失责任。被告人明知被害人饮酒，还将其带至地下通道上方石台处，客观上使被害人处于危险之中，被告人的先行行为使其产生了一定的注意义务。而被害人当晚饮酒较多意识已不清醒，被带至地下通道时有下仰动作，被告人不仅应预见被害人可能陷入危险，而且有能力和义务使被害人脱离险境，恢复安全状态。

最后，被告人具备预见义务却没有避免危害结果的发生。被告人没有尽到结果避免义务。虽然被告人将被害人拉离了石台，但并没有实施有效的行为使被害人脱离险境，只是将有一定行为能力的被害人拉离隔离带，并看到被害人的朋友在周围，就轻信能够使被害人脱离危险状态。也正是由于被告人没有将被害人交与其朋友妥善照看，导致被害人轻易挣脱，走到石台处坠落死亡。因此，行为人具有注意能力，在具备结果预见义务的前提下，没有避免危害结果的发生，故被告人的行为构成过于自信的过失致人死亡罪。

编写人：北京市东城区人民法院　石魏

146 认定过失犯罪中应以注意能力作为审查注意义务的关键

——陈某过失致人死亡案

【案件基本信息】

1. 裁判书字号

重庆市第一中级人民法院（2017）渝01刑终602号刑事裁定书

2. 案由：过失致人死亡罪

【基本案情】

2015年8月25日，被告人陈某与其女友即被害人鞠某某共同入住甲商务宾馆。同年8月27日中午，陈某与鞠某某发生矛盾。鞠某某使用陈某购买的水果刀割手腕自残，以表达偿还对陈某的亏欠，并右手握刀躺在床上。陈某按住鞠某某的手腕帮其止血，并用浴巾垫在左手腕下。陈某在劝解鞠某某过程中再次发生矛盾。鞠某某生气并举刀刺向自己。陈某立即双手抓住鞠某某持刀的右手欲阻止其自残。双方在争夺刀具的过程中，陈某重心发生改变，倒向鞠某某，同时松开左手撑住床，右手握在鞠某某持刀的右手上，因惯性随鞠某某使力的方向捅去，刀刃全部没入鞠某某左胸部。陈某认为鞠某某已死亡，未采取任何救助措施。同日18时30分许，陈某离开宾馆后跳水自杀未能成功。经鉴定，鞠某某死亡原因系左肺动脉破损致失血性休克死亡，死亡时间为2015年8月27日14时至16时。

【案件焦点】

1. 被告人陈某对被害人二次自残前的言辞及被害人二次自残时的夺刀行为可能引发的结果是否具有注意义务；2. 被告人陈某对因上述行为而引发相应后果的过程中是否具有注意能力；3. 被告人陈某在被害人被刺后的相关行为是否加速了被害人的死亡或者阻碍了被害人及时获得救治。

【法院裁判要旨】

重庆市渝北区人民法院经审理认为：根据被告人陈某自己的认知能力或是一般常识均无法预见和判断鞠某某被刺。在案证据仅能认定被告人陈某没有鼓动被害人鞠某某自伤或自残的言行，被害人鞠某某的死亡是由其自伤行为所导致的，被告人陈某在整个事件中不存在疏忽大意或者过于自信的过失行为，公诉机关指控被告人陈某犯过失致人死亡罪的证据不足，指控的罪名不能成立。关于附带民事诉讼原告人的诉讼请求，因现有证据不足以证实被告人陈某有侵权行为，故不应由被告人陈某承担赔偿责任。遂判决被告人陈某无罪并依法驳回附带民事诉讼原告人的附带民事诉讼请求。

宣判后，重庆市渝北区人民检察院以被告人陈某存在疏忽大意的过失，陈某的行为与死亡结果之间具有刑法上的因果关系，陈某的行为构成过失致人死亡罪，原审判决确有错误为由提出抗诉。附带民事诉讼原告人提出上诉。

重庆市第一中级人民法院经审理认为：两人发生争执时，陈某言辞欠妥当但并非内容明确的唆使或挑衅，不能据此认为陈某应当预见鞠某某可能第二次自残，亦不能认定陈某的行为直接导致鞠某某二次自残。虽然鞠某某的死亡确系双方力量叠加造成，但该结果的发生超出陈某的预期，也超出社会一般人的预期，陈某主观上没有过失。现有证据不足以证实陈某确有拔刀行为，即使有该行为，亦无证据证实陈某拔刀行为与鞠某某死亡结果之间的联系，故不能认定该行为与鞠某某的死亡结果之间存在因果关系。现无证据证实鞠某某被捅刺后有被救治的可能，系因陈某离开失救而死，故不能认定陈某的未救治行为与鞠某某的死亡结果之间存在因果关系。综上，陈某的行为不构成过失致人死亡罪，不应承担民事赔偿责任。原审判决认定事实和适用法律正确，审判程序合法。遂依法裁定：

驳回抗诉及上诉，维持原判。

【法官后语】

注意义务的实质是科以行为人防止相应结果发生的义务。但在具体案件中，由于行为人受教育程度、知识经验、客观环境等因素的影响，对相应结果的预见及避免能力有所差异，即存在注意能力上的异同。因此，在认定行为人构成过失犯罪时，首先，应以一个处于行为人立场上的合理、审慎的一般人会采取的措施作为行为准则，确定行为人负有的注意义务内容。同时，该义务应当与行为结果的紧迫性及危害程度相匹配。其次，考察行为人的注意能力，特别是在在案证据能够证明其注意能力受知识经验、客观环境等因素影响，无法达到一般人的行为标准时，应当在行为人可能预见到的结果限度内，以其当时所具备的注意能力确定注意义务。当行为人的行为与上述标准均存在偏离时，应当认定其违反注意义务，而当行为人受自身或者外部因素影响没有认识到其不具备行使适当行为的能力时，应当减轻或者免除其责任。

1. 关于被告人陈某是否具有相应注意义务的问题

本案中，被告人陈某供述其与被害人鞠某某因感情问题发生争吵，鞠某某为偿还陈某遂用水果刀割手腕，陈某见状为鞠某某止血。鞠某某认为二人已经扯平便提出分手，陈某质问鞠某某“你这样就算还了吗”，鞠某某说“不够我再割一刀”，遂举刀刺向自己继而导致被刺身亡。

在鞠某某第一次自残后，陈某的言辞虽欠妥当，但并不含有明显的唆使或者挑衅意图，并且从鞠某某前一次自残的手段及位置看，其没有自杀意图。此时，陈某对其言辞的注意范围显然不应当包括可能造成鞠某某自杀的后果。因此，陈某在该时段不具有注意义务。

然而，在鞠某某第二次挥刀时，陈某基于二人间的恋爱关系，特别是二人处于密闭的酒店房间内这一要素，负有阻止危害后果发生的注意义务。根据一般人的立场，基于特定关系，特别是特定的空间环境，在场人员应当对鞠某某的自残行为进行即时、有效的阻止，并防止伤害结果扩大。因此，对陈某注意能力的考察是其是否构成犯罪的关键。

2. 关于被告人陈某是否具有相应注意能力的问题

本案中，在鞠某某第二次用水果刀刺向自己时，陈某立即向相反方向夺刀，但因作用力的叠加使陈某重心改变，导致被告人陈某将刀刺入了被害人左胸部。

在面对该情况时，一般人的合理反应是用与被害人相反方向的作用力夺刀以阻止危害结果发生。但是如前所述，陈某在第二次自残行为前无法预计被害人会以自身生命安全作为自残对象。因此，对陈某注意能力的考察应当以行为时的客观条件为前提。

本案中，陈某的供述、侦查实验笔录及尸检报告能够相互印证，证实由于事发突然，陈某在当时仓促的时间和局促的空间下，不具备即时调整位置，同时尽力阻止危害结果发生的能力。即使陈某能够预见其夺刀行为可能失手导致鞠某某受伤，但受制于时间、空间因素，也不必然具备避免危害结果发生的可能性。在注意义务与注意能力不相匹配的情况下，苛责行为人严格履行注意义务是没有事实基础的。所以，该结果的发生超出陈某的预期，也超出一般人的预期，陈某在该过程中不具备注意能力，也不负有注意义务。

3. 关于被告人陈某事后行为的问题

在鞠某某被刺之后，陈某具有救助义务，但应当注意救助义务的附随性与限定性。本案中，陈某基于其与鞠某某之间的身份关系和共处封闭空间无法得到其他人救助的客观情况而负有救助义务。

同时，由于该被刺状态是因为不可归责于陈某的原因所引起的，因此不应过分扩充救助义务的范围。

陈某供述在水果刀刺入鞠某某胸部后，其用手触碰刀柄，发现有血流出，继而通过摸鼻息、听心跳等方式确认被害人没有生命迹象，于是离开房间。陈某触碰刀柄的行为是对当时情况进行试探的本能表现。陈某依据刺入部位及渗血的情况，根据其个人生活经验判断，认为被害人不具备救治可能，因此应当认定陈某已实施了必要的救助行为。本案中，没有证据证实该行为是在加害故意的驱使下所为，也没有证据证实该触碰行为加速了被害人的死亡。事后陈某离开房间的行为，联系其跳桥的举动，应当认定是由于事发的突然性与冲击性所造成的应激行为。而本案中，没有证据证实被害人确切的死亡时间，从而也无法证实被害人是否具有救助可能。因此，不能认定被告人陈某的事后行为加速了被害人的死亡或者延误了被害人的救治。

综上，在案证据仅能证实被告人陈某没有鼓动被害人鞠某某自伤或自残的言行，被告人陈某在被害人第二次自残中不具有相应的注意能力，不负有相应的注意义务，现有证据不足以证实被害人是否具备救治可能及确切的死亡时间。故被告人陈某不构成犯罪，不承担民事赔偿责任。

编写人：重庆市渝北区人民法院　唐中政　刘杨

147 实施一般殴打行为致人摔倒后死亡的定性

——徐某过失致人死亡案

【案件基本信息】

1. 裁判书字号

广东省潮州市中级人民法院（2016）粤51刑终124号刑事裁定书

2. 案由：过失致人死亡罪

【基本案情】

被告人徐某与被害人吴某良原系亲戚、朋友关系，双方不存在矛盾或积怨。

2015年6月11日晚上9点多，吴某良邀请徐某、徐某贤、李某、刘某贵等人到甲酒吧喝酒。至6月12日凌晨1时左右，吴某良与徐某、徐某贤、李某、刘某贵等人又转至乙酒吧继续喝酒。其间，吴某良无故拿酒泼徐某，徐某遂与刘某贵走到乙酒吧外面停车场的池塘边坐着。

当天凌晨2点多，吴某良及徐某贤、李某等人喝完酒后离开乙酒吧走到停车场时，因吴某良挑衅导致其与徐某发生口角并互相推搡、踢打。其间，徐某挥手打中吴某良胸颈部一下，致吴某良倒地且头部后枕部碰撞到地面。徐某见状即停手并蹲下去问吴某良要不要回去，吴某良称睡一下再走，徐某遂离开现场。随后，在场的徐某贤等人将吴某良扶上三轮车后送到庵埠镇安南路某出租屋310房间内睡觉，徐某也返回该处睡觉。

后来，吴某良出现呕吐、头痛症状，但因被认为系醉酒而没有及时送医。至当天下午6时许，吴某良被发现在出租屋内死亡。出租屋经营者谭某文遂于当天晚上以吴某良可能酒精中毒致死为由报警，民警到场后将在场的徐某等人带回调查。徐某在公安机关未确定犯罪嫌疑人，尚在一般性排查询问时主动交代自己的罪行。

经鉴定：吴某良系运动中的头部以后枕部为接触点与静止的钝性物作用致颅脑严重损伤而死亡。

【案件焦点】

行为人实施一般殴打行为致被害人倒地受伤后死亡，其行为构成故意伤害罪还是过失致人死亡罪。

【法院裁判要旨】

广东省潮州市潮安区人民法院经审理认为：被告人徐某因小故与人冲突过程中，疏忽大意而致一人死亡，其行为已构成过失致人死亡罪，应依法予以惩处。公诉机关指控被告人徐某的行为构成故意伤害罪不当，应予纠正。被告人徐某有自首情节，予以从轻处罚。鉴于被害人对引发本案存在一定的过错，且徐某在赔偿后取得被害人家属的谅解，对徐某予以酌情从轻处罚。依照刑法有关条款之规定，判决如下：被告人徐某犯过失致人死亡罪，判处有期徒刑三年。

宣判后，潮州市潮安区人民检察院提出抗诉，称徐某的行为构成故意伤害罪而非过失致人死亡罪。

广东省潮州市中级人民法院经审理认为：原审判决定罪正确，量刑恰当，审判程序合法，遂裁定：

驳回抗诉，维持原判。

【法官后语】

故意伤害致死与过失致人死亡罪的区分是司法实践中经常遇到但又争议较大的问题。二者在客观上都造成了被害人死亡的结果，主观上对死亡结果均出于过失。区分二者的关键在于行为人主观上有无伤害他人身体健康的故意。故意伤害致死的行为人在主观上有伤害他人身体健康的故意，过失造成的死亡结果，则是故意伤害罪的加重情节。而过失致人死亡罪的行为人在主观上既无伤害他人身体健康的故意，更无剥夺他人生命的故意，对他人伤亡的结果是疏忽大意或者过于自信的心理状态。刑法通说认为，一般生活上的“故意”不等于刑法意义上的伤害故意，一般殴打行为不等于刑法意义上的伤害行为。因此，不能将所有的“故意”殴打致人死亡的案件，都认定为故意伤害致死。如果行为人只具有一般殴打的意图，并无伤害的故意，只是由于某种原因或条件引起的死亡结果，就不能认定为故意伤害致死；如果行为人主观上对死亡结果具有过失，就应认定为过失致人死亡罪。

在司法实践中，要查明行为人主观上有无伤害他人身体健康的故意比较困难，尤其是在推搡中打一拳、踢一脚致人死亡的情况下，要认定行为人主观上有无伤害的故意就更加困难，也没有现成的标准可以套用。但是，由于主观故意总是通过客观行为予以体现出来，因此，我们可以通过对案件的起因、有无预谋、有无使用工具、打击部位、打击力度、有无节制、双方的关系等多方面进行综合分析判断，从而准确认定行为人案发时的主观故意，进而避免客观归罪。

就本案而言，（1）从案件的起因和有无预谋看，本案是因被害人吴某良酒后挑衅而引发的激情犯罪案件，徐某在遭到挑衅后与吴某良互相推搡、踢打，并在此过程中将吴某良打倒在地，徐某事先没有伤害吴某良的预谋。(2) 从目的动机看，徐某在与吴某良互相推搡、踢打过程中，为逞一时意气而挥手打中吴某良胸颈部，但此举只是一时意气所致，并不当然意味着徐某有伤害的故意和目的。(3) 从有无使用工具看，徐某并没有使用工具，而只是徒手打中吴某良。(4) 从打击部位和力度看，徐某并没有有选择性地刻意打击吴某良的要害部位，而是随机打中吴某良的胸颈部一下。虽然客观上吴某良被打后即跌倒，由此可以推断该打击有一定的力度，但由于该打击在正常情况下一般不会直接致人损伤，因此不能由此片面推断出徐某有伤害吴某良的故意。(5) 从有无节制方面看，徐某在吴某良倒地后即停手，没有继续上前实施殴打，行为较为克制，可说明其并没有伤害吴某良的故意。(6) 从死因看，吴某良是被打后因外因自然力的作用，后脑着地致颅脑严重损伤而死亡，而不是被打中胸颈部后发生病变而直接引起死亡。(7) 从双方的关系看，徐某与吴某良系亲戚、朋友关系，平时关系较好，不存在矛盾或积怨。徐某此次酒后因小故与吴某良发生口角并互相推搡、踢打，从情理上分析，难以认定徐某有伤害吴某良的故意。综上，结合本案起因、有无预谋、打击部位、有无节制、双方的关系等综合分析判断可知，在案证据不足以认定徐某主观上具有伤害吴某良的故意，法院依法认定徐某的行为构成过失致人死亡罪是正确的。

编写人：广东省潮州市中级人民法院　江瑾　沈斌

（三）故意伤害罪

148 共同故意伤害案件中部分共犯实施故意杀人行为，其他共犯对被害人死亡是否应承担责任

——赵某辛、刘某故意伤害案

【案件基本信息】

1. 裁判书字号

浙江省丽水市中级人民法院（2021）浙 11 刑终 7 号刑事附带民事裁定书

2. 案由：故意伤害罪

【基本案情】

2015 年 6 月 13 日晚，应某芳（已判决）与孙某某、庞某某等人在蔡某某家中商量处理纠纷，庞某某因替孙某某说话，与应某芳发生言语冲突。6 月 14 日晚，应某芳与庞某某、被害人周某某（系庞某某的朋友）等人再次在蔡某某家中相遇，其间，周某某与应某芳有言语冲突。

2015 年 6 月 15 日凌晨 1 时许，被告人刘某、赵某辛与应某芳、孙某某、应某某、王某某、庞某某、被害人周某某在某大排档内吃夜宵。其间，周某某因与应某芳、刘某言语不和发生争吵，周某某拿出刀放在桌上，刘某走到夜宵摊门口欲与周某某对峙，后被在场其他人员劝阻，八人继续就座吃夜宵。十余分钟后夜宵结束，八人陆续走出夜宵摊门口，应某芳在门口突然掏出一把刀捅

刺走在前面的周某某。周某某被刺后跑到前面的围栏处，应某芳继续上前捅刺，二人扭打在一起。刘某见状也冲上去殴打周某某，庞某某欲上前阻止，二人扭扯在一起，后庞某某被赵某辛一把拉开，刘某与庞某某在纠缠中一起往东北菜馆方向跑去。孙某某、王某某上前将应某芳、周某某分开后，赵某辛从刘某的轿车后备箱拿出棒球棍击打周某某的头部、胸腹部、腿部等部位数下。后周某某逃至大排档附近的小巷内，刘某驾车与应某芳、赵某辛一同离开现场。之后周某某被找到并送至医院，经抢救无效死亡。经法医学鉴定，被害人周某某系左胸部锐器伤致肺脏破裂大出血死亡。

附带民事诉讼原告人周某龙系被害人周某某的父亲，其因周某某死亡遭受的合理经济损失为人民币 1361580 元。应某芳已赔偿周某龙人民币 80000 元。

【案件焦点】

在共同的故意伤害犯罪中，同案犯超出共同犯罪故意，实施故意杀人行为，其他共犯的行为与被害人死亡无直接因果关系，但存在间接因果关系，是否应当对被害人的死亡承担责任。

【法院裁判要旨】

浙江省缙云县人民法院经审理认为：被告人赵某辛、刘某故意伤害他人身体，与他人的行为共同致人死亡，其行为构成故意伤害罪。公诉机关指控的罪名成立，予以支持。附带民事诉讼原告人周某龙因被害人周某某死亡遭受的合理经济损失为死亡赔偿金 1325541 元、丧葬费 36039 元，其诉请的死亡赔偿金 1215274 元、丧葬费

33216元，少于合理经济损失的部分视为其主动放弃，故对其诉请的该部分经济损失予以支持。因被害人对本案的发生存在过错，可以减轻二被告人及附带民事诉讼被告人的赔偿责任，故由二被告人及附带民事诉讼被告人承担95%的赔偿责任。被害人的死亡系由附带民事诉讼被告人应某芳直接造成，由其承担70%的赔偿责任，即赔偿额为873943元，扣除已赔偿的80000元，还需赔付793943元；被告人赵某辛承担15%的赔偿责任，即赔偿额为187273.5元，被告人刘某承担10%的赔偿责任，即赔偿额为124849元，三人互负连带赔偿责任。附带民事诉讼原告人周某龙诉请的抢救费、交通费、住宿费、停尸费、精神抚慰金等费用，不予支持。在共同犯罪中，二被告人起次要作用，系从犯，依法应当从轻、减轻处罚或者免除处罚。被告人赵某辛如实供述了自己的主要犯罪事实，依法可从轻处罚。被告人刘某主动投案，归案后未如实供述自己的犯罪事实，不能认定为自首，但对其主动投案的行为可酌情从轻处罚。

浙江省缙云县人民法院依照《中华人民共和国刑法》第二百三十四条第二款、第二十五条第一款、第二十七条、第六十七条第三款、第三十六条第一款，《中华人民共和国刑事诉讼法》第一百零一条第一款，《中华人民共和国民事诉讼法》第六十四条第一款、第一百二十四条第五项的规定，作出如下判决：

一、被告人赵某辛犯故意伤害罪，判处有期徒刑四年；

二、被告人刘某犯故意伤害罪，判处有期徒刑三年六个月；

三、被告人赵某辛赔偿附带民事诉讼原告人周某龙死亡赔偿金、丧葬费等经济损失计人民币187273.5元；被告人刘某赔偿附带民事诉讼原告人周某龙死亡赔偿金、丧葬费等经济损失计人民币124849元；附带民事诉讼被告人应某芳赔偿附带民事诉讼原告人周某龙死亡赔偿金、丧葬费等经济损失计人民币873943元，已赔偿人民币80000元，还需赔偿人民币793943。被告人赵某辛、刘某、附带民事诉讼被告人应某芳互负连带赔偿责任，款限本判决生效后即交本院代转；

四、驳回附带民事诉讼原告人周某龙的其他诉讼请求。

赵某辛、刘某提起上诉。浙江省丽水市中级人民法院经审理认为：被告人赵某辛、刘某故意伤害他人身体，与他人的行为共同致人死亡，其行为构成故意伤害罪。在共同犯罪中，二被告人起次要作用，系从犯，应当从轻、减轻处罚或者免除处罚。被告人赵某辛如实供述了自己的主要犯罪事实，可以从轻处罚。被告人刘某主动投案，归案后未如实供述自己的犯罪事实，不能认定为自首，但对其主动投案的行为可酌情从轻处罚。两被告人应承担相应的民事赔偿责任。原判认定事实清楚，证据确实、充分，定罪及适用法律正确，量刑适当，民事赔偿处理适当，审判程序合法。被告人赵某辛、刘某提出改判的上诉理由均不成立，不予采纳。丽水市人民检察院建议驳回上诉，维持原判的意见，予以支持。

浙江省丽水市中级人民法院依照《中华人民共和国刑法》第二百三十四条第二款、第二十五条第一款、第二十七条、第六十七条第三款、第三十六条第一款，《中华人民共和国刑事诉讼法》第一百零一条第一款、第二百三十六条第一款第一项的规定，作出如下裁定：

驳回上诉，维持原判。

【法官后语】

本案中，同案犯应某芳因故意杀人罪已判决，关键在于本案被告人赵某辛、刘某是否在故意伤害罪的范围内与应某芳构成共犯及二被告人是否应对被害人死亡这一结果承担责任。

经查，应某芳在实施故意杀人犯罪前及犯罪过程中，与被告人赵某辛、刘某并无共同犯罪之通谋，本案的发生系应某芳突发报复念头而对被害人周某某进行捅刺，二被告人事中参与殴打周某某，周某某系因左胸部锐器伤致肺脏破裂大出血死亡。致人死亡是故意伤害罪的结果加重情形，其成立应当符合三个条件：（1）行为人对基本犯罪有故意；（2）基本犯罪行为与加重结果之间有因果关系；（3）行为人对结果的发生存在预见的可能性因疏忽大意没有预见，或已预见而轻信能够避免，以致结果发生。本案中，赵某辛、刘某事中参与殴打周某某，存在故意伤害周某某的主观故意，但是否构成结果加重犯，关键应当考察二人之行为与被害人死亡之间是否存在因果关系及二被告人对该结果的发生是否可能预见。

对此，有认为，致人死亡的结果不应由二被告人承担。第一，根据法医学尸体检验鉴定书可知，周某某系因左胸部锐器伤致肺脏破裂大出血死亡，该致死结果与二被告人的行为并无直接因果关系。现有证据也无法充分证明二被告人的行为是否在一定程度上加速了被害人的死亡、延误了被害人获得抢救的机会。第二，现有证据不足以证明二被告人知晓应某芳携有刀具或知晓其持刀捅刺周某某。因此，二被告人不可能预见应某芳会临时产生犯意突然持刀捅刺周某某，也不可能预见周某某会因此死亡。显然应某芳持刀故意杀害周某某的行为超出了二被告人伤害周某某的共同故意，不应由二被告人承担致人死亡的责任。由于现有证据无法证明二被告人之行为造成被害人轻伤及以上损害程度，不符合故意伤害罪的客观要件，二被告人不构成故意伤害罪。但二被告人在公共场所为朋友出头，逞强斗狠，随意殴打他人，造成恶劣社会影响，客观上亦出现一人死亡的严重后果，应以寻衅滋事罪对二被告人定罪处罚。

笔者认为，二被告人应当承担致人死亡这一加重结果。第一，周某某虽系因左胸部锐器伤致肺脏破裂大出血死亡，死亡结果的发生与二被告人的行为无直接因果关系。但二被告人之行为在一定程度上加速了被害人的死亡、延误了被害人获得抢救的机会，如刘某、赵某辛阻拦、纠缠庞某某的行为，在某种程度上使被害人失去了获得其朋友庞某某救助的机会，赵某辛持棒球棍敲打被害人的行为导致被害人逃离现场，失去了获得及时救治的机会。二被告人的行为对被害人死亡结果的发生存在间接因果关系。第二，虽二被告人否认当时知晓应某芳持刀捅刺周某某。但证人孙某某、王某某、应某某、庞某某、杜某某、范某某、吴某的证言均证实，当时他们看到了应某芳拿着刀，其中孙某某、庞某某更是称看到应某芳用刀捅刺了周某某几下，可见当时的视觉条件并不足以让人无法看清刀的存在。且尸检报告证实周某某身上有三处超3厘米的创口和一处1厘米的浅创，结合监控视频呈现的案发过程，可证实应某芳捅刺周某某的过程经历了较长的一段时间，所有人站位也比较近，不会因持续时间短或距离远等因素导致看不见。所以可认定二被告人知晓或应当知晓应某芳持刀的事实。二人在此情况下仍加入其中殴打周某某，显然对周某某死亡这一结果存在预见的可能性。综上，二被告人应对致人死亡这一结果承担责任，二人构成故意伤害罪且致人死亡。

编写人：浙江省缙云县人民法院　刘凯

149 针对特定对象投放危险物质的行为应构成故意伤害罪，不构成投放危险物质罪

——翟某信故意伤害案

【案件基本信息】

1. 裁判书字号

广西壮族自治区百色市中级人民法院（2020）桂10刑终432号刑事裁定书

2. 案由：故意伤害罪

【基本案情】

翟某信与邻居隆某崇家素有积怨。2020年3月1日，翟某信在垃圾堆里捡到装有少量氧化乐果的农药瓶子，后将该瓶子拿回家藏放，欲以投毒方式教训隆某崇一家。2020年3月3日7时许，翟某信趁雨天爬到自家房顶，将该瓶氧化乐果用水稀释后洒到隆某崇家楼顶蓄水池旁，后氧化乐果随雨水流入蓄水池中。翟某信投洒氧化乐果完毕后，将瓶子烧毁。次日早上，隆某崇起床洗漱时，发现水中有农药味，遂停止使用水池内的水，并报警。经鉴定，从隆某崇家蓄水池内提取到的水样品检出氧化乐果。2020年5月25日，被告人翟某信到德保县公安局东凌派出所投案。

【案件焦点】

本案的定性为故意伤害罪还是投放危险物质罪。

【法院裁判要旨】

广西壮族自治区百色市德保县人民法院经审理认为：翟某信因与隆某崇家有矛盾，向隆某崇家蓄水池投洒氧化乐果，意图伤害隆某崇一家；隆某崇家的蓄水池属于私人自用的蓄水池，不属公共用水水池；被告人翟某信行为针对的是特定对象，即隆某崇家，并非不特定的多数人。投放危险物质罪的客体是不特定的多数人，故被告人翟某信的行为不符合投放危险物质罪的构成要件，应构成故意伤害罪。被告人翟某信故意伤害他人未能得逞，系未遂。现被告人翟某信出于伤害他人的主观故意实施投放毒物的行为，未造成死亡或重伤后果，且现无充分证据确定其投放氧化乐果的具体数量、浓度，故根据有利于被告人的原则，比照故意伤害致人轻伤的量刑幅度对其确定量刑。被告人翟某信主动投案，并如实供述自己的罪行，虽然其就毒物种类进行辩解，但不影响对其自首情节的认定，故其具有自首情节，可以从轻或者减轻处罚。被告人翟某信系未遂犯，应当比照既遂犯从轻或者减轻处罚。综合考量本案各量刑因素，决定对其从轻处罚。但被告人翟某信投放的氧化乐果属高毒农药，具有高危险性，且其未取得被害人谅解，故不宜对其适用缓刑。

广西壮族自治区百色市德保县人民法院依照《中华人民共和国刑法》第二百三十四条第一款、第二十三条、第四十五条、第四十七条、第六十七条第一款之规定，作出如下判决：

被告人翟某信犯故意伤害罪（未遂），判处有期徒刑一年六个月。

上诉人翟某信上诉称：翟某信具有自首情节，且属于犯罪未遂，未造成伤害后果，并愿意补偿被害人的损失，认为原判过重，请求对其从轻改判并适用缓刑。其辩护人的辩护意见同上。

广西壮族自治区百色市中级人民法院经审理认为：上诉人翟某信因与隆某崇家有矛盾，向隆某崇家蓄水池投洒农药，蓄意伤害隆某崇一家，其行为已构成故意伤害罪。由于意志以外的原因伤害未能得逞，系犯罪未遂，依法可以比照既遂从轻或者减轻处罚。作案后，翟某信主动投案，并如实供述自己的罪行，系自首，依法可以从轻或者减轻处罚。关于上诉人翟某信及其辩护人提出的上诉、辩护意见，经查，翟某信所具有的犯罪未遂、自首等法定从轻、减轻处罚情节，一审法院予以认定，并在对其量刑时予以考虑。由于其犯罪行为人身危害性大，不符合适用缓刑的条件。一审法院在法定幅度内对其从轻判处有期徒刑一年六个月，符合法律规定，不存在量刑过重、偏重的情形，翟某信及其辩护人要求二审法院再予改判无正当理由，故二审法院对上诉、辩护意见不予采纳。原判认定事实清楚，定性准确，量刑适当，审判程序合法。依照《中华人民共和国刑事诉讼法》第二百三十六条第一款第三项，作出如下裁定：

驳回上诉，维持原判。

【法官后语】

本案的分歧意见在于：

第一种意见认为，使用隆某崇家蓄水池的不仅有隆某崇一家，隆某崇周边的邻居群众还可能到隆某崇家使用该水池的水。被告人翟某信向该蓄水池投洒氧化乐果，危害对象不仅是隆某崇一家人，还包括其他群众，应构成投放危险物质罪。

第二种意见认为，从案发所在村屯的实际环境看，案发地群众基本上是家家都有蓄水池，隆某崇家蓄水池未与其他家或者其他公用蓄水池相连。隆某崇家中只有隆某崇及其妻子、三个子女居住，鲜有外人居住，隆家的蓄水池仅为隆某崇一家使用，不属于公共用水水池。故被告人翟某信投洒氧化乐果行为的危害对象是特定的，即与其积怨颇深的隆某崇及其家人。因此，翟某信的行为不符合投放危险物质罪“不特定”对象的这一构成要件。

将本案定性为故意伤害罪还是投放危险物质罪，是本案的争议焦点。

投放危险物质罪是指行为人采用投放带有毒害性、放射性、传染病原体等物质，危害公共安全的行为，其所侵犯的客体是不特定人的生命健康权利、财产权利。成立本罪，危及的是不特定的公共安全，而非个体的安全。

判断一个行为是否构成危害公共安全类的犯罪，主要看被告人的行为是不是对不特定、多数人的生命安全构成了现实的危险。“特定”与“不特定”是一种客观的判断，不以行为人主观有无确定的侵犯对象为转移，而是犯罪行为可能侵犯的对象和可能造成的结果事先无法确定，以及行为人对此是否既无法具体预料也难以实际控制。这有两个判断标准：一是对象和结果的可确定性或不可替代性；二是对象和结果的可预测性以及可控制性，即侵害对象和结果是具体明确，不可替代的。

故意伤害罪是故意侵害他人的身体的行为，其行为对象是特定的。

判断被告人的行为侵害的对象是否属于特定对象，是对本案行为进行准确定性的关键。

具体到本案，案发地群众基本上是家家都有蓄水池，隆某崇家蓄水池未与其他家或者其他公用蓄水池相连，隆某崇家中只有隆某崇及其妻子、三个子女居住，鲜有外人居住，隆某崇家的蓄水池仅为隆某崇一家使用。一审法院根据在案证据，并结合案发现场实际情况，准确判断隆某崇家蓄水池不属于公共用水水池。翟某信在主观上意图“教训”隆某崇一家，具有伤害的故意；行为上，翟某信实施了向隆某崇家蓄水池投洒氧化乐果的行为。翟某信所侵害的对象特定，是故意伤害的一种行为方式，故翟某信的行为符合故意伤害罪的构成要件，应以故意伤害罪追究其刑事责任，而非投放危险物质罪。因隆某崇及时发现水中有农药味，停止使用水池内的水，并报警，未发生伤害后果。因此，被告人翟某信属于故意伤害他人未能得逞，系未遂。

准确区分以危险方法危害公共安全类的犯罪中“对象不特定”问题以及特定对象类的犯罪，对于正确定罪量刑具有重要意义。一审法院纠正公诉机关对翟某信行为的定性，准确适用法律，量刑适当。

编写人：广西壮族自治区百色市德保县人民法院　黄兰

150　“显著轻微的不法侵害”如何界定

——吴某威故意伤害案

【案件基本信息】

1. 裁判书字号

广西壮族自治区南宁市中级人民法院（2020）桂01刑终776号刑事判决书

2. 案由：故意伤害罪

【基本案情】

2020年1月17日23时许，被告人吴某威在某小区附近路边停车等待网约车平台派单时，被害人梁某饮酒后要求搭乘被告人吴某威的网约车，后双方因乘车问题发生争执。争执过程中，被害人梁某用拳头殴打和用脚踢踹被告人吴某威，被告人吴某威遂持汽车方向盘锁连续多次击打被害人梁某头部，造成被害人梁某急性开放性重型颅脑损伤、多发脑挫裂伤、左肱骨外髁骨折等多处损伤。经法医鉴定，被害人梁某的损伤程度为重伤二级。案发后，被告人吴某威主动报警。

【案件焦点】

1. 被害人的行为是否属于“显著轻微的不法侵害”；2. 被告人吴某威的行为应如何定性。

【法院裁判要旨】

广西壮族自治区南宁市江南区人民法院经审理认为：被告人吴某威故意伤害他人身体，致一人重伤二级，其行为已构成故意伤害罪，公诉机关指控成立。被告人吴某威主动报警，并在接到公安机关电话后在医院等待民警，归案后如实供述自己的罪行，是自首，对其减轻处罚。被害人梁某先挑起本案的事由并动手殴打吴某威，对本案的发生存在过错，对被告人吴某威酌情从轻处罚。

综上，依照《中华人民共和国刑法》第二百三十四条第二款、第六十七条第一款、第六十四条之规定，判决如下：

一、被告人吴某威犯故意伤害罪，判处有期徒刑二年六个月；

二、公安机关扣押的作案工具汽车方向盘锁一把，由公安机关依法处理。

吴某威持原审辩解提起上诉。广西壮族自治区南宁市中级人民法院经审理认为：吴某威持械故意伤害他人身体，致一人重伤二级，根据《中华人民共和国刑法》第二百三十四条第二款的规定，其行为构成故意伤害罪。吴某威作案后主动报警，接到公安机关电话后在医院等待民警前来处理，归案后能如实供述自己的罪行，是自首，依法可对其减轻处罚。鉴于被害人梁某与吴某威发生争执后先动手殴打吴某威，对本案的发生存在过错，可对吴某威酌情从轻处罚。经查，一审判决对吴某威具有自首情节，被害人梁某有过错的事实和量刑情节，均予以认定并在量刑时根据其犯罪的性质、情节及对社会的危害程度，对其减轻处罚判处有期徒刑二年六个月，量刑并无不当之处。原审判决认定事实清楚，证据确实、充分。定性准确，适用法律正确，量刑适当，审判程序合法，依法应予维持。

广西壮族自治区南宁市中级人民法院依照《中华人民共和国刑事诉讼法》第二百三十六条第一款第一项之规定，裁定如下：

驳回上诉，维持原判。

【法官后语】

本案处理重点主要在于被告人吴某威行为应该如何认定。2020年8月28日，最高人民法院、最高人民检察院、公安部联合发布《关于依法适用正当防卫制度的指导意见》（以下简称《指导意见》）。《指导意见》是对我国刑法第二十条第一款正当防卫成立条件的进一步细化，确定正当防卫必要的限度，一般从不法侵害的强度、缓急、权益方面综合考量。《指导意见》第十条规定防止将滥用防卫权的行为认定为防卫行为，即“对于显著轻微的不法侵害，行为人在可以辨识的情况下，直接使用足以致人重伤或者死亡的方式进行制止的，不应认定为防卫行为”。

具体到本案中，一审、二审法院都不认可被告人吴某威提出的其行为属于正当防卫或者防卫过当的辩解意见。被害人梁某与被告人吴某威发生争执后，梁某有先动手打吴某威的行为，但梁某只是使用拳头击打，其侵害程度相对有限，且在案发现场，还有多个夜市摊点在摆摊营业，也有很多人员流动和车辆往来，吴某威面临的不法侵害并不紧迫和严重，其完全可以辨识。但吴某威随后用汽车方向盘锁持续多次打击梁某头部等人体重要部位，最终致被害人梁某重伤二级。吴某威在不具备实施正当防卫的前提条件及不具有防卫的紧迫性条件下，即持汽车方向盘锁和梁某互殴，并持汽车方向盘锁朝梁某的头部等人体重要部位连续击打致梁某重伤二级，其行为已超出了防卫的意图和意志，其目的已不是制止不法侵害，而是出于报复对梁某进行伤害，其行为已属故意伤害犯罪，依法应以故意伤害罪对其定罪处罚。故吴某威的行为不属于正当防卫。

值得注意的是，对于《指导意见》中的“显著轻微的不法侵害”如何界定？“显著轻微的不法侵害”也是对法益的侵害，与“不法侵害”的主要区别在于对法益的侵害程度有所不同，考虑到司法实践中不法侵害的复杂性，以“暴力”型不法侵害为例，“显著轻微的不法侵害”主要表现为未持械或凶器，直接使用身体对他人施以轻微暴力，如拳打、脚踢、掌掴等，对他人人身未造成伤害或仅造成显著轻微的伤害。同时对“显著轻微的不法侵害”实行防卫的急迫性和防卫手段应具体把握，亦即“行为人在可以辨识的情况下，直接使用足以致人重伤或者死亡的方式进行制止的”。而对于行为人的辨识情况以及防卫手段的具体裁判标准，需要法官结合具体个案情节予以评判。

编写人：广西壮族自治区南宁市江南区人民法院　韦杰玮　陶君婵

151 正当防卫行为是否明显超过必要限度的判断

——邱某某故意伤害案

【案件基本信息】

1. 裁判书字号

湖北省武汉市中级人民法院（2020）鄂01刑终610号刑事裁定书

2. 案由：故意伤害罪

【基本案情】

被告人邱某某与张甲案发时系夫妻关系，二人于2010年2月28日生育一子张乙，张乙右耳系先天性耳畸形伴听力损害。2018年4月、9月和2019年5月，张乙三次入院进行手术治疗，取自体肋软骨重建右耳廓，于2019年6月5日出院。

邱某某与张甲常因家庭琐事发生吵打，案发前处于分居状态。2019年7月2日晚，二人多次在两处房屋内为离婚问题发生争执纠缠，并约定次日办理离婚手续。7月3日凌晨1时许，张甲来到邱某某与张乙居住的房屋，并采取打电话、敲门、用小石子砸窗户等方式欲进入室内，邱某某均未开门和回应。邱某某报警后，出警警察始终未能找到事发地点，遂对张甲电话劝说警告。邱某某又向张甲之母打电话求助均无果后，邱某某从厨房取出一把单刃水果刀藏在手中并打开大门，张甲进屋后即对邱某某进行辱骂、殴打，并将邱某某逼入卧室，打其耳光。邱某某被打后未立即持刀反抗，顺势将水果刀藏在床头。张乙见母亲被打，遂持玩具金箍棒打张甲背部，张甲随即一手将张乙按在床上，用腿跪压住其双腿，同时用右手握拳击打张乙的臀部。邱某某为防止张乙术耳受损，便徒手上前制止，制止无果后拿起床头的水果刀向张甲背部连刺三刀，其中两刀刺入胸腔。张甲受伤后，邱某某立即骑电动车将张甲送至医院救治，张甲住院治疗 12 天后出院。经法医鉴定，张甲损伤程度为重伤二级。

同年 8 月 27 日，邱某某与张甲办理了离婚登记，邱某某放弃其全部财产权利作为对张甲的赔偿，张甲出具谅解书，请求对邱某某免予刑事处罚。

【案件焦点】

被告人邱某某的正当防卫行为是否明显超过必要限度造成重大损害。

【法院裁判要旨】

湖北省武汉市新洲区人民法院经审理认为：认定防卫行为是否“明显超过必要限度”，应当以足以制止并使防卫人免受家庭暴力不法侵害的需要为标准，根据防卫人所处的环境、面临的危险程度、采取的制止暴力的手段、施暴人正在实施家庭暴力的严重程度、造成施暴人重大损害的程度以及既往家庭暴力史等进行综合判断。

判断邱某某的防卫行为是否明显超过必要限度，应当充分体谅一位母亲为保护儿子免受伤害的急迫心情，还应当充分考虑邱某某在当时紧张焦虑状态下的正常应激反应和张乙身体的特殊状况。张甲受伤停止殴打张乙后，邱某某亦立即停止了对其扎刺，此时不能以事后冷静的旁观者的立场，苛求防卫人“手段对等”，要求防卫人在孤立无援、高度紧张的情形之下作出客观冷静、理智准确的反应，实施刚好制止不法侵害的行为。亦不能陷入“唯结果论”的误区，根据查明的全部客观事实进行事后判断，特别是不能以致人重伤的防卫后果来逆推防卫行为是否过当，要设身处地对事发起因、不法侵害可能造成的后果、当时的客观情境等因素进行综合判断，适当作出有利于防卫人的考量和认定。

综上，应认定邱某某的正当防卫行为未超过必要限度，不负刑事责任。

湖北省武汉市新洲区人民法院依照《中华人民共和国刑法》第二十条第一款以及《中华人民共和国刑事诉讼法》第二百条之规定，作出如下判决：

被告人邱某某无罪。

湖北省武汉市新洲区人民检察院不服，提出抗诉。湖北省武汉市中级人民法院经审理认为：原审法院作出无罪判决，定性准确、审判程序合法。湖北省武汉市人民检察院以抗诉不当为由申请撤回抗诉，符合法律规定，依法应予准许。

湖北省武汉市中级人民法院依照《中华人民共和国刑事诉讼法》第二百三十六条第一款第一项的规定，裁定如下：

准许湖北省武汉市人民检察院撤回抗诉。

【法官后语】

首先，正当防卫是法律赋予公民的一项权利，为了使本人或者他人的人身权利免受不法侵害，对正在进行的家庭暴力采取制止行为，只要符合刑法规定的条件，就应当依法认定为正当防卫，不负刑事责任。本案中，被告人邱某某因婚姻纠纷在分居期间受其丈夫张甲的纠缠滋扰直至凌晨时分，自己和其子张乙先后遭张甲殴打。为防止张乙手术不足一个月的再造耳廓受损，邱某某在徒手制止张甲未果的情形下，持水果刀向其背部连刺三刀的行为符合正当防卫的起因、时间、主观、对象等条件，其行为应当得到法律的支持，依法认定为正当防卫。对“必要限度”的认定应以制止不法侵害、保护法益所必需为标准，通过全面分析案情来判断。认定邱某某防卫行为没有超过必要限度，综合了防卫人邱某某所处的环境、遭受暴力的严重程度、制止暴力的手段、造成施暴人损害的程度以及既往家暴史等因素。

其次，尊重妇女、保护妇女是文明社会、和谐社会应有的道德风尚和行为规范，也是衡量一个社会文明进步的重要标志。依法判决邱某某无罪，最大限度地维护了妇女、儿童的合法权益，具有一定的典型意义。本案中，张甲身为丈夫、父亲，理应维护家庭和睦，爱护家人、慈爱子女，但其家暴行为给妻子、孩子都带来了不可磨灭的伤害。就本案而言，关乎的不仅是邱某某是否要接受法律的惩罚，更关系到其子张乙的健康成长。如若对邱某某判处刑罚，其子张乙将面临的不仅是家庭解体所带来的伤害，还可能再次遭受父亲的暴力，成长历程中还要背负母亲是一名罪犯的阴影，将会严重影响一个九岁儿童的身心健康和快乐成长。依法认定邱某某的行为构成正当防卫，进而判决其无罪，不仅维护了邱某某的合法权益，更是为了守护张乙的健康成长。同时，也可以充分发挥司法裁判的引导、规范、预防与教育功能，倡导两性平等、相互尊重的法治氛围，引导广大人民群众遵法、学法、守法、用法，维护和睦、文明的家庭关系。

任何施暴行为都该被制止和反抗，即便是家庭内部的暴力。依法判决邱某某无罪，既彰显了法律的公平正义，又体现了司法的温度，还有利于强化“正能胜邪，邪不压正”的社会风气，切实鼓励人们依法行使正当防卫权利，让弱者敢于说不，推动形成反家暴的良好社会氛围。

编写人：湖北省武汉市新洲区人民法院　黄雁斌

152 行为人妨害公务行为同时触犯数罪，如何择一重罪处罚

——廖某故意伤害案

【案件基本信息】

1. 裁判书字号

广西壮族自治区钦州市中级人民法院（2019）桂07刑终81号刑事裁定书

2. 案由：故意伤害罪

【基本案情】

2018年6月8日凌晨1时许，联合治超办工作人员周某、庞某东、古某春、林某浩、王某伟五人在某广场附近路段执法时，发现被告人廖某驾驶的大货车有超载嫌疑，于是上述执法人员驾驶车身标有“中国公路”标志的执法车追上去。在某车站附近路段追上廖某的大货车后，执法人员用手电筒照亮同时出示停车示意牌示意廖某停车接受检查，但廖某没有停车，反而继续驾驶大货

车往木麻根方向行驶。执法人员见状便加速超过大货车并在木麻根桥头处设卡拦截，廖某驾驶大货车来到距离桥头大概有一百多米时林某浩、庞某东、王某伟三人走出公路，打开闪光手电筒并出示停车示意牌示意大货车停车接受检查，但廖某并未停车而是直接冲卡撞击执法车辆，将执法车辆撞翻后继续往前行驶一段距离后才停车，造成执法车辆损坏，车内人员周某、古某春不同程度受伤。经鉴定，长丰牌执法车损失价格为人民币 16532 元，周某的人体损伤程度构成重伤二级。

2018 年 6 月 8 日，被告人廖某自动到公安机关投案，因本案于当日被刑事拘留，同年 6 月 21 日被逮捕。被告人归案后，如实供述了自己的罪行。

被害人周某受伤害后，于 2018 年 6 月 8 日至 2018 年 8 月 21 日在浦北县人民医院住院接受治疗 74 天，花费医疗费 43224.28 元，门诊用去医疗费 1605 元。2018 年 8 月 21 日至 2018 年 11 月 12 日在广西壮族自治区人民医院邕武医院住院治疗 83 天，花费医疗费 74217.4 元，门诊用去医疗费 134.39 元。伤情鉴定花费鉴定费 900 元，陪护人员花费住宿费 720 元，2018 年 11 月 12 日出院从南宁包车回浦北花费交通费 620 元，合计人民币 121421.07 元。2018 年 8 月 16 日车主叶某靖交付 13 万元给浦北县公安局江城派出所作为伤者医药费的担保金。2018 年 8 月 21 日、11 月 12 日伤者周某的家属分别从浦北县公安局江城派出所领取了 6 万元、6.5 万元到医院结算医药费。尚有 5000 元在浦北县公安局江城派出所保管。2018 年 12 月 25 日，被告人廖某的家属赔偿被害人周某 2 万元。

廖某的犯罪行为造成原告人周某的经济损失共计人民币162241.07元，依法应负赔偿责任。廖某及车主叶某靖共支付周某赔偿款15万元，应予扣减。

【案件焦点】

本案被告人廖某的行为同时触犯了妨害公务罪、故意毁坏财物罪、故意伤害罪，综合在案证据如何处断才不至于重复评价。

【法院裁判要旨】

广西壮族自治区钦州市浦北县人民法院经审理认为：行为人廖某明知执法人员在查处超载的违法行为并已看见执法人员出示了停车牌和照亮车辆等警示，但廖某为逃避处罚而直接冲卡撞击执法车辆，放任危害后果的发生，主观上是间接故意，客观上廖某实施了暴力行为，造成了执法车辆损坏和执法人员周某重伤二级的严重后果，其行为符合妨害公务罪、故意毁坏财物罪、故意伤害罪的犯罪构成要件，根据想象竞合从一重罪处罚原则，应当以故意伤害罪对廖某定罪处罚。被害人周某依法执行公务，没有过错。廖某自动投案，供述了主要罪行，是自首，庭审时廖某辩称其行为不构成犯罪，这是对其行为性质的辩解，不影响对其自首的认定，依法可以从轻或者减轻处罚。廖某积极赔偿了被害人的经济损失，可酌情从轻处罚。因此，廖某提出其行为构成妨害公务罪，不构成故意伤害罪的辩解意见及其辩护人所提出的廖某不构成故意伤害罪，而是构成妨害公务罪，被害人有过错的辩护意见与查明的事实及法律不符，不予采纳。但辩护人提出廖某有自首情节及有悔罪表现的辩护意见成立，予以采纳。

附带民事部分，廖某的犯罪行为造成原告人周某的经济损失共计人民币 162241.07 元，依法应负赔偿责任。

广西壮族自治区钦州市浦北县人民法院依照《中华人民共和国刑法》第二百三十四条第二款、第六十七条第一款、第三十六条第一款、第六十一条，《中华人民共和国民法通则》第一百零六条第二款、第一百一十九条，《最高人民法院关于审理人身损害赔偿案件适用法律若干问题的解释》第十七条第一款、第十九条、第二十一条、第二十二条、第二十三条、第二十四条，《最高人民法院关于适用〈中华人民共和国刑事诉讼法〉的解释》第一百五十五条第一款和第二款的规定，判决如下：

一、廖某犯故意伤害罪，判处有期徒刑三年；

二、廖某赔偿经济损失人民币 16532 元给附带民事诉讼原告人浦北县交通运输局公路路政管理大队；限义务人于本判决生效后十日内付清；

三、廖某赔偿经济损失人民币 12241.07 元给附带民事诉讼原告人周某；限义务人于本判决生效后十日内付清；

四、驳回附带民事诉讼原告人浦北县交通运输局公路路政管理大队、周某对廖某的其他民事诉讼请求。

廖某持原审辩解提起上诉。广西壮族自治区钦州市中级人民法院经审理认为：廖某以冲卡撞击执法车辆的暴力方法，阻碍国家机关工作人员执行职务，造成执法车辆损坏和一人重伤二级的严重后果，其行为同时触犯了《中华人民共和国刑法》第二百七十七条第一款、第二百七十五条、第二百三十四条第二款的规定，根据想象竞合从一重罪处罚原则，应当以故意伤害罪对其定罪处罚。廖某构成故意伤害罪的行为，依法应判处三年以上十年以下有期徒刑。鉴于廖某在本案中有自首情节，赔偿了被害人的部分经济损失，一审决定对其从轻处罚，判处有期徒刑三年，系在刑罚幅度内从轻处罚，并无不当，应予维持。原判认定事实清楚，证据确实充分，定罪准确，适用法律正确，量刑适当，审判程序合法。廖某的上诉理由及其辩护人的辩护意见均不成立，不予支持。

广西壮族自治区钦州市中级人民法院依照《中华人民共和国刑事诉讼法》第二百三十六条第一款第一项、第二百四十四条的规定，裁定如下：

驳回上诉，维持原判。

【法官后语】

本案处理重点主要在于对被告人一行为触犯数罪如何处断的问题。

综合全案证据，客观上，廖某实施了冲卡行为，若将其行为分解为若干片段，对不同片段的侧重会导致犯罪定性朝向不同的方向。首先，客观上其实施的暴力冲卡行为，阻碍执行公务；撞伤了正在执法的工作人员，故意伤害了他人的身体健康；撞击了执法车辆造成损坏，侵害了国家对执法车辆的所享有权利的减损；对于撞击执法车辆即毁坏财物是一项综合行为，前两项行为被包含了。因而，故意毁坏财物罪不能与前面诸行为之罪并罚，而应考虑从一重处断。其次，从各罪的刑罚来看，被告人的行为触犯了故意伤害罪、妨害公务罪、故意毁坏财物罪。本案中行为人造成了被害人重伤的结果，应在三年以上十年以下处以刑罚；妨害公务罪处三年以下有期徒刑、拘役、管制或者罚金；故意毁坏财物罪，结合本案案情应处三年以下有期徒刑、拘役或者罚金。遵循重罪吸收轻罪原则，妨害公务罪、故意毁坏财物罪由故意伤害罪吸收。同理，若把被告人的行为认定故意伤害罪之后，再追究其故意毁坏财物罪、妨害公务罪，有重复评价之嫌且不符合罪行相适应原则。

主观上，廖某在间接故意的主观意识下以冲卡撞击执法车辆的暴力方式，阻碍国家机关工作人员执行职务，造成执法车辆损坏和一人重伤二级的严重后果。廖某是一个具有认知能力正常的成年人，具有完全刑事责任能力，其明知自己驾驶的车辆超载，在已经知道执法人员示意其停车接受检查并设卡拦截时，因害怕被处罚就没有停车，直接冲卡继续前行，阻碍执法人员依法执行公务，放任多个危害结果的发生。该行为基于不同法益作刑法评价可得出不同的结论。从其以冲卡撞击执法车辆的暴力方式阻碍国家机关工作人员依法执行职务的违法性评价来看，其行为构成妨害公务罪，从其侵害执法车辆的效用，使得国家对执法车辆所享有的权利减损的角度看，其行为构成故意毁坏财物罪，再从其以暴力方式撞击执法车辆造成依法执行公务的周某重伤二级的危害结果来评价，其构成故意伤害罪。为避免重复评价，应择一重罪即以故意伤害罪论处。

编写人：广西壮族自治区浦北县人民法院　廖显华

153　持利器对不法侵害行为进行反击的能否成立正当防卫
——王甲故意伤害案

【案件基本信息】

1. 裁判书字号

北京市第三中级人民法院（2019）京03刑终66号刑事判决书

2. 案由：故意伤害罪

【基本案情】

2016年3月23日下午，王丙和王甲在某保安宿舍内发生纠纷，王丙将此事告诉了王乙。2016年3月23日19时许，王乙、王丙（未成年人）、王丁（未成年人）等在某保安室内，准备处理王丙与王甲的矛盾。王乙在王甲到达保安室后先动手攻击被告人王甲；王甲还击；王乙、王丙、王丁共同殴打王甲，王甲用刀划伤王乙。王乙的伤情经鉴定为“头顶部开放性创口、腹壁穿透创伤、肠管全层破裂”，构成重伤二级，十级伤残。

【案件焦点】

持利器对不法侵害行为进行反击的能否成立正当防卫。

【法院裁判要旨】

北京市朝阳区人民法院经审理认为：被告人王甲持械划伤王乙，属于制止正在进行的不法侵害，其行为具有防卫性质；其防卫行为致一人重伤的严重后果，明显超过必要限度造成重大损害，其行为已构成故意伤害罪，依法应予惩处。被告人王甲及其辩护人关于王甲系正当防卫的辩护意见，经查王乙等人找保安队长处理矛盾时，因王乙不能正确处理先攻击王甲继而引发此事，王乙一方在人数上占优势，打架时用的是保安室内的烟灰缸；王甲有捍卫自己免受不法侵害的防卫权利，但其使用刀具并将一人扎成重伤明显超出了防卫的必要限度，应当负刑事责任；故上述辩护意见，不予采纳。被告人王甲系累犯，依法从重处罚。被告人王甲的行为属防卫过当，到案后能如实供述主要犯罪事实，依法减轻处罚。

北京市朝阳区人民法院依照《中华人民共和国刑法》第二百三

十四条，第二十条第一款、第二款，第六十五条第一款，第六十七条第三款，第六十一条，第四十五条，第四十七条之规定，作出如下判决：

被告人王甲犯故意伤害罪，判处有期徒刑二年。

王甲及其辩护人持原审辩解和辩护意见提起上诉。北京市第三中级人民法院经审理认为：被告人王甲的行为属于防卫行为，但造成被害人重伤二级，明显超过必要限度造成重大损害，应当负刑事责任，且系累犯，依法从重处罚。王甲的行为系防卫过当，到案后能够如何供述主要事实，依法减轻处罚，本案定罪及适用法律正确，审判程序合法，但量刑不当，予以改判。

北京市第三中级人民法院依照《中华人民共和国刑事诉讼法》第二百三十六条第一款第二项；《中华人民共和国刑法》第二百三十四条，第二十条第一款、第二款，第六十七条第三款，第六十五条第一款，第六十三条第一款，第四十五条，第四十七条，第六十一条之规定，作出如下判决：

一、撤销北京市朝阳区人民法院（2018）京 0105 刑初 1927 号刑事判决主文，即被告人王甲犯故意伤害罪，判处有期徒刑二年；

二、上诉人（原审被告人）王甲犯故意伤害罪，判处有期徒刑一年三个月。

【法官后语】

本案争议焦点在于持利器对不法侵害行为进行反击能否成立正当防卫，审理的关键在于如何准确把握正当防卫的前提条件和限度条件。

正当防卫的前提条件之一是行为人具有制止不法侵害的防卫意

图。公诉机关认为刀属于利器，王甲持刀反击且致被害人王乙重伤二级，具有伤害的故意，不具有防卫意图，因此不成立正当防卫，这一观点混淆了正当防卫的前提条件和限度条件。正当防卫作为违法性阻却事由，是行为人在无法及时寻求公权力救济的紧急情况下，法律允许其进行自我救助的一种方式。只要不法侵害行为正在进行，便可采取行为予以制止，而不应该对防卫工具的选择有更多要求。防卫人对防卫工具的选择只能由现场客观环境决定，防卫工具缓和与否不影响正当防卫的认定。从现有证据看，本案被害人王乙在处理王甲与王丙的纠纷时主动攻击王甲，王乙一方占据人数上的优势，并在冲突中使用保安室内的烟灰缸击打王甲，王甲随手持刀对正在进行的不法侵害进行反击，可以认定其行为具有防卫性质。

正当防卫的限度条件是没有明显超过必要限度并造成重大损害，包括行为限度和结果限度。从行为上看，必要限度应以制止不法侵害所必需为标准，是否明显超过必要限度应结合不法侵害的程度、不法侵害一方人数及力量强弱、不法侵害者的主观意图、防卫手段、现场客观环境等因素进行综合判断。从力量对比看，王甲虽处于人数上的劣势，但对方实为一成年人、两未成年人，且使用的作案工具是从现场取得的烟灰缸（钝器）而不是事先准备了刀具等利器。从侵害方的主观意图看，王乙未直接带人殴打王甲，而是先找保安队长协商让王甲赔礼道歉，虽然王乙先动手殴打王甲，但王乙主观上没有严重伤害王甲的意图。从防卫强度看，虽无法要求防卫人选择相对缓和的防卫工具，但防卫强度是可控的。王甲手持刀具，本可以采取持刀警告或退守防御的方式制止不法侵害继续进行，却直接扎伤王乙的要害部位腹部，王甲的防卫行为明显超过必要限度。从客观结果看，王乙等人的殴打行为仅致王甲轻微伤，但王甲的防卫行为却致王乙重伤二级，其防卫行为造成的损害结果亦超过了限度。王甲防卫行为明显超过必要限度并造成重大损害，应认定为防卫过当。

准确把握正当防卫的认定标准，既有利于鼓励公民在面对不法侵害时积极实施正当防卫，弘扬社会正气，又能使裁判结果做到罚当其罪。本案虽经二审改判，但两级法院均认为王甲的行为具有防卫性质，且属于防卫过当，裁判结果实现了法律效果和（改为和）社会效果的统一。

编写人：北京市朝阳区人民法院　杨妮　丁旭

154 被害人在追溯期限内提出控告、公安机关应当立案而不予立案的，不受追诉期限的限制

——陈德某故意伤害案

【案件基本信息】

1. 裁判书字号

广东省茂名市中级人法院（2018）粤 09 刑终 114 号刑事附带民事判决书

2. 案由：故意伤害罪

【基本案情】

1996 年 11 月 6 日，被告人陈德某在高州市分界镇谢宵西便村因地界纠纷与被害人陈昭某、陈建某发生争执时持刀将陈昭某、陈建某砍伤。案发后，公安机关接到报案后出警侦查，但被告人

陈德某逃离现场，并先后潜逃到深圳、东莞等地。2006 年 8 月 7 日，被害人陈昭某到高州市公安局分界镇派出所报警，分界镇派出所向陈昭某出具报警回执。2015 年 12 月 9 日高州市公安局收到陈昭某控告被告人陈德某故意伤害的信访材料。2016 年 4 月 11 日被害人向高州市公安局报案，高州市公安局于 2016 年 4 月 12 日立案侦查，并于同日将被告人陈德某列为网上追逃人员。2016 年 6 月 4 日，东莞市公安局厚街派出所民警于东莞市沙田镇稔州村一小卖部内将被告人陈德某捉获。

被害人陈昭某受伤后于 1996 年 11 月 6 日至 12 月 13 日在高州市分界广南医院住院 37 天，用去医疗费 19471.7 元，住院期间由其妻子李小某和小舅子李国某护理。被害人陈建某受伤后于 1996 年 11 月 6 日至 12 月 22 日在高州市分界广南医院住院，住院 46 天，用去医疗费 13657.7 元，住院期间由其父亲陈某福和大姐陈某护理。

【案件焦点】

1. 对于被告人陈德某 1997 年 9 月 30 日以前实施的犯罪行为，被害人在追溯期限内提出控告、公安机关应当立案而不予立案的，是否受追诉期限的限制；2. 本案定罪量刑、民事赔偿等实体问题的处理。

【法院裁判要旨】

广东省高州市人民法院经审理认为：被告人陈德某无视国家法律，故意伤害他人身体致二人受重伤，其行为已构成故意伤害罪，应予以刑罚。对于被告人陈德某的辩护人关于本案已超过诉讼时效不应当追究被告人陈德某刑事责任的辩护意见。经查，本案发生后，公安机关即时出警处理，有证人陈某福的证言、被害人陈昭某、陈建某的陈述、被告人陈德某的供述以及法医检验鉴定证明书等证据证实，并且公诉机关提供了高州市公安局出具的关于被害人陈昭某、陈建某伤情鉴定书的说明材料二份，确认该检验鉴定证明书为该局技术中队法医程柏某于 1996 年 11 月 28 日和 1996 年 12 月 10 日所出具。茂名市公安司法鉴定中心也证实送检两张“检验鉴定证明书”上书写的字迹与程柏某书写的样本字迹均是同一人所写。上述证据足以说明案发后公安机关对本案已立案侦查，并对被害人的伤情作了鉴定。另外，被害人陈昭某于 2006 年 8 月 7 日再次到分界派出所报警，有报警回执及民警登某的证言等证据证实。因此，本案发生后公安机关已立案侦查，事实清楚，证据充分，只因被告人陈德某潜逃而未能抓获归案，故本案不存在超过追诉期限问题。被告人陈德某故意伤害被害人陈昭某、陈建某，致两人受重伤，除应承担刑事责任外，还应承担赔偿被害人经济损失的民事责任。本案中陈德某应当承担赔偿的项目包括：医疗费、误工费、护理费、住院伙食补助费、合理的交通费和营养费等费用。因此，对于附带民事诉讼原告人提出的精神损害抚慰金、残疾赔偿金、被扶养人生活费等诉讼请求不属于刑事附带民事诉讼赔偿范围，不予支持。综上所述，参照《广东省 2017 年度人身损害赔偿计算标准》，结合被害人陈昭某、陈建某提供的医疗费单据，被告人陈德某应当赔偿附带民事诉讼原告人陈昭某的各项经济损失合计人民币共 38872. 98 元。被告人陈德某应当赔偿附带民事诉讼原告人陈建某的各项经济损失合计人民币共 36926. 16 元。依照 1979 年《中华人民共和国刑法》第一百三十四条、第七十七条，《中华人民共和国刑事诉讼法》第九十九条,《最高人民法院关于适用〈中华人民共和国刑事诉讼法〉的解释》第一百三十八条第二款、第一百五十五条第二款,《中华人民共和国侵权责任法》第三条、第四条第一款、第六条第一款、第十五条第一款第六项,《中华人民共和国民事诉讼法》第六十四条第一款,《广东省2017年度人身损害赔偿计算标准》的规定,作出如下判决:

一、被告人陈德某犯故意伤害罪,判处有期徒刑五年;

二、限被告人陈德某在本判决发生法律效力之日起一个月内赔偿附带民事诉讼原告人陈昭某的医疗费、护理费、误工费、伙食补助费、营养费、交通费合计38872.98元;

三、限被告人陈德某在本判决发生法律效力之日起一个月内赔偿附带民事诉讼原告人陈建某的医疗费、护理费、误工费、伙食补助费、营养费、交通费合计36926.16元;

四、驳回附带民事诉讼原告人陈昭某、陈建某的其他诉讼请求。

陈德某上诉称:(1)本案已超过刑事追诉期限以及民事诉讼时效,依法不能追究其刑事责任和民事责任。(2)本案两份“检验鉴定证明书”不能作为认定被害人构成重伤的依据,原判决以此作为定罪量刑依据,事实不清,证据不足。

广东省茂名市中级人民法院经审理认为:

1. 关于本案是否超过追诉期限(刑事)、诉讼时效期间(民事)的问题。(1)《中华人民共和国刑法》总则第四章第八节“时效”的规定,既是关于刑罚消灭事由的规定而具有实体法性质,又是关于司法机关启动刑事诉讼程序的规定而具有程序法性质,因而不是单纯的实体法规定,所以具有溯及力。《中华人民共和国刑法》第十二条第一款规定:“中华人民共和国成立以后本法施行以前的行为,如果当时的法律不认为是犯罪的，适用当时的法律；如果当时的法律认为是犯罪的，依照本法总则第四章第八节的规定应当追诉的，按照当时的法律追究刑事责任，但是如果本法不认为是犯罪或者处刑较轻的，适用本法。”《中华人民共和国刑法》自1997年10月1日起施行，故在本案中，上诉人陈德某的行为属于“中华人民共和国成立以后本法施行以前的行为”。是否应当追诉，依照《中华人民共和国刑法》总则第四章第八节的规定，而不是依照1979年《中华人民共和国刑法》的规定。原判决适用1979年《中华人民共和国刑法》第七十七条，是适用法律错误，应予纠正。（2）《中华人民共和国刑法》第八十八条第二款规定：“被害人在追诉期限内提出控告，人民法院、人民检察院、公安机关应当立案而不予立案的，不受追诉期限的限制。”在本案中，《检验鉴定证明书》复印件证实：1996年11月8日广东省高州县公安局法医师对“陈超某”（根据其他证据，实为陈昭某）进行了检验，于1996年11月28日作出《检验鉴定证明书》，案情摘要为：“被他人砍伤，入分界卫生院治疗。”足以认定，被害人陈昭某最迟于1996年11月8日已向公安机关提出控告，是在追诉期限内提出控告。公安机关于2016年4月12日决定对被害人陈昭某、陈建某被故意伤害案立案侦查。此前，公安机关应当立案而不立案。本案的情形符合《中华人民共和国刑法》第八十八条第二款的规定，所以，不受追诉期限的限制。（三）由于司法机关追诉上诉人陈德某的行为的期限并未超过，原审附带民事诉讼原告人陈昭某、陈建某因上诉人陈德某的故意伤害犯罪行为遭受物质损失而要求民事赔偿的请求权的诉讼时效期间也未超过。

2. 关于本案实体处理的问题。（1）刑事部分。上诉人陈德某故意伤害他人身体，致被害人二人重伤，其行为构成故意伤害罪，依照1979年《中华人民共和国刑法》第一百三十四条第二款的规定，应处三年以上七年以下有期徒刑。上诉人陈德某归案后如实供述其故意伤害被害人陈昭某、陈建某的犯罪行为，依法可以从轻处罚。本案是民间矛盾激化引发，根据宽严相济的刑事政策，对上诉人陈德某可以酌情从轻处罚。根据本案证据，上诉人陈德某在本案犯罪行为发生前后均没有其他犯罪记录，结合本案的具体情况，对其可以酌情从轻处罚。原判决对上诉人陈德某定罪正确，应予维持；但量刑偏重，应当依法改判。（2）附带民事部分。上诉人陈德某的犯罪行为致使原审附带民事诉讼原告人陈昭某、陈建某遭受物质损失，应当依法赔偿。原判决附带民事诉讼处理正确，应予维持。综上所述，原判决认定事实和定罪正确，附带民事判决正确，审判程序合法。原判决相应部分应予维持。但是，原判决适用1979年《中华人民共和国刑法》第七十七条，是适用法律错误，应予纠正。而且，原判决对上诉人陈德某量刑不当，应当撤销原判决相应部分，予以改判。依照《中华人民共和国刑法》第十二条第一款、第八十八条第二款，1979年《中华人民共和国刑法》第一百三十四条第二款，《中华人民共和国刑事诉讼法》第二百二十五条第一款第一项、第二项之规定，作出如下判决：

一、维持广东省高州市人民法院（2016）粤0981刑初316号刑事附带民事判决第一项的定罪部分、第二项、第三项；

二、撤销广东省高州市人民法院（2016）粤0981刑初316号刑事附带民事判决第一项的量刑部分；

三、上诉人（原审被告人）陈德某犯故意伤害罪，判处有期徒刑三年。

【法官后语】

陈德某与陈昭某、陈建某发生争执时持刀将陈昭某、陈建某砍成重伤的事实基本清楚，陈德某构成故意伤害罪证据充分，罪名成立。因为陈德某的犯罪行为发生在1996年，而公安机关正式立案是在2016年4月12日，从犯罪行为发生之日到现在已经超过十年期限，对陈德某的犯罪行为是否应当追诉是本案的争议焦点。刑法第十二条规定："中华人民共和国成立以后本法施行以前的行为，如果当时的法律不认为是犯罪的，适用当时的法律；如果当时的法律认为是犯罪的，依照本法总则第四章第八节的规定应当追诉的，按照当时的法律追究刑事责任，但是如果本法不认为是犯罪或者处刑较轻的，适用本法……"刑法自1997年10月1日施行，本案中陈德某的行为发生在1996年11月5日，故陈德某的行为属于"中华人民共和国成立以后本法施行以前的行为"，是否应当追诉应依照刑法总则第四章第八节的规定，而陈德某应当承担什么样的刑事责任则应当适用1979年刑法的规定。刑法总则第四章第八节"时效"的规定，既是关于刑罚消灭事由的规定而具有实体法性质，又是关于司法机关启动刑事诉讼程序的规定而具有程序法性质，因此具有溯及力。

本案亦不符合《最高人民法院关于适用刑法时间效率规定若干问题的解释》第一条所规定的情形。《最高人民法院关于适用刑法时间效率规定若干问题的解释》第一条规定，对于行为人1997年9月30日以前实施的犯罪行为，在人民检察院、公安机关、国家安全机关立案侦查或者在人民法院受理案件以后，行为人逃避侦查或者审判，超过追诉期限或者被害人在追诉期间内提出控告，人民法院、人民检察院、公安机关应当立案而不予立案，超过追诉期限的，是否追究行为人的刑事责任，适用修订前的刑法第七十七条的规定。上述司法解释规定中，“适用修订前的刑法第七十七条的规定”的一个前置条件是“超过追诉期限的”，即“超过追诉期限的”才能适用修订前刑法第七十七条的规定。因为上述司法解释是从1997年刑法颁布之际的定位来论述的，这里的“超过追诉期限”应当理解为1997年刑法颁布之前已经超过追诉期限的情形。本案案发于1996年11月6日，直至1997年9月30日，陈德某的行为并未超过追诉期限，因此并不属于上述司法解释第一条所规定的情形。现行刑法第八十八条第二款规定，被害人在追诉期限内提出控告，人民法院、人民检察院、公安机关应当立案而不予立案的，不受追诉期限的限制。本案中，在案证据证实被害人陈昭某最迟于1996年11月8日已向公安机关提出控告。陈昭某、陈建某被陈德某砍成重伤，依照当时刑法的规定，故意伤害他人身体，致人重伤的，处三年以上七年以下有期徒刑。根据现行刑法第八十七条的规定，法定最高刑为五年以上不满十年有期徒刑的，经过十年不再追诉。本案案发于1996年11月6日，案发之日至被害人陈昭某向公安机关提出控告，并没有超过十年的追诉期限，属于在追诉期限内提出控告。高州市公安局于2016年4月12日决定对被害人陈昭某、陈建某被故意伤害一案立案侦查，证实此前公安机关应当立案而不予立案。因此，本案不受追诉期限的限制。

本案陈德某的行为构成故意伤害罪，应当按照1979年刑法第一百三十四条的规定追究刑事责任。现行刑法于1997年10月1日起实施，而陈德某的犯罪行为发生在刑法实施之前，根据刑法第十二条规定，应当适用1979年刑法中故意伤害罪的规定对陈德某进行刑事处罚。陈德某在1996年11月6日与陈昭某、陈建某发生争执时持刀将陈昭某、陈建某砍成重伤，依据1979年刑法第一百三十四条“故意伤害他人身体的，处三年以下有期徒刑或者拘役。犯前款罪，致人重伤的，处三年以上七年以下有期徒刑；致人死亡的，处七年以上有期徒刑或者无期徒刑。本法另有规定的，依照规定”的规定，对其应当在“处三年以上七年以下有期徒刑”法定刑幅度内进行量刑。考虑到本案案发至今时间久远，且被告人陈德某一直没有其他违法犯罪行为等因素，决定对其从轻处罚，判处三年有期徒刑。

编写人：广东省茂名市中级人民法院　李锦杰

155　教唆犯中实行过限的认定

——汪某某、沈某某故意伤害案

【案件基本信息】

1. 裁判书字号

北京市高级人民法院（2017）京刑终238号刑事裁定书

2. 案由：故意伤害罪

【基本案情】

被告人汪某某、沈某某于2016年11月19日23时20分许，在北京市朝阳区崔各庄乡奶西村，因故与程某某（男，殁年45岁）发生争执，后汪某某在沈某某指使下殴打程某某。其间，汪某某用尖刀猛刺程某某胸部、右腿部各一刀。经鉴定，程某某因被单刃锐器刺击胸部，伤及主动脉根部，致心包填塞死亡。

【案件焦点】

共同犯罪中，基于教唆犯概然性的教唆，实行犯的实行行为导致被害人的死亡后果，则教唆犯是否需要对这一死亡结果共同承担责任。

【法院裁判要旨】

北京市第三中级人民法院经审理认为：对于被告人汪某某之辩护人所提汪某某在共同犯罪中系从犯、系被教唆，以及被告人沈某某之辩护人所提本案属实行犯过限，沈某某在共同犯罪中主观过错较小、起次要作用、属从犯等辩护意见，经查，首先，二被告人均系完全刑事责任能力的成年人，均应具备常人的行为分辨能力和控制能力。在案证据证明，沈某某在案发时对汪某某说“弄他一下”，汪某某即在该指使下与程某某产生冲突，用尖刀扎刺程某某。据此，应认为汪某某、沈某某系即时商定共同产生了攻击伤害程某某的主观故意，并由汪某某实施了对程某某的伤害行为，造成了程某某死亡。对此犯罪后果汪某某、沈某某应共同承担责任。其次，再结合本案“沈某某于案发前约汪某某与其取钱”“沈某某未取到钱又去找程某某交涉”“沈某某与程某某遇到汪某某后即要求汪某某弄程某某一下”等在案被告人供述亦可知，沈某某对程某某不满在先，其指使汪某某攻击伤害程某某居中，汪某某刀刺程某某在后。据此，应认为汪某某、沈某某二人之犯意形成及犯罪实施具有同步性和一致性，也可认为沈某某对汪某某伤害程某某之行为及后果持放任、纵容的主观态度。综上，沈某某应就共同犯罪后果承担同等责任，故上述辩护意见不予采纳。

北京市第三中级人民法院判决如下：

一、被告人汪某某犯故意伤害罪，判处有期徒刑十五年，剥夺政治权利三年；

二、被告人沈某某犯故意伤害罪，判处有期徒刑十一年，剥夺政治权利二年；

三、被告人汪某某、沈某某连带赔偿附带民事诉讼原告人王某某、程某甲、杜某某、程某乙丧葬费、交通费、住宿费、误工费共计人民币六万三千二百三十九元（限判决生效之日起一个月内给付）；

四、驳回附带民事诉讼原告人王某某、程某甲、杜某某、程某乙的其他诉讼请求；

五、在案扣押的装饰刀及刀鞘，依法予以没收。

沈某某以量刑过重为由提起上诉。二审法院同意一审法院裁判意见。

北京市高级人民法院裁定如下：

驳回沈某某的上诉，维持原判。

【法官后语】

共同犯罪中，各犯罪人之间有共同的犯意，对于危害结果具有确定的认识，其犯罪行为与犯罪结果也与犯意保持一致。但在司法实践中，在处理共同犯罪案件时，经常会遇到实行犯实施的与共谋的犯罪不一致的行为，即在共同的犯意形成之后，共犯各方对原来共谋的犯意做出调整或改变；或者由于共谋的犯意本身含义的不确定，以至于最终的犯罪结果具有不确定性。实行犯在共同犯罪中实施的行为与最初预谋的行为出现的这种差异，通常表现为“不及”或“过剩”情况，在“不及”状态下，犯罪属于未遂状态；在“过剩”状态下，则会出现实行过限的问题。

我国刑法及有关司法解释对于共同犯罪中的实行过限没有明确规定，所以应当结合刑法条文及共同犯罪的刑法理论进行分析。实行过限是指共同犯罪人实施了超出共同犯罪故意的行为。由于行为人只有在对危害结果主观上有罪过的情况下才负刑事责任，所以，在共同犯罪中，如果某一行为属于实行过限行为，实行过限犯罪人应当对其犯罪行为引起的后果承担刑事责任，而其他共同犯罪人不对该过限行为引起的后果承担责任。

共同犯罪中有共同实行犯罪、教唆犯罪、帮助犯罪等情形，每种情形的实行过限都有着不同的判定原则。具体到本案中，被告人汪某某是受被告人沈某某指使，属于教唆犯罪，因此本文将着重分析教唆犯中的实行过限的认定。

在判定被教唆人的实行过限时，必须对教唆犯的教唆内容进行认真审查。如果教唆犯的教唆内容较为确定，如当面明确要求用什么犯罪手段、达到什么犯罪结果或从反面明确禁止实行犯采用什么手段、不得达到什么犯罪结果等，在这种情况下认定被教唆人是否实行过限较为容易。但在司法实践中，教唆内容通常较为概括，通常使用“收拾”“教训”“摆平”“给我办他”“给他点儿厉害”等内涵外延较为模糊的词语发布教唆指令。前述教唆语句在不同的心态和语言环境中，或经不同文化素质、阅历背景的人理解，其含义往往有所不同，甚至是在程度和方向上出现较大差异。

在刑法理论上，一般把前述内容较为概括的教唆称为概然性教唆。由于教唆内容不太明确，甚至毫无界限，实际的危害结果取决于实行行为的具体实施状况，轻伤、重伤甚至死亡的危害结果都有可能发生，但无论哪一种结果的出现都是由教唆犯的授意所引起的，均可涵盖在教唆犯的犯意中，因此教唆犯的罪责范围应当包括被教唆人在不确定的故意范围内所造成的一切危害结果。

具体到本案，首先，沈某某当场要求汪某某“弄”被害人一下，至于怎么“弄”及“弄”到什么程度，沈某某未明确提出，亦未对同案人员汪某某可使用什么手段、教训被害人的部位，以及防止出现什么样的后果或程度进行即时提示。其次，作为伤害行为的具体实施者，同案人汪某某在听到沈某某“弄”的指令后，既未进一步向同案人询问意图伤害被害人的大体程度，也未在攻击被害人时加以自我约束以控制伤害程度。综上，应认为沈某某、汪某某二人在共同作案过程中，对教唆目标和实行行为均持放任态度，对被害人的身体健康与生命予以漠视，即沈某某的概然性教唆与汪某某的实行行为及导致的后果，与案发前的诱因及案发时的暴力程度相统一，故不能认定汪某的持刀伤害行为属过限行为，教唆者沈某某仍应对被害人的死亡承担刑事责任。

编写人：北京市第三中级人民法院　范爱礼　董肖肖

156　在防卫人住处制止正在进行的严重暴力犯罪的行为应认定为特殊防卫

——张某甲故意伤害案

【案件基本信息】

1. 裁判书字号

天津市第一中级人民法院（2018）津01刑终326号刑事附带民事判决书

2. 案由：故意伤害罪

【基本案情】

张某甲在处理其兄张某乙的交通事故中，认为交警懈怠，遂找到了无业人员周某某，请周某某向交警“打招呼”。周某某因张某甲虚报医药费、向交警透漏周某某等，心生怨恨。

3月12日早上8时许，张某甲与其兄张某乙及赵某某在天津市西青区精武镇牛坨子村鱼塘旁的小屋内正在闲聊，周某某纠集丛某某、张某、陈某某，由丛某某驾车，并携带了陈某某事先准备好的两把砍刀，至天津市西青区精武镇牛坨子村张某甲暂住处（分为里屋外屋）。四人首次进入张某甲暂住处确认张某甲在屋后，随即返回车内，取出事前准备好的两把砍刀。其中，周某某、陈某某二人各持一把砍刀，丛某某、张某分别从鱼塘边操起铁锨、铁锤再次进入张某甲暂住处。张某乙见状上前将走在最后边的张某截在外屋，二人发生厮打。周某某、陈某某、丛某某进入里屋，三人共同向屋外拉拽张某甲，张某甲向后挣脱。此刻，周某某、陈某某见张某甲不肯出屋，持刀砍向张某甲后脑部，张某甲即随手在茶几上抓起一把尖刀捅刺陈某某胸部一刀，陈某某被捅后退到外屋倒地。其间，丛某某持铁锨击打张某甲后脑处。周某某、丛某某见陈某某倒地后也跑出屋外。张某甲将尖刀放回原处后发现张某仍在屋外与其兄张某乙相互厮打，为防止张某乙被殴打，其到屋外，随手拿起门口处的铁锨将正挥舞砍刀的周某某打入鱼塘中，周某某爬上岸后张某甲再次将其打落水中，致周某某左尺骨近段粉碎性骨折，其所持砍刀落入鱼塘中。此时，张某乙已经将张某手中的铁锤夺下，并将张某打落鱼塘中。张某甲随即拨打电话报警并在现场等待。陈某某被送往医院后，因单刃锐器刺破心脏致失血性休克死亡；张某甲头皮损伤程度构成轻微伤；周某某左尺骨损伤程度构成轻伤一级。

【案件焦点】

张某甲致一死一伤行为定性为防卫过当还是正当防卫。

【法院裁判要旨】

天津市西青区人民法院经审理认为：张某甲故意伤害他人身体，致一人死亡、一人轻伤，其行为已构成故意伤害罪。鉴于被害人一方对案件的起因负有一定责任，对此情节予以酌情考虑。

天津市西青区人民法院依照《中华人民共和国刑法》第二百三十四条之规定，判决如下：

张某甲犯故意伤害罪，判处有期徒刑十二年六个月。

张某甲以其构成正当防卫为由提出上诉。

天津市第一中级人民法院经审理认为：上诉人张某甲为了使本人或者他人的人身权利免受正在进行的不法侵害，而采取的制止不法侵害的行为，属于正当防卫。虽然张某甲在防卫过程中造成了不法侵害人一死一伤的后果，但不属于防卫过当，不负刑事责任。

天津市第一中级人民法院依照《中华人民共和国刑法》第二十条第一款、第三款，《中华人民共和国刑事诉讼法》第二百三十六条第一款第二项之规定，判决如下：

一、撤销天津市西青区人民法院（2016）津 0111 刑初 576 号刑事附带民事判决；

二、上诉人张某甲无罪。

【法官后语】

笔者认为，张某甲的行为系特殊防卫，不属于防卫过当，理由如下：

第一，张某甲实施了致人一死一伤行为的前提是遭到了周某某等四人的不法侵害，且该不法侵害具有现实性和紧迫性。根据我国刑法第二十条的规定，成立正当防卫的前提是正当权利正在遭到不法侵害。本案中，从案发时双方人员力量对比来看，周某某、陈某某等四人均提前准备了作案工具，进入现场时两人分别手持长约50厘米的砍刀，一人持铁锨，一人持铁锤，而张某甲一方是并无任何准备的三人，其中一人（赵某某）因腿部有残疾未参与；从时间紧迫性来看，周某某一方共四人闯入屋内后即对张某甲实施拖拽，并在张某甲转身向后挣脱时，使用所携带的凶器砸砍张某甲后脑部，此时张某甲的人身安全已受到严重威胁且处在高度危险之中。故对张某甲而言，案发时存在不法侵害，且不法侵害具有现实性、紧迫性。

第二，张某甲为免受正在进行的不法侵害，采取的制止不法侵害的行为，具有正当性，属于正当防卫。本案中，张某甲在自己的人身安全正遭到不法侵害严重威胁之时，在精神极度恐惧和慌张的状态下，为制止正在进行的不法侵害，顺手从身边抓起一把平时生活所用刀具捅刺不法侵害人，具有正当性，属于正当防卫。需要强调，张某甲为蒙古族人，平时在住处放一把切肉用的刀具，符合其生活习惯，并且本案中证人赵某某的证言、张某乙的证言均能与张某甲的供述相互吻合，足以证实张某甲捅刺陈某某所用的刀具系张某甲平时生活所用刀具，而不是事先准备好用来与周某某等人打斗的工具。

第三，从案发地点来看，是张某甲居住的私人场所。本案中，周某某等四人前往报复的场所为张某甲暂住地的小屋内。张某乙发生交通事故后，张某甲为了方便照顾其兄张某乙，就搬到该处居住，且至案发前已经居住了几个月。周某某等四人持砍刀、铁锨、铁锤闯入的地点是张某甲的私人居住场所，因此闯入行为本身就具有违法性。

第四，本案存在正在进行的“严重危及人身安全的暴力犯罪”，虽然造成了侵害人一死一伤的后果，但属特殊防卫，不负刑事责任。我国刑法第二十条第三款规定，对正在进行的行凶、杀人、抢劫、强奸、绑架以及其他严重危及人身安全的暴力犯罪，采取防卫行为，造成不法侵害人伤亡的，不属于防卫过当，不负刑事责任。从该规定的设置看，对“严重危及人身安全的暴力犯罪”的判断应该是与行凶、杀人、抢劫、强奸、绑架五种犯罪行为暴力危害程度相当的犯罪行为，判断时应准确把握以下两个方面的内容：一是防卫行为是否明显超过必要限度，应以普通人的认识水平并结合现场实际情况判断，而不是以法官的标准从事后的角度精准分析侵害程度来确定防卫行为是否超过必要限度。二是判断防卫行为是否系特殊防卫应以侵害行为可能造成的危害程度是否与正在进行的刑法第二十条第三款规定的数种犯罪相当，而不是以实际危害结果是否与上述犯罪相当。本案中，周某某等四人分别持两把砍刀、一把铁锨、一把铁锤突然闯入张某甲住处，直接向张某甲实施了拖拽及用砍刀砍击其后脑部、用铁锨砸击其后脑部的行为。张某甲面对四名分别手持足以致其死伤凶器的被告人，且在头部已经受到攻击的情况下，不能苛求其在精神高度紧张、情况极为紧迫的情况下对可能遭受何种程度的侵害作出精准判断，即不能以周某某一方的侵害行为仅造成张某甲轻微伤的后果来反推张某甲采取的防卫措施已明显超过受到的损害。同时，综合侵害方所持凶器、人数、已经实施的行为以及实施行为的场所等情形，周某某一方实施的侵害行为的危险程度与现行刑法第二十条第三款规定的数种犯罪的暴力危险程度相当。

综上，张某甲在人身安全受到严重危胁的情况下采取防卫行为，导致一死一伤的后果，属于特殊防卫。

编写人：天津市第三中级人民法院　路诚

157　诱发被害人自身疾病猝死中因果关系的认定

——欧某故意伤害案

【案件基本信息】

1. 裁判书字号

广西壮族自治区玉林市中级人民法院（2017）桂09刑终299号刑事裁定书

2. 案由：故意伤害罪

【基本案情】

2016年7月19日13时许，被告人欧某到被害人姚某家，与姚某就二人之间的经济纠纷进行协商，当时姚某的朋友钟某某也在场，后欧某与姚某发生争吵，双方都打电话找人过来帮忙，争吵中，欧某从姚某家中拿起一根木块击打了一下姚某头部，钟某某见状从欧某手中夺过木块，并隔开二人，姚某被打后拿起一把锄头打向欧某，欧某随手用一把木凳阻挡，钟某某从中劝阻并推开双方，欧某与姚某坐下来继续商谈。随后，姚某的朋友陈某、梁某等人到来，在陈某与欧某交谈时，姚某突然从木凳子上倒地并昏迷，陈某见状立即对姚某实施抢救，梁某拨打120急救电话。几分钟后，容县人民医院医生到场对姚某进行检查，确认姚某已死亡。经鉴定，姚某的死亡原因系长期高血压病、冠状动脉粥样硬化所引起冠状动脉粥样硬化性心脏病猝死，姚某生前所受暴力及争吵系其死亡的诱因。

被告人欧某及其辩护人对公诉机关起诉指控的犯罪事实无异议，但认为欧某的行为不构成犯罪，不应负刑事责任。

【案件焦点】

欧某的行为与姚某的死亡结果之间是否具有刑法上的因果关系。

【法院裁判要旨】

广西壮族自治区玉林市容县人民法院经审理认为：首先，被告人欧某在与被害人争吵过程中用木块击打被害人头部，其主观上应当认识到对被害人要害部位击打的行为会伤害被害人的身体健康，且客观上实施了击打被害人头部的行为，被告人的伤害故意、伤害行为均已经成立，且本案中出现了被害人死亡的后果，因而符合故意伤害致人死亡的构成要件；其次，被告人欧某的伤害行为与被害人因争吵产生的情绪激动等原因，共同诱发被害人冠状动脉粥样硬化性心脏病猝死。因此，被告人的伤害行为与被害人死亡的结果具有刑法中故意伤害犯罪的因果关系。综上，本案被告人主观上具有伤害他人身体的故意，客观上实施了伤害他人的行为，虽然致人死亡的结果超出其本人主观意愿，但符合故意伤害致人死亡的构成要件。因此，被告人欧某应当对被害人死亡的后果承担刑事责任。被告人欧某的辩解、辩护人的辩护意见与法律规定和查明的事实不符，应不予采纳。

广西壮族自治区玉林市容县人民法院依照《中华人民共和国刑法》第二百三十四条、第六十七条第一款，《最高人民法院关于处理自首和立功具体应用法律若干问题的解释》第一条和第三条的规定，作出如下判决：

被告人欧某犯故意伤害罪，判处有期徒刑九年。

欧某上诉提出被害人是因自身疾病引发死亡，被害人存在过错，原判量刑过重，请求二审法院对其从轻处罚。

广西壮族自治区玉林市中级人民法院经审理认为：被告人欧某故意非法损害他人身体健康，致人死亡，其行为已触犯刑律，构成故意伤害罪。同时，本案系欧某与被害人姚某因经济纠纷发生争执，在争执过程中欧某用木块击打姚某的头部所引发，被害人姚某并无刑法意义上的过错。根据法律规定，故意伤害致人死亡的，处十年以上有期徒刑、无期徒刑或者死刑，原判对欧某减轻处罚，判处有期徒刑九年已经充分考虑到本案被害人的死亡原因，量刑适当，并无过重。

广西壮族自治区玉林市中级人民法院依照《中华人民共和国刑事诉讼法》第二百二十五条第一款第一项的规定，作出如下裁定：

驳回欧某的上诉，维持原判。

【法官后语】

本案处理重点为判断被告人欧某的行为与被害人姚某的死亡结果之间是否具有刑法上的因果关系。

刑法上的因果关系是指危害行为与现实危害结果之前的关系，在故意犯罪中，因果关系是解决犯罪是否既遂的问题，若认为故意犯罪中没有因果关系，只是不对结果承担责任，但仍然承担犯罪未遂的刑事责任。因果关系的认定可以用“条件说”和“相当性”来解释。“无A则无B”即本案中，若没有欧某的故意伤害行为，就不会导致姚某的死亡，这是条件说的观点；相当性则是“通常有A则有B”，本案中，欧某用一根木块击打了姚某的头部，其应该认识到自己的行为可能会导致严重的伤害甚至是死亡的结果，且头部的创伤对人的生命来说通常是致命的。若被害人没有自身疾病，被木块打击头部本身就有致死的危险性，所以其殴打行为具有一定的相当性。即便在通常情况下，某一行为并不足以导致某种看似异常的结果，但若因行为时的具体条件特殊，最终造成该异常结果出现的，不能否定行为与结果之间的因果关系。在本案中，被告人欧某的伤害行为与被害人因争吵产生的情绪激动等原因，共同诱发被害人冠状动脉粥样硬化性心脏病猝死。即使被害人具有长期高血压，并有心脏病，但在被告人与被害人争吵之时，诱发被害人心脏病的原因就是被害人遭受的暴力与争吵，这个诱因在当时是具有排他性的，可以确认欧某的行为与被害人姚某的死亡结果之间具有因果关系。

值得注意的是，在被害人的自身疾病情况中判断犯罪行为与结果具有因果关系，仅是解决了犯罪客观要件的问题，被告人最终承不承担刑事责任，还要看被告人当时的主观心态，看其主观是否具有故意或过失，再分别定故意或者过失犯罪，甚至是根本不能预料到的意外事件。认定行为人是否具有伤害的故意时，应全面考察本案主客观的因素，如实施行为时所处的环境，使用的工具、打击的部位、力量等来分析行为人是否具有伤害的故意。在故意伤害致死的情况下，行为人主观上存在混合的罪过形式，即同时具有伤害故意和致人死亡的过失。被告人主观上明知自己的行为会造成他人身体伤害的结果，并希望或放任伤害结果的发生，但并没有希望或放任死亡结果的发生，即只有致人伤害的故意而无致人死亡的故意，所以本案是故意伤害行为的结果加重犯，适用故意伤害致死的法定刑。

编写人：广西壮族自治区玉林市容县人民法院　梁妙

158　刑事案件中被害人过错的认定

——余正某故意伤害案

【案件基本信息】

1. 裁判书字号

广东省潮州市中级人民法院（2017）粤 51 刑终 58 号刑事附带民事判决书

2. 案由：故意伤害罪

【基本案情】

2016 年 7 月 15 日晚，被告人余正某与被害人王某因琐事在某村一小卖部前发生争吵，余正某被人劝止后离开现场。之后，余正某持一把菜刀返回现场再次与王某发生口角，并持刀砍打王某致其多处受伤，王某也持凳子打余正某。后余正某逃离现场。案发后，余正某的家属已代其向王某先行支付赔偿款 12550 元。经法医鉴定：王某的身体损伤程度评定为轻伤二级，余正某的身体损伤程度评定为轻微伤。

【案件焦点】

司法实践中如何认定被害人是否存在过错。

【法院裁判要旨】

广东省潮州市潮安区人民法院经审理认为：被告人余正某持械故意伤害他人身体，致一人轻伤，其行为已构成故意伤害罪，依法应予以惩处，并应赔偿被害人王某因本案而遭受的物质损失。鉴于余正某归案后如实供述自己的罪行，且案发后能积极赔偿被害人的部分经济损失，依法予以从轻处罚。王某在本案中有一定过错，依法可以减轻余正某20%的民事赔偿责任，即余正某应赔偿王某经济损失共计43530.53元。抵除余正某一方之前已支付的12550元，余正某还应当赔偿王某30980.53元。依照《中华人民共和国刑法》等有关条款之规定，判决如下：

一、被告人余正某犯故意伤害罪，判处有期徒刑一年二个月；

二、被告人余正某应赔偿附带民事诉讼原告人王某的医疗费、后续治疗费、住院伙食补助费、误工费、护理费、营养费、鉴定费、交通费共计43530.53元，抵除余正某一方之前已支付的款项12550元，余款30980.53元应于本判决发生法律效力之日起十日内付清；

三、驳回附带民事诉讼原告人王某的其他诉讼请求。

宣判后，该案刑事部分判决在法定期限内没有抗诉、上诉，已经发生法律效力。附带民事诉讼原告人王某对该案附带民事部分判决不服，以整个案件都是余正某故意挑起事端，其在本案中没有任何过错，原审判决认定其在本案中有一定过错不当为由提出上诉。

广东省潮州市中级人民法院经审理认为：由于在案证据不足以认定上诉人王某在本案中存在过错，因此原审判决认定王某在本案中有一定过错并据此减轻原审被告人余正某应当承担的民事赔偿责任不当，依法应予纠正，遂判决如下：

一、维持潮州市潮安区人民法院（2016）粤5103刑初524号刑事附带民事判决的第三项；

二、撤销潮州市潮安区人民法院（2016）粤5103刑初524号刑事附带民事判决的第二项；

三、原审被告人余正某应赔偿上诉人王某因本案而遭受的物质损失共计54413.16元，抵除余正某一方之前已支付的款项12550元，余款41863.16元应于本判决发生法律效力之日起十日内付清。

【法官后语】

本案中，关于被害人王某是否存在过错的问题，有两种意见：第一种意见认为，虽然余正某有持刀砍打王某，但因王某在现场未能冷静处理双方纠纷，且王某在打架过程中也将余正某打致轻微伤，故应认定王某在本案中存在过错。第二种意见认为，由于在案证据不足以认定被害人王某存在过错，因此一审判决认定王某在本案中有一定不当，应予纠正。

笔者同意第二种意见，理由如下：

刑事案件中的被害人过错不同于一般话语环境中的过错，具有其自身特定的含义。刑法意义上的被害人过错，是指被害人出于故意实施了错误或不当的行为，且该行为违背了社会公序良俗、伦理规范或法律，侵犯了被告人的合法权利或者正当利益，客观上导致了犯罪行为的发生。

实践中，认定被害人具有刑法意义上的过错，应具备以下条件：第一，过错行为的实施者是被害人。如果过错行为是第三人所实施的，而被告人却针对被害人实施了犯罪行为，那么由于被告人与被害人之间不存在利益关联性，因此不能认定被害人存在刑法意义上的过错。第二，行为违反了法律规定，或者违背社会公序良俗、伦理规范，应当受到社会的否定性评价。第三，行为是出于故意。单纯的过失行为或不可归咎于被害人的其他行为不能认定为被害人过错。第四，行为人的过错须达到一定的程度。即并非所有的过错都属于刑法意义上的过错，只有当行为人的过错达到一定的程度，才属于刑法评判的范畴。轻微的过错，不属于刑法意义上的被害人过错责任。第五，被害人的过错行为侵犯了被告人的合法权利或者社会公共利益，且过错行为的发生与犯罪行为的发生具有时间上的相近性。第六，被害人的过错行为与犯罪行为的发生具有刑法意义上的因果关系，即被害人的过错行为直接导致了被告人犯罪行为的发生，是刑事案件发生的一个条件，两者间具有引起与被引起的因果关系。

本案中，从在案证据来看，被害人王某的行为与犯罪行为的发生不具有刑法意义上的因果关系。首先，被害人王某和证人杨某均证实余正某与王某第一次、第二次发生争吵均是由余正某先挑起事端。其次，被害人王某和证人周某、杨某均证实案发时是余正某先持刀砍人后王某才拿起凳子抵挡并打余正某，而不是王某先拿凳子打余正某。最后，王某在被余正某拿刀砍打后虽有拿起凳子抵挡并在此过程中致余正某轻微伤，但这是由于余正某的先行侵犯行为所引起的，不能据此将王某的行为简单认定为过错行为。

综上，由于本案并非王某的过错行为而引发，王某的行为与犯罪行为的发生不具有刑法意义上的因果关系，因此二审法院依法改判王某在本案中不存在过错是正确的。

编写人：广东省潮州市中级人民法院　谢保伟　江瑾

（四）过失致人重伤罪

159 被告人危险驾驶的行为造成被害人重伤不构成以危险方法危害公共安全罪

——张某某过失致人重伤案

【案件基本信息】

1. 裁判书字号

天津市第一中级人民法院（2018）津01刑终592号刑事裁定书

2. 案由：过失致人重伤罪

【基本案情】

2017年3月13日15时许，被告人张某某驾驶牌照号为津ALN5××的白色东风日产牌小型轿车沿和平区南京路由西向东行驶至滨江道路口人行天桥下时，遇袁某某（另案处理）驾驶津MV03××号东风牌小型面包车沿南京路由西向东行驶至其车前方，因袁某某向右变更车道时阻碍了张某某的正常行驶，张某某在多次鸣笛催促未果后加速前行并向右并道行驶至袁某某车前方突然制动阻碍袁某某前行，后两车在天津市和平区南京路营口道至长沙路路段（距离约550米）互相斗气追赶。其间，张某某驾驶车辆行驶到袁某某车辆前方时，在前方道路畅通的情况下故意突然刹车，后继续前行通过营口道路口，袁某某在后追赶，并在张某某车左道欲超车时，张某某突然向左并道，随即又回到自己车道继续前行，袁某某发现张某某又回到自己车道后继续加速在张某某左侧追赶欲超车，两车行至南京路与长沙路交口时，张某某驾驶车辆突然向左并道，此时袁某某未踩刹车，致使袁某某车右前部撞上张某某车左后部，袁某某驾驶的小型面包车将在道路中间安全岛上等候信号灯的被害人韩某某撞倒后侧翻到逆行车道。事故发生后，张某某下车查看被害人情况并首先拨打“110”报警，随后有群众报警。民警赶至现场将被告人张某某传唤到案。经法医鉴定，被害人韩某某之损伤为重伤二级。经交通事故鉴定，张某某驾驶的津 ALN5××东风日产牌小型轿车在事故发生时的行驶速度为 60 千米/小时，袁某某驾驶的津 MV03××号东风牌小型面包车在事故发生时的行驶速度为 65 千米/小时。

在本案审理期间，被告人张某某的家属与被害人韩某某自行达成赔偿协议，由被告人张某某家属先期一次性赔偿被害人韩某某经济损失 30 万元，被害人韩某某撤回附带民事诉讼，并保留另案提起民事诉讼的权利，对被告人张某某表示谅解。

【案件焦点】

被告人的行为构成以危险方法危害公共安全罪还是过失致人重伤罪。

【法院裁判要旨】

天津市和平区人民法院经审理认为：被告人张某某因其他车辆阻碍自己车辆前行，为报复、斗气而违反道路交通管理法规，在市区繁华路段驾驶汽车与他人追逐竞驶，过失造成被害人重伤的后果，其行为构成过失致人重伤罪。考虑被告人张某某在市区繁华路段追逐竞驶造成两车相撞的情节，酌情从重处罚；案发后被告人主动拨打“110”报警，具有自首情节，依法可从轻处罚；其在本案审理期间，积极赔偿被害人部分经济损失，获得被害人的谅解，系初犯，可酌情从轻处罚。依照《中华人民共和国刑法》第一百三十三条之一第一款、第三款，第二百三十五条，第六十七条第一款规定，判决被告人张某某犯过失致人重伤罪，判处有期徒刑二年。

本案宣判后，检察机关以被告人应当构成以危险方法危害公共安全罪为由提起抗诉。

天津市第一中级人民法院经审理认为：被告人的危险驾驶行为造成路上行人一人重伤的危害后果，但并未达到以危险方法危害公共安全的危害程度，被告人构成过失致人重伤罪，其危险驾驶行为作为量刑情节予以考虑，检察机关的抗诉理由不能成立。因此，裁定驳回抗诉，维持原判。

【法官后语】

本案中争议焦点主要在于本案的犯罪行为如何定性。

公诉机关指控的罪名是以危险方法危害公共安全罪，主要理由是：(1) 张某某在天津市繁华路段与他人斗气追赶，当时道路上车流量多，其行为的危害性与放火、投毒等行为的危害性大致相当；(2) 张某某主观上系明知其行为会发生危害社会的后果而放任危害后果发生的间接故意，依据是其在不具备并道条件的情况下强行并道且在事故发生时并未采取制动的挽救措施；(3) 客观上造成了两车不同程度毁损，行人重伤的后果。

合议庭评议后认定本案构成过失致人重伤罪。理由是：被告人张某某的主观上应为过于自信的过失，而非放任的故意。

张某某在危险驾驶过程中，由于其过于自信的过失而造成被害人重伤的后果，符合过失致人重伤罪的犯罪构成。以危险方法危害公共安全罪要求被告人主观上对其行为可能造成的危害后果至少持放任的态度，属于间接故意。因此，分析本案被告人主观方面直接影响本案的定性。

从间接故意也就是放任的故意来看，是行为人明知自己的行为会发生危害后果，其虽不追求危害后果的发生，也不采取措施避免，反而是放任其行为最终造成危害后果。在间接故意的情况下，行为人对危害后果的发生是“明知”，含义是明确知道，即对危害后果的发生以及会产生什么样的危害后果应当是确信或者最低也应是有很大把握会发生。而过于自信的过失是应当预见自己的行为可能造成危害社会的后果而轻信能够避免，此时行为人对于危害后果的“可能”发生应是“预见”，也就是在主观上并非确信，而是认为其行为可能发生危害后果也可能不发生危害后果，对危害后果的预见程度较低，行为人对于自己的能力或技术过于自信而轻信能够避免危害后果的发生，本身对危害后果持反对态度。

被告人为斗气而在市区繁华路段与他人驾驶车辆进行追逐竞驶，其对于自己行为的危险性是有一定的明知的，但是对于其造成的危害后果应该是持反对态度，不是积极追求或放任的主观故意，应认定为过失。被告人危险驾驶的行为，造成路上行人重伤的后果，触犯了过失致人重伤罪，根据刑法第一百三十三条之一的规定，有危险驾驶行为，同时又构成其他犯罪的，应以处罚较重的规定定罪处罚，因此被告人应为过失致人重伤罪。

综上，从被告人的行为以及正常人的心理分析，被告人在事故发生前曾有过一次突然并道并随即回到自己车道的行为，并未发生危险，后在长沙路口时，其观察后视镜后又加速并道，对方没有踩刹车，最终两车相撞，对方车辆压上行人，致事故发生。其在主观上对于其行为具有危险性应当是明知的，这也符合追逐竞驶的危险驾驶行为的主观故意，但是对于危害后果的发生，其应该是能够预见这种危险驾驶行为可能会发生危害后果，轻信自己能够避免的主观心态，但对于其行为是否确定会发生危害后果以及发生什么样的、多大范围的危害后果应当不是明知的，因为这个后果是偶然的，且两车相撞对于被告人自身也有不确定的危险性，因此，被告人仅因对方车辆曾阻碍其前行这一较小的矛盾，不可能在明知两车会相撞或可能造成其他危害后果的情况下，放任危害后果的发生以及放任对自身不确定危害后果的发生。

行为人明知酒后驾车违法、醉酒驾车会危害公共安全，却无视法律醉酒驾车，特别是在肇事后继续驾车冲撞，造成重大伤亡，说明行为人主观上对持续发生的危害结果持放任态度，具有危害公共安全的故意，对此类醉酒驾车造成重大伤亡的，应依法以以危险方法危害公共安全罪定罪。该通知中明确了对于醉酒驾车发生事故后的持续冲撞造成重大伤亡的行为，认定行为人对持续发生的危害后果主观上有放任的间接故意，对于只有一次事故，发生后立即停车没有继续冲撞的，一般不认为主观上存在故意。

因此，本案认定被告人主观上是过于自信的过失，其在危险驾驶过程中，由于其过于自信的过失而造成被害人重伤的后果，符合过失致人重伤罪的法律规定。

编写人：天津市和平区人民法院　宋玉鑫　杨扬

（五）强奸罪

160 共同强奸犯罪中，被告人部分得逞部分未得逞，已着手未得逞的被告人亦构成强奸罪，并构成轮奸加重情节

——翟某深强奸案

【案件基本信息】

1. 裁判书字号

广西壮族自治区柳州市中级人民法院（2020）桂02刑终367号刑事裁定书

2. 案由：强奸罪

【基本案情】

2019年10月8日下午，被告人翟某深（14周岁）与同案人莫某锋（14周岁，另案处理）、朋友陆某、车某祥、何某祥（上述三人13周岁）共谋当晚约被害人谢某某（14周岁）开房，将谢某某灌醉后与其发生了性关系，莫某锋提供避孕套。22时许，翟某深等在某宾馆入住某房间，并购买了啤酒、天龙泉白酒、饮料等回到房间。10月9日0时许，谢某某与朋友周某某来到某宾馆该房间与翟某深等人共同饮酒，其间，何某祥喝醉后在一旁睡觉。至4时许，周某某离开后，谢某某已经喝醉躺在床上，意识不清。陆某提议对谢某某实施强奸，翟某深、车某祥、莫某锋同意，陆某使用从莫某锋处得到的避孕套与谢某某发生了性关系。

翟某深亦拿出莫某锋给的避孕套戴上，用手摸谢某某的身体，欲实施性侵，但因谢某某的父母来到宾馆房间，翟某深未能得手。2019年10月9日6时许，被告人翟某深、同案人莫某锋、陆某、车某祥、何某祥在某宾馆被公安人员抓获。

【案件焦点】

共同强奸犯罪，部分得逞部分未得逞，未得逞被告人的行为是否构成强奸罪既遂，是否构成轮奸的加重情节。

【法院裁判要旨】

广西壮族自治区柳州市柳江区人民法院经审理认为：被告人翟某深伙同他人趁未成年女性醉酒之机，利用女性处于不知、不能反抗的状态实施轮奸，其行为已构成强奸罪。公诉机关指控的事实清楚，证据确实、充分，罪名成立。在共同犯罪中，翟某深与他人分工明确，作用相当，是主犯，应按照其所参与的全部犯罪处罚；翟某深犯罪时未满十八周岁，依法应当从轻或者减轻处罚；翟某深归案后能如实供述其罪行，依法可以从轻处罚。翟某深之所以走上犯罪道路，主要原因是父母亲忙于生计，疏于监管及教育，且翟某深文化水平低、法律意识淡薄，与他人共谋对未成年女性共同实施性侵，触犯刑律。根据本案情况，综合考虑上述情节，法院决定对翟某深减轻处罚。指定辩护人提出对其减轻处罚的辩护意见，与查明的事实一致，予以采纳。

广西壮族自治区柳州市柳江区人民法院依照《中华人民共和国刑法》第二百三十六条第三款第四项，第二十五条第一款，第二十六条第一款、第四款，第十七条第二款、第三款，第六十七条第三款之规定，作出如下判决：

被告人翟某深犯强奸罪，判处有期徒刑三年。

一审判决后，翟某深不服一审判决，认为其未实施强奸行为，且刚满十四周岁，量刑过重，向柳州市中级人民法院提起上诉，请求改判并适用缓刑。

广西壮族自治区柳州市中级人民法院经审理认为：原判认定事实清楚、证据确实充分、适用法律正确、审判程序合法。

广西壮族自治区柳州市中级人民法院依照《中华人民共和国刑事诉讼法》第二百三十六条第一款第一项之规定，裁定如下：

驳回上诉，维持原判。

【法官后语】

1. 该案系一起未成年被告人案件，客观要件上，翟某深、陆某等人共同预谋对谢某某发生性关系，并加以实施，翟某深与陆某等是共同犯罪，陆某已得逞。翟某深在着手过程中，被意志以外的原因即谢某某父母到场，未能得逞，翟某深主观要件上也同样有犯罪的故意。如何评价强奸共同罪犯中部分行为人实施奸淫，而部分行为人奸淫未得逞的行为，对于未奸淫成功的行为人如何认定。笔者认为，对于未完成奸淫的行为人，应根据共犯理论，“部分实行，全部责任”认定为强奸罪既遂。本案中，陆某造成法益侵害结果时，翟某深在一旁参与，其行为与陆某奸淫得逞之间具有因果性。本案陆某虽未满十四周岁，但作为共同犯罪的一员，已经奸淫得逞，翟某深着手未得逞的行为构成强奸罪，对共同犯罪中的既遂承担责任，由此可以看出，陆某与翟某深违法行为是连带的，责任是个别的，陆某存在未达责任年龄这一阻却事由，才未被追究刑事责任。

2. 轮奸本身不是罪名，是强奸罪的加重处罚情节之一。一种观点认为，现行刑法关于轮奸的完整表述是“二人以上轮流强奸”，限制为“二人以上”“轮流奸淫”应当被理解为需要两人以上具有共同强行实施行为的故意和奸淫行为。本案中，翟某深提供了帮助，奸淫行为未得逞，根据主客观相一致原则，和轮奸情节的特征，翟某深并未实施奸淫行为，其应是普通强奸罪共犯。另一种观点认为，构成轮奸的加重情节，翟某深不但客观上共同参与了强奸行为，主观上还有共同轮奸的故意，并且已经基于该种故意着手实施了奸淫行为，只是由于意志以外的原因未得逞。未遂，是犯罪的一种未完成形态，轮奸并非独立一罪，只是强奸罪的一种情形。因此，轮奸本身并没有独立的犯罪形态问题，不管其犯罪完成形态是既遂、未遂还是中止。奸淫行为的不可替代性不能成为强奸共同犯罪中既遂与未遂得以并存的充足理由。本案中，翟某深同时具备了共同实行对同一被害人强奸奸淫行为的合意，并已经着手，构成轮奸加重情节。法官采纳了第二种观点，根据相应的犯罪情节依法进行处罚，做到罪责刑相适应。

编写人：广西壮族自治区柳州市柳江区人民法院　覃欧芸

161　利用特殊职责性侵未成年人应从严惩处

——冶某买强奸案

【案件基本信息】

1. 裁判书字号

青海省海东市中级人民法院（2020）青02刑终89号刑事裁定书

2. 案由：强奸罪

【基本案情】

被告人冶某买与被害人李某系继父女关系。2020年1月17日至2月14日，被告人冶某买以自己需要治疗性病为由，在家中，以胁迫手段多次强奸李某。某刑事科学技术研究所，对李某现场提取的生物检材及人身检查提取物等进行鉴定，送检的绿色内裤和床单上检出冶某买的DNA分型。

另查明，附带民事赔偿部分，附带民事诉讼原告人李某及法定代理人马某1以无相关赔偿证据为由，申请撤回对被告人冶某买的起诉。

【案件焦点】

1. 被告人冶某买的有罪供述是否为刑讯逼供所致；2. 被告人冶某买的性功能病症是否影响其实施犯罪的问题；3. 被告人冶某买利用特殊职责侵害未成年人的量刑问题。

【法院裁判要旨】

青海省民和回族土族自治县人民法院经审理认为：对于被告人冶某买称其第一次有罪供述系公安民警刑讯逼供所致，称其有性功能障碍的辩解。经查，根据在案的讯问视频，可证实公安机关在讯问过程中对其并未刑讯逼供，其第一次供述与证人马某1、冶某买及被害人李某对关键事实和细节的陈述高度吻合，且有在案的鉴定意见予以佐证，其辩解被害人李某内裤存在其精斑的原因系其用该内裤擦拭阴茎所致，但其又辩称从未和李某单独睡在一起，即其辩解理由相互矛盾，又与查明的事实严重不符，故其第一次供述系合法采集，内容客观真实，应予采信；马某1证明其有漏精等性功能病症，但其具有性行为能力，其并未提交任何医疗诊断书，即便其有性功能障碍，但该病症不能阻却其进行犯罪及承担刑事责任，故被告人的上述辩解及其辩护人的上述辩护意见，均不予采纳。被告人冶某买违背妇女意志，强行与妇女发生性关系，其行为已构成强奸罪，依法应予惩处。被告人利用特殊职责多次强奸与其有共同家庭生活关系的未成年人妇女，依法从重处罚。

青海省民和回族土族自治县人民法院依照《中华人民共和国刑法》第二百三十六条第一款之规定，作出如下判决：

被告人冶某买犯强奸罪，判处有期徒刑八年六个月。

冶某买不服一审判决提出上诉，除一审辩解外提出证人马某 2 的证言不真实，其在警察带到家后即离开，其后抓捕过程有无不文明执法，马某 2 不可能知晓，证人冶某仅 12 岁，其证言不可采信。青海省海东市中级人民法院经审理认为：对于其称马某 2 的证言不具有真实性及证人冶某证言不能采信的问题。经查，公安机关在询问证人马某 2 和冶某时，已依法向二人告知了《证人诉讼权利义务告知书》，马某 2 证言仅能证明因冶某买拒不配合，公安机关进行强制传唤的事实，且称其在公安机关到冶某买家中及带离冶某买期间，其一直与民警在一起；证人冶某作证时虽年仅 12 岁，但其证言与其智力发育、认知能力和文化程度相符，与其他证人证言相互印证，且其系上诉人冶某买亲生女儿。综合考虑，二证人证言的采集程序合法，内容客观，均应予采信。冶某买违背妇女意志，胁迫妇女与其发生性关系，其行为已构成强奸罪。冶某买利用特殊职责多次强奸与其有共同家庭生活关系的未成年人妇女，应从重处罚。原判认定的事实清楚，证据确实、充分，定罪及适用法律正确，量刑适当，审判程序合法。冶某买关于事实不清、宣告无罪等上诉理由均不能成立，不予采纳。

青海省海东市中级人民法院依照《中华人民共和国刑事诉讼法》第二百三十六条第一款第一项的规定，裁定：

驳回上诉，维持原判。

【法官后语】

本案与一般性侵未成年人犯罪案件有所不同，被告人冶某买因为抚养关系与被害人形成了父亲和女儿的身份地位差异，也使被害人处于权力结构十分悬殊的弱势地位，在犯罪实施过程中被害人对父亲的权威、暴力威胁不敢反抗，且考虑到亲情、伦理、生活保障以及羞耻感等因素，被害人不敢声张且不敢报警维权，这也使得被告人得以多次性侵被害人。在此类案件中，对被告人予以严惩可以充分体现人民法院从严打击侵害未成年人合法权益犯罪的态度和决心，有力惩治此类犯罪并有效震慑潜在不法分子。

本案涉及如何判断是否违背被害人意志的问题，以及利用特殊职责性侵害未成年人的量刑问题。

第一，关于如何判断是否违背被害人意志的问题。根据刑法的相关规定，对于已满十四周岁的女性进行奸淫构成强奸罪，要求必须违背被害人的意志，但在利用特殊职责进行性侵害的这类案件中，认定行为人所采取的强制手段和程度时，应充分考虑未成年被害人身心脆弱，认及与特殊职责人员之间存在特殊关系，易受伤害等情况，要与针对成年人实施的强制性侵害行为有所区分。《最高人民法院、最高人民检察院、公安部、司法部关于依法惩治性侵害未成年人犯罪的意见》规定，对已满十四周岁的未成年女性负有特殊职责的人员，利用其优势地位或者被害人孤立无援的境地，迫使未成年被害人就范，而与其发生性关系的，以强奸罪定罪处罚。其中，“利用优势地位”进行奸淫是指，行为人与未成年被害人之间具有监护、教育、训练、看护、救助、医疗等特殊关系，且行为人故意利用这种特殊关系，以使未成年被害人的生活条件、受教育或训练的机会、接受救助或医疗等方面可能受到影响的方式，对被害人施加压力，使其不得不容忍行为人对其进行奸淫。例如，养（生）父以虐待、克扣生活费迫使养（生）女容忍其奸淫。利用未成年人“孤立无援的境地”进行奸淫，是指由于各种原因，未成年被害人处于不得不依赖于上述特殊职责人员的资助、抚育、照顾和救助等状况，而行为人有意利用此种状况，迫使被害人容忍其奸淫行为。例如，对处于身患严重疾病、流落街头需要接受救助等境地的未成年被害人进行奸淫。

本案中，被害人陈述证明在被告人冶某买对其实施性侵害前，被害人有反抗但是被制止，因害怕被被告人殴打也未呼救，在被告人冶某买对被害人实施性侵害后还对被害人实施语言威胁，不让被害人将此事告诉其他家人，被告人冶某买的强制及威胁行为虽相比成年人实施的强制性侵害行为程度较弱，但是因为被告人冶某买与被害人因抚养关系形成的身份地位差异，使在犯罪实施过程中被害人对父亲的权威、暴力威胁不敢反抗，故被告人该种行为可以认定为“利用其优势地位或者被害人孤立无援的境地，迫使未成年被害人就范”的情形，依法应以强奸罪定罪论处。

第二，监护人、教师、教练、救助人、保姆、医生等对未成年人负有特殊职责的人员，与未成年人有共同家庭生活关系的人员，本应是保护未成年人身心健康，保障未成年人合法权益，促进未成年人德智体美劳全面发展，培养有理想、有道德、有文化、有纪律的社会主义建设者和接班人的重要人员，可是有小部分人却利用其对未成年人负有特殊职责或与未成年人有共同家庭生活的便利条件对未成年人实施性侵害，此类行为不仅严重侵害未成年人身体及心理健康，更是严重挑战社会伦理道德底线；同时，因为该类人员具有接触未成年人的便利条件，实施性侵害行为更为隐蔽，一般人难以发现，持续时间通常更长，未成年被害人更难以抗拒和向有关部门揭露，社会危害更大。因此，针对未成年人实施强奸、猥亵犯罪的，应当从重处罚，对未成年人负有特殊职责的人员、与未成年人有共同家庭生活关系的人员对未成年人实施强奸、猥亵犯罪的，更要依法从严惩处。

编写人：青海省民和回族土族自治县人民法院　韩君

162 未成年人性侵已满十四周岁未成年人案件中违背妇女意志的判断

——何某强奸案

【案件基本信息】

1. 裁判书字号

江苏省无锡市中级人民法院（2020）苏02刑终147号刑事裁定书

2. 案由：强奸罪

【基本案情】

2019年2月25日晚，顾某某通过微信约杨某某至某街玩，见面后顾某某将杨某某带至某酒店，22时许，顾某某、杨某某在某酒店三楼电梯处遇到何某、王某、郁某、周某某等五人，七人即至某酒吧泡吧，其间，何某与杨某某均有饮酒。顾某某提前离开时与杨某某嬉闹亲吻被杨某某脚踹下体，顾某某为此生气即发消息给何某，让何某收拾杨某某，何某回问顾某某："杨某某有无男朋友、'骚不骚'。"后何某主动加了杨某某的微信。酒吧保安提出杨某某年纪小不能来酒吧，杨某某即离开酒吧，何某跟随杨某某出了酒吧。

离开酒吧后，何某以外面冷为由邀请杨某某去酒店，二人于23时23分进入某酒店某房间，房间内有王某、郁某、周某某等人。后王某和郁某在床上发生性关系，周某某进入了卫生间，何某与杨某某坐在房间飘窗上。王某和郁某结束后进入卫生间洗澡，周某某走出房间在门外走廊等候。王某和郁某洗完澡后亦走出了房间。

何某把杨某某手机拿到床边的凳子上后顺势将坐在床上的杨某某压倒并亲吻杨某某的嘴和脖子，在何某开始脱杨某某衣服时，杨某某用手推何某的手和肩膀，何某抓住杨某某的两只手继续亲吻杨某某，在何某将手伸进杨某某的衣服里摸杨某某的胸部和下体时，杨某某往外拉何某的手，在何某试图脱杨某某的裤子时，杨某某拉住自己的裤子，何某前后脱了三次皆因杨某某的反抗而未能成功，后杨某某问何某是不是吃定她了，何某作出肯定回答后杨某某自己将裤子脱掉。因何某几次插入未成功，杨某某又喊疼，何某就叫门外的周某某等人去买避孕套。周某某等人买好避孕套交给何某后进入了卫生间。何某戴上避孕套，插入时杨某某喊疼，其间多次说“我不玩了，让我走吧”，但何某未予理睬。

结束后何某陪同杨某某离开某酒店找杨某某朋友未果后又一同返回某酒店某房间。在房间待了一会儿后杨某某一人离开。杨某某告知了朋友“子默”有人强奸自己，后碰到张某某，张某某称已收到“子默”的消息，即让杨某某约何某至后宫酒吧，张某某等人将何某带至附近的眼镜城里对其进行殴打。

2019年2月26日下午，杨某某姑姑赵某贞带杨某某报警。经医院诊断，杨某某处女膜裂伤。

【案件焦点】

是否违背未成年女性意志的判断。

【法院裁判要旨】

江苏省无锡市梁溪区人民法院经审理认为：现有证据能相互印证，已形成证据锁链，足以证明被告人何某违背被害人杨某某意志以胁迫手段强行与之发生性关系，构成强奸罪。理由如下：

1. 被告人何某存在犯罪预谋。案发前，由于顾某某亲吻杨某某，被杨某某踢下体后，惹恼了顾某某，顾某某给何某发消息，让何某收拾杨某某，何某问顾某某：“杨某某‘骚不骚’，有无男友”等问题，并邀请杨某某至酒店房间。证明何某在第一次认识杨某某的情况下，就因顾某某的原因产生了定要和杨某某发生性关系的预谋。

2. 被告人何某有强奸被害人杨某某的主观故意，使用了足以压制杨某某的胁迫手段。（1）何某将杨某某压在床上，用自己的双手抓住杨某某的手腕将杨某某按住的强制动作，对于杨某某弱小的身体是一种较强的压制。何某在脱杨某某衣服、摸杨某某胸部和下体时，均遭到了反抗，连续脱杨某某裤子三次亦都未成功，由此其应当知道杨某某不愿与之发生性关系的态度和意志，亦体现出何某具有明显的强行与杨某某发生性关系的主观意图和要求；（2）言语精神上的压制：在何某对杨某某压制后强行亲吻、抚摸的过程中，特别是多次脱裤子的情况下，杨某某问何某是不是吃定她了，何某作出的肯定答复，系何某通过言语对杨某某精神意志发出的明确的强制要求；（3）在发生性关系过程中，杨某某多次提出不玩了，并明确对何某说让她走吧，但何某未予理睬，杨某某未能有更多的反应，可以看出，何某虽然身体动作及言语的暴力、威胁程度不高，但对杨某某已经足以产生精神意志上的压制。

3. 本案被害人杨某某案发时系年龄仅为14周岁零7个月的未成年人，考察其本人的意志反应也应和其年龄相适应。一方面，其认知能力低，对性的认识及因被性侵所遭受的身体、心理上的危害后果等尚未有明确的认识；另一方面，意志薄弱，在遭受性侵时所体现出的反抗强度较低，能够承受的胁迫也较一般成年人低。

4. 被害人杨某某进行了符合其自身情况的反抗。（1）案发前两小时在酒吧期间，杨某某喝了酒；何某与杨某某发生性关系的时间为子夜时分；房间内何某的两个朋友发生性行为时，何某、杨某某在场，起了一定的引诱作用。以上均在一定程度上削弱了年龄为14周岁零7个月的杨某某的反抗意志和反抗能力；（2）在何某用自己双手按住杨某某双手时，杨某某一直用力试图挣脱，在何某用手伸进杨某某衣服里面时，杨某某将何某手拉出来，在何某脱杨某某裤子时，杨某某多次反抗，用手拉住自己的裤子不让何某脱下。后杨某某问到何某是不是吃定她了，得到肯定回答，最后才放弃反抗。

其间，对何某明确提出放其走吧，多次提出不玩了，均系杨某某在当时情况下作出的符合其自身情况的反抗；（3）从周围环境看，房间里有杨某某不认识的何某的三个朋友在，对杨某某心理上也会产生无形的压制和影响。

5. 案发后，被害人杨某某虽未立即报警，但出了事发地即对朋友称自己被强奸了，并在张某某准备打何某时，进行了指认，以上均可看出事后被害人杨某某通过自己的言行表达了发生性关系是违背其意志的态度。

江苏省无锡市梁溪区人民法院依照《中华人民共和国刑法》第二百三十六条第一款、第十七条第二款和第三款之规定，判决：

被告人何某犯强奸罪，判处有期徒刑二年。

判决后被告人何某提出上诉。江苏省无锡市中级人民法院经审理后认为：综合全案证据，足以认定何某违背未成年被害人意志，强行与之发生性关系的事实成立。理由是：（1）何某应他人要求教训被害人杨某某即“把杨某某睡了”，其即询问他人杨某某“骚不骚、有无男友”，后何某以天冷带杨某某去酒店房间等朋友为名将杨某某带至酒店。何某在侦查阶段有过多次稳定供述，供称“她一开始是反抗的，不愿意的，后来她问我今天是不是吃定她了，我回答是的，意思即今天一定要和她发生性关系后，她就不反抗了”；关于被害人一开始如何反抗的，其供称“她用手推我，扭头不让我亲，拉着我的手不让我脱她的衣服和裤子”；其间被害人提出“你放我走吧”其没有同意。该供述得到被害人陈述笔录的印证。此外，证人证言也证实，在二人发生性关系过程中，杨某某多次提出“我不玩了，放我走吧”，何某不予理睬。故全案证据能够相互印证，已形成证据锁链。（2）何某的行为对被害人足以形成胁迫，利用未成年被害人孤立无援的境地，迫使未成年被害人就范，而与之发生性关系。首先，被害人杨某某与上诉人何某案发当晚初次相识，相识距案发仅两小时左右，二人并非正常交往恋爱关系。其次，杨某某孤身一人与何某及何某多名朋友共处一室，在遭遇何某明确必须发生性关系的强制要求时，反抗程度低、不敢反抗甚至放弃反抗，符合其年龄、意志、心智反应。最后，何某较被害人不仅有年龄优势、体力优势，且社会经验更为丰富，实施了将被害人按压在床上、双手抓住被害人手腕、强脱裤子等行为，虽暴力、言语威胁程度不高，但足以对杨某某产生精神意志上的压制。（3）案发后，被害人杨某某虽未立即报警，但离开案发地在内心确认安全的情况下即告知朋友自己被强奸一事，并向朋友指认何某，让朋友对何某进行殴打，该一系列行为也反映出其内心对与何某发生性关系是抗拒的。

江苏省无锡市中级人民法院依照《中华人民共和国刑事诉讼法》第二百三十六条第一款第一项之规定，裁定：

驳回上诉，维持原判。

【法官后语】

本案的主要争议焦点在于杨某某与被告人何某发生性关系时是否系自愿，即被告人何某与杨某某发生性关系的行为是否违背了杨某某的意志。

一、未成年女性的心智更易受到环境的影响

认为本案没有违背杨某某意志的观点提出，被害人杨某某对被告人何某的行为没有进行明显或实质的反抗，理由主要包括：（1）在酒吧期间，顾某某提前离开时与杨某某嬉闹亲吻被杨某某脚踹下体，可以得出，杨某某对此类行为的反抗程度是相当强烈的，而在和何某发生性关系的整个过程中，杨某某未有任何类似强度的踢、打的反抗动作；(2) 整个过程中，被害人杨某某未曾喊叫求救；(3) 在何某三次脱杨某某裤子未果后杨某某自己将裤子脱下。

然而，在对未成年被害人的意志进行分析时，必须结合其当时所处环境，因为所处周围环境对未成年人的影响明显要大于成年人。在酒吧，大家在喧闹的音乐中跳舞、喝酒，顾某某主动当众与杨某某嬉闹，杨某某用脚踹顾某某下体更多地基于酒吧内人员众多，外面还有保安，在其看来起码自己也是安全的，但是在何某将杨某某带至酒店房间后，正如杨某某所言，房间内都是何某的朋友，且何某的朋友刚刚在杨某某、何某在场的情况下发生了性关系，即使是成年女性如果目睹他人当场发生性关系，其生理和心理上都会发生一定的变化，更何况是刚满十四周岁的未成年女性。

二、准确把握强奸未成年人犯罪案件中“违背妇女意志”的审查判断标准

对于强奸未成年人犯罪案件中“违背妇女意志”的审查，要根据未成年人的身心特点，按照有别于成年人的标准进行判断。根据经验和常识，未成年人在发生性关系中的行为、言语所表现出的反抗程度，符合其当时的认知和表达能力，应当认定所发生的性交行为违背了未成年女性的“意志”。

本案中，在何某开始脱杨某某衣服时，杨某某用手推何某的手和肩膀，在何某将手伸进杨某某的衣服里摸杨某某的胸部和下体时，杨某某往外拉何某的手，在何某试图脱杨某某裤子时，杨某某拉住自己的裤子，何某前后脱了三次皆因杨某某的反抗而未能成功。虽然杨某某并没有做出踢打、喊叫、逃跑等程度更高的反抗动作，但是杨某某不让何某脱自己衣服，将何某手往外拉等身体动作已经明

确表示了其对发生性关系的拒绝，虽然反抗的程度较低，但和其当时环境对其心智造成的影响是相符的。

三、准确把握未成年人强奸犯罪案件中未成年人对“违背妇女意志”的明知

在未成年人强奸已满十四周岁未成年女性犯罪中，既要准确把握对未成年女性“违背妇女意志”的判断标准，又要注意对涉嫌强奸犯罪的未成年被告人主观明知的审查，从而兼顾实现保障未成年被告人与未成年被害人双方的合法权益。正如二审裁判文书理由所述，何某在侦查阶段有过多次稳定供述，供称“她一开始是反抗的，不愿意的，后来她问我今天是不是吃定她了，我回答是的，意思即今天一定要和她发生性关系后，她就不反抗了”关于被害人一开始如何反抗的，其供称“她用手推我，扭头不让我亲，拉着我的手不让我脱她的衣服和裤子”。由上可以得出，本案被告人案发时虽未满十六周岁，但是其对杨某某不愿与其发生性关系是明知的，其仍然利用杨某某处于孤立无援的状态强行与杨某某发生性关系，符合强奸犯罪的主观构成要件。

四、本案判决生效后对于保护未成年人健康成长、早日复归社会的启示

在未成年人性侵未成年人案件中，被告人与被害人均为未成年人，这就涉及对二者的健康成长的关注与促进，以便二者能够早日步入社会，回归正常的、健康的社会生活。这里就涉及“双封存”，即不仅封存未成年被告人的犯罪信息，更要封存未成年被害人的相关信息。在“双封存”的基础上，进行双向保护，即保护二者能够身心健康地成长，早日回归家庭、回归学校、回归社会。

编写人：江苏省无锡市梁溪区人民法院　傅俊平　赵越

163 短暂的时间与场所的间隔不影响轮奸情节的成立

——闭某宝强奸案

【案件基本信息】

1. 裁判书字号

广西壮族自治区钦州市中级人民法院（2021）桂07刑终22号刑事判决书

2. 案由：强奸罪

【基本案情】

2020年5月18日下午，闭某宝伙同彭某宇、闭某桂接被害人李某某和被害人梁某某到彭某宇家中玩。19时许，彭某宇明知梁某某系未满十四周岁的幼女仍在其家二楼一房间内与梁某某发生性关系，后将此事告知闭某宝和闭某桂。次日凌晨，闭某宝与彭某宇、闭某桂一起商量以送被害人梁某某回家为由带被害人梁某某到一山岭处，以期达到与被害人梁某某发生性关系的目的，四人驾驶摩托车到达目的地后，彭某宇、闭某桂到山脚附近等候，闭某宝提出在该处与被害人梁某某发生性关系遭拒，遂语言威逼被害人梁某某，梁某某被迫答应返回彭某宇家中再与闭某宝发生性关系。次日凌晨2时许，闭某宝在二楼一房间强奸被害人梁某某一次。后闭某桂在二楼靠近卫生间的一个房间内奸淫梁某某一次。2020年5月19日，闭某宝在彭某宇家中被抓获。另查明，被害人梁某某于2007年12月13日出生，被性侵时系幼女。

【案件焦点】

短暂的时间与场所的间隔是否影响轮奸情节的成立。

【法院裁判要旨】

广西壮族自治区灵山县人民法院经审理认为：被告人闭某宝伙同他人奸淫幼女，其行为构成强奸罪。在强奸的共同犯罪过程中，被告人闭某宝与彭某宇、闭某桂的行为属共同轮奸被害人梁某某的行为，被告人闭某宝积极参与实施犯罪，是主犯，依法应当按照其所参与的全部犯罪处罚。

广西壮族自治区灵山县人民法院依照《中华人民共和国刑法》第二百三十六条第三款第四项等之规定，判决：

被告人闭某宝犯强奸罪，判处有期徒刑十年。

被告人闭某宝提出上诉。广西壮族自治区钦州市中级人民法院经审理后同意一审法院裁判意见。广西壮族自治区钦州市中级人民法院依照《中华人民共和国刑事诉讼法》第二百三十六条第一款第一项、第二百四十四条等之规定，裁定：

驳回上诉，维持原判。

【法官后语】

本案争议的焦点在于行为人闭某宝与其同伙在奸淫幼女时有短暂的时间与场所的间隔是否影响轮奸情节的成立。

轮奸并不是单一的罪名，而属于加重处罚情节。根据刑法的规定，“轮奸”是指两个以上的男子在同一犯罪活动中，以暴力、胁迫或者其他手段对同一妇女或者幼女进行强奸或者奸淫的行为。刑法将“二人以上轮奸的”，作为情节严重的情形之一，可以处10年以上有期徒刑、无期徒刑或者死刑。因此，要成立轮奸情节必须是二人以上出于共同的强奸故意，先后轮流奸污了同一妇女或幼女且两个以上的奸淫行为具有一定的连续性和关联性。具体而言：

一、主观上，要求二人以上出于共同的强奸故意

如果二人以上没有共同的强奸故意，而是前后相继发生单独轮流强奸行为，不能等同于轮奸。本案中，彭某宇奸淫梁某某得逞后将此事告知了闭某宝和闭某桂，后三人商量以送梁某某回家为由带被害人梁某某到一山岭处，以期达到与被害人梁某某发生性关系的目的。后在山岭处，在被告人闭某宝的威逼下梁某某被迫答应返回彭某宇家中再与闭某宝发生性关系。闭某宝还供述，其与梁某某发生性关系前，梁某某事先已说要和闭某桂一起睡，且闭某桂亦供述在其与梁某某发生性关系后，闭某宝也想和梁某某发生性关系。因此可知，在梁某某被轮奸这一犯罪结果发生的过程中，闭某宝与其同伙对自己所实施的奸淫行为均持积极追求的直接故意，而对其他共犯人对梁某某实施的奸淫行为是放任的间接故意，闭某宝与其同伙虽然不是在事前形成的共同故意，但在犯罪的过程中三人心照不宣，均有共同轮流奸淫梁某某的故意，属于犯罪中形成的共同故意。

二、轮奸情节的成立要求二人以上先后轮流奸淫了同一妇女或幼女且两个以上的奸淫行为具有一定的连续性和关联性

“连续”并不意味着完全没有间隔。换言之，短暂的时间与场所的间隔并不影响轮奸情节的成立。认定是否属于轮奸，不能仅凭时间的长短，还要考察时间的连续性。只要两名或多名男子具有轮流奸淫同一妇女或幼女的共同故意，在较长时间内对一名妇女或幼女实施控制，即使时间间隔较长，甚至不在同一地点实施奸淫行为，那么，对妇女或幼女实施控制的时间就是连续性的，应视为在同一时间段内的轮奸行为。同样，在同一地点强奸也并非认定构成轮奸

的必要条件，在不同地点强奸也不能绝对排除轮奸的成立。因此，我们要从时间和空间的角度，考察各共同犯罪人的行为之间是否具有接续性、是否相互补充或者相互协助。只要各共同犯罪人具有轮流奸淫同一妇女的共同故意，对该妇女进行不间断的控制，即使二人或者多人前后实施奸淫的时间间隔相对较长，甚至不在同一地点实施奸淫行为，其犯罪的社会危害性、主观恶性、人身危险性同被害人在同一地点、同一时间段受到多人强奸的犯罪情形是相当的，被害人所遭受的痛苦和恐惧亦是相当的，应以轮奸论处。

本案中，案发当日19时许，彭某宇在其家中房间内奸淫幼女梁某某得逞后将此事告知闭某宝和闭某桂，次日凌晨，三人商量以送梁某某回家为由带被害人梁某某到一山岭处，以期达到与被害人梁某某发生性关系的目的。后在山岭处，在被告人闭某宝的威逼下梁某某被迫答应返回彭某宇家中再与闭某宝发生性关系。次日凌晨2时许，闭某宝、闭某桂在彭某宇家中不同房间内先后强奸被害人梁某某得逞。在本案强奸的共同犯罪过程中，虽然三人奸淫梁某某的行为有短暂的时间与场所的间隔，但是自案发当日19时许至次日凌晨2时许，不论是在同案犯彭某宇家中的多个房间内还是在山岭上，闭某宝与其同伙共同或者单独持续地控制梁某某的人身自由，三人在该期间内实施了轮流奸淫梁某某的行为，三人的行为在时间上、空间上是延续的、关联的，因此三人的行为均成立轮奸情节。

综上所述，短暂的时间与场所的间隔不影响轮奸情节的成立，行为人闭某宝伙同他人奸淫幼女，构成强奸罪，属轮奸，应当以强奸罪的轮奸加重情节予以处罚。

编写人：广西壮族自治区灵山县人民法院　李媛

164 强奸案中既未遂及轮奸的认定

——韦某某、黄某某强奸案

【案件基本信息】

1. 裁判书字号

广西壮族自治区崇左市中级人民法院（2020）桂14刑终169号刑事裁定书

2. 案由：强奸罪

【基本案情】

2020年3月初，被告人韦某某与被害人吴某某在网络平台相识并互加微信。2020年3月12日下午，被告人黄某某和韦某某与吴某某见面后，到吴某某家中吃饭。当日23时许，黄某某驾驶轿车搭载韦某某、吴某某、巴某某、田某到某烧烤店喝酒。因吴某某在车上已醉酒便没有下车，韦某某以照顾吴某某为由也留在车上。次日凌晨，黄某某叫车将巴某某、田某送回家后，韦某某欲与吴某某发生性关系便叫黄某某去开房，但黄某某找了两个酒店都没有钟点房。韦某某、黄某某便商议驾车到偏僻处奸淫吴某某。黄某某驾车到一处偏僻的公路边停车后，韦某某在车后座奸淫醉酒的吴某某，黄某某在车外等待。韦某某奸淫吴某某后下车，黄某某返回车上欲奸淫吴某某时，吴某某酒醒并反抗，黄某某便停止奸淫行为，后开车将吴某某送至某汽车站附近。黄某某、韦某某驾车离开后接到吴某某家属电话，又返回汽车站，在汽车站韦某某被吴某某及其家属拉住，黄某某开车逃离，民警赶到后将韦某某抓获。

【案件焦点】

1. 韦某某与黄某某是否构成轮奸；2. 被告人黄某某是犯罪既遂还是未遂；3. 本案的主从犯如何认定。

【法院裁判要旨】

广西壮族自治区崇左市宁明县人民法院经审理认为：被告人韦某某、黄某某违背妇女意志，轮流强行与妇女发生性关系，其行为已构成强奸罪，并具有轮奸情节。在共同犯罪中，韦某某提出犯意，黄某某积极配合并提供帮助，二人在本案中均起主要作用，均系本案的主犯，二人应对其所参与的全部罪行承担责任，故黄某某辩护人提出黄某某系从犯的辩护意见，本院不予采纳。案发后，黄某某能主动向公安机关投案，并如实供述了犯罪事实，系自首，依法可以从轻或减轻处罚。黄某某辩护人提出黄某某构成自首的辩护意见，符合案件事实，本院予以采纳。韦某某归案后能如实供述其犯罪事实，依法可以从轻处罚。韦某某、黄某某自愿赔偿吴某某人民币三万元并得到谅解，可酌情从轻处罚。根据韦某某、黄某某犯罪的事实、性质、情节以及对社会的危害程度，依照《中华人民共和国刑法》第二百三十六条第三款第四项，第二十五条第一款，第二十六条第一款、第四款，第五十五条第一款，第五十六条第一款，第六十七条第一款、第三款之规定，判决如下：

一、被告人韦某某犯强奸罪，判处有期徒刑十年，剥夺政治权利一年；

二、被告人黄某某犯强奸罪，判处有期徒刑六年。

一审判决后，被告人提出上诉。广西壮族自治区崇左市中级人民法院经审理认为：上诉人韦某某、黄某某违背妇女意志，轮流与被害人吴某某发生性关系，根据《中华人民共和国刑法》第二百三十六条之规定，二人的行为构成强奸罪，并具有轮奸情节。在共同犯罪中，韦某某提出犯意，并实施了强奸行为，黄某某积极配合并提供帮助，并着手实施强奸，二人在本案中均起主要作用，均系主犯，二人应对其所参与的全部犯罪事实承担责任。案发后，黄某某能主动到公安机关投案，并如实供述其犯罪事实，系自首，依法可以从轻或减轻处罚。韦某某归案后能如实供述其犯罪事实，依法可以从轻处罚。韦某某、黄某某自愿赔偿吴某某人民币三万元并得到谅解，可酌情从轻处罚。一审认定的事实清楚，定罪准确，适用法律正确，量刑适当，审判程序合法。二上诉人的上诉理由和辩护人的辩护意见与事实不符，法院不予采纳。依照《中华人民共和国刑事诉讼法》第二百三十六条第一款第一项之规定，裁定：

驳回上诉，维持原判。

二审宣判后，被告韦某某、黄某某均未申请再审。

【法官后语】

本案处理重点在于对两个被告人一人既遂一人未遂的强奸案如何认定、既未遂是否构成轮奸及主从犯的认定。关于被告人韦某某与黄某某是否构成轮奸的问题。轮奸是指二名以上男子基于共同的强奸故意，在同一段时间先后对同一被害人实施强奸的行为。本案中，被告人韦某某见吴某某醉酒后，想与吴某某发生性关系并告知了黄某某。黄某某在得知韦某某想奸淫吴某某后，让与吴某某同行的巴某某、田某先行离开，在车上与韦某某商议去开房，但因找不到钟点房，韦某某与黄某某又商议将车开到偏僻处奸淫吴某某。黄某某供述称系其与韦某某商议将车开到偏僻处后二人一起奸淫吴某某；被害人吴某某陈述其听到二人商议轮流强奸自己，但其因醉酒无法反抗也不敢反抗。从全案黄某某及韦某某实施的行为来看，二人具有共同强奸的故意，即趁吴某某醉酒无意识之际进行强奸。韦某某强奸吴某某时，吴某某并无反应及反抗，但黄某某欲对吴某某进行强奸时，因吴某某有了比较清醒的意识并能进行阻止的动作后，黄某某才未得逞，韦某某亦是在吴某某清醒并反抗后才阻止了黄某某的行为。虽然黄某某的行为未得逞，但并不影响对二被告人具有轮奸情节的认定。

关于被告人黄某某是犯罪既遂还是未遂的问题。根据共同犯罪“一人既遂，全体既遂”的基本原理，只要共同行为人中有一人的犯罪行为得逞，各共同行为人的犯罪行为均认定为犯罪既遂。在本案中，轮奸并非单独的罪名，而是强奸罪的情节加重犯，该情节本身只是构成与不构成的问题，而不涉及犯罪既遂与未遂的停止形态问题，被告人韦某某的强奸行为已得逞，虽然黄某某强奸未得逞但应认定为强奸犯罪的既遂。如果因其中一人强奸未得逞而不认定为既遂，则容易导致未得逞者的行为不能构成轮奸，而且因为未得逞者不能构成轮奸，客观上也导致得逞者只能按照普通强奸既遂来处理。而轮奸行为属于多次侵犯被害人的身体，面对超过两人以上的性侵害，对被害人而言无论是在身体上还是精神上相比普通强奸都是更严重的侵害，故对于轮奸不应只是去考虑实施者是否已经得逞，只要其他参与者具有轮奸的意图，也实施了轮奸的行为就应认定为整体既遂。在量刑上，相对于既遂者而言，未得逞者与得逞者之间量刑应当有所差别。轮奸犯罪的法定刑为十年以上有期徒刑、无期徒刑或者死刑，如果对于量刑没有区别的话，对于得逞者和未得逞者而言也不公平，也无法体现罪责刑相适应和量刑均衡的处罚原则，故对于未得逞者进行减轻处罚较为适宜。

关于主从犯的认定问题。在共同犯罪中，需要根据案件具体情况区分共同犯罪中的主从犯，从而准确界定各被告人的刑事责任，使刑罚的轻重与各被告人所犯罪行和承担的刑事责任相适应，实现罪刑相当、罪刑均衡。在共同犯罪中，韦某某提出犯意，黄某某明知韦某某欲与被害人发生性关系，先让被害人同村的田某某、巴某离开，然后开车找钟点房，未找到钟点房时，与韦某某商量找个偏僻的地方强奸被害人，随后驾驶自己的车辆将被害人带到一处荒僻黑暗的路边，在韦某某与被害人发生性关系时还给他提供避孕套，黄某某为韦某某强奸被害人积极提供条件，二人在本案中均起主要作用，均系本案的主犯，二人应对其所参与的全部罪行承担责任。本案中，黄某某虽未得逞，但为强奸被害人提供了交通工具、选择强奸地点、提供避孕套等，使强奸行为得以顺利实施。如在类案中，参与人明知另外两名被告人要对被害人实施轮奸行为，但参与人未共同实施轮奸，仅在其中一名被告人的要求下提供了避孕套，该参与人在整个轮奸行为中所起作用就较小，可以以从犯论处。

综上所述，被告人的行为已构成强奸罪，具有轮奸情节，且应认定为二人既遂，二被告人在本案中均起主要作用，依法应予惩处。

编写人：广西壮族自治区崇左市宁明县人民法院　黄秋玲

165 非典型严重暴力强奸罪中“违背妇女意志”的认定

——郭某鉴强奸案

【案件基本信息】

1. 裁判书字号

北京市第二中级人民法院（2020）刑终第521号刑事裁定书

2. 案由：强奸罪

【基本案情】

2019年10月4日14时许，被告人郭某鉴在某小区某号房间内，使用暴力手段致被害人薄某某不敢反抗，后违背薄某某意志与之发生性关系。经鉴定，被害人薄某某左上臂外伤，损伤程度属轻微伤。

【案件焦点】

发生强奸时未采用暴力手段，如何判断是否“违背妇女意志”。

【法院裁判要旨】

北京市丰台区人民法院经审理认为：被告人郭某鉴的供述、被害人薄某某的陈述、伤情鉴定等证据能够相互印证，证明案发当日薄某某不想去郭某鉴暂住地附近吃饭、不想进入郭某鉴暂住地、郭某鉴进行亲密行为时薄某某在言语及行动上均予反抗、郭某鉴为压制被害人反抗而采取暴力行为并致被害人轻微伤等事实，由此可见被害人一直抗拒与被告人发生性行为，其有关在遭受暴力侵害后由于害怕而被迫同意发生性行为的陈述符合常理，即使在真正发生性行为时被害人没有明显的反抗行为，但由于被告人郭某鉴此前实施暴力行为的威慑依然存在，进而造成被害人不敢反抗，且被害人没有任何诬陷被告人实施强奸行为的动机和理由。综上，本案可以认定被告人郭某鉴违背被害人意志而与之发生性关系。依照《中华人民共和国刑法》第二百三十六条第一款、第六十四条、第六十一条之规定，判决如下：

一、被告人郭某鉴犯强奸罪，判处有期徒刑三年；（刑期自判决执行之日起计算。判决执行以前先行羁押的，羁押一日折抵刑期一日，即自 2019 年 10 月 9 日起至 2022 年 10 月 8 日。）

二、在案扣押手机一部，予以没收。

郭某鉴提起上诉。北京市第二中级人民法院经审理认为：上诉人郭某鉴违背妇女意志，在使用暴力使被害人不敢反抗的情况下强行与被害人发生性关系，其行为已构成强奸罪，依法应予惩处。经查，本案事实清楚，证据确实、充分，定罪及适用法律正确，量刑适当，审判程序合法，扣押物品处理正确，应予维持。

北京市第二中级人民法院依照《中华人民共和国刑事诉讼法》第二百三十六条第一款第一项之规定，裁定：

驳回上诉，维持原判。

【法官后语】

强奸罪是指以暴力、胁迫或者其他手段强行与妇女发生性关系的行为，其中犯罪手段要达到受害人不能反抗、不敢反抗或无法反抗的程度，其本质特征是“违背妇女意志”，但“意志”是主观因素，需通过客观证据予以印证。在典型的强奸罪案件中，行为人实施的暴力、胁迫行为，或妇女的反抗均是“违背妇女意志”的外在表现。而实践中发生的强奸案件情况复杂，无证据证明发生性行为时存在暴力压制的强奸案件时有发生。在非典型严重暴力强奸案件中，判断是否“违背妇女意志”不能仅关注暴力、胁迫行为，亦不能简单地以被害人当时有无反抗意思表示，作为认定其意志的唯一条件，而要纵观行为发生全过程，综合认定。

本案中的强奸行为发生当时，行为人没有直接采取暴力、胁迫手段，被害人亦没有明显的反抗，但暴力、胁迫行为不应仅要求在发生性关系的同时进行，也可以在发生之前已经存在。本案的重点在于判断性行为发生前，行为人的暴力行为是否达到使被害人明显难以反抗的程度。在尚未发生性行为时，郭某鉴曾抱住被害人、脱下其衣服，遭到被害人的激烈反抗，此时郭某鉴通过暴力手段压制住薄某某，致薄某某轻微伤。郭某鉴的暴力行为已经展示了二人之间的力量差距，给薄某某造成了心理恐惧，且二人处于封闭空间内，被害人之前的大声呼救未能得到他人的帮助，反而更加激怒郭某鉴，导致在性行为发生当时被害人亦不敢再次呼救，这一暴力行为引起的心理恐惧是薄某某在发生性行为时没有反抗的根本原因。

郭某鉴在实施暴力后，间隔了一段时间与薄某某发生性关系，此时薄某某通过反抗逃脱、防止性行为发生的可能性非常小，郭某鉴所造成的暴力性威慑依然存在，对被害人产生了延续性的“精神强制”，被害人始终处于无法反抗的不利地位，其人身安全依然面临威胁，因而在发生性行为时没有激烈的反抗行为符合常理。因此，应当认定行为人违背被害人意志与之发生性关系，郭某鉴构成强奸罪。

综合上述内容，对于此类非典型严重暴力强奸罪案件，要综合考虑案发全过程中，行为人采取的手段、案发时的场景、呼救或逃脱的可能性、被害妇女的性格特点等全部主客观条件，作出更加准确的判断。

编写人：北京市丰台区人民法院　李红华　王祎

166　强奸罪共犯的认定及绑架过程中抢劫的具体罪名适用

——许某某等绑架、强奸、强制猥亵案

【案件基本信息】

1. 裁判书字号

北京市第二中级人民法院（2020）京02刑终246号刑事裁定书

2. 案由：绑架罪、强奸罪、强制猥亵罪

【基本案情】

许某某、韩某某、王某某、安某某、孙某涛、孙某波、常某某等恶势力犯罪团伙，于2018年6月至2018年8月，先后以勒索财物为目的将多名被害人骗至约定地点，对其实施绑架、强奸、强制猥亵等犯罪活动，勒索、劫取财物共计人民币二十余万元，严重扰乱社会生活秩序，造成恶劣社会影响。具体犯罪事实如下：

一、绑架的事实

2018年6月22日15时许，被告人许某某、韩某某、王某某、孙某涛、孙某波以勒索财物为目的，将约来的卖淫女胡某某强行带至汽车内，后采用殴打、蒙眼等手段将胡某某胁迫至某镇附近，其间，抢走胡某某随身携带的手机一部及现金人民币200元，后以胡某某的人身安全相威胁向胡某某的朋友谢某某索要赎金人民币3万元，赎金到账后将胡某某释放。经鉴定，涉案手机价值人民币800元。

二、绑架、强制猥亵的事实

2018年6月26日1时许，被告人许某某、韩某某、王某某、孙某涛、孙某波、常某某以勒索财物为目的，将约来的李某某强行带至汽车内，采用殴打、蒙眼等手段，将李某某胁迫至某镇附近，后以李某某的人身安全相威胁向其家属汤某某索要赎金人民币5万元未果，后将其释放。其间，抢走李某某随身携带的红色手机一部，经鉴定价值人民币920元。被告人韩某某在车内控制李某某的过程中，强行让李某某为其口交。

三、绑架、强奸的事实

2018年8月24日13时许，被告人许某某、韩某某、王某某、安某某以勒索财物为目的，将约来的卖淫女曹某某、郑某某强行带至某小区某室，其间，采用捆绑、殴打、威胁等手段，逼迫曹某某、郑某某提供手机微信、支付宝、银行卡等交易密码，劫取二人钱款共计人民币179100元，并将曹某某随身携带的身份证、学生证、黑色双肩包一个、手机二部、银行卡三张，郑某某随身携带的身份证、学生证、白蓝粉手提包一个、银行卡二张、手机一部均抢走。后许某某、韩某某、王某某、安某某以郑某某和曹某某的人身安全相威胁向其朋友陈某某索要人民币30万元未果。同时，在曹某某、郑某某被胁迫控制期间，许某某、韩某某多次对曹某某、郑某某实施强奸。经鉴定，郑某某被劫取的手机1部，价值人民币4480元；曹某某被劫取的手机2部，分别价值人民币630元和7310元；曹某某被劫取的黑色背包1个，价值人民币40元。

【案件焦点】

1. 第三起犯罪中，被告人王某某有开车行为，被告人安某某有租房行为，二被告人是否构成强奸罪（从犯）；2. 第三起犯罪中，数名被告人在绑架二被害人后，又当场劫取二被害人将近 20 万元的财物，该起犯罪事实应评价为绑架罪还是抢劫罪。

【法院裁判要旨】

北京市大兴区人民法院经审理认为：被告人许某某等人形成恶势力犯罪团伙后，被告人许某某伙同他人以勒索财物为目的绑架他人；又以暴力、胁迫等手段强奸妇女，其行为分别构成绑架罪、强奸罪，依法应予惩处，且一人犯数罪，依法数罪并罚。被告人韩某某伙同他人以勒索财物为目的绑架他人；又以暴力、胁迫等手段强奸妇女；还以胁迫方法强制猥亵妇女，其行为分别构成绑架罪、强奸罪、强制猥亵罪，依法应予惩处，且一人犯数罪，依法数罪并罚。被告人王某某、安某某、孙某涛、孙某波、常某某伙同他人以勒索财物为目的绑架他人，其行为均构成绑架罪，依法应予惩处。北京市大兴区人民检察院指控被告人许某某、韩某某、王某某、安某某结伙以勒索财物为目的绑架曹某某和郑某某并当场劫取被害人财物的事实清楚，证据确实充分，本院予以支持；但指控四名被告人犯抢劫罪的罪名不当，本院依法更正为绑架罪。北京市大兴区人民检察院指控被告人王某某、安某某犯强奸罪（从犯）的事实不清、证据不足，指控罪名不成立。

北京市大兴区人民法院依照《中华人民共和国刑法》第二百三十九条第一款、第二百三十六条第一款、第二十五条第一款、第二十七条之规定，作出如下判决：

一、被告人许某某犯绑架罪，判处有期徒刑十四年六个月，剥夺政治权利三年，并处罚金人民币四十五万元；犯强奸罪，判处有期徒刑八年，剥夺政治权利一年；决定执行有期徒刑十九年，剥夺政治权利四年，并处罚金人民币四十五万元；

二、被告人韩某某犯绑架罪，判处有期徒刑十四年，剥夺政治权利三年，并处罚金人民币四十二万元；犯强奸罪，判处有期徒刑五年；犯强制猥亵罪，判处有期徒刑一年；决定执行有期徒刑十六年六个月，剥夺政治权利三年，并处罚金人民币四十二万元；

三、被告人王某某犯绑架罪，判处有期徒刑十四年六个月，剥夺政治权利三年，并处罚金人民币四十五万元；

四、被告人安某某犯绑架罪，判处有期徒刑十一年六个月，剥夺政治权利二年，并处罚金人民币二十四万元；

五、被告人孙某涛犯绑架罪，判处有期徒刑十一年，剥夺政治权利二年，并处罚金人民币二十二万元；

六、被告人孙某波犯绑架罪，判处有期徒刑十年六个月，剥夺政治权利二年，并处罚金人民币二十二万元；

七、被告人常某某犯绑架罪，判处有期徒刑五年，并处罚金人民币十万元。

一审宣判后，被告人许某某、孙某波、孙某涛不服判决提出上诉，北京市第二中级人民法院经审理认为：一审法院根据各被告人犯罪的事实、犯罪的性质、情节、在共同犯罪中的作用和对社会的危害程度所作的判决，事实清楚，证据确实、充分，定罪及适用法律正确，量刑适当，审判程序合法，对在案扣押物品的处理亦无不当，应予维持。本院依照《中华人民共和国刑事诉讼法》第二百三十六条第一款第一项之规定，裁定：

驳回上诉，维持原判。

【法官后语】

本案处理重点在于第三起犯罪事实的定性上。在这起事实中的争议焦点主要有两个：一是王某某的开车行为、安某某的租房行为是否属于强奸的帮助行为，是否构成强奸罪（从犯）；二是该起犯罪应评价为绑架罪还是抢劫罪。

一、强奸罪共犯的认定

（一）共同犯罪的认定应坚持主客观相统一的原则

认定共同犯罪，必须有共同的犯罪行为，且必须存在共同犯罪故意。

就共同的犯罪行为而言，行为是多种多样的。例如，从分工形式来说，有实行行为、教唆行为、帮助行为等。从实行的先后顺序来说，有同时实行、先后实行等。但不论犯罪行为的形式如何，均需要二人以上共同实行或者参与。

就共同的犯罪故意而言，要求共犯人之间有共同的犯罪故意，且各个共犯人之间有意思联络，认识到自己与对方一起共同实施犯罪，在主观犯罪意图上形成一体化。

（二）本案被告人王某某、安某某是否构成强奸罪共犯

在第三起的犯罪事实中，在对被害人进行控制期间，王某某有开车行为，安某某有租房行为。检察院据此指控，王某某和安某某构成强奸罪（从犯）。因为二被告人的相关行为系对许某某、韩某某强奸行为起到了帮助作用，属于共同犯罪。

合议庭经评议认为，共同犯罪的认定应当坚持主客观相统一的原则。本案数名被告人的共同犯罪故意是绑架卖淫女，向“妈咪”

索要赎金，同时劫取卖淫女财物，在该犯罪故意的支配下实施了约被害人出来、限制人身自由、暴力威胁等一系列行为。虽然王某某的开车、安某某的租房相关行为客观上确实为后续强奸行为的发生起到了帮助作用，但是现有证据证明二人实施相关行为的主观故意不是为了给强奸提供帮助，而是要限制被害人的自由，从而达到勒索或者劫取财物的目的。在不具备强奸的犯罪故意时，即便被告人的行为客观上便利了强奸，也不能认定为系强奸的帮助行为，从而构成强奸罪共犯。王某某、安某某的相关行为应评价在谋财犯罪（绑架罪或者抢劫罪）中，而不能被评价为强奸罪的帮助犯。

二、绑架过程中抢劫的具体罪名适用

就第三起犯罪事实而言，数名被告人结伙绑架二被害人，虽未实际勒索到第三人的财物，但因已实际控制人质，故构成绑架罪既遂。在此过程中，被告人又利用暴力、威胁行为压制被害人反抗的状态，当场取走被害人财物，又构成抢劫罪，且抢劫数额近人民币20万元，属于数额巨大。

行为人在绑架过程中，又以暴力、胁迫等手段当场劫取被害人财物，构成犯罪的，择一重罪处罚。

而择一重罪如何适用？《最高人民法院关于适用刑法第十二条几个问题的解释》明确了比较刑罚轻重的原则，即比较法定刑，法定最高刑较重的则刑罚较重，如果法定最高刑相同，法定最低刑较轻的则刑罚较轻。如果刑法规定的某一犯罪只有一个法定刑幅度，法定最高刑或者最低刑是指该法定刑幅度的最高刑或者最低刑；如果刑法规定的某一犯罪有两个以上的法定刑幅度，法定最高刑或者最低刑是指具体犯罪行为应当适用的法定刑幅度的最高刑或者最低刑。

绑架罪和抢劫罪均有多个量刑幅度，因而应从具体犯罪行为应当适用的法定刑幅度的最高刑或者最低刑来衡量孰为处罚较重之罪。以该原则为依据进行判断，本案没有致被害人死亡，故被告人涉嫌的绑架罪法定刑为十年以上有期徒刑或者无期徒刑，并处罚金或者没收财产；抢劫数额巨大，法定刑为十年以上有期徒刑、无期徒刑或者死刑，并处罚金或者没收财产。单就法定刑而言，抢劫罪最高为死刑，因此重于绑架罪。

根据上述逻辑得出的结论是第三起犯罪事实应定性为抢劫罪，检察院也是据此指控的，合议庭在进行评议时也一度倾向此结论，但是合议庭最终却没有采纳该结论，而是认为该案从犯罪的整体性进行把握，认定该案构成绑架罪。

在案证据显示该恶势力团伙在2018年6月至8月，多次作案，利用卖淫女不敢报警的心理，实施绑架并向“妈咪”索要赎金，在控制人质的过程中进行抢劫。需要说明的是，被害人本身因涉嫌违法，故报案人数有限，目前查实的仅为检察院指控的三起犯罪事实。而根据各被告人的供述，在三起犯罪事实之外，尚存在其他绑架并同时劫取被害人少量财物的犯罪线索（未被查实）。该恶势力团伙短时间内多次连续作案，且犯罪故意、数起犯罪的行为方式基本相同。合议庭认为在此种情况下，不宜将第三起犯罪事实割裂开来，而应该置于全部犯罪事实中进行整体把握。本案的前两起犯罪事实抢劫数额不大，其法定刑为三年以上十年以下有期徒刑，并处罚金。而绑架罪的法定刑为十年以上有期徒刑或者无期徒刑，并处罚金或者没收财产。依照刑罚轻重的比较原则，显然前两起犯罪事实应评价为绑架罪。合议庭认为，整体比较，绑架的法定刑重于抢劫，故第三起犯罪事实宜评价为绑架罪。

编写人：北京市大兴区人民法院　黄淘涛　陈金金

167 犯罪中止和未遂的认定

——熊某某强奸案

【案件基本信息】

1. 裁判书字号

广西壮族自治区柳州市中级人民法院（2019）桂 02 刑终 6 号刑事裁定书

2. 案由：强奸罪

【基本案情】

2018 年 5 月 14 日，被告人熊某某故意拿走被害人雷某某的电动车钥匙不归还，5 月 15 日上午 9 时许，雷某某到熊某某家中索要车钥匙，熊某某告诉雷某某车钥匙在楼上房间的梳妆台上。雷某某上楼到熊某某房间取钥匙时，熊某某将房间门关上，把雷某某压在床上强行脱下雷某某裤子，欲与雷某某发生性关系，遭到雷某某反抗，并被其抓咬到腹部和肩部。熊某某提出，若雷某某同意与其到柳州市柳江区拉堡镇开房便会让雷某某走，雷某某表示同意，熊某某用自己的手机录好雷某某答应与他开房的视频后，便放开雷某某让其回家。2018 年 5 月 17 日上午，雷某某向公安机关报案，当日上午 10 许，熊某某被民警抓获归案。案发后，被害人对被告人的行为表示谅解。

【案件焦点】

被告人熊某某的犯罪形态属于犯罪未遂或犯罪中止。

【法院裁判要旨】

广西壮族自治区柳州市柳江区人民法院经审理认为：被告人熊某某违背妇女意志，使用暴力手段，强行与妇女发生性关系，其行为构成强奸罪。公诉机关指控的罪名成立。在犯罪过程中，被告人自动放弃犯罪，是犯罪中止，依法应当减轻处罚；归案后，被告人如实供述自己的罪行，依法可以从轻处罚；被告人取得被害人谅解，可以酌情从轻处罚。综上，决定对被告人减轻处罚。对于公诉机关指控被告人是犯罪未遂的意见，经查，被告人在欲与被害人发生性关系时，自动放弃犯罪行为，使得犯罪结果没有发生，是犯罪中止。故对于公诉机关关于被告人犯罪未遂的指控，不予支持。辩护人关于被告人属犯罪中止、如实供述、取得被害人谅解的意见本院予以采纳。

广西壮族自治区柳州市柳江区人民法院依照《中华人民共和国刑法》第二百三十六条第一款、第二十四条、第六十七条第三款，作出如下判决：

被告人熊某某犯强奸罪，判处有期徒刑一年六个月。

广西壮族自治区柳州市中级人民法院经审理认为：上诉人熊某某违背妇女意志，使用暴力手段，强行与妇女发生性关系，其行为构成强奸罪，原判认定事实清楚，证据充分，定性准确。熊某某是犯罪中止，依法应当减轻处罚；熊某某归案后如实供述自己的罪行，依法可以从轻处罚；且取得被害人的谅解，可以酌情从轻处罚。原判对上述情节均予以认定，并对熊某某减轻处罚，量刑恰当。熊某某无其他从轻或者减轻处罚情节，故对其提出原判量刑过重，请求再予以从轻处罚的上诉意见，不予采纳。原判适用法律正确，审判程序合法。

熊某某上诉称：其是犯罪中止，归案后如实供述自己的犯罪事实，且取得被害人的谅解，原判量刑过重，请求二审法院从轻处罚。广西壮族自治区柳州市中级人民法院依照《中华人民共和国刑事诉讼法》第二百三十六条第一款第一项，作出如下裁定：

驳回上诉，维持原判。

【法官后语】

本案争议的焦点在于被告人熊某某的犯罪形态是否属于犯罪未遂或犯罪中止。根据《中华人民共和国刑法》第二十三条、第二十四条的规定，犯罪未遂是指已经着手实施犯罪，由于犯罪分子意志以外的原因而未得逞；犯罪中止是指在犯罪过程中，自动放弃犯罪或者自动有效制止犯罪结果的发生。综合本案证据，笔者认为本案中被告人熊某某的犯罪形态是犯罪中止。主要理由如下：

一、犯罪未遂的成立条件：行为人已经着手实行犯罪，但未得逞，犯罪没有既遂

未得逞是由于意志以外的原因造成的，即欲达目的而不能。“能”或“不能”应以行为时犯罪分子本人的判断为标准。

1. “不能”应以行为人主观上的判断为准。行为人主观上还是希望犯罪既遂所要求的结果能够出现，只是客观上不能，即使客观上还有可能将犯罪行为实施至既遂状态，但行为人主观上认为不能，进而停止犯罪行为的，也应认定为犯罪未遂。

2. 意志以外的原因（障碍）主要包括：(1) 抑制犯罪意志的原因，即某种事实使行为人认为其客观上已经不可能继续实行犯罪，从而被迫停止犯罪。在这种情况下，对于是否继续实行犯罪，行为人主观上没有选择的余地，只能被迫放弃犯罪；(2) 抑制犯罪行为的原

因，即某种情况下使行为人在客观上不可能继续实行犯罪；（3）抑制犯罪结果的原因，即行为人已将其认为应当实行的行为实行终了，但某种情况阻止了结果的发生。

二、犯罪中止的成立条件

1. 发生在犯罪过程中。

2. 中止的自动性。即自动彻底放弃，而非被动暂时地放弃。即“能”达目的而“不欲”。

3. 必须具有中止行为。成立犯罪中止，不仅要有中止的想法，更要有中止的行为，必须客观上真实放弃了犯罪。

4. 中止的有效性。有效防止犯罪结果的发生，不以行为人单独实施为必要，行为人将被害人送至医院，在医生的努力下防止了既遂结果的发生，也成立犯罪中止。但是，行为人必须作出了真挚的努力，其行为对防止犯罪结果的发生起到了决定性作用，否则不成立犯罪中止。

综上，本案被告人熊某某将被害人雷某某压在床上并强行脱下雷某某裤子，欲与之发生性关系，遭到雷某某反抗，并被抓咬到腹部及肩部。当熊某某提出若雷某某同意与他开房后才可让其离开，雷某某表示同意后，熊某某用自己的手机录好雷某某承诺与他开房的视频后便放开雷某某，让其回家。足以证实熊某某在实施强奸的过程中得到雷某某同意与其到他处开房的承诺并用手机录制好视频后自动放弃对雷某某进一步侵犯的事实，客观上真实放弃了犯罪，有效防止犯罪结果的发生。因此，熊某某的犯罪形态属于犯罪中止。

编写人：广西壮族自治区柳州市柳江区人民法院　林海生

168 被害人的强烈反抗对强奸犯的犯罪意志产生相当程度抑制，导致其犯罪意志减弱并最终停止实施强奸行为的，构成强奸罪的未遂

——余某强奸案

【案件基本信息】

1. 裁判书字号

福建省泉州市中级人民法院（2019）闽05刑终841号刑事裁定书

2. 案由：强奸罪

【基本案情】

2018年10月28日6时许，被告人余某在王甲位于安溪县某小区的套房内，采用强行脱裤、按压、殴打等手段，欲强行与王乙发生性关系，因王乙的反抗而未得逞。其间，致王乙受轻微伤。案发后，被告人余某于2018年10月29日主动到公安机关投案，在庭审中能如实供述自己的罪行。

【案件焦点】

被告人余某因被害人王乙激烈反抗而停止继续实施强奸行为的，构成犯罪未遂还是犯罪中止。

【法院裁判要旨】

福建省安溪县人民法院经审理认为：被告人余某违背妇女意志，采用暴力手段，欲强行奸淫妇女，其行为已构成强奸罪。被告人余

某在犯罪过程中，由于意志以外的原因未能得逞，是犯罪未遂，依法减轻处罚；其在案发后自动投案，如实供述自己的罪行，是自首，依法减轻处罚。辩护人吴某伟关于被告人余某的行为属犯罪中止的辩护意见，因被告人余某已对被害人着手实施性侵犯行为，由于被害人的反抗，且在特定的环境下被迫停止犯罪而未得逞，属犯罪未遂，故该辩护意见不予采纳；关于被告人余某具有初犯，当庭认罪，认罪态度好等从轻情节的辩护意见，予以采纳；关于建议对被告人余某适用缓刑的辩护意见，不予以采纳。安溪县人民检察院建议对被告人余某在有期徒刑一年至二年幅度内量刑的意见适当。

福建省安溪县人民法院依照《中华人民共和国刑法》第二百三十六条第一款、第六十七条第一款、第二十三条、第六十四条，作出如下判决：

被告人余某犯强奸罪，判处有期徒刑一年六个月。

余某不服一审判决，提出上诉。福建省泉州市中级人民法院经审理认为：原判定罪及适用法律准确，量刑适当。

福建省泉州市中级人民法院依照《中华人民共和国刑事诉讼法》第二百二十五条第一款第一项（注：现修正为第二百三十六条第一款第一项）的规定，作出如下裁定：

驳回上诉，维持原判。

【法官后语】

我国关于犯罪中止的通说是主观说，即行为人非因意志以外的原因而放弃继续实施犯罪行为。构成犯罪中止的行为人的主观心态应是“能达目的而不愿”，若主观心态是“欲达目的而不能”，则构成犯罪未遂。

本案中，行为人余某对被害人王乙实施强奸行为过程中，在遭到其强烈反抗的情况下，放弃继续实施强奸行为，构成强奸罪的未遂，而非中止。理由如下：

1. 被害人的强烈反抗对行为人的强奸行为造成了相当程度的阻碍作用。本案中，被害人王乙在遭受行为人余某的性侵，试图控制其身体时激烈挣扎，在余某钳制其双手后仍奋力摆脱，在被殴打后仍用手掐余某脖子，在余某持续攻击其性器官后才放手。事后，王乙的伤情经公安机关法医鉴定为轻微伤。上述细节足以认定，被害人王乙的反抗并非轻微、短暂的，而是激烈而持续的。王乙的反抗在客观上对余某的犯罪行为造成了相当程度的阻碍，致犯罪行为难以顺利进行。

2. 被害人的强烈反抗对行为人的犯罪意志产生了相当程度的抑制作用。本案中，被害人王乙的强烈反抗让行为人余某意识到继续实施强奸行为仍会遇到严重阻碍，导致其犯罪目的极大可能无法达成，或者即使犯罪目的能够最终达成，也会付出比其预期更严重的犯罪代价，如犯罪风险等，从而对其犯罪心理形成冲击而产生退缩心理，进而逐步削弱了其犯罪意志，并最终选择放弃继续实施犯罪行为。

3. 行为人停止实施犯罪行为并非基于本人主观意愿。本案中，从余某侵犯王乙的细节发现，在双方停止搏斗后，余某仍然泄愤式地殴打了王乙面部3下。通过上述细节加以分析余某的犯罪心理可以推定出，其停止继续实施强奸行为，非其本人主观上的自愿、主动放弃，而是基于被害人王乙的强烈反抗“不得已而为之”。

综上，在区分强奸行为是中止还是未遂时，应当根据个案细节，具体结合犯罪的环境、行为人的暴力程度、被害人的反抗程度等加以综合分析，进而推定出行为人实施犯罪行为过程中的主观意志变化。如果行为人基于被害人轻微、短暂的反抗，而主动放弃继续实施犯罪的，则仍应认定为犯罪中止，对其行为进行客观、公正的评价，以积极、鼓励中止行为，最大限度减少对被害人的伤害，降低社会危害性。另外，因被害人强烈反抗而构成犯罪未遂的行为，与行为人的犯罪意志、主观意愿紧密相连，在审判实务量刑时应给予客观、积极的评价，区别于其他“因意志以外原因”的未遂行为，酌情相对从轻处理，以实现“罪责刑相一致”。

编写人：福建省安溪县人民法院　谢晓凤　陈秋香

169　年满14周岁后在产生错误认识的情况下与被告人“自愿”发生性行为的，被告人的行为应认定为强奸

——廖某强奸、猥亵儿童案

【案件基本信息】

1. 裁判书字号

四川省成都市中级人民法院（2020）川01刑终107号刑事裁定书

2. 案由：强奸罪、猥亵儿童罪

【基本案情】

2017年6月，被告人廖某通过网络结识被害人曾某后，在明知被害人曾某未满十四周岁的情况下，通过QQ、微信等聊天软件向被害人曾某发送性挑逗语言、色情图片、色情视频，并要求被害人曾某拍摄并发送自己的裸体照片、裸体视频2017年至2018年10月，廖某对被害人曾某实施猥亵及强奸行为，具体事实如下：

1. 猥亵儿童。2017 年 8 月 16 日、2017 年 8 月 27 日、2017 年 10 月 4 日、2017 年 12 月 16 日，被告人廖某分别通过将被害人曾某衣服脱光后用手抚摸其胸部、阴部、灌肠、肛交、鞭打、要求被害人曾某裸体爬行等方式，多次对被害人曾某进行猥亵。

2. 强奸。2017 年 10 月 28 日，被告人廖某在明知被害人曾某未满十四周岁的情况下，在某酒店房间内，采用生殖器摩擦方式对被害人曾某实施奸淫。2018 年 8 月、11 月，被告人廖某先后两次在成都市金牛区某酒店房间内，采用生殖器插入的方式对被害人曾某实施奸淫。2018 年 11 月 5 日，被害人曾某因血尿就诊，经成都市第三人民医院诊断，被害人曾某患复杂尿路感染。因该感染多因性行为而引发，被害人曾某的家属遂于 2018 年 11 月 17 日向公安机关报案。2018 年 11 月 26 日，被告人廖某被民警抓获。

经四川大学华西医院诊断，被害人曾某出现急性应激反应。经鉴定，被害人曾某患抑郁症。

案发后，公安人员从被告人廖某处扣押手机一部。被告人廖某的家属代为赔偿了被害人经济损失 7 万元，取得谅解。

【案件焦点】

被害人基于被告人长期的性调教、性诱导，年满十四周岁后与被告人“自愿”发生性行为，其“自愿”是否真实是否系认识错误，被告人的行为是否构成强奸。

【法院裁判要旨】

四川省成都市金牛区人民法院经审理认为：被告人廖某的行为已构成强奸罪和猥亵儿童罪，应当数罪并罚。关于 2017 年 10 月 28

日、2018 年 8 月、2018 年 11 月，被告人廖某与被害人发生性接触及性关系的行为均应认定为强奸，理由如下：第一，被害人曾某在向公安机关报案当天即详细陈述了 2017 年至 2018 年 10 月，被告人廖某对其实施猥亵及强奸的相关具体行为。被害人曾某关于 2017 年 10 月 28 日被告人廖某采用生殖器摩擦方式与其发生性关系的陈述，细节的描述符合其年龄阶段的认识和表达能力。且被告人廖某称 2017 年曾从后面抱着被害人，在被害人臀部和两腿之间摩擦直至射精的供述也能和被害人的陈述相互印证。第二，根据被告人与被害人的聊天记录显示，2017 年 8 月 11 日，被告人即知道被害人出生日期，当天，被告人廖某亦向曾某发送“强奸幼女罪，是指行为人与不满十四周岁的幼女发生性关系的行为。强奸幼女罪均判处无期徒刑或者死刑。按照司法解释，该罪名已经并入故意杀人罪”的信息，结合被告人廖某当庭关于其在 2018 年之前一直控制自己不与被害人发生性关系的供述，可以认定被告人廖某明知被害人是未满十四周岁的幼女，为逃避法律打击，刻意在被害人年满十四周岁后，才对被害人实施奸淫。被告人长期对被害人曾某灌输不健康的性思想并“调教”被害人曾某，被害人曾某在已满十四岁后与被告人廖某“自愿”发生两次性行为，被害人的“同意、自愿”是不真实的、是建立在错误认识基础上的。

四川省成都市金牛区人民法院依照《中华人民共和国刑法》第二百三十六条第一款、第二款，第二百三十七条第一款、第三款，第六十九条、第六十四条之规定，作出如下判决：

一、被告人廖某犯强奸罪，判处有期徒刑七年六个月；犯猥亵儿童罪，判处有期徒刑四年六个月，决定执行有期徒刑十一年六个月；

二、扣押在案的作案工具手机一部予以没收。

一审宣判后，廖某不服提起上诉，后上诉人廖某自愿申请撤回上诉。

四川省成都市中级人民法院依照《中华人民共和国刑事诉讼法》第二百二十五条第一款第一项之规定，作出如下裁定：

准许上诉人廖某撤回上诉。

四川省成都市金牛区人民法院（2019）川 0106 刑初 720 号刑事判决，自本裁定自送达之日起发生法律效力。

【法官后语】

一、性侵未成年人犯罪案件证据审查判断标准

性侵未成年人犯罪案件中，被告人通常会辩解被害人与自己发生性关系是自愿的，抑或被害人陈述不实。故在审查性侵未成年人犯罪定案证据时，要结合全案情况予以综合分析，要根据未成年人的身心特点，按照有别于成年人的标准予以判断。若根据日常经验和生活常识，被害人陈述稳定自然，合乎情理、逻辑，对于细节的描述符合正常记忆认知、表达能力，且有其他证据予以印证；同时，被告人辩解没有证据支持，并结合双方关系判断不存在诬告可能的，结合生活经验对全案证据进行审查，能够形成完整证明体系的，应当采纳未成年人的陈述，可以认定案件事实。

二、关于本案强奸罪的认定

我国刑法在性犯罪方面对幼女有着特殊的保护，其法理依据是幼女没有足够的能力对性行为作出正确判断，作出是否“同意”的决定，因此即使该幼女实际上“愿意”与他人发生性行为，该“同意、自愿”在法理上也是无效的。本案的特殊之处即在于，被告人

明知被害人是未满十四周岁的幼女，为逃避法律打击，长时间对其灌输不健康性思想，通过发送挑逗文字、黄色图片、自慰或自虐指令等各种方式对被害人进行调教，导致被害人对性行为产生不正确的认知，最终在被害人十四周岁后与其发生性行为。笔者认为，被告人长时间对被害人进行引诱和有针对性的调教，甚至为逃避法律打击，刻意在被害人年满十四周岁后才与其发生性行为，被害人基于被告人长期的“调教、引诱”，对性行为产生了不正确的认识，与被告人“自愿”发生两次性行为的“同意、自愿”是不真实的、是建立在错误认识基础上的，该行为系被告人使用其他手段奸淫被害人，亦应当认定为强奸。

此案的判决结果依法体现了法律对未满十四周岁幼女的保护力度，也是我国一贯重视幼女保护刑事政策的传承和延伸。同时，警示未成年父母、监护人、教育机构甚至司法机构都要对未成年人保护引起足够的重视，从社会各个层面入手，让未成年人远离网络性侵伤害。

编写人：四川省成都市金牛区人民法院　李雪　田岳

170　被害人未做出明显反抗的强奸案中被害人的主观意愿判断

——谢某桦强奸案

【案件基本信息】

1. 裁判书字号

新疆维吾尔自治区乌鲁木齐市中级人民法院（2019）新01刑终

472 号刑事裁定书

2. 案由：强奸罪

【基本案情】

2009 年，被告人谢某桦作为新疆公司员工被派遣至甲公司工作，后在工作中经他人介绍与被害人夏某相识，二人于 2018 年 5 月底确立恋爱关系后，陆续发生过几次性行为。同年 7 月 7 日，被害人夏某休假返回甘肃庆阳老家后发现自己怀孕。因被害人夏某尚未做好与谢某桦结婚的准备，不愿意生下该胎，遂不顾谢某桦的反对于同年 7 月 16 日在甘肃省庆阳市进行了人工流产终止了妊娠。同年 7 月 20 日，被害人夏某乘坐飞机回到乌鲁木齐，谢某桦接上夏某回到其位于石河子的家中，因感情纠纷二人发生了争执。同年 7 月 21 日，被害人夏某返回位于克拉玛依市的甲公司工作。之后，夏某与谢某桦之间的感情呈下滑趋势。

2018 年 8 月 2 日凌晨 0 时许，被告人谢某桦饮酒后电话联系被害人夏某，因夏某将电话挂断，未理睬谢某桦，遂谢某桦闯入职工宿舍四楼强行破开被害人夏某宿舍门，将夏某从床上拽下实施殴打，后被赶来的单位其他人员拉开进行劝解。当日凌晨 2 时许，谢某桦再次进入夏某宿舍，要求被害人辞职离开单位并给夏某收拾行李，在此过程中二人发生争执，谢某桦再次造成被害人夏某脸部、眼部不同程度受伤。当日凌晨 6 时许，谢某桦以要送夏某到医院治疗为名强行拉拽倒地的被害人夏某，将其从职工宿舍四楼顺楼梯拖行至一楼，造成夏某身体多处受伤。其间，被害人夏某喊叫并拒绝，但被单位同事认为系情侣间感情纠纷而无人阻止，其后被拖入车辆带走。谢某桦安排侯某甲前往夏某宿舍取走夏某的行李，后携夏某换乘侯某驾驶的车辆，接上侯某甲一行人前往石河子市方向。途中，被害人夏某因恐惧，遂谎称欲乘坐飞机回甘肃老家，于是被告人谢某桦令侯某驾车驶往乌鲁木齐市，因谢某桦接到单位领导电话要求返回甲公司说明当晚宿舍楼发生的事件，其便将侯某甲与夏某放在石河子高速路口后返回甲公司，同时安排同行的侯某甲带被害人夏某前往乌鲁木齐市，将其安置在侯某甲父母位于乌鲁木齐市头屯河区的家中暂住等候乘坐飞机，由侯某甲母亲汪某请假照顾，并以怕夏某轻生为由令侯某甲看住夏某。2018 年 8 月 2 日晚 21 时许，被告人谢某桦亦赶到侯某甲家中，同日当晚，侯某甲随乘坐来查看夏某情况的单位同事陈某所驾驶的车辆返回克拉玛依市，夏某与汪某共同住在小卧室，谢某桦睡在客厅。2018 年 8 月 3 日 23 时，因汪某第二天需要上班而离开了该房屋，仅剩被告人谢某桦与被害人夏某二人。2018 年 8 月 4 日凌晨 8 时许，被告人谢某桦利用被害人夏某对其恐惧不敢反抗的心理，迫使与其发生性关系。当日 10 时 30 分许，被害人夏某趁被告人谢某桦外出购买早饭之际逃离住所，随即到就近的警务站报案。随后，公安机关出警对现场进行了勘验，经法医物证鉴定，标记“夏某阴道擦试物”的棉签和送检的卫生间垃圾桶内的卫生纸上的可疑斑迹检出的 DNA 均与夏某血样在 D8S1179 等 15 个基因座基因型相同，其似然比率为 6.80×10^{15}。2018 年 8 月 8 日，被告人谢某桦在家人的陪同下自行到公安机关接受调查。

【案件焦点】

被害人与谢某桦发生性关系时无明显反抗行为，谢某桦据此抗辩其不构成强奸罪，对谢某桦之行为是否违背被害人意愿应当结合全案事实发展加以认定。

【法院裁判要旨】

新疆维吾尔自治区乌鲁木齐市头屯河区人民法院经审理认为：(1) 关于定性。强奸罪是指违背妇女意识，以暴力、胁迫或其他手段强行与妇女发生性关系的行为。其中“违背妇女意志”是强奸罪的关键构成要件，直接决定罪与非罪。强奸案件的发生一般具有隐私性，证据亦具有特殊性，证明强奸行为是否成立的直接证据一般情况下只有被告人供述及被害人陈述，故应结合其他间接证据进行分析，确定各证据的证明力。本案中，被告人谢某桦对与被害人夏某发生性行为的事实无异议，有被告人的供述和被害人陈述相到印证，指向一致，应予认定。本案的争议焦点在于被告人谢某桦与夏某发生性行为是自愿所为还是违背妇女意志所致。经庭审举证质证查明，第一，从双方关系看，被告人谢某桦与被害人夏某原系恋爱关系，但因夏某于 2018 年 7 月 16 日终止妊娠后二人的关系发生了变化，通过二人的微信聊天记录可以看出二人的关系已经出现了裂缝，且在 2018 年 8 月 4 日谢某桦与夏某发生性关系之前，谢某桦曾于 2018 年 8 月 2 日凌晨酒后强行闯入夏某所在四楼职工宿舍内，对其实施殴打，后又强行将其从四楼拖拽至一楼，在倒地被拖拽离开宿舍楼过程中，被害人拒绝并呼叫“放开我”，但被告人谢某桦仍然强行将其拖离，此有被害人陈述、证人证言予以证实。谢某桦实施暴力行为造成被害人同住室友恐慌不敢回宿舍，从侧面也反映出谢某桦实施暴力的程度，其暴力殴打被害人及强行带离的行为给被害人身体上造成损害，同时也使被害人心理上产生恐惧，惧怕再次受到伤害，由于这种恐惧心理，被害人对谢某桦的命令性语言要求其脱衣服发生性关系不敢不服从；第二，被告人谢某桦对于部分事实供述前后矛盾。例如，证人汪某、谢某、侯某甲等人均证实谢某桦与夏某发生性关系时已知道夏某刚流产不久，但谢某桦供述其当时不知道夏某已流产，直到2018年9月才听公安机关民警提及，后又说听夏某单位领导说的，其辩解意见不真实，另外，对于证人杨某受伤过程、拖拽被害人夏某的经过、殴打被害人的过程细节等，均与其他证人证言相矛盾，且其辩解被害人自愿发生性关系无证据及线索，而被害人对案发过程细节的描述可以与其他证人证言及医院病历、勘验笔录、辨认笔录等相互印证，其陈述稳定、自然、合理、客观，符合妇女处于当时情形下的生理、心理状态和正常人的认知，其证明力优于谢某桦供述；第三，被害人在脱离被告人谢某桦控制后，选择立即就近报案，从另一侧面亦可印证其与谢某桦发生性行为的非自愿性。综上，被害人夏某因被告人谢某桦前期持续的殴打行为感到恐惧，谢某桦在夏某不敢反抗的情况下，违背妇女意志与其发生性关系，应当认定为强奸罪。公诉机关指控罪名成立，本院予以支持。（2）关于量刑。被告人谢某桦案发后主动到公安机关接受调查，虽对案发前与被害人之间发生的事情未如实供述，但如实说明其与夏某发生性行为的事情经过，虽其不承认强奸被害人，但根据《最高人民法院关于被告人对行为性质的辩解是否影响自首成立问题的批复》中“被告人对行为性质的辩解不影响自首的成立”之规定，被告人谢某桦的行为构成自首，可依法对其从轻处罚。本案系以感情纠纷为起因引发的犯罪，故对被告人酌情从轻处罚。（3）辩护意见采纳与否。被告人谢某桦的辩护人提出被告人谢某桦与被害人夏某案发时系恋人，之前多次发生过性关系，案发当天虽然与夏某发生性关系，但并未采取暴力、威胁手段，夏某亦未反抗，谢某桦8

月2日的暴力行为与8月4日发生性关系无关联，双方基于自愿发生的性关系的辩护意见。本院认为，首先，强奸罪中除暴力、胁迫手段外的“其他手段”包括“不知反抗”“不能反抗”“不敢反抗”。认定强奸不能以被害妇女有无反抗表示作为必要条件，即不能以被害人未有语言或肢体上的反抗，来推定系自愿与他人发生性行为。被告人谢某桦与被害人夏某虽然曾为恋人，但案发时二人已经分手，有证人证言、被害人陈述、聊天记录等均可以证实，且前期发生性行为并不能推定案发当天被害人发生性关系时为自愿；其次，谢某桦暴力行为对被害人心理上造成的胁迫影响，是一个持续、延续的过程。从8月2日至8月4日，从谢某桦见到夏某后，未让夏某离开其可控范围，且被害人被拖拽离开单位宿舍后，周围人员基本为与谢某桦关系较好的朋友、同事或同事的亲属，夏某所处环境较为陌生，即使在谢某桦离开夏某的短暂时间，也以防止夏某轻生为由指令侯某甲看住夏某，谢某桦在单位宿舍对被害人持续性殴打，也仅被他人认为是情侣间的感情纠纷进行劝解，但实际上在8月2日前二人已经分手，此有被害人同住室友证言及被害人陈述以及微信聊天记录相印证。被害人在人多的单位宿舍被殴打拖拽呼救尚且无人进行阻止，更何况案发当晚房子里仅有被告人及被害人两人在场，谢某桦作为体格健壮身高近190厘米的男性与身材弱小身高165厘米左右的被害人在体形上形成很大反差，基于当时被害人所处陌生环境中且孤立无援，以及被害人8月1日被殴打的记忆，虽被告人谢某桦未当场实施暴力，但以命令性语句要求被害人夏某脱衣服并发生性关系时，夏某出于对谢某桦的恐惧而不敢抗拒，忍辱屈从，另外，被告人供述和被害人陈述均证实二人在发生性关系过程中夏某并未迎合谢某桦，不符合被告人及辩护人提出的被害人自愿与其发生性关系的情形；最后，本案发生时距离被害人夏某做人流时间不足一月，身体尚需恢复，此时发生性行为对夏某身体伤害很大，出于对自身爱护的生活常识及伦理道德观念，如未被强制、胁迫或其他特殊原因，而主动愿意与对其施暴的前男友发生性关系，亦有悖常理。故对于被告人及辩护人提出的辩解意见不予采信。公诉机关建议对被告人谢某桦在有期徒刑三年零六个月至四年六个月幅度内量刑的处罚偏重，予以调整。新疆维吾尔自治区乌鲁木齐市头屯河区人民法院判决如下：

一、被告人谢某桦犯强奸罪，判处有期徒刑一年零六个月；

二、扣押的被告人谢某桦的华为手机一部，依法发还被告人谢某桦。

一审宣判后，谢某桦不服提出上诉。新疆维吾尔自治区乌鲁木齐市中级人民法院经审理认为：本案案发当日，被害人虽未作明确的反抗，但分析判断上诉人谢某桦是否违背了妇女的真实意愿应当结合被害人的客观表现以及其他案件事实来确认。首先，双方以前虽系男女朋友关系，但在案证据证实，案发前被害人已多次向上诉人表示不愿意继续交往，且有多名证人证实上诉人明知被害人此前怀孕并流产的事实。同时，上述证据亦证实上诉人对被害人的身体条件不以为意，二人之间的关系存在很大的矛盾。其次，上诉人谢某桦身高近 190 厘米且正值壮年，较被害人具有绝对的身体条件优势。其于 2018 年 8 月 2 日晚至 2018 年 8 月 2 日凌晨 5 时许，对被害人进行了持续近一夜的骚扰，其间辱骂被害人，并多次对被害人实施暴力行为致使被害人左眼部、左肘、臀部、左胫前部、右踝关节、左小腿后外侧多处出现皮下淤血青紫直至案发仍未消散，被害人由此对其产生精神上的畏惧心理是必然结果，被害人在全身多处伤情未愈的情况下仍自愿与上诉人发生性关系不符合一般社会常识。此后，上诉人谢某桦又将被害人强行从克拉玛依市的宿舍四楼拖拽至一楼并带到本市置被害人于陌生环境中，使被害人处于孤立无援的环境下。再次，被害人在本市居住期间，多名证人证实被害人对上诉人态度冷漠，且上诉人的同事亦告知上诉人，被害人不想让其待在被害人身边并劝告其不要去找被害人，但上诉人仍置若罔闻到本市找到被害人，由此亦可侧面印证，在此期间被害人主观上并不存在与上诉人冰释前嫌的想法，且对上诉人有畏惧厌恶心理。最后，案发后被害人于当日早上脱离上诉人后，立即逃离现场并报警的行为，亦证实被害人主观上并不愿意与上诉人发生性关系。上述客观事实均证实，被害人不存在与上诉人自愿发生性关系的事实基础。被害人在孤立无援的环境下与上诉人发生性关系亦系出于恐惧心理而不得不屈从于上诉人。故上诉人谢某桦及其辩护人关于被害人系自愿与其发生性关系的辩解及辩护意见不能成立。原审认定事实清楚、适用法律正确，程序合法、量刑适当，应予维持。

新疆维吾尔自治区乌鲁木齐市中级人民法院依照《中华人民共和国刑事诉讼法》第二百三十六条第一款第一项之规定，裁定：

驳回上诉，维持原判。

【法官后语】

强奸罪是指违背妇女的意志，以暴力、胁迫或者其他手段强行与妇女发生性关系的行为。在与妇女发生性关系时是否违背妇女意志是认定强奸罪的关键，有无抗拒行为只是判断是否违背妇女意志的条件之一，但并不是唯一要件，同时还要结合性关系发生的时间、周围环境、妇女的性格、体质等各种因素进行综合分析，尤其要结合行为人是否使用暴力、胁迫或者其他手段来加以考虑。案件发生发展都有一个过程，即从犯罪意图的产生到准备犯罪直至实施犯罪是一个连续的过程，在审查案件过程中，对于案件发生的社会背景，被告人与被害人在案件发生发展过程中的行为以及所表现出来的客观行为，以及通过客观行为反映出来的心理状态均应当全面审查，尤其是强奸案件，案件的发生一般具有隐蔽性，尤其是被告人与被害人之间曾经存在亲密关系的情况下，如不能全面审查案件发生发展的过程，就不能对案件准确定性。只有将案件由来、背景、过程等各个细节查实后，才能全面掌握案情，准确定罪量刑。

编写人：新疆维吾尔自治区乌鲁木齐市中级人民法院　化豫

171　共同强奸均未遂不构成轮奸

——王某等强奸案

【案件基本信息】

1. 裁判书字号

四川省三台县人民法院（2018）川0722刑再1号刑事判决书

2. 案由：强奸罪

【基本案情】

2016年3月25日16时许，被告人王某、张某、李某、任某某与何某某以将被害人左某带回广安上班为由，将左某从三台县玉林乡场镇带往甲宾馆。在前往甲宾馆的途中，被告人王某、张某、李某、任某某与何某某共谋强奸左某。进入甲宾馆×××房间后，被告人王某、张某、李某、任某某采取勒脖、蒙头、按手、捆脚、摸胸部、摸阴部等方式准备强奸左某，因被害人左某反抗未得逞。被告人李某便提议买“春药”给左某吃，让左某在药物的作用下引发性欲后同意与他们发生性关系，被告人李某与何某某在被告人王某处拿到五十元钱后在三台县潼川镇西门口乙宾馆楼下一成人用品店购买到伟哥并得知药效要吃药一个小时后才发挥，回到宾馆后被告人王某、张某、李某、任某某按住左某手脚强行喂药给左某吃，左某吃药后趁五人不注意到厕所将药吐出。被告人王某、张某、李某、任某某与何某某见左某服药后，就坐在宾馆房间等待药效发作。其间，被告人李某、任某某两人因女朋友打电话离开，走时言明最多一小时就回来。后左某趁被告人王某、张某与何某某喊外卖开门付钱之机逃出甲宾馆×××房间。

【案件焦点】

行为人主观上具有轮奸的共同犯罪故意，客观上共同着手实施了奸淫被害人的行为，但均因意志以外原因奸淫未得逞，各行为人是否具有轮奸情节。

【法院裁判要旨】

四川省三台县人民法院经审理认为：被告人王某、张某、李某、任某某违背妇女意志，采取暴力手段共同强行与妇女发生性关系，其行为已构成强奸罪，且系轮奸。被告人王某、张某、李某、任某某已着手实施犯罪，因其意志以外的原因而未得逞，属犯罪未遂，可以比照既遂犯从轻或减轻处罚。在共同犯罪中，四被告人作用地位相当，不宜划分主从。四被告人犯罪时均未满十八周岁，系未成年人犯罪，应当从轻或减轻处罚。遂判决：

一、被告人王某犯强奸罪，判处有期徒刑三年，缓刑五年；

二、被告人张某犯强奸罪，判处有期徒刑三年，缓刑五年；

三、被告人李某犯强奸罪，判处有期徒刑三年，缓刑四年；

四、被告人任某某犯强奸罪，判处有期徒刑三年，缓刑四年。

一审宣判后，四川省绵阳市人民检察院以该判决适用法律错误为由提出抗诉，认为被告人虽然主观上具有轮奸故意，客观上共同实施了暴力手段，但客观上没有造成轮奸的危害后果，不符合轮奸。四川省绵阳市中级人民法院裁定四川省三台县人民法院再审。

四川省三台县人民法院再审审理认为：被告人王某、张某、李某、任某某违背妇女意志，采取暴力手段共同强行与妇女发生性关系，其行为已构成强奸罪。被告人王某、张某、李某、任某某已着手实施犯罪，因其意志以外的原因而未得逞，属犯罪未遂，可以比照既遂犯从轻或减轻处罚。在共同犯罪中，四被告人作用地位相当，不宜划分主从。四被告人犯罪时均未满十八周岁，系未成年人犯罪，应当从轻或减轻处罚。遂改判被告人王某犯强奸罪，判处有期徒刑二年六个月，缓刑四年；被告人张某犯强奸罪，判处有期徒刑二年六个月，缓刑四年；被告人李某犯强奸罪，判处有期徒刑二年六个月，缓刑三年；被告人任某某犯强奸罪，判处有期徒刑二年六个月，缓刑三年。

【法官后语】

客观上共同着手实施了奸淫被害人的行为，但均因意志以外原因奸淫未得逞是否构成轮奸在强奸罪认定上存在较大争议，可以从以下两个方面予以把握。

其一，轮奸是典型的共同犯罪，轮奸情节的构成需要符合以下条件：（1）犯罪主体一般都是男性（二男以上），侵害的客体是同一妇女的性自由权利；(2) 行为人有共同强奸的意思联络，不仅行为人自己具有强奸被害人的故意，而且明知其他行为人也具有强行奸淫被害人的故意；(3) 二人以上的行为人违背同一被害人意愿对其先后实施奸淫行为。

若仅有轮流奸淫行为，但没有主观上轮奸的故意或仅有轮奸的故意，而无被害人客观上遭受了两人以上轮流奸淫的结果（如本案），无论多少人企图参与强奸，都只构成普通强奸罪的共同犯罪。罗马法格言“任何人不因思想而受处罚”，强调的就是不能主观归罪，国家不能对任何人的思想进行刑事处罚，只有当行为人受犯意支配侵害了刑法所保护的法益，才能构成犯罪。我国立法惩治的是轮奸造成的实质性的严重法益侵害结果，而非轮奸奸淫的意图。

其二，轮奸非科刑一罪，不存在独立的既未遂。将轮奸行为作为强奸罪加重处罚的一种法定情形，解决的是行为人构成强奸罪后所要适用的法定刑档次和刑罚轻重的问题，而不是犯罪形态问题。因轮奸只是强奸犯罪的量刑情节，轮奸的构成必须以强奸犯罪既遂为基础，若强奸犯罪本身处于犯罪中止或犯罪未遂状态，即强奸罪的客体在客观上未实际遭受侵害，无客观的犯罪结果，也就不能产生刑罚加重的犯罪结果。

虽然抢劫罪的部分加重情节明确规定存在既遂、未遂问题，肯定了情节加重犯存在独立的既未遂，但因共同正犯的犯罪既遂与未遂问题是较为复杂的问题，轮奸作为强奸罪的加重情节，能否直接套用抢劫罪的加重情节存在独立的既遂和未遂，不可一概而论，应从共犯的原理、侵害的法益具体分析。如果轮奸也有独立的既未遂，对轮奸中一人奸淫得逞，一人奸淫未得逞的情形，根据共同犯罪中“一人既遂、全体既遂”的原理，对全案行为人均应以轮奸既遂认定；根据轮奸的犯罪构成，因被害人的性自由权利未达到二次、轮流的实质性侵害，未产生法律所保护的轮奸的危害后果（与普通一人强奸造成的危害后果无异），应评价为轮奸未遂。对同一犯罪情形根据不同原理得出的结论是矛盾的。故在尚无司法解释肯定“轮奸”这一情节加重犯亦有既遂、未遂时，按照罪刑法定原则应对轮奸可以区分既遂、未遂持否定态度。

编写人：四川省三台县人民法院　杨钢　蒋金廷

172　性侵未成年人“零口供”案件的证据标准
——李某恩强奸案

【案件基本信息】

1. 裁判书字号

广东省茂名市中级人民法院（2017）粤 09 刑终 166 号刑事判决书

2. 案由：强奸罪

【基本案情】

被害人莫某某出生于 2004 年 9 月 13 日。原审被告人李某恩出生于 1939 年 1 月 7 日，与被害人莫某某同村。2015 年 6 月 1 日 17 时许，被害人莫某某从外面步行回家。当莫某某快到家时，原审被告人李某恩从路边走出来，强行将莫某某抱到莫某泽（莫某某称呼其“七爹”）房屋后面，以给一元钱诱骗莫某某与其发生性关系，但莫某某不同意。于是，李某恩先将莫某某压在墙上实施强奸，然后再将莫某某推倒在地上实施强奸。

【案件焦点】

在性侵未成年人犯罪案件中，被告人拒不认罪的情况下，如何根据在案证据定罪。

【法院裁判要旨】

广东省化州市人民法院经审理认为：公诉机关指控被告人李某恩犯强奸罪的事实不清、证据不足，指控的罪名不成立。被告人李某恩关于其没有强奸莫某某的辩解及其辩护人关于公诉机关指控被告人李某恩犯强奸罪的事实不清、证据不足的辩护意见依法有理，予以采纳。

广东省化州市人民法院依照《中华人民共和国刑事诉讼法》第一百九十五条第三项和《最高人民法院关于适用〈中华人民共和国刑事诉讼法〉的解释》第六十一条、第七十四条第八项、第一百零四条的规定，作出如下判决：

被告人李某恩无罪。

广东省化州市人民检察院抗诉称，现有证据相互印证，已形成基本的证据链，足以证明李某恩的行为已构成强奸罪，罪应当罚。

广东省茂名市中级人民法院经审理认为：本案证明原审被告人李某恩强奸被害人莫某某的直接证据有被害人陈述；被害人陈述与医院诊断证明书以及证人陈某玉、陈某秀、董某梅、莫某禄证言相互印证，证明力得到了进一步补强，全案证据形成完整、闭合的证据链，足以认定被告人实施了强奸被害人的犯罪行为。本案的揭发过程比较自然，没有证据证实被害人及其亲属诬陷原审被告人。原审被告人辩解与在案证据相矛盾，辩解不合理。综合全案证据，对所认定事实已排除合理怀疑，证据确实、充分。对于抗诉机关提出的抗诉，予以支持。李某恩奸淫不满十四周岁的幼女，其行为构成强奸罪，依法从重处罚。被告人李某恩是已满七十五周岁的人，故意犯罪，可以从轻或者减轻处罚。原判决认定事实和适用法律错误，应予改判。

广东省茂名市中级人民法院依照《中华人民共和国刑法》第二百三十六条第一款、第二款，第十七条之一，《中华人民共和国刑事诉讼法》第二百二十五条第一款第二项、第三项的规定，作出如下判决：

一、撤销广东省化州市人民法院（2016）粤 0982 刑初字第 439 号刑事判决；

二、原审被告人李某恩犯强奸罪，判处有期徒刑三年。

【法官后语】

本案争议的焦点问题是公诉机关指控被告人李某恩犯强奸罪的证据是否确实、充分。同其他刑事案件相比，性侵犯罪由于其本身具有犯罪地点、过程比较隐蔽；取证难、固证难；证据相对单一，客观证据、直接证据少；供证矛盾等特殊性。而在被告人作无罪供述的情况下，通常直接证据仅有被害人对于案件过程的相关陈述，故而在认定事实时会遭遇较多证据方面的“瓶颈”。尤其是在性侵未成年人犯罪案件中，由于未成年被害人年幼，在认知、辨识能力及表达能力等方面存在较大局限性，导致要查清案件事实，更是难上加难。在此类被告人拒绝认罪的案件中，可以结合未成年人的身心特点，按照有别于成年人的标准，根据在案的其他证据材料，坚持主观确信与客观真实相统一，运用逻辑和经验规则，对全案证据进行综合审查判断，在被害人陈述的犯罪事实基础上，通过间接证据的印证和补强，准确认定事实。

具体到本案中，首先，本案的揭发过程比较自然。被害人莫某某于2015年6月1日下午被李某恩强奸后，回家告诉了自己的祖母，其祖母在2015年6月2日早上叫亲属带被害人去医院检查，诊断出莫某某会阴稍红肿及处女膜陈旧性裂。当天中午，亲属将莫某某被强奸一事告知了莫某某的父亲莫某禄，莫某禄得知相关情况后便立即带被害人到派出所报案。公安机关于当晚19时许传唤李某恩询问，李某恩否认强奸莫某某。同日，公安机关决定对此案立案侦查。2015年9月16日，李某恩因涉嫌犯强奸罪被化州市公安局刑事拘留，同年9月17日被取保候审。整个案件揭发、侦破过程比较自然，符合正常的事件发展逻辑。

其次，被害人陈述内容自然合理，可信度高，且在关键环节得到了印证。该案被害人莫某某在公安的多份笔录中均称是被李某恩强奸，对遭受性侵害的时间、地点、方式等基本事实和情节的陈述稳定、自然，结合被害人年龄及认知能力，若不亲身经历，难以编造，虽然在数次陈述中对一些细节的具体描述存在前后不一致的情况，但与其年龄、心智发育等相符，属正常情况，所以真实可靠程度较高。更重要的是被害人莫某某关于遭受到李某某性侵害的陈述在两个关键环节得到了印证，证明力得到了进一步补强。一是性侵害行为开始阶段。被害人莫某某于2015年6月2日在侦查机关的第一次陈述中就提到了当她被李某恩抱着的时候，她的同学李某燕看到并叫了其名字，而莫某某没有回答。而李某燕作为证人在2015年7月16日的证言中亦提到案发当天同一时间、地点看到李某恩抱着莫某某，并问莫某某在做什么，莫某某没有反应等，所描述的事情发生的时间、地点、经过等细节均与被害人的陈述相印证。被害人莫某某的陈述在先，李某燕的证人证言印证在后，且结合被害人莫某某与证人李某燕的年龄、心智发育程度以及在案证据等，可排除两人捏造事实诬陷李某恩以及事先串供、合谋等可能性，故莫某某关于遭受性侵害开始阶段的陈述具有真实性。二是性侵害行为结束之后。被害人莫某某陈述其在被李某恩强奸之后回家将此事告诉了她的奶奶陈某玉。陈某玉在第二天早上即带莫某某到医院检查，经医院诊断证明“莫某某会阴稍红肿；处女膜陈旧性裂”，与莫某某关于遭到性侵害的陈述相互印证。同时，陈某玉、董某梅、莫某禄等证人证言也印证莫某某关于遭受性侵害之后的陈述。鉴于被害人在上述两个关键环节的陈述内容得到了证人证言与医院诊断证明等间接证据的印证和补强，再综合考量被害人对被性侵过程的陈述以及多名证人证言、医院诊断证明等其他在案证据的佐证，可以认定被害人陈述的犯罪事实。

最后，被告人的供述与辩解与在案证据相矛盾。本案中，被告人李某恩的供述与辩解本身存在与在案证据相互矛盾而又不能作出合理解释的地方。如被告人李某恩一直否认强奸被害人，其在供述中称 2015 年 6 月 1 日 17 时到 20 时一直在家，哪里都没有去过，没有和被害人接触过。但证人李某燕的证言证实当天下午 17 时许看见李某恩抱着被害人莫某某，与被害人陈述的时间、地点相印证。证人李某燕的证言，一方面加强了被害人陈述的可靠性，另一方面削弱了被告人无罪辩解的真实性。此外，被告人在侦查阶段供述与被害人家庭没有矛盾，在二审开庭审理时又称两家有矛盾，但又无法提供其他证据证实。本案现有证据没有证实被害人家庭与被告人家庭之间存在矛盾，而且按照常理，被害人及其亲属不会以捏造性侵害事实而牺牲一个年仅 11 周岁幼女的清白和名誉去诬陷一个未实施过犯罪行为的已经70多岁的无辜老人。被告人的辩解没有证据支持。

综上，尽管被告人李某恩从归案到开庭审判均作无罪辩解，但通过对在案证据的综合审查和判断，发现全案证据与犯罪事实之间并无矛盾之处。相反，结合全案其他证据，如证人证言、医院诊断证明书等，虽然这些证据不能直接证明被告人李某恩强奸莫某某的犯罪事实，但均能不同程度印证被害人所陈述的被告人的犯罪行为。综合全案证据，以被害人陈述为核心，各证据能够相互印证，已经形成一个协调有序并一致的证据体系以及闭合的证据锁链，通观整个案件事实发展脉络均合乎逻辑和经验规则，指向被告人李某恩强奸莫某某的犯罪事实清楚，锁定被告人作案的证据确实充分，可以定案。

编写人：广东省茂名市中级人民法院　杨彩珍

173 强奸罪中奸淫幼女“情节恶劣”的认定

——张某某强奸案

【案件基本信息】

1. 裁判书字号

四川省宜宾市中级人民法院（2018）川15刑终204号刑事附带民事裁定书

2. 案由：强奸罪

【基本案情】

2017年11月30日18时许，被告人张某某将陈某某（女，6岁）、胡某某（女，6岁）哄骗至其租住的房屋中，先后对陈某某、胡某某实施奸淫。当晚，公安机关将张某某抓获到案。

另查明，2017 年 11 月初，张某某采用同样方式，在自己租住房中还曾对陈某某实施奸淫。张某某于 2003 年 6 月 20 日因强奸未满十四周岁的幼女被判处有期徒刑九年，于 2011 年刑满释放。

【案件焦点】

张某某奸淫幼女两人、三次，具有强奸的犯罪前科，其行为是否属于刑法规定的“情节恶劣”情形，是否应在十年以上量刑。

【法院裁判要旨】

四川省珙县人民法院经审理认为：张某某奸淫幼女两人，其行为触犯了《中华人民共和国刑法》第二百三十六条第一款、第二款，构成强奸罪。但张某某的犯罪行为不属于第二百三十六条第三款第一项规定的“情节恶劣”。张某某如实供述犯罪事实，属坦白，且自愿认罪，可以从轻处罚。张某某具有犯罪前科，酌情从重处罚。据此，依照《中华人民共和国刑法》第二百三十六条第一款、第二款，第六十七条第三款，第三十六条第一款和《最高人民法院关于适用〈中华人民共和国刑事诉讼法〉的解释》第一百五十五条第一款、第二款的规定，作出如下判决：

一、张某某犯强奸罪，判处有期徒刑九年；

二、张某某赔偿陈某某检查费 15 元、交通费 280 元、误工费 560 元，共计 855 元，在判决生效后一个月内付清；

三、张某某赔偿胡某某检查费 15 元、交通费 280 元、误工费 560 元，共计 855 元，在判决生效后一个月内付清。

本案判决后，公诉机关根据最高人民法院、最高人民检察院、公安部、司法部《关于依法惩治性侵害未成年人犯罪的意见》（以下简称《性侵意见》）第二十五条第四项、第五项、第七项的规定，认为该案适用法律错误，量刑不当，张某某的行为属于第二百三十六条第三款第一项中“情节恶劣”的情形，应在十年以上量刑，对本案提起抗诉。

四川省宜宾市中级人民法院在审理过程中，公诉机关申请撤回抗诉，四川省宜宾市中级人民法院认为：原判认定事实和适用法律正确，量刑适当。依照《最高人民法院关于适用〈中华人民共和国刑事诉讼法〉的解释》第三百零七条、第三百零八条的规定，作出如下裁定：

准许四川省宜宾市人民检察院撤回抗诉。

【法官后语】

刑法修正案（十一）对刑法第二百三十六条强奸罪第三款进行了修改，在处十年以上有期徒刑、无期徒刑或者死刑的情形中增加了“奸淫不满十周岁的幼女或者造成幼女伤害的”的法定刑升格条件，按照现行刑法的规定来看，张某某的行为应在有期徒刑十年以上量刑。但该案发生在刑法修正案（十一）施行以前，对于张某某的行为是否属于原刑法第二百三十六条第三款规定的“情节恶劣”，是否应在十年以上量刑存在一定的争议。2013 年 10 月 23 日最高人民法院、最高人民检察院、公安部、司法部发布了《性侵意见》，但该意见并未对“情节恶劣”进行明确规定。综合全案来看，张某某的行为不应根据《性侵意见》认定为“情节恶劣”。

第一，刑法在法律位阶、效力上均高于《性侵意见》，在适用时应首先遵守、适用刑法规定，在后者不违背前者的情况下，才能将《性侵意见》作为指导。《性侵意见》规定对于性侵未成年人应从严从重处罚，但此处的从严从重不应等同于刑期的“升档”，而是指在法定刑范围内从严从重处罚，在量刑上不能根据“性侵意见”随意“升档”从重处罚。我们在适用《性侵意见》时，不能随意扩大法律解释，不能将指导意见作为量刑“升档”处罚的依据。

第二，原刑法第二百三十六条第二款已对第一款进行了补充，性侵未满十四周岁的未成年人应在三年以上十年以下有期徒刑内从重处罚，第三款单独规定了五种应判处十年以上有期徒刑至死刑的情形，第三款第一项规定的“情节恶劣”的认定带有主观因素，第二项至第五项情形的规定比较明确。结合本案，张某某性侵幼女的行为，符合该条第一款、第二款的规定，量刑时应在有期徒刑三年至十年间从重处罚。

第三，从原《刑法》第二百三十六条第三款内部逻辑性、刑责相适应上看，第三款第二项至第五项规定的强奸妇女、幼女多人的、在公共场所强奸妇女的、二人以上轮奸的、致被害人重伤、死亡以及其他严重后果的，这些情形均属于主观恶性、社会危害性较大，犯罪后果较严重的行为。该款第一项中规定的“情节恶劣”的情形，应和第二项至第五项在主观恶性、社会危害性、犯罪后果等各方面相当，刑责相适应的情况下，才能在十年以上量刑。张某某的行为在主观恶性、社会危害性、犯罪后果等各方面并没有达到该款第二项至第五项的程度，如将其行为认定为“情节恶劣”，则不能达到刑责相适应的效果。

第四，坚持罪刑法定原则，从严打击犯罪的同时兼顾“从旧兼从轻”原则。未成年人是社会生活中的弱势群体，刑法修正案（十一）围绕未成年人的性权利在强奸罪法定刑升格条件、特殊性侵主体、猥亵儿童等方面增设了诸多规定，对性侵未成年人犯罪从严从重打击。但是，我们在严惩犯罪的同时，还应兼顾罪刑法定原则。我们在注重刑法的保护机能的同时，也应注重刑法的保障机能，坚持宽严相济的刑事政策，对被告人实行罪刑责相适应的正确定罪量刑，公正司法。张某某的犯罪行为按照原刑法第二百三十六条规定不宜认定为“情节恶劣”，不应在有期徒刑十年以上量刑。但对于刑法修正案（十一）施行以后的类似犯罪行为，则应严格按照新刑法规定从严打击，呵护未成年人的身心健康，保护未成年人合法权益不受侵犯。

编写人：四川省珙县人民法院　周娟

174　强奸罪中“情节恶劣”的认定

——叶某秋猥亵儿童、强奸案

【案件基本信息】

1. 裁判书字号

广东省潮州市潮安区人民法院（2018）粤 5103 刑初 406 号刑事判决书

2. 案由：猥亵儿童罪、强奸罪

【基本案情】

1. 猥亵儿童行为

被告人叶某秋与未成年被害人方某某（女，2005 年 10 月 31 日出生）系同村人，被告人叶某秋因与被害人方某某之父有来往而认识被害人，后叶某秋在与方某某来往中为满足淫欲，萌生猥亵方某某之念，2015 年至 2017 年，在明知方某某系未满十二周岁的情况下，被告人叶某秋先后多次在某村老人青年活动中心、其本人经营的杂货店内，乘无人之机，用手抚摸、插入被害人方某某的阴部等方式猥亵方某某，事后威胁恐吓被害人不准将其猥亵行为告诉家人。

2. 强奸行为

前因被告人叶某秋自2015年开始多次对被害人方某某实施猥亵行为未被发现，2017年正月，被告人叶某秋在明知未成年被害人方某某系未满十四周岁幼女的情况下，萌生奸淫方某某之念，后于2017年至2018年1月，先后多次在某村被告人叶某秋的老厝内，通过威胁恐吓、给予钱款的方式与方某某发生性关系。2018年2月，因被害人方某某身体不适到医院检查时发现怀孕，其家属遂报警。

被告人叶某秋于2018年2月11日被公安机关抓获归案。

【案件焦点】

1. 被告人叶某秋是否有自首情节；2. 被告人叶某秋所犯的强奸罪部分能否认定为“情节恶劣”并判处十年以上有期徒刑的刑罚。

【法院裁判要旨】

广东省潮州市潮安区人民法院经审理认为：被告人叶某秋为满足自己的淫欲，采用下流手段，对儿童实施猥亵；并在明知系不满十四周岁幼女的情况下，仍对其实施奸淫，其行为已分别构成猥亵儿童罪、强奸罪，依法应数罪并罚。

公诉机关指控被告人叶某秋犯猥亵儿童罪、强奸罪，事实清楚，证据确实、充分，罪名成立。

被告人叶某秋实施强奸犯罪，致附带民事诉讼原告人方某某怀孕到医院检查、引产并支付相关检查、手术费用，应对方某某因此产生的经济损失负民事赔偿责任。附带民事诉讼原告人方某某一方提供的相关医疗费单据证明其在潮州市妇幼保健院检查及进行人流引产手术，支付医疗费用共计人民币1051.7元，故其请求被告人叶某秋赔偿医疗费用人民币1051.7元，依法有据，应予支持，该款从被告人叶某秋一方预交的赔偿款中抵偿。附带民事诉讼原告人方某某请求被告人叶某秋赔偿其精神损失费人民币100000元的诉求，不属附带民事诉讼受理范围，不予支持。

被告人叶某秋对不满十二周岁的儿童实施猥亵犯罪，且多次奸淫不满十四周岁的幼女，致幼女怀孕，依法应当从重处罚；鉴于其归案后能如实供述自己的罪行，其一方能积极赔偿被害人方某某的经济损失，依法对其予以从轻处罚。

公诉机关提出上述量刑建议，经查，根据法律的规定及本案事实，公诉机关的量刑建议恰当，予以采纳。

综上，依照《中华人民共和国刑法》第二百三十七条第一款、第三款，第二百三十六条第二款、第三款第一项，第六十七条第三款，第六十九条第一款，第五十六条第一款，第五十五条第一款，第三十六条第一款，《中华人民共和国侵权责任法》第十五条第一款第六项，《中华人民共和国刑事诉讼法》第九十九条第一款，《中华人民共和国民事诉讼法》第六十四条第一款，《最高人民法院关于适用〈中华人民共和国刑事诉讼法〉的解释》第一百三十八条，第一百五十五条第一款、第二款，《最高人民法院关于审理人身损害赔偿案件适用法律若干问题的解释》第十九条之规定，判决如下：

一、被告人叶某秋犯猥亵儿童罪，判处有期徒刑二年六个月；犯强奸罪，判处有期徒刑十二年，剥夺政治权利三年；总和刑期十四年六个月，决定执行有期徒刑十四年，剥夺政治权利三年；

二、被告人叶某秋应赔偿附带民事诉讼原告人方某某医疗费人民币1051.7元，该款从被告人叶某秋一方预交的赔偿款中抵偿。

【法官后语】

1. 关于被告人叶某秋是否有自首情节的问题

本案被告人叶某秋的辩护人在庭审中提出被告人叶某秋在猥亵儿童犯罪中系在侦查机关侦查强奸犯罪时主动交代其猥亵儿童的罪行，有自首情节的辩护意见。出庭公诉人提出被告人叶某秋没有自首情节的公诉意见。

本案中被害人方某某家属于2018年2月10日报警，公安机关于同日以方某某被强奸立案侦查，被害人方某某于同日在陈述其被叶某秋强奸时，又向公安机关交代了其还被叶某秋猥亵的事实；被告人叶某秋于2018年2月11日被抓获后才交代其猥亵被害人方某某的犯罪事实，在此之前公安机关已经掌握了其猥亵被害人的犯罪事实，并不存在主动交代公安机关事先尚未掌握的犯罪事实的情况，故被告人叶某秋在猥亵儿童犯罪中不存在自首情节。

2. 关于本案是否应当认定被告人叶某秋所犯强奸罪"情节恶劣"的问题

本案公诉机关指控被告人叶某秋在强奸犯罪中，"奸淫不满十四周岁的幼女，情节恶劣"，并建议对被告人叶某秋所犯的强奸罪部分以强奸罪判处十二年以上十四年以下有期徒刑。辩护人提出被告人叶某秋在实施强奸犯罪的过程中并没有采取暴力、威胁等手段，而是采取给予钱款的方式，多次与被害人发生性关系并导致被害人怀孕，该情节并未达到情节恶劣的程度，且被告人存在如实供述、认罪态度良好的情节，请求对其在三年至十年有期徒刑的法定刑期内予以从轻处罚的辩护意见。那么，本案公诉机关对强奸罪部分的上述指控是否成立？对此，法院经审理后认为：刑法第二百三十六条第三款的规定中，对于奸淫幼女致被害人怀孕是否可以认定为“其他严重后果”或“情节恶劣”没有作出明确规定。但是根据最高人民法院、最高人民检察院、公安部、司法部《关于依法惩治性侵害未成年人犯罪的意见》（以下简称《性侵意见》）第二十五条规定了针对未成年人实施强奸、猥亵犯罪，应当从重处罚，其中还规定了“更要依法从严惩处”的七种情形。

本案中，被害人方某某的父母均为在外务工人员，方某某自幼跟随其祖母留在农村生活，属于典型的留守儿童，也是社会上的弱势群体。被告人叶某秋与方某某系邻居因与方某某之父有来往而认识方某某，其明知方某某未满十四周岁，仍趁与方某某单独相处之机，采用言语威胁以及给予钱款诱骗等手段，对方某某实施猥亵、奸淫，该行为严重挑战社会伦理道德底线。此外，叶某秋为发泄性欲而多次猥亵方某某以及多次奸淫方某某，期间还利用方某某年幼的特征对其进行恐吓和利诱，作案持续时间长达三年，其行为严重冲击被害人的心理安全感，对被害人的身心健康造成严重伤害，行为社会危害性大，造成特别恶劣的社会影响。

鉴于被告人叶某秋的奸淫幼女的行为造成被害人方某某怀孕，该行为不仅符合《性侵意见》第二十五条第六项规定的“造成未成年被害人轻伤、怀孕、感染性病等后果”的情形，同时还符合《性侵意见》第二十五条第三项规定的“采取暴力、胁迫、麻醉等强制手段实施奸淫幼女、猥亵儿童犯罪的”和第五项规定的“多次实施强奸”的两种同样“更要依法从严惩处”的情形，故可以认定叶某秋实施本案犯罪的整个过程体现出较深的主观恶性以及较大的社会危害性总体上与刑法第二百三十六第三款第二项至第四项所列的单项加重情节的危害程度基本相当，依法可以认定为“情节恶劣”。因此，公诉机关的指控成立，辩护人提出的辩护意见据理不足，不予采纳。综上，法院判决对本案定性、情节的认定准确。

编写人：广东省潮州市潮安区人民法院　郑小伟

175　恋爱期间女方反悔，男方使用暴力与之发生性关系的定性

——李某强奸案

【案件基本信息】

1. 裁判书字号

河南省信阳市中级人民法院（2017）豫15刑终字247号刑事裁定书

2. 案由：强奸罪

【基本案情】

2015年7月以来，被告人李某与李某某谈恋爱期间，二人发生矛盾，李某某不想再和李某交往。2016年6月30日下午，被告人李某到李某某单位质问并殴打李某某，将李某某眼镜腿打断，李某某顾及面子，便同意和李某一起回到自己家中。在李某某租住的房屋内，被告人李某先是对李某某的脸部进行殴打，然后让李某某脱光衣服，强行与李某某发生性关系，继而用皮带对李某某身体进行抽打，导致李某某左大腿、后背等部位受伤。经淮滨县公安局物证鉴定室鉴定：李某某的损伤程度符合轻微伤。

信阳市淮滨县人民检察院以被告人李某犯强奸罪向信阳市淮滨县人民法院提起公诉。

被告人李某辩称："被害人是自愿和我发生性关系，我没有强迫她，我无罪。"

被告人李某的辩护人辩称：公诉机关指控被告人李某犯强奸罪的事实不清，证据不足。认定被告人李某与被害人李某某发生性关系违背妇女意志无证据支持。根据疑罪从无的原则，应当宣告被告人李某无罪。

【案件焦点】

恋爱期间女方反悔或另找对象，男方使用暴力与之发生性关系如何认定。

【法院裁判要旨】

河南省信阳市淮滨县人民法院经审理认为：被告人李某犯强奸罪，当庭出示的证据有被害人陈述、被告人供述、证人证言、视听资料等能够相互印证，可以证实被告人李某在与李某某发生性关系前采用了扇脸等暴力手段，违背被害人的意志，强行与被害人发生性关系，因此被告人李某的行为已构成强奸罪。淮滨县人民检察院指控的罪名成立。被告人李某辩称的被害人李某某系自愿与其发生性关系的辩解意见本院不予采信。被告人李某辩护人辩称的公诉机关指控被告人李某犯强奸罪的证据不足的意见，本院不予采纳。被告人李某系初犯、偶犯，可酌定从轻处罚；被告人李某强奸被害人并致被害人轻微伤，可酌定从重处罚。依照《中华人民共和国刑法》第二百三十六条、第六十一条的规定，经本院审判委员会讨论决定，判决如下：

被告人李某犯强奸罪，判处有期徒刑三年六个月。

李某对判决不服提起上诉，上诉称原审认定事实错误、证据不足；其与被害人发生性行为是基于双方自愿，不存在强奸行为。请求宣告无罪。

河南省信阳市中级人民法院经审理认为：上诉人李某采取暴力、胁迫手段强奸妇女，其行为已构成强奸罪。关于李某的上诉理由，经查，原判认定其违背被害人的意志，强行与被害人发生性关系的事实，有相关证人证言、法医学人体损伤程度鉴定书及被害人陈述等予以证实，且上述证据能够相互印证，足以认定。李某的上诉理由不能成立，其请求本院不予支持。原判认定事实清楚，证据确实、充分，审判程序合法，量刑适当。依照《中华人民共和国刑事诉讼法》第二百二十五条第一款第一项之规定，裁定如下：

驳回上诉，维持原判。

【法官后语】

根据我国刑法的有关规定，强奸罪是指行为人以暴力、胁迫或者其他手段，违背妇女意志，强行与妇女发生性交的行为。要正确认定强奸罪，必须准确把握它的本质特征，因为本质特征是区分罪与非罪，此罪与彼罪及量刑轻重的关键。

强奸罪的本质特征是违背妇女意志，强行与妇女性交，即违背妇女意志是强奸罪的内在本质特征，犯罪手段的强制性是这一本质特征的外在表现。因为违背妇女意志属于主观上的思想问题，要查明是否违背妇女意志，不能从主观上去判断，只有从客观行为来考察。

1. 违背妇女意志的理解

所谓“违背妇女意志”，是指违背妇女不愿与行为人发生性交的真实意思表示。它违背的是妇女“不同意性交的意志”。如果妇女同意与行为人性交的，行为人的行为则不构成强奸罪。因为这是妇女自愿的行为，并没有违背自己的意愿，属于道德问题，但女性是幼女的除外。具体到本案中，李某某不愿意和被告人李某发生性关系，被告人李某就违背了被害人李某某的意志。而“违背妇女意志”的外在表现是：行为人对妇女采用暴力、胁迫或者其他手段，使妇女不能反抗或不敢反抗。对于这些行为手段，我国刑法中已经作了明确规定。

2. 强奸罪本质特征的客观表现

任何一种犯罪的本质特征，都依靠犯罪的客观行为即客观表现来作判断，也只有研究犯罪的客观表现才具有实用价值和意义。根据刑法第二百三十六条的规定，强奸罪本质特征的客观表现在于，采取暴力、胁迫或者其他手段实施奸淫行为。这里的“暴力、胁迫或者其他手段”是强奸罪本质特征的客观行为手段，是客观表现中的重要一面，它对准确认定强奸行为具有重要作用。本案中的被告人的客观行为表现在对被害人李某某进行殴打，还拍摄被害人的裸体照和裸体视频进行胁迫，从而使被害人不能反抗。

3. 准确认定奸淫行为是否违背妇女意志

违背妇女意志是构成强奸罪的前提条件。(1) 强奸罪中妇女意志的违背仅限于性交当时，即实施性交行为当时妇女不同意进行，这是违背妇女意志在时间上的限制和要求。如果妇女与行为人性交当时并不反对，事后又因其他原因而以各种理由反悔，则不能认定为违背妇女意志。(2) 是否违背妇女意志，不能以被害妇女作风好坏来划分。任何妇女对是否性交、与谁性交都有权自己决定，“作风不好”的妇女的性权利同样受法律保护。比如通奸妇女、卖淫妇女，她们也一样享有不与他人性交的权利。(3) 是否违背妇女意志，不能以被害妇女有无反抗表示作为必要条件。

4. 通奸与强奸的界限

通奸是指一方或者双方有配偶的男女之间，自愿发生性交的行为。通奸不同于强奸，通奸双方发生性交是自愿的，并不违背妇女意志，不符合强奸罪的构成要件。另外，通奸在性质上属于道德品质问题，它虽然有害于社会婚姻家庭关系，且行为人应当受到社会的谴责，但我国刑法并未将通奸行为纳入追究刑事责任的范畴。通奸与强奸的本质区别是：性行为是否违背妇女意志。

(1) 男女双方先是通奸，后来女方不愿继续通奸，而男方纠缠不休，并以暴力或以败坏名誉等手段进行胁迫，强行与女方发生性行为的，以强奸罪论处。这类案件实质是通奸转化为强奸的问题，要着重审查转化后的性交行为，是否违背妇女意志和采取了强制手段，来认定是否成立强奸罪。

(2) 第一次性行为违背妇女的意志，但事后并未告发，后来女方又多次自愿与该男子发生性行为的，一般不宜以强奸罪论处。可以说是强奸转化为通奸而不以强奸论。但需明确的是：如果第一次强奸妇女后，行为人对被害妇女实施精神上的威胁，迫使其继续忍辱屈从的，应当以强奸罪论处。因为此时第一次和后来多次的性交行为，都违背了妇女的意志，且实施了强制手段，依法已构成强奸罪。

(3) “半推半就”性交行为的认定。“半推半就”是指妇女对于行为人与之性交，既有不愿意的表示，也有愿意的表示。主要对男女双方平时的关系、性行为发生的时间、地点和环境、事发后女方的态度、在什么情况下告发、告发与案发时间的长短等事实和情节，仔细审查，作全面分析，不是确系违背妇女意志的，一般不宜按强奸罪认定。如果确实系违背妇女意志的，以强奸罪论处。

(4) 利用从属关系、教养关系和职权等特定关系与妇女发生的性行为，不能都视为强奸。如果行为人利用以上特定关系，以克扣妇女生活费、解除劳动合同、乘人之危等相威胁，迫使妇女容忍其奸淫的，应认定为强奸罪。如果行为人利用职权引诱女方，女方基于互相利用与之发生性行为的，则不定为强奸，而以通奸论处。

5. 正确区分强奸与未婚男女在恋爱中发生的性行为

未婚男女在恋爱过程中自愿发生的性行为，属于道德评价问题，不是犯罪，更不能作强奸论处。有相当部分未婚而有性行为的男女属“早恋”，最明显的是中学生。这就涉及“不满十四周岁的幼女”恋爱的问题。如果恋爱女性是幼女，且恋爱男方是明知的，不论幼女是否自愿性交，一般按强奸罪论处。另外，未婚男女在恋爱过程中，如果使用了不明显的强制手段与恋爱女方发生性交，事后并未告发，而后来由于双方恋爱关系终止或感情破裂，女方告发男方强奸的，一般不宜认定为强奸。但是，如果恋爱中的女方反悔或另找对象，男方使用暴力与之发生性关系，按强奸罪论处。本案中的被害人李某某和被告人刚开始一段时间是恋人关系，后明确表示不再是恋人关系，而被告人在此阶段殴打、胁迫被害人李某某与之发生性关系，应以强奸论处。

6. 婚内强奸是否构成强奸罪

所谓“婚内强奸”，是指在夫妻关系存续期间，丈夫以暴力、胁迫或者其他方法，违背妻子意志，强行与妻子发生性关系的行为。对“婚内强奸”中的“婚”一般理解为合法婚姻关系，即指依法成立并且得到法律认可和保护的婚姻关系，具有事实婚姻关系和无效婚姻关系的男女之间发生的强迫性行为不属于婚内强奸。另外，已解除婚姻关系的原夫妻之间发生的强奸也不是婚内强奸。关于“婚内强奸”行为的定性在国内理论界和实务部门都是存在争议的。笔者认为，一般情况下丈夫不能成为强奸罪主体，只有在以下三种特殊情形下发生的强行性行为，方可认定为强奸罪：其一，男女双方已登记结婚，但尚未按当地风俗习惯举行婚礼或同居，女方提出离婚后，丈夫强行与妻子发生性行为的；其二，夫妻感情确已破裂，并且长期分居的，此时丈夫违背妻子意愿强行与妻子发生性行为；其三，一审法院已判决离婚，尚未生效期间，丈夫违背妻子意愿强行与妻子发生性行为。

经过以上论述，我们可以认识到，正确把握强奸罪必须认清强奸罪的本质特征，准确区分其罪与非罪的界限。对于实践中出现诸如少男与幼女性行为和恋爱期间的性行为的定性和处理，应依照立法意旨、罪刑法定等法律原则和精神作出认定。

编写人：河南省淮滨县人民法院　江法团

（六）强制猥亵罪

176　网络猥亵儿童案中被告人主观明知的认定

——张某猥亵儿童案

【案件基本信息】

1. 裁判书字号

广西壮族自治区柳州市中级人民法院（2020）桂02刑终335号

刑事裁定书

2. 案由：猥亵儿童罪

【基本案情】

2019年6月23日晚，被害人李甲（2008年10月出生）在家中登录QQ的一个聊天软件随机匹配窗口时，与被告人张某相识，后张某主动加李甲为好友，李甲予以通过。而后，张某了解到李甲是未成年人，即仍使用淫秽语言与之聊天，还发送淫秽图片及视频给李甲观看，允诺将情趣玩具送给李甲，并通过发微信红包的方式将100元转给李甲做诱饵，教唆李甲抚摸自己的身体，并拍摄自己的裸露上半身及下半身隐私部位的照片发送给其观赏手淫自慰，同时也自拍其性器官的照片并发送给李甲。

2019年6月24日，被害人李甲的父亲发现李甲QQ聊天中有淫秽语言、图片及视频后，于2019年6月26日向公安机关报案。2020年6月1日，被告人张某被公安机关抓获归案，并缴获作案工具“小米”牌Mix 2S型手机1部（白色）。

【案件焦点】

1. 网络猥亵中，被告人是否明知被害人为未成年人；2. 本案QQ及微信聊天记录截图的获取是否合法。

【法院裁判要旨】

广西壮族自治区柳州市柳北区人民法院经审理认为：被告人张某为了满足其性刺激，明知被害人系未成年少女，仍利用网络通过语言及物质引诱的方式，诱使被害人自拍其隐私部位的照片并发送供其观赏手淫自慰，亦将自己性器官照片发送给被害人观看，其行为构成猥亵儿童罪，应从重处罚。对于辩护人的辩护意见，（1）张某猥亵李甲时是否明知其系未成年人的问题，从本案的现有证据看，张某6月23日晚和李甲聊天，引诱李甲拍摄其隐私部位照片并发给其观看时，曾说道“下面毛毛还没长全”等字句，说明李甲的第二性特征尚未发育成熟，作为成年人的张某应该意识到李甲系未成年人。庭审中，张某也承认其在让李甲拍隐私照片发送给其时知道李甲是未成年人，故辩护人认为张某在猥亵李甲时不知道李甲系未成年人的辩护意见与本案事实不符，不予采信。（2）关于本案的QQ及微信聊天截图的获取是否合法的问题，从接受证据材料清单看，附卷的张某与李甲的QQ及微信聊天截图均系李甲之父李乙自行打印出来提交给公安机关，来源合法，且已经张某辨认并认可系其与李甲的聊天内容，故辩护人认为聊天截图不能作为定案依据的辩护意见亦不能成立，不予采信。

广西壮族自治区柳州市柳北区人民法院依照《中华人民共和国刑法》第二百三十七条第一款、第三款，第六十七条第三款，第六十四条之规定，作出如下判决：

一、被告人张某犯猥亵儿童罪，判处有期徒刑二年；

二、作案工具“小米”牌Mix 2S型手机1部（白色），依法予以没收。

张某提起上诉称，其与被害人聊天时并不知道被害人未满14周岁，是第二天询问年龄才知晓，原判量刑过重，其自愿认罪认罚，请求二审法院从轻处罚。

指定辩护人的辩护意见与一审时一致，且认为一审判决量刑畸重。

广西壮族自治区柳州市中级人民法院经审理认为：张某的行为构成猥亵儿童罪，且应从重处罚。关于张某及其指定辩护人提出的上诉及辩护意见，原判已予充分驳斥。原判量刑适当且二审期间张某无其他法定从轻或者减轻处罚的情节，故对张某请求从轻处罚的上诉意见，不予采纳。

广西壮族自治区柳州市中级人民法院依照《中华人民共和国刑事诉讼法》第二百三十六条第一款第一项的规定，作出如下裁定：

驳回上诉，维持原判。

【法官后语】

在互联网飞速发展的时代，网络给人们带来便利的同时，也催生了很多阴影地带，给打击违法犯罪行为带来新的困难与挑战，比如本案中，行为人张某利用网络对未成年人实施猥亵行为，即为猥亵儿童犯罪中的新型犯罪——网络猥亵。本案主要有两个争议焦点：其一，张某是否明知被害人为未成年人；其二，本案QQ及微信聊天记录截图的获取是否合法。

一、张某主观明知的认定

最高人民法院、最高人民检察院、公安部、司法部联合发布的《关于依法惩治性侵害未成年人犯罪的意见》，对包括猥亵儿童罪在内的性侵害未成年人犯罪作出规定，对于不满十二周岁的被害人实施奸淫等性侵害行为的，应当认定行为人“明知”对方是幼女。亦即原则上，对不满十二周岁的被害人实施性侵害行为的，可以肯定行为人明知其为幼女。

但本案的特殊之处在于，张某通过网络与李甲相识，素未谋面，双方仅通过QQ及微信交流，若单凭被害人不满十二周岁而直接认定张某主观明知对方为幼女，未免有扩大刑罚之嫌。因此在此种情况之下，应结合附卷证据，综合论证张某是否明知对方为未成年人。

本案中，一审、二审法院都认为，李甲有告知张某其上“初二”，张某在和李甲的聊天记录里有说道“你的咪咪还小呢”“下面毛毛还没长全”等字句，且在其利诱之下，李甲有向其发送隐私部位照片，因此张某可以清楚地知道李甲的第二性特征尚未发育成熟，且庭审中，张某也自认在唆使李甲拍摄隐私照片时对其为未成年人是知情的。

可见，张某主观上对李甲为未成年人是明知的。

二、QQ及微信聊天截图的获取是否合法

根据《中华人民共和国刑事诉讼法》第五十八条第二款的规定，当事人及其辩护人、诉讼代理人有权申请人民法院对以非法方法收集的证据依法予以排除。申请排除以非法方法收集的证据的，应当提供相关线索或者材料。张某的辩护人虽提出聊天记录截图系非法获取的辩护意见，却并未提供相应的线索或证明材料。经查，本案中，张某与李甲之间的聊天记录截图由李甲之父自行打印提交给公安机关，并有接受证据材料清单予以佐证，来源合法，且在案件侦查以及法庭调查举证、质证阶段，张某都对出示的30页截图予以辨认并认可，因此附卷的QQ及微信聊天记录截图已经查证属实，可以作为定案证据使用。

综上，张某明知被害人系未成年人，仍诱使被害人拍摄隐私照片供其手淫自慰，亦将自己性器官照片发送给被害人，其行为构成猥亵儿童罪。公诉机关指控罪名成立。

三、参照适用本案例应注意的问题

（1）本案适用于网络猥亵。传统的猥亵儿童犯罪是面对面接触被害人，为最大限度地保护未成年人的身心健康，原则上，对于不满十二周岁的被害人，行为人若实施了猥亵行为，依法可直接认定行为人主观上明知被害人是幼女，但网络猥亵这一新型犯罪的特殊之处在于行为人与被害人有可能全程都没有见过面，仅仅通过网络聊天软件进行交流，所以特殊地，在网络猥亵的情形之下，需要结合其他证据综合认定行为人是否明知被害人未满十二周岁，谨守刑法的谦抑性，慎用刑罚。

（2）注意《中华人民共和国刑法修正案（十一）》（以下简称刑修（十一））对猥亵儿童罪的修改。刑修（十一）自2021年3月1日起正式实施，猥亵儿童罪的法定最低刑由拘役改为有期徒刑，并增加五年以上有期徒刑的法定情形，意在严惩猥亵儿童犯罪。本案发生在刑修（十一）实施前，适用的是实施前的刑法，这点在进行类案间的量刑平衡时需要多加注意。

编写人：广西壮族自治区柳州市柳北区人民法院　梁千里

177 利用强制猥亵形成的心理强制后“借款”不必然构成抢劫罪

——栾某豪强制猥亵案

【案件基本信息】

1. 裁判书字号

北京市第一中级人民法院（2020）京01刑终439号刑事裁定书

2. 案由：强制猥亵罪

【基本案情】

被告人栾某豪与被害人边某均系某合租房租户。2019年10月28日0时许，被告人栾某豪邀请被害人边某吃夜宵，后二人在栾某豪房间内吃外卖、聊天，同日凌晨2时许，被告人栾某豪在边某离开其房间准备休息时，尾随边某至边某的房间内强行对边某亲吻、搂抱，并以言语威胁强行要求边某为其口交。事后，栾某豪称其需还信用卡欠款，向被害人边某借款人民币5000元，约定于11月还款，被害人边某使用自己手机向栾某豪银行卡汇款人民币5000元。同日7时许，被害人边某到派出所报案称被告人栾某豪于当日对其进行强制猥亵。被告人栾某豪于同日10时许被民警抓获到案。5000元欠款已由被告人栾某豪的近亲属代为偿还。

【案件焦点】

栾某豪在对被害人边某实施强制猥亵行为后，利用对被害人形成的心理上的“强制”状态，后向被害人“借钱”的行为，是否构成抢劫罪。

【法院裁判要旨】

北京市石景山区人民法院经审理认为：被告人栾某豪为满足自己的性欲，以胁迫方法要求被害人为其口交，其行为已构成强制猥亵罪，依法应予惩处。公诉机关指控栾某豪犯强制猥亵罪的事实清楚，证据确实、充分，罪名成立；关于公诉机关对被告人犯抢劫罪的指控，因抢劫罪是侵犯人身权益和财产权益的严重犯罪，对抢劫罪非法占有目的和强制手段的认定必须足够审慎，公诉机关出示的现有证据指控栾某豪具有非法占有的抢劫故意证据不足，故对此项指控本院不予支持。被告人栾某豪及辩护人认为栾某豪借款人民币五千元的行为不构成抢劫罪的辩解、辩护意见，法院予以采纳；但关于被告人栾某豪不构成强制猥亵罪的辩解、辩护意见，经查，被害人陈述、被告人供述、证人证言、受案登记表等在案证据均能证明被告人与被害人在工作和生活中并无交集，仅为合租室友关系，结合案发时间、空间、地点、二人的身高、体貌对比及被害人案发后第一时间报警等情节综合认定被告人的行为确已给被害人造成心理上的强制，被害人为被告人口交的行为违背了被害人的意愿，故对被告人、辩护人此项辩解、辩护意见法院不予采纳。综上，依照《中华人民共和国刑法》第二百三十七条第一款、第六十一条之规定，作出如下判决：

被告人栾某豪犯强制猥亵罪，判处有期徒刑三年。

北京市第一中级人民法院经审理认为：原审被告人栾某豪为满足自己的性欲，以胁迫方法强迫他人为自己口交，其行为已构成强制猥亵罪，依法应予惩处。原审人民法院根据栾某豪犯罪的事实、犯罪的性质、情节和对于社会的危害程度所作出的判决事实清楚，证据确实、充分，定罪及适用法律正确，量刑适当，审判程序合法，应予维持。北京市人民检察院第一分院撤回抗诉的申请符合法律规定，本院依法准许。裁定：

准许北京市人民检察院第一分院撤回抗诉。

【法官后语】

本案的分歧焦点在于，被告人栾某豪在对被害人边某实施强制猥亵行为后，利用对被害人形成的心理上的“强制”状态，向被害人边某“借钱”的行为，是否构成抢劫罪。

抢劫罪，是指以非法占有为目的，以暴力、胁迫或者其他方法，强取公私财物的行为。抢劫罪的构成要件应包括如下几要素：首先，抢劫罪的手段行为是暴力、胁迫或者其他强制方法，暴力方法是指对被害人不法行使有形力，使其不能反抗的行为，如殴打、捆绑、伤害、禁闭等，抢劫罪中的暴力只能是最狭义的暴力。胁迫方法是指以恶害相通告，使被害人产生恐惧心理因而不敢反抗的行为，这种胁迫也应达到足以压制对方反抗的程度；其次，抢劫罪的目的行为是强取公私财物，即违反被害人的意志将财物转移给自己或者第三者占有，且行为人以暴力、胁迫等手段压制被害人的反抗，与夺取财产之间必须存在因果关系；最后，抢劫罪的责任要素除故意外，还要求具有非法占有目的。

本案中，被告人栾某豪在实施强制猥亵行为后向被害人借款，虽然其已经实施完毕的强制猥亵行为形成的对被害人强制状态一直延续，可能使被害人产生了恐惧心理，但是抢劫罪的构成要件中除手段行为外，还包含具有非法占有的目的。因此，被告人栾某豪是否具有非法占有的目的，是区分栾某豪能否构成抢劫罪的界限。

综合全案证据，对非法占有目的的认定可以从两个方面着手：一是被告人在实施行为过程中的表现；二是被告人实施行为后的态度。从被告人在实施行为过程中的表现来看，首先，被害人陈述、被告人供述均能证实被告人栾某豪在实施强制猥亵行为后，与被害人就借款一事进行过商议、沟通，被告人向被害人告知了借款目的和金额，并就转账方式、归还期限与被害人进行了沟通。被害人同意了被告人的借款金额，并提出通过手机银行转账的方式将钱汇入被告人账户，且认可被告人提出11月中下旬归还借款；其次，结合到案经过、受案登记表等证据能够证实，被害人报案理由是“有人想强奸我”，对被告人栾某豪后续行为的描述也是“借款”，说明被害人当时认可被告人的行为是“借款”行为，本案在立案时也仅以强制猥亵一罪立案。

从被告人实施行为后的态度来看，首先，被告人在借款后无逃跑行为，亦无搬家、更换租住地的意思表示，在被抓获后始终如实陈述借款的事实，无法认定被告人对于该笔借款有非法占有的目的；其次，被告人向被害人借款金额与其实际需要金额相当，被告人作为一名有劳动能力的成年人，日后能够通过劳动获得相应报酬，具备归还借款的能力，即使其短期内不具备偿还能力，该笔借款在其家庭能够偿还的范围之内，亦无法排除被告人日后会归还借款的可能性；最后，被告人栾某豪与被害人系合租室友关系，被害人知道被告人的基本身份信息，也留有转账记录等证据，即使被告人到期未按约定还款，仍可通过民事诉讼途径维护自身的合法权益。

故公诉机关虽指控被告人栾某豪构成抢劫罪，但其出示的现有证据对于证明栾某豪具有非法占有的主观故意未达到确实、充分的标准，无法排除栾某豪的行为确为借款的合理怀疑，故被告人栾某豪向被害人的借款行为不构成抢劫罪，亦不构成其他犯罪。

编写人：北京市石景山区人民法院　马云骢

178　公共场所当众猥亵的认定

——农某伟强制猥亵案

【案件基本信息】

1. 裁判书字号

广西壮族自治区柳州市中级人民法院（2019）桂02刑终167号刑事裁定书

2. 案由：强制猥亵罪

【基本案情】

2018 年 10 月 8 日 4 时许，被告人农某伟路过某小区某汽修店门前，看见被害人吴某艳、韦某仪在路边聊天，便走到吴某艳、韦某仪身后用手摸吴某艳、韦某仪的臀部。韦某仪跑开呼救，吴某艳被农某伟拖拽后倒地。吴某艳倒地后，农某伟继续用手摸吴某艳的胸部、阴部，又在吴某艳反抗的过程中用手扇打其面部，后因远处的路人听见呼救声跑来阻止，农某伟逃离现场。

【案件焦点】

如何认定猥亵的案发地是“公共场所”。

【法院裁判要旨】

广西壮族自治区柳州市鱼峰区人民法院经审理认为：被告人农某伟以暴力方法强制猥亵妇女，根据《中华人民共和国刑法》第二百三十七条第一款的规定，其行为构成强制猥亵罪。公诉机关指控被告人农某伟犯强制猥亵罪成立。被告人农某伟归案后能如实供述自己的罪行，依法可以从轻处罚。

依照《中华人民共和国刑法》第二百三十七条第一款、第六十一条、第六十二条、第六十七条第三款之规定，作出如下判决：

被告人农某伟犯强制猥亵罪，判处有期徒刑二年。

公诉机关抗诉称：原判认定事实错误，适用法律错误。案发地系城市公共道路，不特定的人员可自由通行。案发现场有其他人在附近，听到呼救后跑过来，农某伟才逃离。农某伟在公共场所，采用暴力手段，当众猥亵两名女子，其中一名被害人系未成年人，原判对农某伟量刑畸轻，建议二审法院依法予以改判。

广西壮族自治区柳州市中级人民法院经审理认为：原审被告人农某伟以暴力方法强制猥亵妇女，其行为构成强制猥亵罪。原判认定事实清楚，证据确实、充分，定罪准确，量刑适当，法律适用正确，审判程序合法。关于抗诉机关提出农某伟属“在公共场所当众猥亵”，原判量刑畸轻的意见，经查，本案现场处于城市公共道路，案发时间在凌晨四时许，案发现场除农某伟和两名被害人外，没有其他人在场，该事实有被告人供述证明，亦与现场监控相印证。故原判未认定农某伟属“在公共场所当众猥亵妇女”正确，抗诉机关的抗诉意见与法律规定不符，不予采纳。

广西壮族自治区柳州市中级人民法院依照《中华人民共和国刑事诉讼法》第二百三十六条第一款第一项之规定，裁定：

驳回上诉，维持原判。

【法官后语】

本案处理重点在于案发现场是否为公共场所的认定。主要考虑以下几个方面。

1. 地点加重犯的概念

地点加重犯是指行为人在法律规定的特殊地点实施了基本罪的犯罪行为，具有较基本犯更为严重的危害性，刑法因此规定了较基本罪更重的独立的法定刑的加重构成犯罪形态。

刑法关于地点加重犯的规定主要有4个法条6个罪名，其中就包括第二百三十七条的强制猥亵、侮辱罪。刑法将“在公共场所当众”规定为猥亵犯罪的法定加重处罚情节，主要原因在于该行为对被害人性的自主权及羞耻心伤害更大，对社会良好风尚冒犯程度更大，行为人置在场他人于不顾，社会影响更恶劣，需要对此类猥亵犯罪配置与其严重性相适应的更重的法定刑。

2. 对于“公共场所”和“当众”的认定

“公共场所”是指公众可以去的地方或对公众开放的地方；“当众”是指当着数人的面。前者是一个具体的地点，后者是一种行为方式，两者既有区别又有联系，当众往往又是在公共场所进行。

3. 认定“公共场所当众”实施猥亵需考虑的因素

在实践中，猥亵行为样态各异，“公共场所当众”实施猥亵的认定，应综合考虑猥亵的手段、针对的身体部位、持续的时间长短、对被害人身心伤害的大小、对社会风尚的冒犯程度等因素，从而对加重处罚的必要性予以实质性的把握，因此，在适用相关法条审理案件时应秉持谦抑的原则。

4. 结合本案的分析

在本案中，公诉机关认为，案发地系城市公共道路，不特定的人员可自由通行，可以认定为公共场所，案发时有其他人在案发现场不远处，不远处的那些人随时可能发现、也可以发现被告人的犯罪行为，公诉机关因此认定被告人系“在公共场所当众猥亵妇女”。

从形式上，本案似乎也符合“公共场所当众”的规定，但单单形式审查不能全面、客观地反映犯罪的性质、程度，应结合实质审查综合评判，从而确保定性准确、量刑适当。

在本案中，案发现场虽是在公路边的人行道上，但本案发生在凌晨4时，当时在路上的人员相当少，在十多米远的小卖部门口有几个人在吵架，但这些人并未注意到被告人的犯罪行为，被告人先是从两名被害人的身后用手摸被害人的臀部，在一名被害人跑开后，被告人将另一名被害人拽倒在地后，隔着衣服对被害人的胸部、阴部摸弄了一分钟左右（有监控视频为证）。因此，被告人主观上虽有猥亵的目的，客观上在“公共场所当众”猥亵妇女，但是从被告人的主观恶性、猥亵行为的严重性、对被害人身心造成的伤害后果、对社会风尚的冒犯程度来看，均未超越基本犯的限度，不应当对其加重处罚，从而确保本案的罪刑相适应。

从强奸罪与猥亵犯罪的严重性程度来看，通常情况下，强奸重于猥亵，故刑法为强奸罪设置的最低法定刑为有期徒刑三年，而普通情节的猥亵犯罪是五年以下有期徒刑或拘役，如果将那些相对轻微的在公共场所当众猥亵行为作为加重情节对被告人判处五年以上有期徒刑，明显重于普通情节强奸既遂的最低法定刑，会罪刑失衡。

编写人：广西壮族自治区柳州市鱼峰区人民法院　尹嘉嘉

179 不能排除其他合理怀疑即无罪

——蓝某平强制猥亵案

【案件基本信息】

1. 裁判书字号

广西壮族自治区柳州市中级人民法院（2019）桂02刑终348号刑事裁定书

2. 案由：强制猥亵罪

【基本案情】

2017年11月23日17时许，被害人莫某勤在广西脑科医院4号手术室接受腹腔镜阑尾切除手术，术前医生对其进行了全身麻醉。当日18时，被告人蓝某平作为该手术的麻醉医生接班进入手术室配合手术工作。手术完成后，莫某勤逐渐苏醒并恢复意识。

至当日19时许，莫某勤报案称其被蓝某平吮吸胸部。后经鉴定：莫某勤胸部擦拭物与蓝某平血样在共有的15个STR基因座的分型一致。

2018年1月3日，公安民警到广西脑科医院将被告人蓝某平传唤归案。

【案件焦点】

强制猥亵罪中，仅有被害人的陈述，被告人始终不承认，在无法排除其他合理怀疑的情况下，是否可以定罪。

【法院裁判要旨】

广西壮族自治区柳州市鱼峰区人民法院经审理认为：公诉机关指控被告人蓝某平犯强制猥亵罪仅有莫某勤本人的陈述，以及从莫某勤胸部提取到的擦拭物鉴定出有蓝某平DNA，对于该处提取的DNA不能排除系蓝某平其他正当行为所遗留，不具有排他性，故本案证据不足以证明蓝某平实施了强制猥亵的行为，按照《最高人民法院关于适用〈中华人民共和国刑事诉讼法〉的解释》第二百四十一条第四项之规定，判决如下：

被告人蓝某平无罪。

广西壮族自治区柳州市鱼峰区人民检察院对一审判决不服，提起抗诉。理由是：原判证据采信错误，导致事实认定错误、判决错误：（1）证据采信错误。一是证人蓝某芳证明其与谢某华从医务人员通道离开手术室后，手术室中只有蓝某平与患者。原判认定蓝某芳证明其与蓝某平推患者出手术室错误。二是被害人莫某勤陈述其被手术主刀梁医生唤醒后，其发现自己已经躺在手术台旁边的推车上并清醒。在被男子吸乳头时，其意识清醒但因麻药药力未过而无力反抗。当该男子给其穿好衣服裤子时，其睁开眼睛看到该男子站在床边，穿着医生手术服，戴着蓝色帽子，并将其推出手术室，后其见到吴某雄。证人梁某北证实丙泊酚在麻醉状态下可能会产生性幻觉，丙泊酚在患者醒之后不会产生性幻觉。被害人莫某勤的陈述与证人吴某雄、蓝某芳等证言相印证，原判未采信莫某勤的陈述错误。三是蓝某平辩解其对莫某勤反复听诊，以及在莫某勤血氧饱和度不够时对莫某勤进行心脏复苏进行急救，但在手术记录中未有相关记录，蓝某平和辩解仅有其个人陈述，无其他证据证明，原判采信蓝某平的辩解错误。（2）证据应用和分析错误。蓝某平与莫某勤单独留在手术室，蓝某平有作案时间；证人梁某江、蓝某芳、谢某华均证明手术后，莫某勤已经清醒，不存在性幻觉；案发四日后，从莫某勤乳头及乳晕处提取的痕迹物证鉴定出蓝某平的DNA，可见该物证附着力极强，如果是正常的医疗行为触碰到则不可能长时间遗留，且该鉴定结论能够与被害人的陈述相印证。综上，建议法院认定蓝某平犯强制猥亵罪罪名成立。柳州市中级人民法院经审理后发现检察院抗诉理由不能成立，应予驳回。

广西壮族自治区柳州市中级人民法院依照《中华人民共和国刑事诉讼法》第二百三十六条第一款第一项的规定，作出如下裁定：

驳回抗诉，维持原判。

【法官后语】

本案争议焦点在于蓝某平是否实施了猥亵行为，公诉机关指控蓝某平实施的强制猥亵行为是否证据充分、能否形成完整证据链条。

首先，公诉机关认定蓝某平构成强制猥亵罪的主要证据有：一是被害人莫某勤胸部擦拭物与蓝某平血样在共有的15个STR基因座的分型一致，即胸部擦拭物里面检测出蓝某平的DNA痕迹；二是被害人莫某勤的陈述；三是证人吴某雄（被害人莫某勤的男朋友）的证言（传来证据）。这三个证据能否形成完整的证据链条是本案的关键。

其次，蓝某平辩解的理由有以下几点：一是其在叫醒麻醉的手术病人即本案被害人莫某勤的时候，其帮莫某勤做了胸部按压，手不可避免地碰到了被害人胸部；二是在帮病人过床的时候，有可能会碰到病人胸部；三是在拔手术的电极片的时候，会不可避免地碰到病人的胸部。意即在这个过程中，蓝某平的体液（主要是手上的汗液、毛发、皮屑等）可能会遗留到被害人的胸部，因为在这此过程中，蓝某平没有戴手套（护士可以证明），换句话说存在这种合理性。

再次，根据权威医学鉴定及专家证人（在案件审理过程中，我们邀请了柳州市人民医院的麻醉科医生就相关医学问题进行了探讨）的意见，麻醉的手术病人在使用了麻醉药物丙泊酚后，在苏醒的过程中可能会由于麻醉药物的作用而产生性幻想，本案中，被害人莫某勤正是在做完手术后的苏醒过程中陈述蓝某平对其实施了猥亵行为。

最后，被害人莫某勤的陈述称其系被猥亵了两个地方，一是被抠摸了阴道，二是被吮吸了乳头，但是经鉴定，莫某勤的阴道提取物中，未检测到蓝某平的DNA痕迹。另外，莫某勤在陈述中提到，在其被推出手术室，告诉其男友吴某雄的时候，让其记住是蓝某平猥亵了她。但是蓝某平在吴某雄的追问下，并跑到莫某勤的床边问莫某勤是不是他对其进行了猥亵行为，莫某勤当时也搞不清楚（具体见吴某雄的证言）。

综上，根据证据原则，认定蓝某平实施了猥亵行为，必须证据确凿、充分，排除一切合理怀疑。本案中，蓝某平从头到尾均没有承认其实施了猥亵行为，客观上虽然从莫某勤胸部提取到蓝某平DNA痕迹，但是无法排除其他合理怀疑，故依法不能认定蓝某平实施了猥亵行为，应该宣告无罪。

编写人：广西壮族自治区柳州市鱼峰区人民法院　谢剑峰

180　“网络隔空”猥亵儿童行为的认定

——覃某某猥亵儿童案

【案件基本信息】

1. 裁判书字号

广西壮族自治区柳州市中级人民法院（2019）桂02刑终530号刑事裁定书

2. 案由：猥亵儿童案

【基本案情】

2019年4月12日晚，被告人覃某某在某广场遛狗时与被害人黄某某（案发时12周岁）及韦某某（未成年人）、欧某某（未成年人）等人认识，后被告人覃某某用化名“陈某青”与被害人黄某某及韦某某、欧某某三人加了微信、QQ好友。在交往过程中，被告人覃某某向被害人黄某某等三名未成年人要三人穿过的袜子、鞋子等物，在被拒绝后，覃某某遂恐吓、威胁三人，并要求向其当面道歉。之后，韦某某、欧某某删除与覃某某微信好友关系并与覃某某断绝往来，被害人黄某某则因害怕不敢删除仍与覃某某保持联系。2019 年 4 月 21 日晚至次日凌晨，被告人覃某某通过约被害人黄某某见面及在微信聊天过程中和黄某某交谈一些“破处”之类的不雅话题，在被黄某某爆粗口责骂后，覃某某遂用恐吓、威胁的手段让黄某某拍摄隐私部位的裸照通过微信发送给自己，黄某某因恐惧被迫拍摄自己的阴部、胸部、内衣、内裤等数张照片通过微信发送给覃某某。覃某某通过手机微信收到照片后用于自己手淫。

2019 年 4 月 22 日，被告人覃某某被公安机关抓获并被处以行政拘留十五日，其用于接收被害人黄某某裸照的一部 vivo 牌手机被公安机关扣押在案。因涉嫌犯猥亵儿童罪，被告人覃某某于 2019 年 5 月 6 日被柳城县公安局执行逮捕。另查明，被告人覃某某曾犯盗窃罪，于 2016 年 3 月 3 日被柳城县人民法院判处有期徒刑八个月，并处罚金人民币三千元，2016 年 7 月 10 日刑满释放。

【案件焦点】

在没有身体接触的情况下隔空猥亵儿童，是否可认定为猥亵犯罪。

【法院裁判要旨】

广西壮族自治区柳城县人民法院经审理认为：被告人覃某某以寻求性刺激为目的，对不满十四周岁的女童进行威胁，强迫被害人按其要求自拍隐私部位裸照供其观看，对儿童人格尊严和心理健康造成严重侵害，其行为已构成猥亵儿童罪，并应从重处罚。公诉机关指控被告人覃某某所犯罪名成立。被告人覃某某如实供述自己的罪行，可依法对其从轻处罚。被告人覃某某曾犯盗窃罪被判处有期徒刑刑罚，刑罚执行完毕以后，在五年以内再犯应当判处有期徒刑刑罚之罪，是累犯，本院依法对其从重处罚。被告人覃某某用于犯罪的手机，应予没收。

广西壮族自治区柳城县人民法院根据被告人覃某某的犯罪事实、性质、情节以及对社会的危害程度，依照《中华人民共和国刑法》第二百三十七条第一款、第三款，第六十四条，第六十五条第一款，第六十七条第三款之规定，判决如下：

一、被告人覃某某犯猥亵儿童罪，判处有期徒刑二年；

（刑期从判决执行之日起计算，判决执行以前先行羁押的，羁押一日折抵刑期一日，即刑期自 2019 年 4 月 22 日起至 2021 年 4 月 21 日。）

二、被告人覃某某涉案的一部 vivo 牌手机，予以没收，由柳城县公安局依法处理。

广西壮族自治区柳州市中级人民法院经审理认为：原判认定上诉人（原审被告人）覃某某犯猥亵儿童罪的事实清楚，证据确实、充分，定罪准确，量刑适当，适用法律正确，审判程序合法。二审审理期间，上诉人覃某某以服从原审判决为由申请撤回上诉，符合法律规定，无规避法律行为，依法应予准许。

【法官后语】

本案是伴随着网络技术的发展和运用，利用网络社交工具隔空实施猥亵儿童的案件。所谓隔空猥亵儿童行为是指行为人通过即时通信、自媒体、网络直播平台等网络社交工具，针对不满十四周岁的儿童进行远距离、非接触性猥亵行为。这种新型的涉网络、非接触型猥亵行为，手段隐蔽，危害后果十分严重。然而，相对一般情况下的猥亵犯罪，要求行为人与被害人之间有一定的身体接触，在没有身体接触的情况下隔空猥亵儿童，是否也可认定为猥亵犯罪，理论和实践中还存在一定的疑问。

本案法官认为，刑法规定具有适用的普遍性，刑事立法在某种程度上不得不适用一些抽象的用词，不解释便难以理解其意义，《中华人民共和国刑法》第二百三十七条第三款猥亵儿童罪的规定属于简单罪状，法条本身没有对猥亵进行充分的释明，其中“猥亵”是具有鲜明道德评价色彩的、规范的构成要件要素。因此，在适用该罪名时，就需要法官在罪刑法定原则下对猥亵儿童罪的构成要件进行解释。法官认为，利用社交网络工具实施的非接触性的猥亵儿童行为从立法原意、法条客观意思上分析均是符合猥亵儿童的客观构成要件的。

首先，对隔空猥亵儿童进行刑法规制，符合猥亵儿童的立法原意。猥亵儿童罪的立法意图主要是体现我国法律对儿童权利的保护以及对性侵儿童的从严惩处立场，隔空猥亵儿童的行为既与儿童利益相背离，又侵害了儿童性权利、危害儿童的身心健康，以猥亵儿童罪定罪处罚体现了法益保护的目的，应在立法者意图范围之内。

其次，隔空猥亵儿童行为在猥亵儿童罪条文的客观意义之内。通常认为，猥亵儿童罪中行为人的猥亵行为主要包括以下情形：一是直接对被害儿童实施猥亵行为，或者迫使被害儿童容忍行为人或者第三人对其实施猥亵行为；二是强迫被害儿童对行为人或者第三者实施猥亵行为；三是强迫被害儿童自行实施猥亵行为；四是强迫被害儿童观看他人猥亵行为。前两种多是伴随着肢体接触而发生的猥亵行为，主要是满足行为人身体触觉上的刺激，后两者则无须与行为人发生身体上的触碰而发生的猥亵行为，主要是满足行为人视觉上、听觉上的刺激。随着网络技术的发展，就后两种猥亵儿童的方式而言，通过利用网络社交工具同样可以实现，行为人实施的行为、猥亵场景的产生，与现实空间中实施上述行为的结果并无二致。

此外，有的儿童在童年时期可能难以充分认识到性侵给自己带来的伤害，由于发生在虚拟空间中，被害儿童认知水平有限不一定会即时表现出创伤应激障碍，但是随着年龄的增长，这种在儿童时期被强迫或者引诱暴露身体隐私部位、做出淫秽动作的经历，就会影响其人格健康发展，甚至可能造成一定的心理障碍。从这方面看，网络“隔空”猥亵儿童行为满足侵害儿童人格尊严和心理健康这一猥亵儿童罪的实质要件，其与接触性猥亵儿童的行为具有同等的社会危害性。应当被认定为猥亵儿童罪的行为方式。

在本案中，覃某某用恐吓、威胁的手段让黄某某拍摄隐私部位的裸照通过微信发送给自己，黄某某因恐惧被迫拍摄自己的阴部、胸部、内衣、内裤等数张照片通过微信发送给覃某某。覃某某通过手机微信收到照片后用于自己手淫。被告人通过网络实施猥亵行为，与一般情形中当场对被害儿童实施的猥亵行为本质上没有差异，都是对刑法所保护的未成年人的身心健康和性的自主权的侵害，故本案以猥亵儿童罪定罪处罚。

编写人：广西壮族自治区灵山县人民法院　林淑珍

181 猥亵行为本身亦是强制行为的强制猥亵罪认定

——马某某强制猥亵案

【案件基本信息】

1. 裁判书字号

北京市第二中级人民法院（2018）京02刑终581号刑事裁定书

2. 案由：强制猥亵罪

【基本案情】

2017年7月24日19时许，被告人马某某跟随被害人赵某某，进入北京市丰台区卢沟桥南里××号院×楼×门楼道内，对赵某某以突然从身后强行搂抱、摸胸的方式进行猥亵。

2017年9月5日18时许，被告人马某某跟随被害人晁某某进入北京市卢沟桥甲小区×号楼×单元三层楼道内，对晁某某以突然从身后强行搂抱的方式进行猥亵，被害人喊叫后其逃跑。

2017年9月16日23时许，被告人马某某跟随被害人李某某进入北京市丰台区晓月苑一里×号楼×门二层楼道内，对李某某以突然从身后强行摸臀部的方式进行猥亵，被害人喊叫后其逃跑。

2017年9月18日21时许，被告人马某某跟随被害人徐某某进入北京市丰台区卢沟桥甲小区×号楼×单元二层至三层楼道内，对徐某某以强行搂抱并摸下体的方式进行猥亵，被害人喊叫后其逃跑。

2017年9月28日20时30分许，被告人马某某跟随被害人彭某某至北京市丰台区卢沟桥晓月苑二里×号楼×单元×××号门口，对彭某某以突然从身后强行摸其胸部及下体的方式进行猥亵，后其逃跑。

2017 年 9 月 30 日 20 时许，被告人马某某跟随被害人王某某进入北京市丰台区卢沟桥晓月苑三里×号楼×单元三层至四层楼道内，对王某某以突然强行搂抱并摸下体的方式进行猥亵，被害人喊叫后其逃跑。

2017 年 10 月 12 日 18 时许，被告人马某某跟随被害人黎某某进入北京市丰台区晓月中路×号院×楼×门三层楼道内，将黎某某绊倒并欲摸其上身，因被害人喊叫未能得逞，后其逃跑。

2017 年 10 月 12 日 19 时许，被告人马某某跟随被害人陈某某进入北京市丰台区卢沟桥南里×楼×单元三层楼道内，对陈某某以突然从身后强行捂嘴并摸胸的方式进行猥亵，被害人挣扎喊叫后其逃跑。

【案件焦点】

1. 强制猥亵罪的强制性在司法实践中如何认定；2. 强制猥亵行为是否必须同时具备作为手段行为的强制行为和作为目的行为的猥亵行为。

【法院裁判要旨】

北京市丰台区人民法院经审理认为：被告人马某某无视国家法律，违背妇女意志，强制猥亵多人，其行为已构成强制猥亵罪，依法应予惩处。北京市丰台区人民检察院指控被告人马某某犯强制猥亵罪的罪名成立。辩护人提出的起诉书指控的前六起行为均系一般猥亵，不应认定为强制猥亵罪的辩护意见，经查，在案证据能够证明被告人利用被害妇女独自在黑暗的楼道内行走之际，强行搂抱或绊倒被害人身体对其实施猥亵，用体型优势钳制住被害人身体致使被害人不能反抗，或者趁被害人不备突然从身后对其强行实施摸胸部、下体、臀部等猥亵行为，导致被害人在突然受到侵害的情况下根本来不及反抗，被告人的相关猥亵行为均具有明显的强制性，依法应当认定为强制猥亵罪，故对辩护人的上述辩护意见本院不予采纳。辩护人提出的对被告人马某某判处有期徒刑一年以下的量刑意见，本院认为，被告人马某某在同一区域多次尾随陌生女性实施猥亵行为，甚至在同一天内连续作案，不仅对多名被害人造成了损害，亦对案发地周边社区居民的出行安全造成不良影响，犯罪情节较为严重，社会危害性大，故辩护人所提量刑建议与被告人的犯罪情节不符，对此本院不予采纳；辩护人提出的其他辩护意见，本院酌予采纳。起诉书指控的第七起犯罪事实，被告人马某某已经着手实行犯罪，由于其意志以外的原因而未得逞，系犯罪未遂，针对该起事实，本院对被告人马某某比照既遂犯从轻处罚。鉴于被告人马某某自愿认罪，对起诉书指控的部分犯罪事实能够如实供述，且积极赔偿被害人黎某某的经济损失并得到谅解，本院对其予以从轻处罚。

北京市丰台区人民法院依照《中华人民共和国刑法》第二百三十七条第一款、第二十三条、第六十七条第三款、第六十一条之规定，作出如下判决：

被告人马某某犯强制猥亵罪，判处有期徒刑二年三个月。

马某某对判决不服，提起上诉。

北京市第二中级人民法院同意一审法院裁判意见，裁定：

驳回上诉，维持原判。

【法官后语】

本案被告人在相对集中时间于相对固定区域内多次采用搂抱、摸胸、摸下体等方式实施猥亵行为。控辩双方对于被告人在前六起事实中的行为定性存在不同意见，辩护人认为被告人在实施搂抱、摸胸、摸下体等行为时未采取暴力、胁迫或其他强制性方法，故前六起事实仅为一般猥亵行为。

强制猥亵罪，是指以暴力、胁迫或者其他方法强制猥亵他人的行为。行为的强制性必须达到使他人不能反抗、不敢反抗或不知反抗的程度。从强制性的体现方式来看，强制猥亵罪可以分为两类。典型的强制猥亵、侮辱行为具有双重实行行为，即作为手段行为的暴力、胁迫或者其他方法，和作为目的行为的猥亵、侮辱行为。但是也有非典型原型：有时暴力行为本身同时也是猥亵、侮辱行为，如强脱被害人衣服；一些强制猥亵行为本身也是暴力行为，如强行搂抱、抠摸、抓掐等。在这些暴力、猥亵合二为一的行为中，被害人往往因为事发突然、猝不及防而来不及反抗，因而属于违背被害人意志的强制行为，应以强制猥亵、侮辱罪论处。①

本案控辩双方存有争议的前六起事实即属于非典型的强制猥亵行为，即被告人所实施的猥亵行为本身即具有强制性。在案证据能够证明被告人系利用被害妇女独自在黑暗的楼道内行走之际，强行搂抱被害人身体对其实施猥亵，用体型优势钳制住被害人身体致使被害人不能反抗，或者趁被害人不备突然从身后对其强行实施摸胸部、下体、臀部等猥亵行为，导致被害人在突然受到侵害的情况下根本来不及反抗，被告人的相关猥亵行为本身均具有明显的强制性，依法应当认定为强制猥亵罪。

治安管理处罚法第四十四条规定："猥亵他人的，或者在公共场

① 王政勋：《强制猥亵、侮辱罪构成要件的法教义学分析——基于原型范畴理论的研究》，载《法律科学（西北政法大学学报）》2018年第4期。

所故意裸露身体，情节恶劣的，处五日以上十日以下拘留……”对一般的猥亵行为给予相应行政处罚即可。可以说，一般的猥亵行为和强制猥亵行为的区分主要在于有无强制性或者强制性程度上。对于猥亵行为本身即具有强制性的情况，被告人是否构成犯罪一定要考虑实施行为的时间与地点、猥亵行为的特点与部位、猥亵对象等因素来综合判断强制性的程度。

编写人：北京市丰台区人民法院　胡洋　杨堃

（七）非法拘禁罪

182　非法拘禁致人死亡的认定

——杨某朋非法拘禁案

【案件基本信息】

1. 裁判书字号

山东省聊城市中级人民法院（2020）鲁15刑终153号刑事附带民事判决书

2. 案由：非法拘禁罪

【基本案情】

杨某朋经营某馅饼店。陈某某系被告人杨某朋的员工，其与被害人王某某存在不正当男女关系。2019年2月20日18时许，被告人杨某朋在员工宿舍发现陈某某与王某某在宿舍内偷情，因其对原先陈某某说辞职比较生气，也想让其妻子来看看是因为陈某某偷情才没法让她干了，即采取暴力殴打的手段强行阻止王某某离开该宿舍。后王某某为摆脱、逃离被告人杨某朋的控制，从宿舍卧室窗户跳出后摔伤，经抢救无效于2019年2月23日凌晨死亡。案发后，经法医鉴定，王某某死于重度颅脑损伤；其重度颅脑损伤等损伤系高坠摔跌所致，其面部、下唇之损伤系徒手伤。

【案件焦点】

杨某朋的行为是否构成非法拘禁致人死亡的结果加重犯。

【法院裁判要旨】

山东省聊城市高唐县人民法院经审理认为：被告人杨某朋非法限制他人人身自由，并实施殴打行为，致人死亡，其行为已构成非法拘禁罪。公诉机关指控的事实和罪名成立。

法律规定的非法拘禁致人死亡，是指非法拘禁行为过失造成了被害人的死亡。本案中，被告人杨某朋在实施非法拘禁行为时，对被害人可能跳楼逃跑并由此发生坠楼死亡的结果，具有应当预见和防范的义务，却因疏忽大意而没有预见，在主观上存在疏忽大意的过失；被害人跳楼逃跑并非出于内心的自愿，其为逃离、摆脱被告人杨某朋的控制而选择跳楼具有一定的必然性，由此造成的死亡结果与被告人杨某朋的非法拘禁行为在客观上具有刑法上的因果关系。因此，被告人杨某朋构成非法拘禁致人死亡的结果加重犯，应承担相应的刑事责任。被告人杨某朋及其辩护人所提其无罪的辩解及辩护意见本院不予采纳。

被害人的死亡结果并非被告人杨某朋的殴打行为直接导致，被告人杨某朋不构成故意伤害罪，辩护人的相应辩护意见予以采纳，诉讼代理人的相应代理意见不予采纳。

被害人与陈某某存在不正当男女关系仅属道德领域的问题，不具有刑法意义上的过错，客观上被害人也未采取任何违法行为，被告人杨某朋缺乏正当防卫的前提条件，不构成正当防卫，辩护人的相应辩护意见不予采纳，诉讼代理人的相应代理意见予以采纳。

时间条件仅是非法拘禁罪成立的一个方面，但并不是必要条件，非法限制他人人身自由并实施殴打行为的仍然可以成立非法拘禁罪，因此辩护人所提“本案未满足非法拘禁罪的时间要件”的辩护意见不予采纳，诉讼代理人所提“被告人杨某朋的行为已达立案标准，应追究刑事责任”的代理意见予以采纳。

被告人杨某朋当庭翻供，不成立坦白，公诉机关关于其系坦白的认定不能成立，诉讼代理人的相关代理意见本院予以采纳。

在案证据证实，被告人杨某朋未实施陪同被害人就诊、支付医疗费等行为，不具有积极救助被害人的情节，诉讼代理人的相应代理意见本院予以采纳。

被告人杨某朋对其犯罪行为给附带民事诉讼原告人造成的经济损失应予赔偿，具体包括医疗费 12080.62 元、丧葬费 34652.5 元（按附带民事诉讼原告人请求的数额），合计 46733.12 元。附带民事诉讼原告人请求的死亡赔偿金、被扶养人生活费、精神抚慰金不属刑事附带民事诉讼的赔偿范围；请求的医疗费过高的部分证据不足；请求的交通费无证据证实，法院均不予支持。诉讼代理人所提“附带民事原告人对死亡赔偿金、被扶养人生活费、精神抚慰金的请求于法有据，应予支持”的代理意见，法院不予采纳。

山东省聊城市高唐县人民法院根据《中华人民共和国刑法》第二百三十八条第一款和第二款、第四十五条、第四十七条、第三十六条第一款，《中华人民共和国刑事诉讼法》第一百零三条之规定，作出如下判决：

一、被告人杨某朋犯非法拘禁罪，判处有期徒刑十年六个月；

二、被告人杨某朋赔偿附带民事诉讼原告人46733.12元，限判决生效后十日内给付；

三、驳回附带民事诉讼原告人王某芝、王某芳、王某的其他诉讼请求。

被告人杨某朋以原审判决认定事实部分不清或遗漏、证据认定不确实不充分，适用法律严重错误为由提起上诉。山东省聊城市中级人民法院经审理认为：被告人非法限制被害人王某某人身自由，并实施殴打行为，构成非法拘禁罪，被害人王某某的逃离行为是为了摆脱杨某朋非法限制其人身自由的自救行为，其翻窗逃走时发生的死亡后果与杨某朋的非法拘禁行为具有关联性，属于非法拘禁导致被害人死亡。案发后，上诉人杨某朋委托王某健拨打120急救电话，积极抢救被害人，明知公安机关要求王某健到某小区配合调查而与王某健一起到达民警指定地点，到案后如实供述了主要犯罪事实，系自首，原审判决未认定上诉人杨某朋具有自首情节不当，依法应予改判。综上，原审判决认定上诉人杨某朋犯非法拘禁罪的事实清楚，定罪准确，但未认定杨某朋具有自首情节不当，依法应予改判。鉴于杨某朋具有自首情节，对其予以减轻处罚。

山东省聊城市中级人民法院依照《中华人民共和国刑法》第二百三十八条第一款、第二款，第六十七条第一款，第四十五条，第四十七条，《中华人民共和国刑事诉讼法》第二百三十六条第一款第二项之规定，作出如下判决：

一、维持山东省高唐县人民法院（2019）鲁1526刑初221号刑事附带民事判决第一项中对被告人杨某朋的定罪部分及第二项、第三项附带民事部分；

二、撤销山东省高唐县人民法院（2019）鲁1526刑初221号刑事附带判决第一项中对被告人杨某朋的量刑部分；

三、上诉人（原审被告人）杨某朋犯非法拘禁罪，判处有期徒刑六年。

【法官后语】

本案处理的重点在于被告人的行为是否构成非法拘禁致人死亡的结果加重犯。刑法第二百三十八条第二款规定的非法拘禁致人死亡，是指在非法拘禁过程中，由于捆绑过紧、用东西堵住嘴导致窒息等，致使被害人死亡的，以及被害人在被非法拘禁期间不堪忍受而自杀身亡的，即非法拘禁过程中“拘禁行为本身”过失致人死亡，仅定非法拘禁罪一罪，作为该罪的结果加重犯，只要是拘禁行为本身的正常因果流程发展所导致的死亡，均认定为非法拘禁罪的结果加重犯。

本案中，被告人杨某朋的行为是过失还是意外事件，疏忽大意的过失是应当预见自己的行为会发生危害社会的结果，而没有预见。而如何认定行为人是否应当预见？标准就是行为人是否违反了基本的生活规则、业务规则、行业规则等，只要行为人违反了规则，说明其有可能预见自己的行为会因为违反规则而发生危害结果。而在意外事件中，行为人已经遵守了特定的准则，尽了必要的注意义务。本案中杨某朋对被害人实施了非法拘禁行为，并对其进行殴打，应认为其违反了生活准则。其对被害人可能跳楼逃跑并由此发生坠楼死亡的结果，具有应当预见和防范的义务，却因疏忽大意而没有预见，在主观上存在疏忽大意的过失。

被害人的死亡结果，与被告人的非法拘禁行为是否具有因果关系。被害人在被告人的非法控制之下，为逃离、摆脱被告人杨某朋的非法拘禁行为而选择跳楼具有一定的必然性，其翻窗逃走时发生的死亡结果与被告人杨某朋的非法拘禁行为具有关联性，在客观上具有刑法上的因果关系。因此，被告人杨某朋的行为构成非法拘禁罪的结果加重犯。

关于本案中被告人的行为是否构成自首的问题，经二审审理查明，本案案发后，王某健受被告人杨某朋委托拨打了120急救电话，当晚公安机关通知王某健到某小区接受调查，王某健告知杨某朋后，杨某朋与王某健等人一起到达警察的指定地点，杨某朋到案后如实交代了自己的主要犯罪事实。杨某朋主动将自己置于司法机关的合法控制之下，属于自动投案，且到案后如实供述自己的罪行，系自首，可以从轻或减轻处罚。二审因为自首情节调整量刑，符合宽严相济的刑事司法理念，也达到了法律效果与社会效果的有机统一。

编写人：山东省聊城高唐县人民法院　韩亚鲁

183 对他人的活动范围进行了具有明确指向性限定的是否构成非法拘禁罪

——王某甲、兰永某非法拘禁案

【案件基本信息】

1. 裁判书字号

重庆市第一中级人民法院（2018）渝01刑终263号刑事附带民事裁定书

2. 案由：非法拘禁罪

【基本案情】

被告人王某甲系甲公司副总经理，被告人兰永某系该公司员工。该公司与被害人周某甲实际经营的乙采矿厂产生债务纠纷。2014年11月，被告人王某甲在获悉其他债权人向湖北某法院申请执行乙采矿厂财产后，安排公司员工李复某、寇海某、冉广某等人前往参与协商债务问题。11月21日下午，周某甲与李复某等人共同乘车返回重庆。当晚，周某甲入住被告人兰永某等人居住的公司宿舍。王某甲要求兰永某每天跟随周某甲不要让他离开视线，同时要求李复某、寇海某、冉广某在下班后跟随周某甲。回到该宿舍后，兰永某将其居住的卧室腾出由周某甲居住，兰永某等人则睡在客厅及客厅阳台。在该宿舍居住期间，周某甲到甲公司与王某甲协商解决债务纠纷或者因吃饭等事由外出时，兰永某等人均跟随周某甲一同外出。12月7日，王某甲、兰永某、冉广某与周某甲来到梁平县考察周某甲在该处的炼铁厂情况，在得知该厂已被拍卖且周某甲尚在该处拖欠巨额债务后返回。12月8日13时许，周某甲与兰永某等人外出吃饭后，周某甲跟随兰永某从楼外公路经悬空过道拟进入楼道。在进入该楼门口前，周某甲从悬空过道跳下。兰永某发现后，将周某甲送医院抢救并通知王某甲。周某甲经抢救无效于当日死亡。经鉴定周某甲系高坠致颅脑损伤死亡。

周某甲去世后，甲公司向周某乙支付5万元。12月26日周某乙为周某甲尸检支付服务费5200元。截至2017年12月10日，周某乙等人尚欠尸体停放费236520元。

【案件焦点】

二被告人未使用暴力手段而对被害人的活动范围进行了具有明确指向性限定的是否构成非法拘禁罪。

【法院裁判要旨】

重庆市渝北区人民法院经审理认为：被告人王某甲安排被告人兰永某及其他员工跟随周某甲的行为是对周某甲居住期间的相关活动的概括指示。庭审中，王某甲亦供述其目的是保证双方协商债务时能够确保对方到场。该目的只有在时刻掌握周某甲所在位置的情况下方能实现，而这种对周某甲位置的掌握是通过公司员工的跟随行为实现的。

被告人王某甲安排兰永某等人实施的上述行为是对公民人身自由的限制行为。兰永某等人对各自实施的行为的目的具有同一性的认识即完成王某甲交办的工作，确保公司债权实现。被告人王某甲的要求已经对被害人周某甲的活动区域进行了划定。被告人王某甲、兰永某对自身行为所侵害的法益持放任态度。王某甲对兰永某等人的安排及兰永某等人的具体行为已将周某甲限制在一定场所，使其不能或明显难以离开、逃出，直接支配并导致了被害人周某甲人身自由受限的结果发生，属于采用其他方法限制被害人行为自由。

即使被害人周某甲系自愿返回重庆并入住甲公司宿舍，但不包含其自愿将自身活动范围限制在他人的管控范围内的意思表示，不足以赋予被告人采取措施限制人身自由的合法性依据，也不足以阻却被告人行为与周某甲自由受限间的因果关系。

故被告人王某甲为索要公司债务，安排被告人兰永某跟随周某甲，非法剥夺他人人身自由，二被告人的行为均已构成非法拘禁罪。被告人王某甲，系主犯，具有自首情节；兰永某系从犯，系累犯，具有自首情节。

重庆市渝北区人民法院依照《中华人民共和国刑法》第二百三十八条第一款、第三款，第二十五条第一款，第二十六条第一款、第四款，第二十七条，第六十七条第一款，第六十五条第一款，第三十六条第一款，《中华人民共和国民法通则》第一百零六条第二款、第一百一十九条、第一百二十一条、第一百三十一条，《中华人民共和国民事诉讼法》第一百四十四条，《最高人民法院关于适用〈中华人民共和国刑事诉讼法〉的解释》第一百五十五条第二款，最高人民法院《关于审理人身损害赔偿案件适用法律若干问题的解释》第八条第一款、第十七条第三款、第二十二条、第二十七条、第二十八条，作出如下判决：

一、被告人王某甲犯非法拘禁罪，判处有期徒刑一年九个月；

二、被告人兰永某犯非法拘禁罪，判处有期徒刑一年六个月；

三、附带民事诉讼被告单位甲公司赔偿附带民事诉讼原告人王某乙、周某乙、周某丙丧葬费、被扶养人生活费、误工费、交通费、服务费用共计79366.65元（已支付5万元）；

四、驳回附带民事诉讼原告人的其他诉讼请求。

一审宣判后附带民事诉讼原告人提出上诉。

重庆市第一中级人民法院同意一审法院裁判意见。故依照《中华人民共和国刑事诉讼法》第二百二十五条第一款第一项之规定，作出如下裁定：

驳回上诉，维持原判。

【法官后语】

自由包括意志自由和行动自由，且该自由是现实存在并具有实现可能的。因此，不能单纯地将侵犯自由的行为理解为传统的捆绑、幽禁等严重限制公民人身自由的行为。而刑法第二百三十八条的规定也表明我国刑事司法对非法索取债务这一过当的自力救济行为持坚决的否定态度。若行为人对相对人的活动范围进行具有明确指向性的限定，如专门指派人员跟随、限定活动空间等，则应当认定该限定对相对人构成意志压迫；同时，在外在表现上，相对人貌似活动范围未受限制，但其无时无刻不在他人的监管之下，无法自主选择。

与本案相类似的部分索债型非法拘禁案件中，可能由于行为手段非暴力性、限制空间非固定性等因素，使得被害人没有强烈的反抗意识，甚至自愿服从于行为人的具体安排。但自由作为公民的基本权利，不得受他人的非法限制。当相对人已然处于行为人划定的区域内时，其意志亦受到相应影响。相对人的接受更多的是对对方行为侵害的放任或者是对自身状态的默认。并且，在索债型非法拘禁中，作为债务人的相对人，从法理及道义上均处于劣势，更自然甚至顺从地接受行为人的安排。同时，刑法规定的剥夺并非绝对、完全的褫夺，只要被害人在行为人的控制之下，被害人的自由意志遭受严重损害而不能够自由活动且足以控制被害人活动空间的情况下，即构成非法拘禁罪。被害人的自由意志也随之受到限制导致其某些“自愿性”的表示不足以免除被告人行为的社会危害性。因此，相对人的自愿接受行为不构成违法性阻却事由。

同时需要说明的是，对非法拘禁案件审判中的被害人伤亡情况应当鉴别被害人的一般自救行为与明显不具有自救意图的行为。判断上述两种行为的差别，应当对被害人的具体行为和行为时的客观环境进行综合分析，并结合其他证据适度推断行为意图。本案证据证实，被害人周某甲在死亡前一日接洽铁厂运营情况。在返程途中周某甲情绪明显低落，继而在第二日坠楼身亡。从现场监控视频反映，被害人跳下的悬空过道连接楼道与公路，且在其坠亡时没有甲公司人员在场，而公路上不时有车辆、行人经过。事发时正值当日中午，从现场条件来看，被害人转身即可奔向公路，进而呼救或者自行逃脱。故无法排除被害人系因债务缠身，无法偿还而产生轻生想法，故不应认定非法拘禁致人死亡。

编写人：重庆市渝北区人民法院　刘　杨

184　扣押高于债务数额财物并拘禁他人的行为定性

——黄某某等非法拘禁案

【案件基本信息】

1. 裁判书字号

广东省广州市中级人民法院（2017）粤01刑终1103号刑事裁定书

2. 案由：非法拘禁罪

【基本案情】

事前，被告人黄某某与被害人周某某双方签订代理服务合同，被告人黄某某向被害人周某某支付代理费80万元，后因解除合同的退款问题产生矛盾（被告人黄某某主张退52万元，被害人周某某则主张退42万元）。2016年6月25日，被告人黄某某纠集其弟弟被告人黄甲及其公司下属被告人崔某、李某某、杨某某驾车从珠海市去到广州市天河区龙口西路甲小区蹲守被害人周某某。当晚22时许，被告人黄某某单独去到甲小区×座××××房被害人周某某的家里。在协商还债未果后，被告人黄某某让被告人黄甲、崔某、杨某某、李某某进入被害人周某某家中，被害人周某某警告被告人黄某某等人离开未果，就躲进其卧室中准备打电话报警，被被告人黄某某等人把卧室门强行踹开，并遭到被告人黄某某等人的殴打，屋内被害人周某某的母亲魏某某、妹妹张某某报警时也遭到被告人黄某某等人的殴打（经鉴定，魏某某的损伤程度为轻微伤）。被告人黄甲等人在控制住三名被害人后，采用言语恐吓、持刀威胁、用布条勒周某某脖子等暴力方法，抢走被害人魏某某人民币25000元，抢走被害人周某某1000瑞士法郎（按当日汇率兑换人民币6563.40元），并强迫周某某刷卡转账给被告人黄某某人民币105000元。被害人周某某又被迫交出自己的六块手表和一个金手镯给被告人黄某某（四块手表和一个金手镯经鉴定价值人民币1144089元，另两块手表价格认证中心暂无法认定价值），并在被告人黄某某和杨某某的看管下，被害人周某某去到附近的ATM机取出人民币5000元交给被告人黄某某。

广东省广州市天河区人民检察院以黄某某等人犯抢劫罪提起公诉。各被告人均否认对被害人有殴打、威胁、恐吓及挟持控制的行为，均否认有抢劫的犯意。被害人黄某某及其辩护人辩称黄某某和被害人周某某存在债权债务关系，到被害人家中只是要债。

【案件焦点】

被告人为索取债务拘禁债务人及其亲属，且当场扣押价值远高于债务数额的财物，应以抢劫罪还是以非法拘禁罪定罪处罚。

【法院裁判要旨】

广东省广州市天河区人民法院经审理认为：根据本案现有证据足以认定被告人黄某某一伙对被害人实施了控制、暴力殴打行为。关于本案定性问题，法院认为：事前被告人黄某某和被害人周某某有经济合同纠纷，双方四五十万元的债务关系确实存在。被告人黄某某一伙使用暴力方法抢走人民币 13 万多元，并拿走被告人价值高达 110 多万元的四块手表和一个金手镯，虽然远远超出债权数额，但双方均确认由于被害人现金不够，才拿出手表、手镯交给被告人黄某某暂时保管，待还清债务即返还被害人。事实上被告人黄某某对手表、手镯的真实价值确实不明知，且事后也没有处分、变卖该手表、手镯，案发后已退回给被害人。由此可见，被告人拿走手表首饰的目的是要求被害人足额偿还债务，并不是非法占有被害人的手表、手镯。因此，公诉机关指控被告人黄某某等人以非法占有为目的抢走被害人财物的证据不足，被告人不构成抢劫罪，各被告人为索取债务非法扣押、拘禁被害人，其行为均已构成非法拘禁罪。

广东省广州市天河区人民法院依照《中华人民共和国刑法》第二百三十八条第一款和第三款、第二十五条、第二十六条第一款和第四款、第二十七条的规定，判决如下：

一、被告人黄某某犯非法拘禁罪，判处有期徒刑一年；

二、被告人黄甲犯非法拘禁罪，判处有期徒刑十个月；

三、被告人崔某犯非法拘禁罪，判处有期徒刑十个月；

四、被告人杨某某犯非法拘禁罪，判处有期徒刑十个月；

五、被告人李某某犯非法拘禁罪，判处有期徒刑十个月。

一审宣判后，被告人黄某某等5人均以没有实施暴力和人身控制行为等理由提出上诉。

广东省广州市中级人民法院经审理认为：黄某某、黄甲、崔某、杨某某、李某某无视国家法律，为索取债务，结伙非法扣押、拘禁并殴打他人，其行为均已构成非法拘禁罪。原判认定事实清楚，证据确实、充分，定罪和适用法律准确，量刑适当，审判程序合法。广东省广州市中级人民法院依照《中华人民共和国刑事诉讼法》第二百二十五条第一款第一项的规定，作出如下裁定：

驳回上诉，维持原判。

【法官后语】

刑法第二百三十八条第三款规定，为索取债务非法扣押、拘禁他人的，依照非法拘禁罪处罚。在本案中，对于被告人黄某某纠集他人采用暴力、人身控制等手段强索债务的行为，检察机关认定其构成抢劫罪，审判机关则认定其构成非法拘禁罪。出现两种不同的定性主要原因有二：一是本案中只有被害人周某某欠被告人黄某某债务，但被告人还殴打、侵害了周某某的母亲魏某某、妹妹张某某，并向其债务人周某之外的魏某某索要了债务；二是被告人当场获取的财产价值远远高于被害人周某某欠被告人黄某某的债务数额，对获取相关财产的性质存在认识分歧。笔者认为，综合全案情况，应该认定被告人属于索取债务，没有非法占有的目的，不构成抢劫罪，理由是：

1. 拘禁债务人之外的第三人并索要钱财不宜一概认定为具有非法占有的目的。按照一般理解，现代法律的精神是人格独立，责任自负，债务自偿，行为人不应向债务人之外的无关第三人索要债务，更不能拘禁第三人，行为人实施此种行为的，原则上应按照抢劫罪、绑架罪等处理。但我们也要看到现实的复杂性，此原则应当允许存在例外情形。刑法立法用的是“他人”，而不是用的“债务人”，不能绝对地理解为只有拘禁债务人本人才能构成非法拘禁罪。“他人”可以包括债务以外而有与债务人具有某种利害关系的人。这种利害关系的判断应该坚持刑法上的实质判断标准，而不是从一般民法关系上分析，应当以一般人的认识为基准，结合法律、道德、习俗、情理等具体认定，如债务人的近亲属、与债务人共同生活的人、存在财产共有关系的人等。如果行为人拘禁的人与债务人不存在利害关系，行为人只是借机滋事或者为抢劫、绑架他人寻找借口等，则应按照抢劫罪、绑架罪等处理。在本案中，虽然在民法上债务人周某某和其母亲均是具有独立的民事行为能力的成年人，魏某某没有替周某某偿还债务的义务，但魏某某和周某某是母女关系，且在一起生活，在中国人的观念中，家庭成员共有财产，共同承担义务的概念深入人心，传统习俗也有“父债子还”“子债父还”等理念。被告人在被害人周某某的家中搜刮他人财产，其主观上也是为了抵偿其债权，并不能否定其讨债行为这一基本事实的认定。

2. 对被告人从被害人家中取走远超其债权数额的财物，要分析其行为性质，不能简单认定为具有非法占有的故意。非法拘禁他人索要债务，索要钱财数额应在债权数额范围之内，或者不能明显超过债权数额，明显超出债权数额的，应当认定为具有非法占有目的，按照抢劫、绑架等罪处理。需要注意的是，刑法意义上的非法占有应区别于民法意义上的广义的占有，指的是排除权利人，将他人财物作为自己的财物进行支配，并遵从财物的用途进行利用、处分的意思，实质上是一种非法所有。行为人占有他人明显多出债权数额的财物，但没有非法所有的目的，也不宜以抢劫、绑架等罪处理。本案中被告人黄某某等人从被害人手中索取财物价值100多万元，已经远远高于其声称的52万元债权数额，但被告人对手表、手镯等财物的真实价值事前并不明知，其供述也不知道真假。从行为性质上看，相关手表和手镯应被认定为对剩余债务的质押，而不是以非法所有的意思进行占有、使用、处分。被害人周某某把这些手表、首饰用木盒子锁起来，钥匙还是周某某自己留着，且盒子上有周某某的封条，双方均认可是对剩余债务的质押。事后被告人黄某某并没有处理和销赃，案发后归还了被害人，首饰盒照片反映上面还盖有一张签有周某某名字的白色纸条，说明被告人黄某某并没有非法占有被害人手表、首饰的主观目的，而仅是民法意义上的他主占有（不以所有人的意思而进行的占有）。因此，被告人不构成抢劫罪，而应以非法拘禁罪论处。

编写人：广东省广州市天河区人民法院　曹之华　孟明合

185　非法拘禁罪中结果加重犯的认定

——邢世某非法拘禁案

【案件基本信息】

1. 裁判书字号

云南省昆明市中级人民法院（2017）云01刑终957号刑事裁定书

2. 案由：非法拘禁罪

【基本案情】

被害人兰某与被告人邢世某有大额欠款纠纷，2017 年 1 月 11 日 11 时许，被告人邢世某等人在昆明市甲小区兰某家中以索要债务为由强行将被害人兰某带走。当晚将兰某带至乙酒店入住，并进行看守，要求其还钱。至 1 月 13 日 9 时许，因被害人兰某不能偿还欠款，被告人邢世某等人又将兰某带至官渡区丙小区×栋×单元 601 室赵某某家中，兰某承诺 1 月 18 日还钱。之后，被告人邢世某等人一直与兰某同住在赵某某家中。直至 1 月 17 日 7 时许，被告人邢世某与赵某某等人发现兰某在赵某某家楼下坠楼身亡后，经赵某某报警，被告人邢世某与赵某某在现场等待民警处理，被告人邢世某在案发现场被抓获。另查明，被告人邢世某与被害人兰某家属在本案判决前达成刑事和解。被告人邢世某家属已代为向兰某家属支付因兰某死亡所造成的经济损失 25 万元。兰某家属对被告人邢世某的犯罪行为表示谅解。

【案件焦点】

1. 被害人兰某死亡的结果与被告人邢世某非法拘禁行为是否具备刑法上的因果关系；2. 被告人邢世某是否构成结果加重犯。

【法院裁判要旨】

云南省昆明市官渡区人民法院经审理认为：被告人邢世某为讨债，将被害人兰某带走，限制被害人的人身自由，并看守被害人多日，其行为已触犯刑律，构成非法拘禁罪，依法应予以惩处。根据刑法第二百三十八条规定，只有非法拘禁行为与被害人的死亡结果具有刑法上直接的因果关系，才能认定被告人具有非法拘禁致人死亡的加重情节。根据相关刑法理论，刑法上的因果关系是指前行为通常会引发后行为，如果非法拘禁过程中，被害人自杀、自残、自身过失造成死亡结果的，因缺乏直接性要件，不宜认定为结果加重犯。本案中，无证据证实被告人邢世某的非法拘禁行为对被害人兰某精神上的影响足以导致被害人兰某坠楼身亡，且被告人兰某坠楼时的主观意识无法查明，应当作出有利于被告人的认定，认定被害人兰某坠楼身亡的结果与被告人邢世某非法拘禁行为之间不具有刑法上的因果关系。公诉机关指控被告人邢世某非法拘禁致人死亡的证据不足，应不予采纳。

被告人邢世某明知他人报案仍在现场等待处理，归案后如实供述犯罪事实，当庭自愿认罪，其行为构成自首，依法可对其从轻或减轻处罚。本案被告人与被害人家属达成刑事和解，赔偿被害人家属经济损失，并取得被害人家属谅解，依法可对其从宽处罚。

云南省昆明市官渡区人民法院依照《中华人民共和国刑法》第二百三十八条第一款和第三款、第六十七条第一款，以及《中华人民共和国刑事诉讼法》第二百七十七条、第二百七十九条，作出如下判决：

被告人邢世某犯非法拘禁罪，判处有期徒刑二年。

邢世某以一审量刑过重为由提起上诉。二审期间，邢世某自愿申请撤回上诉。云南省昆明市中级人民法院经审理认为：原审法院审理本案，认定事实清楚，证据确实、充分，定性准确，量刑适当，审判程序合法。上诉人邢世某在二审期间自愿撤回上诉的申请，经审查符合法律规定，予以准许。

云南省昆明市中级人民法院依照《最高人民法院关于适用〈中

华人民共和国刑事诉讼法〉的解释》第三百零五条第一款、第三百零八条之规定，作出如下裁定：

准予上诉人（原审被告人）邢世某撤回上诉。

【法官后语】

随着经济下行压力有所加大，民间借贷纠纷增多，因债权得不到实现，部分人采取非法拘禁债务人等极端手段意图实现债权。本案就是典型的索债型非法拘禁案。在非法拘禁过程中常会引发被害人死亡的严重后果，如何对被害人死亡后果进行归责，是对非法拘禁行为人处予罪责刑相适应的刑罚的基础。本案的处理重点在于对刑法上的因果关系和非法拘禁罪的结果加重犯的认定。

刑法第二百三十八条第二款规定："犯前款罪，致人重伤的，处三年以上十年以下有期徒刑……"该规定中的"致人死亡"，是指在非法拘禁过程中，因非法拘禁行为本身（如由于非法拘禁过程中捆绑过紧、长期囚禁使其受到冻饿、用东西堵住嘴导致窒息）致使被害人死亡的，该情形属于非法拘禁罪的结果加重犯。

邢世某在非法拘禁过程出现被害人自行坠楼身亡的结果，其行为是否符合第二百三十八条第二款前段的规定，则要根据刑法上的因果关系和非法拘禁致人死亡的结果加重犯的犯罪构成理论进一步分析。

结果加重犯，亦称加重结果犯，是指法律规定的一个犯罪行为（基本犯罪），由于发生了严重的结果而加重法定刑的情况。成立结果加重犯其中最重要的一条就是：加重结果不仅应当归属于基本犯罪行为，而且与基本犯罪行为之间具有直接性关联。换言之，也即要求加重结果与基本犯罪行为之间满足刑法上因果关系与结果归属的要求。就致死类型的结果加重犯而言，要以致命性实现的有无为标准进行判断。如果后行为或者其他因素导致基本行为与加重结果之间缺乏直接性关联的，不能认定为结果加重犯。在介入了被害人行为的情况下，如果介入被害人对结果起决定性作用的异常行为的，则不能将结果归属于行为人，先前行为与结果之间因果关系因介入行为而中断，不再具有刑法上的因果关系。

一审法院正是根据刑法上因果关系理论，认定邢世某等人相对缓和的非法拘禁行为导致死亡结果发生的危险性不大，通常也不会引发自杀跳楼的行为，本案介入被害人跳楼行为的因素是异常的，邢世某非法拘禁行为与被害人死亡结果因介入被害人跳楼的异常行为导致因果关系中断，并最终认定邢世某不构成非法拘禁致人死亡的结果加重犯，而对其非法拘禁行为以非法拘禁罪的基本犯进行判处。

编写人：云南省昆明市官渡区人民法院　宁丽荣　俞隽

（八）侵犯公民个人信息罪

186　非法买卖 QQ 号、微信号侵犯公民个人信息

——林某强等侵犯公民个人信息案

【案件基本信息】

1. 裁判书字号

江西省吉安市中级人民法院（2021）赣刑终 2 号刑事裁定书

2. 案由：侵犯公民个人信息罪

【基本案情】

2019年3月，被告人林某强告知被告人林某萍、林某斌从事贩卖微信号可以赚钱且工作轻松自由，林某萍、林某斌二人遂购买电脑等设备，并租住某村厝里××号的房屋从事收购倒卖微信号活动。之后，林某萍、林某斌在林某强处购买了QQ号，再在QQ群里发布“租微信号3天，150元”的广告。林某萍、林某斌将收到的微信号进行“养号”（删除好友、解绑银行卡、钱包内零钱清空，之后使用电子设备登录该微信号，过了48小时之后对该微信号的登录密码进行修改）后根据微信号注册年限及活跃程度以每个70元至205元不等的价格转卖给林某强。林某强再把收购过来的微信号以每个110元至280元不等的价格转卖给被告人董某玲。董某玲把收购过来的微信号以每个150元至310元不等的价格转卖给微信号1和微信号2。在倒卖微信过程中，林某强非法获利989912元，董某玲非法获利290609元，林某萍非法获利46000元，林某斌非法获利33000元。

【案件焦点】

1. 买卖未实名注册以及注销了的实名认证的微信号是否构成侵犯公民个人信息罪，是否应该核减犯罪数额，核减多少；2. 买卖微信用户自愿出租、出售的微信号是否构成侵犯个人信息罪，是否应该核减犯罪数额，核减多少；3. 经过“养号”处理的微信号能否识别特定的自然人，是否构成侵犯公民个人信息罪。

【法院裁判要旨】

江西省井冈山市人民法院经审理认为：被告人买卖经过“养号”

的微信号，但实际上与微信号原持有者相关的包括姓名、身份号码、联系方式、住址、账号密码、财产状况、行踪轨迹等公民信息并未从根本上予以注销，仍存在被侵犯的风险，且作为联系方式的微信号本身亦属公民信息；公民虽自愿出售微信号，但被告人违反国家有关规定，掩饰购买微信号的非法目的，通过购买、收受、交换等方式获取公民个人信息的，属于“以其他方法非法获取公民个人信息”范畴，对买卖的已注销实名制的微信号部分获利款项、对微信号所有人自愿出售的微信号获利的金额不予核减。江西省井冈山市人民法院一审以侵犯公民个人信息罪判处林某强有期徒刑五年，并处罚金人民币 100 万元；判处被告人董某玲有期徒刑三年，并处罚金人民币 30 万元；判处被告人林某萍有期徒刑二年六个月，并处罚金人民币 10 万元；判处被告人林某斌犯有期徒刑二年，并处罚金人民币 10 万元。

江西省吉安市中级人民法院二审裁定：

驳回上诉，维持原判。

【法官后语】

确认犯罪所得，对被告人予以相对应的刑罚，不仅是惩罚犯罪，也是在保障权利，保障公正司法。本案中，对犯罪数额的准确把控，是确保罪刑相适应的基本要求，维护公平正义的基本体现。关于本案的裁判要点主要有以下两点：（1）部分微信号经过处理注销了实名制，买卖没有实名注册和注销了实名制的微信号是否属于侵犯公民个人信息。微信号实名认证就是用户将微信号与自己的姓名、证件号绑定在一起，证件号一般即为身份证号码。因此，微信号是否实名只是涉及该微信号是否有该用户的姓名、身份证号码。根据

《最高人民法院、最高人民检察院关于办理侵犯公民个人信息刑事案件适用法律若干问题的解释》第一条的规定，刑法第二百五十三条之一规定的“公民个人信息”，是指以电子或者其他方式记录的能够单独或者与其他信息结合识别特定自然人身份或者反映特定自然人活动情况的各种信息，包括姓名、身份证件号码、通信通讯联系方式、住址、账号密码、财产状况、行踪轨迹等。姓名、身份证号码只是公民个人信息的一种，微信号作为现下普遍的通讯方式，用户使用微信号进行聊天、交友、工作、发朋友圈、支付等过程中都会留下一定的个人信息。且根据被告人的供述，其收购和出售的微信号都是注册时间超过三个月的，用户在该期间使用都会或多或少留下自己的个人信息。因此，被告人出售未实名及注销了实名的微信号也侵犯了公民的个人信息。（2）部分微信号系所有人自愿出租出售的账号是否属于侵犯公民个人信息。根据《某软件许可及服务协议》规定，不得赠予、借用、租用、转让或者售卖账号。用户在注册账号时也同意了该服务协议，而出租、转让微信号的行为本身违反了服务协议的约定。即使用户为了获取报酬将自己的微信号出租或者转让给其他人也不能表明用户主动放弃了对自己个人信息的保护。同时，根据被告人的供述，被害人将微信号出租给被告人时，被告人当场支付一部分定金后，被告人经过3天“养号”修改了微信登录密码，使得被害人不能登录。这实际上是被告人打着租用微信号的幌子，骗取了被害人的微信号。另外，根据《最高人民法院、最高人民检察院关于办理侵犯公民个人信息刑事案件适用法律若干问题的解释》第三条第二款的规定，未经被收集者同意，将合法收集的公民个人信息向他人提供的，属于刑法第二百五十三条之一规定的“提供公民个人信息”，但是经过处理无法识别特定个人且不能复原的除外。因此，被告人经过了被害人的同意获得的微信号，但在未经过被害人同意的情况下，转让出售给另外的人，也属于侵犯公民个人信息。（3）被告人出售的微信号都进行了“养号”，对经过“养号”的微信号的售卖是否属于侵犯公民个人信息的问题。经查，根据被告人的供述，其“养号”的方式是“将收到的微信号的好友删除、解绑银行卡、钱包内零钱清空，之后使用电子设备登录该微信，过了48小时之后对该微信号的登录密码进行修改”，而这种方式并不能解除微信的实名认证。同时，微信号中的公民个人信息远不止上述信息，还有朋友圈、支付记录、注册地址等公民的个人信息。

编写人：江西省井冈山市人民法院　杨程捷　廖凌宇

187　为实施电信诈骗而获取的公民个人信息该如何认定

——王甲等诈骗、侵犯公民个人信息案

【案件基本信息】

1. 裁判书字号

广西壮族自治区钦州市中级人民法院（2018）桂07刑终39号刑事裁定书

2. 案由：诈骗罪、侵犯公民个人信息罪

【基本案情】

2017年5月，被告人王甲、王乙、王丙、王丁伙同王戊（另案处理）经事前商量，准备了一批笔记本电脑、银行卡、手机等作案工具，驾驶小汽车来到被告人王甲的岳父凌某珊住处使用电脑通过QQ诈骗的方式实施电信网络诈骗。被告人王甲、王乙、王丙、王丁先各自使用笔记本电脑在网上查找目标企业的相关信息，后用事先准备好的QQ号添加目标企业的QQ号，再向目标企业QQ群管理员发送诈骗邮件，骗取目标企业的员工通讯录，得到通讯录后统一汇总到被告人王甲使用的笔记本电脑中，后由被告人王甲给目标企业公司的管理人员发送诈骗短信，骗取管理人员往其指定的账户内转账。其间，被告人王甲、王乙、王丙、王丁先后三次采用上述方式诈骗他人金额共计人民币60800元。具体如下：

1. 2017年5月11日，被告人王甲、王乙、王丙、王丁采取QQ诈骗的方式，骗得广州甲贸易有限公司的管理人员从该处公司账户将人民币44800元汇入被告人王甲事前准备的户名为刘某的中国工商银行卡内，后被告人王甲安排被告人王乙到灵山县陆屋镇中国农业银行ATM机将钱领出。

2. 2017年5月25日上午，被告人王甲、王乙、王丙、王丁采取QQ诈骗的方式，骗得被害人李某将人民币6000元汇入被告人王甲事前准备的户名为丁某伟的银行卡内，后被告人王甲安排被告人王丙到灵山县陆屋镇ATM机将钱领出。

3. 2017年5月25日下午，被告人王甲、王乙、王丙、王丁采取QQ诈骗的方式，骗得被害人施某雅将人民币10000元汇入被告人王甲事前准备的户名为赵某芳的银行卡内，后被告人王甲安排被告人王乙到灵山县陆屋镇中国农业银行ATM机将钱领出。

2017年5月26日15时许，钦州市灵山县公安局刑事侦查大队民警接到群众举报后在某村委会路口加油站处将被告人王甲、王乙、王丙、王丁抓获，并当场扣押到一批笔记本电脑、银行卡、手机等作案工具及赃款人民币13060元。同日，民警在被告人王甲的岳父凌某珊住宅处，当场扣押到被告人王甲使用的一台实施电信网络诈骗的笔记本电脑。该笔记本电脑内存放有企业通讯录78份，其中包含公民个人信息11718条。这些公民个人信息均来源于被告人王甲、王乙、王丙、王丁先各自使用笔记本电脑在网上查找目标企业的相关信息，后用事先准备好的QQ号添加目标企业的QQ号，再向目标企业QQ群管理员发送邮件，骗取到目标企业的员工通讯录，得到通讯录后再统一汇总到被告人王甲所使用的笔记本电脑中。

另查明，2017年5月27日，被告人王甲、王乙、王丙、王丁因本案被灵山县公安局刑事拘留。2017年6月21日，公安机关将追回的赃款人民币6000元发还给被害人李某。

【案件焦点】

被告人王甲、王乙、王丙、王丁为了实施电信诈骗采取非法手段获取公民个人信息的行为是否构成侵犯公民个人信息罪，且处断原则是应当择一重罪论处还是数罪并罚。

【法院裁判要旨】

广西壮族自治区钦州市灵山县人民法院经审理认为：被告人王甲、王乙、王丙、王丁以非法占有为目的，合伙采用虚构事实的方式骗取他人钱财，金额达人民币60800元，数额巨大，四被告人的行为均构成诈骗罪；另被告人王甲、王乙、王丙、王丁合伙非法获取公民个人信息共计11718条，情节严重，四被告人的行为均构成侵犯公民个人信息罪。公诉机关指控四被告人犯诈骗罪、侵犯公民个人信息罪事实清楚、证据确实充分，指控的罪名均成立。被告人王甲、王乙、王丙、王丁均一人犯数罪，均应数罪并罚。

辩护人对此提出被告人王甲的行为不构成侵犯公民个人信息罪，被告人王甲属于牵连犯，应择一重罪处罚的辩护意见。四被告人事前先通过非法手段骗取企业公司的通讯录，再将骗取到的个人信息资料汇总到被告人王甲处，再由被告人王甲进一步实施诈骗。破案后，在被告人王甲的电脑硬盘中发现企业通讯录 78 份，其中涉及公民个人信息的内容达 11718 条。根据《最高人民法院、最高人民检察院、公安部关于办理电信网络诈骗等刑事案件适用法律若干问题的意见》中的规定“违反国家有关规定，向他人出售或者提供公民个人信息，窃取或者以其他方法非法获取公民个人信息，符合刑法第二百五十三条之一规定的，以侵犯公民个人信息罪追究刑事责任。使用非法获取的公民个人信息，实施电信网络诈骗犯罪行为，构成数罪的，应当依法予以并罚”。在本案中，被告人王甲、王乙、王丙、王丁通过非法的手段获取公民个人信息，后又利用这些个人信息实施诈骗。四被告人的行为同时符合诈骗罪和侵犯公民个人信息罪的构成要件，应当以诈骗罪和侵犯公民个人信息罪对四被告人实行数罪并罚。综上所述，对辩护人的上述辩护意见，本院不予采纳。

在诈骗罪的共同犯罪中，被告人王甲提出犯意并积极纠集被告人王乙、王丙、王丁实施，起主要作用，是主犯；被告人王乙、王丙、王丁起辅助作用，是从犯。依法应当从轻、减轻处罚或者免除处罚。在侵犯公民个人信息的共同犯罪中，被告人王甲提出犯意并与被告人王乙、王丙、王丁一起积极实施，均起主要作用，均是主犯。四被告人归案直至庭审过程中均如实供述主要犯罪事实，依法可以从轻处罚。鉴于被告人王甲没有法定减轻处罚情节且没有全部退赃，关于辩护人建议对其适用缓刑的辩护意见，本院不予以采纳。

广西壮族自治区钦州市灵山县人民法院依照《中华人民共和国刑法》第二百六十六条，第二百五十三条之一第一款、第三款，第二十五条第一款，第二十六条第一款、第四款，第二十七条，第六十七条第三款，第六十九条第一款、第三款，第六十三条第一款，第五十二条，第五十三条，第六十四条，《最高人民法院、最高人民检察院关于办理诈骗刑事案件具体应用法律若干问题的解释》第一条和《最高人民法院、最高人民检察院关于办理侵犯公民个人信息刑事案件适用法律若干问题的解释》第一条、第二条、第五条第五项、第十一条的规定，判决如下：

一、被告人王甲犯诈骗罪，判处有期徒刑四年二个月，并处罚金人民币 10000 元；犯侵犯公民个人信息罪，判处有期徒刑六个月，并处罚金人民币 3000 元。总和刑期四年八个月，并处罚金人民币 13000 元，决定执行有期徒刑四年六个月，并处罚金人民币 13000 元；

二、被告人王乙犯诈骗罪，判处有期徒刑二年九个月，并处罚金人民币 5000 元；犯侵犯公民个人信息罪，判处有期徒刑六个月，并处罚金人民币 3000 元。总和刑期三年三个月，并处罚金人民币 8000 元，决定执行有期徒刑三年，并处罚金人民币 8000 元；

三、被告人王丙犯诈骗罪，判处有期徒刑二年九个月，并处罚金人民币 5000 元；犯侵犯公民个人信息罪，判处有期徒刑六个月，并处罚金人民币 3000 元。总和刑期三年三个月，并处罚金人民币 8000 元，决定执行有期徒刑三年，并处罚金人民币 8000 元；

四、被告人王丁犯诈骗罪，判处有期徒刑二年九个月，并处罚金人民币 5000 元；犯侵犯公民个人信息罪，判处有期徒刑六个月，并处罚金人民币 3000 元。总和刑期三年三个月，并处罚金人民币 8000 元，决定执行有期徒刑三年，并处罚金人民币 8000 元；

五、责令被告人王甲、王乙、王丙、王丁共同退赔人民币44800元给广州甲贸易有限公司；退赔人民币10000元给被害人施某雅（公安机关扣押有人民币7060元）。

宣判后，四被告人提出上诉。

广西壮族自治区钦州市中级人民法院裁定：

驳回上诉、维持原判。

【法官后语】

本案处理的焦点在于，在为实施诈骗行为而事前以非法手段获取公民个人信息行为的定性。此行为是否单独构成侵犯公民个人信息罪，并与诈骗罪数罪并罚。

公民个人信息，是指以电子或者其他方式记录的能够单独或者与其他信息结合识别特定自然人身份或者反映自然人活动情况的各种信息，包括姓名、身份证件号码、通信通讯联系方式、住址、账号密码、财产状况、行踪轨迹等。侵犯公民个人信息罪，是指通过窃取或者其他方法非法获取公民个人信息。

判断是数罪并罚还是择一重罪处罚，就要判断前行为是否侵犯了法律所保护的客体，造成法益侵害。刑法规定成立侵犯公民个人信息罪，要求具有“情节严重”，被告人王甲、王乙、王丙、王丁四人通过非法的手段获取公民个人信息，侵犯公民个人信息的数量巨大，属于情节严重，其行为已符合侵犯公民个人信息罪的构成要件，应当以侵犯公民个人信息罪定罪处罚，是既遂，该非法窃取的行为已终了。行为人利用非法获取的公民个人信息用于实施诈骗，该行为是另起的犯意，是前一行为实行终了后才以诈骗的犯意实施诈骗行为，前一行为虽然是在后罪的犯罪预备阶段中，但是该行为触犯了另一法律，造成了另一实害结果，前后两行为不存在密切联系，因此前一行为只是为后罪的实施提供了实行基础，但是前行为在获取公民个人信息时已终了，而后一行为，即利用获取到的信息对被害人进行诈骗的行为才是后罪的实行行为。虽然前一行为的实施是为了更好地实施诈骗，但是在该阶段实施的另一单独的行为触犯了另一法条，构成了另一犯罪，应单独评价，而不是与后一诈骗行为进行整体评价，所以本案中的前一行为应当以侵犯公民个人信息罪定罪处罚，并与后罪数罪并罚。

在本案中，有观点认为被告人王甲、王乙、王丙、王丁四人实施的行为可以整体评价在一个犯意里，即诈骗罪的犯意，四被告人实施的前一行为是为了后一诈骗行为能够顺利进行，两个行为具有牵连性，应构成牵连犯。刑法分则对于特定犯罪的牵连犯有明文规定的处断原则，应严格按相关条文规定裁判；如没有明文规定，则按照从一重罪论处，即原则上，择一重罪处罚，并且按照该重罪论处时，还可以从重处罚；例外的是数罪并罚。牵连犯是指犯罪行为与目的行为侵犯不同罪名，原因行为与结果行为触犯不同罪名。本案中，四被告人经事前商量，准备作案工具在某软件上网搜公司名字，再登录 QQ 进行搜索公司的 QQ 群，找到管理员的 QQ 后通过邮箱发送虚假信息，骗取对方公司的通讯录，通过该非法手段获取到企业通讯录 78 份，含公民个人信息的内容达 11718 条，行为人采用这一非法手段行为的目的是获取通讯录，非法占有公民个人信息。而后一行为仅是利用了前一行为获取的公民个人信息去实施诈骗，目的是非法占有他人财产，显然前后两个行为目的不同。具有不同目的的两个行为不能整体评价到一个犯罪构成中，两个行为分别触犯了不同的罪名，因此应当数罪并罚而不是择一重罪处罚。

综上所述，本案的四被告人通过非法手段获取公民个人信息，然后又利用这些信息实施电信网络诈骗，依据《最高人民法院、最高人民检察院、公安部关于办理电信网络诈骗等刑事案件适用法律若干问题的意见》中的规定："违反国家有关规定，向他人出售或者提供公民个人信息，窃取或者以其他方法非法获取公民个人信息，符合刑法第二百五十三条之一规定的，以侵犯公民个人信息罪追究刑事责任。使用非法获取的公民个人信息，实施电信网络诈骗犯罪行为，构成数罪的，应当依法予以并罚"。应当以诈骗罪和侵犯公民个人信息罪对四被告人实施数罪并罚。在本案中，四被告人先后实施了两个不存在牵连关系的犯罪行为，且基于不同的主观目的，分别符合侵犯公民个人信息罪和诈骗罪的犯罪构成要件，应该按照数罪并罚的原则进行定罪处罚。

编写人：广西壮族自治区灵山县人民法院　蒙金凤

188　侵犯公民个人信息罪中个人信息界定及情节认定

——赵某某等侵犯公民个人信息案

【案件基本信息】

1. 裁判书字号

云南省昆明市中级人民法院（2018）云01刑终581号刑事裁判书

2. 案由：侵犯公民个人信息罪

【基本案情】

被告人秦某某于2012年10月在昆明成立昆明某某装饰工程有限公司，并担任该公司法人代表。公司为招揽生意、拓展业务，需要获取昆明市各小区房产业主的信息，并通过拨打业主电话营销的方式来获取装修资源。自2015年11月起，被告人秦某某让公司员工通过购买、收受、交换等方式非法获取昆明市住宅小区房产业主的信息。2017年6月23日0时许，公安机关对昆明某某装饰工程有限公司依法进行搜查，并对公司使用的五台涉案可疑电脑主机进行提取扣押。2017年7月19日，经勘验检查，以上五台电脑内存储的公民个人信息其创建时间均为2015年11月后，涉案电脑主机合计含有非法获取的昆明市住宅小区公民个人批量信息205881条。

被告人秦甲系昆明某某装饰工程有限公司行政部经理，系被告人秦某某次子，其于2017年2月下旬到昆明某某装饰工程有限公司成为除秦某某以外的公司其他直接负责的人员以来，为拓展公司业务，获取装修资源，通过微信购买、交换、收受等方式共计为公司非法获取公民个人批量信息81780条。

被告人游某某系昆明某某装饰工程有限公司业务部业务主管，其于2017年3月下旬到该公司上班以来，为拓展公司业务，谋取个人经济利益，通过微信购买、交换、贩卖公民个人信息，并将非法获取的公民个人信息存储在自己的手机。2017年7月14日，经勘验检查，发现其微信收藏、微信分身收藏、手机内存累计非法购买、交换、贩卖、收受获取昆明市住宅小区公民个人批量信息202648条。

被告人赵某某于2016年3、4月起，从其上班的“好×××”公司电脑上复制部分公民个人信息到其使用的手机上，2016年6月“好×××”公司市场营销部解散后，赵某某将其使用过的电脑上的100多个小区几万条公民个人信息复制到其使用的手机上储存以待出售。2016年9月，赵某某到昆明市宅××装饰设计有限公司上班，同年10月，赵某某负责购买公民个人信息的工作。2015年10月29日至2017年3月17日，赵某某使用其注册微信通过红包转账15400元分17次向缪某购买公民个人信息；2017年3月，赵某某用其微信通过转账方式向游某某购买公民个人信息，之后并伙同游某某贩卖公民个人信息获利。2017年7月14日，经勘验检查，赵某某手机内存、微信收藏、U盘中储存有718112条公民个人批量信息条。

【案件焦点】

侵犯公民个人信息犯罪中，如何根据在案证据认定涉案个人信息范围、类型及情节。

【法院裁判要旨】

云南省昆明市官渡区人民法院经审理认为：被告人赵某某、游某某违反国家有关规定，为了牟取非法利益，采用购买、收受、交换等非法手段获取公民个人信息，情节特别严重，其行为已触犯刑律，构成侵犯公民个人信息罪，依法应当判处三年以上七年以下有期徒刑，并处罚金。公诉机关起诉指控被告人赵某某、游某某犯侵犯公民个人信息罪，认定事实清楚，证据确实充分，适用法律正确，指控罪名成立。被告人秦某某、秦甲采用购买、收受、交换等方式非法获取小区公民个人批量信息的目的，是为开展其经营的昆明某某装饰工程有限公司合法的公司装修业务，且其获取的公民个人信息属于《最高人民法院、最高人民检察院关于办理侵犯公民个人信息刑事案件适用法律若干问题的解释》第五条第一款第三项、第四项规定以外的公民个人信息，根据该司法解释第六条的规定，应认定为刑法第二百五十三条之一规定的“情节严重”，并非属于公诉机关补充指控的“情节特别严重”。被告单位昆明某某装饰工程有限公司，在经营过程中，为合法经营活动而非法购买、收受、交换公民个人信息，情节严重，其行为已触犯刑律，构成侵犯公民个人信息罪，依法应当对其判处罚金；被告人秦某某、秦甲作为被告单位昆明某某装饰工程有限公司的直接负责的主管人员和其他直接责任人员，其行为均已触犯刑律，构成侵犯公民个人信息罪，依法应当判处三年以下有期徒刑或者拘役，并处或者单处罚金。公诉机关起诉指控被告人赵某某、游某某犯侵犯公民个人信息罪，认定事实清楚，证据确实充分，适用法律正确，指控罪名成立；公诉机关指控被告单位昆明某某装饰工程有限公司及被告单位的直接负责的主管人员和其他直接责任人员即被告人秦某某、秦甲犯侵犯公民个人信息罪，认定事实清楚，证据确实充分，指控罪名成立，但适用法律不当。综合考虑各被告人的犯罪事实、性质、情节和对社会的危害程度及悔罪表现，判决：

一、被告人赵某某犯侵犯公民个人信息罪，判处有期徒刑三年，并处罚金十万元；

二、被告人游某某犯侵犯公民个人信息罪，判处有期徒刑二年，并处罚金三万元；

三、被告单位昆明某某装饰工程有限公司犯侵犯公民个人信息罪，判处罚金十万元；

四、被告人秦某某犯侵犯公民个人信息罪，判处有期徒刑二年，缓刑三年，并处罚金五万元；

五、被告人秦甲犯侵犯公民个人信息罪，判处有期徒刑一年零六个月，缓刑二年，并处罚金三万元；

六、公安机关扣押在案的供犯罪使用的被告人秦某某、秦甲、游某某、赵某某的手机各一部及赵某某的U盘一个、存储卡一张，以及被告单位昆明某某装饰工程有限公司的五台电脑（详见扣押物品清单），予以没收，上缴国库。

被告人赵某某提出上诉。

云南省昆明市中级人民法院经审理查明的事实与一审一致，并补充认定上诉人赵某某具有立功情节，并认为：一审认定事实清楚，证据确实充分，定罪准确，量刑适当，一审法院未认定上诉人赵某某构成立功，故依法予以改判被告人赵某某侵犯公民个人信息罪，判处有期徒刑三年，并处罚金十万元，并维持其他原审被告人的一审定罪量刑。

【法官后语】

《最高人民法院关于办理侵犯公民个人信息刑事案件适用法律若干问题的解释》（以下简称《侵息解释》）已对侵犯公民个人信息罪的定罪量刑和有关法律适用标准问题予以规定，后《中华人民共和国民法典》（以下简称《民法典》）及专门性法律《中华人民共和国个人信息保护法》（以下简称《个人信息保护法》）于2021年先后施行，《民法典》及《个人信息保护法》中亦规定了个人信息的范围，增加了个人信息处理者和国家有关部门对个人信息处理的义务，明确了公民处置个人信息的自由界限，为侵犯公民个人信息罪的刑法适用提供了重要基础和依据。在刑事司法实践中，如何准确认定公民个人信息及其类型、数量、用途涉及刑法与其他法律法规对个人信息保护的衔接问题，且直接影响到评价行为是否可能构成犯罪以及罪刑轻重。

1. 公民个人信息的认定

《侵息解释》第一条对“公民个人信息”范畴予以界定，即公民个人信息是指以电子或者其他方式记录的能够单独或者与其他信息结合识别特定自然人身份或者反映特定自然人活动情况的各种信息，包括姓名、身份证件号码、通信通讯联系方式、住址、账号密码、财产状况、行踪轨迹等。《民法典》第一千零三十四条规定，个人信息是以电子或者其他方式记录的能够单独或者与其他信息结合识别特定自然人的各种信息，包括自然人的姓名、出生日期、身份证件号码、生物识别信息、住址、电话号码、电子邮箱、健康信息、行踪信息等。《个人信息保护法》第四条规定，个人信息是以电子或者其他方式记录的与已识别或者可识别的自然人有关的各种信息，不包括匿名化处理后的信息。《侵息解释》《民法典》、《个人信息保护法》所规定个人信息范围的外延范围存在差异，即并非所有违反法律和行政法院的侵犯公民个人信息行为均需要刑法规制，故刑法对个人信息保护的范围小于《民法典》《个人信息保护法》规定的范围。上述有关个人信息范围的规定中虽已列举多项个人信息种类，但未明确这些公民个人信息所对应的特征，面对纷繁复杂的信息内容，在刑事审判实践中应从以下两个基本特征把握个人信息的认定：其一，个人信息应具有识别性，即个人信息应能够直接或间接识别出具体的特定个人；其二，个人信息应具备一定的私密性，系个人不愿为他人所知的私人信息。

2. 公民个人信息类型的划分

《侵息解释》第五条以信息对公民人身、财产安全的影响程度为依据，从个人信息分类的角度对不同信息的定罪量刑标准进行了细化，即高度敏感信息、相对敏感信息、普通信息。高度敏感信息包括行踪轨迹信息、通信内容、征信信息、财产信息；相对敏感信息，包括住宿信息、通信记录、健康生理信息、交易信息；普通信息是上述两类之外的其他公民个人信息，如住址信息、联系方式等。结合本案被告人所出售、提供、购买或收受的个人信息为批量住宅小区业主信息（包括姓名、电话号码、房号），首先，该信息不能当然反映出个人财产权属情况；其次，该信息亦不能当然锁定个人活动情况，故不符合高度敏感与相对敏感的特征，故应当认定为普通信息。本案审理中也已对此予以明确，防止了敏感信息认定泛化，保持了刑法对公民个人信息保护的谦抑性。

3. “情节严重”“情节特别严重”的认定

从《侵息解释》内容上看，对“情节严重”的认定采单层次与多层次结合，即第五条第一款主要从信息类型和数量、违法所得数额、信息用途、主体身份、主观恶性等方面判断情节严重与否。对“情节特别严重”的认定除在数额或数量上要求达到情节严重相应标准十倍以上外，还着重表现在因侵犯公民个人信息而导致被害人死亡、重伤、精神失常或者被绑架等人身伤害或者造成被害人或社会重大经济损失，恶劣社会影响等财产损失、社会秩序混乱的严重后果。本案被告人赵某某、游某某违反国家有关规定，为牟取非法利益，采用购买、收受、交换等非法手段获取小区业主信息，该信息属普通信息，信息数量远超入罪标准5000条的十倍以上，故认定二被告人行为系“情节特别严重”。

4. “合法经营”“其他情节严重的情形”的认定

《侵息解释》第六条与第五条的规定是特殊条款和普通条款的关系。该规定的立意是针对购买、收受公民个人信息从事广告推销等活动的情形，秉持刑法的谦抑性，体现宽严相济，故从《侵息解释》的条文体系解释而言，该条的“合法经营”在把握上应与“违法犯罪”范畴相对应，即对于经营者购买个人信息的目的是正常业务，而非从事电信诈骗、转卖牟利等违法犯罪活动，即应认定为“合法经营”。当然，该公民个人信息类型仅限于普通信息。本案被告人秦某某、秦甲采用购买、收受、交换等方式非法获取小区公民个人批量信息的目的，是为其经营的昆明某某装饰工程有限公司合法的公司装修业务开展，且其获取的公民个人信息属普通信息，应认定为“情节严重”，故被告单位昆明某某装饰工程有限公司，在经营过程中，为合法经营活动而非法购买、收受、交换公民个人信息，情节严重，被告人秦某某、秦甲作为公司的直接负责的主管人员和其他直接责任人员依法承担相应刑事责任。在该条款法律适用上，也应在证据上从严认定“合法经营”，并综合行为人主观目的、获取手段、信息类型、信息数量、行为方式等方面衡量危害程度，把握是否达到与该条第一款中列举营利数额5万元、具有同类前科劣迹或具有同等性质程度的兜底条款之“其他情节严重的情形”，否则过宽的界定有放纵犯罪之虞，反之又会违背该条文的立法本义。

认定行为人非法获取、出售、提供、购买、收受小区业主信息是否达到侵犯公民个人信息罪入罪标准以及是否构成“情节特别严重”，应当严格按照《侵息解释》的相关规定，结合在案证据严格认定信息类型，数量、信息用途、主体身份、主观恶性、违法所得数额等方面综合判断认定。尤其针对当前普遍发生的企业为合法经营活动购买、收受公民个人普通信息的行为，应在考虑信息时代信息流通之价值所在的情况下，根据行为人主观恶性、获利大小、信息数量等因素综合衡量其行为的社会危害性，这也是刑事审判贯彻体现宽严相济刑事政策的应有之义。

编写人：云南省昆明市官渡区人民法院　和蓉

六、侵犯财产罪

（一）抢劫罪

189 将为索回赌资非法扣押、拘禁他人的行为认定为抢劫罪的先决条件

——梁某志等抢劫、非法拘禁案

【案件基本信息】

1. 裁判书字号

广西壮族自治区崇左市人民法院（2020）桂14刑终170号刑事判决书

2. 案由：抢劫罪、非法拘禁罪

【基本案情】

2018年5月18日16时许，被告人梁某志、王某1、王某2、王某3、黎某等与被害人方某某、周某等人在某代销店门前以“大众三公”方式赌博。梁某志赌输了6000元，因见方某某、周某等总是赢钱，便怀疑方某、周某等人“出老千”，随即当场质问，并呼叫在场参与赌博的人员将方某某、周某等人围堵在赌场内。后梁某志指使在场的赌博人员对被围堵的人员进行搜身，并将赌桌上的赌资连同搜身所得全部予以分赃，梁某志当场分得3000元。后梁某志以方某某、周某等人“出老千”为由，召集人员把方某某、周某、李某带离赌场，同时电话联系被告人杜某、

方某等人前来帮忙。随后，梁某志伙同王某1、王某2、王某3、王某4、黎某、许某胁迫被害人上车并拉至某观光亭。在观光亭附近，梁某志、王某2、王某1、王某4、黎某、王某3、杜某、方某等人以方某某、周某、李某在赌场“出老千”骗钱为由，语言威胁其三人筹钱来交。在胁迫过程中，梁某志还指使杜某、方某、方某2（在逃）、甘某（已另案处理）等人对李某、方某某拳打脚踢，致使方某某受轻微伤。周某在梁某志等人的胁迫下，被迫通过微信转账的方式转给梁某志一万元。梁某志还指使王某1、黎某、许某将周某挟持到某银行的取款机取了二万元现金，并将该笔现金全部交给梁某志。李某当晚也在梁某志等人的恐吓威胁及殴打下，将一万五千元转给了梁某志。梁某志收到款项后，又胁迫方某某、周某出具一张以车辆作为抵押尚欠七万元的借条，胁迫李某出具一张以车辆作为抵押尚欠三万五千元的借条交给梁某志，梁某志方才放被害人离开。梁某志当日通过威胁方式获取的四万五千元及在赌场内通过搜身、哄抢赌资等分到的三千元，直至案发后其并没有分给参与作案的同案人和赌场上输钱的其他人员，也没有退还被害人。

【案件焦点】

为索回赌资非法扣押、拘禁他人的行为，构成非法拘禁罪还是抢劫罪。

【法院裁判要旨】

广西壮族自治区扶绥县人民法院经审理认为：被告人梁某志非法限制他人人身自由，并使用暴力、胁迫等方法迫使他人当场交出明显大大超出其所赌输的钱财，且将超出其赌资的39000元全部占为己有，其行为已同时构成非法拘禁罪和抢劫罪，按择一重罪处罚，应以抢劫罪对其进行定罪处罚。索要超出赌资的钱财数额未达到数额巨大的标准（40000元），依法应处三年以上十年以下有期徒刑，并处罚金。被告人王某1、黎某、王某2、王某3、王某4、许某、杜某、方某或为了索回自己赌输的钱财或为了获取运费或为了帮他人索回赌输的钱财，而非法限制他人人身自由，并实施殴打、威胁等行为，其行为已构成非法拘禁罪，公诉机关指控的罪名成立，依法应处三年以下有期徒刑。在共同非法拘禁他人的过程中，梁某志提出犯意且组织实施，王某1、黎某、王某2、王某3、王某4、许某、杜某、方某积极参与实施，均起主要作用，都是主犯，应当按照其所参与的全部犯罪进行处罚。杜某、方某、许某自动投案，并如实供述自己的主要罪行，是自首，且认罪认罚，依法可以从轻处罚；王某1、王某2、王某3、王某4被传唤到案后，如实供述自己的主要罪行，属坦白，且认罪认罚，依法可以从轻处罚；黎某当庭认罪，且愿意接受处罚，可酌情从轻处罚；梁某志在庭上对指控的事实无异议，且愿意接受处罚，可酌情从轻处罚。鉴于梁某志、王某1、黎某、许某、杜某、王某2、王某4、方某八人赔偿了被害人周某、方某的经济损失，取得了对方的谅解，在量刑时酌情予以从轻处罚；杜某另赔偿了被害人李某的经济损失3000元，取得了对方的谅解，在量刑时亦酌情予以从轻处罚。王某1因犯故意伤害罪被本院判处有期徒刑一年，缓刑一年六个月，在缓刑考验期间又发现漏罪，应撤销缓刑，对漏罪作出判决，把前罪没有执行的刑罚和后罪所判处的刑罚实行数罪并罚。根据九被告人的犯罪事实、性质、情节和对社会的危害程度，依照《中华人民共和国刑法》第二百六十三条、

第二百三十八条第一款、第二十五条第一款、第二十六条第一款和第四款、第六十七条第一款和第三款、第七十条、第六十九第一款、第六十四条、第六十一条之规定，判决如下：

一、被告人梁某志犯抢劫罪，判处有期徒刑七年六个月，并处罚金人民币一万五千元；

二、撤销广西壮族自治区扶绥县人民法院（2019）桂1421刑初38号刑事判决书中对被告人王某1宣告的缓刑，执行原判刑罚有期徒刑一年；

三、被告人王某1犯非法拘禁罪，判处有期徒刑十一个月，与前罪所判处的有期徒刑一年实行数罪并罚，总和刑期一年十一个月，决定执行有期徒刑一年九个月；

四、被告人黎某犯非法拘禁罪，判处有期徒刑一年；

五、被告人王某3犯非法拘禁罪，判处有期徒刑一年；

六、被告人王某2犯非法拘禁罪，判处有期徒刑十一个月；

七、被告人王某4犯非法拘禁罪，判处有期徒刑十一个月；

八、被告人许某犯非法拘禁罪，判处有期徒刑十个月；

九、被告人方某犯非法拘禁罪，判处有期徒刑十个月；

十、被告人杜某犯非法拘禁罪，判处有期徒刑九个月；

十一、责令被告人梁某志退赔被害人李某经济损失人民币15000元。

梁某志对一审判决不服提起上诉称：（1）其没有非法占有被害人财产的主观故意，不构成抢劫罪；（2）其投案并如实供述犯罪事实，构成自首。上诉人梁某志的辩护人除同意上诉人的上诉意见外，还提出，梁某志在二审期间主动缴纳罚金并退赔被害人的经济损失1.5万元，建议对其判处二年以下有期徒刑，并考虑缓刑。

广西壮族自治区崇左市中级人民法院经审理认为：（1）关于上诉人梁某志的行为定性问题。一审认定梁某志构成抢劫罪、其他同案人构成非法拘禁罪，并无不当。理由与一审一致。（2）关于上诉人梁某志是否构成自首的问题。经查，梁某志于2018年6月被传唤到案时未如实供述，但侦查机关也未对其采取强制措施。2018年11月20日，梁某志主动投案时供认了其与同案人非法拘禁三被害人并强迫三人交出3万元的事实，虽然其在之后的几次供述中有所反复，但在一审开庭期间如实供认其伙同他人强迫三名被害人交出4.5万元的事实。根据《最高人民法院关于处理自首和立功具体应用法律若干问题的解释》第一条第二项的规定，梁某志自动投案后，第一次供述供认其与同案人非法拘禁被害人并强迫被害人交出3万元，供认该部分事实可以认定为自首。

一审认定事实清楚，证据确实充分，审判程序合法，定罪准确，对原审被告人王某1等适用法律正确，量刑适当。上诉人梁某志主动投案后供认其伙同他人非法拘禁被害人并强迫被害人交出3万元的犯罪事实，构成自首。一审未认定梁某志有自首情节，本院予以纠正，并依法对其从轻改判。二审期间，上诉人梁某志积极退赔，并取得被害人的谅解，酌情从轻处罚。

广西壮族自治区崇左市中级人民法院依照《中华人民共和国刑法》第二百六十三条、第二百三十八条第一款、第二十五条第一款、第二十六条第一款和第四款、第六十七条第一款和第三款、第七十条、第六十九第一款、第六十一条，《最高人民法院关于处理自首和立功具体应用法律若干问题的解释》第一条第二项，以及《中华人民共和国刑事诉讼法》第二百三十六条第一款第二项之规定，作出如下判决：

一、维持广西壮族自治区扶绥县人民法院（2020）桂1421刑初54号刑事判决第二、三、四、五、六、七、八、九、十项关于对原审被告人王某1、黎某、王某2、王某3、王某4、许某、杜某、方某的刑事判决；

二、撤销广西壮族自治区扶绥县人民法院（2020）桂1421刑初54号刑事判决的第一项、第十一项判决，即“被告人梁某志犯抢劫罪，判处有期徒刑七年六个月，并处罚金人民币一万五千元”，“责令被告人梁某志退赔被害人李某经济损失人民币15000元”；

三、上诉人梁某志犯抢劫罪，判处有期徒刑六年六个月，并处罚金一万五千元。

【法官后语】

本案处理的难点主要在于对被告人梁某志的行为的定性问题。根据《最高人民法院关于对为索取法律不予保护的债务非法拘禁他人行为如何定罪问题的解释》的规定，行为人为索取高利贷、赌债等法律不予保护的债务，非法扣押、拘禁他人的，依照刑法第二百三十八条的规定定罪处罚，即以非法拘禁罪定罪处罚。本案涉及的是赌资，符合该解释所规定的“法律不予保护的债务”，构成非法拘禁罪没有任何问题。但是，本案中梁某志所输的赌资仅为6000元，但是其却强迫三名被害人向其交出4.5万元，其暴力索取到的钱款已经超出其所输赌资达3.9万元，而直至案发，其也未将超出其赌博所输部分给其他赌输的同伙。另外，其还让被害人以车辆为抵押写下7万元和3.5万元的欠条。梁某志主观上已经由索回赌资转变为非法占有被害人财物的故意；行为手段方面，其使用威胁、暴力手段逼迫被害人当场交出财物，符合抢劫罪的犯罪构成要件。根据罪数理论，择一重罪定罪处罚。对于梁某志的行为的定性问题，本案一审、二审法院并不存在分歧。

实际生活中，行为人为了索取高利贷、赌债等非法债务而扣押、拘禁他人的案件时有发生。对于为了追回赌资非法扣押、拘禁他人并使用暴力索取财物的该类型行为，是以非法拘禁罪定罪处罚还是以抢劫罪定罪处罚，既要以犯罪构成为标准，也要考虑其他因素，其中最重要的是要以刑法的规定为依据，以罪刑法定原则为最高原则，同时要考虑罪刑相适应原则。本案一审、二审法院在认定梁某志的行为构成抢劫罪时，都遵循一个先决条件，即行为人当场索要的钱财是否明显超出赌资的范围，如果明显超出赌资范围，则应以抢劫罪定罪处罚。

为了从实质上实现刑事司法的公平性，对于为索回赌资而非法扣押、拘禁他人，索取财物的数额未超出已支付的赌资，不具有非法占有他人财物的故意，只以非法拘禁论处。若行为人当场索取被害人的财物明显超出所输赌资，具有非法占有他人财物的故意和目的，应当认定为抢劫。同时，考虑到其他共同作案人的犯罪动机，如果共同作案人并不了解他人的真正犯罪意图，不清楚他人所实施的犯罪行为的性质，仅是出于自己的错误认识，认为只是纯粹地帮助他人索回赌资而实施了对被害人的非法扣押、拘禁并使用暴力索取财物，则不能认定为同案人与他人实施了抢劫的共同犯罪，而应该按照主客观一致的原则以非法拘禁罪定罪处罚。

编写人：广西壮族自治区扶绥县人民法院　黄忠信　石莉娟

190 转化型抢劫中犯罪形态的认定

——廖某华抢劫案

【案件基本信息】

1. 裁判书字号

广西壮族自治区崇左市中级人民法院（2020）桂 14 刑终 49 号刑事判决书

2. 案由：抢劫罪

【基本案情】

2019 年 10 月 10 日凌晨 5 时许，廖某华窜进被害人何某江石油公司宿舍 c 楼 y 室的住所，潜入卧室盗窃何某江置于床头的手机时，被何某江察觉。廖某华逃跑至客厅时，被何某江扑倒在地，廖某华即以言语威胁称自己是吸毒人员，持有针管注射器。何某江发现其手上无针管后，再次扑倒廖某华，并扭打在一起。随后，何某江夫妇二人合力摁倒廖某华，并叫儿子打电话报警。民警到达现场后，在廖某华的裤袋内缴获被盗的一部价值 1279 元的华为牌手机。同年 10 月 13 日，涉案手机已发还给被害人。

另查明，被告人廖某华因犯诈骗罪于 2012 年 5 月 17 日被宁明县人民法院判处拘役五个月，并处罚金人民币一千元。因犯盗窃罪于 2014 年 9 月 5 日被宁明县人民法院判处有期徒刑十个月，并处罚金人民币二千元。2015 年 3 月 4 日刑满释放。因犯盗窃罪于 2016 年 2 月 2 日被宁明县人民法院判处有期徒刑一年零三个月，并处罚金人民币二千元。2017 年 2 月 19 日刑满释放。因犯盗窃罪于 2018 年 9 月 12 日被宁明县人民法院判处拘役四个月，并处罚金人民币一千元。2018 年 10 月 24 日刑满释放。

【案件焦点】

1. 被告人仅有盗窃的故意，因抗拒抓捕转化成抢劫后，是否存在犯罪未遂；2. 一审认定被告人构成抢劫罪处以十年有期徒刑是否达到罪责刑相适应。

【法院裁判要旨】

广西壮族自治区宁明县人民法院经审理认为：被告人廖某华以非法占有为目的，入户盗窃他人财物，在被发现后在被害人的住处内使用暴力抗拒抓捕，其行为已触犯《中华人民共和国刑法》第二百六十九条的规定，构成抢劫罪。公诉机关指控被告人廖某华犯抢劫罪的犯罪事实清楚，证据确实、充分，指控罪名成立。本院予以支持。被告人廖某华曾因故意犯罪被判处有期徒刑，刑罚执行完毕以后，在五年内又故意犯应当判处有期徒刑以上刑罚之罪，系累犯，依法应当从重处罚。被告人廖某华自愿认罪，可酌情从轻处罚。根据被告人的事实、性质、情节以及对社会的危害程度，依照《中华人民共和国刑法》第二百六十三条、第二百六十九条、第六十五条第一款、第五十五条、第五十六条、第五十二条、第五十三条之规定，判决如下：

廖某华犯抢劫罪，判处有期徒刑十年，并处罚金人民币一万元，剥夺政治权利一年。

廖某华不服一审判决，向广西壮族自治区崇左市中级人民法院提起上诉。广西壮族自治区崇左市中级人民法院经审理认为：上诉人廖某华以非法占有为目的，采取秘密手段入户实施盗窃，在被发现后为抗拒抓捕以暴力相威胁，其行为已触犯《中华人民共和国刑法》第二百六十三条、第二百六十九条之规定，构成抢劫罪，且系入户抢劫。原判定性准确。廖某华曾因故意犯罪被判处有期徒刑，刑罚执行完毕以后，在五年内又故意犯应当判处有期徒刑以上刑罚之罪，是累犯。廖某华具有入户抢劫和累犯两个加重处罚的情节，依法应对其判处十年以上有期徒刑，但本案属于转化型抢劫，廖某华在犯罪性质转化前只有盗窃的故意，与普通抢劫案件相比其主观恶性、人身危险性相对较小，且其实施的暴力程度有限，另其在本案中既没能劫取到财物，又未造成他人人身伤害后果，是犯罪未遂。对于未遂犯，可以比照既遂犯从轻或者减轻处罚。原判认定事实清楚，审判程序合法，但未认定上诉人是抢劫未遂属适用法律错误，导致量刑过重，二审予以纠正。依照《中华人民共和国刑法》第二百六十三条第一项、第二百六十九条、第二十三条、第五十二条、第五十三条、第六十一条、第六十三条、第六十五条第一款，《最高人民法院关于审理抢劫案件具体应用法律若干问题的解释》第一条以及《中华人民共和国刑事诉讼法》第二百三十六条第一款第二项、第二百四十四条之规定，作出判决如下：

一、撤销广西壮族自治区宁明县人民法院（2019）桂 1422 刑初 196 号刑事判决；

二、上诉人（原审被告人）廖某华犯抢劫罪，判处有期徒刑五年，并处罚金人民币五千元。

【法官后语】

本案争议焦点在于：（1）关于转化型抢劫犯罪是否存在未遂；

(2) 关于一审以抢劫既遂判处被告人有期徒刑十年是否罪责刑相适应。

本案一审、二审对廖某华构成抢劫罪不持异议，但对其是否属抢劫未遂存在不同看法，即对转化型抢劫犯罪是否存在未遂的情形看法不一；若以抢劫罪判处廖某华有期徒刑十年，是否达到罪责刑相适应，一审、二审对此亦有不同的看法。下面，结合本案实际，对上述两个问题进行分析。

一、行为人盗窃后为抗拒抓捕的行为应认定为抢劫罪

刑法第二百六十九条规定，犯盗窃、诈骗、抢夺罪，为窝藏赃物、抗拒抓捕或者毁灭证据而当场使用暴力或者以暴力相威胁的，依照抢劫罪定罪处罚。根据《最高人民法院关于审理抢劫、抢夺刑事案件适用法律若干问题的意见》（以下简称《两抢意见》）第五条的规定，行为人实施盗窃行为，未达到数额较大，为抗拒抓捕当场使用暴力，致人轻微伤以上后果的，以抢劫罪定罪处罚。理论界与实践均一致认为，转化型抢劫罪中的“盗窃、诈骗和抢夺”不以构成犯罪为必要，即转化型抢劫罪的成立不以所实施的盗窃达到数额较大即构成犯罪的标准为必要条件。本案被告人盗窃价值人民币1279元的手机，未达到盗窃罪数额较大的标准，但在被被害人发现将其扑倒在地上后即以言语威胁称自己是吸毒人员，持有针管注射器，以暴力相威胁，应当认定为抢劫罪。

二、转化型抢劫罪是否存在未遂

本案被告人入室的目的在于实施盗窃，事实也盗得了一部手机。但最终其被被害人控制住，手机也没拿到，其这一行为符合因意志以外的原因而未得逞，符合刑法对于未遂犯的相关规定，依法应认定系犯罪未遂。转化型抢劫罪在转化成抢劫后，应与一般的抢劫罪

一样存在犯罪形态，应当按照一般抢劫罪的犯罪形态来认定。

三、一审以抢劫罪判处被告人有期徒刑十年有违罪责刑相适应原则

本案根据现有证据，可证实案发当时其目的是入室盗窃，也没有随身携带任何器械，而是在被被害人发现后，为挣脱被害人的抓捕，仅以言语相威胁，并没有造成任何人员轻微伤以上后果。从到案至一审、二审均如实供认犯罪事实，认罪态度比较好。其行为转化为抢劫罪后，将面临最低量刑为十年的结局，而综合被告人实施的犯罪，与一般的抢劫罪相比，其人身危险性、社会危害性均不是非常大，处以其十年有期徒刑违背罪责刑相适用原则，与老百姓的普遍价值观严重不符，未能达到罚当其罪的结果。而认定被告人构成抢劫罪且系犯罪未遂，对其减轻处罚，既符合法律规定，也体现了罪责刑相适应原则，取得较好的法律效果和社会效果。

编写人：广西壮族自治区崇左市中级人民法院　黄秋艳

191　进入与生活场所有明确隔离的经营场所抢劫的不应认定为“入户”抢劫

——所某拉火抢劫案

【案件基本信息】

1. 裁判书字号

江苏省南通市中级人民法院（2019）苏06刑终293号刑事判决书

2. 案由：抢劫罪

【基本案情】

被告人所某拉火于2019年2月6日凌晨2时左右，步行至被害人高某某（女）宅，意欲盗窃香烟，遂从该宅南围墙处翻墙进入，再通过破门开锁的方式，进入该宅一楼东侧用于零售香烟和日常生活用品的房间，窃得现金人民币625元，还窃得南京、云烟等香烟若干，并将所窃香烟装入现场所得的蛇皮袋内，再将该蛇皮袋放置于该宅院墙东墙角处。其间，居住于该宅二楼的被害人高某某听到家中有异响，遂起床查看。与此同时，被告人所某拉火又携带另一蛇皮袋进入一楼东侧房间，再次盗窃散装香烟，但在散装香烟装入蛇皮袋后，被被害人高某某发现并拽住。被告人所某拉火为逃离现场，遂将该装有散装香烟的蛇皮袋放下，与被害人高某某从该房间拖拽至该宅院落内，并击打被害人面部，致被害人右眼受伤后放手。后被告人所某拉火携带存放于东墙角处的蛇皮袋翻墙逃离。经鉴定，失窃香烟价值人民币5105元，被害人高某某的伤情系轻微伤。被告人所某拉火归案后如实供述了自己的犯罪事实。涉案香烟和现金已于案发后被追回，并依法发还给被害人。

【案件焦点】

1. 所某拉火盗窃被发现后，为了逃离现场而拳击被害人是否构成抢劫罪；2. 所某拉火进入被害人用于经营的房间抢劫是否属于“入户抢劫”。

【法院裁判要旨】

江苏省如东县人民法院经审理认为：被告人所某拉火入户盗窃

被发现后为抗拒抓捕，挥拳击打被害人，致使被害人受轻微伤，其行为已构成抢劫罪。被告人所某拉火归案后如实供述自己的罪行，系坦白，已退出赃物，在庭审中自愿认罪，可从轻处罚。

江苏省如东县人民法院依照《中华人民共和国刑法》第二百六十三条第一项、第二百六十九条、第六十七条第三款之规定，作出如下判决：

被告人所某拉火犯抢劫罪，判处有期徒刑十年，并处罚金人民币二万元。

所某拉火不服一审判决，上诉称其系盗窃，不构成抢劫罪，也不是入户抢劫。江苏省南通市中级人民法院经审理认为：所某拉火以非法占有为目的进入超市实施盗窃被发现后，为抗拒抓捕，使用暴力主动攻击被害人，致被害人受轻微伤，其行为已构成抢劫罪。所某拉火实施犯罪的场所系被害人经营的超市，该超市与被害人家庭生活起居场所有明确隔离，所某拉火未进入被害人家庭生活场所实施抢劫，故不宜认定为入户抢劫。原判决认定上诉人所某拉火犯抢劫罪的事实清楚，证据确实、充分，但认定入户抢劫并据此量刑不当，予以纠正。

江苏省南通市中级人民法院依照《中华人民共和国刑法》第二百六十三条、第二百六十九条、第六十七条第三款、《中华人民共和国刑事诉讼法》第二百三十六条第一款第二项之规定，作出如下判决：

一、维持江苏省如东县人民法院（2019）苏 0623 刑初 151 号刑事判决中对上诉人所某拉火犯抢劫罪的定性部分；

二、撤销江苏省如东县人民法院（2019）苏 0623 刑初 151 号刑事判决中对上诉人所某拉火的量刑部分；

三、上诉人所某拉火犯抢劫罪，判处有期徒刑四年，并处罚金人民币一万元。

【法官后语】

本案需要重点审查两点：其一，被告人为逃离盗窃现场而采取的暴力行为的方式和强度是否满足转化型抢劫的要求。《中华人民共和国刑法》第二百六十九条规定，犯盗窃、诈骗、抢夺罪，为窝藏赃物、抗拒抓捕或者毁灭罪证而当场使用暴力或者以暴力相威胁的，依照抢劫罪定罪处罚。《最高人民法院关于审理抢劫刑事案件适用法律若干问题的指导意见》规定，对于以摆脱的方式逃脱抓捕，暴力强度较小，未造成轻伤以上后果的，可不认定为“使用暴力”，不以抢劫罪论处。这里的“摆脱”应是消极的躲避、挣扎、挣脱，不能积极地攻击。本案中，所某拉火为抗拒抓捕，主动出击，拳击被害人脸部，行为方式超出了一般的摆脱行为，且造成了被害人轻微伤，符合转化型抢劫的构成要件。

其二，“入户抢劫”的认定。根据《最高人民法院关于审理抢劫刑事案件适用法律若干问题的指导意见》之规定，对于部分用于经营、部分用于生活且之间有明确隔离的场所，行为人进入生活场所实施抢劫的，应认定为“入户抢劫”。与之相对应的是，行为人进入经营场所实施抢劫的，不应认定为“入户抢劫”。按照“举重以明轻”的刑法解释规则，行为人进入经营场所实施盗窃的，也不应认定为“入户盗窃”。根据《最高人民法院关于审理抢劫、抢夺刑事案件适用法律若干问题的意见》之规定，入户盗窃被发现，行为人为窝藏赃物、抗拒抓捕或者毁灭罪证而当场使用暴力或者以暴力相威胁的，如果暴力或者暴力胁迫行为发生在户内，可以认定为

"入户抢劫";如果发生在户外,不能认定为"入户抢劫"。本案中,涉案住宅部分用于经营,部分用于生活,经营场所与生活场所有明确隔离,所某拉火进入用于经营的房间盗窃,不构成"入户盗窃"。所某拉火盗窃被发现后,与被害人由用于经营的房间拉扯至宅院,拉扯期间以暴力攻击被害人眼部。宅院虽属生活场所,但无法证明其暴力行为究竟发生在属于经营场所的房间还是属于生活场所的宅院。根据存疑有利于被告人的原则,不应认定其暴力行为发生在生活场所。综上,所某拉火既未"入户盗窃",也无充分证据证明其在户内实施了暴力攻击行为,故不能认定其"入户抢劫"。

编写人:江苏省南通市中级人民法院　胡元吉

192　冒充武警人员查处违法行为时采用短暂限制人身自由方式强取财物应如何定性

——刘某等抢劫案

【案件基本信息】

1. 裁判书字号

云南省昆明市中级人民法院(2019)云01刑终66号刑事裁定书

2. 案由:抢劫罪

【基本案情】

2017年上半年,被告人吴某某、刘某、兰某某共同商议冒充军警人员抢劫运输走私冻品的大货车,后邀约阙某某等人共同参与。由吴某某购买了冒充武警人员的服装、盾牌、手铐等物品,并约定由吴某某、兰某某分别冒充大队长、副大队长,负责现场指挥，刘某负责联系销赃，阙某某等其余人员冒充武警人员，根据指挥控制大货车驾驶员、拉运冻品等。

2017 年 7 月 29 日 21 时许，上述人员冒充武警人员，强行将被害人赵某、黄某某驾驶的车牌为云 G7××××东风牌大货车拦下，并用手铐将赵某、黄某某铐上控制后，抢走大货车上十二吨冻品，并以罚款名义向赵某索要现金 2900 元。后刘某等人将抢来的冻品运至嵩明销赃，卖得人民币 24000 元。

2017 年 7 月 31 日晚，上述人员冒充武警人员，强行将被害人杨某某、吴某甲驾驶的车牌为云 G6××××的东风牌大货车拦下，对杨某某、吴某某实施控制后，抢走大货车上十四吨冻品，并将前来接货的被害人王某某驾驶的车牌为粤 BU××××的别克商务车砸坏。后吴某某、刘某等人将抢来的冻品运至嵩明，卖得人民币 84000 元。经认定，粤 BU××××号别克商务车被损坏的价值为人民币 2270 元。

另，被告人刘某累计透支信用卡本金共计人民币 199710.58 元。2013 年 7 月后，经银行多次催收超过三个月仍未归还。

【案件焦点】

1. 被告人冒充武警人员以查处走私货物为由，没有使用传统的暴力行为，而采用短暂限制人身自由等方式强行占有财物，能否认定为使用暴力、威胁劫取财物，构成抢劫罪；2. 二审案件中评价对共同犯罪中各被告人量刑是否适当，是根据独立评价被告人的行为、情节判断还是根据作用、地位与其余被告人量刑对比是否均衡判断。

【法院裁判要旨】

云南省昆明市呈贡区人民法院经审理认为：被告人吴某某、刘某、兰某某、阙某某以非法占有为目的，伙同他人，冒充军警人员抢劫，四人的行为构成抢劫罪，抢劫数额巨大。吴某某、刘某、兰某某系主犯，阙某某系从犯；吴某某、兰某某、阙某某系坦白，可以从轻处罚；兰某某有犯罪前科，可酌情从重处罚。刘某撤销缓刑，数罪并罚。

云南省昆明市呈贡区人民法院依照《中华人民共和国刑法》第二百六十三条、第二十五条第一款、第二十七条、第六十九条、第六十七条第三款、第七十七条第一款、第一百九十六条、第六十四条作出如下判决：

一、被告人刘某犯抢劫罪，判处有期徒刑十三年，并处罚金60000 元；犯信用卡诈骗罪，判处有期徒刑五年，并处罚金 50000 元，撤销原判前罪犯信用卡诈骗罪，判处有期徒刑二年，缓刑二年，并处罚金 20000 元，决定执行有期徒刑十七年，并处罚金130000 元；

二、被告人吴某某犯抢劫罪，判处有期徒刑十三年，并处罚金60000 元；

三、被告人兰某某犯抢劫罪，判处有期徒刑十三年六个月，并处罚金 60000 元；

四、被告人阙某某犯抢劫罪，判处有期徒刑七年八个月，并处罚金 50000 元；

五、扣押在案的作案工具标有“武警盾牌”字样的纸板一块，予以没收；违法所得继续追缴，发还被害人。

刘某、阙某某以其构成招摇撞骗罪、吴某某以其构成敲诈勒索罪、兰某某以量刑过重等为由，提出上诉。云南省昆明市中级人民法院经审理认为：四名上诉人伙同他人冒充军警人员拦截被害人车辆，强行将被害人押解至车中，并使用手铐进行约束，趁机强行开走被害人车辆的行为已经达到抢劫罪的暴力程度，故三人不构成抢劫罪的上诉意见不能成立。吴某某、刘某、兰某某均属主犯，但兰某某的地位、作用轻于吴某某、刘某，阙某某属从犯，一审对兰某某判处的刑罚不属于量刑畸重，虽吴某某、刘某的抢劫罪的量刑轻于兰某某，但根据上诉不加刑原则，二审不加重二人刑罚。

云南省昆明市中级人民法院依照《中华人民共和国刑事诉讼法》第二百三十六条第一款第一项之规定，作出如下裁定：

驳回上诉，维持原判。

【法官后语】

本案焦点在于被告人在冒充武警查处走私行为时，采用短暂限制人身自由方式强行占有财物的行为能否评价为使用暴力，从而认定为抢劫罪。对行为人冒充警察以“执法”活动为由占有被害人的财物行为构成何种犯罪，2005年6月8日最高人民法院发布的《关于审理抢劫、抢夺刑事案件适用法律若干问题的意见》作出了专门规定，冒充人民警察“抓赌”“抓嫖”、没收赌资或者罚款的行为，构成犯罪的，以招摇撞骗罪从重处罚；在实施上述行为中使用暴力或者暴力威胁的，以抢劫罪定罪处罚。因此，本案能否认定为抢劫罪的关键在于四被告人“查处违法行为”时使用的手段是否为暴力或者暴力威胁。

本案中，一审、二审法院均认为四被告人事前共谋，以“武警查缉”名义对走私货物的车辆实施拦路堵截，并将被害人押解至几人驾驶的车辆中，对其使用手铐，强行开走被害人货车等一系列行为，虽未使用传统的殴打、伤害等暴力，被害人亦未受到实际的损伤，但是其对被害人采用的短暂限制人身自由行为已经使被害人产生恐惧进而形成心理强制，达到了足以压制被害人反抗的程度，远远超出了敲诈勒索的“基于害怕被查处的恐惧心理而交出财物”的程度，且与招摇撞骗的“被害人基于被骗自愿交付财物”有显著区别，四被告人使用的“拦截”“使用手铐”“押解至车中”等能达到短暂限制人身自由目的的行为在样态、手段、场所、双方人数、心理震慑力等层面上已经达到了足以压制被害人反抗的程度，应当认定使用暴力当场强行劫取财物，构成抢劫罪，且属于冒充军警人员抢劫的从重处罚情节。

本案的另一个问题是，在共同犯罪中，二审法院评判一审法院量刑是否适当的标准，是根据独立评价被告人的行为、情节，还是根据从行为、情节与其余被告人对比量刑是否均衡。

罪责刑相适应是量刑的根本原则，也是评价对被告人量刑是否适当的根本标准。具体而言，衡量对被告人的刑罚是否适当的标准首先应该是从其作为独立个体角度考量对其的量刑是否与其犯罪行为、性质、社会危害性等查明的犯罪事实及情节相适应，这是其承担刑罚的基础，其次才是其与共同犯罪中其余被告人相比，对其的判处的刑罚是否实现量刑均衡。具体到本案中，仅从兰某某本身的犯罪行为上看，根据其积极参与两起抢劫犯罪、犯罪数额特别巨大、冒充军警人员实施抢劫的从重处罚情节和以罚款名义向被害人索要现金 2900 元等情节，对其判处有期徒刑十三年六个月的量刑适当，不属于量刑畸重的情形；只是从量刑均衡角度看，吴某某、刘某、兰某某均系主犯，兰某某的地位、作用轻于二人，但与二人相比，对兰某某量刑偏重，但单独来看，三人各自的量刑均符合罪责刑相适应原则，只是对于二人量刑轻于兰某某这一量刑略显均衡的情形，二审案件中不能直接依据罪责刑相适应原则加重对二人的处罚。故基于“上诉不加刑”原则，二审法院单独对各被告人行为、情节评价后发现量刑并无明显不当，即使在共同犯罪中出现量刑不均衡，也不得加重对其中量刑畸轻被告人的处罚。

编写人：云南省昆明市中级人民法院　周舒

193　公诉案件中被告人是否应承担部分举证责任

——张某抢劫案

【案件基本信息】

1. 裁判书字号

北京市第二中级人民法院（2019）京02刑终667号刑事裁定书

2. 案由：抢劫罪

【基本案情】

2010年11月19日中午，被告人张某尾随被害人吴某红至北京市丰台区某小区1号楼××号门口，张某持电棍对被害人吴某红以拉拽、电击等方式意图对被害人实施抢劫，因被害人反抗，其本人在受伤后逃跑。被害人于当日报警。后经鉴定，现场勘验提取的血迹为张某所留。张某于2018年12月17日在原籍被抓获归案。

【案件焦点】

在公诉案件中被告人是否应承担部分举证责任。

【法院裁判要旨】

北京市丰台区人民法院经审理认为：在证明责任上应区分说服责任和提供证据责任，公诉案件中被告人有罪的举证责任由人民检察院承担，公诉方始终承担着说服责任，但在提供证据责任上，在公诉方针对指控的事实主张已经提供了相应的证据，承担了初步的证明义务后，被告方也需要对相关的辩护事实承担提供证据的责任，即使最终反驳的责任仍然由公诉方承担。本案被告人张某辩称自己之前被人骗钱、被害人与骗子体貌特征很像等，一直未能提供相关证据或者线索、材料，辩护人提供的几张照片既不能反映出被告人视力近视，也不能反映出被告人当时被骗、认错人，因此将被告人的一些没有依据的辩解的证明责任完全要求公诉方来承担，混淆了说服责任和提供证据责任，不符合证明责任的分配原则。在案证据已证明被告人张某以非法占有为目的，使用暴力手段劫取他人财物，其行为侵犯了公民的人身权利和财产权利，已构成抢劫罪，依法应予惩处。张某已经着手实行犯罪，因意志以外的原因而未得逞，系犯罪未遂，比照既遂犯对其减轻处罚。

北京市丰台区人民法院依照《中华人民共和国刑法》第二百六十三条、第二十三条、第六十一条之规定，判决如下：

被告人张某犯抢劫罪，判处有期徒刑二年，并处罚金人民币4000元。

宣判后，张某提出上诉。张某及其辩护人从证据采信、诉讼程序、行为定性、量刑情节等方面提出了相关上诉理由和辩护意见，其中同样包括举证责任分配问题，认为侦查机关、公诉机关、一审法院均怠于履行职责，未收集相关证据排除张某的行为是因为认错人的合理怀疑，将排除合理怀疑的责任强加于张某。

北京市第二中级人民法院经审理认为：公诉机关通过出示证据证明张某实施了抢劫犯罪，张某仍作无罪辩解，在此情形下，张某虽不负有收集、出示证据证明其无罪的义务，但至少应提供可供司法机关查证的线索以证明无罪辩解的合理性，张某行为极其反常，辩解自相矛盾而又无据可查，本案司法机关并未要求张某承担排除合理怀疑的证明责任，而是张某及其辩护人所提抗辩不足以构建合理怀疑。张某以非法占有为目的，使用暴力抢劫他人财物，其行为已构成抢劫罪，依法应予惩处。一审法院认定张某犯抢劫罪的事实清楚，证据确实、充分，根据其犯罪的事实、犯罪的性质、情节及对于社会的危害程度所作的判决，定罪及适用法律正确，量刑适当，审判程序合法，应予维持。

北京市第二中级人民法院依照《中华人民共和国刑事诉讼法》第二百三十六条第一款第一项之规定，作出如下裁定：

驳回上诉，维持原判。

【法官后语】

随着刑事古典学派的兴起和刑事司法文明的进步，刑法理论和司法实践逐渐确立无罪推定原则，与之配套的是举证责任分配中应坚持不得强迫任何人自证其罪。我国刑事诉讼法亦吸收了理论研究成果，其中第五十一条规定：“公诉案件中被告人有罪的举证责任由人民检察院承担……”如何理解适用上述规定，控辩双方以及一审、二审法院均存在认识分歧。

一、理论学说

在英美证据法理论中，举证责任被明确区分为提出证据责任和说服责任。基于无罪推定原则和对抗主义诉讼模式，被告人被预先推定为无罪，检察官指控被告人有罪，既应承担提出证据证明犯罪事实的责任，也应承担说服裁判者判定被告人有罪的责任。同时，鉴于被告人较检察官更为知悉犯罪事实的来龙去脉，“对于阻却违法、阻却责任之事实，被告最容易得到知识或证据，依一般举证责任分配的原则，亦应由被告负举证责任”。① 控辩双方所承担的说服责任存在程度上的差异，检察官承担的说服责任需要达到排除合理怀疑程度，被告人只需达到优势证据程度即可。大陆法中举证责任区分基本相似，说服责任被称为客观举证责任或实质举证责任，与提出证据责任相对应的为主观举证责任或形式举证责任。②

二、一审法院观点

针对本案控辩双方关于公诉案件中被告人是否应承担部分举证责任的争议焦点，一审法院采信了证据法理论对举证责任作出的提出证据责任与说服责任的区分，在坚持公诉案件证明被告人有罪提供证据责任、说服责任均应由检察机关承担的基础上，认为被告人及其辩护人对辩解事实也应承担相应的举证责任。在本案中，被告人张某辩称之前为人所骗，被害人与其遭遇的诈骗嫌疑人体貌特征相似，但未履行提供证据责任和说服责任，应承担由此造成的不利后果。

理论可用于指导实践，但需要注意的是理论与实践之间仍然存在一定程度的差异。刑事司法实践中，应结合具体法律规定运用证据理论。我国刑事诉讼法对举证责任尚未区分提供证据责任与说服责任，其中第五十二条明确规定：“审判人员、检察人员、侦查人员必须依照法定程序，收集能够证实犯罪嫌疑人、被告人有罪或者无

---

① 王兆鹏：《美国刑事诉讼法》，北京大学出版社 2005 年版，第 530 页。

② ［日］田口守一：《刑事诉讼法》，刘迪、张凌、穆津译，法律出版社 2000 年版，第 226~227 页。

罪、犯罪情节轻重的各种证据……”结合以上规定，司法机关负有全面收集证明被告人有罪、无罪以及罪轻罪重证据的责任。收集、提供证据更多的是被告人、辩护人享有的一项诉讼权利而非法定义务。被告人、辩护人未行使提供证据的权利，并不能免除司法机关积极收集证明被告人无罪、罪轻证据的义务，亦不能直接判令被告人承担有罪或罪重的法律后果。

三、二审法院意见

二审法院针对本案控辩双方争议焦点的论证思路与一审法院略有不同，但在裁判结果上又殊途同归。笔者认为：

1. 刑事司法应鼓励被告人收集、提供无罪或罪轻的证据。被告人是犯罪事实的亲历者，对有利于己方证据的种类、收集渠道更为熟悉，这正是域外证据理论和司法实践将阻却违法、阻却责任的举证责任划归辩方承担的重要理由和积极意义所在。我国刑事诉讼法完整地采用职权主义诉讼模式，尚未将此规定为被告人的法定举证义务，但基于程序参与原则和查明案件事实的需要，应鼓励被告人积极收集、提供证据以支持无罪或罪轻辩解，并为被告人陈述意见、提出证据提供“所必需的时间上及机会上的便利和程序保障”。[①]

2. 被告人应当提供证明无罪或罪轻辩解可供查证的线索。我国刑事诉讼法及相关司法解释虽未规定被告人负有举证责任，但已明确规定被告人负有提供相关证据线索的义务。例如，刑事诉讼法第五十八条第二款规定，被告人申请排除以非法方法收集的证据的，应当提供相关线索或者材料。被告人拒不提供证明辩解合理的证据线索，或其辩解本身就是无从查证的“幽灵抗辩”，在此情形下要求

① 宋英辉：《刑事诉讼原理》，法律出版社2003年版，第107页。

司法机关承担收集、提供证据的责任，既不合理又无法律依据。在本案中，检察机关通过出示证据证明张某实施了抢劫犯罪，张某仍作无罪辩解，张某虽不负有收集、出示证据证明其无罪的义务，但至少应提供可供司法机关查证的线索以证明无罪辩解的合理性。在此前提下，司法机关才负有收集证据排除合理怀疑的义务。张某辩称曾为他人所骗，因眼睛近视将吴某红误认为骗取其钱款之人，尾随吴某红的目的是要回被骗款项。案发当日，张某携带电棍等物品从小区门口一直尾随被害人，至被害人居住的 13 楼而不与之确认身份；趁被害人单独一人反身锁门背后无防备之机，不出声询问却突然发难；既不能叙述被骗经过，也不能提供骗其钱款女子的体态特征及身份信息；辩称近视“未看清”“不敢看”被害人，又表示骗其钱款的女子与被害人很像。张某行为极其反常，辩解自相矛盾而又无据可查。本案司法机关并未要求张某承担排除合理怀疑的举证责任，而是张某及其辩护人所提抗辩不足以构成合理怀疑。

编写人：北京市第二中级人民法院　周耀

194　抢劫数额巨大的承兑汇票未贴现的行为如何认定

——李四某、李小某抢劫案

【案件基本信息】

1. 裁判书字号

河南省焦作市中级人民法院（2018）豫 08 刑终 85 号刑事判决书

2. 案由：抢劫罪

【基本案情】

李四某提议并与李小某共同预谋抢劫被害人周瑞某的承兑汇票，2017 年 5 月 24 日 18 时许，李四某和李小某窜至沁阳市怀庆办事处甲小区 4 号楼电梯内，李四某捂住周瑞某的嘴，李小某用李四某购买的电击棒击打周瑞某的左腹部，周瑞某因害怕而假装晕倒，李四某、李小某将周瑞某随身携带的挎包抢走，包内装有现金 2000 元、银色苹果 5 手机 1 部、金额 2582223.2 元的承兑汇票 26 张。经沁阳市价格认证中心鉴定，该手机价值 300 元。案发后，承兑汇票均已追回并发还周瑞某。

【案件焦点】

抢劫数额巨大的承兑汇票，因行为人意志以外的原因未能贴现的，应如何认定。

【法院裁判要旨】

河南省沁阳市人民法院经审理认为：被告人李四某、李小某以暴力方法抢劫他人财物，数额较大，其行为均构成抢劫罪。河南省沁阳市人民检察院指控的罪名成立，但指控抢劫公私财物数额巨大不当，应以本院查明的事实为据予以刑事处罚。本案系共同犯罪，李四某提议并准备作案工具，在犯罪中起主要作用，系主犯，应按照其所参与的全部犯罪予以处罚。李小某在犯罪中起次要作用，系从犯，依法应当从轻处罚。李四某、李小某到案后均如实供述罪行，依法均可以从轻处罚。违法所得依法应予追缴并发还被害人。

河南省沁阳市人民法院依照《中华人民共和国刑法》第二百六十三条，第二十五条，第二十六条第一款、第四款，第二十七条，

第六十七条第三款，第六十四条，作出如下判决：

一、被告人李四某犯抢劫罪，判处有期徒刑六年，并处罚金人民币 5000 元。被告人李小某犯抢劫罪，判处有期徒刑五年，并处罚金人民币 4000 元；

二、违法所得人民币 2000 元、银色苹果 5 手机 1 部依法予以追缴并发还被害人。

河南省沁阳市人民检察院以抢劫数额巨大的承兑汇票未贴现的行为应认定为抢劫数额巨大且未遂为由提出抗诉。

河南省焦作市中级人民法院经审理认为：李四某、李小某以暴力方法抢劫他人财物，共计抢劫现金 2000 元、银色苹果 5 手机 1 部、金额 2582223. 2 元的承兑汇票 26 张，数额巨大，其行为均已构成抢劫罪。其中抢劫的金额为 2582223. 2 元的承兑汇票，因犯罪分子意志以外的原因而未得逞，是犯罪未遂，可以减轻处罚。本案系共同犯罪，李四某提议并准备作案工具，在犯罪中起主要作用，系主犯，应按照其所参与的全部犯罪予以处罚。李小某在犯罪中起次要作用，系从犯，依法应当从轻处罚。李四某、李小某到案后均如实供述罪行，依法均可以从轻处罚。抗诉理由成立，应予支持。

河南省焦作市中级人民法院依照《中华人民共和国刑法》第二百六十三条，第二十五条，第二十三条，第二十六条第一款、第四款，第二十七条，第六十七条第三款，第六十四条之规定，作出如下判决：

一、维持河南省沁阳市人民法院（2017）豫 0882 刑初 1935 号刑事判决的第二项；

二、撤销河南省沁阳市人民法院（2017）豫 0882 刑初 1935 号刑事判决的第一项；

三、被告人李四某犯抢劫罪，判处有期徒刑七年，并处罚金人民币30000元。被告人李小某犯抢劫罪，判处有期徒刑五年，并处罚金人民币10000元。

【法官后语】

本案主要涉及抢劫数额巨大的承兑汇票，由于意志以外的原因，未予贴现或转让的情形，是否应同时认定抢劫数额巨大和未遂的问题。笔者认为，应当同时认定抢劫数额巨大和犯罪未遂。具体理由如下：

1. 贴现行为属于事后不可罚行为，无须单独进行刑法评价

抢劫承兑汇票后，转让、贴现银行承兑汇票的行为，虽然符合刑法第一百九十四条第一款第三项规定，属于冒用他人的汇票进行金融票据诈骗活动，骗取财物数额较大的行为，但抢劫汇票行为与转让、贴现行为密不可分，截取、控制汇票后，行为人需要对票据进行转让、贴现才能获取财产性利益，非法占有财产的目的最终得以实现，因此抢劫行为与转让、贴现的行为是一个整体，后行为是前行为的延续，所实施的后行为所造成的结果都可归因于抢劫行为，被抢劫犯罪包含在内，属于事后不可罚行为，故不需要单独进行刑法评价，不成立数罪。

2. 票面数额应计入抢劫数额

承兑汇票不仅具有财产价值，支付功能强大，而且在一定程度上可如同货币一样流通，行为人抢劫了承兑汇票就应当评价抢劫了财物，并且应当按照票面数额认定抢劫数额，但承兑汇票虽然流通性强，毕竟不是货币，或者说不能被评价为货币，应做出相似但又有异于抢劫货币的处理，鉴于其流通性强、有待贴现或转让的特性，抢劫了承兑汇票虽应按票面数额计入抢劫数额，但不宜按票面数额

认定为既遂，而应将贴现或转让作为既遂未遂的认定标准。

3. 应同时认定抢劫数额巨大和未遂

首先，依据《最高人民法院关于审理抢劫、抢夺刑事案件适用法律若干问题的意见》第十条规定："……刑法第二百六十三条规定的八种处罚情节中除'抢劫致人重伤、死亡的'这一结果加重情节之外，其余七种处罚情节同样存在既遂、未遂问题，其中属抢劫未遂的，应当根据刑法关于加重情节的法定刑规定，结合未遂犯的处理原则量刑"，抢劫数额巨大的承兑汇票的行为存在既遂、未遂的问题。

其次，抢劫记名、可挂失的有价支付凭证的，不能把是否取得凭证作为区别既遂、未遂的标准。因为行为人抢劫这种有价证券后，并不意味着已经获得了对凭证所记载财产的完全控制，行为人还必须去相关机构兑付财产，实际非法获取财产实现抢劫犯罪的目的，构成抢劫既遂。承兑汇票作为一种记名、可挂失有价支付凭证，在贴现以前，其票面数额只具有财产权利上的象征意义，抢劫行为人劫得承兑汇票后，并不意味着已经完全控制承兑汇票所记载的财产，只有将承兑汇票兑现或者转让才能非法占有他人财产。

最后，抢劫罪既侵犯财产权利又侵犯人身权利，具备劫取财物或者造成他人轻伤以上后果两者之一的，均属抢劫既遂；既未劫取财物，又未造成他人人身伤害后果的，属抢劫未遂。抢劫行为人劫取记名、可挂失的承兑汇票后，由于在冒名贴现时被人发觉或在行为人冒领以前义务人挂失或在劫取承兑汇票后立马被人抓获等原因，导致行为人没能最终控制承兑汇票中记载的钱财，若没有造成被害人轻伤以上后果，就属于因意志以外的原因而未能具备既遂的全部要件，应构成未遂；如果抢劫承兑汇票后顺利贴现的则构成犯罪既遂。本案中，被告人李四某、李小某把他人的数额巨大的承兑汇票抢到手仅仅是完成了抢劫行为的一部分，并没有实际控制、非法占有他人财产，且没有造成被害人轻伤以上后果，应同时认定为抢劫数额巨大和未遂。

编写人：河南省焦作市中级人民法院　李元成　李小源

195　暴力手段抢劫过程中“逼迫打欠条”行为应如何定性

——常某等抢劫、常某诈骗案

【案件基本信息】

1. 裁判书字号

河南省焦作市中级人民法院（2017）豫08刑终106号刑事裁定书

2. 案由：抢劫罪、诈骗罪

【基本案情】

2016年1月24日19时许，被告人常某指使孔某（已判决）、姬某（已判决）窜至焦作市某商城东门口，以代还信用卡为由让被害人刘某向其提供的光大银行信用卡内转账23000元，姬某遂掰弯信用卡扔在地上，孔某捡起信用卡逃跑。

2016年3月27日15时许，被告人常某、毋某、许某伙同毋某某（另案处理）等人经事先预谋，在焦作市解放区××国际××××房间，采取砍刀刀背拍、电警棍电击及其他恐吓的方式抢劫了被害人荆某、李某和王某现金共计21500元。后常某、许某、毋某在荆某没有现金的情况下，迫使荆某在焦作市上白作乡闫河村打了一张10000元的欠条。

【案件焦点】

对被告人常某、许某以非法占有为目的，采用暴力手段，强迫他人出具10000元欠条的行为，应如何定性，应判定为敲诈勒索罪还是抢劫罪。

【法院裁判要旨】

河南省焦作市中级人民法院经审理认为：被告人常某、毋某、许某以非法占有为目的，采用暴力手段抢劫他人财物，其中被告人常某、许某抢劫他人财物31500元，被告人毋某抢劫他人财物21500元，三名被告人的行为均已经构成抢劫罪；被告人常某以非法占有为目的，以让他人代还信用卡为名骗取他人财物23000元，数额较大，其行为已构成诈骗罪。在被告人所抢劫的财物中，其中有10000元系当场使用暴力，强迫他人出具的欠条，被告人未实际得到10000元，对于该10000元欠条，被告人已经着手实行抢劫罪，由于其意志以外的原因未得逞，是抢劫犯罪未遂，可以比照既遂犯从轻处罚。依照相关法律规定，判决如下：

一、被告人常某犯诈骗罪，判处有期徒刑十个月，并处罚金人民币7000元；犯抢劫罪，判处有期徒刑六年零七个月，并处罚金人民币8000元。数罪并罚后，决定执行有期徒刑六年零十一个月，并处罚金人民币15000元；

二、被告人毋某犯抢劫罪，判处有期徒刑五年，并处罚金人民币5000元；

三、被告人许某犯抢劫罪，判处有期徒刑五年零十一个月，并处罚金人民币7000元；

四、责令被告人常某、毋某、许某退赔被害人荆某、李某、王某人民币21500元。

一审判决后，被告人常某、毋某不服判决，提出上诉。二审法院审理后维持原判。

【法官后语】

本案审理过程中，对被告人常某、毋某、许某以非法占有为目的，采用暴力手段抢劫被害人荆某、李某和王某21500元的行为构成抢劫罪无异议；但是对被告人常某、毋某、许某以非法占有为目的，采用暴力手段，强迫荆某出具10000元欠条的行为应如何定性，存在很大争议：第一种意见认为构成敲诈勒索罪；第二种意见认为构成抢劫罪。本案判决支持第二种意见，具体分析如下：

1. 在本案既定主体、客体的前提下，被告人的主观方面为直接故意非法强索占有他人财物，均符合二罪名的该项构成要件，所以在认定时需主要对客观方面进行分析。

（1）从实现威胁的现实可能性看，抢劫罪的威胁具有当场付诸实施的现实可能性，即如果被害人拒不交出财物，犯罪分子就会立即实施暴力；而敲诈勒索罪的暴力威胁不具有当场实施的现实可能性。

（2）从非法取得财物的时间看，抢劫罪是当场取得财物；而敲诈勒索罪取得财物的时间，一般是在发出威胁、要挟后的一定期限内，但是也可以在实施威胁、要挟的当场。

（3）从暴力程度看，抢劫罪的暴力手段必须达到抑制被害人反抗的程度。因为抢劫罪的本质是通过暴力、胁迫或其他方法使被害人不能反抗或不知反抗，从而劫取财物；而敲诈勒索罪中的暴力行为虽然也是手段行为，但其目的是索要财物，不是排除被害人的反抗，而是用来对被害人的心理施压，使被害人不敢反抗，让被害人在不甘愿的情况下被迫交付财物或提供财产性利益。

综上，如果行为人的行为同时具备了“两个当场”的特征，即当场实施威胁，当场取得财物，应以抢劫罪论处。本案中，被告人当场对被害人采取暴力手段索要钱财，并以拘禁的方法限制被害人的自由，采取砍刀刀背拍、电警棍电击及其他暴力的方式，以此逼迫被害人打欠条，从犯罪时间看，各被告人的行为符合抢劫罪的“两个当场”特征；从暴力行为看，其是为了排除阻力，劫取财物，符合抢劫罪的特征应以抢劫罪定罪处罚。

2. 在确定了被告人常某、许某定罪抢劫罪后，即需认定其应定性为抢劫罪既遂还是未遂。抢劫罪是双重客体，在不同的情况下以不同的标准区分既遂与未遂，即抢劫行为没有造成人身伤亡时，以是否抢得财物作为标准；如果抢劫行为造成人身伤害或者伤亡，则不论是否取得财物，都成立抢劫罪的既遂。对本案中10000元欠条，被告人常某、毋某、许某，并没有实际抢得钱款，也没有造成人身伤亡。因此，应以抢劫罪未遂定罪量刑。

编写人：河南省焦作市解放区人民法院　冯嵘

196　区分抢劫罪与敲诈勒索罪的“两个当场”标准

——赵某、李某抢劫案

【案件基本信息】

1. 裁判书字号

福建省厦门市中级人民法院（2018）闽02刑终457号刑事裁定书

2. 案由：抢劫罪

【基本案情】

被告人赵某、李某和唐某（另案处理）合谋以搭乘载客摩托车并以假摔的方式向摩托车载客工索要钱财，后于2017年9月23日1时许，在某村附近雇用摩托车载客工被害人徐某驾驶二轮摩托车前往厦门市同安区西柯镇，当摩托车行至同安区西柯镇浦头村浦头北路浦头里××号门口旁的减速带附近时，唐某按照事先分工跳下车并假装摔倒。徐某停车后，被告人赵某即拔走徐某的摩托车钥匙，并用手击打徐某戴在头上的安全帽。尔后，被告人赵某、李某和唐某将徐某带到附近的高速路桥下，逼迫徐某将身上的现金和证件拿出放在地上，并动手搜出徐某放在摩托车油箱旁边袋子里的现金放在地上，后迫使徐某通过手机微信转还被告人李某支付的车费人民币100元。唐某在徐某用手机转账时趁机记下支付密码，后拿着徐某的手机，将徐某手机微信里的钱款人民币900元转账到自己的手机微信里。随后，被告人赵某、李某和唐某取走地上的现金300元，被告人赵某又用脚踢徐某身体；在徐某的哀求下，被告人赵某等三人给徐某留下人民币30元后逃离现场。

2017年9月23日，被告人赵某、李某被民警抓获，民警分别扣押被告人赵某、李某OPPO A59m、OPPO R9m手机各1部。

【案件焦点】

以假摔方式向摩托车载客工索要钱财，是敲诈勒索行为还是抢劫行为。

【法院裁判要旨】

福建省厦门市同安区人民法院经审理认为：关于本案被告人赵某、李某的行为定性问题。经查：（1）被告人赵某、李某和唐某在作案前即合谋以搭乘载客摩托车并以假摔的方式向摩托车载客工索要钱财，表明三人在主观上具有非法占有摩托车载客工财物的目的。（2）赵某拔走被害人的摩托车钥匙，致使被害人无法连人带车脱离现场；用手击打被害人戴在头上的安全帽，属于对被害人实施暴力行为，既从身体上对被害人造成伤害，也从精神上对被害人形成压制；作为年纪较大且身材瘦小的被害人，面对年轻男性的被告人赵某等三人，在夜深人静的偏僻地点，在遭到摩托车钥匙被拔走及被殴打头部的情形下，被害人徐某已不能也不敢进行反抗，对自己的财物也已无意思决定自由，因而任由被告人赵某等三人取走、转走现金和微信钱款。综上，被告人赵某、李某和唐某主观上具有非法占有被害人徐某财物的目的，客观上当场使用暴力和胁迫手段，当场劫取被害人徐某的财物，其行为符合抢劫罪的构成要件，已经构成抢劫罪。故被告人赵某、李某及辩护人提出被告人的行为不构成抢劫罪的辩解、辩护意见，理由、依据不足，不予采纳。

福建省厦门市同安区人民法院依照《中华人民共和国刑法》第二百六十三条、第二十五条第一款、第六十七条第三款、第六十四条之规定，判决如下：

一、被告人赵某犯抢劫罪，判处有期徒刑三年，并处罚金人民币 3000 元；

二、被告人李某犯抢劫罪，判处有期徒刑三年，并处罚金人民币 3000 元；

三、责令被告人赵某、李某退赔被害人徐某人民币 1270 元；

四、扣押在公安机关的 OPPO A59m、OPPO R9m 手机各 1 部予以没收。

赵某持原审辩解提起上诉。

福建省厦门市中级人民法院同意一审法院裁判意见，作出如下裁定：

驳回上诉，维持原判。

【法官后语】

本案重点问题在于以假摔方式向摩托车载客工索要钱财的行为是构成敲诈勒索罪还是抢劫罪。关于这个问题，存在两种不同的意见。

第一种意见认为被告人的行为构成敲诈勒索罪。理由如下：被告人主观上只有索要钱财的故意，没有共同抢劫的故意；本案被告人赵某只是用手轻拍被害人的安全帽三下，未采用其他暴力手段，不足以使被害人不敢反抗或者不能反抗；本案被告人未强行劫取被害人的财物，只是偷窃和索取被害人的财物。因此，本案被告人的行为不构成抢劫罪，而应该是敲诈勒索罪。

第二种意见认为被告人的行为构成抢劫罪。被告人主观上具有非法占有被害人徐某财物的目的，客观上当场使用暴力和胁迫手段，当场劫取被害人徐某的财物，其行为符合抢劫罪的构成要件，已经构成抢劫罪。

笔者赞同第二种意见，认为被告人的行为构成抢劫罪。

1. 本案符合“两个当场”的标准

“两个当场”的标准即当场实施暴力，当场拿到钱财。在一些敲诈勒索案件中，取得钱财与暴力威胁没有明显的当场性，往往是以日后实施的暴力相威胁要求当场交付财物，或者以当场实施暴力相威胁要求其日后交付财物，由于实施暴力和取财行为未同时实施，这就给予被害人以选择的余地或者寻求救济的机会。但在本案中，被告人赵某拔走被害人的摩托车钥匙，致使被害人无法连人带车脱离现场，被害人没有回旋的余地，行为人必然要当场实施暴力，当场就拿到钱财。

2. 暴力程度足以压制反抗

"两个当场"标准要求暴力必须达到一定的程度，即只要暴力在客观上具有剥夺被害人保护自己财物的实际可能的，才属于抢劫罪中的暴力。如果暴力行为轻微，不足以抑制被害人的反抗，则不具备"两个当场"的实质要求，不构成抢劫罪。这是因为，抢劫罪的"当场施暴、当场取财"，要求施暴与取财之间具有直接的因果关系，也即因为"当场的暴力行为"抑制住了被害人的反抗，而劫取了被害人的财物。如果不是基于"当场的暴力行为"导致被害人不知反抗、不能反抗、不敢反抗，即使当场实施轻微暴力取得了财物，也不符合"两个当场"的标准，不能构成抢劫罪。本案中，被告人的暴力程度明显达到足以压制被害人反抗的程度。赵某拔走被害人的摩托车钥匙，致使被害人无法连人带车脱离现场；用手击打被害人戴在头上的安全帽，属于对被害人实施暴力行为，既从身体上对被害人造成伤害，也从精神上对被害人形成压制；作为年纪较大且身材瘦小的被害人，面对年轻男性的被告人赵某等三人，在夜深人静的偏僻地点，在遭到摩托车钥匙被拔走及被殴打头部的情形下，被害人徐某已不能也不敢进行反抗，对自己的财物也已无意思决定自由，因而任由被告人赵某等三人取走、转走现金和微信钱款。

综上，区分抢劫罪与敲诈勒索罪，除了要判断"两个当场"的形式特征——当场实施暴力，当场拿到钱财，还要注意判断“两个当场”的实质内涵——暴力程度足以压制反抗。

编写人：福建省厦门市同安区人民法院　林碰狮　潘艺晴

197 如何适用《两抢意见》第五条的兜底条款认定盗窃行为转化为抢劫罪

——黎东某抢劫、吴裕某过失致人死亡案

【案件基本信息】

1. 裁判书字号

广东省茂名市中级人民法院（2018）粤09刑终126号刑事判决书

2. 案由：抢劫罪、过失致人死亡罪

【基本案情】

2016年8月23日凌晨2时许，被告人吴裕某在其鱼塘巡查时发现被告人黎东某、黎达某、黎晓某三人在偷偷钓鱼，于是大声呼叫起来，黎东某、黎达某、黎晓某便立刻逃跑，其中黎东某、黎达某往鱼塘边田里跑去，黎晓某则跳入鱼塘往鱼塘东南侧的排水口游去，吴裕某看到后便从塘基处向鱼塘东南侧的排水口追去，黎晓某看到吴裕某在排水口处，便折返游回原来跳水的位置，吴裕某又从塘基追过来，黎晓某见状又折返游回排水口处并从排水口附近的水泥斜坡处走上来，吴裕某见状就从地上捡起两块小石头丢向黎晓某，同时从地上捡起一根约1米长的树杈拦在水泥斜坡处不让黎晓某逃走。黎东某、黎达某见状，商量将吴裕某推入鱼塘，创造机会让黎晓某逃走。接着黎东某、黎达某就从田边冲过来从后面推吴裕某跌入鱼塘，由于动作过大黎东某也随之一同跌入鱼塘。吴裕某跌落过程中，撞到在斜坡下段距水面较近位置的黎晓某，二人沿斜坡滚入水中。黎东某爬上岸后与黎达某逃离现场。在水中，黎晓某双手拉着吴裕某腰间的衣服，吴裕某用手推开黎晓某双手，自己爬上塘基，缓了一口气便呼喊："快来救人啊！"但没人回应。吴裕某就回家叫醒其妻帮忙打电话报警。十几分钟后，派出所民警到场，与吴裕某在鱼塘里打捞，但并没有发现黎晓某。直到当天下午17时许，才在鱼塘内打捞起黎晓某的尸体。经鉴定，黎晓某符合生前入水死亡。

【案件焦点】

如何适用《最高人民法院关于审理抢劫、抢夺刑事案件适用法律若干问题的意见》（以下简称《两抢意见》）第五条的兜底条款认定盗窃行为转化为抢劫罪。

【法院裁判要旨】

广东省茂名市电白区人民法院经审理认为：被告人吴裕某在追捕过程中疏忽大意，没有尽到合理注意义务致他人死亡，构成过失致人死亡罪。被告人黎东某与黎达某为了使同伙逃脱，合力推撞鱼塘主下水，以致同伙黎晓某一同跌入鱼塘而溺水死亡的危害后果，构成过失致人死亡罪。

广东省茂名市电白区人民法院依照《中华人民共和国刑法》第二百三十三条，《中华人民共和国侵权责任法》第六条第一款、第十五条第一款第六项、第十六条及《中华人民共和国刑事诉讼法》第九十九条第一款的规定，作出如下判决：

一、被告人黎东某犯过失致人死亡罪，判处有期徒刑四年；

二、被告人吴裕某犯过失致人死亡罪，判处有期徒刑二年；

三、被告人吴裕某赔偿附带民事诉讼原告人黎振某、何亚某丧葬费人民币41433元；

四、驳回附带民事诉讼原告人黎振某、何亚某要求赔偿精神抚慰金、死亡赔偿金的诉讼请求。

原审附带民事诉讼原告人黎振某、何亚某，原审被告人黎东某、吴裕某均不服，提起上诉。

广东省茂名市中级人民法院经审理认为：黎东某伙同黎达某、被害人黎晓某秘密窃取吴裕某的财物，被吴裕某发现后，为抗拒抓捕，黎东某、黎达某当场使用暴力，属于《两抢意见》第五条第五项规定的情形，应以抢劫罪定罪处罚。吴裕某的行为与黎晓某死亡的后果之间不存在刑法上的因果关系，吴裕某无罪。

广东省茂名市中级人民法院依照《中华人民共和国刑法》第二百六十九条、第二百六十三条、第六十七条第三款，《中华人民共和国刑事诉讼法》第二百二十五条第一款第一项、第二项，第二百二十六条第一款，第一百九十五条第二项，《最高人民法院关于适用〈中华人民共和国刑事诉讼法〉的解释》第三百二十五条第一款第七项之规定，作出如下判决：

一、撤销广东省茂名市电白区人民法院（2017）粤0904刑初450号刑事附带民事判决；

二、上诉人黎东某犯抢劫罪，判处有期徒刑四年；

三、上诉人吴裕某无罪；

四、上诉人吴裕某不承担民事赔偿责任。

【法官后语】

本案的处理重点主要在于黎东某的行为能否适用《两抢意见》第五条的兜底条款，转化为抢劫罪。根据《两抢意见》第五条规定，转化型抢劫罪的成立不要求先前的盗窃行为达到法律规定的“数额较大”标准，盗窃少量财物的行为也可以成立转化型抢劫罪。本案远未达到法律规定的“数额较大”标准，发生在户外鱼塘附近，没有经鉴定意见证实行为人致吴裕某轻微伤以上的后果，行为人亦没有使用凶器或以凶器相威胁，因此不具有《两抢意见》第五条所列的前四种情节。此时能否适用兜底条款?

一是从体系解释和立法原意来看。从《两抢意见》第五条第四项规定来看，该项未要求必须造成危害后果，而是造成对被害人人身安全的严重威胁，则构成抢劫罪。从《两抢意见》第十一条规定来看，在驾车抢夺过程中，如果被害人不放手，行为人驾车强拉硬拽的行为是高度危险的，可能对被害人人身造成严重的危害后果。可见，从立法原意的角度，对于这种有可能对被害人人身安全造成严重危害后果的高度危险行为，立法者认为其社会危害性已经达到了抢劫罪的程度。案发时，在凌晨2时许的黑夜里，人烟稀少，光线条件不好，吴裕某独自一人在鱼塘边上面对盗窃行为人实施拦截抓捕，此时黎东某从塘基处推吴裕某，使其跌入鱼塘之中，鱼塘水深，鱼塘水面距离塘基的斜坡较高，且吴裕某当时已满66周岁。在这样的情况下，黎东某不顾他人人身安全，采用袭击的方法将一位老年人推进鱼塘水中，该行为高度危险，足以对吴裕某人身造成严重的危害后果，甚至危及生命安全。黎东某行为的危害性达到了转化型抢劫的程度。

二是从犯罪行为侵害的法益来看。在财产方面，表面上黎东某等三人偷到的是价值人民币24元的两条鱼，涉案金额不高，但实际上其偷盗的对象不是个人所有的两条鱼，而是农村承包经营户经营中的鱼塘里的鱼，并且由于基本每晚都有人偷钓鱼，被害人几乎每天晚上都要去巡塘一次到两次，因此行为人的偷钓鱼行为实际上已经给被害人的合法经营造成不小的伤害，其侵害的不能简单理解为价值24元的公私财产，而是农村承包经营户的经营利益。在人身方面，黎东某主观上实际是为了保护自已及同伙人不被追究刑事责任的不法利益而故意为之，客观上不顾抓捕人的人身安全将其推跌入鱼塘，根据主客观一致的原则，黎东某的行为属于抗拒抓捕行为。黎东某为了抗拒抓捕，当场使用暴力，给抓捕人的人身安全造成严重威胁，此时黎东某的行为侵害的是抓捕人的人身权利，应认定为抢劫罪。

三是从文义解释来看。黎东某为抗拒抓捕，当场使用暴力，故意推吴裕某从塘基跌入鱼塘之中，虽然没有证据证实致吴裕某轻微伤以上后果，但是该行为高度危险，足以对吴裕某人身造成严重的危害后果，甚至危及生命安全，应当归结为“严重情节”。

综上，本案应当属于《两抢意见》第五条第五项规定的“具有其他严重情节的”情形，黎东某的行为应认定为转化型抢劫。

编写人：广东省茂名市中级人民法院　柯雅丽

198 出质人以暴力手段抢回质押物行为的定性和数额认定

——散某、姜某抢劫案

【案件基本信息】

1. 裁判书字号

湖北省襄阳市中级人民法院（2019）鄂06刑终1号刑事附带民事裁定书

2. 案由：抢劫罪

【基本案情】

2017年9月27日至28日，被告人散某以其女友沈硕某的白色“奥迪”牌汽车（号牌为鄂F9Y×××）为质押，先后向王耀某、范加某借款20000元和80000元。同年10月1日，被告人散某以用车接沈硕某为由，将质押在范加某处的白色“奥迪”牌汽车开走并拒不还款。同年10月15日至18日，被告人散某通过朋友王云某介绍，又将白色“奥迪”牌汽车质押给甲典当行乔江某处先后借款40000元。同月19日，因无力偿还乔江某借款，经乔江某同意后，被告人散某再次经王云某介绍将白色“奥迪”牌汽车质押给乙典当行被害人朱天某借款70000元。同日17时许，被告人散某向被害人朱天某提出还款赎车，并以人多不便为由要求独自驾驶被质押车辆找女友沈硕某拿钱，被害人朱天某遂让侄子朱俊某陪同前往，被告人散某驾驶质押车辆载被害人朱俊某、被告人姜某行至襄阳市紫贞公园附近时，被告人散某、姜某再次以人多不便为由要求朱俊某下车等候，遭朱俊某拒绝后，被告人姜某强行将被告人朱俊某拽下车，被告人散某趁机欲将质押车辆开走时，被被害人朱俊某扑在车辆引擎盖上予以阻止，被告人姜某遂又上前拉扯被害人朱俊某，双方随即发生争执，被告人姜某用随身携带的水果刀将被害人朱俊某刺伤，被告人散某亦持胡椒喷雾剂喷向被害人朱俊某面部，待被害人朱俊某松手后，被告人散某、姜某随即驾驶抢得的质押白色“奥迪”牌汽车逃离现场。

【案件焦点】

1. 被告人散某、姜某是否构成抢劫罪；2. 若被告人散某、姜某构成抢劫罪，则其犯罪数额是以质押物的价值还是债权损失的数额来认定。

【法院裁判要旨】

湖北省襄阳市高新技术产业开发区人民法院经审理认为：被告人散某、姜某以非法占有为目的，当场以暴力方法劫取质押给他人的车辆，金额为 70000 元，数额巨大，其行为均已构成抢劫罪。公诉机关指控被告人散某、姜某犯抢劫罪事实清楚，证据确实、充分，指控罪名均成立，本院均予以支持。被告人散某及其指定辩护人、被告人姜某均辩称，被告人散某、姜某主观上没有抢劫的故意，两人的行为不属于抢劫罪。经查，证人乔江某、王云某的证言，被害人朱天某、朱俊某的陈述及被告人散某、姜某的供述能证实，被告人散某将其女友沈硕某的轿车质押给被害人朱天某获取借款 70000 元后，为非法从被害人朱天某处取回质押车辆，编造取款赎车的事由，在无法将跟随人员朱俊某骗离的情况下，伙同被告人姜某使用暴力手段，当场劫取已质押的车辆，并致被害人朱俊某轻微伤，其行为符合抢劫罪的犯罪构成要件，依法均成立抢劫罪，被告人及其辩护人的上述辩解及辩护意见均不能成立，本院均不予采纳。被告人散某的辩护人提出，被告人散某与被害人朱天某之间的质权自始无效。经查，质权自出质人交付质物时设立，本案中被告人散某已向被害人朱天某交付质物车辆，被害人朱天某据此取得合法占有、保管质物的权利，依法应受法律保护，辩护人的上述辩护意见不能成立，本院不予采纳。被告人姜某的辩护人又提出姜某系从犯。经查，在抢劫共同犯罪过程中，二被告人作用、地位相当，可不区分主从犯，辩护人的辩护意见不能成立，本院不予采纳。被告人姜某的辩护人关于不应将车辆鉴定价值认定为本案抢劫数额的辩护意见依法成立，本院予以采纳。综上，根据被告人散某、姜某的犯罪事实、性质、情节和对社会的危害程度，依照《中华人民共和国刑法》第二百六十三条第四项、第二十五条第一款、第五十五条第一款、第五十六条第一款、第六十一条、第六十四条以及《最高人民法院关于适用〈中华人民共和国刑事诉讼法〉的解释》第一百五十五条第一款、第二款，《中华人民共和国侵权责任法》第六条、第十六条，《最高人民法院关于审理人身损害赔偿案件适用法律若干问题的解释》第十七条第一款、第十九条、第二十条、第二十一条、第二十二条、第二十三条、第二十四条之规定，判决如下：

一、被告人散某犯抢劫罪，判处有期徒刑十二年，剥夺政治权利三年，并处罚金人民币20000元；

二、被告人姜某犯抢劫罪，判处有期徒刑十二年，剥夺政治权利三年，并处罚金人民币20000元；

三、责令被告人散某、姜某于本判决发生法律效力第二日起十日内，共同向被害人朱天某退赔违法所得人民币70000元；

四、被告人散某、姜某于本判决生效后十五日内共同赔偿附带民事诉讼原告人朱俊某各项经济损失共计人民币6031.52元；

五、驳回附带民事诉讼原告人朱俊某的其他诉讼请求。

被告人散某、姜某不服一审判决提出上诉，湖北省襄阳市中级人民法院同意一审法院裁判意见，驳回被告人散某、姜某上诉，维持原判。

【法官后语】

随着社会经济的不断发展，物上权利逐渐多样化，实践中出现了多种以非法方式取回他人占有财物的行为，本案就是一起随着质押行为的产生而出现的，出质人以暴力手段抢回处于他人占有的质押物的新情况，本案在审理时，存在着出质人抢回质押物的行为如何定性以及犯罪数额如何认定的问题。

1. 出质人以暴力手段抢回质押物的行为定性

出质人以暴力手段抢回质押物与一般抢劫罪具有行为方式上的共性，但由于质押物的特殊性，使其行为定性存在一定困难。本案的争议焦点就在于质押物能否成为抢劫罪的犯罪对象，本案就存在被告人散某、姜某的行为不构成抢劫罪以及被告人散某、姜某的行为构成抢劫罪两种观点。本案一审、二审法院均认为二被告人构成抢劫罪。理由是当占有人依双方合意或法律规定等正当事由合法占有财物时，为维护财产秩序，对侵犯此种合法占有的行为均给予法律上的否定性评价，应当认定质押物可以成为抢劫罪的犯罪对象。首先，从质押法律关系本身来看，质权自出质人交付质物时设立，出质人承担在不履行到期债务时债权人对其质押物价款优先受偿的法律后果。在担保的债务数额及时间范围内，债权人对质押物的合法占有应优先于质押物所有权。质押物处于债权人的合法占有之下，出质人以暴力手段取得质押物的行为使得债权人丧失对该质押物的质权，债权的实现难以得到保障，且出质人抢劫质押物的行为亦表明其不愿履行债务的意图，债权实现的可能性几乎彻底丧失。其次，从维护国家财产秩序的角度出发，合法占有的事实状态禁止他人任意侵害，他人无权擅自改变质押物的当前状态，不得通过非法手段转移占有。若对此行为不加以刑法规制，则无法对质押法律关系进行有效保护，正常财产权利的实现也将缺乏保障。因此，质押财物可以作为抢劫罪的犯罪对象，出质人抢劫质押物的行为构成抢劫罪。

2. 出质人抢劫质押物的犯罪数额认定

在认定本案的犯罪数额时，本案又存在以该汽车的价值认定犯罪数额和以债权损失数额作为犯罪数额两种观点，本案一审、二审法院均采取了第二种观点，理由是出质人的主观目的是使债权人丧失另行主张债权的基础，而债权人的实际损失为债权损失数额。质押是出质人向债权人转移某项财产的占有权，以作为履行债务的担保，当债务履行不能时，债权人有权将质押物拍卖或折价，并对所得价款享有优先受偿权。出质人抢劫质押物的目的不是恢复对质押财产的占有，而是消灭质权从而使债权人无法实现其债权，进而达到免除自身债务的目的。出质人从其抢劫行为中的实际获利也并非质押物的价值，而是通过非法手段改变债权人对该质押物的占有，使其无法通过折价、拍卖、变卖质押物在其债权范围内享有优先受偿权，而出质人则获得了相应的违法所得，作为被害人的债权人实际损失的仅是其所享有的债权数额。抢劫罪应当以给公私财产所有权造成的直接损害为数额标准，债权人享有的是对质押物的占有而非所有权，从行为人实际控制与被害人实际损失的财产性利益对等的角度分析，出质人抢劫质押物的犯罪数额应当认定为主合同的标的数额，而非质押合同的标的物价值。综上，本案中二被告人的犯罪数额认定为债权数额，即以车辆所担保的7万元债权作为犯罪数额。

编写人：湖北省襄阳市高新技术产业开发区人民法院　王旻　陈诗梦

199 犯信用卡诈骗罪为抗拒抓捕而当场使用暴力可转化为抢劫罪

——王某抢劫案

【案件基本信息】

1. 裁判书字号

北京市第三中级人民法院（2017）京03刑终750号刑事裁定书

2. 案由：抢劫罪

【基本案情】

2015年12月11日20时46分许，被害人李某在位于朝阳区平房乡甲大厦的乙银行自助银行内，使用其名下丙银行卡从ATM机取款人民币500元，离开时将其银行卡遗留在ATM机内。在被害人李某刚离开取款的ATM机后，被告人王某当即进入自助银行操作同一ATM机取款。在发现ATM机内有他人遗留的银行卡后，被告人王某连续6次取款，每次金额2000元，共计12000元。在被告人王某取款过程中，被害人李某收到取款短信提示，方才意识到银行卡被遗留在ATM机内，立即返回自助银行。当被害人李某要求仍在现场操作ATM机的被告人王某交还钱款时，被告人王某纠集在自助银行外的工友郭少某一起殴打被害人李某，造成被害人李某左颞部皮肤挫伤，左右手背皮肤划伤，经刑事科学技术鉴定属轻微伤。后被告人王某与工友郭少某逃离现场。

【案件焦点】

被告人王某在实施信用卡诈骗后，为了抗拒抓捕而当场使用暴力，能否适用刑法第二百六十九条“犯盗窃、诈骗、抢夺罪，为窝藏赃物、抗拒抓捕或者毁灭罪证而当场使用暴力或者以暴力相威胁的，依照本法第二百六十三条的规定定罪处罚”之规定，以抢劫罪定罪处罚。

【法院裁判要旨】

北京市朝阳区人民法院经审理认为：全案焦点在于如何评价被告人王某的行为性质。被告人王某的行为，综合全案证据，可表述为：拾得他人遗留在ATM机内的银行卡并使用，在被当场发现后，为抗拒抓捕而使用暴力。

刑法第二百六十九条明确规定该条款适用的前提条件是被告人“犯盗窃、诈骗、抢夺罪”，而拾得他人遗留在ATM机内的银行卡并使用的行为，构成信用卡诈骗罪。单从刑法条文的表述来看，信用卡诈骗罪并不在刑法第二百六十九条所规定的罪名范围内，但北京市朝阳区人民法院认为该条适用前提应当包括特殊类型盗窃罪、诈骗罪、抢夺罪，理由有两个方面：一是基于我国刑法分则罪名体系和法条关系的考虑。我国刑法分则条文之间不少存在交叉或包容性质的法条竞合关系，如第一百九十六条信用卡诈骗罪与刑法第二百六十六条诈骗罪，行为在本质上均是诈骗行为，但在罪名体系上被编入不同章节，仅是立法者在特定价值取向下而做的技术安排。如果仅仅因立法技术原因，将原本具有同质性的犯罪行为在司法层面做不同评价，显然是人为割裂刑法分则各章节相同或者相似行为之间的关联，给人以机械释法之嫌。二是根据同等解释的要求。刑法第十七条第二款在立法表述上与刑法第二百六十九条相同，对于刑法第十七条第二款所规定的是八种罪名还是具体犯罪行为，对于规制具体盗窃、诈骗、抢夺犯罪行为的特殊类型盗窃罪、诈骗罪、抢夺罪，理应涵盖在刑法第二百六十九条的前提范围内。

北京市朝阳区人民法院依照《中华人民共和国刑法》第一百九十六条第一款第三项、第二百六十三条、第二百六十九条、第五十二条、第五十三条、第六十一条、第六十四条及《最高人民法院、最高人民检察院关于办理妨害信用卡管理刑事案件具体应用法律若干问题的解释》第五条第二款之规定，判决如下：

一、被告人王某犯抢劫罪，判处有期徒刑四年，罚金人民币8000元；

二、责令被告人王某退赔被害人李某人民币12000元。

被告人王某不服提出上诉，北京市第三中级人民法院同意北京市朝阳区人民法院的裁判意见，故依照《中华人民共和国刑事诉讼法》第二百二十五条第一款第一项的规定，作出如下裁定：

驳回王某的上诉，维持原判。

【法官后语】

根据罪行法定的原则，我们将刑法第二百六十九条所规定的“犯盗窃、诈骗、抢夺罪”理解为刑法第二百六十四条的盗窃罪、第二百六十六条的诈骗罪和第二百六十七条的抢夺罪。但我们又同时承认部分特殊盗窃、诈骗、抢夺罪可以转化为抢劫，因为这些行为与前述的罪名存在法条竞合关系。可以先将其评价为盗窃罪、诈骗罪、抢夺罪，再进行转化拟制。也就是说，在判断哪些特殊盗窃、诈骗、抢夺的行为可以转化为抢劫罪时，只需将盗窃罪、诈骗罪、抢夺罪的构成要件作为一般性原则，将特殊盗窃、诈骗、抢夺的行为作为特殊化陈述，进行三段论推理即可。在本案中，信用卡诈骗罪完全可以评价为诈骗罪，因此被告人王某的行为也就可以构成转化型抢劫。

从刑法规定转化型抢劫的本质含义来看，盗窃、诈骗、抢夺罪本身应当并不存在直接针对于人身的暴力行为，但是如果为了窝藏赃物、抗拒抓捕、毁灭证据而使用暴力或者暴力相威胁，即意味着后续行为存在直接针对人身的暴力，刑法将前后行为相连，拟制为抢劫罪，其实质是立法者认为此种行为的不法内涵与抢劫罪相同。可见，尽管行为人的前行为仅是侵财行为，但由于后行为的存在，其主观恶性已经发生了根本性的转变，此时如果再以盗窃、诈骗、抢夺罪论处就会违背罪刑相适应的原则。虽然特殊盗窃、诈骗、抢夺罪出于立法技术在我国刑法中并不在侵犯财产罪的章节中，但这仅是由于立法者认为这些罪名侵犯的其他法益更为重要，并不表明这些特殊盗窃、诈骗、抢劫罪中不存在对财产法益的侵犯。本案中，信用卡诈骗罪是一种典型的取得性犯罪，毫无疑问侵犯了财产法益。如果行为人犯了信用卡诈骗罪后为了窝藏赃物、抗拒抓捕、毁灭证据而当场使用暴力或者暴力相威胁，其完全满足刑法第二百六十九条拟制的实施要求，从处罚的必要性和合理性来说，这显然应当以抢劫罪论处。如果仅仅因为对刑法条文的机械解释，而对相同恶性的行为作出不同的评价，则有违刑法的公平原则和罪刑相适应原则。

将此类案件以抢劫罪论处，更符合公众的认知。刑事裁判是绝非傲然孤立的“高岭之花”，而应深深地契合于主流价值观中，赢得公众的认同。通常来说，存在暴力的犯罪行为和非暴力的犯罪行为对于公众的心理影响是截然不同的。本案中，被害人遭到殴打，其心理认知肯定与单纯的被偷被骗不同，从被害人事后的报案情况来看，被害人对事件的总体描述是“被抢了”。可见，作为对法律不甚了解的普通公众，对所遭受的此种财产和人身的双重损害有着等同于“被抢劫”的判断，因此，被告人王某的行为被评价为抢劫罪更符合社会公众的认知，更易于被害人接受。

应当注意的是，当特殊的盗窃、诈骗、抢夺行为不能以财产权利作为侵犯的法益评价时，即使出现为窝藏赃物、抗拒抓捕或者毁灭罪证而当场使用暴力或者以暴力相威胁的行为，也不宜认定构成抢劫罪。

编写人：北京市第三中级人民法院　王海虹　程昊　余琳燕

200 加“霸王油”后被加油员抓车拦截，仍不停车而驶离现场，构成抢劫罪

——张某某抢劫案

【案件基本信息】

1. 裁判书字号

天津市第一中级人民法院（2018）津01刑终19号刑事裁定书

2. 案由：抢劫罪

【基本案情】

被告人张某某经预谋，于2017年4月23日14时许，驾驶遮挡号牌的汽车至天津市武清区河西务镇甲加油站，在该加油站员工程某某为其所驾车辆加注了价值人民币252元的汽油后，其为逃避支付油费，明知程某某正用手抓住其衣服阻拦其逃跑，但为摆脱程某某，仍猛踩汽车油门加速驶离加油站，并将程某某拖带倒地，导致程某某右下肢等处受伤。经天津市公安局武清分局物证鉴定所法医鉴定，程某某右下肢软组织损伤的损伤程度构成轻微伤。

被告人张某某案发后于2017年5月9日主动到公安机关投案，并如实供述了上述事实。

案发后，被告人张某某的亲属代其退赔甲加油站人民币252元，亦对程某某的经济损失进行了赔偿。同时，程某某表示不再追究张某某的刑事责任。

【案件焦点】

被告人张某某加“霸王油”后被加油员抓车拦截，其仍不停车，强行驶离现场，造成加油员摔倒在地而受轻微伤，是转化型抢劫还是直接抢劫。

【法院裁判要旨】

天津市武清区人民法院经审理认为：张某某以非法占有为目的，驾驶机动车辆夺取公私财物，后为抗拒抓捕，当场使用暴力致被害人轻微伤的后果，其行为已构成抢劫罪。张某某在案发后能主动投案，并如实供述了自己的罪行，系自首，依法可减轻处罚。张某某亲属在案发后能积极赔偿被害人及被害单位的损失，并得到谅解，依法可酌情从轻处罚。张某某曾因故意犯罪被判处刑罚并适用缓刑，缓刑考验期满后又故意犯罪，虽不构成累犯，但依法可对其酌情从重处罚。对张某某辩护人发表的张某某不应以抢劫罪论处的辩护意见，因张某某的行为系在驾驶机动车抢夺财物后为抗拒他人对其抓捕，驾驶机动车当场使用暴力致被害人轻微伤后果，其行为符合转化抢劫的特征，应以抢劫罪定罪处罚，故对该辩护意见不予采纳；对其发表的张某某有自首情节、已赔偿被害人并得到谅解，建议对张某某从轻处罚的辩护意见，本院予以采纳。对张某某的辩护人发表的对张某某适用缓刑的意见，因张某某在前罪被判处刑罚并适用缓刑，缓刑考验期满后不到两年内又故意犯罪，不适宜再适用缓刑，故对该意见不予采纳。

天津市武清区人民法院依照《中华人民共和国刑法》第二百六十三条、第二百六十七条第一款、第二百六十九条、第六十七条第一款的规定，判决如下：

张某某犯抢劫罪，判处有期徒刑二年六个月，并处罚金人民币2000元。

张某某不服一审判决，以其不构成抢劫罪为由，提出上诉。

天津市第一中级人民法院经审理认为：张某某驾驶机动车夺取他人财物时因被害人不放手而强行夺取，其行为已构成抢劫罪。张某某构成自首，依法减轻处罚。张某某有积极赔偿、取得被害人谅解情节，可酌情从轻处罚。张某某有前科，可酌情从重处罚。一审法院认定的事实清楚，证据充分，定罪准确，量刑适当，审判程序合法。张某某的上诉理由无事实和法律依据。

天津市第一中级人民法院依照《中华人民共和国刑事诉讼法》

第二百二十五条第一款第一项之规定，裁定如下：

驳回上诉，维持原判。

【法官后语】

目前关于抢夺罪行为（罪）转化为抢劫罪的现行有效的法律、司法解释主要有刑法第二百三十九条、《最高人民法院关于审理抢劫、抢夺刑事案件适用法律若干问题的意见》（以下简称《两抢意见》）、《最高人民法院、最高人民检察院关于办理抢夺刑事案件适用法律若干问题的解释》（以下简称《抢夺解释》）及《最高人民法院关于审理抢劫刑事案件适用法律若干问题的指导意见》（以下简称《抢劫意见》）。

通过以上法律及司法解释条款，可以看出，最高人民法院、最高人民检察院对直接抢劫、转化抢劫的入罪条件规定得越来越细，在实践中，对刑事法官来说，解决处理不同类型的抢劫犯罪及转化抢劫犯罪更加明确。

就本案来说，通过证据证实的事实，可以确定被告人张某某在加完油后，当着程某某这一可以理解为加油站加油过程中财物管理人的面，欲趁程某某不备驾车逃跑，并将加油站的财物（252 元汽油）据为己有，加油前并未使用暴力或者以暴力相威胁，符合公然夺取的特征，系抢夺行为。《两抢意见》规定，行为人实施盗窃、诈骗、抢夺行为，未达到“数额较大”，为窝藏赃物、抗拒抓捕或者毁灭罪证当场使用暴力或者以暴力相威胁，情节较轻、危害不大的，一般不以犯罪论处；但具有几种情节之一的，可依照刑法第二百六十九条的规定，以抢劫罪定罪处罚，其中有“使用暴力致人轻微伤以上后果的”。本案被告人在作案过程中造成了被害人轻微伤的后果，虽表面上看似是在摆脱抓捕，但其行为确应系驾驶机动车并利用机动车猛加油门后产生的作用力致使被害人摔倒在地并构成了轻微伤，社会危害性大、暴力程度较大，应属《两抢意见》中“使用暴力致人轻微伤以上后果的”的行为，以抢劫罪论处。本案中，被告人张某某系驾驶机动车实施违法行为，其在已获取到加油站的财物（252元汽油），还未支付对价时，猛加油门欲逃离，加油员在此时发现被告人的非法目的，进而阻止并紧抓被告人，此时被告人处在驾驶机动车的状态下，其又因被害人不放手而强行夺取，符合《抢夺解释》中“夺取他人财物时因被害人不放手而强行夺取的”应以抢劫罪定罪。无论如何理解，都是在先有抢夺行为，后随着被告人行为的“恶化”，进而拟制构成抢劫罪，应属于转化抢劫。

编写人：天津市武清区人民法院　殷健

201　抢劫对象性质不同的情况下，想象竞合犯应该按照“从一重”原则处理

——皮某刚等抢劫案

【案件基本信息】

1. 裁判书字号

上海市第一中级人民法院（2013）沪一中刑终字第655号刑事裁定书

2. 案由：抢劫罪

【基本案情】

2011 年 4 月 19 日晚，被告人刘某祥等人在被告人皮某刚经营的位于本市某小区××栋××室的棋牌室内以“二八杠”形式进行赌博。其间，被告人刘某祥、张某发现赌博时使用的骰子被人做了手脚，要求被告人皮某刚归还被告人刘某祥所输钱款。被告人皮某刚伙同张某飞（另处）以在棋牌室内赌博的陈某将骰子掉包为由，对陈某进行殴打，被告人刘某祥等人也对陈某进行威胁、殴打，要求陈某赔钱。之后，被告人皮某刚、刘某祥、张某及张某飞等人乘坐被告人皮某兵驾驶的面包车将陈某强行带至钱桥社区海边，再次对其以威胁等方式索要钱款，被害人陈某被迫打电话叫家属帮忙筹钱并约定交钱地点。随后，被告人皮某刚等人将被害人陈某带至本市奉贤区青村镇光明社区金钱公路、光明路路口与其家属碰面，在取得人民币 3100 元后方将陈某释放。2011 年 10 月 19 日，被告人刘某祥、张某主动至公安机关投案，并如实供述了自己的罪行。

【案件焦点】

被告人皮某刚是否应该按照抢劫罪定罪量刑。

【法院裁判要旨】

上海市奉贤区人民法院经审理认为：被告人皮某刚、皮某兵、刘某祥、张某以非法占有为目的，结伙采用殴打、威胁等方法，强行劫取公民财物，并致一人轻微伤，其行为均已触犯刑律，构成抢劫罪，属共同犯罪。公诉机关指控的罪名成立。庭审中，四名被告人对犯罪事实没有异议，但对罪名均持有异议：被告人皮某兵的第一辩护人辩称，本案应当定性为寻衅滋事罪；被告人皮某兵的第二辩护人辩称，本案应当定性为敲诈勒索罪。经查，被告人皮某刚等人以被害人陈某在棋牌室内诈赌为由，对陈某进行殴打，并将陈某强行带至海边后再次对陈某以暴力威胁等方式强行索要钱款，被害人陈某被迫打电话让家属送钱至约定地点并交给被告人皮某刚等人，该犯罪行为完全符合抢劫罪的构成要件。各名被告人的犯罪目的均为非法强行占有他人财物，而非通过惹是生非、滋生事端来开心取乐，寻求精神刺激。因此，该犯罪行为不构成寻衅滋事罪。被告人皮某刚等人对被害人陈某实施了连续的、不间断的暴力行为和言语威胁，致被害人构成轻微伤，在被害人不敢反抗的情况下最终获取财物，该行为符合抢劫罪当场使用暴力、当场劫取财物的特点。同时，该暴力、威胁行为又明显达到了足以抑制被害人反抗的程度，显然亦不构成敲诈勒索罪。故对辩护人的意见本院不予采纳。在共同犯罪中，被告人皮某刚、刘某祥起主要作用，系主犯；被告人皮某兵、张某起次要作用，系从犯，依法应当从轻或减轻处罚。被告人刘某祥、张某犯罪后能主动至公安机关投案，并如实供述犯罪事实，系自首，依法可以从轻或减轻处罚。被告人皮某刚、皮某兵虽不具有自首情节，但到案后能如实供述自己的罪行，依法可以从轻处罚。审理期间，四名被告人在家属的帮助下已赔偿被害人的经济损失，并得到被害人的谅解，可酌情从轻处罚。综上，本院根据各名被告人的犯罪事实、性质、情节、社会危害性、认罪悔罪态度、赔偿情况等一并予以考虑，对被告人皮某兵、刘某祥、张某予以减轻处罚。

上海市奉贤区人民法院依照《中华人民共和国刑法》第二百六十三条，第二十五条第一款，第二十六条第一款、第四款，第二十七条，第六十七条第一款、第三款，第六十三条第一款之规定，判决如下：

一、被告人皮某刚犯抢劫罪，判处有期徒刑四年，并处罚金人民币四千元；

二、被告人皮某兵犯抢劫罪，判处有期徒刑二年，并处罚金人民币二千元；

三、被告人刘某祥犯抢劫罪，判处有期徒刑二年六个月，并处罚金人民币三千元；

四、被告人张某犯抢劫罪，判处有期徒刑一年六个月，并处罚金人民币二千元；

一审判决作出后，部分被告提起上诉，上海市第一中级人民法院经审理裁定：

驳回上诉，维持原判。

【法官后语】

《最高人民法院关于审理抢劫、抢夺刑事案件适用法律若干问题的意见》（以下简称《意见》）第七条规定："抢劫赌资、犯罪所得的赃款赃物的，以抢劫罪定罪，但行为人仅以其所输赌资或所赢赌债为抢劫对象，一般不以抢劫罪定罪处罚。构成其他犯罪的，依照刑法的相关规定处罚。"这一解释确立了一般人员与赌博参与人员抢劫赌资赌债犯罪区别对待的处罚原则：对于被告人抢劫赌资赌债等特定财物的行为认定为抢劫犯罪——这是这类案件处罚的一般规定；对于赌博参与人员以其所输赌资或所赢赌债为对象的抢劫行为一般不以抢劫罪定罪处罚，构成其他犯罪的，依照刑法的相关规定处罚——这是这类案件处罚的例外规定。

司法解释中的规定相对于刑法第二百六十三条之规定，是一种例外规定，其例外之处在于犯罪客观构成要件要素的犯罪对象不同。根据抢劫罪的基本规定，抢劫合法财物的才构成抢劫罪，但赌资、犯罪所得的赃款赃物是非法财物，并不是抢劫罪基本规定的犯罪对象，所以上述《意见》将抢劫赌资等赃款赃物这类对象的行为规定为抢劫罪是一种法律拟制，即将某些情形虽然不符合刑法基本规定，但刑法却明文规定如果符合一定条件仍按基本规定处理。[①] 这实际上是一种例外规定，但基于特别理由才将并不符合某种规定的情形赋予基本规定的法律效果。本案中，被告人刘某祥等人在赌博过程中因怀疑参赌人员陈某诈赌，遂以威胁、殴打等方式向被害人陈某强索 3100 元钱款。后查明，被告人刘某祥所输钱款为 1100 元，其他为陈某被迫向各被告人的“赔钱”。在上述过程中，被告人既抢回所输或所赢赌资又向被害人强索其他财物的应当如何处理，涉及犯罪行为所涉不同罪名之间的区别认定，具体如下。

一、以所输为抢劫对象的所涉罪名认定

赌博参与人员实际占有赌资，但其占有的来源并不合法，缺乏法律根据，赌资与其原所有权人（参与赌博的另一方）仍然存在某种联系，当然这种联系不是法律意义上的联系，而是一般民众观念认识上的联系，大部分被告人均认为所抢劫的赌资赌债应属于其个人所有的财产。因此，在认定赌博参与人员抢劫其所输赌资或所赢赌债的行为时，应当根据案件的具体情况来认定，必须考虑到被告人的特定身份，犯罪对象直接针对被告人所输赌资或所赢赌债，被

---

① 吴江：《刑法分则中注意规定与法律拟制的区分》，载《中国刑事法杂志》2012 年第 11 期。

告人主观上对于该类财产性质的认识不同于抢劫罪中对于“他人财物”的认识，被告人行为的危害性主要集中于特定的赌博参与人员之间等因素。故基于该类案件中被告人主观故意的内容与非法占有“他人财物”明显不同，对于赌博参与人员抢劫其所输赌资或所赢赌债的行为，一般不应当认定为抢劫罪，即对于该类犯罪中抢劫特定财物的侵犯财产权益的行为一般不给予单独的刑法评价，而将评价的重点放在对公民人身权利的侵害上。因此，此类犯罪一般不应考虑侵犯财产类罪名，应在其他章节中寻找恰当的罪名，而且一般情况下所适用的罪名的刑罚幅度应当低于抢劫罪的量刑幅度。对赌博参与人员抢劫其所输赌资或所赢赌债犯罪案件的不同情形进行类型化分析时，应遵循罪责刑相适应基本原则，在综合评价被告人的主观故意和客观社会危害性的基础上，可划分以下情形分别处理：(1) 存在非法拘禁他人或者以其他方法非法剥夺他人人身自由情形的，应当定非法拘禁罪。《最高人民法院关于对为索取法律不予保护的债务非法拘禁他人行为如何定罪问题的解释》规定，行为人为索取高利贷、赌债等法律不予保护的债务，非法扣押、拘禁他人的，依照刑法第二百三十八条的规定定罪处罚。所输赌资或所赢赌债作为犯罪对象，在刑法评价上的意义在于对该类犯罪应当将赌博参与人员的犯罪行为与一般人员的抢劫行为区别对待。(2) 不存在非法拘禁他人或者以其他方法非法剥夺他人人身自由情形的，应当根据被告人使用暴力情况和造成被害人伤害程度区别对待。《意见》中规定，行为人为索取债务，使用暴力、暴力威胁等手段的，一般不以抢劫罪定罪处罚。构成故意伤害等其他犯罪的，依照刑法第二百三十四条等规定处罚。因此，被告人使用暴力故意伤害他人身体，造成被害人轻伤以上损害的，应定故意伤害罪；被告人使用暴力给被害人造成轻微伤损害的，应按照治安管理处罚法的相关规定处理；被告人没有使用暴力的，对于其抢劫所输赌资或所赢赌债的行为一般可以不追究刑事责任，但如果被告人的赌博行为构成赌博罪的，应当以赌博罪定罪处罚。

二、抢劫超出所输赌资范围，根据犯罪对象性质不同，以想象竞合犯处理

本案中被告人在参赌过程中试图“抢回”自己所输1100元赌资，并暴力威胁被害人陈某“赔钱”2000元的行为，分别有两个犯罪对象，一个是被告人刘某祥所输的赌资，另一个是陈某被迫向四名被告人支付的所谓“赔偿”钱款2000元。从数额上来看，前者被抢的赌资是1100元，后者陈某自己的合法财物有2000元。抢劫是一次性完成的，但被抢财物确实又包含赌资和被害人合法财物两部分，对这种抢劫对象性质不同的情况，实践中有两种处理意见：

一种观点认为，因为被抢钱款是两种不同性质，因而被告人刘某祥等人抢回所输的1100元赌资跟暴力威胁陈某赔钱2000元是两种不同的行为，应当分别予以刑法评价，即“两行为说”。被告人刘某祥等人使用暴力抢回所输1100元赌资的行为符合《意见》“……行为人仅以其所输赌资或所赢赌债为抢劫对象，一般不以抢劫罪定罪处罚。构成其他犯罪的，依照刑法的相关规定处罚”的规定，对被告人抢回自己所输1100元赌资的行为不构成抢劫罪实践中并无争议，结合本案来看，被告人可构成非法拘禁或故意伤害罪等；至于被告人抢劫被害人陈某的2000元合法财物的行为，则单独成立抢劫罪。在最终认定上，被告人抢劫1100元赌资的行为和抢劫被害人2000元合法财物的行为各自成罪，应以非法拘禁或故意伤害罪与抢劫罪进行数罪并罚。

另一种观点认为，本案中四名被告人对陈某实施的只有一个抢劫行为，只是被抢财物对象在性质上有区别，属于同一行为的抢劫犯罪对象性质不同的想象竞合犯，即“一行为说”。在四名被告人实施抢劫过程中，使用暴力抢回1100元赌资的数额部分属于司法解释中“一般不以抢劫罪定罪处罚”的情形，符合刑法关于非法拘禁或故意伤害的规定；抢劫陈某2000元合法财物的数额部分属于抢劫罪，也是本案四名被告人难逃刑事制裁的重要原因。但四名被告人只有一个抢劫行为，只因抢劫对象不同而侵害数法益，这符合想象竞合的规定，可以按照想象竞合犯“从一重”的处理原则，以抢劫罪定罪。在数额认定上，因为罪名的竞合，而且仅以后一抢劫重罪定罪处罚，故将前者被抢的1100元数额认定为量刑情节一并考虑。所以本案中可将四名被告人的抢劫犯罪数额认定为3100元。

合议庭认为，第二种处理意见更为合理且符合犯罪行为整体评价与罪责刑相适应的原则。综上，本案中四名被告人在赌博过程中使用暴力抢回自己所输的1100元虽不能被单独认定为抢劫罪，但依其性质仍可能涉及其他犯罪；四名被告人强迫被害人陈某向他们赔2000元钱的行为应当依法认定为抢劫罪。因“抢劫不同性质财物”属于同一行为的想象竞合犯，所以在处理上，应当从一重罪处断，以抢劫罪论处，并将犯罪金额1100元和2000元一并评价，法院最后认定刘某祥等人抢劫犯罪金额为3100元。遂作出以上判决。

编写人：上海市奉贤区人民法院　李晓杰

（二）盗窃罪

202 在待出租房屋内抢劫不构成“入户抢劫”

——付某抢劫案

【案件基本信息】

1. 裁判书字号

天津市第二中级人民法院（2012）二中刑终字第296号刑事裁定书

2. 案由：抢劫罪

【基本案情】

被告人付某与李某、王某（均另案处理）预谋以租住他人房屋的形式实施抢劫行为。2004年9月26日9时许，付某、李某、王某与被害人张某共同进入张某欲出租的坐落于本市某路××号楼××门××房屋内。被告人付某三人持刀威胁被害人张某，将其手、脚用胶带捆住，当场抢劫现金人民币4000余元、三星X609手机一部、戴梦得牌白金钻戒一枚、银行卡及房产本、钥匙等物品。其间，三人得知被害人张某在塘沽区家中有银行卡，李某和王某向张某索要其家门钥匙后离开现场，由被告人付某看守张某。被害人张某趁机从阳台逃离呼救，群众报警，三人逃逸。2011年8月18日被告人付某到公安机关投案。

【案件焦点】

被告人付某的抢劫行为是否构成“入户抢劫”。

【法院裁判要旨】

天津市河东区人民法院经审理认为：被告人付某无视国家法纪，伙同他人以暴力、胁迫方法，实施抢劫，其行为已构成抢劫罪，依法应予惩处。公诉机关指控的罪名成立，予以确认。公诉机关指控被告人系“入户抢劫”不妥，因为这里的“户”是指住所，其特征表现为供他人家庭生活和与外界相对隔离两个方面，前者为功能特征，后者为场所特征。因本案犯罪地点系待出租之无人居住的空房，不符合功能特征，故本案的抢劫情形不宜认定为“入户”。本案系共同犯罪，被告人付某主动投案，如实供述犯罪事实，系自首，依法可从轻处理。

天津市河东区人民法院《中华人民共和国刑法》第二百六十三条、第二十五条第一款、第六十七条第一款之规定，作出如下判决：

被告人付某犯抢劫罪，判处有期徒刑九年十个月，并处罚金人民币五千元。

一审宣判后，被告人付某以量刑过重为由向天津市第二中级人民法院提起上诉。天津市第二中级人民法院经审理认为：付某以非法占有为目的，伙同他人采用暴力手段，劫取他人财物，其行为已构成抢劫罪，且系共同犯罪，应予惩处。原审判决认定事实清楚，证据充分，定罪准确，量刑适当，审判程序合法。关于付某提出原审判决量刑过重的上诉理由，经查，根据《中华人民共和国刑法》第二百六十三条的规定，以暴力方法抢劫他人财物的，处三年以上十年以下有期徒刑，并处罚金。原审判决根据付某的犯罪事实，综合考虑其具有自首情节，在上述法定的量刑幅度之内从轻处罚，判处其有期徒刑九年十个月，并处罚金人民币 5000 元，量刑并无不当。上诉人付某所提原审判决量刑过重的上诉理由，依据不足，不予支持。综上，依照《中华人民共和国刑事诉讼法》第一百八十九条第一项的规定，裁定如下：

驳回上诉，维持原判。

【法官后语】

2000年、2005年，最高人民法院先后出台《关于审理抢劫案件具体应用法律若干问题的解释》（以下简称《抢劫解释》）、《关于审理抢劫、抢夺刑事案件适用法律若干问题的意见》（以下简称《两抢意见》）明确限定了入户抢劫。《抢劫解释》第一条将“户”定义为“他人生活的与外界相对隔离的住所”。《两抢意见》第一条则界定“生活”为“家庭”生活，明确“供他人家庭生活”为功能特征、“与外界相对隔离”为场所特征，同时具备该才属于刑法意义上的“户”。界定“户”时，应运用限制或缩小解释方法，适当紧缩“入户抢劫”加重犯的认定范围，而不宜作扩大解释。因一些客观的表象就认定其为刑法意义上的“户”是不符合刑法的谦抑原则的。

甄别刑法意义上的“户”应当是必须同时具备以下条件。

1. 场所特征：与外界相对隔离。户内应该具有私密性和排他性。人们在户内空间享有生存、繁衍等私生活的自由和安宁，在安全防范上具有一定的措施或保障，非经同意他人不得随意出入。针对本案，待出租房屋作为基本住宅场所可以满足与外界相对隔离，但待价而沽的特殊性致使待出租房屋必须随时面对不特定的多数人，不可能处于与外界相对隔绝的状态，故待出租房屋不具有“与外界相对隔离”的场所特征。

2. 功能特征：供他人家庭生活。家庭生活是指家庭成员在户内所进行的饮食起居等生存活动。可分为：一是具备家庭生活的客观功能，具有供人饮食起居日常生活的基本条件；二是正在持续进行的状态，正在持续发挥供他人家庭生活用的功能，而不是将要进行的或者已经结束的。虽然待出租房屋在对外出租时生活设备一应俱全，承租人只需携带个人物品即可入住，但仍不能认定为刑法意义上的“户”。因为，曾经用于家庭生活的房屋被空置下来，即便该房屋今后仍出租给他人用于家庭生活居住使用，但该房屋作为“户”的功能特征也暂时丧失了。没有人居住生活的房屋才能再次出租，待出租房屋内无实质的正在进行的正常家庭生活，不符合入户抢劫中对“户”的要求，不具有刑法意义上的“户”的基本功能特征。

本案中，被害人在其用于出租的房屋内被抢劫时，该房屋虽然具备家庭生活的客观功能，但因其待价而沽，随时有人查看房屋，不具备私密性与排他性，故与外界相对隔离的场所特征已然丧失。被害人虽为该房屋的所有人，但并未在该房屋内居住生活，该房屋也无其他人生活居住，不存在正在持续、实质性的家庭生活，因此其也已经丧失了供他人家庭生活的功能特征。所以，待出租的房屋不能认定为“户”。同时，被害人只是本人及其随身携带的物品受到了犯罪的侵害，并没有使其家庭成员及其他的家庭财产等受到侵害，其危害性相对较小。

编写人：天津市河东区人民法院　李龙娜　王琪

203 将已出卖的银行卡办理的 POS 机内钱款秘密据为己有行为的认定

——卫某盗窃案

【案件基本信息】

1. 裁判书字号

河南省平顶山市中级人民法院（2020）豫 04 刑终 185 号刑事裁定书

2. 案由：盗窃罪

【基本案情】

2019 年 4 月，卫某通过上网查询及向其朋友李某打听，得知出售银行卡可以获利，遂在网上查找添加了微信名为“bear”的微信（以下简称“熊”），随后按照“熊”的要求，用自己的身份证办理了数张银行卡、手机卡，后将银行卡、手机卡一并邮寄给“熊”，又按照“熊”的指示，人脸认证办理了数台卡友 POS 机，并将 POS 机、银行卡、手机卡相互绑定在一起，从而使在该 POS 机上消费后，钱款于数日后到达与该 POS 机绑定的银行卡上，通过办理银行卡、手机卡、办理 POS 机等出售给“熊”，卫某共获利 23000 元。2019 年 5 月 11 日，郭某行被他人通过电信诈骗手段骗取 121838.14 元，该钱款经逐层流转，后在商户名为某酒店和通某海鲜的 POS 机消费 120700 元，经查此两部 POS 机均为被告人卫某名下所有。2019 年 5 月，“熊”让被告人卫某提高出售给自己的银行卡 62122606090××××3602（以下简称“尾号 3602”）的每日转账额度，卫某于 2019 年 5 月 13 日补办了与该卡绑定的手机号1520486××××，注销“尾号3602”卡，重新办理了银行卡，卡号为62122606090××××5177（以下简称“尾号5177”），“尾号3602”卡内原有3804.02元转入“尾号5177”卡内。随后，卫某用该手机号接收验证码的方式登录某App，发现该手机号绑定的POS机，有34723.04元未到账，此POS机绑定的提现银行卡号为“尾号3602”卡，其便在“熊”不知情的情况下，联系卡友公司客服人员，将POS机绑定的提现银行卡号变更为“尾号5177”的银行卡，“尾号5177银行卡”于2019年5月17日收到卡友付款34723.04元，卫某将该款用于个人消费。2019年5月，被告人卫某补办了已出售给“熊”的手机号为1520487××××的手机卡后，通过接收验证码的方式登录卡友App，发现该手机号绑定的POS机，有21051.58元未到账，便于2019年5月17日、18日拨打卡友客服人员将POS机原绑定的提现银行卡号为62284821482××××4873变更为“尾号5177”银行卡，“尾号5177”银行卡于2019年6月1日收到卡友付款21051.58元。卫某将该款用于个人消费。2019年5月21日，被告人卫某将已出售给“熊”的卡号为62284821482××××4873的银行卡注销，补办新卡后消费240元。

【案件焦点】

行为人用所出卖银行卡办理POS机后，将机内钱款秘密据为己有，针对该行为如何定性。

【法院裁判要旨】

河南省汝州市人民法院经审理认为：被告人卫某以非法占有为目的，采取秘密手段，多次窃取他人财物，数额巨大，其行为已构成盗窃罪。公诉机关指控的罪名成立，予以支持。关于被告人卫某的辩护人提出的“被告人系在公安机关调查郭某行被诈骗一案时接受询问，其在到案后如实供述了其将郭某行被诈骗案以外的其他款项进行消费的事实，后因被告人的行为被认定为盗窃罪，而非诈骗犯罪，故属公安机关尚未掌握的犯罪事实，因此卫某的行为应认定为自首”的辩护意见。经查，结合公安机关出具的受案登记表、破案报告及被告人卫某的到案供述，能够证实本案虽然因郭某行被诈骗而被立案，但在公安机关侦查时已掌握了卫某办卡、将原卡挂失并办理新卡以及款项到账后进行消费的事实，被告人到案后仅是对款项的由来以及将钱款据为已有的过程予以详细说明，属坦白行为，不符合“自首”的法律构成，故对被告人的辩护人提出的辩护意见，不予采纳。被告人卫某到案后及庭审中认罪态度较好，能够主动退缴其违法所得，可对其酌情从轻处罚。结合本案的其他情节，在量刑时一并予以考虑。依照《中华人民共和国刑法》第二百六十四条、第五十二条、第五十三条之规定，判决：

一、被告人卫某犯盗窃罪，判处有期徒刑三年，并处罚金人民币五万元；

二、被告人卫某退缴至汝州市公安局的违法所得五万六千零一十五元，由公安部门依法处理。

一审宣判后，被告人卫某提出上诉。

河南省平顶山市中级人民法院经审理认为：卫某以非法占有为目的，采取秘密手段，多次窃取他人财物，数额巨大，其行为已构成盗窃罪。原审判决认定事实清楚，证据确实、充分，适用法律正确，审判程序合法，量刑适当。裁定：

驳回上诉，维持原判。

【法官后语】

本案中，卫某将以自己的身份证办理的银行卡及手机卡出售给“熊”（系卫某银行卡和手机卡的收买人，微信号为“bear”，以下简称“熊”），并在“熊”的指使下办理数台与银行卡及手机卡相绑定的POS机，被他人用来实施诈骗犯罪，卫某在查询到POS机内有未到账款项后，在“熊”不知情的前提下变更POS机所绑定的银行卡，并将款项取出用于个人消费。卫某的犯罪情节与其他盗窃犯罪相比，具有明显特殊性。首先，卫某盗窃的对象系其他诈骗案件中被害人被骗取的赃款；其次，卫某系通过换绑POS机银行卡方式秘密将其中的款项据为己有，其手段异于常规盗窃犯罪。关于本案的定性问题，还有两种不同意见，一种意见认为其行为构成侵占罪，另一种意见则认为其行为构成掩饰、隐瞒犯罪所得罪。对此，笔者综合分析研判如下：

本案中，卫某以非法占有为目的，采取秘密手段，通过换绑POS机银行卡、注销并补办新卡等方式多次窃取他人财物，卫某的主观故意及客观行为均符合盗窃罪的犯罪构成特征，应认定为盗窃罪。

一、关于卫某行为是否构成侵占罪

关于卫某行为是否应认定为侵占罪。依据刑法规定，侵占罪，是指以非法占有为目的，将他人的交给自己保管的财物、遗忘物或者埋藏物非法占为已有，数额较大，拒不交还的行为。该罪的犯罪对象只限于三种财物：一是代为保管的他人财物；二是他人的遗忘物；三是他人的埋藏物。本案中，卫某在窃取款项之前，系通过登录卡友应用程序（App）的方式得知自己手机号所绑定的POS机内存在未到账钱款，后秘密通过换绑银行卡等途径将钱款据为已有，其主观上虽然以非法占有为目的，但其客观上在实施窃取行为前并未对财物实际占有，且其窃取的财物系其他案件中被害人被骗取的钱款，亦不属于侵占罪所涉及的三种对象，故卫某的行为不构成侵占罪。

司法实务中，区分盗窃罪与侵占罪的关键，在于判断作为犯罪对象的财物是否脱离占有以及由谁占有。行为人不可能盗窃自己事实上占有的财物，对自己事实上已经占有的财物只能成立侵占罪。侵占罪的特点是将自己占有的财产不法转变为其所有，因此，只要某种占有具有被处分的可能性，便属于侵占罪中的代为保管，即占有。从客观上说，占有是指事实上的支配（与非法占有目的中的占有不是等同概念），不仅包括物理支配范围内的支配，而且包括社会观念上可以推知财物的支配人的状态。

二、关于卫某行为是否构成掩饰、隐瞒犯罪所得、犯罪所得收益罪

依据刑法第三百一十二条之规定，构成掩饰、隐瞒犯罪所得、犯罪所得收益罪，必须具备以下条件：(1) 行为人明知是犯罪所得或是其犯罪收益；(2) 行为人对其实施了掩饰、隐瞒的行为。在主观上，此处的“明知”包括“明确知道”和“应当知道”两种情形。在司法实践中，认定行为人是否“明知”应根据行为人的行为和案件的情况，结合其口供，综合予以认定。在客观上，本罪包括“窝藏、转移、收购、代为销售或者以其他方法掩饰、隐瞒的行为”。

本案中，结合案件事实以及相关证据，虽然卫某客观上实施了转移赃款的行为，但其在转移赃款之前，主观上对POS机内款项系其他案件中被害人被骗取的赃款这一事实并不知情，亦未认识到该款项系犯罪所得或其收益，故卫某的行为不构成掩饰、隐瞒犯罪所得、犯罪所得收益罪。

编写人：河南省平顶山市中级人民法院　朱至元

204 微信盗刷行为的性质认定

——易某某盗窃案

【案件基本信息】

1. 裁判书字号

广东省广州市中级人民法院（2018）粤01刑终1779号刑事裁定书

2. 案由：盗窃罪

【基本案情】

2016年12月起，被告人易某某在广州市黄埔区××大道××号××梯××房内编写手机android系统的木马程序，后将该木马植入其他应用程序后发布到网上的“机锋论坛”“木蚂蚁论坛”等供用户下载。当用户下载该应用后，被告人易某某便通过后台盗取用户的微信账户和密码。随后，将微信账户中的零钱以及与其绑定的银行卡内的资金用于网上消费或在境外赌博网站进行赌博，进而将资金据为已有。其中，盗窃既遂人民币68814.28元，因被害单位某讯公司拦截，盗窃未遂人民币4233元。

2017年3月16日，公安机关在上述地址将被告人易某某抓获，并在其住处内缴获电脑、手机、身份证件、银行卡、U盾等作案工具（经鉴定，被告人易某某用于作案的他人居民身份证中，“陈某某”的证件属假证，“朱某某”“刘某甲”“潘某某”的证件属真证。在其住处查获的电脑中，经提取鉴定后认定其中的某些应用软件具有获取微信账号、密码、支付密码并上传服务器等功能）。

案发后，被害单位某讯公司先行赔付其中14名被害人的部分款项共计人民币41722元。

被告人易某某对公诉机关指控的犯罪事实无异议，辩解其只构成盗窃罪，不构成信用卡诈骗罪，并表示愿意退赃。

辩护人的主要辩护意见：（1）对公诉机关指控被告人易某某的犯罪事实没有异议，但认为被告人易某某的行为只构成盗窃罪。因本案被告人仅具有盗窃的主观故意，不能认定其构成信用卡诈骗罪。（2）本案盗窃金额为7万多元，按照法律规定，应在三年以下有期徒刑的幅度内量刑。

【案件焦点】

微信盗刷行为应构成盗窃罪还是信用卡诈骗罪。

【法院裁判要旨】

广东省广州市黄埔区人民法院经审理认为：公诉机关指控被告人易某某犯盗窃罪的事实清楚，证据确实、充分，唯指控其构成信用卡诈骗罪不当。本案被告人易某某利用被害人手机中了木马病毒后窃取到被害人的微信登录账户、密码及支付密码。该支付密码是被害人通过微信绑定银行卡而设定的。支付密码不是银行卡密码，其发出的指令是针对某讯公司。某讯公司收到该指令后，向银行发出，银行根据之前的绑定协议，最终完成支付。在此过程中，实际上作出错误认识的是某讯公司，银行并没有被骗，不存在认识错误。故被告人易某某的行为妨害的是某讯公司的管理秩序，而非金融管理秩序。因此，被告人易某某仅构成盗窃罪。被告人易某某及其辩护人认为其只构成盗窃罪的辩解及辩护意见，予以采纳。

广东省广州市黄埔区人民法院依照《中华人民共和国刑法》第二百六十四条、第二十三条第一款、第六十七条第三款、第六十四条、第五十二条、第五十三条第一款以及《最高人民法院、最高人民检察院关于办理盗窃刑事案件适用法律若干问题的解释》第一条第一款及第二款、第十二条第二款、第十四条，《最高人民法院关于适用财产刑若干问题的规定》第一条、第二条第一款、第五条、第八条，作出如下判决：

一、被告人易某某犯盗窃罪，判处有期徒刑二年，并处罚金人民币二万元；

二、没收公安机关扣押的组装电脑1台（含主机和显示器）、组装电脑主机1台、三星牌C5200手机1台、三星牌G5810手机2台、华为牌手机1台、红米2A手机1台、中国工商银行卡（卡号：6212263602078××××××）1张、“陈思某”身份证1张、中国建设银行卡1张（卡号：6217003320041××××××）及U盾1个；

三、责令被告人易某某于本判决发生法律效力第二日起十五日内一次性退赔被害单位某讯公司人民币41722元、退赔被害人徐某某人民币680元、退赔被害人陈某人民币10000元、退赔被害人汪某人民币2000元、退赔被害人谭某人民币6400元、退赔被害人杨某某人民币880元、退赔被害人李某某人民币1000元、退赔被害人刘某乙人民币1300元、退赔被害人孟某人民币4734.88元、退赔被害人段某某人民币11.4元、退赔被害人吕某某人民币130元。

宣判后，被告人易某某对一审判决的事实认定和量刑均没有异议，但因退赃问题仍坚持提出上诉。在二审法院审理过程中，被告人易某某申请撤回上诉。

广东省广州市中级人民法院经审理认为：原判认定被告人易某

某犯盗窃罪的事实清楚，证据确实、充分，定罪和适用法律正确，量刑适当，审判程序合法。被告人易某某申请撤回上诉的要求符合法律规定，应予准许。

广东省广州市中级人民法院依照《最高人民法院关于适用〈中华人民共和国刑事诉讼法〉的解释》第三百零五条第一款、第三百零八条的规定，裁定如下：

准许上诉人易某某撤回上诉。

【法官后语】

本案的难点在于微信盗刷行为的定性问题，即该行为构成盗窃罪还是信用卡诈骗罪的问题。

1. 盗窃罪和信用卡诈骗罪的构成要件分析

从主体上看，两罪均要求犯罪主体是一般主体，即被告人已达到刑事责任年龄、具有刑事责任能力。

从主观方面上看，两罪均要求行为人具有非法占有的主观故意。

从客体上看，信用卡诈骗罪侵犯的是复杂客体，既表现为对国家有关金融票证管理制度的侵犯，具体而言就是对信用卡管理制度的侵犯，同时也表现为对银行及与信用卡相关关系人的财产所有权的侵犯。该罪的犯罪对象仅针对信用卡这一特定的对象。而盗窃罪侵犯的客体是公私财物的所有权，犯罪对象是公私财物。

从客观方面上看，信用卡诈骗罪在客观上表现为使用伪造的信用卡，使用以虚假身份证明骗领的信用卡，使用作废的信用卡，或者冒用他人信用卡，或者利用信用卡恶意透支，诈骗公私财物，数额较大的行为。该罪要求必须有使用信用卡并实施了诈骗的行为。而盗窃罪在客观方面则主要表现为行为人秘密窃取公私财物，数额较大，或者多次盗窃、入户盗窃、携带凶器盗窃、扒窃的行为。该罪强调行为人是以秘密窃取的方式取得财物。两罪在客观方面的表现有明显区别。

2. 本案的犯罪构成分析

本案中，被告人实际上分别针对被害人的微信钱包零钱及微信钱包绑定的银行卡资金实施了非法占有的犯罪行为。公诉机关分别指控被告人针对被害人的微信钱包零钱实施的盗刷行为构成盗窃罪，指控被告人针对被害人的微信钱包绑定的银行卡资金实施的盗刷行为构成信用卡诈骗罪。而被告人及辩护人的辩解辩护意见则认为本案仅构成盗窃罪。

从犯罪客体来看，被告人针对被害人的微信钱包零钱实施的盗刷行为仅侵犯了被害人的财产利益；从客观方面来看，被告人利用木马程序通过后台盗取被害人的微信账户和密码后，以平和隐蔽、不为人知的秘密手段，将被害人微信钱包零钱里的资金用于网上消费或在境外赌博网站进行赌博，进而将资金据为己有，实现了对财产所有权的转移，系秘密窃取他人财物的盗窃行为，符合盗窃罪的客观构成。故被告人针对被害人的微信钱包零钱实施的盗刷行为明显构成盗窃罪。

同样地，被告人针对被害人的微信钱包绑定的银行卡资金实施的盗刷行为亦应构成盗窃罪。有观点认为，本案中被告人非法取得的财物实际上就是被害人银行账户中的资金，其行为实际上是冒用他人信用卡实施诈骗的行为。诚然，被害人的银行账户确实因为被告人的犯罪行为而遭受损失，但是被害人直接受损的并非银行账户，而是微信支付账户，只是这个微信支付账户刚好绑定了银行卡账户而已。被告人实施犯罪行为时并非直接使用被害人的银行卡或银行账户，更未掌握被害人的银行账户密码，只是利用被害人的微信账户及支付密码秘密窃取该微信支付账户的资金，并没有使用银行卡及其密码的行为。因此，此种盗刷行为实际上仍然针对被害人的财产利益，而非对国家有关金融票证管理制度的侵犯，其犯罪对象并非针对信用卡，而是被害人微信支付账户的资金，至于非法占有的资金系来源于微信钱包或者绑定的银行账户，行为人在所不问。这样也更符合被告人非法占有被害人微信支付账户资金的主观犯罪故意，否则可能造成类案定罪量刑的巨大差别。再看本案的客观方面，如前文所述，被告人实际上仍然系实施了秘密窃取他人财物的盗窃行为，同样应构成盗窃罪。

综上，利用微信支付密码实施的微信盗刷行为应构成盗窃罪。

编写人：广东省广州市黄埔区人民法院　黎小燕

205　骗取他人银行卡号及密码以窃取他人财物行为性质的认定

——李某盗窃案

【案件基本信息】

1. 裁判书字号

陕西省安康市中级人民法院（2018）刑终字第107号刑事裁定书

2. 案由：盗窃罪

【基本案情】

被告人李某与被害人王某富系姨表兄弟关系，2017年12月10日，被告人李某以某银行广佛支行通知王某富修改银行卡密码为由，骗取王某富银行卡及密码。当日被告人李某即持王某富银行卡在银行自动取款机（ATM）机上，请谌某军帮忙，分三次取走王某富现金8000元。所得赃款用于日常生活支出。2018年1月23日，王某富发现银行卡内资金减少，向公安机关报案。归案后，被告人李某将赃款8000元退还给王某富。案件在审理中，王某富书面谅解了被告人的行为。

【案件焦点】

盗窃信用卡犯罪中，被告人李某骗取他人银行卡号及密码以窃取他人财物，如何区分盗窃罪与诈骗罪、信用卡诈骗罪的定性。

【法院裁判要旨】

陕西省平利县人民法院经审理认为：被告人李某以非法占有为目的，采取秘密手段窃取他人财物，数额较大，其行为已构成盗窃罪，公诉机关指控被告人李某犯罪事实清楚、证据确实充分、罪名准确，予以支持。案发后，被告人自愿认罪，积极退缴赃款，认罪、悔罪态度较好，可依法从轻处罚。被告人与被害人系近亲属关系，案发后获取了被害人的书面谅解，可酌情从宽处罚。被告人一贯表现较好，初次犯罪，亦可酌情对被告人从轻处罚。为维护社会治安秩序，保护公民合法财产不受侵犯，根据本案被告人李某的犯罪事实、犯罪性质、情节和犯罪对于社会的危害程度，依照《中华人民共和国刑法》第二百六十四条、第五十二条、第六十四条、第六十一条，《最高人民法院、最高人民检察院关于办理盗窃刑事案件适用法律若干问题的解释》第八条之规定，作出如下判决：

一、被告人李某犯盗窃罪，单处罚金人民币5000元；

二、被告人李某盗窃所得赃款8000元予以追缴并返还给被害人王某富。

陕西省平利县人民检察院不服一审判决提起抗诉。

陕西省安康市中级人民法院经审理认为：原审被告人李某以平利农商银行广佛支行通知王某富修改银行卡密码为由，骗取王某富银行卡，并利用其知晓的密码，采用秘密窃取的方式，在ATM机取走王某富现金8000元，其行为已构成盗窃罪，应依法惩处。对检察机关关于被告人的行为应构成信用诈骗罪的支持抗诉意见和辩护人关于被告人行为应构成诈骗罪的辩护意见，经查，被告人李某骗取他人银行卡并冒用的行为，目的是窃取他人财产，骗取银行卡只是盗窃他人财物的手段，是为了秘密窃取他人卡里的存款，而非用于信用卡诈骗活动，故其行为依法应构成盗窃罪，而非信用卡诈骗罪或诈骗罪。对检察机关的支持抗诉意见和辩护人关于被告人行为定性的辩护意见不予支持。关于抗诉机关提出的抗诉意见，经查，被告人与被害人是姨表兄弟，不属于《中华人民共和国刑事诉讼法》规定的“近亲属”的范围，原审援引《最高人民法院、最高人民检察院关于办理盗窃刑事案件适用法律若干问题的解释》第八条确有不当。对抗诉机关此点抗诉意见，予以支持。但本案被告人与被害人系亲戚关系，案发后被告人自愿认罪，积极退缴赃款，认罪、悔罪态度较好，且已取得被害人的书面谅解，可依法从轻处罚。原审对其定罪正确，量刑适当，故对抗诉机关的其他抗诉意见不予支持。关于辩护人请求对被告人从轻处罚的辩护意见，经查，原判已经考虑被告人系初犯偶犯，认罪态度较好，案发后退赔退赃，且已经取得被害人谅解等情节，对其从轻处罚，故此辩护意见不予采纳。

陕西省安康市中级人民法院依照《中华人民共和国刑事诉讼法》

第二百二十五条第一款第一项之规定，作出如下裁定：

驳回抗诉，维持原判。

【法官后语】

本案被告人骗取他人信用卡，并且以秘密的方式在ATM机上盗取现金8000元。对此，控辩双方均无异议，但关于被告人行为的定性，审判实践中经常有分歧。

1. 第一种意见：被告人的行为应当构成信用卡诈骗罪，理由如下：

(1) 刑法第一百九十六条规定，有下列情形之一，进行信用卡诈骗活动，数额较大的，处五年以下有期徒刑或者拘役，并处2万元以上20万元以下罚金……该条第三项就规定了“冒用他人信用卡的”。

(2)《最高人民法院、最高人民检察院关于办理妨害信用卡管理刑事案件具体应用法律若干问题的解释》第五条规定：“……刑法第一百九十六条第一款第三项所称‘冒用他人信用卡’，包括以下情形……（二）骗取他人信用卡并使用的……”

2. 第二种意见：本案应当定性为盗窃罪，而不是信用卡诈骗罪，笔者持此种观点，理由如下：

(1) 从法条的规定来看，刑法第一百九十六条规定“有下列情形之一，进行信用卡诈骗活动，数额较大的”，构成信用卡诈骗罪，也就是说，构成信用卡诈骗罪必须符合三个条件：①符合四种情形之一；②进行诈骗活动；③数额较大。而本案被告人虽然骗取了他人的银行卡，但只是盗取了现金，并未进行诈骗活动。《最高人民法院、最高人民检察院关于办理妨害信用卡管理刑事案件具体应用法律若干问题的解释》第五条只是对刑法第一百九十六条规定的“冒用他人信用卡”的解释，并未对入罪条件作进一步解释。

(2) 从被告人的犯罪手段和行为方式来看，盗窃罪是以他人持有的财物为侵犯对象，即以秘密窃取的方法将他人持有的财物转移到行为人实际控制之下。而诈骗罪，是以虚构事实或隐瞒真相的方式，使他人看起来好像是“自愿”交付财物。本案中，李某取得他人银行卡确实是骗取，但取得银行卡并不是其最终目的，而只是其取得他人财物的手段行为，其最终目的是获得被害人卡内的现金，其通过秘密盗取的方式取得被害人财物，在被害人并不知晓的情况下，在ATM机上取款8000元，该行为符合盗窃罪“秘密窃取”的客观要件，而不符合信用卡诈骗罪“进行诈骗活动”的定罪要求，更不符合诈骗罪“自愿交付”的条件。

（3）从被告人的犯罪行为侵犯的客体来看，盗窃罪是单一客体，被告人侵犯的只是被害人的财物所有权。而信用卡诈骗罪是双重客体，行为人往往既侵犯了被害人的财产所有权，又侵犯了金融票证管理秩序。而本案中，被告人的行为只侵犯了被害人的财物所有权，银行的财物和管理秩序并没有受到侵害。

编写人：陕西省安康市中级人民法院　张晔

206 持卡人将已出售的信用卡内钱款非法占为己有行为性质的认定

——宋志某等盗窃案

【案件基本信息】

1. 裁定书字号

北京市第二中级人民法院（2018）京02刑终221号刑事裁定书

2. 案由：盗窃罪

【基本案情】

1. 2017 年 2 月，被告人宋志某用自己的身份信息办理了一张尾号 9088、户名为宋志某的信用卡，后伙同张某将该卡卖给他人；3 月 5 日，某仪市政工程有限公司财务孙某某因被诈骗将人民币 168 万元打入尾号 8879、户名为李某某的账号内；3 月 6 日，该笔赃款中的人民币 30 万元从李某某账号转移到上述宋志某的信用卡内；同日，被告人宋志某到银行昌平支行将该卡挂失、补办；次日，被告人宋志某在丰台区赵公口银行将该卡销户；被告人宋志某分多次从卡内取款人民币 30 万元。

2. 2017 年 3 月 5 日，被告人宋志某陪同杨某某在银行望盛园支行，以杨某某的身份信息办理了一张尾号 9778、户名为杨某某的信用卡，杨某某以人民币 200 元的价格将该卡卖给宋志某。后宋志某伙同张某、朱某将该信用卡卖给他人；3 月 7 日，谭某某因受骗将人民币 38400 元打入他人提供的上述杨某某的信用卡内；3 月 8 日，杨某某接到宋志某的通知后，伙同张某、朱某在银行行宫支行将该卡挂失、补办，后将卡内余额人民币共计 2.8 万余元分多次取出，三人分赃后将该卡销户。

【案件焦点】

持卡人将已出售的信用卡内钱款非法占为己有，行为性质如何认定。

【法院裁判要旨】

北京市丰台区人民法院经审理认为：被告人宋志某、张某、朱某、杨某某以非法占有为目的，采取秘密手段盗窃他人财物，被告人宋志某、张某盗窃他人财物，数额巨大，被告人朱某、杨某某盗窃他人财物，数额较大，其行为均已构成盗窃罪，应予处罚。北京市丰台区人民检察院指控被告人宋志某、张某、朱某、杨某某犯盗窃罪的事实清楚，证据确实充分，罪名成立。鉴于被告人张某曾因故意犯罪被判处有期徒刑以上刑罚，在刑罚执行完毕后五年内，再犯应当判处有期徒刑以上刑罚之罪，系累犯，故对其予以从重处罚；被告人朱某之前所受的刑事处罚，本院在量刑时酌情予以考虑；鉴于被告人张某、朱某、杨某某到案后能够如实供述犯罪事实，认罪态度较好，已追缴被告人宋志某、杨某某部分违法所得，故对四名被告人均予以从轻处罚。

被告人宋志某以非法占有为目的，将信用卡卖给他人，后通过补办、取款、销卡等方式将卡内钱款占为已有，其行为系盗窃；另外，被告人与被害人之间并无委托保管关系，且涉案财物非遗忘物或埋藏物，被告人的行为不符合侵占罪的构成。

北京市丰台区人民法院依照《中华人民共和国刑法》第二百六十四条，第二十五条第一款，第六十五条第一款，第六十七条第三款，第五十二条，第五十三条，第六十一条、第六十四条之规定，作出如下判决：

一、被告人宋志某犯盗窃罪，判处有期徒刑七年，并处罚金人民币七千元；

二、被告人张某犯盗窃罪，判处有期徒刑四年，并处罚金人民币四千元；

三、被告人朱某犯盗窃罪，判处有期徒刑二年，并处罚金人民币二千元；

四、被告人杨某某犯盗窃罪，判处有期徒刑一年三个月，并处罚金人民币二千元；

五、责令被告人宋志某、张某、朱某、杨某某退赔违法所得，返还各被害人；

六、随案移送违法所得人民币七万一千元以及在案冻结账户款项，均并入本判决第五项执行；

七、随案移送手机、信用卡等物品，均依法予以处理。

被告人张某、朱某、杨某某未上诉，被告人宋志某不服原审判决，提起上诉。上诉期间，被告人宋志某撤回上诉。

北京市第二中级人民法院裁定如下：准许上诉人宋志某撤回上诉。北京市丰台区人民法院一审判决自本裁定送达之日起发生法律效力。本裁定为终审裁定。

【法官后语】

“螳螂捕蝉，黄雀在后”，被告人宋志某、张某等人的盗窃案就是一起典型的“案中案”。宋志某、张某等人以自己的名义申领信用卡，同时开通网银、短信提醒等功能；后将该卡出售给其他犯罪人员；查询到涉案信用卡有钱款进账后，立即使用本人的身份证对信用卡进行挂失、补卡、取现、注销等操作，将卡内钱款非法占为己有。该行为应该如何定性？

第一种观点认为，宋志某、张某等人明知他人为实施犯罪行为而向其购买信用卡，但仍予以提供，应当以共同犯罪论处，认定为诈骗。

第二种观点认为，宋志某、张某等人使用自己的真实身份信息申领信用卡，之后通过合法途径进行补卡，卡内钱款再次回归到其持有的信用卡中，此时其将卡内钱款占为己有，并且没有将钱款归还的意思，行为应认定为侵占。

第三种观点认为，宋志某、张某等人虽然通过银行补办了信用卡，但并不代表实际用卡人将信用卡内的钱款交给宋志某等人保管，宋志某、张某等人趁人不备占有卡内钱款，行为应认定为盗窃。

笔者同意第三种观点。盗窃、侵占、诈骗均属于侵财型犯罪，从刑法的法条规定来看，三者区别显著。但在实际案例中，却经常出现界限模糊的情况。以下将结合本案例，就盗窃、代为保管的侵占、诈骗之边界存在的一些争议问题进行探讨。

1. 盗窃罪与侵占罪的关系

盗窃罪只能是盗窃他人占有的财物，对自己占有的财物不可能成立盗窃罪；代为保管的侵占是侵占自己占有的他人财物。判断财物由谁占有、是否脱离控制，是判断行为成立侵占罪还是盗窃罪的关键；分析犯罪的主体、对象、前提及犯罪目的产生的时间等，是判断行为成立侵占罪还是盗窃罪的路径。

本案中，被告人宋志某、张某等人对外出售信用卡的目的就是获取之后信用卡上可能汇入的钱款，其非法占有的目的产生于售卡（甚至是办卡）之时，而非产生于钱款进入涉案信用卡之后；被告人将信用卡出售给他人使用，实际用卡人将钱款汇入该卡，但实际用卡人并没有将财产转移给持卡人占有，亦没有委托持卡人代为保管；因持卡人挂失、补卡、取现等行为导致实际用卡人失去对卡内钱款的控制，在事实占有之前，卡内钱款并不在持卡人的控制之下；在持卡人权利被限制的情况下，其仍将卡内钱款秘密转移，该行为应认定为盗窃而非侵占。

2. 盗窃罪与诈骗罪的关系

在司法实践中，盗窃罪与诈骗罪交错混杂。诈骗案件中经常伴有隐蔽手段，以防止诈骗手段轻易被揭穿；而盗窃案件中也往往伴有欺诈的行为，通过欺诈的行为可以使盗窃行为更顺利地实施，隐蔽手段和欺诈手段可能会交叉出现。区分盗窃罪与诈骗罪的关键在于行为人是否实施了使他人陷入错分财产的认识错误的欺骗行为，以及被害人是否基于认识错误处分了财产。需要注意的是，实践中较为多发的“以借打手机为名进而非法占有”的行为——被害人将手机借给行为人使用，并不是处分手机的行为，即使行为人当时手握手机，被害人也并未将自己的手机交付给行为人占有。

要准确对本案进行定性，首先需要解决三个方面的焦点问题：一是被害人究竟是谁；二是行为针对的对象是什么；三是行为的性质是窃取还是骗取。

（1）本案的直接被害人是实际用卡人。实际用卡人从宋志某、张某等人手中购买信用卡，其认为自己对该卡具有了控制权。之后，实际用卡人将自己的犯罪所得转入该卡，后该卡内钱款被宋志某、张某等人转移。不论该卡内钱款的性质如何，实际用卡人的“财产”均受到了侵害。

（2）本案中行为针对的对象是涉案信用卡中的钱款。信用卡本身是没有价值的，但如果掌握了信用卡的相关信息，就可以占有该银行账户中的钱款。宋志某、张某等人通过使用自己的身份证件，对涉案信用卡进行了挂失、补办，之后使用新的信用卡将卡内钱款取出占为已有。

（3）从行为类型来看，宋志某、张某等人的行为是取得型财产犯罪，而非自愿交付型财产犯罪。众所周知，盗窃罪财产的获取是违背被害人意愿，是行为人自己将被害人的财物取走，系取得型财产犯罪；而诈骗罪是第三人或是被害人基于错误认识、将财产自愿交付给行为人或行为人指定的第三人，是自愿交付型财产犯罪。本案中，实际用卡人始终认为涉案信用卡由其本人控制，从未陷入错误认识，也从未有过将钱款给付给被告人的意愿，因此不能认定为诈骗罪。钱款之所以进入被告人的腰包，是因为被告人在实际用卡人不知情的情况下，秘密使用个人身份信息对信用卡进行了挂失、补卡、取现、销卡，使实际用卡人失去了对卡的控制，上述行为完全符合盗窃罪转移占有的法律特征。

编写人：北京市丰台区人民法院　吴恬

207　从他人遗留于 ATM 机内已通过身份识别的卡上取款的行为应如何定性

——张某盗窃案

【案件基本信息】

1. 裁判书字号

江苏省常州市中级人民法院（2018）苏 04 刑终 133 号刑事裁定书

2. 案由：盗窃罪

【基本案情】

2017 年 5 月 25 日 21 时 27 分，被告人张某在银行 ATM 自动存取款机上，从被害人石某遗忘在此的银行卡上提取现金人民币 5000 元。案发后，被告人张某已退出全部赃款并发还被害人。

【案件焦点】

被告人拾得的信用卡系被害人已经输好密码后遗留在 ATM 机中，被告人可直接取款，该行为应该如何定性。

【法院裁判要旨】

江苏省常州市武进区人民法院经审理认为：被告人张某以非法占有为目的，在他人遗留于 ATM 机内的信用卡上秘密输入取款金额并取款人民币 5000 元，其行为已构成盗窃罪。被告人能够实施这一行为缘于卡主已经通过身份识别将该卡置于可直接取款的操作程序中，并未冒用他人信用卡，其行为符合盗窃罪的构成要件，应当以盗窃罪定罪量刑。常州市武进区人民检察院起诉指控被告人张某犯信用卡诈骗罪，定性不当，本院予以纠正。辩护人关于被告人张某的行为符合盗窃罪的构成要件，且系初犯、偶犯、主观恶性不大、已退赃并取得谅解，可从轻处罚的辩护意见，予以采纳。

江苏省常州市武进区人民法院依照《中华人民共和国刑法》第二百六十四条、第六十七条第三款之规定，作出如下判决：

被告人张某犯盗窃罪，判处罚金人民币一万元。

一审宣判后，常州市武进区人民检察院向常州市中级人民法院提起抗诉称：一审判决被告人张某犯盗窃罪，适用法律确有错误，应认定为信用卡诈骗罪。

江苏省常州市中级人民法院经审理认为：张某在他人遗留于 ATM 机内的银行卡上，实施了输入取款金额并取得他人数额较大的钱款的行为，已构成盗窃罪。能够实施这一行为是因为卡主已经通过身份识别将该卡置于可直接取款的操作程序中，张某此时取款并不是基于银行或 ATM 机的错误认识，其行为符合盗窃罪的特征，故抗诉机关的抗诉理由不能成立，不予采纳。

江苏省常州市中级人民法院作出如下裁定：

驳回抗诉，维持原判。

【法官后语】

关于本案的处理，有两种观点。第一种观点认为构成盗窃罪。理由在于：(1) 信用卡诈骗罪应符合诈骗罪的构成要件，诈骗罪的被害人只能是自然人，刑法理论和实践认为“机器不能被骗”，不存在被欺骗而处分财物的可能性，行为人在ATM机上取款的行为是以非法占有为目的，违背被害人的意志，取得他人财物，符合盗窃罪的构成要件。(2) 输入密码是ATM机验证身份的唯一环节。行为人利用他人已经输入密码的银行卡取款，不存在输入密码而导致银行程序误认为其是合法持有人的情态，客观上不属于冒用他人信用卡的行为。

第二种观点认为构成信用卡诈骗罪。理由在于：《最高人民检察院关于拾得他人信用卡并在自动柜员机上使用的行为如何定性问题的批复》规定，拾得他人信用卡并在自动柜员机上使用的行为，属于刑法第一百九十六条第一款第三项规定的“冒用他人信用卡”的情形，构成犯罪的，以信用卡诈骗罪追究刑事责任。刑法意义上的信用卡也包括借记卡，从他人遗忘在ATM机上正处于操作状态的银行卡中取款，属于冒用他人信用卡的行为，推定银行的付款行为是善意的，被骗者是银行，符合信用卡诈骗的犯罪构成。

本案同意第一种观点。主要有以下几点：

1. 本案不属于拾得后“冒用”信用卡的行为。《最高人民检察院关于拾得他人信用卡并在柜员机上使用的行为如何定性问题的批复》明确指出，属于刑法第一百九十六条第一款第三项规定的“冒用他人信用卡”的情形，构成犯罪的，以信用卡诈骗罪追究刑事责任。《最高人民法院、最高人民检察院关于办理妨害信用卡管理刑事案件具体应用法律若干问题的解释》第五条规定，“拾得他人信用卡并使用的”属于“冒用他人信用卡”的信用卡诈骗行为。笔者认为，上述的解释和批复比较含糊，并未区分拾得信用卡并使用的情形，利用遗忘在ATM机上已经输入密码的信用卡取款，是否属于“冒用”有待商榷。冒用是指行为人冒充合法持卡人的身份，拾得后冒充合法持卡人使用为该罪的典型特征，犯罪流程的核心环节是“密码的获取与确认”和“使银行陷入错误认识”，在ATM机上冒用他人身份的唯一特征就是通过输入密码达到欺骗目的，输入正确的密码，银行就默认持卡人系信用卡合法所有人。而上述案件中，行为人并无猜测、破译以及输入密码的环节，合法持卡人已经完成了此环节，即完成了身份验证过程，行为人不需要进行身份识别就可从ATM机中取款，输入取款数额不具有身份验证效用，故行为人并未实施冒用持卡人身份的行为。

2. 行为人主观上具有秘密窃取的故意。从主客观相一致的角度上，行为人在ATM机上操作取款时，主观心态是明知卡内款项属于他人所有，仍有通过秘密取得的手段窃取卡内财物并据为己有的盗窃故意。客观上采用不使财物所有者、经手者发觉的方法，暗中取走财物，符合“秘密窃取”的盗窃特征。从侵害的法益上看，信用卡诈骗罪的实质是行为人输入密码得到银行系统的确认，使银行产生错误认识处分了卡中款项，从而侵犯了银行管理秩序和公私财物，而盗窃罪只侵犯被害人的财产权益。本案中，被告人从已完成审核义务的ATM机中取款，并未对银行管理秩序造成威胁，本质上是一种秘密窃取行为，定性为盗窃罪更为妥当。

编写人：江苏省常州市武进区人民法院　高婷

208 扒窃未得逞行为的定性和证明标准

——郑全某盗窃案

【案件基本信息】

1. 裁判书字号

北京市第一中级人民法院（2018）京01刑终705号刑事裁定书

2. 案由：盗窃罪

【基本案情】

2018年3月31日17时许，被告人郑全某在昌13路公交车行驶至北京市昌平区水电站附近时，在公交车上盗窃被害人刘某包内财物，因被发现而未得逞，后被民警查获。

【案件焦点】

行为人实施扒窃但未得逞的行为是否应该认定扒窃未遂，行为人不承认自己实施了盗窃行为的情况下如何根据在案证据认定案件事实。

【法院裁判要旨】

北京市昌平区人民法院经审理认为：被告人郑全某以非法占有为目的，扒窃他人财物，其行为已构成盗窃罪，依法应予惩处。北京市昌平区人民检察院指控被告人郑全某犯盗窃罪的事实清楚，证据确实、充分，罪名成立。关于被告人郑全某所提其没有实施盗窃及其辩护人所提现有证据不确实、充分，被告人郑全某无罪的意见，经查，在案有刘某的陈述和独小某、独早某的证言以及监控录像等证据可以相互印证，足以证实被告人郑全某上车后紧贴在刘某身后实施盗窃，并已将刘某的挎包拉链拉开后被发现的事实，被告人及其辩护人的意见，本院不予采纳。关于辩护人所提被告人郑全某盗窃系未遂，不符合《最高人民法院、最高人民检察院关于办理盗窃刑事案件适用法律若干问题的解释》（以下简称《盗窃解释》）第十二条所规定的盗窃未遂应定罪的三种情形，故不应认定有罪的意见，本院认为，被告人郑全某的行为属于扒窃，根据《中华人民共和国刑法》规定，扒窃即构成盗窃罪，辩护人的意见无事实及法律依据，不予采纳。被告人郑全某曾因故意犯罪被判处有期徒刑，刑罚执行完毕后五年内再犯应当判处有期徒刑以上刑罚之罪，系累犯，依法从重处罚。鉴于被告人郑全某系盗窃未遂，依法予以从轻处罚。依据《中华人民共和国刑法》第二百六十四条，第六十五条，第二十三条，第五十二条，第五十三条之规定，判决如下：

被告人郑全某犯盗窃罪，判处有期徒刑一年，并处罚金人民币一千元。

宣判后，郑全某持原审辩解提起上诉。北京市第一中级人民法院经审理认为：原审法院根据郑全某犯罪的事实，犯罪的性质、情节和对于社会的危害程度所作出的判决，认定事实清楚，证据确实、充分，定罪及适用法律正确，量刑适当，审判程序合法，应予维持。

北京市第一中级人民法院依照《中华人民共和国刑事诉讼法》第二百三十六条第一款第一项之规定，裁定如下：

驳回上诉，维持原判。

【法官后语】

本案存在两个争议问题：一是本案证据能否认定盗窃事实存在；二是上诉人郑全某扒窃未得逞能否认定为盗窃罪。

1. 根据刑事诉讼法的规定，认定犯罪事实需要达到证据确实、充分的标准。只有被告人供述，没有其他证据的不能认定被告人有罪和处以刑罚，没有被告人供述，证据确实、充分的，可以认定被告人有罪和处以刑罚。证据确实充分并不要求刑事诉讼中要穷尽所有证据，而证据确实、充分需要符合三个条件。

（1）定罪量刑的事实都有证据证明

本案中，能证明被告人实施了盗窃行为的事实包括被害人刘某的陈述以及证人独小某的证言。二人都详细描述了案发的具体过程，即被告人郑全某正在用手拉刘某身上背包的拉链，这一行为即是刑法上的扒窃行为。

（2）据以定案的证据均经法定程序查证属实

此项标准要求据以定案的证据首先要具有证据资格，是经合法程序收集的证据，排除了刑讯逼供等非法证据的可能性。其次证据能够较为真实地反映案件事实。具体来讲，就是证据之间以及证据与事实之间不存在矛盾，或者矛盾能够得到合理排除，证据之间能够相互印证。从本案来讲，并不存在需要排除的非法证据，所有证据都是经侦查机关经过合法程序取得的，因此在证据能力上不存在瑕疵。而在证明力的问题上，需要我们进行证据真实性的考量来判断证据可否采信。本案中能直接证明犯罪行为的证据包括被害人刘某的陈述以及证人独小某的证言，对于单个证据真实性的审查判断法律并没有规定明确的标准。本案案发自然，不存在虚假报案的可能性，被害人的陈述和证人独小某的证言均具体而清晰地描述了案发过程，证据自身不存在前后矛盾的情形。且二人的描述能够相互印证，在诸多细节上也是一致的，这就增强了证据的可信度。

（3）综合全案证据，对所认定事实已经排除合理怀疑

所谓“排除合理怀疑”即法官对于被告人的犯罪事实已经产生

了内心确信，且没有证据支持对犯罪事实的任何合理怀疑。本案中，能够否定犯罪事实存在的仅有被告人辩解。其辩称其在公交车上仅是站在被害人旁边，并碰了被害人一下，随即被被害人认为是盗窃，其认为背包上并没有鉴定出有其指纹，故不能认定其就翻动了被害人的包。针对被告人的辩解，仍需要通过综合全案进行考量。对于本案来说，被告人是在实施行为的过程中被察觉，并被扭送至公安机关的，其行为有证人证言予以直接证明，此外，监控录像虽然没有拍到其偷盗时的手部动作，但是其身体位置及大致动作和证人的陈述都是一致的，证人证言逻辑上不存在矛盾。且从经验上讲，证人与其并不相识，没有利害关系，刻意捏造事实并诬赖他的可能性极小。被告人的辩解不能引起合理怀疑，故可以认定被告人的犯罪事实。

2. 扒窃未遂能否以盗窃罪追究刑事责任

扒窃作为一种特殊的盗窃类型，法律并未具体规定其入罪标准和既未遂形态。刑法修正案（八）将扒窃作为盗窃罪的独立罪状纳入刑法的处罚范围，并且不以数额作为入罪标准。

（1）扒窃是否有既遂、未遂形态

有观点认为，扒窃的认定不需要危害结果的发生，即只要实施了犯罪行为即构成既遂。笔者认为，扒窃本质上还是盗窃行为，盗窃是很典型的以被害人财物损失作为犯罪既遂形态的结果犯，扒窃的特殊性在于其行为方式具有特殊性，其侵犯的法益是他人对财产的所有权。刑法之所以将扒窃脱离普通盗窃单独罗列出来且不以数额为入罪标准，是因为该行为具有多发性和更严重的社会危害性。扒窃行为的实施完毕并不当然意味着危害结果的发生，盗窃罪的危害后果是被害人遭受财产损失，扒窃行为与危害后果之间具有分离性，存在时间和空间上的间隔，因此扒窃存在未遂形态，不能脱离犯罪的危害后果而一律将扒窃行为认定为盗窃既遂。

(2) 对扒窃未遂的认定

在本案中，被告人在实施扒窃过程中被发觉从而导致犯罪未得逞属于典型的未遂形态，本案关键在于如何理解盗窃解释第十二条的规定，即扒窃未遂是否应当追究刑事责任。该条规定，“盗窃未遂，具有下列情形之一的，应当依法追究刑事责任：(一) 以数额巨大的财物为盗窃目标的；(二) 以珍贵文物为盗窃目标的；(三) 其他情节严重的情形……”有观点认为根据该司法解释，扒窃未遂不属于依法应当追究刑事责任的三种情形，即对不是以数额巨大财物或者国家珍贵文物为盗窃目标的盗窃未遂，不应定罪处罚。对此种观点笔者持否定态度。刑法修正案 (八) 之所以将扒窃行为规定为犯罪，表明了扒窃这种行为具有严重的社会危害性，法律并未要求数额巨大，仅有扒窃行为就已经达到了犯罪的程度，所以即使未遂也应定罪处罚。而且司法实践中，扒窃行为多是当场抓获才有可能案发，如果对于扒窃未遂一律不按犯罪处理，则很难实现刑法上对于扒窃行为的惩治。

笔者认为，扒窃作为盗窃的一种，其当然适用《盗窃解释》，但是对于扒窃未遂是否应当一律追究刑事责任还是应该结合个案的具体情况加以分析。考虑到法律和司法解释的统一性，应结合《盗窃解释》第十二条第三项的规定判断其是否具有其他严重情节。如果行为人实施了扒窃行为未得逞，但情节显著轻微的，可以不追究刑事责任。但是在存在一些严重情节的情况下，即使犯罪未得逞，也应追究其刑事责任。例如，是否有扒窃的犯罪前科，是否严重扰乱公共秩序，是否对被害人造成了人身威胁等。

编写人：北京市第一中级人民法院　胡柳青青

209 被盗的可补办但不可兑现的记名有价票证盗窃金额的认定

——王会某盗窃案

【案件基本信息】

1. 裁判书字号

广东省珠海市中级人民法院（2017）粤04刑终200号刑事判决书

2. 案由：盗窃罪

【基本案情】

2016年第11届珠海航展举办前夕，被告人王会某欲盗窃航展入场凭证倒卖获利。2016年10月30日14时许，被告人王会某来到航展馆门口，尾随两名外国人混进航展馆，寻找作案目标。15时许，被告人王会某发现两名男子（其中一人为航科某院职员付某某）将一批证件放在一个纸袋里，便一路尾随，在3号馆门口趁两名男子将纸袋放在地上办其他事情之机，将该纸袋盗走。被盗取的多次专业观众入场证上印有持证人照片和姓名、单位、职务等多项个人信息，单次专业观众入场证上没有照片，但印有持证人姓名、单位、职务等多项个人信息，被盗取的车证上有车牌号码，因上述票证信息明确，被告人王会某感觉无法出售获利，便将6张车证丢弃，将观众入场证带回住处藏匿。

纸袋被盗后，付某某报案，航科某院以100元/张的价格补办了上述被盗票证。公安机关经侦查，确定被告人王会某有重大作案嫌疑，于2016年11月4日将其抓获归案，在其住处扣押了多次专业观众入场证138张、单次专业观众入场证90张，后发还付某某。上述多次专业观众入场证、单次专业观众入场证、车证的购买单价分别为1000元、600元、800元，总购买价为196800元。

航科某院在2016年10月24日向航展公司付款214600元，用于办理单次专业观众入场证93张（每张600元）、多次专业观众入场证154张（每张1000元）、车证6张（每张800元），并要求将上述购票款发票开在“某院”等14家单位名下。在办证过程中，有3张单次专业观众入场证、11张多次专业观众入场证未通过审批（合计办证费用12800元），航科某院和航展公司确认就未通过审批证件不予退款。

2016年11月4日，航展公司按照航科某院的要求开具了总金额为214600元的发票14张。

公安机关就上述被扣押的228张入场证委托鉴定，认定上述证件的规格型号为PVC[①]塑料，11cm×7.5cm，按照制作成本价计算，单价17元，共价值3876元。

另查明，被告人王会某因犯赌博罪，于2013年5月31日被判处有期徒刑六个月，并处罚金人民币5000元，于2013年7月10日刑满释放。

【案件焦点】

1. 盗窃数额应以被盗票证的购买价还是制作票证的成本价来确定；2. 被告人王会某系盗窃既遂还是盗窃未遂。

---

① PVC，一般指聚氯乙烯。

【法院裁判要旨】

广东省珠海市金湾区人民法院经审理认为：以被盗票证的购买价确定盗窃数额，结合累犯、犯罪未遂的量刑情节，判决如下：

被告人王会某犯盗窃罪，判处有期徒刑二年三个月，并处罚金人民币 10000 元。

被告人王会某不服一审判决，提起上诉。

广东省珠海市中级人民法院经审理认为：首先，上诉人王会某以航展入场凭证为盗窃目标，本案被盗票证属于入场凭证。其次，上诉人王会某所盗的入场凭证是权利凭证，代表着享受一定权利或服务的资格，此种资格才是其盗窃目标。因此，不能把是否取得入场凭证本身作为区别盗窃既遂或未遂的标准，如果权利凭证实际上并没有兑现的可能，其所承载的权利或服务不能被原权利人以外的其他人使用，应作盗窃未遂处理。本案中，上诉人王会某所盗证件不具备兑现可能性，因此，其盗窃行为属于未遂，其上诉主张以制作证件的成本作为盗窃金额且已既遂理由不成立，不予采纳。最后，上诉人王会某实质是想倒卖入场凭证所承载的权利，而取得航展入场资格需要支付相应对价。因此，应当以购买被盗证件的价格作为盗窃数额，上诉人王会某上诉主张以被盗票证的制作成本作为盗窃数额于法无据，不予采纳。原判决认定事实清楚，审判程序合法，但根据上诉人王会某的犯罪性质、罪行的严重程度及其犯罪行为造成的后果，原判决量刑过重，应予以纠正。

广东省珠海市中级人民法院依据《中华人民共和国刑法》第二百六十四条、第二十三条、第六十五条第一款、第六十七条第三款、第五条、第五十二条、第五十三条，《最高人民法院、最高人民检察院关于办理盗窃刑事案件适用法律若干问题的解释》第十二条第一

款,《中华人民共和国刑事诉讼法》第二百三十六条第一款第二项之规定,作出如下判决:

一、维持珠海市金湾区人民法院(2017)粤 0404 刑初 10 号刑事判决中对上诉人王会某的定罪部分;

二、撤销珠海市金湾区人民法院(2017)粤 0404 刑初 10 号刑事判决中对上诉人王会某的量刑部分;

三、上诉人王会某犯盗窃罪,判处有期徒刑一年十个月,并处罚金人民币 10000 元。

【法官后语】

公诉机关主张盗窃金额为被盗票证的购买价,因为被盗票证不具有兑现的可能性,故是犯罪未遂。被告人王会某及其辩护人主张盗窃金额为被盗票证的制作成本价,因为已经盗得票证,应为既遂。本案的关键在于盗窃金额的认定上,确定了盗窃金额的认定方法,就间接解决了犯罪既遂、未遂的问题,故应着重对盗窃金额的认定方法进行分析。

1. 被盗记名有价票证的法律依据分析

本案被盗的有价票证系可补办但不可兑现的记名有价票证。《最高人民法院、最高人民检察院关于办理盗窃刑事案件适用法律若干问题的解释》第四条、第五条对盗窃数额的认定方法作出了规定,虽然本案被盗的有价票证有发票、证明等证实其有效价格,但本案并未直接适用该司法解释第四条第一项的规定,因为:第一,从规定有价票证盗窃数额认定的必要性来说,有价票证的盗窃数额认定涉及多种情况,如不加以区分,直接按有效价格认定,会违反罪责刑相适应的原则;第二,第四条第一项是对盗窃数额认定的一般性规定，而第五条是对有价票证盗窃数额认定的专门性规定，根据特别规定优先于一般规定的原则，应优先采用第五条的规定。当然，第四条第一项和第五条并非对立排斥的关系，两者有交叉，如对于被盗的记名有价票证没有兑现，且失主无法通过挂失、补领、补办手续等方式避免损失的，按照给失主造成的实际损失计算盗窃数额，如果失主的实际损失为记名有价票证的价值，那么记名有价票证的有效价格就成了认定盗窃金额的依据；本案认定按被盗票证的购买价确定盗窃金额后，有效价格就成了确定购买价的直接依据。

2. 被盗记名有价票证盗窃金额的认定方法

该司法解释第五条第二项规定了记名有价票证的盗窃金额认定方法，即已经兑现的，按照兑现部分的财物价值计算盗窃数额；没有兑现，且失主无法通过挂失、补领、补办手续等方式避免损失的，按照给失主造成的实际损失计算盗窃数额。该条规定的记名有价票证盗窃数额认定的前提条件是可兑现的记名有价票证，所传递的法律精神是按照违法所得或被害人的实际损失来认定盗窃数额。本案不能简单、直接地适用该条规定或运用其所体现的法律精神，一方面，本案记名有价票证不具备兑现的可能性；另一方面，被告人王会某并没有取得违法所得，被害人的实际损失是补办费用，如果简单地按照补办费用的损失来计算盗窃金额有失公正。故本案回归到盗窃罪的本质，从犯罪构成出发，结合被告人王会某的犯罪动机、目的、犯罪对象所承载的资格、权利和服务的价值等进行深入分析，从而作出认定。

编写人：广东省珠海市金湾区人民法院　袁晓燕

210 窃取电信公司内部宽带账户转卖构成何种罪名

——许赞某、汤焯某盗窃案

【案件基本信息】

1. 裁判书字号

广东省广州市中级人民法院（2016）粤01刑终1513号刑事裁定书

2. 案由：盗窃罪

【基本案情】

2014年5月至9月，被告人汤焯某利用其在某公司广州分公司工作的便利，伙同被告人许赞某多次非法侵入某公司业务系统内，通过解除宽带账号和设备端口的绑定等手段盗取某公司内部宽带账号19个（共价值人民币74900元），后向社会高价出售牟利。另外，公安机关在被告人许赞某家中缴获另外2个被盗取的某公司宽带账号（共价值人民币26730元）。

【案件焦点】

1. 涉案公司内部使用的宽带账号是否具有价值，以非法手段获得宽带账号是否构成犯罪；2. 如果构成犯罪，被告人是构成非法获取计算机信息系统数据、非法控制计算机信息系统罪或是职务侵占罪或是盗窃罪。

【法院裁判要旨】

广东省广州市越秀区人民法院经审理认为：2014年5月至9月，被告人汤焯某与许赞某合伙通过盗取认为内部宽带账号后出售牟利。

被告人汤焯某利用其在某公司广州分公司工作的便利，负责侵入某公司业务系统，通过解除宽带账号和设备端口的绑定等手段，盗取某公司内部宽带账号19个（共价值人民币67090元），后由被告人许赞某负责向社会高价出售牟利。

另查，公安机关在被告人许赞某家中查获被盗取的某公司宽带账号2个，共价值人民币26730元。

被告人许赞某、汤焯某以非法占有为目的，采用秘密窃取的方法，窃取国有企业财物，数额较大，其行为均已构成盗窃罪。公诉机关指控被告人许赞某、汤焯某犯盗窃罪的罪名成立，本院予以支持；唯指控的部分数额不当，本院不予支持。根据二被告人的具体犯罪行为、危害后果、认罪态度等情节，依照《中华人民共和国刑法》第二百六十四条、第二十五条第一款、第五十三条、第六十四条之规定，判决如下：

一、被告人许赞某犯盗窃罪，判处有期徒刑二年六个月，并处罚金人民币50000元；

二、被告人汤焯某犯盗窃罪，判处有期徒刑二年，并处罚金人民币50000元。

(其他判项略)

一审宣判后，被告人许赞某、汤焯某不服该判决，上诉至广东省广州市中级人民法院。该院裁定如下：

驳回上诉，维持原判。

【法官后语】

在本案审理过程中，对于本案是否构成犯罪以及构成何种罪，合议庭有四种不同意见：第一种意见认为，涉案的宽带账户不具有价值，本案不构成犯罪。某公司被盗的19个宽带账户原本就是供内部人员免费使用，不能向公众出售，被盗取后也没有对某公司造成损害，因此被告人的行为不构成犯罪。第二种意见认为，被告人非法入侵某公司业务支撑系统，通过解除宽带账号和设备端口的绑定等手段盗取某公司内部宽带账号，已经形成了对某公司内部网络系统的非法控制，本案应以非法获取计算机信息系统数据、非法控制计算机信息系统罪定罪。第三种意见认为，被告人汤焯某盗取某公司内部宽带账号19个，是利用职务上的便利，将本单位的财产占为己有，本案应以职务侵占罪定罪。第四种意见认为，被告人汤焯某采用秘密进行的方式，窃取了被害公司具有经济价值的无形财产，直接侵犯了国有企业的财产所有权，本案应以盗窃罪定罪。

笔者同意第四种观点，理由是：

1. 涉案宽带账户具有财产价值，符合侵财罪的客体要求。宽带账号虽然看似只是一个用户名和密码的组合，好像并不具有价值，但宽带账户决定了上网产生的流量费用的归属。换言之，宽带账户不是简单的一个“保险箱钥匙”，而是整个“保险箱”。获得了电信公司内部的账户，也就获得了原属于他们的流量，而这个流量是需要一定的费用来购买的无形资产，像水电一样。因此，宽带账户是具有价值的，被告人用非法手段获得某公司内部的宽带账户，直接侵犯了国有企业的财产所有权，构成犯罪。

2. 职务侵占和盗窃的核心区别在于是否利用职务上的便利。利用职务上的便利是指利用自身的职权，或者利用自身因执行职务而获取的主管、管理、经手本单位财物的便利条件。所谓“主管”，是指行为人在一定范围内拥有调配、处置本单位财产的权力；所谓“管理”，是指行为人对本单位财物直接负有保管、处理、使用的职责，即对本单位财产具有一定的处分权；所谓“经手”，是指行为人虽然不负有主管或者管理本单位财物的职责，但因工作需要而在特定的时间、空间内实际控制本单位财物。

如果行为人只是由于自身工作的原因熟悉作案环境或者比较容易接触到他人主管、管理、经手的本单位财物，那么上述所形成的便利条件应该属于工作便利，而非职务便利。

在本案中，被告人汤焯某的工作职责是网络监控中心负责技术维护，也就是发现和处理电信网络故障，保障网络正常进行。被告人汤焯某并不具有主管、管理、经手公司内部宽带的职责，也不具有解绑公司内部宽带账户的权力，其与非法占有的单位宽带账户没有职责上的权限或直接关联，只是利用了自己作为电脑维修人员的技术以及易于进入公司电脑系统的工作便利，因此被告人实施犯罪的行为方式没有利用自身的职务便利，并没有侵犯职务的廉洁性，其行为应认定为盗窃罪。

3. 非法侵入计算机系统与盗窃是手段与目的关系，属于牵连犯，从一重罪处罚。被告人非法入侵某公司业务支撑系统，对某公司内部网络系统进行非法控制的目的是要将中国电信内部宽带账号解绑后出租给他人，被告人的手段行为与目的行为分别触犯了不同犯罪，成立牵连犯。刑法理论上一般认为，对牵连犯应从一重罪处罚，在本案中，盗窃罪与非法侵入计算机系统罪量刑相当，目的行为吸收手段行为，对被告人应以盗窃罪论处。

综上，被告人以非法占有为目的，秘密窃取某公司具有经济价值的无形财产，数额较大，其行为已构成盗窃罪。

编写人：广东省广州市越秀区人民法院　黄莹　郭榕榕

（三）诈骗罪

211 网络诈骗案件中如何认定共同犯罪和主从犯

——陈某宁等诈骗案

【案件基本信息】

1. 裁判书字号

广西壮族自治区柳州市中级人民法院（2020）桂02刑终132号刑事裁定书

2. 案由：诈骗罪

【基本案情】

一、被告人单独作案

2019年3月至5月，被告人陈某宁通过QQ号码添加被害人李某群、安某东、张某芳、贺某兰、王某军、沈某为好友，后冒充被害人的亲属，虚构身在国外因外汇饱和无法支付的事实，以请求垫付机票费用的方式，或者冒充被害人的儿子，虚构在学校参加培训班需要缴纳报名费事实，骗取被害人向陈某宁提供的银行账户转账共计人民币89200元。

二、被告人共同作案

1. 2019年1月8日，被告人黄某武通过QQ号码添加被害人郑某洪为好友，后冒充被害人的儿子，虚构在学校参加培训班需要缴纳报名费的事实，骗取被害人向黄某武提供的银行账户转账人民币13600元。该笔款项由黄某武转至其专门用于提取诈骗所得钱款的银行账户内，再由被告人廖某真取现并按10%的比例抽取好处费后，将剩余钱款交给黄某武。

2. 2019年6月10日，被告人陈某宁、黄某武、廖某真伙同“大谷”（在逃）携带笔记本电脑、手机、银行卡等物品，来到某镇寻找固定场所实施电信诈骗。4人共同租住在某小区×号三楼，同时共同承租了某街××号××室作为实施电信诈骗的场所，共同实施电信诈骗。具体事实如下：

（1）2019年6月16日、17日，被告人陈某宁通过QQ号码添加被害人胡某忠、胡某为好友，后冒充被害人的朋友，虚构身在国外因外汇饱和无法支付的事实，以请求垫付机票费用的方式，骗取被害人向陈某宁提供的银行账户转账共计人民币61900元。该笔款项通过被告人黄某武提供的赌博平台转至其专门用于提取诈骗所得钱款的银行账户内，再由被告人廖某真取现。黄某武、廖某真各自按10%的比例抽取好处费后，将剩余钱款交给陈某宁。

（2）2019年6月16日、2019年6月19日，被告人黄某武提供其诈骗使用的手机号给他人用于实施电信诈骗，后他人虚构身在国外因外汇饱和无法支付的事实，以请求垫付机票费用的方式，先后骗取被害人陈某学转账人民币4004元、被害人付某转账人民币17200元到银行账户内。该笔款项通过黄某武提供的赌博平台转至其专门用于提取诈骗所得钱款的银行账户内，再由被告人廖某真取现并按10%的比例抽取好处费后，将剩余的15300元转账给黄某武。

综上所述，被告人陈某宁诈骗数额为人民币172304元；被告人黄某武、廖某真诈骗数额为人民币96704元。

【案件焦点】

1. 在网络诈骗案件中如何认定共同犯罪；2. 在共同实施诈骗犯罪中只是参与最后取钱环节，能否认定为主犯，在共同犯罪中如何区分主从犯。

【法院裁判要旨】

广西壮族自治区柳州市鱼峰区人民法院经审理认为：被告人陈某宁、黄某武、廖某真以非法占有为目的，结伙利用电信网络技术手段，采用虚构事实、隐瞒真相的方式骗取他人财物，数额巨大，根据《中华人民共和国刑法》第二百六十六条之规定，其行为构成诈骗罪。公诉机关指控陈某宁、黄某武、廖某真犯诈骗罪成立。在共同犯罪中，陈某宁、黄某武、廖某真虽然分工不同，但均积极参与，均是主犯，依法应当按照其所参与的全部犯罪处罚。陈某宁、黄某武、廖某真归案以后能够如实供述自己的罪行，依法可从轻处罚。陈某宁、黄某武、廖某真的犯罪行为给被害人造成的经济损失，本院依法责令退赔。关于陈某宁提出没有实施过陈某学、付某这二起诈骗的辩解意见，法院认为，三名被告人共同商量实施电信诈骗后，在共同租赁的房屋内实施电信诈骗，具有共同诈骗的故意，各被告人均应对共同犯罪的全部后果承担责任，故对此辩解意见，不予采纳。关于黄某武的辩护人提出黄某武在共同犯罪中是作用相对较小的主犯、廖某真的辩护人提出廖某真系从犯的辩护意见，法院认为，黄某武、廖某真明知陈某宁等人实施网络诈骗，为了提取抽成牟利，廖某真提供网络赌博平台给陈某宁等转移骗取款项，之后由廖某真至银行柜员机提取赃款，二人抽取报酬后将骗取的款项交给陈某宁等，黄某武、廖某真的行为对电信诈骗犯罪目的的实现具有积极、直接的促进作用，是被告人成功控制诈骗款的最后一个环节，二人不能认定为作用相对较小的主犯或从犯，故对此辩护意见，不予采纳。关于廖某真的辩护人提出廖某真的犯罪数额应以提现金额的10%为准的辩护意见，法院认为，廖某真明知陈某宁、黄某武等人实施电信网络诈骗犯罪，仍然帮助取现，并抽取报酬，共同骗取被害人财物，其行为已构成诈骗罪的共同犯罪，犯罪数额应当以被害人被骗取的金额计算，故对此辩护意见，不予采纳。依照《中华人民共和国刑法》第二百六十六条、第二十五条第一款、第二十六条第一款及第四款、第六十七条第三款、第五十二条、第五十三条、第六十四条、第六十一条以及《最高人民法院、最高人民检察院关于办理诈骗刑事案件具体应用法律若干问题的解释》第一条之规定，判决如下：

一、被告人陈某宁犯诈骗罪，判处有期徒刑五年六个月，并处罚金人民币四万元；

二、被告人黄某武犯诈骗罪，判处有期徒刑四年，并处罚金人民币三万元；

三、被告人廖某真犯诈骗罪，判处有期徒刑四年，并处罚金人民币三万元；

四、随案移送的作案工具：诺基亚牌手机3台、vivo牌手机2台、联想牌手机2台、华为牌手机2台、三星牌手机1台、苹果牌手机1台、OPPO牌手机1台、移动自有品牌A3一台、华硕牌笔记本电脑1台、惠普牌笔记本电脑2台、银行卡、U盘、硬盘、电话卡一批，予以没收；

五、责令被告人陈某宁、黄某武、廖某真共同退赔被害人胡某忠经济损失人民币五万六千八百元、陈某学经济损失人民币四千零四元、付某经济损失人民币一万七千二百元、胡某经济损失人民币五千一百元；责令被告人黄某武、廖某真共同退赔被害人郑某洪的经济损失人民币一万三千六百元；责令被告人陈某宁退赔被害人李某群经济损失人民币九千八百元、安某东经济损失人民币一万九千二百元、张某芳经济损失人民币九千八百元、贺某兰经济损失人民币二万五千二百元、王某军经济损失人民币一万六千八百元、沈某经济损失人民币八千四百元。

被告人陈某宁、黄某武、廖某真对一审判决不服，提起上诉。

广西壮族自治区柳州市中级人民法院依照《中华人民共和国刑事诉讼法》第二百三十六条第一款第一项的规定，裁定如下：

驳回上诉，维持原判。

【法官后语】

一、网络诈骗案件中如何认定共同犯罪

所谓共同犯罪，是指二人以上共同故意犯罪。首先，主体必须是二人或二人以上。本案中，在柳州共同实施诈骗的有陈某宁、黄某武、廖某真，符合共同犯罪的主体要求。

其次，主观上要求各共同犯罪人必须具有共同的犯罪故意，各共同犯罪人知道在自己实施犯罪行为的同时有其他人配合共同实施犯罪，且明知共同犯罪行为必然或可能造成危害社会的后果，但仍希望或放任这种危害结果的发生。本案中，三名罪犯事先在宾阳时便共同商议实施电信诈骗，并准备了作案工具，之后三人在出租房实施网络诈骗，证实三人具有共同的诈骗故意。在被害人陈某学、付某被诈骗中，陈某宁虽然在犯罪实施阶段没有具体的犯罪行为，但其与黄某武、廖某真具有共同的诈骗故意，其应对其参与期间诈骗团伙实施的全部诈骗行为承担责任，而参与期间系从着手实施共同照片行为开始起算至全部诈骗行为结束。因此，陈某宁应当对该二起诈骗承担共同的犯罪后果。

再次，客观方面各共同犯罪人实施了共同的犯罪行为。本案中，三名罪犯在共同租赁的出租房内实施网络诈骗，在作案期间虽每人具体实施的行为不同，陈某宁冒充被害人朋友打电话对被害人实施诈骗，黄某武提供赌博平台将诈骗钱款提取至诈骗使用的银行账户内，廖某真到自助银行取现，后共同分赃，三人分工配合，共同实施了网络诈骗被害人财物的行为。

最后，客体方面各共同犯罪人侵害了同一犯罪客体。本案中，三名罪犯在共同的诈骗故意下共同实施网络诈骗，通过拨打电话冒充被害人的朋友，虚构事实，骗取被害人的钱款，侵害了被害人的财产所有权。

因此，法院结合共同犯罪的构成要件以及本案中三名罪犯的具体犯罪行为，认定三名被告人具有共同实施网络诈骗的故意，并实施了共同的网络诈骗行为，侵害了被害人的财产所有权，构成共同犯罪，三人应当对其参与期间共同犯罪的全部后果承担刑事责任。

二、共同犯罪中如何区分主从犯

在共同犯罪中，应当根据各罪犯在共犯中所起作用的大小区分主从犯，给予不同的量刑。可以从是否是犯意提起者、是否是策划指挥者、对犯罪结果的作用大小等方面进行考量。本案中，三名罪犯事前共谋，具有共同的诈骗故意，在具体实施诈骗过程中，黄某武、廖某真为了提取抽成牟利，提供网络赌博平台给陈某宁等人转移骗取款项，之后由廖某真至银行柜员机提取赃款，二人抽取报酬后将骗取的款项交给陈某宁等人，黄某武、廖某真的行为对电信诈骗犯罪目的的实现具有积极、直接的促进作用，是成功控制诈骗款的最后一个环节。因此，黄某武、廖某真均是主犯。

编写人：广西壮族自治区柳州市鱼峰区人民法院　杨青丹

212　合同诈骗非法占有目的的认定

——王某红合同诈骗案

【案件基本信息】

1. 裁判书字号

北京市第二中级人民法院（2020）京02刑终380号刑事裁定书

2. 案由：合同诈骗罪

【基本案情】

1. 2017年7月，被告人王某红以能够帮助被害人郭某光和袁某春、张某颖夫妇改扩建某小区别墅为由，与被害人签订建设工程施工合同，谎称为郭某光和袁某春、张某颖夫妇办理施工批件并进行别墅改扩建，骗取郭某光人民币95万余元，骗取袁某春、张某颖夫妇人民币50万元。王某红将其中人民币20余万元用于支付施工费，并在案发前退还郭某光人民币0.5万元，退还袁某春、张某颖夫妇人民币5.3888万元。

2. 2016年2月1日，被告人王某红在某大厦四层，谎称能够发包某项目，与被害人陈某水签订建筑工程施工劳务分包合同，收取陈某水履约保证金人民币20万元，案发前已退还陈某水人民币17.5万元。

被告人王某红的部分银行账户已被冻结。案件审理过程中，王某红退缴人民币5万元。

【案件焦点】

1. 被告人虚构身份，被害人疏于查证核实，能否据此否认被告人实施了刻意虚构身份的行为；2. 被告人相关行为无助于合同目的的实现，能否认定具有履约表现。

【法院裁判要旨】

北京市丰台区人民法院经审理认为：建设工程施工劳务分包合同、收据证实2016年2月1日陈某水因某项目向王某红支付履约金20万元；证人刘某智、张某证言证实2016年10月王某红为某项目联系请托刘某智等，但二人均称王某红与此项目无关；证人施某证言、施工总承包合同证实2016年11月某项目通过招标确定承包人，且与王某红所请托的人员无关；证人张某、施某证言证实某建筑公司不存在分包合同所使用的某项目部；司法鉴定意见书恢复的数据能够证实王某红尚未归还陈某水全部经济损失。综上所述，可认定被告人王某红在其本人未取得项目授权的情况下，与被害人签订劳务分包合同，收取被害人履约保证金，后致被害人遭受经济损失，其行为符合合同诈骗罪的构成，应认定为合同诈骗罪。被告人王某红在签订、履行合同过程中，采取虚构事实、隐瞒真相的方法骗取他人财物，数额特别巨大，其行为已构成合同诈骗罪，应予处罚。

北京市丰台区人民法院依照《中华人民共和国刑法》第二百二十四条、第五十二条、第五十三条、第五十五条第一款、第五十六条第一款、第六十一条、第六十四条之规定，判决如下：

一、被告人王某红犯合同诈骗罪，判处有期徒刑十一年，剥夺政治权利二年，并处罚金人民币十一万元；

二、责令被告人王某红退赔各被害人经济损失；

三、在案冻结银行账户内钱款，依法并入本判决第二项执行；

四、在案扣押手机一部，依法予以没收存档。

宣判后，王某红提出上诉。王某红的上诉理由及其辩护人的辩护意见为：王某红未对本案被害人虚构某建筑公司工作人员的身份；王某红与郭某光之间系施工合同关系，郭某光未能提供施工图纸等原因造成别墅改扩建工程未能如期完工；王某红与袁某春、张某颖夫妇之间是民间借贷关系；王某红未对陈某水虚构某项目，收到的 20 万元来源不明、性质不清。综上，王某红不具有非法占有他人钱款的主观目的，亦未实施虚构事实骗取他人钱款的行为。

北京市第二中级人民法院经审理认为：王某红以非法占有为目的，在签订、履行合同过程中，虚构事实骗取他人钱款，其行为已构成合同诈骗罪，且诈骗数额特别巨大，依法应予惩处。王某红部分退赃，可对其酌予从轻处罚。一审法院认定王某红犯合同诈骗罪的主要事实清楚，证据确实、充分，定罪及适用法律正确，量刑适当，对冻结、扣押款物的处理无误，审判程序合法；唯认定王某红实际骗得陈某水钱款的具体金额有误，法院予以更正，责令王某红退赔被害人经济损失的具体金额由一审法院在补充发还清单时相应进行纠正。

北京市第二中级人民法院依照《中华人民共和国刑事诉讼法》第二百三十六条第一款第一项之规定，裁定：

驳回上诉，维持原判。

【法官后语】

王某红成立某装饰公司，在案多名被害人及证人均指证王某红还积极主动冒充某建筑公司或者下属企业的工作人员，以此骗取他人信任；王某红将某装饰公司营业执照以照片形式发给被害人，以该公司名义与被害人签订协议，被害人疏于查证核实，不能据此否认王某红实施了刻意虚构身份的行为。

郭某光与王某红签订别墅改扩建施工合同，是因为王某红虚构能够找关系办理审批手续，该情节有郭某光的陈述、王某红的供述、电话录音等直接证据予以证实，王某红辩称为了承揽工程，找关系办手续只是说说而已、没有当真，其在签订、履行合同过程中，夸大办事能力，诱使郭某光等人交付钱款，是犯罪故意最直接的体现；王某红骗得郭某光95万余元预付工程款后，将其中48万元转给周某明，用于归还向周某明的借款，只不过周某明同为本案具体施工方，王某红辩称48万元系支付工程款，与周某明的证言等证据不符；王某红不仅无办理别墅改扩建审批手续的能力，还将收取的绝大部分款项用于归还债务、消费等支出，导致工程停滞；由于缺乏审批手续，别墅改扩建止于拆除，前期所谓的施工只是王某红实现非法占有目的之手段，不仅无助于合同目的的实现，反而造成被害人财物的毁损，周某明与王某红之间的工程款结算纠纷不影响王某红行为性质的认定；案发后，王某红不仅未归还郭某光被骗款项，还对郭某光提起民事诉讼，要求法院判令郭某光支付“拖欠工程款”，进一步印证了王某红具有非法占有他人钱款的目的。

刑事犯罪需要对行为性质进行实质评判。袁某春、张某颖因改扩建别墅认识王某红，不具有将50万元三个月无息、无担保借给王某红的理由；袁某春、张某颖、郭某光均证实，三人通过郭某光与王某红签订改扩建别墅的施工合同，郭某光按约预付40%的工程款，王某红提出再多付部分钢结构款，袁某春、张某颖夫妇以借款形式将50万元转给了王某红；借条载明的还款截止日期与施工合同约定的工程竣工日期完全一致，张某颖亦通过微信多次询问王某红钢结构购买情况。故该50万元虽以借款名义支付，但实为王某红在签订、履行合同过程中虚构事实骗得的款项。

一审法院未认定王某红虚构某项目，而是认定王某红虚构已取得该项目的承包权，该情节有陈某水的陈述、建设工程施工劳务分包合同等证据予以证实；陈某水还证明王某红以收取履约保证金为名骗取陈某水20万元，加盖某装饰公司公章且备注履约保证金的收据与陈某水的陈述相互印证，足以认定。

综上，在案证据充分证实王某红在签订、履行合同过程中虚构身份、夸大办事能力，以收取预付款或履约保证金的名义骗取他人钱款，后用于归还债务或消费等支出，导致钱款在案发前未能归还，甚至通过起诉被害人的形式逃避归还，王某红的行为反映出其具有非法占有的主观目的，超出了民事法律关系范畴，符合合同诈骗罪的构成要件。

编写人：北京市第二中级人民法院　周耀

213　通过网络平台实施诈骗的责任认定

——石某红等电信网络诈骗案

【案件基本信息】

1. 裁判书字号

河南省开封市中级人民法院（2019）豫02刑终389号刑事裁定书

2. 案由：诈骗罪

【基本案情】

2015年12月，被告人石某红、王某、周某共同出资，购买他人身份信息，注册成立某信公司，先后招募21人组成市场部、行政人事部、财务部、分析部、业务部等部门，租用办公场所，利用两个未在中国大陆取得运营资质的平台，非法从事炒黄金、炒指数等经营活动。

平台采用封闭独立的交易系统，未与交易市场进行交易数据、资金支付结算链接，内部无交易价格产生条件，某信公司是实际的报价主体，以做市商模式进行对手交易，某信公司不投入自有资金、不承担交易费用，通过设置高额手续费、点差、过夜费等，增加客户的交易成本和持仓成本，并设置交易杠杆增加交易中的强制平仓风险，实质是客户在平台内与某信公司对赌，客户亏损即为公司盈利，其平台属于没有监管的封闭性对赌电子盘。

石某红等人隐瞒平台的真实情况，用设计好的术语和诈骗方案对业务员进行培训，为业务员包装成功人士的身份，利用虚假身份的微信号码，加不特定对象为好友聊天，寻找诈骗目标，取得信任后引导其进入直播间听课，业务部员工冒充客户与伪装的讲师配合，相互吹捧，对被害人进行洗脑，诱导被害人在某信公司平台投资炒黄金、炒期货，在被害人开户入资后，用虚拟的高额回报、盈利截图，频繁向被害人发送操作指令，引诱被害人多注资、多交易，某信公司通过高额交易手续费、被害人资金亏损、出售直播课程、收取代理佣金等方式，达到骗取财物的目的。

自2017年4月至2018年5月，该团伙共计诈骗被害人21人，诈骗钱款273万余元。

【案件焦点】

涉案公司和相关人员在没有从业资质的前提下，在未取得运营资质的网络平台上，诱骗客户投资交易，最终侵占客户资金的行为，是构成非法经营罪还是诈骗罪。

【法院裁判要旨】

河南省开封市金明区人民法院经审理认为：被告人石某红等冒用他人身份信息注册成立某信公司，公司内部层次清晰、分工明确、组织固定，构成犯罪集团，以非法占有为目的，虚构身份和投资赚钱的事实，隐瞒平台真实的交易状况，诱骗他人进行投资，通过频繁交易、重仓交易、强制平仓等，达到骗取他人财物的目的，其中被告人石某红等14人参与诈骗数额特别巨大，其余10名被告人参与诈骗数额巨大，24名被告人的行为均构成诈骗罪。

对部分被告人及辩护人提出构成非法经营罪的意见，经查，虽涉案平台未在中国大陆取得运营资质，涉案公司和相关人员也无相应从业资质，但定性本案的关键不在资质，而在平台性质，涉案平台实际属于没有监管的封闭平台，交易数据、资金结算不与国际市场接轨，某信公司是实际的报价主体，盈利全靠投资人的交易成本和交易亏损形成的减损，公司与投资人处于信息不对等状态，被隐瞒的对赌性质违背了投资人的意愿，认为构成非法经营罪的意见，夸大了无资质的问题，曲解了正常交易市场资金对冲和投资风险的概念，综合全案案情，本案符合诈骗罪的构成特征，对上述意见不予支持。

河南省开封市金明区人民法院依照《中华人民共和国刑法》第二百六十六条、第二十五条第一款、第二十六条第三款、第二十七条、第六十七条第三款、第六十四条之规定，判决如下：

一、石某红等3人在犯罪集团中起组织、领导作用，属于首要分子，依法按照集团所犯的全部罪行处罚，判处十二年至十年六个月不等有期徒刑，并处二十万元至十五万元不等罚金；

二、其余21名被告，属于共同犯罪中的从犯，考虑其参与的时间、程度和情节、所起作用及退赔情况，依法予以减轻处罚，判处四年至一年十个月不等有期徒刑，并处五万元至五千元不等罚金。

宣判后，石某红等19人提出上诉。河南省开封市中级人民法院依照《中华人民共和国刑事诉讼法》第二百三十六条第一款第一项之规定，作出如下裁定：

驳回上诉，维持原判。

【法官后语】

根据刑法第二百二十五条第三项之规定，未经国家有关部门批准，非法经营证券、期货或者保险业务的，或者非法从事资金结算业务的，构成非法经营罪。具体到本案中，虽然涉案的两个平台未在中国大陆取得运营资质，涉案公司和相关人员也无相应从业资质，但若认定构成非法经营罪，实际夸大了无资质的问题，曲解了正常市场交易资金对冲和投资风险的概念。综合全案案情，本案是利用社交、投资等网络平台，通过精心布局，相互配合，虚构身份事实，隐瞒封闭平台对赌真相，诱骗他人进行投资，达到骗取他人财物的目的，符合诈骗罪的构成特征。因此，应认定为诈骗案。

值得关注的是，本案大部分被告人年龄只有20多岁，17人具有大专以上学历，属于年轻化、高学历犯罪。分析本案，可以发现电信网络诈骗类案件的一些新特点：一是招聘渠道正式，涉案公司通过××同城、××网等正规渠道招聘，求职者在不知情的情况下进入诈骗团伙。这暴露出网络招聘平台资格审核不严、劳动部门监管不善的问题。二是工作地点正规。诈骗公司先后租用长沙市某行政楼、某写字楼、某行政公馆等处作为场所，以周边合法公司为屏障，隐蔽性较高。工作地址是求职者判断公司正规与否的重要因素，诈骗公司的工作地点看似正式且正规，容易造成求职者判断错误，误入犯罪团伙。三是涉案人员年纪小，本案21名从犯中，6人出生于1988年至1991年，10人出生于1994年至1998年，其中1人入职时刚成年，社会经验普遍匮乏，容易被蒙蔽。四是犯罪呈现高学历化，21名从犯学历均为初中以上，其中10人为大专学历，7人为本科学历。高学历人员从事诈骗，因其知识面广、逻辑性强，往往诈骗行为更容易成功，给社会造成严重危害。

近年来，随着信息技术的发展，电信网络诈骗类案件频发，其犯罪手段隐蔽性强，花样翻新快，极具诱惑性和欺骗性，容易使人上当受骗。本案就是一起典型的电信网络诈骗案，被害人范围广，数量多，诈骗数额巨大，严重侵害人民群众的财产安全，影响社会和谐稳定。人民法院在审理过程中，对案件的事实、证据、适用法律、定罪、量刑等方面进行全面审查，最终对各被告人判处相应的刑罚，有力打击了猖獗的电信网络诈骗犯罪，维护了社会秩序，挽回了人民群众财产损失。

编写人：河南省开封市中级人民法院　曹亚东　霍方方

214 “网店代运营”中商业欺诈与诈骗之间的界限

——白某萍、王某波等诈骗案

【案件基本信息】

1. 裁判书字号

河南省洛阳市中级人民法院（2018）豫03刑终145号刑事判决书

2. 案由：诈骗罪

【基本案情】

2015年7月13日，被告人白某萍在某小区×幢3-××室注册成立某淘公司，白某萍任公司法定代表人。

被告人王某波、李某、王某飞、白某啸、吕某朋、杜某峰、周某、邓某恩先后加入某淘公司，王某波、李某任该公司业务经理，负责公司日常行政工作和拓展业务；王某飞、白某啸、吕某朋任该公司主管；杜某峰、周某、邓某恩系该公司业务员。白某萍利用制作的“话术单”对业务人员进行培训，并发放两个QQ号，一个是冒充女性的QQ号，另一个是某淘公司客服QQ号（名称为亿淘网络已认证），由业务人员冒充美女在QQ上主动添加年轻男子为好友，后在聊天过程中虚构自己通过加盟某淘公司经营淘宝网店非常赚钱的事实，冒用他人销量好的店铺截图，诱骗被害人开网店，再将由自己使用的所谓“某淘公司客服QQ号”推荐给被害人，同时以“好友”和“某淘公司客服人员”两种身份与被害人聊天，再由“某淘公司客服人员”虚假宣称公司有独立货源，公司负责网店推广及代理发货等服务，骗取对方向公司缴纳1680元、1880元、2280元不等的加盟费。

2016 年 1 月至 6 月，被告人白某萍等人利用上述手段骗取加盟费共计 1477280 元。其中，王某波所在团队骗取 477200 元，个人骗取 24680 元，获利 49843.4 元；李某所在团队骗取 288670 元，个人骗取 25260 元，获利 34208 元；王某飞所在团队骗取 178270 元，个人骗取 89120 元，获利 45568 元；白某啸所在团队骗取 163320 元，个人骗取 44000 元，获利 34113 元；吕某朋所在团队骗取 97740 元，个人骗取 41040 元，获利 24905 元；杜某峰个人骗取 36480 元，获利 14542 元；周某个人骗取 34200 元，获利 13680 元；邓某恩个人骗取 22400 元，获利 8960 元。

案发后，被告人王某波主动退缴 55018 元，被告人李某主动退缴 37783 元，被告人王某飞主动退缴 60000 元，被告人白某啸主动退缴 34590 元，被告人吕某朋主动退缴 26400 元，被告人杜某峰主动退缴 14600 元，被告人周某主动退缴 13680 元，被告人邓某恩主动退缴 8960 元。

河南省洛阳市西工区人民检察院提起公诉，认为被告人白某萍等行为均已构成诈骗罪。

【案件焦点】

网络购物平台代运营中的欺骗行为属于商业欺诈的民事纠纷，还是具有非法占有目的的诈骗犯罪。

【法院裁判要旨】

河南省洛阳市西工区人民法院经审理认为：被告人白某萍、王某波、李某、王某飞、白某啸、吕某朋、杜某峰、周某、邓某恩以非法占有为目的，虚构事实、隐瞒真相，利用网络手段，骗取他人财物，其行为均已构成诈骗罪。其中，白某萍诈骗数额特别巨大；

王某波、李某、王某飞、白某啸、吕某朋、杜某峰、周某诈骗数额巨大；邓某恩诈骗数额较大。公诉机关指控罪名成立，予以支持。白某萍在共同犯罪中起主要作用，系主犯，应对犯罪总额负责；王某波、李某、王某飞、白某啸、吕某朋、杜某峰、周某、邓某恩在共同犯罪中起次要作用，系从犯，且主动退赃，应当从轻、减轻处罚。各被告人到案后均能如实供述主要犯罪事实，系坦白，可以从轻处罚。一审判决：被告人白某萍犯诈骗罪，判处有期徒刑十二年，并处罚金人民币 100000 元；被告人王某波犯诈骗罪，判处有期徒刑六年，并处罚金人民币 15000 元；被告人李某犯诈骗罪，判处有期徒刑四年，并处罚金人民币 15000 元；被告人王某飞犯诈骗罪，判处有期徒刑三年，缓刑四年，并处罚金人民币 15000 元；被告人白某啸犯诈骗罪，判处有期徒刑三年，缓刑四年，并处罚金人民币 10000 元；被告人吕某朋犯诈骗罪，判处有期徒刑二年零六个月，缓刑三年，并处罚金人民币 10000 元；被告人杜某峰犯诈骗罪，判处有期徒刑二年，缓刑二年，并处罚金人民币 5000 元；被告人周某犯诈骗罪，判处有期徒刑二年，缓刑二年，并处罚金人民币 5000 元；被告人邓某恩犯诈骗罪，判处有期徒刑一年零六个月，缓刑一年零六个月，并处罚金人民币 5000 元；扣押在案的赃款依法清退给被害人；本案尚未追回的赃款、赃物，依法继续追缴或责令退赔。一审宣判后，被告人白某萍、王某波等人不服判决提起上诉。河南省洛阳市中级人民法院同意一审法院裁判意见，判决：驳回上诉，维持原判。

【法官后语】

一、罪与非罪

随着互联网经济的发展，网络购物成为时下商业经济的增长点。

一些“门外汉”苦于不善网店运营，于是网络上出现了众多的代运营公司。客户只要交一定的费用，就能拥有自己的店铺，由公司代为运营、提供客服，并承诺为客户刷流量、刷信誉等。但这些公司往往存在着夸大宣传、价格虚高、运营效果不明显且不退还服务费等问题，这其中的“骗”，究竟是属于商业欺诈的民事纠纷，还是具有非法占有目的的诈骗犯罪，要进行准确判断，必须围绕以下五个方面：一是获取信息的途径；二是约定收取费用的性质；三是主要合同义务的履行状况；四是履行能力；五是对待费用的态度。具体到本案中：（1）从获取信息的途径来看，本案中，为获取信任，被告人同时以“好友”和“客服人员”两种身份与被害人聊天，通过“好友”的所谓的店铺截图，虚构事实，隐瞒真相，诱骗被害人支付加盟费开网店；（2）从收取费用的性质来看，本案中，为招揽客户，合同约定对赌条约，以收取押金吸引客户，又设定很难到达的返还标准，实际上就具有非法占有的目的；（3）主要合同义务的履行状况。从合同订立的目的来看，商务合同的最终目的是营利，要保证营利的可能性，合同履行必须达到某种程度。具体到网络店铺，其合同目的在于有买家浏览下单的机会，能够正常运营的店铺，有吸引客户产品等，义务履行的状况直接关系到合同目的的实现。本案中，虚假宣传仅仅是为了诱骗客户支付加盟费、服务费等，客观上并未提供等值的代运营服务；（4）有无履行合同主要义务的能力。在互联网时代，企业自身没有履行能力，但可以从市场上获得替代履行的，也应该认定为有履行能力。本案中，缺乏运营店铺所必需的资金设备、专业人员、物流仓储等基本条件，不具备提供代运营服务的能力而虚构进货渠道，虚假承诺高回报率骗取费用，应认为不具有履行合同主要义务的能力；（5）对待费用的态度。在无法履行合同的情况下，如何对待收取的押金问题，也是判断非法占有目的的重要依据。如果对收取的押金大肆挥霍，致使对方无法追偿，则明显具有非法占有的目的。本案中，在收取费用后，所谓的“好友”及“客服人员”即采取不回复等方式“冷处理”，应认定为具有非法占有的目的。

二、诈骗与电信网络诈骗

《中华人民共和国刑法》中并没有“电信网络诈骗罪”这个罪名，电信网络诈骗按照诈骗罪论处。根据《最高人民法院、最高人民检察院、公安部关于办理电信网络诈骗等刑事案件适用法律若干问题的意见》规定，相对于普通诈骗，电信诈骗的入罪门槛更低，刑罚更重。因此，需要对电信网络诈骗正确地理解定性，才能做到罪责刑相适应。电信网络诈骗的两大特点是“以点对面”及“非接触”，如果代运营的模式虽然利用了互联网面对不特定对象发布广告，但这只是为后续诈骗作铺垫，如果诈骗行为的实施开始于面对面、点对点的接触就不适宜认定为电信诈骗，但是偶然性地与个别受害人的点对点接触，并不影响案件属于电信诈骗的定性。

编写人：河南省洛阳市西工区人民法院　张硕　吴可征

215　掩饰、隐瞒犯罪所得罪与诈骗罪的界定

——周某掩饰、隐瞒犯罪所得案

【案件基本信息】

1. 裁判书字号

广西壮族自治区贺州市中级人民法院（2019）桂11刑终字233

号刑事裁定书

2. 案由：掩饰、隐瞒犯罪所得罪

【基本案情】

2018年8月，被告人周某经一网友介绍到广东省茂名市帮人用自己的身份证办理电话卡和银行卡并取钱，从而获取高额好处费。同年10月初周某来到广东省茂名市电白区，网友让实施电信网络诈骗的同伙与其对接，并安排好周某吃住，电信网络诈骗犯罪分子先让周某以其身份证办理电话卡，后又指示周某在中国银行、农业银行、农村信用合作银行等各大银行开立账户，并拿走周某办好的电话卡和银行卡，让周某在酒店听候安排取钱。

2018年10月22日至23日，广西壮族自治区昭平县居民何某、陈某，贵州省修文县居民宋某，广西壮族自治区宾阳县居民张某，江苏省苏州市居民黄某，黑龙江省大庆市居民张某某，江苏省太仓市居民王某，贵州省贵阳市居民王某某等人先后接到同一伙电信网络诈骗犯罪分子的电话，对方谎称是被害人的领导，以“领导需要借钱急用”为由，让上述被害人将钱分别汇入指定的王某1、邱某、万某、张某1、宗某、吴某等人的银行账户。

2018年10月23日，被害人将钱转到指定的王某1、邱某、万某、张某1、宗某、吴某等人的银行账户后，上述银行账户又于同日通过绑定严某尾号为8196银行卡的POS机进行刷卡套现，再由严某的银行账户转账183000元到周某的中国银行账户。钱款到账后，电信网络诈骗犯罪分子便立即安排周某到银行取现，其中，周某持银行卡在银行柜台取款115000元，在银行自动柜员机取款20000元。取款后，周某趁在银行外等候的诈骗分子不备持卡卷款逃跑，将赃款135000元占为己有。

案发后，公安机关冻结周某涉案的中国银行账户存款42069.36元；周某的亲属代周某共退出赃款102930.64元。

【案件焦点】

1. 本案被告人涉案的金额；2. 本案的定性，应定诈骗罪还是掩饰、隐瞒犯罪所得罪。

【法院裁判要旨】

广西壮族自治区昭平县人民法院经审理认为：被告人周某明知是他人犯罪所得而予以提供资金账户，协助将资金转移的方法进行掩饰、隐瞒，情节严重，其行为已触犯了《中华人民共和国刑法》第三百一十二条第一款的规定，构成掩饰、隐瞒犯罪所得罪。

关于被告人周某涉案金额及取钱数额问题，经查，电信网络诈骗犯罪分子共转183000元到周某的银行账户，周某共取现135000元，而在同一天周某取现之后BANCS卡[①]其他待清算的交易9次共10000元，公诉机关未能提供证据证实为被告人所取、转账或消费，该款不能认定为周某占有。其中173000元为周某领取的现金并一直在其银行账户内，由周某控制，故周某涉案金额为173000元。

关于被告人周某是否明知所取款项是诈骗款，经查，被告人经网友介绍来到广东省茂名市电白区帮助他人取款，到电白区后，根据电信网络诈骗犯罪分子的安排，到当地银行办理银行卡，在电信部门办理手机卡，并将银行卡交到诈骗犯罪分子手上，转到周某银

① BANCS卡是指将传统SIM卡直接嵌入到设备芯片上，而不是作为独立的可移除零部件加入设备中，用户无需插入物理SIM卡，利用账号及密码即可通过认证。

行账户上的款项巨大，且电信网络诈骗犯罪分子约定给予周某高额报酬，综合周某的认知能力，应认定周某是明知所取款项是他人犯罪所得，但公诉机关指控被告人周某明知所取款项为他人诈骗款，证据不足，不予认定。公诉机关指控被告人犯诈骗罪不当，予以纠正。

归案后，被告人能如实供述其主要犯罪事实，依法可以从轻处罚。被告人的家属代被告人退出大部分赃款，可以酌情从轻处罚。

广西壮族自治区昭平县人民法院依照《中华人民共和国刑法》第三百一十二条第一款、第六十七条第三款、第五十二条、第五十三条、第六十四条及《最高人民法院关于审理掩饰、隐瞒犯罪所得、犯罪所得收益刑事案件适用法律若干问题的解释》第一条第一款第一项和第三条第一款第一项，作出如下判决：

一、被告人周某犯掩饰、隐瞒犯罪所得罪，判处有期徒刑三年三个月，并处罚金人民币 30000 元；

二、被告人周某退出的赃款人民币 102930. 64 元，由本院按比例发还被害人何某、陈某、宋某、张某、黄某、张某某、王某、王某某；

三、冻结被告人周某在中国银行的账户存款人民币 42069. 36 元，由本院按比例发还被害人何某、陈某、宋某、张某、黄某、张某某、王某、王某某；

四、责令被告人周某退赔被害人何某、陈某、宋某、张某、黄某、张某某、王某、王某某经济损失人民币 13000 元；

五、责令被告人周某退出赃款人民币 15000 元，待查实具体被害人后，再由本院发还被害人。

一审法院作出判决后，周某不上诉，公诉机关以一审判决定性错误，适用法律错误，导致量刑畸轻为由提出抗诉。广西壮族自治区贺州市中级人民法院经审理查明，同意一审法院裁判意见。

【法官后语】

本案中，被告人周某用自己的身份证办理电话卡和银行卡，提供给电信网络诈骗分子，并帮忙到银行取钱的事实，各方对此并无争议。

本案争议的焦点在于周某是否明知所取钱款是他人电信网络诈骗所得或诈骗犯罪所得，应定性为掩饰、隐瞒犯罪所得罪还是诈骗罪。

本案中，周某的行为应定性为掩饰、隐瞒犯罪所得罪还是诈骗罪？根据《中华人民共和国刑法》第三百一十二条第一款，《最高人民法院关于审理掩饰、隐瞒犯罪所得、犯罪所得收益刑事案件适用法律若干问题的解释》第一条、第五条的规定，明知是犯罪所得及其产生的收益而予以窝藏、转移、收购、代为销售或者以其他方法掩饰、隐瞒，以掩饰、隐瞒犯罪所得、犯罪所得收益罪定罪论处；事前与盗窃、抢劫、诈骗、抢夺等犯罪分子通谋，掩饰、隐瞒犯罪所得及其产生的收益的，以盗窃、抢劫、诈骗、抢夺等犯罪的共犯论处。综上，本案被告人周某该定何罪取决于其是否明知所取款项是诈骗款。根据现有证据查明的事实，并综合周某的认知能力，只能认定周某是明知所取款项是他人犯罪所得，因此将本案周某的犯罪行为定性为掩饰、隐瞒犯罪所得罪较为妥当。

编写人：广西壮族自治区贺州市昭平县人民法院　卢春燕

216 民间送养行为中居间介绍人收取“营养费”的行为如何认定

——莫某凯诈骗案

【案件基本信息】

1. 裁判书字号

广西壮族自治区钦州市中级人民法院（2019）桂07刑终183号刑事判决书

2. 案由：诈骗罪

【基本案情】

被害人莫某娟因没有生育能力想通过被告人莫某凯抱养一个小孩。2018年4月初，被告人莫某凯在黄某珍处获悉黄某玲近期生育了一名有先天性心脏病的女婴，欲寻求家境好的人家收养。同月13日，被告人莫某凯便以有人收养为名与黄某珍一起到黄某玲家将该女婴抱回家中。被告人莫某凯后来联系莫某娟提出有一女婴可以收养，并谎称女婴父母需要人民币3万元的“营养费”，莫某娟同意收养。次日，被告人莫某凯与梁某琪将女婴送到被害人莫某娟的家中，被告人莫某凯收取了莫某娟人民币26000元。同月16日，莫某娟再次向被告人莫某凯支付了剩下的4000元的“营养费”。同年8月的一天，被告人莫某凯向莫某娟提出带女婴到医院检查身体，梁某琪将女婴抱走与黄某玲一起到医院检查后，黄某玲发现女婴的病情有好转，遂抱回自己抚养。后莫某娟报案，被告人莫某凯被抓。案发后，莫某娟收到被告人莫某凯家属共计6万元赔偿款。莫某娟对被告人莫某凯的行为表示谅解。

【案件焦点】

被告人莫某凯作为民间送养的居间介绍人收取“营养费”的行为应如何认定。

【法院裁判要旨】

广西壮族自治区钦州市灵山县人民法院经审理认为：被告人莫某凯以出卖为目的，贩卖儿童一人，其行为已构成拐卖儿童罪。灵山县人民法院依照《中华人民共和国刑法》第二百四十条等规定判决：

莫某凯犯拐卖儿童罪，判处有期徒刑五年六个月，并处罚金人民币10000元。

被告人莫某凯提出上诉。广西壮族自治区钦州市中级人民法院经审理认为：关于上诉人莫某凯的行为是构成拐卖儿童罪，还是构成诈骗罪的问题。经查，莫某娟因没有生育能力想收养一个小孩，黄某玲因生育的女婴患有先天性心脏病而欲寻求人家收养，后经莫某凯居间介绍，莫某娟将黄某玲生育的女婴抱回家中抚养。综合送养女婴的背景和原因分析，可以认定黄某玲与莫某娟的行为属于民间送养行为。本案中，上诉人莫某凯的主观目的是促成黄某玲与莫某娟的民间送养行为，而不是贩卖儿童，而且其居间介绍他人达成民间送养的行为与拐骗、贩卖儿童的行为有明显区别。综合本案的事实和证据分析，上诉人莫某凯通过贩卖儿童获取非法利益的主观故意不明显，客观方面也没有实施拐骗、贩卖儿童的行为，其行为不符合拐卖儿童罪的构成要件，不应以拐卖儿童罪论处。但是，上诉人莫某凯在介绍收养的过程中为谋取私利，故意捏造女婴父母需要“营养费”的虚假事实，使得收养人莫某娟陷入错误认识而自愿交付30000元给上诉人莫某凯。上诉人莫某凯在主观方面具有非法占有的目的，客观方面实施了虚构事实、骗取他人财物的行为，其行为符合诈骗罪的构成要件，应当以诈骗罪追究其刑事责任。一审法院认定莫某凯的行为构成拐卖儿童罪，定性不当，本院依法予以纠正。

广西壮族自治区钦州市中级人民法院依照《中华人民共和国刑事诉讼法》第二百三十六条第一款第二项和《中华人民共和国刑法》第二百六十六条等规定，判决如下：

一、撤销广西壮族自治区灵山县人民法院（2019）桂0721刑初187号刑事判决；

二、上诉人莫某凯犯诈骗罪，判处有期徒刑三年，并处罚金人民币10000元。

【法官后语】

本案争议的焦点在于被告人莫某凯作为民间送养的居间介绍人收取“营养费”的行为应定性为诈骗罪还是拐卖儿童罪。从立法规定来看，二者看似没有直接联系，但在司法实践中，有时会遇到民间送养行为中的居间介绍人收取“营养费”的问题。在此种情况下，区分被告人的此种行为是构成拐卖儿童罪还是诈骗罪，应主要把握以下几点：

一、犯罪目的不同

诈骗罪的犯罪目的在于通过欺骗的方式获取财物，其关键在于“骗”。而拐卖儿童罪的主观目的在于通过贩卖儿童获取财物，其关键在于“卖”。本案中，行为人莫某凯在居间介绍收养过程中的主观目的不是通过贩卖女婴的方式获取财物，而是促成黄某玲与莫某娟的民间送养行为。在促成民间送养行为的过程中，行为人莫某凯又单独产生了通过欺骗收养人莫某娟女婴父母需要3万元“营养费”的方式获取被害人莫某娟的财物的犯罪目的。行为人莫某凯的犯罪目的不符合拐卖儿童罪通过“卖”儿童获取财物的主观构成要件，而符合诈骗罪通过“骗”获取财物的主观构成要件。

二、客观表现不同

诈骗罪在客观上表现为使用虚构事实或者隐瞒真相的方法使被害人陷入错误认识从而作出行为人所希望的财产处分。拐卖儿童罪在客观上表现为非法拐骗、绑架、收买、贩卖、接送或者中转妇女、儿童的行为。实践中有时会遇到居间介绍民间人送养儿童而收取“营养费”的行为，此时应当通过审查将子女“送”人的背景和原因及收取“营养费”的多少等事实进行综合判断。最高人民法院、最高人民检察院、公安部、司法部于2010年3月15日联合发布的《关于依法惩治拐卖妇女儿童犯罪的意见》第十七条规定，不是出于非法获利目的，而是迫于生活困难，或者受重男轻女思想影响，私自将没有独立生活能力的子女送给他人抚养，包括收取少量“营养费”“感谢费”的，属于民间送养行为，不能以拐卖妇女、儿童罪论处。本案中，黄某玲因生育的女婴患有先天性心胜病而欲寻求人家收养，而被害人莫某娟又因没有生育能力想收养一个小孩，因此经行为人莫某凯居间介绍，黄某玲将其生育的女婴送给莫某娟抚养而未收取任何费用，可以认定黄某玲不是出于非法获利的目的出卖亲生子女。综合送养女婴的背景和原因分析，可以认定黄某玲与莫某娟的行为属于民间送养行为。因此，行为人莫某凯实施的不属于拐骗、贩卖儿童的行为。但是，行为人莫某凯在介绍收养的过程中为谋取个人私利，另起犯意，故意虚构女婴父母需要“营养费”的虚假事实，使得被害人莫某娟陷入错误认识而作出交付 30000 元给莫某凯的处分财产的行为。其行为符合诈骗罪的客观构成要件。

行为人莫某凯在主观方面具有非法占有的目的，客观方面实施了虚构事实、骗取他人财物的行为，其行为符合诈骗罪的构成要件，因此，被告人莫某凯作为民间送养的居间介绍人收取"营养费"的行为应认定为诈骗罪。

编写人：广西壮族自治区灵山县人民法院　李媛

217 以欺骗手段让人作出不法原因给付实现截贿的行为应定性为诈骗罪还是介绍贿赂罪

——黄某亮诈骗案

【案件基本信息】

1. 裁判书字号

广西壮族自治区钦州市中级人民法院（2020）桂 07 刑终 65 号刑事判决书

2. 案由：诈骗罪

【基本案情】

2017 年 2 月，某华公司总经理苏某的妻子曾某因为行贿被钦州市人民检察院调查，苏某从其朋友处了解到被告人黄某亮可以通过黄某办理曾某逃避刑罚事宜后，便通过朋友联系被告人黄某亮，被告人黄某亮答应后联系黄某，在得到黄某答复可以办理后，被告人黄某亮便向苏某开价索要人民币 200 万元作为活动经费，苏某答应后，分别于2017年2月23日至3月上旬通过转账、直接送款等方式交给被告人黄某亮150万元，被告人黄某亮将150万元其中的30万元交给黄某，另有20万元按黄某要求以律师费名义交给黄某金。随后被告人黄某亮通过黄某了解到苏某妻子曾某案件案情重大后向苏某提出加价到450万元才能继续办理的要求，苏某同意继续办理。2017年3月下旬，苏某将120万元交给被告人黄某亮，尔后，被告人黄某亮再将30万元交给黄某。后来因曾某被刑事拘留，苏某表示不想办理了，苏某要求被告人黄某亮退回150万元，被告人黄某亮便出具了一张150万元的借条给苏某。不久后，被告人黄某亮向苏某表示可以继续办理曾某脱罪的事，并且多加150万元可以连苏某儿子及公司都保下来，苏某因害怕其儿子与公司受到牵连便答应继续办理，但表示需要办妥后才给150万元，被告人黄某亮同意后便要求苏某将原来答应的450万元中未给的180万元补足给他。2017年4月下旬，苏某将180万元交给被告人黄某亮，被告人黄某亮当晚将其中100万元交给黄某。2017年5月上旬，苏某通过了解知道曾某的事是不可能用钱就能办妥后，便提出不再继续办理事宜，要求被告人黄某亮还钱，但被告人黄某亮至今仍未把钱退还给苏某。本案中，苏某共交给被告人黄某亮人民币450万元，被告人黄某亮从中将160万元交给黄某，按黄某要求另将20万元以律师费名义交给黄某金，余下270万元被被告人黄某亮用于个人开支。

【案件焦点】

被告人黄某亮的行为构成诈骗罪还是介绍贿赂罪。

【法院裁判要旨】

广西壮族自治区钦州市灵山县人民法院经审理认为：被告人黄某亮以非法占有为目的，伙同他人采用虚构事实、隐瞒真相的方式骗取他人钱财，金额达人民币 450 万元，数额特别巨大，其行为构成诈骗罪。

广西壮族自治区钦州市灵山县人民法院依照《中华人民共和国刑法》第二百六十六条等规定判决：

一、被告人黄某亮犯诈骗罪，判处有期徒刑十二年，并处罚金人民币 50 万元；

二、被告人黄某亮违法所得的人民币 270 万元，依法追缴上缴国库。

被告人黄某亮提出上诉。广西壮族自治区钦州市中级人民法院经审理认为：关于上诉人的行为是构成介绍贿赂罪或者是构成诈骗罪的问题。根据本案证据证实，苏某从朋友处了解到黄某亮与黄某熟悉，便通过朋友联系黄某亮通过黄某帮办理其妻子曾某逃避刑罚事宜。黄某亮经与黄某联系得到答复可以办理，当时，黄某亮主观上应当明知黄某不具有通过职务便利帮助他人逃避处罚的事实，仍然以黄某可以办理苏某妻子曾某逃避刑罚为由多次索要财物，并在苏某面前与黄某通话，使被害人苏某陷于错误认识自愿交付财物。在被害人苏某认为办理不了，表示不想办理的情况下，依然欺骗苏某说，只要增加 150 万元，可以连苏某的儿子及公司都保下来，而苏某因害怕其儿子与公司受到牵连便答应继续办理，先后交付 450 万元给黄某亮。黄某亮从中先后将 160 万元交给黄某，按黄某要求另将 20 万元以律师费名义交给黄某金，余下 270 万元用于其个人开支。后苏某通过了解知道曾某的事是不可能用钱就能办妥后，便提出不再继续办理，要求黄某亮还钱，但黄某亮至今仍未把钱退还给苏某。综上所述，在诈骗的共同犯罪过程中，黄某亮积极参与实施，起主要作用，是主犯，依法应按其所参与的全部犯罪处罚。在本案中，黄某亮伙同他人以谎称可以帮助被害人苏某办理其妻子曾某免予刑罚事宜为由，故意虚构事实、隐瞒真相，在苏某交出钱后又将大部分的钱供个人开支。其主观上具有非法占有他人财物的目的，客观上实施了以虚构事实、隐瞒真相骗取被害人财物的行为，数额特别巨大。黄某亮的行为符合诈骗罪的构成要件，应当以诈骗罪追究黄某亮的刑事责任。一审法院认定黄某亮构成诈骗罪，判处有期徒刑十二年，并处罚金 50 万元，定罪准确且是在量刑幅度内处罚，并无不当，本院予以维持，但判令黄某亮违法所得的人民币 270 万元，追缴上缴国库不当，本院依法予以纠正。

广西壮族自治区钦州市中级人民法院依照《中华人民共和国刑事诉讼法》第二百三十六条第一款第二项和《中华人民共和国刑法》第二百六十六条等规定，判决如下：

一、维持广西壮族自治区灵山县人民法院（2019）桂 0721 刑初 417 号刑事判决第一项，即被告人黄某亮犯诈骗罪，判处有期徒刑十二年，并处罚金人民币 50 万元；

二、撤销广西壮族自治区灵山县人民法院（2019）桂 0721 刑初 417 号刑事判决第二项，即被告人黄某亮违法所得的人民币 270 万元，依法追缴上缴国库；

三、责令上诉人黄某亮违法所得的 270 万元退赔给被害人苏某。

【法官后语】

本案争议的焦点在于行为人黄某亮以欺骗手段让人作出不法原

因给付实现截贿的行为应定性为诈骗罪还是介绍贿赂罪。“截贿”并非规范的法律用语，而是泛指在介绍贿赂案件中，行为人受行贿人委托向受贿人转交贿赂的过程中，出于非法占有的目的，截取贿赂的全部或者一部分归己所有的情况。“截贿”案件应如何定性一直是理论与实务界颇有争议的问题。

截贿案件中，截贿行为往往与介绍贿赂行为交织在一起，介绍贿赂有多种表现形式，本案中被告人黄某亮的行为属于居间型截贿行为，并不存在与行贿人或受贿人共同犯罪的故意，用贿赂犯罪的共犯或介绍贿赂罪都不能涵摄对其截贿行为的评价。截贿行为的本质在于将他人财物据为己有，截贿对象不仅在形式上具有财物属性，而且存在财产罪的法益，以财产犯罪规制截贿行为具有合理性。

对“多收少送”的居间型截贿行为应结合行为人的主客观方面综合认定。如果行为人在占有他人行贿款之前已经产生骗取财物故意，之后非法占有财物的应认定为诈骗罪。诈骗罪是行为人在非法占有他人财物主观故意的支配下，通过实施欺骗行为使对方产生错误认识而处分财物，行为人进而获取财物的犯罪行为。本案中，行为人黄某亮主观上明知黄某不具有通过职务便利帮助他人逃避处罚的事实，仍然通过在苏某面前与黄某通话等形式，虚构黄某可以办理帮助曾某逃避刑罚的事实，并在被害人苏某认为办理不了，表示不想再办理的情况下，依然采取欺骗苏某只要增加 150 万元，可以连苏某的儿子及公司都保下来的方式使被害人苏某陷入错误认识，进而作出先后交付 450 万元不法给付的行为。黄某亮将其中少部分的钱交给了黄某，大部分的钱“截贿”归自己所有。由此可见，委托人苏某在将财物交与黄某亮之前，黄某亮已经产生非法占有他人财物的主观故意。在此犯意的支配下，虚构事实欺骗委托人，主观上，黄某亮意图非法占有他人财物，客观上，虚构事实成功骗取了他人财物，其行为符合诈骗罪的犯罪构成，应认定为诈骗罪。

综上所述，行为人黄某亮以欺骗手段让人作出不法原因给付实现截贿的行为应定性为诈骗罪。

编写人：广西壮族自治区灵山县人民法院　李媛

218 虚构事实唆使他人挪用资金行为的性质认定

——韦某职务侵占，覃莉某等挪用资金，莫某诈骗案

【案件基本信息】

1. 裁判书字号

广西壮族自治区南宁市中级人民法院（2017）桂01刑终381号刑事判决书

2. 案由：职务侵占罪、挪用资金罪、诈骗罪

【基本案情】

2010年1月起，被告人覃莉某担任甲公司出纳，覃莉某与被告人莫某于2011年1月确定男女朋友关系。2012年5月至2014年2月，莫某多次以投资工程项目、跟有关部门疏通关系等事由向覃莉某提出借款要求，覃莉某遂利用担任甲公司出纳的职务便利，在被告人甲公司会计韦某的配合下，先后挪用甲公司资金2905000元。其中，莫某收到覃莉某给予的487000元用于投资等用途，谎称跟有关部门疏通关系骗取覃莉某350000元后非法占为己有（韦某职务侵占的事实略）。

【案件焦点】

莫某虚构事实唆使覃莉某挪用公司资金提供借款的行为，应当认定为职务侵占罪还是诈骗罪。

【法院裁判要旨】

广西壮族自治区南宁市西乡塘区人民法院经审理认为：被告人韦某身为公司人员，利用职务上的便利，将本单位财物非法占为己有，数额巨大，已构成职务侵占罪。被告人覃莉某、韦某身为公司人员，利用职务上的便利，挪用本单位资金归个人使用，超过三个月未还，均已构成挪用资金罪。被告人莫某以非法占有为目的，利用覃莉某的职务便利，将甲公司人民币 35 万元非法占为己有，数额较大，已构成职务侵占罪；被告人莫某伙同覃莉某，通过覃莉某的职务便利，挪用甲公司资金归个人使用，超过三个月未还，已构成挪用资金罪。

广西壮族自治区南宁市西乡塘区人民法院依照《中华人民共和国刑法》第二百七十一条第一款、第二百七十二条第一款、第二十五条第一款、第二十六条第一款、第四款、第二十七条、第五十三条、第六十四条、第六十五条第一款、第六十七条第三款之规定，判决如下：

一、被告人韦某犯职务侵占罪，判处有期徒刑九年，犯挪用资金罪，判处有期徒刑二年六个月，决定执行有期徒刑十一年；

二、被告人覃莉某犯挪用资金罪，判处有期徒刑五年六个月；

三、被告人莫某犯职务侵占罪，判处有期徒刑三年，犯挪用资金罪，判处有期徒刑三年，决定执行有期徒刑五年六个月；

四、公安机关从被告人覃莉某处扣押的人民币一万元，发还被害单位甲公司；

五、责令被告人韦某退赔被害单位甲公司人民币六百四十七万八千一百六十六元；

六、责令被告人覃莉某、韦某退赔被害单位甲公司人民币二百七十七万五千元，被告人莫某与被告人覃莉某对其中的七十一万七千元承担连带退赔责任。

一审宣判后，韦某提出上诉，韦某及其辩护人提出的主要意见为韦某的行为不构成职务侵占罪，且一审判决认定的犯罪数额有误。

广西壮族自治区南宁市中级人民法院经审理认为：韦某利用担任公司会计的职务便利，将本单位钱款 5833726 元非法占为己有，数额巨大，其行为已构成职务侵占罪。覃莉某、韦某共同利用担任公司出纳、会计的职务便利，挪用本单位资金归个人使用，超过三个月未还，数额达人民币 2905000 元，数额较大不退还，其行为均已构成挪用资金罪。莫某伙同覃莉某，通过覃莉某的职务便利，挪用甲公司资金 487000 元归个人使用，超过三个月未还，其行为已构成挪用资金罪；莫某以非法占有为目的，虚构借款事实骗取覃莉某信任，唆使覃莉某挪用甲公司资金 350000 元后非法占为已有，其行为已构成诈骗罪。原审判决认定上诉人韦某职务侵占的数额有误、认定原审被告人莫某构成职务侵占罪的定性有误、量刑偏轻，予以改判。

广西壮族自治区南宁市中级人民法院依照《中华人民共和国刑法》第二百六十六条、第二百七十一条第一款、第二百七十二条第一款、第二十五条第一款、第二十六条第一款、第四款、第二十七条、第五十三条、第六十四条、第六十五条第一款、第六十七条第三款、第六十九条第一款，《中华人民共和国刑事诉讼法》第二百二十五条第一款、第二百二十六条第一款之规定，判决如下：

一、维持广西壮族自治区南宁市西乡塘区人民法院（2015）西刑初字第66号刑事判决的第二项、第四项、第六项；

二、撤销广西壮族自治区南宁市西乡塘区人民法院（2015）西刑初字第66号刑事判决的第一项、第三项、第五项；

三、上诉人（原审被告人）韦某犯职务侵占罪，判处有期徒刑八年六个月，犯挪用资金罪，判处有期徒刑二年六个月，决定执行有期徒刑十年六个月；

四、原审被告人莫某犯诈骗罪，判处有期徒刑三年，犯挪用资金罪，判处有期徒刑三年，决定执行有期徒刑五年六个月；

五、责令被告人韦某退赔被害单位甲公司人民币五百六十三万三千七百二十六元。

【法官后语】

本案争议的焦点在于莫某的行为定性，具体来说，即莫某以非法占有为目的，虚构事实，要求覃莉某挪用公司资金提供借款35万元的行为，应当认定为职务侵占罪还是诈骗罪的问题。综合本案的事实和证据，笔者认为莫某的行为分别构成挪用资金罪、诈骗罪。主要理由如下：

1. 挪用资金罪、职务侵占罪是真正身份犯，只有具备身份的人才能成为正犯，无身份的教唆犯、帮助犯只能在正犯触犯的罪名范围内构成身份犯罪。

真正身份犯是指法律明文规定的、以行为人的特殊主体资格作为定罪客观构成要件的犯罪。根据刑法第二百七十一条、第二百七十二条的规定，职务侵占罪、挪用资金罪的行为主体应当是“公司、企业或者其他单位的工作人员”，只有具备上述身份的人员单独或共同实施的职务侵占、挪用资金行为才能构成职务侵占罪、挪用资金罪，不具备上述身份的人员不能单独或共同实施职务侵占罪、挪用资金罪的实行行为，只能成为相应犯罪的教唆犯、帮助犯。本案中，覃莉某系甲公司出纳，具有管理、经手公司资金的职务便利，对于覃莉某利用担任公司出纳的职务便利，挪用本单位数额较大的钱款借贷给莫某的行为构成挪用资金罪并无争议，覃莉某属于挪用资金罪的正犯；莫某并非甲公司员工，不符合职务侵占罪、挪用资金罪的主体构成要件，对于莫某多次要求覃莉某利用担任公司出纳的职务便利挪用公司资金提供借款的行为，只能认定莫某在覃莉某构成的挪用资金罪范围内成立教唆犯、帮助犯。也就是说，在莫某对覃莉某挪用资金实施的教唆、帮助行为没有触犯其他犯罪的情况下，应当认定莫某犯挪用资金罪；如果莫某实施的教唆、帮助行为超过挪用资金罪的构成要件范围，同时触犯其他犯罪的，也不能当然认定莫某的行为构成职务侵占罪等其他真正身份犯罪。

2. 在有身份者为正犯，无身份者对正犯实施的教唆、帮助行为同时触犯其他犯罪的情况下，应依照处罚较重的规定对无身份者予以定罪处罚。

在有身份者与无身份者共同犯罪，有身份者为身份犯的正犯，无身份者为身份犯的共犯，同时无身份者的行为构成其他非身份犯的正犯的情况下，可以认定无身份者的一个行为同时触犯两个以上罪名，构成想象竞合犯，依照处罚较重的规定定罪处罚。就本案而言，莫某虚构办理工程转包手续需要跟有关部门疏通关系的事实，骗取覃莉某的信任，唆使覃莉某挪用公司资金35万元后，莫某将钱款非法占为已有。莫某的行为属于挪用资金罪的教唆犯和诈骗罪的正犯的想象竞合，其中挪用资金罪适用的法定刑幅度为“三年以下有期徒刑或者拘役”，诈骗罪适用的法定刑幅度为“三年以上十年以下有期徒刑”，应当按照诈骗罪对莫某的该部分行为进行定罪处罚。因本案一审宣判后莫某未提出上诉，检察机关也未提出抗诉，二审法院根据上诉不加刑的刑法原则，最终认定莫某的行为构成挪用资金罪和诈骗罪，作出终审判决。

编写人：广西壮族自治区南宁市中级人民法院 谢雨峰 高怀

219 “明知他人实施电信网络诈骗”中“明知”的认定

——湛开某诈骗案

【案件基本信息】

1. 裁判书字号

福建省三明市中级人民法院（2018）闽04刑终264号刑事判决书

2. 案由：诈骗罪

【基本案情】

2016年11月至2017年1月，被告人湛开某明知他人实施电信网络诈骗，仍帮助转移诈骗犯罪所得，用其事先准备好的POS机将诈骗款项刷卡消费到POS机绑定的翟亚某卡号为6228271611242××××××的中国农业银行卡，后驾驶鄂K88×××号小轿车到湖北省孝感市、安陆市等地迅速将该银行卡上的诈骗所得从ATM机或银行柜台取出，取现金额一旦超过当天中国农业银行规定的额度，则使用中国农业银行U盾将余款转账到翟亚某卡号为6217002720004××××××的中国建设银行卡上继续取现，并从中抽取3%—7%提成后，将剩余款项交给他人。2016年11月17日至2017年1月16日，湛开某帮助转移诈骗款项3653479.18元，获利102589元。其间，被害人林某甲被骗款项24700元被刷卡消费到翟亚某卡号为6228271611242××××××的中国农业银行卡。

2017年1月14日16时许，尤溪县公安局民警在湖北省安陆市当场抓获取款结束的被告人湛开某，现场缴获并扣押翟亚某卡号为6228271611242××××××中国农业银行卡1张、翟亚某卡号为6217002720004××××××中国建设银行卡1张、农业银行U盾1个、华为手机1部、苹果手机1部、鄂K88×××号天籁小车1部、现金206100元。2017年1月16日，尤溪县公安局扣押湛开某从翟亚某卡号为6228271611242××××××中国农业银行银行卡上取出的现金22950元。

【案件焦点】

帮助电信网络诈骗犯罪转移犯罪所得犯罪中，被告人拒不供认其主观明知他人实施电信网络诈骗，如何认定其“明知”。

【法院裁判要旨】

福建省尤溪县人民法院经审理认为：湛开某主观上明知他人实施电信网络诈骗犯罪，仍帮助转移诈骗犯罪所得，涉案金额达3653479.18元，数额特别巨大，已构成诈骗罪。湛开某曾因电信网络诈骗受过刑事处罚，应从重处罚。湛开某在共同犯罪中起辅助作用，是从犯，应当减轻处罚。

福建省尤溪县人民法院依照《中华人民共和国刑法》第二百六十六条、第六十一条、第二十五条第一款、第二十七条、第六十四条，《最高人民法院、最高人民检察院关于办理诈骗刑事案件具体应用法律若干问题的解释》第一条规定，判决如下：

一、湛开某犯诈骗罪，判处有期徒刑九年八个月，并处罚金人民币四万元；

二、湛开某违法所得人民币十万二千五百八十九元，继续予以追缴，没收上缴国库；

三、扣押在尤溪县公安局的人民币二十二万九千零五十元，由尤溪县公安局返还被害人林某甲人民币二万四千七百元，余款人民币二十万四千三百五十元，未查到被害人，由尤溪县公安局予以没收，上缴国库；

四、扣押在尤溪县公安局作案工具银行卡二张、华为手机一部、农业银行 U 盾一个，由尤溪县公安局予以没收，扣押在尤溪县公安局的苹果手机一部、鄂 K88×××号天籁小车一部，由尤溪县公安局依法处理。

湛开某持原审辩解提起上诉。

福建省三明市中级人民法院经审理认为：原判认定湛开某犯诈骗罪的事实清楚，证据来源合法，内容客观真实。二审期间，湛开某的亲属代其预缴罚金 40000 元，并退缴违法所得 102589 元。鉴于在二审期间，湛开某能够自愿认罪认罚，退清全部违法所得，有一定悔罪表现，依法可对其减轻处罚。

福建省三明市中级人民法院依照《中华人民共和国刑事诉讼法》第二百三十六条第一款第二项之规定，作出如下判决：

一、维持原审判决的第四项；

二、撤销原审判决的第一、二、三项；

三、湛开某犯诈骗罪，判处有期徒刑六年六个月，并处罚金人民币四万元；

四、湛开某退出的违法所得人民币十万二千五百八十九元，予以没收，上缴国库；

五、扣押在尤溪县公安局的人民币二十二万九千零五十元，由尤溪县公安局返还被害人林某甲人民币二万四千七百元，余款人民币二十万四千三百五十元，由尤溪县公安局依法处理。

【法官后语】

根据《最高人民法院、最高人民检察院、公安部关于办理电信网络诈骗等刑事案件适用法律若干问题的意见》（以下简称《意见》）第四条第三项规定，“明知他人实施电信网络诈骗犯罪，具有下列情形之一的，以共同犯罪论处，但法律和司法解释另有规定的除外：1. 提供信用卡、资金支付结算账户、手机卡、通讯工具的；……8. 帮助转移诈骗犯罪所得及其产生的收益，套现、取现的。上述规定的‘明知他人实施电信网络诈骗犯罪’，应当结合被告人的认知能力，既往经历，行为次数和手段，与他人关系，获利情况，是否曾因电信网络诈骗受过处罚，是否故意规避调查等主客观因素进行综合分析认定”。根据《意见》的规定，在被告人否认主观明知的情况下，通过刑事推定来认定被告人主观上明知。对此，一审、二审均认定被告人主观上明知。

具体到本案中，在案证据印证证实，2016 年下半年，湛开某萌生帮别人刷卡取现赚钱的想法，并准备了作案工具 POS 机、户名为翟亚某中国农业银行卡、农业银行 U 盾、中国建设银行卡、手机卡、华为手机。2016 年 11 月开始，湛开某持有 POS 机及翟亚某卡号为 6228271611242×××××× 中国农业银行卡，等待上游犯罪行为人的通知，一旦诈骗钱款转入上游犯罪行为人的银行账户，湛开某就将该银行账户内的资金通过POS机刷卡消费到翟亚某卡号为6228271611242××××××的中国农业银行卡内，并频繁在孝昌县及远离其居住地三十四公里远的安陆市、孝感市不同银行的ATM机及柜台取款，当天进账款项当天立即取出，且将所驾驶车辆停在离银行较远的地方，后步行或打车到银行取款。且湛开某曾因帮助电信网络诈骗分子取款被湖北省孝昌县人民法院以诈骗罪判刑，其曾供述其知道帮忙刷卡取现的钱是诈骗款，涉案POS机及银行卡均为其控制使用。2016年11月17日至2017年1月16日，翟亚某卡号为6228271611242××××××中国农业银行账户进账3653479.18元。综上，应认定湛开某明知上游实施电信网络诈骗犯罪，仍帮助转移诈骗犯罪所得3653479.18元，应当以诈骗罪的共犯论处。

电信网络诈骗犯罪一般都是多人共同犯罪，分工较细，环节较多，流程较长，形成较为完整的犯罪链条，通过本案判决准确认定了共同犯罪，该案对依法惩处该类帮助犯罪具有重要意义。

编写人：福建省尤溪县人民法院　陈其乐　詹学积

220　未实施与合同内容相关的经济活动，合同仅作为其实施诈骗的一种手段，应认定为诈骗罪

——陈艺某诈骗案

【案件基本信息】

1. 裁判书字号

福建省泉州市中级人民法院（2018）闽05刑终1035号刑事判决书

2. 案由：诈骗罪

【基本案情】

被告人陈艺某自2017年7月以来，在甲小区3栋一单元×××租房等地，利用互联网创建"乙公司"网站，发布虚假的商品销售信息，诱使在网上购物的"丙公司"等单位的王慧某、刘洪某等人将"货款""订金"汇入指定的银行账户内。至2017年9月17日被查获时，共计诈骗得款464702元。

【案件焦点】

利用合同诈骗是否都构成合同诈骗罪。

【法院裁判要旨】

福建省安溪县人民法院经审理认为：被告人陈艺某以非法占有为目的，采用虚构事实的方法，骗取公民财物，其行为已构成诈骗罪；被告人陈艺某利用互联网发布虚假信息，对不特定多数人实施诈骗，且其曾因电信网络诈骗犯罪受过刑事处罚，诈骗数额接近数额特别巨大，属有其他特别严重情节。公诉机关指控被告人陈艺某犯诈骗罪的罪名成立。被告人陈艺某曾因故意犯罪被判处有期徒刑，假释期满以后在五年以内，再故意犯应当判处有期徒刑以上刑罚之罪，是累犯，依法从重处罚。

福建省安溪县人民法院依照《中华人民共和国刑法》第二百六十六条、第六十五条、第六十四条及《最高人民法院、最高人民检察院关于办理诈骗刑事案件具体应用法律若干问题的解释》第二条，作出如下判决：

一、被告人陈艺某犯诈骗罪，判处有期徒刑十年三个月，并处罚金人民币一十万元；

二、继续追缴被告人陈艺某的违法所得款人民币224702元，与公安机关暂扣款项人民币240000元，合计人民币464702元，发还给被害人或被害单位合计人民币123720元，余款人民币340982元，暂查无被害人，予以没收上缴国库；上述罚金、违法所得款均应在判决生效后十日内缴纳；

三、没收被告人陈艺某被扣押的作案工具。

被告人陈艺某不服一审判决，提出上诉。

福建省泉州市中级人民法院经审理认为：上诉人陈艺某以非法占有为目的，利用电信网络发布虚假信息实施诈骗，骗取他人财物计人民币464702元，其行为已构成诈骗罪。其诈骗犯罪数额接近数额特别巨大，且曾因电信网络诈骗犯罪受过刑事处罚，属于具有其他特别严重情节。上诉人陈艺某曾因故意犯罪被判处有期徒刑，在假释期满以后，五年内再故意犯应当判处有期徒刑以上刑罚之罪，是累犯，依法应当从重处罚。原判认定事实清楚，证据确实、充分，定罪准确，量刑适当，审判程序合法。上诉人陈艺某及其辩护人以原判认定事实不清，定性及适用法律错误等诉请改判的理由缺乏事实和法律依据，均不予采纳。

福建省泉州市中级人民法院依照《中华人民共和国刑法》第二百六十六条、第六十五条、第六十四条，《最高人民法院、最高人民检察院关于办理诈骗刑事案件具体应用法律若干问题的解释》第二条以及《中华人民共和国刑事诉讼法》第二百二十五条第一款第一项的规定，作出如下裁定：

驳回上诉，维持原判。

【法官后语】

随着信息社会的发展，司法实践中利用互联网实施诈骗犯罪的案件呈现高发态势，许多诈骗犯罪不再是简单地利用虚假信息直接骗取他人财物，而是借由虚假公司、虚假合同等更有诱骗性的形式骗取财物，本案例涉及的主要问题就是利用合同诈骗是否都构成合同诈骗罪。

合同诈骗罪与诈骗罪是特殊与一般的法条竞合关系，从司法实践上来看，两个罪名易交叉混淆，在区分界定上存在一定难度。具体到本案中，被告人陈艺某以非法占有为目的，通过互联网发布虚假信息，虚构企业单位与他人签订买卖合同，骗取他人的货款、定金等款项，从表面上看，其行为同时满足了诈骗罪与合同诈骗罪的犯罪构成要件，但从被告人为实施诈骗而虚构企业单位等信息的犯意和对不特定多数人实施诈骗的手段来分析，其实质上只是披着合同诈骗“外衣”的电信诈骗，将之定性为诈骗罪更符合罪责刑相适应的原则。本案中，单从犯罪主体、犯罪客体无法区分两罪，下面笔者将从犯罪客观方面对诈骗罪与合同诈骗罪进行区分：两罪均是通过欺骗的方式让被害人产生错误认识而自愿将财物交予被告人，但诈骗罪的犯罪手段是多样化的，立法并未对诈骗时间、方式、行为等作出列举，而合同诈骗罪的犯罪行为仅限于刑法第二百二十四条所规定的五种情形，且设置了在签订、履行合同过程中利用合同进行诈骗的行为条件限制。从上述分析我们可以得出，诈骗罪可以利用合同进行诈骗，其侧重的是合同这一形式，而合同诈骗罪必须利用合同进行诈骗，从其规定的五种情形分析，其更侧重合同内容和合同履行的诈骗。本案中，被告人陈艺某自始就以非法占有他人财物为故意，虚假的营业执照、合同等都是其为实施诈骗而做的准备，其犯意的产生和实施都是在签订合同前，其自始至终均未有履行合同的意思表示和行为，且合同的主体、内容等均为虚假的，合同本身没有任何实质性意义，在本案中仅作为诈骗的一种手段、形式。同时，被告人陈艺某实施诈骗的对象是不特定多数人，诈骗手段具有非接触式特点，属于电信诈骗，是诈骗罪中的酌情从重情节。笔者认为，电信诈骗具有独特的信息技术属性和犯罪对象范围，可以视为未单列罪名的特殊诈骗类型，相比合同诈骗罪，电信诈骗的追诉标准低、量刑重，显然，以诈骗罪（认定具有电信诈骗情节）对被告人陈艺某的行为进行定罪量刑更符合罪责刑相适应的原则。综上，被告人陈艺某的诈骗行为应认定为诈骗罪而非合同诈骗罪。

编写人：福建省安溪县人民法院　王志杰　王铁军

221　诈骗罪与集资诈骗罪的认定界限

——徐某某诈骗案

【案件基本信息】

1. 裁判书字号

北京市高级人民法院（2019）京刑终 72 号刑事裁定书

2. 案由：诈骗罪

【基本案情】

2011 年 8 月至 2017 年 3 月，被告人徐某某以其实际控制的甲公司为平台，向被害人虚构出售收藏品，而后高价回收，按期返款等事实，先后骗取李惠某等 24 名被害人购买收藏品的价款共计人民币1500余万元，其中人民币500余万元用于提取现金，人民币70余万元用于个人消费，余款用于向其他人偿还债务、返还本息等。涉案赃款尚未退赔。

【案件焦点】

本案应认定为诈骗罪还是集资诈骗罪。

【法院裁判要旨】

北京市第一中级人民法院经审理认为：对于被告人徐某某关于其不具有骗取被害人钱款的主观故意及其辩护人关于徐某某不具有非法占有的主观故意，其行为符合非法吸收公众存款罪构成要件的辩护意见，经查：徐某某明知自己的行为已经涉嫌违法犯罪，且亏损越来越大的情况下，承诺的回收价格越来越高，并将骗取的资金大量用于个人消费或提取现金，最终导致资金链断裂，致使被害人遭受巨额经济损失。上述行为充分证明徐某某不仅具有非法占有被害人钱款的主观故意，且实施了虚构事实，骗取他人钱款的客观行为，符合诈骗犯罪的构成要件。徐某某及其辩护人的辩解和辩护意见均缺乏事实及法律依据，均不予采纳。

对于北京市人民检察院第一分院指控徐某某犯集资诈骗罪的公诉意见，经查：徐某某骗取钱款的过程，不仅在宣传内容上不具有吸收资金的特性，在宣传方式上亦不符合向社会公开宣传的要求，而且其主要使用虚构事实的手段骗取钱款而非以承诺返本付息、给付回报的方式吸收资金，骗取的钱款也被其直接非法占为已有，没有体现吸收聚集资金的过程。故其行为不符合集资诈骗罪中关于非法性、公开性、利诱性和社会性的构成要件。公诉机关指控徐某某犯集资诈骗罪的定性不符合法律规定，不予采纳。

被告人徐某某以非法占有为目的，虚构事实，骗取他人财物，其行为已构成诈骗罪。徐某某所犯诈骗罪，数额特别巨大，情节特别严重，依法应予惩处。

北京市第一中级人民法院依照《中华人民共和国刑法》第二百六十六条，第五十七条第一款，第五十九条，第六十一条，第六十四条之规定，作出如下判决：

一、被告人徐某某犯诈骗罪，判处无期徒刑，剥夺政治权利终身，并处没收个人全部财产；

二、责令被告人徐某某退赔犯罪所得，按比例发还各被害人。

被告人徐某某持原审辩解提起上诉，北京市高级人民法院经审理同意一审法院裁判意见，依照《中华人民共和国刑事诉讼法》第二百三十六条第一款第一项之规定，裁定如下：

驳回徐某某的上诉，维持原判。

【法官后语】

本案处理重点在于诈骗罪与集资诈骗罪的认定界限。构成集资诈骗罪的前提是符合非法集资非法性、公开性、利诱性、社会性四个基本要件。

1. 非法性要件。非法集资的非法性是指“未经有关部门依法批准或者借用合法经营的形式吸收资金”。第一，非法集资吸收资金时会依托非法或借用合法的机构或平台，并对外宣传投资项目，而诈骗犯罪可以以个人或单位的名义单独实施，采取的手段也是虚构事实。第二，吸收资金一般理解为将众多投资人的资金聚集在一起用于企业经营、对外投资或者在形成一定的规模后将资金非法据为己有。在吸收资金的过程中，往往伴随聚集资金的过程。但本案中，被害人的大量资金被徐某某直接提现或消费，非法据为己有，体现不出吸收聚集资金的过程。

2. 公开性要件。非法集资的公开性是指“通过媒体、推介会、传单、手机短信等途径向社会公开宣传”，其与普通诈骗案件中向众多人员虚构事实的主要区别在于公开程度和宣传的内容。第一，徐某某通过员工拨打电话的方式仍属于点对点的宣传方式，在范围上、公开程度上与传统以广告、群发短信等宣传方式仍有一定差距。第二，从客户资源看，徐某某拨打电话仍局限于乙公司以及其他公司的客户资源，而不是随机向社会不特定多数人进行宣传。第三，从被害人与被告人接触的主动性上看，非法集资案件的被害人在投资之前往往没有与被告人直接接触，而是根据公开宣传的信息主动向被告人投资，但本案的被害人在电话中直接被被告人诱骗，先与被告人接触，后被骗取钱款。第四，从宣传的内容看，“向社会公开宣传”包括以各种途径向社会公众传播吸收资金的信息。但是，徐某某拨打电话的诱骗理由均为推销或回购收藏品、纪念币，还有部分被害人并未涉及返利的内容，甚至还有部分人未经电话推销直接来到公司。

3. 利诱性要件。非法集资的利诱性是指“承诺在一定期限内以货币、实物、股权等方式还本付息或者给付回报”，其与普通诈骗案件的主要区别在于承诺内容的不同。前者主要以承诺还本付息的形式吸引投资人投入资金，基本不存在虚构事实的环节，但后者让被害人投入资金的主要方式是虚构事实。本案中，徐某某实施诈骗的主要手段是假卖假买、买空卖空，即先向被害人兜售收藏品，然后承诺当日加价回收，按期将回收款返还给被害人，或者承诺将被害人购买的收藏品代为出售或拍卖，将出售款和拍卖款返还给被害人，从而诱骗被害人向其支付购买收藏品的钱款，存在一个虚构真实商品买卖的环节，而不是以承诺还本付息的方式吸引被害人投资。

4. 社会性要件。非法集资的社会性是指通过宣传一个投资项目让社会公众共同参与投资，而本案是徐某某针对每一名被害人都虚构了具体事实。虽然其虚构的事实在形式上存在重合之处，但是每一名被害人的损失都可以单独构成一个诈骗案件。而且，非法集资案件的社会性还要求社会传播面非常广，涉及范围特别大，危害后果特别严重。本案在社会波及面的层次上，显然达不到非法集资案件的要求。

编写人：北京市第一中级人民法院　王岩　赵羚男

222　电信网络诈骗罪犯罪数额的认定

——李耀某等诈骗案

【案件基本信息】

1. 裁判书字号

河南省郑州市中级人民法院（2018）豫01刑终198号刑事裁定书

2. 案由：诈骗罪

【基本案情】

被告人李耀某为实施诈骗犯罪，于2014年12月在郑州市专门成立甲科技有限公司。被告人李耀某确立了公司的诈骗方法、运营模式、部门设置、诈骗分成比例、奖励方法、层级关系。被告人李耀某管理公司、参与培训工作人员、负责客服部等，通过网络招收所谓的工作人员，其中包括被告人宋聚某、段清某、韩志某、张某、杨延某、赵晓某、许道某、张珍某、成盼某、武云某、王静某（后九人在逃）、翟占某、吕静某（二人另案处理）等人，上述被告人经李耀某以及所属团队培训后，通过QQ、微信等聊天交友工具，使用女性的身份和虚假的姓名，按照被告人李耀某事先拟订好的实施诈骗时应对各种可能问题的标准参考答语——话术，向聊天对象谎称郑州甲科技有限公司能帮助开办淘宝网店，有数百款热销货源，帮助给货源，不需要加盟开网店人进货，如果有顾客在店里下单，只需要把顾客的订单信息发给公司客服，公司帮忙将货发到买家手中。同时公司专门安排专业网店指导老师全程指导，加盟开网店人只需投入很少时间就会赚钱，并推出三种不同服务标准服务套餐，分别收费1080元、1480元、1980元，三种套餐除都承诺上述服务外，还承诺对客户的网店进行推广，保证客户的网店一定有访问量和销量。以此骗取聊天对象信任，让他们向李耀某银行账户、支付宝账户汇款购买服务套餐。被告人李耀某将收到被害人的每一笔汇款按照事先约定的比例与业务员、业务主管、业务经理分成。被告人李耀某及其团伙的被告人均未按照事先的承诺为被害人提供任何真正的、有价值的服务，而是对被害人进行敷衍、欺骗、拖延。

经河南省新密市人民法院认定，以被告人李耀某为首的犯罪团伙共诈骗张鑫某等2837名被害人4096059元，部分用于购买车辆和房产。

被告人李耀某、宋聚某、段清某于2016年5月10日被传唤到案。案发后，被告人李耀某家属已退还部分赃款，并返还部分被害人，被告人段清某、宋聚某在案件审理过程中共同退赃12920元。

【案件焦点】

对本案未取证的被害人人数和犯罪数额应当如何认定。

【法院裁判要旨】

河南省新密市人民法院经审理认为：被告人李耀某、宋聚某、段清某以非法占有为目的，以加盟甲科技有限公司开设网店，帮助建设网店、提供货源、发货等服务为由骗取被害人加盟费用，其中李耀某诈骗数额特别巨大，宋聚某、段清某诈骗数额较大，三被告人的行为均已构成诈骗罪。新密市人民检察院指控被告人李耀某、宋聚某、段清某犯诈骗罪，罪名成立。

关于被告人李耀某及其辩护人辩称诈骗数额应当以有被害人陈述予以印证的数额认定的辩解辩护意见，经查证，该案涉及被害人人数众多，在案被告人李耀某银行交易明细证实李耀某多个银行账户有 1080 元、1480 元、1980 元（三种服务套餐收费标准数额）汇入，与公诉机关指控的依据支付宝记录认定数额（三种服务套餐收费标准数额）的证据相佐证，在案部分被害人陈述证实因通过甲科技有限公司加盟开网店被骗取加盟费，骗取的数额与该公司套餐数额相印证；在案扣押的部分加盟合同，能够证实三被告人以加盟网店为由骗取被害人加盟费用的事实；QQ 聊天记录证实被告人以女性身份与被害人聊天骗取被害人信任后，以开网店为由骗取被害人钱款；支付宝转账记录证实涉案的被害人通过支付宝向被告人李耀某支付加盟网店的费用；以上事实与三被告人在侦查机关的供述能够相互印证。故依据《最高人民法院、最高人民检察院、公安部关于办理电信网络诈骗犯罪等刑事案件适用法律若干问题的意见》第六条规定，确因被害人人数众多等客观条件限制，无法逐一收集被害人陈述的，可以结合已收集的被害人陈述及经查证属实的银行交易记录、第三方支付结算账户交易记录、通话记录、电子证据等证据，综合认定被害人人数及诈骗资金数额。因此依据本案中支付宝转账记录、银行交易明细，最终认定李耀某诈骗数额为4084619元，故对该辩解辩护意见，本院不予采信。

关于被告人宋聚某、段清某辩称诈骗数额没有那么多的意见，经查证，从被告人段清某手机中提取QQ截图、被告人段清某供述、支付宝记录及被害人李志某等人陈述，均证实段清某作为业务员实施诈骗，共计九人，数额为12920元，被告人宋聚某供述段清某系其手下业务员，能够与被告人段清某供述相互佐证，故对二被告人的辩解意见，本院不予采信。

河南省新密市人民法院依据《中华人民共和国刑法》第二百六十六条，第二十五条第一款，第二十六条第一款、第四款，第二十七条，第六十四条，第六十七条第三款，第七十二条第一款、第三款，第七十三条第二款、第三款之规定，经新密市人民法院审判委员会讨论决定，作出如下判决：

一、被告人李耀某犯诈骗罪，判处有期徒刑十三年，并处罚金人民币600000元；

二、被告人宋聚某犯诈骗罪，判处有期徒刑八个月，缓刑一年，并处罚金人民币5000元；

三、被告人段清某犯诈骗罪，判处有期徒刑六个月，缓刑一年，并处罚金人民币4000元。

李耀某持原审辩解提起上诉。

河南省郑州市中级人民法院经审理认为：原判认定事实清楚，证据确实充分，定罪准确，量刑适当，审判程序合法。上诉人李耀某的上诉理由及其辩护人的辩护意见不予采纳。

河南省郑州市中级人民法院依照《中华人民共和国刑事诉讼法》第二百二十五条第一款第一项之规定，作出如下裁定：

驳回上诉，维持原判。本裁定为终审裁定。

【法官后语】

在审理电信网络诈骗罪的过程中，犯罪数额的认定是对被告人进行定罪量刑的重要标准，而由于电信网络诈骗犯罪涉及的被害人人数众多，诈骗罪的犯罪数额无法全部由银行交易明细、电子转账凭证等与被害人的陈述相互佐证，在仅有部分犯罪人陈述与银行交易明细、电子转账凭证等证据相互佐证的情况下如何认定诈骗犯罪的犯罪数额往往是案件的争论点。审判实践中对电信网络诈骗犯罪数额的认定存在两种倾向：第一种是依据已经查实的被害人人数及相应的数额来认定；第二种是结合全案的书证、电子证据以及被害人陈述、被告人供述等综合认定犯罪数额。传统的诈骗罪的犯罪数额认定采用的是第一种审查认定方式，第二种则是根据电信网络诈骗罪不同于传统型诈骗犯罪的特点对犯罪数额进行认定。

《最高人民法院、最高人民检察院、公安部关于办理电信网络诈骗等刑事案件适用法律若干问题的意见》规定，办理电信网络诈骗案件，确因被害人人数众多等客观条件的限制，无法逐一收集被害人陈述的，可以结合已收集的被害人陈述，以及经查证属实的银行账户交易记录、第三方支付结算账户交易记录、通话记录、电子数据等证据，综合认定被害人人数及诈骗资金数额等犯罪事实。该规定明确了电信网络诈骗犯罪的数额认定应当与传统的诈骗犯罪数额审查认定标准有所区别，即在仅有部分被害人陈述与银行交易明细、电子转账凭证等证据相互佐证的情况下也应当结合全案证据综合认定诈骗犯罪数额。但是根据罪行法定原则，不能仅根据被告人接收诈骗款项时使用的银行账户资金来推定被告人的犯罪数额，此种做法将会加重对被告人的处罚。在结合被告人接收诈骗款项的银行交易明细、网络支付交易凭证、被害人与被告人的联系记录等共性的客观证据和已经收集的被害人陈述等综合认定未被取证的被害人人数和诈骗数额的情况下，应当允许被告人对相关款项和数额的合法来源进行说明。

本案虽然仅有部分被害人的陈述，但是在认定未被取证的被害人人数及犯罪数额时已经综合被告人银行交易明细、在案扣押的加盟合同、QQ 聊天记录、支付宝转账记录等共性的客观证据及在案部分被害人陈述，足以证明涉案的被害人通过支付宝向被告人支付“加盟网店”的费用及数额。

编写人：河南省新密市人民法院　苏春慧

223　对非法占有目的的辩解是否影响如实供述的成立
——回博某诈骗案

【案件基本信息】

1. 裁判书字号

北京市第二中级人民法院（2018）京 02 刑终 635 号刑事判决书

2. 案由：诈骗罪

【基本案情】

被告人回博某案发前系养老院护理部职员。2016 年 9 月至 2017 年 6 月，回博某虚构其父亲回亚某（男，70 岁）病重、赎房本等需要用钱的事实，骗取该养老院职员白云某等 17 人、住院老人崇淑某等 9 人及养老院共计人民币 500420 元。案发后，回博某的家属退赔被害人娄劲某人民币 5000 元。回博某于 2017 年 6 月 14 日被公安机关传唤到案。被告人回博某称：其对公诉机关指控的主要借款事实没有异议，但其给被害人出具了借条，并非不想归还借款，其行为不是诈骗。

2016 年 9 月至 2017 年 6 月，上诉人（原审被告人）回博某虚构其父亲回亚某病重、赎房本等需要用钱的事实，骗取养老院职员白云某及住院老人崇淑某、冯建某、巩海某、边锦某、代玉某、李瑞某等 26 人钱款共计人民币 482820 元。其他事实与一审查明事实一致。

【案件焦点】

诈骗罪中，被告人未如实供述部分诈骗事实，且辩解自己没有非法占有的目的，能否认定其成立如实供述。

【法院裁判要旨】

北京市房山区人民法院经审理认为：被告人回博某以非法占有为目的，骗取多人财物，数额特别巨大，其行为已构成诈骗罪，依法应予惩处。鉴于被告人回博某到案后如实供述其主要犯罪事实，其对犯罪行为性质的辩解不影响坦白的认定，本院对其予以从轻处罚。判决如下：

一、被告人回博某犯诈骗罪，判处有期徒刑十年六个月，剥夺政治权利二年，并处罚金人民币三万元；

二、责令被告人回博某退赔人民币四十九万五千四百二十元，发还各被害人；

三、未随案移送的扣押物品，由扣押机关依法处理。

北京市房山区人民检察院以回博某不具有坦白情节、原审法院适用法律错误为由提出抗诉。北京市人民检察院第二分院支持抗诉的意见是：回博某对基本犯罪事实供认不讳，未如实供述的数额仅占全部数额的23%，其在一审庭审过程中承认购买“时时彩”的情况，与查明的钱款去向能够吻合，不影响对其如实供述主要犯罪事实的认定；原审认定犯罪数额有误。

北京市第二中级人民法院经审理认为：关于北京市房山区人民检察院的抗诉意见，经查，回博某到案后能够如实供述本案所涉大部分犯罪事实，且所供述钱款去向与查明的事实基本一致，可以认定为如实供述，故该抗诉意见不当，本院不予采纳。上诉人（原审被告人）回博某以非法占有为目的，虚构事实、隐瞒真相，骗取他人钱财，其行为已构成诈骗罪，且数额巨大，依法应予惩处。原审判决认定回博某犯诈骗罪的基本事实清楚，证据确实、充分，定罪准确，审判程序合法，唯认定回博某的犯罪数额及适用法律有误，本院依法予以改判。判决如下：

一、撤销北京市房山区人民法院（2018）京0111刑初532号刑事判决；

二、上诉人（原审被告人）回博某犯诈骗罪，判处有期徒刑九年，剥夺政治权利一年，并处罚金人民币九千元；

三、责令上诉人（原审被告人）回博某退赔人民币四十七万七千八百二十元，发还各被害人；

四、扣押在北京市公安局房山分局的住院证明一张予以没收存档，手机二部、笔记本一台予以变卖，变价款并入退赔项执行。

【法官后语】

本案争议焦点在于被告人是否成立如实供述。如实供述是指如实交代自己的主要犯罪事实。对如实供述的理解应从“量”和“质”两个维度展开。具体到本案中，“量”的问题是指如何理解“主要”，未如实供述部分诈骗事实是否还能认定为如实交代主要犯罪事实；“质”的问题是指如何理解“犯罪事实”，行为人的非法占有目的是否属于其应当交代的犯罪事实。

关于上述“量”的问题，《最高人民法院关于处理自首和立功若干具体问题的意见》规定了按“较重情节”和“较大数额”认定的原则，即行为人多次实施同种罪行的，“主要”犯罪事实是指其如实交代的犯罪情节重于未交代的犯罪情节或如实交代的犯罪数额多于未交代的犯罪数额。本案中，被告人如实供述的诈骗数额多于未如实供述的数额，因此不应以其未如实供述部分诈骗事实为理由否认坦白的成立。

关于上述“质”的问题，首先，应当明确的是，行为人对非法占有目的的辩解是对“犯罪事实”还是对“行为性质”的辩解，如果是仅针对行为性质的辩解，则不影响如实供述的成立。犯罪事实是指犯罪构成要件对应的待证事实，对其评价的结论是“存在”或“不存在”；行为性质是刑法对犯罪事实的法律评价，对其评价的结论是“应当”或“不应当”。根据这一区分标准，行为人主观上是否存在拒不归还的意图是心理事实的问题，行为人对这一心理事实有无的辩解是对主观构成要件对应的犯罪事实的辩解，主观构成要件也是犯罪构成不可割裂的部分，因此本案被告人辩解自己具有归还借款的意愿是对犯罪事实的辩解进而影响行为性质的评价，不是仅针对行为性质的辩解。

其次，行为人未如实交代自己具有非法占有目的的心理事实，能否认定其如实供述犯罪事实。笔者认为，行为人应当如实供述的犯罪事实主要是指客观犯罪事实。一方面，刑法中“坦白从宽”的制度意义主要在于通过行为人如实供述客观犯罪事实，司法机关得以及时收集、固定、审查客观证据，建立并完善证据链条，节约司法资源，至于行为人如实供述内心事实，真诚认罪悔罪属于认罪认罚从宽制度的设立宗旨。另一方面，针对明知、目的等主观要件的证明困难问题，司法实践中多采用通过客观基础事实进行推定的证明方法，免除了公诉方对被告人心理事实的证明责任，只要被告人对主要的客观犯罪事实如实供述，司法机关就可以在客观事实的基础上认定被告人有无非法占有目的，因此行为人对心理事实的辩解并不会对定罪过程产生影响。既然推定机制降低了公诉方的证明难度，使被告人负担了一定的证明责任，则在如实供述的认定上就不宜过于严苛地要求被告人如实供述主观的心理事实。但应当明确的是，如果行为人未如实供述据以推定其非法占有目的的客观事实，例如，虚构自己具有偿还能力或隐瞒自己肆意挥霍钱款的事实，不应当认定其如实供述犯罪事实。本案中，被告人虽然辩解自己主观上并非不想归还借款，但能够如实供述其将钱款用于赌博的客观事实，足以推定其具有非法占有目的，应当认定其成立如实供述，具有坦白情节。

编写人：北京市第二中级人民法院　易大庆　何朕

224 以高息借贷为名的诈骗犯罪中被告人非法占有的主观故意的认定

——李某诈骗案

【案件基本信息】

1. 裁判书字号

云南省玉溪市中级人民法院（2017）云04刑终155号刑事判决书

2. 案由：诈骗罪

【基本案情】

2011年至2016年，被告人李某在投资股票、期货严重亏损，明知自己无偿还能力的情况下，仍隐瞒真相，虚构入股公司分红、投资理财、资金周转等事实，允诺以高额利息回报，先后向被害人赵某等三十人多次借款。借款被其用于投资股票、期货、×××金融互助平台及支付借款利息等。2016年6月，因投资股票、期货、×××金融互助平台均亏损，李某无力偿还到期借款，便销毁账本，并于2016年6月19日携带部分资金潜逃，后于2016年7月10日在广西壮族自治区北海市海城区被民警抓获。案发至今，李某退缴赃款共计人民币316370元（其中3300元为航天纪念币）。至案发借款共计人民币10750329元，其间偿还本金共计人民币1433000元，支付利息共计人民币2921034元，案发后被害人自行追回人民币69660元，无法偿还人民币6326635元。

【案件焦点】

如何根据在案证据认定此类诈骗罪中非法占有的主观故意。

【法院裁判要旨】

云南省玉溪市江川区人民法院经审理认为：被告人李某的供述、证人施某甲、施某乙等人的证言、账户交易情况等证据均能相互印证。李某曾因投资股票等严重亏损，之后不断借钱投资股票、期货、×××金融互助平台以及支付借款利息，在上述投资均严重亏损后销毁账本、携款潜逃的事实下，足以证实其无偿还借款的能力，对借款具有非法占有的主观故意。在客观方面，本案证据证实被告人李某允诺高息，以资金周转、帮人刷信用卡、投资理财等虚假事实为由向本案被害人借款，隐瞒了其无能力归还的财务状况及其不归还相关借款的心理事实，就是虚构事实、隐瞒真相。综上，李某主观上具有非法占有的主观故意，客观上也实施了虚构事实、隐瞒真相、骗取钱财、销毁账本、携款潜逃的行为，其行为构成诈骗罪。所以，李某认为其是欠钱暂时还不了，以及辩护人提出不能确认李某何时丧失偿还能力、对民间借款具有非法占有的目的的辩护意见，不予采纳。

云南省玉溪市江川区人民法院依照《中华人民共和国刑法》第二百六十六条、第六十七条第三款、第六十四条之规定，作出如下判决：

一、被告人李某犯诈骗罪，判处有期徒刑十四年，并处罚金人民币120000元；

二、随案移送的涉案款人民币316370元（含航天纪念币）发还被害人（详见附后的《涉案款发还清单》），白色甲牌手机十部、白色乙牌手机二部、蓝边黑色乙牌手机一部、金色丙手机一部、墨蓝色丁牌手机一部（粉色手机套）、白色戊牌手机一部、记事本九本、中国已银行卡七张、中国庚银行卡二张、云南省辛银行卡二张、中国壬银行卡一张、黑色 POS 机三台，予以没收。

判决宣判后，被告人李某持原审辩解提起上诉。

云南省玉溪市中级人民法院经审理认为：李某投资亏损无实际偿还能力，以给付高息、编造借款用途等手段，骗取他人资金，至案发时尚有 600 余万元未偿还，其行为触犯我国刑法第二百六十六条、《最高人民法院、最高人民检察院关于办理诈骗刑事案件具体应用法律若干问题的解释》第一条之规定，构成诈骗罪，且数额特别巨大，应在十年以上有期徒刑定罪处罚。原判根据本案的证据及据以认定的案件事实，结合本案的犯罪情节和危害程度，对上诉人李某的定罪处刑并无不当。但原判未依据我国刑法第六十四条及《最高人民法院关于适用刑法第六十四条有关问题的批复》的规定，责令原审被告人对非法占有的财产予以退赔，应予纠正。

云南省玉溪市中级人民法院依照《中华人民共和国刑法》第二百六十六条、第六十七条第三款、第六十四条，《中华人民共和国刑事诉讼法》第二百二十五条第一款第一项及第二项的规定，作出如下判决：

一、维持玉溪市江川区人民法院（2017）云 0421 刑初 66 号刑事判决；

二、责令上诉人（原审被告人）李某退赔玉溪市江川区人民法院（2017）云 0421 刑初 66 号刑事判决书确定的各被害人的损失认定金额。

【法官后语】

本案处理的重点在于对被告人非法占有他人财物的主观故意的认定。诈骗罪具有以下特征：（1）行为人主观上出于故意，并且具有非法占有公私财物的目的。（2）行为人实施了诈骗行为。（3）诈骗公私财物数额较大。其中，行为人是否具有非法占有公私财物的目的是区分诈骗罪与民事债务纠纷的重要界限。如果行为人只是由于客观原因，一时无法偿还，则可能只是属于民事债务纠纷；而如果行为人是以非法占有为目的，不是因为客观原因不能归还，而是根本不打算偿还，那其行为可构成诈骗罪。

在本案中，在实施诈骗之前，李某投资股票、期货严重亏损，其明知自己无偿还能力，仍隐瞒真相，虚构入股公司分红、投资理财、资金周转等事实，允诺高额利息回报，先后向多名被害人借款。借款的资金用于投资股票、期货、×××金融互助平台及支付借款利息等。之后因投资股票、期货、×××金融互助平台均亏损，其无力偿还到期借款，便销毁账本，携带部分资金潜逃。从行为人事前、事中、事后的客观表现，可以推定其具有非法占有他人财物的主观故意。

值得注意的是，在通过行为人的客观表现来认定其主观犯罪故意时需要十分谨慎，要达到证据方面排除一切合理性的怀疑。因为行为人的主观心态隐藏于其内心，我们只能通过行为人外部的行为进行推定，而推定又是司法人员的主观判断，不同的司法人员根据同一案件中的证据会构建出不一样的案件事实，得出不同的结论。所以，在运用推定时，必须严格遵守“无罪推定”的原则，对实施以高息借款为名的诈骗行为应予以充分考量，充分考量行为人诈骗前有没有偿付能力，借款的用途与实际用途的区别，高息借款与实际收益的差额，是否转移、挥霍款项，是否有销毁账本等因素。只有所有的证据都能构成完整的证据锁链，才能以诈骗罪予以定罪量刑。反之，其中任何一个环节，可能有其他合理解释，如行为人借款之前有偿付能力，在借款后改变借款用途，导致借款不能归还则属于民事纠纷的范畴。

编写人：云南省玉溪市江川区人民法院 唐炳丽

225 以借款为名行诈骗之实的主观目的判断

——焦某诈骗案

【案件基本信息】

1. 裁判书字号

重庆市第五中级人民法院（2014）渝五中法刑终字第257号刑事裁定书

2. 案由：诈骗罪

【基本案情】

焦某2008年之前曾经营过色拉油生意。2008年至2013年期间，焦某编造其经营色拉油生意的事实，并以投资的年收益率能达到30%~50%的方式，吸引他人投资，先后骗取其战友谭某、吴某等11人现金共计331.4万元，并分别给上述人等写了借条。此后，焦某以分红款的名义分别归还上述人等现金共计9.5万元。至案发前，焦某尚有321.9万元未归还受害人，上述款项被其用于偿还前期的借款、购买豪车（包括奥迪A6、A8在内的共计6辆车）及日常消费。

焦某辩称其未虚构从事色拉油生意的事实，其与被害人之间只是民事借贷纠纷，没有非法占有被害人投资款的目的，不构成诈骗罪。

【案件焦点】

焦某的行为是诈骗行为还是民间借贷行为，是否构成诈骗罪。

【法院裁判要旨】

重庆市江津区人民法院经审理认为：被告人焦某以非法占有为目的，采用虚构从事食用油经营，能获得高额回报的事实，欺骗他人投资，数额特别巨大，其行为已构成诈骗罪。关于焦某主张其未虚构从事色拉油经营业务的事实，且与本案被害人之间是民事纠纷而不是犯罪行为的辩护意见，经查，被告人焦某虽曾经从事过色拉油经营，但对本案被害人实施诈骗行为时，已经没有经营色拉油业务，且所骗被害人投资款也未用于经营活动，而是用于还债或者高额消费，其对所骗财物也不具备偿还能力，故对被告人焦某及辩护人的上述辩护意见，本院不予采纳。被告人焦某对被告人造成的经济损失，应予以退赔。法院判决：

一、被告人焦某犯诈骗罪，判处有期徒刑十四年，并处罚金人民币壹佰万元；

二、责令被告人焦某分别退赔被害人经济损失共计 321.9 万元。

一审宣判后，焦某不服，提出上诉。重庆市第五中级人民法院经审理后裁定：

驳回上诉，维持原判。

【法官后语】

焦某的行为是诈骗行为而非民间借贷行为，构成诈骗罪。理由如下。

首先，应对诈骗罪与民间借贷纠纷的内涵予以界定。诈骗罪是指以非法占有为目的，采用虚构事实或隐瞒真相的方法，骗取公私财物，数额较大的行为。本罪侵犯的客体是公私财产所有权，客观方面表现为采用虚构事实或隐瞒真相的方法，使被害人陷入错误认识而“自愿”处分和“交付”财产，主观方面为直接故意，指行为人基于非法占有公私财物的目的并进而实施诈骗行为。

民间借贷纠纷是指借款人与贷款人基于合意而达成书面或口头的债权债务关系后，因借款人不能归还或如期归还而产生的民事纠纷，其借贷关系属于民事法律关系，由民法调整，不产生刑事责任。

其次，应明确诈骗罪与民间借贷纠纷的本质区别。诈骗罪与民间借贷纠纷的区别关键在于一个“骗”字，诈骗罪是“以非法占有为目的”，采用虚构事实或隐瞒真相的方法达到对原不属于自己所有的公私财物的占有、使用、收益或处分，行为人主观上全无还款的准备和打算。关于金融诈骗罪中“非法占有目的”的认定中，规定行为人通过诈骗的方法非法获取资金，造成数额较大资金不能归还，并具有下列情形之一的，可以认定为具有非法占有目的：(1) 明知没有归还能力而大量骗取资金的；(2) 非法获取资金后逃跑的；(3) 肆意挥霍骗取资金的；(4) 使用骗取的资金进行违法犯罪活动的；(5) 抽逃、转移资金、隐匿财产，以逃避返还资金的；(6) 隐匿、销毁账目，或搞假破产、假倒闭，以逃避返还资金的；(7) 其他非法占有资金、拒不返还的行为。而民间借贷纠纷的借款人则没有非法占有他人财物的目的，其借款是基于正常的生活或生产经营所需，主观上对偿还借款有确定的认识，即使不能按期归还，也往往是因为遇到了不以其意志为转移的客观困难，非其主观不想归还，行为人主观目的的不同，是二者的本质区别所在。

最后，应根据案件的具体证据对行为人的主观目的综合认定。典型诈骗犯罪中的非法占有之目的较易确认，而本案中，存在被告人与受骗人认识、借款过程中又出具了借条这些看似符合民间借贷形式的情形，容易遮盖被告人的非法占有目的。此时，应遵循主客观相一致的原则，既要避免仅凭损失结果客观归罪，也不能单纯依据被告人供述和辩解主观臆断，而应根据案件的具体证据，如行为人的借贷原因及用途、还款能力、借款后的行为、不能还款的原因和态度等多方面综合考虑，按照事前、事中、事后的各种主客观因素进行整体判断，不能以一点而代全部，否则就有失周全。

具体到本案，证据显示焦某2008年之前虽经营过色拉油生意，但自2008年至案发，焦某既未实际经营色拉油生意，亦无经营该项生意的权限，而仍虚构其从事色拉油经营业务的事实，以高额收益诱惑他人投资，非法骗取他人资金320万余元，用于偿还先前的借款及高额消费，将骗取来的钱财挥霍一空，且对所骗取资金无偿还能力。焦某的一系列行为说明其主观上具有非法占有他人财物的目的，其行为实质是以借款之名行诈骗之实，应以诈骗罪追究其刑事责任。

编写人：重庆市江津区人民法院　石磊　李春丽

（四）抢夺罪

226　跟车尾随闯卡偷逃高速通行费行为认定

——王某抢夺案

【案件基本信息】

1. 裁判书字号

北京市第一中级人民法院（2019）京01刑终183号刑事判决书

2. 案由：抢夺罪

【基本案情】

2013年5月7日至2016年6月8日，被告人王某在本市海淀区京藏高速清河收费站进京出口等地，为逃避缴纳高速公路通行费，多次驾驶车牌号为京GVY×××的小型轿车，采用跟车尾随过杆的方式强行闯卡。2017年11月16日，被告人王某被公安机关抓获归案。

【案件焦点】

对于机动车驾驶员在高速公路出口处人工收费通道多次采取跟车尾随过杆的方式，趁收费员来不及防备从而实现闯卡逃费行为的性质，应该评价为何种犯罪。

【法院裁判要旨】

北京市海淀区人民法院经审理认为：被告人王某驾驶机动车，在高速公路收费出口趁前车缴费通过抬杆未落之机，多次跟车不缴费强行通过，任意扰乱高速公路的通行秩序，情节严重，其行为已构成寻衅滋事罪，应予惩处。被告人王某系自首；且在家属的帮助下补缴了车辆通行费，依法对其从轻处罚。据此判决如下：

被告人王某犯寻衅滋事罪，判处有期徒刑六个月。

北京市第一中级人民法院经审理认为：王某在高速公路收费站出口处人工收费通道，利用升降杆智能识别的特征驾车紧随前车快速通过升降杆，其主观目的在于非法占有应缴纳给首都公路公司的车辆通行费而非无故滋事、无事生非，客观行为缺少“强拿硬要”的言语及行为特征，且未曾出现破坏高速公路车辆通行秩序的情形，因而王某行为的性质不属于寻衅滋事，其行为不构成寻衅滋事罪。

上诉人王某乘首都公路公司收费员不备，多次公然采取跟车尾随过杆方式逃避缴纳应支付给首都公路公司的车辆通行费，其行为已构成抢夺罪，依法应予惩处。鉴于其在家属的帮助下及时补缴了车辆通行费，且在归案后能如实供述主要犯罪事实，故可对其酌予从轻处罚。一审法院定罪及适用法律有误，依法予以纠正。虽然刑法规定，人民法院对于犯抢夺罪的被告人，应当在判处主刑的同时，并处或者单处罚金。但根据《中华人民共和国刑事诉讼法》第二百三十七条之规定，人民法院审理被告人上诉的案件，不得加重被告人刑罚。因此，二审程序虽然变更了王某的罪名，但对王某不予并处罚金。北京市第一中级人民法院据此判决如下：

一、撤销北京市海淀区人民法院（2018）京 0108 刑初 1088 号刑事判决；

二、上诉人王某犯抢夺罪，判处有期徒刑六个月。

【法官后语】

对于机动车驾驶员在高速公路出口处人工收费通道多次采取跟车尾随过杆的方式，趁收费员来不及防备从而实现闯卡逃费行为的性质，应该评价为何种犯罪，对此分析如下。

一、本案的行为依法应被评价为犯罪

犯罪行为应具有两方面的特征，即具有社会危害性和依法应受刑罚处罚性。

就王某的行为而言，第一，该行为具有一定的社会危害性。王某逃避缴费的次数高达 147 次，时间长达 3 年，因而其该行为可被认定为具有社会危害性。第二，该行为不属于情节显著轻微危害不大。第三，该行为应受刑罚处罚。王某对该行为在主观上属故意，主体上达到法定刑事责任年龄且具有责任能力，因而应受到刑罚处罚。

二、本案行为不应被评价为寻衅滋事罪

（一）从客观行为角度分析，王某的行为不具有“强拿硬要”的行为特征

所谓“强拿硬要”，一般解释为“违背他人意志强行取得他人财物的行为”，该行为应具有一定的强制性，虽然不需要达到足以压制被害人反抗的程度。[①] 对“强拿硬要”更为通行的解释是，“以蛮不讲理的手段，强行索要市场、商店的商品以及他人的财物”[②]。而纵观高速公司提供的王某五次驾车逃避缴费的监控录像，王某手段较为平和。虽然其在收费员的注视下驶离出站口，但未见王某存在体现“强拿硬要”特征的语言及行为。

（二）从主观动机角度分析，王某在主观上缺少流氓动机

1997 年修改刑法时，流氓罪被拆解称聚众斗殴、寻衅滋事等多个罪名。拆解的目的在于“将罪状具体化，有利于对本罪的正确认定”[③]，并明确“本罪的犯罪目的和动机，一般具有耍个人威风、寻求精神刺激等流氓性质”[④]。而王某的客观行为并非无故滋事、无事生非、逞强好胜等流氓行径。

（三）从犯罪客体角度分析，王某的行为并未侵犯法律保护的高速公路通行秩序

纵观王某的行为，其既没有聚众，也没有破坏高速公路的通行

---

① 张明楷：《刑法学》，法律出版社 2016 年版，第 1065 页。

② 周道鸾、张军主编：《刑法罪名精释》（下），人民法院出版社 2013 年版，第 727 页。

③ 陈兴良：《刑法疏义》，中国人民公安大学出版社 1997 年版，第 473 页。

④ 胡康生、李福成主编：《中华人民共和国刑法释义》，法律出版社 1997 年版，第 418 页。

秩序，更不存在抗拒、阻碍国家治安管理工作人员依法执行职务的行为，因而不可能构成聚众扰乱交通秩序罪。

三、本案行为应被评价为抢夺罪

根据刑法第二百六十七条的规定，抢夺罪的罪状是“抢夺公私财物，数额较大的，或者多次抢夺”的行为。相比较其他罪名而言，王某的行为被评价为抢夺罪更为恰当，属于多次抢夺的情形。

（一）关于客观要件分析

通常，抢夺罪的客观要件被界定为“乘人不备，公然夺取数额较大的公私财物”，或者多次抢夺公私财物①，或者被界定为“当场直接夺取他人紧密占有的数额较大的公私财物，或者多次抢夺的行为”②。

1. 在行为特征上，王某的行为符合“乘人不备，公然夺取”的特征

所谓“乘人不备，公然夺取”，一般指行为人当着财物所有人、管理人或者其他人的面，乘其不防备，将财物夺走，据为已有或者给第三人所有；也有的采取可以使被害人立即发现的方式，公开把财物抢走，但不使用暴力或者以暴力相威胁③。就本案而言，王某驾车在收费站出口处尾随前车，在前车通过出口升降杆的瞬间，趁高速公司收费员及升降杆来不及防备，即驾车离开收费站，逃避缴纳车辆通行费。该行为虽然并非直接夺走高速公司现有的财物，但客观上导致高速公司失去应该收取的车辆通行费，导致高速公司消极利益的增加。此行为与直接夺走高速公司现有的财物，导致高速公司积极利益的减少，在本质上完全一致，均是导致高速公司失去对车辆通行费这一财产性利益的控制。

---

① 周道鸾、张军主编：《刑法罪名精释》（下），人民法院出版社2013年版，第651页。

② 张明楷：《刑法学》，法律出版社2016年版，第994页。

③ 周道鸾、张军主编：《刑法罪名精释》（下），人民法院出版社2013年版，第651页。

2. 在侵犯法益上，王某的行为侵犯了为抢夺罪所保护的公私财产的所有权

抢夺罪所保护的客体即为公私财产的所有权，而王某147次逃避缴纳车辆通行费的行为，直接侵害的正是高速公司对车辆通行费的所有权。王某的行为直接导致该费用的损失，也正因如此，高速公司即本案的被害人，在意识到大量车辆通行费被逃避缴纳后，选择了向公安机关报案。

3. 在犯罪对象上，王某抢夺的应缴而未缴的车辆通行费可以被解释为“财物”

刑法第二百六十七条规定抢夺罪的犯罪对象为公私财物，而本案中抢夺的对象系应缴而未缴的车辆通行费，或者说是债务的免除。显然，应缴而未缴的车辆通行费，或者债务的免除不是财物，只是一种财产性利益。所谓财产性利益，即财物以外的财产性的利益，包括积极利益的增加与消极利益的减少①。

虽然目前尚未查询到有司法解释或者指导性案例将抢夺罪构成要件中的“财物”扩大解释到包括“财产性利益”，但此种扩大解释并未违反罪刑法定原则，并不属于类推解释。一是“财产性利益”的含义并未超出“财物”所涵盖的文义，本质上都属于经济利益；二是对于相类似的盗窃罪的犯罪对象，最高人民法院在相关司法解释中早已将“财物”扩大解释到电信资费损失等“财产性利益”；三是此种解释并未超出社会一般人可以接受的范围。

（二）关于主观要件分析

抢夺罪的主观要件要求以非法占有公私财物为目的。综合王某

---

① 张明楷：《外国刑法纲要》，清华大学出版社2007年版，第564页。

归案后的历次供述及其五次驾车逃避缴费的监控录像分析，王某行为的主观目的非常明确，就是为了逃避缴费，贪占便宜。因此，基于王某的客观行为可以判断，王某的行为动机就是非法占有应缴而未缴的车辆通行费，达到免除债务的目的。

（三）总体评价

王某在主观上意图通过逃避应缴纳的车辆通行费使高速公司变相遭受财产性损失；客观上在收费员在场的情况下公然跟随前车通过，符合乘人不备、公然夺取的抢夺罪的构成要件；犯罪对象是他人紧密占有的财产性利益。王某不支付对价，多次强行闯关，逃避缴费，是对高速公司应获得的财产性利益占有权的损害。因此，王某的行为应被评价为抢夺罪。

编写人：北京市第一中级人民法院　周维平　廖清顺

227 以试骑为由当着被害人的面将电动自行车骑走的罪名认定

——王某抢夺案

【案件基本信息】

1. 裁判书字号

云南省昆明市中级人民法院（2017）云01刑终792号刑事裁定书

2. 案由：抢夺罪

【基本案情】

2016年10月14日晚11时许，被告人王某在昆明市官渡区甲小区溜冰场门口，以试骑为由，当着公民郑某某的面直接骑走了公民郑某某的乙牌电动自行车一辆，价值人民币5600元，携赃逃离。案发后，缴获涉案车辆已发还被害人。

2016年12月1日23时许，被告人王某在昆明市五华区青莲巷和翠湖东路交叉口丙宾馆门口，趁公民黄某某不备，夺取了其丁牌电动自行车一辆并骑走，价值人民币4600元，后销赃挥霍。

2016年12月6日19时30分许，被告人王某在昆明市盘龙区戊小区门口，趁公民马某某不备，夺取了其车钥匙并将其已牌电动自行车一辆骑走，价值人民币4500元，案发后，缴获涉案车辆已发还被害人。

2016年12月15日15时许，民警在某小区北区×栋×单元×××室抓获被告人王某。公诉机关认为，对被告人王某的第一起犯罪应当以诈骗罪追究其刑事责任；对被告人王某的第二起、第三起犯罪应当以抢夺罪追究其刑事责任。公诉人当庭提出被告人王某到案后对第一起犯罪事实如实供述，可以从轻处罚；对第二起、第三起犯罪事实均没有如实供述，请法庭予以考虑。

被告人王某对公诉机关指控的第二起、第三起犯罪事实及罪名均有异议，辩解称其与被害人均无身体接触，他的行为是诈骗，不是抢夺。

【案件焦点】

被告人王某以试骑为由当着被害人的面将电动车骑走的行为属于诈骗还是抢夺。

【法院裁判要旨】

云南省昆明市五华区人民法院经审理认为：被告人王某以非法

占有为目的，多次抢夺他人财物，抢夺数额达人民币14700元，数额较大，其行为已构成抢夺罪。公诉机关指控的事实及部分罪名成立。被告人王某到案后如实供述其主要犯罪事实，依法可以从轻处罚。对于公诉机关指控被告人王某第一起犯罪构成诈骗罪的公诉意见以及被告人王某提出其第二起、第三起犯罪行为不构成抢夺罪，构成诈骗罪的辩解，本院认为被告人王某以试骑为由骑上电动自行车时，被害人（电动车驾驶员）并未离开现场，未失去对电动自行车的紧密占有，也未失去对电动自行车的所有权益，同时被告人王某并没有因为其谎言骗到对电动自行车的占有甚至是电动自行车的所有权，被告人王某骗到的是接触电动自行车的机会，所以不符合诈骗罪的构成要件；被告人王某当着被害人的面直接骑走电动自行车，其行为具有公然性，社会危害性较大；当电动自行车快速驶出的那一瞬间，动作迅猛，符合抢夺罪客观上对物的暴力，被告人王某系以非法占有为目的，当场直接夺取他人紧密占有的数额较大的财物，其行为构成抢夺罪。故对公诉机关的该项指控以及被告人王某的该项辩解本院均不予采纳。据此，本院依照《中华人民共和国刑法》第二百六十七条第一款、第六十七条第三款、第六十四条之规定，判决如下：

一、被告人王某犯抢夺罪，判处有期徒刑二年零三个月，并处罚金人民币9000元；

二、剩余赃物继续追缴发还被害人。

一审宣判后，原审被告人王某不服，提出上诉称：其只是骗被害人，让被害人自愿、主动交付财物，也未采用暴力抢被害人的财物，其只构成诈骗罪，不构成抢夺罪，原审认定罪名错误，量刑过重，希望二审法院依法改判。

云南省昆明市中级人民法院经审理认为：原审人民法院认定事

实清楚，证据确实、充分，定性准确，量刑适当，审判程序合法，依法应予维持。据此，依照《中华人民共和国刑事诉讼法》第二百二十五条第一款第一项之规定，裁定如下：

驳回上诉，维持原判。

【法官后语】

1. 对公诉机关指控的被告人王某的第一起犯罪应定性为抢夺罪还是诈骗罪

一审、二审法院均认为被告人王某的第一起犯罪应定性为抢夺。

诈骗罪，是指以非法占有为目的，使用欺骗方法，骗取数额较大的公私财物的行为。诈骗罪（既遂）的基本构造为：行为人实施欺骗行为—对方（受骗者）产生或继续维持错误认识—对方基于错误认识处分财产—行为人或者第三者取得财产—被害人遭受财产损害。该罪客观上表现为使用虚构事实或者隐瞒真相的方法，骗取数额较大的公私财物的行为。由于犯罪分子使用虚构事实或者隐瞒真相的方法，从而使公私财物的所有人、管理人产生错误认识，信以为真，并“自愿地”将财物交给犯罪分子。这种“自愿”并不是财物所有人、管理人的真实意思而是被犯罪分子制造的假象所迷惑而上当受骗的结果。

可以说“骗”是诈骗罪的突出特点，也是区别于盗窃罪、抢夺罪的重要标志，但这并不是诈骗罪与其他犯罪的本质区别。从实质上来说，诈骗是行为人通过欺骗行为，使对方陷入处分财产的认识错误的行为。欺骗行为既可以是在他人没有任何认识错误的情况下使之产生处分财产的认识错误，也可以是在他人已经由于某种原因陷入认识错误的情况下，使他人继续维持或者强化其处分财产的认识错误。不具有使他人产生处分财产的认识错误的欺骗行为，不是诈骗罪的欺骗行为。具体到本案中，一方面，被害人（电动自行车驾驶员）并未离开现场，在物理空间上电动自行车仍处于被害人的紧密占有之下。另一方面，被害人将电动自行车交给被告人试骑时，也没有转移占有的意思，因此本案欠缺被害人处分财产的行为。被告人王某并没有因为其谎言骗到对电动自行车的占有甚至是电动自行车的所有权，被告人王某骗到的是接触电动自行车的机会，所以不符合诈骗罪的构成要件。

抢夺罪，是指以非法占有为目的，当场直接夺取他人紧密占有的数额较大的公私财物的行为。抢夺罪构成要件的内容，当场直接夺取他人紧密占有的数额较大的财物。例如，乘人不备而突然夺取，在他人来不及夺回时（不问是否乘人不备）而夺取，制造他人不能夺回的机会而夺取。抢夺的主要特点是对他人紧密占有的财物行使有形力(对物的暴力，也不排除行为人使用轻微的对人暴力抢夺财物)，被害人虽然当场可以得知财物被夺取，但往往来不及抗拒。具体到本案中，被告人王某以试骑为由，骑上电动自行车，当着被害人的面“骑走”电动自行车的行为就属于“制造他人不能夺回的机会而夺取”的情形。

2. 被告人王某是否存在坦白（如实供述）情节

一审、二审法院均认为被告人王某到案后如实供述其主要犯罪事实，构成坦白，依法可以从轻处罚。

本案中，综合全案证据来看，对于公诉人虽当庭提出被告人王某到案后对第一起犯罪事实如实供述，可以从轻处罚；对第二起、第三起犯罪事实均没有如实供述的公诉意见，笔者认为如实供述自己的罪行，侧重于客观犯罪事实，在本案中，被告人对于客观犯罪事实供认不讳，其对自己犯罪行为性质的辩解不影响司法上对其具有坦白情节的认定。结合《最高人民法院关于处理自首和立功若干具体问题的意见》可以认定被告人王某到案后如实供述其主要犯罪事实，具有坦白情节。

编写人：云南省昆明市五华区人民法院　陈春琳　范小坚

228　以试驾之名将车开走的行为定性

——欧坚某抢夺案

【案件基本信息】

1. 裁判书字号

广西壮族自治区贺州市市中级人民法院（2014）贺刑终字第64号刑事判决书

2. 案由：抢夺罪

【基本案情】

欧坚某预谋骗取他人的摩托车商行的摩托车，之后于2013年10月12日上午9时10分许到摩托车行，以欲购车为名，提出要先行试驾选中的一辆珠江牌ZJ100T-R型黑色二轮摩托车（价值5180元）。欧坚某驾驶该辆摩托车在车行前面街道上来回试驾多次，当车行的工作人员陈旺某催问其是否购买后，其骗说还要再试驾一次，接着以试驾之名驾驶该辆摩托车逃走。陈旺某在远处发现欧坚某驾车逃离其视线，即与车行的其他人员追去寻找，但未找到。欧坚某驾车逃离后即将摩托车占为己有。2013年11月20日上午，欧坚某将该辆摩托车交其女儿驾驶，当经过摩托车行前面街道时，被车行的工作人员陈旺某等人发现。车行的人员报警后，公安机关将该车扣押，后发还摩托车行。

【案件焦点】

欧坚某以购车试车的名义得到试车机会后将车开走占为己有的行为应如何定性。

【法院裁判要旨】

广西壮族自治区昭平县人民法院经审理认为：被告人欧坚某以非法占有为目的，秘密窃取他人财物，数额较大，其行为确已触犯《中华人民共和国刑法》第二百六十四条的规定，构成盗窃罪。被告人能如实供述，认罪态度好，依法可以从轻处罚。

广西壮族自治区昭平县人民法院依照《中华人民共和国刑法》第二百六十四条、第六十七条第三款、第五十二条、第五十三条之规定，作出如下判决：

被告人欧坚某犯盗窃罪，判处有期徒刑十个月，并处罚金人民币三千元。

欧坚某上诉提出其行为是诈骗罪而不是盗窃罪，原判量刑过重。

广西壮族自治区贺州市中级人民法院经审理认为：上诉人欧坚某以非法占有为目的，趁人不备，公然夺取他人财物，数额较大，其行为确已触犯《中华人民共和国刑法》第二百六十七条的规定，构成抢夺罪。原判认定欧坚某犯盗窃罪，属定性错误。上诉人欧坚某提出其行为构成诈骗罪的意见，本院不予采纳。原判审判程序合法，量刑适当，但因定罪及适用法律错误，应依法改判。

广西壮族自治区贺州市中级人民法院依照《中华人民共和国刑事诉讼法》第二百二十五条第一款第二项、《中华人民共和国刑法》第二百六十七条、第五十二条、第五十三条的规定，作出如下判决：

一、撤销昭平县人民法院（2014）昭刑初字第72号刑事判决；

二、上诉人欧坚某犯抢夺罪，判处有期徒刑十个月，并处罚金三千元。

【法官后语】

根据上述事实，本案涉及盗窃、诈骗、抢夺三个罪名。因该三个罪名在构成要件上存在部分交叉，且本案事实认定较为复杂，致使本案从侦查到审判出现多个罪名。公安机关以诈骗罪立案，检察机关以诈骗罪批准逮捕，而后又以盗窃罪提起公诉，一审法院以盗窃罪判决，而欧坚某以自己犯诈骗罪提出上诉，二审法院则以抢夺罪改判。我们认为，二审法院的判决是正确的。主要理由如下：

首先，从定义上看，本案不能认定为盗窃罪。盗窃罪，是指以非法占有为目的，秘密窃取数额较大的公私财物或者多次秘密窃取公私财物的行为。其行为方式主要是在被害人不知情的情况下秘密窃取。本案中欧坚某假借购车之名，提出试驾，在将车驶出一段距离后迅速驾车逃离现场，在这个过程中，车行的工作人员陈旺某都是目睹的，不符合秘密窃取的表现形式。故本案不能认定为盗窃罪。

其次，本案不能认定为诈骗罪而应当认定为抢夺罪。对本案准确定性的关键在于准确界定行为人取得财物的方式。欧坚某提出试车，其在试车的过程中，并没有立即取得财物，因为在这一过程中，车行的工作人员一直在旁监督，即其并没有丧失该摩托车的控制权，换言之，欧坚某此时并没有取得财物。而诈骗罪的表现形式却是行为人实施欺诈的行为，使被害人产生错误认识后作出行为人所希望的财产处分，行为人因此获得财物。简言之，行为人虚构购车的事实，所取得的只是试驾的机会，而非财物本身。故本案不符合诈骗罪的构成要件，不能认定为诈骗罪。

欧坚某多次试车，在其将车驶出一段距离之后，迅速驾车逃走，当车行工作人员发现后已无法追回，欧坚某因此取得财物。其取得财物的手段是公然夺取，方式正是抢夺罪客观表现形式之一，即在他人来不及夺回时（不论是否乘人不备）而夺取，或制造他人不能夺回的机会而夺取。因此，本案宜定性为抢夺罪。

“以试车名义将车开走”的行为首先虚构一定的事实，骗取被害人信任后，将财物置于自己的控制之下，尔后伺机公然将财物夺走，因此，其取得财物的手段都是公然夺取，应当认定为抢夺罪而不是诈骗罪。

编写人：广西壮族自治区贺州市中级人民法院　黄灵峰

（五）职务侵占罪

229　将个人名下银行卡提供给公司使用，通过挂失补卡手段将卡内钱款取走、消费行为的定性

——关某、赵某职务侵占案

【案件基本信息】

1. 裁判书字号

北京市第三中级人民法院（2020）京 03 刑终 343 号刑事裁定书

2. 案由：职务侵占罪

【基本案情】

关某和赵某系某公司员工，关某负责公司后勤部采购事宜，赵某负责公司财务等事宜。黄某系公司实际控制人，其让关某以个人名义办理银行卡交由公司使用。关某于 2018 年 10 月以个人名

义分别办理银行卡两张，并将银行卡及相应网银、绑定手机卡均交至黄某处。2019 年 2 月，关某找到被告人赵某，提出其欲取走上述两张卡内钱款，后二人多次协商，由关某负责取卡里的钱款，赵某负责观察黄某的举动，事成后二人按比例分赃，赵某告知了关某关于涉案银行卡每月出入账时间的特点。2019 年 2 月 28 日，关某谎称银行卡丢失，挂失银行卡后补办了新卡。关某后将两张卡内钱款相继取出、消费，金额共计人民币 6309656.62 元。公安机关于 2019 年 3 月 2 日将赵某抓获归案，于 2019 年 4 月 25 日将关某抓获归案。民警在抓获关某时从其处起获了其用赃款购买的手表 1 块、金链子 1 条、金扣子 1 个，赵某于案发后缴纳赔偿款人民币 25 万元，上述款物均已由北京某公司领走。

【案件焦点】

行为人将个人名下银行卡提供给公司使用，通过挂失补卡手段将卡内钱款取走、消费的行为应如何定性。

【法院裁判要旨】

北京市朝阳区人民法院经审理认为：关某办卡后与银行形成了存款债权债务关系。黄某要求关某办卡供公司使用，相当于赋予了关某为公司利益诚信管理其名下银行卡、保管卡内钱款的职权，关某基于公司要求将卡交付公司使用属于履行职务的行为。关某利用职务便利，通过挂失补卡方式将卡内钱款取出或消费的行为，构成职务侵占罪，赵某系职务侵占罪共犯，对辩方关于本案应认定为侵占罪的辩护意见不予采纳。关某在办卡之初没有非法占有目的，其挂失补卡行为没有使作为存款债务人的银行或公司产生错误认识而处分财产，故不构成诈骗罪，对公诉机关的指控不予支持，对辩方关于二被告人不构成诈骗罪的辩护意见予以采纳。鉴于关某、赵某如实供述犯罪事实，关某用赃款购买的部分赃物已起获并发还，赵某系从犯、没有分赃且主动赔偿被害单位部分钱款，对关某依法从轻处罚，对赵某依法减轻处罚。责令关某退赔被害单位的经济损失。

北京市朝阳区人民法院根据《中华人民共和国刑法》第二百七十一条第一款、第二十五条第一款、第二十七条、第六十七条第三款、第六十一条、第四十五条、第四十七条、第六十四条及《最高人民法院、最高人民检察院关于办理贪污贿赂刑事案件适用法律若干问题的解释》第十一条之规定，作出如下判决：

一、关某犯职务侵占罪，判处有期徒刑八年；

二、赵某犯职务侵占罪，判处有期徒刑一年六个月；

三、责令关某退赔某餐饮公司人民币六百零五万九千六百五十六元六角二分（含从被告人关某处起获并发还给被害单位的手表、金链子、金扣子之价值）。

公诉机关提出抗诉认为，关某将本单位财产据为己有未利用职务上的便利。关某谎称银行卡丢失，银行工作人员因此产生错误认识而对旧卡进行挂失并补办新卡，银行工作人员这一行为的本质是处分了钱款，使公司财务遭受损失，该行为属于三角诈骗。北京市朝阳区人民法院罪名认定错误，法律适用，量刑畸轻。北京市人民检察院第三分院经审查认为抗诉不当，决定撤回抗诉。

北京市第三中级人民法院经审理认为：一审法院作出的判决，事实清楚，证据确实、充分，定罪及适用法律正确，量刑适当，审判程序合法，北京市人民检察院第三分院撤回抗诉的决定，亦符合法律规定，应予准许，裁定：

准许北京市人民检察院第三分院撤回抗诉。

【法官后语】

随着网络技术的发展，交易支付方式从传统的现金支付更多地转向于刷卡支付或者以银行卡为依托的电子支付，实践中也因此出现了持卡人将个人名下的银行卡出租或转借给他人使用后，再通过挂失补卡方式取走银行卡内存款的情况。对该类行为如何定性，司法实践中存在较大争议。笔者认为，要准确把握该类行为的定性，关键在于厘清银行卡持卡人、银行卡使用人与银行之间的关系。

1. 持卡人与银行系存款债权债务关系

货币作为一般等价物属于种类物，具有可替代性。当存款人将货币存入银行，便丧失了对货币的占有。存款人不能直接控制和支配其银行卡内的货币，而是就等额的货币对银行享有提取存款、支付利息的债权。一般而言，银行卡的持卡人就是卡内钱款的所有人，持卡人通过设定密码来排他性地支取卡内钱款实现债权。在持卡人转借他人使用的情况下，使用人为实际存款人，那么与银行有存款债权债务关系的相对方是否变更为使用人？笔者认为，办理银行卡需要实名制，国家对向他人出租或转借银行卡的行为亦有明确的禁止规定，且银行对使用人、存款人是否为持卡人本人没有实质审查义务，因此无论银行卡被谁使用，银行卡的权利义务都应当归属于持卡人。使用人属于代理持卡人与银行履行债权债务关系，相应的法律后果应当由持卡人承担。

2. 行为人（持卡人）取走、消费个人名下银行卡内他人存款的行为的定性

（1）该行为不构成盗窃罪

盗窃是以秘密方式转移占有，判断行为人能否成立盗窃罪，核心在于行为人是否对财产或者财产性利益享有占有权，如果不享有，

则成立盗窃罪，反之，则不成立盗窃罪。债权是财产性利益，行为人虽将银行卡借给他人使用，但仍是存款债权法律意义上的占有人。因此行为人取走卡内存款，本质上是从合法的债权占有转为实际所有，而不是转移占有，故不构成盗窃罪。

(2) 该行为是否诈骗罪应区分不同情形

是否构成诈骗罪，需要判断被害人是否因行为人的欺骗行为陷入错误认识而处分财物。对银行而言，银行没有审查名义存款人与实际存款人是否分离、持卡人与使用人是否为同一人的义务，持卡人挂失补卡的行为并没有使银行陷入错误认识。持卡人补卡后取现消费，是银行基于与持卡人之间的存款债权债务关系，对持卡人履行支付存款的义务，而非陷入错误认识处分财物。对使用人而言，如果行为人的非法占有目的产生于出借银行卡之后，其补卡挂失取现的行为不构成诈骗罪。如果行为人本身就想通过出租或者转借银行卡的方式不法占有他人存入银行卡内的存款，则可能构成诈骗罪。

(3) 该行为构成侵占类财产犯罪

使用人作为实际存款人，对存款享有事实上的控制支配权。行为人通过挂失补卡使原卡无效，使用人丧失对存款的控制支配，行为人对存款取得事实上的控制支配并进行取现消费，成立侵占类财产犯罪。在我国刑法罪名体系中，侵占类的财产犯罪包括侵占罪和职务侵占罪，两罪的主要区别在于职务侵占罪的主体为公司、企业或者其他单位的人员，犯罪对象只能是单位财物且要求利用职务上的便利。所谓职务上的便利，是指利用职务上主管、管理、经手公共财物的权利及方便条件。公司向持卡人借卡使用，是基于对持卡人为了公司利益不会做出挂失银行卡等行为的信任，相当于赋予了持卡人为公司利益而诚信管理其名下银行卡、保管卡内钱款的职权。

行为人应公司要求办理银行卡交给公司使用系履行职务。

本案中，公司要求关某以个人名义办理银行卡归公司使用前，必然会考虑其中存在的风险，但仍基于对员工的信任而借用关某的银行卡使用，相当于赋予了关某保管公司钱款的职权。关某应公司要求办卡交付公司使用属于履行职务行为。公司作为实际存款人对卡内钱款有一定支配权，关某挂失补卡后将钱款消费、取出的行为，使公司对卡内钱款失去了控制。关某将卡内钱款从法律占有变为非法占有的行为，系利用了保管卡内钱款的职务便利，故构成职务侵占罪。

编写人：北京市朝阳区人民法院　魏颖　杨妮

230　利用职务便利冒领渠道费用的刑法规制

——李某某职务侵占案

【案件基本信息】

1. 裁判书字号

北京市第二中级人民法院（2019）京02刑终539号刑事判决书

2. 案由：职务侵占罪

【基本案情】

2015年至2017年，李某某利用担任安×公司经理的职务便利，通过伪造的与融×公司签订的合作协议，骗取安×公司支付推荐服务费共计人民币270余万元，并将上述款项据为己有。案发前退还安×公司人民币113万余元。李某某于2017年12月4日自动投案。

【案件焦点】

李某某的行为是否构成职务侵占罪及其犯罪数额。

【法院裁判要旨】

北京市西城区人民法院经审理认为：被告人李某某利用职务上的便利，将本单位财物非法占为己有，数额巨大的行为，已构成职务侵占罪，依法应予惩处。北京市西城区人民检察院指控被告人李某某犯职务侵占罪成立。关于被告人李某某的辩解及其辩护人提出的公诉机关错误认定虚假合作协议的作用、涉案行为未给安×公司造成损失、李某某领取较高提成具有合理性，李某某不构成职务侵占罪的相关辩护意见，经查，在安×公司与融×公司的合作中，被告人李某某虚假告知融×公司不能支付推荐服务费，却又向安×公司提供了伪造的渠道合作协议，以融×公司名义要求支付服务费。安×公司据此支付的款项是基于虚假协议给予渠道公司的佣金或奖励，与李某某个人提成性质明显不同，李某某将此款项非法占为己有的行为，符合职务侵占罪的构成要件，故上述辩解及相关辩护意见，理由不足，不予采纳。关于辩护人针对指控数额提出的相关意见，经查，在李某某与安×公司的往来电子邮件中，有对融×公司应得业绩进行过确认。对于确认支付给融×公司，且银行交易记录显示相应钱款进入李某某或李某某控制的敖×账户的业绩，应当计入涉案金额。对于未在邮件中确认的业绩，虽然李某某取得了相应钱款，但现有证据无法准确界定该业绩是给李某某团队的提成还是给融×公司的服务费，故相应数额予以扣除；对于 2016 年 11 月业绩中所涉宅基贷的 6.2 万元，因属于补贴广州之前业务渠道，亦不计入涉案金额。辩护人针对这两部分数额提出的扣除意见，予以采纳。其他辩护意见，理由不足，不予采纳。鉴于被告人李某某在案发前退赔部分赃款，可酌情从轻处罚。据此，本院依照《中华人民共和国刑法》第二百七十一条第一款、第六十四条之规定，判决如下：

一、被告人李某某犯职务侵占罪，判处有期徒刑六年；

二、责令被告人李某某退赔人民币 1619060.85 元，发还安×公司；

三、在案冻结的被告人李某某民生银行账户、敖×民生银行账户中的钱款，并入判决主文第二项执行；

四、在案扣押的安×公司印章一枚、安×公司佛山营业部印章一枚，予以没收，由扣押机关北京市公安局西城分局处理；扣押的银行卡四张，与本案无关，退回公诉机关处理。

李某某提出上诉，其认为：（1）一审认定其虚构理由向安×公司要求支付费用的事实不清，证据不足，安×公司给其的钱款属其业绩提成款；（2）要求安×公司将钱款打入个人账户是为了避税，同时也是为了方便其对团队进行二次分配；（3）一审认定其涉案金额 270 余万元的依据不足，计算有误；（4）即便其构成职务侵占罪，原判量刑过重。北京市第二中级人民法院经审理认为，（1）李某某的行为构成职务侵占罪；（2）安×公司支付的是渠道费，并非李某某的业绩提存款；（3）李某某的行为给安×公司造成了财产损失；（4）一审判决认定涉案数额正确，量刑适当。上诉人（原审被告人）李某某身为公司、企业人员，利用职务上的便利，将本单位财物非法占为己有，数额巨大，其行为已构成职务侵占罪，依法应予惩处。鉴于李某某在案发前退赔部分赃款，可酌予从轻处罚。北京市西城区人民法院根据上诉人李某某犯罪的事实、犯罪的性质、情节和对于社会的危害程度作出的判决，定罪及适用法律正确，量刑适当，责令退赔及对在案冻结、扣押物品的处理亦无不当，审判程序合法，应予维持。北京市第二中级人民法院依照《中华人民共和国刑事诉讼法》第二百三十六条第一款第一项之规定，裁定如下：

驳回上诉人李某某的上诉，维持原判。

【法官后语】

随着经济社会的快速发展，公司、企业在管理上开始面临越来越多的挑战。在与侵犯财产罪有关的案例当中，也出现了越来越多复杂的新情况、新问题，本案正是在这一背景下发生的，而控辩双方争议的焦点主要集中在是否构成犯罪，以及犯罪数额两个方面。

首先，在司法实践中，确定犯罪的逻辑顺序往往是先发现某种客体遭受侵害的事实，然后再查明是否是基于人的行为造成的这种侵害。李某某及其辩护人所称的安×公司没有实际财产损失，主要就是指该案没有客体遭到侵害，不是犯罪。从表面上来看，安×公司确实获得了推荐的客户并形成了业务、取得了业绩。但融×公司在李某某告知其安×公司不能向其支付费用后仍同意继续合作，因此安×公司本可以不用支付此笔渠道费，却因为李某某所拟定的虚假合同而支付了这笔钱，这就是安×公司遭受的损失。扩展来看，财产权利是否遭到侵害不应仅从表面来判断，而应考量是否有实际上的损失。如果对方由于各种原因认可了以不支付的方式进行合作，但支付方并不知情，那么即使支付方在合作过程中基于对方的付出或自身的获利自愿支付了费用，也仍然要认定其实际上遭受了损失。

其次，在犯罪数额方面，本案将犯罪数额限定在李某某以融×名义领取的部分。安×公司认可融×公司作为渠道并向其发放费用，是基于该公司为发展客户所做出的工作和发生的成本。而本公司内部人员已有日常工资收入，因此其依托渠道的业绩提成与渠道费用本身有着本质区别。佛山营业部并不是直销机构，李某某作为佛山营业部经理，其所发展的业绩是否属于直销业绩应当由公司认可判断。李某某的邮件及聊天记录的内容中表现出其仅是融×公司意思的转达人，负责居中协调，代为领取推荐服务费。但由于李某某团队提成和给融×公司的渠道费用是统一发放的，仅通过李某某与安×公司邮件确认的方式才能区分，因此对于未在邮件中确认的钱款，一审法院在公诉机关指控的基础上予以扣除，二审法院也确认了一审认定数额的正确性。扩展来看，若在案件中部分数额无法形成完整的证据链，则应从存疑有利于被告人的角度计算犯罪数额，在量刑情节存在合理怀疑时，作出有利于被告人的处理。

最后，对该案可能涉及的两种罪名进行进一步分析。融×公司与安×公司的合作，是通过李某某进行的，李某某作为安×公司此次业务执行的负责人向融×公司提出不支付推荐费，并利用融×公司的名义制作虚假公章和协议提供给安×公司，均是利用了其职务上的便利。安×公司认为已经向融×公司支付了渠道费，而融×公司选择向客户收取推荐费，最终双方达成合作。在安×公司将费用支付到由李某某控制的个人账户上之后，涉案财物实际上已被李某某所非法占有。因此，李某某是利用了职务上的便利侵占了安×公司的财物而非融×公司的财物。扩展来看，某一行为究竟是构成诈骗罪还是职务侵占罪，应当根据该行为所侵占的财物归属及是否利用职务便利进行区分。

编写人：北京市西城区人民法院　孙皓宇

（六）挪用资金罪

231 管理合作建房中挪用资金构成挪用公款还是挪用资金罪

——张某受贿、挪用资金案

【案件基本信息】

1. 裁判书字号

山东省淄博市中级人民法院（2019）鲁03刑终163号刑事裁定书

2. 案由：受贿罪、挪用资金罪

【基本案情】

一、挪用资金

2009年6月，某市民政局经研究决定，由某市民政局工会和某亚房产合作建设某市民政局职工住房，并成立了专门的某市民政局基建项目部，经某市民政局和某市技师学院协调，某市技师学院的王某民、张某参与某市民政局基建项目工作，具体工作由某市民政局工会主席兼某市民政局基建项目部负责人吕某新安排。

2009年8月，某市民政局工会的吕某新和购房户代表王某民、张某签订《合作建设商品房协议书》，约定某市民政局工会提供楼座、相关配套及开发资质手续，购房户代表投入管理技术和项目主管人员，双方共同参与管理和原材料采购，共同组织项目建设，其中，9号楼以购房户代表张某、王某民为主操作，双方楼座款按各自面积比例据实分担，建安费、税金、服务性开支等费用由双方按各自比例出资。财务管理按照市民政局和某亚房产共同建立的合作账户管理办法执行，双方各自住房实行自主定价，自主经营，自主分配。2011 年 12 月 30 日，某市民政局工会吕某新与购房户代表张某协商将该协议终止。

1. 2010 年 9 月，被告人张某在管理某市民政局阳光花园住宅楼建设项目部 9 号楼工程过程中，利用管理该项目账户资金的职务便利，挪用该项目 60 万元购买某地产开发有限公司的商铺一套，用于营利活动。2013 年 3 月，将该商铺卖掉后将挪用的 60 万元资金归还，获利 27.1792 万元，被告人张某得款 13.5896 万元。

2. 2011 年 3 月至 2011 年 7 月，被告人张某在管理某市民政局阳光花园住宅楼建设项目部 9 号楼工程过程中，利用管理该项目账户资金的职务便利，先后三次挪用该项目 600 万元以个人名义借给投资担保公司使用，用于营利活动，赚取利息，共计获取利息 8.3811 万元，张某得款 5.3811 万元。

综上，被告人张某挪用数额为 660 万元。

二、受贿

1. 2007 年 6 月，被告人张某利用负责某市技师学院阳光花园住宅楼建设的职务便利，收受某天公司总经理杨某山送给的大众宝来轿车一辆，为某天公司谋取利益。经鉴定，该车当时价值为 7.5164 万元。

2. 2009 年下半年，被告人张某利用负责某市技师学院阳光花园住宅楼建设的职务便利，与该项目主要负责人王某民（另案处理）共同收受某汇公司经理李某友送给的好处费 6 万元，为某汇公司谋取利益，事后各分得 3 万元。

3. 2010 年 9 月，被告人张某与王某民在接受某市技师学院的安排帮助某市民政局管理阳光花园住宅楼建设的过程中，二人与该项目的主要负责人某市民政局工会主席吕某新（另案处理）共同利用吕某新的职务便利，收受某天公司总经理杨某山送给的好处费 37 万元，为某天公司谋取利益。吕某新分得 15 万元，王某民分得 20 万元、张某分得 2 万元。

综上，被告人张某受贿数额为 50.5164 万元。

【案件焦点】

本案挪用部分是构成挪用公款罪还是挪用资金罪。

【法院裁判要旨】

山东省淄博市临淄区人民法院经审理认为：被告人张某在管理某市民政局阳光花园住宅楼建设项目部 9 号楼工程过程中，利用管理该项目账户资金的职务便利，挪用所管理的资金 660 万元用于营利活动，数额巨大，其行为构成挪用资金罪。被告人张某作为国家工作人员与他人共同利用本人和他人的职务便利，收受他人财物 50.5164 万元，为他人谋取利益，其行为构成受贿罪。公诉机关指控的受贿罪名成立。被告人张某一人犯数罪，依法应当数罪并罚。被告人张某在受贿行为中，系起次要作用的从犯，对其受贿罪可以从轻处罚。被告人张某如实供述自己的全部受贿犯罪事实，系坦白，依法对受贿罪可从轻处罚。被告人张某系初犯，退回部分赃款赃物，可酌情从轻处罚。对辩护人发表的系初犯、退赃、受贿罪系从犯、坦白的辩护意见，本院予以采纳。

山东省淄博市临淄区人民法院依照《中华人民共和国刑法》第二

百七十二条第一款、第三百八十五条第一款、第三百八十六条、第三百八十三条、第二十七条、第六十七条第三款、第六十九条、第五十二条、第五十三条、第六十一条、第六十四条之规定，判决如下：

一、被告人张某犯挪用资金罪，判处有期徒刑三年三个月，犯受贿罪，判处有期徒刑一年六个月，并处罚金人民币20万元，决定执行有期徒刑四年，并处罚金人民币20万元；

二、扣押在案车牌号为鲁CE××××的大众宝来车一辆，在案违法所得以及赃款共计人民币29626.98元予以没收，上缴国库，继续追缴剩余赃款人民币210080.02元后，上缴国库。

宣判后，张某不服提起上诉。山东省淄博市中级人民法院经审理认为：上诉人张某在管理某市民政局阳光花园住宅楼建设项目部9号楼工程过程中，利用管理该项目账户资金的职务便利，挪用所管理的资金660万元用于营利活动，数额巨大，其行为已构成挪用资金罪。上诉人张某作为国家工作人员与他人共同利用本人和他人的职务便利，收受他人财物50.5164万元，为他人谋取利益，其行为已构成受贿罪。上诉人张某一人犯数罪，依法应当数罪并罚。原审判决认定事实清楚，证据确实、充分，定罪准确，量刑适当，审判程序合法。上诉人张某及其辩护人的上诉理由及辩护意见均不能成立，本院不予支持。

山东省淄博市中级人民法院依照《中华人民共和国刑事诉讼法》第二百三十六条第一款第一项之规定，裁定如下：

驳回上诉，维持原判。

【法官后语】

本案值得探讨的是被告人张某挪用部分是构成挪用公款罪还是

挪用资金罪。

一种意见认为，某市民政局为了职工建房项目设立了某市民政局基建项目部，被告人张某虽然没有经过单位会议研究决定，但在某市民政局和某市技师学院的协调安排下，实际参与了某市民政局的基建工作，并从某市民政局基建项目部领取补助。某市民政局的基建工作系由某市民政局集体研究决定，并安排某市民政局工会具体办理，被告人张某本身系国有事业单位工作人员，经协调安排至某市民政局下设的基建项目部工作，仍然具有国家工作人员身份；某市民政局基建项目的工作由吕某新全面负责，王某民协助吕某新工作，被告人张某的工作由王某民具体安排，一般是处理项目上的具体事务，王某民证实其去某市民政局基建项目部工作，一方面让其帮助把关，另一方面也让其动员某市技师学院职工团购一部分房屋。某市民政局工会与张某、王某民签订了《合作建设商品房协议书》，约定部分商品房由张某、王某民自主经营、自负盈亏，但被告人张某在监察机关供述称在其和王某民参与某市民政局基建项目部之初就想留下几套阁楼，也就是通过签订协议、压低成本把阁楼的钱省出来，而且该协议吕某新、被告人张某在监察机关均供述并未履行，也未经单位领导研究决定，事后亦未进行追认。《终止合同协议书》也在建设过程中因未按照约定条款履行协议，致使双方无法继续履行协议而终止，张某证实其在某市民政局基建项目部的实际工作是负责项目部的日常工作和房屋销售等工作，以及领导交办的其他工作。因此该协议实际上只是一个销售合同，且系以合法形式掩盖其想免费得到阁楼的目的，属于以合法形式掩盖非法目的，该协议无效，且不能否认被告人张某的国家工作人员身份；关于2024账户的资金性质问题，《中华人民共和国刑法》第九十一条规定，本法所称共财产，是指下列财产：（1）国有财产；（2）劳动群众集体所有的财产；（3）用于扶贫和其他公益事业的社会捐助或者专项基金的财产。在国家机关、国有公司、企业、集体企业和人民团体管理、使用或者运输中的私人财产，以公共财产论。2024账户是以某亚房产的名义开具的，系某亚房产与某市民政局开具的共管账户，主要用于存放社会人员的购房款以及支付各类工程款等。王某民、张某对2024账户的管理职责来源于某市民政局基建项目部的授权，2024账户的资金虽系收取的社会人员购买房屋的专款，但该款项由某市民政局下设的某市民政局基建项目部管理、使用，并以某市民政局基建项目部的名义记账，属于在国家机关中管理、使用的私人财产，以公共财产论。公共财产包括国有财产、劳动群众集体所有财产、用于扶贫和其他公益事业的社会捐助或者专项基金的财产。因此2024账户中的财产属于其中的国有财产。综上，被告人张某作为某市民政局下设的临时机构，某市民政局基建项目部的工作人员，利用了其或他人管理基建项目部账户资金的职务便利，分四次挪用项目部管理的资金660万元，用于营利活动，情节严重，其行为构成挪用公款罪。

笔者认为，某市民政局为了职工建房项目设立了某市民政局基建项目部，被告人张某虽然没有经过单位会议研究决定，但在某市民政局和某市技师学院的协调安排下，实际参与了某市民政局的基建工作，并从某市民政局基建项目部领取补助，某市民政局的基建工作系由某市民政局集体研究决定，并安排某市民政局工会具体办理，被告人张某本身系国有事业单位工作人员，经协调安排至某市民政局下设的基建项目部工作，因此其在基建项目部的工作仍然具有国家工作人员身份；某市民政局基建项目的工作由吕某新全面负责，王某民协助吕某新工作，被告人张某的工作由王某民具体安排，一般是处理项目上的具体事务，王某民证实让其去某市民政局基建项目部工作，一方面让其帮助把关，另一方面也让其动员某市技师学院职工团购一部分房屋。对于某市民政局工会与张某、王某民签订的《合作建设商品房协议书》，约定部分商品房由张某、王某民自主经营、自负盈亏，财务管理按市民政局与某亚房产共同建立的合作账户管理办法执行。张某辩解均限定合同系个人行为，王某民辩解称利用业余时间对该项目把关管理；关于2024账户的资金性质问题，2024账户是以某亚房产的名义开具的，系某亚房产与某市民政局开具的共管账户，主要用于存放社会人员的购房款及支付各类工程款等，并以某亚房产根据支款数额以基建项目部的名义记账。张某、王某民对社会人员销售的购房款也打入某亚房产的2024账户，并以某亚房产的名义开具单据。因此，现有证据不能证实2024账户内的资金均系公款。综上，被告人张某、王某民与某市民政局工会签订的《合作建设商品房协议书》确实存在，虽然被告人的初衷是为了通过降低成本的方式获取免费的房屋，但该协议系双方真实意思表示，也并不被法律所禁止，在案证据也证实确实存在向社会购房户销售房屋的情况，现有证据不能证实该行为出于领导委派，与其职务有关联。因此，被告人张某在管理2024账户的时候，既有某市民政局的基建项目中的国家工作人员身份也有作为购房户代表利用合同获得的身份，该身份不能确定系国家工作人员身份。对于双方签订的合同即使在民事上不具备生效合同必备的要件，也仅在民事责任承担的问题上有所影响，并不能否认该合同是当事人真实意思的表示，不能否认被告人张某基于该合同在管理2024账户时的非国家工作人员身份、以及挪用的款项并非公款的性质，因此，被告人张某在挪用2024账户资金时既有国家工作人员身份也有非国家工作人员身份，对2024账户的管理职责不能区分是基建项目部的授权还是基于合同得到的管理职责，也不能区分2024账户的资金来源是公款还是资金性质，但该部分资金主要系购房户购买房子的款项，并非属于购房户代表张某、王某民个人所有，张某无权挪用该款项用于个人营利活动，按照有利于被告人的原则，被告人张某利用职务便利，挪用资金用于营利活动，且数额巨大，其行为构成挪用资金罪。该案一审、二审法院对被告人张某挪用部分以挪用资金罪定罪处罚具有事实和法律依据。

编写人：山东省淄博市临淄区人民法院　刘海红　高飞

232　国有企业改制情形下挪用型犯罪的定性
——缑某挪用资金案

【案件基本信息】

1. 裁判书字号

河南省安阳市中级人民法院（2017）豫05刑终308号刑事判决书

2. 案由：挪用资金罪

【基本案情】

被告人缑某自2000年3月被安阳市交通局任命为国有企业汽车大修厂厂长，2003年1月任汽车大修厂党委书记。2004年7月16日，汽车大修厂（以下简称大修厂）提出改制申请，进入企业改制阶段。2006年8月20日的改制方案中载明改制形式为通过产权交易市场进行公开交易，以整体出让形式改制。由受让方承接该厂全部资产及债务，全部接收原单位的职工和离退休人员。2007

年9月4日，安阳市交通局与以被告人缑某为代表的27名自然人签署了大修厂国有产权转让协议，协议载明：由受让方承接标的企业的全部资产、负债；受让方应尽快组建新公司，新公司组建完成后，该协议规定的受让方的权利、责任、义务由新公司承担；该协议从安阳市国有企业改革领导小组办公室正式批复之日起开始生效；生效后，原企业所遗留的债权债务原则上由新公司继承等内容。后安阳市国有企业改革领导小组办公室于2007年11月20日批复，原则同意上述转让协议和改制方案。2007年12月29日，由出资最多的股东缑某召集主持了尚未工商注册的甲公司首次股东大会，会议推荐缑某为公司董事长、法定代表人，讨论通过了公司章程草案，确认了股东出资方式及出资额。2008年3月7日，工商部门核准大修厂企业名称变更为甲公司的登记申请，并明确待换发营业执照后生效；2008年6月26日，甲公司取得营业执照，大修厂变更为自然人投资的甲汽车销售公司。

2007年，杨某等人准备以乙房地产开发有限责任公司的名义开发大修厂地块，由刘某等人负责前期手续。其间，大修厂从杨某个人处借款600万元用于职工安置。大修厂在收到600万元后向杨某个人出具了借款收据，随后将其中230万元用于职工安置，剩余的370万元仍在大修厂账上。

2008年3月，刘某向缑某提出借用大修厂未用完的职工安置资金，被告人缑某在未经大修厂集体研究，也未告知杨某的情况下，通知会计将大修厂未用完的职工安置资金370万元挪用给刘某个人使用。

【案件焦点】

国有企业改制获得批复后，新公司尚未注册成立前，原任国有企业领导职务的犯罪主体是否具备国家工作人员身份，涉案款项是否应认定为公款。

【法院裁判要旨】

河南省安阳市龙安区人民法院经审理认为：对于被告辩护人所提 2008 年 3 月大修厂转让协议和改制方案已经上级批准生效，大修厂债权债务已全部转让到新公司股东名下，被告人缑某并非代表国企领导行使职权，370 万元非大修厂公款的辩护意见，经查，2008 年 3 月大修厂仍在改制过程中，转让协议虽已批准，但新公司在 2008 年 6 月 26 日取得工商营业执照，此前大修厂的国有企业性质并未改变，被告人缑某主体身份应以国家工作人员论，且涉案款项 370 万元仍在大修厂账上，应属国有企业大修厂的公款，故对被告辩护人的辩护意见均不予采纳。被告人缑某身为国有企业从事公务的人员，利用职务之便，挪用公款归刘某个人使用，进行营利活动，情节严重，其行为已构成挪用公款罪。

河南省安阳市龙安区人民法院依照《中华人民共和国刑法》第三百八十四条第一款之规定，判决如下：

被告人缑某犯挪用公款罪，判处有期徒刑五年六个月。

宣判后，原审被告人缑某不服，提出上诉。

河南省安阳市中级人民法院经审理认为：转让协议已经生效，370 万元在协议生效后至新公司成立前，应属于尚未注册成立公司的资金，缑某在公司成立阶段挪用资金利用的是其公司董事长的职务便利。上诉人缑某利用职务上的便利，挪用本单位资金借贷给他人，数额较大、超过三个月未还，其行为构成挪用资金罪。原审判决认定缑某犯挪用公款罪，属适用法律不当，本院予以纠正。上诉人缑某辩护人的辩护意见，部分予以采纳。依照《中华人民共和国刑法》第二百七十二条，《最高人民法院、最高人民检察院关于办理贪污贿赂刑事案件适用法律若干问题的解释》第六条、第十一条第二款，《中华人民共和国刑事诉讼法》第二百二十五条第一款第二项之规定，判决如下：

一、撤销河南省安阳市龙安区人民法院（2017）豫0506刑初226号刑事判决；

二、上诉人（原审被告人）缑某犯挪用资金罪，判处有期徒刑三年。

【法官后语】

本案的争议焦点决定了对缑某犯罪行为的定罪量刑，即以挪用公款罪量刑还是以挪用资金罪处以刑罚。

笔者认为，在涉及对国企改制中的挪用公款罪或挪用资金罪定性时，必须整体把控，一是要充分论证犯罪主体身份的认定；二是要明确涉案款项的性质，确定被侵犯的是何种社会关系；三是要充分把握国企改制的时间节点，避免因时间节点的界分而发生主体资格和犯罪对象性质的转变，同时要考虑到国企改制的特殊性及有关政策因素。下面笔者将就本案对以上三个问题进行具体分析。

1. 犯罪主体身份的认定

缑某作为新公司的董事长，在进行犯罪行为时已非代表国企领导行使职权，而是利用其民营企业领导的职务便利。充分厘清大修厂改制的各个时间节点后可知，转让协议的生效要件已于2007年11

月20日安阳市国有企业改革领导小组办公室批复转让协议和改制方案后达成，按约由受让方承接大修厂全部资产及债务，且在2007年12月29日已召开首次股东大会等，故大修厂企业改制完成时间早于缑某挪用370万元钱款的时间。缑某在大修厂进行改制过程中其仍具备“国家工作人员”的身份，而在该行为结束时，其已转化为新公司董事长的身份，此时产生的挪用资金行为的主体资格已不符合挪用公款罪的构成要件。

2. 涉案款项性质的认定

370万元应当作为新成立公司资产，而非公款性质。根据上述事实，在转让协议生效后至新公司成立前，该370万元应属于尚未注册成立公司承接的资产债务，也就不符合挪用公款罪的构成要件。挪用尚未注册成立公司资金的行为以挪用资金罪定罪处罚。而对于争议较大的甲公司正式工商注册登记的时间晚于缑某挪用资金的时间，且款项在大修厂的账上亦非银行临时开设的账户上的问题，笔者认为，认定款项是否具备公款性质，应按照实际情况认定，不应以工商登记作为唯一标准，不能因为新公司未注册而否认款项的性质。

3. 把握国企改制时间节点对罪名的影响

犯罪主体的身份并非一成不变，款项的性质也随着相关程序的进行而发生变化。大修厂改制完成，与原所属单位市交通局已脱离关系，国企性质已经发生变更。该点要充分考虑国企改制的特殊性及相关政策性因素。如《最高人民法院关于审理与企业改制相关的民事纠纷案件若干问题的规定》[①] 第三条规定，政府主管部门在对

---

① 2021年1月1日施行的《最高人民法院关于修改〈最高人民法院关于破产企业国有划拨土地使用权应否列入破产财产等问题的批复〉等二十九件商事类司法解释的决定》，对本司法解释引言及部分条款作了修改，本案例中所用第三条未修改。

企业国有资产进行行政性调整、划转过程中发生的纠纷，当事人向人民法院提起民事诉讼的，人民法院不予受理。根据《最高人民法院关于审理劳动争议案件适用法律问题的解释（一）》第一条的规定，因企业自主进行改制引发的争议，人民法院应予受理。该两个司法解释均印证了主流观点，即人民法院受理企业改制中基于平等民事主体关系而发生的民事纠纷，但对于政府及其相关部门主导的企业改制，其权利转移等事项并非企业自身所能决定的，由此发生的纠纷，应当由政府有关部门按照企业改制的政策规定统筹解决。政府主导企业改制时一般均由相关政府会议纪要、指导性文件和通知等作为改制依据。这既说明了国企改制区别于普通的企业改制有其特殊性与复杂性，也要求我们在审理案件时综合考虑并理解有关文件精神，而不能机械地以工商登记这一外在形式为唯一标准。因而对于大修厂的改制要充分考虑其是在市交通局主导下进行的国有产权转让，且转让协议和改制方案已获批复，并已召开了新公司的首次股东大会等事宜，也代表着企业已经完成了改制的部分实质性程序，应当认定大修厂改制已经完成，其国企性质已经发生变更。此时犯罪主体及犯罪对象的性质亦因国企改制完成的时间节点而发生了转变。

综上，缑某挪用本单位资金借贷给他人，数额较大、超过三个月未还，其行为符合挪用资金罪的构成要件，应以挪用资金罪定罪论处。

编写人：河南省安阳市中级人民法院　刘丽杰　申江波

（七）敲诈勒索罪

233 财产类犯罪中非法占有目的的认定

——劳某敲诈勒索案

【案件基本信息】

1. 裁判书字号

广西壮族自治区钦州市中级人民法院（2019）桂07刑终41号刑事判决书

2. 案由：敲诈勒索罪

【基本案情】

2017年9月至2018年8月，被告人劳某以某村委会某生产队长的身份，先后数次向灵山县石场敲诈钱财。具体如下：(1) 2017年9月的一天，被告人劳某电话联系石场股东劳某沛，以其刚当选为某村生产队长，要求石场给点好处费，否则就会有村民到石场闹事为由，向石场敲诈了人民币3000元。(2) 2017年11月的一天，被告人劳某电话联系了石场的股东劳某沛和韩某，同样以上述理由，向石场敲诈了人民币5000元。(3) 2018年1月的一天，某村村民以石场运输石料的道路占用了其0.085亩土地为由，拦截途经该处的运输石料的货车。后被告人劳某代表某村村民与石场进行协商，要求石场以每年租金15000元租用该0.085亩土地，租金则通过公益事业费的名义给付某村作为祭祖费用。石场被迫答应了被告人劳某等某村村民的要求，于2018年1月18日向以劳某为代表的某村村民支付人民币15000元。(4) 2018年6月的一天，被告人劳某以其作为某村生产队长，如果不给钱就会有村民闹事为由向石场索要每个月人民币1000元的好处费，2018年6月27日，劳某从石场敲诈了人民币6000元。(5) 由于某村村民索要钱款不成，2018年8月17日至20日，被告人劳某伙同他人带领某村村民以石场的生产导致某村村民的田地出现塌陷为由，前往石场阻扰生产，关闭石场的供电，阻拦进出石场运输石料的货车，使得石场不能正常生产经营。后石场迫于无奈，为了恢复生产，向劳某表示可以给予劳某及相关村民一定的费用，要求村民停止阻扰石场的正常生产经营。劳某表示同意，但因故劳某没有前往石场领取该笔钱款。

【案件焦点】

以明显不符合市价的租金签订租赁合同的行为是否可以推定为敲诈勒索罪。

【法院裁判要旨】

广西壮族自治区钦州市灵山县人民法院经审理认为：被告人劳某以其是村生产队长的身份，先后五次以不给钱就会有村民阻扰石场经营等不同理由向石场敲诈钱财人民币3000元、5000元、15000元、6000元及60000元，其中前四次已经既遂。依照《中华人民共和国刑法》第二百七十四条、第二十三条的规定，判决如下：

一、被告人劳某犯敲诈勒索罪，判处有期徒刑二年，并处罚金人民币10000元；

二、责令被告人劳某退赔人民币29000元给石场。

宣判后，劳某不服，提出上诉。广西壮族自治区钦州市中级人民法院经审理认为：劳某利用其村生产队长的身份，先后三次以不给钱就会有村民阻扰石场经营等不同理由向石场敲诈钱财 5000 元、6000 元及 60000 元，其中前 2 次已经既遂，数额为 11000 元，60000 元属于未遂。关于上诉人是否具有敲诈勒索石场 15000 元的问题，广西壮族自治区钦州市中级人民法院认为 2018 年石场与村民签订年租金 15000 元租用 0.085 亩土地，双方签署有《协议书》，是双方真实意思表示，且有 24 名村民代表的签字，并约定每年支付 15000 元作为公益事业使用，根据现有证据无法证实该笔资金是劳某个人具有非法占有的目的，使用威胁手段获取财物的事实。广西壮族自治区钦州市中级人民法院依照《中华人民共和国刑事诉讼法》第二百三十六条第一款第三项和《中华人民共和国刑法》第二百七十四条、第二十三条、第五十二条、第五十三条、第六十一条、第六十四条的规定，判决如下：

一、撤销广西壮族自治区灵山县人民法院（2019）桂 0721 刑初 266 号刑事判决第一项、第二项，即被告人劳某犯敲诈勒索罪，判处有期徒刑二年，并处罚金人民币 10000 元；责令被告人劳某退赔人民币 29000 元给石场；

二、上诉人劳某犯敲诈勒索罪，判处有期徒刑一年六个月，并处罚金 6000 元；

三、责令上诉人劳某退赔 11000 元给石场。

【法官后语】

本案中签订租赁合同的行为是否可以推定为敲诈勒索罪或者说在主观上均具有非法占有为目的？

首先，根据我国刑法第二百七十四条之规定，敲诈勒索公私财物，数额较大或者多次敲诈勒索的，处三年以下有期徒刑、拘役或者管制，并处或者单处罚金……司法实践中，多数情况下只要被告人对他人实施暴力、威胁或者要挟行为进而限制被害人处分财产自由的，从而获得的财产，就认定为敲诈勒索罪，而不考虑行为人在主观罪过形态背后是否具有非法占有这一目的。从财产类犯罪的主观方面来看，该类犯罪的行为人主观上必须具有侵犯他人财产的故意，并且在取得型财产犯罪类型上必须同时具有非法占有他人财产这一主观目的，即行为人在未经权利人授权的情况下，意图排除占有人的占有（此时包括非法占有人），将他人的财物作为自己的财物加以管理和控制，意图取得事实上的支配权，并遵循财物可能具有的用途和价值对该财物进行利用和处分的意思。行为人主观上是否以非法占有为目的是区分罪与非罪、此罪与彼罪的关键性因素。敲诈勒索罪作为财产类犯罪的一种，虽然在主观上表现为直接侵犯他人财产的故意，但其更强调的是以非法占有为目的，换句话说敲诈勒索罪在主观上其实更看重的是对意欲占有财产的排他性和利用性。在该案中，对劳某的行为定敲诈勒索罪是没有任何异议的，问题的关键在于敲诈勒索数额的认定，即是不是涉及的每一笔金钱数额都以非法占有为目。一审法院认为石场与村民签订租金15000元租用0.085亩土地也属于被告人劳某敲诈勒索的范畴，权衡的主要依据是租地合同的价格明显高于市场价格，再结合被告人之前的几次敲诈勒索行为，可以推定该租赁合同也存在敲诈勒索的嫌疑，故将此租赁合同认定为被告人披着合法“外衣”的敲诈勒索行为。当判断的目光流转于事实与行为人主观心理之间时，刑法对非法占有目的所描述的情形就是其中必不可少的媒介。对于所谓的“租金”是否属于敲诈勒索的数额范畴，不能仅从客观外部行为进行直接推断，更要注重行为人主观上是否以非法占有为目的的考量。就该合同而言，现有证据无法证明合同一方当事人受到威胁或者要挟等情况，即无法证明劳某等村民具有非法占有他人财产的目的，该协议是平等民事主体自愿合法的一种行为，不应纳入刑法的调整范围，否则就会陷入“刑法万能主义”的怪圈，有违刑法谦抑性原则；退一步来说，即使可以结合之前的行为认定劳某等村民在主观上具有非法占有他人财产的目的，但在客观上劳某等人并没有实施恐吓、要挟等行为，即便石场一方对之前的敲诈行为存在害怕心理，但根据主客观相一致原则以及存疑有利于被告人原则，现有证据的推定尚达不到排除合理怀疑的程度，故劳某不应对该笔“租金”负刑事责任。相反，如果签订合同时村民一方有欺诈、胁迫的手段、乘人之危以及存在显失公平情形，使石场在违背真实意思情况下订立合同的，石场可以请求人民法院或者仲裁机构变更或者撤销，而不是将该类合同纳入刑事管理范畴。

其次，对“非法”性的理解与认定。财产类犯罪的本质是对财产所有权及其他本权的侵害，根据刑法所保护的法益，对“非法”二字的理解取决于行为人的行为是否侵害了刑法所保护的法益，如果行为人的行为并没有侵害刑法所保护的法益，则行为人对他人财产的占有就不具有“不法性”；如果行为人没有合法根据而占有他人财产或者没有合法根据将他人财产转移给自己或者第三人，并且具有占有他人财产的目的，此时就应当认定行为人的占有目的具有非法性。这里所说的合法根据，一般是指符合有关财产法的根据。就本案而言，劳某代表村民领取15000元土地租金完全属于履行民事合同的行为，即使该合同可能存在一些瑕疵（可撤销或可变更），但并不违反刑法对财产法益的保护，在刑法大框架的前提下并不具有“非法性”，故不能认定行为人的行为对他人的财产具有非法占有的目的。

再次，对租地合同的价格明显高于市场价格性质的认定。租地合同的价格可以作为认定行为人是否具有非法占有目的的一个重要考量因素，但不应成为决定性因素。如行为人行使权利的行为与其请求的权利之间具有关联性，考虑行为人的请求权基于客观事实且受法律保护，则不应简单推定行为人过高租金的行为具有非法占有的目的。回归到本案，石场与村民签订租金15000元租用0.085亩土地，法律并没有对租金数额作限制，协商租金数额本质上属于民法范畴，应当遵循意思自治原则。

综上，就签订租赁合同这一行为而言，劳某在主观上并不具有非法占有他人财产的目的，客观上并没有实施威胁或者恐吓等行为，故不能将以明显高于市价的价格签订合同的行为认定为敲诈勒索罪。

编写人：广西壮族自治区灵山县人民法院　梁基祥　范云鸿

234 敲诈勒索所得财物用于集体公益事业仍构成敲诈勒索罪

——农远甲等敲诈勒索案

【案件基本信息】

1. 裁判书字号

广西壮族自治区崇左市中级人民法院（2020）桂14刑终25号刑事裁定书

2. 案由：敲诈勒索罪

【基本案情】

被告人农远甲、农某章、农某伙、农某全均为天等县东平乡南务村南利屯村民。2005 年 8 月 13 日，梁某某、张某某、刘某等人经时任屯长农某某 1、农某某 2 等 11 名屯干部和村民代表签字同意，承包该屯地名为“坑大”“坑小”“坑苗”等荒山荒坡约 350 亩用于种植速生桉，承包期限 16 年。2011 年 7 月，承包方对种植的速生桉进行砍伐过程中，被南利屯部分村民以修建林道的泥土冲入田地及毁坏山上少量松木为由要求赔偿。经协商，梁某某等人赔偿该屯 3.5 万元。2012 年 5 月 22 日，梁某某、张某某、刘某将所承包的 350 亩林地使用权及林地上速生桉的所有权转让给农某某 3、陈某某、洪某 3 人。时任南利屯屯长农某某 4、副屯长农某某 5 在双方签订的转让合同书上签字同意并加盖公章。2015 年 11 月 14 日，洪某等人将该林地的速生桉林木转让给黄某某采伐销售，双方约定洪某需协助办理相关的砍伐手续及保证采伐顺利进行，否则承担相应的赔偿责任。林业部门随后在南利屯公示黄某某的砍伐申请后，被告人农远甲、农某章、农某伙、农某全等人向东平林业站提出异议，并以梁某某等人承包林地租金太低、少算面积、擅自转包及破坏生态为由，要求补偿。还向时任屯长农某某 4、副屯长农某某 5、继任屯长农某某 6 提出要等拿到补偿款后才能给洪某等人盖章办理砍伐手续。由于农远甲等人提出只愿意与梁某某等原承包方“谈判”，为了能够办理砍伐手续，洪某等人请求梁某某协助。2016 年 6 月，双方协商时农远甲等人要求梁某某给予 20 万元补偿才同意村委盖章，未达成一致意见。一个月后，农远甲等人将补偿金额提高到 30 万元，梁某某方未同意。同年 11 月 27 日，农远甲等人进一步提高补偿金额至 35 万元，梁某某一方被迫同意。双方前往信用社转账途中，农远甲等人又提出增加 1 万元作为往返路费开支，梁某某方同意，但由于信用社已经下班未能转账。2017 年 3 月 31 日，农远甲等人提出要赔偿金额 40 万元，若梁某某方不接受以后不再商谈。为了避免更大的损失，梁某某、洪某一方被迫同意。随后农远甲等人以受南利屯全体村民委托的名义，与刘某、梁某某签订了一份《补偿协议书》。次日，梁某某将 40 万元转至农远甲账户后（该 40 万元实际由黄某某支付，从洪某的转让费中扣除），洪某才得以办理林木采伐许可证并进行砍伐。转账到农远甲账户的 40 万元人民币，经村民同意用于南利屯道路、学校、宗庙的修建和聚餐等项目开支，其中已开支 335495 元，剩余 64505 元暂存于被告人农远甲账户中。

【案件焦点】

以签订的《土地承包合同》无效为由，向被害人索要赔偿款，并用于村集体公益事业，是否构成敲诈勒索罪。

【法院裁判要旨】

广西壮族自治区崇左市凭祥市人民法院经审理认为：被告人农远甲等几人敲诈勒索他人财物，数额特别巨大，其四人之行为均已构成敲诈勒索罪。公诉机关指控被告人农远甲等的犯罪事实清楚，证据确实、充分，指控罪名成立。被告人农远甲等在共同犯罪中分工协作，均系主犯，应按其参与的全部犯罪予以处罚，但被告人农远甲相对于其他被告人作用更大，量刑时应予以考虑；被告人农远甲被动归案后，如实供述自己的罪行，是坦白，依法可以从轻处罚；其他被告人自动投案后如实供述自己的罪行，是自首，依法可以减轻处罚。

广西壮族自治区崇左市凭祥市人民法院依照《中华人民共和国刑法》第二百七十四条，第二十五条第一款，第二十六条第一款、第四款，第五十二条，第五十三条，第六十四条，第六十七条第一款、第三款，《最高人民法院关于适用财产刑若干问题的规定》第二条第一款，作出如下判决：

一、被告人农远甲犯敲诈勒索罪，判处有期徒刑十年，并处罚金人民币 30000 元；

二、被告人农某章犯敲诈勒索罪，判处有期徒刑五年，并处罚金人民币 10000 元；

三、被告人农某伙犯敲诈勒索罪，判处有期徒刑五年，并处罚金人民币 10000 元；

四、被告人农某全犯敲诈勒索罪，判处有期徒刑五年，并处罚金人民币 10000 元；

五、将扣押在案的农远甲账户中的 64505 元，发还给被害人洪某；

六、继续追缴农远甲、农某章、农某伙、农某全违法所得人民币 335495 元，发还给被害人洪某。

农远甲、农某章、农某全提出的上诉意见中，均认为：梁某某等人转让承包合同不合法，上诉人没有以非法占有为目的，所谓敲诈得到款项是双方协商由承包商补偿给村里的补偿款，上诉人并未从中获得个人利益，其行为不构成犯罪。

农某伙提出的上诉意见是：其参与的是索要 35 万没有成功那

次，后面的40万其没有参与，其没有获得个人利益，家庭困难，希望二审法院改判减轻处罚。

农远甲的辩护人提出：（1）农远甲没有以非法占有他人财产的事实，不构成敲诈勒索罪；（2）涉案金额是4万元不是40万元；（3）农远甲有投案自首情节。

农某全的辩护人认为：一审判决事实不清、证据不足，农某全的行为不构成敲诈勒索罪。

广西壮族自治区崇左市中级人民法院经审理认为：上诉人敲诈勒索他人财物，数额特别巨大，其行为均已构成敲诈勒索罪。原判定性准确。本案涉及的《土地承包合同》无论效力如何，都不能用非法的手段处理。如果认为合同没有效力或者不公平，应该通过协商或者司法途径解决。以拿不到所谓的补偿款就不给盖章办理砍伐手续是非法的。上诉人辩称的承包方给的钱是双方经过协商由承包方支付的补偿款。本案中，上诉人等索要的所谓补偿款，从开始的20万元逐步提高到40万元，每次"谈判"只要对方提出异议下次就提高数额，与对方的"谈判"根本没有诚意，步步紧逼，随意提高数额，根本没有谈判协商的余地，无论是开始的20万元还是最后的40万元，均不是被害人自愿给付的，都是被胁迫的结果，明显属于敲诈勒索。至于农某伙提出的没有参与全部谈判不应认定其敲诈勒索数额为40万元的意见，以及农远甲的辩护人提出的涉案数额应是4万元的意见，经查，本案是上诉人一伙的共同犯罪行为，无论敲诈所得多少，均是其共同追求的结果，不违背其中哪个人的意愿。共同犯罪造成的结果，共犯要共同承担。至于家庭困难，这不属于量刑考虑的因素。关于农远甲的辩护人提出的农远甲有自首情节的意见，辩护人也承认农远甲是公安人员传唤到派出所的，既然是公安人员传唤去的派出所，那就没有主动性，也就不存在自动投案的基础。上诉人及其辩护人的意见均与事实和法律不符，不能采纳。综上，原审判决认定事实清楚，审判程序合法，适用法律正确，量刑适当，应予维持。

广西壮族自治区崇左市崇左市中级人民法院依照《中华人民共和国刑事诉讼法》第二百三十六条第一款第一项，作出如下裁定：

驳回上诉，维持原判。

【法官后语】

本案中，无论被告人还是辩护人均持一个观点，那就是被告人的行为不构成敲诈勒索罪。因为索要的财物用于村集体公益事业支出，被告人对索要的财物没有“据为己有”的意思，不符合敲诈勒索罪中“非法占有”的意思表示。确实，敲诈勒索罪作为“侵犯财产”的罪名，要求行为人主观上是以“非法占有”为目的。但是“非法占有”不等于“本人占有”。敲诈勒索所得财物非“本人占有”依然构成敲诈勒索罪。

根据我国刑法第二百七十四条的规定，敲诈勒索公私财物，数额较大或者多次敲诈勒索的，即可根据数额及情节处以刑罚。按照刑法理论，所谓敲诈勒索罪，是指以非法占有为目的，对被害人实施威胁或者要挟的方法，强行索取公私财物，数额较大或多次强行索取的行为。“威胁”是指以施加杀害、伤害等暴力相威胁使对方产生恐惧而交付财物；“要挟”是指以揭发隐私、私告犯罪、毁坏名誉等非暴力方法使对方产生恐惧和交付财物。也就是说，敲诈勒索的行为既可以是暴力，也可以是非暴力，当然也包括本案中被告人“以拿不到所谓的补偿款就不给盖章办理砍伐手续”此种方法。虽然本案中的被告人并没有施加杀害、伤害等暴力相威胁，但只要是让他人产生恐惧或者不便的方法，都可以成为敲诈勒索中的“威胁或要挟”。因为被告人不给补偿款就不给被害人盖章办理砍伐手续的行为，足以使被害人产生造成经济损失的恐惧或为避免经济损失将要付出更多时间和精力去维权的不便。另外，刑法规定以及刑法理论上的“以非法占有为目的”，并没有限定为“以本人非法占有为目的”。既然如此，“以非法占有为目的”当然包含以“第三者非法占有为目的”。行为人无论是为了“本人非法占有”还是为了“第三者非法占有”，均不影响对法益的侵犯程度，符合刑法上的“非法占有”意思表示。从刑法的目的来看，被害人的合法财产是受刑法保护的，不能因被告人是为了第三者或者小集体的利益而实施了敲诈勒索的行为，其行为就不受刑法评价，被害人的财产就不受刑法保护。

本案中，受害人与村集体签订了为期16年的《土地承包合同》。在合同履行过程中签订了《补充协议》，受害人就履行《土地承包合同》给村民造成的损失一次性补偿3.5万元。之后经村委同意，土地进行了转包。截至案发，《土地承包合同》已实际履行近12年。而农远甲等四人以《土地承包合同》租金太低、面积少算、擅自转包及破坏生态为由，向被害人索要财物。这一理由本身就不成立。在索要财物过程中，又以不协助办理林木砍伐手续为要挟不断提高索要金额，最终将索要金额推到40万元，达到刑法第二百七十四条规定“数额特别巨大”的标准。农远甲等人索要财物既无事实基础，又无法律基础，虽然敲诈所得财产用于本屯集体公益事业，但本屯集体占有的结果与行为人的行为有着直接的联系，侵犯了被害人的合法权益，这一行为要受刑法评价。

综上，敲诈勒索所得的财物，让第三方占有或者用于村集体公益事业，构成敲诈勒索罪。

编写人：广西壮族自治区崇左市凭祥市人民法院　何海梅　黄学晓　何日宏

235　恶势力中“软暴力”行为的准确认定

——商某等敲诈勒索案

【案件基本信息】

1. 裁判书字号

北京市第三中级人民法院（2019）京03刑终809号刑事裁定书

2. 案由：敲诈勒索罪

【基本案情】

被告人商某分别伙同彭某、李某、柳某华、焦某阳、张某然于2017年8月至2018年5月，在北京市朝阳区与杜某、余某等13名被害人签订借款协议及房屋租赁协议，并恶意垒高借款金额、制造银行流水、平账，后故意制造违约事由，组织多人对被害人及其家属住宅反复进行滋扰、哄闹、言语威胁、辱骂、阻挠营业，并采取堵锁眼、换锁芯、墙上喷漆、强吃强住、在街上张贴寻人启事等方式，强迫被害人交付砍头息、管理费及违约金等多项费用，涉案金额共计400余万元，其中，犯罪既遂金额160余万元，导致部分被害人被迫搬迁、无法维系正常生活、经营，甚至卖房还“债”。

【案件焦点】

被告人商某等人实施的堵锁眼、换锁芯、墙上喷漆、强吃强住等行为可否认定为恶势力中的“软暴力”行为。

【法院裁判要旨】

北京市朝阳区人民法院经审理认为：被告人商某伙同彭某、李某、柳某华、焦某阳、张某然，以非法占有为目的，假借民间借贷之名，签订虚假借款协议、恶意垒高借款金额、制造资金走账流水、肆意认定违约，通过言语威胁、上门滋扰生事、强行入住被害人家中等“软暴力”手段向13名被害人或近亲属强索“债务”，致使被害人及其近亲属基于恐惧心理支付钱款，数额特别巨大，六被告人的行为触犯了刑法，均已构成敲诈勒索罪。被告人商某、彭某、李某、柳某华、焦某阳、张某然在借贷行业内长期、多次实施违法犯罪活动，为非作恶，欺压百姓，有的被害人及其家人甚至被迫卖房还“债”，六被告人的行为给被害人造成巨大经济损失，扰乱经济、社会生活秩序，造成较为恶劣的社会影响，已形成恶势力犯罪团伙。依照《中华人民共和国刑法》第二百七十四条、第二十五条第一款、第二十六条、第二十七条、第二十三条、第五十二条、第五十三条、第五十五条第一款、第五十六条第一款、第四十五条、第四十七条、第六十一条、第六十四条，判决如下：

一、被告人商某犯敲诈勒索罪，判处有期徒刑十四年，罚金人民币50万元，剥夺政治权利三年；

二、被告人李某犯敲诈勒索罪，判处有期徒刑十二年，罚金人民币40万元，剥夺政治权利二年；

三、被告人彭某犯敲诈勒索罪，判处有期徒刑十一年六个月，罚金人民币30万元，剥夺政治权利二年；

四、被告人柳某华犯敲诈勒索罪，判处有期徒刑八年，罚金人民币20万元，剥夺政治权利一年；

五、被告人焦某阳犯敲诈勒索罪，判处有期徒刑四年六个月，罚金人民币10万元；

六、被告人张某然犯敲诈勒索罪，判处有期徒刑三年六个月，罚金人民币10万元；

七、责令被告人商某、李某、彭某、柳某华、焦某阳、张某然退赔与其犯罪相关的被害人的经济损失。

一审宣判后，被告人商某等提出上诉。二审法院同意一审法院裁判意见，裁定：驳回商某等人的上诉，维持原判。

【法官后语】

本案的焦点问题是被告人商某等人实施的堵锁眼、换锁芯、墙上喷漆、强吃强住等行为可否认定为恶势力中的"软暴力"行为，对此，直接关系案件的定性及恶势力的认定。

根据《最高人民法院、最高人民检察院、公安部、司法部关于办理实施"软暴力"的刑事案件若干问题的意见》的相关规定，恶势力中"软暴力"的成立要求满足以下条件：其一，多次实施滋扰、纠缠等特定行为；其二，行为不直接施以暴力，但以暴力为后盾；其三，具有一定的组织性；其四，造成足以影响、限制人身自由、危及人身财产安全的危害后果。

本案中，被告人商某等人实施了以下行为：

首先，被告人商某等人在不到一年时间内实施了数十次的滋扰、哄闹、阻挠营业，强迫被害人交付违约金，并采取堵锁眼、换锁芯、墙上喷漆、强吃强住、在街上张贴寻人启事等方式，对被害人及其家属形成心理强制。虽然此类行为没有直接造成被害人的身体创伤，但商某等人依托恶势力犯罪组织强大的势力和影响力持续对被害人形成威慑，致使其生活、生产、经营受到严重影响，最终达到与暴力手段同样严重的危害后果。

其次，被告人商某等人的行为虽然没有直接施加于被害人躯体，造成明显、可观可感的危害后果，但暴力手段对"软暴力"手段仍具有决定性、支配性的保障作用。"软暴力"与暴力在法益侵害方面具有同质性，并具有随时适用暴力的可能性，被告人以组织的威慑力和强制力通过群体性的行为持续对被害人及其家属实施滋扰、纠缠、强吃强住等行为，足以限制被害人的人身自由并侵害其财产权益。

再次，几名被告人以商某设立在朝阳区建外 SOHO 不具备资质的公司为据点，在商某的指挥、领导下分工协作、密切配合共同实施违法犯罪行为，组织具有相对稳定性和独立性，组织成员包括纠集者、骨干成员等，如商某为纠集者，在犯罪组织中起组织、策划、指挥作用，李某、彭某积极参与犯罪行为，在寻找被害人、诱使或威胁被害人签订虚假借款协议、故意制造银行流水、索取"债务"过程中起主要作用，系犯罪组织的骨干成员，几名被告人结为较为固定的犯罪组织，且组织成员远超 3 人，6 名被告人在 10 个月时间内实施了数十次的违法犯罪行为，给被害人生活、工作及社会管理秩序造成严重侵害。

最后，被告人商某等人以追逐经济利益为目的，通过套路贷的方式以合法之名行非法之实，利用合同漏洞、故意制造违约事项等迫使被害人支付高额违约金或退租，造成的危害后果包括部分被害人被迫搬家、部分被害人被迫卖房、部分被害人被迫交付巨额"债务”，严重影响被害人正常的生活及经营，并拉低周边群众对居住环境、办公环境的信任感。

故综合考虑到被告人实施行为的危害后果、人员组织性、行为方式、次数等，将被告人商某等的行为认定为恶势力中的“软暴力”是恰当的。

编写人：北京市东城区人民法院　石魏

236　“黑中介”人员实施“软暴力”行为的定性

——刘某1等敲诈勒索案

【案件基本信息】

1. 裁判书字号

北京市第三中级人民法院（2019）京03刑终73号刑事裁定书

2. 案由：敲诈勒索罪

【基本案情】

2016年11月，被告人刘某1、刘某2共同出资购得通达置地公司的营业执照后，合谋通过强迫客户缴纳本来无须缴纳的费用以及制造客户“违约”来获取非法利益。被告人刘某1、刘某2先后纠集了被告人刘某3、刘某4、刘某5、刘某6、李某以上述公司的名义，并使用伪造的“通达置地房公司财务专用章”从事房屋租赁中介活动。被告人刘某1、刘某2将位于北京市朝阳区某路4号院等地的多套房源交由被告人刘某3、刘某6对外出租。在被害人按照合同约定将租金、押金、管理费等款项打入被告人李某的银行账户并入住租赁房屋后不久，被告人刘某4、刘某5等人便以语言威胁、辱骂、骚扰等方式强迫被害人缴纳物业费、供暖费、中介费等额外费用，若不缴纳就构成“违约”，必须搬离所居住的房屋。被害人被迫搬离后理应退还的剩余款项亦会被强行扣除。有的被害人即使缴纳了额外费用，仍会被刘某1、刘某2等人以各种理由认定为“违约”。截至2017年9月案发时，种某等25名被害人被强行收取或者因“违约”被强行扣除的钱款共达人民币30万余元，其中被告人刘某3、刘某5的参与金额为28万余元，被告人刘某4的参与金额为26万余元，被告人刘某6的参与金额为4万余元。2017年9月11日，被告人刘某1、刘某2、刘某3、刘某5、刘某6、李某被抓获归案；9月13日，被告人刘某4被抓获归案。

【案件焦点】

“黑中介”人员以非法占有为目的，与被害人签订房屋租赁合同后，实施威胁、滋扰等“软暴力”行为强行收取不合理费用，或者强行终止合同并迫使被害人搬出房屋，后拒不退还应退钱款，从而获利的行为之定性。

【法院裁判要旨】

北京市朝阳区人民法院经审理认为：被告人刘某1等七人以非法占有为目的，用签订房屋租赁合同的形式掩盖其非法的目的，采用言语威胁等软暴力方式强迫被害人缴纳额外费用，或者强迫被害人搬离并拒不退还应退钱款，足以使被害人产生恐慌进而形成心理强制，被害人基于心理强制缴纳额外的费用或放弃应当退还的费用，从中获利，其中刘某1、刘某2、刘某3、刘某4、刘某5敲诈勒索数额巨大，刘某6敲诈勒索数额较大，七被告人的行为均已构成敲诈勒索罪。

北京市朝阳区人民法院依照《中华人民共和国刑法》第二百七十四条、第六十一条、第二十五条第一款、第二十六条第一款、第四款、第二十七条、第六十七条第三款、第四十五条、第四十七条、第五十六条第一款、第五十五条第一款、第五十二条、第五十三条、第六十四条及《最高人民法院、最高人民检察院关于办理敲诈勒索刑事案件适用法律若干问题的解释》第一条、第八条的规定，作出如下判决：

一、被告人刘某1犯敲诈勒索罪，判处有期徒刑七年，剥夺政治权利一年，罚金人民币7万元；

二、被告人刘某2犯敲诈勒索罪，判处有期徒刑七年，剥夺政治权利一年，罚金人民币7万元；

三、被告人刘某3犯敲诈勒索罪，判处有期徒刑四年，罚金人民币4万元；

四、被告人刘某4犯敲诈勒索罪，判处有期徒刑四年，罚金人民币4万元；

五、被告人刘某5犯敲诈勒索罪，判处有期徒刑四年，罚金人民币4万元；

六、被告人刘某6犯敲诈勒索罪，判处有期徒刑二年，罚金人民币2万元；

七、被告人李某犯敲诈勒索罪，判处有期徒刑一年六个月，罚金人民币2万元；

八、在案款项发还相应的被害人；

九、在案物品一并处理。

一审宣判后，公诉机关未抗诉，七被告人以定性错误及量刑过重为由，提出上诉。北京市第三中级人民法院经审理认为，一审所作出的判决事实清楚，证据确实、充分，定罪及适用法律正确，量刑适当，审判程序合法，应予维持。对于各上诉人再予从轻处罚的请求，不予支持。北京市第三中级人民法院依照《中华人民共和国刑事诉讼法》第二百三十六条第一款第一项之规定，作出如下裁定：

驳回七被告人的上诉，维持原判。

【法官后语】

本案系北京市法院审理的第一起“黑中介”恶势力犯罪案件，公诉机关最初按照强迫交易罪起诉。第一次开庭审理后，合议庭认为公诉机关指控罪名不当，后与公诉机关沟通，公诉机关变更指控罪名为敲诈勒索罪。关于被告人行为的定性，在案件审理过程中，存在构成强迫交易罪、寻衅滋事罪和敲诈勒索罪三种不同意见。经审理，合议庭笔者认为构成敲诈勒索罪，且属于恶势力犯罪，具体理由如下：

一、本案属于“黑中介”人员实施的行为属于以“软暴力”行为实施的恶势力犯罪

《最高人民法院、最高人民检察院、公安部、司法部关于办理实施“软暴力”的刑事案件若干问题的意见》（以下简称《意见》）第二条第一款规定了“软暴力”违法犯罪手段通常的表现形式，该条对“软暴力”的违法犯罪手段采取了列举式的规定，在用语上采用“包括但不限于”的表述。认定列举之外的行为是否属于“软暴力”行为应重点把握“软暴力”行为具有“滋扰”性的核心特征，

同时判断与列举的行为否能进行同质评价。

本案从事“黑中介”的人员与租客签订租赁合同收取费用，在租客入住不久后，强迫租客缴纳额外费用，如果租客拒绝缴纳，就恶意制造违约事由，采取恐吓、威胁、断水断电、堵锁眼、往房间里倾倒垃圾等一系列滋扰手段强迫租客缴纳违约金或强迫租客搬离。被告人的行为足以使他人产生恐惧、恐慌进而形成心理强制，租客不堪其扰被迫搬离或缴纳额外费用或索要押金不能，使其遭受财产损失。被告人的行为严重扰乱了正常的房屋租赁市场的经营秩序，给承租人的经济、生活造成了恶劣的影响。本案中，七被告人实施的行为属于“软暴力”，符合“软暴力”的认定标准。

恶势力是指经常纠集在一起，以暴力、威胁或者其他手段，在一定区域或行业内多次实施违法犯罪活动，为非作恶，欺压百姓，扰乱经济、社会生活秩序，造成恶劣的社会影响，但尚未形成黑社会性质组织的违法犯罪组织。本案多名被告人经常纠集在一起，通过实施“软暴力”行为，为非作恶，欺压百姓，给被害人造成心理强制，致使25名被害人遭受财产损失，严重扰乱市场经济秩序，造成恶劣社会影响，但尚未形成黑社会性质组织，依法应当认定恶势力犯罪。

二、本案“黑中介”人员实施的“软暴力”犯罪构成敲诈勒索罪

强迫交易、寻衅滋事、敲诈勒索等是近年来恶势力犯罪的常见形式，对受害人及其周围群众的心理造成了强烈的恐吓和震慑的效果，具有很大的社会危害性。该类犯罪行为手段上具有相似性，准确把握行为人主观上是否以非法占有为目的，成为定性的关键。

（一）不构成强迫交易罪

强迫交易罪下，行为人主观上欲通过强迫交易行为牟取经公平

交易无法得到的利益或支付通过公平交易无法成交的低价，构成强迫交易罪的前提是存在实质性的交易；客观上，行为人采用暴力、威胁等手段，而暴力、威胁等手段要与交易存在关联。

就本案而言，“黑中介”已经形成了固定的行业模式，被告人以非法获取经济利益为目的，与被害人签订合同的目的并不是满足租客的租房需求，其实质是掩盖非法占有他人财产的目的，被告人一方不以交易为目的，不具有租赁服务的意图，不存在实质性的交易行为，不符合强迫交易罪的特征。从罪责刑相适应的角度看，本案被告人犯罪行为社会危害性大，违法所得数额高，以强迫交易罪定罪处罚明显偏轻。

（二）不构成寻衅滋事

刑法第二百九十三条规定构成寻衅滋事罪的四种情形，其中强拿硬要型的寻衅滋事，往往表现为行为人违背他人意志在逞强斗狠、寻求精神刺激的心理支配下，采取一定程度的胁迫、威胁等手段，强行索取他人的公私财物（财产性利益），具有无因性。强拿硬要型寻衅滋事罪中，行为人客观上是通过侵害公民公私财物（财产性利益）的所有权和公民的人身权来实现其耍横逞强的主观心态，妨害社会管理秩序达到情节严重的标准。

本案中，被告人刘某1等人从事“黑中介”的行业，其直接目的是占有和索取他人的财产，虽然在手段行为上有耍横立棍、无赖下作的做派，但主观目的是掩盖其想直接向他人占有和索要财产的目的，不是事出无因，而是“有备而来”，不符合寻衅滋事罪的构成。

（三）构成敲诈勒索罪

符合《中华人民共和国刑法》第二百七十四条规定的其他犯罪构成要件的，应当以敲诈勒索罪定罪处罚。

1. 敲诈勒索罪新型犯罪构成

从主观方面来看："黑中介"人员以提供房屋租赁中介服务为名，实质上是以非法占有为目的，意图侵占租客的财产。从客观方面来看：相对于一般敲诈勒索行为，"黑中介"人员只是借用了市场交易的形式外观，实质上仍是通过"软暴力"手段足以使被害人产生恐惧、恐慌进而形成心理强制，非自愿地处分财产，侵犯的仍然是公民的合法财产。由此可见，"黑中介"行为中，敲诈勒索的行为模式出现了新的变化，其行为模式为：以非法占有为目的（起意）→制造"交易"行为→对方基于交易约规则给付财产→行为人采取"软暴力"手段→对方产生心理强制→对方基于恐惧、恐慌、不堪滋扰等心理强制处分财产→行为人或第三人取得财产→对方遭受财产损失，但实质与一般的敲诈勒索罪无异。

2. "处分财产"作扩大性解释

需要指出的是，本案中，受害人基于恐惧处分财产，其中"处分财产"的含义应作扩大性解释。被害人处分财产不仅包括通过现实交付的方式向对方交付财物，也包括放弃对行为人的债权请求权。被告人对被害人先前给付的房租押金，不予退还，是典型的侵犯性不当得利，被害人对于这部分的财产依法享有不当得利返还请求权，而基于被告人的胁迫、恐吓行为，被害人处分财产的方式是放弃了不当得利返还请求权，仍然是处分了自己财产并遭到财产损失。

如前文所述，七被告人的行为在逻辑结构上符合敲诈勒索的犯罪构成，属于侵犯财产罪，以被害人被强行收取或者因"违约"被强行扣除的钱款认定犯罪数额，以此确定量刑档次，符合罪刑相当的原则。

编写人：北京市朝阳区人民法院　付想兵　刘杰

237 民间纠纷引发敲诈勒索案中被害人过错对被告人量刑的影响

——程会某敲诈勒索案

【案件基本信息】

1. 裁判书字号

北京市第二中级人民法院（2017）京 02 刑终 204 号刑事判决书

2. 案由：敲诈勒索罪

【基本案情】

2016 年 11 月 13 日凌晨，在北京市房山区长沟镇甲小区×区××号楼×单元 101 室、601 室，被告人程会某以其妻子李艳某与被害人杨有某发生不正当男女关系为由，使用暴力方法强迫被害人杨有某书写一张人民币 10 万元的借据，此过程中致被害人杨有某左侧第 7 根至第 11 根肋骨骨折。经北京市房山区公安司法鉴定中心认定，被害人杨有某身体所受损伤程度属轻伤二级。2016 年 11 月 13 日，被告人程会某被公安机关电话传唤到案。

【案件焦点】

民间纠纷引发的敲诈勒索案中，被害人过错对被告人量刑的影响程度应如何评判。

【法院裁判要旨】

北京市房山区人民法院经审理认为：被告人程会某无视国家法律，敲诈勒索公私财物，数额巨大，其行为已构成敲诈勒索罪，依法应予惩处。鉴于程会某有自首、未遂情节，认罪态度好，此案的发生，被害人有责任，对其从轻处罚。

北京市房山区人民法院依照《中华人民共和国刑法》第二百七十四条、第六十七条第一款、第二十三条、第五十二条、第五十三条之规定，作出如下判决：

被告人程会某犯敲诈勒索罪，判处有期徒刑一年六个月，并处罚金人民币10000元。

宣判后，程会某提出上诉。程会某的上诉理由及其辩护人的辩护意见为：程会某属犯罪未遂，且有自首、认罪悔罪等法定、酌定从轻、减轻处罚情节；被害人的伤情鉴定并非第一时间作出，该证据的真实性存疑，证明力不足；被害人有过错，且在二审期间出具谅解书，对程会某表示谅解。综上，请求二审法院对程会某减轻处罚。

北京市第二中级人民法院经审理认为：上诉人（原审被告人）程会某敲诈勒索他人财物，数额巨大，其行为已构成敲诈勒索罪，应依法惩处。程会某已经着手实施犯罪，由于意志以外的原因而未得逞，系犯罪未遂，可比照既遂犯从轻或减轻处罚。程会某主动到案并如实供述犯罪事实，属自首，可以从轻或减轻处罚。程会某当庭认罪悔罪，被害人对引发本案负有过错责任，现被害人出具谅解书对程会某表示谅解，综上可对程会某减轻处罚。

北京市第二中级人民法院依照《中华人民共和国刑事诉讼法》第二百二十五条第一款第二项之规定，判决如下：

一、撤销北京市房山区人民法院（2017）京0111刑初216号刑事判决；

二、上诉人（原审被告人）程会某犯敲诈勒索罪，判处有期徒刑七个月，罚金人民币2000元。

【法官后语】

在司法实践中，因民间纠纷引发的敲诈勒索案，犯罪人经常呈现出由“被害人”角色向被告人身份的逆转。本案便是其中之一，且表现得尤为明显。因杨有某与程会某的妻子发生不正当男女关系，程会某使用暴力强迫杨有某书写了10万元的“借据”，并造成杨有某轻伤。杨有某破坏他人婚姻家庭在先，程会某激情状态下使用暴力强迫杨有某写下“借据”在后，杨有某的过错诱发了程会某的犯罪行为，一审和二审法院均对该事实进行了认定。《最高人民法院、最高人民检察院关于办理敲诈勒索刑事案件适用法律若干问题的解释》第六条第二款规定：“被害人对敲诈勒索的发生存在过错的，根据被害人过错程度和案件其他情况，可以对行为人酌情从宽处理……”由此可见，敲诈勒索案中被害人的过错程度，直接影响到被告人刑罚的轻重。

在本案中，一审和二审法院在杨有某过错程度及对程会某量刑影响的大小问题上，发生分歧。笔者认为：

1. 被害人过错程度以及司法机关对被告人的从宽幅度，应结合案发地社会的容忍和接受程度进行判定

民法典第一千零四十三条明确规定：“夫妻应当互相忠实，互相尊重，互相关爱……”一方面，社会对介入他人婚姻，破坏他人夫妻感情的行为，容忍程度非常低；另一方面，此类行为给夫妻关系另一方造成的不良影响和感情伤害也极大，而受到伤害一方又难以诉诸法律寻求补偿和救济，因而常引发诉诸暴力的私力救济。被告人因他人破坏其夫妻关系，在激情状态下实施了以上行为，尚未造成特别严重的后果，能够认罪、悔罪，司法机关如给予被告人较大幅度的从宽处罚不会超出社会所能接受范畴。

2. 对此类案件被告人的量刑，还应考虑和重视社会矛盾化解

在被害人存在过错类案件中，单纯关注被告人行为造成的社会危害后果并据此进行量刑，不仅对被告人起不到刑罚应有的教育、警诫效应，还容易进一步激化社会矛盾。因此，在此类案件审理中，还应重视通过案件审理去化解社会矛盾。具体到程会某敲诈勒索案，在二审期间，经调解工作，杨有某向法庭提交了谅解书，对程会某的犯罪行为表示谅解，请求法庭对程会某再予从宽处罚。程会某亦当庭认罪、悔罪，表示将吸取教训，正确处理矛盾。

基于上述理由，二审法院在一审法院量刑基础上，对程会某再予从宽处罚，改判较轻刑罚。

编写人：北京市第二中级人民法院　漆爱君

（八）拒不支付劳动报酬罪

238 合伙人“卷走”合伙财产，其他合伙人有能力支付而不支付劳动报酬的，构成共同犯罪

——姜宗某等拒不支付劳动报酬案

【案件基本信息】

1. 裁判书字号

安徽省阜阳市中级人民法院（2017）皖12刑终71号刑事判决书

2. 案由：拒不支付劳动报酬罪

【基本案情】

2013年4月20日，被告人姜宗某、陈荣某、史建某合伙承包界首市邴集乡甲建设项目，约定由陈荣某负责施工现场，姜宗某负

责资金收进、支出、后勤伙食，史建某负责审核、做账、监督，本工程所欠外债共同承担。2014 年 4 月，被告人陈荣某开始负责资金收进、支出。施工过程中，项目部已足额支付三人工程款，工程结束时，三人仍拖欠王在某、王子某等 12 名工人 239920 元工资。经王在某、王子某等人控告，界首市人社局于 2014 年 12 月 10 日责令姜宗某、陈荣某、史建某于同年 12 月 14 日 9 时前，足额发放拖欠的农民工工资，但三人未在责令的期限内支付工资。界首市公安局于 2015 年 1 月 16 日立案侦查后，被告人姜宗某于同年 2 月 2 日付完全部工资。被告人姜宗某、史建某、陈荣某于同年 2 月 11 日到公安机关投案，并如实供述犯罪事实。

【案件焦点】

合伙人卷走合伙财产，其他合伙人有能力支付而不支付劳动报酬的，是否构成拒不支付劳动报酬罪，若构成，是否属共同犯罪。

【法院裁判要旨】

安徽省界首市人民法院经审理认为：被告人姜宗某、陈荣某、史建某有能力支付而拒不支付劳动者的劳动报酬，数额较大，经政府有关部门责令支付仍不支付，三被告人的行为均已构成拒不支付劳动报酬罪。公诉机关指控三被告人的罪名均成立，本院均予以支持。被告人姜宗某、陈荣某、史建某共同故意犯罪，系共同犯罪。关于辩护人提出被告人史建某不构成犯罪的辩护意见，经查，证人梁祖某证言证实，三被告人承包工程时资金流动不足，一直从项目部提前借款，到工程完工时项目部已经全部足额支付三被告人的工程款。被告人姜宗某亦供述，其在工地工作时，项目方已经支付其

200 万元资金。被告人陈荣某亦供述，2014 年 11 月工程完工，项目方把工程款都支付给他们了。证人梁祖某证言、被告人姜宗某及陈荣某供述与合肥市乙建筑安装工程有限公司界首市邴集乡丙项目部对账清单及陈荣某向项目部所打的欠条可以相互印证，证实三被告人在承建工程期间有能力支付所欠工人工资。被告人史建某供述，按照合同约定发包方已经多付他们工程款二三十万元，工程款领回来后在姜宗某那里，因发生矛盾，所以其也没有处理拖欠工人工资的事。界首市人力资源和社会保障局向三被告人催要所欠工人工资时，其没有钱，所以也没有解决此事。主观上，被告人史建某作为工程项目合伙方之一有义务支付其所雇用的工人工资，而故意无正当理由拖欠工人工资。客观上有能力支付而不支付劳动者的报酬数额较大，经有关部门责令支付仍不支付。被告人史建某的行为已构成拒不支付劳动报酬罪。辩护人该节辩护意见不予采纳。关于辩护人提出对被告人史建某免除刑事处罚的辩护意见，综合考虑被告人史建某的犯罪事实、犯罪情节及社会危害性，对被告人史建某不宜判处免除刑事处罚。辩护人该节辩护意见不予采纳。被告人姜宗某、陈荣某、史建某犯罪后主动投案，投案后如实供述其犯罪事实，系自首，对三被告人可从轻处罚。被告人史建某的辩护人该节辩护意见予以采纳。三被告人已经支付了所拖欠的劳动者的劳动报酬，对其可酌情予以从轻处罚。结合被告人姜宗某、陈荣某、史建某的犯罪情节、悔罪表现及合肥市包河区司法局出具的社区影响评估意见，依法可对三被告人适用缓刑。

安徽省界首市人民法院依照《中华人民共和国刑法》第二百七十六条之一第一款、第二十五条第一款、第六十七条第一款、第七十二条第一款、第七十三条第二款及第三款、第五十二条、第五十三条之规定，作出如下判决：

一、被告人姜宗某犯拒不支付劳动报酬罪，判处有期徒刑十个月，缓刑一年，并处罚金人民币10000元；

二、被告人陈荣某犯拒不支付劳动报酬罪，判处有期徒刑十个月，缓刑一年，并处罚金人民币10000元；

三、被告人史建某犯拒不支付劳动报酬罪，判处有期徒刑十个月，缓刑一年，并处罚金人民币10000元。

史建某提出上诉。

安徽省阜阳市中级人民法院经审理认为：上诉人史建某、原审被告人姜宗某、陈荣某作为承建工程的合伙人，在工程资金已足额拨付，且足以支付工人工资的情况下拒不支付，数额较大，经劳动监察部门责令整改后仍不支付，三人的行为均已构成拒不支付劳动报酬罪，且系共同犯罪，依法应予惩处。姜宗某、陈荣某、史建某主动到案后，如实供述犯罪事实，构成自首，依法可以从轻处罚，涉案工资已被足额支付，可酌情对三人从轻处罚。在案证据证明，姜宗某、陈荣某、史建某系合伙关系，共同对债务承担连带责任。同时，涉案工程款至工程结束时已足额拨付，亦足以支付拖欠的涉案工资，但三人在界首市劳动监察部门责令整改的期限内，故意无正当理由继续拖欠涉案工资，客观上有能力支付而不支付，且数额较大，符合拒不支付劳动报酬罪的构成。因此，关于史建某及其辩护人提出原判事实不清、证据不足，应当宣告史建某无罪的上诉理由、辩护意见不能成立，本院不予采纳。鉴于陈荣某在工人追讨涉案工资过程中，能够积极协助工人联系在合伙事务中负责财务的姜宗某，并主动到劳动监察部门说明情况，可酌情对其从轻处罚；史建某在合伙事务中仅负责审核、做账、监督，并未负责过工程资金的收支，亦能够积极协助联系姜宗某，并主动到劳动监察部门说明情况，可以对其单处罚金。综上，原判事实清楚，证据确实、充分，定罪准确，审判程序合法，对姜宗某量刑适当，对陈荣某、史建某量刑过重，本院予以改判。

安徽省阜阳市中级人民法院经院审判委员会讨论决定，依照《中华人民共和国刑事诉讼法》第二百二十五条第一款第二项，《中华人民共和国刑法》第二百七十六条之一第一款、第二十五条第一款、第五十二条、第六十七条第一款、第七十二条第一款、第七十三条第二款及第三款之规定，作出如下判决：

一、维持安徽省界首市人民法院（2016）皖1282刑初230号刑事判决第一项，即“被告人姜宗某犯拒不支付劳动报酬罪，判处有期徒刑十个月，缓刑一年，并处罚金人民币10000元”；

二、撤销安徽省界首市人民法院（2016）皖1282刑初230号刑事判决第二项、第三项，即“被告人陈荣某、史建某犯拒不支付劳动报酬罪，判处有期徒刑十个月，缓刑一年，并处罚金人民币10000元”；

三、原审被告人陈荣某犯拒不支付劳动报酬罪，判处有期徒刑六个月，缓刑一年，并处罚金人民币10000元；

四、上诉人史建某犯拒不支付劳动报酬罪，判处罚金人民币10000元。

【法官后语】

本案中，姜宗某、陈荣某、史建某合伙以安徽乙建筑安装有限公司名义承包界首市邴集乡甲建设项目，施工过程中，项目部已足额支付三人工程款，可认定该合伙具有支付能力。工程结束时，三人仍拖欠王在某、王子某等12名工人239920元工资。工程款在负责合伙财务的姜宗某账户上，姜宗某逃匿，在界首市人社局责令期限内未支付工人报酬，构成拒不支付劳动报酬罪应无疑问。本案的争议焦点是，不负责合伙财务的陈荣某、史建某是否构成该罪，若构成该罪，与姜宗某是否构成共犯，能否区分主从犯。

1. 陈荣某、史建某是否构成拒不支付劳动报酬罪

工程款由谁负责是合伙的内部事务，无法对抗合伙的对外债务。合伙协议也约定，三人共同受益、风险共担，本工程所欠外债共同承担。三人对拖欠的涉案工资都承担连带责任。工程款在负责合伙财务的姜宗某账户上，陈荣某、史建某无法动用，二人应穷尽一切力量寻找姜宗某要求其动用合伙财务支付工资，二人虽然积极与姜宗某联系，但未穷尽一切力量且未产生动用合伙财产支付工资的结果，合伙债务依然存在。二人作为合伙人，每个人都有全部清偿的义务。二人清偿后，可再向姜宗某追偿，而不能将债务无法清偿的风险转移到处于弱势的劳动者身上，这有悖于拒不支付劳动报酬罪的立法宗旨。二人明知姜宗某不肯支付劳动报酬，自己也不采取有效措施避免劳动者得不到报酬的结果的发生，就属于刑法第十四条规定的“明知自己的行为会发生危害社会的结果，并且希望或者放任这种结果发生”，属故意犯罪，应当承担刑事责任，而不单单承担民事责任。

根据刑法第二百七十六条之一的规定，拒不支付劳动报酬有两种表现形式：“以转移财产、逃匿等方法逃避支付劳动者的劳动报酬”或者“有能力支付而不支付劳动者的劳动报酬”。陈荣某、史建某多次积极配合与姜宗某联系，要求发放工资，甚至带领工人到界首市劳动监察部门控告姜宗某，不符合“以转移财产、逃匿等方

法逃避支付劳动者的劳动报酬”。在无法动用合伙财务来支付劳动报酬时，两人应用自己的其他财产清偿债务，在财力所及的限度内，及时筹措资金，在界首市人社局责令支付的期限内付款。经查，两人的资产均足以支付，陈荣某未付款，史建某虽拿出汽车做抵押，但汽车价值与拖欠工资之间的差额仍然达到了“数额较大”的标准，都符合“有能力支付而不支付劳动者的劳动报酬”的表现形式，构成拒不支付劳动报酬罪。

2. 三人是否属于共同犯罪

拒不支付劳动报酬罪属于不作为犯，上述两种表现形式看似大相径庭，实质上都是不作为的方式，姜宗某属积极的不作为，陈荣某、史建某属消极的不作为。由于该罪只能是不作为的形式，故属于纯正不作为犯。三人均有作为的义务，且三人的作为义务可以只依靠其中任意一人来履行，只要其中一人履行了作为义务，就可以防止结果发生。三人的行为对损害结果都有因果关系，各行为人都成立正犯。关键在于，应该以三人各自独立构成犯罪即同时正犯论处，还是以三人构成共同犯罪，以共同正犯论处。

刑法第二十五条规定：“共同犯罪是指二人以上共同故意犯罪……”由此可知，共同犯罪需要同时具备如下要件：(1) 二人以上；(2) 行为人之间有共同的犯罪故意；(3) 行为人有共同的犯罪行为。本案中，三人都没有履行支付劳动报酬的义务，可认定为有共同的犯罪行为，符合 (1) (3) 两个要件是确定无疑的，争议在于三人是否有共同的犯罪故意。若是无共同的犯罪故意，则属于两人以上在没有意思联络的情况下，同时对同一法益实施同一犯罪的情形，应定性为同时正犯（同时犯）。

在刑法规定中，共同故意的界定笼统含糊，而司法实践又不断有各种新情况出现，且共同犯罪理论本是因作为犯罪而产生，拒不支付劳动报酬罪属不作为犯，且为纯正不作为犯，当事人主观上是否存在共同故意，理论和实践中都有争议。

共同犯罪是一种修正的犯罪形式，它不是将单独犯罪简单地合并相加，而是数个单独犯罪的主观意思在某种程度上达成了一致，从而在这数人之间形成了内在一致的共同犯罪故意。各行为人认识到，除了自己以外尚有他人共同实施侵害法益的行为，且认识到自己行为与他人行为具有同一法益侵害上的互助性。这种主观意思的相连即犯意联络，其实质是各行为人共同实施特定犯罪行为的“合意”。

本案中，三名被告人多次进行电话联络，各行为人都认识到其他人的“不作为”，且知晓三人共同的“不作为”会导致不能在界首市人社局责令期限内支付劳动报酬的损害后果，即认识到三人行为在同一法益侵害上具有互助性。姜宗某逃避支付劳动报酬，陈荣某、史建某希望姜能支付劳动报酬，表面上看似乎并没有共同的犯罪故意，实质上却共同放任了法益侵害后果的发生，在这一层面上，应认定为具有共同的犯罪故意。

因此，三人构成拒不支付劳动报酬罪的共犯，应根据其在共同犯罪中的作用来区分主从犯。姜宗某负责合伙财务，又有逃匿行为，在共同犯罪中起主要作用，为主犯。陈荣某、史建某能够积极协助工人联系在合伙事务中负责财务的姜宗某，并主动到劳动监察部门说明情况，且史建某在合伙事务中从未负责过工程资金的收支，在共同犯罪中起次要作用，为从犯，应当从轻、减轻或免除处罚。

编写人：安徽省阜阳市中级人民法院　张非男　王楠楠

239 多因一果刑事因果关系的认定

——马某荣故意伤害案

【案件基本信息】

1. 裁判书字号

湖南省衡阳市中级人民法院（2020）湘04刑终20号刑事附带民事判决书。

2. 案由：故意伤害罪

【基本案情】

被害人董某奇（殁年52岁）系G4高速公路某服务区的保安，被告人马某荣系某服务区B区食堂的厨师，该食堂由马某荣的妻子侯某香承包经营。2018年9月17日6时30分许，董某奇进入厨房洗碗，因为服务区员工一般在餐厅外的洗碗池洗碗，被告人马某荣便不允许董某奇在厨房内洗碗，董某奇骂了马某荣，两人因此发生争吵，随后董某奇持自己手中瓷碗砸向被告人马某荣，被告人马某荣躲开后，加速冲向董某奇，用肩膀将董某奇顶到厨房门边，董某奇被顶开后顺手拿起厨房门口边的电饭煲砸向马某荣，马某荣便拿起手中的不锈钢漏勺去挡，漏勺打到董某奇额头上，马某荣又用手把董某奇往外推，在推的过程中，董某奇去抢马某荣手里的漏勺，没有抢到，就又动手抢马某荣手里的筷子，抢不下来，便将筷子折断，丢在了马某荣的头上，马某荣用右拳打了董某奇的右脸，致董某奇右眼部周围软组织肿胀、鼻腔流血，随后两人停止了打斗。案发后，马某荣未离开餐饮服务部，当日接受公安机关的调查询问。董某奇被打伤后因全身多处疼痛，于当天 11 时许入住衡东县人民医院进行治疗，住院期间，董某奇一直称头昏头痛。2018 年 9 月 23 日，董某奇头痛难忍，主治医生开了中药缓解。次日，董某奇离开医院，在家吃饭时，头痛剧烈，同时伴随呕吐，家属将其送回医院，主治医生诊断为颅内出血，建议转院治疗，董某奇家属将其转院至南华大学衡阳市南华大学附属第一医院进行开颅手术，9 月 28 日晚，董某奇不治身亡。南华大学司法鉴定中心于 2018 年 9 月 25 日出具司法鉴定意见书，鉴定意见为："董某奇，52 岁，左侧额颞顶部硬下膜下出血（慢性硬下膜下血肿）的损伤程度评定为轻伤一级"。司法鉴定中心于 2018 年 11 月 14 日出具司法鉴定意见书，鉴定意见为：董某奇符合在自身高血压病等自身疾病基础上，颅脑损伤术后继发脑干出血、重度脑水肿致小脑扁桃体疝形成，终因中枢性呼吸循环衰竭死亡。2018 年 9 月 25 日，衡东县公安局传唤被告人马某荣到案。

另查明，董某奇在衡东县人民医院住院期间多次离开医院回家。被告人马某荣的家属已赔偿三附带民事诉讼原告人 10.6 万元；附带民事诉讼被告人衡东县大浦镇福满城餐饮服务部已赔偿三附带民事诉讼原告人 7 万元。

【案件焦点】

1. 被告人马某荣的故意伤害行为与董某奇死亡结果之间是否具有刑事上的因果关系；2. 被告人马某荣是否构成正当防卫；3. 被告人马某荣是否构成自首。

【法院裁判要旨】

湖南省衡东县人民法院经审理认为：被告人马某荣故意伤害他

人，致人死亡，其行为已构成故意伤害罪。被告人马某荣主动投案，如实供述自己的罪行，构成自首，依法可对其减轻处罚；本案是多因一果，且被害人董某奇有过错，马某荣又积极赔偿损失，可酌情对其从轻处罚。综上，决定对被告人马某荣减轻处罚。被告人马某荣因其行为给三附带民事诉讼原告人造成的经济损失应予赔偿，由于被害人董某奇在本案中亦存在过错，应减轻被告人的赔偿责任，根据双方的过错程度，认定被告人马某荣对三附带民事诉讼原告人的经济损失承担70%的赔偿责任。湖南省衡阳市衡东县人民法院于2019年11月7日作出（2019）湘0424刑初97号刑事附带民事判决：

一、被告人马某荣犯故意伤害罪，判处有期徒刑五年（刑期从判决执行之日起计算，判决执行以前先行羁押的，羁押一日折抵刑期一日，即自2018年9月25日起至2023年9月24日）；

二、被告人马某荣赔偿附带民事诉讼原告人董雪某、董清某、董某经济损失86040.9元（已赔付）；

三、驳回附带民事诉讼原告人董雪某、董清某、董某的其他诉讼请求。宣判后，被告人马某荣，刑事附带民事诉讼原告人董雪某、董清某、董某均提起上诉。

湖南省衡阳市中级人民法院经审理认为：上诉人马某荣故意伤害他人身体，致人死亡，其行为已构成故意伤害罪。马某荣犯罪以后明知他人已经报案，没有逃离现场，在接受公安机关调查讯问时如实供述自己的罪行，是自首，依法可以减轻处罚。马某荣在二审时认罪认罚，依法可以从宽处罚。被害人在本案中具有一定过错，酌情可以对马某荣从轻处罚。马某荣在一审赔偿被害人经济损失，在二审期间再次赔偿被害人亲属经济损失30万元并取得被害人亲属谅解，酌情可以对马某荣从轻处罚。马某荣故意伤害致被害人轻伤后，被害人符合在自身高血压病等疾病的基础上，颅脑损伤术后继发脑干出血、重度脑水肿致小脑扁桃体疝形成，终因中枢性呼吸循环衰竭死亡，马某荣的故意伤害行为是导致被害人死亡的原因之一，酌情可以对马某荣从轻处罚。辩护人提出“马某荣的行为构成正当防卫，不构成故意伤害罪”。经查，虽然本案系被害人在食堂洗碗并持饭碗砸马某荣所引起，但马某荣随后与被害人打斗，致被害人轻伤，并成为导致被害人死亡的原因之一，马某荣具有故意的主观意图和客观行为，其行为不构成正当防卫，依法应以故意伤害罪追究其刑事责任。故对该辩护意见不予采纳。原判认定由马某荣承担70%的附带民事赔偿责任，符合事实和法律根据，划分承担赔偿责任比例适当。根据马某荣的犯罪情节及悔罪表现，同时马某荣住所地司法局社会调查评估建议对其适用社区矫正，对其宣告缓刑对其所居住社区没有重大不良影响，依法可以对其宣告缓刑。故，湖南省衡阳市中级人民法院于2020年4月26日作出（2020）湘04刑终20号刑事附带民事判决书：

一、维持湖南省衡东县人民法院（2019）湘0424刑初97号刑事附带民事判决第一项对上诉人（原审被告人）的定罪部分判决和第二项、第三项即对附带民事部分的判决；

二、撤销湖南省衡东县人民法院（2019）湘0424刑初97刑事附带民事判决第一项对上诉人（原审被告人）马某荣的量刑部分判决；

三、上诉人（原审被告人）马某荣犯故意伤害罪，判处有期徒刑三年，缓刑四年（缓刑考验期限，从判决确定之日起计算）。

本判决为终审判决。

【法官后语】

一、多因一果刑事因果关系的认定

刑法上的因果关系，是指危害行为与危害结果之间引起与被引起的关系。刑法上的因果关系与事实上的因果关系相区别，刑法上的因果关系需要承担刑事责任，故认定刑法上的因果关系需更加严谨。在具体案件中，首先应进行事实判断，即判断危害行为与危害结果之间是否存在事实上的因果关系，即进行“没有前行为就没有后结果”的判断，此时需要注意是否有介入因素的出现，判断介入因素作用力大小、是否中断因果关系；其次，在确定存在事实上的因果关系之后，再判断是否具有刑法上的可归责性。具体本案而言：第一，在多因一果的情形下，被告人马某荣的故意伤害行为是导致被害人董某奇死亡的原因之一，伤害行为与死亡结果之间具有事实上的因果关系。被告人马某荣有用漏勺和拳头击打被害人额头和右脸的危害行为，该行为导致被害人轻伤，被害人符合在自身高血压、冠心病、糖尿病等多种疾病的基础上，颅脑损伤术后继发脑干出血、重度脑水肿致小脑扁桃体疝形成，终因中枢性呼吸循环衰竭死亡；由此可以认定，如果没有马某荣的故意伤害行为导致轻伤，就不会无缘无故出现董某奇的死亡结果，该行为与结果之间存在事实上的因果关系。第二，被害人自身疾病是刑事因果关系发生时的具体、特定条件，并不属于介入因素。刑法上的因果关系具有条件性和具体性，一种行为可能引起什么样的结果，要取决于行为时的具体条件；也就是说，即使在通常情况下，该行为并不足以引起异常严重的结果，但若在行为时已经存在特殊的具体条件，最终造成异常严重的结果出现，则不能以该特殊的具体条件为由，否定行为与结果之间存在刑法上的因果关系。被告人马某荣虽然实施通常情况下不足以致人死亡的暴力，但是由于被告人实施行为时，被害人已经具有自身疾病这一特殊条件，最终导致了被害人死亡的结果，就应当肯定其二者之间具有因果关系，被害人的死亡是被害人自身疾病与被告人外部暴力共同作用的结果。

二、被告人马某荣不构成正当防卫

《中华人民共和国刑法》第十四条规定，明知自己的行为会发生危害社会的结果，并且希望或者放任这种结果发生，因而构成犯罪的，是故意犯罪。故意犯罪，应当负刑事责任。马某荣与被害人打斗，致被害人轻伤，并成为导致被害人死亡的原因之一，马某荣放任结果的发生，既具有间接故意的主观意图，又具有实施伤害的客观行为，行为与结果之间具有因果关系，其行为已构成故意伤害罪，应当承担刑事责任。但被害人先出口辱骂马某荣，后又用饭碗扔马某荣，被害人在本案中存在过错，可作为量刑情节加以考虑。

《中华人民共和国刑法》第二十条第一款规定，正当防卫是指为了使国家、公共利益、本人或者他人的人身、财产和其他权利免受正在进行的不法侵害，而采取的制止不法侵害的行为。本案中，被告人马某荣与被害人董某奇双方发生争执，继而发生打斗的行为，属于互殴行为，被害人持碗砸向被告人的行为明显不属于不法侵害，马某荣据此而与董某奇发生打斗亦不能认定为制止不法侵害的行为，不符合正当防卫的构成要件。

三、关于自首的认定

《中华人民共和国刑法》第六十七条第一款规定，犯罪以后自动投案，如实供述自己的罪行的，是自首。对于自首的犯罪分子，可以从轻或者减轻处罚。根据司法解释，明知他人报案而在现场等待，抓捕时无拒捕行为，供认的，应当视为自动投案。本案中，马某荣犯罪以后明知他人已经报案，没有逃离现场，在接受公安机关调查讯问时如实供述自己的罪行，是自首，依法可以减轻处罚。

综上所述，一审、二审法院依法判决，既维护了被害人权益，又保障了被告人的权益，为同类案件的认定、处理作出了示范。

编写人：湖南省衡阳市衡东县人民法院　颜君玉

七、妨害社会管理秩序罪

（一）扰乱公共秩序罪

240 向境外信息网络诈骗分子出售银行卡等“四件套”行为的定性

——舒某军等帮助信息网络犯罪活动案

【案件基本信息】

1. 裁判书字号

江苏省无锡市中级人民法院（2020）苏02刑终225号刑事裁定书

2. 案由：帮助信息网络犯罪活动罪

【基本案情】

2019年6月至12月，被告人舒某军纠集被告人赵某、赵某1从常某祥（另案处理）、舒某（另案处理）处收购他人银行卡、U盾、捆绑银行卡的电话卡、办卡人身份证照片（俗称“四件套”）后，明知买家购买上述“四件套”用于实施信息网络犯罪活动，仍转卖给境外买家，牟取非法利益。被告人舒某军负责联系交易的买家和卖家、约定交易价格、验证所购买的银行卡等材料的真实性（即所谓的“验卡”）；被告人赵某负责接收卖家邮寄银行卡等“四件套”的快递、将快递邮寄给买家、与买家和卖家结算钱款以及“验卡”；被告人赵某1负责协助被告人赵某收发快递、结算货款等。被告人舒某军每交易1套银行卡等材料就向被告人赵某分成100元，每月向被告人赵某1支付固定工资人民币3000元。其间，常某祥先后纠集郝某、戴某东、成某（均另案处理）等人在浙江、天津、河北等地，招揽人员办理上述“四件套”，并以每套150元左右的价格进行收购，再加价转卖给被告人舒某军等。2019年9月，被告人舒某军、赵某从舒某处购买持卡人为王某波的银行卡（卡号：622848012873079××××）、银行卡（卡号：622203400003165××××）等“四件套”转卖给境外买家；从常某祥、郝某处购买了持卡人为潘某鑫的银行卡资料以及电话号码1317390××××转卖给境外买家。

2019年11月19日至11月25日，诈骗分子冒充警察谎称家住无锡市滨湖区的章某澍被牵扯进某洗钱案件，骗得章某澍使用所谓的“资产清查系统”进行资产清查并提供担保资金，共骗取章某澍钱款共计人民币2000余万元。其中，诈骗分子使用王某波卡号为622848012873079××××的银行账户收取诈骗章某澍的钱款人民币35万元。在实施诈骗前，诈骗分子还使用从潘某鑫处购买的1317390××××电话号码注册的支付宝账号，为诈骗时联系被害人章某澍的电话号码（1520124××××）进行充值话费，并使用上述相同支付宝账号向王某波的卡号为622848012873079××××的银行账户转账人民币250元。

【案件焦点】

舒某军、赵某、赵某1明知他人利用信息网络实施犯罪，仍结伙向境外信息网络诈骗分子出售银行卡等“四件套”行为是否构成帮助信息网络犯罪活动罪。

【法院裁判要旨】

江苏省无锡市滨湖区人民法院经审理认为：被告人舒某军、赵某、赵某1明知他人利用信息网络实施犯罪，仍结伙为其犯罪提供支付结算等帮助，情节严重，其行为均已构成帮助信息网络犯罪活动罪。被告人舒某军在共同犯罪中起主要作用，系主犯；被告人赵某、赵某1在共同犯罪中起次要作用，系从犯，应当从轻处罚；被告人赵某曾因犯抢劫罪被判处有期徒刑，在刑罚执行完毕五年以内再犯应当判处有期徒刑以上刑罚之罪，系累犯，应当从重处罚；被告人舒某军归案后能够如实供述犯罪事实，可以从轻处罚；被告人舒某军、赵某、赵某1认罪认罚，均可以依法从宽处理。

江苏省无锡市滨湖区人民法院依照《中华人民共和国刑法》第二百八十七条之二第一款，第二十五条第一款，第二十六条第一款、第四款，第二十七条，第六十五条第一款，第六十七条第三款，第六十四条，《最高人民法院、最高人民检察院关于办理非法利用信息网络、帮助信息网络犯罪活动等刑事案件适用法律若干问题的解释》第十一条第四项，第十二条之规定，判决如下：

一、被告人舒某军犯帮助信息网络犯罪活动罪，判处有期徒刑一年六个月，并处罚金人民币二万元；

二、被告人赵某犯帮助信息网络犯罪活动罪，判处有期徒刑一年，并处罚金人民币一万元；

三、被告人赵某1犯帮助信息网络犯罪活动罪，判处有期徒刑十个月，并处罚金人民币八千元；

四、责令被告人舒某军、赵某、赵某1退赔被害人章某澍经济损失人民币三十五万元；

五、追缴被告人舒某军违法所得人民币九千元；被告人赵某违法所得人民币九千元；被告人赵某1违法所得人民币九千元。

一审宣判后，舒某军、赵某、赵某1均不服一审判决提出上诉。

江苏省无锡市中级人民法院经审理认为：原审判决的审判程序合法，认定事实清楚，证据确实、充分，适用法律正确，量刑适当，应予维持。依照《中华人民共和国刑事诉讼法》第二百三十六条第一款第一项之规定，作出如下裁定：

驳回上诉，维持原判。

【法官后语】

帮助信息网络犯罪活动罪在实质上属于不特定信息网络犯罪的帮助犯，因而理论界有研究将帮助信息网络犯罪活动罪的设立称之为“帮助犯的正犯化”。司法实践中，对于该罪的法律适用，应当从行为人的主观状态、行为内容、行为效果三个方面进行分析认定。

一、主观状态上明知他人利用信息网络实施犯罪

帮助信息网络犯罪活动罪的适用对象应当排除中立的技术层面的“帮助”。因此，刑法条文明确规定该罪的成立需要“主观明知”要件，在“有责性”判断层面为哪些面向不特定公众的正常业务行为在特定情形下表现为他人的信息网络犯罪提供帮助之情形，朝着中立技术行为方向解释以排除“违法性”认定提供了空间，从而避免客观归罪。在本罪的主观明知认定方面，由于行为人供述存在较大的趋利避害倾向和反反复复的不确定性，因此实践中往往通过分析行为人的客观行为并结合其认知能力、既往经历、交易对象、与上游信息网络犯罪行为人的关系、获利情况、出租、出售“两卡”的次数、张数等要素认定，同时注重听取行为人的辩解，并根据其辩解合理与否予以综合认定。这样既避免了防止片面倚重行为人的

供述认定明知，也防止避免仅以行为人有出售“两卡”行为就直接推定明知。本案中，上诉人等人既供述明知境外买家实施信息网络犯罪活动，客观上又在较长时间内持续实施了多次买、卖多套具有支付结算功能的网银“四件套”并从中牟取非法利益的行为，这表明上诉人不仅在既证事实层面上已经处于主观明知状态，还符合上述司法实践所认可的推定的主观明知，且无相反证据佐证排除。因此，符合帮助信息网络犯罪活动罪所要求的主观要件。

需要说明的是，本案对主观明知的审查认定，与后续2021年6月《最高人民法院、最高人民检察院、公安部关于办理电信网络诈骗等刑事案件适用法律若干问题的意见（二）》的相关精神和要求是契合的。该司法解释文件规定，认定行为人“明知他人利用信息网络实施犯罪”，应当根据行为人收购、出售、出租信用卡、银行账户等，或者他人手机卡、流量卡、物联网卡等的次数、张数、个数，并结合行为人的认知能力、既往经历、交易对象、与实施信息网络犯罪的行为人的关系、提供技术支持或者帮助的时间和方式、获利情况以及行为人的供述等主客观因素，予以综合认定。

二、客观行为上实施了出售银行卡等“四件套”的行为

帮助信息网络犯罪活动罪的规制行为对象是除独立网络犯罪行为本体外的帮助行为，且该帮助行为的涵盖范围远超过传统处于从犯地位的辅助性帮助行为。虽然“网络犯罪活动行为”之主体行为与“帮助行为”之间具有“正犯”和“非正犯”之主从犯关系特征，但是刑法对帮助信息网络犯罪活动行为设立单独罪名，使得利用信息网络实施的犯罪行为本身的存在只是帮助信息网络犯罪活动罪成立的事实基础和前提，而不是适用行为对象，二者之间没有指涉关系。因此，帮助信息网络犯罪活动罪的成立和适用要求除本体

网络犯罪行为外的其他行为的存在。本案中，境外买家在实施网络诈骗时需要相应的支付、结算等方面的协助支持，在此基础上，上诉人则实施了向境外买家出售、提供银行卡等“四件套”的行为，符合帮助信息网络犯罪活动罪所要求的行为要件。

三、实际效果上能够为他人利用信息网络实施犯罪提供支付、结算等帮助

帮助信息网络犯罪活动罪所针对的除信息网络犯罪行为外的“其他行为”与“信息网络犯罪行为”在行为内涵上不必然具有同质性和共存性，二者可以独立存在。但二者之间结合后表现为一种支持、助益关系，集中体现为“帮助”与“被帮助”之内涵。本案中，上诉人所出售银行卡等“四件套”在日常运作中可以为持有主体提供查询、收款、转账等服务项目，在性质和功能上满足了境外买家顺利进行信息网络犯罪时在支付、结算等关键环节的协助需求，且境外买家利用购得的该银行卡等“四件套”成功完成了诈骗收款，符合刑法条文所规定的行为结果要求。

综上，本案中，上诉人的行为符合《中华人民共和国刑法》第二百八十七条之二所规定的帮助信息网络犯罪活动罪的构成要件，应当以该罪定罪处罚。

编写人：江苏省无锡市中级人民法院　蒋璟　李奇才

241 通过伪造事业单位印章手段转移待继承房产的性质认定

——汤某伪造事业单位印章案

【案件基本信息】

1. 裁判书字号

北京市第二中级人民法院（2020）京02刑终98号刑事裁定书

2. 案由：伪造事业单位印章罪

【基本案情】

2016年9月6日，被告人汤某使用伪造的某公证处公证书和伪造的其母栗某的委托书，授意张某代理栗某，将属于栗某所有的某房屋过户给汤某。经某价格认证中心认定，该房屋评估价值为人民币430.14万元。栗某于2017年3月18日书写遗嘱，指定上述房屋由被告人汤某及栗某的女儿汤某1、孙女汤某2继承。2017年4月16日，栗某因病去世。被告人汤某于2017年6月28日在其他继承人不知情的情况下，将涉案房屋予以出售。

被告人汤某于2018年5月30日被公安机关抓获。

【案件焦点】

汤某的行为是否符合盗窃罪的构成要件，应当以手段行为即伪造事业单位印章罪定罪处罚，还是按照伪造事业单位印章罪与盗窃罪的竞合情形从一重罪处断。

【法院裁判要旨】

北京市西城区人民法院经审理认为：我国刑法没有明确盗窃罪的对象是否包括不动产，但一般而言，盗窃罪的客体是动产。实践中，不动产所有权会因非法盗卖而遭受侵犯，但因不动产所具有的“不可移动性”，行为人无法完全做到秘密窃取并占有，因而不动产不适合作为盗窃罪的犯罪对象。本案中，被告人汤某将其母亲房屋所有权秘密转移到其名下，但房屋依旧由其母亲栗某继续占有居住，栗某并未实际失去对房屋的控制，汤某无法实际处置该房屋。而且本案中死者不能作为房屋的权利主体，不应将汤某在其母亲去世后秘密出售房屋的行为等同盗窃其母亲栗某房屋行为的实施终了，更不能认定为汤某盗窃了继承人（汤某、汤某1、汤某2）的房产，而是未经其他权利人同意的私自处分行为。被告人汤某损害了其他继承人的合法权益，其他继承人可通过民事救济途径解决，被告人汤某的行为不构成盗窃罪。另被告人汤某为将其母亲房产过户到其名下，向他人提供身份、房产信息伪造公证书与委托书，并为此支付高额报酬，并知晓伪造的公证书中盖有某公证处印章，其行为构成伪造事业单位印章罪。

北京市西城区人民法院依照《中华人民共和国刑法》第二百八十条第二款、第五十二条、第五十三条之规定，作出如下判决：

汤某犯伪造事业单位印章罪，判处有期徒刑二年六个月，并处罚金人民币六千元。

北京市西城区人民检察院提起抗诉。北京市第二中级人民法院经审理认为：（1）在案证据显示，汤某使用伪造的公证书、委托书等材料的时间早于其办理涉案房屋上市交易手续的时间，且办理涉案房屋产权变更时采用了非正常的方式，栗某病重后自书遗嘱对涉案房屋进行财产分配，汤某变更产权后进行了多次抵押贷款，结合汤某在侦查阶段的多次供述，可以认定栗某对于其房屋已被汤某过户一事并不知情。（2）对汤某行为的定性问题。房屋作为不动产具有不可移动性，汤某虽然在其母栗某不知情的情况下变更了涉案房屋的所有权证，但栗某仍在该房屋内居住直至去世，依然享有占有、使用等权能，在此情况下汤某无法对涉案房屋进行出售，故其对房屋的所有权并没有完全取得和实现。汤某在其母亲去世后，将处于待继承状态的涉案房屋出售，实际上侵犯了其他继承人的民事权利，其他继承人可以通过民事途径进行解决，汤某的行为不宜评价为盗窃行为。汤某在办理房产过户中，向他人支付报酬，提供身份、房产等信息，伪造了盖有某公证处印章的公证书、委托书等材料并使用，其行为符合伪造事业单位印章罪的法定构成要件，应予刑罚处罚。

北京市第二中级人民法院依照《中华人民共和国刑事诉讼法》第二百三十六条第一款第一项之规定，作出如下裁定：

驳回抗诉，维持原判。

【法官后语】

本案是近年来司法实践中较为少见的案件类型，既涉及手段行为与结果行为的竞合情形，又涉及民事法律行为与刑事法律行为的交叉情形，在犯罪行为性质认定方面争议较大。

总体来看，司法实务中主要有两种争议意见：一是伪造事业单位印章犯罪与民事行为相竞合，以伪造事业单位印章罪判处；二是伪造事业单位印章罪与盗窃罪相牵连，以盗窃罪科以刑罚。

本案中，控辩双方对被告人汤某的手段行为构成伪造事业单位印章罪没有异议，对被告人汤某将房屋过户的结果行为是否构成犯罪，以及构成何罪系争议焦点所在。

本案中，抗诉机关认为，被告人汤某主观上对涉案房屋有非法占有的目的，客观上实施了伪造公证书、委托书的方式，在房屋产权人栗某不知情的情况下，将房屋转移至自己名下，其行为构成盗窃罪。但是在传统意义上，盗窃罪中的“公私财物”应当具有可移动的特征，房屋作为不动产不能成为盗窃侵犯的对象，即便是被告人汤某将房产转移所有权登记，亦不能达到实际居住、全然占有的所有权意义，房屋依旧由其母亲栗某继续占有居住，栗某并未实际失去对房屋的控制，如果栗某及时发现并提供证据，则完全可以通过民事救济手段拿回所有权。因此，在这个意义上，将被告人的行为定性为盗窃有不合理之处。

本案属于刑民交叉案件，被告人汤某涉嫌伪造事业单位印章犯罪和涉案房屋的买卖属于两个法律关系，伪造事业单位印章犯罪与违法的民事行为相竞合，对被告人汤某应当以伪造事业单位印章罪定罪处罚。具体理由如下：一是被告人汤某为过户房屋，以提供信息、高额购买的形式指使他人伪造相关印章，其行为符合伪造事业单位印章罪的构成要件；二是综合全案被告人汤某的行为性质和社会危害性等情节，伪造事业单位印章罪的量刑幅度更符合罪责刑相适应原则；三是对于汤某转卖房屋的合同效力的判断和认定应当依据民事合同相关法律法规进行处理，不应一揽子作为刑事犯罪进行评价，否则对违法所得财物的处理亦会陷入一个新的困局，如是否应该在刑事判决的判项中运用民事审判的原则按照遗嘱确定的份额对追缴的违法所得进行发还，以及汤某既是本案的被告人又是本案间接的受害人（作为遗嘱受益人可以扣除部分追缴金额）。而对被告人汤某的手段行为进行刑事处罚，转移房产的事实交由民事案件解决，不仅能够保障其他遗产继承人的财产利益，也能够避免处理刑民交叉案件中财产处理的困境。综上，对被告人汤某应当以伪造事业单位印章罪科以刑罚。

编写人：北京市西城区人民法院　王红奎　冀敏

242 伪造临时行驶车号牌是否构成伪造、买卖国家机关证件罪

——米某林伪造、买卖国家机关证据案

【案件基本信息】

1. 裁判书字号

四川省遂宁市中级人民法院（2019）川09刑终122号刑事裁定书

2. 案由：伪造、买卖国家机关证据罪

【基本案情】

被告人米某林作为某林公司的法定代表人，为谋取利益，从“杜哥”（未查实）处购入大量虚假的空白临时车牌。2016年7月开始，被告人米某林在位于遂宁市船山区健坤大道的某林公司门面内，安排销售人员以套打驾驶人信息、车辆信息及有效期等方式伪造临时车牌，并以每套150元至200元不等的价格出售给他人使用。2018年6月29日10时许，公安机关对该公司进行搜查，扣押了99张盖有四川省成都市公安交通警察支队印章的空白临时行驶车号牌，经认定上述临时车牌系伪造的牌证。另查明，被告人米某林的家属代其退缴违法所得2万元，并由公安机关扣押。

【案件焦点】

本案被告人伪造临时行驶车号牌的行为是否构成伪造、买卖国家机关证件罪。

【法院裁判要旨】

四川省遂宁市船山区人民法院经审理认为：被告人米某林为获取非法利益，明知是伪造的临时行驶车号牌而进行买售，其行为已构成伪造、买卖国家机关证件罪。被告人米某林主动投案后，虽对其行为性质进行辩解，但如实供述了其犯罪行为，系自首，可以从轻或减轻处罚。被告人主动退缴部分违法所得，可以酌情从轻处罚。综合被告人的犯罪事实、性质、情节、社会危害后果及悔罪态度，依照《中华人民共和国刑法》第二百八十条第一款、第六十七条第一款、第五十二条、第五十三条第一款、第六十四条的规定，作出如下判决：

一、被告人米某林犯伪造、买卖国家机关证件罪，判处有期徒刑二年，并处罚金两万元；

二、对被告人米某林的其余违法所得三十二万二百二十六元依法予以追缴，对扣押的临时号牌依法予以没收。

该案判决后，被告人米某林提出上诉，认为临时行驶车号牌与机动车号牌都是识别标志，并且临时行驶车号牌也不具有物权性质，因此，不是国家机关证件，临时行驶车号牌相当于行驶证无法律明确规定，并且其作用低于正式号牌。

四川省遂宁市中级人民法院经审理认为：被告人米某林为获取非法利益，明知是伪造的临时机动车号牌并进行买售，其行为已构成伪造、买卖国家机关证件罪。公诉机关指控的事实和罪名成立。

被告人米某林及其辩护人提出其不知道购买的临时号牌是伪造的、机动车临时号牌不是国家机关证件、不构成伪造、买卖国家机关证件罪、违法所得没有36万元等辩解、辩护意见，经查，上述证据相互印证并形成证据锁链，能够证实被告人作为长期从事汽车销售业务的专业人员，其应当知道办理机动车临时号牌的正规流程且具有辨别真伪的能力，同时，被告人以明显高于车管部门应当收取的价格向他人出售，获取非法利益，由此可以认定其主观方面具有明知的犯罪故意，故该辩解意见缺乏事实和法律依据，不予采纳；本罪涉案证件的本质特征是该证件上伪造了具有被认为是代表国家机关意志的图案、文字、色彩、印章的外观形象，且此外观形象足以获得相关国家机关或社会公众的认可。本案查明的涉案号牌是临时机动车号牌，而不是正式号牌。正式的机动车号牌由文字、字母、数字等组成，起标志、标识作用，而临时机动车号牌不仅印有文字、字母、数字等，其背面还印有机动车所有人、住址、车辆类型、厂牌型号、车辆识别代码、发动机号码等信息栏目，并由公安机关交通管理部门盖章，因此，它不仅是车辆的标志，还具有公安机关交通管理部门的证明作用，故本案的临时机动车号牌具有国家机关证件的性质，被告人的行为应当构成伪造、买卖国家机关证件罪。

综上，原判认定事实清楚，适用法律正确，量刑适当，审判程序合法。四川省遂宁市中级人民依照《中华人民共和国刑事诉讼法》第二百三十六条第一款第一项之规定，作出如下裁定：

驳回上诉、维持原判。

【法官后语】

该案例涉及临时行驶车号牌是否等同于民用机动车号牌以及是

否属于国家机关证件这一争议问题。根据《机动车登记规定》第四十六条的规定："机动车具有下列情形之一，需要临时上道路行驶的，机动车所有人应当向车辆管理所申领临时行驶车号牌：（一）未销售的；（二）购买、调拨、赠予等方式获得机动车后尚未注册登记的……"第四十七条规定："机动车所有人申领临时行驶车号牌应当提交以下证明、凭证：（一）机动车所有人的身份证明；（二）机动车交通事故责任强制保险凭证；（三）属于本规定第四十五条第（一）项、第（四）项规定情形的，还应当提交机动车整车出厂合格证明或者进口机动车进口凭证；（四）属于本规定第四十五条第（二）项规定情形的，还应当提交机动车来历证明，以及机动车整车出厂合格证明或者进口机动车进口凭证；（五）属于本规定第四十五条第（三）项规定情形的，还应当提交书面申请和机动车安全技术检验合格证明。"

机动车号牌虽由公安机关交通管理部门统一制发，但是，第一，民用机动车号牌不具有权威性。从制作程序上看，民用机动车号牌虽由公安机关统一制作，但可由机动车所有人参与选号制作，具有一定的个性化特征，缺乏国家机关证件唯一性、权威性的特点。从内容上看，民用机动车号牌只是中英文和数字的组合，并不加盖主管机关的印章，仅起到机动车上路行驶有效识别载体的作用，不具有国家机关证件通常具备的特征；第二，民用机动车号牌不足以使公众对其产生合理信赖。在处理交通事务中，体现机动车身份信息的证件是机动车行驶证，而机动车号牌既不是机动车行驶证的必要组成部分，更不能替代行驶证的证明效力，即使是普通民众，也不会仅凭车辆号码就能确认机动车的具体信息，行为人持有车辆号牌也不足以证明其与机动车的关联性。

而临时行驶车号牌是根据公安部规定制作并具有普遍证明力的证件，从功能上，具有权威性并且能体现机动车的具体信息，能体现持有人与机动车的关联性；从形式上，具有国家机关印章。

从本案扣押的99张空白临时行驶车号牌及证人证实等，米某林伪造、买卖的临时行驶车号牌有车主姓名、车架号、有效期、签发人、成都市公安局交通警察车辆管理所及其印章，米某林伪造、买卖的临时行驶车号牌具备国家机关证件的特征。米某林的行为侵害的法益是国家机关公文、证件、印章的公共信用，并且其行为具有较大的社会危害性，应受到刑事处罚。综上，米某林的行为构成伪造、买卖国家机关证件罪。本案对于办理类似性质的案件，具有一定的参考意义。

编写人：四川省遂宁市中级人民法院　文晏萍　康雅情

243 明知他人破坏计算机信息系统而提供资金投放广告并发布赌博游戏发展会员获利的行为如何定性

——闫某超、田某破坏计算机信息系统、开设赌场案

【案件基本信息】

1. 裁判书字号

河南省安阳市中级人民法院（2019）豫05刑终454号刑事判决书

2. 案由：破坏计算机信息系统罪、开设赌场罪

【基本案情】

王某（另案处理）通过租用左某（另案处理）等人带有攻击软件的服务器，以攻击直播平台服务器相威胁，向“××道”“××享”“××人”等直播平台老板联系讹取平台广告位。被告人闫某超、田某在成为“××圈”赌博游戏平台代理后，为发展游戏玩家，在明知王某是以上述方式获取广告位的情况下，仍然以每天500元到3000元不等的价格租用王某的直播平台广告位发布“××圈”赌博游戏广告信息。2017年8月至10月，闫某超、田某通过支付宝转账方式向王某支付广告位租金约231000元。

自2017年1月至12月，被告人闫某超、田某、程某生利用“××圈”赌博游戏平台，通过在××朋友圈、“××手”“××道”“××享”等网络平台上发布“××圈”游戏平台广告发展会员进行赌博，为各自的会员提供上分下分服务，从中谋取利润。其中，闫某超在代理“××圈”赌博游戏平台期间非法获利600007.35元；田某在代理“××圈”赌博游戏平台期间非法获利59783.91元；程某生在代理“××圈”赌博游戏平台期间非法获利111767.92元。闫某超、田某、程某生在公安机关分别退缴违法所得100000元、59783.91元、111767.92元。

【案件焦点】

1. 对于行为人明知他人破坏计算机信息系统而向其提供资金投放广告并发布赌博游戏发展会员获利的行为，是否应当认定为破坏计算机信息系统罪的共犯；2. 其与开设赌场罪是否适用牵连犯处罚规则。

【法院裁判要旨】

河南省林州市人民法院经审理认为：闫某超、田某明知他人通过攻击取得广告位而租用，后果特别严重，二人均构成破坏计算机信息系统罪且系主犯；二人同时构成开设赌场罪，应数罪并罚，依照《中华人民共和国刑法》第二百八十六条第一款，第三百零三条第二款，第二十五条第一款，第二十六条第一款、第四款，第六十七条第一款、第三款，第六十九条，第七十二条第一款、第三款，第六十四条；《最高人民法院、最高人民检察院关于办理危害计算机信息系统安全刑事案件应用法律若干问题的解释》第九条之规定，作出如下判决：

一、被告人闫某超犯破坏计算机信息系统罪，判处有期徒刑五年；犯开设赌场罪，判处有期徒刑四年，并处罚金四万元，数罪并罚，决定执行有期徒刑八年六个月，并处罚金四万元；

二、被告人田某犯破坏计算机信息系统罪，判处有期徒刑五年；犯开设赌场罪，判处有期徒刑三年，并处罚金三万元，数罪并罚，决定执行有期徒刑七年六个月，并处罚金三万元；

三、被告人程某生犯开设赌场罪，判处有期徒刑三年，缓刑四年，并处罚金六万元；

四、被告人闫某超、田某、程某生退缴的违法所得予以没收，闫某超未退缴的违法所得六十万七元三角五分继续追缴；

五、作案工具苹果牌手机6部，电脑主机6台予以没收，其中6台电脑主机依法由扣押机关处理。

闫某超、田某提出上诉。

河南省安阳市中级人民法院经审理认为：同意一审法院关于定罪的裁判意见，但认为闫某超、田某在破坏计算机信息系统犯罪中，起次要作用，系从犯，应予以减轻处罚，依照《中华人民共和国刑法》第二百八十六条第一款，第三百零三条第二款，第二十五条第一款，第二十七条，第六十七条第一款、第三款，第六十九条，第七十二条第一款、第三款，第六十四条；《最高人民法院、最高人民检察院关于办理危害计算机信息系统安全刑事案件应用法律若干问题的解释》第九条和《中华人民共和国刑事诉讼法》第二百三十六第一款第二项之规定，作出如下判决：

一、维持林州市人民法院（2018）豫0581刑初658号刑事判决第一项、第二项关于被告人闫某超、田某犯破坏计算机信息系统罪的定罪部分及开设赌场罪的定罪和量刑部分；

二、维持林州市人民法院（2018）豫0581刑初658号刑事判决第三项、第四项、第五项；

三、撤销林州市人民法院（2018）豫0581刑初658号刑事判决第一项、第二项关于被告人闫某超、田某犯破坏计算机信息系统罪的量刑部分；

四、上诉人闫某超犯破坏计算机信息系统罪，判处有期徒刑三年；犯开设赌场罪，判处有期徒刑四年，并处罚金四万元，决定执行有期徒刑六年六个月，并处罚金四万元；

五、上诉人田某犯破坏计算机信息系统罪，判处有期徒刑三年；犯开设赌场罪，判处有期徒刑三年，并处罚金三万元，决定执行有期徒刑五年六个月，并处罚金三万元。

【法官后语】

1. 行为人明知他人破坏计算机信息系统而向其提供资金投放广告的行为构成破坏计算机信息系统罪的共犯

第一，破坏计算机信息系统罪主观上不要求有特定目的。对于该罪不要求其必须存在破坏计算机信息系统的特定目的而只需要认定其"明知"的故意，因为对于利用网络技术类犯罪，在人人均可接触网络、应用网络的前提下，区分行为人的技术水平高低、操作失误与否等主观形式是存在相当难度的，因而更要着眼于行为人的故意内容而非更为深远、难测的心理态度，也因此刑法上将该罪明确为结果犯而非目的犯，也就不存在犯罪的未完成形态，这既是出于不随意扩大打击面，也是出于不致阻延计算机技术的普及或信息产业的发展的考量。无论行为人的主观目的如何，均不应影响本罪的成立。本案中有证据可证实行为人均明确知道王某是通过影响计算机信息系统功能安全和正常运行讹取的平台广告位，可认定其"明知"的主观故意。

第二，构成破坏计算机信息系统罪的共犯客观上应当造成一定的实害后果。根据《最高人民法院、最高人民检察院关于办理危害计算机信息系统安全刑事案件应用法律若干问题的解释》第九条规定，明知他人实施破坏计算机信息系统的犯罪行为，仍通过委托投放广告等方式向其提供资金5000元以上的即应当认定为共同犯罪。该司法解释明确将从危害计算机系统安全行为获得帮助并向其提供资金的行为作为共犯处理。该罪以是否造成严重后果为构罪与否的分水岭，具体到本案，可认定行为人闫某超、田某明知王某实施《中华人民共和国刑法》第二百八十六条规定的行为，又通过委托投放广告等方式分别向其提供资金25000元以上（以5000元为标准，以该标准的五倍为后果特别严重的分水岭），均达到了"后果特别严重"，应当认定行为人在破坏计算机信息系统罪中为共同犯罪，应依照《中华人民共和国刑法》第二百八十六条的规定定罪处罚。

第三，量刑时应当综合考量行为人在共同犯罪中所起的作用。

行为人未直接参与对计算机系统功能的删除、修改、增加、干扰等行为虽不能成为否定其构罪的理由，但却是认定其在犯罪中所起作用的重要考量情节，即二人在破坏计算机信息系统罪中的作用仅为明知王某的犯罪行为而仍然予以资金投入，因而从整体而言其在“造成计算机信息系统不能正常运行”“后果特别严重”的结果中所起作用相对较小，故将二人与王某共同列为本罪的主犯，显然容易造成罪责刑不相适应。二审法院充分注意到该点，改判认定行为人系从犯，予以减轻处罚，实现罚当其罪。

2. 行为人开设赌场与破坏计算机信息系统的两个犯罪行为不构成牵连犯，应当数罪并罚

第一，行为人的两个犯罪行为之间关联程度并不密切，不宜认定为牵连犯从一重罪论处。在判断两罪是否构成牵连犯应当坚持主客观统一说，行为人主观上具有牵连的意思，在客观上具有通常的方法或结果关系，认定牵连关系的客观标准要求数行为形式上要形成手段与目的、原因与结果的对应关系，并且该种判断应基于客观立场，要求成立手段与目的牵连关系时，手段行为应当是作为目的的犯罪行为常用的手段，当成立原因与结果牵连关系时，结果行为应当作为原因的犯罪行为的当然结果。本案中行为人两个行为触及两个罪名，但破坏计算机信息系统犯罪既非开设赌场犯罪的常用手段，也非必然手段，且前罪有明确构罪的司法解释，而无关犯罪目的，两罪相互之间在性质上区别较大，并且在观念和生活常识之间缺乏联系，其方法行为和目的行为是完全可以分割的，并非通用的、必然的行为，不符合牵连犯的客观标准，也不符合想象竞合犯的原则，因存在两个相对独立的行为和主观故意，故不宜认定为牵连犯，而应数罪并罚。

第二，两个犯罪行为相互独立，应当分别予以评价，以一罪定罪不符合罪责刑相适应原则。刑罚的轻重应当与犯罪分子所犯罪行和承担的刑事责任相适应，在认定牵连犯择一重罪处断时，另一未单独定罪的犯罪行为通常作为最终定罪罪名的量刑情节。如果被破坏的法益之间不存在包含关系，适用某一个单独的法条无法对行为人行为的不法作出全面评价时，则需要同时适用多个法条实行数罪并罚，否则便悖于充分评价原则。在本案中，仅以开设赌场罪定罪，则行为人在破坏计算机信息系统共同犯罪中提供资金达到“后果特别严重”的行为无法得到评价；仅以破坏计算机信息系统罪定罪，则行为人开设赌场发展会员获利的行为无法作为量刑情节。同时根据《中华人民共和国刑法》第二百八十七条的规定，利用计算机实施金融诈骗、盗窃、贪污、挪用公款、窃取国家秘密或者其他犯罪的，依照本法有关规定定罪处罚。该条旨在说明，凡是以计算机为工具所实施的犯罪，均应当以行为人所实施的危害行为所符合的具体犯罪来定罪量刑，构成何罪就以何罪追究刑事责任，这是立足于当下网络犯罪高频且逐渐成为传统犯罪的手段、方法的提示性规定。定何罪名，关键是看行为人利用计算机实施犯罪的过程中是否造成严重后果，其他犯罪行为是否符合构罪要件。本案中提供资金的行为显然已符合司法解释规定的“后果特别严重”，开设赌场的犯罪行为也完全可以认定，以其实施的两个犯罪行为分别定罪是适当的，故应当数罪并罚。

针对同时涉及破坏计算机信息系统罪与其他罪名的情形应如何定性，笔者认为，第一，如果通过破坏计算机信息系统一个行为来实施其他破坏性犯罪的，按照想象竞合从一重罪从重处罚。第二，如果实施某种犯罪是以破坏计算机信息系统为常用方法行为的，则按牵连犯择一重罪处罚。第三，如果存在明知破坏计算机信息系统的主观故意并造成严重后果，但实施目的行为不以破坏计算机信息系统为常用手段的，宜按照数罪并罚论处。对数罪的裁判根据具体案情加以区分，更为契合立法背景、时代变迁、法益保护与体系逻辑自洽性。

编写人：河南省安阳市中级人民法院　刘丽杰　申江波

244　利用挂机辅助软件刷取游戏道具并转卖获利的定性

——周某等破坏计算机信息系统案

【案件基本信息】

1. 裁判书字号

河南省许昌市中级人民法院（2019）豫10刑终381号刑事裁定书

2. 案由：破坏计算机信息系统罪

【基本案情】

2018年4月至7月，被告人周某、周某龙在“××宾馆”二楼合作开办工作室，通过购买多个游戏账号，使用在网上购买的“××捕鱼助手”挂机辅助软件，采用自动挂机、一机多开的方式，刷取××公司“××达人3D”游戏道具，并将挂机中获取的游戏道具转卖获利17054.5元；2018年4月至9月，被告人李某宇在上述地点使用同样的手段和挂机辅助软件刷取××公司“××达人3D”游戏道具转卖获利59071元。经鉴定，“××捕鱼助手”修改了游戏“××达人3D”的功能，并对其游戏规则、正常操作流程和正常运行方式造成了破坏，属于破坏性程序。

案发后，被告人周某龙、李某宇自动到案，并如实供述了自己的犯罪事实。

鄢陵县公安局2018年8月16日在周某、周某龙工作室扣押被告人周某、周某龙涉案台式电脑主机1台，2018年9月6日在周某、周某龙工作室扣押被告人周某、周某龙涉案电脑主机12台，在李某宇工作室扣押被告人李某宇案涉电脑主机20台。

【案件焦点】

1. 案涉程序"××捕鱼助手"挂机辅助软件是否属于非法互联网出版物，被告人周某等人的行为是否构成非法经营罪；2. 如不构成非法经营罪，被告人周某等人的行为是否构成破坏计算机信息系统罪。

【法院裁判要旨】

河南省许昌市鄢陵县人民法院经审理认为：被告人周某、周某龙、李某宇违反国家规定，利用案涉程序，对计算机信息系统中存储、处理或者传输的数据和应用程序进行删除、修改、增加的操作，其犯罪行为在客观上破坏了游戏"××达人3D"的游戏规则、正常操作流程和正常运行方式，本质上属于修改网络游戏运行数据，干扰网络游戏服务端计算机信息系统功能，危害计算机信息系统安全的行为。被告人周某、周某龙违法所得17054.5元，后果严重，被告人李某宇违法所得59071元，后果特别严重，其行为均已构成破坏计算机信息系统罪。公诉机关的指控成立，法院予以支持。被告人周某与被告人周某龙合伙开办游戏工作室，并积极参与破坏计算机信息系统的活动，在共同犯罪中均起主要作用，系主犯，应当按照其所参与的全部犯罪处罚。三名被告人违法所得数额系根据李某宇记账记录，按照收购价格最低价计算得出，故被告人李某宇对犯罪数额有异议的辩称不成立。三名被告人对公诉机关指控的事实供认不讳，其辩解系对行为性质的错误理解，被告人周某仍应构成坦白，被告人周某龙、李某宇仍应构成自首，故对被告人周某、周某龙可从轻处罚，对被告人李某宇可减轻处罚。被告人周某的辩护人关于其无前科、认罪态度较好、系坦白、被害人不予追究的辩护意见符合本案事实及法律规定，法院予以采纳；其他辩护意见不符合本案事实及法律规定，法院不予采纳。被告人周某龙的辩护人关于其系自首的辩护意见符合本案事实及法律规定，法院予以采纳；其他辩护意见不符合本案事实及法律规定，法院不予采纳。被告人李某宇的辩护人关于被告人李某宇系自首的辩护意见符合本案事实及法律规定，法院予以采纳；其他辩护意见不符合本案事实及法律规定，法院不予采纳。被告人周某、周某龙违法所得 17054.5 元，被告人李某宇违法所得 59071 元，应当予以追缴。鄢陵县公安局扣押的被告人周某与被告人周某龙电脑主机 13 台、被告人李某宇电脑主机 20 台系作案工具，应当予以没收，由扣押单位鄢陵县公安局上缴国库。

河南省许昌市鄢陵县人民法院依照《中华人民共和国刑法》第二百八十六条第一款、第二款，第二十五条第一款，第二十六条第一第、第四款，第六十七条第一款、第三款，第六十四条以及《最高人民法院、最高人民检察院关于办理危害计算机信息系统安全刑事案件应用法律若干问题的解释》第四条第一款第三项、第二款第一项之规定，作出如下判决：

一、被告人周某犯破坏计算机信息系统罪，判处有期徒刑一年三个月；

二、被告人周某龙犯破坏计算机信息系统罪，判处有期徒刑一年；

三、被告人李某宇犯破坏计算机信息系统罪，判处有期徒刑二年；

四、继续追缴被告人周某、被告人周某龙违法所得一万七千五十四元五角，被告人李某宇违法所得五万七千七十一元，依法上缴国库；

五、侦查机关扣押的作案工具被告人周某与被告人周某龙电脑主机 13 台、被告人李某宇电脑主机 20 台（未随案移送）予以没收，由扣押单位鄢陵县公安局上缴国库。

周某、周某龙、李某宇持无罪辩解提起上诉。

河南省许昌市中级人民法院经审理认为：周某、周某龙、李某宇违反国家规定，利用案涉程序，对计算机信息系统中存储、处理或者传输的数据和应用程序进行删除、修改、增加的操作，其中周某、周某龙违法所得 17054. 5 元，后果严重，李某宇违法所得 59071 元，后果特别严重，其行为均已构成破坏计算机信息系统罪。原判认定事实清楚，证据确实、充分，定性准确，量刑适当，审判程序合法，周某、周某龙、李某宇的上诉理由以及三上诉人辩护人的辩护意见均不成立，法院不予采纳。

河南省许昌市中级人民法院依照《中华人民共和国刑事诉讼法》第二百三十六条第一款第一项之规定，作出如下裁定：

驳回上诉，维持原判。

【法官后语】

本案在审理过程中，主要形成了两种意见：

第一种意见认为，被告人周某等人以牟利为目的，违反国家规定，未经国家主管部门批准，未获得××公司许可和授权，购买明知是破坏了他人享有著作权的互联网游戏作品技术保护措施并修改了他人游戏作品数据的非法互联网出版物“××捕鱼助手”外挂软件使用到××公司享有著作权的游戏程序上，进行经营活动，牟取非法利益，违法所得数额在 1 万元以上，情节严重，侵害了市场管理和公平竞争秩序，构成非法经营罪。

第二种意见认为，被告人周某等人使用的“××捕鱼助手”外挂软件不影响游戏的正常使用，对计算机信息系统没有造成影响。被告人周某等人的行为不构成犯罪。被告人周某等人违反国家规定，利用涉案程序“××捕鱼助手”，对计算机信息系统中存储、处理或者传输的数据和应用程序进行删除、修改、增加的操作，其犯罪行为客观上破坏了游戏“××达人 3D”的游戏规则、正常操作流程和正常运行方式，本质上属于修改网络游戏运行数据，干扰网络游戏服务端计算机信息系统功能，危害计算机信息系统安全的行为。被告人周某等人的行为均已构成破坏计算机信息系统罪。

笔者同意第二种意见。“私服”“外挂”违法行为是指未经许可或授权，破坏非法出版、他人享有著作权的互联网游戏作品的技术保护措施、修改作品数据、私自架设服务器、制作游戏充值卡（点卡），运营或挂接运营合法出版、他人享有著作权的互联网游戏作品，从而谋取利益、侵害他人利益。“私服”“外挂”违法行为属于非法互联网出版活动，应依法予以严厉打击。结合本案，依据《最高人民法院关于审理非法出版物刑事案件具体应用法律若干问题的解释》第十一条的相关规定，违反国家规定，出版、印刷、复制、发行本解释第一条至第十条规定以外的其他严重危害社会秩序和扰乱市场秩序的非法出版物，情节严重的，依照《中华人民共和国刑法》第二百二十五条第三项的规定，以非法经营罪定罪处罚。本案中，被告人周某等人从淘宝购物网站购买“牛牛捕鱼助手”挂机辅助软件的行为不属于出版、印刷、复制、发行等任意一种，被告人周某等人仅是该挂机辅助软件的使用者，而并非制作者、销售者，且在购买该软件后并未将软件进行大范围的传播。因此笔者认为对被告人周某等人不应以非法经营罪定罪处罚。

本案在审理过程中，被告人周某的辩护人提出案涉程序实际上是一种模拟人操作的程序，其主要功能是为了代替玩家在游戏中进行重复而又烦琐的操作，类似于“按键××”。笔者不赞同此种意见，“按键××”是一款模拟鼠标键盘动作的软件，通过制作脚本，可以让“按键××”代替双手，自动执行一系列鼠标键盘动作，但其本身不会对计算机信息系统功能及计算机系统中存储、处理和传输的数据和应用程序进行篡改。案涉程序“××捕鱼助手”可以突破游戏本身设定的对玩家的限制，能够实现“过滤鱼的种类”和“修改游戏时间领取救济金”的操作，其实质上是对“××达人 3D”游戏运行数据进行了篡改，属于危害计算机信息系统安全的行为，其与模拟鼠标操作的“按键××”等良性辅助程序存在本质上的区别。被告人周某等人利用案涉程序，干扰网络虚拟游戏正常规则，损害网络软件开发商及运营商的合法利益，具有一定的社会危害性，因此笔者认为对被告人周某等人应当以犯罪论处。

根据《最高人民法院、最高人民检察院关于办理危害计算机信息系统安全刑事案件应用法律若干问题的解释》及《中华人民共和国计算机信息系统安全保护条例》的相关规定，具备数据和应用程序处理功能、对信息进行采集、加工等处理，是刑法界定计算机信息系统的核心要件。破坏计算机信息系统罪主观方面必须出于故意，所侵害的客体是计算机信息系统的安全，对象为各种计算机信息系统功能及计算机系统中存储、处理和传输的数据和应用程序。在本案中，经相关专业机构鉴定，案涉程序“牛牛捕鱼助手”通过设置，可以为游戏“××达人 3D”的玩家提供“账号多开”“自动登录账号”“自动更换账号”“自动捕鱼”“自动过滤鱼的种类”“自动换房间”“自动赠送”和“自动修改游戏时间领取救济金”等自动操作功能。而用户正常运行“××达人 3D”游戏时，只能实现 1 个账号进行游戏，且通过手动操作才能实现“登录账号”“更换账号”“捕鱼”“换房间”“赠送”和“领取救济金”。此外，用户在正常运行“××达人 3D”游戏时，无法实现“过滤鱼的种类”和“修改游戏时间领取救济金”。案涉程序“××捕鱼助手”修改了游戏“××达人 3D”的功能，并对其游戏规则、正常操作流程和正常运行方式造成了破坏，属于破坏性程序。被告人周某等人的犯罪行为客观上破坏了游戏“××达人 3D”的游戏规则、正常操作流程和正常运行方式，本质上属于修改网络游戏运行数据，干扰网络游戏服务端计算机信息系统功能，危害计算机信息系统安全的行为。根据《最高人民法院、最高人民检察院关于办理危害计算机信息系统安全刑事案件应用法律若干问题的解释》第四条第一款第三项的规定，破坏计算机信息系统功能、数据或者应用程序，违法所得五千元以上，系后果严重；第四条第二款第一项的规定，数量或者数额达到前款第一项至第三项规定标准五倍以上的，系后果特别严重。结合本案，被告人周某、周某龙违法所得 17054.5 元，后果严重，李某宇违法所得 59071 元，后果特别严重。综上，被告人周某、周某龙、李某宇等人的行为构成破坏计算机信息系统罪。

笔者经查阅，湖南省衡阳市石鼓区人民法院作出的（2019）湘

0407 刑初 174 号[①]被告人赵某破坏计算机信息系统罪案与本案类似，该案中被告人赵某亦是从他人处购买游戏外挂程序，在自己的数台电脑上采用一机多开的方式，违背游戏预设模式通过游戏外挂程序侵入游戏系统，自动打怪、升级、刷金币，并通过向其他游戏玩家以远低于游戏官网金币价格售卖金币获利。该案经湖南省衡阳市石鼓区人民法院一审、湖南省衡阳市中级人民法院二审后认定，对被告人赵某以破坏计算机信息系统罪定罪处罚。

“互联网+”时代背景之下，互联网已经融入社会生活的方方面面，随着网络生活的日益丰富，网络侵权类案件亦层出不穷。网络游戏外挂对网络虚拟世界造成了很大的影响，对此类违法行为的打击有利于营造和谐的网络运行环境，对此类犯罪案件的正确处理也有利于实现司法效果与社会效果的有机统一。

编写人：河南省许昌市鄢陵县人民法院　王艺菲

245　投放虚假危险物质罪与投放危险物质罪的区分

——王某峰投放虚假危险物质案

【案件基本信息】

1. 裁判书字号

福建省厦门市中级人民法院（2019）闽 02 刑终 394 号刑事裁定书

---

① 赵某破坏计算机信息系统一审刑事判决书，载中国裁判文书网，https：//wenshu.court.gov.cn/website/wenshu/181107ANFZ0BXSK4/index.html？docId = MK + xUnmVnDM-VBApW3fSnRHNiQqiigiqbfchbDWK4pNDkgqXjRti4sJO3qNaLMqsJLtMGU + Mc34789TnmiwgXuCN05NRB6QgWvb77MR4zDn6cx+zmyp4gFV8f4Bs1Sus6，2023 年 2 月 10 日访问。

2. 案由：投放虚假危险物质罪

【基本案情】

2018年10月，被告人王某峰在诚毅学院附近经营的“××啵啵鱼”鸡公煲店，因道路施工封路，生意受到很大影响。被告人王某峰产生用假爆炸物相威胁，让政府相关部门在其经营的餐饮店斜对面诚毅学院的围墙上开门，以解决生意受损问题的想法。2018年11月2日1时许，被告人王某峰携带一个由玻璃罐、烟花筒、爆炮、钢珠、木炭等制作的疑似爆炸物和一封恐吓信，到本市某居委会，将疑似爆炸物和恐吓信挂在孙厝居委会一楼走廊尽头的房间铁门门把上。被告人王某峰在恐吓信中威胁政府相关职能部门20日内在其经营的“××啵啵鱼”鸡公煲店斜对面诚毅学院的围墙上开门，否则将在学校（诚毅学院）内搞破坏。当日9时许，群众发现该疑似爆炸物后报警，公安机关迅速启动应急处置方案，出动大量警力，紧急疏散某居委会周边人群，实行现场管制，并组织特警支队专业排爆人员到场处置，排除爆炸险情。

经厦门市公安局物证鉴定所鉴定，该疑似爆炸物检出钾离子、硝酸根离子、氯酸根离子、高氯酸根离子、硫磺等成分。经福建省涉案爆炸物应用性试验漳州点应用性试验结果，该疑似爆炸物属爆炸危险品。经国家民用爆破器材质量监督检验中心鉴定，疑似爆炸物的引火线不能将药剂全部引燃，按委托方笔录提供的装药方式和引燃方式不能构成爆炸装置。

2018年11月6日，被告人王某峰被公安机关抓获。归案后，被告人王某峰在侦查阶段即如实供述了上述犯罪事实。

【案件焦点】

投放虚假危险物质罪与投放危险物质罪的区分。

【法院裁判要旨】

福建省厦门市集美区人民法院经审理认为：被告人王某峰在公共场所投放虚假的爆炸性物质，严重扰乱社会秩序，其行为已构成投放虚假危险物质罪。公诉机关指控的罪名成立。被告人王某峰归案后能如实供述自己的罪行，对其依法可以从轻处罚。辩护人提出的建议对被告人王某峰适用缓刑的辩护意见，法院认为，该案社会影响较大，不具备适用缓刑的条件，故该辩护意见理由不充分，不予采纳。辩护人的其他辩护意见，理由充分，予以采纳。据此，依照《中华人民共和国刑法》第二百九十一条之一第一款、第六十四条、第六十七条第三款之规定，作出如下判决：

一、被告人王某峰犯投放虚假危险物质罪，判处有期徒刑八个月（刑期从判决执行之日起计算。判决执行以前先行羁押的，羁押一日折抵刑期一日，即自 2018 年 11 月 7 日起至 2019 年 7 月 6 日止。）；

二、暂扣于公安机关的作案工具透明胶带 1 个、镊子 3 把、双面刀片 6 片、白色手套 1 副、胶水（空瓶）1 瓶、剪刀 1 把（红黄色刀柄）、喜鹏牌纸箱 1 个、淡黄色粉末 2504. 2 克、爱玛牌黑色电瓶车 1 部、烟花爆竹 1 箱（未拆封）、鞭炮 2 串（红色包装，标有“大吉大利”）、信封 190 个、纸张 2 张予以没收；蓝色雨衣 1 件、蓝色折叠伞 2 把、手机 3 部（Fashion 牌黑色手机、三星牌银色手机、OPPO 牌金色手机）予以发还被告人王某峰。

宣判后，原审被告人王某峰不服，以量刑过重为由提出上诉。

福建省厦门市中级人民法院经审理认为：原判认定上诉人王某峰投放虚假危险物质犯罪的事实清楚，证据确实、充分，定罪准确，量刑适当，审判程序合法。上诉人王某峰在二审审理期间申请撤回上诉，符合法律规定。依照《最高人民法院关于适用〈中华人民共和国刑事诉讼法〉的解释》第三百零五条第一款、第三百零八条之规定，作出如下裁定：

准许上诉人王某峰撤回上诉。

【法官后语】

在本案中，被告人王某峰供述他在制作这枚"炸弹"时只是将烟花爆竹等材料拆解后投入玻璃瓶中，引线并未接上，他确信不会爆炸，只是一个假的"炸弹"，且经过司法鉴定该"炸弹"确实不是爆炸装置。如果被告人王某峰最初投放的是真实的爆炸性、毒害性、放射性、传染病病原体等物质，则危害了公共安全，可能会被以投放危险物质罪定罪处罚。投放虚假危险物质罪和投放危险物质罪此二罪的区别主要表现在以下几个方面：

1. 主体不同

二罪的主体都是一般主体，不包括单位，但根据《中华人民共和国刑法》第十七条的规定，已满十四周岁不满十六周岁的人，犯故意杀人、故意伤害致人重伤或者死亡、强奸、抢劫、贩卖毒品、放火、爆炸、投放危险物质罪的，应当负刑事责任。年满十四周岁不满十六周岁的自然人可以成为投放危险物质罪的犯罪主体；而投放虚假危险物质罪的主体则必须年满十六周岁具有完全刑事责任能力。

2. 客体不同

投放虚假危险物质罪侵犯的是社会管理秩序，投放危险物质罪侵犯的是社会公共安全，即不特定人或者单位的生命、财产安全。

3. 客观要件不同

前罪在客观方面表现为投放虚假的爆炸性、毒害性、放射性、传染病原体等物质，严重扰乱社会秩序的行为。这里的投放，是指放置、丢弃在公共场所、交通工具或者其他位置，或者向有关单位或者个人邮寄。投放的危险物质通常是虚假的，不具有现实危险性。

而后罪在客观方面表现了实施了投放毒害性、放射性、传染病原体等物质危害公共安全的行为。投放的物质通常具有真实的危险性。

4. 既遂标准不同

投放虚假危险物质罪是结果犯，该行为必须达到造成社会公众的心理恐慌，严重扰乱正常的生产、生活、工作和教学、科研、医疗等社会秩序的程度，方可成立此罪。

投放危险物质罪则是危险犯，只要行为人实施了投放危险物质的行为足以危害公共安全，也就是对不特定多数人的人身和财产安全产生威胁，即可构成犯罪，并不一定需要造成实际损害后果。

5. 主观认知变化

此二罪的主观方面都是故意，但是行为人的认知情况有可能导致行为性质发生变化。[①] 如果行为人投放的是虚假的危险物质，但由于自身认识错误，认为自己投放的是真正的危险物质，则应认定为投放危险物质罪，但属于工具不能犯的未遂。但如果相反，行为人投放的是真正的危险物质，但自认为是虚假的，主观上没有积极追求或者放任危害公共安全的意图，则应认定为投放虚假危险物质罪。

---

① 王春丽：《浅议投放虚假危险物质罪的司法认定》，载《法制与社会》2010 年第 33 期。肖中华：《论合同诈骗罪认定中的若干问题》，载《政法论丛》2010 年第 32 期。

本案中，被告人王某峰明知其投放的“炸弹”是假的，不可能爆炸，但从表面上看足以使一般人信以为真，投放在居委会后，严重扰乱了居委会正常工作秩序，造成紧急疏散群众，出动专业排爆人员的后果，更在一定程度上引起了周边群众的恐慌情绪，具有社会危害性，应当以投放虚假危险物质罪定罪处罚。

编写人：福建省厦门市集美区人民法院　俞琳

246 赌博罪中聚众赌博的认定
——张某赌博案

【案件基本信息】

1. 裁判书字号

广西壮族自治区桂林市中级人民法院（2019）桂 03 刑终 666 号刑事裁定书

2. 案由：赌博罪

【基本案情】

被告人张某于 2018 年 6 月 8 日前后俄罗斯世界杯足球赛期间，在赌博网站×××网下的子网站××网站现金网中注册成会员，参与网上赌球活动。同月 12 日，廖某杰向被告人张某询问有无境外赌球账号，次日被告人张某利用自己的赌球账号生成 1 个虚拟子账号提供给廖某杰使用。同时，在廖某杰的担保下，被告人张某再生成 3 个虚拟子账号提供给陈某使用，陈某将其中 1 个账号提供给龙某峰使用。上述 4 个虚拟子账号只能虚拟投注，但可根据世界杯比赛实际情况计算出虚拟的输赢金额。廖某杰、陈某、龙某峰等人通过被告人张某提供的虚拟子账号下注，被告人张某接受投注后并未实际向赌博网站进行投注，而是依据赌博网站计算出的输赢情况，在网下与廖某杰进行现金结算，再由廖某杰与陈某等人结算，被告人张某支付廖某杰上述4个账号下注有效金额一定比例的好处费。2018年6月18日至7月9日，被告人张某与廖某杰、陈某、龙某峰进行赌博的赌博流水金额高达615335元，进行了4次结算。

【案件焦点】

张某利用网络赌博网站，参照赌博网站开出的赔率及计算的结果与投注人进行对赌，是否属于赌博罪中的聚众赌博。

【法院裁判要旨】

广西壮族自治区桂林市秀峰区人民法院经审理认为：被告人张某以营利为目的，聚众赌博，其行为触犯《中华人民共和国刑法》第三百零三条第一款之规定，构成赌博罪。对公诉机关指控被告人张某构成开设赌场罪的意见，法院不予支持。辩护人提出被告人张某构成赌博罪的意见与查明的事实相符，法院予以支持。辩护人还提出被告人张某归案后能如实供述犯罪事实，具有坦白情节，当庭表示认罪，希望能对其从轻处罚的意见与事实相符，法院应予以支持。但其提出对被告人张某适用缓刑的意见，因被告人张某聚众赌博的性质、社会危害性均不符合缓刑条件，对辩护人的该部分意见，法院不予支持。

广西壮族自治区桂林市秀峰区人民法院依照《中华人民共和国刑法》第三百零三条第一款、第六十七条第三款、第五十二条、第五十三条，《最高人民法院、最高人民检察院关于办理赌博刑事案件具体应用法律若干问题的解释》第一条第一款第二项之规定，作出如下判决：

被告人张某犯赌博罪，判处有期徒刑一年九个月，并处罚金人民币二万元。

上诉人张某不服判决提起上诉，后自愿申请撤诉。广西壮族自治区桂林市中级人民法院依照《最高人民法院关于适用〈中华人民共和国刑事诉讼法〉的解释》第三百零五条第一款、第三百零八条之规定，作出如下裁定：

准许上诉人（原审被告人）张某撤回上诉。

【法官后语】

本案争议的焦点在于被告人张某利用网络赌博网站，参照赌博网站开出的赔率及计算的结果与投注人进行对赌，是构成开设赌场罪还是赌博罪。

开设赌场是指开设专门用于赌博的场所的行为，侧重点是为赌博提供场所、设定赌博方式、提供赌具、筹码、资金等组织赌博的行为，行为人对其所开设的赌场具有管理和控制性，赌场具有半公开性，赌场开设的时间、地点、性质等被一定范围内的社会公众所知晓。赌博罪是指以营利为目的，聚众赌博或者以赌博为业的犯罪行为。赌博犯罪有两种行为，以营利为目的而聚众赌博的行为就是其中之一。根据《最高人民法院、最高人民检察院关于办理赌博刑事案件具体应用法律若干问题的解释》第一条的规定，而以营利为目的，组织三人以上赌博，赌资数额累计达到5万元以上的行为则又属于“聚众赌博”的情形之一。聚众赌博的行为人对赌场一般没有管理和控制权限，不是通过帮助赌场经营来使自己获利，而是通过组织他人参赌来实现自己的营利目的，具有规模较小及一定隐蔽性的特点。

本案中，被告人张某通过其在赌博网站登记的会员账号，设置可以进行虚拟下注的子账号，该虚拟下注的子账号只能模拟投注，不能直接向网站充值、投注。拿到该虚拟子账号的人如果要在赌博网站参赌，只能将赌资交与被告人张某，由其通过主账号进行投注。被告人张某将虚拟子账号交给朋友并接受投注，但其没有将收到的赌资转给赌博网站，而是参照赌博网站开出的赔率及计算的结果与投注人进行对赌。其行为系利用赌博网站的赌博方式、利用赌博网站的信息在接受他人投注后与他人对赌的行为，不涉及对赌博场所的设立以及管理和控制。此外，被告人张某不是通过自己经营的赌场获利，而是通过自己的人际关系召集、组织并直接与他人赌博来实现自己的营利目的，也就是与他人直接进行赌博的行为。因此，被告人张某的行为不符合开设赌场罪的行为性质。本案中，被告人张某以营利为目的，组织三人以上赌博，赌资数额累计达到5万元以上，符合赌博罪中“聚众赌博”的规定，故被告人张某构成赌博罪。

编写人：广西壮族自治区桂林市秀峰区人民法院　刘伟胜　何玉婷

247　侵财型寻衅滋事罪与故意毁坏财物罪的区分

——孔祥某被诉寻衅滋事案宣告无罪案

【案件基本信息】

1. 裁判书字号

北京市第二中级人民法院（2018）京02刑终668号刑事判决书

2. 案由：寻衅滋事罪

【基本案情】

2018年5月8日22时许，被告人孔祥某在甲小区×号楼前，无故用钥匙将被害人胡连某停放在楼前的宝马牌小型越野客车（车牌号为京YN××××）左侧车门划损。经鉴定，涉案车辆损失价值为人民币7125元。被害人胡连某于次日报警，被告人孔祥某于同年5月13日到公安机关投案，到案后如实供述了上述主要事实。作案工具黑色钥匙一把，已由公安机关依法扣押。

另查明，经法院主持调解，双方已自愿达成调解协议，由被告人孔祥某赔偿被害人胡连某各项损失共计人民币4万元，被害人对被告人孔祥某表示谅解。

【案件焦点】

对孔祥某的行为应如何定性。

【法院裁判要旨】

北京市大兴区人民法院经审理认为：被告人孔祥某任意毁损他人财物，情节严重，其行为已构成寻衅滋事罪，依法应予惩处。鉴于被告人孔祥某自动投案，到案后如实供述主要犯罪事实，系自首，且能够赔偿被害人的损失并取得谅解，遂对其从轻处罚。故判决如下：

一、被告人孔祥某犯寻衅滋事罪，判处拘役四个月，缓刑四个月；

二、扣押在公安机关的作案工具钥匙一把，依法予以没收。

孔祥某对判决不服，提起上诉。

北京市第二中级人民法院经审理认为：本案的主要争议焦点为，上诉人孔祥某实施划车的行为属于寻衅滋事还是故意毁坏财物。对于上诉人孔祥某及其辩护人所提上诉理由和辩护意见，本院根据在案已查明的事实和证据，综合评判如下：

任意毁损公私财物类型的寻衅滋事罪与故意毁坏财物罪的区分在于行为人的主观故意、犯罪动机，以及是否破坏社会秩序。为寻求刺激、发泄情绪、逞强耍横等，无事生非，或者因日常生活中的偶发矛盾纠纷，借故生非，实施毁损公私财物行为，破坏社会秩序，情节严重，应当认定为寻衅滋事罪；主观上仅具有毁坏公私财物的故意，基于现实的起因而实施有针对性的毁坏公私财物行为，数额较大或者有其他严重情节的，应当认定为故意毁坏财物罪。

本案证人证言、被害人陈述、视听资料、鉴定意见、被告人供述等证据能够证实，被害人胡连某将车辆停放在消防通道内，孔祥某对此心生不满，继而用钥匙划损被害人车辆，其主观上仅具有毁坏特定财物的故意，客观行为也针对具体特定车辆，并未破坏社会秩序，其行为应当认定为故意毁坏财物。同时，本案未达到故意毁坏财物罪的立案追诉标准，孔祥某的行为不应作为犯罪行为进行评价，故孔祥某及其辩护人所提上诉理由和辩护意见成立，本院予以采纳。

本院认为，上诉人孔祥某在甲小区×号楼前，将被害人车辆车门划损，其行为属于故意毁坏财物；鉴于毁坏物品的价值未达到定罪标准，且不具有其他严重情节，故孔祥某的行为不构成犯罪。北京市大兴区人民法院判决认定上诉人孔祥某毁坏他人财物的事实清楚，为适用法律有误，本院依法予以改判。本院依照《中华人民共和国刑事诉讼法》第二百条第二项、第二百三十六条第一款第二项之规定，判决如下：

一、撤销北京市大兴区人民法院（2018）京0115刑初950号刑事判决书主文第一项、第二项，即：被告人孔祥某犯寻衅滋事罪，判处拘役四个月，缓刑四个月；扣押在公安机关的作案工具钥匙一把，依法予以没收。

二、上诉人（原审被告人）孔祥某无罪。

【法官后语】

本案案件事实相对清楚，被告人孔祥某使用钥匙划坏被害人车辆，给被害人造成一定经济损失的事实有被害人陈述、证人证言、鉴定意见、视听资料等证据证实，被告人对此也予以承认。本案焦点是对被告人行为性质的认定，被告人及其辩护人以行为系故意毁坏财物，主观上没有破坏社会秩序、无事生非的故意，不构成寻衅滋事罪进行辩解和辩护。对于本案中行为人故意毁损他人财物的行为，有两种认定观点：一是认为构成寻衅滋事罪。二是认为行为人的行为不属于寻衅滋事行为，而是故意毁坏财物的行为。二审法院同意第二种意见。

持第一种观点的理由为：认定寻衅滋事罪符合我国法律规定。根据刑法第二百九十三条的规定，实施几种寻衅滋事行为之一的，破坏社会秩序的，构成寻衅滋事罪……“（三）强拿硬要或者任意损毁、占用公私财物，情节严重的”。此外，对于寻衅滋事的认定，《最高人民法院、最高人民检察院关于办理寻衅滋事刑事案件适用法律若干问题的解释》第一条有明确规定：“行为人为寻求刺激、发泄情绪、逞强耍横等，无事生非，实施刑法第二百九十三条规定的行为的，应当认定为‘寻衅滋事’。行为人因日常生活中的偶发矛盾纠纷，借故生非，实施刑法第二百九十三条规定的行为的，应当认定为‘寻衅滋事’，但矛盾系由被害人故意引发或者被害人对矛盾激化负有主要责任的除外。行为人因婚恋、家庭、邻里、债务等纠纷，实施殴打、辱骂、恐吓他人或者损毁、占用他人财物等行为的，一般不认定为‘寻衅滋事’，但经有关部门批评制止或者处理处罚后，继续实施前列行为，破坏社会秩序的除外。”本案中，被告人供述提到被害人停车问题曾对其造成影响，且被害人案发当天的确将车停在了消防通道处，但当晚被害人与被告人并未就此发生任何冲突和矛盾，被告人在晚上回家路上发现该车停放在消防通道处，并未采取合理解决方式，随即实施了毁损车辆的行为，应该属于小题大做，系借题发挥的借故寻衅，且被告人的行为针对不特定的对象，是对社会秩序的破坏。综上，认为被告人行为符合寻衅滋事罪司法解释中规定的借故生非情形，应当认定为寻衅滋事罪。

第二种观点的主要理由为：被告人孔祥某行为系故意毁坏财物行为，并非寻衅滋事行为。《中华人民共和国刑法》第二百七十五条规定故意毁坏公私财物，数额较大或者有其他严重情节的，处三年以下有期徒刑拘役或者罚金。该罪属于侵犯财产罪范畴，故意毁坏财物罪偏重与基于现实的起因、正面的故意和有针对性的行为，其主观目的仅为毁损财物，侵犯的客体也就是财产的所有权，没有对社会管理秩序造成破坏。而寻衅滋事的犯罪动机多是基于某种扭曲的心理，为发泄负面的情绪而对不特定的对象实施的行为。

本案被告人系因被害人车辆随意停放在消防通道妨碍其通行而产生怨恨，故对被害人车辆进行毁坏，其犯罪行为的动机为针对特定人和物的报复行为。主观上并没有寻求精神刺激、填补精神空虚、发泄不良情绪等一般的寻衅滋事罪所特有的流氓心态，因此犯罪动机和主观心态上不宜认定为寻衅滋事罪。被告人犯罪行为的对象是特定的，仅针对妨碍其通行的具体车辆，而没有针对其他的不特定的对象。被告人行为侵犯的只是公私财产所有权，并未扰乱社会秩序，故宜认定为故意毁坏财物罪，只有行为涉及多个不特定人的财产时才宜认定为寻衅滋事罪。

本案应认定被告人孔祥某行为系故意毁坏财物行为。从相关证据来看，本案实属案发有因，不是无故滋事，被告人的划车行为目标相对特定，具有一定的针对性。毁财型寻衅滋事的主观强调无事生非，被害人没有过错，本案被害人有一定过错，行为人虽然不认识车主，但其行为针对的是被乱停的特定车辆，其主观缺乏寻衅滋事的动机，属于事出有因。

此外，本案二审处理方式也符合刑法的谦抑性原则，刑法的谦抑性体现为补充性和最后性，对于某种危害社会的行为，国家只有在民事、行政法律手段和措施干预无效时，才能运用刑法的方法。运用刑法手段解决社会冲突，危害行为必须具有相当严重程度的社会危害性，对于该危害行为，刑罚应当具有不可避免性。综观本案，案件发生在小区内部，对方停车不当在先，而行为人孔祥某事后主动承认错误，并积极赔偿对方损失、取得谅解，其行为不具有相当严重程度的社会危害性，对其不予以刑罚处罚也能被一般民众所理解。

编写人：北京市第二中级人民法院　王丽娜

248 寻衅滋事罪与以危险方法危害公共安全罪的界定

——李某寻衅滋事案

【案件基本信息】

1. 裁判书字号

北京市第三中级人民法院（2018）京03刑终1002号刑事裁定书

2. 案由：寻衅滋事罪

【基本案情】

被告人李某于2017年6月21日22时许，因北京市密云区××小区门口被堵，导致其驾驶的×××牌汽车无法进入小区，为发泄不满情绪，李某驾驶汽车横向停于×××小区门口南侧的××国道上（双闪指示灯开启），将后备箱内一箱北冰洋汽水玻璃瓶扔向国道，破碎玻璃散落在国道上，后其将停车警示牌放置于碎玻璃前方，引起50余人围观、道路堵塞，造成公共场所秩序严重混乱，22时56分国道恢复正常通行。

公诉机关最初以以危险方法危害公共安全罪定罪，后又变更起诉为寻衅滋事罪。

【案件焦点】

寻衅滋事罪与以危险方法危害公共安全罪的界定。

【法院裁判要旨】

北京市密云区人民法院经审理认为：被告人李某为发泄不满情绪，在公共场所起哄闹事，引起公共场所秩序严重混乱，其行为已构成寻衅滋事罪，依法应予以惩处。公诉机关指控被告人李某犯寻衅滋事罪成立，本院予以支持。被告人李某将车停放在国道上，开启双闪灯，向国道上扔玻璃瓶，放置警示牌，做事条理清楚，完全是意识清晰下所为，且有多名目击证人证实，足以认定其实施了寻衅滋事犯罪。被告人李某关于案发时其患病失去意识，其无罪的辩解，与事实、法律不符，本院不予采信。辩护人关于被告人李某系初犯，身患重病，犯罪未造成严重后果，建议对其从轻处罚的辩护意见成立，本院予以采纳。根据被告人李某犯罪的事实，犯罪的性质、情节和对社会的危害程度，不宜宣告缓刑，辩护人建议对被告人李某适用缓刑的辩护意见，本院不予采纳。据此，根据被告人李某的犯罪事实、犯罪的性质、情节和对于社会的危害程度，对被告人李某依照寻衅滋事罪判处拘役。

北京市密云区人民法院依照《中华人民共和国刑法》第二百九十三条第一款第四项、第四十二条、第四十四条、第六十一条、第六十四条的规定，判决如下：

一、被告人李某犯寻衅滋事罪，判处拘役六个月；

二、随案移送的汽水瓶一箱（内有19个汽水瓶）、三脚架一个，依法予以没收。

李某以原审认定事实和证据与实际不符、量刑过重为由提起上诉。

北京市第三中级人民法院经审理认为：李某所提原判认定事实不清、证据不足等上诉理由以及辩护人所提相关辩护意见，经查，在案有证人证言、被告人供述、现场勘验等证据，能够相互印证证明李某为泄愤，在公共场所起哄闹事，引起周边社会秩序严重混乱的事实，其行为、情节及后果均有证据证明；原判已考虑李某系初犯等酌定从轻处罚情节，量刑结果在法定幅度内，量刑并无不当。故李某的上诉理由不能成立，应予驳回。

北京市第三中级人民法院依照《中华人民共和国刑事诉讼法》第二百二十五条第一款第一项之规定，裁定如下：

驳回上诉，维持原判。

【法官后语】

本案处理重点主要在于对寻衅滋事罪与以危险方法危害公共安全罪的界定。以危险方法危害公共安全罪是指使用放火、决水、爆炸、投放危险物质以外的其他方法，造成不特定多数人的伤亡或者公私财产重大损失，危害公共安全的，才构成本罪。李某将车辆停放在公共道路上阻碍交通，但同时又打开了双闪指示灯，足以引起过往车辆的注意，且其在破碎玻璃前放置了三脚架，起到了一定的提示作用；事发路段系国道，与高速公路相比，可能引发的安全事故的概率相对较低；其阻拦交通的行为虽然影响了正常交通秩序，但显然与放火、决水、爆炸、投放危险物质等行为相比，危险性明显较低，达不到危害社会公共安全的程度。寻衅滋事罪是指在公共场所无事生非、起哄闹事，随意殴打、追逐、拦截、辱骂、恐吓他人，强拿硬要、任意损毁、占用公私财物，破坏公共秩序，情节恶劣或情节严重、后果严重的行为。本案中李某的行为就破坏了公共秩序，情节恶劣。上述概念中"造成公共场所秩序混乱的"，主要是指公共场所正常的秩序受到破坏，如本案中的正常交通秩序造成短时间拥堵，引起群众惊慌等混乱局面的。

犯寻衅滋事罪不排除可以造成交通堵塞、公共场所秩序混乱，甚至会造成工厂停工、停产等，其在形式上与以危险方法危害公共安全罪、聚众扰乱公共场所秩序、交通秩序罪基本相同，主要区别在于：寻衅滋事的行为人多为无事生非，肆意挑起事端，具有耍个人威风、寻求精神刺激的动机；而扰乱社会秩序罪、以危险方法危害公共安全罪，行为人往往是要达到某种个人目的，用扰乱交通秩序的行为达到危害公共安全的目的，没有寻衅滋事的动机。二者主要区别在于主观动机不同，需要综合全案证据综合考量犯罪动机，不能仅凭引发的客观现象或实施犯罪的手段行为定罪。本案中的证据没有能够证明李某的主观目的在于追求对不特定多数人的生命和财产安全的危害，而仅仅是为了泄愤或耍威风，这无疑更加符合寻衅滋事罪的主观故意。给公共道路通行造成安全影响仅仅是其寻衅滋事行为可能引发的后果之一，且该后果尚不足以危及不特定多数人的生命和财产安全。另外，从罪责刑相适应的角度来看，本案如认定李某以危险方法危害公共安全罪，其量刑不能与其犯罪行为和所承担的罪责刑相适当。

本案的另一个争议焦点是，认定被告人实施犯罪行为时是否属于病发状态，是否必须进行专业鉴定。对于被告人在实施犯罪行为时是否属于病发状态，是否受疾病的影响而不足以控制或辨认自己的行为的问题，不应当仅仅依照被告人自己的陈述进行判断，还应该结合在案的其他证据予以考量，必要时可以启动精神鉴定。在本案的一审和二审阶段，被告人的辩护人均以被告人自己供述其在实施犯罪行为时意识不清、其曾有患病和就医记录为由，主张李某实施犯罪时精神状态存在问题，应对其从轻处罚或属于事实不清、证据不足。通过对在案证据的分析，证人证言显示李某与他人交流时未表现出明显异常或具有精神疾病，其在实施寻衅滋事行为的过程中，思路清晰、语言连贯、行为流畅，且在行为实施前处于情绪愤怒状态，在行为实施后也能够充分预见到行为可能产生的不良后果，为此还采取了打开双闪指示灯、放置警示三脚架等行为进行避免，足以看出其思维清晰，其既往的患病历史不足以影响到其在本案中实施犯罪行为。

因此，法院有理由判断其在实施犯罪行为时具有完全刑事责任能力。另外，辩护人主张李某犯罪时失去意识的辩护意见仅依据被告人自己的供述，不排除被告人有主动脱罪的嫌疑，且被告人一方未就此向法院提交以往李某因患有精神疾病就诊的证据。因此，法院没有必要进行精神鉴定，直接对此项辩解不予采纳。

编写人：北京市密云区人民法院　苏小琴

249 游戏币代充值业务的定性

——陈某某、武某某非法获取计算机信息系统数据案

【案件基本信息】

1. 裁判书字号

北京市第一中级人民法院（2017）京01刑终80号刑事裁定书

2. 案由：非法获取计算机信息系统数据罪

【基本案情】

2015年4月至8月28日，同案犯杨某某掌握了利用被害单位北京某某公司所开发并负责运营的手机游戏《甲》《乙》充值系统漏洞从而非法获取系统内的数据（游戏币）的方法，同时通过被告人陈某某、武某某向玩家出售获利，杨某某在不实际支付货币的情况下对玩家上述两款游戏账号进行反复充值，以此获利人民币877750元。同年8月28日，杨某某被抓获并以非法获取计算机信息系统数据罪被判刑。

被告人陈某某、武某某在明知杨某某所经营的用于代充值《甲》《乙》两款游戏中游戏币系非法途径取得的情况下，仍在网络上向玩家出售，并通过将玩家欲充值游戏账号及密码告知杨某某，由杨某某完成充值后，二被告人收取玩家钱款，赚取差额的方式获利。其中，被告人陈某某销售总额共计人民币 109280 元，获利共计人民币 1475 元；被告人武某某销售总额共计人民币 105575 元，获利共计人民币 1425 元。经被害单位报案，被告人陈某某、武某某于 2015 年 9 月 1 日被公安机关抓获。

公诉机关认为二被告人的行为均触犯了《中华人民共和国刑法》第三百一十二条第一款之规定，构成掩饰、隐瞒犯罪所得罪。

被告人陈某某辩称其并不知道杨某某所经营的游戏币代充值业务系违法所得，其从杨某某处购买的价格经常变动且高。辩护人认为公诉机关指控陈某某犯掩饰、隐瞒犯罪所得罪的证据不足，理由为现有证据不能证明被告人陈某某知悉杨某某游戏币充值业务系非法行为，被告人陈某某关于是否知道杨某某游戏币来源的不合法性的供述前后矛盾，杨某某所销售给陈某某的游戏币价格并未明显过低，被告人陈某某收购有正当理由。

被告人武某某亦辩称其与杨某某合作时并不知道他所经营的业务是违法的。辩护人认为被告人武某某的行为不构成犯罪，理由是武某某是通过合法平台与杨某某进行交易，其有理由相信杨某某出售的涉案游戏币有合法来源；杨某某出售的游戏币并没有明显低于成本价，不能以价格低就简单推定被告人武某某存在明知；被告人武某某只是将需要充值的游戏玩家的账号和密码发送给杨某某，由杨某某实施了进入玩家系统、进行充值操作，以及阻止手机销毁票据、更换新账号、多次发起支付等利用漏洞充值的关键行为，武某某并没有实施掩饰、隐瞒犯罪所得的行为。

【案件焦点】

对进行游戏币代充值业务、将玩家账户信息提供给他人后由他人利用系统漏洞实际完成充值以最终赚取差额牟利的行为性质如何认定。

【法院裁判要旨】

北京市海淀区人民法院经审理认为：被告人陈某某、武某某违反国家规定，分别协助同案犯杨某某利用他人计算机系统的漏洞侵入被害单位的计算机系统，以获取该计算机信息系统中存储、处理、传输的数据，并通过变卖非法获取的数据（游戏币）获利。二被告人的行为均已构成非法获取计算机信息系统数据罪，且与同案犯杨某某的犯罪行为构成共同犯罪。法院对起诉书中所指控的掩饰、隐瞒犯罪所得罪罪名依法予以变更。理由如下：

从主观上看，被告人陈某某、武某某分别与同案犯杨某某具有共同的行为意思。所谓共同的行为意思，是指行为人具有和他人共同实施行为的意思，且不要求一定以明示的方法产生，只要行为人相互之间形成默契即可。被告人陈某某、武某某长期从事游戏币代充值业务，知悉利用外币礼品卡充值是获取最大利润的方式，杨某某所出售的游戏币价格明显低于利用礼品卡充值的价格，且与被害单位出售的游戏币价格相差巨大，而且杨某某进行游戏币充值的方式与被害单位发布的充值方式有明显的差别，被告人陈某某及武某某应当明知杨某某所销售的游戏币来源不合法。同时，被告人陈某某、武某某明知需要由其向杨某某提供玩家游戏账户信息，由杨某某操作才能最终完成充值，虽然二被告人并未与同案犯杨某某协商如何充值的具体方式，但很明确的是二被告人和杨某某都具有将非法获取的游戏币变卖从而获利的主观目的。因此，二被告人对杨某某的协助行为与杨某某利用非法手段最终完成充值的行为间具有概括性的犯罪故意，即二被告人明知自己的行为会导致非法获取的游戏币予以销售而希望、放任这种结果的发生，故可认定为与杨某某存在共谋。

从客观行为上看，被告人陈某某、武某某分别与同案犯杨某某具有共同实施行为的事实。所谓共同实施行为的事实，是指行为人对构成要件的实现起到了重要或者关键作用。本案中，同案犯杨某某利用计算机信息系统的漏洞非法获取系统内数据（游戏币）的行为的完成，需要被告人陈某某及武某某的协助，即二被告人对外向玩家发布出售游戏币代充值业务，由玩家提供预充值游戏的账号及密码，后由二被告人将玩家游戏账户告知杨某某，由杨某某操作，利用计算机信息系统的漏洞最终完成充值。由此可见，二被告人出售游戏币代充值业务及向杨某某提供玩家账户信息的行为，与杨某某利用计算机信息系统漏洞完成对玩家账户充值以最终牟利的行为是相互衔接、相互配合且缺一不可的。

综上，被告人陈某某、武某某在主观上明知需要由其协助同案犯杨某某利用非法手段完成游戏币充值而予以配合，客观上造成了被害单位游戏币虚拟数据的丢失，依法应以非法获取计算机信息系统数据罪论处。因其二人并未具体实施利用计算机系统漏洞侵入被害单位的计算机系统从而获取该系统内数据的行为，故应当认定为从犯。其中，被告人陈某某伙同杨某某获取违法所得人民币 110755 元，情节特别严重；被告人武某某伙同杨某某获取违法所得人民币 107000 元，情节特别严重。二被告人均可因从犯情节的认定而得到减轻处罚。

北京市海淀人民法院依照《中华人民共和国刑法》第二百八十五条第一款、第二款，第二十五条第一款，第二十七条，第五十三条，第六十四条之规定，判决如下：

一、被告人陈某某犯非法获取计算机信息系统数据罪，判处有期徒刑一年六个月，罚金人民币一万元；

二、被告人武某某犯非法获取计算机信息系统数据罪，判处有期徒刑一年六个月，罚金人民币一万元；

三、追缴被告人陈某某非法所得人民币一千四百七十五元予以没收；追缴被告人武某某非法所得人民币一千四百二十五元予以没收。

后二被告人均以事实不清、证据不足为由提起上诉，北京市第一中级人民法院同意一审法院裁判意见，裁定如下：

驳回上诉，维持原判。

【法官后语】

本案的焦点和难点体现在如何对进行游戏币代充值业务、将玩家账户信息提供给他人后由他人利用系统漏洞实际完成充值以最终赚取差额牟利的行为性质进行认定。

实践中，这种在网络上从事游戏币代充值业务者较多，将玩家账户信息提供给他人、后由他人利用系统漏洞最终实施充值以赚取差额牟利的行为方式较为常见。根据《最高人民法院、最高人民检察院关于办理危害计算机信息系统安全刑事案件应用法律若干问题的解释》第七条的规定，明知是非法获取计算机信息系统数据犯罪所获取的数据、非法控制计算机信息系统犯罪所获取的计算机信息系统控制权，而予以转移、收购、代为销售或者以其他方法掩饰、隐瞒，违法所得五千元以上的，应当依照刑法第三百一十二条第一款的规定，以掩饰、隐瞒犯罪所得罪定罪处罚。实施前款规定行为，违法所得五万元以上的，应当认定为刑法第三百一十二条第一款规定的“情节严重”。单位实施第一款规定行为的，定罪量刑标准依照第一款、第二款的规定执行。该解释看似对游戏币代充值者这种代为销售非法获取的计算机信息系统数据犯罪所获取的数据的行为在定性上作出了明确规定，应当以掩饰、隐瞒犯罪所得罪论处，但此类游戏币代充值业务通常有一个鲜明特点，即涉案的销售金额与实际的获利金额二者间数额相差较大，若僵化适用该解释极易出现游戏币代充值者与利用系统漏洞实际进行游戏币充值者之间在量刑上不均衡的问题，以及因销售金额达到“情节严重”标准而被判处三年以上有期徒刑却实际获利较少从而导致罪责刑不相适应的问题。因此，有必要重新审视游戏币代充值者的行为方式。

首先，游戏币代充值者对外发布出售游戏币代充值业务的信息，由玩家提供预充值游戏的账号及密码，后游戏币代充值者将玩家提供的上述游戏账户信息告知实际充值者，并由实际充值者实际操作，利用计算机信息系统的漏洞以最终完成充值，游戏币代充值者从中赚取差额牟利。游戏币代充值者与利用系统漏洞实际完成充值者的行为间是相互衔接、相互配合且缺一不可的关系，明显有别于待上游犯罪行为完成后再进行下游销赃行为的传统销赃犯罪行为。

其次，主观上，游戏币代充值者明知实际充值者所出售的游戏币并非被害单位所发布的官方充值方式，而仍旧向其提供玩家的账户信息，以促成其实际操作，利用计算机信息系统的漏洞以最终完成充值，二者间均追求将非法获取的游戏币变卖以从中获利的主观目的，故可据此认定游戏币代充值者与利用系统漏洞实际完成充值者间存在概括性的犯罪故意；客观上，游戏币代充值者向实际充值者提供玩家账户信息的行为，确实配合并协助了实际充值者的非法行为，因此，鉴于代充值者并未实际利用计算机信息系统的漏洞实施充值行为，并未实际侵入被害单位的计算机信息系统并从中获取数据，故应将代充值者的行为认定为非法获取计算机信息系统数据罪的从犯。

综上，本案的关键点实际在于，对于计算机犯罪案件，如直接适用法律及相关司法解释的规定将出现量刑不均衡或者罪责刑不相适应的情况时，应以刑法总则的罪行相适应原则为基石，及时调整审判思路。

编写人：北京市海淀区人民法院　孙蕾

250　代替考试罪的定性量刑分析

——张某源、杨某芳代替考试案

【案件基本信息】

1. 裁判书字号

四川省雅安市中级人民法院（2016）川18刑终131号刑事判决书

2. 案由：代替考试罪

【基本案情】

2015年3月，被告人杨某芳在网上搜索到一个培训中介机构，并与一名自称“李老师”的人达成约定，由“李老师”代替其参加2016年四川省公务员招录考试，条件是杨某芳先付2000元定金，笔试入围后再付25000元以及入职后再支付一年工资同等金额。杨某芳向“李老师”提供了个人报考信息和照片，由“李老师”通过四川省人事考试网填报了雅安市雨城区乡镇人民政府的“综合管理人员”职位。2016年3月，被告人张某源经大学同学游某芝（另案处理）介绍后同意以获取报酬为目的代替他人参加公务员考试。2016年4月22日，张某源收取了游某芝通过微信转账的2000元后，在欧某尹（在逃）的带领下，从湖南赶到四川。次日，持杨某芳“二代身份证”和“准考证”在雅安市雨城区“雅安七中”考场，代替杨某芳完成了四川省“2016年上半年全省公开考试录用公务员”笔试科目《行政职业能力测验》和《申论》的考试。后该犯罪行为因前述培训中介机构其他人员的揭发被雅安市雨城区公安局立案侦查。

被告人杨某芳、张某源先后于2016年6月17日、23日到公安机关投案，并如实供述了自己的犯罪事实。

【案件焦点】

代替考试罪的定性量刑分析。

【法院裁判要旨】

四川省雅安市雨城区法院经审理认为：杨某芳在国家考试中让他人代替自己考试，张某源在国家考试中代替他人考试，二人的行为均构成代替考试罪。张某源、杨某芳犯罪后自动投案，如实供述自己的罪行，系自首，可以从轻处罚。故判决如下：

一、被告人张某源犯代替考试罪，判处拘役二个月，缓刑三个月，并处罚金一千元；

二、被告人杨某芳犯代替考试罪，判处拘役二个月，缓刑三个月，并处罚金一千元。

被告人张某源、杨某芳不服判决，提起上诉。二上诉人均提出其具有自首情节，系初犯、偶犯，自愿认罪、悔罪，社会危害性相对较小，原判量刑过重，请求改判免予刑事处罚。四川省雅安市中级人民法院经审理认为：上诉人张某源、杨某芳的行为均构成《中华人民共和国刑法修正案（九）》规定的代替考试罪。《中华人民共和国刑法》第二百八十四条之一第一款规定："在法律规定的国家考试中，组织作弊的，处三年以下有期徒刑或者拘役，并处或者单处罚金；情节严重的，处三年以上七年以下有期徒刑，并处罚金。"该条第四款规定："代替他人或者让他人代替自己参加第一款规定的考试的，处拘役或者管制，并处或者单处罚金。"对辩护人所提"其具有自首情节，系初犯、偶犯，自愿认罪、悔罪，社会危害性相对较小，原判量刑过重，请求改判免予刑事处罚"的意见和理由，与本案的犯罪事实、情节及社会影响不相适应，故不予采纳。鉴于原判认定事实清楚，证据确实充分，审判程序合法，量刑适当，但原判漏判追缴违法所得，属适用法律错误，应予纠正。故判决如下：

一、被告人张某源犯代替考试罪，判处拘役二个月，缓刑三个月，并处罚金人民币一千元；

二、被告人杨某芳犯代替考试罪，判处拘役二个月，缓刑三个月，并处罚金人民币一千元；

三、追缴上诉人张某源的违法所得人民币二千元。被告人张某源、杨某芳的缓刑考验期限从判决确定之日起计算，罚金均已缴纳。

【法官后语】

考试是国家人才选拔的重要途径。保持考场风清气正、维护考试公平，事关社会公平正义，事关社会诚信与和谐稳定。"替考"行为破坏了考试的公平竞技规则，严重影响考试的公平性，与考试的宗旨和功能相违背，严重违反了国家相关考试管理制度。考试作弊严重破坏了社会公平诚信的基本原则，影响到人才选拔的公正，属于一种严重的妨害社会管理秩序的行为，必须坚决杜绝和予以严惩。因此，对代替考试行为科以刑罚，有助于消除弊病，防止引发社会诚信危机。

定性方面，《中华人民共和国刑法》第二百八十四条之一规定："在法律规定的国家考试中，组织作弊的，处三年以下有期徒刑或者拘役，并处或者单处罚金；情节严重的，处三年以上七年以下有期徒刑，并处罚金……代替他人或者让他人代替自己参加第一款规定的考试的，处拘役或者管制，并处或者单处罚金。"代替考试罪的定性要注意以下三点：其一，本罪的主体为一般主体，即年满十六周岁，具备刑事责任能力的人。具体而言，本罪主体包括两种人，一是应试者；二是替考者，即平常所说的"枪手"。被组织起来进行作弊的替考者虽不能成为刑法第二百八十四条之一第一款组织考试作弊罪的犯罪主体，但是能够成为本罪的处罚对象。其二，本罪所指的考试，必须是刑法第二百八十四条之一第一款中所规定的法律规定的相关国家考试。2019 年 9 月，最高人民法院、最高人民检察院联合发布的《关于办理组织考试作弊等刑事案件适用法律若干问题的解释》，明确了本罪中"法律规定的国家考试"，仅限于全国人民代表大会及其常务委员会制定的法律所规定的考试。具体包括：(1) 普通高等学校招生考试、研究生招生考试、高等教育自学考试、成人高等学校招生考试等国家教育考试；(2) 中央和地方公务员录用考试；(3) 国家统一法律职业资格考试、国家教师资格考试、注册会计师全国统一考试、会计专业技术资格考试、资产评估师资格考试、医师资格考试、执业药师职业资格考试、注册建筑师考试、建造师执业资格考试等专业技术资格考试；(4) 其他依照法律由中央或者地方主管部门以及行业组织的国家考试。前款规定的考试涉及的特殊类型招生、特殊技能测试、面试等考试，属于“法律规定的国家考试”。其三，本罪是典型的对向犯，刑法同时处罚考生和“枪手”双方行为人，且双方行为人定罪和法定刑都相同。

量刑方面，根据刑法打击预防犯罪的目的，结合宽严相济的刑事政策，考虑到本罪行为人多为在校学生，且替考者主要以获取物质利益为目的，代替考试罪的量刑较轻。本案被告人张某源、杨某芳的替考行为严重违反了刑法规定，但鉴于二人具有自首情节，对其均适用了缓刑，量刑恰当。

编写人：四川省雅安市中级人民法院　骆谦

（二）妨害司法罪

251　将掩饰、隐瞒犯罪所得的银行卡中款项占为己有的行为定性

——蒋某等掩饰、隐瞒犯罪所得案

【案件基本信息】

1. 裁判书字号

福建省厦门市中级人民法院（2019）闽02刑终514号刑事裁定书

2. 案由：掩饰、隐瞒犯罪所得罪

【基本案情】

2018年7月，被告人蒋某通过他人认识被告人黄某，得知有人以高价购买银行卡用于违法犯罪活动，便谈妥以每套银行卡（含手机卡、U盾）700元至850元不等的价格将他人办理的银行卡卖给被告人黄某，被告人黄某收购银行卡后再贩卖给不法人员从事违法犯罪活动。

2018年10月底，被告人张某明知被告人蒋某贩卖的银行卡等物品用于违法犯罪活动，仍根据被告人蒋某的指示办理一张中国农业银行卡和一张招商银行卡并交给被告人蒋某，由被告人蒋某将该二套银行卡（含手机卡、U盾）以每套700元的价格卖给被告人黄某，被告人黄某再以每套1200元的价格卖给其上线。被告人蒋某将被告人张某的银行卡贩卖后，又指示张某将绑定银行卡的手机号码挂失重新补办，被告人蒋某将补办的手机卡（131××××××74）装入自己的手机上使用。

2018年11月11日，被害人曾某遭遇电信网络诈骗，其接到冒充厦门电信局工作人员、长沙市公安局民警的电话，称其银行账户涉及重大诈骗案件需配合调查。次日，祝某（另案处理）以“公安特勤人员”负责清查资金为由，将被害人曾某带至中国工商银行厦门分行镇海支行进行转账操作，将曾某在中国工商银行账户内的50万元转账至诈骗犯罪人员提供的中国农业银行账户（卡号6230×××××××0178074，户名张某）内。被告人蒋某通过补办的手机卡接收短信得知被告人张某的中国农业银行卡内转入50万元，欲将卡内资金占为己有，遂指使被告人张某将案涉账户挂失并补办新卡（卡号6230×××××××1195671），尔后将卡内截留下的15万元取现或转账至本人控制的微信账户内，并于2018年11月13日将该银行卡销户。

正在提取赃款的上游犯罪分子发现被告人张某银行卡内的钱款被截取，随即联系被告人黄某，要求其追回钱款。被告人黄某遂赶赴成都找到被告人蒋某追讨钱款。被告人蒋某假装帮助找回其中的8万元并索取“辛苦费”8000元后，将7.2万元退到被告人黄某控制的账户内。被告人黄某随后向其上线谎称自己只要回5万元，要求扣除2000元作为追讨款项的路费，并通过手机转账的方式将4.8万元转至其上线提供的银行账号内，余款被黄某挥霍殆尽。

【案件焦点】

被告人蒋某通过挂失、补卡后取现、转账的方式将转入张某银行卡中的款项占为己有的行为（俗称“黑吃黑”）应如何定性。

【法院裁判要旨】

福建省厦门市思明区人民法院经审理认为：关于被告人蒋某通过挂失、补卡后取现、转账的方式将转入张某农业银行卡中的款项占为己有的行为定性问题，被告人蒋某明知转入张某中国农业银行卡内的钱款系上游犯罪分子的犯罪所得，还采取挂失、补办新卡、转账等秘密手段将犯罪所得占为己有，系以非法占有为目的实施秘密窃取他人财物的行为，且蒋某实际非法占有的款项为15万元，数额巨大，符合盗窃罪的构成要件，根据《最高人民法院关于审理掩饰、隐瞒犯罪所得、犯罪所得收益刑事案件适用法律若干问题的解释》第六条之规定，对犯罪所得及其产生的收益实施盗窃行为，构成犯罪的，以盗窃罪定罪处罚。关于蒋某及其辩护人提出该行为应认定为侵占的辩解和辩护意见，法院认为，侵占系将代为保管的他人财物非法占为己有，本案中，蒋某将户名为张某的银行卡及配套手机卡、U 盾出售给他人用于转移违法犯罪所得，对该银行卡及卡内可能产生的资金进出已不具备控制权，更不存在代他人保管财物的情况，故不符合侵占的构成要件。关于被告人蒋某提出其仅对其中 7.5 万元具有非法占用目的的辩解，法院认为，根据在案查证属实的证据，蒋某在得知银行卡内有款项转入时即产生占为己有的想法，并实施挂失、补办新卡等行为，在取得新卡后对卡内剩余的 15 万元又通过网银转账的方式实际占有、控制，至此其盗窃行为已实施完毕，实际盗窃得手 15 万元。之后的取现、消费及因担心上家找张某麻烦而退出部分款项等行为，均系其对盗窃所得的处分行为。

福建省厦门市思明区人民法院依照《中华人民共和国刑法》第二百六十四条、第二百六十六条、第三百一十二条第一款、第二十五条第一款、第二十七条、第六十七条第三款、第六十九条、第六十四条之规定，作出如下判决：

一、被告人黄某犯掩饰、隐瞒犯罪所得罪，判处有期徒刑二年六个月，并处罚金一万元；犯诈骗罪，判处有期徒刑七个月，并处罚金一千元。数罪并罚，决定执行有期徒刑二年九个月，并处罚金人民币一万一千元；

二、被告人蒋某犯掩饰、隐瞒犯罪所得罪，判处有期徒刑二年六个月，并处罚金一万元；犯盗窃罪，判处有期徒刑五年六个月，并处罚金一万元。数罪并罚，决定执行有期徒刑六年五个月，并处罚金人民币二万元。

三、被告人张某犯掩饰、隐瞒犯罪所得罪，判处有期徒刑一年五个月，并处罚金人民币五千元；

四、责令被告人黄某、蒋某、张某共同退赔被害人曾某人民币五十万元（被告人蒋某、张某被扣押在案的人民币八万八千二百九十元及被告人黄某预缴在案的二万二千元发还被害人，余款应继续退赔）。

五、扣押在案的作案工具由扣押机关厦门市公安局思明分局予以没收。

蒋某持原审辩解提起上诉。

福建省厦门市中级人民法院经审理认为：关于上诉人蒋某提出其主观上并不明知所出售的涉案银行卡是用于转移犯罪赃款，其行为不构成掩饰、隐瞒犯罪所得罪的上诉意见。经查，有关监控录像等视听资料、银行卡交易明细、银行账目明细等书证及上诉人黄某、蒋某、张某的供述相互印证证实，蒋某主观上明知用张某身份证开设并出售给黄某的银行账户是为了协助转移他人犯罪所得；客观上实施了更改银行卡手机绑定、挂失、补办新卡、转账等行为，并将转入卡内的部分赃款窃为己有，进一步证实蒋某明知所出售的银行卡是用于收取、转出他人犯罪所得。故原判认定蒋某构成掩饰、隐瞒犯罪所得罪的事实清楚，证据确实、充分。

福建省厦门市中级人民法院依照《中华人民共和国刑事诉讼法》第二百三十六条第一款第一项的规定，作出如下裁定：

驳回蒋某的上诉，维持原判。

【法官后语】

本案处理的重点在于：被告人蒋某通过挂失、补卡后取现、转账的方式将转入张某银行卡中的款项占为己有的行为（俗称“黑吃黑”）应如何定性的问题。

一种意见认为，被告人蒋某“黑吃黑”的行为应认定为侵占罪。蒋某在得知卡内进入资金之后，产生非法占有的犯罪故意，随后实施了到银行补卡及支取原卡内资金的行为，将代为保管的他人财物占为己有且拒不归还，符合侵占罪的构成要件。

另一种意见认为，被告人蒋某采取补卡、转账等秘密手段，将属于犯罪团伙的赃款非法占为己有，系以非法占有为目的，秘密窃取他人财物的行为，构成盗窃罪。

笔者赞同后一种观点，即被告人蒋某“黑吃黑”的行为应构成盗窃罪。首先需要注意的是，根据《最高人民法院关于审理掩饰、隐瞒犯罪所得、犯罪所得收益刑事案件适用法律若干问题的解释》第六条的规定，对犯罪所得及其产生的收益实施盗窃、抢劫、诈骗、抢夺等行为，构成犯罪的，分别以盗窃罪、抢劫罪、诈骗罪、抢夺罪等定罪处罚。该司法解释明确了掩饰、隐瞒犯罪所得罪所衍生出的“黑吃黑”的行为，构成犯罪的，要受到刑事处罚。

侵占罪和盗窃罪都以他人财物为对象，都侵犯了公私财物的所有权，主观上都是故意，并都以非法占有他人财物为目的，这是二者的共同之处。但是，二者也有着明显区别：

1. 犯罪故意的内容和产生的时间不同。侵占罪的行为人认识到自己是以非暴力的手段非法占有自己业已持有的他人财物，且犯罪故意只能产生于持有他人财物之后；盗窃罪的行为人认识到自己是以不为财物所有人或持有人知道的秘密方法非法获取他人财物，且犯罪故意只能产生于非法获取他人财物之前。

2. 犯罪的客观方面不同。前者的手段既可以是秘密的，也可以是公开的或半公开的；而后者的手段只能是秘密的手段。

3. 犯罪对象不同。前者的对象只能是行为人在犯罪前已经持有的他人财物；而后者的对象则只能是行为人在犯罪前并不持有的他人财物。其中，犯罪对象方面的差异应是区分侵占罪与盗窃罪的关键因素。

4. 是否退还所产生的法律后果不同。前者必须是拒不退还或交出他人财物的，才构成犯罪，而后者即使窃取他人财物之后又主动退还的，也已构成犯罪，主动退赃行为只能作为一个酌定量刑情节来考虑。

具体到本案，蒋某将涉案银行卡及相关配套材料出售给他人后，对该银行卡及卡内可能产生的资金进出已不具备控制权。该银行卡后续进入的款项，不属于蒋某业已持有的财物，不存在代他人保管财物的情况，故不符合侵占的构成要件，与之相反，其是蒋某通过实施挂失、补卡的盗窃手段后才取得的财物，应当认定为盗窃罪。

编写人：福建省厦门市思明区人民法院　许晓琳　张晓杰

252 被执行人具备“部分执行能力”情形下的拒执罪入罪标准

——王某栋拒不执行判决、裁定案

【案件基本信息】

1. 裁判书字号·

北京市第二中级人民法院（2019）京02刑终305号刑事裁定书

2. 案由：拒不执行判决、裁定罪

【基本案情】

被告人王某栋因犯故意伤害罪于2015年8月4日被东城区人民法院判处有期徒刑一年，缓刑一年。同年5月4日，该案被害人宁某向东城区人民法院提起民事诉讼，法院于2016年5月31日判决王某栋赔偿宁某各项损失共计57万多元。宣判后，王某栋未提出上诉，并于同年6月15日授权其子王某通过××营公司将其承租的位于本市某胡同2×号的公有住房，以每月4500元的价格出租给他人使用。原告宁某提出上诉后，北京市第二中级人民法院于2016年11月24日判决王某栋赔偿宁某各项损失共计70万余元。因王某栋未自动履行赔偿义务，经宁某申请，东城区人民法院于2017年2月8日执行案件立案，并在其原居住地某胡同2×号张贴执行通知、传票，王某栋未到庭，亦未向法院说明其出租房屋及收取租金的使用情况，并且在继续委托王某收取房租的情况下仍不履行赔偿义务。被告人王某栋于2017年12月25日被民警抓获。

【案件焦点】

行为人王某栋是否具有执行法院判决的能力，以及是否构成情节严重。

【法院裁判要旨】

北京市东城区人民法院经审理认为：在案证据能够证实被告人王某栋于2016年5月底已明确其被一审判决支付赔偿金等共计57万多元，且并未提出上诉，同年6月其将承租的位于干面胡同2×号的房屋以每月4500元的价格出租并委托其子代收租金，至二审判决生效后仍继续出租，属于转移财产的行为。王某栋明知自己负有执行义务，但其从未向法院及申请执行人说明自己的执行能力；其有租金收入、具备执行能力，却对法院张贴的文书置之不理，无视法院的生效判决，拒不执行，情节严重，构成拒不执行判决、裁定罪。

北京市东城区人民法院对被告人王某栋依照《中华人民共和国刑法》第三百一十三条第一款，《全国人民代表大会常务委员会关于〈中华人民共和国刑法〉第三百一十三条的解释》及《最高人民法院关于审理拒不执行判决、裁定刑事案件适用法律若干问题的解释》第七条之规定，作出如下判决：

被告人王某栋犯拒不执行判决、裁定罪，判处有期徒刑六个月。

一审宣判后，被告人王某栋提起上诉；辩护人认为，王某栋没有逃避履行判决的故意以及履行判决的能力，也未实施转移财产的行为。

北京市第二中级人民法院经审理认为：北京市东城区人民法院根据王某栋犯罪的事实、性质、情节及对于社会的危害程度所作出的判决，定罪及适用法律正确，量刑适当，审判程序合法，应予维持。依照《中华人民共和国刑事诉讼法》第二百三十六条第一款第一项之规定，作出如下裁定：

驳回王某栋的上诉，维持原判。

【法官后语】

1. 对“具备执行能力”应作何理解

具备执行能力是成立拒不执行判决、裁定罪的先决条件，在以金钱给付为内容的案件中就要求行为人有可供执行的财产。王某栋自 2014 年开始便没有工资收入亦无明显高消费记录，名下亦无可供变现的财产。焦点在于其将某胡同2×号房屋出租所得的租金每月4500元是否可以成为认定其具备执行能力的依据。

据王某栋供述称，这笔租金系用于自身另外租房及维持必要生计。根据原《最高人民法院关于人民法院民事执行中查封、扣押、冻结财产的规定》第五条第一项①之规定，人民法院对被执行人及其所扶养家属所必需的生活物品不得查封、扣押、冻结。如果房租确系维持被执行人最低生活所需，为避免过度执行使其陷入生活窘境，就不宜强制执行该财产，更无法认定被执行人具备刑法意义上的执行能力。关于“必需的生活费用”因法律未明确界定，应参照当地最低生活标准，同时结合被执行人家庭状况以及资金的实际用途对“必需性”加以判断。王某栋无亲属需要扶养，其子王某亦有固定收入，家庭经济状况良好，且银行交易明细显示，其虽然于2016年8月开始每月收取房租，但是直至2017年4月才有支取房租的记录，房租在长达几个月内处于无须支取的状态。综上，结合王某栋未能提供证据证实房租系必需的生活费用，以及北京地区最低工资标准(2016年为1890元，2017年调整至2000元)，可以认定该项房租收入并非王某栋不可或缺的生活来源，其具备部分执行能力。

实践中对于被执行人执行能力的认定存在举证难的问题，尤其是对被执行人刻意隐藏财产的行为，执行法官查找执行线索非常困难，现有的侦查手段也无法穷尽对被执行人财产状况的调查。本案中，在有证据证实租金并非“必需的生活费用”的情况下，让行为人王某栋承担举证不利的后果是合理的。虽然从证据角度看，王某栋所具备的执行能力是部分而有限的，与典型的具备丰

---

① 此处指2008年规定，该司法解释于2020年修正，参见修正后第三条之规定。

富财产的执行能力有所不同，但部分有执行能力的被执行人也应该尽最大限度的履行义务，仅具有部分履行能力并不能成为其逃避履行义务的免责理由。至于其主观恶意与行为的社会危害性是否有刑法规制的必要，需要综合其他方面进行“情节是否严重”的进一步判断。

2. 关于“情节严重”的认定

《全国人民代表大会常务委员会关于〈中华人民共和国刑法〉第三百一十三条的解释》以及《最高人民法院关于审理拒不执行判决、裁定刑事案件适用法律若干问题的解释》所列举的该罪“情节严重”的情形，均为“行为方式+损害后果”的模式。

在行为方式上，行为人王某栋具有消极逃避与积极转移行为。首先，自二审判决生效后，王某栋明知案件进入执行阶段，不仅未主动履行判决，还未提供手机、座机等任何联系方式，处于下落不明的状态。执行干警两次前往某胡同2×号开展现场调查并张贴执行通知，与其联系一直未果，直到其因本案被抓获。即便是在2018年1月被取保候审后，王某栋也未主动与法院执行部门联系，对生效判决确定的义务全然置之不理；其次，王某栋在二审判决生效后未向人民法院报告将房屋出租并收取租金的事实，系转移财产行为。虽然王某栋将房屋出租时案件仍在二审审理期间，判决尚未生效，依照“有能力执行却拒不执行”的时间节点为“判决、裁定生效时”的通说，此时不能认定其具有转移财产的行为，但其将房租出租时一审已经审结，并判决其赔偿宁某医疗费等共计57万多元，在其未上诉而对方宁某提出上诉的情况下，其明确知道自己即将面临不低于一审确定的赔偿义务，却仍蓄意委托其子王某将房屋出租并利用王某的账号收款，足见其漠视判决、躲避执行的主观心态，加之其利用王某账户收取房租的行为一直持续至案发，根据主客观相统一的原则可以认定二审判决生效后王某栋具有转移财产的行为。

从损害后果来看，王某栋拒不执行的行为致使赔偿数额高达70万余元的判决部分无法执行，申请执行人宁某又具有精神残疾，属于弱势群体，判决无法执行给其造成了巨大的经济损失，导致其生活困难进一步加剧。综合王某栋的行为方式、主观态度可认定构成"情节严重"。

鉴于本案拒执的判决为侵犯他人健康权、身体权所引发的医疗费用赔偿，依据2008年《最高人民法院关于审理拒不执行判决、裁定刑事案件适用法律若干问题的解释》之规定，可从重处罚，两审法院据此对王某栋处以有期徒刑六个月的刑罚符合罪责刑相适应的基本原则。

编写人：北京市东城区人民法院　黄冰　吴丽芳

253 在法庭内进行的、与庭审密切相关的诉讼活动的秩序属于刑法意义上的法庭秩序

——潘某某等扰乱法庭秩序案

【案件基本信息】

1. 裁判书字号

江苏省镇江市中级人民法院（2018）苏11刑终113号刑事裁定书

2. 案由：扰乱法庭秩序罪

【基本案情】

2017年10月11日上午，镇江市中级人民法院在该院第十法庭公开开庭审理原告甲文化传播有限公司诉被告丹徒区乙超市侵害著作财产权纠纷案件，被害人即原告的委托诉讼代理人福建丙律师事务所律师彭某某、被告人即被告的经营者潘某某等人到庭参加诉讼。开庭前，法庭宣布了法庭纪律。当天中午12时许，当事人及诉讼代理人在法庭阅读庭审笔录期间，参与本庭庭审旁听人员被告人张某某、叶某某、黄某、胡某某等人未经准许进入审判区，与被告人潘某某一起殴打被害人彭某某，在法官谢毅某出面制止的情况下，上述被告人仍追打彭某某至隔壁第九法庭，将彭某某打倒在地，致法庭秩序严重混乱。

2017年10月19日、20日，被告人潘某某、叶某某分别被公安机关抓获。同年10月30日、11月5日，被告人胡某某、黄某、张某某经电话通知，分别至公安机关投案。

【案件焦点】

庭审结束后诉讼参与人在等待阅读、签字庭审笔录期间殴打诉讼参与人，致使法庭秩序严重混乱，是否构成扰乱法庭秩序罪。

【法院裁判要旨】

江苏省镇江市京口区人民法院经审理认为：法庭是人民法院代表国家审理案件的专门场所。诉讼参与人、社会公众进入法庭，参与或者旁听案件审理，应当遵守法庭纪律，自觉维护法庭秩序，这是尊重法治权威、保障审判活动正常开展、保护法庭安全的当然要求，也是维护当事人诉讼权利的当然要求。毫无疑问，庭审活动属于法庭安全和法庭秩序的核心利益，同时围绕特定庭审活动而进行的、与庭审活动紧密相连的准备阶段、中间休庭阶段、等待阶段、评议阶段以及庭审结束后阅读庭审笔录阶段、法庭内人员离开法庭阶段，也属于我国刑法所要保护的法庭安全和法庭秩序范畴，仍然是扰乱法庭秩序罪所要保护的法益。本案中，五名被告人在审判长宣布庭审活动结束后，诉讼参与人等待阅读庭审笔录期间，不能控制情绪而大闹法庭，殴打诉讼参与人，且不听承办法官制止，继续追打诉讼参与人，属于侵害我国刑法所保护的法庭安全和法庭秩序的行为。五被告人的行为造成法庭秩序严重混乱，均构成扰乱法庭秩序罪。

江苏省镇江市京口区人民法院依据《中华人民共和国刑法》第三百零九条第二项，第二十五条第一款，第六十七条第一款、第三款，第七十二条第一款，第七十三条第二款、第三款之规定，判决如下：

一、被告人潘某某犯扰乱法庭秩序罪，判处有期徒刑一年六个月；

二、被告人张某某犯扰乱法庭秩序罪，判处有期徒刑一年二个月；

三、被告人叶某某犯扰乱法庭秩序罪，判处有期徒刑一年三个月；

四、被告人黄某犯扰乱法庭秩序罪，判处有期徒刑一年，缓刑一年四个月；

五、被告人胡某某犯扰乱法庭秩序罪，判处有期徒刑一年，缓刑一年。

上诉人潘某某、张某某、叶某某以量刑过重为由提出上诉。潘某某、叶某某的辩护人提出二上诉人的行为发生在审判活动结束之后、当事人与旁听人员离开法庭前的阶段，认定扰乱法庭秩序罪证据不足以及二上诉人构成自首的辩护意见。

江苏省镇江市中级人民法院经审理认为：扰乱法庭秩序不仅针对法官宣布开庭后的审理期间，也包括法庭上为开庭进行的各项准备工作及与庭审紧密相连的休庭等待、庭审结束后阅读笔录签字等阶段。上诉人潘某某、叶某某的行为均已构成扰乱法庭秩序罪。案发当天，公安机关接警后至现场将潘某某带至公安机关进行调查，叶某某亦与他人自行前往公安机关，但二人均未主动供述其参与殴打被害人的犯罪事实。后经公安机关进一步侦查，确定潘某某、叶某某等人系犯罪嫌疑人，抓获后其二人才如实供述了自己的罪行，其行为不符合自首成立的要件，不能认定为自首。原审判决认定事实清楚，证据确实充分，适用法律正确，量刑适当，审判程序合法。

江苏省镇江市中级人民法院依照《中华人民共和国刑事诉讼法》第二百二十五条第一款第一项之规定，裁定如下：

驳回上诉，维持原判。

【法官后语】

本案的争议焦点在于庭审结束后诉讼参与人在等待阅读、签字庭审笔录期间殴打诉讼参与人致使法庭秩序严重混乱的行为，是否构成扰乱法庭秩序罪。

法庭秩序是指为了保障法庭开庭审理诉讼案件的各种活动得以正常顺利进行，要求诉讼参与人及旁听群众共同遵守和维护的秩序。严重干扰法庭秩序，是一种藐视国家权力、粗暴践踏法律的行为，不仅破坏法庭审理活动的正常进行，而且对诉讼参与人的人身安全和公私财产带来极大的威胁和损害。鉴于此，《中华人民共和国刑法修正案（九）》进一步扩展了扰乱法庭秩序犯罪的行为方式和行为对象，将“殴打诉讼参与人”等情形增加规定为犯罪，为严肃法庭纪律、提升司法权威提供有力保障，也加强了对诉讼参与人人身权利的保护。

但在司法实践中，针对扰乱法庭秩序罪的理解与适用还存在不同认识，一定程度上影响了对扰乱法庭秩序行为的打击力度和效果。本案中所反映出的关于法庭秩序的时空范围的认定便是其中之一。

1. 法庭秩序的时间范围。法庭秩序并不仅限于庭审秩序，还包括在法庭内进行的围绕庭审活动并与庭审活动密切相关的开庭准备、中途休庭、法庭宣判、阅签庭审笔录等相关诉讼活动的秩序。从文义解释的角度看，法庭秩序与庭审秩序不同，前者的含义明显要广于后者，法庭秩序强调的是在法庭这一特定场所内进行相关审判活动时的秩序。从目的解释的角度看，保障庭审活动正常进行、保障诉讼参与人依法行使诉讼权利、方便公众旁听以及促进司法公正彰显司法权威是法庭秩序存在的目的。庭审秩序虽然是法庭秩序的核心，但如果将法庭秩序过分狭隘地限定或等同于庭审秩序，将法庭内进行的，与庭审活动密切相关的其他诉讼活动的秩序排除在法庭秩序之外，反而不利于该目的的实现。

2. 法庭秩序的空间范围。扰乱法庭秩序罪中的法庭，应当是指正在进行审判活动的法庭。其空间范围，既包括用于审理案件的正规的固定场所，如审判法庭等，也包括非正规的临时性审理案件场所，如巡回法庭、临时法庭；既包括设在室内的开庭场所，也包括设在室外的开庭场所，如公审使用的法庭。扰乱法庭秩序的行为既包括全部犯罪行为均发生在法庭之内，也包括部分行为发生在法庭之内，后又发展延续到法庭之外。

本案中，在审判长宣布庭审活动结束后诉讼参与人未离开原告审判席并在等待阅读、签字庭审笔录期间，系处于在法庭内进行的、与庭审密切相关的诉讼活动。潘某某等五人不能控制情绪而大闹法庭，未经准许进入审判区，且不听承办法官制止，殴打诉讼参与人，在诉讼参与人逃离到隔壁法庭后继续追打，严重侵害我国刑法所保护的法庭安全和法庭秩序，造成了恶劣影响。一审、二审法院均认定潘某某等五人构成扰乱法庭秩序罪，体现了刑事审判打击违法犯罪、维护司法权威的使命职责。在量刑时，充分考虑到本案五名被告人的犯罪事实、情节及危害程度，作出罪责刑相适应的处罚。

编写人：江苏省镇江市中级人民法院　张云　王禹　姜莹莹

254 妨害“执行”行为在判决、裁判生效前实施是否可以构成拒不执行判决、裁定罪

——范某等拒不执行判决、裁定案

【案件基本信息】

1. 裁判书字号

江苏省南通市中级人民法院（2015）通中刑终字第00062号刑事判决书

2. 案由：拒不执行判决、裁定罪

【基本案情】

2009年3月31日，启东市人民法院应张某某的申请，出具诉讼保全裁定书，于同年4月2日，依法查封甲公司位于启东市某村的房产。范某因知村资产已因张某某诉甲公司案等诉讼而被法院查封，其为保全部分资产，遂要求姜、李二人配合在其三人间做一虚假债权转让协议公证，虚构姜某某欠李某某300万元的事实，将本已消灭的300万元债权以及抵押权一并转让给李某某，意图以后由李某某起诉甲公司，凭借债权转让协议及抵押权获得执行财产。2009年9月29日，三被告人至启东市公证处，以落款时间为2009年8月21日的债权转让协议办理了（2009）通启证经内字第4141号债权（含抵押权）转让公证。

2010年7月30日，张某某诉甲公司案经启东市人民法院判决，甲公司需承担660余万元的还款责任。2010年8月10日，被告人范某、李某某至启东市公证处做上述所转让的300万元债权的还款协议公证，约定甲公司2010年8月15日前归还300万元及利息，过期不履行，李某某申请强制执行。2010年8月16日，李某某至启东市公证处就上述还款协议要求出具执行证书，启东市公证处同日作出（2010）通启证执字第28号执行证书。同日，李某某持该执行证书向法院申请强制执行。2011年2月，车路村房产及土地拍卖得款人民币571万元。后李某某经申请从法院预先领取执行款180万元。该笔款项由被告人范某、李某某分得。

被告人范某于2014年8月20日主动至公安机关投案，如实供述主要犯罪事实。被告人李某某、姜某某分别于2014年4月24日经民警通知至公安机关，但开始均未如实供述犯罪事实。案发后，被告人范某、李某某将上述180万元归还至法院执行款专用账户。

【案件焦点】

妨害“执行”行为在判决、裁判生效前实施是否可以构成拒不执行判决、裁定罪。

【法院裁判要旨】

江苏省启东市人民法院经审理认为：被告人范某为减少被法院执行的财产，指使他人作伪证，进行虚假公证，并指使他人申请虚假执行，严重妨害司法机关正常诉讼活动，并致使法院对执行财产的分配作出错误裁定，情节严重，其行为已构成妨害作证罪；被告人李某某、姜某某受范某指使帮助范某伪造证据，严重妨害司法机关正常诉讼活动，并致使法院作出错误裁判，情节严重，其行为均构成帮助伪造证据罪。公诉机关指控的犯罪事实及罪名成立。被告人范某具有自首情节，可以从轻处罚。被告人李某某、姜某某庭审中自愿认罪，被告人范某、李某某退还全部非法所得，均可酌情从轻处罚。遂作出如下判决：

一、被告人范某犯妨害作证罪，判处有期徒刑一年六个月；

二、被告人李某某犯帮助伪造证据罪，判处有期徒刑一年；

三、被告人姜某某犯帮助伪造证据罪，判处有期徒刑九个月，缓刑一年。

一审宣判后，范某、李某某认为一审量刑过重，向南通市中级人民法院提起上诉。南通市人民检察院认为，原审判决认定事实清楚，量刑适当，建议驳回上诉，维持原判。

江苏省南通市中级人民法院经审理认为：上诉人范某、李某某、原审被告人姜某某相互串通，虚构姜某某欠李某某300万元的事实，将对甲公司本已消灭的债权及抵押权一并转让给李某某，并骗取公证书、执行证书，参与人民法院涉同一被执行人判决、裁定的执行分配，套取、转移被执行人的财产180万元，妨害人民法院判决、裁定的执行，属有能力执行而拒不执行，情节严重，其行为均已构成拒不执行判决、裁定罪。原审判决定性错误，应予改判。本案系共同犯罪，上诉人范某系主犯，应当按照其所参与的或组织、指挥的全部犯罪处罚；上诉人李某某、原审被告人姜某某系从犯，可从轻处罚。

江苏省南通市中级人民法院依照《中华人民共和国刑法》第三百一十三条、第六十七条第一款、第二十五条第一款、第二十六条第一款和第四款、第二十七条、第七十二条第一款和第七十三条第二款、第三款，《中华人民共和国刑事诉讼法》第二百二十五条第一款第二项之规定，作出如下判决：

一、撤销江苏省启东市人民法院（2014）启刑初字第00349号刑事判决；

二、上诉人范某犯拒不执行判决、裁定罪，判处有期徒刑一年六个月；

三、上诉人李某某犯拒不执行判决、裁定罪，判处有期徒刑一年；

四、原审被告人姜某某犯拒不执行判决、裁定罪，判处有期徒刑九个月，缓刑一年。

【法官后语】

1. 执行与诉讼的概念

一般而言，诉讼活动主要包括公安机关对刑事案件的侦查活动、检察机关对刑事案件的侦查、起诉活动及审判机关对刑事、民事、行政案件的审判活动。而执行工作仅仅是对人民法院生效裁判的落实与维护，并不具有诉讼活动裁判是非的功能，因此执行工作并不包含于诉讼活动当中。

拒不执行判决、裁定罪的犯罪对象是已经发生法律效力的判决、裁定，而妨害作证罪及帮助伪造证据罪的犯罪对象均是司法机关正常的诉讼活动。本案中，范某、李某某、姜某某相互串通，虚构债权债务关系，并骗取公证书、执行证书，参与法院涉同一被执行人判决、裁定的执行分配，套取、转移被执行人的财产。上述行为妨害的是法院的执行工作而非正常的诉讼活动。

2. 妨害“执行”行为在判决、裁判生效前实施并不影响拒不执行判决、裁定罪的成立

2002年《全国人大常委会关于〈中华人民共和国刑法〉第三百一十三条的解释》指出：“刑法第三百一十三条规定的‘人民法院的判决、裁定’，是指人民法院依法作出的具有执行内容的并已发生法律效力的判决、裁定……”这就要求拒不执行判决、裁定罪的行为，妨害的必须是已经生效的判决、裁定，如果妨害的是尚未生效的判决、裁定的则不构成此罪。但如果妨害行为在判决、裁定生效前已经实施，持续至生效之后，并对生效裁判的执行产生了实质的妨害影响，则不影响该罪的成立。本案中，行为人在裁判生效前的虚构债权、虚假公证的行为应为拒不执行判决、裁定罪的预备行为，在判决、裁定生效后，通过虚假的公证文书、执行文书参与法院对同一被执行人判决、裁定的执行分配，套取执行款，就构成了该罪并既遂。

虽然涉及财产的相关判决、裁定尚未作出，但只要行为人明知是人民法院在将来的判决、裁定中可能涉及的财产，出于减少被执

行财产的目的，而提前采取措施，套取、转移相关财产，或确定涉及相关财产的法律关系，致使将来可能发生的判决、裁定无法执行，应认定为拒不执行判决、裁定罪。需要注意两点：第一，拒不执行判决、裁定罪的责任形式为"故意"，只要求明知是将来可能生效的判决、裁定即可，不应拘泥于明知是生效的判决、裁定；第二，行为人在采取虚假诉讼、虚假仲裁或虚假公证等方式妨害执行的过程中，可能实施了妨害作证或是帮助毁灭、伪造证据的行为，但应从行为的整体性着眼，以主客观相一致的原则，认定为拒不执行判决、裁定罪，而非妨害作证罪或帮助毁灭、伪造证据罪。

编写人：江苏省启东市人民法院　王麒锟

（三）妨害国（边）境管理罪

255　对组织他人偷越国（边）境人数较多的认定
——罗某某等组织他人偷越国（边）境案

【案件基本信息】

1. 裁判书字号

云南省红河哈尼族彝族自治州中级人民法院（2018）云25刑终143号刑事裁定书

2. 案由：组织他人偷越国（边）境罪

【基本案情】

2017年2月8日，被告人罗某某、三某某组织19名缅甸籍人员想到中国广东打工，准备偷渡入境中国；同日罗某某与被告人赵某电话联系，罗某某等21人入境至中国清水河后由赵某安排车辆将罗某某等21人送至广东。2月9日，罗某某、三某某组织19名缅甸籍人员偷渡入境至清水河后，赵某联系周某某（另案处理）安排他人驾驶车辆将罗某某等21人送往昆明。2月10日，罗某某等21人被送至昆明，并由赵某安排入住于赵某经营的“××圆”招待所。2月10日20时许，赵某联系张秀梅安排罗某某等21人坐上昆明至广东的客车。2月11日1时许，该客车行至弥勒市腻落江服务区时被查获。

【案件焦点】

罗某某等三人是否应以组织他人偷越国（边）境人数众多加重处罚。

【法院裁判要旨】

云南省开远市人民法院经审理认为：组织他人偷越国（边）境罪是指领导、策划、指挥他人偷越国（边）境或者在首要分子指挥下，实施拉拢、引诱、介绍他人偷越国（边）境的行为。本案被告人罗某某、三某某、赵某违反国家出入国（边）境管理法规，非法组织他人偷越我国国（边）境，其行为均已触犯了法律，依法应予以惩处。公诉机关指控的事实清楚、证据确实充分、定性准确，本院予以支持。被告人罗某某、三某某在本案中起主要作用，系主犯。被告人赵某对本案偷越国（边）境行为起辅助作用，系从犯，依法可以从轻或减轻处罚。被告人罗某某、三某某在服务区被排查过程中主动供述自己没有护照，偷渡到中国的犯罪事实并且在原地等候公安机关的处罚，应认定为自首，依法对其减轻处罚。辩护人提出被告人赵某无罪的辩护观点，于法无据，本院不予采信。为维护国家边境的安全及正常工作秩序，依法惩治犯罪，根据被告人罗某某、三某某、赵某的犯罪事实、性质、情节以及对社会的危害程度，云南省开远市人民法院依照《中华人民共和国刑法》第三百一十八条第一款第二项、第二十五条第一款、第二十六条第一款、第二十七条、第五十二条、第五十三条、第六十七条第一款、第六十四条、第三十五条之规定，判决如下：

一、被告人罗某某犯组织他人偷越国（边）境罪，判处有期徒刑三年，并处罚金人民币一万五千元，罚款于判决生效之日一次性缴纳；被告人罗某某刑满释放后驱逐出境；

二、被告人三某某犯组织他人偷越国（边）境罪，判处有期徒刑二年，并处罚金人民币一万元，款于判决生效之日一次性缴纳；被告人三某某刑满释放后驱逐出境；

三、被告人赵某犯组织他人偷越国（边）境罪，判处有期徒刑二年，并处罚金人民币一万元，款于判决生效之日一次性缴纳；

四、随案移送赃款人民币七千五十元，依法没收，上缴国库。

云南省开远市人民检察院抗诉提出：（1）被告人罗某某、三某某乘坐昆明开往广州的客车行至弥勒市腻落江服务区时因超载被查获后，先后经客运中心工作人员询问和公安民警盘问均沉默，直至弥勒市公安局出入境管理大队民警到场进行人身检查发现罗某某、三某某等乘客身上携带的缅甸国身份证件而再次盘问后，罗某某才表明其等二十一人系缅甸国人，后在被拘留审查过程中罗某某、三某某才供述二人组织他人偷越国（边）境的事实。罗某某、三某某虽如实供述犯罪事实，但无投案的主动性和自愿性，不符合法律关于认定自首的相关规定。一审法院认定被告人罗某某、三某某构成自首属认定事实及适用法律错误；（2）本案三名被告人系共同犯罪，在实施犯罪过程中分工不同，但都必不可少，因此本案不宜区分主、从犯。原判对本案三名被告人区分主、从犯属认定事实及适用法律错误；（3）根据《中华人民共和国刑法》第三百一十八条第一款第二项的规定，组织他人偷越国（边）境人数众多的，处七年以上有期徒刑或者无期徒刑，并处罚金或者没收财产。《最高人民法院、最高人民检察院关于办理妨害国（边）境管理刑事案件应用法律若干问题的解释》第一条规定：组织他人偷越国（边）境人数在十人以上的，应当认定为刑法第三百一十八条第一款第二项规定的“人数众多”。本案被告人罗某某、三某某、赵某组织偷越中缅边境的人数为十九人，为人数众多，依法应在有期徒刑七年以上进行量刑，一审对三被告人的量刑明显畸轻；（4）原判对被告人三某某刑期计算错误。本案判决书第二项判决：被告人三某某犯组织他人偷越国（边）境罪，判处有期徒刑二年，并处罚金人民币一万元，罚款于判决生效之日一次性缴纳；被告人三某某刑满释放后驱逐出境（刑期从判决执行之日起计算。判决执行以前先行羁押的，羁押一日折抵刑期一日，即自2017年3月2日起至2019年2月19日止，原羁押9日已折抵刑期）。本案中，弥勒市公安局于2017年2月11日对被告人三某某作出拘留审查决定，并于同年3月2日转为刑事拘留。根据《中华人民共和国行政处罚法》第二十八条第一款的规定，拘留审查时间应当折抵计算在刑期内，故被告人三某某的刑期应当为“自2017年2月11日起至2019年2月10日止”。综上，开远市人民法院（2018）云2502刑初1号判决书认定事实及适用法律错误，对被告人量刑畸轻，刑期计算错误，请予纠正。红河州人民检察院出庭履行职务的检察员唐麦肖、杨士霆发表履职意见，认为被告人罗某某经盘查供述他们是缅甸人没有护照，在拘留审查期间罗某某、三某某如实供述了组织他人偷越国（边）境的犯罪事实，可视为自首；被告人赵某系本案从犯；原审未认定本案三名被告人组织他人偷越国（边）境“人数众多”，对被告人罗某某、三某某、赵某量刑畸轻，对被告人三某某的刑期计算错误，建议二审依法予以纠正。

原审被告人（上诉人）赵某上诉提出：罗某某与其联系时未说明自己的国籍身份，不知道罗某某等人是外国人，自己也没有进行相关组织他人偷越边境的行为。

云南省红河哈尼族彝族自治州中级人民法院经审理认为：上诉人（原审被告人）赵某、原审被告人罗某某、三某某违反我国出入国（边）境管理法规，非法组织他人偷越我国国（边）境，人数众多，其行为均已构成组织他人偷越国（边）境罪。在共同犯罪中，原审被告人罗某某、三某某起主要作用，系主犯；上诉人赵某起辅助作用，系从犯，依法应当从轻、减轻处罚。罗某某、三某某在被采取强制措施但公安机关尚未掌握其犯罪事实前即供述组织他人偷越国（边）境的犯罪事实，可视为自首，依法可从轻、减轻处罚。经查，罗某某供述、张某某证言均证实上诉人赵某明知罗某某等人是没有护照的缅甸人，且罗某某与赵某联系时已告知对方自己是在缅甸，需入境到中国广东，赵某依然实施了联系车辆、安排入住等一系列行为，故上诉人赵某关于“罗某某与其联系时未说明自己的国籍身份，不知道罗某某等人是外国人，自己也没有进行相关组织他人偷越边境的行为”的上诉理由和辩护人杨成玲关于“赵某是在不明知罗某某等人是缅甸人的情况下帮罗某某等人安排前往广东打车的车子，其时罗某某、三某某组织他人偷越边境的行为已经发生，不能认定赵某有罪”的上诉理由和辩护意见，与本院查明事实及国家法律规定不符，本院不予采纳。本案三名被告人组织十九人偷越国（边）境，根据《最高人民法院、最高人民检察院关于办理妨害国（边）境管理刑事案件应用法律若干问题的解释》第一条之规定，应当认定为刑法第三百一十八条第一款第二项规定的“人数众多”，抗诉机关关于原审未认定本案被告人组织他人偷越国（边）境“人数众多”的抗诉意见成立，本院予以采纳。但经查明，罗某某、三某某组织他人偷越边境的目的是到中国广东打工，原审充分考虑本案犯罪事实、情节及社会危害性对三被告人所作量刑并无不当。抗诉机关关于原审对本案区分主、从犯，认定罗某某、三某某成立自首属认定事实及适用法律错误，对三被告人量刑畸轻的抗诉意见均不能成立，本院不予采纳。原审对被告人三某某刑期计算有误，但不属于案件事实认定和适用法律及审判程序错误，应由一审裁定更正。综上，原审认定事实清楚、适用法律正确、量刑适当。审判程序合法。据此，依照《中华人民共和国刑事诉讼法》第二百二十五条第一款一项之规定，裁定如下：

驳回上诉，维持原判。

【法官后语】

组织他人偷越国（边）境罪，是指非法组织他人偷越国（边）境的行为。其构成要件是：(1) 本罪的主体是一般主体，没有国别和居住地限制，可以是中国人也可以是外国人。(2) 主观方面表现为直接故意，一般是以营利为目的，但是不以牟利为构成要件。(3) 本罪侵犯的客体是国家对国（边）境的正常管理秩序。(4) 客观方面表现为非法组织他人偷越国（边）境的行为。根据2012年《最高人民法院关于审理组织、运送他人偷越国（边）境等刑事案件适用法律若干问题的解释》第一条的规定，领导、策划、指挥他人偷越国（边）境或者在首要分子的指挥下，实施拉拢、引诱、介绍他人偷越国（边）境。组织，一般表现为煽动、串联、拉拢、策划、联络他人偷越国（边）境以及为偷越进行准备、制造条件的行为。例如，安排运输工具、拟定具体行动路线、确定偷越时间、为偷越行为出谋划策等。

本案争议的焦点是三名原审被告人是否应认定为组织他人偷越国境人数众多。边防检查条例、外国人入境出境管理法和公民出境入境管理法等一系列法规均明确规定，任何人出入我国国（边）境，必须依照法律规定，履行必要的申办手续，经有关部门签发出入国（边）境的证件，在规定的时间、地点出入我国国（边）境。由此可见，组织他人偷越国边境中的“偷越”行为既包括未经办理有关出国、出境证件和手续，在未设关口处秘密越境的情形，也包括使用伪造、变造证件或骗取合法证件作非法用途如以非法劳务为目的使用旅游签证等其他欺骗手段在规定口岸、关卡蒙混出境的情形，其本质是在不具备法律规定的具体出入境条件的情况下，以欺骗手段越境，侵犯了国（边）境管理秩序，属于偷越国（边）境行为的一种。因此，对于组织者而言，实施上述组织他人偷越国边境的行为即构成组织他人偷越国（边）境罪。本案中，上诉人（原审被告人）赵某、原审被告人罗某某、三某某主观上基于组织 19 名缅甸籍人员到广东打工的目的，客观上实施了组织、运输缅甸籍人员进入内地的行为。故对罗某某、三某某、赵某三人应以组织他人偷越国境罪定罪处罚且组织他人偷越国境人数为 19 人。根据《最高人民法院、最高人民检察院关于办理妨害国（边）境管理刑事案件应用法律若干问题的解释》第一条之规定，组织他人偷越国（边）境人数在 10 人以上的，应当认定为刑法第三百一十八条第一款第二项规定的“人数众多”。二审在认定三名原审被告人组织他人偷越国（边）

境人数众多的基础上，基于考虑三名原审被告人具有法定从宽处罚情节，一审量刑并无不当，所以维持原判。

编写人：云南省红河哈尼族彝族自治州中级人民法院　王立峰

（四）妨害文物管理罪

256　盗掘古墓葬罪既遂标准的认定

——时某得等盗掘古墓葬案

【案件基本信息】

1. 裁判书字号

安徽省滁州市中级人民法院（2020）皖11刑终285号刑事判决书

2. 案由：盗掘古墓葬罪

【基本案情】

2019年3月31日20时许，被告人时某得、陈某军、熊某勇、陈某政至某村某组西偏南约500米处曹某芳家田地，使用挖掘机对两处古墓葬进行盗掘。其中，被告人陈某军负责用挖掘机挖掘古墓葬，被告人陈某政负责照明，被告人时某得、熊某勇负责在古墓葬周围查找文物，当晚四人未窃得文物。经安徽省文物鉴定站鉴定，该两座古墓为东汉至六朝时期古墓葬，具有历史、艺术、科学价值。

2019年4月被告人时某得、熊某勇、陈某军商量欲盗掘古墓葬，后被告人陈某军联系被告人陈某政、吴某中，五被告人于2019年

4月18日21时许，五被告人至某县大墅镇刘兴村吴庄组西北处，使用挖掘机对该处古墓葬进行盗掘。其中，被告人时某得、陈某军负责望风，被告人吴某中负责用挖掘机挖掘古墓葬，被告人陈某政、熊某勇负责在古墓葬周围观察挖掘情况。经安徽省文物鉴定站鉴定，该古墓葬为战国至西汉时期古墓葬，具有历史、艺术、科学价值。

【案件焦点】

五被告人盗掘古墓葬的犯罪行为是否为既遂。

【法院裁判要旨】

安徽省全椒县人民法院经审理认为：五被告人利用挖掘机对古墓葬进行盗掘，现有证据证实被挖掘的古墓葬存在被他人或自然等原因已造成破坏的可能性，被告人仅挖到古墓葬墓砖，公诉机关未能提供确实、充分证据证实盗掘行为已对古墓葬的历史、艺术、科学价值造成损害，各被告人盗掘古墓葬属于犯罪未遂。遂作出如下判决：

一、被告人时某得犯盗掘古墓葬罪，判处有期徒刑二年十个月，并处罚金一万四千元；

二、被告人熊某勇犯盗掘古墓葬罪，判处有期徒刑二年八个月，并处罚金一万元；

三、被告人陈某军犯盗掘古墓葬罪，判处有期徒刑二年二个月，并处罚金八千元；

四、被告人陈某政犯盗掘古墓葬罪，判处有期徒刑一年八个月，宣告缓刑二年，并处罚金六千元；

五、被告人吴某中犯盗掘古墓葬罪，判处有期徒刑一年四个月，宣告缓刑一年八个月，并处罚金四千元。

一审宣判后，部分被告人提起上诉。安徽省滁州市中级人民法院经审理认为：文物的价值不仅是物质价值，更重要的价值在于其具有的非物质价值。文物是历史、艺术、科学价值的一种物质载体，文物所具有的历史、艺术、科学价值才是文物的真正价值所在。法律是通过保护文物这一具体的物质对象来保护历史、艺术、科学等非物质价值的。根据鉴定评估报告，涉案墓葬均为古墓葬，具有历史、艺术、科学价值。本案被告人主观上有盗掘古墓葬的故意，客观上实施了使用挖掘机两次盗掘古墓葬的行为，并且已经掘及某村大吴组的古墓葬墓坑的南壁，损害古墓葬的历史、艺术、科学价值，对该古墓葬造成了不可恢复的破坏，侵犯了国家文物管理秩序，应当认定为既遂。故二审法院对被告人时某得改判为有期徒刑三年，维持其他被告人刑期不变。

【法官后语】

本案争议焦点是被告人盗掘古墓葬是否属于既遂。根据《最高人民法院、最高人民检察院关于办理妨害文物管理等刑事案件适用法律若干问题的解释》（以下简称《解释》）的规定，实施盗掘行为，已损害古文化遗址、古墓葬的历史、艺术、科学价值的，应当认定为盗掘古文化遗址、古墓葬罪既遂。在《解释》发布之前对该罪既遂标准的认定不一，有的观点认为盗掘古墓葬罪系行为犯，只要实施了盗掘古墓葬的行为即属于犯罪既遂；有的观点则认为需要盗掘到文物才能构成既遂。只要实施了盗掘古墓葬的行为即属于犯罪既遂，还有的观点认为需要盗掘到文物才能构成既遂。现在《解释》虽然给出了标准，即以有无损害古文化遗址、古墓葬的历史、艺术、科学价值评判是否构成既遂，但是对标准的把握在司法实践中仍需要仔细考查。古墓葬的历史、艺术、科学价值不是一个具体的实体物，达到何种程度才能认定为损害了古墓葬的历史、艺术、科学价值？这是不易直接证明的，需要办案法官根据被告人盗掘行为对古墓葬的损害程度来综合考量。

具体到案件中，被告人利用挖掘机盗掘古墓葬时，挖出墓砖，未窃得文物，也无其他破坏行为。如果被告人将古墓葬完全挖开致使古墓葬受到严重破坏，或者窃得文物，此时认定被告人构成盗掘古墓葬罪既遂是没有问题的。但是针对本案的被告人对古墓葬的破坏较轻的情况，一审认为本案现有证据无法证实被告人的盗掘行为对古墓葬的历史、艺术、科学价值造成损害，即如果犯罪行为未对古墓葬内部造成毁损，不能认定古墓葬的历史、艺术、科学价值造成破坏，这种理解是值得商榷的。首先，古墓葬是历史、艺术、科学价值是否遭到破坏，本身就是难以直接证明的事实，不能苛求公诉机关提供直接证据，而需要根据查明事实进行综合判断。其次，如果文物或古墓葬造成明显破坏，可能是加重情节，认定本罪是否构成既遂，不需达到严重破坏古墓葬的程度。最后，整个古墓葬都是其历史、艺术、科学价值的物质载体，被告人利用挖掘机挖到古墓葬的墓砖，已对古墓葬边缘造成不可恢复的破坏，对古墓葬边缘造成不可恢复的破坏，必然对其历史、艺术、科学价值造成一定的损害，应认定为对古墓葬历史、艺术、科学价值造成破坏，属于犯罪既遂。

在《解释》实施前，盗掘古墓葬罪一般被认定为行为犯，众多同类案件中只要被告人实施盗掘行为，即被认定为犯罪既遂。《解释》实施后，此类案件既遂的认定容易陷入另一种极端，如果犯罪行为未对古墓葬造成严重毁损，不敢认定古墓葬的历史、艺术、科学价值造成破坏。实际上，从《解释》采用“损害”这一较轻程度的用语可以看出，盗掘古墓葬罪既遂的标准，不应要求太高。如果犯罪行为对古墓葬造成一定的破坏，则其历史、艺术、科学价值一般会受到相应程度的损害。所以，办理盗掘古文化遗址、古墓葬案件时，承办法官应结合具体案情，综合把握既遂、未遂标准的认定。

盗掘古墓葬罪不是行为犯，不是被告人有盗掘古墓葬的行为即认定为既遂。但认定既遂的标准，也不应要求得太高。对整个古墓葬只要造成一定的破坏，则其历史、艺术、科学价值必然会受到一定的损害。考虑到打击盗墓类犯罪的紧迫形势，根据《解释》采用“损害”这一较轻程度的用语，办案人应结合具体案件，适当放宽对既遂标准的认定。

编写人：安徽省滁州市全椒县人民法院　刘落实

（五）破坏环境资源保护罪

257 行为人采伐不属于刑法规定的国家重点保护植物或珍贵树木的，不构成非法采伐国家重点保护植物罪

——陈某、陈某林非法采伐国家重点保护植物案

【案件基本信息】

1. 裁判书字号

广东省汕尾市中级人民法院（2019）粤15刑终32号刑事判决书

2. 案由：非法采伐国家重点保护植物罪

【基本案情】

2017年10月，某村委会为新农村建设清理村道，未经林业主管部门批准，由原村党支部书记即被告人陈某、原村委会主任即被告人陈某林等村“两委”干部开会决定将寨内村竹林寨墙外3株大榕树采挖迁走，并交由寨内村村民陈某城负责处理。同年10月19日，陈某城先对其中最小株的榕树进行采挖，并将另两株榕树委托林某哺进行采挖。次日，林某哺雇用工人、挖掘机、拖车等设备将两株榕树锯断树枝后采挖。在采挖树木过程中，被告人陈某、陈某林与阻拦采挖的村民发生冲突，后被接警处置的民警制止，当地镇政府和村委又监督将三棵榕树重新种植回原来的位置。经鉴定，被采挖树木共3株，树种均为榕树（又称细叶榕），属于桑科榕属植物；树龄分别为150年、116年、75年；立木蓄积分别为20.8394立方米、11.5762立方米、2.6605立方米。

【案件焦点】

被告人陈某、陈某林采伐二株树龄超100年榕树的行为是否构成非法采伐国家重点保护植物罪。

【法院裁判要旨】

广东省陆丰市人民法院经审理认为：被告人陈某、陈某林违反国家森林法规，未经林业主管部门批准，非法采挖二棵100年以上的古树，其行为均已构成非法采伐国家重点保护植物罪，且属情节严重。被告人陈某犯罪以后能自动投案，如实供述其犯罪事实，视为自首，依法予以从轻处罚。依照《中华人民共和国刑法》第三百四十四条、第六十七条第一款、第五十二条、第五十三条第一款和《最高人民法院关于审理破坏森林资源刑事案件具体应用法律若干问题的解释》第二条第一项之规定，作出如下判决：

一、被告人陈某犯非法采伐国家重点保护植物罪，判处有期徒刑三年，并处罚金人民币1.5万元；

二、被告人陈某林犯非法采伐国家重点保护植物罪，判处有期徒刑三年，并处罚金人民币1.5万元。

上诉人陈某及其辩护人上诉提出：上诉人陈某主观上不具有非法采伐国家重点保护植物的犯罪故意；在客观上没有实施犯罪行为。请求二审法院改判其无罪。上诉人陈某林及其辩护人上诉提出：上诉人陈某林在本案中主观方面不具备明知的故意内容；本案涉案两株榕树树龄虽被鉴定超过100年，但不属于《中华人民共和国刑法》第三百四十四条规定的“珍贵树木”。请求二审对上诉人作出无罪判决。

广东省汕尾市中级人民法院经审理认为：原判认定上诉人陈某、陈某林违反国家森林法规，未经林业主管部门批准，非法采伐二棵100年以上的古树，其行为均已构成非法采伐国家重点保护植物罪，且属情节严重的事实不清，证据不足，指控的犯罪不能成立，依法应予纠正。二上诉人及其辩护人所提不构成非法采伐国家重点保护植物罪的意见成立，予以采纳。依照《中华人民共和国刑事诉讼法》第二百三十六条第一款第三项、第二百条第三项的规定，作出如下判决：

一、撤销广东省陆丰市人民法院（2018）粤1581刑初257号刑事判决；

二、上诉人陈某无罪；

三、上诉人陈某林无罪。

【法官后语】

1. 本案被告人采伐的二株树龄超100年的榕树不属于刑法规定的国家重点保护植物或珍贵树木

依据《中华人民共和国刑法》第三百四十四条之规定，非法采伐国家重点保护植物罪，是指违反国家规定，非法采伐珍贵树木或者国家重点保护的其他植物的行为。《最高人民法院关于审理破坏森林资源刑事案件具体应用法律若干问题的解释》第一条对“珍贵树木”进行了明确，包括由省级以上林业主管部门或者其他部门确定的具有重大历史纪念意义、科学研究价值或者年代久远的古树名木，国家禁止、限制出口的珍贵树木以及列入国家重点保护野生植物名录的树木。

根据上述规定，本案被告人采伐的二株树龄超100年的榕树不属于国家重点保护植物或珍贵树木，原因有二：其一，本案涉案树木为榕树，又称细叶榕，作为行道树树种，在华南地区种植普遍，不属于《国家珍贵树种名录》和《国家重点保护野生植物名录》（第一批）所列树种。其二，根据《全国绿化委员会关于进一步加强古树名木保护管理的意见》中解释，古树是指树龄在100年以上的树木（一级500年以上；二级300~499年；三级100~299年）；名木是指具有重要历史、文化、景观与科学价值和具有重要纪念意义的树木。本案被采伐的三株榕树，被采伐后经鉴定树龄分别为150年、116年和75年，即本案被采伐的三株榕树当中，树龄分别为150年、116年的二株榕树可认定为古树。一审法院也是据此认定二被告人实施了采伐古树名木的行为。但二株树龄超100年的榕树是否属于司法解释规定的“古树名木”？依照《全国绿化委员会关于进一步加强古树名木保护管理的意见》相关规定，列入国家重点保护的年代久远的古树名木应由有关行政主管部门作出鉴定后予以挂牌公示，而有关行政主管部门尚未对湖东镇竹林村的树木进行古树名木普查，即尚未进行登记、鉴定、挂牌、公示，故涉案榕树无法认定为“古树名木”。综上，本案被采伐的树木没有充分证据证明属于刑法所规定的国家重点保护植物或珍贵树木。

2. 被告人陈某、陈某林的行为不构成非法采伐国家重点保护植物罪

犯罪是指危害社会的、依照法律应当受刑罚处罚的行为，评价依据是行为人的行为要符合我国刑法规定的犯罪构成要件，具有社会危害性和主观恶性（违法性和可责性），不仅要进行形式审查，还要进行实质判断和正当性考量。非法采伐国家重点保护植物罪侵害的客体是国家森林和其他植物资源管理和保护制度，侵害的对象是国家重点保护植物及珍贵树木，构成该罪的主客观方面表现为行为人明知是国家重点保护植物而未经依法批准或者超出依法批准的范围（树种、数量、四至等）、期限和方法对其进行非法采集、砍伐的行为。

本案二被告人在没有取得林业管理部门批准的情况下，非法采挖二株100年以上的榕树，其具有非法采伐古树的客观行为。但从陆丰市公安局森林分局《情况说明》、二被告人供述、多名证人证言证实采挖该三株榕树，是因为湖东镇竹林村委会为进行新农村建设整理村容村貌而经村两委讨论决定的，二被告人作为该村的村干部，为执行村两委决定而雇请人员进行采挖，主观上不具有采伐国家重点保护植物的故意。另外，“法律不能强人所难”，按照相关文件规定，被列入国家重点保护的年代久远的古树名木应由有关行政主管部门作出鉴定后予以挂牌公示，而本案中有关行政主管部门尚未对

湖东镇竹林村的树木（包括被采伐的三株榕树）进行古树名木普查，即尚未进行登记、鉴定、挂牌、公示，在此情况下要求作为普通公民的二被告人承担明确识别所砍伐的树木属国家重点保护植物或珍贵树木，超出普通公民的认知能力，因此缺乏充分理据和期待可能性。故陈某和陈某林均不构成非法采伐国家重点保护植物罪。

编写人：广东省汕尾市中级人民法院　曾向虹

258　污染环境罪中“有毒物质”的认定

——孙某污染环境案

【案件基本信息】

1. 裁判书字号

北京市第一中级人民法院（2018）京01刑终396号刑事判决书

2. 案由：污染环境罪

【基本案情】

2016年3月至2017年9月，被告人孙某在甲汽车俱乐部内提供汽车美容、保养等服务，并经营洗车服务。依据《北京市人民政府关于调整市级地下饮用水水源保护区范围的通知》的规定，该地区为北京市市级地下饮用水水源二级保护区。其间，孙某将洗车产生的废水经洗车房内的沟槽排入洗车房北侧非法挖掘的渗坑进行处置。被告人称不是其挖掘的，之前是垃圾场，渗坑在围墙里面，长3.5米，宽2米，深1米，被告人称在渗坑内部贴了水泥砖，并在底部垫了塑料布，洗车产生的废水一部分顺着路边流走，另一部分流入渗坑。后经北京市海淀区环境保护局监测站检测鉴定，渗坑内水样中含氨氮 8.31 毫克/升、化学需氧量 78 毫克/升，锌 0.132 毫克/升，总铬<0.03 毫克/升，铅<0.1 毫克/升，镉<0.05 毫克/升，镍<0.007 毫克/升，铜<0.04 毫克/升。北京市海淀区环境保护局出具说明：取样的液体中含有锌等重金属物质，应认定为有毒物质。

海淀区环保局将此案报送至海淀区检察院侦查监督部门，检察院认为应当移送。故海淀环保局将此线索移交公安机关，公安机关立案侦查，于 2017 年 11 月 7 日，被告人孙某被公安机关抓获归案后如实供述了上述作案过程。

【案件焦点】

1.《最高人民法院、最高人民检察院关于办理环境污染刑事案件适用法律若干问题的解释》第十五条第三项规定“含重金属的污染物”属于“有毒物质”，“有毒物质”应作实质解读还是形式解读，即“含重金属的污染物”应当限于浓度超过相应标准的含重金属的污染物，还是只要污染物中含有重金属即可；2. 若认定孙某构成污染环境罪，其行为是否符合上述司法解释第五条规定的可定罪免刑的情形。

【法院裁判要旨】

北京市海淀区人民法院经审理认为：被告人孙某违反国家规定，排放有毒物质，严重污染环境，其行为已构成污染环境罪，应予惩处。北京市海淀区人民检察院指控被告人孙某犯有污染环境罪的事实清楚，证据确实、充分，指控罪名成立。鉴于被告人孙某到案后及在庭审过程中均能够如实供述自己的罪行，认罪态度较好，且系初犯，故本院对其依法从轻处罚。辩护人的相关辩护意见，本院酌予采纳。依照《中华人民共和国刑法》第三百三十八条、第六十七条第三款、第五十三条之规定，判决如下：

被告人孙某犯污染环境罪，判处有期徒刑十个月，并处罚金人民币二万元。

被告人孙某不服原判，提起上诉。孙某的上诉理由为：原判量刑过重。

孙某的辩护人的辩护意见为：原判量刑过重，被告人系初犯，且能关停俱乐部，及时消除危险；犯罪情节轻微，始终真诚认罪悔罪；一贯表现良好，案发前多次为社会作贡献，希望对被告人免予刑事处罚或判处缓刑。

北京市第一中级人民法院经审理认为：上诉人孙某违反国家规定，排放有毒物质，严重污染环境，其行为已构成污染环境罪，依法应予惩处。鉴于上诉人孙某到案后及在庭审过程中均能够如实供述自己的罪行，认罪悔罪态度较好，且系初犯，确有悔改表现，属于犯罪情节轻微，可依法对其免予刑事处罚。一审法院根据孙某犯罪的事实、犯罪的性质、情节及对于社会的危害程度所作出的判决，定性准确，审判程序合法，但量刑不当，应予改判。对于北京市人民检察院第一分院的意见，本院予以采纳。对于上诉人孙某所提上诉理由及其辩护人所提相关辩护意见，本院予以采纳。北京市第一中级人民法院依照《中华人民共和国刑事诉讼法》第二百二十五条第一款第二项，《中华人民共和国刑法》第三百三十八条、第三十七条、第六十七条第三款、第六十一条之规定，判决如下：

一、撤销北京市海淀区人民法院（2018）京0108刑初389号刑事判决的主文；

二、孙某犯污染环境罪，免予刑事处罚。

【法官后语】

1. 本案焦点问题

依据《中华人民共和国刑法》第三百三十八条及《最高人民法院、最高人民检察院关于办理环境污染刑事案件适用法律若干问题的解释》（以下简称《解释》）第一条第五项的规定，通过暗管、渗井、渗坑、裂隙、溶洞、灌注等逃避监管的方式排放、倾倒、处置有毒物质的，构成污染环境罪。《解释》第十五条第三项规定“含重金属的污染物”属于上述所称“有毒物质”的范畴。本案中，孙某通过渗坑排放的洗车废水中检测出重金属锌0.132毫克/升，低于《水污染综合排放标准》中锌的排放浓度1.0毫克/升，也低于生活饮用水卫生标准规定的锌含量不超过1.0毫克/升的标准。这种浓度低于相应标准的含重金属的污染物是否应认定为“有毒物质”为本案的焦点之一。这涉及对司法解释规定的“有毒物质”应作实质解读还是形式解读，即“含重金属的污染物”应当限于浓度超过相应标准的含重金属的污染物，还是只要污染物中含有重金属即可。本案的另一个焦点为，若认定孙某构成污染环境罪，其行为是否符合《解释》第五条规定的情形，即“刚达到应当追究刑事责任的标准，但行为人及时采取措施，防止损失扩大、消除污染，全部赔偿损失，积极修复生态环境，且系初犯，确有悔罪表现的，可以认定为情节轻微，不起诉或者免予刑事处罚”。上述两个焦点问题决定本案的定罪量刑，下文将具体分析。

2. 对“有毒物质”作实质理解和形式理解的区别

本案的争议焦点之一在于对“有毒物质”应作实质理解还是形式理解。形式理解即对“含有重金属的污染物”作字面意义上的解读，只要污染物中含有重金属，不论重金属的含量，也不论是否会对环境造成实质上的污染，均应认定为有毒物质。本案中，北京市海淀区环境保护局即采取对“有毒物质”形式上的理解，认为洗车废水是污染物，又从洗车废水中检测出了重金属锌，虽然锌的含量没有超标，但仍然认定其为有毒物质。本案一审法院也持相同的思路，即认定孙某通过渗坑等逃避监管的方式排放有毒物质，构成污染环境罪。

实质理解则要求“含重金属的污染物”应当限于浓度超过相应标准的含重金属的污染物，这样才会对环境造成实质上的污染，才能认定为“有毒物质”。由于法律允许在规定标准范围内排放污染物，对于此类污染物不宜纳入“有毒物质”的范畴。基于此，应对“有毒物质”作实质把握。以此为基础，对于司法实践中业已出现的通过暗管、渗井、渗坑、裂隙、溶洞、灌注等逃避监管的方式排放含重金属的物质，但经监测发现浓度并未超标的案件，通常不宜认定为“通过暗管、渗井、渗坑、裂隙、溶洞、灌注等逃避监管的方式排放有毒物质”，不应以犯罪论处①。

对“有毒物质”应作实质理解还是形式理解，决定本案被告人孙某是否构成污染环境罪。

3. 形式理解与实质理解兼顾：本案属于“可以认定为情节轻微，免予刑事处罚”的情形

一是关于本案定罪分析。本案中，关于“含重金属的污染物”

---

① 喻海松：《污染环境罪若干争议问题之厘清》，载《法律适用》2017年第6期。

是否应考虑重金属含量的问题，北京市海淀区环境保护局出具了《关于甲汽车俱乐部一案的说明》：《北京市水污染综合排放标准》适用于向地表水和公共污水处理系统等法律允许的污染物排放行为，本案中通过渗坑等逃避监管方式排放污水的情形为法律明确禁止的排污行为，不适用此标准。北京市环保局意见与海淀环保局意见一致。通过合法的方式排放，才需要参考污水排放标准，只要有渗坑，就不需要再看污水综合排放的标准。渗坑是逃避监管的行为，环保是一个长期的过程，即使当时检测没有超标，但是累积起来也是很严重的，逃避监管的行为属于失控，行为很恶劣。

针对孙某通过渗坑逃避环保部门监管，排放污水废弃物的行为，鉴于市、区两级环保部门均认为无须参照《北京市水污染物综合排放标准》及在最高人民法院、最高人民检察院目前尚未对排放有毒物质标准作出明确司法解释的情况下，一审法院依据《中华人民共和国刑法》第三百三十八条及《最高人民法院、最高人民检察院关于办理环境污染刑事案件适用法律若干问题的解释》第十五条第一款第三项、第一条第五项的规定，认定本案构成污染环境罪无疑议。

二是关于本案量刑分析。虽然孙某的行为构成污染环境罪，但污水中仅检测出锌这一种金属物质，且其含量远低于饮用水标准的含量，且其积极配合环保局的调查，及时采取措施关停了洗车俱乐部，防止环境污染进一步扩大，因此，从实质上评价他的行为对环境造成的污染是有限的，且鉴于上诉人具有认罪认罚的态度及其一贯热衷社会公益事业的良好表现，考虑其主观恶性及初犯等酌定情节，上诉人的行为属于《解释》第五条规定的“刚达到应当追究刑事责任的标准，但行为人及时采取措施，防止损失扩大、消除污染，全部赔偿损失，积极修复生态环境，且系初犯，确有悔罪表现的，可以认定为情节轻微，不起诉或者免予刑事处罚；确有必要判处刑罚的，应当从宽处罚”的情形，故二审法院依法改判孙某构成污染环境罪，免予刑事处罚。

4. 司法解释应进一步明确对“有毒物质”的理解

本案经合议庭多次合议并上法官会议讨论研究后才达成一致意见。之所以会产生诸多争议，是因为司法解释对“有毒物质”的规定尚不明确。因此，笔者认为为了进一步明确法律适用，统一裁判标准，司法解释应对“有毒物质”作明确的理解，即应当限于浓度超过相应标准的含重金属的污染物。从文理解释看，污染物是指进入环境后使环境的正常组成发生变化，直接或间接有害于生物和环境的物质。以金属锌为例，其在一定的含量内为人体所必需的微量元素，北京市生活饮用水卫生标准规定饮用水中锌含量不超过1.0毫克/升都算符合标准，即浓度达标的含重金属锌的水体进入环境中，并不会直接或间接有害于生物和环境，不宜认定为污染物。从目的解释看，法律允许在规定标准范围内排放污染物，其处罚的是超过排污标准排放污染物的行为，对于含有重金属但其含量未超过排放标准的污染物不宜纳入“有毒物质”的范畴。从体系解释看，《解释》第十五条除规定“含有重金属的污染物”属于“有毒物质”外，还罗列了其余三类：一是危险废物，是指列入国家危险废物名录，或者根据国家规定的危险废物鉴别标准和鉴别方法认定的，具有危险特性的废物；二是《关于持久性有机污染物的斯德哥尔摩公约》附件所列物质；三是其他具有毒性，可能污染环境的物质。这三种“有毒物质”对环境都有不同程度的破坏，即或具有危险性，或产生持久性有机污染或者具有其他毒性，而对于含量极低又没有超过排放标准的含重金属的污染物，其危害成程度明显低于其他几种情形，不宜认定为“有毒物质”。笔者通过检索、整理北京市范围内通过暗管、渗井、渗坑、裂隙、溶洞、灌注等逃避监管的方式排放、倾倒、处置含有重金属的污染物被认定构成污染环境罪的案例，发现大多也都是从废水中检测出重金属，而且重金属含量超标，才认定行为人构成污染环境罪。

编写人：北京市第一中级人民法院　李洁　陈淼璐

259　滥伐林木罪中的林木能否认定为违法所得

——徐道某等滥伐林木、张海某非法收购滥伐的林木案

【案件基本信息】

1. 裁判书字号

江苏省盐城市中级人民法院（2017）苏09刑终307号刑事裁定书

2. 案由：滥伐林木罪、非法收购滥伐的林木罪

【基本案情】

2016年7月，徐道某、姜庭某商量将甲超市后中沟边水泥路东侧承包的林木进行出售。当月，徐道某联系赵某甲与其商量卖树一事，赵某甲联系胡成某一同到现场看树后，赵某甲、胡成某与徐道某、姜庭某达成口头协议，同意以23600元的价格购买徐道某、姜庭某二人的75棵意杨树。随后，赵某甲、胡成某与张海某联系，欲将此批树卖给张海某，张海某经现场看过后，同意以每吨600元的价格收购该批树。

同年7月17日至19日，徐道某、姜庭某、赵某甲、胡成某在未办理林木采伐许可证的情况下，胡成某、赵某甲雇用刘必某、胡某某、赵某乙、赵某丙、倪永某、倪德某一同到射阳县临海镇

临丹路甲超市后中沟边水泥路东侧砍伐树木，后胡成某、赵某甲将这批树木卖予张海某，获取人民币37500元。经测算，现场伐木75棵，林木总蓄积量为47.6426立方米。

2016年7月18日、19日，张海某在胡成某、赵某甲未提供林木采伐许可证的情况下，仍以37500元的价格收购其树木并卖予他人。经测算，张海某非法收购的林木总蓄积量为47.6426立方米。案发后，各被告人主动归案，如实供述了犯罪事实。

【案件焦点】

行为人滥伐和收购的林木是否构成违法所得。

【法院裁判要旨】

江苏省盐城市东台市人民法院经审理认为：徐道某、姜庭某、赵某甲、胡成某、刘必某、胡某某、倪永某、赵某丙、赵某乙、倪德某违反森林法，未获取林木采伐许可证，任意采伐林木，数量较大，构成滥伐林木罪，并系共同犯罪，应予刑罚处罚。赵某甲、胡成某起主要作用，为主犯；刘必某、胡某某、倪永某、赵某丙、赵某乙、倪德某起次要作用，为从犯，依法从轻处罚。张海某收购明知是滥伐的林木，情节严重，构成非法收购滥伐的林木罪。各被告人主动投案，如实供述犯罪事实，系自首，依法从轻处罚；赵某乙有前科，酌情从重处罚。

江苏省盐城市东台市人民法院依照《中华人民共和国刑法》第三百四十五条、第二十五条、第二十六条、第二十七条、第六十七条、第七十二条、第七十三条、第五十二条、第五十三条之规定，判决如下：

一、徐道某、姜庭某、赵某甲、胡成某犯滥伐林木罪，判处有期徒刑九个月，宣告缓刑一年，并处罚金人民币五千元；

二、刘必某、胡某某、倪永某、赵某丙、倪德某犯滥伐林木罪，判处有期徒刑六个月，宣告缓刑一年，并处罚金人民币三千元；

三、赵某乙犯滥伐林木罪，判处有期徒刑九个月，宣告缓刑一年，并处罚金人民币三千元；

四、张海某犯非法收购滥伐的林木罪，判处有期徒刑九个月，宣告缓刑一年，并处罚金人民币五千元。

江苏省东台市人民检察院提起抗诉，认为被告人滥伐自己所有的林木，违反国家保护森林法规，破坏了国家的森林资源，所滥伐的林木即不再是个人合法财产，应作为违法所得，予以追缴。原审判决未依法追缴，适用法律确有错误。

江苏省盐城市中级人民法院经审理认为：滥伐林木罪中的林木，不是行为人实施违反刑事法律行为而取得的财物，不能界定为违法所得。抗诉机关的抗诉理由，缺少法律依据，不予支持。原审判决认定事实和适用法律正确，程序合法，应予以维持。

江苏省盐城市中级人民法院依照《中华人民共和国刑事诉讼法》第二百二十五条第一款第一项之规定，作出如下裁定：

驳回抗诉，维持原判。

【法官后语】

在刑事案件办理过程中，既要秉持“不让任何人从犯罪中受益”的标准，又要避免侵犯犯罪行为人的合法权益。本案主要争议焦点在于行为人滥伐和收购的林木是否应认定为违法所得。对此，笔者认为应从案涉林木的权属特性、违法所得的法律界定、罪罚的立法建构三个方面辨别。

首先，行为人所有的林木，不因违法采伐导致权属变更。

行为人通过承包经营林地对林木享有所有权。林木在未砍伐之前，作为土地附着物，属于不动产，其所有权转移应以登记为前提；林木被砍伐后，脱离土地成为独立个体，属于动产，所有权变更应通过交付实现。因此，行为人在无采伐许可证的情况下滥伐林木，使林木变为动产，滥伐行为人及购买人均明知林木为违法采伐林木的情况下，订立买卖合同，属于《中华人民共和国合同法》第五十二条第五项规定①“违反法律、行政法规的强制性规定”的无效合同情形。由于买卖合同不发生效力，则被采伐的林木所有权不发生转移，仍应属于原林木所有人的合法财产。

其次，滥伐的林木不具有因违法行为获取收益的特征。《最高人民法院关于适用〈中华人民共和国刑事诉讼法〉的解释》第五百零九条规定：“实施犯罪行为所取得的财物及其孳息，以及被告人非法持有的违禁品、供犯罪所用的本人财物，应当认定为刑事诉讼法第二百八十条第一款②规定的‘违法所得及其他涉案财产’。”由此，违法所得的认定应当具备三个条件：一是犯罪行为与犯罪结果之间要有因果关系同样适用于违法行为与违法所得。二是违法所得必须是行为人触犯我国现行刑法的行为所获取的收益。三是违法所得的范围应限定在物质性利益范围内。而未获采伐许可证而被采伐的林木，虽然与滥伐林木犯罪行为具有内在、必然联系，亦属于物质性财物，但并非属于滥伐行为人或是买卖滥伐林木行为人所获取的收

---

① 对应《中华人民共和国民法典》第一百五十三条。

② 对应2018年《中华人民共和国刑事诉讼法》第二百九十八条第一款。

益。因此，不应被认定为违法所得。

最后，滥伐林木罪的罪罚建构未认定滥伐的林木为违法所得。从侵犯的客体来看，滥伐林木行为主要为违法采伐自有林木的行为，其侵犯的客体为对林业资源管理秩序的破坏。盗伐林木行为则为以“非法占有为目的”，在侵犯林业资源管理秩序的同时，还侵犯了他人的合法财产。因此，对滥伐林木的罪罚主要以恢复林业资源管理秩序为目的，而对盗伐林木的罪罚，除要求恢复林业资源管理秩序外，还要求退出违法所得。从法条构成来看，依据《中华人民共和国森林法》第三十九条①的规定，对于盗伐的林木，除依法赔偿损失并由林业主管部门责令补种树木外，还应没收盗伐的林木或者变卖所得，并处罚款；而滥伐的林木，仅为林业主管部门责令补种树木，并处罚款。由此可见，从侵犯的客体来看，滥伐林木行为主要为违法采伐自有林木的行为，如若将“滥伐的林木”认定为违法所得，则明显违背立法者的本意。

综上，在违法采伐、买卖行为未导致林木所有权变更的前提下，不能认定滥伐的林木系行为人因违法行为所获取的收益，从而不应认定为违法所得。因此，本案犯罪行为人在无采伐许可证情况下采伐或是收购的林木，不应被认定为违法所得。

编写人：江苏省盐城市东台市人民法院　寇建东

---

① 对应2019年《中华人民共和国森林法》第七十六条、第七十八条。

（六）走私、贩卖、运输、制造毒品罪

260 共同欺骗他人吸毒中主从犯的认定

——何某、肖某欺骗他人吸毒案

【案件基本信息】

1. 裁判书字号

北京市第三中级人民法院（2020）京 03 刑终 148 号刑事裁定书

2. 案由：欺骗他人吸毒罪

【基本案情】

2018 年 3 月 13 日，被告人何某为使国家公务员考试竞争对手曲某受到行政处罚，遂找到被告人肖某合谋，由肖某前往曲某工作单位，以应聘为名接触曲某。3 月 17 日，肖某在某农机服务专业合作社曲某办公室内，趁机将毒品放入曲某水杯中并确保其喝下。3 月 18 日，肖某拨打 110 举报曲某吸毒，后曲某被抓获，民警从曲某办公室电脑键盘下起获甲基苯丙胺 0. 05g。经检验，曲某尿液中检出苯丙胺和甲基苯丙胺。何某共给付肖某人民币 26250 元。

【案件焦点】

本案能否认定被告人何某、肖某均系欺骗他人吸毒的主犯。

【法院裁判要旨】

北京市顺义区人民法院经审理认为：被告人何某、肖某无视国法，合谋欺骗他人吸食毒品，其行为已构成欺骗他人吸毒罪，且系共同犯罪，依法应予惩处。北京市顺义区人民检察院指控被告人何某、肖某犯欺骗他人吸毒罪的事实清楚，证据确实充分，指控的罪名成立。被告人何某、肖某到案后如实供述主要犯罪事实，故依法对二被告人从轻处罚，辩护人的此点辩护意见，法院予以采纳。关于被告人肖某的辩护人所提被告人肖某系从犯的辩护意见，经查，被告人肖某在犯罪过程中参与并实施了计划、购毒、投毒等行为，其虽不是犯意的提起者，但对于犯罪的实施起到了重要作用，不能认定为从犯。

北京市顺义区人民法院依照《中华人民共和国刑法》第三百五十三条第一款、第二十五条第一款、第六十七条第三款、第四十五条、第四十七条、第五十二条、第五十三条、第六十四条、第六十一条之规定，判决如下：

一、被告人何某犯欺骗他人吸毒罪，判处有期徒刑八个月，并处罚金人民币一万元；

二、被告人肖某犯欺骗他人吸毒罪，判处有期徒刑八个月，并处罚金人民币一万元；

三、追缴被告人肖某的违法所得人民币二万六千二百五十元，追缴后予以没收。

被告人何某持原审辩解提起上诉。北京市第三中级人民法院经审理认为：上诉人何某、原审被告人肖某合谋欺骗他人吸食毒品，二人的行为已构成欺骗他人吸毒罪，且系共同犯罪，依法应予惩处。上诉人何某、原审被告人肖某到案后如实供述主要犯罪事实，故依法对二人从轻处罚。原审法院根据上诉人何某、原审被告人肖某犯罪的事实、犯罪的性质、情节及对社会的危害程度等所作出的判决，定罪及适用法律正确，量刑及涉案款物处理均适当，审判程序合法，应予维持。据此，依照《中华人民共和国刑事诉讼法》第二百三十六条第一款第一项之规定，裁定如下：

驳回上诉，维持原判。

【法官后语】

本案案发自被害人曲某被匿名举报其吸食毒品，并在其办公室电脑键盘下藏匿毒品。公安机关在对其进行调查时发现，曲某生活自律，无吸毒史，在工作地点及家中均无吸毒工具，在办公室键盘下藏匿毒品等细节不符常理。曲某称其刚刚考上国家公务员，从未吸食过毒品。且举报人多次打电话询问公安机关是否已对曲某行政处罚，民警在了解上述情况后察觉存在曲某被他人陷害的可能。后经进一步调查了解，被告人何某与被害人曲某系国家公务员考试中的竞争对手，被告人何某通过不正当手段获取曲某的相关个人信息，后被告人何某、肖某均曾以应聘为由前往曲某工作单位，何某向曲某同事表明其想要了解曲某的工作表现以及违法乱纪行为的情况。后公安机关对何某、肖某进行依法传唤，查明二人为使曲某因吸毒受到行政处罚而对曲某投毒的犯罪事实。

本案中，二被告人的作案动机在于使国家公务员考试竞争对手曲某因吸毒而受到行政处罚，从而取消公务员录取资格，二被告人实施犯罪行为的主观目的在于对被害人曲某下毒，致使被害人曲某在不知情的情况下吸食毒品。庭审中，被告人何某、肖某均辩称系对方提出投毒的犯意。何某辩称投毒这一主要犯罪事实为肖某所为，其所起作用较小，应系从犯；肖某辩称其受何某指使，应系从犯。

关于二被告人在该起犯罪事实中所起作用是否应区分主从犯的问题，是控辩双方主要争议点。经审理查明，被告人何某系犯意的提出者，实施犯罪前何某以应聘为由曾前往被害人的工作单位，向被害人同事了解其工作表现等情况，后何某找到肖某，为肖某提供资金购买毒品，安排车辆前往北京，并指使肖某匿名举报曲某，后给付肖某报酬。何某虽然未直接实施投毒行为，但其上述行为表明其积极追求犯罪结果并策划、安排整起投毒事件，何某对本案的发生起到主要作用，应为主犯。被告人肖某虽系受何某的指使，但其在犯罪过程中参与并实施了计划、购毒、投毒等行为，对于犯罪的实施起到了重要作用，其所实施的投毒行为直接导致被害人在不知情的情况下吸食毒品的犯罪结果，故其亦应为主犯。被告人何某、肖某无视国法，合谋欺骗他人吸食毒品，二被告人的行为已构成欺骗他人吸毒罪，且均系共同犯罪的主犯。

因投入饮水中的毒品往往不易被人察觉，被害人易在无意中吸食毒品，投毒并故意欺骗他人吸毒所产生的危害后果严重，甚至可能危及生命。本案一审法院对两名被告人均依法判处相应刑罚，对为陷害他人而欺骗他人吸毒的不法分子起到了教育和警示的作用。

编写人：北京市顺义区人民法院　王天娇　白玉龙

261 发回重审后被补充指控为共同犯罪的事实应认定为“新的犯罪事实”

——谢某、董某根贩卖毒品案

【案件基本信息】

1. 裁判书字号

江西省萍乡市中级人民法院（2021）赣03刑终35号刑事裁定书

2. 案由：贩卖毒品罪

【基本案情】

2019 年 6 月 27 日、6 月 30 日、8 月 3 日，被告人谢某分别以 170 元、280 元、400 元的价格向被告人董某根贩卖冰毒三次共计约 1.4 克。2019 年 8 月 1 日，被告人谢某以 150 元的价格向吸毒人员金某贩卖冰毒约 0.3 克。

2019 年 8 月 5 日、8 月 13 日，被告人董某根分别以 200 元的价格向吸毒人员叶某贩卖冰毒两次共计约 0.6 克。2019 年 8 月 10 日，被告人董某根以 150 元的价格向吸毒人员贩卖冰毒约 0.2 克。

2019 年 8 月 14 日，公安机关在董某根居所搜出并扣押了尚未贩卖的冰毒 1.96 克；在谢某居所搜查时，从谢某身上搜出并扣押了冰毒 9.18 克。

【案件焦点】

对“上诉不加刑”原则例外情形的理解。

【法院裁判要旨】

江西省上栗县人民法院经审理认为：被告人谢某、董某根违反国家毒品管理法规，多次贩卖冰毒给他人，其中被告人谢某贩卖冰毒 12.75 克，被告人董某根贩卖冰毒 2.76 克，其行为均构成贩卖毒品罪。被告人谢某有前科和吸毒劣迹，可酌情从重处罚。被告人董某根归案后如实供述自己的犯罪事实，系坦白，且认罪认罚，依法可从轻从宽处理；被告人董某根有吸毒劣迹，可酌情从重处罚。遂判决如下：

一、被告人谢某犯贩卖毒品罪，判处有期徒刑七年，并处罚金人民币五千元；

二、被告人董某根犯贩卖毒品罪，判处有期徒刑三年，并处罚金人民币二千元。

宣判后，被告人谢某提起上诉。江西省萍乡市中级人民法院经审理认为：原判认定上诉人谢某、原审被告人董某根犯贩卖毒品罪的部分事实不清，裁定发回重审。

江西省上栗县人民法院重审期间，江西省上栗县人民检察院将同案人董某根原指控中于 2019 年 8 月 5 日、8 月 10 日、8 月 13 日三次单独贩卖毒品犯罪补充起诉为谢某与董某根共同贩卖毒品犯罪。

江西省上栗县人民法院经重新审理认为：在被告人谢某、董某根共同贩卖毒品事实中，谢某起主要作用，系主犯，应按照其指挥参与的全案犯罪处罚；董某根帮助谢某贩卖毒品，在共同犯罪中起次要作用，系从犯，应按其参与的犯罪事实论处，并比照主犯从轻处罚。因采纳公诉机关补充起诉的 3 次共同贩卖毒品犯罪，故被告人谢某贩卖冰毒数量达到 13.64 克。被告人董某根归案后如实供述自己的犯罪事实，系坦白，且认罪认罚，依法可从轻从宽处理。被告人谢某有前科和吸毒劣迹，被告人董某根有吸毒劣迹，均可酌情从重处罚。法院判决如下：

一、被告人谢某犯贩卖毒品罪，判处有期徒刑七年六个月，并处罚金人民币五千元；

二、被告人董某根犯贩卖毒品罪，判处有期徒刑三年，并处罚金人民币二千元。

宣判后，被告人谢某提起上诉，认为发回重审后加重了刑罚，违背了上诉不加刑原则。

江西省萍乡市中级人民法院经审理认为：《中华人民共和国刑事

诉讼法》第二百三十七条规定，第二审人民法院发回原审人民法院重新审判的案件，当有新的犯罪事实，人民检察院补充起诉后原审人民法院可以加重被告人的刑罚。新的犯罪事实是指原审人民法院在发回重审前的判决中没有认定的事实，包括之前的漏罪和所犯的新罪。本案中，检察院补充起诉谢某与董某根共同贩卖三次毒品事实的证据，系原审中遗漏起诉而在发回重审中补充起诉的与原审犯罪密切相关的新事实。即便该证据之前已经存在于侦查卷中，但检察机关并未就该事实对谢某提起公诉，应认定为新的犯罪事实。检察机关根据新的犯罪事实补充起诉，一审法院审理后对该部分事实予以认定，并加重谢某刑罚，没有违反上诉不加刑原则。法院遂作出如下裁定：

驳回上诉，维持原判。

【法官后语】

笔者认为，发回重审案件中对原审尚未起诉或遗漏起诉而在发回重审中补充起诉的与原审犯罪密切相关的新事实予以认定，不违反上诉不加刑原则。具体理由如下：

一、符合“新的犯罪事实”的含义和特征

补充起诉的“事实”是否为“新的犯罪事实”直接关系上诉不加刑原则是否适用的问题。因此，对“新的犯罪事实”作出严格而明确的解释便显得尤为重要。如果把“新的犯罪事实”解释得过于狭窄，容易违背上诉不加刑原则的立法初衷。反之，对“新的犯罪事实”含义限制地过于局限，把刑罚当罚的犯罪事实予以排除，则与我国罪刑相适应的基本原则相违背，损害司法公信力。“新的犯罪事实”从文义解释来看，包括新罪的事实，何为新罪比较容易理解，不仅包含补充起诉的犯罪事实触犯了相同罪名，还包含补充起诉的犯罪事实触犯新的罪名，新罪的事实都具有单独的犯罪构成。如何理解新的原先犯罪事实。新的原先犯罪事实是指原审判决中公诉机关尚未起诉或遗漏起诉而在发回重审后补充起诉的与原审犯罪密切相关的新事实，该新事实无须具备独立的犯罪构成要件，只要属于原先犯罪的组成部分即可。

二、符合我国刑法立法的根本目的

我国刑法规定的发回重审制度严格限定在事实不清、证据不足或违反法定诉讼程序两个方面。而上诉不加刑原则是刑事诉讼法的一项重要原则，是保障被告人充分行使上诉权的基石，也是牺牲特殊情况下的个别正义以保证法律原则与公平正义得到贯彻的必要之举。

上诉不加刑的效力不仅适用于只有被告人一方上诉后的第二审程序，还适用于此类案件发回重新审判的一审程序。这是因为此处的一审重新审判是二审派生出来的，若重新审判不能发现新的证据或事实，就不能加重原判刑罚。但是，严格遵循上诉不加刑原则，并不意味着对事实、证据确有错误的判决不加处理。上诉不加刑原则的立法本意是达到惩罚犯罪与保障上诉权的平衡，笔者赞同“不加刑为原则，加刑为例外”的规则，审判过程中应当严格以重新审判后是否出现“新的犯罪事实”及公诉机关“补充起诉”作为对被告人加重刑罚的两个前提。如果发现新的事实公诉机关补充起诉后被告人原判刑罚并不偏轻的，一律不得加重被告人的刑罚。只有在不违背上诉不加刑原则的前提条件下，在救济与纠错功能博弈中寻求平衡与协调，才能真正使得刑事审判体现出正义价值，同时也让上诉程序救济功能得以实现。

综上，公诉机关对被告人谢某补充起诉同案人三起犯罪事实的证据，原先虽已存在于案卷中，但补充起诉的与原指控犯罪密切相关的事实尚未被提起公诉，应认定为新的犯罪事实。人民检察院根据新的犯罪事实补充起诉，原审法院审理后对该部分事实予以认定，从而加重被告人刑罚，不违反上诉不加刑原则。

编写人：江西省萍乡市中级人民法院　余向阳　刘浩

262　未就犯罪事实对被告人进行讯问的应予补正

——兰某贩卖、运输毒品案

【案件基本信息】

1. 裁判书字号

北京市第二中级人民法院（2020）京02刑终122号刑事裁定书

2. 案由：贩卖、运输毒品罪

【基本案情】

2018年10月17日17时许，被告人兰某乘坐袁某立驾驶的车牌号为京Q3M×××的小汽车从北京出发到河北向他人购买毒品约30克。后袁某立驾车载兰某返回北京。次日2时许，兰某和袁某立到位于北京市某街道某小区公寓×××房间门口欲给刘某生毒品时被民警当场查获。民警从兰某身上查获白色晶体可疑物2包。经称量，被查获的白色晶体分别重17.93克、9.54克。经某司法鉴定中心鉴定，前述2包白色晶体均检出甲基苯丙胺成分。经检测，被告人兰某的尿液呈甲基安非他明类阳性。

2018年6月15日，刘某伟向胡某敌（另案处理）提出购买冰毒的需求，胡某敌遂联系被告人兰某购买冰毒。次日17时许，被告人兰某将1个装有毒品的红色烟盒放置在胡某敌所在某小区×××号院×号楼对面的垃圾桶旁边，并告知胡某敌。19时许，刘某伟等人到某小区×××号院×号楼×××房间找到胡某敌，支付给胡某敌2800元毒资，胡某敌将其中的1800元通过微信转给兰某，后将兰某事先放置好的红色烟盒拿上来交给刘某伟，红色烟盒内有4小包疑似毒品物。当时在×××房间的陈某峰从中拿出1包放在×××房间茶几上供自己和朋友吸食，刘某伟欲携带剩余的3包疑似毒品物离开×××房间时被民警查获。民警从刘某伟身上起获了3包疑似毒品物，扣押了茶几上的1包疑似毒品物。经称量，4包疑似毒品物净重2.45克。经鉴定，该4包疑似毒品物中均检出甲基苯丙胺。

【案件焦点】

侦查、审查起诉机关未就犯罪事实对被告人进行讯问的，应当如何处理。

【法院裁判要旨】

北京市房山区人民法院经审理认为：被告人兰某违反国家对毒品的管理规定，贩卖、运输甲基苯丙胺29.92克，其行为已构成贩卖、运输毒品罪，依法应予惩处，北京市房山区人民检察院指控被告人兰某犯贩卖、运输毒品罪的基本事实清楚，证据确实、充分，罪名成立，应予以支持。被告人兰某曾因吸毒被行政处罚，仍不思悔改，现又犯贩卖、运输毒品罪，可对其酌予从重处罚。关于被告人兰某所提“其没有运输过毒品，其向他人卖的是假毒品，其给胡某敬的是空塑料袋，其行为不构成贩卖、运输毒品罪，其行为构成非法持有毒品罪”的辩解，以及辩护人所提“公诉机关指控被告人兰某犯贩卖、运输毒品罪的事实不清、证据不足，兰某的行为构成非法持有毒品罪”的辩护意见，经查，在公诉机关所指控的兰某运输毒品的事实当中，证人袁某立的证言、微信聊天记录、行车轨迹图、高速路通行发票等证据能够相互印证，足以证实被告人兰某从河北省携带毒品回北京市的事实；在公诉机关所指控的兰某贩卖毒品事实当中，证人胡某敬、刘某林、张某南、陈某峰等人的证言，微信聊天、转账记录，监控录像等证据之间能够相互印证，证实被告人兰某向胡某敬贩卖毒品 4 包的事实，兰某关于“其给胡某敬的是空塑料袋”的辩解已被证伪；此外，从兰某的微信记录中亦提取到其收取他人钱款并告诉对方放置毒品位置的记录，且部分贩卖行为是在其从河北省拿到毒品回北京市路上所实施的，足以证实其向他人贩卖毒品的事实，兰某所提其向他人贩卖的是假毒品的辩解已被毒品检验报告等证伪，其辩解亦与常情、常理不符，故被告人兰某所提辩解及辩护人所提辩护意见均不能成立，均不予采纳。

北京市房山区人民法院依照《中华人民共和国刑法》第三百四十七条第三款、第五十六条第一款、第五十五条第一款、第五十二条、第五十三条、第六十一条、第六十四条之规定，经法院审判委员会决定，判决如下：

一、被告人兰某犯贩卖、运输毒品罪，判处有期徒刑十一年六个月，剥夺政治权利二年，并处罚金人民币十一万五千元；

二、向被告人兰某追缴犯罪所得人民币一千八百元，予以没收，上缴国库；

三、未随案移送的扣押物品，由扣押机关依法处理。

兰某对一审判决不服，提出上诉。北京市第二中级人民法院经审理认为：兰某实施贩卖、运输毒品犯罪的事实清楚，证据充分，依法裁定如下：

驳回上诉，维持原判。

【法官后语】

本案当中，在审理兰某的第一起犯罪——运输毒品罪的过程中，发现其还有漏罪——贩卖毒品罪，故公诉机关又针对漏罪进行了追加起诉。但是，在案件审理过程中，发现在公诉机关追加起诉的第二起犯罪中，无论是侦查机关还是公诉机关都没有针对追加起诉的犯罪事实对被告人进行讯问。也就是说，在公诉机关提供的第二起犯罪事实的证据当中，缺失被告人的口供。对此，应当如何处理？

第一种观点认为，即便没有被告人的口供，只要其他证据确实充分的，也能够对被告人定罪量刑，故没有必要对被告人进行补充讯问。因为《中华人民共和国刑事诉讼法》第五十五条规定，对一切案件的判处都要重证据，重调查研究，不轻信口供。只有被告人供述，没有其他证据的，不能认定被告人有罪和处以刑罚；没有被告人供述，证据确实、充分的，可以认定被告人有罪和处以刑罚。根据该条的规定，无论在案证据中有无被告人的口供，均可直接作出判决，没有必要对被告人进行补充讯问。第二种观点认为，应当建议侦查机关和公诉机关对被告人进行补充讯问，因为讯问不仅是办案机关的权力，被讯问也是被告人的一项权利。

笔者认为，第二种观点更为妥当。这是因为，口供在刑事诉讼中具有非常重要的作用：首先，口供属于直接证据，对案件事实有着直接的、全面的证明作用。被告人作为犯罪行为的实施者，对于犯罪的经过、情节比任何人都清楚，其所作供述是经过感知、记忆、思考、判断、复述这样一个过程后形成的，对事情的起因、发展、结果等能够做出具体生动的描述，包含着丰富的信息，具有的关联性程度较高，对查清案情和认定案件的事实有着特定的作用。其次，被告人的口供是其进行自我防卫的重要途径之一。作为刑事被追诉的对象，被告人与案件有着极大的利害关系，但从人性的本能出发，其肯定会通过对其犯罪事实的承认、否认或辩解，以减轻或免除自身的刑事责任。再次，被告人也可以在接受讯问过程中通过积极认罪认罚来减轻自己的罪责。如果侦查机关、审查起诉机关不对被告人进行讯问，则相当于剥夺了被告人进行辩解和防卫的权利、愿意认罪认罚的权利。最后，口供本身是一种重要法定证据类型，也是重要的定罪量刑证据，只有对被告人进行讯问，其才有机会提出对自己有利的无罪或者罪轻的事实和情节。例如，犯罪事实是不是其实施，其在共同犯罪中的地位和作用，被害人是否有过错，是否有检举、揭发他人犯罪的立功情节，等等。

综上所述，就犯罪事实对被告人进行讯问，是办案机关的权力，与此同时，接受讯问也应当视为被告人的一项权利。因讯问而产生的口供，是刑事案件的一项重要证据，不能省略。在侦查机关、审查起诉机关未就犯罪事实对被告人进行讯问、未提供被告人口供的情况下，应当建议相关机关予以补充。

编写人：北京市房山区人民法院　陈艳飞

263 通过麻黄草非法生产麻黄碱类制毒物品数量的认定

——龚某姣、李某焕非法经营，甘某前等非法生产制毒物品案

【案件基本信息】

1. 裁判书字号

广西壮族自治区玉林市中级人民法院（2020）桂09刑终8号刑事裁定书

2. 案由：非法经营罪、非法生产制毒物品罪

【基本案情】

被告人龚某姣、李某焕明知麻黄草为限制买卖物品，在未取得麻黄草专营资格的情况下，由李某焕在外地收购5吨麻黄草后运输回玉林市玉州区，意图销售从中牟利。2019年3月18日12时许，经约定，龚某姣将李某焕收购回来的5吨（82包）麻黄草以10万元的价格卖给了被告人甘某前、周某积、陈某明等人。

原来早在2019年3月初，被告人甘某前、周某积、陈某明伙同吴运福（另案处理）经密谋后，决定各出资3万元购买麻黄草提炼麻黄碱液体，由甘某前、周某积负责购买生产设备和化学原料等物品，陈某明负责联系场地并雇用工人。2019年3月18日，甘某前、周某积、陈某明以10万元的价格向龚某姣购买了5吨（82包）麻黄草后，运至陈某华家旧屋旁边空地处一临时搭建的工棚，通过按比例加水及草酸、盐酸等化学原料熬煮麻黄草的方法，经过滤、沉淀后提炼麻黄碱液体。2019年3月27日，公安机关依法查获该生产制毒物品窝点，现场缴获制毒设备、制毒原料

一批及制毒物品麻黄碱液体疑似物 3 桶（共计净重 59.8 千克）。经鉴定，上述制毒原料麻黄草渣、麻黄草水、制毒物品麻黄碱液体疑似物中均检出麻黄碱。

【案件焦点】

购买麻黄草而非法生产麻黄碱液体，无法进行含量鉴定的，应如何认定制毒物品的数量。

【法院裁判要旨】

广西壮族自治区玉林市兴业县人民法院经审理认为：被告人龚某姣、李某焕违反国家规定，未经许可即经营行政法规规定的专营物品麻黄草，情节严重，其行为已触犯了刑律，构成非法经营罪，依法应在五年以下有期徒刑或者拘役的量刑幅度内处罚，并处罚金。被告人甘某前、周某积、陈某明违反国家规定，非法生产用于制造毒品的原料，情节严重，其行为已触犯了刑律，构成非法生产制毒物品罪，依法应在三年以上七年以下有期徒刑的幅度内量刑处罚，并处罚金。龚某姣、李某焕共同实施非法经营的行为，甘某前、周某积、陈某明共同实施非法生产制毒物品的行为，分别系共同犯罪；在各自的共同犯罪中，龚某姣、李某焕、甘某前、周某积、陈某明均起主要作用，均系主犯，依法应当按照其所参与的全部犯罪处罚。龚某姣、李某焕归案后如实供述自己的罪行，系坦白，并认罪认罚，依法予以从轻处罚；甘某前、周某积、陈某明归案后如实供述自己的罪行，系坦白，依法予以从轻处罚。龚某姣、李某焕的违法所得，依法应予以追缴；缴获的制毒物品及犯罪工具，依法应予以没收。

依照《中华人民共和国刑法》第二百二十五条第一项、第三百五十条第一款、第二十五条、第二十六条第一款和第四款、第五十二条、第五十三条第一款、第六十四条、第六十七条第三款,《最高人民法院关于审理毒品犯罪案件适用法律若干问题的解释》第七条第一款第一项、第八条第一款第一项,《最高人民法院关于适用财产刑若干问题的规定》第一条、第二条第一款、第五条、第八条、第十一条第一款,作出如下判决:

一、被告人龚某姣犯非法经营罪,判处有期徒刑一年二个月,并处罚金人民币十万元;

二、被告人李某焕犯非法经营罪,判处有期徒刑一年二个月,并处罚金人民币十万元;

三、被告人甘某前犯非法生产制毒物品罪,判处有期徒刑四年六个月,并处罚金人民币三万元;

四、被告人周某积犯非法生产制毒物品罪,判处有期徒刑四年六个月,并处罚金人民币三万元;

五、被告人陈某明犯非法生产制毒物品罪,判处有期徒刑四年六个月,并处罚金人民币三万元;

六、扣押在案的犯罪工具及制毒物品,由扣押机关依法予以没收;

七、被告人龚某姣、李某焕退出的共同违法所得二万元,由扣押机关予以没收,上缴国库;继续追缴被告人龚某姣、李某焕未退出的共同违法所得八万元。

上诉人龚某姣、甘某前、陈某明以原判量刑过重等为由提起上诉。

广西壮族自治区玉林市中级人民法院经审理认为:原审判决认

定事实清楚，证据确实、充分，定罪准确，量刑适当，审判程序合法，适用法律正确，应予维持。广西壮族自治区玉林市中级人民法院依照《中华人民共和国刑事诉讼法》第二百三十六条第一款第一项之规定，作出如下裁定：

驳回上诉，维持原判。

【法官后语】

本案中，甘某前、周某积、陈某明以 10 万元的价格向龚某姣、李某焕购买了 5 吨（82 包）麻黄草后，在一临时搭建的工棚内，通过按比例加水及草酸、盐酸等化学原料熬煮麻黄草的方法，经过滤、沉淀后提炼出麻黄碱液体 3 桶（共计净重 59.8 千克）。对此查明事实，各方并无争议。

本案争议的焦点在于如何认定甘某前、周某积、陈某明非法生产制毒物品的数量。《中华人民共和国刑法》第三百五十条第一款规定，违反国家规定，非法生产、买卖、运输醋酸酐、乙醚、三氯甲烷或者其他用于制造毒品的原料、配剂，或者携带上述物品进出境，情节较重的，处三年以下有期徒刑、拘役或者管制，并处罚金；情节严重的，处三年以上七年以下有期徒刑，并处罚金；情节特别严重的，处七年以上有期徒刑，并处罚金或者没收财产。公诉机关指控甘某前、周某积、陈某明非法生产制毒物品的数量为 59.8 千克，根据《最高人民法院关于审理毒品犯罪案件适用法律若干问题的解释》第七条第一款第一项、第八条第二款第一项的规定，制毒物品麻黄碱数量在 25 千克以上的，属于情节特别严重，应处七年以上有期徒刑。甘某前、周某积、陈某明及各辩护人均提出不应将麻黄水的重量认定为麻黄碱的重量。综合本案事实及证据情况，笔者认为，本案中应当认定甘某前、周某积、陈某明非法生产制毒物品数量在5千克以上且不满25千克，属于情节严重，应处三年以上七年以下有期徒刑。主要理由如下：

1. 非法生产制毒物品，应当进行含量鉴定

《中华人民共和国刑法》第三百五十七条第二款规定，毒品的数量以查证属实的走私、贩卖、运输、制造、非法持有毒品的数量计算，不以纯度折算。但对于非法生产、买卖、运输制毒物品、走私制毒物品罪中的制毒物品数量，《中华人民共和国刑法》及相关司法解释并未作出不以纯度计算的规定。制毒物品的定罪量刑数量标准，应当通过含量鉴定，根据缴获制毒物品中有效的制毒物品成分的比例确定其数量。具体到本案中，甘某前、周某积、陈某明利用化学方法熬煮加工麻黄草，后提炼麻黄碱液体，根据《最高人民法院关于审理毒品犯罪案件适用法律若干问题的解释》第七条第一款第一项的规定，其中的麻黄碱（麻黄素）类物质才是制毒物品，才能够制造出毒品，直接按照涉案缴获的麻黄碱液体数量定罪量刑不但缺乏科学性，也会导致处罚过于严厉，有违罪刑相适应原则。因此，在对相关行为按照制毒物品犯罪处罚时，应当通过含量鉴定，将涉案麻黄碱液体中所含麻黄碱类物质的数量认定为制毒物品的数量。

2. 购买麻黄草而非法生产麻黄碱液体，无法进行含量鉴定的，可以按照涉案麻黄草数量折算后认定制毒物品的数量

本案中甘某前、周某积、陈某明违反国家规定，购买5吨麻黄草后，用麻黄草非法生产出制毒原料麻黄碱液体，其行为均已构成非法生产制毒物品罪，且系犯罪既遂，是否对麻黄碱液体进行麻黄碱含量鉴定不影响其犯罪的成立。但关于制毒物品的数量，应当以麻黄碱液体中所含麻黄碱类物质的数量来认定，根据公诉机关补充

的办案情况说明，本案中缴获的麻黄碱液体在现有条件下无法进行含量鉴定，故应以有利于被告人的原则，并结合全案各项证据，认定甘某前、周某积、陈某明购买并用于生产的麻黄草共计5吨，以制造毒品罪、走私制毒物品罪、非法买卖制毒物品罪定罪处罚的，涉案制毒物品的数量按照300千克麻黄草折合1千克麻黄碱计算。故本案涉案制毒物品麻黄碱的数量经折算应认定为16.67千克，又根据《最高人民法院关于审理毒品犯罪案件适用法律若干问题的解释》第七条第一款第一项、第八条第一款第一项之规定，制毒物品数量在5千克以上，不满25千克的，属于情节严重，应处三年以上七年以下有期徒刑。

编写人：广西壮族自治区玉林市兴业县人民法院　尤佳

264 贩毒人员住处查获的毒品数量的认定

——李某贩卖毒品案

【案件基本信息】

1. 裁判书字号

福建省泉州市中级人民法院（2018）闽05刑终567号刑事裁定书

2. 案由：贩卖毒品罪

【基本案情】

2017年2月11日，被告人李某在其租房，贩卖0.6克海洛因给彭志某。同日，在南安市水头镇康店村新区××号店面的公路旁，欲将6克海洛因贩卖给张志某时被查获，并在其随身携带的手提包内缴获海洛因6.01克，在其身上内衣处缴获海洛因1.16克，在其南安市水头镇康店村新区××号×××室租房里的黑色行李箱内缴获海洛因 11.57 克，从吸毒人员彭志某身上缴获海洛因 0.6 克。共计缴获海洛因 19.34 克。被告人李某被扣押手机二部、电子秤一台。

【案件焦点】

关于被告人李某贩卖海洛因数量的认定。

【法院裁判要旨】

福建省安溪县人民法院经审理认为：被告人李某明知是毒品海洛因而故意贩卖 10 克以上，其行为已构成贩卖毒品罪。公诉机关指控被告人李某犯贩卖毒品罪的罪名成立。辩护人黄生某关于被告人李某到案后均供述毒品掺杂药粉，应对毒品含量进行鉴定，建议对被告人李某减轻处罚的辩护意见，与法律规定不符，不予采纳。被告人李某明知是毒品海洛因而故意贩卖十克以上，其行为已构成贩卖毒品罪。公诉机关指控被告人李某犯贩卖毒品罪的罪名成立。辩护人黄生某关于被告人李某到案后均供述毒品掺杂药粉，应对毒品含量进行鉴定，建议对被告人李某减轻处罚的辩护意见，与法律规定不符，不予采纳。

福建省安溪县人民法院依据《中华人民共和国刑法》第三百四十七条第一款和第三款、第三百五十七条、第六十四条之规定，判决如下：

一、被告人李某犯贩卖毒品罪，判处有期徒刑七年二个月，并处罚金人民币三万元；

二、缴获的海洛因及扣押的作案工具予以没收。

李某对判决不服，提起上诉。

福建省泉州市中级人民法院经审理裁定如下：

驳回上诉，维持原判。

【法官后语】

毒品犯罪是一类特殊的刑事犯罪。审判实践中经常发生现场缴获的毒品数量少，住处搜出的毒品数量大的情况。对于毒品犯罪嫌疑人住处查获的这部分毒品，涉及如何定罪的问题：究竟应该定非法持有，还是认定为贩卖毒品？在审判实践中适用这一规范时不宜简单机械的套用，应注意以下问题：

1. 将毒贩住处等地查获的毒品数量计入贩卖数量是一种事实推定

事实推定是根据已知的基础事实，依据经验法则和常识，推断未知的推定事实存在，并允许当事人提出反证加以推翻的证明方法。将毒贩住处等地查获的毒品数量计入贩卖数量是基于贩卖的目的而进行的司法推定，其实质是根据被抓获的行为人的现场贩卖行为，以此证明其具有贩卖目的。毒品犯罪隐蔽性强、取证难度大，犯罪分子往往具有较强的反侦查意识，尤其是有吸毒情节的贩毒人员，对于从其住所等处查获的毒品通常辩称系用于吸食；然而，从实践情况来看，从贩毒人员住所等处查获的毒品确实多系用于贩卖，如果严格按照普通刑事案件的证明方法及要求，运用在案证据证明从贩毒人员住所等处查获的毒品系用于贩卖，往往会因为无法收集到足够的证据而出现举证困难或举证不能的现象，不利于有效打击毒品犯罪。

2. 贩毒人员的住处应作广义的理解

基于事实推定的方法，贩毒人员住处，既包括犯罪分子有房屋所有权证的城镇住宅或有宅基地所有权证的农村住宅，也包括犯罪分子的租住地，甚至临时寄居的宾馆，还包括涉案人员的其他毒品藏匿地点，只要能根据被抓获的贩毒人员的现场贩卖行为，证明其具有贩卖目的，这些场所查获的毒品都应认定为其贩毒的数量。本案被告人李某身上内衣处被查获红、绿、紫包装的海洛因五个共1.16克，因李某被抓获时有贩卖毒品并被人赃俱获的行为，且其身上查获的毒品包装符合贩卖的毒品特征，因此，应认定为其贩卖毒品的数量。

3. 用作推定前提的基础事实必须有确凿的证据证明

如果没有确实、充分的证据证明毒品系从贩毒人员的住所等处查获，则毒品与贩毒人员之间不具有关联性，亦不能运用推定认定系其用于贩卖。在贩卖毒品案件中，贩毒人员通常不承认从其住所等处查获的毒品系用于贩卖，而毒品犯罪隐蔽性强，犯罪分子的主观目的往往难以通过其他证据加以证明，因而有必要运用事实推定。本案中，李某到案后多次供述出租房内被查获的毒品系一男子留给其由其处理，并称会介绍人来购买，尽管李某辩称没有贩卖毒品，但在案证据充分证明被查获的租房处于李某的控制下，且查获的毒品和其有关联性，因此应将该地点查获的毒品计入贩卖的数量。

4. 当事人提出反证是否能推翻推定事实

当事人既可以就基础事实提出反证，也可以就推定事实提出反证。因此，若贩毒人员提出的反证证明其没有贩卖毒品的基础行为或其与查获的毒品之间不存在关联，或查获的毒品并非用于贩卖，在其住处查获的毒品就不能认定为其贩毒毒品的数量。本案中，被告人李某提出，出租房里搜查到的毒品与其无关，但侦查机关是在李某的带领下，使用李某手提包内查获的钥匙打开出租房，该租房处于李某控制下，且李某到案后多次供述租房内的毒品系他人留下由其处理的。因此，可以认定租房内被扣押海洛因11.57克为李某所持有，应计入李某贩卖毒品的数量。

编写人：福建省安溪县人民法院　周水金　林懿娴

265　运输假毒品应如何定性

——李某、梁洪某运输毒品案

【案件基本信息】

1. 裁判书字号

广西壮族自治区贵港市中级人民法院（2018）桂08刑终253号刑事裁定书

2. 案由：运输毒品罪

【基本案情】

2017年7月中旬，一名绰号叫“十三”的男子（另案处理）让被告人梁洪某跟其去广东帮其带毒品回贵港，并允诺事成后给1万元作为报酬。2018年7月14日，被告人李某驾驶车牌号为桂R36×××的大货车帮其老板从广西贵港市拉一车木板到广东佛山市。2018年7月15日下午，“十三”联系被告人李某，后在广东省佛山市里水镇将用蓝色布袋装着的两包毒品可疑物交给被告人李某，让李某帮带回贵港，并允诺事成后给2千元作为报酬，还安排被告人梁洪某跟车。被告人李某在里水镇卸完木板，又按老板的要求到广东江门恩平市拉一车瓷砖后，便驾驶货车搭载被告人梁洪某及上述毒品可疑物回贵港。次日18时许，公安民警在南梧二级公路广西梧州市藤县天平镇芳垌村路段截获该货车，查获被告人李某、梁洪某，并从货车驾驶室后排中间座位下的储物箱内缴获两包毒品可疑物（净重1972.75克）。经鉴定，上述缴获的两包毒品可疑物均未检出甲基苯丙胺、海洛因、氯胺酮。

【案件焦点】

1. 二被告人是否有运输毒品的主观故意；2. 错把普通货物当毒品运输是否构成运输毒品罪。

【法院裁判要旨】

广西壮族自治区贵港市港北区人民法院经审理认为：被告人李某、梁洪某将1972.75克假毒品当作毒品冰毒运输，其行为均已构成运输毒品罪。公诉机关指控被告人李某、梁洪某犯运输毒品罪罪名成立。被告人李某、梁洪某运输毒品冰毒疑似物，未检出毒品成分，系由于被告人意志以外的原因未能得逞，属于犯罪未遂，可以比照既遂犯减轻处罚。对被告人李某、被告人梁洪某的辩护人提出的李某、梁洪某事先并不知道涉案的两包物品是毒品，也没有明知是毒品而运输的犯罪行为，李某、梁洪某的行为不构成运输毒品罪的辩护意见，经查，依据搜查录像、称重录像，李某所驾驶的货车被公安民警拦截，公安民警从货车上搜出涉案毒品疑似物，还未将其开封前，公安民警就询问了李某、梁洪某，当时李某、梁洪某均表示该物品是“猪肉”（冰毒），李某还向民警简单描述了运输毒品的过程，并表示梁洪某跟车运输毒品，且李某、梁洪某在侦查机关所作的供述一直都很稳定，二人的供述能相互印证，均证实其二人是明知毒品冰毒而运输，因此该辩护意见缺乏事实及法律依据，本院不予采纳。对被告人梁洪某的辩护人提出的梁洪某是从犯的辩护意见，经查，梁洪某在本案中积极参与，与同伙分工配合，是主犯，该辩护意见缺乏事实及法律依据，本院不予采纳。对被告人梁洪某的辩护人提出的梁洪某是犯罪未遂，到案后能如实供述其罪行，认罪态度较好，且系初犯，可从轻处罚的辩护意见，有事实及法律依据，本院予以采纳。

广西壮族自治区贵港市港北区人民法院依照《中华人民共和国刑法》第三百四十七条第二款第一项，第二十三条，第二十五条第一款，第二十六条第一款、第四款，第六十七条第三款，第四十七条之规定，作出如下判决：

一、被告人李某犯运输毒品罪，判处有期徒刑十二年，并处罚金人民币二万元；

二、被告人梁洪某犯运输毒品罪，判处有期徒刑十一年，并处罚金人民币二万元。

李某、梁洪某均持原审辩解提起上诉。

广西壮族自治区贵港市中级人民法院经审理认为：上诉人李某、梁洪某违反国家对毒品管理的规定，将1972.75克假毒品当作毒品冰毒运输，其行为均已构成运输毒品罪。梁洪某到案后如实供述自己的罪行，当庭自愿认罪，依法可以从轻处罚。李某、梁洪某运输毒品冰毒疑似物，未检出毒品成分，系由于意志以外的原因未能得逞，属于犯罪未遂，可以比照既遂犯减轻处罚。在共同犯罪中，二上诉人均起主要作用，都是主犯，依法应当按照其所参与的全部犯罪处罚，但梁洪某相对李某作用较小。对李某、梁洪某提出其没有运输毒品冰毒主观故意的上诉理由，经查，李某、梁洪某在公安机关搜获毒品疑似物后即承认是冰毒，到案后亦稳定供述运输毒品冰毒的事实，足以认定其二人具有运输毒品冰毒的主观故意，故对该上诉理由不予采信。对李某、梁洪某提出其二人运输的物品不是毒品，其行为不构成犯罪的上诉理由，经查，李某、梁洪某主观上具有运输毒品的故意，客观上实施了把假毒品当作毒品运输的行为，其行为符合运输毒品罪的构成要件，构成运输毒品罪，公安机关在查获的毒品疑似物未检出毒品成分系由于李某、梁洪某意志以外的原因未得逞，属于运输毒品犯罪未遂，故对该上诉理由不予采纳。综上，原审法院根据李某、梁洪某犯罪的事实、性质、情节及对于社会的危害程度作出的判决，定罪及适用法律正确，量刑适当，审判程序合法，应予维持。

广西壮族自治区贵港市中级人民法院依照《中华人民共和国刑事诉讼法》第二百三十六条第一款第一项的规定，作出如下裁定：

驳回上诉，维持原判。

【法官后语】

本案中，存在两个有争议的问题：一是两被告人是否有运输毒品的主观故意；二是两被告人是否因错把普通货物当毒品运输不构成运输毒品罪。

关于第一个争议焦点，经查，依据搜查录像、称重录像，李某所驾驶的货车被公安民警拦截，公安民警从货车上搜出涉案毒品疑似物，还未将其开封前，公安民警就询问了李某、梁洪某，当时李某、梁洪某均表示该物品是“猪肉”（冰毒），李某还向民警简单描述了运输毒品的过程，并表示梁洪某跟车运输毒品，且李某、梁洪某在侦查机关所作的供述一直都很稳定，二人的供述能相互印证，均证实其二人是明知毒品冰毒而运输。本案中，二被告人仅仅从广东帮运一小包物品回贵港，对方却许诺2000元、10000元的报酬，这明显是不同寻常的高额报酬。故二被告人有运输毒品的主观故意。

关于第二个争议焦点，其涉及的主要问题是行为人对犯罪客体的认识错误问题。刑法理论上对犯罪客体的认识错误包括两个方面：一是误认为犯罪客体存在，而实际上并不存在。例如，甲意图杀害乙，安装炸弹炸毁乙的车子，而实际乙并没有在车上，甲并没能杀害乙。在这种情况下，行为人的主观态度仍然是犯罪的故意，只是由于犯罪客体不存在，没有发生行为人预期的危害结果，其行为仍然构成犯罪，但由于没有犯罪结果的发生，所以应当按照犯罪未遂处罚。二是行为人误认为犯罪客体不存在，而实际上存在，如猎人误将人当作野兽射击，致使他人死亡的结果发生。由于其主观目的是射击动物而不是杀人，没有杀人的故意。但如果行为人主观应当预见到自己的行为会发生危害社会的结果，只是由于疏忽大意没有预见到或者已经预见到而轻信能够避免，如猎人是在经常有人行走的乡间小路上打猎的，则以过失行为处理，如果法律规定该种过失行为构成犯罪，则应当以犯罪论处；如果行为人根本无法预见危害行为结果的发生，则主观上无罪过，如猎人是在人迹罕至的深山里打猎的，则应当视为无罪。本案中，二被告人误将他人托运的物品当作毒品运输的行为，就是行为人在犯罪客体上产生了错误的认识，将不存在的毒品犯罪客体当作毒品犯罪客体。由于行为人主观上仍然具有犯罪的故意，客观上也实施了运输“毒品”的行为，只是因为犯罪客体不存在，没有发生预期的危害后果，因而应当按照犯罪未遂处理。

本案还涉及主从犯问题。两人以上同行运输毒品的，应当从是否明知他人带有毒品，有无共同运输毒品的意思联络，有无实施配合、掩护他人运输毒品的行为等方面综合审查认定是否构成共同犯罪。本案二被告人受雇于同一雇主，实施同一运输毒品行为，且双方互相知道对方也是运输毒品的人员，所以二被告人系共同犯罪。综合本案案情，在共同犯罪中，二被告人分工明确，互相配合，积极实施运输毒品的犯罪行为，均起主要作用，均是主犯，依法应当按照其所参与的全部犯罪处罚。被告人梁洪某相对被告人李某作用较小，可比照被告人李某从轻处罚。

编写人：广西壮族自治区贵港市港北区人民法院　梁兆喜

266　贩卖毒品犯罪中以贩养吸的认定

——孙某贩卖毒品案

【案件基本信息】

1. 裁判书字号

北京市第一中级人民法院（2014）一中刑终字第 3279 号刑事裁定书

2. 案由：贩卖毒品罪

【基本案情】

赵某于 2014 年 2 月 9 日向公安机关举报一贩卖毒品线索并向被告人孙某约购毒品，公安机关在本市海淀区筹集毒资人民币 1300 元。当日 22 时许，被告人孙某在本市某小区×××号楼楼下，以人民币 1300 元的价格向赵某贩卖白色晶体 2 包时被公安机关当场抓获。经鉴定，上述 2 包白色晶体系甲基苯丙胺，净重 1.66 克。

后民警在本市某小区×××号楼1209号被告人孙某的住处起获白色晶体4包、粉色药片36颗，经鉴定，起获的4包白色晶体系甲基苯丙胺，净重5.08克，起获的36颗粉色药片检出甲基苯丙胺，净重3.57克。被告人孙某到案后如实供述了上述犯罪事实。

【案件焦点】

贩卖毒品犯罪中如何认定行为人是以贩养吸。

【法院裁判要旨】

北京市海淀区人民法院经审理认为：被告人孙某向他人贩卖毒品甲基苯丙胺，其行为已构成贩卖毒品罪，依法应予惩处。被告人孙某不属于以贩养吸情形，在被告人家中起获的毒品不宜认定为贩毒的数量。被告人曾因贩卖毒品被判处过刑罚，现又贩卖毒品，系毒品再犯，依法应当从重处罚。对被告人非法持有毒品的行为，酌予从重处罚。鉴于被告人如实供述罪行，认罪态度较好，对被告人依法从轻处罚。

北京市海淀区人民法院依照《中华人民共和国刑法》第三百四十七条第一款和第四款、第三百五十六条、第六十七条第三款、第五十三条之规定，作出如下判决：

被告人孙某犯贩卖毒品罪，判处有期徒刑三年，并处罚金人民币三千元。

北京市海淀区人民检察院提起抗诉认为北京市人民检察院第一分院经审查认为北京市海淀区人民检察院的抗诉不当，决定撤回抗诉。原审被告人孙某及其辩护人认为，孙某有正当职业，有稳定丰厚的收入，此次犯罪也是在特情的诱惑和促成下形成的犯意，因此不属于以贩养吸的情形，不应将查获的毒品数量都认定为贩卖的数量。一审判决认定事实清楚，适用法律正确，应予维持。

北京市第一中级人民法院经审理认为：原审被告人孙某向他人贩卖毒品甲基苯丙胺，其行为已构成贩卖毒品罪，依法应予惩处。孙某在案发前有稳定的职业和收入，其本人有毒瘾尚未戒除，本次犯罪系公安机关以特情引诱方式破获，结合全案情节，孙某应不属于以贩养吸情形，在其家中起获的毒品不宜认定为贩毒的数量。孙某曾因贩卖毒品被判处过刑罚，现又犯贩卖毒品罪，系毒品再犯，依法应当从重处罚。对于其非法持有毒品的行为，因毒品数量尚不够定罪标准，故作为量刑情节予以考虑，对其再酌予从重处罚。鉴于孙某到案后能如实供述所犯罪行，认罪态度较好，故可对其依法从轻处罚。辩护人的辩护意见经查成立，本院酌予采纳。原审人民法院根据孙某犯罪的事实、犯罪的性质、情节及对于社会的危害程度所作出的判决，定罪、适用法律正确，量刑适当，审判程序合法，应予维持。北京市人民检察院第一分院撤回抗诉的要求，符合法律规定。

北京市第一中级人民法院依照《中华人民共和国刑事诉讼法》第二百二十五条第一款第一项，《最高人民法院关于适用〈中华人民共和国刑事诉讼法〉的解释》第三百零七条、第三百零八条的规定，作出如下裁定：

准许北京市人民检察院第一分院撤回抗诉。北京市海淀区人民法院（2014）海刑初字第1366号刑事判决自本裁定送达之日起发生法律效力。

【法官后语】

对于如何理解与界定毒品犯罪中的“以贩养吸”，司法实践中存在着两种观点：一种观点认为，只要被告人有贩毒的事实，且本身又是吸毒人员，那么其贩卖毒品的犯罪所得就是为其吸食毒品提供了经济支持，就应当认定为“以贩养吸”。而以贩养吸的被告人对其将来要贩卖的毒品所持的主观心态是一种概括的故意，故在其住所或身上又查获的毒品应当计入其贩卖毒品的数量中。这种观点由于无须考虑被告人对后查获的毒品如何供述，也无须考察被告人经济状况、吸贩毒的具体经历等，操作简单易行，因此在司法实践中受到很多人的“青睐”。另一种观点认为，按照刑法解释规则和罪刑法定原则，“以贩养吸”应理解为行为人不仅既吸毒又贩毒，而且应以其贩毒所得作为其吸毒的主要经济来源。只有如此才能认定行为人对查获的其他毒品也存在贩卖的概括故意，从而将其计入贩卖毒品的数量中。而如何认定“行为人以其贩毒所得作为其吸毒的主要经济来源”，则更应从被告人供述的主观心态、有证据证明的被告人的经济状况、收入来源、以往吸贩毒的经历、本次贩毒的具体情况等多角度、全方位的予以考察，综合全案情况，最终得出合情、合理、合法的结论。我们同意第二种观点。

“以贩养吸”严格来讲并不是刑法中的专业用语，我们在理解“以贩养吸”时可参照刑法解释的规则和方法。一般认为，刑法解释方法分为两大类，即文理解释和论理解释。文理解释是指根据刑法用语的文义及其通常使用方式阐释刑法意义的解释方法。论理解释是指参酌刑法产生的原由、理由、沿革及其他相关事项，按照立法精神，阐明刑法真实含义的解释方法。因此，对“以贩养吸”的理解也可从以下几个方面入手：

第一，从文理解释的角度考察，“以贩养吸”中的“贩”和“吸”都比较容易理解和认定。“贩”即指贩卖毒品，被告人要有贩卖毒品的事实；“吸”是指吸食毒品，即被告人系吸毒人员。而容易产生分歧的就在对“养”字的理解上。“养”有饲养、生育、供养等多个含义，而“以贩养吸”中的“养”显然应当指“供养”，即提供主要的生活资料或生活费用。由此可见，从文意本身来理解“供养”应是一个日常性的行为，其要成为被供养者的“主要生活来源”或“唯一生活来源”才能称其为“养”。如果仅是偶尔的给予一点生活资料或生活费用，我们一般描述为“接济”“帮助”，但显然不能称为“供养”。因此，“以贩养吸”的“养”应理解为贩毒为吸毒提供“唯一的或主要的经济支持”而不是如本案一审公诉机关理解的仅仅“提供经济支持”。第一种观点不仅曲解了“以贩养吸”的本意，也导致司法实践中对毒品犯罪被告人“以贩养吸”情形认定的无限扩大化，违反了罪刑法定原则。

第二，从论理解释的角度考察，对刑法条文进行解释时，可以采用当然解释、体系解释、目的解释等多种不同的解释方法，但无论采取何种方法，其解释必须符合罪刑法定原则，解释结论也必须符合该规定的立法初衷和目的。如果严格按照刑法中的犯罪构成理论，贩卖毒品罪不仅要求行为人明知是毒品，而且要求其有向他人贩卖的主观故意，并有出售毒品的行为。实践中，只要认定为“以贩养吸”的被告人，则其被查获的还并未向他人出售的毒品就一并认定为其贩卖的数量。这主要是因为司法实践中“以贩养吸”的行为人往往因吸毒而“一贫如洗”，主要是通过贩毒来满足自己吸毒的巨大开销，吸毒成瘾的行为人为了进一步吸毒乃至长期吸毒，非法销售已成为必然，那么从其身上或住地查获的毒品除供其吸食外绝大部分应当就是为了今后贩卖。但是，基于刑法的最至上原则罪刑法定原则，这种“推定”也不能是无限制无条件的。因此，当我们解释“以贩养吸”时就不能再无限扩大其范围。如果不分具体情形，只要是行为人吸毒并因贩毒获利被抓就一律推定其对又查获的其他毒品也有贩卖的故意，将查获的毒品都机械认定为其贩卖的数量，不仅不符合立法的本意和目的，而且这种对案件具体情况不分析、不调查，“一刀切”的处理方式也才真正违背了“法律面前人人平等”的法治精神。

第三，从司法实践操作的角度考察，将“以贩养吸”理解为行为人以其贩毒所得作为其吸毒的主要经济来源，在调查取证和事实认定上也并不存在障碍。例如，被告人自身对毒品用途的供述、可以查明的被告人的经济状况、收入来源、以往吸贩毒的经历、本次贩毒的具体情况等都可以作为法官认定其是否以贩毒所得作为吸毒主要经济来源的依据。例如，被告人之前有多次贩毒经历，无正当职业和经济来源，本次从其住处或身上查获的毒品远超过其正常的吸食量，就可以认定为“以贩养吸”，将查获的毒品一并计入贩卖的数量中。当然，实践中的案件情况是千差万别、复杂多样的，因此，整个认定的过程也不可能如套用公式般简单，其中必然会包含着法官的审判智慧和对审判经验的运用。总之，笔者认为司法认定标准需要明确，但不应机械，更不能以牺牲罪刑法定这一刑法的根本原则和最基本的公平正义为代价。

结合本案具体情况分析：第一，孙某的辩护人提供的证据均能证明被告人孙某在案发前有稳定的职业和丰厚的收入；第二，《吸毒成瘾鉴定书》可证明孙某本人有毒瘾未戒除，其系吸毒人员；第三，在孙某住处查获的毒品甲基苯丙胺 8.65 克符合其近期日常吸食量；第四，孙某此次贩卖毒品系公安机关以特情引诱的方式破获，而特情人员赵某的证言与孙某的供述相互印证均能证明孙某是在赵某以吸毒买不到毒品为由多次请求孙某帮忙的情况下才向其贩卖毒品甲基苯丙胺1.66克；第五，孙某之前虽有一次贩卖毒品的经历，但也系公安机关以特情引诱方式破获，发案情况与此次类似，数量也较小。故综合本案全部事实与情节，可以认定贩卖毒品并不是孙某吸毒的唯一或主要经济支持，孙某不属于“以贩养吸”的情形。因此，不能推定孙某对其住处查获的毒品也具有贩卖的故意，在孙某住处起获的毒品不宜认定为其贩毒的数量。

编写人：北京市第一中级人民法院　刘璐

267　吸毒者购买毒品及接货行为的定性问题

——黄某等贩卖、运输毒品案

【案件基本信息】

1. 裁判书字号

湖北省宜昌市中级人民法院（2012）鄂宜昌中刑终字第00189号刑事裁定书

2. 案由：贩卖、运输毒品罪

【基本案情】

（1）2010年10月5日，被告人谭某与被告人黄某电话联系购买毒品，并以银行汇款的方式支付购毒款1500元，黄某收到毒品款后，采取长途客车托运的方式将毒品甲基苯丙胺3克从宜昌市运输到淄博市，谭某在淄博市接货后自己吸食，黄某贩卖毒品获利600余元。

（2）2010年10月30日，被告人黄某以同样方式收取毒资2500元，贩卖毒品甲基苯丙胺5克给被告人谭某，谭某在淄博市接货后自己吸食，黄某贩卖毒品获利1000余元。

（3）2010年11月10日，被告人黄某以同样方式收取毒资1900元，贩卖毒品甲基苯丙胺5克给被告人谭某，谭某在淄博市接货后自己吸食，黄某贩卖毒品获利500余元。

（4）2010年11月28日，被告人黄某以同样方式收取毒资2000元，贩卖毒品甲基苯丙胺4克给被告人谭某，谭某在淄博市接货后自己吸食，黄某贩卖毒品获利600余元。

（5）2011年3月3日，被告人黄某以同样方式收取毒资3000元，贩卖毒品甲基苯丙胺5克给被告人谭某，谭某在淄博市接货后自己吸食，黄某贩卖毒品获利1000余元。

（6）2011年3月14日，被告人黄某以同样方式收取毒资2900元，贩卖毒品甲基苯丙胺6克给被告人谭某，谭某在淄博市接货后自己吸食，黄某贩卖毒品获利800余元。

（7）2011年4月7日，被告人黄某以同样方式收取毒资4000元，贩卖毒品甲基苯丙胺8克给被告人谭某，谭某在淄博市接货后自己吸食，黄某贩卖毒品获利2000余元。

（8）2011年4月17日，被告人黄某以同样方式收取毒资4000元，贩卖毒品甲基苯丙胺8克给被告人谭某，谭某在淄博市接货后自己吸食，黄某贩卖毒品获利1200余元。

（9）2011年4月23日，被告人谭某受其表叔孙某委托从被告人黄某以6400元价格，以同样的方式购买毒品甲基苯丙胺13克，孙某分给谭某少量吸食，其余被孙某吸食，黄某贩卖毒品获利2200余元。

（10）2011年5月8日13时，被告人毕某为吸食毒品需要在山东省淄博市请被告人庞某以每克600元的价格从外地购买甲基苯丙胺50克，并预付其15000元人民币。庞某通过被告人谭某帮忙介绍，从被告人黄某手中，以每克400元的价格，为毕某联系购买了甲基苯丙胺50克，并由庞某通过银行汇款预付给黄某购毒款10000元，庞某从中赚取5000元。黄某在收到庞某汇来的10000元购毒款后，另筹资金5000元，以15000元在本市购得甲基苯丙胺50克，2011年5月9日14时许，黄某将内装50克甲基苯丙胺的包裹委托车牌为鲁M0××××号长途客车由宜昌三峡游客中心托运至山东省淄博市长途汽车客运总站，并电话通知谭某收取包裹。谭某遂告知庞某。2011年5月10日9时许，庞某到该车站货运部领取装有50克甲基苯丙胺的包裹时，被当地公安机关协助抓获，并缴获甲基苯丙胺49.42克。

公安机关分别于2011年5月10日在宜昌市某大厦将被告人黄某抓获，于当日9时10分许在汽车站将被告人庞某抓获，之后根据庞某的交代于当日11时30分许在大酒店将被告人谭某抓获，在庞某的协助下于当日14时许在淄博市淄川区将被告人毕某抓获。

【案件焦点】

谭某作为吸毒者，其前面8次购买毒品、接货的过程能否构成运输毒品罪，另外其每次购买毒品均不足10克，但累计起来达44克，是否构成非法持有毒品罪。

【法院裁判要旨】

湖北省宜昌市伍家岗区人民法院经审理认为：被告人黄某为牟取非法利益，多次贩卖、运输毒品甲基苯丙胺共计106.42克，其行为均已构成贩卖、运输毒品罪，公诉机关指控的罪名成立。被告人谭某在本案第 9 笔毒品犯罪中，为他人代购仅用于吸食的甲基苯丙胺 13 克，在购买成功后获得少量毒品供自己吸食，应当认定为获利，其代购毒品的行为构成贩卖毒品罪；其在本案第 10 笔毒品犯罪中，违反国家毒品交易管理法规，明知他人实施毒品犯罪而为其居间介绍买卖毒品甲基苯丙胺 49.42 克，其行为已构成贩卖毒品罪，故被告人谭某贩卖毒品甲基苯丙胺共计 62.42 克，其行为构成贩卖毒品罪。被告人谭某作为吸毒者，在本案前 8 笔毒品犯罪中，购买的甲基苯丙胺均为自己所吸食，其行为不认为是犯罪。本案 10 笔毒品犯罪中，所有毒品均是由被告人黄某采取长途客车托运的方式进行运输，被告人谭某、庞某只有接货行为，并未参与运输毒品，其行为不构成运输毒品罪。被告人庞某为牟取非法利益，贩卖毒品甲基苯丙胺 49.42 克，其行为构成贩卖毒品罪。被告人毕某作为吸毒者，在购买毒品甲基苯丙胺的过程中被公安机关查获，数量较大，其行为构成非法持有毒品罪，公诉机关指控的罪名成立。被告人黄某被采取强制措施后，如实供述公安机关未掌握的罪行，与公安机关已经掌握的罪行属同种罪行，不能认定为自首，但可以酌情从轻处罚；被告人黄某及其辩护人称其具有检举他人贩毒的行为，无证据证明，依法不能予以认定。在第 10 笔毒品犯罪中，被告人谭某在共同犯罪中所起作用较轻，仅为帮人居间介绍，没有牟利行为，认定为从犯，依法应当从轻或减轻处罚；被告人谭某因犯敲诈勒索罪曾经被判处有期徒刑，刑罚执行已满五年，不构成累犯，但有犯罪前科，属酌情从重处罚情节。被告人庞某积极协助公安机关抓获同案犯，系立功，依法可以从轻处罚；被告人庞某曾被判处有期徒刑，刑罚执行完毕后五年内再犯应当判处有期徒刑以上刑罚之罪，是累犯，依法应当从重处罚。被告人黄某、毕某归案后认罪态度较好，可酌情从轻处罚。

湖北省宜昌市伍家岗区人民法院依照《中华人民共和国刑法》第三百四十七条第二款第一项、第三百四十七条第三款、第三百四十八条、第六十五条、第六十七条第三款、第六十八条及《最高人民法院关于处理自首和立功具体应用法律若干问题的解释》第四条、第五条的规定，作出如下判决：

一、被告人黄某犯贩卖、运输毒品罪，判处有期徒刑十五年，并处没收财产人民币二万元；

二、被告人谭某犯贩卖毒品罪，判处有期徒刑八年，并处没收财产人民币一万元；

三、被告人庞某犯贩卖毒品罪，判处有期徒刑十年，并处罚金人民币一万元；

四、被告人毕某犯非法持有毒品罪，判处有期徒刑一年六个月，并处罚金人民币二千元。

公诉机关宜昌市伍家岗区人民检察院提起抗诉：原审被告人谭某在前 8 笔毒品犯罪中实施的接货行为，庞某在第 10 笔毒品犯罪实施的接货行为，应构成运输毒品罪，原判对二人定性不当，量刑畸轻。

原审被告人黄某上诉提出：原审认定的贩毒事实有九起是公安机关未掌握的罪行，可酌情从轻处罚，原审量刑未体现从轻处罚。

原审被告人谭某上诉提出：原审认定的第 9 笔犯罪事实系购买后与他人共同吸食，此次不构成贩卖毒品罪，原审认定的第 10 笔贩毒行为应属非法持有毒品罪。

原审被告人庞某上诉提出：当其被公安机关抓获时，毒品并没有出售，未给社会造成危害，请求二审从轻处罚。

湖北省宜昌市中级人民法院经审理认为：抗诉机关的抗诉意见不能成立，本院不予支持。关于黄某、谭某、庞某等提出的上诉理由，经查，原判对此辩解已作充分评判，故其上诉理由不能成立，本院亦不予支持。原审人民法院根据各被告人的犯罪事实、犯罪性质、情节及其对社会的危害程度所作出的判决，适用法律正确，量刑适当，审判程序合法。

湖北省宜昌市中级人民法院依照《中华人民共和国民事诉讼法》第一百八十九条第一项之规定，作出如下裁定：

驳回抗诉、上诉，维持原判。

【法官后语】

本案处理重点主要在于对吸毒者购毒、吸毒行为的理解。

首先，对于吸毒者接货、携带毒品是否构成运输。所谓“持有”，是指占有、携有、藏有或者其他方式持有毒品的行为。所谓“运输”，是指明知是毒品而采用携带、邮寄、利用他人或者使用交通工具等方法非法运送毒品的行为。由此可见，非法持有毒品罪与运输毒品罪实际上存在一般和特殊的关系，运输毒品罪在客观上必然表现为非法持有毒品的行为，因此两罪存在一定的竞合关系。而对两者进行区分，需要掌握的一个根本点就是：法律将运输毒品罪作为一个独立的罪名，并与走私、贩卖、制造毒品罪同作为选择性罪名置于同一法条下，具有相同的量刑幅度，其危害性并非仅仅是使毒品在“流动”，更大的危害性在于他是走私、贩卖或者制造毒品犯罪中的一个必要环节，行为人对毒品的去向和来源是有一定了解的。运输仅用于吸食为目的的毒品既不是毒品犯罪的源头行为，也不可能造成毒品向社会公众扩散，因而社会危害性不大，对其不宜按照《中华人民共和国刑法》第三百四十七条的规定定罪处罚。吸毒者在购买、运输、存储毒品过程中被查获的，如果没有证据证明其是为了实施贩卖毒品等其他毒品犯罪行为，毒品数量未超过刑法第三百四十八条规定的最低数量标准的，一般不定罪处罚，查获毒品数量较大以上的，应以其实际实施的毒品犯罪行为定罪处罚。购毒者接受贩毒者通过物流寄递方式交付的毒品，没有证据证明是为了实施贩卖毒品等其他犯罪，毒品数量达到刑法第三百八十四条规定的最低数量标准的，一般以非法持有毒品罪定罪处罚。尽管我们承认在司法实践中对被告人主观特征进行判断是一项难度较大的工作，但不得客观归罪是我国刑法的一项基本原则。因此，当行为人的行为既符合非法持有毒品罪的客观方面表现，又符合运输毒品罪的客观方面表现，也就是说无论他是动态地“持有”，还是静态地“持有”，只要无法判断行为人的目的，以及其是否对毒品的去向和来源有一定了解，是否与贩卖、制造、走私等毒品犯罪有关联，以非法持有毒品罪定罪量刑才是合法、合理的裁判。

其次，吸毒者已经将毒品吸食，那么对其已吸食部分，能否再计入非法持有毒品的数量之中进行累计？一种意见认为，应如同对走私、贩卖、运输、制造毒品，未经处理的，毒品数量累计计算一样，将多次购买的毒品数量相加，对达到一定标准的按照非法持有毒品罪论处。按照这种观点，吸毒者非法持有毒品的，其已吸食部分应计入非法持有的总量之中，否则，就会使得大量吸毒者因现场查获的毒品数量持有量达不到法定标准而无法追究刑事责任。另一种意见认为，非法特有毒品的社会危害性在于事实上持有毒品这一事实状态，行为人将毒品予以吸食注射，则这一状态自然消失，因此，对行为人非法持有毒品的数量只能以其被查获时实际持有的数量计算，行为人曾经多次吸食、注射了的毒品部分不得累计计入非法持有毒品的数量中。以行为人以往拥有的毒品数量累计计算非法持有毒品总量于法无据。刑法第三百四十七条第七款规定，对多次走私、贩卖、运输、制造毒品，未经处理的，毒品数量累计计算。这一规定，只适用于上述犯罪，不包括非法持有毒品罪，因此对于非法持有毒品的数量以其曾经拥有的数量累计计算缺乏法律依据。

编写人：湖北省宜昌市伍家岗区人民法院　范西文

湖北省宜昌市中级人民法院　霍磊

（七）组织、强迫、引诱、容留、介绍卖淫罪

268 组织不同时间段内三名以上卖淫女实施卖淫行为的准确认定

——李某等敲诈勒索案

【案件基本信息】

1. 裁判书字号

北京市第二中级人民法院（2020）京02刑终201号刑事裁定书

2. 案由：敲诈勒索罪

【基本案情】

被告人李某、武某、亚某、努某等人，在较长时间内，以威胁手段结伙实施20余次敲诈勒索行为，给酒店行业造成极为恶劣的社会影响，构成恶势力犯罪。被告人李某于2017年至2018年伙同武某、亚某、努某等人，在北京市东城区、朝阳区、西城区、

海淀区等地，通过网络获取嫖客信息，由努某、古某（另案处理）、麦某（另案处理）向嫖客卖淫，并以举报嫖客嫖娼、假冒警察等手段勒索嫖客钱财。其中，被告人李某和武某主要负责敲诈勒索被害人钱款；亚某主要负责联络卖淫女。敲诈所得钱款由四被告人按比例分配。在一年时间内通过“仙人跳”实施了29次敲诈勒索行为，敲诈勒索金额为44.69万元。

【案件焦点】

被告人李某、武某组织不同时间段内三名以上卖淫女在一年时间内实施了29次卖淫嫖娼行为，可否认定为组织卖淫罪。

【法院裁判要旨】

北京市东城区人民法院经审理认为：被告人李某、武某、亚某、努某等人无视法律，经常纠集在一起，在较长时间内以揭发被害人有嫖娼行为等为由，使用威胁手段，在北京市多家酒店内多次实施敲诈勒索犯罪，为非作恶，造成较为恶劣的社会影响，已形成恶势力，依法应予惩处。其中，被告人李某、武某敲诈勒索数额特别巨大，被告人亚某、努某敲诈勒索数额巨大。北京市东城区人民检察院指控四被告人犯敲诈勒索罪的罪名成立。关于被告人李某、武某的行为是否构成组织卖淫罪的问题。法院认为，组织卖淫罪的构成应当以具有“组织性”为前提，被组织者应为三人以上，而且组织的目的是使分散的人员形成较为固定的整体，也就是要求组织他人卖淫在人数上达到多人，在空间上具有稳定性，在时间上具有重合性，本案中被告人李某、武某的行为不具备以上犯罪构成要素。且被告人李某、武某等人的行为是以敲诈勒索为目的，卖淫只是实施敲诈过程中威胁被害人的手段和借口，是敲诈勒索犯罪的一个环节，在查明的部分事实中，亦存在并不卖淫而直接敲诈的情形，因此应以处罚较重的目的行为定罪。故公诉机关指控被告人李某、武某犯组织卖淫罪不成立，法院应依法予以纠正。

依照《中华人民共和国刑法》第二百七十四条、第二十五条第一款、第二十六条、第五十二条、第五十三条、第五十四条、第五十五条第一款、第五十六条第一款、第六十七条第三款、第六十四条、第六十一条及《最高人民法院、最高人民检察院关于办理敲诈勒索刑事案件适用法律若干问题的解释》第一条、第二条、第四条之规定，判决如下：

一、被告人李某犯敲诈勒索罪，判处有期徒刑十二年六个月，剥夺政治权利三年，并处罚金人民币二十六万元；

二、被告人武某犯敲诈勒索罪，判处有期徒刑十一年，剥夺政治权利二年，并处罚金人民币二十三万元；

三、被告人亚某犯敲诈勒索罪，判处有期徒刑七年，剥夺政治权利一年，并处罚金人民币十五万元；

四、被告人努某犯敲诈勒索罪，判处有期徒刑六年，并处罚金人民币十三万元。

一审宣判后，被告人李某等提出上诉，认为量刑过重。北京市第二中级人民法院依照《中华人民共和国刑事诉讼法》第二百三十六条第一款第一项之规定，裁定如下：

驳回上诉，维持原判。

【法官后语】

本案在审理过程中，涉及的焦点问题是，被告人李某、武某组织不同时间段内三名以上卖淫女实施“仙人跳”行为可否构成组织卖淫罪?

笔者认为,(1)从组织型犯罪的特征来看。组织型犯罪要求在空间上具有稳定性,在时间上具有重合性,“组织”无论是作为具体行为手段,还是作为犯罪形态,均要求具有一定的人员数量、形成一定的规模,从而通过群体性、规模性的行为集体彰显其社会危害性。具体到组织卖淫罪,三人以上必须是同一时间段内的组织性行为,组织卖淫相对于容留、介绍卖淫之所以危害更为严重、惩治更加严厉,在于其在一定时期内控制多人多次实施卖淫嫖娼行为,形成犯罪组织的稳定性、冲击性,具备一定人员规模,方使造成的危害后果更加严重、深远,对社会秩序造成的侵害也更加严重。本案中,被告人李某、武某组织的卖淫女数量总和虽在三人以上,但在同一时间段内缺乏对多名卖淫女同时进行控制或者管理的具体行为,如卖淫女麦某还从事其他合法行为,某种意义上,两者之间更符合合作的关系,且同一时间段内的卖淫女数量少于三人,如2017年12月至2018年8月,卖淫女为麦某与努某,2018年9月至2018年11月,卖淫女为努某与古某。(2)从组织卖淫罪的犯罪本质来看。根据《最高人民法院、最高人民检察院关于办理组织、强迫、引诱、容留、介绍卖淫刑事案件适用法律若干问题的解释》的规定,组织卖淫罪是指以招募、雇佣、纠集或者引诱、容留等手段,管理或者控制多人卖淫的行为。其中,组织、引诱等行为系手段行为,管理或者控制多人卖淫系目的行为,鉴于本罪的重点在于组织他人实施具体卖淫行为,故目的行为是本罪的本质行为。刑事立法规定组织卖淫罪与强迫卖淫罪适用相同的法定刑,强迫卖淫罪要求逼迫妇女从事卖淫行为,既侵犯妇女的性自由权,还妨害了社会管理秩序、败坏社会风气，其危害性要大于强奸罪。作为与之相提并论的组织卖淫罪，根据刑法的通行理论，刑法分则确立的罪名顺序是依照社会危害性程度由重到轻进行排列的，鉴于组织卖淫罪客观行为的暴力程度弱于强迫卖淫罪的强迫行为，故组织卖淫罪在人员数量方面需加以严格限定，行为方式与人员数量的相互结合，方可彰显其危害性与强迫卖淫罪的相提并论。即组织卖淫罪既要求在客观行为方面对卖淫女进行控制或者管理，还要求人员数量为三人以上，且三人以上应理解为同一时间段内的三人，而不能是累计。组织卖淫罪的刑罚属于重刑结构，远高于协助组织卖淫罪、引诱、容留、介绍卖淫罪、引诱幼女卖淫罪，在某种程度上即在于其人数的"规模效应""聚集效应"，在于其人员的多数性、稳定性、有组织性。

综上，被告人李某作为主犯，虽有组织卖淫女实施卖淫嫖娼、敲诈勒索的具体行为，但其控制、管理的卖淫女数量在同一时间内没有达到三人以上，且卖淫女之间不具有稳定性、多数性，达不到组织型犯罪的规模性、群体性，不符合司法解释规定的三人以上的本质要求。故法院认定被告人李某等人不构成组织卖淫罪，二审予以维持的裁判是恰当的。

编写人：北京市东城区人民法院　石魏

269 准确认定组织卖淫罪和协助组织卖淫罪及其主、从犯

——闫某龙、张某等组织卖淫、协助组织卖淫案

【案件基本信息】

1. 裁判书字号

广东省高级人民法院（2019）粤刑终722号刑事裁定书

2. 案由：组织卖淫罪、协助组织卖淫罪

【基本案情】

被告人闫某龙于2015年至2017年5月，先后纠合被告人何某婷、邓某艳、赵某等人，通过互联网发布高薪招聘信息的方式招聘卖淫人员，并将招聘的卖淫人员输送至被告人钟某飞所在的某酒店、某大厦从事卖淫活动。该团伙输送的卖淫人员卖淫情况由被告人邓某会、王某双等人通过微信告知被告人闫某龙，并由闫某龙根据卖淫女的卖淫情况与卖淫场所进行嫖资的分成。被告人闫某龙负责该卖淫团伙的招聘、面试、输送等全面工作；被告人何某婷、邓某艳、赵某协助被告人闫某龙在网上招聘卖淫人员，其中被告人何某婷还根据闫某龙的安排，对所输送的卖淫人员卖淫情况及获利情况进行核对、记录。

被告人张某为非法牟利，于2015年至2017年5月，先后纠合被告人吴某涛、黄某等人，在广州市通过互联网发布信息、张贴广告等方式招聘卖淫人员一批，输送至某大厦及海南省、湖南省等地的酒店、娱乐场所从事卖淫活动，并与卖淫场所按照约定的比例对卖淫获利进行分成。其中，被告人张某负责整个组织卖淫团伙的招聘、面试、输送等全面工作；被告人吴某涛协助被告人张某接送、面试应聘的卖淫人员，并安排卖淫场所……被告人黄某根据被告人张某的安排，在某大厦管理该团伙输送的卖淫人员，同时将卖淫人员每天的卖淫、提成情况向被告人张某汇报，并将卖淫获利款项转账给被告人张某。2016年7月至2017年5月，被告人钟某飞为非法牟利，纠合被告人邓某会、徐某生等人租赁宝丰酒店主楼五楼经营沐足，并租赁酒店其他楼层的客房作为卖淫场所，先后雇用数名被告人，接收并组织被告人闫某龙及同案人等人输送的卖淫人员从事卖淫活动。嫖资由业务经理收取后通过被告人徐某生交被告人钟某飞、邓某会，再由被告人钟某飞、邓某会与输送卖淫人员的被告人闫某龙等人按约定分成。2016 年 7 月以来，先后有 30 多名卖淫人员在某酒店从事卖淫活动，上述卖淫人员在某酒店从事卖淫活动之前，需将身份证交被告人邓某会、徐某生复印、登记。在宝丰酒店组织卖淫团伙中，被告人钟某飞全面负责管理整个卖淫团伙，其妻子被告人邓某会负责管理卖淫人员，并负责和被告人闫某龙的对账工作。

自 2016 年起，同案人及被告人罗某军等人为非法牟利，以某大厦为组织卖淫据点，先后雇用被告人郑某菊、王某双、黄某、廖某、王某欣、梁某明、赵某等人，接受并组织被告人闫某龙、张某等人输送的卖淫人员从事卖淫活动。

在某大厦组织卖淫团伙中，被告人罗某军负责组织、管理“8 字头”编号卖淫人员的卖淫活动及分配卖淫所得；被告人郑某菊负责管理、培训全部卖淫人员，并给卖淫人员定价，制定卖淫项目的种类、价格及考勤、奖惩制度，处理嫖客投诉等；被告人王某双根据被告人罗某军的安排，负责管理团伙中“8 字头”编号的卖淫人员，负责卖淫人员编号、定价、住宿、发工资，制定考勤、奖惩制度、安排上钟等；被告人廖某负责管理团伙中“6 字头”编号的卖淫人员，负责卖淫人员编号、定价、考勤，安排上钟、记钟，向卖淫人员预付工资，接待嫖客、看风等；被告人黄某及同案人一同管理“6 字头”编号卖淫人员，负责日常管理、考勤、记钟等。

【案件焦点】

协助组织卖淫罪和组织卖淫罪的区分、转化和主、从犯认定问题。

【法院裁判要旨】

广东省广州市中级人民法院经审理认为：关于被告人闫某龙组织卖淫罪的行为认定问题。根据被告人闫某龙的供述证实其输送招聘的女孩去卖淫，其总共输送了十个左右的女孩过去。但根据被告人邓某会、王某双的供述均证实，被告人闫某龙输送的卖淫女均超十人。根据双方的约定其每送一名卖淫女到某大厦、某酒店处，他们要付其500元车费，然后富榕大厦给卖淫女提成的10%，某酒店卖淫女提成的11%给其作为介绍费。根据被告人赵某的供述证实，其去某酒店是帮闫某龙管理送至某酒店的卖淫女。根据被告人何某婷的供述证实，其在闫某龙的安排下和被告人王某双核对被告人闫某龙输送的卖淫女的卖淫情况，并由对方将提成的卖淫款项打至其尾号为6007的银行卡内。该事实还有尾号为6007的银行卡流水和被查获的笔记本予以证实。核对卖淫分成的事实与被告人钟某飞、邓某会的供述相互印证，且王某双供述证实其管理的是“8字头”的女孩卖淫，卖淫女走了闫某龙要责怪他们，所以女孩在这边工作的情况要跟闫某龙说。综上所述，被告人闫某龙在招聘卖淫女并输送至卖淫场所后还与管理卖淫女的人员进行对数、管理并派遣赵某前往管理，故其行为已具备对卖淫人员的管理和控制性，应以组织卖淫罪定罪处罚。

关于被告人张某组织卖淫罪的行为认定问题。根据被告人张某的供述其是与某大厦的“明哥”取得联系后将女孩送往某大厦卖淫，其约定除去酒店费用及卖淫女所得外，其与“明哥”共同分配剩下的嫖资。同时其安排被告人黄某到某大厦核对其所输送的卖淫女上钟的情况，方便其与酒店方面结算，被告人黄某的供述亦与被告人张某的供述相吻合。被告人杨某川供述称被告人黄某在某大厦钻石KTV管理卖淫女，张某负责给她发工资。该事实还有公安机关在其家中搜获的笔记本予以印证。故根据相关司法解释的规定，其行为符合组织卖淫的特征，应以组织卖淫罪定罪处罚。

关于各被告人的地位、作用。（1）在被告人闫某龙团伙中，被告人闫某龙是该团伙的头目，故其是主犯，考虑其行为构成组织卖淫罪，故且亦是组织卖淫罪的主犯。被告人何某婷是闫某龙的妻子，主要的职责是记录被告人闫某龙介绍的卖淫女的上钟情况。起辅助作用，故其是从犯……被告人赵某帮助闫某龙发布招聘信息，参与面试，起辅助作用，故其亦是从犯。鉴于被告人何某婷、赵某均只参与招聘的环节，故上述二人均应以协助组织卖淫罪定罪处罚。（2）在被告人张某团伙中，被告人张某是该团伙的头目，故其是主犯，考虑其行为构成组织卖淫罪，且亦故是组织卖淫罪的主犯。（3）在某大厦的卖淫集团中，该集团负责人是酒店副总廖某刚，其下面下级是郑某菊，负责卖淫的工作，包括开会、介绍嫖客、收取嫖资、指导卖淫女，故其是主犯……被告人王某双协助罗某军管理“8字头”的卖淫女，起辅助作用，故其是从犯……被告人廖某顶替“明哥”管理“6字头”的卖淫女，负责发放工资、带卖淫女看病，看管、叫上钟等行为，起辅助作用，故其是从犯。被告人赵某是叫卖淫女上钟的部长，起辅助作用，故其是从犯。被告人黄某受张某安排负责管理张某输送的“6字头”的卖淫女，起辅助作用，故其是从犯。

被告人闫某龙、张某等人组织未成年人卖淫，依法均应从重处罚。被告人何某婷认罪认罚，依法应从轻处罚。根据各被告人的犯罪情节、地位、作用、悔罪表现及社会危害性，法院决定对被告人王某双、黄某、王某欣、何某婷、赵某等人减轻处罚。综上，广州市中级人民法院于2019年1月23日作出（2018）粤01刑初247号刑事判决，判决如下：

一、被告人闫某龙、钟某飞犯组织卖淫罪，均判处无期徒刑，剥夺政治权利终身，并处没收个人全部财产；

二、被告人张某犯组织卖淫罪，判处有期徒刑十四年，并处罚金人民币一百八十万元；

三、被告人郑某菊犯组织卖淫罪，判处有期徒刑十三年，并处罚金人民币五十万元；

四、被告人廖某犯组织卖淫罪，判处有期徒刑十年，并处罚金人民币十万元；

五、被告人王某双犯组织卖淫罪，判处有期徒刑七年六个月，并处罚金人民币八万元；

六、被告人黄某犯组织卖淫罪，判处有期徒刑五年六个月，并处罚金人民币四万元；

七、被告人王某欣犯组织卖淫罪，判处有期徒刑五年二个月，并处罚金人民币三万元；

八、被告人何某婷犯协助组织卖淫罪，判处有期徒刑二年三个月，并处罚金人民币三万元；

九、被告人赵某犯协助组织卖淫罪，判处有期徒刑一年九个月，并处罚金人民币四千元。

其余被告人均依法以组织卖淫罪或者协助组织卖淫罪判处相应刑罚。

宣判后，被告人闫某龙、钟某飞、张某、郑某菊、廖某、王某双、黄某、王某欣不服提起上诉。公诉机关未提起抗诉。

广东省高级人民法院经审理认为：原判认定事实清楚，证据确实、充分，定罪准确，量刑适当。审判程序合法。各上诉人及其辩护人所提上诉理由和辩护意见据理不足，不予采纳。依照《中华人民共和国刑事诉讼法》第二百三十六条第一款第一项之规定，作出如下裁定：

驳回上诉，维持原判。

【法官后语】

组织卖淫罪是指以招募、雇佣、纠集等手段，管理、控制多人从事卖淫活动的行为。协助组织卖淫罪是指协助他人实施组织卖淫的行为，2011 年发布的刑法修正案（八）对协助组织卖淫罪作了修改，进一步明确列出为组织卖淫的人招募、运送人员这两种典型的协助组织他人卖淫行为，并规定有兜底表述。如何准确认定组织卖淫罪和协助组织卖淫罪，正确区分两罪的主、从犯，一直是司法实践中的重点和难点。必须注意的是，应严格按照犯罪构成理论准确定性，绝不能片面地将协助组织卖淫罪理解为组织卖淫罪的特殊从犯，也绝不能错误地认为协助组织卖淫罪无从犯。

1. 有招募、运送人员型协助组织卖淫行为并不必然构成协助组织卖淫罪，亦可转化为组织卖淫罪。《最高人民法院、最高人民检察院关于办理组织、强迫、引诱、容留、介绍卖淫刑事案件适用法律若干问题的解释》第四条将“明知他人实施组织卖淫犯罪活动而为其招募、运送人员”的行为规定为构成协助组织卖淫罪，而实施该行为的被告人是否转化为构成组织卖淫罪，主要看行为人是否为获取其招募、运送卖淫人员的嫖资分成而直接参与管理、控制卖淫人员。本案中，被告人闫某龙、张某均有明知他人实施组织卖淫犯罪活动而为其招募、运送人员的行为，其行为均构成协助组织卖淫罪符合协助组织卖淫罪的构成要件。除此之外，根据在案证据，被告人闫某龙根据卖淫女的卖淫情况与卖淫场所进行嫖资的分成，并授意其妻子被告人何某婷核对、记录某大厦的卖淫情况以及卖淫所得；被告人张某与卖淫场所按照约定的比例对卖淫获利进行分成，安排被告人黄某在某大厦管理该团伙输送的卖淫人员，同时要求后者将卖淫人员每天的卖淫、提成情况向其汇报，并将卖淫获利款项转账给其，而被告人黄某在管理输送的卖淫人员时会将卖淫人员的身份证收走以防其逃跑。由此可见，被告人闫某龙、张某在主观上与某酒店、某大厦的组织卖淫者有共享卖淫获利的故意，在客观上实施了通过其他被告人对各自招募、运送的卖淫人员进行直接的管理、控制的行为，即实施了安排卖淫人员与嫖客发生关系，并从中牟取非法利益的行为，其二人的行为并非为卖淫场所招募、运送人员的单纯协助行为，均已符合组织卖淫罪的构成要件。针对这一情况，笔者认为组织卖淫罪应当属于结合犯，犯罪人被告人同时实施协助组织卖淫与组织卖淫两种犯罪行为的，应当按照组织卖淫罪一罪定罪，而不能定为数罪。同时，当被告人闫某龙、张某同时实施了组织卖淫与协助组织卖淫两个行为时，其所追求的均为获取更多嫖资分成的目的，仅有一个犯罪目的，故亦应根据牵连犯罪的处断原则，按照组织卖淫罪一罪定罪处罚，不适用数罪并罚。因此，在司法实践中应特别注意协助组织卖淫行为转化为组织卖淫罪的这种情形，准确定性，严厉打击卖淫类违法犯罪。

2. 根据安排管理、培训卖淫人员，给卖淫人员定价，制定卖淫项目的种类、价格及考勤、奖惩制度的被告人，在卖淫活动中居于核心地位，即使仅收取固定工资，亦应认定构成组织卖淫罪的主犯。在司法实践中，对于根据安排管理、培训卖淫人员的情节能否认定为组织卖淫罪，能否认定为主犯，存在较大争议。笔者认为，培训卖淫人员与卖淫活动内容直接相关，关系组织卖淫活动的成功与否，且对增加嫖资收入起重要作用，有“内在性”，属于组织管理行为，应与一般协助组织卖淫行为区分开来，故对组织卖淫团伙中担任“培训师”的被告人应以组织卖淫罪定罪。在本案中，被告人郑某菊根据同案人廖某刚的安排管理全部卖淫人员，给卖淫人员定价，制定卖淫项目的种类、价格及考勤、奖惩制度，虽然其供述仅收取了固定工资，属于受雇人员，但其在该卖淫团伙中履行管理职责，并掌握卖淫人员的定价权，所起作用积极、主要，宜认定为组织卖淫罪的主犯。换言之，组织卖淫的犯罪目的是获取非法收益，而定价权直接影响卖淫收入，定价行为在组织管理行为中居于关键核心地位，因此对有卖淫人员定价权的人员应当认定为主犯。基于对被告人是否收取固定工资的考虑，应作为认定主从犯的辅证。根据共犯理论，应主要从被告人在共同犯罪中的地位作用来进行区分主、从犯，而不应以其收取报酬多少作为区分主、从犯的关键依据。

3. 应先根据行为性质准确认定构成组织卖淫罪或者协助组织卖淫罪，再根据各被告人的地位、作用作出主、从犯的区分，切勿混淆顺序。组织卖淫罪和协助组织卖淫罪是两种不同的犯罪，都存在一人单独犯罪与数人共同犯罪的形态。在主观上，组织卖淫者具有通过控制、管理卖淫人员与嫖客发生性关系后非法获利的主观故意；协助组织卖淫者则仅具有通过协助组织卖淫者而后非法获利的故意，其并不具备控制、管理他人卖淫的主观故意。在客观上，组织卖淫者实施了对卖淫人员的控制、管理，并通过控制卖淫人员与嫖客发生性关系后获利的行为；协助组织卖淫者实施协助组织卖淫者招募、运送卖淫人员或者明知他人组织卖淫而进行管账、望风、充当打手从而获益的行为。只要是数人共同犯罪，除都是主犯或者共同正犯的情况外，也都应当有主犯、从犯之分。每一共同犯罪人是主犯还是从犯，应当根据他们在共同组织卖淫或者协助组织卖淫犯罪活动中起的作用来确定。在本案中，被告人王某双、黄某、廖某等人在富榕大厦组织卖淫团伙中按照被告人罗某军的安排分别管理“8字头”和“6字头”的卖淫人员，其在客观上实施了对卖淫人员的控制和管理，但因其在共同犯罪中属于辅助、从属地位，故应认定为组织卖淫罪的从犯；被告人何某婷并未到达卖淫场所，其接受被告人闫某龙的安排通过电脑和微信等工具帮助被告人闫某龙对卖淫情况进行核对、记录，并曾帮助闫某龙在网上发布招聘信息招聘卖淫女子，其主要系对被告人闫某龙协助组织卖淫行为进行了辅助，应认定为协助组织卖淫罪的从犯。在对上述人员的量刑过程中应考虑上述人员参与组织的时间长短、收取非法所得的情况、其在组织中的作用情况进行区别处理。通过对各被告人在卖淫活动中所做行为性质的判断，以及其行为在共同犯罪中所起作用的分析，准确认定各被告人所涉罪名及主、从犯地位，体现了罪刑法定原则，能够更全面地打击卖淫类犯罪，做到罪刑罚相适应，实现政治效果、法律效果和社会效果的统一。

编写人：广东省广州市中级人民法院　文方道

广东省广州市花都区人民法院　郑婷婷

（八）制作、贩卖、传播淫秽物品罪

270 利用网络传播淫秽电子信息牟利犯罪的量刑

——侯某围传播淫秽物品牟利案

【案件基本信息】

1. 裁判书字号

北京市第二中级人民法院（2020）京02刑终172号刑事裁定书

2. 案由：传播淫秽物品牟利罪

【基本案情】

被告人侯某围于2012年2月至2018年11月，以牟利为目的，在某互联网公司办公地点及其住所地，利用其建立并管理的某夜论坛、某社区在互联网上传播淫秽视频、图片。经鉴定，侯某围所建立并管理的上述两个论坛中共有淫秽视频文件3638个、淫秽图片8241张、注册会员53155个，违法所得共计人民币247460元。被告人侯某围于2018年11月20日被警方抓获。

【案件焦点】

利用网络传播淫秽电子信息牟利犯罪在量刑时需要考虑哪些因素。

【法院裁判要旨】

北京市西城区人民法院经审理认为：被告人侯某围以牟利为目的，利用其建立并管理的网站发布淫秽视频及图片，并收取会员费的行为，破坏了社会管理秩序，已构成传播淫秽物品牟利罪，依法应予以惩处。鉴于被告人侯某围到案后能如实供述犯罪事实，依法可从轻处罚，故判决：

被告人侯某围犯传播淫秽物品牟利罪，判处有期徒刑十年六个月，并处罚金人民币二万元，剥夺政治权利两年。

北京市第二中级人民法院经审理认为：上诉人侯某围建立并管理上述论坛网站所传播淫秽图片和淫秽视频文件数量远超过《最高人民法院、最高人民检察院关于办理利用互联网、移动通讯终端、声讯台制作、复制、出版、贩卖、传播淫秽电子信息刑事案件具体应用法律若干问题的解释》（以下简称《解释》）所规定的25倍数量标准，且传播时间跨度长、范围广、违法所得多，对社会危害性大，应认定为《中华人民共和国刑法》第三百六十三条第一款所规定“情节特别严重的”情形，且侯某围没有减轻处罚的量刑情节，故侯某围及辩护人所提本案应对侯某围减轻处罚等上诉理由及辩护意见不能成立，法院不予采纳。原判综合考虑侯某围的犯罪性质、量刑情节，对其所判处的刑期适当，二审期间侯某围没有新的量刑情节，要求再行从轻或减轻处罚无事实及法律依据，故侯某围及辩护人所提原判对侯某围量刑过重等上诉理由及辩护意见不能成立，法院不予采纳。

上诉人（原审被告人）侯某围以牟利为目的，利用其建立并管理的网站发布淫秽视频及图片，收取会员费，破坏了社会管理秩序，情节特别严重，其行为已构成传播淫秽物品牟利罪，依法应予以惩处。鉴于侯某围到案后能如实供述犯罪事实，依法可对其从轻处罚。北京市西城区人民法院根据侯某围犯罪的事实、犯罪的性质、情节和对社会的危害程度所作出的判决，定罪及适用法律正确，审判程序合法，扣押物品处理正确，唯判处侯某围罚金刑数额过低，鉴于上诉不加刑原则，法院不加重对侯某围的罚金刑。北京市第二中级人民法院依照《中华人民共和国刑事诉讼法》第二百三十六条第一款第一项、第二百三十七条之规定，裁定如下：

驳回上诉，维持原判。

【法官后语】

网络传播淫秽电子信息牟利犯罪的量刑，可以从行为人实施网络传播淫秽电子信息犯罪的主观恶性和客观危害两个方面进行综合考虑。

网络传播淫秽电子信息牟利犯罪的主观恶性主要表现为以下两个方面：

第一，行为人对实施传播淫秽电子信息行为的主观认识程度。传播淫秽电子信息犯罪，行为人首先必须认识到自己实施了传播淫秽电子信息犯罪行为，认识到这种行为会导致受众接受到淫秽信息，因此有损道德风尚，应该受到否定的社会评价。行为人实施传播淫秽电子信息犯罪行为持续时间越长，预谋性越强，主观恶性则越大。具体还包括行为人选择实施传播淫秽电子信息的方式，如果只是临时起意将自己获得的某个网盘内淫秽电子信息转卖给他人，主观恶性相对较小；如果是专门租赁服务器、购买域名、搭建淫秽网站，并经过长时间经营维护，则主观恶性较大。

第二，行为人的牟利数额。根据《中华人民共和国刑法》三百六十三条第一款和相关司法解释的规定，对实施淫秽电子信息犯罪的行为人，认定其构成传播淫秽物品牟利罪的情形下，行为人必须具有牟利的主观目的。所谓牟利，是指“行为人意图通过一定行为获取非法利益，可以是金钱和财物，也可以是其他的物质性利益”。

根据《解释》第一条的规定，利用淫秽电子信息收取广告费、会员注册费或者其他费用，违法所得一万元以上的，以传播淫秽物品牟利罪论处。行为人利用网络传播淫秽电子信息牟利的方式，只有少部分是直接通过贩卖淫秽电子信息换取利益，大多数是借助淫秽电子信息吸引受众，靠人气通过其他方式实现其利益。例如，在淫秽网站上加载广告，收取广告服务费，或者通过注册会员的方式收取费用。行为人通过传播淫秽电子信息行为牟利的数额，反映了其实施该行为的主观积极程度，其牟利数额越高，实施传播淫秽电子信息行为越积极，主观恶性越大。

网络传播淫秽电子信息牟利犯罪的客观危害主要表现为以下三个方面：

第一，传播淫秽电子信息的数量。淫秽电子信息犯罪的数量，是指具体用于网络传播的淫秽电影、表演、动画等视频等文件的个数，淫秽音频文件的个数，以及淫秽电子刊物、图片、文章、短信息等的件数。淫秽电子信息数量与特定数量下淫秽电子信息传播的次数或范围，决定了网络传播淫秽电子信息犯罪的客观危害。在传播范围确定的情况下，传播淫秽电子信息的数量越多，客观危害就越大。根据《解释》第一条的规定，以牟利为目的，利用互联网、移动通讯终端传播淫秽电影、表演、动画等视频文件20个以上的，或者传播淫秽音频文件100个以上的，或者传播淫秽电子刊物、图片、文章、短信息等200件以上的，应以传播淫秽物品牟利罪定罪处罚。如果传播淫秽电子信息数量或者数额达到上述规定标准5倍以上的，应当认定为《中华人民共和国刑法》第三百六十三条第一款规定的“情节严重”；达到上述规定标准25倍以上的，应当认定为“情节特别严重”。

第二，传播淫秽电子信息的范围。淫秽电子信息传播的范围，是指淫秽电子信息通过网络传播的时间和空间广度，具体包括淫秽电子信息的实际点击次数、下载次数、注册用户数量、传播方式等，淫秽电子信息的传播范围与淫秽电子信息的数量共同决定了传播淫秽电子信息犯罪的客观危害。单位数量下的淫秽电子信息，被发布于网络持续的时间越长，被点击或下载的人数、次数越多，传播范围越广，客观危害就越大。《解释》对淫秽电子信息的“实际被点击数”和网站“注册会员人数”均作为定罪量刑的标准。《解释》还规定利用互联网建立主要用于传播淫秽电子信息的群组，成员达30人以上的，对建立者、管理者和主要传播者，应以传播淫秽物品罪处罚。以上规定，都是从传播范围的角度衡量传播淫秽电子信息的客观危害。

第三，淫秽电子信息传播的对象。出于对未成年人身心健康的特殊保护，传播淫秽电子信息犯罪对涉及未成年人情况作出特殊规定。淫秽电子信息传播的对象包括两种情形：一是淫秽电子信息传播对象涉及未成年人；二是淫秽电子信息的内容涉及未成年人。淫秽电子信息传播对象包含未成年的，客观危害比一般的传播犯罪行为要大。根据《解释》的规定，以牟利为目的，利用网络传播内容含有不满十四周岁未成年人的淫秽电子信息，定罪量刑的数额标准要比不含未成年人信息的更加严格。

本案中，侯某围为牟取利益，租用域外服务器建论坛和网站，通过专门软件在网站批量发布淫秽信息的链接，并对上述论坛网站进行日常维护和管理，在主观上具有传播淫秽电子信息牟利的直接故意；其为牟取利益，在其建立并管理的涉案论坛、网站上发布淫秽电子信息，通过收取网站广告费和会员付费等方式非法牟利24万多元，违法所得数额高，以上均反映侯某国实施犯罪主观恶性较大。此外，侯某国传播淫秽视频文件、图片文件数量大，网站注册用户数量多，淫秽电子信息传播范围广，对社会危害性大。因此，以《中华人民共和国刑法》第三百六十三条第一款所规定“情节特别严重的”情形对侯某国量刑。

编写人：北京市第二中级人民法院　丛卓义

八、贪污贿赂罪

271 国有企业改制过程中以低估资产、隐瞒债权等方式隐匿公司、企业财产的行为应定性为贪污

——杨某龙贪污案

【案件基本信息】

1. 裁判书字号

广西壮族自治区柳州市中级人民法院（2020）桂02刑终316号刑事裁定书

2. 案由：贪污罪

【基本案情】

1995年10月4日，杨某龙被某社会福利生产管理处任命为总经理，截至案发一直担任该企业法定代表人。2007年7月，某企业服务中心、某殡葬管理协会、某福利企业协会共同出资成立民某公司，杨某龙出任民某公司董事长。2014年7月，民某公司股东变更为某福利企业服务中心和某殡葬管理协会。2016年8月，杨某龙利用国家工作人员的职务便利，伙同被告人刘某、熊某、黄某术，在未报有关部门批准，未经资产清算或改制程序，通过伪造股权转让材料，退还某福利企业服务中心注册资金16万元、退还某殡葬管理协会注册资金18万元的方式，将民某公司股东变更为杨某龙、黄某术、熊某、刘某四人，将民某公司价值人民币4781672.71元的净资产以股份的形式固定下来，其中杨某龙占有

该公司29.41%的股份。

另查明，经某司法鉴定中心鉴定，2016年8月11日民某公司进行公司股东变更由法人股东变更为自然人股东，变更时民某公司的净资产（所有者权益）为4781672.71元，其中主要资产为货币资金1946884.53元，固定资产净值1667077.31元，其余为应收账款等。

综上，被告人杨某龙伙同黄某术、熊某、刘某（三人均另案处理）共同贪污数额共计人民币4781672.71元。

2018年5月2日，该市监察委员会在发现杨某龙涉嫌行贿的线索后，将杨某龙从家中带回办案机关，杨某龙主动供述了尚未被监察委掌握的其长期向民政局领导张某、李某明等人行贿的事实。2018年5月3日，市监察委员会对杨某龙采取留置措施。2018年5月16日解除留置。在留置期间，杨某龙主动供述了其与黄某术、刘某、熊某四人私自变更民某公司股权的事实。

【案件焦点】

1. 国有企业改制过程中的低估资产、隐瞒债权、虚设债务、虚构产权交易等方式隐匿公司、企业财产的行为是否属于贪污行为；2. 国有控股企业的混合资产是否属于国有资产；3. 委派到国有控股企业后经自行选举产生的法人代表是否属于国家工作人员。

【法院裁判要旨】

广西壮族自治区柳州市鱼峰区人民法院经审理认为：被告单位民某公司为牟取不正当利益，向国家工作人员行贿人民币76万元，根据《中华人民共和国刑法》第三百九十三条的规定，其行为构成单位行贿罪。被告人杨某龙作为对被告单位民某公司实施单位行贿直接负责的主管人员，其行为亦构成单位行贿罪。公诉机关指控被告单位民某公司、被告人杨某龙犯单位行贿罪成立。被告人杨某龙受国家机关委派管理公共财物，利用职务上的便利，侵吞公共财物，数额特别巨大，根据《中华人民共和国刑法》第三百八十二条、第三百八十三条第一款第三项的规定，其行为构成贪污罪。公诉机关指控被告人杨某龙犯贪污罪成立。被告人杨某龙一人犯数罪，依法应当实行数罪并罚。在贪污的共同犯罪中，杨某龙是主犯，依法应当按其参与的全部罪行来处罚。被告单位民某公司、被告人杨某龙在监察机关调查期间主动交代其单位行贿的犯罪事实以及杨某龙主动交代变更民某公司股权的事实，是自首，依法可以从轻或减轻处罚。据此，依照《中华人民共和国刑法》第三百八十二条、第三百八十三条、第三百九十三条、第二十五条第一款、第二十六条第一款和第四款、第五十二条、第五十三条、第六十一条、第六十四条、第六十七条第三款、第六十九条以及《最高人民法院、最高人民检察院关于办理贪污贿赂刑事案件适用法律若干问题的解释》第二条、第十八条、第十九条的规定，判决如下：

一、被告人杨某龙犯单位行贿罪，判处有期徒刑一年，并处罚金人民币十二万元；犯贪污罪，判处有期徒刑十年，并处罚金人民币五十万元，数罪并罚，决定执行有期徒刑十年三个月，并处罚金人民币六十二万元；

二、被告单位民某公司犯单位行贿罪，判处罚金人民币六十万元；

三、杨某龙侵占民某公司的29.41%股权依法予以追缴并发还给原民某公司股东某殡葬管理协会及某福利企业服务中心（按照原始出资 18 万：16 万的比例分配)。

上诉人杨某龙对一审判决不服，上诉辩称：（1）某福利中心的前身某福利生产物资供应站的注册资金来源于生产管理处借款 12 万元，该借款已经归还，该企业不属于国有企业。某福利中心在未经清产核资前，其投资入股到民某公司的资产不能全部认定为国有资产。市财政局出具的《关于对协助调查的复函》，不能作为本案的定案依据；（2）其不是生产管理处委派到民某公司工作，故其不构成贪污罪；（3）请求依法改判或发回重审。

辩护人覃某、田某提出以下辩护意见：（1）某福利生产物资供应站的注册资金是企业自行筹借 12 万元，并非生产管理处拨款，该单位为集体企业。（2）更名为某福利中心时生产管理处拨给 30 万元，不能因此认定该单位资产为国有资产。（3）杨某龙不属于国家工作人员，没有侵吞公共财产的主观故意和客观行为，且一审认定的贪污数额事实不清，证据不足。故杨某龙不构成贪污罪。（4）单位行贿部分只有被告人的供述，没有民某公司套现支出的证据，行贿事实不清。请求依法改判或者发回重审。

广西壮族自治区柳州市中级人民法院经审理认为：原审被告单位民某公司为牟取不正当利益，向国家工作人员行贿人民币 76 万元，其行为构成单位行贿罪。上诉人（原审被告人）杨某龙作为对民某公司实施单位行贿直接负责的主管人员，其行为亦构成单位行贿罪。杨某龙受国家机关委派管理公共财物，利用职务上的便利，侵吞公共财物，其行为已构成贪污罪，且数额特别巨大。杨某龙一人犯数罪，依法应当实行数罪并罚。原判认定的事实清楚，证据确实、充分，定罪准确。原判根据民某公司、杨某龙的犯罪事实、性质、数额，结合民某公司、杨某龙具有自首情节、杨某龙在贪污共同犯罪中是主犯等具体情节，在法定的量刑幅度内分别予以从轻处罚，量刑适当。杨某龙的上诉理由及辩护人的辩护意见均不能成立，不予采纳。依照《中华人民共和国刑事诉讼法》第二百三十六条第一款第一项的规定，作出如下裁定：

驳回上诉，维持原判。

【法官后语】

本案争议焦点在于杨某龙的主体身份和侵犯的客体性质，亦是本案确定罪与非罪以及何种罪的关键。

一、民某公司的资产是否属于公共财产

经查，民某公司最初的股东是：某福利企业服务中心、某社会福利企业协会和某殡葬管理协会。其中，某福利企业服务中心的建立情况为：某福利企业服务中心工商注册登记材料显示该企业为市民政局下属事业单位某社会福利生产管理处全额出资17万元成立的集体福利企业，隶属社会福利生产管理处，所有员工人事关系由市社会福利生产管理处统一管理；办公、经营场地也由柳州市社会福利生产管理处提供。某福利生产物资供应站于2002年3月变更为某福利企业服务中心，根据工商登记材料银行转账凭证显示，该企业注册资金由17万元增加到30万元，由投资单位某社会福利生产管理处投入货币资金30万元，比例为100%。根据相关规定，市财政局认为某福利企业服务中心的资产为国有资产，其投资入股形成的资产同样视为国有资产，即该中心持有的民某公司的股份为国有资产。故某福利企业服务中心是国有企业，该中心所持有的民某公司的股份是国有财产。在本案中，民某公司股东变更为杨某龙等四名自然人前，股东是某福利中心和殡葬管理处，其中福利中心占股48%，殡葬管理处占股52%，虽然股东股份占比明确，但是二股东的财产已经高度混同，且由于其财产的国有属性，民某公司的财物属于公共财物，当无疑义。因此，民某公司估价的人民币4781672.71元的净资产均属于公共财物。

二、杨某龙是否属于国家工作人员

根据《中华人民共和国刑法》第九十三条第二款的规定，国有公司、企业、事业单位、人民团体中从事公务的人员和国家机关、国有公司、企业、事业单位委派到非国有公司、企业、事业单位、社会团体从事公务的人员，以及其他依照法律从事公务的人员，以国家工作人员论。1995年，生产管理处（国有事业单位）任命杨某龙为供应站总经理（后改名为某福利中心）。生产管理处是事业单位，其任命杨某龙作为集体企业福利中心的经理，从事管理福利中心的公务，因此根据上条法律的规定，杨某龙的身份是国家工作人员。同时，2014年福利协会退出时的工商变更登记材料中曾有福利中心委派杨某龙成为民某公司董事的委派文书，因此足以认定杨某龙是国有企业（福利中心）委派到非国有企业（民某公司）中从事管理公共财物的人。综上，杨某龙属于国家工作人员。

三、杨某龙是否构成贪污罪

国家工作人员或者受国家机关、国有公司、企业、事业单位、人民团体委托管理、经营国有财产的人员利用职务上的便利，在国家出资企业改制过程中故意通过低估资产、隐瞒债权、虚设债务、虚构产权交易等方式隐匿公司、企业财产，转为本人持有股份的改制后公司、企业所有，应当依法追究刑事责任的，依照《中华人民共和国刑法》第三百八十二条、第三百八十三条的规定，以贪污罪定罪处罚。贪污数额一般应当以所隐匿财产全额计算；改制后公司、企业仍有国有股份的，按股份比例扣除归于国有的部分。所隐匿财产在改制过程中已为行为人实际控制，或者国家出资企业改制已经完成的，以犯罪既遂处理。本案中，杨某龙受国家机关委托管理、经营公共财物，具有国家工作人员身份，其通过低估资产、虚构文件进行产权过户，进而达到个人持有公共财产的股份，构成贪污罪。本案中，民某公司的资产已经被国有资产高度混同，无法准确界定或者按比例界定哪部分是国有资产，但是毫无疑问，全部属于公共财物，杨某龙的行为违反了法律法规的禁止性规定，其行为具有刑事违法性。另外，关于既未遂问题，根据法律规定，贪污罪应当以行为人是否实际控制财物作为既未遂的标准。本案中，杨某龙等人已经将股东变更为四个自然人，且完成了登记，其实质行为已经完成，即已经控制了公共财物，至于是否将财物据为己有，不影响贪污既遂的认定。

编写人：广西壮族自治区柳州市鱼峰区人民法院　谢剑峰

272　国有持股公司法定代表人国家工作人员身份的认定

——和某耀等贪污、挪用公款、行贿案

【案件基本信息】

1. 裁判书字号

云南省丽江市中级人民法院（2019）云 07 刑终 184 号刑事裁定书

2. 案由：贪污罪、挪用公款罪、行贿罪

【基本案情】

2004年，某地区物资公司改制，被告人和某耀任法定代表人、董事长，其在公司股份为35%，高某河持股25%，另40%为国有股份，某财政局委托和某耀管理某物资公司国有股份。2006年2月24日，和某耀将高某河所持股份收购后，公司股东为某财政局（占股40%）、和某耀（占股60%）。

2010年11月18日，经某交警支队法定代表人李某林同意，交警支队将某机动车驾驶人科目二考试中心委托某物资公司建设、经营、管理，同期将某交警系统民警团购房锦绣家园小区项目交由某公司（被告人李某珺系公司经理）开发。在此过程中，被告人和某耀、李某珺为感谢李某林，先后送给其现金、房产、车位。

直至2018年8月被立案调查期间，被告人和某耀、李某珺利用职务便利，多次以收入不入账、虚列支出、虚开发票、虚构名目、资金拆借等方式，非法占有、挪用巨额公共财物。

2010年6月、2011年12月，经和某耀同意，李某珺安排王某祥以零星工程、绿化工程的名义虚开金额为690859元、946000元的发票两张，并伪造工程结算表，由和某耀、王某祥等人签字后，将某物资公司公款共计1636859元非法占有。

【案件焦点】

1. 被告人和某耀是否具有国家工作人员身份；2. 不具有国家工作人员身份的人与国家工作人员勾结共同犯罪中应如何定罪。

【法院裁判要旨】

云南省丽江市玉龙纳西族自治县人民法院经审理认为：被告人

和某耀利用其担任某物资公司董事长的职务之便，贪污公共财物人民币 393000 元，伙同李某珺共同贪污公共财物人民币 7952600 元，伙同李某珺、王某祥共同贪污公共财物人民币 1636859 元，被告人和某耀、李某珺贪污数额特别巨大，被告人王某祥贪污数额巨大；被告人和某耀、李某珺、王某祥的行为均已构成贪污罪。被告人和某耀利用职务上的便利挪用公款人民币 1060511.42 元，伙同李某珺挪用公款人民币 22000000.02 元，情节严重，被告人和某耀、李某珺的行为均已构成挪用公款罪。被告人和某耀为牟取不正当利益，伙同李某珺给予国家工作人员财物人民币 1984500 元，情节严重，被告人和某耀、李某珺的行为均已构成行贿罪。公诉机关指控被告人和某耀、李某珺犯贪污罪、挪用公款罪、行贿罪，被告人王某祥犯贪污罪事实清楚、证据确实充分，法院予以确认。本案是共同犯罪，在共同犯罪中，被告人和某耀起主要作用，是主犯，应当按照其所参与的全部犯罪进行处罚；被告人李某珺、王某祥起次要作用，是从犯，应当予以减轻处罚。被告人和某耀、李某珺一人犯数罪，对二人应当实行数罪并罚。被告人和某耀、李某珺主动交代了监察机关尚未掌握的行贿人民币 1984500 元的犯罪事实，应认定为自首，予以减轻处罚。三被告人到案后如实供述自己的罪行，可以从轻处罚。案发后，被告人和某耀、李某珺已全部退还犯罪所得款物，予以酌情从轻处罚。

云南省丽江市玉龙纳西族自治县人民法院依照《中华人民共和国刑法》第三百八十二条、第三百八十三条、第三百八十四条、第三百八十九条、第三百九十条、第二十五条第一款、第二十六条第一款和第四款、第二十七条、第六十七条第一、三款、第六十九条、第四十七条、第五十二条、第五十三条、第七十二条第一款和第三款、第七十三条第二款和第三款、第六十四条之规定，判决如下：

一、被告人和某耀犯贪污罪，判处有期徒刑十年，并处罚金人民币一百万元；犯挪用公款罪，判处有期徒刑五年六个月，并处罚金人民币二十五万元；犯行贿罪，判处有期徒刑四年，并处罚金人民币二十五万元；数罪并罚，决定执行有期徒刑十六年，并处罚金人民币一百五十万元；

二、被告人李某珺犯贪污罪，判处有期徒刑五年，并处罚金人民币三十万元；犯挪用公款罪，判处有期徒刑二年，并处罚金人民币十万元；犯行贿罪，判处有期徒刑二年，并处罚金人民币十万元；数罪并罚，决定执行有期徒刑六年，并处罚金人民币五十万元；

三、被告人王某祥犯贪污罪，判处有期徒刑二年，宣告缓刑，缓刑考验期为三年，并处罚金人民币十万元；

四、涉案扣押赃款9406111.42元予以没收。

一审宣判后，三被告人均提起上诉，云南省丽江市中级人民法院经审理认为：上诉人和某耀利用其担任某物资公司董事长的职务之便，贪污公共财物人民币393000元，伙同上诉人李某珺共同贪污公共财物人民币7952600元，伙同上诉人李某珺、王某祥共同贪污公共财物人民币1636859元，上诉人和某耀、李某珺贪污数额特别巨大，上诉人王某祥贪污数额巨大，上诉人和某耀、李某珺、王某祥的行为均构成贪污罪。上诉人和某耀、李某珺主动交代了监察机关尚未掌握的二人共同贪污某物资公司位于某土地及土地被拆迁的补偿款物共计价值7205000元的犯罪事实，依法认定为具有坦白情节，予以从轻处罚。上诉人王某祥在办案机关询问期间主动交代两次帮助和某耀、李某珺开具虚假发票贪污1636859元的犯罪事实，依法认定为具有坦白情节，予以从轻处罚。在共同犯罪中，上诉人和某耀起主要作用，是主犯，应当按照其所参与的全部犯罪进行处罚，上诉人李某珺起次要作用，是从犯，应当从轻或减轻处罚，上诉人王某祥起辅助或帮助作用，且未分得赃款，是从犯，应当从轻或减轻处罚。上诉人和某耀利用职务上的便利挪用公款人民币1060511.42元，伙同上诉人李某珺挪用公款人民币22000000.02元，情节严重，上诉人和某耀、李某珺的行为均构成挪用公款罪。在共同犯罪中，上诉人和某耀起主要作用，系主犯，应当按照其所参与的全部犯罪进行处罚，上诉人李某珺起次要作用，系从犯，应当从轻或减轻处罚。上诉人和某耀为牟取不正当利益，伙同上诉人李某珺给予国家工作人员财物人民币1984500元，情节严重，上诉人和某耀、李某珺的行为均构成行贿罪。在共同犯罪中，上诉人和某耀起主要作用，系主犯，应当按照其所参与的全部犯罪进行处罚，上诉人李某珺起次要作用，系从犯，应当从轻或减轻处罚。上诉人和某耀、李某珺一人犯数罪，对二人应当实行数罪并罚。上诉人和某耀、李某珺主动交代了监察机关尚未掌握的行贿犯罪事实，应当认定为自首，可以从轻或减轻处罚。三上诉人到案后如实供述自己罪行，可以从轻处罚。案发后，上诉人和某耀、李某珺已退还贪污、挪用的款物，可以酌情从轻处罚。

云南省丽江市中级人民依照《中华人民共和国刑事诉讼法》第二百三十六条第一款一项、第二百四十条之规定，裁定如下：

驳回上诉，维持原判。

【法官后语】

本案中，被告人和某耀是否具有国家工作人员身份是一个核心问题，影响到本案的定性及量刑。经国家机关、国有公司、企业、事业单位提名、推荐、任命、批准等，在国有控股、参股公司及其分支机构中从事公务的人员，应当认定为国家工作人员，具体的任命机构和程序，不影响国家工作人员的认定。被告人及其辩护人辩称没有和某耀的任命手续，授权委托经营管理的批复和通知不符合相关规定而没有效力。经查，2004 年 6 月，某物资公司改制，被告人和某耀任法定代表人、董事长，其在公司股份为 35%（股本为 1109185 元），高某河持股 25%（股本为 792275 元），另 40%为国有股份（股本 1267640 元），总注册资本为 3169100 元，公司改制后某财政局授权委托和某耀管理某物资公司国有股份，并担任国有股权代表行使职权。2006 年 2 月 24 日，和某耀将高某河所持股份收购后，公司股东为某财政局（占股 40%）、和某耀（占股 60%）。2010 年 11 月 18 日，某交警支队法定代表人李某林与某物资有限公司法定代表人和某耀签订《机动车驾驶员考试中心建设合作协议书》，委托某物资公司建设科目二考试中心，并协议约定在项目建成后，某物资公司在某交警支队领导下负责科目二考试中心的经营、管理和维护。科目二考试中心是政府项目，建设主体单位是某交警支队，李某林代表某交警支队将该项目委托给某物资公司（法定代表人和某耀）建设和管理，有授权委托和某耀经营管理某物资公司的相关文件，且和某耀实际进行经营管理，故本案被告人和某耀的身份应依法认定为国家工作人员。

本案中，上诉人和某耀利用其担任某物资公司董事长的职务之便，个人单独贪污公共财物人民币 393000 元，伙同李某珺共同贪污公共财物人民币 7952600 元，伙同李某珺、王某祥共同贪污公共财物人民币 1636859 元，根据《最高人民法院关于审理贪污、职务侵占案件如何认定共同犯罪几个问题的解释》第一条的规定，行为人与国家工作人员勾结，利用国家工作人员的职务便利，共同侵吞、窃取、骗取或者以其他手段非法占有公共财物的，以贪污罪共犯论处。该法第三条规定，公司、企业或者其他单位中，不具有国家工作人员身份的人与国家工作人员勾结，分别利用各自职务便利，共同将本单位财物非法占为己有的，按照主犯的犯罪性质定罪。本案中，李某珺、王某祥与和某耀分别利用各自的职务便利，共同侵吞公共财物，在共同犯罪中，和某耀起主要作用，系主犯，故对李某珺、王某祥应以贪污罪的共犯论处。

编写人：云南省丽江市中级人民法院　李永

273 房产交易型受贿中“明显低于市场价格”的认定及犯罪收益追缴原则

——王某受贿案

【案件基本信息】

1. 裁判书字号

北京市高级人民法院（2020）京刑终 85 号刑事裁定书

2. 案由：受贿罪

【基本案情】

某技术公司系国有独资公司。实业中心为事业单位。某技术公司与实业中心系两块牌子、一套班子。

2002 年至 2013 年，被告人王某利用担任实业中心党组书记、主任，某技术公司主任的职务便利，在实业中心、某技术公司与某强公司合作开发某项目过程中，为某强公司在项目合作上牟取利益，并于2010年9月为其亲属以明显低于市场价格从某强公司购买商品房一套，其所购房屋支付的价格与交易时的市场价格差额为人民币368.8496万元。

2019年8月15日，王某家属退缴人民币450.2696万元。

【案件焦点】

王某购买涉案房产的价格是否属于明显低于市场价格，以及犯罪收益是否追缴、如何追缴。

【法院裁判要旨】

北京市第三中级人民法院经审理认为：王某家人从某强公司所购涉案房产的价格属于明显低于市场价格，某强公司为维护合作关系、推进项目发展而给予项目合作方负责人王某以优惠，王某对此应当明知，可以认定王某在项目合作中为某强公司牟取利益。被告人王某作为国家工作人员，利用职务上的便利，为某强公司牟取利益，以明显低于市场的价格从某强公司购买房屋，其行为已构成受贿罪，且数额特别巨大，依法应予惩处。故判决如下：

一、被告人王某犯受贿罪，判处有期徒刑十年六个月，并处罚金人民币六十万元；

二、扣押在案的人民币四百五十万二千六百九十六元中的三百六十八万八千四百九十六元作为被告人王某受贿犯罪所得予以没收，上缴国库；

三、查封在案的刘某名下房产予以变卖，变价款按被告人王某受贿犯罪所得人民币三百六十八万八千四百九十六元所占购房款比例，作为犯罪收益予以没收，上缴国库（含扣押在案的人民币四百五十万二千六百九十六元中剩余的人民币八十一万四千二百元）；变价款中的人民币六十万元用于执行罚金，剩余款项发还被告人王某家属。

被告人王某提起上诉，上诉理由为涉案房屋系其父母购买；涉案房屋并不明显低于市场价格；房屋优惠针对其妹妹王某，并非针对其本人；某强公司并未向其请托，其并未为某强公司牟取利益；一审判决将涉案房产变卖，严重损害了房屋所有权人的利益。请求法院依法改判。王某的辩护人的辩护意见是：在案证据无法排除张某确定低价卖房不是针对王某的合理怀疑；涉案房产并不明显低于市场价格，价格优惠并非针对特定人，价格认定结论书明显不合理，犯罪金额的认定违反法律规定；王某并未利用职务便利收受贿赂，其主观上没有受贿故意，开发票并非请托事项；一审判决将查封在案的刘某名下房产予以变卖，严重损害房屋所有权人的利益。故请求撤销一审判决，改判王某无罪。

北京市高级人民法院同意一审法院裁判意见，故裁定如下：

驳回上诉，维持原判。

【法官后语】

在房屋买卖过程中，开发商存在以优惠、打折等促销手段销售房产的情况，国家工作人员作为消费者时同样可以“砍价”，以折扣价格购买房产。但是，如果国家工作人员以手中的公权力换取优惠，以明显低于市场的价格向请托人购买房屋，即以民事交易行为掩盖权钱交易之实，则应根据《最高人民法院、最高人民检察院关于办理受贿刑事案件适用法律若干问题的意见》（以下简称《受贿意见》）的规定，以受贿罪论处。本文将该情形概称为房产交易型受贿。

本案的核心争议焦点在于被告人王某购买涉案房产的价格是否属于明显低于市场价格，以及犯罪收益是否追缴、如何追缴。

一、涉案房产是否属于明显低于市场价格

交易的核心在于价格，区分国家工作人员以优惠价格购房与以交易形式收受贿赂，需回归对交易价格的认定和判断。本案涉案房产的前一任业主未按照约定支付房款，涉案公司通过民事诉讼追回涉案房产，但未对外公开销售，而是以低价出售给被告人王某。对此，主要存在以下两种观点：

第一种观点认为，涉案房产系一手房尾房，具有瑕疵，属于开发商合理让利销售，且被告人王某亲属在涉案公司任职，能够以员工身份获得折扣，王某在价格确定中不起关键作用，故被告人购买涉案房产价格不属于明显低于市场价格。

第二种观点认为，涉案房产价格远低于市场价格，且该价格专门针对被告人设定，并非普遍市场规则，不符合员工内部购房流程及对应折扣，不属于正常优惠。

笔者同意第二种观点。房产价格是否明显低于市场价格，应从房产价格及优惠幅度是否事先设定、是否不针对特定人、是否与市场价格差价悬殊等方面进行综合考量。

第一，涉案房产价格及优惠幅度并非事先设定。所谓事先设定，即房产价格、优惠幅度由经营者预先设定，并按照事先设定的程序进行销售、结算。本案中，涉案公司以诉讼途径追回房产后未重新设定销售价格，而是请示公司领导张某后临时确定销售给王某的价格，其价格的制定并未遵循普遍的市场规则。

第二，涉案房产价格及优惠幅度系针对特定人作出。其一，正常的优惠价格应不针对特定人，即能够以优惠条件购买房产的人系不特定多数人，所有愿意支付对价的人均可参与优惠购买房产。本案中，涉案房屋未向市场公开发售，不特定人无法知晓该房源情况，亦没有以极低折扣购买涉案房产的可能性。其二，涉案房产的价格并非针对内部员工作出。涉案公司内部员工购房有明确的审批流程和规则，公司根据员工不同的职级、服务年资、工作表现等因素计算对应的折扣，签订合同时亦要求业主名单中包括员工本人。而涉案房产购买时，并未经过员工内部购房流程，不符合员工折扣标准，不满足员工联名购买要求，显非针对内部员工的合理折扣。其三，在案证人证言证实，被告人王某主动提出购房需求时双方处于项目合作尾期，被告人所在单位迟迟未给涉案公司开具发票，涉案公司以维护关系、推进开具发票进展的目的，针对王某制定了涉案房屋的价格，价格具有明显的特定性、针对性。

第三，作为比照标准的市场价格客观合理。市场价格的认定是判断行为是否构成房产交易型受贿犯罪的基础。由于房产市场具有波动性，房产价值受多重因素影响，市场价格存在开盘价、开发商报价、市场评估价等多种不同的计算方法。本案中，辩护人认为涉案公司以高于开盘价15%的价格对外销售即合理，并未低于公司底价，且涉案房产涉及诉讼，存在瑕疵。笔者认为，涉案房产所在楼盘在2005年至2006年已完成销售工作，被告人在2010年购房，距离开盘已有相当长的一段时间，开盘价仅具有一定参考价值，而不具有决定性影响。如果以开盘价为基准，不能准确反映交易时点的市场价格，势必与真实的市场价格存在较大偏差。而办案机关委托价格认证中心进行认定，采用市场法，在求取一宗房地产的价格时，根据替代原则，将待认定房地产与较近时期内已经发生交易的类似房地产实例加以比较对照，并根据后者已知的价格，参照该房地产的交易情况、交易日期、房地产状况（包括区位状况、实物状况、权益状况）等差别，修正得出价格认定标的于基准日时点的市场价值。由此可见，价格认定机构在市场规律自然调节所形成的合理价格区间内，结合交易时间点的相关情况作出认定结论，可以作为判断涉案房产实际价值的证据。鉴于房产市场没有完全一致的参考对象，公诉机关以价格认定结论书为基础，结合与涉案房产处于同栋楼、同小区房产的交易价格，同时考虑到王某亲属在涉案公司任职的客观事实，以根据有利于被告人的原则，将员工内部优惠折扣从价格认定结论确定的涉案房产市场价值中扣减，所得出的修正价格可以采信。此外，对于辩护人所提房屋质量、房屋涉及诉讼等影响房屋价值的辩护意见，经查，价格认定中心经实地勘验未载明涉案房屋有质量缺陷；证人亦证实系被告人从公司提供的五六套房产中主动选择涉案房产；涉案房产虽系诉讼途径追回，但并无产权纠纷或其他民事诉讼，故辩护人所提辩护意见无证据支持。综上，本案市场价格的认定以价格认定机构的认定结论为基础，综合考虑影响涉案房产价格认定的因素进行修正，具有合理性。

第四，涉案房产价格与市场价格差距悬殊。根据《受贿意见》的规定，房产交易型受贿中，受贿人支付交易价格应“明显”低于市场价格，而无明确的比例、数额要求，为司法实践留下判断的空间。笔者认为，在房产交易型受贿中，请托人提供房产的对价包括受贿人支付的部分房款和受贿人手中的公权力，对是否明显低价的判断即判断房产价值与支付价格是否存在价值上的不对等性。本案中，被告人王某支付价格为257.7304万元，与价格认定结论书认定的价格相比相当于三六折，与公诉机关修正后的价格相比相当于四折，显然支付价格与房屋本身价值不对等，二者差距悬殊，可以认定为明显低于市场价格。

二、房产交易型受贿的犯罪收益追缴

房产交易型受贿区别于传统受贿的特征在于受贿人可能以合法财产支付部分对价。对于房产交易型受贿所产生的收益是否追缴、如何追缴问题，在实践操作中存在一定难度。

第一种观点认为，交易型受贿的犯罪行为直接指向实际支付价格与市场价格之间的差额，对房产增值收益仅具有模糊预期，难以证明受贿人存在犯罪故意，且受贿人购买涉案房产支付了合法财产，房产增值收益不属于犯罪收益。

第二种观点认为，交易型受贿所指向的价格差额与房产增值收益之间具有因果关系，价格差额所占购房款比例所对应的增值收益属于犯罪收益的范围，应当予以追缴。

笔者同意第二种观点，即追缴对应比例的房产增值收益，作为犯罪收益予以没收。

第一，追缴违法犯罪所得不局限于犯罪行为所指向的价格差额，而包括与价格差额具有因果关系的增值利益。根据任何人不能因犯罪行为获益的刑法理论。《中华人民共和国刑法》第六十四条及《最高人民法院、最高人民检察院关于办理贪污贿赂刑事案件适用法律若干问题的解释》第十八条规定，对于犯罪分子违法所得的一切财物，应当予以追缴或者责令退赔。房产价值具有跟随市场波动的特点，犯罪所得（价格差额）作为房产价值的一部分，亦会产生对应的增值收益，该部分增值收益与犯罪所得具有因果关系，系犯罪所得产生的孳息，被告人对该部分收益具有概括的故意，应当予以追缴。

第二，追缴犯罪收益应以差额房款所占比例为限。房产交易型受贿中，受贿人以合法财产实际支付的价格亦属于房产的部分对价，亦会跟随市场变化产生增值收益，对该部分增值收益则不能评价为犯罪所得的衍生品，即在执行处置阶段，对于合法财产份额对应的增值收益和违法所得对应的增值收益应予以区分，追缴违法所得收益数额应为房屋增值数额乘以受贿数额在交易时市场价格中所占比例。

基于上述考虑，法院认为被告人王某利用职务便利，为请托公司牟取利益，以明显低于市场的价格向请托公司购买涉案房产，已构成房产交易型受贿，故作出上述判决。

编写人：北京市第三中级人民法院　刘泽　孙森森

274　认罪认罚量刑建议的合法性审查

——王某受贿案

【案件基本信息】

1. 裁判书字号

湖北省恩施土家族苗族自治州中级人民法院（2020）鄂28刑终233号刑事判决书

2. 案由：受贿罪

【基本案情】

被告人王某在担任某镇副镇长、党委副书记、某镇党委书记及某市政协副主席等职务期间，违反法律规定，利用职务上的便利或职权、地位形成的便利条件，为他人谋取利益，单独或通过特定关系人收受他人财物折合人民币200.6795万元。其中，收受现金123.3万元、价值65万元的越野车一辆、价值7万元的丰田凯美瑞轿车一辆、价值4.2223万元的欧米伽手表两块、价值1.1572万元的手提包一个。具体事实如下：

1. 2011年至2016年，王某利用担任某镇党委书记、某市政协党组成员的职务之便，为某工程公司在承接某道路工程和某安置小区建设项目工程、为该公司与他人合伙开发的某花谷和某房地产开发项目立项和用地办理相关手续等方面提供帮助，收受某工程公司法人蔡某现金8万元、价值65万元的越野车一辆；与特定关系人牟某共同收受蔡某所送价值7万元的丰田凯美瑞轿车一辆和现金14万元；两次收受该公司原总经理晏某所送现金共计2.5万元。其中，蔡某在2012年至2015年以提供打麻将本金方式四次给王某共计送现金8万元；王某以借为名自2014年下半年开始长期使用蔡某购买的价值65万元的大众途锐越野车一辆，直至2018年10月蔡某因害怕事情暴露方收回该车；2014年下半年，蔡某给王某的特定关系人牟某送丰田凯美瑞轿车一辆并过户登记在牟某名下，牟某于2017年11月将该车以7万元的价格出售；2016年下半年，王某安排蔡某给特定关系人牟某送现金14万元。

2. 2012年至2015年，王某利用担任某镇党委书记的职务之便，为某投资公司投资开发的观云台和某房地产项目的相关手续办理和项目推进等方面提供帮助，收受该公司法人明某四次所送现金共计32万元、价值3.2896万元的欧米伽男士手表一块、价值0.9327万元的欧米伽女士手表一块和价值1.1572万元的手提包一个。

3. 2012 年至 2014 年，王某利用担任某镇党委书记的职务之便，为某镇工程老板梁某在承接某大道建设工程、某 1 村、某 2 村农村公路通畅工程以及工程拨付款等方面提供帮助，收受梁某三次所送现金共计 30 万元。

4. 2013 年上半年，王某利用担任某镇党委书记的职务之便，为彭某承接某通道工程上提供帮助，收受彭某所送现金 10 万元。

5. 2004 年至 2010 年，王某利用担任某镇副镇长、党委副书记的职务之便，为朱某在承包某镇、某镇村级公路畅通工程及工程款拨付等方面提供帮助，收受朱某以拜年、人情名义十次所送现金共计 9.3 万元。

6. 2013 年至 2015 年，王某利用担任某镇党委书记的职务之便，为某房地产公司投资开发的某房地产项目的手续办理和项目推进等方面提供帮助，收受该公司股东赖某所送现金 5 万元。

7. 2012 年至 2015 年，王某利用担任某镇党委书记的职务之便，为某投资发展公司投资的某项目和某房地产项目的推进、征地拆迁、手续办理等方面提供帮助，收受该公司原总经理陈某以拜年名义三次所送现金共计 5 万元。

8. 2012 年至 2015 年，王某利用担任某镇党委书记的职务之便，为某房地产公司在投资开发的某旅游度假中心和某房地产项目的立项、征地拆迁、手续办理等方面提供帮助，收受该公司法定代表人熊某三次所送现金共计 2.5 万元。

9. 2012 年至 2013 年，王某利用担任某镇党委书记的职务之便，为某房地产公司在投资开发的某房地产项目的立项、征地拆迁、手续办理等过程中提供帮助，收受该公司法定代表人刘某以拜年名义两次所送现金共计 2 万元。

10. 2012年至2015年，王某利用担任某镇党委书记的职务之便，为某房地产公司投资开发的某房地产项目的立项、手续办理等方面提供帮助，收受该公司项目负责人刘某以拜年名义两次所送现金共计2万元。

11. 2012年至2014年，王某利用担任某镇党委书记的职务之便，为某房地产公司投资开发的某房地产项目的立项、土地出让、手续办理等方面提供帮助，收受该公司法定代表人傅某所送现金1万元。

案发后，王某向监察机关退缴受贿所得赃款134.7468万元，涉案越野车及欧米伽女士手表一块已被扣押。

【案件焦点】

一审法院不采纳量刑建议，是否属违反法定诉讼程序，适用法律错误。

【法院裁判要旨】

湖北省恩施市人民法院经审理认为：被告人王某身为国家工作人员，利用职务上的便利，非法收受他人财物，数额巨大，并为他人谋取利益，其行为已构成受贿罪。公诉机关指控的罪名成立，予以确认，被告人王某应当承担刑事责任。关于王某辩称使用蔡某的大众途锐车辆系借用的辩护意见，经查，王某找蔡某“借”用该车长达四年，不仅用于上、下班，而且用于外出游玩，其间王某配备有公务车，亦有能力购买私家车，而蔡某将车给王某长期使用更多也是基于王某的职务和自身承建的工程存在关联。故王某长期使用该车不还符合以借为名收受他人财物，应认定为受贿。王某的该辩护意见，不予采纳。王某到案后如实供述，系坦白，且退缴了全部赃款赃物，决定对其从轻处罚。依据《中华人民共和国刑法》第三百八十五条第一款、第三百八十六条、第三百八十三条、第六十七条第三款、第四十七条、第五十二条和《最高人民法院、最高人民检察院关于办理贪污贿赂刑事案件适用法律若干问题的解释》第二条第一款、第十九条第一款之规定，作出如下判决：

一、被告人王某犯受贿罪，判处有期徒刑四年，并处罚金人民币三十万元（已缴纳）；

二、追缴被告人王某受贿所得人民币一百三十四万七千四百六十八元、涉案大众途锐车辆一辆、欧米伽手表一块，由扣押机关依法予以处理。

针对抗诉机关的抗诉意见、上诉人及其辩护人提出的上诉理由和辩护意见，二审综合评判如下：

关于抗诉机关提出一审法院无正当理由不采纳量刑建议，属违反法定诉讼程序，适用法律错误的抗诉意见。经审查，原公诉机关根据王某犯受贿罪的具体案情综合考虑其坦白、全部退赃、认罪认罚等从宽情节，确定三年六个月的建议量刑适当。王某自愿认罪认罚，接受原公诉机关的量刑建议，在辩护律师的见证下签署具结书，认罪认罚从宽制度适用程序合法。本案中，一审判决未阐述不采纳原公诉机关量刑建议的理由，原公诉机关亦不认可一审法院调整量刑前进行过沟通，向检察机关提出过调整量刑建议的意见。故一审判决无正当理由不采纳检察机关的量刑建议，作出的判决结果不当，应予以纠正。抗诉机关的抗诉意见成立，应予以采纳。同时，上诉人王某提出一审未采纳原检察机关的量刑建议，应予改判的上诉理由，亦应予以采纳。

湖北省恩施土家族苗族自治州中级人民法院经审理认为：上诉人王某身为国家工作人员，利用职务上的便利，非法收受他人财物，数额巨大，并为他人谋取利益，其行为已构成受贿罪。王某到案后如实供述，系坦白，且退缴了全部赃款赃物，一审法院已决定对其从轻处罚。原判认定事实清楚，但是未采纳检察机关的建议量刑，处理结果不当。检察机关的抗诉理由及上诉人王某的部分上诉理由成立，应予以支持。依照《中华人民共和国刑事诉讼法》第二百三十六条第一款第二项之规定，作出如下判决：

一、维持恩施市人民法院（2020）鄂2801刑初134号刑事判决的第二项，即追缴被告人王某受贿所得一百三十四万七千四百六十八元、涉案大众途锐车辆一辆、欧米伽手表一块的判决部分；

二、撤销恩施市人民法院（2020）鄂2801刑初134号刑事判决的第一项，即对上诉人王某的刑事判决部分；

三、上诉人（原审被告人）王某犯受贿罪，判处有期徒刑三年六个月，并处罚金人民币三十万元（已缴纳）。

【法官后语】

一、认罪认罚量刑建议具有法定效力

刑法修正案（八）从实体法角度出发，将坦白从宽刑事政策法律化，标志着坦白从宽由“酌定”走向“法定”。2018年10月《中华人民共和国刑事诉讼法》的修改，将行之有效、可复制、可推广的司法实践经验总结上升为法律，首次以“实验性立法”方式从程序法层面对坦白从宽政策制度化。系统构建刑事诉讼中的认罪认罚从宽制度，对准确及时惩罚犯罪，强化权利司法保障，推动刑事案件繁简分流，节约司法资源，化解社会矛盾，推进社会治理体系和治理能力现代化，都具有极其重要的现实意义。

为全面贯彻落实修改后的刑事诉讼法，确保认罪认罚从宽制度正确有效实施，2019年10月24日，《最高人民法院、最高人民检察院、公安部、国家安全部、司法部关于适用认罪认罚从宽制度的指导意见》（以下简称《指导意见》）进一步明确、完善、细化了适用该制度的相关具体规范。但执行中，仍存在一些模糊认识和误区，产生较大争议和分歧，以致上抗诉案件多发，不同程度地影响认罪认罚从宽制度作用的发挥和正确适用。准确把握制度适用的难点和关键，必须正确认识认罪认罚量刑建议的法律属性和效力，严格审查其实体的正当性和程序的合法性，做到采纳有据，否决有理，切勿任性改变，草率裁判。

认罪认罚量刑建议不同于其他案件的量刑建议。其是以被告人认罪认罚为前提和基础，检察机关在与被告人及其律师就量刑问题充分沟通、全面协商达成共识后，附条件提出的一种量刑请求意见。从诉讼价值和目的来看，其量刑建议并非检察机关的单方意志，而是控辩双方协商一致的结果，体现了双方对刑罚裁量的合意，有的甚至还吸纳参考了被害一方的请求和意见。从诚信体系的构建来看，认罪认罚量刑建议，也是法律监督机关代表国家对被告人认罪认罚给予从宽处罚并带有司法公信力的现实允诺，能否采纳直接关系认罪认罚从宽制度多元价值的实现。因此，审判实践中，必须正确把握其法律属性，充分尊重其法定效力。

认罪认罚量刑建议有别于国外的辩诉交易制度。从立法精神和制度定位上来看，我国认罪认罚从宽仅限于量刑问题，而不包括事实认定和定罪问题。其根本目的是被告人通过认罪认罚来争取从宽，而非就定罪量刑进行讨价还价。即使是控辩双方对量刑的协商，也要依法依规进行，绝不能突破法律的规定和法定的幅度，对是否从宽、怎样从宽，特别是减轻和免除处罚，必须于法有据，严格掌握。而国外的辩诉交易，是当事人主义诉讼模式的产物，犯罪嫌疑人、被告人与检察官可以就诉讼结果进行协商处分、交易还价，以避免诉讼风险。[①] 对此，《指导意见》规定，人民检察院提出量刑建议前，应当充分听取犯罪嫌疑人、辩护人或者值班律师的意见，尽量协商一致。这既是对“量刑协商”的制度确认，也进一步突出了被告人的诉讼主体地位，以更加尊重被告人的程序选择权，增强其对诉讼程序的法律认同。

二、认罪认罚量刑建议应当全面审查

认罪认罚量刑建议实质上是一种法律意见，也称“求刑建议”，即公诉机关以量刑建议的形式行使量刑请求权，请求法院依建议判处被告人刑罚。[②] 从其内容来看，既具实体性又具程序性，对案件正确裁判至关重要，必须全面审查把握。

一是规范性审查。从审判实践来看，认罪认罚量刑建议仍然存在诸多不规范现象。主要表现为：条件把握不严格、相互协商不充分、量刑建议不适当、权利保障不到位、形式要件不齐备、调整改变不严肃等。认罪认罚从宽制度是刑事诉讼法修订后确立的一项全新法律制度，必须严格、规范、准确、全面执行，否则，有损公信力，有损权威性。为精准适用认罪认罚从宽制度，《指导意见》对坚持的基本原则、适用范围和条件、从宽把握的幅度、被告人权益保障及相关程序事项等进行了规范，为司法实践提供了明确遵循和具

① 胡云腾：《认罪认罚从宽制度的理解与适用》，人民法院出版社2018年版，第5页。
② 陈瑞华：《论量刑建议》，载《政法论坛》2011年第2期。

体指引，务必规范适用，严格执行。如检察机关对认罪认罚案件所提量刑建议有违规范性标准、条件和要求，明显与《指导意见》相悖，必须沟通修正，补强完善，严禁违规操作，变相执行。

二是自愿性审查。认罪认罚量刑建议是控辩双方量刑协商的合意，应当充分体现被告人的真实意愿。人民法院在审查量刑建议自愿性时，主要围绕量刑协商是否真正自愿平等来进行。第一，要审查有无因受到暴力、威胁、引诱而违背意愿认罪认罚的情形。重点审查控辩双方，尤其是与被告人量刑协商的全过程是否存在不平等、不自愿、不适当的行为，以此确认是否真正自愿、真心参与、真实协商，真诚认罪悔罪，自愿接受处罚；第二，要审查检察机关是否履行了告知义务，被告人是否理解认罪认罚的法律性质和可能导致的法律后果，同时，必须考察被告人当时的认知能力和精神状况，审查告知内容的全面性、完整性，尤其是认罪是否彻底，达到何种程度，认罚既包括主刑，也包括附加刑，还包括退赃退赔以及赔偿经济损失等内容，均应听取被告人的意见；第三，要审查程序义务是否完全履职到位。重点看辩护人、值班律师是否与检察机关进行过沟通，是否见证了认罪认罚具结书的签署过程，被告人是否获得有效法律帮助等，如果这些方面的工作不到位、内容不全面、材料不完整，应视为程序不当，可能影响裁判公正。

三是合法性审查。重点表现在三个方面，第一，前提审查。对量刑建议的司法审查，首先应对指控的事实证据和定性定罪进行审查，主要围绕被告人供认的事实和检察机关指控事实进行，查明现有证据是否足以认定有罪供述和指控事实，包括量刑事实的真实性，能否排除一切合理怀疑，是否达到证据确实充分的证明标准，如主要事实不清，证据不足，应当不得适用认罪认罚从宽制度。关于定性和定罪审查，通常应当审查指控的罪名定性是否准确，对指控的罪名与审理查明的罪名不一致的，一般不宜采纳检察机关量刑建议。但值得注意的是，类似情形，如通过征求控辩双方的意见，均无异议的，则可采纳适用。第二，原则审查。根据《指导意见》的规定，检察机关量刑建议必须遵循罪责刑相适应和宽严相济等原则，认罪认罚案件中，无论区间量刑还是确定刑，关键要看建议量刑与拟判刑期的吻合度，是否存在畸轻畸重情形，如差距较小，则应采纳，差距较大的，不宜直接调整否决，硬性改变，更不得勉强适用。对共同犯罪案件、关联案件被告人的量刑建议，也要注意把握尺度，体现量刑平衡。第三，依据审查。实践中，认罪认罚量刑建议依据缺失的现象较为普遍，有的缺法律依据，有的缺类案检索，有的缺司法认知说明等，其建议的正当性很难判断。因此，审查时要严格把握量刑建议的依据和理由是否充分、准确、合理，看有无类案检索参考，是否违反一般司法认知，如有缺失遗漏，导致量刑建议明显不当的，则不应适用认罪认罚从宽制度。

三、认罪认罚量刑建议的采纳

根据《中华人民共和国刑事诉讼法》第二百零一条第一款和《指导意见》的规定，对于认罪认罚案件，人民法院依法作出判决时，一般应当采纳人民检察院提出的量刑建议。但有下列五种情形的除外：(1) 被告人的行为不构成犯罪或者不应当追究其刑事责任的；(2) 被告人违背意愿认罪认罚的；(3) 被告人否认指控的犯罪事实的；(4) 起诉指控的罪名与审理认定的罪名不一致的；(5) 其他可能影响公正审判的情形。

由此可见，对检察机关的量刑建议，是“一般应当”采纳而不是“应当”采纳，绝不能不加甄别照单全收。这种“一般应当+除外性规定”，具有双向约束机能，既反向规定了不采纳量刑建议的条件，也体现了对控辩双方量刑合意的尊重，赋予了认罪认罚从宽制度丰富的价值内涵。

认罪认罚量刑建议也可以调整。根据《中华人民共和国刑事诉讼法》第二百零一条第二款及其《指导意见》的规定，人民法院经审理认为量刑建议明显不当，或者被告人、辩护人对量刑建议有异议且有理有据的，人民法院应当告知人民检察院，人民检察院可以调整量刑建议。人民法院认为调整后的量刑建议适当的，应当予以采纳；人民检察院不调整量刑建议或者调整后仍然明显不当的，人民法院应当依法作出判决。

认罪认罚从宽制度从试点磨合，到立法确认，再到规范完善，程序要求越来越高，实践运用越来越严，尤其是对量刑建议的调整、改变、否决，限制与除外规定更严谨、更具体、更详尽。根据《指导意见》及地方相关规定，人民法院不采纳人民检察院量刑建议的，应当说明理由和依据。由此可以看出，审理认罪认罚案件，如发现检察机关的量刑建议明显不当或者调整后仍然可能不被采纳，人民法院在庭前、庭中、庭后可以建议调整修正或者告知不被采纳的理由，同时，应当在判决书中对量刑建议明显不当，不被采纳的事实及法律依据进行详细评析和必要说明。

就本案而言，一审判决不仅没有载明起诉指控的事实和证据，而且完全回避审查起诉阶段被告人自愿认罪认罚，并签署具结书，检察机关提出明确具体量刑建议的情形，单从判决来看，形成不理睬、不审查、不确认、不评判、不说理、不采纳的情形，导致被告人对判决不服，提起上诉，原公诉机关同时提起抗诉，上级检察机关支持抗诉，均认为一审无正当理由不采纳认罪认罚量刑建议，属审判程序违法，适用法律错误，应依法予以纠正。经二审沟通并审理查明，原公诉机关根据王某所犯受贿罪的具体事实，综合考虑其具有坦白、全部退赃、认罪认罚等从宽情节，确定三年六个月的建议量刑适当。王某自愿认罪认罚，接受原公诉机关的量刑建议，在辩护律师的见证下签署具结书，认罪认罚从宽制度适用程序合法。一审判决未阐述不采纳原公诉机关量刑建议的理由，原公诉机关亦不认可一审法院调整量刑前进行过沟通，向检察机关提出过调整量刑建议的意见。故认为一审判决无正当理由不采纳检察机关的量刑建议，以被告人王某犯受贿罪，判处有期徒刑四年，并处罚金人民币 30 万元，作出的判决结果不当，应予以纠正。检察机关的抗诉意见和上诉人王某提出的部分上诉理由，应予以采纳。据此，改判王某有期徒刑三年六个月，并处罚金人民币 30 万元。

该案的正确判决，是对认罪认罚案件的裁判指引，充分体现了对控辩双方协商量刑合意的尊重，保障了认罪认罚从宽制度的正确实施。

编写人：湖北省恩施土家族苗族自治州中级人民法院　向北海

275 申请证人出庭作证的审查与处理

——魏某军受贿、贪污案

【案件基本信息】

1. 裁判书字号

天津市高级人民法院（2019）津刑终 58 号刑事裁定书

2. 案由：受贿罪、贪污罪

【基本案情】

2008年至2017年，魏某军利用担任某管委会常务副主任、某镇党委书记、某1管委会常务副主任、主任等职务上的便利，为他人在土地出让、建设审批、工程承揽等方面提供帮助，索取他人财物共计560万元，非法收受他人财物共计146.86万元；利用本人职权或者地位形成的便利条件，通过其他国家工作人员职务上的行为，为请托人牟取不正当利益，索取请托人财物100万元，共计806.86万元。利用职务上的便利，侵吞公款共计折合781295.5元。其中，2015年下半年，某国土分局发现区内企业某上公司违法用地，某上公司股东赵某某请求魏某军给予帮助，魏某军应允。2016年3月，魏某军利用担任某1管委会主任的职务便利，通过某国土分局时任领导张某军等人进行协调。2016年10月，赵某某给魏某军40万元，被魏某军之妻及时退还。2017年年初，赵某某再次给魏某军5万元，魏某军收受并用于个人消费。2017年4月，国土分局决定对某上公司予以行政处罚，其中罚款的量罚标准系当地违法用地案件行政处罚罚款最低标准。

【案件焦点】

辩护人申请证人出庭作证，应如何进行审查与处理。

【法院裁判要旨】

天津市第一中级人民法院经审理认为：被告人魏某军身为国家工作人员，利用职务上的便利，非法占有公共财物数额巨大；利用职务上的便利，索取他人财物，或者非法收受他人财物，为他人谋取利益，或者利用本人职权或者地位形成的便利条件，通过其他国家工作人员职务上的行为，为请托人牟取不正当利益，索取请托人财物，数额特别巨大。依照法律规定，公诉机关指控魏某军犯罪的事实清楚，证据确实、充分，罪名成立，予以确认；但指控部分受贿数额证据不足，依法应予以调整。魏某军的行为已构成受贿罪、贪污罪，应分别依法予以处罚，并实行数罪并罚。魏某军具有索贿情节，对其所涉受贿罪予以从重处罚。鉴于其归案后如实供述自己罪行，对其受贿罪、贪污罪应予以从轻处罚。被告人魏某军所提请求及其辩护人所提辩护意见，合理部分予以采纳，不合理部分不予支持。依照《中华人民共和国刑法》第三百八十二条第一款，第三百八十五条第一款，第三百八十八条，第三百八十三条第一款第二项和第三项、第二款，第三百八十六条，第四十七条，第六十四条，第六十七条第三款，第六十九条第一款、第三款，第九十三条；《中华人民共和国刑事诉讼法》第七十六条；《最高人民法院、最高人民检察院关于办理贪污贿赂刑事案件适用法律若干问题的解释》第二条第一款，第三条第一款，第十三条，第十八条，第十九条第一款；《最高人民法院关于刑事裁判涉财产部分执行的若干规定》第十一条第一款之规定，作出如下判决：

一、被告人魏某军犯受贿罪，判处有期徒刑十一年六个月，并处罚金人民币七十万元；犯贪污罪，判处有期徒刑四年，并处罚金人民币三十万元，决定执行有期徒刑十三年六个月，并处罚金一百万元；

二、责令被告人魏某军退赔人民币八百八十四万九千八百九十五元五角，发还某 1 环保园公司七十八万一千二百九十五元五角，剩余款项上缴国库；

三、侦查机关扣押、冻结的财物及其孳息均依法处理。

魏某军不服，向天津市高级人民法院提起上诉。天津市高级人民法院审理过程中，上诉人（原审被告人）魏某军申请撤回上诉。

天津市高级人民法院经审理认为：原审判决认定事实和适用法律正确，量刑适当。依照《最高人民法院关于适用〈中华人民共和国刑事诉讼法〉的解释》第三百八十三条、第三百八十六条之规定，裁定如下：

准许上诉人魏某军撤回上诉。

【法官后语】

对于起诉指控收受赵某某财物一节，控辩双方存在较大争议。起诉指控，2016年3月，魏某军利用担任某1管委会主任的职务便利，为产业园区内某上公司未批先建接受处罚事项提供帮助。2017年1月，魏某军收受上述公司股东赵某某给予的45万元。对此，辩护人申请证人赵某某出庭作证，并且认为证人赵某某的庭前证言存在多处矛盾，与常理不符，该起指控依法不能认定。

根据《中华人民共和国刑事诉讼法》第一百九十二条的规定，控辩双方对证人证言有异议，且该证人证言对案件定罪量刑有重大影响，人民法院认为证人有必要出庭作证的，证人应当出庭作证。本案中，辩护人申请证人赵某某出庭作证，一审法院进行了如下审查：

一是全面调取和审查在案证据，确认证人赵某某的证言对该节事实认定具有重大影响。法庭经全面查阅纪委调查阶段、侦查阶段以及审判阶段的案卷材料，发现该节事实因系现金交易，缺乏银行交易记录等书证，魏某军、赵某某处于一供一证状态，在现金交付方面缺乏相关人证，证据较为单薄，能够确认证人赵某某的证言对该节事实认定具有重大影响。

二是全面梳理魏某军、赵某某的供证情况，确认证人赵某某出庭作证确有必要。经过梳理，该节事实系魏某军在纪委调查阶段主动交代，侦查阶段亦供述收受赵某某给予的45万元，同时提到此前赵某某两次去家里送过共计40万元现金，当时其妻子在家，后其让妻子将钱退给赵某某。但是，魏某军在审判阶段辩称没有收受赵某某给予的45万元，称先前供述的目的是想多说点事情，组织处理时可以从轻，后又供述以先前笔录为准，即认可收受赵某某45万元。再查赵某某的笔录，赵某某在纪委调查阶段称魏某军收受其给予的45万元现金，但在侦查阶段称，魏某军收受其给予的45万元现金后，曾在一个饭局上欲退还，当天其喝了不少的酒，是否退还记不清了，对于魏某军妻子曾将其所送其余40万元现金退还的情况，赵某某予以证实。综合考虑，该起事实虽系魏某军在“两规”期间主动交代的组织不掌握的问题，但纪委笔录依法不能作为定案证据使用；在侦查阶段，魏某军的最初有罪供述与证人赵某某证言笔录在谋利事项、钱款给付过程、45万现金的具体特征、收受钱款的场所及人员等方面能够相互印证，但在是否及时退还的问题上，因赵某某在证言笔录中称，其喝醉记不清了，被告人有罪供述与证人证言不能相互印证。鉴于魏某军在审判阶段存在辩解，证人赵某某的证言笔录在是否及时退还问题上含糊不清，存在重大欠缺，确认证人赵某某出庭作证确有必要。据此，法庭依辩护人的申请，通知证人赵某某出庭作证。

在证人出庭作证以后，认定案件事实时就涉及如何采信证人证言的问题。对此，根据《最高人民法院关于适用〈中华人民共和国刑事诉讼法〉的解释》的有关规定，证人当庭作出的证言，经控辩双方质证、法庭查证属实的，应当作为定案的根据。证人当庭作出的证言与其庭前证言矛盾，证人能够作出合理解释，并有其他证据印证的，应当采信其庭审证言；不能作出合理解释，而其庭前证言有其他证据印证的，可以采信其庭前证言。本案中，一审法院依法采信了证人赵某某的庭审证言中的合理部分，理由如下：

一是证人赵某某对于证言能够反复作出合理解释，并有其他证据印证。庭审时，辩护人、公诉人先后向证人赵某某进行发问，证人赵某某对于“2016年10月，其给魏某军送过现金40万元，大概一周后被魏某军之妻退回。2017年年初，其又给魏某军送过现金5万元，这笔钱没有退还”能够稳定供述，并且对先前笔录作出解释，特别是对于笔录中出现的赵某某醉酒一节，赵某某自述，当地均知道其从不喝酒，该细节与被告人魏某军当庭供述能够相互印证。

二是经当庭对质，被告人魏某军对于收受赵某某45万元的认罪供述，无法供述案发具体细节，对赵某某的庭审证言亦不予否认，存在明显矛盾。庭审中，对于证人赵某某的庭审证言，被告人魏某军一方面表示没有意见，另一方面却一味要求供述以此前笔录为准，但对于案发具体过程不能稳定供述，对此前笔录与庭审证言的矛盾不能作出合理解释，其认罪供述存在明显矛盾，难以采信。

三是对于证人赵某某庭审证言中的不合理部分，依法不予采信。证人赵某某在庭审证言中提出，魏某军夫妇亦给其家随过礼，以此证明其给魏某军的5万元属于礼尚往来。但是，赵某某在此前接受办案机关询问时从未提过魏某军夫妇给其家随礼的事情，并且当庭亦曾承认即使有随礼也与该5万元无关，且赵某某系将40万元与5万元均直接给予魏某军，而所谓随礼却由魏某军之妻支付，故不应认定赵某某所述随礼与本案有关，对庭审证言中的该部分内容不予采信。

综上，法庭对于起诉指控魏某军收受赵某某财物一节，虽然予以认定，但受贿数额由起诉指控的45万元调整为5万元。天津市高级人民法院认为，一审判决认定事实和适用法律正确，量刑适当，依法准许魏某军撤回上诉，一审判决发生法律效力。

编写人：天津市第三中级人民法院　田虎

276　将国有财产转为本人为股东的公司占有，并以该财产为他人借款提供抵押担保致该国有财产被处置的，以贪污罪定罪处罚

——胡某军等贪污案

【案件基本信息】

1. 裁判书字号

安徽省合肥市中级人民法院（2019）皖01刑终459号刑事裁定书

2. 案由：贪污罪

【基本案情】

某型公司系全民所有制企业。被告人胡某军、龚某、赵某华、方某系该公司管理人员或职工。该公司职工集资成立某城公司及某欣公司，四被告人均是股东。

2000年前后，某型公司投资开发建设某小区，其中A区、B区400个摊位及A区6号楼夹层、7号楼夹层房产未出售，也未办理房产确权登记，书面委托某欣公司对上述房产进行管理，并享有对于上述房产的经营收益。

2001年，某型公司与建材厂合作，以某仑公司的名义开发住宅楼，设立共管账户，所有投入均由某型公司支出，时任某型公司法定代表人杨某，为转移开发利润，与建材厂法定代表人何某商

议，将某城公司纳入开发主体签订三方联合开发的虚假协议，并用所获利润以某仓公司的名义购买集贸市场A区、B区400个摊位，某型公司收款后开具发票，但未办理房产确权登记。胡某军安排龚某调取该发票原件，将购房缴款单位篡改成“某城公司”“某欣公司”并复印数份，手写注明“此发票原件遗失，开票日期为2002年11月11日”，并加盖新型公司财务专用章。

2004年11月，某型公司申请破产，在破产清算期间及破产清算组临近解散时，胡某军分别请求清算组组长及案涉财产主管单位资产管理部部长将集贸市场A区、B区400个摊位留下，导致该财产未被纳入破产财产，继续由某欣公司实际经营管理。

在某城公司、某欣公司被吊销营业执照后，胡某军、龚某、赵某华在其他股东不知情的情况下，以三人名义投资成立顺兴公司，接管某欣公司业务，实际控制并继续经营管理上述资产。

此后，胡某军安排方某伪造购房合同、房产产权证明，安排员工私刻某型公司印章加盖于伪造合同、篡改顺兴公司营业执照成立日期，安排方某持有上述伪造材料及飞虹小区商品房预售许可证等，通过合肥市房产局产权登记科窗口受理人员、产权登记科副科长关照的方式将上述资产办理至顺兴公司名下。

2011年前后，胡某军又以该4套房产证先后为他人借款提供抵押担保。后因借款人未归还借款，导致上述国有资产被判决裁定偿还债务。

【案件焦点】

1. 被告人胡某军、龚某、赵某华是否属于受国有企业委托管理、经营国有财产的主体；2. 涉案资产是否属于国有财产；3. 各被告人是否具有贪污的主观故意。

【法院裁判要旨】

安徽省合肥市庐阳区人民法院经审理认为：某欣公司之所以一直控制并实际经营管理案涉财产，正是基于国有企业（包括某型公司、破产清算组、主管单位工业投资公司）的委托，包括书面形式的委托（物业委托管理合同）、口头形式明示或者默示的委托（破产清算组及主管单位主要负责人员的口头明示或者默认），胡某军、龚某、赵某华作为某欣公司的管理人员，依法应认定为受委托管理、经营国有资产的人员。

案涉资产由某型公司开发建设，原始所有权归属于某型公司，不论杨某等人采取签订虚假联合开发协议、虚假交易转账的手段，还是胡某军等人采取制造虚假发票、提交虚假发票、不纳入破产资产等手段，该资产的性质从未被改变，一直属于国有财产。

胡某军、龚某、赵某华为更好地实际控制案涉资产，在原某城公司、某欣公司其他股东不知情的情况下成立顺兴公司；为将案涉资产占为己有，伙同方某等人采取欺骗手段登记在顺兴公司名下，后又将该部分资产随意为他人借款抵押担保，所得借款被随意处分（包括借贷给他人、将案涉资产转包等重大事项），有非法占有的目的，具有贪污的主观故意。

综上，被告人胡某军、龚某、赵某华在受委托管理、经营国有财产期间，利用职务上的便利，采取欺骗的手段将国有财产非法占为己有，其行为均符合贪污罪的犯罪构成要件，被告人方某在明知案涉资产系国有财产，不属于顺兴公司所有的情况下，仍为被告人胡某军、龚某等人的贪污行为提供帮助，其行为构成贪污罪的共犯。

依照《中华人民共和国刑法》第三百八十二条第二款、第三款，第三百八十三条第一款，第二十五条第一款，第二十六条第一款，第二十七条，第六十七条第三款，第六十四条，第七十二条第一款、第三款，第七十三条第二款、第三款；《最高人民法院、最高人民检察院关于办理贪污贿赂刑事案件适用法律若干问题的解释》第三条第一款，第十八条，第十九条之规定，作出如下判决：

一、被告人胡某军犯贪污罪，判处有期徒刑十五年，并处罚金人民币二百万元；

二、被告人龚某犯贪污罪，判处有期徒刑七年，并处罚金人民币六十万元；

三、被告人赵某华犯贪污罪，判处有期徒刑六年，并处罚金人民币五十万元；

四、被告人方某犯贪污罪，判处有期徒刑三年，缓刑三年，并处罚金人民币三十万元。

宣判后，被告人胡某军、龚某、赵某华均提起上诉。安徽省合肥市中级人民法院同意一审法院裁判意见，裁定如下：

驳回上诉，维持原判。

【法官后语】

《中华人民共和国刑法》第三百八十二条第二款规定，受国家机关、国有公司、企业、事业单位、人民团体委托管理、经营国有财产的人员，利用职务上的便利，侵吞、窃取、骗取或者以其他手段非法占有国有财物的，以贪污论。现实的案情往往比法条预想的复杂得多，有限的法律语言永远无法将无穷多变的生活事实完全纳入其中，此时就需要法官解释法律，因为“法律的生命在于理解、解释和运用。法律的生命开始于法官的法律解释”。

最高人民法院《全国法院审理经济犯罪案件工作座谈会纪要》（以下简称《纪要》）对“受委托管理、经营国有财产”的内涵作了相同规定。具体到本案，从表象上看各被告人并非受国有公司直接委托管理国有财产的人员，各被告人也以此为由进行辩解。《纪要》采用列举的方式解释委托的内容，显然并不能穷尽委托的所有形式。探究本案的演变过程，某型公司在存续期间，与某欣公司签订了委托管理协议，直至某型公司破产清算结束，各被告人一直基于最初的委托实际管理经营案涉资产，通过目的解释得出“‘受委托管理、经营国有财产’的委托主体应当是对国有财产负有管理职责的主体，包含国家机关、国有公司、企业、事业单位及人民团体；委托的形式可表现为行政上的委托，也可表现为民事上的委托、承包、租赁、聘用等，既可以是书面委托，也可以是口头委托；委托的对象既包括公司等法人，也包括个人”的结论，既符合立法本意，又适度能动司法，克服法律语言的僵硬性。

关于本案涉案财产是否系国有资产。从表象上看，案发时案涉资产的权属登记在顺兴公司名下，但在案证据证实其在办理房产证之前一直处于无权无证状态，且原始性质系国有财产并未发生过变动。该案涉资产仅有的一次买卖记录，系因虚假转账产生，各被告人在代为管理案涉资产的公司被吊销营业执照以后，在其他股东不知情的情况下成立谐音相似的公司以掩人耳目，并通过伪造购房合同、虚假的产权证明，篡改发票、营业执照公司设立日期，请托房产登记部门窗口人员给予关照等方式，将案涉资产转移至被告人注册成立的新公司名下。虽然案涉资产经过了多道流转，但未改变其国有资产的性质。故，对于财产原始性质系国有财产的，虽经非法手段转移至个人或公司占有，使该资产为个人或公司实际控制，其性质仍应当认定为国有资产。

关于各被告人是否具有贪污的主观故意及行为性质。在案的证据证实，被告人先是将案涉资产通过伪造虚假的产权登记材料登记至以被告人为股东注册成立的公司名下，并实际处置案涉资产，为他人借款提供抵押担保，可以认定其具有非法占有国有资产的主观故意，应当以贪污罪定罪处罚。

该案为界定国企改制财产处置问题提供了指引。无论犯罪事实、情节多么复杂，万变不离其宗，处理此类案件必须牢牢抓住案涉财产属性这一本质，条分缕析并通过证据相互印证形成证据链，探寻事件本身的真相。

该案既能实现法的特殊预防又可以起到一般预防之效用，无论犯罪分子多么处心积虑、费尽心机，也难逃严密的法网。最终，不仅本案各被告人受到严厉处罚，房产登记部门窗口人员也被另案处以刑罚。

编写人：安徽省合肥市庐阳区人民法院　刘文文　李晓琦

277　非国家工作人员构成受贿罪的要件及量刑情节

——杨某生受贿案

【案件基本信息】

1. 裁判书字号

湖南省衡阳市中级人民法院（2019）湘04刑终351号刑事裁定书

2. 案由：受贿罪

【基本案情】

2007年4月至2014年7月，被告人杨某生伙同程某建（另案处理）、宋某杰（投资公司原董事长，另案处理），利用宋某杰的职务便利，帮助监理公司顺利承揽投资公司新基地建设项目的工程监理业务，收受洪某华（另案处理）所送的60万元。具体犯罪事实如下：

2006年，投资公司开始筹建投资综合楼项目，宋某杰系投资公司董事长，程某建系宋某杰的弟弟，被告人杨某生系宋某杰、程某建的表姐夫。2007年4月，程某建跟杨某生讲，投资综合楼项目有个监理标要开标了，要杨某生去找一家监理公司来参与该工程监理，杨某生同意了。经朋友万某介绍，被告人杨某生认识了洪某华，洪某华向被告人杨某生提议两种方案：方案一为杨某生他们自己做，洪某华提供资质和相关人员，监理公司收取管理费；方案二为洪某华以监理公司的名义做，洪某华支付监理合同价款四成作为好处费给杨某生一方，但是招投标费用及中标前的相关风险由杨某生自己承担。杨某生回答说要向程某建汇报后再做决定。

此后杨某生把该情况向程某建进行了汇报，程某建同意由洪某华以监理公司的名义做，支付监理合同价款的四成作为好处费，二人就好处费进行了分配，程某建占60%，被告人杨某生占40%。此后，程某建找到宋某杰，请宋某杰与该工程项目部经理张某打招呼，将该工程监理业务交给监理公司，并告知监理公司承诺给40%分成。宋某杰向张某打了招呼，经张某关照，监理公司中标，合同金额为166.94万元。2008年1月至2014年7月，被告人杨某生先后8次收受洪某华所送的60万元。在此期间，被告人杨某生告诉程某建，说洪某华送了40万元的好处费给他，应分给程某建24万元，程某建要杨某生保管分给他的钱，并将这些情况告诉了宋某杰，后杨某生把应分给程某建的钱用于其个人和家庭开支了，并把情况向程某建作了说明，表示以后再跟程某建算账，程某建同意了。至案发时止杨某生尚未与程某建进行结算。

另查明，2015年8月4日，被告人杨某生因犯开设赌场罪被长沙市开福区人民法院判处有期徒刑三年，缓刑三年，并处罚金人民币10万元。

【案件焦点】

1. 非国家工作人员杨某生是否为受贿罪的共犯；2. 杨某生在共同犯罪中是否为从犯；3. 杨某生犯罪数额的认定。

【法院裁判要旨】

湖南省常宁市人民法院经审理认为：被告人杨某生伙同程某建、宋某杰，利用国家工作人员宋某杰的职务便利，为他人谋取利益，非法收受他人财物，数额巨大，其行为已构成受贿罪。被告人杨某生将收受的60万元用于个人及家庭开支，至今未退赔，应酌情从重处罚。但其如实供述了受贿的基本事实，属坦白，可从轻处罚。被告人杨某生犯开设赌场罪于2015年8月4日被宣告缓刑，在宣告缓刑前还有受贿罪没有判决，应当撤销缓刑，实行数罪并罚。公诉机关指控的罪名成立。在共同受贿犯罪中，被告人杨某生与程某建、宋某杰作用相当，不宜区分主犯和从犯。被告人杨某生虽然不具备国家工作人员身份，但是其伙同程某建与国家工作人员宋某杰相勾结，利用宋某杰的职务便利，共同收受他人巨额财物，属受贿共犯，应以受贿罪惩处，故辩护人辩称被告人杨某生应构成非国家工作人员受贿罪而非受贿罪的意见，法院不予采纳。本案属共同受贿犯罪，被告人杨某生应对其参与的60万元受贿金额负责，故辩护人辩称被告人的受贿金额应该是33万元的意见，与法律规定不符，法院不予采纳。被告人杨某生积极联系行贿人，同时直接收受贿赂款，故辩护人辩称其系从犯的意见，与事实法律不符，法院亦不予采纳。

湖南省常宁市人民法院依照《中华人民共和国刑法》第三百八十五条第一款、第三百八十六条、第二十五条第一款、第七十七条第一款、第六十九条、第六十七条第三款、第六十四条，《最高人民法院、最高人民检察院关于办理贪污贿赂刑事案件适用法律若干问题的解释》第二条、第十八条、第十九条之规定，作出如下判决：

一、撤销湖南省长沙市开福区人民法院（2015）开刑初字第00353号刑事判决主文中，被告人杨某生犯开设赌场罪判处有期徒刑三年，缓刑三年，并处罚金人民币十万元的缓刑部分；

二、被告人杨某生犯受贿罪，判处有期徒刑四年，并处罚金人民币二十万元；与原犯开设赌场罪判处有期徒刑三年，并处罚金人民币十万元并罚，决定执行有期徒刑六年，并处罚金人民币三十万元（刑期自判决执行之日起计算，判决执行以前先行羁押的，羁押一日折抵刑期一日；指定居所监视居住的，监视居住二日折抵刑期一日，即自2017年12月15日起至2023年9月26日止；罚金限判决生效后十日内缴纳）；

三、追缴被告人杨某生违法所得人民币六十万元，上缴国库。

杨某生以一审认定事实错误和适用法律错误为由提起上诉。

湖南省衡阳市中级人民法院经审理认为：杨某生伙同他人，利用国家工作人员的职务便利，收取他人财物，为他人牟取不正当利益，数额巨大，其行为已构成受贿罪。

针对上诉人杨某生的上诉理由，经查：杨某生与宋某杰、程某建系受贿罪的共同犯罪，受贿金额应以受贿人的全部受贿金额计算，原审法院认定的受贿金额正确。故杨某生提出实际受贿金额应为33万元的辩解理由不能成立，法院不予采纳。杨某生在共同犯罪中，积极主动，与宋某杰、程某建的作用相当，不宜区分主犯和从犯，故杨某生关于其“系共同受贿从犯”的辩解理由不能成立，法院不予采纳。杨某生虽然不是国家工作人员，但是根据其在共同受贿中利用国家工作人员宋某杰的职务便利，共同收受他人财物，为他人牟取不正当利益，系受贿犯罪的共犯，应以受贿罪论处。根据杨某生的犯罪事实、性质、情节以及对社会的危害程度，原审判决认定的事实清楚，证据确实充分，适用法律正确，量刑适当。

湖南省衡阳市中级人民法院依照《中华人民共和国刑事诉讼法》第二百三十六条第一款第一项的规定，作出如下裁定：

驳回上诉，维持原判。

【法官后语】

1. 非国家工作人员能构成受贿罪的共犯

二人以上共同故意实施了受贿行为的，为受贿共犯。在受贿行为中，国家工作人员和非国家工作人员往往表现为分工不同，参与度不同，但所实施的行为有机联系形成一个不可分割的整体，造成共同的犯罪结果，在这种情况下一般主体应当以特殊主体犯罪的共犯论处。本案中，宋某杰、程某建和杨某生三人在犯罪行为中的分工：宋某杰利用职务便利“打招呼”，程某建负责三人间的联络，杨某生与行贿者接洽、交易，受贿金额再按比例分配。整个犯罪行为是三人利用国家工作人员宋某杰的职务便利，为他人谋取利益，非法收受他人财物，三人的共同行为结果构成了受贿罪，故本案中，杨某生与国家工作人员勾结，伙同受贿，应以受贿罪共犯定罪，而不能单独构成非国家工作人员受贿罪。

2. 杨某生不能认定为共同犯罪的从犯

根据《中华人民共和国刑法》第二十七条的规定，在共同犯罪中起次要或者辅助作用的，是从犯。对于从犯，应当从轻、减轻处罚或者免除处罚，即主从犯的量刑上是不同的。主要从以下几个方面认定主、从犯：（1）在事前共谋的共同犯罪中，提出犯意者、策划、指挥犯罪活动者一般为主犯，随声附和、被动服从者一般为从犯，但在犯罪活动中，原本从属行为者积极实行犯罪活动，对危害结果起重要作用的亦为主犯。（2）从参与共同犯罪情节看，多次参与共同犯罪者或参与全部共同犯罪活动者一般为主犯，而首次参与共同犯罪、参与次数少或参与共同犯罪活动一部分的一般为从犯。（3）从犯罪结果的作用看，对犯罪危害结果作用较大或造成犯罪危害结果主要原因的为主犯，对犯罪结果作用小或起次要原因的为从犯。本案中，虽然宋某杰、程某建和杨某生三人都是利用了宋某杰国家工作人员的职务便利实施了犯罪活动，但杨某生积极主动地实施了与行贿者联络、交易等行为，且参与了受贿行为的全过程，对犯罪结果的产生也起较大的作用，两人在共同犯罪中作用相当，不应区分主犯和从犯，故法院对其辩护人辩称杨某生系从犯的意见，不予采纳，与法律事实相符。

3. 杨某生的犯罪数额以共同犯罪总额计算

受贿数额不同，量刑亦有不同，具体有受贿数额较大、巨大和特别巨大三种情节，多次受贿未经处理的，按照累计受贿数额处罚，故受贿数额是受贿犯罪定罪量刑的重要标准。本案中，杨某生受贿金额为其个人分配所得33万元还是共同犯罪受贿总额60万元成为争议焦点之一。具体可从以下几个方面分析：(1) 从立法精神来看，若所得受贿数额较少，一般在共同犯罪中作用较小，可认定为从犯。按法律规定，应当从轻、减轻处罚或者免除处罚，即受贿数额较少的，已在从犯的基础上从宽处罚，若还在参与的全部犯罪数额基础上减少，显然会导致罪刑失衡。(2) 从处理类似犯罪的普遍做法来看，在共同盗窃、贪污犯罪中都不以个人实际分得的赃款数额处罚，而是以所参与的共同犯罪总额确定量刑幅度，那么对于共同受贿罪，原则上也应按照共同犯罪的总额计算，否则执法就不能统一。(3) 从犯罪构成来看，整个受贿行为是一个有机的整体，无论受贿金额如何分配，共同犯罪者对其参与的整个犯罪活动都有着共同的故意，侵害了共同的客体，造成了共同的危害结果，所以，受贿罪共犯以其所参与的共同受贿总额处罚，不因其内部分赃而改变。本案中，杨某生虽然仅分赃33万元，但是受贿总额为60万元，法院按照60万的受贿总额认定受贿数额巨大，对杨某生的定罪量刑，符合法律规定。

编写人：湖南省常宁市人民法院　郭淑容

278 经一审庭审质证过的供述二审翻供，要求非法证据排除的认定

——陈某建受贿案

【案件基本信息】

1. 裁判书字号

福建省福州市中级人民法院（2019）闽01刑终322号刑事裁定书

2. 案由：受贿罪

【基本案情】

2012年年初至2018年2月，被告人陈某建在先后担任派出所民警、副中队长、中队长、交警大队音西中队负责人期间，利用其查处道路交通违法、交通管理、道路治安巡逻等职责的职务便利，为土方工程承接商郑某瑜、某运公司负责人吴某平谋取利益，并收受二人送款共计40.5万元及价值5000元的中石化加油卡，用于个人及家庭日常开支。

【案件焦点】

关于上诉人陈某建提出在侦查期间受到刑讯逼供，在控制压力下作出有罪供述，要求排除非法取证的证据的意见是否成立。

【法院裁判要旨】

福建省福清市人民法院经审理认为：被告人陈某建身为国家工作人员，利用职务上的便利，为他人谋取利益，非法收受他人财物

共计 41 万元，其行为构成受贿罪，数额巨大。根据陈某建的到案情况和供述情况，不宜认定为自首情节。陈某建到案后，退出全部赃款，酌情予以从轻处罚。

综上，原判根据被告人的犯罪事实、犯罪的性质、情节和对社会的危害程度，依照《中华人民共和国刑法》第三百八十五条第一款、第三百八十六条、第三百八十三条第一款第二项、第六十四条的规定，作出如下判决：

一、被告人陈某建构成受贿罪，判处有期徒刑三年三个月，并处罚金人民币二十五万元；

二、未随案移送的被告人陈某建非法所得人民币四十一万元，予以没收，上缴国库。

上诉人陈某建诉称其在侦查阶段受到刑讯逼供，所做笔录并非其真实意思表示，要求予以排除。请求二审改判无罪。

福建省福州市中级人民法院经审理认为：关于上诉人陈某建提出在侦查期间受到刑讯逼供，在控制压力下作出有罪供述，要求排除非法取证的证据的意见。经查，陈某建在一审庭审前以及庭审中均未提出非法证据排除，二审期间提出非法证据排除，却未提供有效线索或者证据。二审法院依职权对原判所采信供述的合法性进行审查后，认为本案定案证据与非法取证无关，法院对原判采信的其本人供述的真实性予以确认，无需再适用非法证据排除规则。该上诉意见无理，不予采纳。

二审法院认为，上诉人陈某建身为国家工作人员，利用职务上的便利，为他人谋取利益，非法收受他人财物共计 41 万元，其行为已构成受贿罪且数额巨大。陈某建及其辩护人的无罪辩解和辩护意见均不能成立，不予采纳。原判认定事实清楚，适用法律正确，量刑适当，审判程序合法。据此，作出如下判决：

驳回上诉，维持原判。

【法官后语】

本案中，被告人陈某建在一审庭审之后提出侦查人员刑讯逼供问题，涉及证据合法性审查范围、庭前有罪供述转化为当庭重复性供述的条件及其标准，刑讯逼供行为的审查与处理等。

首先，证据的合法性审查范围，必须是用于定案的证据才需要进行合法性审查。二审期间，证据合法性审查的对象应当是一审作为定案根据的证据和拟作为二审定案根据的证据。因此，与人民法院审判职权行使无关的证据，尽管可能发生在刑事诉讼中，并作为其他司法机关实施刑事诉讼活动的依据，但只要不用于案件审判，就无须法院进行合法性审查。

其次，被告人的庭前供述转化为当庭供述的合法性审查。根据《关于办理刑事案件严格排除非法证据若干问题的规定》第五条第二项的规定，审查逮捕、审查起诉和审判期间，检察人员、审判人员讯问时告知诉讼权利和认罪的法律后果，犯罪嫌疑人、被告人自愿供述的，不受之前刑讯逼供的影响。即庭前受到刑讯逼供的，其当庭供述独立于庭前供述，属于自愿供述。在此种情况下，其当庭供述不受之前刑讯逼供的影响，两者之间的联系被阻断。因此，只要被告人自愿确认侦查期间的供述，即使属于庭前供述的重复性供述，所转化形成的当庭供述也不存在合法性问题。

最后，与证据合法性审查无关的刑讯逼供问题的处理。人民法院是国家的审判机关而非法律监督机关，在刑事诉讼中仅能对涉及证据合法性审查的刑讯逼供等非法取证行为进行调查、确认并对相关证据的效力予以否定。本案中，对被告人陈某建供述的合法性进行审查是人民法院行使审判职权的重要内容，由此不可避免地需要对获取其供述的司法行为的合法性进行评价。合法性审查的内容应当是当庭供述的合法性，而不是侦查阶段供述的合法性，人民法院既无必要也无职权对侦查阶段获取供述的合法性进行独立审查。

综上，笔者认为，二审期间，证据合法性审查的对象应当是原审作为定案根据的证据。本案中，无论被告人陈某建在侦查阶段是否受到刑讯逼供，但在一审庭审时其应当享有的诉讼权利被明确告知并得到充分保障，其本人对自己行为的法律后果也能够正确认识。相应地，其所作的供述已属于任意性供述，对侦查阶段供述的真实性的确认亦属于自愿确认。由此形成的有罪供述，虽然属于侦查阶段供述的重复性供述，但是显然已不受先前获取有罪供述的侦查行为影响，不再是侦查阶段的有罪供述，而是由其转化而来的独立的当庭有罪供述。因此，原判采信的被告人陈某建有罪供述不再是侦查阶段有罪供述，无须适用非法证据排除规则。

编写人：福建省福州市中级人民法院　武林

279　村干部在拆迁诈骗类案件中是否利用职务便利的认定

——黄某、董某斌诈骗、非国家工作人员受贿案

【案件基本信息】

1. 裁判书字号

北京市高级人民法院（2019）京刑终115号刑事判决书

2. 案由：诈骗罪、非国家工作人员受贿罪

【基本案情】

被告人黄某自2007年8月开始任某村党支部书记，其间曾任某区拆迁腾退工作办公室后勤保障组负责人；自2010年4月开始任某村党支部书记。2009年，在某乡城乡一体化拆迁腾退过程中，被告人黄某伙同被告人董某斌抢建房屋、虚增房屋面积及附属物数量，骗取腾退补偿补助款共计1202.38万元，其中黄某实际分得946.38万元，董某斌实际分得256万元。

2008年至2014年，被告人黄某利用担任某村党支部书记、某村党支部书记的职务便利，为周某、杜某、李某等人在承揽乡村建设工程、申请拆除违章建筑补偿、土地租赁等事项提供帮助，多次收受周某等人给予的钱款共计130万元。

【案件焦点】

村干部在协助政府进行土地征收管理过程中，通过抢栽抢建、虚构地上物面积等手段骗取拆迁补偿款的行为构成贪污罪还是诈骗罪。

【法院裁判要旨】

北京市第三中级人民法院经审理认为：被告人黄某作为村基层组织人员协助人民政府从事土地征收、征用补偿费用的管理工作，利用职务便利单独并伙同被告人董某斌骗取国家拆迁补偿资金，数额特别巨大，其行为已构成贪污罪；被告人黄某还作为其他单位的工作人员利用职务便利，非法收受他人财物，为他人谋取利益，数额巨大，其行为已构成非国家工作人员受贿罪。据此，依照《中华人民共和国刑法》的相关规定，作出如下判决：

被告人黄某犯贪污罪，判处有期徒刑十一年，并处罚金人民币五十万元；犯非国家工作人员受贿罪，判处有期徒刑五年；决定执行有期徒刑十二年，并处罚金人民币五十万元；被告人董某斌犯贪污罪，判处有期徒刑三年，并处罚金人民币二十万元。

一审宣判后，被告人董某斌不服，以量刑过重为由提起上诉。

北京市高级人民法院经审理认为：原审被告人黄某伙同上诉人董某斌以非法占有为目的，虚构事实、隐瞒真相，骗取国家拆迁补偿资金，数额特别巨大，其行为均已构成诈骗罪；同时黄某身为村基层组织人员，利用管理村集体事务工作的职务便利，为他人谋取利益，非法收受他人财物，数额巨大，其行为已构成非国家工作人员受贿罪。依照《中华人民共和国刑法》的相关规定，作出如下判决：

一、撤销北京市第三中级人民法院（2018）京03刑初142号刑事判决；

二、原审被告人黄某犯诈骗罪，判处有期徒刑十一年，并处罚金人民币二十万元；犯非国家工作人员受贿罪，判处有期徒刑五年；决定执行有期徒刑十二年，并处罚金人民币二十万元；

三、上诉人董某斌犯诈骗罪，判处有期徒刑三年，缓刑五年，并处罚金人民币六万元。

【法官后语】

本案系一起村干部在协助政府进行拆迁工作的过程中，通过抢栽抢建、虚构地上物面积等行为骗取拆迁补偿款的典型案例。区分该行为构成贪污罪还是诈骗罪，关键在于村干部在骗取拆迁补偿款的过程中是否利用了职务便利。可以从以下几个方面综合认定：

1. 被告人的主体身份

根据《全国人民代表大会常务委员会关于〈中华人民共和国刑

法〉第九十三条第二款的解释》的规定，村民委员会等村基层组织人员协助人民政府从事下列行政管理工作，属于《中华人民共和国刑法》第九十三条第二款规定的“其他依照法律从事公务的人员……（四）土地征收、征用补偿费用的管理”。

在土地储备非住宅拆迁腾退工作中，被告人黄某作为村党支部书记，担任拆迁腾退办公室内设的后勤保障组的负责人，负责对村民和宅基地进行核实确认，并提供给拆迁公司、评估公司相关证明材料及相关联系组织工作。因此，黄某作为村基层组织人员，其在协助政府从事土地征收、征用补偿费用的管理工作时具有国家工作人员身份。

2. 被告人的职务范围

贪污罪在客观上要求国家工作人员利用职务便利，侵吞、窃取、骗取或者以其他手段非法占有公共财物。最高人民法院发布的指导案例 11 号（杨某虎等贪污案）① 明确指出，贪污罪中的“利用职务上的便利”，是指利用职务上主管、管理、经手公共财物的权力及方便条件，既包括利用本人职务上主管、管理公共财物的职务便利，也包括利用职务上有隶属关系的其他国家工作人员的职务便利。不是任何利用职务上的便利非法占有公共财物的行为都能成立贪污罪，只有当国家工作人员现实地对公共财物享有支配权、决定权，或者对具体支配财物的人员处于领导、指示、支配地位，进而利用了职务上的便利的，才能认定为贪污罪。否则，只能认定为盗窃、诈骗等罪。

---

① 《指导案例 11 号：杨某虎等贪污案》，载最高人民法院网站，https：//www.court.gov.cn/shenpan-xiangqing-13308.html，2023 年 2 月 14 日访问。

根据人民政府拆迁腾退办公室提供的书证材料，拆迁补偿款由资金结算组负责发放，而黄某的职务范围仅仅是负责后勤保障，对拆迁补偿款并不具有直接和间接的处分权限。因此，黄某在本案中不具有主管、管理、经手拆迁补偿款的职务便利。

3. 被告人骗取钱款的手段及方式

本案中董某斌系涉事土地的承租人，承租协议真实有效，黄某与董某斌虚构的事实主要涉及房屋的合法性、房屋面积及树木的数量和种类。二人能够成功骗取拆迁补偿主要通过两个手段：一是以非法占有为目，在征地公告发出后抢建房屋；二是通过指使负责非住宅入户调查、评估的人员虚报房屋面积、附属物种类和数量，进而骗取了拆迁腾退补偿款。从“抢栽抢建、虚构地上物面积等行为”本身来看，该行为并没有利用黄某作为国家工作人员的职务便利，因此，该骗取拆迁补偿款的手段行为并非利用职权进行的组织行为，而是黄某、董某斌的个人劳作行为。

综上，在认定村干部是否利用了职务便利骗取拆迁补偿款时，要结合村干部主体身份、是否具有管理经手钱款的职责及便利条件、骗取钱款的手段及方式这几个方面来认定。当村干部并非利用管理、经手拆迁补偿款的职务便利骗取公共财物时，其行为构成诈骗罪，而非贪污罪。

编写人：北京市第三中级人民法院　马新健　张元元

280 套取公私财物后部分用于公务支出的性质认定

——董国某等贪污、受贿、行贿案

【案件基本信息】

1. 裁判书字号

北京市高级人民法院（2018）京刑终182号刑事裁定书

2. 案由：贪污罪、受贿罪、行贿罪

【基本案情】

1. 2005年，被告人董国某利用其担任设施中心主任的职务便利，以支付“宿舍楼维修费”的名义骗取单位公款人民币84万多元（以下币种均为人民币），用于个人购买甲小区×号院×号楼××室房屋，后使用虚假开具的发票用于单位平账。案发后，该房产已被查封。

2. 2006年至2007年，被告人董国某伙同被告人高岭某、被告人焦守某，利用董国某担任设施中心及服务中心主任的职务便利，签订虚假协议，以支付物业费、供暖费、工地接管费等名义分四次套取单位公款共计224万多元，并将上述钱款转入三名被告人控制的乙公司账户，后将部分款项用于支付供暖费、物业费和保安费，剩余159万多元被三名被告人非法占有。

3. 2007年至2012年，被告人董国某伙同王立某（已判刑），利用董国某担任设施中心主任的职务便利，虚构设施中心与丙公司存在合作投资的事实，伪造“投资协议书”和“投资款收据”等材料，后董国某以归还上述投资款的名义，骗取单位公款283万多元，转入王立某控制的丙公司账户并非法占有，其中部分赃款用于董国某购买丁小区×号楼×层×单元××室房产。案发后，该套房产已被查封，王立某向司法机关退缴赃款36万元。

4. 2001年至2006年，被告人董国某利用其担任设施中心主任的职务便利，为被告人焦守某承揽文化局及相关单位的工程项目提供帮助，董国某于2003年向焦守某索要现金30万元，用于其子董某购买戊小区31号楼1门601号房屋。案发后，该套房产已被查封。

5. 2008年至2009年，被告人董国某利用其担任服务中心主任的职务便利，为己公司承包北京市文化局下属单位物业管理项目提供帮助，并以代为销售外国化妆品的名义，向该公司负责人王立某多次索要现金共计12万元。

2016年6月20日，被告人董国某被抓获归案。同年12月27日，被告人高岭某、焦守某被查获归案。案发后，部分贪污、受贿赃款已追缴。

【案件焦点】

贪污犯罪中，行为人套取公私财物后，将部分财物用于公务支出的情况下其行为性质、犯罪数额如何认定。

【法院裁判要旨】

北京市第一中级人民法院经审理认为：被告人董国某单独或伙同被告人高岭某、焦守某贪污数额共计527万多元、受贿数额共计42万元，被告人高岭某、焦守某参与贪污159万多元，焦守某向董国某行贿30万元。

被告人董国某身为国家工作人员，单独或伙同被告人高岭某、焦守某，利用董国某职务上的便利，非法侵吞公款，其三人的行为均已构成贪污罪，其中董国某犯罪数额特别巨大，高岭某、焦守某犯罪数额巨大，依法均应予惩处；被告人董国某身为国家工作人员，利用职务上的便利，索取他人财物，其行为亦构成受贿罪，且数额巨大，依法亦应予惩处，董国某所犯受贿罪应与其所犯贪污罪数罪并罚；被告人焦守某为牟取不正当利益，给予国家工作人员财物，其行为已构成行贿罪，依法应予惩处，焦守某所犯行贿罪应与其所犯贪污罪数罪并罚。北京市人民检察院第一分院指控被告人董国某犯贪污罪、受贿罪，被告人高岭某犯贪污罪，被告人焦守某犯贪污罪、行贿罪的事实清楚、证据确实、充分，指控罪名成立，对于公诉机关指控董国某所犯挪用公款罪，因事实不清、证据不足，本院不予认定。董国某向他人索贿，依法应当从重处罚；董国某到案后如实供述自己的罪行，并主动交代办案机关未掌握的其他贪污事实，对其所犯贪污罪可以从轻处罚，对于被告人董国某的辩护人所提董国某揭发、检举他人犯罪，具有立功情节的辩护意见，因董国某揭发、检举他人犯罪的事实未查证属实，无法认定为立功，本院不予采纳。鉴于高岭某经检察机关电话传唤到案，如实供述自己的罪行，具有自首情节，且在案发后退缴部分违法所得，依法可对其从轻处罚。鉴于焦守某经检察机关电话传唤到案，如实供述自己的罪行，具有自首情节，在贪污犯罪中起次要、辅助作用，系从犯，且在一审审理期间退缴部分违法所得并缴纳罚金，依法对其所犯贪污罪减轻处罚，对其所犯行贿罪从轻处罚，并适用缓刑，对于被告人焦守某的辩护人所提相关辩护意见，本院酌予采纳。据此，依照 1997 年修订的《中华人民共和国刑法》第三百九十条，《中华人民共和国刑法》第十二条第一款，第三百八十二条，第三百八十五条第一款，

第三百八十三条第一款第二项、第三项和第二款，第三百八十六条，第三百八十九条，第二十五条第一款，第二十七条，第六十七条第一款、第三款，第五十二条，第五十三条第一款，第六十九条，第七十二条第一款，第七十三条第二款、第三款，第六十一条，第六十四条及《最高人民法院关于适用财产刑若干问题的规定》第五条之规定，判决如下：

一、被告人董国某犯贪污罪，判处有期徒刑十一年，并处罚金人民币五十万元；犯受贿罪，判处有期徒刑三年六个月，并处罚金人民币二十万元，决定执行有期徒刑十三年六个月，并处罚金人民币七十万元；

二、被告人高岭某犯贪污罪，判处有期徒刑四年，并处罚金人民币三十万元；

三、被告人焦守某犯贪污罪，判处有期徒刑二年，并处罚金人民币二十万元；犯行贿罪，判处有期徒刑一年，决定执行有期徒刑二年六个月，缓刑三年，并处罚金人民币二十万元；

四、在案查封的房产的变价所得款与在案扣押的现金，发还北京市文化局或者予以没收，剩余部分退回北京市人民检察院第一分院处理；不足部分，责令被告人董国某、高岭某、焦守某继续退赔，发还北京市文化局或者予以没收。

董国某、高岭某以一审认定事实有误且量刑过重为由提起上诉。

北京市高级人民法院经审理认为：一审法院根据上诉人董国某、高岭某和原审被告人焦守某犯罪的事实、性质、情节和对于社会的危害程度所作的判决，事实清楚，证据确实、充分，定罪正确，审判程序合法，唯未认定高岭某具有从犯的法定情节导致对高岭某量刑不当，依法予以改判。据此，本院依照 1997 年修订的《中华人民共和国刑法》第三百九十条第一款，《中华人民共和国刑法》第十二条第一款，第三百八十二条第一款、第三款，第三百八十三条第一款、第二款、第三款，第三百八十五条第一款，第三百八十六条，第三百八十九条第一款，第二十五条第一款，第二十七条，第六十七条第一款、第三款，第五十二条，第五十三条第一款，第六十九条第一款、第三款，第七十二条第一款、第三款，第七十三条第二款、第三款，第六十四条；《中华人民共和国刑事诉讼法》第十五条，第二百三十六条第一款第二项及《最高人民法院、最高人民检察院关于办理贪污贿赂刑事案件适用法律若干问题的解释》第二条第一款，第三条第一款，第七条第一款，第十六条第一款，第十八条，第十九条第一款之规定，判决如下：

一、维持北京市第一中级人民法院（2017）京 01 刑初 86 号刑事判决的第一项、第三项、第四项；

二、撤销北京市第一中级人民法院（2017）京 01 刑初 86 号刑事判决的第二项；

三、上诉人高岭某犯贪污罪，判处有期徒刑三年，缓刑三年，并处罚金人民币三十万元。

【法官后语】

本案一审裁判过程中，被告人董国某等三人的行为依法构成贪污罪，对此并无分歧。争议焦点为，董国某等人套取公款后将部分款项用于公务支出，这部分数额是否应计入贪污数额。一种观点认为，各被告人通过签订虚假协议的方式从服务中心套取公款至乙公司账户，贪污行为已构成犯罪既遂，之后支付相关费用系犯罪既遂后对赃款的处置，且根据《最高人民法院、最高人民检察院关于办理贪污贿赂刑事案件适用法律若干问题的解释》（以下简称《解释》）的规定，国家工作人员出于贪污、受贿的故意，非法占有公共财物、收受他人财物之后，将赃款赃物用于单位公务支出或者社会捐赠的，不影响贪污罪、受贿罪的认定，但量刑时可以酌情考虑，故本案第二起事实中224万多元应当全部认定为贪污犯罪数额，乙公司实际支出的63万多元可作为量刑情节予以考虑，不应从贪污数额中扣除；另一种观点认为，在个案处理中，公务支出是否作为犯罪数额予以认定，应当按照该司法解释体现出的主客观相一致的原则具体分析。对于在申请款项之初即明确知道该钱款中的相应部分需要用于支付特定款项，被告人无法占为己有且在约定的时间内实际用于支付所述事项的情况下不宜计入犯罪数额，需要结合案情具体分析。

公诉机关在起诉时持第一种观点，而一审法院合议庭经过开庭审理，对于公诉机关指控的第二起事实中实际用于公务支出的款项从犯罪数额中予以扣除。合议庭认为，用于公务支出不影响贪污罪的认定，是对《解释》第十六条断章取义的误读，如果割裂犯罪的主客观方面进行分析，仅凭套取公款的行为即作出有罪评价，显然不符合司法解释的本意。《解释》第十六条强调了出于贪污、受贿的主观故意非法占有公共财物、收受他人财物，之后又对公私财物进行了意志下的处分。从主观方面分析，董国某等人以支付物业费、供暖费、保安费等公务支出的名义超出实际情况申请公款，在申请该款项之初即明确知道该钱款中的相应部分需要用于支付物业费、供暖费、保安费，自始至终对该笔费用不具有非法占有的主观故意；在客观方面，该钱款经过上级部门批准，拨付到位后，虽已进入各被告人实际控制的乙公司账户，但各被告人对该63万多元并无自主支配权，仍须按照合同约定的时间实际用于支付所述事项，且与向上级部门申请的事由一致。综上，从该63万多元的申请、使用情况，董国某三人对于该款项主观上没有非法占有目的，客观上用于与申报事项相符的用途，故未将上述款项计入贪污数额。公诉机关对这一认定未提出抗诉，二审法院经过审理，认为一审判决事实清楚、证据确实充分，也说明一审法院的认定是准确的。

编写人：北京市第一中级人民法院　吴迪　张之

281　层层转请托型贿赂犯罪中间人的定性

——王晓某受贿案

【案件基本信息】

1. 裁判书字号

北京市第三中级人民法院（2018）京03刑终492号刑事判决书

2. 案由：受贿罪

【基本案情】

2002年至2015年，上诉人王晓某接受他人请托，伙同张金某（另案处理）通过某分局所辖派出所户籍民警刘某（另案处理）帮助违规办理北京户口。经查，王晓某为其女及他人共16人违规办理北京户口，给予刘某好处费共计181万元，并从中获利65万元。一审审理期间，王晓某家属代其退缴赃款20万元；二审审理期间，王晓某家属代其退缴赃款45万元。

【案件焦点】

贿赂犯罪链中中间人王晓某的行为构成介绍贿赂罪、行贿罪还是受贿罪。

【法院裁判要旨】

北京市朝阳区人民法院经审理认为：被告人王晓某、张金某的行为不仅在行受贿中间起到单纯的介绍作用，而是成立行贿的共同犯罪。被告人王晓某明知他人身为国家工作人员，为牟取不正当利益，伙同他人给予国家工作人员财物，其行为构成行贿罪。

北京市朝阳区人民法院依照《中华人民共和国刑法》第三百八十九条第一款、第三百九十条、第二十五条第一款及《最高人民法院、最高人民检察院关于办理贪污贿赂刑事案件适用法律若干问题的解释》第七条第一款，作出如下判决：

一、被告人王晓某犯行贿罪，判处有期徒刑六年；

二、追缴被告人王晓某违法所得人民币六十五万元（含在案之人民币二十万元）予以没收。

王晓某不服一审判决，提出上诉。王晓某称，其不清楚下线张金某如何办理户口，未与张金某共谋。

辩护人的主要辩护意见为：本案呈现典型的单人、单线联系特征，现有证据不能证明王晓某与下线张金某、民警刘某间存在行受贿合意，王晓某的行为应认定构成介绍贿赂罪。

案件经送北京市人民检察院第三分院阅卷，检察院的意见为：王晓某的行为应认定为受贿罪共犯；同时，王晓某为其女办理户口，本应另定性为行贿罪，但鉴于上诉不加刑原则，不增加认定罪名。①

---

① 本案审理于2021年刑诉法司法解释施行之前，对上诉不加刑原则的理解尚有不同之处。

北京市第三中级人民法院经审理认为：上诉人王晓某伙同他人，利用国家工作人员的职务便利，非法收受财物，谋取不法利益，其行为构成受贿罪，且受贿数额巨大。北京市朝阳区人民法院判决认定上诉人王晓某犯行贿罪的事实清楚，证据确实、充分，审判程序合法，唯定性不准确，依法予以纠正。王晓某为其女违规办理北京户口，行为性质属于行贿，基于上诉不加刑原则，不再增加认定行贿罪名，但应作为量刑情节予以考虑。

北京市第三中级人民法院依照《中华人民共和国刑法》第三百八十五条、第三百八十六条、第三百八十三条、第二十五条、第六十七条第三款，《中华人民共和国刑事诉讼法》第二百二十五条第一款第二项、第二百二十六条及《最高人民法院、最高人民检察院关于办理贪污贿赂刑事案件适用法律若干问题的解释》第二条第一款、第十九条，作出如下判决：

一、撤销北京市朝阳区人民法院（2017）京 0105 刑初 2340 号刑事判决书主文的第一项、第二项；

二、上诉人王晓某犯受贿罪，判处有期徒刑三年六个月，罚金人民币二十万元；

三、在案扣押王晓某违法所得人民币六十五万元予以没收。

【法官后语】

层层转请托型贿赂犯罪，是对行贿人通过中间人向国家工作人员进行行贿，同时中间人获取非法报酬的犯罪现象的一种称谓。这种犯罪呈现行贿人、中间人、受贿人单人、单线联系的特征，且有时中间人不止一层，比如本案，涉案人员就有请托人—中间人 1：王晓某—中间人 2：张金某—受贿人刘某四层。对于中间人如何定罪，有不同观点。王晓某被公诉机关以行贿罪提起公诉，辩方则认为其应构成介绍贿赂罪，一审法院判决其犯行贿罪，二审法院改判其犯受贿罪。可见，对中间人行为的定性确实属于疑难问题。

1. 中间人不符合介绍贿赂罪的罪质特征

关于本案的定性，主要涉及三个罪名，介绍贿赂罪、行贿罪、受贿罪。《中华人民共和国刑法》第三百九十二条第一款对介绍贿赂罪的表述为："向国家工作人员介绍贿赂，情节严重……"从罪状描述中看出，这种介绍贿赂，是单纯的介绍行为，而不是本案这种层层转请托的行为，二者的主要区别在于，介绍贿赂的中间人所起作用较小，社会危害较轻，且一般不经手或收取钱款，而在层层转请托型犯罪中，中间人一方面作为请托人的受托人，收取请托人钱款，同时又作为请托人，向国家工作人员交付钱款，不仅经手贿赂款，大部分还从中非法牟利。本案中，王晓某联络需要违规办户口的家长并收取行贿款，截留部分钱款后将贿赂款交给下线张金某，张金某再截留部分钱款后联络具有职务身份且有能力违规办理户口的民警刘某。王晓某与张金某在过程中均切分"利益"。因此，王晓某、张金某的行为并不是仅仅在行受贿之间起到单纯的介绍作用，不构成介绍贿赂罪。

此外，通过法定刑的规定可以帮助理解刑法中相近罪名的罪质。介绍贿赂罪的法定最高刑为三年有期徒刑，与行贿罪、受贿罪在法定刑上存在明显差距。根据《中华人民共和国刑法》的规定，只有情节严重的介绍贿赂行为才成立介绍贿赂罪；而《中华人民共和国刑法》之所以要求情节严重，显然是因为情节不严重的介绍贿赂行为对法益的侵害还没有达到应当追究刑事责任的程度，因此，介绍贿赂罪本身应当仅限于社会危害相对轻微的行为，与本案王晓某的行为明显不符。

2. 认定中间人为行贿罪无法解决的问题

从朴素的直观认识上，中间人帮助请托人寻找有权为其谋取不正当利益的国家工作人员，应当属于行贿罪。一直以来，对类似案件，也常常是以行贿罪来判处的。但是，将中间人认定为行贿罪，有几个不可避免的矛盾无法解决：

（1）中间人的行为不符合行贿罪的罪质特征。行贿罪的本质特征是行为人通过向国家工作人员付出钱财获取特定利益，而在本案中，作为行、受贿链条中的中间人，王晓某既不是该特定利益（办理户口）的获得者，也不是赃款的支付者，相反，其却通过行贿款的中转，从中切分了部分非法所得。认定其犯行贿罪明显不妥。

（2）以行贿罪定罪会使犯罪数额认定不合理，进而导致量刑失衡。行贿罪和受贿罪是数额犯，必须明确其犯罪数额。转托型中间人层层截留贿赂款，每层中间人切分利益大小不一，对于中间人如果以行贿罪认定，对于确定其犯罪数额有两种意见：

一种做法是以中间人看到的数额认定为其行贿数额，“所见即所涉”。则整个链条中，距离行贿人最近的中间人量刑最重。例如，本案由于王晓某从行贿人处获得行贿款后，截留了一部分转给下线张金某，那么王晓某的行贿数额高于张金某，量刑应重于张金某。而这种做法忽视了中间人各自切分利益的大小。假设王晓某仅切分小额利益，下线张金某切分了大额利益，但是从行贿数额上看，王晓某却要重于张金某，这就导致共同犯罪人量刑失衡，有违罪责刑相适应原则。

另一种做法是以最终受贿人实际收到的受贿数额统一作为中间人的行贿数额予以认定，不再考虑中间切分掉的钱款。本案一审检察院和法院均系采用这种认定方式。这种方式由于也没有考虑各中间人切分利益的情况，也会导致量刑失衡。

(3) 以行贿罪定罪，中间人切分数额没有受到完整评价。对转托型中间人认定行贿罪，不论按照上述两种做法的哪种来认定其行贿数额，其所切分的利益都仅能认定为违法所得予以追缴，而不能作为其犯罪数额进行刑事归责，其行为对法益的侵害并未得到完整评价。

3. “就近认定”原则亦不可采

还有一种思路，就是按照相互之间意思和行为联系的紧密程度来确认共犯，与请托人联系紧密的中间人认为是请托人的共犯，构成行贿罪，与受托人联系紧密的中间人认为是受托人的共犯，构成受贿罪。张金某与王晓某同属中间人，区别在于王晓某负责寻找请托人，而张金某负责联系国家工作人员。按照这一思路，认为王晓某与请托人有共同的犯意（向国家工作人员行贿以违规办理户口）和共同的行为（给付钱财、请托），而对其从中切分利益的事实不予评价；同时，认为张金某与国家工作人员刘某的联系更为紧密，认定其为刘某的受贿共犯。这一思路乍一看很顺畅，但其实有两个问题无法解决：

一是同为中间人，同样切分利益，与请托人相近的中间人的切分数额不能评价，而与受托人相近的中间人的切分数额则评价为受贿数额，不仅对违法获利的评价不公，行贿罪与受贿罪的法定刑也不同。同样的行为，不同评价，属于同案不同判。

二是奇数中间人如何评价，也就是中间人不是本案中的两个，而是一个或三个，那么处在中间的那个中间人，既不能认为与请托人更近，也不能认为与受托人更近，其定性问题依然没有解决。况且，实践中并不总是理想的模型化的犯罪样态，不能仅因与谁更熟络、联系更紧密就认定罪行与谁同质。认定犯罪性质是法律判断，只能依据构成要件并结合共犯理论来认定。

4. 中间人作为受贿共犯的理由

与行贿罪的思路相反，受贿共犯的思路认为，王晓某、张金某作为中间人，和国家工作人员具有共同的利益诉求，即通过为他人违规办理落户而获利，其行为实质是利用国家工作人员职权共同受贿。

除更符合受贿罪的行为本质外，认定中间人为受贿共犯还可以很好地解决行贿罪所不能解决的犯罪数额问题。在层层转请托型行受贿案件中，往往中间人之间对于总体数额和各人切分数额并不知情，不同于受贿共同犯罪对于受贿数额有明确共谋的情形。比如本案，王晓某在其所参与的共同受贿中，与张金某、刘某在主观上存在概括的共同受贿故意，但对其他受贿共犯各自收取受贿款的数额并不知晓，故应以其实际所得额确定受贿数额。这种思路，更符合主客观相一致的原则，对其违法所得进行了刑事评价，以违法所得大小进行刑事归责和量刑，也更合理。

编写人：北京市第三中级人民法院　杨立军　王硕

282　驾照考试考场安全员在职务犯罪中的身份认定

——李某受贿案

【案件基本信息】

1. 裁判书字号

江苏省常州市中级人民法院（2018）苏04刑终279号刑事裁定书

2. 案由：受贿罪

【基本案情】

2015 年 2 月至 2017 年 2 月，被告人李某利用其在某交通巡警支队车管所担任考试科科目二考场安全员的职权和地位形成的便利条件，通过安全员主管周某（另案处理）将考试学员安排到自己负责或者指定的考试车辆并让考试车辆上的安全员关照考试学员的方式，违规帮助考试学员通过科目二考试，多次非法收受他人贿送的现金、银行汇款、支付宝和微信转账等，共计人民币 404100 元。

另查明，被告人李某将其中约 280600 元转送给考场安全员主管周某用以安排学员上车。案发后，被告人李某自动投案，并如实供述自己的犯罪事实。被告人李某家属已经代为退赃人民币 20 万元。

【案件焦点】

驾照考试中的考场安全员不属于编制内的国家机关工作人员，其工作性质是劳务辅助工作还是公务行为。

【法院裁判要旨】

江苏省溧阳市人民法院经审理认为：被告人李某利用其担任国家工作人员的职务之便，非法收受他人贿赂，为他人牟取不正当利益，数额巨大，其行为已构成受贿罪。公诉机关的指控事实清楚，证据确实充分，罪名成立，应予支持。被告人李某经侦查机关电话通知主动投案，并如实供述自己的罪行，具有自首情节，可以从轻或者减轻处罚；被告人李某主动退出赃款人民币 20 万元，可以酌情从轻处罚。据此，依照《中华人民共和国刑法》第三百八十五条，第三百八十六条，第三百八十八条，第三百八十三条第一款第二项和第二款、第三款，第九十三条，第六十七条第一款，第五十二条，第五十三条，第六十四条；《最高人民法院关于处理自首和立功具体应用法律若干问题的解释》第一条之规定，经本院审判委员会决定，判决如下：

一、被告人李某犯受贿罪，判处有期徒刑一年六个月，并处罚金人民币十五万元；

二、违法所得人民币404100元（含已贿送周某的280600元）予以没收，上缴国库（被告人李某已退出人民币200000元）。

一审宣判后，被告人李某提出上诉，后又撤回上诉。江苏省常州市中级人民法院裁定同意其撤回上诉，案件裁判已生效。

【法官后语】

本案焦点问题在于：(1) 对于被告人是否具有国家工作人员身份的认定；(2) 被告人将部分贿款用于贿送给安全员主管的行为应认定为共同行贿还是共同受贿。承办人认为，被告人李某系原某交巡警支队车管所考试科科目二考场安全员，在驾照考试中行使安全员职责。驾照考试是获得机动车驾驶证的考试，其考试内容和合格标准全国统一，相关考试规定由公安部统一制定，组织考生进行驾照考试并为通过考试的考生发放驾照属于公权力，而根据相关证据，安全员在考试中的职责为保障考生安全、告知考试中的注意事项、监督考试过程中的纪律问题，以及对考试结果解释答疑等，相关的安全员工作规范中也明确规定禁止提醒学员，严格禁止打招呼、串车查看学员名单等。此外，从本案被告人李某的相关行为来看，其供述材料反映其在发现学员快要出差错的时候，通过手指方向、咳嗽、拍打副驾驶的储物柜等方式提醒学员，从而违规帮助学员通过驾照考试。

从相关的安全员工作规范及被告人李某的行为中可以认定，被告人李某所从事的安全员工作在驾照考试中行使安全保障、监督考生等公务行为，且被告人李某利用职务之便为相关考生牟取了不正当利益，其行为对考试结果产生了实质性影响，其工作性质已经超出了劳务服务的范围，故被告人李某具有国家工作人员身份。

关于被告人李某的犯罪数额应如何认定，承办人认为，本案中所涉及的贿赂款项分为两部分，第一部分系被告人李某收受他人贿送的现金，考生在自己所负责的车辆上考试的。第二部分系被告人李某收受他人贿送的现金，考生在其他人的车上考试的。对于第一部分犯罪数额的认定无异议，对于第二部分贿赂款项，被告人李某将其中的部分款项转给了安全员主管周某，由其负责将考试学员安排到指定的考试车辆上。整个第二部分的贿赂款项分为李某私自截留的和贿送安全员主管周某的两部分，被告人李某私自截留的部分款项，属于国家工作人员利用本人职权或者地位形成的便利条件，通过其他国家工作人员职务上的行为，为请托人牟取不正当利益，收受请托人财物，根据《中华人民共和国刑法》第三百八十八条的规定，应以受贿论处；关于被告人李某转给安全员主管周某的部分款项，承办人认为，根据公诉机关移送过来的系列案件反映，从安全员到安全员主管到前台主管，实际上已经形成了受贿的上下线关系，各个环节的涉案当事人对于相关的受贿情节都已经心知肚明且长期实施，虽然另案被告人周某不知道被告人李某在自己的环节是否截留或者私自截留了多少赃款，故无法在另案对周某以全部数额作为共同犯罪数额论处。

但另案被告人周某对于被告人李某收受他人贿赂，然后通过自己安排考试车辆的行为为考生牟取不正当利益的情节知晓，二人相互配合，通过被告人周某的职务行为为请托人牟取不正当利益，应当按照受贿罪的共同犯罪处理，故第二部分的贿赂款项无论是被告人李某自己截留的，还是转送给另案被告人周某的，均应认定为受贿数额。但考虑到被告人李某并未实际占有全部数额，可在量刑上酌情考虑。

编写人：江苏省溧阳市人民法院　段云松　翟磊

283　排除合理怀疑的准确适用

——王甲受贿案

【案件基本信息】

1. 裁判书字号

北京市高级人民法院（2018）京刑终61号刑事判决书

2. 案由：受贿罪

【基本案情】

1. 王甲收受王乙给予钱款的事实：2007年，被告人王甲与时任某银行太原分行行长助理的王乙相识。2009年七八月间，王甲与王乙确定情人关系，双方约定各自办理离婚手续后结婚，王乙还把其银行卡交给王甲，将工资、奖金等收入转入该银行卡中供王甲使用。2009年年底至2010年年初，王甲应王乙的请托，利用其担任投资公司综合部某股权管理处主任、某银行董事一职所形成的便利条件，分别向某银行委员会书记、某银行董事长唐双某，某银行委员会副书记、纪委书记林某请托，为王乙在职务晋升中牟取不正当利益。其间，王甲收受王乙给予的钱款共计人民币189.5万元（以下币种均为人民币）。2010年9月，王乙向朋友李某借款120万元，汇入由王甲掌握的其名下的银行卡中。王甲应王乙的要求，将该款汇入王甲母亲李常某的账户后提取了现金。2009 年 2 月至 2010 年 11 月，某银行济南分行下属支行在办理两笔业务过程中违规操作，造成 16.7 亿元资金损失风险和案件风险（以下简称“××事件”）。2010 年 12 月，公安机关调查相关案件时，“××事件”爆发，某银行随即开展调查工作。时任某银行济南分行委员会副书记（主持工作）的王乙面临被追究相关责任的风险。王乙遂向王甲请托向唐双某、林某及某会股份制银行部处长孙晓某说情，在“××事件”的处理中对其免予或从轻追责。王甲应王乙的请托，帮助王乙向上述人员说情，并将其参加相关会议得知的“××事件”的调查处理信息实时告知王乙。2012 年 1 月，王乙因“××事件”受到通报批评，扣减绩效工资 3 万元的问责处理。2011 年 8 月，王乙向王甲转账汇款 30 万元；同年 10 月，王乙向王甲转账汇款 40 万元。2011 年和 2012 年，王乙先后两次起诉离婚，但均以撤诉告终。2012 年 9 月，王乙向他人借款 230 万元，通过转账方式给予王甲。2012 年 10 月，王甲与王乙结束情人关系。

2. 王甲经王乙介绍，收受马建某给予钱款的事实：2005 年 7 月，某银行聘请会计师事务所从事年度审计工作。此后，某银行每年都对会计师事务所年度工作进行评价，并根据评价结果，经管理层、董事会审议后决定是否续聘。2007 年，王甲作为投资公司派驻的董事进驻某银行，会计师事务所合伙人宋晨某定期向董事汇报审计工作时与王甲相识。2011 年，王甲经王乙介绍，接受马建某的请托，向宋晨某打招呼，安排请托人马建某的亲属马小某进入某会计师事务所工作，为此，收受马建某给予的钱款 20 万元。2016 年 3 月 22 日，被告人王甲被抓获归案。在本院审理期间，被告人王甲的家属代为退缴案款 209.5 万元。

【案件焦点】

被告人王甲案发前系投资公司银行机构管理二部副主任，其收受情人王乙钱款的行为可否认定为受贿。

【法院裁判要旨】

北京市第二中级人民法院经审理认为：被告人王甲身为国家工作人员，利用本人职权或者地位形成的便利条件，通过其他国家工作人员职务上的行为，为他人牟取不正当利益，数额巨大，其行为已构成受贿罪，依法应予惩处。北京市人民检察院第二分院指控被告人王甲受贿 189.5 万元的事实清楚，证据确实、充分，指控的罪名成立。鉴于本案的具体情节，并综合考量被告人王甲具有为他人谋取职务提拔而受贿的从重情节及其家属代为退缴全部赃款，且王甲当庭表示认罪、悔罪，如实供述所犯罪行的从轻情节，亦考虑到宣告缓刑对王甲所居住的社区没有重大不良影响，法院依法对王甲从轻处罚并适用缓刑。对被告人王甲依照《中华人民共和国刑法》第十二条，第三百八十八条，第三百八十六条，第三百八十三条第一款第二项，第五十二条，第六十七条第三款，第七十二条第一款、第三款，第七十三条第二款、第三款，第六十一条，第六十四条及《最高人民法院、最高人民检察院关于办理贪污贿赂刑事案件适用法律若干问题的解释》第一条第三款第三项，第二条第一款，第十八条，第十九条第一款及《最高人民法院关于适用财产刑若干问题的规定》第二条第一款之规定，判决如下：

一、被告人王甲犯受贿罪，判处有期徒刑三年，缓刑三年，并处罚金人民币二十万元（缓刑考验期限自判决确定之日起计算；罚金已缴纳）；

二、在案扣押的人民币二百零九万五千元中的一百八十九万五千元作为违法所得予以没收，剩余二十万元并入罚金刑执行；

三、在案扣押的女士手表一支，钻戒一枚及中国光大银行卡一张退回北京市人民检察院第二分院；在案冻结的中国光大银行账户予以解除冻结；在案查封的海淀区万柳万泉新新家园房屋一套予以解除查封。

一审宣判后，北京市人民检察院第二分院提出抗诉，认为：原判认定事实有误，适用法律错误，量刑明显畸轻。

北京市高级人民法院经审理认为：一审法院根据原审被告人王甲犯罪的事实、性质、情节和对于社会的危害程度，依法所作的判决事实清楚，证据确实、充分，量刑适当，审判程序合法，唯对部分犯罪事实的法律适用有误，本院依法予以改判。除认定王甲收受马建某 20 万元构成受贿罪外，对于北京市人民检察院第二分院的其他抗诉理由及北京市人民检察院的其他支持抗诉意见，本院不予采纳。王甲的辩护人所提合理辩护意见，本院酌予采纳。北京市高级人民法院依照《中华人民共和国刑法》第十二条第一款，第三百八十五条第一款，第三百八十六条，第三百八十三条第一款第二项、第三款，第五十二条，第六十七条第三款，第七十二条第一款、第三款，第七十三条第二款、第三款，第六十四条；《中华人民共和国刑事诉讼法》第二百三十六条第一款第二项及《最高人民法院、最高人民检察院关于办理贪污贿赂刑事案件适用法律若干问题的解释》第二条第一款，第十八条，第十九条第一款之规定，判决如下：

一、维持北京市第二中级人民法院（2017）京 02 刑初 67 号刑事判决的第一项、第三项；

二、撤销北京市第二中级人民法院（2017）京 02 刑初 67 号刑事判决的第二项；

三、在案扣押的人民币二百零九万五千元中，二十万元作为违法所得予以没收，二十万元并入王甲的罚金刑执行，剩余钱款发还王甲。

【法官后语】

在本案中，被告人王甲收受钱款行为与请托行为无法对应，且王甲与王乙系情人关系，无法排除王甲收受王乙钱财行为的其他可能性，故从排除合理怀疑的角度，王甲收受王乙钱款行为不应认定为受贿行为，理由如下：

第一，本案存在以下合理怀疑。为保证怀疑的客观性，应从普通理性人的角度出发，凭借日常生活经验对被告人的犯罪事实明智而审慎地作出判断。同时，作为合理怀疑依据的证据要具有真实性、客观性、关联性。首先，被告人王甲与王乙于2009年开始保持长达三年的情人关系，两人约定各自离婚后结婚，王乙在与王甲交往过程中，一再表示会尽快离婚然后与王甲结婚，为此，王乙将自己的工资卡等交由王甲保管，并不时将工资、奖金等打入此卡，共计98.86万元；其次，公诉机关对王乙打入王甲保管的工资卡的款项没有计入受贿数额。按照证据认定的同一性标准，相同类型的证据要么全部采用，要么全部排除在外，既包括适用的同一性，也包括证明力的同一性，如同为受贿物，早上收取的和晚上收取的款项，其证明力及使用价值相同。公诉机关将部分数额计入犯罪金额，违背证据适用的同一性标准，也表明公诉机关认为该部分金额不属于权钱交易；最后，受贿罪作为对合型犯罪，除了双方当事人的口供之外，若缺乏其他证据的支撑，难以排除其他可能性。本案中，收集到的其他证据要么缺乏证明力，要么缺乏关联性，无法对收受款项行为与请托关系的对应性予以证实。

第二，根据经验法则和逻辑规则，合理怀疑足以动摇事实认定。在本案中，虽然有证据表明王甲多次收受王乙的钱款，但现有证据既无法证实王甲有索贿行为，也无法证实收受钱款行为与请托行为之间存在对应性。另外，本案存在的特殊之处在于行受贿双方为情人关系，且具有成为夫妻的现实性及可能性：(1) 王甲为了与王乙成婚，已与前夫离婚，且多次向王乙表达意愿，催促对方尽快离婚；(2) 王乙也多次向王甲表示要与其在一起生活，为此还写下保证书，并把自己的银行卡交与王甲，用于以后共同生活和购房的款项；(3) 王乙为此亦向法院提起离婚诉讼，即使有做戏成分，但对于不知情的王甲而言，更能坚定其要与王乙结合的决心；(4) 二人存在长期的同居生活，个人财产存在混同情况，应当考虑二人具有重组家庭的计划和感情基础。

第三，根据现有证据链无法得到唯一结论。排除合理怀疑的证明标准要求人们对案件事实的认知最大可能地接近于客观真实，在结论生成过程中，有罪的可靠性得到有力的证明，无罪的结论则没有合理理由支持。本案中，虽然有双方当事人的口供及转账记录，但口供存在冲突及相互矛盾之处，缺乏足够的证明力，而职务提升作为客观事实，是否与转账存在关联性缺乏充足证据予以证实。不能排除二人以结婚为目的共同攒钱的合理怀疑。倘若最终王乙与王甲结为夫妻，双方之间的财物往来就成为二人的共同财产，情人或者夫妻为了彼此事业的发展、升迁建言献策、通风报信，虽有违纪之嫌，但尚未构成犯罪。

综上，从排除合理怀疑的角度及有利于被告人的原则出发，王甲收受王乙钱财的行为不应认定为受贿行为。

编写人：北京市高级人民法院　朱锡平

284　感情投资型受贿金额的认定

——李某受贿案

【案件基本信息】

1. 裁判书字号

四川省绵阳市中级人民法院（2018）川 07 刑终 105 号刑事裁定书

2. 案由：受贿罪

【基本案情】

被告人李某在担任某县卫生与计划生育局局长期间，利用职务便利，为他人谋取利益，收受他人财物共计人民币 5 万元；利用行政管理的上下级关系，先后多次收受下属单位人员所送礼金共计人民币 11.7 万元。具体事实如下：

1. 2012 年 11 月至 12 月，原审被告人李某承诺帮助原某卫生院院长易某之妻李某某调动工作，收受易某人民币 2 万元；李某某工作调动后，李某将该款全部退还给易某。

2. 2012 年 11 月至 12 月，原审被告人李某承诺帮助原某卫生院院长甯某某调动工作，收受甯某某人民币 3 万元。

3. 2009 年至 2013 年，原审被告人李某收受某县疾控中心主任钟某某以过节之名所送人民币共计 3.7 万元，以到我国台湾地区法鼓山访问需要开支为名所送人民币 2 万元。

4. 2009 年至 2013 年，原审被告人李某收受某卫生院院长夏某某以过节之名所送人民币共计 3 万元。

5. 2011 年至 2013 年，原审被告人李某收受某卫生院院长杨某某以过节之名所送人民币共计 3 万元。

【案件焦点】

《最高人民法院、最高人民检察院关于办理贪污贿赂刑事案件适用法律若干问题的解释》第十三条第二款规定："国家工作人员索取、收受具有上下级关系的下属或者具有行政管理关系的被管理人员的财物价值三万元以上，可能影响职权行使的，视为承诺为他人谋取利益。"该规定中的"三万元以上"如何理解。

【法院裁判要旨】

四川省绵阳市安州区人民法院经审理认为：被告人李某身为国家工作人员，利用职务上的便利，非法收受他人财物，数额较大，其行为已构成受贿罪。对公诉机关起诉书指控的被告人李某收受的红包礼金等，没有明确、具体请托事项，缺失"为他人谋取利益"的构成要件，不宜作为犯罪处理。被告人李某明知易某请托其对妻子工作调动事宜予以帮助而收受财物，虽其在事后将收受的财物予以退还，但其受贿犯罪行为已经实际完成，犯罪形态已为犯罪既遂，应当以受贿犯罪论处，事后的退还行为可作为"主动退还"的量刑情节予以考虑。被告人李某虽没有自动投案，但根据在卷的证据，办案机关所掌握的被告人李某可能收受杨某某贿赂的犯罪线索针对的犯罪事实不能成立，在此范围外被告人李某主动交代了其他同种犯罪，以自首论，依法可以从轻或者减轻处罚。被告人李某向纪委退缴的收受的红包礼金，与经审理认定的犯罪金额无关，不作为本案的退赃金额予以认定。被告人李某能积极退缴或主动退还受贿的全部财物，酌情从轻处罚。

四川省绵阳市安州区人民法院依照《中华人民共和国刑法》第三百八十五条、第三百八十六条、第三百八十三条、第六十七条第一款、第三十七条和第六十四条之规定，经审判委员会讨论决定，作出如下判决：

一、被告人李某犯受贿罪，免予刑事处罚；

二、对被告人李某所退赃款人民币六万元，依法予以没收，上缴国库。

四川省绵阳市安州区人民检察院以一审判决适用法律错误，认定金额错误，适用法律前后矛盾，认定自首错误为由提起抗诉。

四川省绵阳市中级人民法院经审理认为：原判认定李某受贿数额不准确，应予以纠正；但根据李某犯罪的事实、犯罪的性质、情节和对于社会的危害程度综合评判，可以对其免予刑事处罚，对一审的处罚结果予以维持。

四川省绵阳市中级人民法院依照《中华人民共和国刑事诉讼法》第二百二十五条第一项的规定，作出如下裁定：

驳回抗诉，维持原判。

【法官后语】

感情投资型受贿是受贿行为的一种常见形态，具有隐蔽性、持续性等特征，在金额计算及犯罪认定上经常给司法实践带来大量困惑。《最高人民法院、最高人民检察院关于办理贪污贿赂刑事案件适用法律若干问题的解释》（以下简称《贪污贿赂解释》）第十三条第二款“国家工作人员索取、收受具有上下级关系的下属或者具有行政管理关系的被管理人员的财物价值三万元以上，可能影响职权行使的，视为承诺为他人谋取利益”之规定，是当前惩治感情投资型受贿的有力手段，但其中“三万元以上”和“可能影响职权行使”两项标准未作明确界定，需要从以下三个方面进行把握。1. 认定“三万元以上”数额应当累加计算，但原则上不能针对不同行为人进行累加计算。

本条司法解释设立“三万元以上”数额标准除惩治受贿外，还有区分国家工作人员正常人际往来、违纪行为和受贿行为的立法意图。国家工作人员索取、收受具有上下级关系的下属或者具有行政管理关系的被管理人员的财物不能一概认定为犯罪行为，也有正常人际往来。如同一办公室加班下级为上级购买盒饭等行为，明显不应作为受贿金额进行积累。混淆了正常人际交往与受贿之间的界分，将国家工作人员与所有行为人之间的财物往来均作为受贿金额进行累计，司法解释设定三万元的数额界限也就没有了意义。

2. 认定“可能影响职权行使”应以“法律推定”为前提。基于反腐刑事政策的考量，“可能影响职权行使”应当理解为一种法律推定，即只要国家工作人员索取、收受具有上下级关系的下属或者具有行政管理关系的被管理人员的财物价值三万元以上，就表明该行为可能影响到国家工作人员的职权行使，无须再根据身份关系之外的其他证据。若不做法律推定的理解，则在国家工作人员索取、收受具有上下级关系的下属或者具有行政管理关系的被管理人员的财物价值三万元以上之后，仍需裁量或证实是否影响了职权行使，那么在裁量的过程中，就会出现基于刑事政策的考量和自由裁量权的扩张。同时，亦正是基于法律推定的立场，当事人有充分的证据足以推翻该推定的，可以否定“可能影响职权行使”，进而做“出罪”处理。

3. 感情投资型受贿的溯及力应延伸至“为他人谋取利益”或“承诺为他人谋取利益”时，即使受贿行为发生在《贪污贿赂解释》施行前，但只要“为他人谋取利益”或“承诺为他人谋取利益”时间在《贪污贿赂解释》施行后，也可依本条司法解释予以追诉。

感情投资型受贿具有持续性，故即使受贿行为发生于《贪污贿赂解释》施行前，亦存在溯及力的问题。

2003 年 11 月 12 日最高人民法院印发的《全国法院审理经济犯罪案件工作座谈会纪要》（以下简称《座谈会纪要》）第三条第二款与《最高人民法院、最高人民检察院关于适用刑事司法解释时间效力问题的规定》（以下简称《时间效力规定》）第二条规定之间存在冲突。对此在学术界和实务界存在以下两种理解：(1) 在《贪污贿赂解释》施行前，对感情投资型受贿没有相关司法解释予以明确，应适用《时间效力规定》第二条；(2)《座谈会纪要》对“视为承诺为他人谋取利益”的情形作出了解释，《贪污贿赂解释》对“视为承诺为他人谋取利益”又增设了新的解释，应适用《时间效力规定》第三条。

此处产生分歧的核心在于对《贪污贿赂解释》第十三条第二款的规定本身的性质的界定，是法律拟制还是法律推定。拟制是一种立法技巧，是将乙事实当作甲事实，与甲事实产生同样的法律效果。推定则是在无法直接认定甲事实之时，法律根据一些事实表象，推论甲事实的存在，进而直接认定甲事实的法律效果。拟制的情况下，一旦乙事实存在，则结论无法推翻。而在推定的情况下，可以提出相反的证据推翻推定的结论不成立。因此，《贪污贿赂解释》第十三条第二款规定性质应当为法律推定。感情投资型受贿有区别于在刑法修正案（九）草案中曾出现的“收受礼金罪”，《贪污贿赂解释》第十三条第二款通过对事实条件的限缩，使该解释条文的实质内涵无限趋同于受贿罪的核心“权钱交易”，而并非将不具有“权钱交易”性质的红包礼金拟制按受贿处理。因为对于收受所谓感情投资的国家工作人员而言，社会大众有理由相信，该国家工作人员的将来的职务行为有被置于贿赂的影响之下，从而损害职务行为公正性的危险，有违社会大众对国家工作人员职务公正性的信赖，因而成就了刑法上对该种行为的期待可能性和可罚性。

因而，《贪污贿赂解释》第十三条第二款规定的受贿行为，不是超越立法权和立法解释权的以司法解释形式进行的法律拟制，而是最高司法机关对具有“权钱交易”实质内核的特定关系人之间无明确请托事项的利益输送，推定具有“承诺为他人谋取利益”的构成要件，为司法实践中存在的理解模糊和操作困境提供依据，对该行为的有责性和可罚性予以明确，并未实际脱离受贿罪的核心构成要件。此外，《贪污贿赂解释》与《座谈会纪要》中对“视为承诺为他人谋取利益”的情形的解释是截然不同的，前者是对无明确请托事项而收受的主观推定，后者是对明知有具体请托事项而收受的主观推定。也即在《贪污贿赂解释》之前，对无明确请托事项而收受财物是否视为承诺为他人谋取利益并无司法解释予以明确，故不应当适用《时间效力规定》第三条的规定。

编写人：四川省绵阳市中级人民法院　陈江

四川省绵阳市安州区人民法院　陈超

285 附加刑应当与主刑在同一幅度内量刑

——方某某利用影响力受贿案

【案件基本信息】

1. 裁判书字号

云南省昆明市中级人民法院（2018）云01刑终80号刑事判决书

2. 案由：利用影响力受贿罪

【基本案情】

1. 2013年2月至2016年6月，被告人方某某利用其丈夫张某某担任某1监狱政委、某2监狱监狱长之职权及职务行为，为王某某谋取不正当利益，收受王某某（另案处理）贿赂人民币3万元。

2. 2015年2月至2016年5月，被告人方某某利用其丈夫张某某担任某1监狱监狱长之职权及职务行为，为宁某某谋取不正当利益，收受宁某某（另案处理）贿赂人民币13.5万元。

综上，被告人方某某收受贿赂共计人民币16.5万元。

【案件焦点】

被告人具有可以从轻或者减轻处罚情节时，能否对主刑和附加刑在不同档次内进行量刑。

【法院裁判要旨】

云南省安宁市人民法院经审理认为：根据被告人方某某在侦查机关的供述、证人张某某、王某某、宁某某、李某仙、黄某某、李某春的证言，均可印证被告人方某某利用其配偶张某某担任某1监狱政委、某2监狱监狱长的职权及职务行为，明知王某某、宁某某的请托事项，在为王某某、宁某某供应监狱物资过程中提供帮助，谋取竞争优势，事后收取王某某、宁某某财物，其行为符合利用影响力受贿罪的构成要件，构成利用影响力受贿罪。因此，对辩护人提出被告人方某某不构成利用影响力受贿罪的辩护意见，云南省安宁市人民法院不予采纳。被告人方某某以受贿的故意收受王某某、宁某某现金后回赠礼品，不影响对其利用影响力受贿罪的认定，对回赠礼品的金额不予扣减。对辩护人提出被告人方某某回赠行贿人礼品金额应从受贿金额中扣减的辩护意见，云南省安宁市人民法院不予采纳。根据云南省安宁市人民检察院反贪局出具的三份办案情况说明，证实被告人方某某在侦查期间，揭发他人犯罪行为，后经查证属实，其行为符合《最高人民法院、最高人民检察院关于办理职务犯罪案件认定自首、立功等量刑情节若干问题的意见》第二项关于立功的认定，应对被告人方某某认定为立功。云南省安宁市人民法院对辩护人提出认定被告人方某某成立立功的辩护意见予以采纳。云南省安宁市人民法院认为，被告人方某某利用其配偶担任国家机关工作人员职权及职务行为，为请托人谋取不正当利益，收受财物，数额较大，其行为已触犯国家刑律，构成利用影响力受贿罪，应依法惩处。被告人方某某到案后如实供述犯罪事实，依法可以从轻处罚。被告人方某某揭发他人犯罪行为，经查证属实，构成立功，依法可以从轻或者减轻处罚。辩护人提出的其他辩护意见云南省安宁市人民法院已经注意。公诉机关指控的犯罪事实清楚，证据确实、充分，罪名成立。

云南省安宁市人民法院依照《中华人民共和国刑法》第三百八十八条之一、第六十七条第三款、第六十八条、第六十一条、第五十二条、第五十三条、第七十二条、第七十三条、第六十四条之规定，判决如下：

一、被告人方某某犯利用影响力受贿罪，判处有期徒刑十个月，宣告缓刑一年，并处罚金人民币二万元；

二、被告人方某某退缴违法所得人民币十六万五千元依法予以没收，余款人民币二万元折抵罚金。

云南省安宁市人民检察院提起抗诉，被告人方某某提起上诉。

云南省昆明市中级人民法院经审理，确认一审法院认定的事实和证据。

云南省昆明市中级人民法院经审理认为：上诉人方某某利用其配偶担任国家机关工作人员职权及职务行为，为请托人谋取不正当利益，收受他人财物，数额较大，其行为已触犯国家刑律，构成利用影响力受贿罪，依法应予惩处。上诉人方某某到案后检举他人犯罪行为，并经查证属实，其归案后直至庭审均能如实供述犯罪事实，具有立功表现和坦白情节，依法可对其从轻或减轻处罚。针对上诉人方某某的辩护人所提“宁某某给方某某的 10 万元是方某某向宁某某借的购房款，属于借贷行为”的辩护意见，云南省昆明市中级人民法院认为，根据本案在卷的被告人方某某供述、行贿人宁某某陈述证实，行贿人宁某某为了能够顺利向某 2 监狱供应蔬菜并延长供应时间，从中获利，向某 2 监狱监狱长张某某之妻方某某行贿共计 13.5 万元，二行为人供述的作案时间、地点、金额及现金包裹特征等具体细节均能相互吻合，足以认定上诉人方某某收受宁某某贿赂的犯罪事实。因此，以上辩护意见与本案查明的事实不符，云南省昆明市中级人民法院不予采纳。针对上诉人方某某及其辩护人所提“上诉人方某某系初犯，并退缴了 20 万元的赃款，真诚悔罪且具有坦白和立功情节，希望二审法院对其免予刑事处罚”的辩护意见，云南省昆明市中级人民法院认为，上诉人方某某到案后如实供述所犯罪行，并检举揭发他人犯罪，经查证属实，同时，主动向办案机关退缴受贿所得赃款，以上查明事实，原审判决已予以确认，并在量刑时已对其从轻或减轻处罚。因此，以上辩护意见，云南省昆明市中级人民法院不予采纳。针对上诉人方某某及其辩护人所提“抗诉机关援引的司法解释规定的是贪污罪、受贿罪的处罚标准，而不是利用影响力受贿罪的处罚标准，考虑到上诉人方某某涉及罪名的社会危害性相较受贿罪较小，应适当降低处刑标准”的辩护意见，云南省昆明市中级人民法院认为，根据《最高人民法院、最高人民检察院关于办理贪污贿赂刑事案件适用法律若干问题的解释》（以下简称《两高解释》）第十条第一款之规定，刑法第三百八十八条之一规定的利用影响力受贿罪的定罪量刑适用标准，参照本解释关于受贿罪的规定执行。因此，辩护人所提以上辩护意见与法律规定相悖，云南省昆明市中级人民法院不予采纳。针对抗诉机关所提“对于贪污罪、受贿罪判处三年以下有期徒刑或者拘役的，应当并处十万元以上五十万元以下的罚金，对刑法规定并处罚金的其他贪污贿赂犯罪，应当在十万元以上犯罪数额两倍以下判处罚金。被告人方某某犯利用影响力受贿罪，应当并处十万元以上犯罪数额二倍以下罚金。原审判决对方某某判处20000元罚金，在法定罚金数额以下，属于适用法律错误，量刑不当”抗诉意见，云南省昆明市中级人民法院认为，《最高人民法院、最高人民检察院关于办理贪污贿赂刑事案件适用法律若干问题的解释》第十九条已明确规定，对于贪污、受贿罪判处三年以下有期徒刑或者拘役，应当并处十万元以上五十万元以下的罚金。因此，十万元即为法律明确规定的最低罚金数额，对涉及贪污、受贿罪均应并处十万元以上罚金刑，原审判决在法定附加刑以下判处罚金刑显属适用法律错误，导致附加刑量刑不当。因此，抗诉机关和支持抗诉的检察机关所提抗诉意见于法有据，云南省昆明市中级人民法院予以采纳。

云南省昆明市中级人民法院依据《中华人民共和国刑事诉讼法》第二百二十五条第一款第二项，《中华人民共和国刑法》第三百八十八条之一、第六十七条第三款、第六十八条、第六十一条、第五十二条、第五十三条、第七十二条、第七十三条、第六十四条之规定，判决如下：

一、撤销云南省安宁市人民法院（2017）云 0181 刑初 306 号刑事判决；

二、上诉人（原审被告人）方某某犯利用影响力受贿罪，判处有期徒刑十个月，缓刑一年，并处罚金人民币十万元；

三、上诉人（原审被告人）方某某退缴违法所得人民币十六万五千元依法予以没收，余款人民币三万五千元折抵罚金。

【法官后语】

为了有力打击贿赂犯罪，刑法修正案（七）设立了“利用影响力受贿罪”。《最高人民法院、最高人民检察院关于办理贪污贿赂刑事案件适用法律若干问题的解释》第十条规定，利用影响力受贿罪的定罪量刑适用标准，参照本解释关于受贿罪的规定执行；而在该解释第十九条第二款规定，对刑法规定并处罚金的其他贪污贿赂犯罪，应当在十万元以上犯罪数额二倍以下判处罚金。根据规定，利用影响力受贿罪中，数额较大或者有其他较重情节的，处三年以下有期徒刑或者拘役，并处罚金。本案中，一审法院与二审法院均认定被告人方某某具有立功情节，依法可以从轻或者减轻处罚，一审法院经审理以利用影响力受贿罪判处被告人方某某有期徒刑十个月，宣告缓刑一年，并处罚金二万元的判决。

宣判后，公诉机关认为主刑与附加刑裁决标准不统一提出上诉，二审法院经审理后认为，主刑与附加刑应在同一从轻或者减轻幅度内量刑，进而作出了改判。本案的分歧点在于，针对被告人具有可以从轻或者减轻处罚情节时，能否对主刑和附加刑不在同一档次内进行量刑。当前有关法律并未明确规定该问题应如何处理，笔者根据相关法律规定以及学术观点进行下述评析，以期对将来的审判实践有所助益。

罚金刑属于刑法中的附加刑，也是我国刑罚体系的重要部分。《中华人民共和国刑法》第五十二条规定，判处罚金，应当根据犯罪情节决定罚金数额。该条文明确指出在对罚金刑裁量时同主刑一样，均根据的是犯罪情节。刑法修正案（九）规定的贪污犯罪有三种由少到多的犯罪数额和由轻到重的犯罪情节，司法解释对犯罪情节对应的主刑及罚金刑进行了明确，这也充分说明了罚金刑量刑依据与主刑量刑依据相同，都是根据犯罪数额或者犯罪情节进行量刑的。因此，主刑的宣告刑是在充分考虑犯罪分子的犯罪情节和各种从重、从轻、减轻或者免除刑罚等各种法定、酌定情节之后作出的综合评价后作出的，在主刑减轻处罚至下一个量刑幅度时，罚金刑的数额相应地也应当处在下一个幅度裁量，否则，罚金刑的裁量方法就与主刑并不统一。另外，依据《中华人民共和国刑法》第六十三条规定“在法定刑以下判处刑罚”中的“法定刑”，并没有特别指明仅是主刑，“法定刑”当然既包括主刑，也包括附加刑。附加刑作为主刑的重要辅助，与主刑已形成一个固定的组合，主刑依法能够在法定刑以下或者下一个量刑幅度内判处刑罚，罚金刑也可以在法定刑以下或者下一个量刑幅度内进行裁量。

在司法实践当中，首先应遵循罪刑相适应的刑罚基本原则，必须充分根据被告人的犯罪情节、主观恶性、社会危害性等因素予以综合评判，最大限度的体现刑罚的目的。不论是主刑还是附加刑的罚金裁量，目标上都应统一、方法上都应严谨，才能相得益彰。其次罚金的裁量还要考虑犯罪人的缴纳能力，既要能够达到惩罚的目的也要能够实现社会的和谐。

综上，罚金刑作为一种补充主刑适用的附加刑罚方式，其在适用过程中应与犯罪人的犯罪情节、主刑裁量相一致，也要根据客观情况灵活裁量。

编写人：云南省安宁市人民法院　江璐　李鑫鹏

286 请托人利用国家机关工作人员自身地位或职权产生的间接影响，通过其他国家工作人员职务上的行为谋取不正当利益的，请托人是否构成行贿罪

——陈仕某行贿、受贿案

【案件基本信息】

1. 裁判书字号

福建省泉州市中级人民法院（2018）闽 05 刑终 567 号刑事裁定书

2. 案由：行贿罪、受贿罪

【基本案情】

1. 行贿部分

被告人陈仕某伙同陈子某（另案处理）、苏洁某（已判决）于2013年年底至2014年年初，在某区保洁服务项目包二的工程招投标中，为确保中标，经预谋由陈子某出面找到时任某自来水公司经理、党支部书记黄硕某（另案处理），由黄硕某利用其地位形成的便利条件通过分管市政建设管理的时任某镇党委委员、纪委书记洪宝某职务上的行为，使得被告人陈仕某及陈子某、苏洁某中标该项目，后由陈子某出面贿送黄硕某人民币30万元，再由三人按照约定的股份比例分摊费用。

2. 受贿部分

被告人陈仕某于2009年至2015年上半年，利用担任某消防大队水头中队中队长、某消防支队司令部战训科副营职参谋的职务便利，收受洪建某、吴文某等6人17次送款计10.2万元，并为送款人谋取利益。

【案件焦点】

国家机关工作人员间没有职务上的隶属或制约关系，请托人利用国家机关工作人员自身地位或职权产生的间接影响，通过其他国家工作人员职务上的行为谋取不正当利益的，请托人是否构成行贿罪。

【法院裁判要旨】

福建省安溪县人民法院经审理认为：被告人陈仕某为谋取不正当利益，伙同他人给予国家工作人员钱财计30万元，其行为已构成行贿罪，属共同犯罪。被告人陈仕某身为国家工作人员，利用职务上的便利为他人谋取利益，收受他人财物10.2万元，数额较大，其行为已构成受贿罪。公诉机关指控被告人陈仕某犯行贿罪、受贿罪的罪名成立，适用法律正确。被告人陈仕某如实供述行贿罪部分的主要犯罪事实，可以从轻处罚；其归案后，如实供述司法机关尚未掌握的受贿部分罪行，以自首论，依法对犯受贿罪从轻处罚；其已退清全部赃款，且在共同行贿中所起作用相对较小，酌情从轻处罚。被告人陈仕某在判决宣告以前一人犯数罪，应依法数罪并罚。辩护人黄建某关于被告人陈仕某受贿罪部分金额应当扣除 0.5 万元及被告人陈仕某具有自首、积极退赃等情节，建议对其从轻、减轻处罚的辩护意见予以采纳；关于被告人陈仕某行贿罪不成立的辩护意见不予采纳。

福建省安溪县人民法院依照《中华人民共和国刑法》第十二条第一款，第三百八十五条第一款，第三百八十九条第一款，第三百八十六条，第三百八十三条第一款第一项、第二款，第二十五条第一款，第六十七条，第六十九条第一款、第三款，第六十四条；1997 年修订的《中华人民共和国刑法》第三百九十条第一款及《最高人民法院关于处理自首和立功具体应用法律若干问题的解释》第二条；《最高人民法院、最高人民检察院关于办理贪污贿赂刑事案件适用法律若干问题的解释》第一条第一款、第七条第一款，第十五条第一款，第十八条，第十九条第一款规定，作出如下判决：

一、被告人陈仕某犯行贿罪，判处有期徒刑一年六个月；犯受贿罪，判处有期徒刑一年二个月，并处罚金人民币十万元。决定执行有期徒刑二年三个月，并处罚金人民币十万元；

二、被告人陈仕某退缴在本院的赃款人民币十万二千元，予以没收上缴国库。

陈仕某不服一审判决，提出上诉。

福建省泉州市中级人民法院经审理认为：原判定罪及适用法律准确，量刑适当。

福建省泉州市中级人民法院依照《中华人民共和国刑事诉讼法》第二百二十五条第一款第一项的规定，作出如下裁定：

驳回上诉，维持原判。

【法官后语】

本案中，陈仕某是否构成行贿罪的核心在于，“中间人”黄顽某是否构成受贿罪，即其是否能够作为本案行贿犯罪的适格对象。

笔者认为，“中间人”黄顽某的行为系“斡旋受贿”。所谓斡旋受贿，是指国家工作人员利用本人职权或者地位形成的便利条件，通过其他国家工作人员职务上的行为，为请托人谋取不正当利益，索取请托人财物或者收受请托人财物的行为。《全国法院审理经济犯罪案件工作座谈会纪要》明确斡旋贿赂构成受贿罪的两个特点：一是接受请托、索取或者收受财物的国家工作人员与利用职务行为为请托人谋取不正当利益的国家工作人员之间没有职务上的隶属、制约关系；二是索取或者收受财物的国家工作人员对于被利用的国家工作人员职务行为存在一定的影响，但这种影响应当是间接的。

据此，利用职权或者地位形成的便利条件，并不能狭隘地理解为行为人利用的是其本人的职权或地位，而是只要基于国家工作人员的特定身份产生的影响力，积极实施斡旋行为即可。此时，请托人所谋求的利益，行为人“力不能及”，即不能命令被利用的国家工作人员去作为或不作为，来为请托人谋取不正当利益。被利用的国家工作人员是否接受行为人转托，为请托人谋取不正当利益，主观上是自由的，不受约束的。不同国家工作人员因彼此的职权或地位会产生一定的影响，只不过这种影响是一种间接制约。这种间接制约的概念是宽泛的，所指向的主体有更丰富的外延，如同单位内部的不同部门的国家工作人员、上下级单位没有职务隶属或制约关系的国家工作人员、有工作联系的不同单位的国家工作人员、甚至存在接触的不同单位的国家工作人员。

可见，只要是具备国家工作人员身份的“中间人”，都具备进行斡旋受贿的条件，而只要其具体实施了斡旋行为，便影响了国家工作人员职务的廉洁性，就应当受到刑罚处罚，即构成“斡旋受贿”，应依照《中华人民共和国刑法》第三百八十六条的规定以受贿论处。我们还可以就此得出，斡旋受贿与普通受贿的关键区别在于，斡旋受贿的国家工作人员之间不存在直接制约关系，而后者存在直接制约关系。

本案中，黄顽某、洪宝某均是国家工作人员，黄顽某用其地位形成的便利条件，通过洪宝某为请托人为陈仕某等人谋取不正当利益，黄顽某是本案行贿犯罪的适格对象。“举轻以明重”，陈仕某应以行贿罪定罪论处。

编写人：福建省安溪县人民法院　谢晓凤

287 自收自支的事业单位中共同贪污的认定

——刘某贪污案

【案件基本信息】

1. 裁判书字号

北京市第三中级人民法院（2017）京03刑终657号刑事裁定书

2. 案由：贪污罪

【基本案情】

自来水公司自2006年至2013年系自收自支事业单位。2007年至2012年，被告人刘某在担任自来水公司经理期间，利用管理自来水公司全面工作的职务便利，指使自来水公司财务科科长李某（另案处理）、现金会计张某（另案处理），从公司账户支取现金为领导班子成员及李某、张某发放上一年度“额外奖金”，并采取虚列开支等方式平账。其中，刘某个人所得人民币63万元，李某个人所得人民币32万元，张某个人所得人民币16万元。2016年1月22日，被告人刘某经侦查机关电话通知后主动到案。侦查期间，刘某、李某、张某已将上述个人所得钱款全部退缴。

【案件焦点】

自收自支的事业单位中，被告人刘某伙同财务人员违规给班子成员及财务人员发放额外奖金的行为，如何定性。

【法院裁判要旨】

北京市顺义区人民法院经审理认为：对于被告人刘某的行为不构成贪污罪、属于违纪的辩解及辩护意见，经查，自来水公司虽然在案发期间系自收自支事业单位，但其经营具有社会公共性和垄断性，公司盈利源于其在市场竞争中具有的特殊优势地位，故自来水公司应当接受国家有关部门的监管，对公司资产进行分配应当按照规范的程序和要求进行。《关于奖金发放流程的说明》及相关证人证言证实，自来水公司的奖金发放具有一定的标准和流程，发放对象为全体员工，但涉案钱款的发放并无具体的标准和考核方法，金额由刘某个人决定且具有随意性，范围仅限于领导班子成员以及刘某个人决定的李某、张某二人，并采取了未如实记账、虚列支出平账的隐蔽手段，该行为已超出违纪的评价范围，具有严重违法性，客观上符合贪污罪的构成要件。主观上，被告人刘某明知奖金的正常决策和发放程序，仍然违反相关程序和要求发放涉案钱款、授意会计虚假记账，其本人亦领取了涉案钱款，足以证明其主观上具有非法占有的故意，故被告人刘某的行为构成贪污罪，被告人相关辩解及辩护人辩护意见不予采纳。被告人刘某作为国家工作人员，伙同他人利用职务上的便利，非法占有公共财物，数额巨大，其行为已构成贪污罪，且系共同犯罪，应予惩处。

北京市顺义区人民法院依照《中华人民共和国刑法》第十二条第一款，第九十三条第二款，第三百八十二条第一款，第三百八十三条第一款第二项、第二款、第三款，第二十五条第一款，第六十一条，第六十七条第一款，第五十二条，第五十三条，第六十四条；《最高人民法院、最高人民检察院关于办理贪污贿赂刑事案件适用法律若干问题的解释》第二条第一款，第十八条，第十九条第一款，作出如下判决：

一、被告人刘某犯贪污罪，判处有期徒刑三年，并处罚金人民币二十万元；

二、随案移送的赃款人民币六十三万元发还自来水公司。

刘某持原审辩解提起上诉。

北京市第三中级人民法院认同一审法院裁判意见，依照《中华人民共和国刑事诉讼法》第二百二十五条第一款第一项之规定，作出如下裁定：

驳回上诉人刘某之上诉，维持原判。

【法官后语】

本案的定性存在较大争议，有一般违纪、共同贪污、私分国有资产三种观点。在自收自支的事业单位中，多人违规发放额外奖金的行为，应从发放钱款来源，发放标准、范围、数额，账目体现等方面区分犯罪和一般违纪；从客观要件不同把握共同贪污和私分国有资产罪的关键区别；从对钱款的性质、来源是否知晓来判断行为人主观内容。

1. 综合多因素甄别一般违纪和犯罪

（1）从所发钱款来源方面，考察单位对所分配财产有无自由支配权。自收自支的事业单位只有对当地财政核定比例的资金具有自由支配权，超出核定范围无支配权，如果将无权自由支配的钱款违规发放时，必然要经过虚列支出等方式套取钱款或违规截留钱款，这时行为侵犯的是国家对于公共财产的经营、管理和支配的权限，情节严重时就要受到刑法的规制。（2）不能明显超出合理标准和范围。“一般而言，国有公司、企业在依法上交利税之后，国家行政事业单位利用非经营性资产转经营性资金获取的收入按规定上交后，将其所获利润部分用于发放奖金、福利的，是正当合法的行为。如果发放奖金、福利超过标准和范围的，则应认定为违反财经纪律行为，不构成犯罪。”① 但是，笔者认为，这里的“超过标准和范围”应当理解为不能明显超出合理的标准和范围，否则亦将纳入刑法评价范围。（3）在账目体现方面，考察是否如实记账。毋庸置疑，如实记账相对于虚假平账，其社会危害性相对较小，一般作违纪评价。

---

① 参见《第377号指导案例：李某清被控贪污案》，载《刑事审判参考》第47集，法律出版社2005年版，第69~71页。

本案中，首先，自来水公司属自收自支的事业单位，其发放工资、奖金由国资委进行核定，超出比例所额外发放的资金公司不具有支配权。其次，在案证据证明，自来水公司奖金发放需按照规范的程序和要求进行，且发放对象为全体员工，本案中所发奖金由刘某个人随意决定，无具体标准，且发放范围仅限于班子成员及两名财务人员，明显超过合理的范围和标准。最后，本案中所发奖金系刘某授意财务人员通过虚增支出套取的钱款，并在账目上进行了虚假平账，远远超出了违纪的评价范围。综上，可以认定本案刘某的行为已超出一般违纪行为，依法应当追究其刑事责任。

2. 关于共同贪污和私分国有资产的区分

（1）从客观要件核心内容的不同把握二者的关键区别。从刑法条文来看，贪污罪客观要件的核心内容是“侵吞、窃取、骗取或以其他手段非法占有”，在共同贪污中，单位内个人或几个人的意志支配下，采取侵吞、窃取、骗取等所谓的“暗箱操作”的非法手段占有公共财产，具有小范围性和秘密性。而私分国有资产罪客观要件的核心内容是“违反国家规定，以单位名义私分”，具体而言，国有单位违反国有资产的管理分配制度，以单位名义将国有资产分配给个人，该罪作为单位犯罪，其犯罪意志具有整体性，同时具有较大范围的公开性，受益人一般不以某一特定层面为限且具有广泛性特征。此外，“贪污多会采取做假账或平账的手段以掩人耳目，私分国有资产一般在财务账上不会隐瞒私分的国有资产，只会采取不按规定规范记账的方法来应付各种监督”①。

① 参见《第462号指导案例：高某华等贪污案》，载《刑事审判参考》第58集，法律出版社2017年版，第67页。

本案中，虽然刘某及其他班子成员均提到发放奖金之前召开过班子会议，但并无会议记录、决议等相关文件，发放奖金的人员范围、数额均由刘某个人随意决定，未经正常决策程序和发放程序，亦无具体发放标准和考核办法，发放额外奖金实则为刘某个人意志的体现。从发放范围来看，发放对象仅限所有班子成员、财务人员，相对于全体职工而言范围很小，且对其他职工保密，不具备一定的公开性。另外，发放奖金的钱款均为通过虚增支出等倒账套取出来的钱款，且使用未真实发生的发票进行了虚假平账。综上，从决定主体、额外奖金的发放范围、公开性、记账方式等客观方面来看，刘某的行为不符合私分国有资产罪的犯罪构成，实则以发放奖金之名行共同贪污之实。

(2) 从受益人对发放钱款的性质、来源是否知晓来判断其主观内容。共同贪污表现的是个人犯罪意志，主观上要求每个成员均具有将公共财产非法占为己有的故意，故需对发放钱款的性质、来源均明知。而私分国有资产罪体现的是单位犯罪意志，单位决策人员应对所分钱款的性质、来源知悉，其他受益人则不需要知晓。本案中，发放额外奖金数额、范围均由刘某个人决定，系刘某个人意志的体现。刘某明知奖金的正常决策及发放程序、规定，仍违反相关流程和规定发放额外奖金，并授意会计虚假记账，财务人员明知奖金发放不合常规，仍积极套取钱款、虚假记账，故刘某及财务人员对该钱款的性质和来源是明知的，主观上具有非法占有公共财物的故意。本案中，自来水公司财务人员李某、张某已作另案处理，后经法院认定，李某、张某与刘某在本案贪污事实中构成共同犯罪，均已按贪污罪被判刑。

编写人：北京市顺义区人民法院　朱进博文

九、渎职罪

288 泄露货运驾驶员资格考试答案的行为定性分析

——郭某红等泄露国家秘密案

【案件基本信息】

1. 裁判书字号

北京市第二中级人民法院（2019）京02刑终137号刑事裁定书

2. 案由：泄露国家秘密罪

【基本案情】

2016年11月1日，经某交管中心、某成教中心协商，决定某成教中心即日起退出汽车驾驶员从业资格培训工作，某地区驾驶员从业资格培训工作由某驾校负责组织实施，某交管中心负责日常监管工作。某驾校取得道路货物运输驾驶员从业资格理论考试（以下简称理论考试）资格。

被告人郭某红系某驾校的实际经营人，负责驾校的全面工作；被告人郭某山在某驾校任考核员，职责包括监控考试进程，防止考试作弊等；被告人高某、崔某系燕山驾校的职员，主要负责理论考试的监考等工作。2016年年底，被告人许某找到郭某红商量理论考试事宜，双方约定由许某组织考生到某驾校考试，双方还就费用收取及分配等问题达成协议。某驾校分别于2017年1月12日、2月21日、3月11日、3月29日、4月13日、4月14日组织了理论考试。为谋取私利，在2017年1月至4月的理论考试过程中，郭某红、许某、高某、崔某（自2017年3月开始参与）通过在考场内念答案、将涂有答案的答题卡更换给考生等方式向考生泄露试题答案，郭某山违背考核员监考职责放任前述人员实施上述行为，造成恶劣的社会影响。在此过程中，郭某红获利25.25万元，许某获利14万元。经北京市交通委员会认定，被告人郭某红等人泄露的考试答案与考试试题具有同一性，与考试试题的标准答案相同率为88.9%。经北京市国家保密局鉴定，道路货物运输驾驶员从业资格考试启用前的考试试卷、标准答案属于机密级国家秘密。

被告人郭某红、郭某山、高某、崔某于2017年4月15日被公安机关刑事传唤到案，被告人许某于2018年5月15日到公安机关投案。

【案件焦点】

泄露货运驾驶员资格考试答案的行为如何定性。

【法院裁判要旨】

北京市房山区人民法院经审理认为：被告人郭某红、许某、高某、崔某违反《中华人民共和国保守国家秘密法》的规定，为牟取私利，故意泄露国家秘密，情节严重，被告人郭某山作为道路货物运输驾驶员从业资格考试的考核员，违反其职责要求，为牟取私利，明知他人在考试中有泄露国家秘密的行为，却不履行监考职责，为他人故意泄露国家秘密提供帮助，情节严重，各被告人的行为均已构成故意泄露国家秘密罪，依法均应予惩处。北京市房山区人民检察院指控被告人郭某红、许某、郭某山、高某、崔某犯故意泄露国家秘密罪的罪名成立，应予以支持。被告人郭某红、许某在共同犯罪中起主要作用，均系主犯，应当按照其所参与的或者组织、指挥的全部犯罪处罚。鉴于被告人郭某、许某当庭自愿认罪，可对其酌予从轻处罚。鉴于被告人郭某山在共同犯罪中起次要作用，系从犯，可对其从轻处罚。鉴于被告人高某、崔某到案后如实供述其主要犯罪事实，系坦白，且在共同犯罪中起次要作用，系从犯，均可予以从轻处罚。

北京市房山区人民法院依照《中华人民共和国刑法》第三百九十八条、第三十七条之一、第二十五条第一款、第二十六条第一款、第二十七条、第六十七条第三款、第六十一条、第六十四条之规定，作出如下判决：

一、被告人郭某红犯故意泄露国家秘密罪，判处有期徒刑二年四个月；

二、被告人许某犯故意泄露国家秘密罪，判处有期徒刑二年；

三、被告人郭某山犯故意泄露国家秘密罪，判处有期徒刑一年六个月，禁止其自刑罚执行完毕之日或假释之日起三年内从事汽车驾驶员考试相关监考工作；

四、被告人高某犯故意泄露国家秘密罪，判处有期徒刑十个月；

五、被告人崔某犯故意泄露国家秘密罪，判处有期徒刑六个月；

六、继续追缴被告人郭某红犯罪所得 25.25 万元，追缴被告人许某犯罪所得 14 万元，均予以没收，上缴国库；

七、随案移送的手机一部、考核员证一个，予以没收存档。

宣判后，被告人郭某红、许某以其没有泄露国家秘密的故意，其行为不构成故意泄露国家秘密罪为由提出上诉，被告人郭某山以其未泄露过国家秘密为由提出上诉。

北京市第二中级人民法院经审理认为：一审法院根据郭某红、许某、郭某山、高某、崔某犯罪的事实、性质、情节及对于社会的危害程度所作出的判决，定罪和适用法律正确，量刑适当，审判程序合法，应予维持。依照《中华人民共和国刑事诉讼法》第二百三十六条第一款第一项之规定，作出如下裁定：

驳回郭某红、许某、郭某山的上诉，维持原判。

【法官后语】

本案中，经北京市国家保密局鉴定，道路货物运输驾驶员从业资格考试启用前的考试试卷、标准答案属于机密级国家秘密。本案中，因考试试卷从某学院取出来的时候就处于未密封状态，因此，要判断各被告人的行为是否构成犯罪，就要看各被告人在考试启用前是否获得了标准答案。而从在案证据来看，各被告人泄露给考生的答案是郭某红等人自己制作的答案，这些答案经北京市交通委员会认定，与考试试题具有同一性，与考试试题的标准答案相同率为88.9%。在这种情况下，要认定郭某红等人泄露货运驾驶员资格考试答案的行为性质，或者说要判断其行为是否构成犯罪，首先要明确郭某红等人自己制作的答案是否属于标准答案。

关于郭某红等人所制作的答案和标准答案之间的关系问题，有两种不同的观点：一种观点认为，标准答案应当是有权组织考试的机构所制作的官方答案，行为人自己根据考试试卷作出的答案不属于标准答案。另一种观点认为，标准答案并不限于有权机构制作或者公布的答案，只要是依据考试试卷作出，且与有权机构制作或者公布的答案相同，即可认定为标准答案。

笔者赞同第二种观点。本案中，郭某红等人所制作的答案系根据考试试题所制作，也就是说，这份试题和答案具有一一对应关系，而标准答案和试题也是具有一一对应关系。换言之，只要是根据考试试题所作出的和有权机构制作或者公布的答案相同的答案，均属于标准答案。亦即不管是谁根据试卷作出的答案，只要和标准答案相同，就是标准答案。考试试卷对应的答案在启用之前属于国家秘密，只要答案源于试卷，在开考前甚至是答案启用前，都属于国家秘密。标准答案在用词上容易产生混淆，事实上，所谓的标准答案，就是判断考生根据考题得出的结论对错的答案。从这个意义上讲，标准答案等同于正确答案。所以，辩方所提“涉案考试的标准答案存放于北京市交通运输职业学院，各被告人没有得到，也无从知晓”的观点是不能成立的。这种观点实际上是在偷换概念，将标准答案等同于标准答案的载体。综上，只要是根据考试试卷所制作的正确答案都属于标准答案。在该答案启用前，都属于国家秘密；在答案启用前泄露答案的，都属于泄露国家秘密。

本案中，各被告人作为心智正常的成年人，应当知道在考试前、考试中均不能泄露答案，但却为牟取私利，有组织、有预谋地进行了密切的分工合作：有的提前领取试卷，有的提前制作答案、填涂答题卡，有的进行望风，有的进行监考，有的在考试过程中给考生念答案，有的给考生更换填好答案的答题卡，其主观上均具有泄露答案的故意，客观上亦有泄露答案的行为。而各被告人所泄露的答案均是依据启用前的试卷内容作出的，且与上述试卷的标准答案的相同率为88.9%，其制作的与标准答案相同的答案均属于标准答案，而标准答案在启用前均属于国家秘密，故各被告人的行为均构成故意泄露国家秘密罪，均应依法惩处。

编写人：北京市房山区人民法院　陈艳飞

289 公职人员私自抓赌私分赌资行为的定性

——徐某某等滥用职权案

【案件基本信息】

1. 裁判书字号

广东省韶关市中级人民法院（2017）粤02刑终393号刑事裁定书

2. 案由：滥用职权罪

【基本案情】

被告人徐某某在担任某特警大队副中队长期间，在未向单位领导请示、汇报和批准的情况下，召集某应急分队成员曾某某、黄某某和辅警罗某某、李某某、邹某某等人，分别于2017年2月18日和2月20日两次擅自去查处赌博并私分收缴的赌资。其中，徐某某、曾某某、黄某某参与两次，罗某某、李某某、邹某某参与一次。具体事实如下：

1. 2017年2月18日21时许，徐某某接到曾某某的电话得知在某镇路边的一个房内有人赌博。随后，徐某某召集曾某某、罗某某、黄某某以及陆建某（另行处理），驾驶公安局特警大队一辆越野车（便车）搭载上述人员前往赌博窝点。到达现场后，徐某某先向参赌人员表明其是公安局民警的身份，然后叫曾某某、罗某某、黄某某、陆建某等人控制好参赌人员，并收缴了参赌人员赌资共计6000多元。随之，徐某某等人以参赌人员赌的较小为由，宣称赌资收缴，不予处理，并将参赌人员就地遣散。之后徐某某带领曾某某、罗某某、黄某某、陆建某等人携带收缴的赌资离开了现场。在返回途中，徐某某擅自决定将扣押的赌资私分，其中黄某某、曾某某、罗某某每人各分得现金1100元，陆建某分得现金1000元，徐某某分得现金1700多元。

2. 2017年2月20日21时许，徐某某接到线人陆建某（另行处理）的举报得知在某村一户人家屋里有人赌博。随后，徐某某召集黄某某、曾某某、李某某、邹某某，驾驶公安局特警大队一辆越野车（便车）搭载上述人员前往赌博窝点。到达现场后，徐某某先向参赌人员表明其是公安局民警的身份，然后叫黄某某、曾某某、李某某、邹某某等人控制好参赌人员，并收缴了参赌人员赌资共计6600多元。而后，徐某某等人以参赌人员赌的较小为由，宣称赌资收缴，不予处理，并将参赌人员就地遣散。之后徐某某带领黄某某、曾某某、李某某、邹某某等人携带收缴的赌资离开了现场。在返回途中，徐某某擅自决定将扣押的赌资私分，其中李某某、黄某某、曾某某、邹某某每人各分得现金800元，陆建某分得现金400元，徐某某分得现金3000多元。

【案件焦点】

公安人员在未按规定请示批准的情况下滥用职权擅自查处赌博并私分收缴的赌资的行为的定性。

【法院裁判要旨】

广东省南雄市人民法院经审理认为：被告人徐某某无视国家法律，身为公安民警，在未向单位领导请示、汇报和批准的情况下，滥用职权，伙同被告人曾某某、黄某某、罗某某、李某某、邹某某等人利用人民警察身份，擅自查处赌博并私分所收缴的赌资，造成恶劣的社会影响，严重损害了国家声誉，六被告人行为均构成滥用职权罪。

广东省南雄市人民法院依照《中华人民共和国刑法》第三百九十七条、第二十五条、第二十七条、第六十七条第一款、第七十二条、第七十三条、第六十四条，《最高人民法院、最高人民检察院关于办理渎职刑事案件适用法律若干问题的解释（一）》第一条第一款第三项，《最高人民法院、最高人民检察院关于办理职务犯罪案件认定自首、立功等量刑情节若干问题的意见》第一条的规定，作出如下判决：

一、被告人徐某某犯滥用职权罪，判处有期徒刑一年；

二、被告人曾某某犯滥用职权罪，判处有期徒刑十个月；

三、被告人黄某某犯滥用职权罪，判处有期徒刑十个月；

四、被告人罗某某犯滥用职权罪，判处有期徒刑六个月，缓刑一年；

五、被告人李某某犯滥用职权罪，判处有期徒刑六个月，缓刑一年；

六、被告人邹某某犯滥用职权罪，判处有期徒刑六个月，缓刑一年。

宣判后，被告人曾某某、黄某某、李某某、罗某某、邹某某提出上诉。

广东省韶关市中级人民法院作出刑事裁定：

驳回上诉，维持原判。

【法官后语】

本案的争议焦点主要在于行为定性问题，存在几种不同的意见：

第一种意见认为，被告人徐某某等人的行为符合抢劫罪的构成要件。第二种意见认为被告人徐某某等人的行为应定为贪污罪。第三种意见认为，被告人徐某某等人的行为应定为敲诈勒索罪。结合本案案情和相关证据，承办人认为，被告人徐某某等人的行为构成滥用职权罪。理由如下：

第一，被告人的行为不符合抢劫罪的犯罪构成要件，不构成抢劫罪。在抢劫罪中，被害人的人身安全受到现实的威胁，已没有延缓的余地，被害人不能不敢反抗、不能反抗或者丧失反抗能力。本案中被告人徐某某等人是亮明警察身份进行查赌。赌博参与者是基于不服从“命令”，将可能会被带走拘留或受到其他行政处罚的恐惧心理而交出赌资。在整个过程中不存在当场或将要当场使用暴力的现实危险。

第二，被告人的行为不符合敲诈勒索罪的犯罪构成要件，不构成敲诈勒索罪。本案中，徐某某等人在查处赌博过程中，向参赌人员出示了有效的工作证、检查证，并使用了执法记录仪，六被告人在查处过程中并未采用暴力、威胁、要挟、恐吓等手段，参赌人员交出赌资是基于被告人的有效证件和正当的查赌行为，参赌人员也非常配合被告人的查赌行为，且被告人收缴的财物仅仅是赌资，并未要求参赌人员交出赌资以外的其他财产。

第三，被告人的行为不符合贪污罪的犯罪构成要件，不构成贪污罪。贪污罪是指国家工作人员利用职务上的便利，侵吞、窃取、骗取或者以其他手段非法占有公共财物的行为。其中“利用职务上的便利”是指利用职务上主管、管理、经手公共财物的权力及方便条件。本案中，被告人的行为属于擅自查处赌博并私分赌资，且并未开出罚金单票据，没有按法定程序收取罚金。被告人所利用的便利条件并非职务上主管、管理、经手公共财物的权利及方便条件，只是利用警察有权查处赌博行为这一职务上的便利条件实施犯罪。被告人一开始就不是想通过正规的执法程序来收缴赌资，而是想直接占有赌资。不同于通过在执行公务过程中将没收所得非法占有，是利用经手公共财物的职务便利，将公共财产占为己有，才符合贪污罪的构成特征。

第四，被告人的行为符合滥用职权罪的犯罪构成要件，构成滥用职权罪。滥用职权罪是指国家机关工作人员故意逾越职权或者不履行职责，致使公共财产、国家和人民利益遭受重大损失的行为。本罪侵犯的客体是国家机关的正常活动；本罪的客观方面表现为滥用职权，致使公共财产、国家和人民利益遭受重大损失的行为。

滥用职权的行为主要表现为以下几种情况：一是超越职权，擅自决定或处理没有具体决定、处理权限的事项；二是玩弄职权，随心所欲地对事项作出决定或者处理；三是故意不履行应当履行的职责，或者说任意放弃职责；四是以权谋私、假公济私，不正确地履行职责。就本案而言，被告人徐某某身为公安民警，利用警察身份，擅自查处赌博窝点，在收缴赌资后私自将有关涉赌人员放走，并私分所收缴的赌资，符合滥用职权的行为。

所谓重大损失，包括物质性损失和非物质性损失。非物质性损失是指严重干扰或损害国家机关的正常活动和声誉等。根据《最高人民法院、最高人民检察院关于办理渎职刑事案件适用法律若干问题的解释（一）》的规定，国家机关工作人员滥用职权，造成社会恶劣影响的，应当认定为《中华人民共和国刑法》第三百九十七条规定的“致使公共财产、国家和人民利益遭受重大损失”。就本案而言，被告人的行为扰乱了公安机关的正常工作活动，造成了恶劣的社会影响，严重损害了公安机关的声誉，损害了国家机关公信力。

综上所述，被告人的行为符合滥用职权罪的犯罪构成要件，构成滥用职权罪，依法应当追究刑事责任。

编写人：广东省南雄市人民法院　钟治优　杨璐

290 抽象行政行为中玩忽职守罪的认定

——刘某玩忽职守案

【案件基本信息】

1. 裁判书字号

北京市第一中级人民法院（2017）京01刑终62号刑事判决书

2. 案由：玩忽职守罪

【基本案情】

2007年11月，被告人刘某任经济发展办公室（以下简称经发办）主任，2011年机构改革，某镇经发办改革为某镇村镇建设办公室，刘某任某镇村镇建设办公室主任。

2010年，电力公司开始进行智能电网试点建设中的生态智能发配用一体化示范项目建设。因该项目需占用某镇某村的部分土地，同年，某镇某村村民委员会、电力公司、某镇人民政府分别作为甲方、乙方、丙方，签订了《生态智能发配用一体化示范项目土地承包经营合同》，由电力公司某供电公司将补偿款逐次拨付到某镇人民政府账内，由某镇人民政府对该合同项下土地承包事宜进行协调和监管，负责该项目在某村地上物清点和补偿工作。为此，某镇人民政府成立地上物普查领导小组，刘某为副组长，全面负责该项工作。某镇人民政府将对智能电网项目中土地承包事宜的具体工作交由经发办履行。经发办根据工作需要制定了智能电网项目补偿款发放流程。

在2010年至2011年的智能电网项目地上物补偿工作中，经发办负责补偿物数量清点、统计、汇总，补偿协议签订及最终补偿款数额确定等工作，并通过以上工作，实现对智能电网项目补偿款的监管职责。智能电网项目补偿款发放流程中已经确定工作组成员中包括村干部、村民代表、林业站工作人员和企业相关人员，经发办作为具体履行地上物补偿工作的部门，应当在清点统计工作后，要求上述四类人员在统计底单上签字确认，但在实际操作中，刘某作为经发办的负责人并未要求上述人员签字确认，导致工作组成员之间缺乏相互的监督和制约；按照流程的规定，在对纸质底单与录入数据核对无误，且经过公示后，方可支付补偿款，但刘某疏于核查，怠于监督，致使张某某等人实施了十余起贪污、诈骗等犯罪行为，共计造成经济损失300余万元。

【案件焦点】

在实施抽象行政行为的过程中由于重大失误致使公共财产、国家和人民利益遭受重大损失的，能否认定为玩忽职守罪。

【法院裁判要旨】

北京市延庆区人民法院经审理认为：被告人刘某身为国家工作人员，不正确履行职责，致使公共财产遭受重大损失，情节特别严重，其行为已构成玩忽职守罪。上述贪污、诈骗等犯罪行为或非法行为案发前造成经济损失为 3709345.50 元。鉴于所涉土地补偿款大部分已经退赃或冻结，属于立案后挽回的损失，北京市延庆区人民法院决定对被告人刘某予以从轻处罚。

北京市延庆区人民法院依照《中华人民共和国刑法》第三百九十七条第一款、第六十四条，《最高人民法院、最高人民检察院关于办理渎职刑事案件适用法律若干问题的解释（一）》第一条、第八条之规定，作出如下判决：

一、被告人刘某犯玩忽职守罪，判处有期徒刑三年；

二、随案移送的人民币八万四千五百元，发还某镇人民政府。

刘某不服一审判决，提起上诉。其上诉理由为：其仅负责组织协调，上传下达，不具有监管职责，且其已将工作流程和交接程序向主管领导汇报。由于普查工作繁重，本人无法对全部工作组成员的工作进行监督。故地上物普查工作出现疏漏，是张山营镇政府的责任。其行为不构成玩忽职守罪。

北京市第一中级人民法院经审理认可一审法院的定罪量刑意见，但认为一审判决认定韩某、罗某案发后退缴非法所得或赃款有误，以及对随案移送款项处置不当，予以纠正。

北京市第一中级人民法院依照《中华人民共和国刑事诉讼法》第二百二十五条第一款第二项，《中华人民共和国刑法》第三百九十七条第一款、第六十一条，《最高人民法院、最高人民检察院关于办理渎职刑事案件适用法律若干问题的解释（一）》第一条、第八条之规定，作出如下判决：

一、维持北京市延庆区人民法院（2015）延刑初字第 222 号刑事判决主文第一项，即被告人刘某犯玩忽职守罪，判处有期徒刑三年；

二、撤销北京市延庆区人民法院（2015）延刑初字第222号刑事判决主文第二项，即随案移送的人民币八万四千五百元，发还延庆区某镇人民政府；

三、随案移送的人民币八万四千五百元，退回北京市延庆区人民检察院处理。

【法官后语】

从法理上看，刘某负责制定工作流程属于抽象行政行为。此类行政行为的特点是作用对象具有普遍性，且具有准立法性，多经集体讨论决定，在确定直接责任主体方面具有难度。鉴于此，立法上一直将大部分抽象行政行为排除在司法审查的受案范围之外，刑法规定的玩忽职守行为在传统上也多指具体行政行为。但是，抽象行政行为作为具体行政行为的依据和指导，一旦违法造成的损害后果要比具体行政行为更为严重，影响更深更广。因此，本案审理的一个重要意义就是确定实施抽象行政行为过程中的重大过失或不作为能够认定为玩忽职守罪。

本案中，刘某作为某村地上物清点补偿工作的具体负责人，主要承担着两项职责：一是制定地上物统计清查工作流程；二是监督工作小组遵照既定流程审核、发放补偿款。其中，第一项职责是开展、落实项目的必要前提及制度保障；第二项职责系对流程执行情况的监督。上述职责从首尾两端对整个项目提供了监督与保障。

按照一般的工作规范，在土地补偿清点地上物的数量和种类时，现场参与的各方均应在清查底单上签字，互相监督制约，避免弄虚作假。而且，刘某作为某镇经发办的主要负责人，多次负责土地补偿工作，其在设计流程时应当综合考量各方面情况，确保清查结果的准确性。

从张某某等人实施贪污、诈骗行为的作案手段看，多起犯罪能够得以实施的主要原因在于刘某在设计流程时未综合考虑土地补偿工作的漏洞与风险，在清查底单的签字环节，仅规定农户对地上物的种类及数量确认无误后当场签字，未要求参与清查的工作人员及电力公司人员核实底单内容及在底单上签字确认，未能发挥清查人员、农户和电力公司人员互相监督的作用。上述签字环节的疏漏直接导致姚某、张某某等人利用流程漏洞，单独或伙同清查工作人员，使用制作虚假底单的手段骗取巨额公共财物。因此，刘某作为负责实施抽象行政行为的责任主体，未正确履行职责，制定的工作流程存在重大疏漏，进而造成公共财产遭受重大损失，其玩忽职守行为与损害后果之间具有直接的因果联系，应当承担“应履职而未履职”所造成的不利后果。

综上，根据刑事立法精神，在具体情况下只要查明责任主体，符合玩忽职守罪的构成要件，抽象行政行为亦可认定为渎职犯罪。

编写人：北京市第一中级人民法院　王岩

十、刑事证据

291 基本“零口供”时犯罪的认定

——洪某强贩卖毒品案

【案件基本信息】

1. 裁判书字号

广东省汕头市中级人民法院（2020）粤05刑终160号刑事裁定书

2. 案由：贩卖毒品罪

【基本案情】

2017年9月28日以来，被告人洪某强在某市某1区、某2区多次贩卖甲基苯丙胺（冰毒）给违法人员庄某、朱某宏（均已被行政处罚），具体事实如下：

1. 2017年9月28日，洪某强在某市某1区某宾馆将10克甲基苯丙胺贩卖给违法人员庄某，收取违法人员庄某以微信转账方式支付的毒资1800元。

2. 2017年11月2日，洪某强在某市某1区某宾馆将10克甲基苯丙胺贩卖给违法人员庄某，收取违法人员庄某以微信转账方式支付的毒资2000元。

3. 2017年11月24日，洪某强在某市某1区甲酒店将5克甲基苯丙胺贩卖给违法人员庄某，收取违法人员庄某以微信转账方式支付的毒资1000元。

4. 2017 年 12 月 26 日，洪某强在某市某 1 区甲酒店将 10 克甲基苯丙胺贩卖给违法人员庄某，收取违法人员庄某以微信转账方式支付的毒资 2000 元。

5. 2018 年 2 月 1 日，洪某强在某市某 1 区某宾馆将 10 克甲基苯丙胺贩卖给违法人员庄某，收取违法人员庄某以微信转账方式支付的毒资 3000 元。

6. 2018 年 2 月 27 日，洪某强在某市某 1 区某宾馆将 4 克甲基苯丙胺贩卖给违法人员庄某，收取违法人员庄某以微信转账方式支付的毒资 1000 元。

7. 2018 年 3 月 17 日，洪某强在某市某 2 区某店铺将 4 克甲基苯丙胺贩卖给违法人员庄某，收取违法人员庄某以微信转账方式支付的毒资 1200 元。

8. 2018 年 4 月 18 日，洪某强在某市某 1 区乙酒店将 10 克甲基苯丙胺贩卖给违法人员庄某，收取违法人员庄某以微信转账方式支付的毒资 2800 元。

9. 2018 年 5 月 23 日，洪某强在某市某 1 区乙酒店将 5 克甲基苯丙胺贩卖给违法人员庄某，收取违法人员庄某以微信转账方式支付的毒资 1500 元。

10. 2018 年 7 月 23 日，洪某强在某市某 1 区乙酒店将 10 克甲基苯丙胺贩卖给违法人员庄某，收取违法人员庄某以微信转账方式支付的毒资 3500 元。

11. 2018 年 8 月 17 日，洪某强在某市某 1 区乙酒店将 10 克甲基苯丙胺贩卖给违法人员庄某，收取违法人员庄某以微信转账方式支付的毒资 3500 元。

12. 2018年9月9日，洪某强在某市某1区丙酒店内将5克甲基苯丙胺贩卖给违法人员庄某，收取违法人员庄某以微信转账方式支付的毒资1600元。

13. 2018年11月23日，洪某强通过微信与违法人员庄某联系进行毒品交易，在收到违法人员庄某通过微信转账方式预付的部分毒资1000元后，双方约定了交易地点和时间。同月24日晚，洪某强携带毒品来到某市区后联系违法人员郑某鹏（已被行政处罚）一同到某市某1区甲酒店，由违法人员郑某鹏使用其本人的身份证登记办理入住该酒店×××房，洪某强则支付房费。随后，洪某强招引违法人员朱某宏（已被行政处罚）来到该酒店×××房内，提供毒品及吸毒工具冰壶，后与违法人员郑某鹏、朱某宏在该房内吸食毒品。同月25日0时许，洪某强在×××房内将0.76克白色晶体以230元的价格贩卖给违法人员朱某宏。在朱某宏离开后，洪某强依约在该酒店××楼电梯间门口，将4.76克白色晶体以1600元（除去原先预付款1000元，再收取600元现金）的价格贩卖给违法人员庄某。同月25日凌晨，民警在该通信城出口处先后抓获违法人员朱某宏、庄某，并从违法人员朱某宏所背的背包内缴获白色晶体1袋（净重0.76克）、从违法人员庄某所穿的裤袋内缴获白色晶体1袋（净重4.76克）。随后，民警在该酒店1651房内将被告人洪某强和违法人员郑某鹏抓获归案，并从洪某强身上查获现金600元。经某市公安司法鉴定中心检验，上述从违法人员庄某、朱某宏处所缴获的白色晶体，均检出甲基苯丙胺成分。

【案件焦点】

在被告人“零口供”情形下犯罪事实的认定。

【法院裁判要旨】

广东省汕头市龙湖区人民法院经审理认为：被告人洪某强违反国家对毒品的管理规定，非法贩卖甲基苯丙胺98.52克，其行为已触犯刑律，构成贩卖毒品罪。公诉机关指控被告人洪某强犯贩卖毒品罪的罪名成立。

广东省汕头市龙湖区人民法院依照《中华人民共和国刑法》第三百四十七条第一款、第二款第一项、第七款和第三百五十七条的规定，判决如下：

被告人洪某强犯贩卖毒品罪，判处有期徒刑十五年，并处没收财产二万元。

洪某强不服一审判决，提出上诉。广东省汕头市中级人民法院经审理认为：上诉人洪某强违反国家对毒品的管理制度，非法贩卖毒品甲基苯丙胺50克以上，其行为已触犯刑律，构成贩卖毒品罪，依法应予以处罚。原审法院根据洪某强犯罪的事实、犯罪的性质、情节、悔罪表现及其行为对社会的危害程度，判处其十五年有期徒刑，量刑适当。一审法院对证据采信的说理论证客观、充分。因此，洪某强上诉对其中12宗贩卖毒品共计93克的行为缺乏相应证据链的理由不充分，不予采纳；要求进一步从轻处罚的理由不充分，不予采纳。二审辩护人关于一审法院对贩卖毒品数量的认定错误，导致错误适用法律规定的意见，不予采纳。认为上诉人犯罪情节较轻，在到案后能主动交代自己的犯罪行为，并且有悔罪的表现，明确表示认罪认罚的意见，与事实不符，不予采纳。综上，原判认定事实清楚，证据确实、充分，定罪准确，量刑适当，审判程序合法。

广东省汕头市中级人民法院依照《中华人民共和国刑事诉讼法》

第二百三十六条第一款第一项之规定，裁定如下：

驳回上诉，维持原判。

【法官后语】

毒品犯罪因其隐蔽性强，毒品犯罪分子特别是幕后指挥者、毒品提供者往往没有直接出现在交易现场，没有被当场人赃俱获，到案后往往拒不供认罪行，或在审判阶段完全推翻之前的供述并申请排除非法证据，试图逃避刑事处罚。本案系一起典型的被告人基本“零口供”仍强制认定犯罪后定罪处罚的案件，此类案件由于缺少最能反映犯罪全貌的口供，在认定犯罪时必须更加慎重。所谓“零口供”通常是指在刑事诉讼中，犯罪嫌疑人心存侥幸对自己的犯罪行为只作无罪辩解，拒绝作有罪供述或保持沉默、缄口不言企图蒙混过关的情形。根据《中华人民共和国刑事诉讼法》第五十五条之规定，没有被告人供述，证据确实、充分的，可以认定被告人有罪和处以刑罚。在被告人“零口供”的情形下，在证明方式上，可以以间接证据证明的间接事实为基础，通过间接事实与案件主要事实之间的关联性，还原案件的主要事实，同时根据行为人的客观行为推定其主观罪过。在证明标准上，证明犯罪事实的各证据之间能够相互印证，得出具有排他性的结论，排除行为人无辜的可能性。一般包含以下要求：犯罪构成要件的事实均已经查清且有相应的证据证明；证明犯罪事实、情节的证据经查证属实、核对无误；证据提取手段合法；证据之间能够相互印证，形成完整的证明体系；结论具有唯一性，经对行为人辩解的认定能够排除行为人无辜的可能性。

本案中，被告人洪某强到案后除稳定供述于 2018 年 11 月 25 日分别贩卖 0.76 克甲基苯丙胺给违法人员朱某宏、贩卖 4.76 克甲基苯丙胺给违法人员庄某外，对于其余贩卖甲基苯丙胺的犯罪事实并未进行详细的供述。违法人员庄某到案后对于其向被告人洪某强购买甲基苯丙胺的数量、价格、交易地点、联系方式、转账方式等细节基本能予以证实。违法人员朱某宏、郑某鹏的证言均能证实被告人洪某强存在贩卖毒品的行为。另外，公安机关从扣押违法人员庄某的手机上依法提取了被告人洪某强与违法人员庄某之间的微信聊天记录，被告人洪某强对其本人使用的微信号、违法人员庄某使用的微信号进行了辨认，违法人员庄某、朱某宏、郑某鹏也对被告人洪某强使用的微信号及微信聊天记录进行了辨认，故被告人洪某强于2017年9月28日至2018年9月9日分12次共计贩卖93克甲基苯丙胺给违法人员庄某犯罪事实的认定，应着重结合被告人洪某强与违法人员庄某于2017年9月28日至2018年9月9日的微信聊天记录进行审查。经审查，在上述微信聊天记录中，被告人洪某强与违法人员庄某对于每次交易甲基苯丙胺的数量、价格、地点等细节均有详细的提及，而且每次交易的转账记录均有所体现，特别是对于部分交易需要违法人员庄某预先支付钱款的细节与被告人洪某强的供述、违法人员庄某的证言能够相互印证。

综上所述，被告人洪某强的供述与违法人员庄某、朱某宏、郑某鹏的证言、微信聊天记录等证据能够相互印证，形成完整的证据链，足以认定被告人洪某强于2017年9月28日至2018年11月25日分13次共计贩卖98.52克甲基苯丙胺给违法人员庄某、朱某宏的犯罪事实，构成贩卖毒品罪。

编写人：广东省汕头市龙湖区人民法院　纪冰

292 危险驾驶罪中存在瑕疵的血液鉴定意见的证明力认定

——鞠某危险驾驶案

【案件基本信息】

1. 裁判书字号

广东省清远市中级人民法院（2020）粤18刑终156号刑事裁定书

2. 案由：危险驾驶罪

【基本案情】

2020年1月18日21时许，被告人鞠某酒后驾驶粤S/6T××小型轿车行驶至清远市清城区桥北路中医院路口路段时，与由肖某峰驾驶的粤R/XJ××号小型轿车发生碰撞，造成双方车辆不同程度损坏的交通事故。经鉴定，鞠某驾车时血液乙醇含量为186.08毫克/100毫升，属醉酒驾驶机动车。经清远市公安局某分局交通警察大队认定，鞠某承担此事故全部责任。案发后，鞠某已与肖某峰达成和解。

【案件焦点】

1. 存在瑕疵的鉴定意见能否作为定案证据；2. 在使用75%酒精消毒的情况下抽取静脉血液是否会影响血液中的乙醇含量。

【法院裁判要旨】

广东省清远市清城区人民法院经审理认为：关于本案的鉴定意见等证据能否作为定案证据的问题。根据《中华人民共和国刑事诉讼法》第五十六条的规定，收集物证、书证不符合法定程序，可能严重影响司法公正的，应当予以补正或者作出合理解释；不能补正或者作出合理解释的，对该证据应当予以排除。在本案中，委托鉴定表、受案登记表虽存在瑕疵，但不存在可能严重影响司法公正的情况，且公安机关已予以补正，可以作为证据使用。鞠某的抽血时间为2020年1月18日23时25分，送检时间为2020年1月19日，不存在送检延误的情况，且鞠某的抽血过程有当事人血样（尿样）提取登记表、执法视频予以证明，送检的血样真实、合法。某司法鉴定所法医毒物司法鉴定意见书是由有资质的鉴定机构和鉴定人根据有关规定和标准，依据法定程序出具的司法鉴定，具有证据的效力。鉴定意见中鉴定人员的签名虽是打印的，但同样属于鉴定人员的亲笔签名，具有同等的效力。鉴定意见经过查证属实，故对鉴定意见依法予以采纳，可作为定案的依据。鞠某在道路上醉酒驾驶机动车，其行为构成危险驾驶罪。鞠某留在事故现场等候处理，并能如实供述其犯罪事实，可以认定为自首，依法可以从轻处罚。鞠某自愿认罪认罚，悔罪态度较好，可以依法从宽处罚。鞠某没有犯罪前科，是初犯、偶犯，依法可以酌情从轻处罚。鞠某与被害人家属达成和解协议，依法可以酌情从轻处罚。鞠某醉酒驾驶机动车，造成交通事故且负事故全部责任，依法从重处罚。综合考虑鞠某的犯罪事实、情节和悔罪表现，本着惩罚与教育相结合的原则，置鞠某于社会上改造确实不致再危害社会，可以对鞠某适用缓刑。

广东省清远市清城区人民法院依据《中华人民共和国刑法》第一百三十三条之一第一款第二项、第五十二条、第五十三条、第六十七条第一款、第七十二条、第七十三条，《中华人民共和国刑事诉讼法》第十五条、第二百零一条、第二百九十条之规定，判决如下：

被告人鞠某犯危险驾驶罪，判处拘役二个月，缓刑四个月，并处罚金人民币四千元。

鞠某不服一审判决，提起上诉。二审期间，对本案进行补充侦查，由清远市公安局某分局交通警察大队某中队组织进行侦查实验，由某司法鉴定所辅助实验检验，对随机选择的8名二十一岁至三十一岁的男性（部分实验对象适量饮酒）以及征求鞠某本人同意参与的情况下，使用75%酒精消毒后抽取实验对象手臂静脉血液，检测血液中乙醇含量、另在不同部位使用碘伏消毒情况下抽取实验对象手臂静脉血液，检测血液中乙醇含量，实验结果反映在使用75%酒精消毒情况下抽取静脉血液对血液中乙醇含量值无明显波动影响，没有增加血液中乙醇含量的数值。

广东省清远市中级人民法院经审理认为：交通警察到场后将鞠某带到医院抽血的执法仪记录的视频显示抽血对象没有错误，抽血人员为专业护士，样品保管系在医院进行，送检间隔时间短，从鉴定材料封装情况及移送编码的情况看，没有混乱错误，可以证明检材没有受到污染，鉴定机构与鉴定人员均具备资质，因而本案的鉴定材料来源真实。辩护人所提的检材受污染的质疑没有合理性，不能成立。经过补充侦查实验，根据实验结果已足以排除本案的其他合理怀疑，印证鉴定意见的客观真实性，本案的鉴定意见可以采信作为定案依据。因此，鞠某及其辩护人的上诉理由和辩护意见均不成立。

广东省清远市中级人民法院依照《中华人民共和国刑事诉讼法》第二百三十六条第一款第一项之规定，裁定如下：

驳回上诉，维持原判。

【法官后语】

本案处理重点在于违反国家强制性标准抽取血样从而作出的鉴

定意见能否作为定案依据以及在使用75%酒精消毒的情况下抽取静脉血液是否会影响血液中的乙醇含量。根据《车辆驾驶人员血液、呼气酒精含量阈值与检验》（GB19522—2010）第5.3.1条的规定，对需要检验血液中酒精含量的，应及时抽取血样。抽取血样应由专业人员按要求进行，不应采用醇类药品对皮肤进行消毒。本案中，鉴于委托鉴定表、受案登记表存在瑕疵，且因时间久远，相关医护人员已忘记抽取血样时是采取碘伏消毒方式还是酒精消毒方式，因而无法确定具体使用的消毒药剂，血样抽取程序不规范。虽然程序存在瑕疵，但不严重影响司法公正，该鉴定意见应属于瑕疵证据，而后公安机关为此作出补正并给予合理解释，因此该证据并不当然属于非法证据予以排除。

为进一步查明鉴定意见情况，排除合理怀疑，本案在二审期间进行补充侦查，由清远市公安局某分局交通警察大队某中队组织进行侦查实验，实验结果反映使用75%酒精消毒情况下抽取静脉血液对血液中乙醇含量值无明显波动影响，没有增加血液中乙醇含量的数值。虽然基于经济成本考虑，此项侦查实验只在鞠某及另外8名（二十一岁至三十一岁）的男性进行，样本数量较少，但在实验对象上尽可能选取与鞠某年龄相近的男性，并以控制变量的方式开展实验，充分考虑到个体差异、酒精摄入量对实验结果造成的影响。同时，该实验是在获得被告人鞠某同意的情况下由其亲自参与，对被告人鞠某而言具有亲历性，结果真实可信。开展侦查实验需要耗费较多人力物力成本，故此案鉴定意见可以为以后类案证据采信提供一个参考，避免重复类似侦查实验。此外，从常理来看，酒精消毒一般是使用棉球蘸取酒精擦拭皮肤表面，而血样抽取的是静脉血液，酒精并不能直接进入静脉血管内。且酒精是一种高度挥发性液体，而消毒使用的酒精量少、针尖与皮肤的接触面积也极小，因此即便酒精通过针尖进入静脉血管内，经全身血液稀释后，其对酒精含量的测定影响亦微乎其微，若非血液中酒精含量刚好在案件立案标准临界点附近，并不会影响到行为定性。而对于此类血液乙醇含量已远超危险驾驶罪入罪标准的情况，应坚持实体公正与程序公正并重，以达到惩治犯罪与保护权利的平衡。

编写人：广东省清远市中级人民法院　冯灼英

293　未对原始存储介质数据进行审查的微信聊天记录的证据资格认定

——龙某1猥亵儿童案

【案件基本信息】

1. 裁判书字号

北京市第二中级人民法院（2020）京02刑终276号刑事裁定书

2. 案由：猥亵儿童罪

【基本案情】

2019年6月1日10时许，被告人龙某1在自家后院北侧一房屋内对龙某2（女，9岁）进行猥亵，2019年6月25日，龙某1被传唤到案。

【案件焦点】

在未对微信聊天记录中的内容所对应的原始存储介质数据进行审查的情况下，该微信聊天记录能否作为定案根据。

【法院裁判要旨】

北京市大兴区人民法院经审理认为：被告人龙某1猥亵未满14周岁的幼女，其行为已构成猥亵儿童罪，依法应从重处罚。公诉机关提供的证据足以认定指控事实，且辩方提供证据，亦不足以支持其辩护意见，故对龙某1辩解及辩护人辩护意见，不予采纳。

北京市大兴区人民法院依照《中华人民共和国刑法》第二百三十七条第一款、第三款之规定，作出如下判决：

被告人龙某1犯猥亵儿童罪，判处有期徒刑二年。

龙某1不服一审判决，提出上诉。北京市第二中级人民法院经审理认为：一审中，公诉人当庭出示了接受证据清单和微信聊天记录截图，接受证据清单上载："名称：微信截图，数量：两张，特征：纸质，提交人处有张某的签名和捺印，保管人和办案人处均有办案单位人员签名，提交人、保管人、办案人下方落款时间均为2019年6月2日。"龙某1及其辩护人当庭对上述接受证据清单未提出异议，但对微信聊天记录截图的真实性不予认可。关于龙某1的辩护人所提微信聊天记录不应作为定案的根据的相关辩护意见，经查，根据《最高人民法院关于适用〈中华人民共和国刑事诉讼法〉的解释》第九十四条的相关规定，经审查无法确定真伪的电子数据，不得作为定案的根据。本案中，微信聊天记录截图系张某向公安机关提交，其中的聊天记录等内容属于电子数据，在未对上述微信聊天记录截图中的内容所对应的原始存储介质数据进行审查的情况下，无法确定其真伪，上述微信聊天记录截图不应作为定案的根据。辩护人所提此节辩护意见成立，予以采纳。除一审法院将上述微信聊天记录截图作为定案根据有误外，二审法院同意一审法院裁判意见。

北京市第二中级人民法院依照《中华人民共和国刑事诉讼法》

第二百三十六条第一款第一项之规定，裁定如下：

驳回龙某1的上诉，维持原判。

【法官后语】

随着移动通信的普及和社交网络的迅猛发展，刑事案件中涉及电子数据情况呈爆发增长势态，尤其在性侵害未成年人案件中，在被告人作无罪辩解时，手机通话、短信、照片、视频及微信聊天记录、移动设备位置信息等相关电子数据，往往成为认定案件事实的关键证据。本案是审理性侵害未成年人犯罪案件中严格审查微信聊天记录证据资格的典型案例。

关于微信聊天记录截图属于书证还是电子数据，实践中尚未形成一致观点。虽然微信聊天记录截图客观上以图片形式存在，具有书证的一般属性，但图片属于何种类型的证据还应从图片记载的具体内容以及该内容形成、存储的形式进行实质判断，微信聊天记录截图发挥实质证明作用的是截图记载的微信聊天记录。根据《最高人民法院、最高人民检察院、公安部关于办理刑事案件收集提取和审查判断电子数据若干问题的规定》第一条的规定，电子数据是案件发生过程中形成的，以数字化形式存储、处理、传输的，能够证明案件事实的数据。手机短信、电子邮件、即时通信、通讯群组等网络应用服务的通信信息均属于电子数据。微信聊天记录属于即时通信网络应用服务的通信信息，故截图记载的微信聊天记录应属于电子数据。

《最高人民法院关于适用〈中华人民共和国刑事诉讼法〉的解释》第一百一十条规定，对电子数据是否真实，应当着重审查是否移送原始存储介质；在原始存储介质无法封存、不便移动时，有无说明原因，并注明收集、提取过程及原始存储介质的存放地点或者电子数据的来源等情况。第一百一十二条规定，对收集、提取电子数据是否合法，应当着重审查收集、提取电子数据是否由二名以上调查人员、侦查人员进行，取证方法是否符合相关技术标准等。本案严格来说公安机关对微信聊天记录的取证程序并不符合《最高人民法院、最高人民检察院、公安部关于办理刑事案件收集提取和审查判断电子数据若干问题的规定》，即本案并不存在无法扣押微信聊天记录原始存储介质（手机）或提取微信聊天记录的情形，不应仅采取接受被害人一方提交截图的方式固定相关证据。在公安机关收取上述微信聊天记录截图时，到一审法院作出判决期间，并不存在无法审查核对电子数据原始存储介质的情况，公安机关、公诉机关和一审法院均未再对该微信聊天记录的原始存储介质数据进行审查。二审期间，经二审法院核实，已失去审查核对电子数据原始存储介质的条件。鉴于本案一审宣判前，未对上述微信聊天记录截图中的内容所对应的原始存储介质数据进行审查，龙某1及其辩护人在一审、二审均对微信聊天记录的真实性提出异议，微信聊天记录的真伪无法确定，故上述微信聊天记录截图不应作为本案定案的根据。鉴于该微信聊天记录仅佐证龙某2和其母张某关于张某得知龙某2被猥亵的相关陈述、证言，未对认定龙某1犯猥亵儿童罪的证据链产生实质性影响，二审法院虽未再将上述微信聊天记录截图作为本案定案的根据，但最终裁定维持原判，驳回上诉。

另需指出的是，在性侵害未成年人案件司法实践中，部分办案人员还存在对电子数据认识不到位，对电子数据理解不一致，以及对电子数据收集提取和审查判断不严谨、不全面的情况，很可能导致部分案件中的相关电子数据无法作为定案根据，进而对认定犯罪的证据链产生实质性影响。因此，各办案机关应加强部门之间的沟通交流，对于电子数据的收集、提取、固定、审查等方面加强培训，提高对电子数据重要性的认识，坚持以审判为中心的办案理念，合法、高效、完整地收集、提取、固定、审查相关证据，避免因程序违法或瑕疵导致关键证据无法使用，错失补救时机，进而影响案件事实认定和准确定罪量刑、惩罚犯罪。

编写人：北京市第二中级人民法院　陈光旭

294　低龄未成年被害人陈述的采信
——吴某彪猥亵儿童案

【案件基本信息】

1. 裁判书字号

福建省厦门市中级人民法院（2018）闽02刑终738号刑事裁定书

2. 案由：猥亵儿童罪

【基本案情】

2017年1月21日至24日，被告人吴某彪受邀至其表姐钟某琴位于厦门市海沧区的家中居住。2017年1月23日或24日上午，被告人吴某彪趁其表姐钟某琴、表姐夫林甲上班之机，将钟某琴女儿林某（2010年8月27日出生）哄骗至房间床上，让林某趴在床上玩平板电脑，之后将林某裤子脱至脚踝处，趴在林某身上，对其进行猥亵。同年2月2日晚，被害人林某将此事告知其奶奶王某英。次日，王某英带林某到社区卫生服务中心就诊。经医生检查后确认，林某的外阴小阴唇与处女膜之间黏膜局部较红，未见明显裂口及渗血。

2017年2月28日，被害人林某的父亲林甲和舅舅钟某亮一起驾车至某中医院找被告人吴某彪了解情况。三人来到停放在该院地下停车场的林甲车内后，林甲坐在驾驶座并将车门反锁、被告人吴某彪坐在驾驶座的后面、钟某亮坐在吴某彪旁边。林甲告知被告人吴某彪被害人林某的就医情况及被害人林某已指认吴某彪“用被子捂在她身上，亲她脸，亲她肚子”等，要求吴某彪讲明猥亵被害人林某的经过并道歉，钟某亮在旁劝说吴某彪承认错误。之后，被告人吴某彪承认其猥亵被害人林某，并请求林甲给其留余地、让其改过自新，表示愿意支付所有费用，林甲让被告人吴某彪返回办公室写保证书和道歉信。后吴某彪再次下楼到停车场与林甲、钟某亮见面，吴某彪否认猥亵被害人林某，林甲要求吴某彪写下其在林甲家中居住期间的生活支出费用的欠条，并称要对其报案追究。被告人吴某彪与林甲、钟某亮因此发生口角，后林甲、钟某亮驾车离开。

2017年3月6日18时许，被害人林某在其母亲钟某琴的陪同下到公安机关报案。2017年3月16日，被告人吴某彪被民警抓获。缴获的物证手机1部随案移送。

【案件焦点】

言词证据“一对一”情况下，低龄未成年被害人的陈述能否作为本案的定罪依据。

【法院裁判要旨】

福建省厦门市海沧区人民法院经审理认为：

一、关于被害人陈述的认定

经查，本案侦查人员在办案中确实存在一些程序瑕疵，如对被害人林某的第一次询问调查时没有女性工作人员在场的情形，属瑕疵证据，应予指正，但不属以刑讯逼供和以威胁、引诱、欺骗以及其他非法方法收集的非法证据，不应予以排除。另外，因被害人系幼女，年龄较小，侦查人员采用较为简单、直白、平易的询问方式对其调查，后在笔录中予以归纳整理的方式制作调查笔录，且内容没有超出被害人陈述，并由其法定代理人帮助阅读确认无误后签字，不存在违法询问和诱供，其陈述笔录内容客观真实，可以采纳作为定案证据。

二、关于林甲提供的谈话录音等能否作为证据采纳

经查，结合谈话录音、短信记录、微信聊天记录等视听资料、电子数据以及证人林甲、钟某亮的证人证言、被告人吴某彪的供述等证据，可证明林甲、钟某亮在车内并未对被告人吴某彪进行严重威胁或暴力胁迫、并未达到威胁被告人吴某彪人身安全的程度，但车内相对狭小、密闭的空间能给被告人吴某彪在精神上造成一定的紧张感，故而使被告人吴某彪在不知已被录音的情况下作出未经修饰、有些吞吞吐吐、语句不太通顺的本能的真实意思表示。该组谈话录音等视听资料符合证据的客观性、真实性和合法性要求，并经法庭举证、质证，予以采纳作为定案依据。

三、被告人吴某彪是否构成猥亵儿童罪

经查，在案证据能形成证据链，足以证明被告人吴某彪猥亵被害人林某的事实。（1）被害人林某的稳定陈述一直指认被告人吴某彪在其家中与其独处时，有用热热的东西顶在其尿尿的地方。（2）被害人的母亲钟某琴、父亲林甲、奶奶王某英等人的证人证言佐证了被害人的陈述。（3）证人潘某钦的证人证言客观、清晰，能够佐证被害人的陈述，证明被害人林某能正常交流，清楚男女性别体征的不同及其受伤部位。（4）案发前双方关系融洽且较为亲密、无任何矛

盾过节，不存在栽赃陷害、胡乱诬陷的情形。（5）被告人吴某彪在2017年2月28日与证人林甲、钟某亮在车内谈话时，承认其猥亵被害人林某，并请求林甲给其留余地、让其改过自新，表示愿意支付所有费用，同时承认其在1月24日早上有与被害人林某独处。事后被告人吴某彪否认猥亵被害人并录音、夸大被威胁等情形进行法律咨询、讯问时拒不认罪等均可进一步反证被告人吴某彪具备一定反侦察能力，存在避重就轻、逃避法律处罚的主观心理。综上所述，被害人林某的陈述与证人林甲、钟某亮、潘某钦等证人的证言，被害人林某在厦门市卫生系统门诊病历等证据可以相互印证，并有被告人吴某彪的谈话录音内容、短信记录、微信聊天记录等证据可以佐证，证据指向一致，可以形成完整证据锁链，足以证明被告人吴某彪对被害人林某实施强制猥亵的事实。

综上，被告人吴某彪以哄骗的方法强制猥亵儿童，其行为已构成猥亵儿童罪。公诉机关指控的罪名成立。依照《中华人民共和国刑法》第二百三十七条、第六十四条之规定，判决如下：

一、被告人吴某彪犯猥亵儿童罪，判处有期徒刑二年；

二、扣押在案的手机1部依法予以没收，留作证据保存。

【法官后语】

本案系涉未成年被害人案件，被告人归案后拒不认罪，而案发时被害人系6岁幼女，存在言词证据“一对一”的情况，故低龄未成年被害人的陈述能否作为本案的定罪依据成为本案的关键。

因猥亵儿童案件具有的案发地点相对私密、案发现场多仅有被告人与未成年被害人、无目击证人、被害人年纪偏小、熟人作案居多、作案手段简单隐蔽、被告人多拒不认罪或先供后翻等特点，故而事后公安机关侦查取证难度大，未成年被害人作为案件的亲历者，其陈述能否被采信作为定案证据成为审理该类案件的重点之一。关于未成年人言词证据的相关规定散见于刑诉法等相关法律中：根据《中华人民共和国刑事诉讼法》第六十二条的规定，凡是知道案件情况的人，都有作证的义务。生理上、精神上有缺陷或者年幼，不能辨别是非、不能正确表达的人，不能作证人。《中华人民共和国刑事诉讼法》第二百八十一条规定，询问未成年被害人应当通知其法定代理人或者其他成年亲属到场。到场的法定代理人可以代为行使未成年被害人的诉讼权利。到场的法定代理人或者其他人员认为办案人员在讯问、审判中侵犯未成年人合法权益的，可以提出意见。可见，对于低龄未成年被害人陈述的采信须符合以下条件：

一是具备提供言词证据的基本条件。即待证事实与其年龄、智力状况、精神健康状况等相适应，未成年被害人具备感知、记忆和表达的能力，能够理解相关问题并能以与其年龄、心智相符合的语言表达方式作出如实、清楚地回答。审查未成年被害人的陈述是否有效，不应单纯考虑未成年被害人的年龄，而应该综合考虑其感知、记忆和表达能力，只要符合相关条件，任何年龄段的儿童的言词证据都可能成为定案证据。

二是能够排除合理怀疑。未成年被害人作为案件的亲历者，其真实意思表示的客观陈述系案件的关键证据。低龄未成年被害人的陈述虽逻辑性较弱、细节描述不够确切，但真实性往往较高，过度修饰、夸大捏造的可能性较小。甄别未成年被害人陈述的真实性，要审查其所作的陈述是否与其年龄、智力状况相适应，是否符合该年龄段的语言习惯特点。低龄未成年被害人陈述中如有对细节描述不够确切，系受其年幼、对事物认知、理解不够成熟、稳定等客观局限的影响，不能因此否定被害人陈述的证明效力。

三是综合全案证据，能否相互印证形成证据链。未成年被害人的陈述作为案件的主要证据之一，在确保其客观性、真实性、违法性无异议的情况下，还需综合全案的其他证据，做到证据间能够相互印证，达到事实清楚、证据确实充分的要求。

本案中，关于被害人林某的陈述这一证据的审查主要分为程序上和实质内容上两部分。首先，关于询问未成年被害人的相关程序性问题是否影响该陈述的证据效力。本案侦查人员在办案中确实存在一些程序瑕疵，如对被害人林某的第一次询问调查时没有女性工作人员在场的情形，属瑕疵证据，应予指正，但不属以刑讯逼供和以威胁、引诱、欺骗以及其他非法方法收集的非法证据，不应予以排除。同时，因被害人系幼女，年龄较小，侦查人员采用较为简单、直白、平易的询问方式对其进行调查，后在笔录中予以归纳整理的方式制作调查笔录，且内容没有超出被害人陈述，并由其法定代理人帮助阅读确认无误后签字，不存在违法询问和诱供，其陈述笔录内容客观真实，可以采纳作为定案证据。其次，关于低龄被害人林某的陈述是否是其真实意思表示等。被害人林某的稳定陈述一直指认被告人吴某彪在其家中与其独处时，有用热热的东西顶在其尿尿的地方。被害人林某作为小学一年级学生，有良好的认知、辨别、表达能力，有明确的性别意识和性别区分认识。其关于“彪彪叔叔将一个热热的东西顶在我尿尿的地方”的陈述，与其年龄、基本认知等相符合，不属于刑诉法规定的生理上、精神上有缺陷的年幼不能正确表达的情形。其作为案件直接亲历者，对被告人的犯罪经过以及自己的受害情况有切身的体会，事后能将何时、何地、被谁、以何种方式猥亵等大致经过用自己的语言清晰、具体、客观、稳定地表达出来，但鉴于被害人年幼，其认知能力与成人有别，加之案发数天后其才向奶奶回忆自己被猥亵的经过，其陈述中关于被猥亵时裤子被脱到什么位置、是否有脱内裤等细节，未能完全准确亦合乎常理；且通过同步录音录像可证实其陈述时均有监护人在场，被害人林某神情自然、回答自如，询问过程严格按照法律规定、履行办案程序且如实记录，不存在恐吓、诱供等行为，侦查机关取证程序合法，其陈述的可信度较高。被害人林某能清楚、稳定地描述事情的经过，正确回答侦查人员的提问，言语表述符合其年龄特点，陈述笔录内容未超出被害人表述的意思范围，被害人林某的陈述具有合法性，内容真实可信，可采信作为定案证据使用。最后，全案证据能够形成证据链，足以证明被告人吴某彪猥亵被害人林某的事实：被害人林某的陈述与证人林甲、钟某亮、潘某钦等证人的证言，被害人林某的卫生系统门诊病历等证据可以相互印证，并有被告人吴某彪的谈话录音内容、短信记录、微信聊天记录等证据可以佐证，证据指向一致，可以形成完整证据锁链，足以证明被告人吴某彪对被害人林某实施强制猥亵的事实。公诉机关指控的罪名成立。

编写人：福建省厦门市海沧区人民法院　陈军晖　王欣

295　一方未进行酒精检测的交通事故认定书的采信

——张某仔交通肇事案

【案件基本信息】

1. 裁判书字号

福建省厦门市中级人民法院（2019）闽02刑终17号刑事附带

民事裁定书

2. 案由：交通肇事罪

【基本案情】

2017 年 12 月 30 日 17 时许，被告人张某仔驾驶闽 DB××××号大货车沿厦门市海沧区孚莲路由北往南行驶，行至海沧区东孚镇汤岸立交桥路段欲变更车道右拐弯出孚莲路往海翔大道匝道处时，与同向直行由被害人宁某驾驶的无号牌两轮轻便摩托车发生碰撞，造成宁某被碾压致死的交通事故。经责任认定，被告人张某仔应负本事故全部责任；被害人宁某不负事故责任。事故发生后，被告人张某仔即打电话报警并在现场等候，如实供述上述主要犯罪事实。

另查明，被害人宁某自 2015 年 5 月 2 日起居住于厦门市海沧区，系某乐公司的职工。原告人宁某基、申某系被害人宁某父母，二人育有三子，分别是宁某、宁某元、宁甲元，其中宁甲元已故。被害人宁某配偶宁某梅已故，子女为原告人宁某艳、宁甲。涉案闽 DB××××号大货车登记所有人为某达公司，在保险公司投保了交强险和商业三者险。交强险死亡伤残赔偿限额 11 万元，财产损失赔偿限额 2000 元，第三者责任保险赔偿限额 100 万元。交强险死亡伤残赔偿限额 11 万元，已由保险公司先行赔付，原告人另从责任方处获得赔偿款 5 万元。又查明，2017 年厦门市城镇居民人均可支配收入为 50019 元，农村居民人均生活消费支出为 17593 元，厦门市社会平均工资为 6288 元/月。

【案件焦点】

特殊情况下未对一方进行酒精检测而出具的交通事故责任认定书能否作为定案证据。

【法院裁判要旨】

福建省厦门市海沧区人民法院经审理认为：

一、关于交通事故认定书能否作为定案依据

被告人张某仔辩解事故认定其负全部责任不当，辩护人提出事故认定书程序违法，认定事实不清，证据不足，责任划分不公，不能作为定案依据的辩护意见。经查，《道路交通事故处理程序规定》第二十五条第二款规定，车辆驾驶人有饮酒或者服用国家管制的精神药品、麻醉药品嫌疑的，公安机关交通管理部门应当按照《道路交通安全违法行为处理程序规定》及时抽血或者提取尿样，送交有检验资格的机构进行检验；车辆驾驶人当场死亡的，应当及时抽血检验。证人宁甲、罗某德证言、考勤表、接警单等证明，被害人宁某事发当天正常在单位上班，17 时 32 分打卡下班，17 时 45 分许在回家途中遇交通事故，没有证据表明宁某事发前有饮酒或者服用国家管制的精神药品、麻醉药品嫌疑，且事故导致宁某躯体毁损严重，胸腹内脏碎裂，无法提取到其心血备做乙醇含量化验，客观上没有抽血检验的条件，本案未对被害人宁某抽血检验不违反交通事故处理的法定程序。厦门市公安局海沧分局交警大队综合现场图、现场勘查笔录、现场照片、证人证言、鉴定意见等证据，分析事故形成的原因及当事人过错，认定当事人责任，在证据收集、过错分析、送达告知等方面符合《道路交通事故处理程序规定》的要求。事故责任划分的依据是当事人各自的过错行为与结果之间的原因力大小，是过错的程度大小，交警大队对被害人宁某无证驾驶及被告人张某仔驾驶的大货车超载、大货车灯光系不符合安全标准等行为进行了分析，认为上述行为与事故发生没有直接因果关系。结合全案证据，事故认定书确认张某仔驾驶车辆右转弯出道路时未注意观察前方道路情况确保安全行驶是导致事故发生的根本过错，负事故的全部责任并无不当，可以作为本案定罪量刑的证据。被告人相关辩解和辩护人相关辩护意见，不符合案件事实及相关法律规定，不予采纳。

二、关于附带民事赔偿

附带民事诉讼原告人的经济损失确认如下：（1）丧葬费，2017年厦门市社会平均工资6288元/月×6个月＝37728元，可予支持。（2）死亡赔偿金，2017年厦门市城镇居民人均可支配收入50019元/年×20年＝1000380元，交强险已赔偿11万元，还应赔偿890380元。（3）精神抚慰金，精神损失不属于刑事附带民事诉讼的受案范围，原告人在刑事附带民事诉讼中提出该项诉讼请求，没有法律依据，不予支持。（4）受害人亲属办理丧葬事宜支出的交通费、误工费、住宿费等各项费用，原告主张8501.6元，在合理范围内且被告方未提出异议，可予支持。（5）被扶养人生活费，原告人宁某基、申某均已年逾80岁且系粮农，确有抚养必要，被扶养人生活费为2017年厦门市农村居民人均生活消费支出17593元/年×5年÷2人×2人＝87965元。（6）车辆损失，被害人宁某驾驶的电动二轮车在事故中受损严重，原告人提供了购车凭证，人保厦门分公司亦核定财产损失为2000元，原告主张车损2000元，可予支持。原、被告方当庭确认原告人已收到责任方赔偿款5万元，应予扣除。综上，附带民事诉讼原告人因被害人宁某死亡尚未获赔的经济损失为976574.6元。附带民事诉讼被告单位某达公司经合法传唤拒不到庭，也未提交书面答辩状，视为放弃抗辩权利。附带民事诉讼被告单位保险公司应先在交强险财产损失责任限额范围内赔偿原告人2000元。涉案车辆已年检，保险公司主张检验不合格不予以赔偿的意见，不予采纳。涉案车辆超载，根据保险合同商业三者险免赔10%，可予采纳，保险公司应赔偿原告人商业三者险90万元。被告人张某仔因重大过失致人损害，其与保险达公司应承担连带赔偿责任，共同赔偿原告人74574.6元。

综上，被告人张某仔违反交通运输管理法规，因而发生重大事故，致一人死亡并负事故全部责任，其行为已构成交通肇事罪。公诉机关指控的罪名成立。被告人张某仔主动投案，如实供述主要犯罪事实，系自首，依法可以从轻处罚。被告人张某仔的交通肇事行为造成被害人宁某死亡，被告人张某仔、附带民事诉讼被告单位某达公司、保险公司依法应承担相应的赔偿责任。依照《中华人民共和国刑法》第一百三十三条、第六十七条第一款、第三十六条第一款，《中华人民共和国刑事诉讼法》第一百零一条第一款，《中华人民共和国民事诉讼法》第一百四十四条，《中华人民共和国侵权责任法》第六条第一款、第十六条，《最高人民法院关于适用〈中华人民共和国刑事诉讼法〉的解释》第一百五十五条第一款和第二款及《最高人民法院关于审理人身损害赔偿案件适用法律若干问题的解释》第十七条第三款、第二十七条、第二十八条、第二十九条之规定，判决如下：

一、被告人张某仔犯交通肇事罪，判处有期徒刑一年二个月；

二、附带民事诉讼被告单位保险公司应于本判决生效之日起十日内赔偿附带民事诉讼原告人宁某基、申某、宁某艳、宁甲经济损失人民币九十万二千元；

三、被告人张某仔与附带民事诉讼被告单位某达公司应于本判决生效之日起十日内连带赔偿附带民事诉讼原告人宁某基、申某、宁某艳、宁甲经济损失人民币七万四千五百七十四元六角；

四、驳回附带民事诉讼原告人宁某基、申某、宁某艳、宁甲的其他诉讼请求。

一审后被告人张某仔提起上诉，福建省厦门市中级人民法院依照《中华人民共和国刑事诉讼法》第二百三十六条第一款第一项、《中华人民共和国民事诉讼法》第一百七十条第一款第一项，以及《最高人民法院关于适用〈中华人民共和国刑事诉讼法〉的解释》第一百六十三条的规定，裁定如下：

驳回上诉，维持原判。

【法官后语】

交通肇事案件中，公安机关在进行责任认定时一般应对各方同时进行酒精检测，特殊情况下未对一方进行酒精检测而出具的交通事故责任认定书能否作为定案证据系本案的争议焦点。

交通事故认定是根据过错认定原则确定当事人行为在事故中所起作用程度的技术认定。在认定交通事故责任时，公安机关交通管理部门应当根据交通事故当事人有因果关系的行为在事故中所起的作用及过错的严重程度来确定当事人的责任。根据《道路交通事故处理程序规定》第二十五条第二款的规定，车辆驾驶人有饮酒或者服用国家管制的精神药品、麻醉药品嫌疑的，公安机关交通管理部门应当按照《道路交通安全违法行为处理程序规定》及时抽血或者提取尿样，送交有检验资格的机构进行检验；车辆驾驶人当场死亡的，应当及时抽血检验。可见，公安机关在进行责任认定时一般应对各方同时进行酒精检测，那么未对各方均进行酒精检测的事故认定是否当然无效，应综合以下几个方面进行判断：

一是事故认定事实依据的客观、真实。认定意见应当是在对案发现场情况进行实事求是的分析后得出的，所依据的事实真实可靠，因果关系符合逻辑及常理。

二是事故认定内容与在案其他证据证实内容一致。认定书所记载内容与证人证言、被告人供述、被害人的陈述、现场勘察笔录和车辆技术检验报告等能相互印证，合理排除疑点。

三是事故认定的程序合法、适用交通法规正确。事故认定书载明的适用法条准确，事故责任认定程序依法按规定程序进行。

四是未对其中一方进行的酒精检测是否必需、是否具有检测的可能性。如有明确证据表明当事人不存在饮酒可能，或事故现场客观上已不具备酒精检测采样的可能性，则不应因未对一方进行酒测而当然否定事故责任认定的有效性。

本案即属于有明确证据表明当事人不存在饮酒可能且事故现场客观上已不具备酒精检测采样可能性的情形，该事故责任认定不应因未对一方进行酒测而被否定其证据效力：处警民警在现场处理时对被告人张某仔及时进行了酒精呼气检测，证实处警民警已严格依照法定程序处理本起交通事故，但因事故现场客观条件限制，被害人宁某躯体严重毁损，胸腹内脏碎裂，无法提取到其心血备做乙醇含量化验，客观上没有抽血检验的条件，本案未对被害人宁某抽血检验不违反交通事故处理的法定程序，办案交警部门出具了相应的情况说明。证人宁甲、罗某德证言、考勤表、接警单等证明，被害人宁某事发当天正常在单位上班，17 时 32 分打卡下班，17 时 45 分许在回家途中遇交通事故，没有证据表明宁某事发前有饮酒或者服用国家管制的精神药品、麻醉药品嫌疑。厦门市公安局海沧分局交警大队综合现场图、现场勘查笔录、现场照片、证人证言、鉴定意见等证据，分析事故形成的原因及当事人过错，认定当事人责任，在证据收集、过错分析、送达告知等方面符合《道路交通事故处理程序规定》的要求。事故责任划分的依据是当事人各自的过错行为与结果之间的原因力大小，是过错的程度大小，交警大队对被害人宁某无证驾驶及被告人张某仔驾驶的大货车超载、大货车灯光系不符合安全标准等行为进行了分析，认为上述行为与事故发生没有直接因果关系。结合全案证据，事故认定书确认张某仔驾驶车辆右转弯出道路时未注意观察前方道路情况确保安全行驶是导致事故发生的根本过错，负事故的全部责任并无不当，可以作为本案定罪量刑的证据。

编写人：福建省厦门市海沧区人民法院　牟燕　王欣

296　对伪造借据以捏造夫妻共同债务的认定

——罗某霞虚假诉讼案

【案件基本信息】

1. 裁判书字号

广东省广州市中级人民法院（2019）粤01刑终1088号刑事裁定书

2. 案由：虚假诉讼罪

【基本案情】

2013年2月，罗某霞明知何某杰与杨某珍进行离婚诉讼，为使何某杰在离婚财产分割上获得更多利益，与何某杰一起虚构何某杰向其借款的事实，提供虚假证据，向广州市从化区人民法院提起民事诉讼，要求何某杰、某航公司及杨某珍共同归还其“借款”人民币370万元本金及相关利息，并提供了虚构的“借据”及相关银行转账记录。罗某霞后于2014年5月20日向法院申请撤回起诉。2016年6月，何某杰与杨某珍离婚后财产分割纠纷审理终结，何某杰应补偿杨某珍现金人民币7412085.38元等。在杨某珍向法院申请强制执行期间，罗某霞再次以相同理由和诉讼请求起诉要求何某杰、某航公司及杨某珍偿还借款。在本案立案侦查后，何某杰通过银行转账方式将370万元转入罗某霞账户，罗某霞以此为由再次向法院申请撤诉，后广州市从化区人民法院以该案涉嫌虚假诉讼已移送公安机关侦查为由，裁定不准许罗某霞撤诉，并驳回罗某霞的起诉。该裁定现已发生法律效力。罗某霞于2017年12月18日向广州市公安局从化区分局新城派出所投案。

【案件焦点】

罗某霞与何某杰均否认有捏造债权债务，如何根据在案证据予以认定。

【法院裁判要旨】

广东省广州市增城区人民法院经审理认为：首先，根据民事庭审笔录、何某杰供述、罗某霞供述等证据，证实罗某霞与何某杰对2011年8月19日借据中51万元现金借款以及2011年10月19日借据中100万元现金借款的交付地点、现场是否有人、借据书写地点、时间等借款细节的陈述前后不一，存在多处矛盾。罗某霞与何某杰对该二笔款项用途的陈述，与银行明细清单亦无法相互印证，且只有他们双方确认借贷关系，无其他证据予以佐证。罗某霞亦未能提供其借款时有大量现金的证据，且大额现金借贷没有任何支付凭证，与交易习惯和生活常理不符。何某杰亦供述其在民事诉讼庭审中作了虚假陈述，称该二张借据是事后签订的，其供述与司法鉴定意见书能互相印证。故足以认定罗某霞与何某杰伪造上述借据，捏造虚假债权债务关系的事实。

其次，关于罗某霞供述借款给何某杰120万元的事实，虽然该笔借款有转账记录，但罗某霞提交法院用于证明借款事实的对应银行流水，并不是原始凭证记录，大额借款借款人在借款时不掌握任何借款凭证不符合常理。何某杰收到该款项后，随即分批提取现金出来，该行为不符合何某杰一贯交易习惯，且何某杰对该款项去向、用途未作出合理说明。故罗某霞和何某杰的上述行为均有悖常理，则说明双方之间的借贷关系非真实。

再次，何某杰在本案立案侦查后即通过银行转账方式将370万元转给罗某霞，罗某霞对收到该笔款项的处理多次作出不同供述。根据银行明细清单，该笔款项由何某杰外甥李某祺转出，最终该笔款项中300万元又转入李某祺账户中，且李某祺对该笔大额款项形成和流向均无法作出合理说明。该款项在本案立案侦查后即“归还”，明显是为了逃避法律责任，并不是真实的还款行为。

最后，罗某霞在第一次撤诉后并没有取回借据原件，对于借据原件去向其至今仍不清楚。罗某霞作为具有正常思维、有社会阅历的成年人，在大额借款出借后竟然对主要借款凭证借据原件去向漠不关心，明显有悖于常理。罗某霞分别在何某杰与杨某珍离婚诉讼期间以及财产分割后杨某珍申请执行期间，二次向法院提出诉讼，其目的明显是使何某杰在与杨某珍财产分割过程中获得更多利益。

综上，广东省广州市增城区人民法院依照《中华人民共和国刑法》第三百零七条之一、第五十二条、第五十三条的规定，判决如下：

被告人罗某霞犯虚假诉讼罪，判处有期徒刑一年四个月，并处罚金人民币二万元。

宣判后，罗某霞以其不构成犯罪为由，提起上诉。广州市中级人民法院同意一审法院裁判意见，裁定：

驳回上诉，维持原判。

【法官后语】

虚假诉讼罪系刑法修正案（九）所增设的罪名，后最高人民法院、最高人民检察院就该罪发布了《关于办理虚假诉讼刑事案件适用法律若干问题的解释》。虚假诉讼罪属于故意犯罪，要求行为人在客观上具有以捏造的事实提起民事诉讼，并造成妨害司法秩序或者严重侵害他人合法权益的后果。现结合本案具体分析如下：

一、犯罪动机

本案罗某霞与何某杰是叔嫂关系，罗某霞分别在何某杰与杨某珍离婚诉讼期间及财产分割后杨某珍申请执行期间，二次向法院提出诉讼，其目的明显是使何某杰在与杨某珍财产分割过程中获得更多利益。

二、罗某霞及何某杰案发时经济能力

根据本案证据，何某杰、杨某珍夫妻双方的财产主要登记于何某杰名下或由何某杰经营的公司使用。同时何某杰在罗某霞主张的借贷存续期间资产丰厚，夫妻共同财产约2000多万元。反观罗某霞名下持有11套房屋（其中1套与何某堂共有）及车位，但有7套已抵押银行或已被法院查封，并在2015年11月6日，罗某霞向中国工商银行广东省分行营业部借款240万元。因此，可以看出何某杰在案发时不存在借款并承担高额利息的必要，且罗某霞有大量债务，并没有出借大额借款的能力。

三、案涉所谓的“债权债务”存在诸多不符合常理之处

1. 两人对借据书写地点、时间等借款细节的供述存在多处矛盾，陈述前后不一。

2. 案涉三张借据的落款均只有何某杰的签名，没有何某杰妻子杨某珍的签名。

3. 罗某霞与何某杰对借款用途的陈述，与银行明细清单无法相互印证。

4. 关于借款利息的支付只有借贷双方确认而无任何其他证据证明，且每月分别高达 43000 元的利息，双方称是通过现金支付，未使用转账方式支付。

5. 借据原件归还问题。罗某霞借据原件在第一次起诉时被法院收取，但其撤诉后并没有要求法院归还原件，目前借据原件仍在第一次民事诉讼案卷中。罗某霞第二次起诉是根据复印件起诉的，在何某杰于 2017 年 6 月转账 370 万元后，罗某霞亦没有要求法院归还原件。

6. 罗某霞提交法院用于证明第三张借据所对应的银行流水的转账凭证在 2016 年 12 月 26 日借款后才打印，并非在借款时打印作为转账凭证。

7. 罗某霞于 2013 年第一次提出民事诉讼时，在笔迹鉴定结果出来后，罗某霞在没有取得何某杰任何书面还款承诺、同期另有何某堂起诉何某杰要求还款 820 万元、关某标起诉何某杰要求还款 100 万元，债务人身负巨债有不能还款之虞的情况下，罗某霞还向法院申请撤诉。

8. 何某杰与杨某珍离婚后财产纠纷于2016年5月4日生效，但在2016年4月30日，何某杰向罗某霞等人出具还款承诺书，承诺在2016年5月30日前还清370万元。罗某霞据此于同年8月9日再次向法院起诉。

9. 何某杰在本案立案侦查后即通过银行转账方式“还款”370万元给罗某霞，根据银行明细清单，该笔款项由何某杰外甥李某祺转出，最终该笔款项中300万元又转入李某祺账户中。

综上，结合罗某霞的财产状况，罗某霞与何某杰对案涉借据、还款情况、资金流向中不符合常理的供述以及罗某霞提起民事诉讼的时间节点等内容，可以证实罗某霞与何某杰恶意串通，为使何某杰在与杨某珍财产分割过程中获得更多利益，捏造夫妻共同债务，两次向法院提起不真实的民事诉讼，意图侵害夫妻相对方合法权益，干扰正常司法活动，其行为已构成虚假诉讼罪。

在司法实践中，尤其是涉及离婚后财产分割的案件，夫妻一方伙同他人伪造借据、银行流水等证据，以此捏造夫妻共同债务，意图侵害夫妻相对方合法权益的情况屡见不鲜，这也是我国刑法增加虚假诉讼罪的立法背景之一。在该类型犯罪中，是否已妨害司法秩序、是否已严重侵害他人合法权益相对容易判断，而难点在于判断行为人是否与夫妻一方恶意串通、是否有捏造夫妻共同债务的行为。一般情况下，行为人与夫妻一方具有特殊关系，如父母、亲友等。正是基于这种关系，行为人之间往往能订立攻守同盟，“补强”伪造债务、捏造事实所需要的各种证据，达到以假乱真的程度，导致案件审理难度增大。基于此，可从以下几个方面对此类案件进行全局分析：

1. 借贷双方的财产状况。通过对财产状况的了解，核实出借人的资金来源、是否具备出借能力，核实借款人的借款用途、是否具备还款能力。

2. 借据的形成过程。除对借据本身进行甄别外，还需要结合借贷双方的供述，对借据出具的时间、地点、人物、双方关系以及借款金额等细节进行审查，核实双方是否存在真实的借贷合意以及借款金额是否符合实际。

3. 资金往来情况。根据借贷金额大小判断出借方式是否符合交易习惯，核实款项的支付、偿还情况，结合资金流水了解款项的实际去向及用途。

4. 关联案件。通过检索案涉人员的关联民事案件，挖掘与案件相关的有效信息，进一步佐证事实认定。

虚假诉讼行为不仅妨害司法秩序、侵犯他人权益，而且严重浪费司法资源，必须予以严惩。但在打击此类虚假诉讼行为的同时，亦注意要保护好案外人的合法债权。

编写人：广东省广州市增城区人民法院　陈艾菁　何达威

297　未当场提取影响被害人隐私的物证可作证据使用

——冯某强奸案

【案件基本信息】

1. 裁判书字号

福建省厦门市中级人民法院（2018）闽02刑终717号刑事裁定书

2. 案由：强奸罪

【基本案情】

2017 年 10 月 16 日 8 时许，被告人冯某从其暂住处某社××号3××室出来到四楼后返回时，光着上身，下身只穿着一条内衣短裤，推开了被害人何某所居住的 3××房门。被害人何某（穿着睡衣）质问其因何能进入，二人因此发生争吵，被害人何某遂拨打其姐夫侯某电话告知有陌生男子闯入住处。之后，被告人冯某掐住被害人何某的脖子将其推倒在房间地板上，关上房门对其进行殴打并强行脱去何某的睡裤和内衣短裤。被害人何某挣扎站起来要打开房门，被告人冯某又将何某推倒在床上，压在何某身上，欲强行与被害人何某发生性关系，因何某极力抓扯反抗并大声呼救而未能得逞。随后，侯某赶到并踹门，和老乡刘某等人将欲逃走的被告人冯某控制住，被害人何某当即用手机报警。民警出警到达现场将被告人冯某带回审查。经查，被害人何某左肘关节外侧、右肘关节背侧、左大腿中段内侧、左膝关节前侧、右膝关节前侧有多处擦伤或皮下血肿，体表挫伤面积在 15.0 平方厘米以上，损伤程度评定为轻微伤；被告人冯某右颈前部后部见散在擦伤，左下腹见散在擦伤，左前臂背侧上段见划伤，中段背侧见皮下出血和擦伤。案发后，提取的内裤一条及钥匙等物证随案移送。

【案件焦点】

物证内裤与本案是否具有关联性，能否作为证据使用。

【法院裁判要旨】

福建省厦门市海沧区人民法院经审理认为：被告人冯某以暴力手段强奸妇女，其行为已构成强奸罪。被告人冯某的强奸行为因意志以外的原因未得逞，是犯罪未遂，依法可以比照既遂犯减轻处罚。

福建省厦门市海沧区人民法院依照《中华人民共和国刑法》第二百三十六条第一款、第二十三条、第六十四条的规定，作出如下判决：

一、被告人冯某犯强奸罪，判处有期徒刑二年五个月；

二、扣押在案的钥匙一串发还被告人冯某。

冯某持原审辩解提起上诉。福建省厦门市中级人民法院经审理认为：冯某以暴力手段强奸妇女，其行为已构成强奸罪。冯某的强奸行为因意志以外的原因未得逞，是犯罪未遂，依法可以比照既遂犯减轻处罚。原判认定事实清楚、定罪准确、审判程序合法，已充分考虑上诉人的犯罪事实、犯罪的性质、情节、后果和认罪态度等量刑因素，所作出的量刑适当，上诉人冯某及其辩护人要求改判无罪的上诉、辩护意见理由不足，不予采纳。福建省厦门市中级人民法院依照《中华人民共和国刑事诉讼法》第二百三十六条第一款第一项规定，作出如下裁定：

驳回冯某的上诉，维持原判。

【法官后语】

物证的提取应当依照法定程序进行，在实践中对于物证的提取遵循现场原物提取为原则，但是未在现场提取的物证不能一概否认其证据资格。本案中，作为重要物证的被害人的内裤虽然没有在案发现场进行直接提取，然而其仍然可作为证据使用。

一、强奸案现场取证不利于被害人隐私保护

本案案发后，公安民警（均为男性）接到报案后赶到现场，发现被害人何某坐在房间的床上，下身用被子盖住，上身穿睡衣，现场有证人侯某、刘某及被告人冯某等人在场，且均为男性。而此时被害人的睡裤和内裤已被撕扯掉。从现场的环境看，仅有被害人一名女性在场，且处于衣不蔽体的状态，此时的被害人身心刚刚遭受严重的冲击，在没有女性民警或工作人员帮助的情况下直接提取内裤，显然不利于安抚被害人的情绪和保护其隐私。故民警针对办案现场实际情况，让被害人将被撕扯掉的睡裤和内裤穿上后再行带回派出所的处置是合适的。

二、不利情形消除后进行了及时取证

民警将被害人、被告人和证人一同在公安民警的控制之下带到派出所后当场对在案物证予以提取并拍照固定的方式取证，属于不利情形消除后及时提取物证。公安机关按照规定制作了物证提取笔录、接受证据材料清单等文书材料并有相关民警的签字、盖章，该取证方式不违反刑事诉讼法关于证据提取的相关规定，故内裤的来源合法且取证程序合法，具有证据资格。

三、物证与本案具有关联性

证据关联性指在审判中根据法律、逻辑和经验法则，证据与案件事实之间存在的一定程度的证明或证否的关系。经过法定程序提取的内裤系被抓烂，与检查笔录中被告人全身存在多处抓伤、被害人全身存在多处擦伤的伤情鉴定可以相互印证，可以证实被告人在强奸过程中遭受被害人激烈的反抗，该内裤指向被告人使用暴力、被害人激烈反抗的事实，与本案具有关联性。

综上，本案中公安机关出于对被害人隐私保护的要求，没有在案发现场提取作为关键物证的内裤一条，在不利情形消除之后，及时依法提取了物证，物证来源及取证程序合法，并且可以在一定程度上证明被告人的暴力行为，与本案具有关联性，该物证可以作为证据使用。

编写人：福建省厦门市海沧区人民法院　陈军晖　陈芳序

298　如何理解刑事案件证据确实、充分

——董某危险驾驶案

【案件基本信息】

1. 裁判书字号

福建省厦门市中级人民法院（2017）闽02刑终656号刑事裁定书

2. 案由：危险驾驶罪

【基本案情】

2016年6月22日21时许，被告人董某饮酒后雇请代驾陈某某驾驶“闽D787××”号小型汽车，由某酒店往厦门市集美区方向行驶，行至厦门大桥收费站出口处附近时，被告人董某示意陈某某下车离去。之后，被告人董某驾驶该车辆沿厦门大桥行驶至厦门大桥与厦门高速进出口连接线万达广场路段时，刮碰路边护栏并在车内睡着，直至次日1时许被公安机关查获。经鉴定，案发时被告人董某血液中酒精含量为141.95毫克/100毫升，属醉酒驾驶机动车。归案后，被告人董某供述称因醉酒记不清案发经过。

【案件焦点】

应结合全案证据和生活常理进行综合评判，而非随意进行不当怀疑。

【法院裁判要旨】

福建省厦门市集美区人民法院经审理认为：被告人董某在道路上醉酒驾驶机动车，其行为已构成危险驾驶罪。公诉机关指控的罪名成立。公诉机关的量刑建议适当，予以采纳。

福建省厦门市集美区人民法院依照《中华人民共和国刑法》第一百三十三条之一第一款第二项的规定，判决如下：

被告人董某犯危险驾驶罪，判处拘役一个月十五日，缓刑四个月，并处罚金人民币二千五百元。

被告人董某提出上诉。福建省厦门市中级人民法院经审理认为：原判定罪准确，量刑适当，审判程序合法，裁定如下：

驳回上诉，维持原判。

【法官后语】

在不认罪案件中，被告人或辩护人提出的辩护理由就是控方的证据不够充分，不能够排除合理怀疑。同时，被告人或辩护人往往会提出各种假设的可能性作为抗辩。这类案件通常直接证据很少甚至没有，导致案件在事实认定上给法官带来了较大的困难。如何进行公正的裁判，就需要结合全案的证据及被告人的辩解进行综合考量。

具体到本案，辩护人提出了两个怀疑：一是公诉机关提取血样时未使用具有抗凝功能的试剂管、血样已遭到污染、血液酒精含量没有达到醉酒标准的存疑；二是没有董某醉酒在道路上驾驶车辆的直接证据，怀疑是代驾人员陈某某造成事故停车。关于这两个怀疑，就危险驾驶案件整体来看，第一个怀疑属于合理怀疑，因为危险驾驶案非常重要的证据即公安机关提取的血样及血样的酒精含量，是本类案件定罪量刑最重要的证据或者事实，如果一旦检材出现严重错误，则直接导致定罪量刑错误；关于第二个怀疑，虽然不能说是非常极端或极不可能的怀疑，但就日常生活经验和逻辑法则来讲，也不是十分合理的怀疑。因此，只是被告人没有提供相应的线索或材料，或者合理的解释，否则，可以视为不合理的怀疑，不用排除，可以直接认为不成立。但是，即使可以直接认为不成立，也同样可以利用证据来分析怀疑的不成立，更有利于被告人认罪服法。

我们来分析本案证据，从而排除上述两个怀疑：第一，公安机关的执法记录视频证实交警到达现场时董某系在驾驶座上睡觉，副驾驶座放置着手机眼镜盒钱包等个人物品，现场照片及现场图可以证实事故车辆右前侧与路边护栏碰擦，副驾驶座车门打开困难，车辆受损比较轻微，证实案发现场情况正常自然，案发时车内仅董某一人且在驾驶座位置上；第二，代驾司机陈某某在交警走访调查系主动亮明身份并配合公安机关调查，稳定证称当日在酒店门口接受董某的现场雇请为董某代驾，后驾驶至厦门大桥出岛方向收费站的天桥附近，董某让其停车下车，董某从副驾座下车来到驾驶座并支付了100元代驾费用，其从路中护栏一缺口处横穿道路过街，搭乘公交离开，现场照片证实了厦门大桥收费站出岛方向附近绿化带确实有一小缺口，故代驾司机的证言具有相当的可采性；第三，从厦门大桥收费站经厦门大桥至厦门高速连接线万达广场路段系封闭道路，电话记录清单能够证实董某的手机于案发当晚22时许至次日凌晨1时许无拨出电话，可排除董某在该路段再雇请他人驾驶车辆的可能性；第四，被告人董某在一审庭审能够自愿认罪。综上，可以排除由代驾司机陈某某或他人驾驶车辆至事故地点的合理怀疑。

编写人：福建省厦门市集美区人民法院　陈于婧

299 行政执法证据在刑事诉讼中的审查与运用

——邓某生、姜某双贩卖毒品案

【案件基本信息】

1. 裁判书字号

北京市高级人民法院（2017）京刑终60号刑事裁定书

2. 案由：贩卖毒品罪

【基本案情】

被告人邓某生与被告人姜某双相识多年。被告人姜某双系吸毒人员，其于2015年7月至2016年1月多次向薛某、永某某贩卖毒品，并于案发前联系向被告人邓某生购买毒品。2016年1月12日、13日，被告人姜某双向被告人邓某生银行卡转账，共计人民币15万元。1月16日20时许，被告人邓某生在北京市大兴区甲酒店门前，交给被告人姜某双一黑色塑料袋包装的毒品可疑物。随后被告人邓某生在甲酒店内被抓获，被告人姜某双携带上述毒品可疑物，乘坐滴滴专车行驶到北京市朝阳区东四环京津塘高速通往四环路匝道处被抓获。民警当场从被告人姜某双随身携带的挎包内起获上述邓某生交付的黑色塑料袋包装的毒品可疑物一块，经鉴定为海洛因，净重352.79克，含量66.4%。

【案件焦点】

证人薛某、永某某因吸毒被查获，二人的证言确系公安机关在行政执法过程中所收集的证据，属行政执法证据，能否直接作为刑事诉讼证据使用。

【法院裁判要旨】

北京市第二中级人民法院经审理认为：证人薛某、永某某的证言确系公安机关在行政执法和查办案件过程中所收集，在有条件的情况下依法应当重新收集，但目前证人薛某、永某某下落不明，公安机关经工作未能取得联系，客观上不具备重新收集的条件，且二证人所作证言表达清楚，内容明确具体，与在案手机短信内容等证据相互印证，经庭审举证、质证，本院审核属实，予以确认。本院认为，被告人邓某生向被告人姜某双贩卖毒品，被告人姜某双多次向他人贩卖毒品，二被告人的行为均已构成贩卖毒品罪，且贩卖毒品数量大，依法均应予惩处。北京市人民检察院第二分院指控被告人邓某生、姜某双犯贩卖毒品罪的事实清楚，证据确实、充分，指控罪名成立。依照《中华人民共和国刑法》第三百四十七条第一款、第二款第一项，第四十五条，第四十七条，第五十五条第一款，第五十六条第一款，第五十九条第一款，第六十一条，第六十四条之规定，判决如下：

一、被告人邓某生犯贩卖毒品罪，判处有期徒刑十五年，剥夺政治权利三年，并处没收个人财产人民币二十万元；

二、被告人姜某双犯贩卖毒品罪，判处有期徒刑十五年，剥夺政治权利三年，并处没收个人财产人民币二十万元；

三、在案扣押的姜某双黑色乙牌手机一部、黑色丙牌手机一部、邓某生的黑色丁牌手机一部予以没收；在案冻结的邓某生的中国戊银行账户436742×××××××××1760、中国己银行账户622848×××××××××8717、中国庚银行账户622208×××××××××5893、中国辛银行账户622262×××××××××8801、中国庚银行账户621226×××××××××8757内的存款，以及在案冻结的姜某双的中国庚银行账户621559×××××××××2429

内的存款分别并入邓某生、姜某双的没收个人财产项执行；其他物品由扣押机关依法处理。

宣判后，邓某生、姜某双均提出上诉。

北京市高级人民法院经审理认为：上诉人邓某生向上诉人姜某双贩卖毒品，上诉人姜某双多次向他人贩卖毒品，其行为均已构成贩卖毒品罪，且毒品数量大，依法应予惩处。关于邓某生所提原判认定与事实不符以及辩护人所提认定事实证据不足的辩护意见，本院认为，现有多名证人证言、辨认笔录、银行卡交易明细、抓获经过、起赃经过、扣押清单、物证照片、收缴毒品清单、毒品检验报告等已经形成了互相印证的证据链，足以认定邓某生向姜某双贩卖毒品的事实。故对邓某生的辩解及其辩护人的辩护意见，本院不予采纳。关于姜某双所提其并未向他人贩卖毒品的辩解，经查，现有证人证言、辨认笔录、电子物证检验报告、银行卡交易明细等证据材料之间能够相互印证，足以认定姜某双向他人贩卖毒品的事实，故对姜某双的辩解本院亦不予采纳。北京市第二中级人民法院根据邓某生、姜某双犯罪的事实，犯罪的性质、情节和对于社会的危害程度所作的判决，定罪和适用法律正确，量刑和对随案物品处理适当，审判程序合法，应予维持。据此，本院依照《中华人民共和国刑事诉讼法》第二百二十五条第一款第一项的规定，裁定如下：

驳回邓某生、姜某双的上诉，维持原判。

【法官后语】

《中华人民共和国刑事诉讼法》第五十四条第二款规定，行政机关在行政执法和查办案件过程中收集的物证、书证、视听资料、电子数据等证据材料，在刑事诉讼中可以作为证据使用。该条款为行政执法证据在刑事司法中的运用提供了法律依据，使部分行政执法证据在刑事司法活动中具有证据能力，简化了公安机关调查取证程序，最大限度地减少了公安机关因时过境迁取证不能的风险。然而，此规定采取的列举式立法例并没有涵盖证人证言、被害人陈述等言词类证据，这是否意味着言词类行政执法证据一概不能直接作为刑事诉讼证据使用？对此不能一概而论。通常情况下，言词类行政执法证据需要重新制作和收集，但在特殊情况下，言词类行政执法证据亦可适用该条款，在刑事诉讼中作为证据使用。本案证人薛某、永某某目前下落不明，公安机关经工作未能取得联系，客观上不具备重新收集的条件，且二证人所作证言表达清楚，内容明确具体，与在案手机短信内容等证据相互印证，经庭审举证、质证，可以作为证据使用。具体理由如下：

一是行政执法证据与刑事司法证据具有相通性。证据具有三大属性，即证据的客观性、关联性和合法性。行政执法证据与刑事司法证据虽然在某一具体证据属性上的要求和认识有所不同，但都具有证据的基本属性，基于此，才使得行政执法证据有了向刑事司法证据转化的理论基础。行政机关在行政执法过程中收集的证据，是用于证明某一具体行政行为违法事实的证据材料，而当某一具体行政违法行为涉嫌犯罪而被立案侦查时，该行政执法证据同样可以在刑事司法中证明该案件事实，因为两者是基于同一基本事实，事实不会因为追究责任形式的不同而发生变化。

二是行政责任与刑事责任的承接性。从我国的立法例来看，行政责任与刑事责任是一种递进式的关系，在如《中华人民共和国禁毒法》《中华人民共和国证券法》等执法领域的法律条文中，都有类似的“构成犯罪的，依法追究刑事责任”的规定，与此相对应，

《中华人民共和国刑法》在破坏社会主义市场经济秩序罪和妨害社会管理秩序罪等章节中规定了大量的此类犯罪，从而使行政违法责任与刑事责任得以衔接。理由在于，我国刑事犯罪和普通违法在行为类型上具有同一性，但刑法具有谦抑性，刑罚作为最为严厉的惩罚手段，只能对社会危害性极其严重的行为认定为犯罪，从而对被告人科以刑罚，对于行为类型相同但社会危害性不足的行为，只能处以低一层级的行政处罚。因此，行政违法责任与刑事责任具有一脉相承性，使得行政执法证据向刑事司法证据转化具有了合理化依据。

三是诉讼效率的需求。公平正义与诉讼效率同是现代刑事诉讼追求的价值目标，正所谓“迟来的正义非正义”，在保证案件程序和结果公正的基础上，提高诉讼效率、避免司法资源的浪费也是刑事诉讼的重要价值追求，同时也是对公平正义的一种保障。对行政执法过程中所获取的合法、真实、有效的证据，通过一定的规则转化为刑事司法证据，有利于节约司法资源，减少因重复调取、收集证据所耗费的人力、物力。

四是证据收集及时性的需求。证据具有灭失性，部分证据即时性很强，如不及时收集和固定，事后便难以取证。通常来说，在行政执法过程中，行政机关基于其日常性的行政监管职责，有条件第一时间接触证据，能在“黄金时间”内做好证据的收集和固定工作，这一点对后续跟进的侦查机关来说是不可企及的。这种程序上的前置性和时间上的及时性使得行政机关在行政程序中依法收集的证据具有在刑事诉讼中适用的逻辑基础。

总之，言词类行政执法证据在刑事诉讼中的运用具有理论基础和法律依据，不能任意扩大《中华人民共和国刑事诉讼法》对行政执法证据所作的限制性规定，在特定情形下，言词类行政执法证据亦可作为刑事诉讼证据使用。

编写人：北京市第二中级人民法院　刘硕

300　依法审查交通事故认定书的证明效力

——吕亚某交通肇事案

【案件基本信息】

1. 裁判书字号

江苏省徐州市中级人民法院（2017）苏03刑终354号刑事判决书

2. 案由：交通肇事罪

【基本案情】

2014年10月28日22时许，黄亚某驾驶超过核定人数的苏NM××××号小型普通客车（核载7人，实载8人）沿连霍高速公路由西向东行驶至127千米+570米处，因观察疏忽，操作不当，撞击前方同方向吕亚某驾驶的安全设施不全及机件不符合技术标准的豫N7××××号重型半挂牵引车、豫NY×××挂重型自卸半挂车，致客车内乘车人靳明某、陈玉某、潘巧某受伤，乘车人李开某、杨会某、于再某、胡艳某当场死亡，黄亚某本人受伤，两车不同程度损坏。经徐州市公安局交通警察支队高速三大队事故责任认定，吕亚某及黄亚某负事故的同等责任。经法医学检验鉴定，胡艳某符合颅脑损伤死亡；于再某符合颅脑损伤合并内脏损伤死亡；李开某、杨会某符合颅脑损伤死亡；潘巧某、陈玉某、靳明某的损伤分别构成轻伤一级，黄亚某的损伤构成轻伤二级。经山东交院交通司法鉴定中心交通司法鉴定，豫N7××××/豫NY×××挂重型自卸半挂车身后部反光标识不符合相关国家标准；经司法鉴定所司法鉴定，苏NM××××号小型普通客车事故发生时（碰撞时瞬时）行驶速度高于88千米/小时，豫N7××××号重型半挂牵引车/豫NY×××挂号重型自卸半挂车事故发生时行驶速度约为40千米/小时；经南车戚墅堰机车车辆工艺研究所有限公司司法鉴定所痕迹鉴定，豫N7××××/豫NY×××挂重型自卸半挂车后部防撞栏横梁截面高度不满足《汽车和挂车后下部防护装置》标准要求。吕亚某于2014年10月28日主动打电话报警，并如实供述上述事实。

【案件焦点】

徐州市公安局交通警察支队出具的交通事故认定书是否应予采信，即上诉人吕亚某是否应在本案中承担同等责任。

【法院裁判要旨】

江苏省新沂市人民法院经审理认为：被告人吕亚某违反交通运输管理法规，引发重大交通事故，致四人死亡，一人重伤，三人轻伤，承担事故的同等责任，其行为已构成交通肇事罪。鉴于被告人具有自首情节，依法予以从轻处罚。依照《中华人民共和国刑法》第一百三十三条、第六十七条第一款的规定，以被告人吕亚某犯交通肇事罪，判处有期徒刑一年十个月。

徐州市人民检察院认为原判以交通肇事罪判处吕亚某有期徒刑一年十个月，定性准确，量刑适当，建议驳回上诉，维持原判。

吕亚某及辩护人提出交通事故责任认定书认定吕亚某承担事故的同等责任与事实不符，对方车辆驾驶人员黄亚某有多项违法行为，吕亚某应当承担本次事故的次要责任。

江苏省徐州市中级人民法院经审理对交通事故认定书的证明效力不予确认，认为：吕亚某应负次要责任：

第一，道路交通事故认定书的原始依据不足。公安机关进行事故责任认定的依据为扬州大学机械工程学院出具的交通事故检验评估意见书，而该份意见书只是专家意见，没有加盖鉴定机构的印章，该机构亦不具有鉴定资质，不能作为鉴定意见使用，因此导致事故责任认定书的依据不足。

第二，公安机关认定吕亚某肇事后逃逸与事实不符，影响事故责任认定。《中华人民共和国道路交通安全法实施条例》规定当事人逃逸的情节对当事人的责任认定有直接影响，在本案中，公安机关在认定吕亚某逃逸成立的前提下作出吕亚某负同等责任的事故责任认定。而本案证人证实案发时吕亚某主观上不明知发生了交通事故而离开事故现场，公安机关认定其逃逸没有依据。

第三，吕亚某的行为仅属于被动型一般过错行为，在该起交通事故中起到次要作用。吕亚某驾驶的车辆在事故发生时以低于高速公路规定最低时速60公里行驶，其行为属于在处于持续稳定运动状态、后方能够采取措施避让的被动型的一般过错行为，而其车身后部反光标识及防撞护栏不符合标准等违章，也均不是造成本次事故的主要原因，因此吕亚某在该起交通事故中起到次要作用，应负次要责任。后车驾驶员黄亚某超载，疲劳驾驶，未保持安全车距，观察疏忽，操作不当，撞击前方同方向车辆而造成追尾，应负主要责任。

江苏省徐州市中级人民法院依照《中华人民共和国刑事诉讼法》第二百二十五条第一款第三项、第一百九十五条第二项的规定，判决：

一、撤销江苏省新沂市人民法院（2016）苏0381刑初841号刑事判决；

二、上诉人吕亚某无罪。

【法官后语】

交通肇事罪是常见多发的犯罪，根据刑法及相关司法解释规定，在造成重大伤亡事故时，行为人是否构成交通肇事罪的判断标准是其在交通事故中应承担的责任比例。因此，在交通肇事刑事案件中审查交通事故认定书的证明效力尤为关键。

交通事故认定书是公安交警管理部门对行为人有无违反交通运输管理法规以及对违规行为与事故后果之间的因果关系进行定性、定量评断时所形成的文书材料。法院切不可采用“拿来主义”将交通事故认定书当然地作为定案依据，而是应当严格审查此类证据，必须经查证属实，才能作为定案根据。理由如下：

第一，公安交警管理部门作出道路交通事故责任认定的行为并不是具体行政行为，事故当事人既不能申请行政复议，也不能依法提起行政诉讼，而交通事故认定书虽然具有较强的可信性，但并不代表一定准确。因此，法院应当对此类证据进行严格全面审查。

第二，交通事故认定书是通过主观对客观事实所作的一种反映，受经办人员业务能力、对事故的认识程度、交通法规的理解运用、自身情感因素等主观条件的影响。因此，在考虑以上因素的同时，通过全面查阅相关法律规定、审查事故认定程序合法性、事故认定的事实与其他证据是否存在矛盾等方面，综合判断交通事故认定责任是否得当。

本案中，基于交通肇事罪基本理论，结合案情与其他在案证据，依据《中华人民共和国道路交通安全法》《中华人民共和国道路交通安全法实施条例》等法律规定，对交通事故认定书进行审查。首先，根据在案其他证据证实，公安机关认定吕亚某肇事后逃逸与事实不符，而根据《中华人民共和国道路交通安全法实施条例》的规定，当事人逃逸的情节对当事人的责任认定有直接影响。因此，在本案中亦不能排除公安机关认定吕亚某逃逸对事故责任认定有影响。其次，因两方当事人的过错行为导致交通事故的，当事人的过错行为分别根据其在交通事故中的形态特征和所起作用，分为主动型、被动型、缺失型三类。被动型过错行为是处于持续稳定运动或者静止状态，对方能够采取措施避让的一般过错行为，负次要责任，但是静止状态的被动型行为难以被对方及时发现的，负主要责任。且在该规则中明确了在高速公路上正常情况下以低于规定最低时速行驶的行为属于被动型过错行为。本案中，吕亚某驾驶的车辆在事故发生时以低于高速公路规定最低时速60公里行驶，其行为属于在处于持续稳定运动状态、后方能够采取措施避让的被动型的一般过错行为，而其车身后部反光标识及防撞护栏不符合标准等违章，也均不是造成本次事故的主要原因，因此吕亚某在该起交通事故中起到次要作用，应负次要责任。最后，后车驾驶员黄亚某超载，疲劳驾驶，未保持安全车距，观察疏忽，操作不当，撞击前方同方向车辆而造成追尾，应负主要责任。二审据此对交通事故认定书不予采信，认为吕亚某应负次要责任，作出改判上诉人吕亚某无罪的判决。

编写人：江苏省徐州市中级人民法院　王红卫　何秀娟

301　二审翻供案件中仅有被告人供述证明事实的认定

——王某挪用资金案

【案件基本信息】

1. 裁判书字号

北京市第一中级人民法院（2014）一中刑终字第507号刑事判决书

2. 案由：挪用资金罪

【基本案情】

2012年4月至2013年5月，被告人王某利用其担任某酒店出纳的职务便利，借保管单位现金、支票及到银行送存款之机，通过申请备用金而不入账、私藏婚宴预收定金收据记账联不入账或跨期入账、私藏支票套现的方式，多次挪用该单位备用金、婚宴预收定金、支票套现资金用于其个人投资“私彩”活动，合计人民币71.5万元。2013年6月，某酒店发现账实不符并自查，王某向单位坦白自己挪用资金的事实并将全部款项退赔。2013年7月10日，被告人王某被民警抓获。上述事实，被告人王某在开庭审理过程中亦无异议，且有某酒店的报案材料及证明，证人江生某、江金某、贺某、江某、张万某等人的证言，银行支票、婚宴预收定金收据、现金日记账、记账凭证、银行卡交易明细等书证，某酒店出具的专项调查报告及王某还款收据，公安机关出具的到案经过、工作说明，被告人王某的供述等证据在案证实，足以认定。

被告人王某对起诉书指控其犯挪用资金罪的事实及罪名均未提出异议，当庭表示自愿认罪。

【案件焦点】

对二审翻供案件中仅有被告人供述证明事实能否认定。

【法院裁判要旨】

北京市石景山区人民法院经审理认为：被告人王某在担任本单位出纳期间，利用职务上的便利，挪用本单位资金进行营利活动，数额巨大，其行为已构成挪用资金罪，依法应予惩处。鉴于被告人王某到案后能如实供述自己的罪行，且挪用的资金已全部归还，未给被害单位造成实际损失，可依法对其从轻处罚。北京市石景山区人民检察院指控被告人王某犯挪用资金罪的事实清楚，证据确实、充分，指控的罪名成立。

北京市石景山区人民法院依据《中华人民共和国刑法》第二百七十二条第一款、第六十七条第三款、第六十一条之规定，判决：

被告人王某犯挪用资金罪，判处有期徒刑三年。

上诉人王某的上诉理由为：其未将挪用资金用于做私彩，其有自首情节，原判量刑过重。上诉人王某的辩护人的主要辩护意见为：王某将单位资金用于买私彩只有其个人供述，没有其他证据佐证，为孤证，不能认定；客户交付的婚宴预订金所有权属于客户，王某具有代保管权，不构成挪用资金；在指控挪用的婚宴预订金中有一笔 5000 元的资金收取为支票，未被王某挪用；王某使用单位支票在供货商处换取现金，将支票的存根在财务申报为给其他供货商结账使用，因此这部分钱款的所有权已转移给供货商，不能属于某酒店，且有部分资金使用未超过三个月；王某挪用备用金 83000 元，未超过法律规定的三个月期限，不应计入挪用资金数额；王某在本单位财务检查中，向单位主动交代了犯罪事实，有自首情节，请求对王某减轻处罚并适用缓刑。北京市第一中级人民法院经审理认为：上诉人王某利用职务上的便利，挪用本单位资金归个人使用，其行为已构成挪用资金罪，且挪用资金数额巨大，依法应予惩处。鉴于一审认定王某挪用资金用于购买“私彩”的事实，仅有被告人供述，没有其他证据予以证明，故对其挪用资金进行营利活动的资金用途不予认定。但在本院认定的犯罪事实中，王某挪用资金仍属数额巨大，应在三年以上十年以下有期徒刑幅度内量刑。上诉人王某及其辩护人关于原判量刑过重，请求减轻处罚并适用缓刑的意见，缺乏法律依据，本院不予采纳。

北京市第一中级人民法院依照《中华人民共和国刑法》第二百七十二条第一款，第六十七条第三款，第六十一条；《中华人民共和国刑事诉讼法》第二百二十五条第一款第三项之规定，判决如下：

一、撤销北京市石景山区人民法院（2013）石刑初字第366号刑事判决主文部分，即被告人王某犯挪用资金罪，判处有期徒刑三年；

二、上诉人王某犯挪用资金罪，判处有期徒刑三年。

【法官后语】

本案事实清楚、证据确实充分，但在仔细审查一审判决时，发现原判该案的审理反映出：在案件审理过程中，出现被告人翻供情况时，如何判断使用被告人供述，以及仅有被告人供述时，能否判处被告人刑罚等方面问题。

一、证据证明标准

1. 证明标准理论

在刑事诉讼领域，为了确保法官所认定的事实与客观真实相符，避免放纵犯罪或者冤枉无辜，法律有必要设定特定的证明标准，既为法官认定案件事实提供指导，也为法官的裁判行为设定相应的法律约束。证明标准一般是指当事人履行证明责任如何使证据确信而必须达到的状态。通俗地讲，证明标准实际上就是“证明尺度，据以衡量什么时候才算成功”。[①] 研究表明，确定被告人是否有罪的定罪证明标准所发生的任何变化，都将影响对错误定罪的无辜者数量与被错误释放的真正的罪犯数量之间的比率，进而对总体司法错误率产生重要影响。[②] 鉴于此，有关定罪证明标准的规定必须考虑上述影响，尤其要重点考虑降低冤枉无辜的可能性。此外，“证明标准的规定还应当与诉讼本身的规律和特点相适应，并区分不同的情况规定不同的证明标准”。[③] 不仅刑事诉讼、民事诉讼与行政诉讼的证明标准各不相同，仅就刑事案件而言，不同证明对象的证明标准也不相同。

2. 证据证明法律规定

《中华人民共和国刑事诉讼法》第五十三条规定，对一切案件的判处都要重证据，重调查研究，不轻信口供。只有被告人供述，没有其他证据的，不能认定被告人有罪和处以刑罚；没有被告人供述，证据确实、充分，可以认定被告人有罪和处以刑罚。证据确实、充分的，应当符合以下条件：（1）定罪量刑的事实都有证据证明；（2）据以定案的证据均经法定程序查证属实；（3）综合全案证据，

---

① ［德］汉斯·普维庭：《现在证明责任问题》，吴越译，法律出版社2000年版，第91页。

② ［美］布莱恩·福斯特：《司法错误论》，刘静坤译，中国人民公安大学出版社2007年版，第六章。

③ ［德］汉斯·普维庭：《现在证明责任问题》，吴越译，法律出版社2000年版，第100页。

对所认定事实已排除合理怀疑。同时，第一百九十五条第一项亦规定："案件事实清楚，证据确实、充分，依据法律认定被告人有罪的，应当作出有罪判决。"

此外，《最高人民法院关于适用〈中华人民共和国刑事诉讼法〉的解释》第二百九十五条第一款第五项规定，案件部分事实清楚，证据确实、充分的，应当作出有罪或者无罪的判决；对事实不清、证据不足部分，不予认定。综上，刑事诉讼中，认定案件犯罪事实成立的证据至少达到：(1) 案件事实的每个环节都有证据证实；(2) 每个环节的证据有同一指向；(3) 证据证明的结论唯一，即"综合全案证据，对所认定事实已排除合理怀疑"。

二、被告人供述的理论认识

根据刑事证据的分类，被告人供述属于言词证据，具有言词证据的一些特征，一方面，其具有能够比较形象、生动地反映客观事实，可以从动态上揭示案件发生原因、过程、后果、情节，而且提供证据的人能够及时补正、修正、重述所了解的事实等优点；另一方面，该类证据系人对感知、判断、记忆、陈述过程的"加工"，受感受力、记忆力、判断力、表达力、利害关系等因素的影响。[①] 被告人供述作为言词证据之一，系被告人对亲身经历事实的回顾，能够直接证明案件发生的过程，因此，该证据具有直接性证明特征；被告人作出的供述和辩解又会直接影响被告人自己是否受到刑罚，基于被告人趋利避害的本能，其所作供述往往具有虚假性的特征；随着案件的进展，被告人法律知识的增加，被告人更知道哪些如何供

---

① 宋英辉、甄贞：《中华人民共和国刑事诉讼法》，中国人民法学出版社 2012 年版，第 198 页。

述对自己有利，往往出现被告人的前期做有罪供述、后期变为无罪供述、在庭审期间，为了用认罪、悔罪换取轻刑而又作认罪供述，因此，也反映出了被告人供述的反复性。这也正是法律规定“对一切案件的判处都有重证据，重调查研究，不轻信口供。只有被告人供述，没有其他证据的，不能认定被告人有罪和处以刑罚”的原因。

三、对被告人翻供的处理原则

在司法实践中，被告人的认罪供述作为直接证据，能够直接证明案件的事实。但被告人基于趋利避害的心理，往往尽可能否认犯罪事实或者避重就轻以推卸责任。部分被告人可能在归案之处如实供述犯罪事实，但随后尤其是在审判阶段则推翻自己的庭前认罪供述。

刑事诉讼法未规定对于翻供如何处理，但是《最高人民法院、最高人民检察院、公安部、国家安全部、司法部关于办理死刑案件审查判断证据若干问题的规定》第二十二条确定了被翻供后其庭前认罪供述的采信规则。根据该规定，对被告人供述和辩解的审查，应当结合控辩双方提供的所有证据以及被告人本人的全部供述和辩解进行，被告人庭前供述一致，庭审中翻供，但被告人不能合理说明翻供理由或者其辩解与全案证据相矛盾，而庭前供述与其他证据能够相互印证的，可以采信被告人的庭前供述。

司法实践中，被告人在庭前认罪后又翻供的情形比较常见。针对此种情形：需要认真审查被告人翻供的理由，并结合其他证据审查判断其翻供理由或无罪辩解是否成立，对于被告人称其因遭受刑讯逼供而做出庭前认罪供述的情况，还要审查其供述是否属于非法证据。在审查被告人翻供理由不成立时，则要审查被告人庭前供述与其他证据能否相互印证并形成完整证据体系。如果被告人庭前认罪供述能够与其他证据相互印证，并且得出唯一结论，就可以认定案件事实。如果被告人翻供理由成立，能够证明被告人无罪，应当依法作出无罪或者证据不足、指控犯罪不能成立的无罪判决。①

四、本案的分析

本案被告人系在二审期间翻供，虽然有的观点认为，在一审期间，被告人的认罪供述已经法庭庭审举证、质证，充分保障了被告人的各项诉讼权利基础上，被告人仍作出有罪供述，因此即使二审期间，被告人翻供也不应予以理睬。笔者却不以为然，因为我国刑事二审程序实行“全面审”原则，对于二审期间翻供的仍应认真审查。对于本案：首先，审查被告人在二审期间翻供的理由是否成立，根据被告人王某供述，其二审期间供述其将钱款借给其男友使用而非如以前所供述的将钱款借给其男友，其翻供的理由为“其以前不想牵扯其男友”，合议庭认为该翻供理由缺乏证据支持，仍应以被告人王某的二审前稳定供述作为证据使用；其次，判断被告人王某二审庭前供述与其他证据能否相互印证并形成完整证据体系，经过审查，合议庭认为王某将钱款用于购买私彩的证据仅有被告人王某的供述，而根据《中华人民共和国刑事诉讼法》第五十五条关于“对一切案件的判处都要重证据，重调查研究，不轻信口供。只有被告人供述，没有其他证据的，不能认定被告人有罪和处以刑罚”的规定，不能予以认定王某将挪用的钱款用于购买私彩；最后，如果仅依据被告人王某的供述认定王某将挪用的钱款用于购买“私彩”的“事实”，无法达到证据确实、充分，因本案关于钱款的去向问题不清，又缺少其他证人证言等证据对钱款的用途予以证明，证明钱款用于购买“私彩”的仅为被告人供述，而被告人供述又具有易变性

① 张军：《新刑事诉讼法法官培训教材》，法律出版社2012年版，第170页。

等特征，仅凭该证据无法达到排除合理怀疑的认定标准。

综上，二审法院认为王某挪用资金用于购买“私彩”的事实，仅有被告人供述，没有其他证据予以证明，对其挪用资金进行营利活动的资金用途不予认定。

编写人：北京市第一中级人民法院　王鹏

302　采用保护性措施确保被害人出庭陈述

——郑某生强奸案

【案件基本信息】

1. 裁判书字号

福建省厦门市中级人民法院（2013）厦刑终字第283号刑事裁定书

2. 案由：强奸罪

【基本案情】

2013年2月13日晚，上诉人郑某生与被害人杨某某等人在其暂住处喝酒，后又于当晚21时许，与杨某某二人到某镇某娱乐会所喝酒唱歌。其间，郑某生在××号包厢内不顾杨某某的反抗，将杨某某压在身下，欲强行与杨某某发生性关系。杨某某挣扎并大声呼喊叫来服务员，致郑某生奸淫未能得逞。当晚22时许，杨某某即报警。2月14日0时许，郑某生在其暂住处被民警抓获。

【案件焦点】

本案系一起强奸未遂案，上诉人郑某生自归案后始终作无罪辩解，且对被害人陈述及证人证言的三性提出质疑。

【法院裁判要旨】

福建省厦门市同安区人民法院经审理认为：被告人郑某生违背妇女意志，采用暴力手段，强行欲与被害人杨某某发生性关系的事实，有经庭审举证质证的被害人杨某某的陈述，证人徐某英、陈某、黄某平、周某的证言以及监控录像等证据证实，上述证据能相互印证，足以认定。

福建省厦门市同安区人民法院依照《中华人民共和国刑法》第二百三十六条第一款、第二十三条之规定，判决如下：

被告人郑某生犯强奸罪，判处有期徒刑二年九个月。

被告人郑某生以被害人及证人的证言均不具有客观性、真实性，其无罪等为由提出上诉。福建省厦门市中级人民法院经审理认为：二审通过保护性措施确保被害人出庭陈述，通过直接言词再次确认其之前所做陈述，且被害人陈述能够得到在案其他证据的相互印证，应予采信作为定案证据使用。郑某生的上诉理由不能成立，不予采纳。

福建省厦门市中级人民法院依照《中华人民共和国刑事诉讼法》第二百二十五条第一款第一项之规定，裁定：

驳回上诉，维持原判。

【法官后语】

本案审理的难点在于缺乏认定强奸未遂的直接客观性证据，且被告人始终不认罪，又对证人证言、被害人陈述提出质疑，能否仅凭言词证据作出定性的判断？如何判断？

笔者以为，诉讼的根本在于根据证据材料作出判断。从定罪的证据标准角度，本案不具备认定核心犯罪事实的客观性证据是本案的客观情况，只能对在案的言词证据进行综合证明力的分析和判断。但从郑某生的辩解来看，其称当晚与被害人在娱乐会所内唱歌，被害人主动对其亲昵，后发酒疯大呼小叫，目击证人所看到的压趴被害人在地实为其要扶起摔倒的被害人，全面否认被害人所作的其采用暴力行为欲强行与之发生性行为的全部指控，显然这些辩解得不到与本案并无利害关系娱乐会所服务生证言的印证，其辩解不合常理，存有避重就轻，并非合理的无罪辩解。故为查明案件事实，不枉不纵，遂决定通知被害人出庭陈述，通过直接言词证据，增强内心确信，辨明真伪。

然而，证据裁判的司法现实困境是，证人、鉴定人、被害人出庭率极低。被害人因个人尚未婚嫁，且不愿再与上诉人当面谈及此事，拒不同意当庭陈述。为此，二审法官向其释明新刑事诉讼法第六十二条采用保护性措施保障被害人出庭陈述的规定，被害人最终打消顾虑，提出采用保护性措施保障其出庭陈述的申请，二审合议庭予以准许。

本案中，因二人系熟人，对对方的声音、相貌都熟悉，因被害人不愿与郑某生照面，合议庭决定采用向郑某生出示被害人虽携带的身份证原件的方式核实被害人身份，确认后通过隐匿相貌，使用真实声音陈述的保护性措施，让被害人陈述。通过此方式，郑某生对被害人的身份予以确认，并无异议。

通过被害人的当庭陈述，二审庭审取得了良好的效果。一方面，被害人通过当庭陈述，再次基本稳定一致供述了案发当晚的主要经过，且对郑某生提出质疑的案发后与郑某生家属商讨赔偿款的事实给予合理解释，面对郑某生的对质尚能理性应对。客观真实性强，给审判人员强化了对其之前陈述的内心确信。另一方面，郑某生归案后一致要求被害人当庭对质，但当被害人真正出庭时，却总针对二人之前暧昧关系等边缘问题对质，始终不直接针对强奸行为的核心事实部分向被害人发问，避重就轻的意味明显。综上，通过被害人出庭陈述这一补强手段，被害人陈述可以得到其他在案证据的部分印证，且稳定、一致，可信度高，应予采信作为定案证据使用，上诉人郑某生的辩解不合常理，且明显避重就轻，可信度低，不予采信。

编写人：福建省厦门市中级人民法院　彭亚奴

303　被告人供述与同步录音录像内容不一致的非法证据应予排除

——赵兴某受贿案

【案件基本信息】

1. 裁判书字号

重庆市第三中级人民法院（2014）渝三中法刑终字第 61 号刑事判决书

2. 案由：受贿罪

【基本案情】

被告人赵兴某原系某职业技术学院基建后勤处处长，负责组织实施建造某职业技术学院大学林工程，该校教职工、学生于 2011 年 3 月 5 日、3 月 12 日、10 月 12 日三天参加了大学林植树造林活动。2011 年年底，赵兴某要求各系负责人上报上述三天参与植树的名册以报领植树补助款，与此同时，赵兴某要求各系编造2011年3月16日、17日、18日、19日、20日、21日六天参加植树名册，由赵兴某将全部九天的植树名册汇总后制作报领单（实际参加植树三天补助为6600元，虚报的六天补助为33300元），交给财务处长黎维某、副院长陶桦某签字。2012年1月27日，赵兴某凭报领单在该校财务室报取了植树造林补贴款人民币39900元，该款打到赵兴某银行账户后一直未发放。2013年3月27日下午，赵兴某听说纪检部门在调查植树补贴款一事，便通知各个系负责人领取了该款。

2012年2月至2013年3月，赵兴某在担任某职业技术学院基建后勤处处长期间，利用其负责学院基础设施建设、资产管理、物资采购等工作的职务便利，先后多次收受黄某、廖胤某等人贿赂款共计人民币41500元。二审审理期间，赵兴某的亲属将41500元赃款全部退清。

【案件焦点】

被告人供述笔录与讯问过程的同步录音录像内容有明显出入，能否直接以非法证据予以排除。

【法院裁判要旨】

重庆市涪陵区人民法院经审理认为：赵兴某系国家工作人员，利用其职务之便，采取虚报手段骗取国有资金人民币33300元，其行为已构成贪污罪。赵兴某利用职务上的便利，为他人谋取利益，收受他人贿赂款人民币41500元，其行为已构成受贿罪。被告人赵兴某一人犯数罪，应当数罪并罚。被告人赵兴某在重庆市教育纪工委对其贪污行为调查谈话期间，主动供述自己受贿的罪行，是自首，可以从轻处罚。被告人赵兴某如实供述自己贪污的事实，可以从轻处罚。依照《中华人民共和国刑法》第三百八十二条第一款，第三百八十五条第一款，第三百八十六条，第三百八十三条第一款第三项，第六十七条第一款、第三款，第六十四条之规定，认定：

一、被告人赵兴某犯贪污罪，判处有期徒刑二年；犯受贿罪，判处有期徒刑一年八个月；决定执行有期徒刑三年四个月；

二、追缴被告人赵兴某犯贪污罪犯罪所得赃款人民币 33300 元，犯受贿罪犯罪所得赃款人民币 41500 元，共计人民币 74800 元，上缴国库。

一审判决后赵兴某上诉至重庆市第三中级人民法院，其上诉理由是：一审判决认定的贪污 33300 元的事实和罪名有误，该款一直在其银行卡（公务卡）上，他没有非法占有的行为，钱用于公务垫资导致暂时没有发放，他在侦查机关也没有做过“见无人过问便产生占为已有的想法”的供述，侦查机关对其供述的记录不实，他的行为不构成贪污罪。赵兴某对一审认定其犯受贿罪的事实和罪名均无异议，且愿意将赃款全部退清。

重庆市第三中级人民法院经审理认为：上诉人赵兴某身为国家工作人员，利用职务上的便利，为他人谋取利益，收受他人贿赂款人民币 41500 元，其行为构成受贿罪。纪检部门调查赵兴某其他涉嫌违法、犯罪的事实时，赵兴某主动交代了纪检部门尚未掌握的受贿犯罪事实，是自首，可以从轻处罚。赵兴某二审阶段退回全部赃款，可以对其酌定从轻处罚。

关于上诉人赵兴某及其辩护人提出，赵兴某将植树补贴款用于公务垫资导致钱未及时发放，其主观上没有将钱占为已有的想法的上诉理由。经查，赵兴某确有虚报植树补贴款骗取国家财产，再将该款截留长期未发放的行为，但该行为认定为贪污犯罪的事实不清，证据不足，其理由如下：第一，赵兴某虚报植树补贴人数、天数多领植树补贴款的行为，系由学校各系负责人签字造表，交由财务负责人、校领导签字领取，系集体行为，不宜认定赵兴某犯罪；第二，赵兴某领取该款后未发放，但他“见无人过问，便产生占为己有的想法”的供述，现查明与同步录音录像反映的内容不一致，该证据有重大瑕疵，同时，有证人证言、工资卡收支明细等证据证实，赵兴某确有将该卡上的钱用于公务花费的客观行为，认定赵兴某主观上希望将该款占为己有的证据不足。故该上诉理由成立。

综上所述，原判认定上诉人赵兴某犯贪污罪的事实不清，证据不足，应对原判进行改判。原判认定上诉人赵兴某犯受贿罪的事实清楚，证据确实充分，审判程序合法，鉴于二审期间有新证据证明赵兴某退清了受贿罪的全部赃款，可以酌定从轻处罚，可对原判进行改判。依照《中华人民共和国刑事诉讼法》第二百二十五条第一款第三项，《中华人民共和国刑法》第三百八十五条第一款、第三百八十六条、第三百八十三条第一款第三项、第六十七条第一款、第六十四条之规定，判决如下：

一、撤销重庆市涪陵区人民法院（2014）涪法刑初字第00038号刑事判决；

二、上诉人（原审被告人）赵兴某犯受贿罪，判处有期徒刑一年二个月；

三、追缴赵兴某犯受贿罪犯罪所得赃款人民币41500元，上缴国库（已追缴）。

【法官后语】

本案二审改判的重要原因在于，同步录音录像反映的内容与被告人供述笔录记录内容不一致。刑事案件特别是职务犯罪案件中，被告人的主观故意方面的供述非常重要，也是侦查机关讯问中重点突破项目，无论基于何种原因导致的供述与记录内容不一致，都应引起办案法官的高度警惕，要反复查阅、核实。本案一审法院采信的证据中，被告人赵兴某的供述为“2012 年 1 月份，钱转到他的工资卡上后，没有人来问这笔补贴款的事，他就想把这笔钱占为己有，没有通知各个系的人前来领取补贴款”。二审庭审中赵兴某提出侦查机关对其供述的记录有误，其没有过“想把这笔钱占为己有”的供述，辩称“由于学校没有公务卡，他就工资卡上的植树补贴款用于公务垫资导致长期未发放”，要求观看全程录音录像。办案法官调取了赵兴某全部供述的同步录音录像，并组织了检察机关、辩护人共同观看，发现赵兴某确实没有“想将该款占为己有”方面的供述，且每次供述都是辩称将钱作为公务垫资才没有及时发下去。同时有证人证实赵兴某所在单位无单独的公务卡，银行卡账户明细证实赵兴某有多次将工资卡上资金用于公务垫资的行为。据此，侦查机关所作赵兴某供述笔录记录的内容与同步录音录像内容不符，文字资料证据与原始视听资料证据不一致时，应以原始视听资料为准，而赵兴某的辩解理由有其他相关证据佐证。故本案现有证据不足以证明赵兴某有占有该笔钱的故意，公诉机关指控赵兴某犯贪污罪的证据不足，依法不予支持。

关于非法证据排除范围的问题。本案中被告人供述这一证据出现重大瑕疵，显然属于非法证据，但是否应将该证据径直全部排除？二审法院认为，该案被告人供述记录内容中，除“赵兴某未发放植树补助款的主观心态”这一点与实际供述不一致外，其余关于涉嫌犯受贿罪的事实、虚报植树补助款的过程等方面的供述则完全属实，且赵兴某未反映被刑讯逼供、暴力取证等问题，其讯问的同步录音录像内容也完整、流畅，未发现讯问人员有其他明显违法行为，故不宜对本案被告人供述完全排除，只对记录不实的供述部分不予采纳即可。法院运用非法证据排除规则时，要根据案件具体案情灵活掌握，准确甄别出非法证据指向的范围再予以排除，秉持有利于被告人的原则进行判定。

另外，法官建议侦查机关在侦查活动中一定要摒弃“有罪推定”的错误思路，严格遵守刑事诉讼侦查的规则、纪律，对被告人的讯问过程要做到合法、文明，对供述的记录要客观、真实，提高责任心，防范冤假错案。

编写人：重庆市第三中级人民法院　余陈洋　谭明

十一、程序及其他

304 未成年犯罪人因客观原因未在规定时间内完成社区矫正报到手续是否撤销缓刑的认定

——孙某豪刑罚变更案

【案件基本信息】

1. 裁判书字号

河南省平顶山市汝州市人民法院（2020）豫 0482 刑更 10 号刑事裁定书

2. 案由：刑罚变更

【基本案情】

2020 年 8 月 25 日，河南省平顶山市汝州市人民法院作出了（2020）豫 0482 刑初 370 号刑事判决书，以盗窃罪判处被告人孙某豪拘役三个月，缓刑五个月，并处罚金人民币 5000 元（已缴纳），缓刑考验期自 2020 年 9 月 7 日至 2021 年 2 月 6 日。判决生效后，孙某豪于 2020 年 9 月 7 日到汝州市司法局社区矫正机构报到，工作人员让其第二日办好手机定位卡后再办理手续，2020 年 9 月 11 日，孙某豪被车撞伤左足跟部，在医院住院治疗，2020 年 9 月 16 日出院，出院医嘱：（1）患肢管型石膏外固定，继续卧床休息；（2）卧床主动功能锻炼；（3）口服接骨药物治疗；（4）每一月来院复查一次至骨折愈合；（5）不适随诊。2020 年 10 月 14 日，孙某豪在办理好手机定位卡后到汝州市司法局办理社区矫正手续。

汝州市司法局提出：社区矫正对象孙某豪应该在2020年9月17日前到社区矫正机构报到，但孙某豪截至2020年10月13日仍未按规定时间到汝州市社区矫正机构报到。其行为违反了《中华人民共和国社区矫正法》第二十八条、《中华人民共和国社区矫正法实施办法》第四十六条第一款第二项、《河南省社区矫正工作细则》第一百六十二条第二项之规定，建议对其撤销缓刑。根据《中华人民共和国刑法》第七十七条、《中华人民共和国社区矫正法实施办法》第四十六条第一款第二项、《河南省社区矫正工作细则》第一百六十二条第二项之规定，建议对社区矫正对象孙某豪撤销缓刑。

社区矫正对象孙某豪辩称，“判决生效后，我于2020年9月7日到汝州市司法局社区矫正中心报到，到了之后，工作人员让我先去联通公司办个定位手机卡，当时我家里没钱，就想着过两天发工资再办，9月11日我出了车祸，左跟骨骨折，住了6天院，花了1000多元医疗费，9月16日出院，当时受伤部位有石膏固定，医生让我继续卧床休息，我出院回家后一直在床上休养，10月14日石膏去掉后我就赶紧去司法局了，工作人员让我留了个电话，回家等通知。我希望能再给我一次机会，我一定认真接受社区矫正，改过自新，成为对社会有用的人”。

孙某豪的法定代理人孙某改的意见是，“10月14日孙某豪的石膏去掉后我和他一起去了司法局，当时他的左脚还不敢使劲。他不是故意不去报到，请再给他一次机会”。

检察员的意见是，孙某豪不去报到是因为发生了车祸脚受伤了；孙某豪系未成年人，心智发育不成熟，再加上家长文化水平不高，法律意识也不强，没有及时督促孙某豪，也没有及时去司法局说明情况。建议不予撤销缓刑，继续对其进行社区矫正。

【案件焦点】

孙某豪的行为是否属于“未按规定报道”的情形，是否应当撤销其缓刑。

【法院裁判要旨】

河南省平顶山市汝州市人民法院经审理认为：社区矫正对象孙某豪在2020年9月7日判决生效后即到汝州市司法局社区矫正机构报到，因未办理手机定位卡而没有办理相关手续，不属于未按规定时间报到的情形。之后孙某豪又出车祸住院治疗6天，出院医嘱“患肢管型石膏外固定，继续卧床休息”，其未到社区矫正机构完善相关手续有客观原因；孙某豪目前仍未满十八周岁，系未成年人，对其继续进行社区矫正更有利于其改过自新。

综上，社区矫正机构应依照有关规定，遵循“教育、感化、挽救”的方针，对孙某豪继续实施社区矫正，进行监督管理和教育帮助。依照《中华人民共和国刑法》第七十七条第二款和《最高人民法院关于适用〈中华人民共和国刑事诉讼法〉的解释》第四百五十八条之规定，裁定如下：

对汝州市司法局“建议对社区矫正对象孙某豪撤销缓刑”的建议不予采纳。

【法官后语】

随着违法犯罪治理一体化理念的兴起，超越单纯刑罚制裁而涵盖所有有效治理措施的未成年人犯罪处遇制度应运而生，并成为未成年人司法体系的核心。[①] 作为一项重要的非监禁刑罚执行制度与司法处遇治理措施，社区矫正是宽严相济刑事政策在刑罚执行方面的突出体现。特别是对未成年人而言，社区矫正制度在规避其因监狱服刑而引发的“交叉感染”风险以及使其顺利回归社会方面具有独特价值。[②] 基于未成年人与成年人在法律意义上存在的“质”的区别，在对未成年犯罪人适用和执行缓刑，进行社区矫正时，针对是否撤销缓刑的审查与认定，应当突出未成年人犯罪处遇的特殊性，最大限度地保护未成年人利益。

一、应当坚持贯彻最有利于未成年人理念

在少年司法体系中应放弃成人司法中惯用的刚性司法理念，把未成年人权利保护和健康发展作为少年司法的最高目标。[③]《儿童权利公约》规定，关于儿童的一切行动，不论是由公私社会福利机构、法院、行政当局或立法机构执行，均应以儿童的最大利益为一种首要考虑。这已经成为国际共识。在我国现行立法中，刑法、未成年人保护法等均对未成年人实行特殊保护，刑事诉讼法专门设置未成年人刑事案件诉讼程序，规定，对犯罪的未成年人实行教育、感化、挽救的方针，坚持教育为主、惩罚为辅的原则。保护未成年人利益就是保护国家与社会利益，这是对未成年人进行特殊保护的逻辑基础。以最有利于未成年人为本位的少年司法基本理念源自国家亲权

① 司法处遇特指司法机关针对治安违法或者犯罪的行为者所施加的各种处理、对待、矫正、治疗等治理措施。参见刘艳红：《新法视角下罪错未成年人司法保护理念的确立与展开》，载《云南社会科学》2021年第1期。

② 谭祎瑶：《理念再定义与程序衔接：未成年人社区矫正的路径优化探析》，载《郑州航空工业管理学院学报（社会科学版）》2021年第4期。

③ 李岚林：《“柔性”矫正：未成年人社区矫正的理论溯源与实践路径》，载《河北法学》2020年第10期。

理念。国家对少年的亲权既是行使权力的体现，也是履行保护公民责任的体现。[①] 而且更加强调国家对未成年人的保护责任与保护立场，催生传统刑法对未成年犯罪人适用报应刑观念向教育、保护观念的转变。基于未成年人心智发展不够成熟，其对犯罪结果及影响不能进行完全理性考量，容易受到社会环境的影响，在家庭保护、学校保护、社会保护无法起到有效作用时，国家保护发挥最后保障功能，以特殊保护立场，除惩治已经发生的犯罪问题外，更加注重对于未成年犯罪人的教育、感化和挽救。

在未成年人刑事案件审判中，应当坚持贯彻最有利于未成年人的理念，坚持“教育为主、惩罚为辅”原则，执行“教育、感化、挽救”方针，落实宽严相济刑事政策。基于社会化与专业化的处遇理念，对未成年犯罪人应当以非监禁刑为主。本案中，孙某豪系未成年人，不撤销缓刑，继续对其实施社区矫正，能够在更为宽松、开放的社会环境中，通过正确的引导和潜移默化的教育，重塑其正向价值观，避免与社会生活脱节，无疑更有利于其改过自新从而顺利回归社会。

二、应当正确理解与适用撤销缓刑条件

根据《最高人民法院关于适用〈中华人民共和国刑事诉讼法〉的解释》第五百四十三条的规定，无正当理由不按规定时间报到超过一个月的，原作出缓刑判决的法院应当在收到执行机关的撤销缓刑建议书后一个月内，作出撤销缓刑的裁定。质言之，“无正当理由”“不按规定时间报到”“超过一个月”三个要素同时具备，才符

---

① 肖姗姗：《少年司法之国家亲权理念——兼论对我国少年司法的启示》，载《大连理工大学学报（社会科学版）》2018 年第 4 期。

合撤销缓刑条件。具体到本案，孙某豪在2020年9月7日，即判决生效当日，已经到司法局报到，只是因未办理手机定位卡而没有办理相关手续，并不属于“不按规定时间报到”的情形。

再者，虽然相关法律并未对此“正当理由”作出明确规定，但是基于立法精神与社区矫正制度功能实现分析，“正当理由”正当性的体现至少应当具备以下几个特点：第一，不可替代性，即不能按规定时间报到系因发生了他人不可替代的，与社区矫正对象身份直接相关，只能由其本人亲自办理或处理的重要、紧急事务；第二，不可预见性，即情形的发生或存在不是社区矫正对象能够预见或避免的，其只能被动应付或处理；第三，偶然性，即情形发生具有偶然性和突发性，在一定时间内能够消除，且应当在情形消除后，第一时间到社区矫正机构报到。本案中，孙某豪2020年9月7日到汝州市司法局社区矫正中心报到，工作人员让其办理手机定位卡后再办理社区矫正手续，其因家庭比较困难，准备等到9月15日发工资后再去办理手机定位卡，但是在9月11日发生车祸，一直卧床休息，在10月14日拆除石膏后即前往司法局报到。综上，孙某豪系因自身发生车祸而未按时到社区矫正机构完善报到手续，具备不可替代性、不可预见性、偶然性特性，符合“正当性”要求，属正当理由。

而且孙某豪案发时刚满十六周岁，系初犯、偶犯，认罪态度较好，已经退赔被害人损失并得到谅解，确实有悔改表现，社会危害性较小，符合缓刑适用条件。综合来看，孙某豪并不符合撤销缓刑的条件。

三、应当综合考量未成年人特殊心智状态

本案中，虽然孙某豪未能在规定时间内办理好社区矫正手续，存在主观原因，但是作为未成年人，其认知能力有限，对社区矫正以及不能按时报到的后果缺乏准确、充分的认识。加之其家长文化水平不高，法律意识薄弱，未能尽到相应的督促责任，发生车祸后，没有及时到司法局说明相关情况，导致超过一个月未办理报到手续。基于这些情况，法院综合考量各种因素，裁定不予采纳撤销缓刑的建议，体现了对未成年人的特殊保护。

社区矫正是未成年人犯罪刑罚处遇的“中间”形态。[1] 经过积极探索，我国社区矫正制度得到长足发展。但是未成年人社区矫正制度的运行仍存在制约因素。长远来看，对符合法定条件的未成年犯罪人应当尽量适用缓刑，积极通过社区矫正进行教育改造。而且社区矫正应当遵循教育、感化、挽救方针，根据其年龄、心理特点和身心发育等，采取最有利于其身心健康发展的监督管理措施。

编写人：河南省平顶山市中级人民法院　侯晓宏　王子璜

河南省平顶山市汝州市人民法院　邵存霞

305 执行担保和分期履行在罚金执行程序中的参照适用规则

——曾某贤罚金刑执行案

【案件基本信息】

1. 裁判书字号

广东省深圳市中级人民法院（2019）粤03执恢190号执行裁定书

2. 案由：罚金刑执行

---

① 崔会如：《未成年人社区矫正运行机制优化研究》，载《青少年犯罪问题》2019年第1期。

【基本案情】

广东省深圳市中级人民法院作出（2016）粤03刑初字第345号刑事判决书，曾某贤犯走私普通货物罪，判处有期徒刑8个月，并处罚金人民币23万元，并于2016年10月13日立案执行。执行过程中经查证未发现被曾某贤有可供执行的财产，在采取限制出境措施后，法院裁定终结该次执行程序。

2017年11月22日，曾某贤驾驶货柜车无法出境，到法院接受调查，其书面表示判刑后再无走私行为，但暂无能力缴纳全部罚金。同日，雇主代其交纳罚金人民币5万元。同年12月13日，案外人孟某书面为被执行人罚金的执行提供保证，并以其房产提供担保，曾某贤书面承诺将以工资收入分期缴纳，在2019年2月底前交清罚金。执行法院解除了对曾某贤的限制出境措施。曾某贤按照承诺分5期将剩余罚金实际交纳完毕。

【案件焦点】

1. 被执行人财产不足以交纳罚金，执行法院准许能否分期履行；2. 在罚金强制执行程序中能否参照适用民事执行中案外人提供担保和保证的规定。

【法院裁判要旨】

广东省深圳市中级人民法院经审理认为：曾某贤无财产可供执行，已书面承诺分期缴纳罚金并开始实际履行，是积极接受教育改造、遵守法治秩序的表现。在申请执行人缺位的情况下，法院可以依职权准许其分期履行的申请。案外人以自有财产为罚金的履行提供担保和保证，是其处分自身合法权益的意思自治行为，承担保证或担保责任后有权向被执行人追偿，最终由被执行人承担责任，因此可以参照民事执行的相关规定予以准许。广东省深圳市中级人民法院（2016）粤03刑初字第345号刑事判决确定的被执行人曾某贤罚金刑内容已经全部执行完毕，该案依法予以执行结案。

广东省深圳市中级人民法院依照《最高人民法院关于刑事裁判涉财产部分执行的若干规定》第十六条、《中华人民共和国民事诉讼法》第一百五十四条第一款第十一项、《最高人民法院关于人民法院执行工作若干问题的规定（试行）》第一百零八条第一项的规定，裁定如下：

本院（2016）粤03刑初字第345号刑事判决确定的被执行人曾某贤罚金刑内容执行完毕，本案予以结案。

【法官后语】

本案处理的关键在于解决分期履行罚金与判决指定履行的期限的冲突，以及案外人提供保证和担保与罚金刑人身专属性之间的冲突。保证和担保作为民事执行中的制度，罚金刑执行中能否适用，其障碍在于刑罚的人身专属性问题。本案例的典型意义之一是通过权利处分的意思自治和担保债务的最终承担，协调了保证和担保制度与罚金刑人身专属性之间的表面冲突，从而论证了民事执行的保证和担保制度在罚金刑执行程序中参照适用的正当性。

1. 在无财产可供执行情况下应当准许分期履行罚金刑

依照《中华人民共和国刑法》的规定，罚金应当在判决指定的期限内缴纳。不能全部缴纳的，人民法院在任何时候发现被执行人有可以执行的财产，应当随时追缴。刑罚实施的最终目的是实现刑法惩罚和预防犯罪的，其具体作用路径在于对罪犯的教育改造功能。

在执行程序中促进主动履行罚金刑与刑法的犯罪预防目的相一致。

本案被执行人经查无可供执行的财产，无法直接强制执行，只能适用随时追缴制度。其书面表示愿意以工资收入分期履行，不再从事走私活动，是积极履行刑罚、遵守法治秩序的表现，虽然分期履行与随时追缴在罚金刑切实履行层面的现实后果一致，但从教育改造的现实意义角度，分期履行明显优于随时追缴。主动履行更有利于刑罚实施的犯罪预防目的，且符合刑法的效率原则。对于分期履行的书面承诺和计划，法院应当予以准许和支持。

罚金执行不可避免地存在与被执行人履行能力之间的矛盾。随时追缴制度的效果同样具有不确定性，不符合效率原则。执行实践中应当探索更多促进主动履行的制度。民事执行中的分期履行和暂缓执行是以执行和解和申请执行人同意为前提条件的，罚金刑执行没有相关规定，且申请执行人始终处于缺位状态。执行过程中经查证无可供执行的财产，无法强制被执行人在判决指定期限内缴纳的情况下，通过依职权准许分期履行和暂缓执行，促进被执行人承担罚金刑的刑事责任，达到刑法的犯罪预防目的。

2. 罚金刑执行程序中案外人保证和财产担保的适用

《最高人民法院关于刑事裁判涉财产部分执行的若干规定》第十六条规定，人民法院办理刑事裁判涉财产部分执行案件，刑法、刑事诉讼法及有关司法解释没有相应规定的，参照适用民事执行的有关规定。罚金是基于被告人本身的犯罪行为而产生的刑事责任之一，具有人身专属性。能否参照民事执行适用执行保证和担保的规定，涉及刑罚、执行和民事法律规定的衔接适用。由于案外人孟某在本案中自愿以书面形式为被执行人曾某贤罚金刑执行提供保证和担保，是处分自身合法权益的意思自治行为，并未违反法律、法规规定。

其履行保证和担保责任后，依法应当享有追偿权①，最终还是由被执行人承担责任，因此，案外人提供保证和担保，与罚金刑的人身专属性并不冲突，应予准许。参照《最高人民法院关于适用〈中华人民共和国民事诉讼法〉的解释》之规定，案外人提供保证和担保后，执行法院可以暂缓执行。被执行人在法院决定暂缓执行的期限届满后不履行的，法院可以直接裁定执行担保财产或者担保人的其他财产。执行完毕后由保证人对被执行人行使追偿权。

编写人：广东省深圳市中级人民法院　杜佳鑫　张锦滨

306 侦查期满后解除强制措施且未移送审查起诉的案件不能视为已撤销案件

——姜某某故意伤害案

【案件基本信息】

1. 裁判书字号

北京市第三中级人民法院（2020）京03刑终702号刑事裁定书

2. 案由：故意伤害罪

【基本案情】

2016年9月7日23时，被告人姜某某乘坐屈某某驾驶的顺风车，从朝阳区某小区附近行驶至顺义区某小区时，其因屈某某先送同车另一乘客的问题与屈某某发生争执，并对屈某某追打，造成屈某某头面部受伤，同车人员屈某某的妻子打电话报警，后屈

① 参见《中华人民共和国民法典》第七百条。

某某到医院就诊。2016年9月8日11时许，公安机关以殴打他人对姜某某进行治安传唤。同日，公安机关民警带屈某某前往鉴定结构做伤情鉴定，鉴定机构当日结合医院诊断证明书出具人体损伤程度法医学临时鉴定意见书，即“经初步检验，屈某某身体所受损伤构成轻伤二级”。同日，公安机关依据该伤情临检结果对该案刑事立案，并于21时对姜某某刑事拘留。2016年9月9日，姜某某妻子代为向屈某某赔偿人民币7万元，屈某某对姜某某表示谅解，表示不再追究任何法律及民事责任，并出具谅解书、收条、撤案书。2016年9月15日，公安机关以“对犯罪嫌疑人采取取保候审不致发生社会危险性”为由，对姜某某取保候审。2016年9月16日，鉴定机构出具正式人体损伤程度法医学鉴定意见书，鉴定意见为“屈某某头面部所受损伤构成轻伤二级”。该鉴定文书发文签单显示由公安机关民警彭某某于当日领取。2017年9月15日，犯罪嫌疑人姜某某取保期限届满，公安机关以“犯罪嫌疑人对被害人进行赔偿，被害人明确表示不追究嫌疑人的责任，并称不再配合做伤情鉴定，故法医院未能出具正式伤情鉴定”为由，对姜某某解除取保候审。2020年2月25日，公安机关将屈某某轻伤二级的鉴定意见通知屈某某，于同年6月4日通知姜某某，并于当日对姜某某进行刑事传唤、再次办理取保候审手续。

【案件焦点】

侦查期满后解除强制措施且未移送公诉机关审查起诉的案件，能否认定该案已被撤销，不再追究行为人的刑事责任。

【法院裁判要旨】

北京市顺义区人民法院经审理认为：关于姜某某该案已撤销，

伤情鉴定意见书不真实，送达程序违法，不应再追究其刑事责任的辩解。首先，该案刑事立案后依法对姜某某刑事拘留，后以“取保候审不致发生社会危险性”为由变更强制措施，并建议取保直诉，后因取保候审期限届满依法对其解除强制措施，但公安机关并未出具侦查终结或撤案手续；其次，姜某某殴打他人致人轻伤二级的行为不属于撤销案件的法定情形，即便双方已达成和解协议，亦属于事后认罪悔罪的评价范畴，构成犯罪的可在量刑上予以体现；最后，公安机关于案发次日即发出委托鉴定，鉴定机构于委托当日出具“屈某某身体所受损伤构成轻伤二级”的临检意见，后于2016年9月16日出具正式人体损伤程度法医学鉴定意见书，鉴定结论与临检意见一致，由办案民警于当日签字领取，虽因其他原因导致本案鉴定结论未向姜某某告知，但该鉴定意见来源合法，鉴定机构及人员具备鉴定资质，具有证据能力，确存的程序瑕疵不足以影响该案的事实认定。姜某某故意伤害他人身体，致一人轻伤二级，其行为侵犯了公民的人身权利，依法应予惩处。鉴于其到案后如实供述犯罪事实，积极赔偿被害人经济损失并取得谅解，综合其犯罪情节、悔罪表现及社会危害性，依法对其从轻处罚并宣告缓刑。

北京市顺义区人民法院依照《中华人民共和国刑法》第二百三十四条第一款、第六十一条、第六十七条第三款、第七十二条第一款、第七十三条第二款及第三款，判决如下：

被告人姜某某犯故意伤害罪，判处有期徒刑七个月缓刑一年。

姜某某不服一审判决，提起上诉。北京市第三中级人民法院认为一审判决定罪及适用法律正确，量刑适当，同意一审法院裁判意见。裁定：

驳回姜某某的上诉，维持原判。

【法官后语】

本案的处理重点集中在对撤销案件法定情形的把握和侦查程序瑕疵是否足以影响案件实体处理的判断，实践中应具体准确把握以下三个方面。

1. 严格适用法定撤销案件范围

依据《公安机关办理刑事案件程序规定》第一百八十六条和《中华人民共和国刑事诉讼法》第十六条，应撤销案件可分为三类情形：一是没有实施犯罪事实，本就不应被追诉的；二是犯罪事实因情节显著轻微、危害不大，予以“宽大处理”而不认为是犯罪的；三是犯罪事实存在，但因超过追诉时效不再追究刑事责任的或经特赦免除刑事处罚的，或行为人死亡再定罪处罚没有实际意义的以及部分不属于公诉案件范围的情形。本案中，姜某某作为成年人，因乘车问题与屈某某发生口角后未能克制，激化矛盾并追打屈某某，后经鉴定屈某某头面部局部骨折构成轻伤二级，姜某某的行为已涉嫌犯故意伤害罪，因不符合前述应当撤销案件的法定条件，故依法应予移送审查起诉。另外，双方达成的赔偿、谅解协议，系被害人对该案的个人态度，不足以在公诉案件中成为是否追究刑事责任的决定因素。

2. 强制措施与刑罚存在本质区别，二者应独立评价

该案在办理中有观点认为，从刑罚结果的可预期上看，姜某某已被取保候审十二个月，由于侦查阶段办案环节存在的问题导致强制措施时间过长，且侦查阶段办案期限已超过同类案件，致使姜某某人身自由“额外”受到一定限制，该不利后果不应由其承担。综合姜某某的犯罪情节和认罪悔罪态度，依据类案标准判处缓刑是可预期的，故从刑罚的结果与人身自由实际受限制时间相互折抵的角

度出发，不宜再追究其刑事责任。取保候审属于刑事强制措施的一种，是保障刑事诉讼顺利进行的临时性限制人身自由的一种法律手段，体现的是程序保障；而追究刑事责任后的刑罚结果，无论刑种上是拘役、管制、有期徒刑，还是执行方式上判处实刑、缓刑，均是对行为人在刑法层面的评价结果，体现的是实体惩罚性，二者虽一定程度上都限制或剥夺了行为人人身自由，但由于适用诉讼阶段、法律依据、法律性质、实现目的的不同，彼此不能相互评价，即使涉及强制措施期间与刑期折抵的，也应严格依照《中华人民共和国刑法》第四十一条、第四十四条、第四十七条等规定，故本案不存在取保候审与缓刑期间进行折抵的问题。

3. 因程序问题可能影响定罪的，一般以是否足以影响实体认定为判断标准

审判实践中，因程序问题导致犯罪事实不能认定的情形多为取证环节存在的程序违法且未能进行合理说明进而导致证据链缺失影响事实认定。而一般的程序瑕疵，如伤情鉴定意见是否送达当事人，辨认笔录是否有见证人签字等可补证且证据本身来源合法、内容真实的，可认定为不足以影响刑事责任追究的情形。本案虽自2016年案发至2020年被移送审查起诉前诉讼程序无实质进展，但因该案已刑事立案且未终结，有关部门经工作发现该案情况后，为查清案件事实，由侦查机关继续推进该案诉讼进程并无不当，至于时隔三年再次被采取取保候审的强制措施行为是否得当的程序问题，不足以从实体上影响对姜某某刑事责任的追究。

编写人：北京市顺义区人民法院　王海龙

307 被告人违法所得应该首先责令退赔给受害人

——向某权等强迫劳动案

【案件基本信息】

1. 裁判书字号

湖南省湘西土家族苗族自治州中级人民法院（2019）湘31刑终325号刑事附带民事判决书

2. 案由：强迫劳动罪

【基本案情】

20世纪90年代初到2018年，被告人向某权为了获取非法利益，长年欺骗残障智障人员刘某勇等十多人到自己家里无偿劳动，打长工。被告人阳某英（向某权之妻）、吴某菊负责监工。这些被害人主要做。栽烟、种菜等农活，如没有按照要求劳动，就会遭到被告人打骂。在2017年和2018年10月、11月，被告人还带这些残障人在重庆市秀山县某矿区为矿老板捶矿。这些被害人在为向某权家劳动时没有人身自由，没有工资报酬。为防止被害人逃跑，被告人平常将这些被害人全部挤在向某权家烤房里睡觉，面积不足7平方米，室内空气污浊，气味刺鼻。被害人垫的、盖的就是几床烂棉絮。在烤房门外还用一根木根从外顶着，有时还派人在外守着门。向某权强迫这些被害人劳动非法所得达59万多元。向某权为了掩盖其强迫他人劳动的犯罪事实，在村里及对上级乡镇政府、相关职能部门均宣称自己是在做慈善事业，收留流浪的残疾人，还以此为理由向乡镇政府及民政部门申请困难救助，得到了棉被、衣服、大米等物质。在与村民发生纠纷时，向某权经常以自己大儿子在“混”社会或以叫“长年”（本案被害人）打人不犯法相威胁。

公诉机关认为，被告人以暴力、威胁和限制人身自由的方法强迫他人劳动，应当以强迫劳动罪追究其刑事责任。被告人以家庭为单位在保靖县清水坪镇某村长时间、多次强迫多名残疾人为其劳动，以获取非法利益。该恶势力团伙为非作恶、欺压百姓，造成恶劣社会影响。

被告人及其辩护人对公诉机关指控的罪名没有异议。辩护人认为本案不应认定为恶势力犯罪，有扩大化表现。

附带民事诉讼原告人刘某勇诉请判令被告人支付原告人劳动报酬 43.2 万元（以 200/天为标准，从 2013 年 1 月 1 日计算至 2018 年 12 月 1 日）及精神损害抚慰金 30 万元。

【案件焦点】

1. 对被告人违法所得，是在追缴后上缴国库，还是责令退赔；2. 仅有部分被害人诉请被告人承担民事责任时，人民法院能否直接判决。

【法院裁判要旨】

湖南省保靖县人民法院经审理认为：应当以强迫劳动罪追究三被告人刑事责任。该三人的行为特征、组织特征、危害性特征均符合恶势力团伙犯罪。犯罪分子违法所得的一切财物，依法应当予以追缴，责令退赃。原告人刘某勇要求被告人支付劳动报酬及精神抚慰金的诉讼请求，不属于人民法院受理刑事附带民事诉讼的范围。该院作出（2019）湘 3125 刑初 133 号刑事判决：

一、向某权犯强迫劳动罪，判处有期徒刑六年，并处罚金人民币八万元；

二、阳某英犯强迫劳动罪，判处有期徒刑三年，并处罚金人民币五万元；

三、吴某菊犯强迫劳动罪，判处有期徒刑二年，并处罚金人民币一万元；

四、向某权、阳某英非法所得五十九万六千六百八十八元六角七分（含保靖县公安机关扣押向某权二十二万二千七百七十三元一角二分）非法所得予以追缴，上缴国库。

该院作出同案号刑事附带民事裁定：驳回刘某勇的起诉（此部分建议另起一段，免得使读者忽略）。

刘某勇上诉称：被告人的行为严重侵害了其人格权，应承担侵权责任，赔偿其损失。三被告人上诉请求从轻处罚或者改判缓刑。

湖南省湘西土家族苗族自治州中级人民法院经审理认为：向某权等被告人的上诉理由不能成立。原审根据各被告人的犯罪事实、量刑情节以及对社会的危害程度，在法定刑幅度内作出的判决，符合法律规定。原审判决将向某权、阳某英非法所得予以追缴符合法律规定，但上缴国库不当。应当将追缴的违法所得退赔给被害人。该院作出（2019）湘31刑终325号刑事附带民事判决：

一、维持（2019）湘3125刑初133号刑事附带民事裁定；

二、维持（2019）湘3125刑初133号刑事判决第一项、第二项、第三项；

三、撤销（2019）湘3125刑初133号刑事判决第四项；

四、被告人向某权、阳某英非法所得596688.67元非法所得予以追缴，退赔被害人。

【法官后语】

本案三被告人的犯罪行为令人发指。本案侦破后，在互联网上引起广大群众极大的震撼和愤怒。对被告人从重处罚，完全正确。

本案值得探讨的却是对被害人提起的刑事附带民事诉讼的处理。一审法院裁定驳回原告人的起诉，二审驳回原告人的上诉，表面上处理结果一样，实际上另有玄机。

一、犯罪分子违法所得系掠取于被害人，应该首先尽可能退赔给被害人

依照《中华人民共和国刑法》第六十四条的规定，犯罪分子违法所得的一切财物，应当予以追缴或者责令退赔。对犯罪分子违法所得，予以追缴或者责令退赔，一般来说都是合法的。但是，本案被告人向某权、阳某英的违法所得，系被害人被欺骗、引诱到其家中，并遭非法拘禁、辱骂、殴打、虐待等手段被强迫劳动，是被害人的血汗钱。在这里，被害人损失与犯罪分子违法所得之间呈现出直接因果关系。

《中华人民共和国刑法》第一条开宗明义地表述道："为了惩罚犯罪，保护人民，根据宪法……制定本法。"据此，刑事诉讼中，"打击犯罪"与"保护人民"应该等量齐观。还应认为，"打击犯罪"是为了"保护人民"，"保护人民"更有利于"打击犯罪"。从这一理念出发，应当坚持：对追缴的犯罪分子违法所得，首先尽可能退赔给被害人；只有在没有具体的被害人或者违法所得超过被害人损失的，才能将违法所得的全部或者差额部分上缴国库。

二、仅有部分被害人诉请被告人承担民事责任时，人民法院不宜直接判决

首先，本案一审法院裁定驳回原告人（被害人）起诉的裁判理

由不完全成立。本案被害人损失与犯罪分子违法所得之间呈现出直接因果关系。原告人的诉求，至少部分是要求被告人承担赔偿经济损失责任，是“责令退赔”责任的另一种表述方式，当然属于刑事附带民事赔偿范围。

其次，因仅有部分被害人诉请被告人承担民事责任，人民法院不宜直接判决。本案被告人的违法所得系掠取于全部被害人，而非部分或者某个被害人。可以确认的是，本案追缴的被告人违法所得，不足以完全赔偿全体被害人根据法定标准及具体情况所计算的全部经济损失。本案如果直接判决被告人赔偿，势必损害了还没有提起诉讼的其他被害人的利益，造成或者激化新的矛盾。

最后，本案比照“参与分配”模式，才能依法、妥善解决被告人对全体被害人直接损失的赔偿问题。

三、人民法院在裁定驳回起诉时，应该明确告知原告人（被害人）对赔偿问题另行处理

因为当时其他被害人没有参与本案诉讼，对其经济损失情况无法确定。二审法院一方面表述应当将追缴的违法所得退赔给被害人，另一方面却只撤销原审刑事判决第四项，确认将被告人向某权、阳某英非法所得596688.67元非法所得予以追缴退赔被害人，没有进一步对如何退赔作出处理，是当时唯一可行的做法。但二审法院应该在裁判理由部分，明确告知原告人（被害人）对赔偿问题另行处理。

二审法院没有明确告知原告人（被害人）对赔偿问题另行处理，是其明显不足。在此应该明确指出。

编写人：湖南省湘西土家族苗族自治州中级人民法院　胡基厚

308 精神活性物质所致精神障碍者犯罪应承担刑事责任

——杨某故意杀人案

【案件基本信息】

1. 裁判书字号

最高人民法院（2019）最高法刑核21123220号刑事裁定书

2. 案由：故意杀人罪

【基本案情】

被告人杨某，1987年出生，曾因犯故意伤害罪被判处有期徒刑二年，2016年10月刑满释放。杨某自2008年吸食毒品，于2010年出现精神病性症状，但未进行系统性治疗。杨某明知系因吸食毒品造成精神疾病，仍然吸食毒品。2017年9月1日晚，杨某在自家房间里睡觉时，感到心情烦躁，产生杀人念头。杨某从家里拿了一把杀猪刀，拿了一件衣服包上杀猪刀出了门，其沿着公路来到某镇政府旁边的巷子，碰到出门倒垃圾的被害人张某珍，并与其擦身而过。杨某走到巷子深处，发现四周漆黑便转身向外走，见张某珍又迎面走来。杨某扯开包裹刀子的衣服，持刀朝张某珍的腹部捅去。张某珍中刀后大声叫喊。杨某抽出刀逃离。逃跑时，杨某将刀和包裹刀子的衣服扔到路边。次日下午，民警在杨某家中将其抓获。9月5日，张某珍因抢救无效死亡。湖南省芙蓉司法鉴定中心司法鉴定意见书证明：杨某诊断为精神活性物质所致精神障碍，作案时处于精神活性物质所致精神障碍发病期，目前有诉讼能力。

杨某父亲证明：杨某之前吸食冰毒，于 2012 年或 2013 年患上了精神病，在湘西州精神病院检查过，是间歇性的，平时发病了会有暴力倾向，会打人，不发病时候和正常人一样。2017 年以来一直没有给杨某买药。以前给杨某买药治疗时都要守着他吃，不然他就不吃，说自己没病。杨某是 2010 年左右吸毒吸多了，脑壳吸坏了，这样才得的精神病。案发那几天杨某精神状态比较好，没有发病，也没有其他异常表现。其和杨某均与被害人无任何矛盾。

公诉机关认为，应当以故意杀人罪追究被告人杨某刑事责任。被告人杨某对指控的证据、事实不持异议，但辩称其有精神病，无法控制自己的行为。其辩护人提出：案发时被告人处于病发状态，不需要负刑事责任。

鉴定人李某某在诉讼中证明：杨某的精神活性物质所致精神障碍，能否治愈要因人而异，有些人能治愈，有些人则不能治愈，但如果还吸毒的话，肯定不能治愈。精神活性物质所致精神障碍者是指吸食毒品以后所致精神障碍者。

【案件焦点】

被告人作案时处于精神活性物质所致精神障碍发病期，但有诉讼能力。对被告人应否免予承担刑事责任，或者应该从轻、减轻或者免予刑事处罚。

【法院裁判要旨】

湖南省湘西土家族苗族自治州中级人民法院经审理认为：被告人杨某作案前动机明确，想杀人，准备了作案工具；作案时选择无灯光地点；作案后丢弃作案工具；在民警将其抓获时，明确要求民警将其有精神病的病历本一并带走。故可认定其具有控制和辨认能力，湖南省芙蓉司法鉴定中心鉴定意见也认定其具备诉讼能力。被告人主张的其有精神病，不能控制自己的行为的辩解理由不能成立。根据湖南省芙蓉司法鉴定中心鉴定意见及鉴定人李某某出具的证言可以认定，杨某为精神活性物质所致精神障碍，作案时处于精神活性物质所致精神障碍发病期，目前具有诉讼能力，且杨某所患精神疾病系其吸毒所致，杨某在案发前一个月仍然在吸食毒品，根据其父亲证言及杨某供述，杨某在患病后并未进行过系统治疗，并对服药治疗持抗拒态度，其对吸毒可能引发精神病持放任态度，其在精神活性物质所致精神障碍发病期所实施的行为应认定为原因自由行为，应当对发生的损害后果承担刑事责任。辩护人主张的杨某作案时系精神病发病期，无须承担刑事责任的辩护意见不能成立。被告人行为构成故意杀人罪，且系累犯，依法应当从重处罚。湖南省湘西土家族苗族自治州中级人民法院作出（2018）湘31刑初23号刑事附带民事判决：

一、被告人杨某犯故意杀人罪，判处死刑，剥夺政治权利终身；

二、被告人杨某赔偿附带民事诉讼原告人李某某1经济损失人民币95212.43元；

三、驳回李某某1的其他诉讼请求。

被告人杨某不服该判决，提起上诉。

湖南省高级人民法院经二审认同一审法院处理意见及理由，并特别指出：杨某虽能如实供述犯罪事实，但其滥杀无辜，其人身危险性极大，社会影响极其恶劣，不足以对其从轻处罚。该院作出（2019）湘刑终30号刑事裁定：驳回上诉，维持原判。并对被告人杨某的死刑判决依法报请最高人民法院核准。

最高人民法院2019年12月15日作出刑事裁定：核准对杨某的死刑判决，并下达执行死刑命令。

【法官后语】

类似本案的案件虽不多见，但呈逐渐增多趋势。应该承认，本案被告人在实施犯罪行为时处于精神障碍状态，但未完全丧失辨认或者控制自己行为能力。罪刑法定原则是必须遵守的刑法基本原则。对于本案情形如何处理，《中华人民共和国刑法》及相关司法解释均没有明确、具体的规定。因此，有必要适当展开分析。

一、本案不属于刑法规定的行为人不负刑事责任的情形

根据《中华人民共和国刑法》的规定，不负刑事责任的法定情形只有四种：一是行为人实施刑法规定的犯罪行为时尚未达到刑事责任年龄。二是精神病人在不能辨认或者不能控制自己行为时造成危害结果，经法定程序鉴定确认的。三是正当防卫。四是紧急避险。从立法原意看，《中华人民共和国刑法》第十八条规定精神病人在不能辨认或者不能控制自己行为时造成危害结果不负刑事责任，应限于非因行为人积极追求精神病（直接故意）或者对自己行为可能引发精神病持放任态度（间接故意）的情形。易言之，行为人对自己行为可能导致自己患上精神病呈现为直接故意或者间接故意态度，结果在精神障碍状态下实施犯罪行为的，不属于《中华人民共和国刑法》第十八条规定的精神病人不负刑事责任的情形。

二、本案应该比照适用《中华人民共和国刑法》第十八条第四款关于醉酒人犯罪的规定

本案被告人在实施犯罪行为时处于精神障碍状态，致使辨认或

者控制自己行为能力减弱。但这完全是因为被告人在吸毒患病后并未进行过系统治疗，并对服药治疗持抗拒态度，其对吸毒可能引发精神病完全是持放任态度所致。质言之，被告人对自己吸毒行为可能导致患上精神病、处于精神障碍状态的结果，持直接故意或者间接故意态度，且被告人吸毒行为与其患上精神病、犯罪时处于精神障碍状的结果之间，呈现出明显的法律上因果关系。这与被告人因醉酒后出现神智异常而犯罪，形式上、外观上非常相似，但本案被告人对此的主观恶性更为恶劣，法律上因果关系更为明显，举轻以明重。既然被告人因醉酒后出现神智异常而犯罪的依法应该负刑事责任，那么本案被告人对因自己吸毒行为所致精神障碍状态下的犯罪行为，更应该负刑事责任。在此，我们绝不能割裂被告人吸毒——被告人患上精神活性物质所致精神障碍——被告人犯罪这三者之间的法律上的因果关系，这是必须反复强调的。

三、吸食毒品行为本身是违法行为，吸毒人不能因此获得刑法上利益

吸食毒品行为目前虽非犯罪行为，但应该受到拘留、罚款等治安处罚，因而是一种典型的违法行为。如果认为被告人对自己吸毒行为导致自己患上精神病（精神障碍），进而在精神障碍状态下实施犯罪行为的，应免予承担刑事责任，或者应从轻、减轻或者免予刑事处罚，就是让本身明显违法吸毒人因此获得刑法上的利益。这实质上是在鼓励吸食毒品的违法行为，是在保护因吸食毒品而犯罪的被告人。这明显违背了任何人不能从自己违法犯罪行为中获得利益的基本法理和社会共识，当然是错误的。

四、被告人对吸毒可能引发精神病持放任态度，主观恶性大

对此，一审、二审裁判理由部分都有详述。二审刑事裁定书还

特别指出了这一点。

编写人：湖南省湘西土家族苗族自治州中级人民法院　胡基厚

309　不负刑事责任的精神病人身份不明情形下的强制医疗程序

——石某霸强制医疗案

【案件基本信息】

1. 裁判书字号

江苏省无锡市滨湖区人民法院（2019）苏 0211 刑医 1 号强制医疗决定书

2. 案由：强制医疗

【基本案情】

2018 年 2 月，被申请人石某霸（自报）经救助后入住救助管理站位于某医院三楼的救助托养点，与石某霸同住的人员为无名氏（本案死者）及另一名男子。2018 年 5 月 17 日 22 时 53 分许，被申请人石某霸在上述托养点房间内，来到无名氏的床边，使用腰带缠绕无名氏的颈部，并采用脚踩、膝盖顶等方式压住无名氏的背部，无名氏反抗后摔到地上，石某霸继续骑跨在无名氏的背部，并继续勒其颈部，后又将被子盖在无名氏的脸部，并反复坐在被子上，致无名氏死亡。事发后，石某霸在上述托养点的房间内被公安机关抓获，后被公安机关采取临时保护性约束措施。

经精神卫生中心司法鉴定所鉴定，被申请人石某霸患有未特定的精神障碍，在本案中无刑事责任能力。

2018 年 12 月 26 日，无锡市滨湖区人民检察院向某法院申请对被申请人石某霸强制医疗。

【案件焦点】

不负刑事责任的精神病人身份不明情形下的强制医疗程序如何进行。

【法院裁判要旨】

江苏省无锡市滨湖区人民法院经审理认为：被申请人石某霸实施暴力行为，致一人死亡，严重危害公民人身安全，经法定程序鉴定，被申请人石某霸属依法不负刑事责任的精神病人，有继续危害社会的可能，符合强制医疗条件，有必要对其予以强制医疗。无锡市滨湖区人民检察院申请对被申请人石某霸强制医疗的事实清楚，证据确实充分，符合相关法律规定，应予采纳。诉讼代理人关于被申请人石某霸符合强制医疗条件的意见，应予以采纳。

江苏省无锡市滨湖区人民法院依照《中华人民共和国刑法》第十八条第一款和《中华人民共和国刑事诉讼法》第三百零三条之规定，决定：对被申请人石某霸强制医疗。

强制医疗决定作出后，无锡市滨湖区人民法院于五日内向公安机关送达了强制医疗决定书和强制医疗执行通知书，公安机关已将被申请人石某霸送交强制医疗，被申请人石某霸及其法定代理人未就强制医疗决定书向上一级人民法院申请复议。

【法官后语】

强制医疗程序是我国刑事诉讼法在 2012 年 3 月修改后作为新增

的一章进入我国刑事诉讼特别程序的，主要目的是解决实施暴力行为危害公共安全或者严重危害公民人身安全，且有继续危害社会可能的，但经法定程序鉴定依法不负刑事责任的精神病人的后续监管问题。因强制医疗程序的被申请人系不负刑事责任的精神病人，具有一定的特殊性，该程序也进行了特殊规定：其中关于庭审部分，强制医疗程序并不要求被申请人必须到庭，除要求审理人民检察院申请的强制医疗案件应当会见被申请人外，法律及司法解释要求审理该类案件时，应当通知被申请人的法定代理人到场，且应在被申请人没有委托诉讼代理人时应当通知法律援助机构指派律师担任其诉讼代理人。在本案中，因被申请人石某霸住所地与身份不明，如何确定其法定代理人成为本案强制医疗程序中的主要难点。

在我国刑事诉讼法及司法解释中，并未对被申请人身份不明时的法定代理人如何确定作出相关规定，仅在未成年人刑事诉讼程序中规定，如未成年人的法定代理人无法通知、不能到场或者是共犯的，也可以通知未成年被害人的其他成年亲属、所在学校、单位、居住地的基层组织或者未成年保护组织的代表到场。在本案中，如比照未成年人的处理方式，因被申请人石某霸的身份不明，故其成年亲属、所在学校、单位或居住地均无法确定，而被申请人石某霸的现居住地系收养场所，该地的基层组织对被申请人完全不了解且无法定义务，由基层组织派代表到场并不合适。

综上所述，在刑事法律中无法找到相关的规定对身份不明的人强制医疗程序中的法定代理人进行确定，且也没有类似的规定可以进行比照适用时，应当回归其本身的法律定义。法定代理人是指根据法律规定在当事人不具有诉讼行为能力时，代理该当事人直接行使诉讼代理权的人。一般而言，法定代理人应当是该无诉讼能力人的监护人，故应当厘清被申请人石某霸的监护人才能确定其法定代理人。而监护人这一法律概念是在我国民法总则中进行规定的。被申请人石某霸的监护人应当由民政部门担任，因其在本案中并没有明确的住所地，故只能由审理法院所在地的民政部门担任其监护人，因民政部门本身并非自然人，故本案强制医疗程序中的被申请人石某霸的法定代理人只能由民政部门派员到场担任。

编写人：江苏省无锡市滨湖区人民法院　严子浩

310　强制医疗机构拒绝收治能否作为驳回强制医疗申请的条件

——安某强制医疗案

【案件基本信息】

1. 裁判书字号

北京市房山区人民法院（2018）京0111刑医2号强制医疗决定书

2. 案由：强制医疗

【基本案情】

2018年3月24日5时许，在北京市房山区拱辰街道某回迁楼9号楼2单元6××室内，安某（时年84岁）因怀疑其妻子于某（殁年76岁）与他人有不正当关系，遂趁于某睡觉之机，拿菜刀砍击于某头部，用锅把击打于某头部，用水果刀扎于某背部，用拐棍击打于某身体，致于某死亡。经鉴定，死者身份确定为于某；

于某符合被他人利用片刀类锐器多次砍击头面部、用单刃锐器多次刺击背部致创伤失血性休克合并重度颅脑损伤死亡。经北京市公安局监所管理总队司法鉴定中心鉴定，被申请人安某诊断为器质性精神障碍，实施违法行为时处于妄想状态，所实施违法行为受妄想支配，丧失辨认与控制能力，评为无刑事责任能力。

被申请人安某于2018年3月24日被公安机关抓获归案。

【案件焦点】

强制医疗机构拒绝收治被申请人能否作为驳回强制医疗申请的条件。

【法院裁判要旨】

北京市房山区人民法院经审理认为：被申请人安某以暴力方法剥夺他人生命，其虽经法定程序被鉴定为依法不负刑事责任的精神病人，但其行为具有严重的社会危害性，其法定代理人亦表示对其进行监管和治疗的能力不足，其仍有继续危害社会的可能，且被申请人安某及其法定代理人亦同意对其强制医疗。另外，考虑到设立强制医疗程序的目的在于保护社会免受精神病人继续侵害，并使精神病人得到妥善处置，故本院认为被申请人安某符合强制医疗的条件。北京市房山区人民检察院申请对安某强制医疗的意见、安某及其法定代理人、指定诉讼代理人的相关意见，均符合法律规定，本院均予以采纳。综上，依照《中华人民共和国刑法》第十八条第一款、《中华人民共和国刑事诉讼法》第二百八十四条以及《最高人民法院关于适用〈中华人民共和国刑事诉讼法〉的解释》第五百三十一条第一项之规定，决定如下：

对被申请人安某强制医疗。

【法官后语】

本案存在两个特殊情节，一个情节是被申请人安某已经84岁高龄，身患多种疾病；另一个情节是北京市安康医院以安某身患多种躯体疾病为由拒绝收治。在这种情况下，是否应当对安某强制医疗，合议庭存在分歧。

第一种意见认为，被申请人安某继续危害社会的可能性较小，拟驳回检察院的强制医疗申请。主要有以下几点理由：一是在公安机关对安某采取临时保护性约束措施时，强制医疗的唯一执行机构北京市安康医院曾对安某出具不予收治的情况说明。经沟通，北京市安康医院表示即便作出强制医疗，该院也不会收治。因此，在北京市安康医院不予收治的情况下，下一步应当如何处理无法可依。二是被申请人安某已经84岁高龄，缺乏独立生活能力，通常而言不致再实施危害公共安全或者严重危及公民人身安全的暴力行为。三是被申请人安某患有多发腔隙性脑梗死，符合脑白质脱髓鞘改变，老年性脑改变，高血压、心脏病等严重疾病，其本身需要看病治疗，实施危害公共安全、严重危及公民人身安全的暴力行为的可能性较小。四是被申请人安某的法定代理人及近亲属虽然表示监管安某的能力不足，但并不是完全没有监管能力，其长子已退休，能长期监管，其次子及女儿虽表示还在上班，但也可以协助监管，且监管安某是他们的义务，不能因其不愿意监管就把责任推给国家。综上几点，拟驳回检察院对安某的强制医疗申请，责令安某的家属对其严加看管和医疗。

第二种意见认为，应当对安某予以强制医疗。主要基于以下几点理由：一是不能将强制医疗机构是否收治作为是否决定对被强制医疗人进行强制医疗的依据予以考虑。强制医疗机构作为执行强制医疗的法定机构，其无权拒绝执行法院作出的生效裁决。如果确因被申请人的躯体状况不符合收治条件，可参考保外就医的相关规定，对其作出类似于暂予监外执行的决定。二是安某虽然年岁较大，还患有躯体疾病，但其行为属于剥夺他人生命的严重暴力犯罪，且该行为仍然是在如此大年岁的情况下实施的，其人身危险性和社会危害性较大，难以保证其不再实施类似的行为。三是安某的法定代理人及近亲属均表示自己无力对其进行监管，均表示希望对安某强制医疗。在其家属无法进行有效监管的情况下，谁也无法保证其不会再实施危及他人生命、健康的行为。而且安某所居住的小区人口众多，如果无家属进行监管或家属监管不到位，难以确保其不会再次实施严重暴力行为。综合全案的情况来看，应当对其强制医疗。

笔者认为，第二种意见更为妥当。是否对被申请人作出强制医疗的核心要素是审查其是否具有人身危险性，是否仍然会继续实施危害社会的行为。强制医疗机构是否收治被强制医疗人，不能成为法院是否作出强制医疗决定的依据；被强制医疗人的躯体疾病，也不能成为法院是否作出强制医疗的决定性因素。在行为人仍有继续实施严重危害他人生命、健康和公共安全行为的情况下，不对其强制医疗须慎重。另外，根据相关管理规定，强制医疗机构每半年需对被强制医疗人进行一次评估诊断，如半年后经诊断评估认为其病情进一步好转或者痊愈，符合解除强制医疗的条件，可及时提出对其解除强制医疗的意见。此外，如果行为人的法定代理人认为安某不再需要强制医疗，且其有能力对安某进行监管，亦可向法院提出解除强制医疗申请。总之，对于本案这种情况，在有相关救济渠道的情况下，对行为人作出强制医疗是最为稳妥的做法。

需要说明的是，本案在对安某作出强制医疗决定之后，经多方沟通协调，北京市安康医院最终还是对安某进行了收治。当然，这仅是个案，不可能所有的案件都能这么顺利地解决。因此，我们也建议有关部门参照保外就医和暂予监外执行的相关规定，及时出台相关规范性文件，以使应当进行强制医疗但身患严重躯体疾病的行为人保外就医有规可循。毕竟，强制医疗机构的主要职责是治疗行为人的精神疾病，而对于行为人的躯体疾病治疗能力有限，不宜让其承担过多法外之责。

编写人：北京市房山区人民法院　陈艳飞

311　欺诈犯罪语境下刑民交叉案件责任聚合分析
——邱某铃等骗取贷款案

【案件基本信息】

1. 裁判书字号

北京市第三中级人民法院（2018）京03刑终199号刑事裁定书

2. 案由：骗取贷款罪

【基本案情】

2014年3月至2014年6月，被告人邱某铃、连某祥、林某在茶叶公司法定代表人郑某（另案处理）等人的组织下，以组成每组3人至4人互相担保的“联保体”形式，向某银行公司日坛支行提供虚假经营证明、房产证明等材料，申请办理“联保易”贷款，骗取银行贷款。截至案发，三被告人尚分别欠银行本金255万元，三被告人后被抓获归案。

【案件焦点】

骗取贷款罪的受害人已经生效民事判决取得实体权利并进入执行阶段后，欺诈行为人构成犯罪的，应当如何在刑事裁判中如何处置涉案财物。

【法院裁判要旨】

北京市朝阳区人民法院经审理认为：被告人连某祥、邱某铃、林某，使用虚假材料骗取银行贷款，给银行造成重大损失，三被告人的行为均触犯刑法，构成骗取贷款罪，依法应予惩处。但仅依据某银行日坛支行出具的运行情况《说明》即认定三被告人欠款本金数额有失偏颇，经查，某银行日坛支行提供的贷款合同、保证金质押合同均未规定贷款人在无法还款的情况下，保证金应首先折抵利息和罚息。故，将三被告人贷款时交纳的保证金直接折抵部分利息及罚息等既无法律依据又无事实依据，本院对此予以纠正。三名被告人均以自己及自己名下商铺的名义向银行申请贷款，并实际到银行签署文件、提交材料，这些行为是银行发放贷款不可或缺的部分，作为具体行为的实施者，三被告人的作用不符合刑法关于从犯的认定。鉴于三被告人归案后能够如实供述基本犯罪事实，当庭自愿认罪、认罚，对三被告人依法从轻处罚。

北京市朝阳区人民法院依照《中华人民共和国刑法》第一百七十五条之一、第五十二条、第五十三条、第二十五条第一款及第六十一条之规定，作出如下判决：

一、被告人连某祥犯骗取贷款罪，判处有期徒刑一年三个月，罚金人民币四万元；

二、被告人邱某铃犯骗取贷款罪，判处有期徒刑一年三个月，罚金人民币四万元；

三、被告人林某犯骗取贷款罪，判处有期徒刑一年三个月，罚金人民币四万元。

北京市朝阳区人民检察院提出抗诉，被告人邱某铃提出上诉。北京市第三中级人民法院经审理认为：骗取贷款犯罪中行为人与银行签订的借款合同并不因行为人的行为构成犯罪而当然无效，为了实现刑民交叉案件的合理衔接、避免行为人重复承担责任，在民事判决已经对行为人应承担的民事义务作出认定后，不宜在刑事案件审理中再判令追缴行为人的违法所得或责令行为人退赔。一审法院在量刑时，考虑到邱某玲归案后如实供述基本犯罪事实，当庭自愿认罪、认罚等从宽处罚情节，已对邱某玲从轻处罚。本院审理期间，未发现有证据证明邱某玲还具有其他从宽处罚情节，不宜再对邱某玲从轻或减轻处罚。

北京市第三中级人民法院依照《中华人民共和国刑事诉讼法》第二百二十五条第一款第一项的规定，作出如下裁定：

驳回北京市朝阳区人民检察院的抗诉及邱某玲的上诉，维持原判。

【法官后语】

一、合同方涉嫌犯罪的合同效力认定

如保险诈骗、贷款诈骗等犯罪所订立合同涉及公法因素，欺诈方构成犯罪时合同的效力如何认定，审判实务议论纷纭。笔者认为，当同一行为同时引起公法、私法上的不同效果时，必须遵循公私法相互区分、各自自治的基本理论，分别依据不同的规则予以评价。

申言之，合同效力的认定要严格依照民商事法律的相关规定。

合同一方实施欺诈行为订立合同，导致对方陷入错误认识在违背真实意思表示情况下订立的合同，法律赋予受欺诈方自主选择权，即在一定期限内享有撤销权，可以要求仲裁机构或者法院撤销合同。尊重市场交易主体意思自治，最大限度地维护交易活动的稳定，这也是《中华人民共和国民法典》的题中应有之义。因此撤销合同必须经过法院、仲裁机构的判决或裁决，欺诈方构成犯罪的刑事判决并不能必然产生所涉合同被撤销的法律效果。受损方未在一定的除斥期间内主张撤销合同的，合同有效。

合同生效的基本要件即主体适格、意思表示真实、标的合法明确等，故一般合同成立即生效。至于刑事犯罪是否属于“违反法律、行政法规的强制性规定”，根据合同法司法解释规定，只有违反效力性强制性规定，合同才属无效。刑法属于强制性规范，但是否属于效力性强制性规定，应当根据具体刑法条文的规范目的来判断。如行为人涉嫌犯罪的法律条文并没有给予合同双方合意行为的否定性评价，则不应当认为其属于违反效力性强制性规定。本案中，邱某铃等人向某银行日坛支行提供虚假经营证明、房产证明等材料，申请办理“联保易”贷款，其行为构成骗取贷款罪，而《中华人民共和国刑法》第一百七十五条对骗取贷款罪的评价重点在于对违反或者扰乱国家金融管理秩序行为的否定性评价，邱某铃等人使用虚假证明材料并不导致金融借款合同形式要件或者实质要件缺失而无效。

基于以上分析，欺诈类犯罪刑事判决对犯罪行为的定性不能成为民事纠纷中认定合同效力的依据。本案中，邱某铃等人逾期未能偿还银行贷款，东城法院已对涉案合同纠纷作出判决，在刑事案件处理中应当尊重生效民事判决的既判力以及受欺诈被害人权利处分的自愿性。

二、责任聚合下刑民交叉案件的程序冲突

关于受理刑民交叉类案件，目前司法实践中主要的处理方式有以下几种：

1. 驳回起诉。

2. 中止审理。主要依据《中华人民共和国民事诉讼法》的规定，即民事案件的审理以刑事案件审理结果为依据，但是民事案件中止审理可能导致当事人的民事权利救济被无限期地拖延。

3. 继续审理。2020年《最高人民法院关于在审理经济纠纷案件中涉及经济犯罪嫌疑若干问题的规定》第十条规定，民商事案件审理中发现与本案有牵连，但与本案不是同一法律关系的经济犯罪嫌疑线索、材料，涉罪部分移送有有关机关查处，经济纠纷案件继续审理。

实践中，多数处理方式是裁定驳回起诉，导致被害人经济损失通过刑事追赃退赔一并解决，而不是通过要求继续履行合同或者承担违约责任的民事诉讼来解决。然而，任何人不得从其非法行为中获利。如果仅仅通过刑事追赃程序试图挽回被害人的损失，意味着犯罪行为人将因其自身犯罪行为而免除了支付约定利息、罚息等合同义务，在有担保合同情况下，也免除了担保人的担保责任，这非但不能保护合同守约方的合法权益，更是变相地允许犯罪行为人从犯罪活动中获利。

因同一法律事实分别产生刑事法律关系和民事法律关系的，构成刑事责任和民事责任的聚合，刑事责任的承担并不能阻却民事责任的承担。刑事案件没有执行终结并不影响民事案件的审理。刑民交叉是典型的责任聚合，当行为人责任聚合时，无论是先刑后民还是先民后刑，最终应当得到统一的裁判结果，这是最基本的原则。民刑责任聚合时，民事案件审理必须以刑事诉讼结果为依据，当然可以使用先刑后民原则；而如果刑事案件审理必须以民事诉讼为依据，则应当适用先民后刑。例如，侵犯商业秘密罪，应当先有民事判决对是否属于商业秘密、商业秘密归谁所有等问题进行认定；又如，盗伐林木罪和滥发林木罪，当产权存在争议时，应当先对林木产权归属进行认定才能正确认定此罪和彼罪。

本案的审理为刑民交叉案件中民事先行判决的处理提供了一种新思路：其一，当民事判决就被害人的损失已经判决了合同责任之后，刑事判决仅就行为人犯罪行为定罪并科处刑罚，将不再赘述退赔的刑事责任，避免启动刑事追赃程序，最大限度地实现被害人的合法权益。其二，民事案件确定的合同标的本金作为犯罪数额进行认定，特别是多个债权人并存，部分债权人通过民事诉讼已经确定数额的情况下，不应剔除，应当纳入整体犯罪数额考虑，但是量刑时可以酌情予以从轻处罚。需要注意的是，如果通过民事强制执行方式实际返还的钱款，不宜认定被告人具有悔罪表现。

如果刑事判决在先，被害人能否在刑事判决后就没有列入追赃范围的利息、违约金等其他合法利益另行提起民事诉讼或者在刑事案件审理中就合同责任提起附带民事诉讼？笔者认为可以，而且附带民事诉讼应当与普通合同案件审理掌握相同的裁判标准。如果被害人报案后刑事判决中仅就本金进行追缴退赔，而限制被害人另行提起民事诉讼，则同样的案件仅因为被害人报案前是否提起民事诉讼而出现不同的法律效果，既有违公正的原则，又不利于此类犯罪行为的及时发现、惩处甚至社会秩序的稳定，尤其是被害人系刑法予以特别保护的金融机构、保险机构、国家机关等。

三、退赔被害人损失与民事诉讼的协调

1. 关于追缴与责令退赔的定性问题

《中华人民共和国刑法》第六十四条规定，犯罪分子违法所得的一切财物，应当予以追缴或者责令退赔；对被害人的合法财产，应当及时返还；违禁品和供犯罪所用的本人财物，应当予以没收。没收的财物和罚金，一律上缴国库，不得挪用和自行处理。追缴适用于赃物赃款尚在的情形，我国刑法、刑事诉讼法等法律均没有规定“追缴”的性质问题，涉案财物被追回后既可能是被追回后返还被害人，也可能予以没收上缴国库。“追缴”是否意味着剥夺了原持有人对该物品的所有权，原持有人是否享有陈述、申辩以及上诉的权利，这些都有待刑法、刑事诉讼法等法律进一步明确。责令退赔则是对被告人违法所得的最终处置，是对被害人经济损失进行的赔偿。

实务界关于退缴与责令退赔的性质存在如强制措施说、宽限说、其他行政制裁说等，但该制度的内涵无外乎：限于对涉案财物的追索、司法机关主动实施、补偿性。

2. 被害人民事权利救济的程序保障

《最高人民法院关于适用〈中华人民共和国刑事诉讼法〉的解释》第一百七十六条规定，被告人非法占有、处置被害人财产的，应当依法予以追缴或者责令退赔。被害人提起附带民事诉讼的，人民法院不予受理。追缴、退赔的情况，可以作为量刑情节考虑。与修订前相比，删除了“被害人另行提起民事诉讼请求返还被占有、处置的财产的，人民法院不予受理”的规定。这一变化笔者认为，刑事被害人提起民事诉讼的权利，不应当由于公权力的主动性不足或行使不当、被告人不退赔等非权利人自身原因而丧失，当事人提起民事诉讼能否受理应当受到“一事不再理”原则的限制，而非是否经过刑事诉讼程序。刑事追缴与责令退赔属于国家公权力救济途径，不能取代当事人行使私权救济，作为保护被害人合法权利的平衡和弥补途径，被害人另行起诉的应当予以受理。

在权利主体范围上，因犯罪行为遭受人身或者经济损失的不仅限于刑事被告人，还包括其他利害关系人。被害人向被告人以外的其他责任主体提起民事诉讼的，亦应当受理。笔者试举两例经济犯罪简要说明：

（1）以本案骗取贷款罪中担保合同为例，如主合同的债务人邱某铃等人被刑事判决认定为构成骗取贷款罪后，在被告人被采取强制措施后，债权人广发银行日坛支行可以请求借款合同的担保人承担相应民事责任，担保人在担保范围内清偿债务的，可以向被告人行使追偿权。

（2）以合同诈骗罪为例，如被告人以法人或其他组织名义订立合同的行为被判决构成诈骗罪或合同诈骗的，如前所述，在民法意义上属于以欺诈手段订立的合同，作为合同相对人的被欺诈方不行使撤销权的，合同有效，故合同相对人可以请求该法人或者其他组织承担民事责任。被告人行为构成对被代理的法人或其他组织侵权行为的，应当依据侵权责任法依法裁判。

上述无论是作为主债权人的被害人向担保人，还是担保人等其他责任主体承担民事责任后向被告人行使追偿权，该权利主张都是在另行提起民事诉讼语境下实现的。被害人及相关权利人在刑事诉讼中的法律地位以及能否在刑事追赃中参与分配，亟待法律明确。

3. 刑事追赃与民事诉讼执行中的平衡

第一，被害人及相关权利人于何种情况下、何时提起民事诉讼。

（1）当被告人的行为尚未进入刑事审判程序时或其犯罪行为尚未被发现时，被害人、相关权利人可就双方之间纠纷随时提起民事诉讼。此时，法院审理民事纠纷作出的生效判决对后续刑事审判中对涉案财产处置具有约束力，即涉及财产执行部分，应当以民事判决确定的权利义务为准，刑事裁判关于追缴发还被害人的财产、责令退赔部分不予重复处理。因民事裁判规则尊重当事人意思自治，原告对自己实体权利的处分应当认定有效，原告放弃其诉讼请求且在刑事审判中仍然坚持放弃的，在未来刑事审判中被害人财产权利中也不应涉及。需要注意的是，此处原告仅限于私法意义上主体，限于放弃财产追索不损害国家、集体或者公共利益的情形。

(2) 在犯罪被侦查机关发现或进入刑事审判程序未决前，被害人亦可以随时提起民事诉讼向包括被告人在内的相关责任主体主张权利，当刑事判决和民事判决向重合时，应当在执行程序中协调。

(3) 在刑事判决生效后，刑事追缴、责令退赔具体明确且足以弥补被害人损失的，被害人就同一事实提起民事诉讼的，不予受理，已经受理的，应当裁定驳回起诉；追缴、退赔不明确或不足以弥补损失的如利息、折旧损失等，被害人可就不足部分提起诉讼，不能因被告人的行为构成犯罪，反而导致被害人的损失不能全面保护，以期实现刑事判决和民事判决在财产处理尺度的统一。

(4) 被害人提起附带民事诉讼的，不得再提起民事诉讼。因在附带民事诉讼中，被害人能够提出诉讼请求，享受当事人的诉讼权利，并就民事部分享有上诉权，此时，附带民事诉讼与另行提起民事诉讼系并列关系，作为权利主体的被害人择一程序主张权利，意味着放弃另一程序，故被害人只能通过刑事追赃、责令退赔程序解决被侵害的财产权利，而不能另行提起民事诉讼。

生效刑事判决在先的，应当在当事人就未受偿部分的民事案件审理过程中，将刑事判决明确的追赃款从民事赔偿范围内予以扣除。

生效民事判决在先的，刑事判决中对于追缴、责令退赔不予体现，但应在审理查明部分就被害人通过民事判决获偿的事实进行确认。

第二，退赔被害人损失和其他民事债务清偿的关系调和。法院在对涉案财物以及被告人合法财产进行执行时，除被害人外，其他权利主体（如本案中担保人）也可能会根据不同的执行依据，同时或先后申请参与被执行财产的分配，关于刑民交叉优先顺位的问题，需要在执行程序中调和。2014 年《最高人民法院关于刑事裁判涉财产部分执行的若干规定》第十三条规定了退赔被害人的损失应当优先于其他民事债务，而最高院执行局在解读该规定时也指出："与经济活动有关，或者以民事交易为表现形式的犯罪，且被害人的财产损失为金钱的，退赔被害人损失与普通民事债务的受偿顺位，有必要结合司法实践的具体情况综合考量，不宜将司法解释规定绝对化。"对此应当区别情形，综合考虑涉案查扣财物与被害人钱款转化关系、查扣顺位、被害人有无过错、履约程度等，执行案件处理中利益平衡有待探讨。

编写人：北京市第三中级人民法院　段惠云

312　审查判断精神病学司法鉴定意见应结合在案证据
——刘某亮故意杀人案

【案件基本信息】

1. 裁判书字号

江西省高级人民法院（2019）赣刑终 36 号刑事判决书

2. 案由：故意杀人罪

【基本案情】

2016年12月30日16时许，某学校初二学生刘某放学经过武蛟乡南桥新村到瑞码路的三岔路口时，被告人刘某亮拿着一根钢管跟在后面击打刘某头顶，将刘某打倒在地，接着继续用钢管击打刘某的头部三四下。在确认刘某死亡后，刘某亮拿着钢管离开现场回到家中。接到报警的公安人员在被告人刘某亮家中将其抓获归案。经鉴定，刘某亮实施杀人行为时具有限定刑事责任能力。

【案件焦点】

1. 人民法院、人民检察院是否有权自行启动重新鉴定程序；2. 对精神病学司法鉴定意见，如何结合在案证据审查判断。

【法院裁判要旨】

江西省九江市中级人民法院审理九江市人民检察院指控被告人刘某亮犯故意杀人罪一案，于2017年9月5日作出（2017）赣04刑初13号刑事附带民事判决，以故意杀人罪判处刘某亮死刑，剥夺政治权利终身；刘某亮赔偿附带民事诉讼原告人刘某伦、何某霞丧葬费26068.5元。宣判后，刘某亮不服，提出上诉。江西省高级人民法院于2018年3月1日以（2017）赣刑终265号刑事裁定，认定原判认定的事实不清，撤销江西省九江市中级人民法院（2017）赣04刑初13号定罪量刑部分，将本案发回重新审判。

江西省九江市中级人民法院经审理认为：被告人刘某亮实施了杀害他人的行为，但经法定程序鉴定，其系无刑事责任能力人，依法不负刑事责任。依照《中华人民共和国刑法》第十八条第一款之规定，于2018年10月31日作出（2018）赣04刑初5号刑事判决，判处被告人刘某亮不负刑事责任。同时，认为被告人刘某亮实施暴力行为，严重危害公民人身安全，且有继续危害社会可能，依照相关法律规定，决定对被告人刘某亮强制医疗。

宣判后，九江市人民检察院提出抗诉，江西省人民检察院支持抗诉。二审期间，江西省人民检察院委托湖北同济法医学司法鉴定中心精神病学重新鉴定。经鉴定，被告人刘某亮在2016年12月30日作案时具有限定刑事责任能力。

江西省高级人民法院经审理认为：被告人刘某亮因对家人不满而心生怨恨，在公众场合，采用暴力手段杀害无辜的未成年学生，其行为已构成故意杀人罪，影响恶劣，后果严重，应依法惩处。原审判决未结合在案证据，对精神病学司法鉴定意见评定的被告人作案时精神状态判断不准确，认定刘某亮无刑事责任能力的事实错误，应予纠正，认定的其他事实清楚，证据确实、充分，应予维持。原审判决适用法律错误，判处刘某亮不负刑事责任不当，应予纠正。审判程序合法。鉴于刘某亮实施杀人行为时具有限定刑事责任能力，且有坦白情节，可依法对其从轻处罚。九江市人民检察院关于原审判决量刑错误的抗诉意见和江西省人民检察院的支持抗诉意见、出庭意见正确，予以支持。辩护人请求驳回抗诉、维持原判的辩护意见不成立，不予采纳。据此，依照《中华人民共和国刑法》第二百三十二条、第十八条第三款、第六十七条第三款，《中华人民共和国刑事诉讼法》第二百三十六条第一款第三项之规定，作出刑事判决，认定被告人刘某亮犯故意杀人罪，判处有期徒刑十五年。

【法官后语】

精神疾病主要指在各种生物学、心理学以及社会环境因素影响下，人脑功能失调，导致认知、情感、意志和行为等精神活动出现不同程度障碍为临床表现的疾病。我国刑法中的“精神病人”，应该是指患有以下三类严重精神疾病者：（1）各种明确诊断的精神病；（2）严重的智能缺陷，或者达到中度或比中度更重的精神发育不全；（3）精神病等位状态，包括有严重意识障碍的癔症（也称癔症性精神病或癔症性精神错乱）和“病理性醉酒”“病理性半醒状态”“病理性激情”“一过性梢神模糊”（现称短暂的精神病性障碍）四种罕见的例外状态。常见的精神病有精神分裂症、躁狂抑郁性精神障碍、更年期精神障碍、偏执性精神障碍及各种器质性病变伴发的精神障碍等。

刑事责任能力，是指行为人构成犯罪和承担刑事责任所必需的、行为人具备的刑法意义上辨认和控制自己行为的能力。如果存在精神障碍尤其是存在精神病性精神障碍，就可能影响行为人的责任能力，而使责任能力减弱甚至不具备，使其实施危害行为时的刑事责任也受到一定的影响。

由于精神病人精神障碍的类别和程度不同，从而影响其是否承担刑事责任，或是承担部分还是全部刑事责任。司法实践中，判断行为人是否患有精神病，患有何种精神病及其轻重程度，有无刑事责任能力，需经过司法精神病学专家的鉴定和审判人员的审查才能确认。本案出现三种不同鉴定机构作出三种不同的司法精神病学鉴定意见，需要我们结合在案所有证据，对所有鉴定意见全面审查、认真分析，才能作出准确的认定。在第二审开庭审理时，我院通知不同的鉴定机构出庭作证，作出解释、说明，接受检察员和被告人、法定代理人、辩护人的询问，回答法庭提出的问题。

（一）人民法院、人民检察院可自行重新鉴定

1.《最高人民法院、最高人民检察院、公安部、国家安全部、司法部关于办理死刑案件审查判断证据若干问题的规定》第二十四条第一款规定了鉴定意见不能作为定案的几种情形，如鉴定程序、方法有错误的；鉴定对象与送检材料、样本不一致的；送检材料、样本来源不明或者确实被污染且不具备鉴定条件的；违反有关鉴定特定标准的等。第二款规定，对鉴定意见有疑问的，人民法院应当依法通知鉴定人出庭作证或者由其出具相关说明，也可以依法补充鉴定或者重新鉴定。由此可知，人民法院依法可以自行重新鉴定。2.《人民检察院刑事诉讼规则》第二百二十条规定，对于鉴定意见，检察人员应当进行审查，必要的时候，可以提出补充鉴定或者重新鉴定的意见，报检察长批准后进行补充鉴定或者重新鉴定。检察长也可以直接决定进行补充鉴定或者重新鉴定。由此可知，人民检察院依法可以自行重新鉴定。因此，认为第一审法院只是决定是否许可的主体，不能作为提起并重新鉴定的主体，自行重新鉴定程序不合法，以及人民检察院无权提起重新鉴定的意见，是不能成立的。

（二）应结合在案证据，对数份鉴定结果迥然不同的鉴定意见进行审查判断，对被告人的刑事责任能力作出精准的认定

1. 司法鉴定所司法鉴定意见评定被鉴定人刘某亮在本案中实施危害行为时有完全刑事责任能力

合议庭审理分析认为：（1）司法鉴定所出具的司法鉴定意见书中对于刘某亮刑事责任能力的评定分析，应适用司法部发布的《精神障碍者刑事责任能力评定指南（SF/Z JD0104002—2016）》，而适用2011年版本，适用标准错误。（2）司法精神病鉴定中，鉴定人通

常通过被鉴定人的近亲属和知情人了解被鉴定人日常的表现和异常情况，仅靠办案人员的询（讯）问笔录往往专业性、针对性不强。该鉴定意见书缺少刘某亮父母对其病情的介绍、生活工作情况等相关材料。（3）司法鉴定所鉴定时未深挖可能存在的精神病性症状，未考虑因病可能对辨认、控制能力产生的影响，不能排除作案时受疾病影响的因素。精神检查时对作案的动机没有深入检查，特别是没有对作案时的辨认、控制能力进行详细检查，以致对刘某亮的控制能力分析不足。综上，该鉴定意见评定刘某亮作案时为完全刑事责任能力不当，不得作为定案的根据。

2. 司法鉴定所精神医学司法鉴定意见认为被鉴定人刘某亮患有精神分裂症，作案时处于发病期，辨认和控制能力丧失，评定为无刑事责任能力

合议庭审理分析认为：（1）江西精神病学司法鉴定所司法鉴定意见书对刘某亮作案的动机检查不够细致，对刘某亮作案时的现实因素（认为母亲对自己不好，想吃东西，母亲不做，他生气，要报复）检查不全面，对既往的人格特征（冲动）检查亦不全面、不详细。（2）对刘某亮作案时辨认、控制能力检查不全面、不详细。根据刘某亮作案（约16时）后的当天第一次供述（18时29分至20时40分，离作案时间短）的内容，刘某亮对选择作案凶器、作案对象、作案的地点、打击的部位、力度以及确定被害人是否死亡有一定的辨别能力，具体如下：①作案凶器为致命的钢管（“我本来是想去学校拿刀杀人的，但我怕用刀杀不死”“我就从家里拿了一根铁棍出来，因为我认为用铁棍更能打死人”）；②作案对象为小孩（“因为学生小一点，我好打一点，如果是打大人，我怕他跑，我追不上，打不死我会后悔”）；③就近寻找作案对象（“正好我在我家后门看

到学校放学，有学生在走路”“所以我就用铁棍去打那个学生”“因为我拿铁棍到那个路口的时候，是那个学生离我最近，我就把他打死了”）；④打击的部位［“我从后面偷袭了一下（即先打被害人后面头部），他就晕了，反抗不了”］；⑤打击的力度（“我是用了全力去打那个学生的，我怕用小了力气打不死他”）；⑥确认被害人被他打死（“因为那个学生的头部被我打烂了，我认为已经不可能活了，如果没死，我就要打到他死为止”）。目击证人（余某香、凌某清）证称，刘某亮用凶器击打被害人时被路过的司机喝住，说“你们去报警，我不怕”，拿着凶器往家方向走，这说明刘某亮作案时知道与人沟通，知晓有人可能会报警。(3) 本案案发后，侦查人员找到刘某亮同监室人员朱某富、张某岳，二人证明刘某亮在监室关押期间特别是案发后刚关押时没有什么异常表现，作证时（2017年1月4日）距作案时间（2016年12月30日）较近，该鉴定意见没有引用朱某富、张某岳在侦查阶段的证言，亦未审阅讯问同步录音录像，引述材料不全面、不客观。因此，该鉴定意见作出的根据并不全面。(4) 该鉴定意见对刘某亮作案后的交代、作案时是否存在妄想，危害行为是否系妄想直接支配等因素分析不充分。(5) 一审法院同时询问证人刘某水、张某荣，违反了询问应个别进行的规定，且未经过核对确认，因此，依照《中华人民共和国刑事诉讼法》之规定，刘某水、张某荣的该次证言不得作为定案的根据。黄某生（刘某亮管教民警）、冯某坤、张某岳（均为刘某亮同监在押人员）的证言未经过证人核对确认，且未记录告知证人作证的权利义务和法律责任，未填写询问起止时间，因此，依照《最高人民法院关于适用〈中华人民共和国刑事诉讼法〉的解释》第七十六条、第七十七条之规定，该三名证人的该次证言不得作为定案的根据。上述五名证人的证言因违反法定程序，依法不得作为定案的根据，但该鉴定意见将五人的证言作为鉴定的根据，是不妥当的。综上，江西精神病学司法鉴定所鉴定意见书不得作为本案定案的根据。

3. 司法鉴定中心精神病学司法鉴定意见评定被鉴定人刘某亮诊断为“精神分裂症（慢性）”、对 2016 年 12 月 30 日的作案行为应具有限定刑事责任能力

合议庭审理分析认为：（1）2009 年、2010 年、2016 年三次住院病历证明刘某亮患精神分裂症十余年，未能规范系统治疗，致其精神症状迁延不愈，案发前不与人交流，埋怨家人不关心自己，打骂家人，缺乏亲情感，作案后认错但无悔过之心等症状，说明刘某亮已存在明显的人格改变，损害其对自身行为的辨认能力和控制能力。（2）刘某亮作案行为有一定的现实诱因，认为家里人不像以前那样关心自己，不吃药就抓去住院，心烦想跳楼、坐牢，想吃萝卜母亲没做，其作案行为系精神分裂症人格改变与现实诱因共同支配导致（混合动机），具有一定的报复泄愤色彩。（3）刘某亮不认识被害人，也无矛盾，作案手段残忍，行为公开暴露，作案后不逃跑，具有不同于普通暴力作案行为人的特征，但是，如前述分析，刘某亮 2016 年 12 月 30 日作案时对选择作案凶器、作案对象、作案的地点、打击的部位、力度以及确定被害人是否死亡有一定的辨别能力，作案目的明确，案发后多次讯问能清楚供述其作案行为及相关细节，否认受幻觉妄想等精神症状影响作案，对他人说不怕报警、坐在家门口等警察来抓，承认打人不对，冲动了，自己有责任，应该赔偿，服从判决，说明刘某亮在案发过程中意识清楚，记忆力无明显损害，对作案的性质及后果具有一定的认识能力，并未完全丧失对其作案行为的辨认能力和控制能力。

司法鉴定中心鉴定意见由具有法定资质的鉴定机构和鉴定人作出，检材充足、可靠，鉴定程序符合法律、有关规定，鉴定过程和方法符合专业规范要求。鉴定意见对刘某亮作案时的现实因素（动机）、已存在明显的人格改变和作案时的辨认、控制能力进行了全面、详细的检查，分析论证科学、有效，且与在案证据能相互印证。因此，湖北同济法医学司法鉴定中心的鉴定意见可作为定案的根据。

编写人：江西省高级人民法院　詹兆园

313　社区矫正机构未对再犯新罪的矫正对象提出收监建议，其暂予监外执行期间自被抓获之日起中止

——沙学某容留他人吸毒案

【案件基本信息】

1. 裁判书字号

江苏省无锡市中级人民法院（2014）锡刑终字第67号刑事裁定书

2. 案由：容留他人吸毒罪

【基本案情】

被告人沙学某2013年2月4日因犯贩卖毒品罪被无锡市北塘区人民法院判处有期徒刑一年，并处罚金人民币1000元，同年2月18日因疾病被决定暂予监外执行。2013年4月8日下午，被告人沙学某在某村×××号×××室容留万建某吸食毒品甲基苯丙胺。

2013年4月10日下午，被告人沙学某在某村×××号×××室容留刘雪某吸食毒品甲基苯丙胺，容留邓国某吸食毒品甲基苯丙胺、注射毒品海洛因，容留金明发吸食毒品甲基苯丙胺、海洛因。2013年4月10日因涉嫌犯容留他人吸毒罪被抓获，次日被刑事拘留，当日因无锡市公安局监管支队不予收押，被取保候审。2014年5月29日经法院决定逮捕，同年6月4日由无锡公安局北塘分局执行逮捕，当日因无锡市公安局监所管理支队不予收押而被取保候审。

被告人沙学某到案后，如实供述了自己的罪行。

另查明，在前案中，被告人沙学某于2011年11月10日被抓获，同年11月12日被取保候审，羁押时间为三天。被告人沙学某于2013年2月18日被暂予监外执行。2013年4月10日因本案被抓获，则监外执行服刑的时间为一个月零二十四天。综上，被告人沙学某已执行刑期为一个月二十七天。

公诉机关认为：被告人沙学某容留他人吸食、注射毒品，应当以容留他人吸毒罪追究刑事责任。被告人沙学某因犯贩卖毒品罪被判过刑，又犯容留他人吸毒罪，应当从重处罚。被告人沙学某如实供述自己的罪行，可以从轻处罚。提请依法判处。

【案件焦点】

被暂予监外执行被告人在监外执行期间犯新罪并被抓获，社区矫正机关未及时出具收监建议书，而后出具社区矫正期满的证明书，被告人的前罪是否还有剩余刑期。

【法院裁判要旨】

江苏省无锡市北塘区人民法院经审理认为：被告人沙学某容留他人吸食、注射毒品，其行为已构成容留他人吸毒罪，依法应当判处三年以下有期徒刑、拘役或者管制，并处罚金。被告人沙学某曾因犯贩卖毒品罪被判过刑，又犯容留他人吸毒罪，是毒品再犯，依法从重处罚。被告人沙学某归案后如实供述自己的罪行，依法可以从轻处罚。被告人沙学某在判决宣告以后，刑罚执行完毕以前，又犯罪，应当对新犯的罪作出判决，把前罪没有执行的刑罚和后罪所判处的刑罚数罪并罚。公诉机关指控被告人沙学某犯容留他人吸毒罪的事实清楚，证据确实、充分，指控成立，但未指控数罪并罚有误，应予纠正。

江苏省无锡市北塘区人民法院依照《中华人民共和国刑法》第三百五十四条、第三百五十六条、第六十七条第三款、第七十一条、第六十九条之规定，作出如下判决：

被告人沙学某犯容留他人吸毒罪，判处有期徒刑九个月，并处罚金人民币一千元。连同前罪剩余刑期十个月三天，决定执行有期徒刑一年三个月，并处罚金人民币一千元。

抗诉机关（无锡市北塘区人民检察院）抗诉称：原审被告人沙学某前罪刑罚已经执行完毕，故无锡市北塘区人民法院的判决认定其前罪尚有未执行完毕的刑罚，且将前罪未执行的刑罚与后罪所判处的刑罚实行数罪并罚，属于适用法律错误。

江苏省无锡市中级人民法院经审理认为：因公安机关以原审被告人沙学某患有疾病为由拒绝收押，根据法律规定，原审法院在前罪判决生效后决定将罪犯沙学某暂予监外执行一年，由社区矫正机构负责执行，矫正期自 2013 年 2 月 18 日至 2014 年 2 月 17 日。法律还规定，暂予监外执行的罪犯有严重违反有关监督管理规定的，原作出暂予监外执行决定的人民法院，应当在收到执行机关的收监执行建议书后十五日内，作出收监执行的决定。原审被告人沙学某于2013年4月10日再犯容留他人吸毒罪后被采取取保候审措施，根据“举轻以明重”原则，理应被收监执行，但原审法院并未收到执行机关的收监执行建议书，由此导致其重新犯罪后仍接受社区矫正，从而亦影响了前罪刑罚执行时间的计算。原审法院在本次判决未将原审被告人沙学某重新犯罪后的时间计入已执行的刑期，认定其前罪尚有未执行完毕的刑罚，且将前罪未执行的刑罚与后罪所判处的刑罚实行数罪并罚，并无不当。

江苏省无锡市中级人民法院依照《中华人民共和国刑事诉讼法》第二百二十五条第一款第一项之规定，作出如下裁定：

驳回抗诉，维持原判。

【法官后语】

本案在审理过程中，对于被告人的前罪是否有剩余刑期，存在不同的意见。

第一种意见认为，本案被告人沙学某于2013年2月4日因犯贩卖毒品罪被无锡市北塘区人民法院判处有期徒刑一年，同年2月18日判决生效后因疾病被决定暂予监外执行一年。根据刑事诉讼法的规定，对被暂予监外执行的罪犯，依法实行社区矫正，由社区矫正机构负责执行。故自2013年2月18日至2014年2月17日，根据刑事诉讼法的规定将被告人沙学某交由社区矫正机构负责执行。2014年2月17日社区矫正机构对沙学某作了社区矫正期满，依法解除社区矫正的宣告，并出具矫正期满解除社区矫正证明书。根据法律规定，暂予监外执行的期间计入刑罚执行的期间。本案被告人社区矫正一年期满，故前罪刑罚已经执行完毕，不存在数罪并罚的问题。

第二种意见认为，2013 年 4 月 10 日被告人沙学某因涉嫌犯容留他人吸毒罪被公安机关抓获，根据《中华人民共和国社区矫正法》第四十九条第一款、第二款规定，暂予监外执行的社区矫正对象具有刑事诉讼法规定的应当予以收监情形的，社区矫正机构应当向执行地或者原社区矫正决定机关提出收监执行建议，并将建议书抄送人民检察院。社区矫正决定机关应当在收到建议书后三十日内作出决定，将决定书送达社区矫正机构和公安机关，并抄送人民检察院。《中华人民共和国刑事诉讼法》第二百六十八条第一款第二项规定，对严重违反有关暂予监外执行监督管理规定的罪犯，应当及时收监。举轻以明重，被告人的犯罪行为已经违反法律，明显是违反有关暂予监外执行监督管理规定的，社区矫正机构应依法提出收监执行建议。因此，本案被告人于 2013 年 4 月 10 日被抓获当天，其已不符合暂予监外执行条件，应通过法定程序中止前罪的暂予监外执行。同时，被告人被抓获当天即被公安机关采取刑事强制措施，即被告人从抓获之日起履行的是新犯罪的刑事强制措施的义务，故不应视为所服前罪判决的刑期，综上，本案应以被告人被抓获之日为界点计算前罪的剩余刑期。

笔者同意第二种意见。理由如下：

一、本案不应认可社区矫正机构出具的矫正期满证明书的法律效力，被告人的暂予监外执行期间自被抓获之日起中止

第一，暂予监外执行制度具有明显的临时性特征，随时可能因法定情形的出现而中止。

决定或批准对罪犯适用暂予监外执行之后，并不意味着其之后都会在监狱外服刑，而是当出现法律规定的情形时，相关机关应当及时改变监外执行的方式，将罪犯收监从而恢复为监禁执行的行刑方式。根据《中华人民共和国刑事诉讼法》第二百六十八条的规定，对于暂予监外执行的罪犯，有法律规定情形之一的，应当及时收监。一旦被告人被有权机关决定收监，则其暂予监外执行期间显然应中止。

这里要注意的是，暂予监外执行制度不同于缓刑、假释制度。缓刑、假释是基于罪犯人身危险性小或者改造良好而给予的一种鼓励性措施。缓刑和假释都设有考验期，只要被宣告缓刑或者被假释的罪犯在缓刑或者假释考验期内犯新罪，则无论是在考验期内还是在考验期满后发现该新罪，都应当撤销缓刑或者假释，实行数罪并罚。而暂予监外执行则不同，对于在暂予监外执行期间犯新罪的被告人，并不是撤销整个暂予监外执行期间，而是通过法定程序由有权机关对被告人作出收监决定，中止前罪的暂予监外执行期间。

第二，暂予监外执行期间犯新罪，暂予监外执行期满后发现的，暂予监外执行期间不因犯新罪而中断。

暂予监外执行制度是对于不适宜关押的服刑人员采取的一项体现人道主义精神的、不得已而采取的一种变通的刑罚执行方式。暂予监外执行是监禁刑执行的一种变通方式，是将罪犯刑罚的执行场所由监狱等监内执行机构转移到社会之中，其实质仍然是对罪犯监禁刑的执行过程，在监外所经过的期间仍然计算到刑罚的实际执行期间内，与在监内执行具有相同的效果。暂予监外执行的期间计入刑罚执行的期间。罪犯在暂予监外执行期间犯新罪，如果是在暂予监外执行期满后才被发现的，由于其前罪的暂予监外执行期满，其刑罚已经执行完毕，故前罪的暂予监外执行期间不因犯新罪而中断，前罪的刑期也不因犯新罪中断计算，而是刑期期满。

第三，暂予监外执行期间犯新罪，暂予监外执行期满前发现的，暂予监外执行应依法中止暂予监外执行，根据《中华人民共和国刑事诉讼法》第二百六十八条第一款第二项规定，对严重违反有关暂予监外执行监督管理规定的罪犯，应当及时收监。举重以明轻，被告人的犯罪行为已经违反法律，明显是违反有关暂予监外执行监督管理规定的，应依法收监执行。故被告人在暂予监外执行期间犯新罪并在暂予监外执行期满前被发现的，自有权机关依法定程序作出收监决定之日，前罪的暂予监外执行期间中止。

根据《中华人民共和国社区矫正法》第四十九条的规定，对于暂予监外执行的社区矫正人员具有刑事诉讼法规定的应当予以收监情形的，社区矫正机构应当向执行地或者原社区矫正决定机关提出收监执行建议。本案中，社区矫正机构即无锡市北塘区司法局应在被告人因犯新罪被抓获之日依法向无锡市北塘区人民法院提出对被告人沙学某进行收监执行的建议书，但本案中作为社区矫正机构的北塘区司法局没有及时向北塘区人民法院提出收监建议。这种不利的后果，笔者认为应由被告人自己承担，也就是说，其在被公安机关抓获后继续履行的接受社区矫正的时间不计入其刑期。因为根据《中华人民共和国社区矫正法》第二十三条的规定，社区矫正对象在社区矫正期间应当遵守法律、行政法规，履行判决、裁定、暂予监外执行决定等法律文书确定的义务，遵守国务院司法行政部门关于报告、会客、外出、迁居、保外就医等监督管理规定，服从社区矫正机构的管理。显然，本案被告人没有及时向社区矫正机构报告自己在社区矫正期间犯新罪的事实。

另外，从社会导向的角度分析，规避法律责任往往是当事人趋利避害的反应，若对不履行社区矫正义务的暂予监外执行人认可其社区矫正期满，则可能诱导当事人采取各种方式规避法律责任，如此将不利于社区矫正机构依法进行社区矫正工作，也不利于维护司法的公正性。因此，只有将行为人没有履行社区校正义务的行为导致的不利后果归于其本人承担，即认定其前罪的暂予监外执行期间自其被抓获之日起中止，同时认定其前罪的刑期也自被抓获之日起中止计算，方能有效避免当事人通过不履行校正义务的方式获得非法利益。在本案中，在暂予监外执行期间的被告人有向社区矫正机构如实报告其情况的义务，但其却没有履行其报告义务。由于被告人没有切实履行及接受社区矫正的义务，导致社区矫正机构做出错误的矫正期满证明书，根据行为人不能从自己的过错中获益的理论，法院应不认可该社区矫正机构出具的社区矫正期满证明书，而是根据事实，依法认定被告人被抓获后其前罪的暂予监外执行期间中止，其在中止后继续接受社区矫正的期间不计入其前罪服刑期间。

二、本案中应以被告人被抓获之日作为计算前罪剩余刑期的界点

暂予监外执行期间的中止不等于刑期计算的中止，被告人在暂予监外执行期间因出现法定情形，如被保外就医的被告人疾病治愈，则有权机构应作出收监决定，被告人被收监后在监狱内继续服刑，即虽然暂予监外执行中止，但是刑期却是连续计算的。但是，如果被告人是因为犯新罪而被中止前罪的暂予监外执行期间，则涉及前罪的刑期的计算是否中断，以及以何日作为前罪刑期计

算中断的界点，从而开始计算前罪的剩余刑期。笔者认为，应以被告人因犯新罪被抓获并被同时采取强制措施之日为界点，中断前罪刑期的计算。

刑事强制措施是指为了保障刑事诉讼顺利进行，公安司法机关依法对犯罪嫌疑人、被告人采取的在一定期限内暂时限制或者剥夺其人身自由的强制方法。根据刑事诉讼法的规定，我国的刑事强制措施包括拘传、取保候审、监视居住、刑事拘留和逮捕等刑事强制措施。实践中，被告人在前罪暂予监外执行期间因犯新罪被抓获的同时一般也被采取了刑事强制措施。同时被告人在前罪暂予监外执行期间因犯新罪被抓获，有权机关应依法对被告人进行收监执行。那么这里作为限制或者剥夺被告人人身自由的刑事强制措施和同为剥夺被告人人身自由的收监执行则产生了冲突。笔者认为，应优先处理新罪。理由如下：

第一，新罪的处理比旧罪的服刑更加紧迫。被告人在前罪暂予监外执行期间犯新罪，侦查机关发现并抓获被告人后，立即进入紧张的侦查程序，侦查工作对时间有着严格的要求，可以说时间非常紧迫。而且对新罪的侦查、起诉、审判工作决定着被告人是否犯罪。而被告人的前罪的剩余刑期是确定的，完全可以与新罪判决的刑罚一同执行，相比于侦查工作不具有时间上的紧迫性。故在这种情况下，应中止前罪的服刑，进入新罪的刑事诉讼程序上来。

第二，优先处理新罪符合立法的原意。《中华人民共和国刑法》第七十一条规定，判决宣告以后，刑罚执行完毕以前，被判刑的犯罪分子又犯罪的，应当对新犯的罪作出判决，把前罪没有执行的刑罚和后罪所判处的刑罚，依照本法第六十九条的规定，决定执行的刑罚。根据该条规定，在被告人在前罪的刑罚执行期间犯新罪的，应当首先对新罪作出判决，同时将因为处理新罪而耽搁的前罪服刑期间与新犯的罪判处的刑罚进行数罪并罚。也就是说，被告人在前罪的刑罚执行期间犯新罪的，应中止前罪的服刑，并将中止后的前罪的剩余刑期与新罪进行数罪并罚。如果将被告人按照违反社区矫正监督管理规定收监，则属于继续前罪的刑罚的执行，收监后被告人仍然属于服前罪的刑期，与上述法条立法精神中止前罪的服刑不符。

结合到本案，本案被告人于2013年4月10日因涉嫌犯容留他人吸毒罪被抓获，次日被刑事拘留，当日因无锡市公安局监管支队不予收押，被取保候审。被告人自抓获之日起被采取了拘传、刑事拘留、取保候审等一系列刑事强制措施，这些刑事强制措施显然是为保障新罪的刑事诉讼顺利进行而采取的，属于新罪的刑事诉讼程序。故被告人自抓获之日起被限制人身自由属于新罪的刑事诉讼程序中的强制措施，被羁押的时间应在新罪的刑期中扣除，而不能计算在前罪的服刑期间。

综上，一审法院没有依据社区矫正机构出具的社区矫正期满证明书认定被告人沙学某前罪已服刑期满，而是以被告人被抓获的时间作为前罪刑期中断的界点计算其前罪的剩余刑期，从而对被告人进行数罪并罚的裁判是正确的，二审法院也予以了确认。

编写人：江苏省无锡市梁溪区人民法院　赵越

314 死缓罪犯实际执行刑期不得少于十五年的理解与适用

——康某减刑案

【案件基本信息】

1. 裁判书字号

北京市第一中级人民法院（2018）京01刑更686号刑事判决书

2. 案由：减刑

【基本案情】

康某在服刑改造期间，能够认罪悔罪，遵守法律法规及监规，接受教育改造，确有悔罪表现，于2015年11月、2017年1月获得二次监狱改造积极分子奖励及2017年10月、2018年4月获得二次表扬奖励。

2017年4月10日，北京市第二中级人民法院出具的《关于对被执行人康某没收个人全部财产执行情况的说明》：本案于2007年7月24日立案执行，执行过程中，依据刑事判决继续追缴被告人康某的犯罪所得已追缴，在案扣押的物品已予以没收。没收个人全部财产判项经查找，未发现康某有可供执行的财产。附带民事赔偿在本案一审时经法院主持达成调解，康某赔偿附带民事诉讼原告人经济损失共计29万元。

北京市监狱管理局清河分局前进监狱认为罪犯康某在服刑改造期间，能够认罪悔罪，遵守法律法规及监规纪律，接受教育改造，确有悔罪表现，于2015年11月、2017年1月获得二次监狱改造积极分子奖励、2017年10月、2018年4月获得二次表扬奖励。北京市监狱管理局清河分局前进监狱根据康某的改造和奖励情况，提出对康某减去有期徒刑六个月。

【案件焦点】

司法解释规定的死缓罪犯实际执行刑期不得少于十五年应如何理解。

【法院裁判要旨】

北京市第一中级人民法院经审理认为：罪犯康某在服刑改造期间，认罪悔罪，遵守法律法规及监规，接受教育改造，确有悔改的表现，可以减刑。刑罚的执行应当坚持教育改造与惩罚、预防相结合的原则。对于在服刑期间确有悔改表现的罪犯，予以减刑，是对其改造表现的肯定，可以激励其继续积极改造。原审刑事裁判基于罪犯原犯罪的情节、社会危害程度等综合确定的刑罚，一经生效，亦应当尊重执行。虽然罪犯服刑改造过程中其表现符合减刑条件，但如果对于罪犯减刑频率过高、减刑幅度过大，以致罪犯被裁定减去的刑期总和过长，将使得刑罚惩罚与一般预防功能被弱化，不利于维护裁判的权威性与严肃性。故刑罚的执行应当坚持适当比例原则，切实贯彻宽严相济刑事政策，最大限度地发挥刑罚的功能，实现刑罚的目的。

根据《最高人民法院关于办理减刑、假释案件具体应用法律的规定》（以下简称《办理规定》）第十二条的规定，被判处死刑缓期执行的罪犯经过一次或者几次减刑后，其实际执行的刑期不得少于十五年，死刑缓期执行期间不包括在内。该条规定中的不能少于十五年，从理解及刑罚执行角度而言，并不意味着罪犯一般服刑期限达到十五年即可出狱，十五年应当理解为最基本的、最低的服刑期限。人民法院裁量对罪犯的减刑，不仅应当考察罪犯的服刑改造表现，还应当综合考察罪犯犯罪的性质和具体情节、原判刑罚等因素。鉴于康某因犯抢劫罪被判处死刑，缓期二年执行，其罪行属严重暴力性犯罪，对其减刑应慎重考量。结合康某刑罚执行实际情况，依此次报请建议，则康某的刑期止日为 2024 年 8 月 20 日，其实际服刑期间比法律规定的最低实际执行期仅多三个多月，考虑到特殊预防与一般预防的有机统一，刑罚功能的发挥与刑罚目的的实现，此次减刑幅度不宜过大，故本院对执行机关报请的减刑幅度予以酌减。

北京市第一中级人民法院依照《中华人民共和国刑法》第七十八条、第七十九条和《中华人民共和国刑事诉讼法》第二百六十二条第二款及《最高人民法院关于办理减刑、假释案件具体应用法律的规定》第二条、第六条、第十一条及第十二条之规定，作出如下判决：

对罪犯康某减去有期徒刑一个月（减刑后应执行的刑期自 2011 年 9 月 21 日起至 2025 年 1 月 20 日止）。

【法官后语】

本案涉及司法解释规定的死缓罪犯最低服刑期限十五年的理解与掌握。刑罚执行机关认为，根据罪犯的服刑改造情况，如果罪犯被裁定减刑后，其最低服刑期限超过了十五年，则执行机关报请的减刑幅度就符合法律规定。人民法院从实质正义的角度去理解、执行司法解释，作出了不同于执行机关报请减刑幅度的裁定，具体理由如下：

1. 刑罚的执行应当坚持教育与改造、惩罚与预防相结合的原则。对于在服刑期间确有悔改表现的罪犯，予以减刑，是对其改造表现的肯定，可以激励其继续积极改造、悔过向善，对未来充满希望。同时也应注意的是，刑罚的执行本身是对于罪犯的一种惩罚，这种惩罚总量即刑罚的确定是基于罪犯原犯罪的情节、社会危害程度等综合确定。刑罚的执行一方面在于使罪犯感受到失去自由的痛苦，警醒其不再犯罪；另一方面通过对特定罪犯科以刑罚，实现一般预防功能，使具有预谋实施犯罪的人对于“所得”与“所失”进行衡量，最终放弃实施犯罪，遵纪守法。虽然罪犯服刑改造过程中其表现符合减刑条件，但如果对于罪犯减刑频率过高、减刑幅度过大，以致罪犯被裁定减去的刑期总和过长，将使得刑罚惩罚与一般预防功能被弱化，不利于维护裁判的权威性与严肃性。

2.《办理规定》第十二条规定的十五年理解与适用。分析认为该条规定中的不能少于十五年，是司法解释拟制的此类罪犯最低服刑期间，从理解及刑罚执行角度而言，并不意味着罪犯一般服刑期限达到十五年即可出狱，十五年应当理解为最基本的服刑期限，即为实现惩罚、预防功能需要的最低期限。对于绝大多数被判处死缓的罪犯，人民法院裁量对罪犯的减刑，不仅应当考察罪犯的服刑改造表现，还应当综合考察罪犯犯罪的性质和具体情节、原判刑罚等因素。在刑罚的执行过程中，只有极少数悔改表现特别突出，如有重大立功、立功等表现的罪犯，才适合该条款。因此，刑罚的执行应当坚持适当比例原则，切实贯彻宽严相济刑事政策，最大限度地发挥刑罚的功能，实现刑罚的目的。

3. 具体到本案中，罪犯康某因犯抢劫罪被判处死刑，缓期二年执行，其罪行属严重暴力性犯罪，依《办理规定》第七条应从严掌握减刑，慎重考量。结合康某刑罚执行实际情况，本次被报请减刑前，其在不到六年的服刑期间内，被报请减刑四次，共减去刑期五年七个月，平均每次减刑幅度一年以上，可以认为属于减刑幅度过快、过大。如果完全采纳执行机关的报请建议，则康某的刑期止日为2024年8月20日，其实际服刑期间比法律规定的最低实际执行期仅多三个多月，考虑到特殊预防与一般预防的有机统一，刑罚功能的发挥与刑罚目的的实现，此次减刑幅度不宜过大，故本院对执行机关报请的减刑幅度予以酌减。

编写人：北京市第一中级人民法院　黄晓丰

ISBN 978-7-5216-2990-3

9 787521 629903 >

图书在版编目（CIP）数据

刑事案例裁判规则理解与适用／国家法官学院，最高人民法院司法案例研究院编．—北京：中国法制出版社，2023.3

（中国法院年度案例集成丛书）

ISBN 978-7-5216-2990-3

Ⅰ．①刑…　Ⅱ．①国…　②最…　Ⅲ．①刑事诉讼-审判-案例-中国　Ⅳ．①D925.218.5

中国版本图书馆 CIP 数据核字（2022）第 193743 号

策划编辑：李小草　韩璐玮（hanluwei666@163.com）

责任编辑：韩璐玮　　　　封面设计：李　宁

刑事案例裁判规则理解与适用

XINGSHI ANLI CAIPAN GUIZE LIJIE YU SHIYONG

编者/国家法官学院　最高人民法院司法案例研究院编

经销/新华书店

印刷/三河市紫恒印装有限公司

开本/880 毫米×1230 毫米　32 开　　　　印张/52.75　字数/1096 千

版次/2023 年 3 月第 1 版　　　　2023 年 3 月第 1 次印刷

中国法制出版社出版

书号 ISBN 978-7-5216-2990-3　　　　定价：199.00 元

北京市西城区西便门西里甲 16 号西便门办公区

邮政编码：100053　　　　传真：010-63141600

网址：http：//www.zgfzs.com　　　　**编辑部电话：010-63141792**

市场营销部电话：010-63141612　　　　**印务部电话：010-63141606**

（如有印装质量问题，请与本社印务部联系。）

中国法院2012~2023年度案例系列

国家法官学院　最高人民法院司法案例研究院　编

简便易用、专业实用——打造“好读有用”的案例

1. 专业的作者：国家法官学院自2012年起推出“中国法院年度案例丛书”，至今已有12年，旨在探索编辑案例的新方法、新模式，以弥补当前各种案例书的不足。自2020年起，丛书由国家法官学院与最高人民法院司法案例研究院共同编辑，每年年初定期出版。

2. 强大的规模：2012、2013年各推出15本，2014年推出18本，2015年推出19本，2016年推出20本，2017年推出21本，自2018年起推出23本，含传统和新近的热点纠纷，这些案例是从全国各地法院收集到的上一年度审结的近万件典型案例中挑选出来的，具有广泛的选编基础和较强的代表性。

3. 独特的内容：不再有繁杂的案情，高度提炼案情和裁判要旨，突出争议焦点问题。不再有冗长的分析，主审法官撰写“法官后语”，展现裁判思路方法。

4. 数据库增值服务：2023年继续推出数据库增值服务，凡购买本书，扫描前勒口二维码，即可免费使用往年同类案例数据库。

《中国法院 2023 年度案例系列（全 23 册）》

1. 婚姻家庭与继承纠纷
2. 物权纠纷
3. 土地纠纷（含环境资源纠纷）
4. 房屋买卖合同纠纷
5. 合同纠纷
6. 买卖合同纠纷
7. 借款担保纠纷
8. 民间借贷纠纷
9. 侵权赔偿纠纷
10. 道路交通纠纷
11. 雇员受害赔偿纠纷（含帮工损害赔偿纠纷）
12. 人格权纠纷
13. 劳动纠纷（含社会保险纠纷）
14. 公司纠纷
15. 保险纠纷
16. 金融纠纷
17. 知识产权纠纷
18. 行政纠纷
19. 刑事案例一
20. 刑事案例二
21. 刑事案例三
22. 刑事案例四
23. 执行案例